海上絲綢之路文獻集成

總主编　陳支平　陳春聲

民間譜牒編

54

主编　林　楓

国家出版基金项目
NATIONAL PUBLICATION FOUNDATION

海峽出版發行集團
THE STRAITS PUBLISHING & DISTRIBUTING GROUP
福建人民出版社

本册目次

[福建晋江]重修虹山彭氏族譜二十二卷首一卷(卷首至宗支圖卷三)

彭季榮等纂修

［福建晉江］《重修虹山彭氏族譜》二十二卷首一卷，彭季榮等纂修。虹山彭氏居今福建省泉州市洛江區虹山鄉。彭氏於唐僖宗時自光州固始遷閩居泉州，復遷南安。至北宋，彭棖再遷晉江中山（虹山）瑁峰之下，是爲虹山開基祖。是譜卷首載譜例、字行、祠宇訓十款、淵源記、序等，繼以宗支圖四卷、世紀圖十八卷。清末，虹山彭氏多有遷居臺灣及東南亞者，主要分布於印尼、馬來西亞、菲律賓、新加坡等地，並在印尼錫江建有彭氏祠堂。如譜載三十一世叔舉「往外洋，生卒缺」，三十一世叔纖「往外洋」，三十二世伯源「殁於南洋」等。據民國二十年（一九三一）木活字本影印。

民國辛未年重修

虹山彭氏族譜

南安錦文齋
詩山

族譜系計印刷壹拾式付茲將各付所交各房負

一、南列於[illegible]

[illegible]建鏘

[illegible]通興

一、[illegible]房[illegible]心

一、[illegible]房三敬忠

一、南塘房叔甚

一、對面埔叔述

一、楊厝房永龍

一、鳳吟房乃院

一、塗樓房乃虔

一、祠堂邊季欽

一、寨頂房季榮

一、山仔房得興

大彭得姓受氏之圖

黄帝

昌意　顓帝　老童

重黎黄帝玄孫俱爲高辛火正曰祝融吳回

子六八第六子曰陸終

参明

樊

鄭語云昆吾祝融之孫陸終第二子

名樊爲姓封于昆吾衞是也夏衰昆

吾爲夏伯遷于舊許傳曰楚之皇祖

伯父昆吾舊許是宅是也

是爲己姓

蘇　鄭[illegible]

顧　顧[illegible]

温　國皆昆吾之後別

董　者也其[illegible]焉

陸終六子

籛

鄭語云大彭豕韋為商伯註云陸終第三子曰籛封于彭城以國爲姓即彭祖也孔子稱竊比老彭註云商之賢大夫又彭門記云商之賢臣彭祖顓帝玄孫至商末壽七百六十一歲今墓猶存故邑號大彭又寰宇記云河南道徐州彭城縣今九域志原東京

是爲彭姓

豕韋 鄭語云曰

諸稽 者旹之蹤

秃 相 伯 為商

永言——是爲耘姓

安——是爲曹姓

季連——是爲芊姓

鄅 路 偪 陽 斟 一 山

八身上承高祖爲玄孫下繫玄孫爲高祖九世一再别而别爲九族矣陸終六子一别而得姓者八再别而得姓者十有八枝葉愈遠而愈盛今所别十八姓皆至近而瞟者同姓不婚買妾卜姓惡其所同出也此圖須家置一通

重修中山彭氏族譜卷首

總目

世記圖

卷七　三十世　東二房至西房
卷八　卌一世　東長房長至長房二
卷九　卌一世　東長房三至西房
卷十　三十二世　東長房長至長房二
卷十一　三十二世　東二房至東四房
卷十二　三十三世　楊厝鳳吟土樓
卷十三　三十三世希文山頭霞美藩琇荃琇長房二東二房
卷十四　三十四世　東長房楊厝鳳吟土樓
卷十五　三十四世　東長房至二房

譜例十二條

一按譜例世次並依舊譜長房居前第一二房三房依次各附其後蓋倣宗法遺意也

一各房先前事跡照依舊譜其後凡有生歿年月日時並婚娶姓氏塋地形向子孫能考定送至局照例修入其視爲閑事不顧者姑闕

一族內凡有遷居各處者另用直書遷居某處於名下庶子孫知其有開創之功

一凡無後者許立親房子姪承接宗支不許仍螟他姓以孫爲男

嗣弟作子紊亂昭穆遺（違）者削譜并究

一凡不務生業以至爲人管幹及敗壞人倫以玷宗破損長送官究治削其譜系以戒將來其不得已流理及隨母改嫁苟能追念祖宗不忘鄉土供報歸宗照例修入親者宜與居址疎者亦義焉

一冠婚喪祭皆禮之大者必遵文公家禮須婚姻古者男女擇德此最好處今即不能如古亦須擇門閥貧富相當男女年紀相稱無刑人惡疾方可爲婚不許貪財好色妄結下賤之家玷辱宗派喪禮以哀爲本不許輕信異端至於宴飲弔慶之際務要

以昭穆列坐不可以貧富強弱相別違者依規罰之
一平居相呼務要尊卑截然不許於人前呼祖考伯叔兄長名字如有此等嚬者呼而教之不悛者定行重懲
一族衆有互相鬬毆不許擅自妄揑詞訟須先投族長及家衆嚬能者理解如辨不明方許赴告違者罰之
一祖墳在各處窵遠無孫嘗蒸祭者恐子孫盜賣此必無昌盛之理今後果有祖墳窵遠子孫或仗義建石碑或照丁糧科派遞年祭掃庶人不得侵犯
一子孫立名字有重者未修譜前難以稽考修譜後務要考究與

前代無重方許稱呼如有故遺違依規罰之責令改正

一舊譜所載文字曆代相尚爲文献之徵愚者多厭其煩如久遠無切事者方可削去其最緊関者敢擅棄毁依規罰之

一新譜照依房分標名收貯務要安置阮便處不許爲水火虫鼠所傷及盜賊遺失與夫抄錄貨賣如有此等不孝之徒會集族内依約笞罰仍追原譜付別房賢者收執

以上譜例十二條　居敬與吉庠羅袞參酌校訂方稟族長置諸譜端慎勿土苴

嘗聞　歐陽公曰姓氏之出其來也遠故多遺忘譜圖之法断

自高祖至己身爲五世又以己身至玄孫爲九族其有官爵功行備載諸圖無厭其繁其遠近親疎宜有詳畧之異故遠而疎者畧之近而親者詳之如此則疎者不繁而親者不遺使譜牒自明不至差失矣

蘇老泉曰親見乎情情見乎服〻始乎齊衰齊衰以至於無〻則親盡親盡則喜不慶凶不弔如途人也噫以一人之身分而至於途人者勢將其末如之何已矣幸其未至於途人使不至於忽忘焉可也是以觀吾之譜則孝悌之心油然動矣蓋歐譜親九族蘇譜重五世信然

新訂譜例四則

一舊譜同姓準其擇繼誠以萬殊由於一本推流溯源原屬血統所生親疎本無二致今本其義而引伸之凢出嗣同宗者於本生父之名下書曰出嗣某公於爲所父之名下書曰嗣子其有以一人而承兩支者書曰雙承子某以姪兼祧伯叔者書曰兼祀子某所以重親親之義也

一螟蛉異姓舊譜所戒然近鄉諸巨室所在多有即以吾族而論亦相習成風而生長子孫者實繁有徒若概削而不書勢必有室碍難行之處且不慎於始而擯之於後亦非折衷辦法也玆

特變文起例凡螟蛉異姓爲嗣者書曰養子舊譜例則仍存之
以見祖宗垂訓之嚴云

一婦人所天既喪然念及夫婦情深而矢志栢舟或思及翁姑恩
重而守義不嫁既非出於強迫又非本於沽名其環境可悲其
苦情可憫而其心跡直可與日月爭光冰霜比潔宜採摭其懿
行事實垂諸家乘以勵薄俗

一婦人夫死再嫁乃人情當然亦國法不禁乃有夫死不能守義
而復不安於室或苟合同宗或招贅異姓甚至不顧名分不知
廉恥以姪爲夫以嬸作妻敗壞風俗紊亂綱常至此可極其言

男子不能自立室家爲人招贅寡廉鮮恥莫此爲甚今於婦人招夫者其於名下直書曰招偶其男子爲人招贅者於本生父名下書曰出爲某公似子於婦人前夫之父名下書曰似子似子所生之子書曰續子至敗壞風俗紊亂綱常者所生之子則書曰乖子所以深惡而痛絕之也

虹山自十八世至卅七世字行

秉文予仕宜　恒喬于懋孫

爲可仲叔季　永建乃嘉芳

吾族自棖公遷居晋江中山迄今卅七世矣舊編字行經已告盡茍非再爲釐訂世次必致混淆今當族譜重修既慶完成爰謹訂二十字延諸族譜俾闔族知所遵守庶世次釐然而昭穆不紊乃用敬其名之義云耳

新編三十八世至五十七世字行

詩書　忠孝紹先賢

商賢縣世澤　虹山鄉丕基

忠孝垂家訓　奕葉慶蕃熙

餘慶昌謨烈　參祥益壽年

民國二十年辛未葭月

此是中坡德貴改訂

卅二世孫季西謹誌

世系圖

圖何曰圖其支派自上而下自正而旁隨旁而分定昭穆也

世系誌

誌何曰誌其某之子某名某字第幾行某之派有何美行妻某氏賢否居宅生卒某年月墓某處坐向男子幾人女子幾人

古禮誌

禮誌何曰孫子以祖爲尊尊必有主主必有專祭祭必依古禮如冬至立春四時春秋等節爲專祭外有墓祭忌祭實報本追遠之大孝也若主不設祭不舉禮不行雖有祖若無祖有祠若

無祠有譜若無譜有子孫若無子孫也滅之戒之

譜例

譜牒凡例宜法歐陽氏上自高祖下至玄孫以五世爲提者五服之義也玄孫一提而爲五世再提而爲九世又再提而爲十三世以至於提之無窮者皆五服之義也所謂上承其祖爲玄孫下繫玄孫爲高祖推而上下之則見源遠之所自旁行而列之則見子孫之多少

一五世再提者宜有遠近親疏之限諸旁各當親其親各當紀其紀者彼此互見上同其出祖下別其親疏不然則記載者不勝

其繁矣

一男子無後者不書絕而書止蓋不忍言所以深致不幸之意

一各處墳墓祭田詳其位次昭穆畝數四至使有稽考以防失迷錄入于譜

一各房生子及孫滿月見祠堂宗子擬定名字編入于譜

一譜牒宗子掌之世世增修其餘支子各謄副本不許傳於外人

一同姓者雖富且貴稽載不詳不許冒認以亂宗派

文翰誌

文翰何曰稽遺文則見遺書且有墓誌銘可稽先德

宦牒儒牒誌

宦牒儒牒誌何曰先世衣冠冀其子孫接武先世詩書冀其子孫傳受皆尊祖榮宗之大者也

宗法

朱子曰大宗則一小宗有四有繼禰之小宗則同兄弟宗之有繼祖之小宗則同堂兄弟宗之有繼曾祖之小宗則同從兄弟宗之有繼高祖之小宗則再從兄弟宗之至於三從則親屬盡竭所謂五世則遷者也是謂小宗小宗所以主祭祀而統族人今宗法雖未易復而宗子主祭之義略可舉行

祠宇訓十款

一正人倫

人生五倫皇降之懿慈孝友恭相宜責備蒸滛污行滅棄天理

屋漏無虧克昌後裔

二尊師傅

養育中才洵樂父兄延師振德禮遇須隆惟爾子弟墳典早攻

澄心立雪品第超庸

三謹祭祀

水木根源實興孝思祠禴烝嘗時祭弗虛齋戒沐浴苾芬享祀

庶幾先祖永錫爾祚

四保家業

念我先世夙興夜寐積絲成縷有此基址保之實艱敗之容易

願爾子孫勤儉弗替

五支門戶

有田有土總賴我君供差服役以報其恩顧我祖宗罔敢或愆

願及爾等尚亦云然

六敦宗族

敦宗愛族只個推心危哉利實喪郄斯秉平旦夜氣好惡猶真

勉旃忠恕終身可行

七恤孤寡

惟孤與寡最可撫憐有等饕餮圖潤自身影侵產業凢事憑陵

誰知天道轉汝後人

八禮賓客

親朋相接禮協當然尊卑毋忽貧富莫嫌言談委曲迎送周旋

無諂無瀆令聞可傳

九睦鄰里

同居閭里實吾胞與喜須有慶難必相扶毋矜己智毋笑他愚

休戚相関永莫爾居

十崇儉素

乘肥衣輕日用華靡愚者驚駭識者薄鄙倣袍萊根前賢明志

凢吾子孫宜從簡易

萬曆三十七年己酉冬海豐彭監周刻

彭氏淵源記

夫九曲河遡源者越崑崙而七宿何者涓滴積而成溟渤也千尋木索根者越盤結而一荄何者萌蘖暢而成蓊欝也物物猶然矧靈於物者乎是故漢官史紀曆朝而首三皇亦河之七宿木之一荄之義爾按我彭氏之先本自黃帝胎息吾宗而昌意而顓頊而老童繩繩之老童子祝融又曰吾回生六子最季曰陸終陸終生六子三曰籛鏗商賢大夫有功封于彭城子孫因以爲姓即孔子所竊比者史稱善導引壽八百者是也

宋丞相文天祥拜彭氏百歲母詩

麗日萱花照五雲　升堂手采見咸淳　蓬萊會上逢王母
婺宿光中現老人　雨露一門華髮潤　江山四座綵衣新
只將千歲苓爲壽　再任人間九百春

温陵中山彭氏族譜自序

朕公序

吾彭之祖出自籛鏗帝堯封于彭城爲彭氏之始也厥後支派蔓延蓋已不知其幾也吾祖派在河南汝寧府光州固始縣迺宣其居今亦難考其幾世矣及唐僖宗廣明元年黄巢作亂吾祖隨王潮過江始居于閩之泉次遷城西之南安粤自根公復遷晉江之中山舍于瑁峰之下居焉斯祖之上世次失真故以根公爲我中山一世祖也降自監倉司戶二曹則爲二代之祖而三代則有安撫公次下生産累至三十六緡迄今號彭倉者有八真影尚留於國院西編堂焉予於大宋乾道庚寅年元日

賀歲見予姓稀疎寥落咨嗟不已因取祠內神主考究推排乃知爲士爲農爲商爲僧者代不乏人惜乎今之未能光前振後因而譜之使子子孫孫知木之本水之源異有隆而勿替有引而勿絶以繼監倉司戸二曹及安撫之遺風無負厥初是則予之志也爰爲序

南宋孝宗元年癸未在位二十七年改元者三　隆興三　乾道八　淳熙十六

大宋乾道柒年庚寅春中山六世孫廼功郎致仕膜謹誌

積慶堂記

十七世添麟公字孔異西房人林憲序

積慶堂者誰泉之晋邑厚陽彭孔異世居之堂也彭氏以積慶而名堂者何蓋取諸易曰積善之家必有餘慶是以彭氏欲積善以遺後人使其慶流後世於無窮故以是而名堂也彭氏乃中山安撫使之後而爲晋邑之望族孔異其裔孫也世居厚陽有山曰瑁峰者斯地之鎮也清奇秀偉屹立不群而彭氏之堂適枕於其下歲久湮廢幾若干年人皆謂名堂之不驗也無何山川挺秀而孔異君適逢於其時其爲人慷慨大節穎敏特達超然不與俗人偶視堂之圮深爲不安於是量事期計徒傭據

材用書餱糧捐財葺理以爲祀先之所垣墉棟宇煥然一新歲時則領子姪以行祀先之禮祀事既舉少長咸集人又謂彭氏積善之慶信足徵矣不特此也其教子也務延名師教其孝悌使皆有成其子三人曰秉德秉規秉寛猶子二人曰秉容秉積皆濟濟彬彬嶄然出人表其孫曰永肅永鸞又爲白眉之良其宰役于里推誠心布公道當役者役之當輸者輸之一里之內頗賴以安無論老稚咸愛慕之至邑之介佐莫不道公能其孔巽之積善也又可見矣吁孔巽氏不獨以善承乎祖而且以善教後人不獨以善積於家而且以善積於里其積善非淺〻而

餘慶殆未艾也今因執役以滿入咸愛之故桐城楊君永傳等求文以贈之予觀彭氏既積善于先今裔孫又積善以繼于後蓋積善之堂將相垂於無窮自一世以至千萬世其流積愈多而流慶愈遠乎哉因書以爲記

成化元年正月望日浙江嘉興府秀才縣儒學訓導莆田姑青林憲書

中山彭氏族譜後序　董童序

嘗聞琴有譜族可以無譜乎琴無譜學者何以成其音族無譜後世何以知其派故皆不可無者也是知彭氏自彭城籛鏗受帝堯始封以來幾千百世矣若此者天下均同是祖也若中山之祖自光州固始縣而遷于泉城于南安于中山以至監倉司戸二曹以降又多年矣亦見源遠而流長者矣昔人有居官行陰隲而高大其門閭者後世果有昌大之應乎予聞彭之二曹秉公重義憐貧恤孤德音遠播而能有光於時者豈非昔人陰隲之儔歟故能克昌厥後緜緜瓜瓞延蔓滋大以及安撫節度

教授廸功郎通議宣議學錄人才輩出更考之遺詩有愛賢堂上親留御墨香萬桂樓曾題御筆廣寒攀桂人流芳之句則世不乏人也信矣哉以至百子千孫繩繩蟄蟄誠形端表正源潔流清之理也今子孫果能成先人之志之事而繼之述之使無隳於祖矣雨露之濡霜露之降蒸嘗之祭歲時之思使不忘於祖矣爲子孫者可不鑒爾祖而修爾德乎

皇明正德四年仲夏莆廸功郎　董童序

中山彭氏族譜序

李暐序

夫世降而派衍豈非枝遠實蕃流長派别者之謂乎故族必有譜所以明世系定昭穆辨親疏叙彝倫於不紊焉爾否則由親親降殺而至於疏者又疏其流之遠蓋有不知其爲族也况復以知其世系昭穆之所在與中山文昇君樂善士也篤好彝倫慨然有志於其譜一日裒諸仲子姪出其先世遺牒質以編修之事僉曰可于時適賓太愚爲塾客授諸子業固請以領其事竊惟夫譜者非徒叙彝倫而已耶其尊祖敬宗開來繼往可謂嘉其志而高其事矣愚於義弗辭謹按彭之先世自籛鏗始封

彭城遂因以氏蓋彭祖也厥後支流滋蔓廼宣其居至于泉南及于中山蓋其裔也然中山自祖二曹以降而至於今法歐陽以五世爲提纂入于圖世系昭穆俾父父子子兄兄弟弟老老幼幼歸諸序雖然凡此皆因其傳所修者而續修之非惟未嘗他附且夫鄱陽彭公誠由謙垣僉入閩事修世音錄遺文鋟梓摹印以遺同姓是皆有延訪之意亦不欲附之其不紊宗派可知矣抑考彭門今將其昌大矣乎夫家之興者必禎祥兆見凡聚族於斯者出入守望相友相助藹然有和平之象不聞鬩墻之聲也以此觀之世濟其美不卜可知矣文昇君名珙號林泉

居士非特修譜有兼人之見矣嘗宰里有和平之聲都人德之
仙邑致政大尹張公炫以詩贈其能亦可以見其人矣
李韓拜序
嘉靖己丑七月朔日莆醴泉太愚生

重建祠堂記

李皞序

禮曰君子將營宮室宗廟爲先廐庫爲次居室爲後故有彭之世祖必有彭之祠堂所以妥先靈奉時祭若冠若婚皆本於此以行之焉然自世降之下至于國初幾於靡墜重修之功始于源有而成于添麟結架牢密可謂有宏遠之規模矣由是而予而孫而曾而玄僅四世值正德癸酉歲仲冬月晦日被燬殆盡矣明年予堅痛神人之無依諮於十二從父曰文質者以商其事從母陳氏慫恿自奮予堅具酒會族人而更新之於是神得所依人得所止雖曰衆人之力實若人有以倡之之功也否則

悉離矣粲造之辰在歲乙亥正之二日庚申乃辰時也於是乎

識

歲

嘉靖己丑七月朔旦莆醴泉太愚生　李韓頓首書

贈林象君重修族譜序

林珩書

萬物之生本乎天地是天地者萬物之所自出也人生本乎祖宗是祖宗者子孫之所自出也既而世代之久生齒之繁至于什佰仟萬分居別處不有譜牒以系之則不知尊卑親疏遠近之隆殺矣故古先聖王乃賜姓立氏以別其宗如虞之姚如夏之姒如商之子如周之姬之類不一而足推原其始則皆爲厥初生民者之子孫也蓋別其姓者惟恐其混於所施厚所薄而薄所厚者矣甚至仇怨相爭從玆而始未嘗弗臧也然傳世既久子孫固有賢智愚不肖之不齊賢而智者知有父子兄弟堂

從功緦之等恩愛流通而無倒行逆施之病愚不肖者徒知有父子兄弟而已至于堂從功緦族屬之類則視之如秦越至親之間亦相仇怨況其他乎蓋由分久年別之弊也是以後世賢士君子譜牒之所由作也先王賜姓一本之散於萬殊譜牒之作萬殊之原於一本也是蓋欲保全恩愛於無窮彭之出自籛鏗由來久矣唐僖宗時自光州固始隨王潮而遷復至根公遷居玉虹爲中山一世祖焉以至福州監倉相齡公廣州司戸相榮公高州安撫節度公及教授廸功郎侍郎待制教諭學錄國子監濟有公皆泉南中山正派也若夫根公以前支分派別於

鄱陽族裔或任司戶秘書司寇大理司徒方鎮省元判郡節鎮
太保左僕射至于今日代不乏人更有遷居泉城南安仙遊莆
田及橫塘其仕於朝仕於省仕於府州縣宦族之蕃者未能悉
錄弘治十六年鄱陽族子彭誠來僉吾閩修世音錄壽梓以分
族人而彭之族又得一新焉則分居廣衍益可知矣林泉居士
文昇公濟有之曾孫恒念譜牒世之士大夫家所重者也故拳
拳以修譜請序於予予以此譜雖未能盡悉然而一本萬殊萬
殊一本之意蓋昭如也繼是而常修不廢焉則子孫歲序聚會
閱而指曰某公某公之子某公之孫某其兄弟也千支萬派其

始皆一人之身皆祖宗之遺體也目擊之際孝敬之念油然而生皆居士有以起之也宗族之間尚當以譜責爲己任毋甘自棄以勵于族人則不惟不辜居士修譜之意而千百之雲仍愈遠亦得以相屬而知其原委也於是乎書

十九世珙公字文昇號林泉西房人

嘉靖丁酉年仲夏吉旦眷生莆庠士吾溪　林珩拜書

彭氏族譜後序

李德用書

嘗觀天下之物其在旗有驂在網有綱在冠有系皆所以聯屬而歸一之也人家之宗譜亦然余北歸靜修于家一日外兄一所林子詣謁袖出中山彭氏族譜命序詳閱之代未遼遠其間紀遠近錄親疎辨宗支遊文圃聘宦轍者世有其人序先跋殿者有之余學慚若譜將復何言余惟斯譜也可以崇孝焉可以敦仁焉可以明信焉有所感發而興焉譜云乎哉夫世遠人湮事蹟蕪沒孝敬易從而弛譜以紀之宛然在目則夫簠簋俎豆之修蘋蘩蘊藻之荐凡杖衣冠之藏將肅焉懿焉瞿焉是則孝

之所由崇也可無藉談不識之訊矣人情密邇則行路易親遐遺則同氣亦異譜以聯之則一宗如出乎一族一族如出乎一家一家如出乎一人有無可以相通燕享可以相聚吉凶慶弔可以相及歲時蜡社可以相與是則仁之所由敦也可無老泉族譜亭之慮矣因生賜姓類族辨物淪夷季世混淆莫稽譜以辨之則貴顯者不爲冒卑微者不生凌夷左昭右穆井井鱗次大宗小宗源源派分可以知古可以知今可以傳後是則信之所由明也可無崇韜拜墓之慾矣孝也仁也信也三者人心所同然斯譜備矣秉民彝者能無企慕而勇爲之乎使天下鰓

緦焉而共由斯道則太上之化亦可復矣譜之云乎哉

歲

嘉靖壬寅仲夏朔日莆鄉進士醴泉弘所　李德用書

贈彭予仕用重修族譜序

劉勳贈

事有出於甚詧而人莫之詧者必其荒乎源本之思心有出於同然而人莫之然者必其虧乎手足之愛老夫履世計今六旬餘矣見聞所及率蹈斯風間亦舉而行之則亦鮮克有終故於二程之所踐修三蘇之所發越者恒切切焉爲兒孫輩道誠慮其逐頹波而莫知所以障狂流也客歲表叔鄭子造寒廬偶留信宿相與談及塵埃因舉此事示之渠直前曰廼哲之者其惟彭氏予乎予窮其故渠答曰彭予名任字仕用父子兄弟三人手足愛加乃古籛鏗之後二曹之裔孫也世居晉之中山琦

辭其人性耽山水情癖隱逸課子則經書是訂營生則稼穡維寶宗黨有恩鄰里有義雖世之達人未能或之先也茲者覩譜牒之殘湮懼零礽之失據毅然以重修為己責譜系既成謹以序請予竊思之易曰積善餘慶書曰作善降祥其殆斯人乎夫彭氏自唐始封支派蔓衍渡江遭亂孫子寖微迨至倉戸二曹厥宗始盛嗣是而子孫連屬昭穆有倫固已念世於茲矣此蓋根牢葉茂源深流長之所致也但流傳既久非紀籍則無稽載籍浩繁非釐修則莫別故於二十一世孫若仕用者慮及于此重釐正之予雖不得親見其人而據表叔所請信所謂甚善而

知詧之也信所謂同然而能然之也易書之言端不誣矣予敢

述之以爲彭子贈　廿一世任公字仕用號直齋東房長房八

嘉靖己未孟秋吉旦

賜進士第通議大夫都察院右副都御史前吏部考功司郎中

約齋　劉勲拜贈

彭氏重修祠堂記　　傅陽初書

嗚呼祖有祠巨室世家皆然也祠有興廢天地大數皆然也興廢起墜孝子慈孫皆然也泉首邑晉江四十七都有中山彭氏祖者自唐肇基于岱琄山之前半里許面寅背申狀若雙鳳交下厥子孫宅其中而爲祖祠之祠之右有萬桂樓玉虹橋觀瀾軒鎖其門戶祠之前有紹興冽泉井深其世澤從唐抵宋祠之規制興廢不可考若樓若橋若軒之跡不可見惟井澤尗字尚存入國朝永樂庚午歲重建之十七世孫昌又添麟贅而成之也正德癸酉歲燬于火又會舉而興之十九世孫植二十世孫

鎡合東房長二諸子西房三五諸子之力也李太愚備序之矣至嘉靖壬戌歲仍火于倭二十一世孫翾東房二十二世孫江與芽乃戚然鳩衆葺而新之隆慶庚午三月也斯建也翾等諸孫頗知地輿術謂舊制太深廣乃正堂斂上舊制淺六尺地運貼山深入六尺高二丈乙尺六寸前廊東西館皆斂上前後賡主不相凌棟樑桯石瓦桷皆狀固雄偉貲費出衆房均需告成稱奠昭穆盛容子孫祠之巨觀也就其祠奉始祖主於中冬至專祀分東西房先祖主并高曾祖考主于兩房立春四時秋分祀明禋精慮黍稷芬芳籩豆簠簋純潔蘋蘩荐祭惟時祠之明

法也順四時朔望進子孫于堂焚燃燭獻茶拜祖畢分班列坐序茶長幼嚴恭旌善戒惡其中賢愚不一有美言相感悟有好德相率先或者賢俊子弟有復古之風能如士君子之行若繆形之自謁齊家王祥覽之友于悟母楊播之貽世淳厚萬石君之嚴勵悟過各各修飾禮義習尚詩書從此而有興振先世之衣冠柱石國家崔山南之盛可卜祠之大機也是日之祠不有關於百世乎爵等莫大之勳後日不亦爲有功不祧之祖乎予敢記而徵之

萬曆五年丁丑六月之旦　南安眷生傅陽初頓首書

重修彭氏中山族譜序

傅陽初書

夫人家傳世其本固者其末茂其源深者其流長是以支分派別古往今來自一世以至數十世自數十世以至百千萬世始則齒稀而族小繼則齒繁而族大族小之時易親族大之時易疎欲使親者弗疎疎者常親其將爲之何哉曰先之積慶緜緜瓜瓞如周自后稷以始積功累仁而享祚長久繼之有譜譜即國之史家之乘紀系序世具載實行使人有所感而興於親作於德成名門世家其所関爲甚大也我泉晋之中山彭氏自唐傳曆甫今二十三世擅邑稱盛皆先人慶澤之遺可仰見矣彭

之祠功始于源有而成于添麟厥後與其圯有子堅文質而于衡獨捐金贊其用又厥後復被燬有仕廸希陵宜達宜素相倡率其事皇皇祖考之居保有後美彭之譜自宋乾道庚寅年六世孫腆究其源明嘉靖乙丑文昇公修之有李太愚林吾溪李德泉爲之序嘉靖己未仕用公修之有劉都御史爲之序錯紀成帙畧可考矣但枝葉愈繁而登誌未悉世系攸分而序次未明今萬曆丁丑仕廸希陵宜達輩因予弟君範舘其家請予重修予竊閱舊譜稽其正傳詳其旁支自正傳約之一世棖二世相齡三世燁四世延進五世謙六世腆七世順八世軒九世如

高十世漢胡十一世卿僊十二世潛十三世必俊十四世孔暉十五世天與十六世而源有濟有分爲東西房一脉繩繩如此遞下是爲中山斯日總聚之盛也予爲其次第先之世系圖凡旁支皆備錄次之世系誌凡諱字實行妻子居宅墳墓生卒年月皆詳記又次之古禮又次之文翰次之官牒儒牒聊裒成卷俾觀圖者明昭穆尊卑觀誌者識先行遺迹讀古禮者知歲時大典讀文翰者知先賢所交遊其達人德音之雅觀官牒儒牒者肯法祖紹裘群讀詩書興冠蓋相望之志庶幾無隧先緒譜存之也後無忘本譜作之也世世肇興而光前裕後代不乏人

譜掖之也予敢謂欲修譜者固仁人孝子之用心予僭任其事而不揣其陋者亦不少助仁人孝子之垂訓乎謹爲序以俟有道者之一裁

武榮七十二翁賓山傅陽初頓首盥書于中山積慶堂

重修彭氏族譜序

尚遺序

國有史郡縣有誌人家有譜若史弗傳則後世何以鏡前代治亂興衰得失存亡之故誌弗載則往昔人物規制事蹟孰得而考譜弗修則世系源流分支别派其誰能說之是皆不可闕者吾祖先自光州固始遷于泉之南安廹棖公廼移晋江玉虹山前半里許中山之下居焉先世源委經煨燼而莫稽故我六世祖廸功郎朕公斷自棖公剏基爲一世祖也降自監倉司戶二公緜緜瓜瓞延蔓滋大以及安撫節度公承務郎公教授教諭公兵部侍郎公宣議大夫公徽猷閣待制公宣教郎公國子學

錄太學生公更相濟美赫奕後先予修譜錄考之遺詩云堂上親留御墨香御筆曾題萬桂樓之句叅之泉誌亦有登載則我先代之不乏人也允矣哉弘治十六年鄱陽彭公誠由諫垣僉閩事修世音錄鋟梓摹印以分同姓間或任司戶秒書司寇大理司徒方鎮省郡元判節鎮太保左僕射但支派不詳雖貴且顯安敢附之莆之族若尚書惠安公韶之子孫先時嘗稱爲我中山之派亦未見稽載之實惟夫仙邑張埔一宗傳譜誌傑秀公分居其父蓮發公與我十三世必俊公三世兄弟均爲唐節度使公燁宋勅功郎公膜公之裔也今其時京職邑庠赫然稱

盛獨吾予姓雖蕃愧無一人追踵前烈式微式微且六世矣昔羅文質先王曰一盛一衰相爲循環老子曰禍兮福所倚詩云相彼泉水載清載濁以此考之我彭門其將昌大矣乎凡我同族宜積德優游以俟之孝悌力田經書課子俛焉日有孳孳職事既修運氣轉隆安知不繼唐宋而興乎信斯言也縉紳相望閥閱門庭後之視今亦猶今之視昔縱或不然猶不失爲詩書禮義之門雖謂之不隆先緒可也芳根雖瘁一發則香氣襲人惡木敷榮螻蟻穴其中矣其將爲芳根乎抑爲惡木乎此遺區區修譜冀望之意

皇明萬曆六年戊寅秋月吉旦

廿二世孫尚遺序

中山祠堂基圖誌

希愈誌

中山基圖自唐朝分枝以來傳譜被火幾次故失其真傳至六世朠公重修頗有次序但前代開山地基今屋後大坪是也至九世如高公分居前宅今祠堂是也如山公尚在後厝至于蓮發公分居仙遊其地乃空今作大坪因前宅祠宇地基不得歸正故有脫氣之弊據予主意後則離氣一丈餘地前無裀褥左隔被風虎砂高聳掌硬大離則人丁不振前無裀褥則財産不厚左隔被風則長房多無嗣而有病虎砂高硬則人丁不和案山迫眉則出人愚蠢有此數患予故誌之使後世賢良子孫鑑裁

之其後胥何以出祖乃是地基太浮正氣未鍾於元一病也案外見青天二病也左隔風搖三病也虎臂高昂四病也水尾低陷五病也因此未絕而出祖者乃本山金水得合水尾羅星堅固是也予素習地理考之祠堂百年必有重興之舉故畫圖形剖明其病以俟後世按法剪裁祖宗幸甚子孫幸甚

中山廿一世孫韓希愈謹誌

萬曆戊子孟秋

廿二世尚遺公字宜肖號中山二房八

贈中山君重修族譜序

謝玄眺撰

族有譜譜其族之所自出也彭之宗源自固始遷于瑣峰蕃衍滋蔓以及中山君蓋二十幾世縉紳諸君子序之詳矣予不具贅故特序中山君中山君恂恂儒者材敏修能與余伯父苑馬寺公爲同社友腹婚有約既而兩得易之坤卦焉然意氣相師安期之鷁子猷之舟未嘗不晨夕往返無何伯父宦遊四方而君亦闔門私第都雅有體族人化之至戊寅歲復取彭氏族譜而重修之稽其源委詳其世系婚娶必誌年月必書迨所謂盛

衰相仍之語孝弟力田之誠未詳不三復斯言以爲父父子子兄兄弟弟者之宏規也嗚呼觀乎譜之修者孝弟睦族之心可以油然生矣余家距君七十里而遥不及見君余伯父心泰公與君之孫諱俞雝者爲兒女之姻道及此故知中山君審迄今思之始信修而相慕者終兩美其必合人亦有言詩書之澤不於身必於子孫觀夫邑而庠者郡而庠者則皆君之若子若孫也青青子衿射策金馬其所以大門閭而充厥宗者積厚流長君之澤蓋未有艾也語曰觀雷觀火予因有悟於盈虚消息之致也因以爲譔君尚遺字宜肖中山其别號也譔曰

惟彼岱瑁篤生瑋異學士詞宗將軍武庫世人所奇今茲則希
滋蘭九畹樹蕙百晦衆芳雜佩神光陸離猗彼中山信姱要緑
繩矩不移田邑千畛人阜昌只美冒眾流澤譽章只先威後文
譽美明只載錫之光載厚之慶奕葉雲礽惟德基只嗚呼休哉

皇明崇禎丙子年秋月朔日

賜進士中憲大夫浙江叅政前禮部科給事中姻家眷晚生謝

玄眺頓首拜譔

重修中山彭氏世音錄　俞龕序

嘗閱譜牒子孫掌之世々增修此仁人孝子之用心繼志述事之大意也予族肇基玉虹譜系修明代不乏人曆十數傳分東西兩房枝葉蕃衍吾祖中山公增修其緒諫垣山持謝公序之詳矣越丁夘歲伯父翼搏公思承先志慨然以繼述爲己任盡舉族譜而重修之踵事增華左昭右穆支派分明厥功懋焉自是以降親疎異視冠婚喪祭多有不相往來長幼尊卑或至失其序次此皆不閱譜之故也予惴々懼竊不自揣思欲纂修而才疎識淺貽笑井蛙而繼志述事之心未嘗不惓々也舉凡前

人所修至夫二十四五六七世所未及修者悉編入譜是族之有譜非苟焉而已也試按圖而稽其初固一人之身由高而曾而玄不得不分者勢也譜以聯之親者愈親而疎者未嘗不親木本水源孝敬之念不油然而生乎凡我族人誠詩書課子孝弟力田過失相規患難相恤冠婚有賀喪祭有弔憐孤恤寡舉族親睦此予修譜之遺意也若夫光前垂後顯祖榮宗乃繼志述事之大者也端有望於後人予序譜牒凡予姓昭穆生卒者書其年月葬者書其坐向無非使百世後知所考也間有闕者或前修譜者之遺畧或後子孫傳之非其真姑且闕之以俟後

世之修譜者能補予之不逮也予則幸甚本枝幸甚

皇清康熙丁巳三月望日

廿四世孫俞鼒拜序

贈慎所彭君重修族譜序　富鴻基贈

昔予受趨庭之訓科持試牘數篇詣家大人決勝負謂必售之技無留行矣曾奈數奇大志莫展君感慨欷歔泣數行下家大人輒勸解之吾人遇合何常玉韞崑崗售則爲珪爲璋爲璉爲瑚一顧而增連城之價不售則沉埋深山韜光晦跡三獻而抱刖足之悲士貴遇知己耳君即不遇著書立說亦足顯榮當代孰謂文章無價哉因靜修于家獎勵後進見族中支派蕃衍遠近親疎多不相識堂從功緦或至闕畧于是搜閱舊牒纂修新譜左昭右穆燦若日星或褒或貶凜然功罪君可謂鄭重其事

矣予奉旨北歸君詣謁叙通家情誼袖出彭氏族譜一部求予文爲序義弗能辭也大凡物不得其平則鳴君拂鬱多時其吐爲篇章者皆抒洩其憤懣不平之氣是故嘆科名之難得羨青衿之匪易見夫榮名泮水爲之淋漓擊節期青霄於直上落魄蓀山爲之慷慨悲歌冀書燈再燭無非欲族人聞詩禮之風而免面墻之誚也君之修譜其有功於族甚大宜其子孫繩繩蟄蟄克昌厥後大門閭而亢厥宗者矣予僭任其事特加奬勸亦以表家大人教思之無窮云爾君諱俞龘字喬鼎別號慎所居士蓋自愛其鼎待價而沽之意

皇清康熙丁巳端月吉旦

賜進士第翰林學士兼禮部右堂

富鴻基拜贈

重修中山彭氏族譜序　　佳會序

我祖自棖公肇基中山迄今二十九世矣其間世系攸叙昭穆不紊厥祖之貽謀孫子之繼述譜傳之也譜之修自六世祖朕公始至明嘉靖文昇公修之有李太愚林吾溪李德泉爲之序己未仕用公修之有劉都御爲之序萬曆丁丑武榮陽初傅公爲我重修備著譜錄較前倍詳矣嗣是中山公繼而修之有父兄課詩書者美其義方有子弟遊泮水者期其遠大光前裕後之意中山公則毅然望之迨我

皇清丁巳春俞雝公復重起而修之但時際滄桑族居虹山者

雖己脩誌間或散處武榮仙邦者其曾玄孫子概未錄入譜序不全而分流同源者後竟無所考敀余能無憫然乎用是會議諸叔伯兄弟舉其事肩其任適逢糧務未能搆成幸姪廷選少習舉業頗諳序次且年富力强易于跋涉予命其遍曆仙南九自昔外處者若祖若宗若孫若子查明世系歸房編入併二十年來虹山之螽斯繼起者一一登載俾後之子孫考稽績監前烈勵志詩書而能繼二曹節度安撫宣議通議之遺風者未始非觀譜之一助也

謹序

皇清康熙戊寅臘月穀旦

丁卯歲貢候選教職二十四世孫

佳會拜序

中山彭氏重修族譜序

詩云孝子不匱語曰君子篤於親夫孝所以不匱者脉祖宗之澤於無窮也親所以能篤者聯親疎之屬爲一體也明此義者而知譜之修不容緩此中山彭氏所以有重修族譜之舉也攷彭姓係出商賢大夫籛鏗之後因封彭城故以彭爲氏唐僖宗廣明元年由河南光州固始縣遷閩之泉州復遷城西之南安有棖公者再遷晋江中山珛峰之下居焉故中山彭氏始祖断自棖公爲始棖公子相齡公官監倉相榮公官司戸孫燁公官安撫使燁公之子及孫官承務廸功侍郎宣議侍制者聯鑣接

踵累世簪纓中山萬桂樓曾題御筆詩篇國院西編堂尚留彭
公真影温陵西北之巨室當時無有出其右者迄今觀其譜例
祠訓正大光明洵不愧詩禮衣冠望族宜其流澤孔長瓜緜椒
衍也夫中山彭氏之有譜不自今日始也宋乾道時其六世祖
朕公修之有明成化嘉靖萬曆清康熙丁夘又續修之自丁夘
於茲又二百四十餘年矣彭團長本尊祖敬宗之心抱繼往開
來之志有念夫時代荒遠恐文獻之無徵子姓衆多非釐修必
益紊毅然以續修爲己任而董其事者團長之兄季榮也負採
輯編纂之責者易君道鑫黄君軒奕和吉也予雖未曾預其事

然思夫泰岱衡嵩之能成其高者以脉之厚而遠也江淮河漢之能就其深者以源之大而長也中山彭氏自棖公開基以來曆年幾千餘曆世已四十矣遐想與棖公居同時處仝鄉者不知其幾今已無有存者而彭氏子子孫孫勿替引之其脉之厚而遠其源之大而長非猶山水之成就其高深哉然流傳久世次每致混淆殘缺多事實恆因蕪没今觀茲譜詳其所信闕其所疑隱諷顯揚二義本茲法戒支分派别一氣無間親疏後之有覽斯譜者知流光由於積厚則光前裕後之念油然而生思萬殊歸於一本則敦宗睦族之心昭然若揭將見聿修厥德者

無忝前人丞錫爾類者克昌厥後於是譜實嘉賴之是則團長之修斯譜也一則有光於祖一則有功於宗乃仁孝君子之用心而可爲天下後世之爲人子孫者法也余故樂而爲之序

中華民國三十年十一月　日

清己酉科拔元厦鼓恊和大學教授　潘鐘敬序

鳳吟房譜序

猶慚序建豪

余自幼從父讀書及長時時聞父對長者嘆息而言曰我族譜由來久矣自一世以至六世則有瑛公始而修之自七世以至十九世則有文昇公以修之自十九世以至二十一世則有仕用公修之廿二世尚遺公修之二十四世俞鼐公修之其間支派有分長幼有序一見了然至於今百有餘歲矣無有人焉出而重修之則曆年既多保無參差遺漏而紊紀綱乎未及行之竟爾羽化則族譜之修又寢息矣幸也祖宗有靈引誘其衷外房皆就修明唯我德齋公派下尚未有行之者當服侍祖父時

顧予而嘆謂吾老矣而汝曹年富力强譜牒之修概無志乎且爾父在日亦每每言及余甫聞此言竊思家事清淡功名未就當此大任滋益慚予徐而察之則家事功名猶小焉者敢不謹遵大命以慰我祖我父乎爰出爲身倡力請同叔永孚佐肩其任其中有善有惡善者揚之惡者隱之非不從長從短之論也當此仲世恐致參商也詳其綱紀分其昭穆余也爲之如其褒貶以俟君子然早夜以思猶不能無慚於心焉耳因自名之曰

猶慚

重修中山公彭氏廿七分支捷厚公家譜誌

我彭族譜由來久矣自前朝至國初康熙戊寅中間數次重修各有譜序備載分明煌煌日星瞭如指掌屈指數之於今弍百有餘年矣間亦有欲起而修明窃恐年湮代遠族大丁多未能盡徧修入致失鱗次是以漸缺以至於此也溯自我彭始祖根公傳十六世分爲東西兩房矣東房始祖十六世宣公甫及三傳十九世再分爲四房矣東長房始祖十九世希軒公曆二十世廿一世又再分爲三房矣我東房長房長廿一世直簡公越至廿七世祖捷厚公其中支分派别蕃衍緜延各就房譜先爲

修明我祖捷厚公分支派下於今三十六世矣紳耆衆議延請林君廣圓先生到茅修明俾祖宗昭穆之有序子孫親疏之有别窮源溯委喜脉絡之貫通踵事增華慨式微之門第詩書雖踵起求其能繼厝之二曹宋之教授教諭侍制侍郎國朝之兄弟明經有以光大門閭而亢厥宗者未見其人也然時雖不遇而心猶難忘庶幾哉克光前烈無忝祖考余能勿拭目以俟且夫譜之爲義大矣稽其本源考其世系有詩書燕翼者美其詒謀有凶暴貪狠者責其饕餮書云彰善癉惡此之謂也斯時也善惡原自有真情褒貶不敢操筆削間亦有可褒則褒之而適得

其宜弁有無可褒而欲慕其虛名則褒之而聲聞過情耳至於貶之一道亦有顯然可貶則貶之而恐致参商故姑就叙其昭穆誌其婚娶生死者書其年月安葬者記其坐向使百世後知所考也抑亦以俟後之人能膺大任會族衆議族譜重修以便合譜庶無虞我祖派下之紛紜也哉是用識之

時

清光緒二十四年歲次戊戌陽春之月吉旦

三十四世孫建榮謹識

重修虹山彭氏族譜卷一宗支圖

一世　二世　三世　四世　五世

- 棖公 子三
  - 相齡 子一
    - 烨公 子一
      - 延進 子四
        - 謙公
        - 十七公 止
        - 誘公 止
        - 恭公 為僧
  - 相榮 子一
    - 十公 子一
      - 十二公 子一
        - 十五公
  - 相議 為僧

五世　六世　七世　八世　九世

謙公 子二

朠公 子二

禛公 止

順公 子一

軒公 子二

如高

如山

廿一公 分居莆田

十五 子一

映公 子二

縝公 子一

輕公 止

九世

十世

十一世

十二世

十三世

如高 子三

漢湖 子三

卿月 止

卿僊 子三

擇公 子一

必得 分居前宅

潛公 子二

必俊

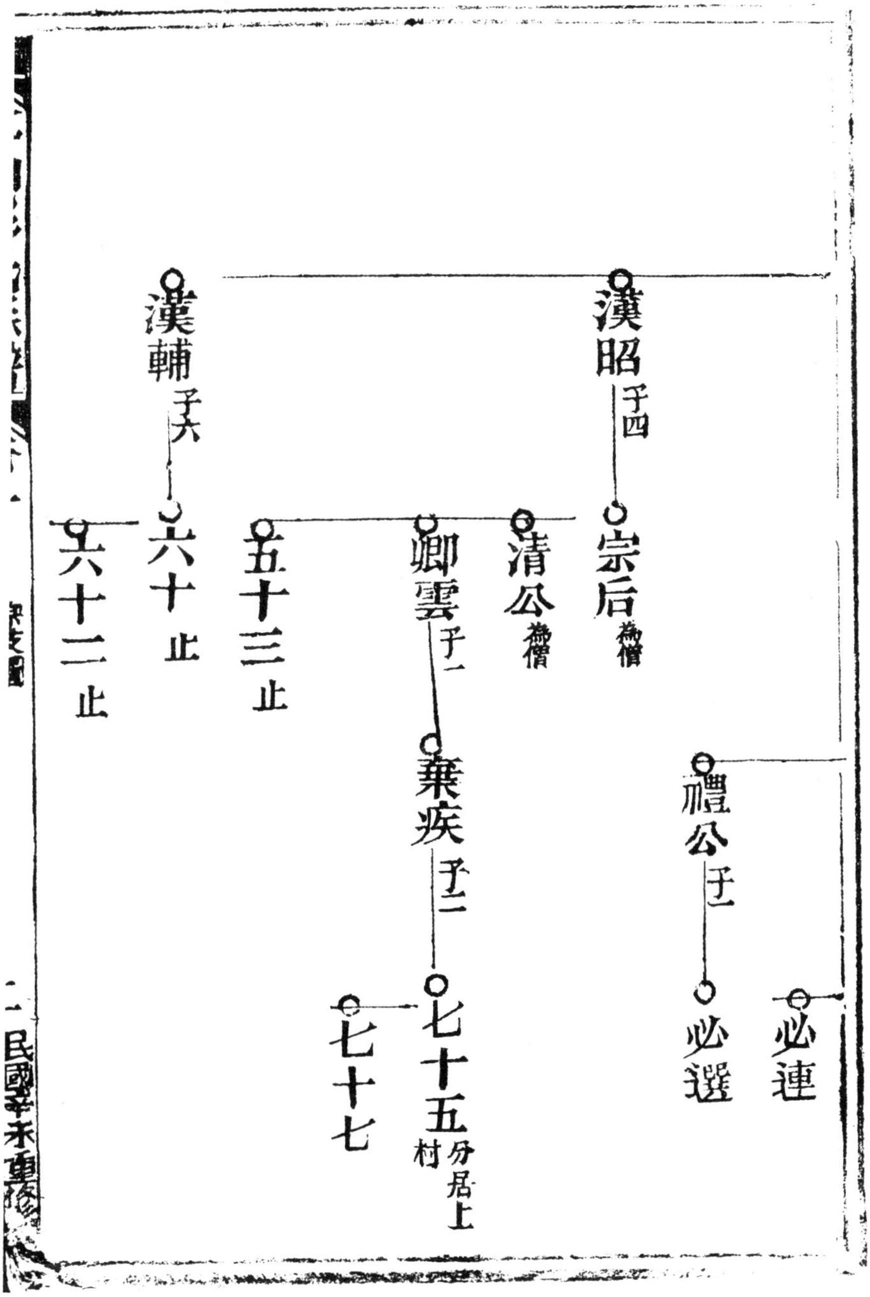

必連
禮公 子一
必選
漢昭 子四
宗后 無傳
清公 無傳
卿雲 子一
秉疾 子二
七十五 分居上村
七十七
五十三 止
漢輔 子六
六十 止
六十二 止
宗支圖
民國辛未重修

卿龍止

應打止

應新止

六十五分居上村

如山子一

嚴之子三

泰公出居開元寺

容公子一

上春子一

蓮發

誠公為僧

十三世　十四世　十五世　十六世　十七世

必得子一

孔昭止

必俊公　子一
孔暉　子四
治才　止
美才　止
洞才　止
天與　子三
宣公　子一
昌公
盛公
富有　止
睿公　子一
添麟

必蓮公　子一
孔明　子一
天才　止

必選公　子一
孔時
八十九　止

九十二 止

九十三 止

七十七 子一
元亮 分居上村

蓮發公 子一
傑秀 分居仙邑中埔

十七世　十八世　十九世　二十世　廿一世

祖盛公 子二
顔公 子四
魁公 子三
琴公 子二
傑公

儼公 止

棋公 子三
任公

傳公

良公　子二
聚公　子三

書公　子二
銓公　子三
鎬公　子二
寶公　子二

佳公
傳公
信公
天祉
天民
天定
天沈
華山
華舟

鉎公 子二
仲夏
望夏

鑑公 子三
岳公
崧公
崑公

試公 子一
鈔英 子六
德公
齊公
饒公
禹公 止

濬公 子二

椿公 止

松公 子三

榮公 子二

愷公 子四

智公 止

廣公 止

望秋

望冬 止

攀公 止

繼公

紐公

絮公 止

民國辛未重修

悌公 子二

兒公 子二 名失

孫公 止

添麟公 子三

澤公 子二

肅公 子四

燦公 止

焖公 子一

謨公

烜公 子二

謅公

論公 止

燭公 子二

省公

治公

森公 子二

雲漢 子一

大興 止

淮公 子三

纘公 子一

鶉公 止

珙公 子二

相公 子三

雲霄 子一

達隆 子三

大頭 止

守英

揚公

拯公 止

操公

覺公

譽公

舉公 止

達蕃 子三
- 說公 止
- 詠公
- 誦公 止

洪公 子五
- 栢公 子四
  - 益孫 子一
    - 泰英 止
  - 嫣福 子一
    - 琚公
  - 嫣祖 子一
    - 韓公
  - 嫣祐 子一
    - 楚英 止
- 槓公 子一
  - 貴公 子四
    - 熊公
    - 羆公

桂公 止

粲公 子一

東公 子四

性公 子一

錫公 子二

鐙公 止

錀公

鎡公

懿公

能公

鶚公 止

有典

有師

廿一世　廿二世　廿三世　廿四世　廿五世

傑公 子二
- 澄公 止
- 洦公 止

任公 子二
- 江公 子一
  - 桐公 子三
    - 一 樑 子三
      - 華琇
      - 萬琇
      - 兼琇
    - 一 美 子一
      - 蓼琇
    - 一 標 子三
      - 藩琇
      - 奢琇

- 潮公 子一
  - 憲公 子三
    - 彬公 止
    - 模公 止
    - 楷公 止
- 荃琇

傳公 子四

- 河公 子一
  - 天在 止
- 漢公 子一
  - 應知 止
- 泮公 止
- 溥公 子二
  - 應知 出嗣
  - 應星 子一
    - 一森 子一
      - 寬公

柔公

應紀 子三

一岱 止

一亥 止

一盤 子一

建公

一愈 子四

彥琇

佐琇 止

德琇

積琇

佳公 子三

淵公 子二

立言 子一

樞公 子二

哉公 止

明公

應育 子一

惠公 子四

芳公

勳公

安公

梅公

夏公 子二

集公

彖公

海公 子三

應亮 子二

顯公 止

三公 止

應造 止

應試 止

僖公 子四

泗公 子一

香伃 在永春湯洋

璋公 子二

神保 止

應傳 子一

手公 止

琮公 止

珪公 子二

應傳 出嗣

應秀 子三

己公 止

二公 止

瑚公 止

三孫 止

信公 子一

璸公 移居東鄉仙水

天祉 子二

尚義 子三

若源 子二

繽公 子六

瑜公

瑚公 止

珊公 止

四公 止

琯公 止

禾公

若湛　子五

若涵　子二

給公　移居仙遊前坂

緝公　子一

繹公　止

纏公　子一

許公　子一

績公　出繼若涵

續公　子三

[illegible]公

巘公

琬公

璉公　止

瑍公　止

任公　止

尚友 出継天民

順公 止

習公 止

天民 子一
　尚友 子二
　　若洵 子一
　　　綉公
　　若沁 止
　　若津

天定 子二
　尚節 子二
　　夢鯤 子七
　　　光先 子一
　　　　宗政
　　　光縣 止
　　　光縡 子二
　　　　宗輔

光寵　子六
- 宗理
- 宗性
- 癸公
- 朔公
- 達公
- 謂公

光龍　子三
- 奇公
- 振公
- 妥公

光愷 子二
- 郡國
- 郡友

光猷 子二
- 胤公
- 輿公 止

夢洙 子二
- 喬會 子四
  - 紹業
  - 紹芳
  - 希鑣
  - 克俊
- 佳會 子三
  - 廷琦

尚綱 子一

若濂 子五

棟公 子一　獻提 子二　綍公 子二　縝公 子三

廷壁　廷瑗　琦公 止　廷燕　廷選　挺公 止　特公　隆兆　準英

天沈 子一

尚遺 子四

若泳 止　夢瀾 子二

綣公 子二　俞超 子三　俞總 子二

纙英 止　琛公 止　瑨公 止　宗憲 止　宗望　宗周　宗玉 止　宗琛

若混　子二

俞祚　子一
宗興
宗庖　止

俞龕　子三
宗忠
宗恕
宗慷

俞佳　子四
宗選　止
宗典
宗陞
宗晢

若浩 子二
- 俞起 子三
  - 宗祿
  - 宗享
  - 宗郁 止
- 俞練 子三
  - 宗闇
  - 宗侃 止
  - 宗與

華山 子一
- 守約 子二
  - 應琚 子一
    - 祖恊 子一
      - 朔公
  - 應璞 子一
    - 乾望 子二
      - 文一 止
      - 文二

- 華舟 子一
  - 守卿 子一
    - 三孫 止
- 仲夏 子四
  - 芽公 子二
    - 應辰 止
    - 應佛 子五
      - 大公 子一
        - 順公 止
      - 雙公 子一
        - 智公
      - 超公 止
      - 四公 止
      - 五公 止
  - 華公 止
  - 蔞公 子四
    - 應騰 止

應勝 子二

應臚 子三

榮公 子二

復公 止

翔公 子五

監公 子二

馬奇

濟公

多公

士公

正公

衛公 出繼

甲公

彪公 止

應皇 子二

臨公 嗣子一

衛公 止

品公 子八

錦公

晉公 止

錠公 止

頎公 出嗣

保公 止

奏公 止

環公 止

卿公 止

蘭公 子二

天賜 子四

來公 嗣子

頎公 止

遷公 止

就公 子四

殷公 子二

五老 止

敬公

尊公

意公

百公

儔公

俶公

- 天盛 止
- 望夏 子一
  - 蕎公 子三
    - 應詔 子二
      - 楠公 子一
        - 點公 止
      - 栢公 止
    - 應昭 止
    - 應紹 子二
      - 相公 子二
        - 淑公 止
        - 鼎公 止
- 岳公 子三
  - 養志 子二
    - 應機 止
    - 應會 子一
      - 晏公 子一
        - 鮑公 續
  - 畐公 子一
    - 應元 子一
      - 梓公 止

崧公 子三

養謙 子一
- 恒解 移居仙邑御史嶺
  - 烏治 居興化城常太里
    - 仲公 任御史嶺

養元 止

養正 子一
- 晚仔 止

養端 子三
- 應奎 止
- 應参 止
- 應璧 止

養執 子五
- 福孫
- 季孫 子一
  - 耆公 子一
    - 煥公
- 圓公 子一
  - 進公 子二
    - 鳳公

圃公 子一

姝英 殤

妍公 移居仙遊御史嶺

震公 子二

鶵公 止

實公 止

雛公 止

崑公 子一

養譽 子一

應祖 子五

亥公 止

月公 止

遴公 子一

璧使 止

庚公 止

平公 子一

進使 止

- 德公 子四
  - 詢公 嗣子一
    - 愛英 子七
      - 晏公 往仙遊
  - 誥公 子四
    - 育新 子一
      - 丁公 子二
        - 長公 止
        - 愛公 止
    - 育沂 子一
      - 吼公 子三
        - 孔公 往泉城
        - 彩公 止
        - 瑗公 止
    - 愛公 出繼
    - 育所 止
  - 諴公 子二
    - 育富 子一
      - 良公 止

詳公止

齊公子二
學舜子三
際寅止
際安止
際寵止

學康子三
際宏子三
迎公子一
新公止
乳公止
連公子二
啓公
團公止
端公止

際賓 止

際粲 止

饒公 子一

歆公 子三

七恒

宗恒

太項 均住在安平大庭頭

望秋 子一

旭公 子二

毓庚 止

毓癸 子二

率公 止

霊公 子一

旺公 止

繼公 子一

日儲 住仙邑新橋

紐公 子一
- 日偉 止

謨公 嗣子一
- 思敏 止

韜公 子二
- 思嚴 止
- 思敏 出繼

省公 子三
- 思遜 子一
  - 殿昺 子一
    - 祥公 止
- 思儉 子一
  - 殿球 子四
    - 喬祐 止
    - 喬西 止
    - 喬禪 止
    - 喬褒 止

- 思復　子二
  - 殿沛　子三
    - 春公　止
    - 七公　止
    - 郎公　止
  - 殿俛　子一
    - 喬在　止

- 治公　子二
  - 思太　止
  - 思進　止
- 守公　子一
  - 思瑗　止
- 揚公　子一
  - 思信　止
- 操公　子一
  - 晚公　止

- 覺公 子五
  - 思忠 止
  - 思稷 子一
    - 世侃 子二
      - 坤公 止
      - 三公 止
  - 思産 子二
    - 世輝 止
    - 世培 止
  - 思聖 子二
    - 世至 止
    - 世郁 子二
      - 桐公 止
      - 東公 止
  - 思由 子一
    - 世嬌 止

譽公 子二
- 思籍 子一
  - 殿恩 止
- 思策 止

詠公 子二
- 思學 子三
  - 世孔 止
  - 世厚 止
  - 世案 子二
    - 及公 止
    - 習公 止
- 思椿 子二
  - 世亥 子二
    - 仲公
    - 聘公
  - 世添 子二
    - 秀公

琚公 子一 住仙邑西鄉

朝貴 子三

時成

時玉 子四

時三 均移居西鄉

文公

初公

義公 子一

秋公 子二

仁公 子二

娘哥 止

三公 止

旺公 止

四璋 止

大妹 止

産三 止

鼎提 止

㬎公 子一

思明 子三

天選 止

天從 止

天昂 止

態公 子二

思温 子一

天印 養子

六娘

思篤 子三

世英 止

世富 止

世爲 止

能公 子三

思敬 子三
思睦 子二

世璋 子四
世祿 子一
世肯 止
世星 子一

長英 嗣子一
望公 子一
約公 止
維公 子二
所英 止
良公 子三

寶公
質公 止
充公 止
瀍公 止
素公
建公 止

世惜止

思登子一
世元子二
龍公
鴻公

有典子四
思琰子一
世湘止
思環子一
世沿止
思琦子二
世演子一
然公
世潤止
思瑶止

有師子一
觀保子二 移居東鄉
世琳止

世源 子一
五使 止

廿五世　廿六世　廿七世　廿八世　廿九世

萃琇 子一
肇解 子一
齊公 子四
守公
孝公 子一
蔭公 止
悌公 子一
君公
濺公 止

萬琇 子四
曾公 止
兩公 子二
八公 子二
章公 止
禮公 止

- 便公 子六
  - 次公 子二
    - 神祐
    - 祖德
  - 文公 子二
    - 漸公 止
    - 恕公 止
  - 俊公 子四
    - 吉來
    - 竹公
    - 肪公
    - 月公
  - 高公 子四
    - 参公

豆公 子六

壽公 子三

教公 子一

祇公 子三

櫄公

情公 止

于公 止

謀公

蘊公

欣公

妹公

泮公

沃公

崑公 子六

川公 子六

全公　兼公　好公　官公　塔公　九公　堂公 出嗣

彦公　美公

燊公

隟公

助公

妥公 止

利公 子四

勳公

搖公

虎公

畏公

哲公 子三

廣公

淑公 子一

陟岵 子四

闇公 子一

登公 止

回公 止

正莊 兼承

治公 子四

逮公

所公

偕公

堂公

慊公

丞公

巖公 子二

立公 子六

延公 兼嗣子一

開公 嗣子一

宗公 子二

仲公 子二

道公 止

賽公 子三

正莊

期公

來公

傳公

黨公

期公 出嗣

淹公

章公 止

雙公 子三

七公 子二

蘇公 子五

經公 子一

才公 出嗣

才公 止

榔公 嗣曾孫 一名訟

選公

衆公 止

梂公

帛公

軫公

彩公

寅公 子五

匏公 止

彝公

班公 止

粒公 止

仕公 止

兼琇 子四

大來 子三

昶公 子二

冢公 子二

鎮公

鈐公

舊公 出嗣暹

曉公 出嗣鐘琓

祥來　子二
- 果公　子三
  - 賡公　子一
    - 驥公
  - 廉公　子三
    - 騤公
    - 騑公
    - 騂公
  - 康公　子七
    - 騅公

暹公　嗣子一
- 奮公　子四
  - 貞公
  - 聰公
  - 鏗公
  - 适公

任來　嗣子一

叟公　出嗣任來

叟公　子四

應公　子一

庭公　子三

駰公

驪公

騀公

騧公

驔公

騎公

濠公

純樸

孶公 子六

庇公 子三

純定

全順

深公

池公

汝公

告公

范公

溽公

紀公

鐘琬 嗣子一

曉公 子二

纘公 子二

緝公 子二

繼公

絺公

瑞公

取公

篤公

等公

蓼琇 子二

昉公 止

群公 子二

琴公 止

魯公 止

藩琇 子四

允參 止
允程 止
允升 子二

肯公 子三

彪公 子二
運公 子五

寬公
春公
和公 止
春公 出嗣彪
長公
學公
錦公 止

猛公 子一
棟公

奏公 出嗣允則

允則 嗣子一
奏公 子四
思公 子二
時公
且公 止
珠公 子一
願公
會公 子二
但公 止
落公 止
壬公 子一
初公 止

蒼琇 子四
郎公 子二
澄公 子二
淡公 止

莊公　止

渫公　子二
- 雩公　止
- 宇公　止

是公　子一
- 琁公　子一
  - 方老　子二
    - 埔公
    - 麟公

垣公　子一
- 賀公　子三
  - 貢公　子一
    - 化公
  - 雅公　子一
    - 巧公
  - 蓮公　子一
    - 路公

益公　子六
- 倡公　子三
  - 執公　子一
    - 旺公

興公　子一
起公　止
課公　止
聘公　止

儀公　子一

進祖　止

本公　子二
喜公　子三

偏公　止
丁公
通公
識公　止
瓶公　止

茎琇　子三

增豐　子二

光公　子一

焱公　子五

盈公　止

擾公　止

八公　止

家公　止

使公　止

顯公　子一

傅公　子三

淵公　止

詩公　止

冬公　止

垩公　兼嗣子一

喜公

增珣 子一
佛漢 子二
樞公 子二
秦公
皎公 出嗣暢

暢公 嗣子一
皎公

增瓏 子一
魁公 止

寬公 子二
嘉公 止
鑣公 止

彔公 子四
座公 子二
仰公 子一
艮元 子四
夔公
鍗公
磃公

劊公　子四
甫公　止
吉公　止

古公　子一
均公　子一　又名聖
宗體　子二
後公　止
屋公　止

雙美　止
存己　子一
存立　止
存巧　子一

斗公
桃公
充公

- 建公 子二
  - 隱公 子一
    - 蘭公
  - 居公 止
- 彥琇 子二
  - 超公 止
  - 富公 止
- 德琇 子一
  - 回公 止
- 積琇 子二
  - 媽賜 子四
    - 貼公 止
    - 班公 止
    - 賚公 止
    - 設公 子二
      - 廣南 子三
        - 士倒 止

閣公　止

明公　子二

外使　子二

敬公　子四

雲南　子一

廷蘭

茹來

來成

春公　子二

弗公

般公

度公　止

趙公　出嗣仲

秋公　子四

膽公

越公 子四

倩公

盼公

妙公

貌公 出

文公

入公 出嗣趙

勿公 止

仲公 子三

趙公 嗣子

入公

改公

補公

佐公 子一
恭公 子三
尊公 子一
成罕 止
二公 子一
璇公 止
亲公 止

芳公 子四
賜養 嗣子一
傅公 子四
貓公 子三
梭公 止
判公 子四
庚公
歸公
渴公
瀞公

寅公 出嗣僬

濕公 出嗣鵝

倣公 嗣子一

寅公 止

撥公 子四

紅日

紅石

紅抽

紅土

操公 子二

樓公 子二

請公 子四

妍公

鑒公

易公 子三

築公 子二　傳公 出嗣　鵬公 子三

湊公 子二　來助 子二　芾公 止　麗公 子一

玩公　撻公　哖公　衍公 嗣　花公　圭公　納公

勳公 子一
- 讓公 嗣子一
  - 崇公 子五
    - 潤公 子二
      - 地厚
      - 待月 出嗣
    - 閶公 子四
      - 最公
      - 禁公
- 禮公 止

鵝公 嗣子一
- 濕公

波公 子三
- 嚴和
- 遇公
- 衛公

- 粒公
- 扯公

闖公　子五
- 索公
- 家善
- 辨來
- 杏仁
- 縣達

閹公　子四
- 和修
- 牧童

安公 子二

良公 子四

帝公 子六

闇公 嗣子一

鄰公 子二

恪公 子三

豹公 往臺灣

永則

菜蓮

待月

漢公

平公

文鏘

天作

畋公

宰公 子六

聚公 子四
瞶公 住臺
狐公 止
測公 子二
齊連 子二

竉公
鬢公
妾公
夾公
特公
柄公
買公

沙公 子一
搬公 子三
荅公 嗣子一
明月 子五

雙來
攢公
加祿
良進
顯達
拈英
泰公
阮來
開宗

三公 出嗣

篤公 子一
隨公 子二
稿公
妾公 嗣

黃烏
守提

梅公 子二

騰公 子一
舉公 子二
院公 止
亭公 子一
成宗

忠公 子二
千公 往臺灣
智公 止

懇公 子三

鎣公 子二

涼公 嗣子一

愴公 子二

箬公 子三

启公 出嗣

启公 子一

款公 止

丹桂 子二

往來

斜元

汝元

丘山

匹山 出嗣香

匹山

嫦娥 殤

集公 子五

科公 子一　賞公 子一

江公 子二　所公 子三

睃月 出　巨公 嗣子一　田公 子三　興來 止　掌公 子二　献公 子三

聖堅　由來　聖堅 出嗣巨　合仁　雙路　雙喜 出續　協公

有利

培公

雙喜 似長子

拔公 出嗣

悅公 子三

爾公 子四

荀公 子一

戴來

秉公 止

穀公 子三

雙全

和成

贊成

- 寬公　殤
- 簪公　子一
  - 分來　止
- 學公　子二
  - 晋公　止
  - 魁公　子一
    - 締公
- 扳公　子二
  - 管公　嗣子一
    - 招客　止
  - 永公　止
- 篆公　嗣子一
  - 拔公　子五
    - 交公　子三
      - 整公　止
      - 鐵公　止
      - 跳公　嗣子三
        - 盤德

翁公止
柳公子三
纂公嗣子一
應歲
跳來出嗣
棕公往台
只公止
極公止

應歲出嗣
六英

瑜公子一
忠公止

朱公子二
福公止
會公止

𪩘公子二
念祖止
歆公止

琬公子一
養公止

宗政子二
韜公
傑公

宗輔子一
雍英子一
白英子三
悻公子三
古公
㑭公

宗理 子二

雍公 出嗣

雲公 子二

清公 子三

懷公 子三

棒公 止

鶴公 子五

猛公

禹公

中公

璧公

尚義

評公

詠公

宗性 子三

畧公 子二

壹公 子四　白公 出嗣

達公 子二　森公 子二　閣公 子二

姜公　瑯公　鈴公　共公　勸公　志公　虎公　誣公

强公

近公 子一

向英

垸公 子二

湊景

江公

爵公 止

信公 子二

義公 子三

釗公

先公

草公

所公 子三

科公

癸公 子五

睿公 止
植公 止
懷公 止
鸞公 子三

華公 子一
造公 止
竹公 嗣子

然公 子二
偉公 止

滾公
掌公

仲公
廩公

朔公 子五

匿公 止

恩公 子一
講公 子一
艮公 止

研公 子二
流公 止
縣公 止

命公 子三
貫公 子一
馳公 子二
約公
粧公
萬公

塘公 子二
盛公 子四
董公 子一
趙元
民公 止

協公 子三

倖公 子一　咸公 子一　情公 子一

歆公 子二　程公 子一　儉公 止　暹公 子四　班公 子二

合來　富來　琴公　天寶　利貞　元亨　添丁　永來

歲公 止

餘公 子一

株公 止

佳公 子二

享公 嗣子一

鍾公 子四

熙公 嗣子一

春蘭

韮英

廣公

世公 出嗣

尋公

裱公

世英

達公 子二

解公 嗣子一

送來 子五

堅公 子二

琛公 子二

德公 止

助公 子四

夢公

意公

案公

兩公

仕公

對公

群公

念公

- 芳公 子一
  - 賞英
- 雙公 子二
  - 愽公 子三
    - 抱公 子一
      - 前英
    - 郝公 子三
      - 亮公
      - 棱公
      - 五公
    - 的公 子三
      - 天祐
      - 栯公
      - 君公
  - 乘公 止

謂公 子二

繼公 子五

鼎公 子三

胖公 子二

潛公 子二

聘公 子四

拱公 嗣子一

長 嗣子一 失諱

述公 子三

梯公

慶公

倫公

吾公

花公

銓公 出嗣

銓公

札魁

札魁 出嗣

臘公

孫公 子四
- 芬公 止
- 潛公 子一
  - 全公
- 卿公 止
- 洒公 止

接公 止

孫垺 止

元尚

而貨

奇公 子二
- 遷公 子二
  - 條公 子二
    - 走公 止
    - 陣公 出嗣仁美
  - 理公 嗣子二
    - 陣公 子三
      - 虔公
      - 鳳公
      - 郤公

振公 子二
- 翰公 止
- 福公 止

妥公 子五
- 植公 止
- 宣公 子二
  - 蒲公 子二
    - 舉公 子二
      - 破公

紀公 子三

炳公

頵公 子四

快公 止

斜公

金公

眉公 出嗣西房

雖公

照公 子二

徽公 止

晏公 止

彬公 止

業公止

郡國子一
漢老止

郡友子四
天公止
地公子二
長公止
朱公止
人公止
善公子一
曆公止

胤公子一
我公止

紹業子一
合公子三
荔公子二
與公子一
田英

帶公 子三

生公 止

玭公 子三

獅公 子七

錦公

鑑公

鐵公

載公

用公

再公

宗公

雄公

寶成

浮公

象公 子三

秀來

禎祥

顯榮

賽公 子二

臨公 子一

丁秋

秉來 止

紹芳 子二

鴻英 子二

鵦公 止

禹公 嗣子一

三英 子一

友成

鴻逵 子三

洋公 子四

澤公 嗣子一

純公 子一

儉公 子一

三公 出嗣

麟公 出嗣

麟公 子六

研英

祿英

研公 出嗣純

鰍公

竭公

鴦公

祿公 出嗣儉

希鑨　子二
鴻淵　子二
鴻浩　止
惠溥　止
克俊　子三
沉公　子四
壽公　止
冀公　止
煜公　止
彥公　止
保公　止
齊公　止

玉完

- 泰公 子五
  - 梅公 子一
    - 貫英
  - 彔公 子三
    - 珍國
    - 誠與
    - 福溪
  - 星公 子三
    - 竦公
    - 青公
    - 圳公
  - 辰公 子三
    - 守公
    - 且公

仰公

榭公 子三
虹山
迎春
教英

煥公 子一
衷公 子一
漢公 子一
柯英

相公 止

廷琦 子一
郁公 子一
從公 子一
簡公 子二
文洪
愿吕

廷璧 子一
箕公 子一
叅金 止

- 廷瑗 子一
  - 文攝 子三
    - 東公 嗣子一
      - 振成 子二
        - 霜厚
        - 霞厚
    - 莊公 子三
      - 團練 子二
        - 應皇
        - 金錠
      - 文欽 子四
        - 香公
        - 蓮公
        - 壬公
        - 辛公
      - 文燔 止

聰公 子四

文煨 子四

陸二

謙公

石公

勅使 出嗣一派

文燁 止

文烆 止

文熂 嗣子一

勅使

文摳 子四

滔公 子三均失諱無稽

蹈公 子五

埜保 子二

嶺公

周粗

堍公　止

闌公　出嗣色

塲公　子四

放公　子二

周粗　出嗣塗伙

周海

周山

周衍

長宏

長更

- 邑公　嗣子一
  - 闡公　子六
    - 長盛
    - 長爪
    - 長宏　出嗣放
    - 長更　出嗣放
    - 長華
    - 長陸
- 嚳公　子三
  - 鵲公　子三
    - 自英　任四都
    - 攔公
    - 返公　俱任陳三垻

廷燕 子二

愷公 子二　　勝公 止

續公 子三

扶公 止　　居公 止　　最公 子二　　走公 子三　　廿九公 止

牌公　　歡公　　葉公　　覔公　　求公

君公 子三

賜公 子一

錐公 子四

切公

調公

挽公

邀公

齋懷 子五

存本 嗣子一

紫英

存心 子一

綠公

存厚 止

存德 止

存成 止

祥懷 子四

祜公 子一

茂英

丙公 子一

教英

商公 止

丙公 子四

旭蘭

驕連

必捷

亘川

廷選 子二

祿公 止

壽公 止

特公 子一
　贊公 止

隆兆 子二
　奬公 子二
　　考世 止
　申公 止

準公 子一
　符公 止

宗望 嗣子一
　進九 子二
　　芋公 子四
　　　殷公 止
　　　泰公 子四
　　　　貴成
　　　　輕公
　　　　典公
　　　　每公

時公　子二

丙公

辦公

老公　止

毓公　止

宗周　子三

進九　出嗣望

進燁　止

進碩　子一

士雍　止

宗琛　子二

進贊　止

進起　止

宗興 子一
進初 子二
復公 子一
脫公 止
烈公 止
曾正 子一 未詳何系
表公 子四
蚕引
仍順
稅蘭
守竹

宗忠 子二
胤衿 止
胤禩 子二
念公 止
姐公 止

宗恕 子三

胤祥 子六

義公

丁公 子二

适公 止

達公 止

會公 子二

奚公

夜公

霞公 止

思公 出嗣祈

完公 子三

諒公 子二

角公

盖二

胤祉止

胤祈 子三

變公 子三

思公 徙古洿

厚公 子五

詩公止

三公 嗣子一

西公止

迎公止

璉公 子二

桂公 子二

天擇

學公

鼎章

祿公

重公 子二

花公 止

坎公 有子數人因神主字跡不清故佚錄之

豖公 子二

六公

拱公 止

節公 子二

豆公

麒麟

親英

論

文玉

宣和

宗愫 子三

胤祐 子一
憝公 止

胤禮 子二
琳公 止
璻公 子一
沛公 子四
貞平
戰勝
合英
乃英

胤祜 子四
脱公 子四
挺公 子六
水公
德華
德儀

腸公 子五

哲公 子一
遊公 子一
國公
探公
等公
貢公 子一

英世
德香
鶩公
存忠
挑
雪公

宗典　子二

胤秀　子一

俊公　子二

南公　子三

霜公

滕公　子三

⿰月襄公　子一

都公　月公　允公　元公　凡公

天與

元公　子三

景公　挽公　孝公

胤森止

讀公子四

贖公

排公

慶公

通公

輕公

葵公

宗陛子二

顏公子三

緜公子二

孔明子二

蛟公

莪公

宗哲 子二

興公 子一

富公 子五

來公 子二

橋公 子六

緒公 子一

旺公 子三

扳桂

樟公

楓公

赤公

老二

喜梅

秋香

文言

湊六

佃公 子一
馬祈 子三
天助 子五

東海
溪英
致公
草山
科公
樹枝
在公
蟬公
運公

飛鶯

萇朋

岳公　子五

慥公　子四

屈世　止

元椿　子六

安公

德公

眞公

星公

員公

劍公

悅公

慨公　子四

錐公止

元檜　子二

元宅　子五

瑜公

臺明

龍公

登公

雲公

兩公

味公

恢公 止

恒公 子四

鈞公 子三　餅公　贈公

軒公 子二　詮公

世春　從意　矜榔

甘桃　寬公

宗脩 子二

建公 子四

搗公 子二　三公 子一　木公 止　白公 子三

轉公　軫公　寮池　告塔　點公 子三　勅公 子二

荷公　粧公　朕公　創來

光公 子一

仕權 子三

推公 子三
路公 子一
祜公 子三
沾公

愈來
志公
高尙
傲公
對英
八賞
維英
殿英

宗亨 子三

提高 子五

授高 子三

衍公 子二

沐公 出嗣

平回 嗣子一

丑公

部公

征公 子一

沐公 子一

辰平

蘭公

莉公 出嗣

莉公

榜與進稱行直僅知爲提高之孫未詳何八之子候查

邑公 止

恭公 子一

稊英

招高 子一

麟公 子五

祖公 子五

榮公 子四

桃公　瑶公　樑公　棟公　材公

秋元　澄秀　松生　竹生

宗公 子二
淮生
天生

炎公 子二
宏蔚
鑒生

輝公 子一
榜公

宗閏 子一
先公 止

宗與 子二
乾公 子三
苞公 子三
文貌 子三
波公
浪公
頂公

葉公 子三

文報 子二　文曲 子二　謀公 子五

參公　贊公　進公　嵾公　彝公　芹公　艾公　燕公　莊公

志縉子一

誠德子一

寅英

英公子三

翁公

謨公子二

舉善

孝慈

讓公子五

祖蔭

奕茂

式志

勿公

乾公

富公

超公

武公 子三
- 賢公 子一
  - 聰明 止
- 宰公 子一
  - 有公 止
- 託公 子一
  - 發公 止

朔公 子四
- 秀公 子一
  - 禮公 止
- 編公 止
- 豸公 止
- 老公 止

文二 子一 — 福奇 止

智公 子一 — 杜機 止

馬奇 子二 — 任公 止；瑛公 止

濟公 子二 — 孔公 止；語公 止

多公 子二 — 琰公 止；球公 止

士公 子三 — 晃公 止

正公　子二
戴公　止
珍公　止

文公　止
茂公　止

甲公　子三
別公　止
則公　止
前公　止

錦公　子一
巖公　止

敬公　子一
威公　子一
越公　子一
紆公　止

- 尊公 子一
  - 根公 子二
    - 聽公 止
    - 唱公 止
- 意公 子二
  - 秦公 止
  - 楚公 止
- 百公 子二
  - 惠公 嗣子一
    - 自來 止
  - 想公 止
- 儔公 子三
  - 錫公
  - 偶公

炳公 [illegible]

- 盤公 子五
  - 通公 無傳
  - 心公 子二
    - 得意 止
    - 彩鳳 止
  - 鵝公 子三
    - 有道 止
    - 有朋 止
    - 有志 止
  - 眞公 止
  - 聚公 止

- 俶公 子四
  - 宜公 子一
    - 波公 止

民國辛未重修

- 知公　子一
  - 出公　子一
    - 照來　止
- 三公　子五
  - 燊公　止
  - 藹公　子五
    - 終公　止
    - 祿公　止
    - 慶公　止
    - 寵公　止
    - 歲公　止
  - 采公　止
  - 冉公　止

澤蘭止

香公子三
沐公止
潭公止
郭公止

仲公子一
乾姐止

煥公子一
開老止

鳳公子一
信姐止

孔公子一
老使

啓公子一
瓌公子三
卞公止

國公 子二
邑公 止
攜公 止

周公 子二
成美
長 失名
連興
吟公 止

御公 止

懷美 子二
緣公
饔公

實公 子二
回公 子一
摘公

傳公 子二

南公 子二

兼公 子三

望稽

足公 子一

昌英

潤公 子二

新公

傅公

有公 子二

蔭公

壇公

天元 子二

安公

轉公

泰公 子一

開公 止

重修虹山彭氏族譜宗支圖卷弍

廿九世　三十世　卅一世　卅二世　卅三世

君公 子一
○失諱 子一
○盤公 子二
○催公 子三
○房公 止
○獺公
○標公 止
○右公 止

神祐 子二
○外來 子二
○鏡公 子九
○樹榮 子四
○禧公 止
○陞公 出嗣
○糾公 出嗣

川公 出嗣

玉子 出嗣

力只 子一

呈 出嗣 止

欲桂 双嗣子二

糾

玭山 出嗣

讓公 出嗣

廻山 出嗣

賢德 出嗣

籃公 嗣子一

玉子 子二

烈忠 出嗣

祖德子四
梅公嗣子一
京師嗣子一
讓公嗣子一
川止

權公子三
金公與子衫居仙邑城內
衫公
六北止
菓公止

奧公子一
京師出嗣

嫣公止

吉來子一
秋連子二
元很子二
縣益出嗣
新科子一
耀公止
元鳳嗣子一
縣益子二
三評

竹公 子一
佺來 止

團圓 止

昉公 子四
暖公 子二
元道 子一
轉公 子一
慶芸

密公 子一
魁月 止

寶公 子一
成畝 止

鶩公 子二
路公 子一
長公 嗣子一
順禮 出似

燕公 止

就允 子一
欽公 子一
基公 止

月公 子二
搏公 子一
宜蘭 子一
禎公 出似仁圃

只尚 子二

再興 子三　德興 止

彥公 子二　成仁 止　鵝 止

福元　順禮 出嗣

参公 子三

綴公 子四

日新 子四

敦仁 子一　業書 止　臣公 子三

桃 止　桃纘　進 出嗣

任 出嗣

招公 出嗣

脛公 子一

招公 子一

進 止

郎公 子一

鼎公 止

邱陵 子二

朝仕 子二

轉

祥 止

秧 似長子

恩忠

曾公 子三

兵公 子二

蟯公 止

連敬

陞

坊公止

麒麟止

柰公子二

陞公子一

萬福出似

君公繼子一

禧

標公子二

斗公止

挽公子三

改公子二

褫公子二

光珠

光定

晧公子四

瑶

蛸公 子四

端公 子三　褫公 出嗣　皇公　案公 子三

潑　帳　麵 出嗣　配　爻答　告予 兼承　告予 兼承　塗

謀公 子一
- 秋季 止

蘊公 子二
- 蘵公 子四
  - 富公 止
  - 我公 止
  - 款來 止
  - 其蘇 止
- 祥來 止

羅公 子一
- 由天 止

秧 出似
- 蔭

欣公嗣子一

約公子三

盈車止

鉗公子二

捣公出嗣

海公子一

順仕

添才

全公嗣子一

捣公子二

選來

福春父子移居福清

妹公子五

冬菊子一

連好子一

同公子一

永英移住仁宅

功亭子二

香公子一

城子二

薄

赤

世來

歈公　止

典來　子三

詠公　止

郄公　嗣子

城

蜂公　出嗣

忍來　嗣子一

蜂公　嗣子三

鄭　子二

鉄

洋公　子四

檜公　子三

姜公　子二

綢來　子四

成奎

雪來

逆郎

栢公 子四

求 殁
禾 出嗣
岸 止
學 止
梅 出嗣
驅 子二

貌來 止
進益 子二

糊 殤
秉
山

寄來 子四

溪河

江河

飛河

愛河

柿公 子二

木止

郁 子三

煥止

義 出嗣樹

衫 嗣孫一錄

桃公 出嗣

- 沃公 子一
  - 桃公 子二
    - 梅 子四
      - 石 子二
        - 禧
        - 袋
      - 賞 子二
        - 遷
        - 貫
      - 淺 繼子三
        - 友
        - 權 出嗣
        - 諒
      - 習 繼子一
        - 權
    - 冬桂 子三
      - 銅 子三
        - 思

全公 子二

携公 子二

長肯 子八

蘭 出嗣　爲

峉來 出嗣　恭 子二

蘭　悅 似子

向元 止

別 子一

奎

齒 子二

齊　套

長枝 子六

威 止
連理 子二
帝 子二
臻 子二
拳 止
擬 止

慨
庫
再
學
有 出似
貫

澄 子五

篤 子二

良 止　都 子三　堯 出嗣　臨 止　皇 出嗣　梅香 子二

政　禹　傑

油福　計

捧 子四

交友 出嗣

西 出嗣

躍 止

厚 止

炮 出嗣

垙 出嗣

亦開 嗣子一

交友 子四

砌

覺

莉

潛 嗣子一
悔 子五

炮 子三
妹 嗣子一
賚 子二
富 發嗣子一
述 子三

佃 殤
梭
泉
講
建
馨 蓁泰
塾
馨
親

兼公子一

筆仲止

好公子二

天公子一

新興止

吥公子五

新來止

雲子三

見止

景出嗣

俠四子

灶續子二

建續出嗣

尚續

建

尚

棟　止

予　止

音　子一

景　子三

分

滚

請

藤　子四

伐

炷

心　出嗣

拚

官公 子二
塔公 子二

椽公 子二
農公止
量公 嗣子二

綢 分居大田縣
樹 子五 似三子

走來 子二
和義 子一
燚光 子三
西涼 子四

妙
海
春
全孝
昂
根 積子
賞

胥蓼 子一

添元 子三

溪 子二

似三子
謁 續子一

鳳 子五

分

金連

獺

鎮

沉香

根 兼承欲

得

泰

糾

九公 子一

笑山 子二

樵才 子一

華 子四　俊 子一　力 子三

情　了　寶　糧　蓮　茂　俊　祿　塗

彥公 子二

素香 子七
銑 嗣子一

主止

居來 子五
垂 出嗣

纖 出嗣
目 子一
清 出嗣
縷 子一
勵 子二

廩
佳
闓
尾

昂 出嗣

舜來 子一
經元 止

諧來 嗣子一
織 子四
徹
折 出嗣
癸 出嗣
進

宜來 嗣子一
清 嗣子一
折

册來 出嗣

曲來 出嗣

老 子一
熟 止

- 支 子二
  - 朋 子二
    - 畢 子二
      - 貽
      - 永
    - 棻 續子一
      - 簪 子一
        - 暡
  - 簪 續子

- 美公 子三
  - 快 子二
    - 法 止
    - 完 子一
      - 仕 子一
        - 興
  - 墻 嗣子一
    - 釀 嗣子一
      - 雅 止
  - 味 子四
    - 吽 嗣子
      - 象 子二
        - 堦
        - 擔

宗支圖

釀 出嗣
完 出嗣
硯 繼子
仕

橥公 子二
浮
諸光 子二
忠
瓛
珖 止

張 子一
汝 殤

隙公
册來 子三
錦 子三
註
燕 出嗣

助公 子二

耦才 嗣子一

曲 子六

傳 嗣子一 — 欲

圣 嗣子一 — 燕

章 子二 — 迓、童

白 止

傅 出嗣

象 出嗣

日 子一 — 恒

欲 出嗣

動公 子三

醉 子三
須 子二

揚 子一
盤 嗣子一
琴 子二
悅 子四 似次子一

牽 子一
裔 兼嗣子一
裔
滿止
吉止
膺 子五

錢
呈
綮
麻
波
鎮

圯山　子三
- 隨
- 麟
- 蘉　續子

成　子三
- 烈
- 壇
- 堦

本立　子二
- 庚
- 墨

郡

資　子五

段　子四

似次子杰　續子一

鎣

中　出嗣

敦

芋

親

姐　嗣子一

中

廻山　續子二

樣

慈

榜　子四

挐

榮 子一

辣 子六

賢德 嗣子二

姣 子四

禎 續子二

聰

擇

齊

樣

慈

糾 兼嗣欲桂

有章

壽山

得芳

軒昂

欽祥 出嗣爐

元 子四
- 有財
- 有土 出嗣
- 有用
- 有章 出嗣

很 嗣子一
- 有土

心 子一
- 嫖

爐 嗣子一
- 欽祥

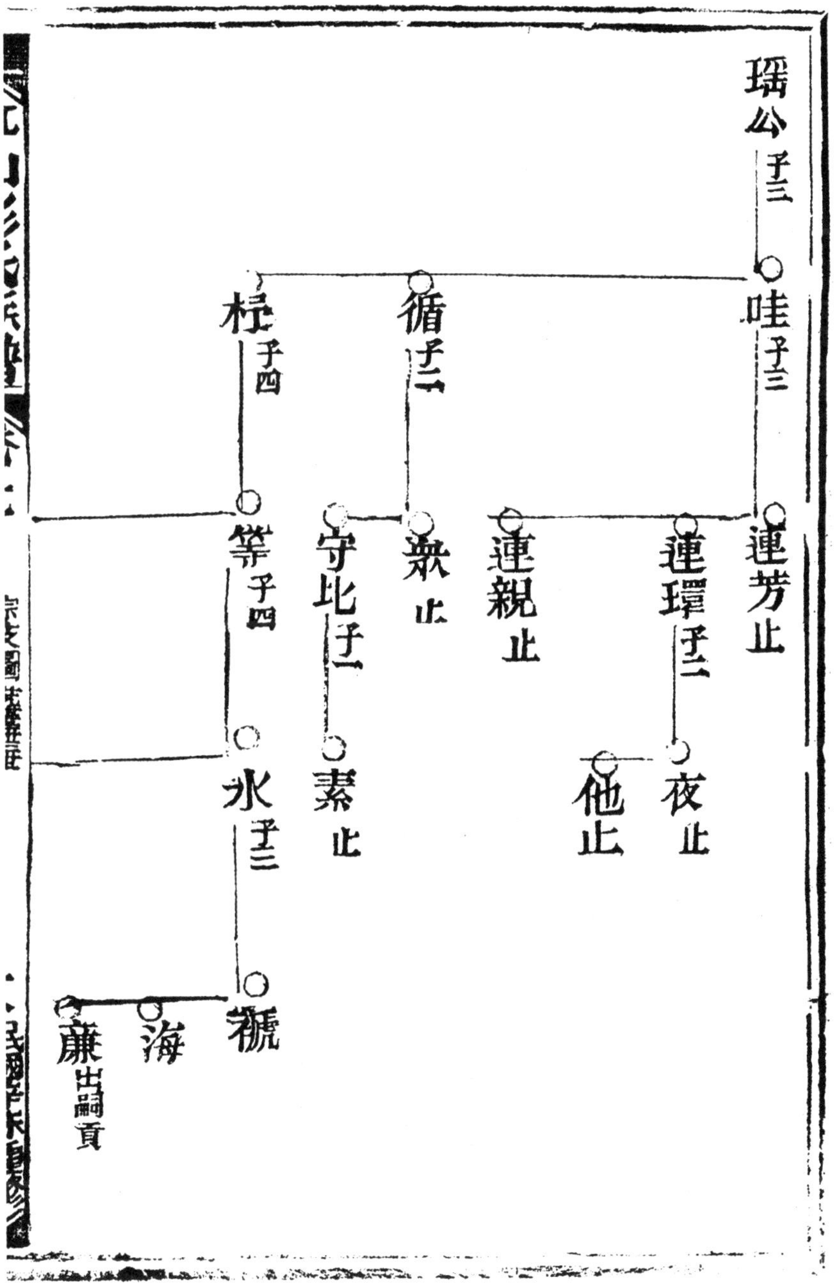
瑶公 子三
哇 子三
運芳 止
運環 子二
運親 止
循 子二
欵 止
守比 子一
杞 子四
箏 子四
夜 止
他 止
素 止
氷 子三
海
廉 出嗣頁

虎公 子二

規 子四

叩 子一

衆 出繼

堆鳳 繼子一

揩 出

連琛 子八

貢 出繼

印 止

華 子一

貢 繼子一

返

粕

湎

鑽來

廉

克子二
照元子二
歡止
孫財子一
梗止
雙鳳止
淵止

瑞
納
欣
俊
楠

- 畏公 子一
  - 侶公 子五
    - 輝 止
    - 揷來 止
    - 糠 子二 似次子一
      - 聘 子二
        - 福地
        - 情地
      - 富以 續子一
        - 睦仁
      - 涉 續子一
        - 睦仁
    - 自 止
    - 馨 出
    - 摘 止

廣公 子一

察 子三

居 止

潤 子二

於哉 子一

乞

[illegible] 止

獅 止

葵 嗣子一

能 子三

蝌

翁 出嗣

積

似 三子進

富 子四

頭 嗣子一

翁

能 出嗣

呂 子六

挑宗 子四

嶺 子二

隔 止

蒲 殤

全來 止

敏 子三

回 養子二

圍 殤

恩

奚

恊

眷

鶴

廷蘭 子二
趁蘭 子一
珠文 子二

財元 子一
通元 子二
條
博 子四

壹
樓
愛
池
金寶
拼
匹
夘
韜

建功 繼子一
碩 止

東來 子四
水 子三
特
趕 出嗣
保

出 子二
趕
鑽

木 子三
行
銀
燾

祖 子七

奇

龍　藩　發　胡　讀　俟

籥來 出嗣

間 續 子一

碩

速公 子二

星 出嗣

朗 子二

標 出嗣

貨 止

珍 嗣子一

虫

所公 嗣子二

星 子一

捐 子六

厲 嗣子三

傅 出嗣

好 子三

禘 嗣

隨

省 嗣

球

標 嗣子二

籌來 嗣子一

統 子四

統 出嗣　吟 出嗣　虫 出嗣

群 出似　庫 出嗣

隨 出嗣　很　閒 出嗣　桀

偕公 子四

臺 子三

揨 子一

德 止

輋 止

㛃 止

砷 止

若 子二

歲日 止

梴 子二

草 子二

落 子二

聽 止

準

繆 出嗣

堂公 子三

意 子四

坤 子一

來 子五

并

宋　子二

降　子二

宣　子二

樹　出嗣

乾　止

盞　嗣子一

倫　止

文　止

霜

鎮

霜　出嗣

服衣

到興

恨 止

洽 嗣子一

和

佳 子一

四 嗣子一

卒 殤

慊公 子二

繆 嗣子一

從甫 嗣子一

順 止

俱來 子三

從善 子七

兆 止

順 出嗣

福瓞 子三

體

寫

碧 出嗣

- 從澤 子四
  - 福集 子二
    - 坂
    - 麵 双嗣
  - 明旦 子一
    - 貽
  - 原生 嗣子一
    - 碧
  - 猷謀 嗣子一
    - 示
  - 滄 繼子
    - 梢
  - 力 止
  - 總 子一
    - 悄 兼承
  - 兒 子二
    - 壬
    - 癸

巫公 子二

元宵 子三

從甫 出嗣　則 子三　飽 子二　誨 嗣子一

裕 止　舌 止　昌 嗣子一　弟 子二　僻 嗣子二 出嗣　僻 嗣子二

菊月　心　眈 兼承　籠 兼承　眈

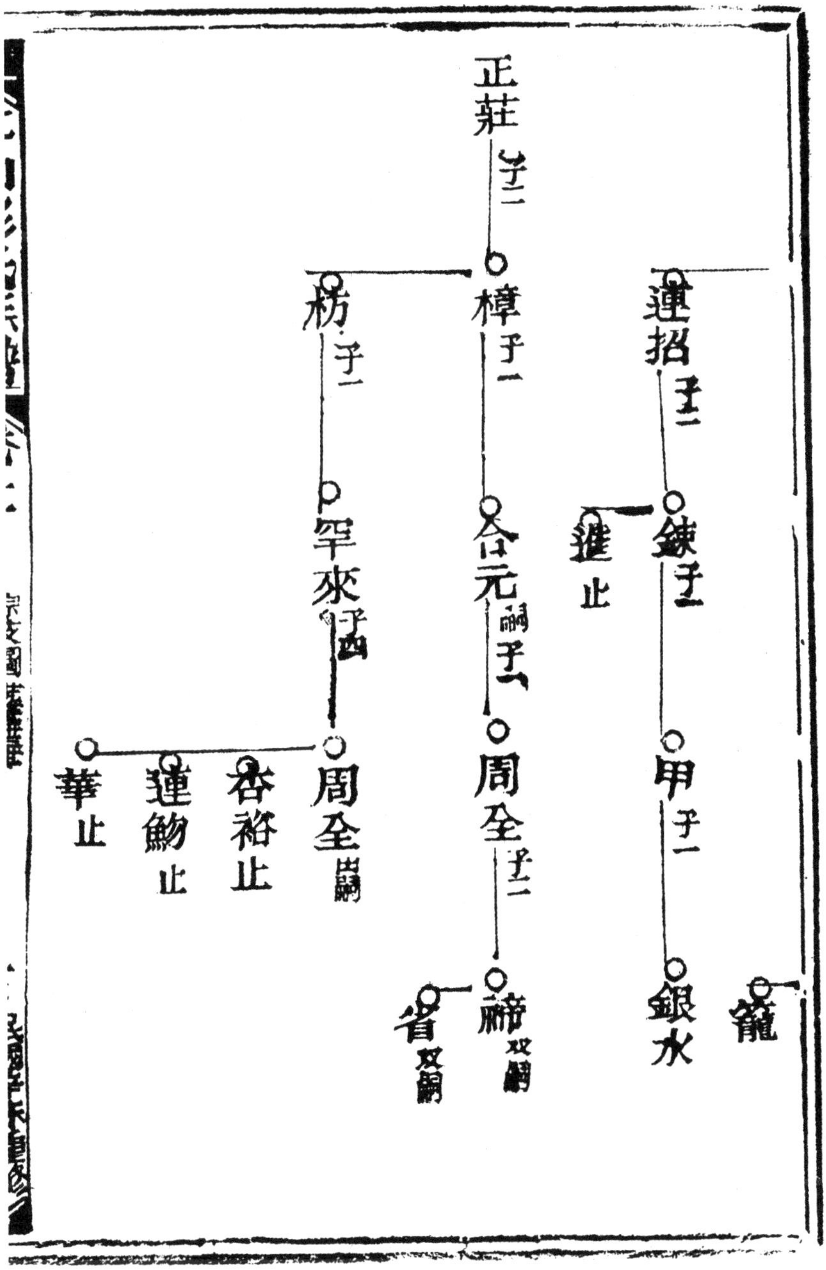

連招 子二
錸 子三
進 止
甲 子一
銀水
寵
正莊 子二
樟 子一
合元 嗣子一
周至 子二
省 双嗣
枋 子一
罕來 子四
周至 出嗣
杏裕 止
蓮鮐 止
華 止

期公 子一 — 義德 止

來公 子一 — 沙公 子三 — 生 子一 — 撤 子一 — 肴 兼嗣

淨 子三 — 炮 止　康 出嗣　侄 止

歲 子一 — 康 子一 — 好

傳公 子一 — 一蘭 子一 — 賞 子一 — 文繡 子一 — 範疇

黨公 子二 — 永 子三 — 信 子三 — 煎 子二 — 提　謳

泡公 子二

兵 子二
氐 子二

訖 止
仰 止
初 止
送 止
綫 子二

百 子二
尾 止
泰 子四

瞈
益
銀
水

孔 子四

妙 嗣子一

苟 子三

瑱 子二

泰 出嗣

鈿 子一

勇 止

湖

簡

簡 出嗣

新

示

倰

勸

選公 子二
殼 止
欺 止

杯公 子一
秋金 子二
甜 子一
辦 止
柳興 子三
錐
邊
煥

帛公 子五
濟 子三
貼 子四
棟 子二
撥
鴻儒
泉 止

恐 嗣子一

卜 出嗣

論 止

卜 嗣子一

內 止

程 出嗣

程 子五

火石

包

瑛

蟬

河水

- 廳 子一
  - 苗 止
- 進 子一
  - 甘 止
- 走 子二
  - 徙 止
  - 欲 止

彰公 子三
- 平 子一
  - 棕 止
- 邑 止
- 連義 子三
  - 春 止
  - 換 止
  - 佞 止

彬公　子三
- 文尚　止
- 文魁止
- 文我　止

欝公　子一
- 蓍　止

鎮公　子三
- 元爽　子三
  - 曉　子三
    - 佰　子三
      - 準
      - 麺　出嗣
      - 審
    - 郡　嗣子一
      - 麺
    - 道　子二
      - 彩雲

慶雲

璣 子四

胤 嗣子一

柱

梭 子三

甑

甫

柱 出嗣

寬 子二

獺

文淺

謊 子一

習

清和 子四

昌 子四

亥 子一

抱來

亮　子二
體　子一
斗　子二

羨　止
宣　止
衍　止
朱　止
禾　子一
暢　子三
魁元　止

㒓
蹇來
草來
擲　出嗣

鈴公 子五
- 嘉猷 子六
  - 邁 子四
    - 秋香 子二
      - 郡來
      - 旺來 出嗣
    - 戳穀 子三
      - 地來
      - 春安
      - 探郎
- 姱 子二
  - 朕 子三
    - 蕣蘭 止
    - 情英 止
    - 八駿 止
  - 鶯 子一
    - 冬月 嗣孫盛廣

爾 子一

廸 子四

泱香 出嗣

丹香 子二

萬億 子四

雲總 嗣子

衙香 止

贊來

元春

勇

農

明輔

敏

旺來

光彩 止

喬香 止

得 子二
- 馬幼 子二
  - 牒來
  - 吻來
- 乂香 子一
  - 簡來

述 嗣子一
- 次香 子二
  - 錢郎
  - 烏丁

順 子二
- 貞壬 止
- 錬香 子一
  - 志

占春　子五

每元　子三

波瀾　出嗣
娛　子五
炖　子四

惠
庚
候謅
繞
樂
重
伍
秤

淑元 子四

灶 子四

楓 子一

騰 子七

奔　珍　玏　翰墨　璧治　專心　拔芽　廷燦　㩶

慨 子五

貢　情　兼文　道　倪　榮來　福揚　臬　潘

聯元出嗣

核元子一

潑子四

經旋

經鑒

新禧

百來

納元嗣子一

波瀾子六

乞

詒謀

邊

亩

十五

占模 嗣一

聯元 子四

郁 子二

眼 子二

迭 子二

黨評

珪璋

鈞深

綏衣

阿絨

成業

萬里

萬選

黨

占夏 子四

忠元 子四

普 子二　秋菊 子二　行義 子二　三箸 子四

致儀　開成　托成　係郎　集興　到興　臣興　佳興　做興

懋元 子二
憲元 子三

奕禩 子三
棟仕 子一
高仕 繼子
瑞田 子二
戴 子四

長成
最成
接成
光輝 兼嗣
光輝
幟興
南興 嗣子
耀
南興 出嗣

惠元 子三

貨 子一
復 子二
㢑 子五

甲
麟
盾興
芸興
廷賴
勳
錄
賴 出嗣
朗

古高 子四

揖元 子四

老 子二

宗炎 出嗣

宗杰 子二

宗族 子三

晙 出嗣

瓊琚

脧

來成

創成

石光

創成 出嗣

貞成

搆元 子三

- 宗挺 子一
  - 豬來
- 宗寶 子二
  - 方見 外出
  - 團月
- 宗盛 子三
  - 偶成
  - 套成
  - 河成
- 宗禘 子五
  - 甘棠
  - 雨
  - 馭

有光
澧川

搗元 嗣子一
宗炎 子三
延堅
圭光
閣郎

掛元 子三
宗培 子四
熾光
眞光
假光
旦光 出嗣

宗蒲 子一
典

宗文 子二
旦光
金成

貞公 子三
商 子三
汭 子三
守 止
澤 止
坑 止
灘 止
洸 止
綏 子四
玉蘭 子三
適甲 止

中山民國辛未年重修

適庚 子一
榜

適雲 止

契蘭 出嗣

富蘭 子二
秋月 止
院月 子一
雪來

瑤蘭 子二
月喜 子一
引
月婚 子一
柿

謳 嗣子一
契蘭 子二
廣裕 嗣子
踏宗 徙仙邑
冢 子四
廷

聰公　子四

耿　子四

珍　子二

惟福　子一

惟嶽　子五

敬　川　標　蘇

萬　純熙　洸　桐　拱成

珨 出嗣

睹 嗣子二

科 子七

球 子二

球 出嗣

達 子二

勢 嗣子二

應 子二

含

夯

芽

看 出嗣

看

祿

索

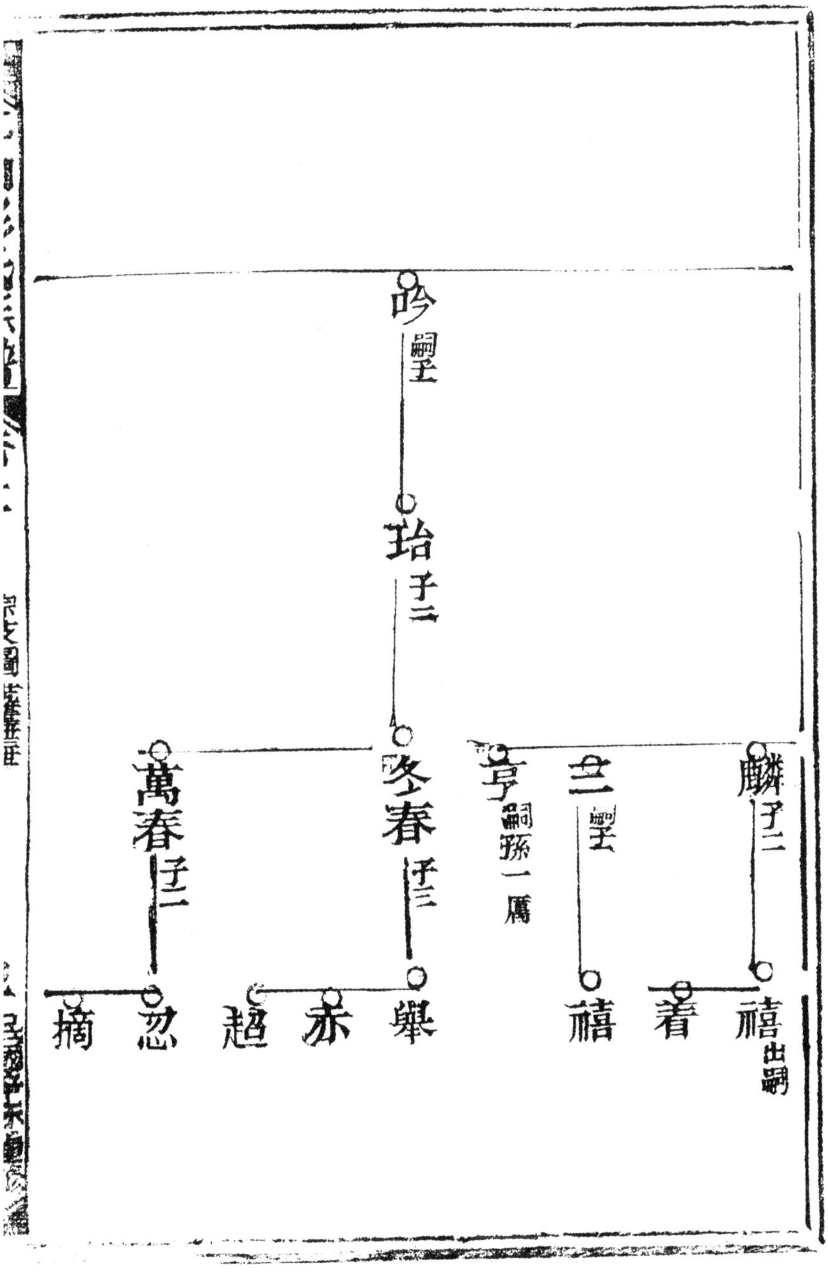
吟
玿
子二
冬春
子三
萬春
子二
舉
赤
超
忽
摘
亨
嗣孫一厲
三
麟
子二
禧
出嗣
着
禧

勛 子五

雄 子三　妍 子四

地坤 子二　良蘭 子一　文蘭 [illegible]嗣子　邦瑞 子三　邦僅 子四

煥宗　語宗　君英 兼承　君英　嘉猷　嘉肆　嘉篔　嘉種 殀　嘉力

邦睿 子四

嘉筆
嘉象
嘉祉
嘉揚
嘉鰲
似次子 滿香

邦敏 子四

嘉染
嘉積
嘉成

嘉素

假 子四

- 邦彥 止
- 邦韻 子一
  - 滿香 出似
- 邦出 止
- 邦習 子一
  - 欽

超 子二

- 儒 子三
  - 桂 殀
  - 龐 出嗣
  - 貫
- 邦縣 嗣子一
  - 龐 殀

夾 子四

美 子六

慶 子四

張

扇

與

謨

雙

眈

汀

炭 殀

圶

所
子二

知
子六

塔

佞

敦

樓

偉

瀑

驅

臘

密

藹 子三

葛 子三

寶 子二

程 子三

巨 歸子一

埒 子四

特 止

雙會 子一

庭宗

審

椿

彩 出嗣

蹼

井

均

彩

巖 子五

立 止

沛 止

禮 止

愿 止

好 嗣子一

賓來

喬 子二

賚來 出嗣

奕

追 止

鏗公 子三

汲 子三

啓 子二

藝 子一

林郎

山 子四

協 止

三省 止

三多 止

華明 子五 似次子

長江

長秉

長鎮

差中

湖只

似次子 長能

添明 子五

宣羅

宣茂

宣浪

宣硯

宣墨

吉蘭 子四

海 子三

節

燕春

靜 出嗣

赤 子二

榮

彬 子三

粕 子五

田 子三
回 子三 似長子
清 嗣子一
魁 子一

東南
東北
振興 出嗣
東來
東印
尋
款 續子
榮
款 續子

談 子二

秩 子四
彤春 子一
等 嗣子一
歆 子二

東蘊 出嗣
似長子 東漢
夘
脛
成基 出嗣
滿 出嗣
葉向
東蘊
建里

紹　子三

旁　子三

持　子二

月　子一
接　子一
提　子二
水　子一
映　子二

九里
元亨　止
影
聽
影　出嗣
悻
亞
旗
禣

圖 子三
榅 出嗣
紡
避 出嗣

卿 子三
勸 子一
便宗
晉 子一
通元
娈 止

遷 子三
交 嗣子一
榅
虔 嗣孫一 兆
城 止

适公 子一

亢 子五

土 子二　　亀 子一

昭明 子二　　繼明 子三　　杏林 子五

進興　錫類　　兼燭　錫類 出嗣　智　　莆田　爲田　在田　芸田

寶　子二

維明　子二
昆明　子三
柢明　子四

新田
定祥
佳祥
報祿
開統
琦生　承
吹壎
砌
琦　無嗣

驥公 子三

燿 子四

暖 子一　懷 子三　助 子一　彪 止

釗明 子三　培長 子一　培創 子一　培姣 子一　亮 子一

讓　顯宗　聘恩　唱恩　團書　緒　承基　六光

呂 止

盛 止

烈 子三

勢 子一

就 止

劫 子三

欽賜 子三

萬紀

㨾

文答

移桃 子二

教

覓 出嗣

重賜 嗣子

覔

熵 子二

增 子二

贊朝 止

勛 子四

赤 子二

煌 子二

全棋 子三

全盒 嗣子

掇

捹

愛

髻

耀來 出嗣

徙來

秋林

耀來

騤公　子五

存心　子三

存禮　嗣子一

梲　子一

與　止

均　止

蔭　止

賜　止

成全　子二

元　止

命宗　止

璇璣　止

涼　止

春　止

再興 子一 — 葵 止

騑公 子二 — 棚 止
　　　　　— 拱 止

駓公 子二 — 知禮 止
　　　　　— 彩鳳 止

騅公 子二 — 巖 止
　　　　　— 涯 止

駰公 子三 — 瑞 嗣子一 — 親 止
　　　　　— 祥 子四 — 親 出嗣

擔 止

元 出嗣

于 止

蔡 止

驪公 子三

稟 止

保 止

天從 子二

右 止

駴公 子四

沿 止

採芹

騶公 子一
紫荷 止
彩鳳 出嗣
子燕 出嗣

驊公 子一
秦

騎公 子一
紫燕 子一
賈 子二
艮 止
貞 子一
土

濠公 子一
璉 子四
愈 子三
敬賜 子三
雖來
戴來
佳來

點　出嗣

慈　子一

新春　子四

知來

返來

謹來

諺來

必　子一

端存　止

向賜　子二

先

所

臟賜　子一

聖賢

主

理　嗣子二

點　子二

陽名　止

祠名　止

純樸　猶子二

厚益　子二

成武　子五

長興　子一

正

儀興　止

儀弟　子二

炳

熄

思興　止

習元　子二

赫

苛

純定 猶子二

溫厚 子一
從權 子一
克清 子六

成文 止
日誦 止
別 止
仙 止
衢 止
嚴 子二
作 子二

者 子一
兩 子一
錦 止
梗 子四

恩來
賜來
世脫

世讓
世晏
世察

侯 嗣子一
失名

六 止

全順 子九

瑜 止
琍 止
瑋 止
瑄 止

深公 子三

玖 止
玢 止
璞 止
璽 止

梛 子二

伐 子二

萬 子二

杉 子四

博興
新興
洗 出嗣
青興 出嗣
謙

他 殀

藤 子五

寬 嗣子一

書興

全 止

晏 繼子二

鶴

沐

章 子一

升廩

對 嗣子一

百來 嗣曾孫一 盞頂

格 子一

推 止

柝 止

池公 子四

植 子一

由來 止

能 止

滚 止

榴 止

汝 子三

梭 止

枰 止

楝 止

告公 子一

桴 子四

勇元 子二

合圭 止

桀 止

范公 子二

南山 子四

保元 止

家元 止

粽元 嗣子一

春來 止

府 子三 似次子一

選來 子二 似子

幼爾

援英

偏來 子三

落海

沆

似次子 登士

似次子 其興 續子

尚

邑蘭 子五

方來 子四 似長子一

華 子三

連來 子二

順跲

旺

郡

登士 出似

似長子群

仲

勳

援 出似

邉 兼承

底蘭 子四

順興 止

合興 繼子

援

其興 出似

春來

儒來 止

獻瑞 子二

摘

邊 双嗣

高

輊

㴙公　子二
　楫　子二
　　神撥　止
　　㝝　止
　福壽　止
　敢來　止

　淡　子二
　　擯　子二
　　　會同　子一
　　　　每
　　　宋興　止
　　雪香　子一
　　　宗廟　止

紀公　子三
　到　子三
　　王子　止
　　夫子　子二
　　　光愿　子二　似長子二
　　　　壬癸

文金 兼承

似長子 壬蘭

連基 止

明以 止

剖 子一

悔 止

旻 止

繼公 子二

意 止

慥 止

絺公 嗣子一

情 子一

朝春 止

瑞公 子六

蘭齋 子四

海籌 子三

夜香 止

坤 子二

文興 止

文質 止

文炳 止

於 子一

克儉 止

茶 子二

玉 止

深 子一

出

爲

買

莊明 子一

康壽 子二

宣福 子三

秉紊 子二

膺揚 止

樸敏 止

寬懷 止

敏成 止

茂篤 止

行謙 止

到遠 止

嘉獻 止

獻金 止

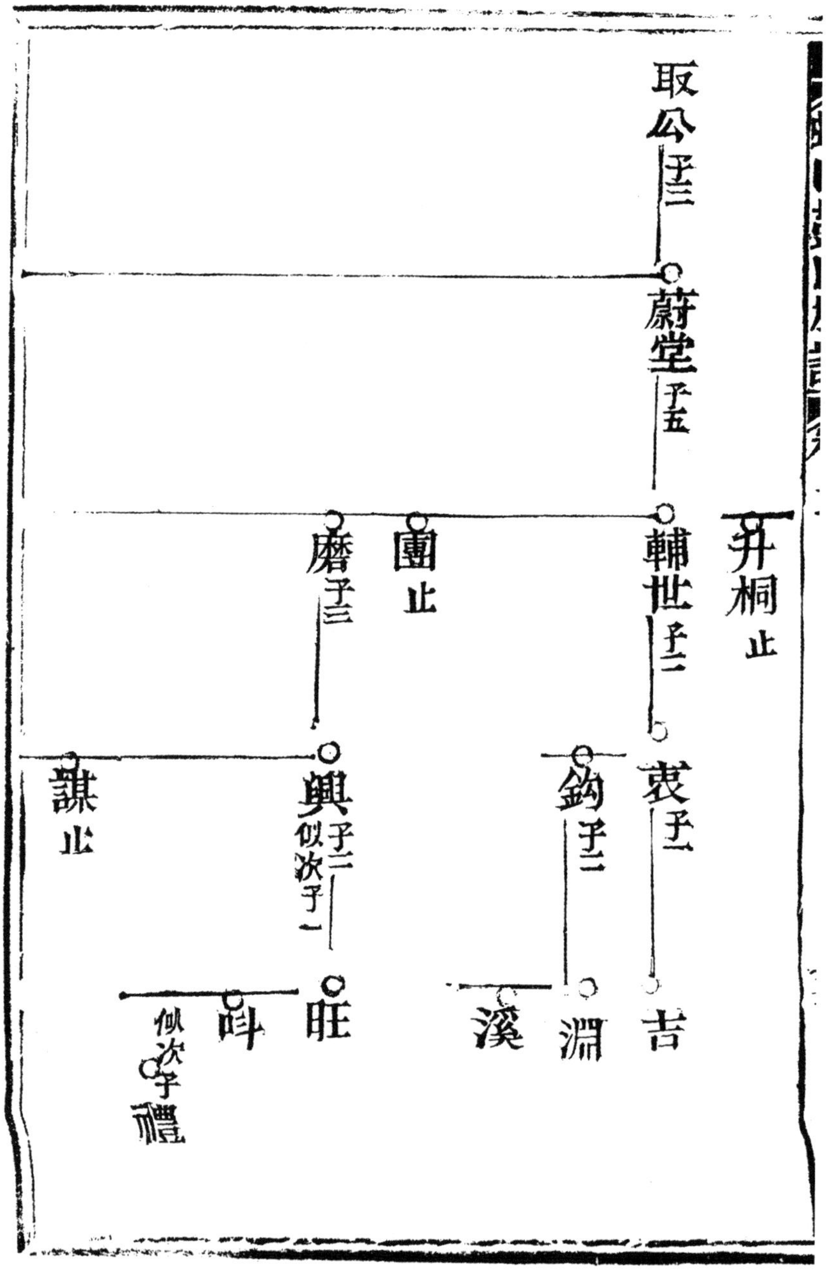
取公 子二
蔚堂 子五
升桐 止
輔世 子二
園 止
磨 子三
衷 子一
鈞 子二
與 子二 似次子一
諆 止
吉
淵
溪
旺
呌
似次子禮

晴巖 子五

科 止
鈰 殤
灑 子二
釪 嗣子一
鋪 子二
彪 止

延 止
偉 子一
曲 嗣子一
培 嗣子一
世縣 子一
瓊璋 止

斗
蘊
土
佳

敦德

篤公 子三

軌 子三

嚴顏 子二

術 子三 似長子一房

志高

穰 續出嗣

峭 子二

榜 子四 似四子一

培 出嗣

清

安

蘊 出嗣

夏

蝐 似四子

晁 嗣子一

祿國 嗣孫一

梗 子一

錢 殤

腆 子三

窗 續子一

拔 嗣子一

連比 止

魁元 止

慱厚 出嗣

博厚 止

且 出嗣

有 似長子

欉

且

等公　子四

温來　子一
桂
明篆　止

及來　子二
圭連　止
究連　止

佛山　子二
畝連　子三
奚月　子一　承嗣
儉
兩月　止
嬌月　嗣孫一　海水

敱連　承嗣子一
奚月

五德　止

寛公　子二
指殤

漢 子一
惜 子一
招 止
鸞 止

春公 子五
坎 子二
㤅 止
廈 子一
畜 止

溪 出嗣

學 子一
捕 子二
火 止
象 止

介 子四
興 子一
鄂 止
登 子一
西 止

長 子六

南 出嗣
六 止
題 止
田 止
華 止

三 子一

陳 子三

陽
壹
樹

盛 子一

長 出嗣

宇公 子四

隨 子五

遯止

羨止

賀 子三

醋止

省止

腰止

清 子二

開止

水 子一

族止

連

香 子五

根

申 子三　藜 子二

春 双繼子　絹 子一　俞 止　闉 止　堅 子四

轉　團 子一

情 兼嗣　包　和　壟 殤　情　有 兼嗣

彔 子一

變

梓 子五

秋月 殤

冬 出似

早 殤

禾

粲

高 出嗣

贌 止

外 子三

壽 双嗣 子一

永

壘 子二

吟 嗣子一

閒

逹 子一

永 嗣子一 兼承

言

高 子五

律

云

星

脫

言 出嗣

似 四子 冬

棟公 嗣子一

南 子一

温 子二

鄰 子四

証

時公 子一
秋桂 止

可願 子一
荔 止

菊公 子三
拔 嗣子
點 子四
摺 子二
永有

堯 子三
甫
傑
横 出
尺
姣
蓍 殤

挑 出嗣
拜
鄭 出嗣

國 子四
周明 子二
標
要 止
點 出嗣
分 嗣子一
挑

操 子二
洒 止

麟公 子三
蘭 止

再 止

化公 子一
- 瑶 止

巧公 子一
- 創來 止

路公 嗣子一
- 石 止

旺公 子一
- 璧 止

丁公 子三
- 五 子一 似子一
  - 心 兼嗣續子一
    - 圭 子二
      - 趁
      - 蚌
  - 似子二 老 續子
    - 圭
- 仁 双嗣子一
  - 心

右 出嗣

通公 子一
占 止

泰公 嗣子一
讀 子二
發 子一
秉 子四
参
氐 殤
便 出嗣
企

眉 子二
創 止

抱 子二
等
煖

皎公 子三
- 元首 子一
  - 魚桃 止
- 勅來
- 福元

變公 子一
- 愛 嗣子一
  - 文珍 止

錦公 子二
- 再 子三
- 只雲 子二
  - 清水 子二
    - 賖
    - 瓊
  - 泮水 子四
    - 廣
    - 撼
    - 薄

瓊 兼嗣

文珍 出嗣

坦 止

棨和

砥公 子一

冬 止

斗公 子三

鷟 子三

姜 子二

聽 兼嗣 子三

等 兼承

飯

華 兼承

楓 双嗣 子二

[illegible]

華

淼　子五

陽　止

梅通　双嗣子一

信　子二

霞　子一

審　子三

聽

年　子二

投　子二

水　子一

詮　止

昆

仲　殤

成　出嗣

裕

孫發

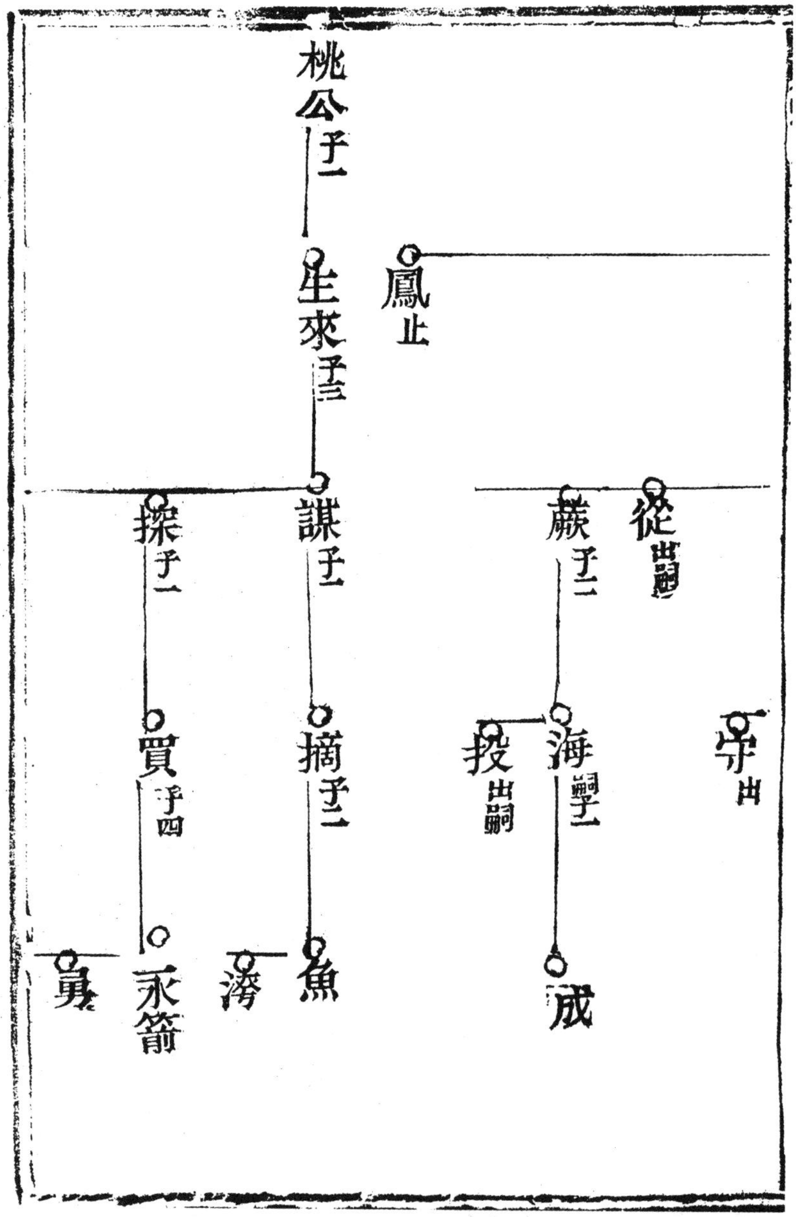
桃公 子一
生來 子三
鳳 止
謀 子一
操 子一
葳 子二
從 出嗣
守 出
摘 子二
買 子四
海 子一
投 出嗣
魚
滂
永箭
勇
成

充公 子二
白 子三
袠 止

洸 出嗣
俊 止
祿 子一
塗 止

疢

廷蘭 子三
才艮 子三
礳
眼 出嗣

蟣
金土

涼

蛟龍子一

眼

鶱出嗣

茹來子一

鶱子三

欽

開

木連

來成子二

太山子三

尊

龍

冉

武王

卷二終

重修虹山彭氏族譜宗支圖卷三

廿九世可行　三十世仲行　卅一世叔行　卅二世季行　卅三世承行

弗公子二
尚論子三
仁貴止
頂子三
養止
運出嗣
輝止
爲出嗣
著子二
火
艮

般公子三
秦止
世止
仙來嗣子一
運嗣子一
爲子三
乞
跳出嗣
降
膽公子三
穎子二
辣子四
列子四
紫出嗣
詩
緞
巨

懿
止

泰
子三

紫　壽　潛

酥
子二

壽
出嗣

開恩

告
子三

强　潛
出嗣

耕

幼子二

通止

瑢子一

闕子一

跳

文子一

次止

倩公子三

義止

商止

八止

盼公子二

林子二

各止

火出似

金子四

盾止

妙公 子三

昉 子六

壁 止

聚 止

吰

輕 出嗣

業 子二

土 子三

鰲

惡 殤

于

颮

郁

枹 出嗣

薛 止

仕 子三
傑
法

凱 嗣子一
輕 子一
狡

正 嗣子一
枹

入公 子一
一成 子二
闕 出似
配 止

庚 子三
巧言 子三
甲辰 子四
福 子一
咱

錫 子四
葵
任
田
水龍

猛 子一
貯
醋

返 子四
樟
得成
杉成 殤

血氣 子五

保 子二

隱 止

葉 子六

基成

首

後

罔

眉

疆

四

堰 出

伯适 子三

備 子七

株 子三

堯 子一

攀

浮 殤

孔

喜 殤

虎

熊

超群

着

潤 出

雲程 子五

奚 子九

泠 子六

接 子一

閃 止

敬忠

反

永綏

徠

酬 出

拿 出

助 殤

走 出

仁義

密　出嗣

鴟鴞　出嗣

頂　殤

滾　子三

太平

用

萬　出

灶　嗣子一

密

躍　殤

再殤

瑛殤

趐殤

丙 嗣子一 — 鷓鴣

早 子三 — 塲止

欽止

城 子二 — 乾

崇

老 子一 — 掟 子一 — 朝基

鑾子四

龍子四

城出嗣

昌子一

騰

雄

纂子二

掟出嗣

伏元

淺水殤

金鑾

榮華

丕𠂢

秩元 子六 似子一

夘 續 子二

敏 子二

素 止

倪 子五

㤿 子一

義

新

慮

糧 兼承

嘵

遣 殤

環

銓

洪 嗣子
欣 子四
似長子 鈌 續子二

言
糧
添 子二
丁碼
進
未
椊
新

芽 出嗣
宗

歸公 子五

普 子五

元利 子五

暖 子四

騫 子三

踏 亡嗣

瓏

汲　土　欺　坂

弄　賴　培

重輕出嗣

重實子五

悄出嗣

挨子一

粥

変子二

貽謀

燕翼出嗣

廣嗣子一

獅

套嗣子一

燕翼

係子二

獅出嗣

縣

煙山

壽 嗣子二

踏

悄

雪 子三

冬 子三

秉

梓 殤

求

瑛

西

靖 嗣子一

重輕 子二

瓦來 子三

塔

夜 子三

洽 子二

朗

在

扶 子二

宣 兼嗣

朝 出

有 嗣子

宣

菊 子一

梅 子一

興

秧 嗣子一

軟 出嗣

文

軟

近悅 子四

齊 子三　串 嗣子一　欲 子二　砂 子四

孫

連　千

黑

分　千 出嗣

黑 出嗣　大　瀚 殤

渴公 子二

抄 子四

諏 子一 續子二

磐 續子二

擔 子二

畯 子三

鏗 子一

皎

鏗

冊

針

金器

兩水

金安

段

金桔

瀠公 嗣子一

胡 出嗣
胡 子三

查 子一
宇 止
尊 子一
訓 子二

黍 子二
降來 子二
開 子二
章

金成
走
在位
泉隆
耀
焜

紅日 子五

正 子六

號

坪 子一 嗣

唱 子一

字

帛 子一

雲梯 子一

度利

按 止

省 子一

接成

南 子三

鍫殤

唱 出嗣

有木

贊 出從

紅
抽 續子二

蜂 殤
碩
畝 子三
縣 出嗣
碩
畝

印 子二
臟 嗣子二
慈 止

圈
爽 出嗣
爽

紅土 嗣至

騄 子一

暢 子三

達成

于高

楓

妍公 子三

為 子三

瘦 止

固 出嗣

專 子二

全記 子二

杭 止

唬

進成 子二

束

款

可玩 子三
龍眼
歇
伯連

撻公 子三
壬申 子一
諸侯 止
語來 出嗣
登山 子一
根 止
皆 出

哖公 子二
見 止
執 任仙邑城內

衍公 子三 似子一

炭 子三

窗 子一

桶 子一

遶

反

全 出

疊 子二

圳 子一

影 子一

思

岸 子三

順

戶

臣

科 子二 似子一

流 止

蝳 子三

拱

嬌 出嗣
膾

廦
賢
坌

似 段 子 續 早

花公 子一
把 止

納公 子一
地寶 止

嚴和 子五
咸 止

魚別 子一
吩 子二
謙

樹

中七 出嗣

容力 止

自新 殤

遇公 嗣子一

中土 子一

才

衛公 子一

敦 止

地厚 子四

成美 止

徙 子一

哭 嗣子一

惟 子三

通

金祥

金情

對 子一

再 止

耻 止

色厲 止

最公 子三

仁和 子三

勇 止

舉 子一

愁

捷 出嗣

選

東海 子二

云 子一

茅

- 麐 出似
- 棨公 子三
  - 齊輝 嗣子一
    - 榮 出似
  - 吉 止
  - 奷 嗣子一
    - [illegible] 止
  - 言 止
- 索公 子四
  - 四端 嗣子一
    - 光禮 子五
      - 鳥殤
      - 溪 出嗣
      - 参 子一
        - 自來
      - 進殤

團圓 子七
- 先禮 出嗣
- 鏡 子一
  - 溪 子一
    - 兩水
- 蠟 止
- 別 止
- 踪 出嗣
- 問 出似
- 星 出嗣

一拿 出

天送 子一
- 德 出

家謇子二

趨賜子一
寬子三
深子一
奏成

次殤
蘊殤

鶴志止

奪來子六
拋子三
學子二
有用
龍水

攄子三
改無嗣

肅止
貺

苡　子四

丟　續子

綠　子二

歡　兼承

超　殤

路　止

雙　止

彼

臍　出

合

合

鵬

辨來 子三

坑 承嗣子二

改

歡

楚 子六

竭 子一

足

擧 出嗣

逛 子一

亩

帕 止

八

傳 止

鈎 嗣子一

擧 子三

惟 出嗣

却 子一
金水
本
傳 積子
儒 子二
麟 止
澄 殤
緜遠 子二
回春 嗣子一
蹀 子二
愿
杯
五車 子三
星 子三
謙
火 殤

體

池水止

燦出嗣

永則子二

來成出

待月子四

八士止

益友子二

房子二

此

駁双嗣

祖止

池出嗣

漢公 子四
- 珠玉 嗣子
  - 洗 子一
    - 山 子一
      - 宗
      - 一賜 似子
- 文質 出嗣
- 生來 出嗣
- 彩雲 止

文鏘 子三
- 勅賜 止
- 西川 止
- 真似 止

夾公 子一
- 董 止

特公　子二

光全　子五
磋來　子四

（光全子）
發　嗣子一
賓　出嗣
莉　嗣子
興　出嗣
瓏　出

（磋來子）
客　子五

（發子）
營　兼承

（莉子）
營

（客子）
烹
眠　出嗣
裁
送　出

杉 出

川 殤

斗 孿 子二

砌 殤

眠

柹公 子四

綱 子五

亞元 子二

捉 子三

命

艮

夾

仲春 子三

邊

絿 子二

文輝

蛤 子二

黨 子三

坡　滿　暹 出嗣　㮊　潑　琴　瓏 子三

金珠　文初　文超

標 嗣子二

炮 子六

權 出嗣

權

鎮 双嗣

的 嗣子二

耽

於 子二

耽 出嗣

金

獺 子三

盤

燕

簧

親 續子三

秋 子二 — 產

佔 續子一 — 水

鎮 双嗣續子 — 水

仲春

黨

蛤

買公 子四

吽 止

椓 止

雍 止

雙來 子五

桶 止

剖元 子三 似子一

高山 子二

香 子三

譪 子一

思 續

賀 似

紅綾 子二

响

朕

垻 出嗣

蟬 子二

魁 出嗣

士乾

東來

江泉子二

尚子四

杏　培　宣　漂

興子四

必　鎗　營出嗣　盤珠

瓢出居仙邑

羅 嗣子一 — 埧

偶才 子五

性 子二 — 墻

派

顏 子一 — 鈺

煨止

銅 子一 — 着 双嗣

吟 子一 — 着 兼承

查 續子一 — 思

加祿 子二

光道 嗣子三 — 及

清廉 子四

雨水 子四

想 子二

扼

出 子一

尺

新

春

木

及 出嗣

涵 子三

袋

滐

泰山

榮續子三

扼

出

尺

顯達子一

周元子二

溪子一

得成兼承

貨子一

得成双嗣

添公子二

林蘭子一

元娥子二

約子一

順

教子四

順出嗣

列出

起成

賞 子四
- 細 止
- 艮 止
- 干 止
- 貨 出似

畏 出嗣

阮來 子五
- 潮 嗣子一
  - 撻 子一
    - 泉
- 賜 子三
  - 搗
  - 佘 子二
    - 田
    - 柴

撻 出嗣

挞 止

樓 子三

顯 子一

聚才

約

長 出嗣外祖

㦬 續子三

搗

俞

撻

開宗 子二

簊 嗣子一

乞 止

火 子二
- 乞 出嗣
- 切 出

黃鳥 子二
- 然 夭
- 居止
  - 積 嗣子一
    - 劉
  - 迎 子二
    - 鮑 兼嗣
    - 樹
  - 見 双嗣子一
    - 鮑
  - 鑄 子四
    - 福
    - 道

泡 子四

- 標 嗣子
  - 劉 出嗣
  - 貢 出嗣
  - 貢
- 佳 止
- 府 子二
  - 拔
  - 己
- 立
- 砸 續子二
  - 拔
  - 己

守提子四

來興子二
走來子二
九來止
藻來續子一

爻子四
纖
琛嗣子一
曝
纖

在土止
坵出嗣
柳出
針
坵

民國辛未重修

稿公 子四

文機 子四

秋雁 子六

秋庭 止

述 子三

瓊 出嗣

格 止

餘 出

極 子一

計 出

評

侯

金成

金火

松茂　子三

鑾　止

兎　止

琴　出嗣

煙景　子四

鳯　子一

稟

唇

饒　子二

床　兼嗣

友

秋陳　止

秋民　嗣子一

瓊　止

冬殤

妥公 子一
今汝 早卒
琴 止

往來 子二 似子一
絨 子二
圈 止

毛 双嗣 子一
床

瘦 子三
底
類
相隨

安 子五
種 子二
搭

彩

仗長子水

祛　子三
求
居
生

酙　子一
壬癸

宣　子三
熾緜
章
昆衣

鏡

斜元 子四

客 子三 — 逵水、明、講

傳 子二 — 逐 子二（坤 殤、葵 殤）、銅

細 子一 — 越 子一 — 坴 殤

瓶 子一 — 瑛

汝元 子五 — 洋 子六 — 新坴 子一 — 異

百　子一
郡　子三

沙汖　止
雁　止
池　止
麟
六片
鏡　子一
添　子一
執　止
丑

淵春
錐

橋 子一 — 伏 子一 — 甘成

且 子三 — 吹 出嗣
　　　　— 思
　　　　— 三 出

鳩公 子四 — 漁來 嗣子一 — 木
　　　　　— 沃水 子五 — 木 出嗣
　　　　　　　　　　　— 捧殤
　　　　　　　　　　　— 顛
　　　　　　　　　　　— 蓍 出

篥興 子二
　瓜情
　笑 出

稽首 續 子三
　顛
　蓍
　笑

四山 子三
　澤水 子二
　　溪煆 殤
　看
　誥 續 子二
　　堅
　　泮

聖塹 止

由來 嗣子一
　金榜 止

合仁 子二
　金榜 出嗣
　青才 嗣子一
　　轉來 嗣子一
　　　活

協公 子三
　微 嗣子一
　　燦來
　得寅
　学

雙喜 續子二
　得寅
　学

戴來子一　北海止

雙全子一　他來嗣子一　泉來止

贊成嗣子一　芸來子一　心子三　養子二　傅興　都興
　　　　　　　　　　　　　　芽亭

盤德子一　璉士止

古公子一　禱應子一　錢止

禹公子一　賞子四　孝出嗣
　　　　　　　　　合止

評公 子二
- 名 子一
  - 云 出嗣
  - 捧 出嗣
  - 茂 出似
- 獺 嗣子一
  - 捧 止

虎公 子二
- 鑠 止
- 艷 子一
  - 托 止

誣公 子三
- 撻 子三
  - 粘 止
  - 挨 出
  - 道 出嗣

裁 嗣子一　道 止

鼠 出嗣

勸公 子一　超 嗣子一　孝 止

共公 嗣子一　敦

姜公 子四　沸 子二　曾 子四

郡 止

蘇 止

額 續子二　見　景

竹 續子二　見

梅

印止

文止

慈止

景

琊公子二

笑止

嬌止

强公子三

案元子五

掇子二

三多止

三國止

彝元 嗣子一

岱元 子二

否 止

綏 止

締 子二

順 出嗣

順 止

進 子五

鷄 止

銀 止

仁 子四

閣

和自 兼嗣

烏隴

純
殤

鑽

乞
續
子四

闇
和自
烏隴
鑽

營
嗣子

和自

祿
子一

猛

鏗

向公 子一 — 錯來 子一 — 尊 止

湊景 子一 — 把 止

江公 子一 — 譽 子二 — 長賜 子二 — 河圯 止
　　　　　　　　　　　　　　　　夏至 止
　　　　　　　　　樓殤

針公 子三 — 騰瑞 止
　　　　　　和元 子一 — 盤 止
　　　　　　姜元 止

先公 子一 — 來 止

廩公嗣子一
　鼠子一
　　涯止

滚公子三
　春興子三
　　坦子一
　　　澤
　　長止
　　胥出嗣
　紅興嗣子一
　　胥出
　春昭止

掌公子五 似子二
　麟子一
　　顧家子三
　　　華止
　　　於成止
　　　彥成止

菊　子三

㑹行　止

國垂　子四

紅　續子三

鉚　子二 兼嗣

軒

奏

的四

鉚　双嗣

軒

奏

玉成

永年　殤

的
四

甲
子二

涼
止

壬癸
止

比
子三

俊
止

真
出似

禧
子一

金
出嗣

次
出嗣

搖
子四

錸
殤

蛹
子一

鐃
子一

永忠

腱 子一
好

紅 出似

似次子
樹蘭 續子一
國垂

似五子
衫 續子三
蠏
腱
紅

約公 子二
井 嗣子一
行 止
契 止

糚公 子一
錢 子二
禮 嗣子一
寶 嗣子
叻

趙元 子二 似子一

居來 子三

鄭 子二

賜 止

能 子二

我

寶 出嗣

宇 出似

文 子五

諒

苟完

不 出嗣

撑 出嗣

擔 出嗣

合來 子一　富來 子一　琴公 子二　天寶 子一

對 續子　麗水 止　維喬 子一　棋 出　揚 嗣子一　曉元 子二

我　臨 子二　徙 出　玉瑞 子二　反來 嗣子

粥　汀　慶郎　銀榜 兼嗣　銀榜

平來子一

錦堂子三

鐘藻

鐘棋

鐘珍

利貞嗣子一

回止

永來子二

心愛子四

文學子七

默子三

深

達

近田子一

永超

于田子四

友

一國

雙田 出嗣

刋姑 子五

諸姑 出

金火

赤菜

西寶

智

國星

作賦

鑽木

甘棠子

蟾

擔

永泰

永昌

聰慧

永綏

永超出嗣

聰敏

聰懷

聽明 詩安

建立 子三

川 子一

[illegible]

呈

悦 子二

開基 殤

通 嗣子二

程 子五

火石

包

瑛

蟬

戶

青山　子三

桂　止

裕殤

領　出嗣

酙　子三

胡成

起成

金土

雙田　子一

蟬

春蘭　子二

心法　嗣子一

領　子二

城

煙

青山出嗣

董公子二
品止
水止

尋公子一
皆止

挂公子二
火吉止
團吉子一
自寶止

世公子三
活泉子二
好業嗣子一
壁止
達艾止
他來子一
守業子一
興子一
賢

彩日子二

顧業子五

岸子一

壁出嗣

旺殤

乃出嗣

飛殤

喜

爲照子一

抵冰

夢公子三

申止

籠止

卜出嗣

意 嗣子一
案公 子二
兩公 子三
仕公 子四

卜 子一
才 子二
裕盛 止
廳 止
影 止
畜 子四

舟 止
類 止
綢 出嗣
興 止
秒 止
萬 嗣子

砌 子三

性

厚 子四

垂 嗣子一　輦 子三

賀 子二　汪 子三　枹 子二

本　畲　望　辰　返　江　楸 出嗣　楸　不

柳 子六

丕 子一
清 子二
砂 出嗣
恩 止
親 出嗣
治 子三

騰
歲
水
頊
樹
脫

對公 子四

綱 出嗣　傳書 出嗣　唱 子四

涯 出嗣　蜚 止　乳 子二

賀 出嗣　纓 子三

趁　差　瓢　三 出

群公 子二

傳書 子二

臘 止

馨 出嗣

巖 止

最 嗣子一

鵝 止

次 止

穴 止

錸 出嗣

鵝 出嗣

榮 止

一塔 嗣子三

綢 子二

勧 子三

泮水

叨 出嗣

啓成

宇 續子三

泮水

叨

啓成

磨止

三時 子一

廠 子三

莧

倚溪

- 念公　嗣子一
  - 綱　子二
    - 畝　嗣子一
      - 親　子四
        - 平
        - 次　出
        - 三　出
        - 四　出
    - 學　出嗣
- 泰山

- 賞公　子五
  - 豪　子一
    - 緜圃　子二
      - 敬　子二
        - 梗
      - 田　子二
        - 珍
        - 榮

瓜 子三

鏗 嗣子一
祖基

潭 子七
實

祖基 出嗣

鉗

墩

淺 出嗣

企

完

狂 止

前公 子二
亮公 子二
梭公 子五

派 止
逞 出
帖 出
撥 子一
秋月
緣 子一
考 止
犯 止
科 止
篤 止
嘆 止

諸侯殤

作亂殤

五公子二

輕子三

音子二

敲子一

售子一

博嗣子

金木

流

泉

玉蘭

撙

藝

天祐子三

睿智子四

云子一

鳳止

梳 出嗣

問 嗣子一

反止

丁 子一

力 子三

灶

盤 出嗣

順

百 子二

借 出似

諸 嗣子一

盤

貞 子二

屋

乃

柑公 子二

花 子三

偶才 子三

盾 子一

反 出嗣

南 出似

獻 止

度 出嗣

尚 子二

烏萘

徵

君公 子二

梳 子三

仙 子二

萬 子三

朝基 止

閩 嗣子一

閶 出嗣

典

梯公 嗣子一

倫公 子六

興法 殤

投 子一

廟 子三

飄 止

春熙 出嗣外祖

諒 止

目 止

新春 止

雙春 子一

炎 子一

追

纖 外徙

典 出嗣

庭 子二
臨春 子一
音 止
火 止

則 子三
來 止
奚
羅

定 子三
紫 子一
見 出
元 子三
食
悅
鎖 出

吾公　子二

獅　續子二
府　子三

更　子二
奚
羅
便止
連胎　出嗣
武　子一　似子一

友
金木　出嗣
添坪　子三

着來
捧
欠

花公 子二

端 嗣子一
連胎 止

賀 續子一
欠

奏 子二
梅香 子一
循 子一
捧 双嗣

春安 止

開族 止

銓公 子三

光彩 止

萬美 子一
武 双嗣

茍 止

虔公 子五

土 止

貢 子一 — 壹 嗣子一 — 淺 止

衫 子一 — 聲 出

批 出嗣

總

鳳公 子二

通

奎 出

郤公 嗣子一

批 止

破公 子二

斟 承

敦 出嗣

金公子二
義嗣子二
珪出
彔止
園棋止

田公子一
章子三
圜止
路止
剖止

錦公嗣子一
廣止

撫時子一
成罕止

載公子二
貝米子二
巖炮子五
沛子四
餘

暢 績 子三
奇 子二
直 子三

絨　牒　添　護　葉　來　標　滑　絨

蘇秦 嗣子一

淙 出嗣

淙 子四

着 爲碑

排 止

寶 止

祿 子七

濟

標

崇

進

水

土 殤

油 殤

企

出

丕 殤

宗公 子二
- 夏蘭 止
- 均蘭 止

雄 嗣子一
- 好 止

寶成 子三
- 邦 止

秀來 子二

好 出嗣

凡 止

省明 止

隨蘭 止

禎祥 子二

登吉 子一

連發 子一

孫 出嗣

滿夜 子二

連 出

徃 出

顯榮 子二

鶴舞 子一

就元 徃頂府

贊春

- 丁秋 子一
  - 垙 子三
    - 裕 子三
      - 海棠
      - 柳絮
      - 科來 均居仙邑
    - 箏 住仙邑
    - 紅 住仙邑

- 研公 子四
  - 旺 止
  - 臘 止
  - 勤 出嗣
  - 田 止

- 鰍公 子一
  - 甘露 止
- 鸞公 子二
  - 勤 子二
    - 發
    - 沸 子一
      - 闕世 子二
        - 益
        - 蟳
  - 埔 双嗣子
    - 發
    - 沸
- 玉完 子一
  - 倉廩 止
- 買公 子四
  - 璒 子五
  - 月 子四
  - 暹 子二
    - 熙
    - 貓

送　子五

院　子五

聘　倈　連　僕　戰

炳

台　扭　拔

喜 子二

居 子三

同

温 子一 似子一

徙 止

側 子二

顯 子二

一鞉

沙

似子 鉄

蓼

蟳 出似

芬

田

- 慶 子三
  - 謙
  - 蓮
  - 座
- 科 子二
  - 倪 子三
    - 嘛
    - 爺
    - 霹
  - 艮
- 轉 子七
  - 决 子二
    - 謗
    - 蛤

趨 子四

德　鏘　創　柔

院 出嗣

苗 子四

薩　歲　並　便

炎　子三
- 秩
- 煦
- 香

祖　子四
- 志　殤
- 實　殤
- 聰
- 老　殤

乞　子四
- 餡
- 包

契 子三

冬風 子一

西川 子一

回 子四

綢 殤

樹 徙臺

禰 止

淑 子二

千 止

士 止

錢

纏

交

榮

老 子三
- 評 嗣子一
  - 孫 子三
    - 婆
    - 簡
    - 和
- 耀 子一
  - 孫 出嗣
  - 福 子二
    - 蔡
    - 瞈
- 迎 止

抄 似子一 子四
- 準 止
- 成 止

珍國 子四

誠興 子二

瑞 止

琨 子二

瑯玕 止

瑶琳 嗣子一

珍 止

遣 子一

受 止

質 似三子

鶯 出嗣

捧 止

鶯

江 子一

瓶

珏　嗣子一

飛雁　子五

烈　子二

繼　承祧

明　双承

竹　子三

計　兼承

柴　兼嗣

抹

方　出嗣子

柴

智　出

聚　子一

明　兼嗣

福溪　子三

岳　子四

讀　子二

雀　子二

建

有子一

度子四

秩子一

欽子四

峯子一

店子二

章

天才

鉗

泉

酬

靠

品

用

生財

作　子六

倫　子三
合

降　止
約　止
酢　子三
閂
閅

伏
快
盤

集
來

所 子五

賜 子五

任

錦

吉

近 出嗣

教

忠 子一

聞

體 子二

叶

木

水

偏 出嗣

信　子三
祥　嗣子一
近
鑾　子一
堦
雄　子一
幸
抹
續子　蘍

管　子二
偏　子二
羅
位
琴　子一
帝典

石　子四
扱

重 子五

坦 續子一

波 子三

料 子一

越

維

金龍

鰲

諒 子二

冊 續子一

晏

慈

乾

續蟾 双嗣

蟾

從　子二
- 金
- 貢

頡　子五
- 郎
- 猈
- 捍
- 倍
- 贊

爐　子二
- 全財
- 榮

胥公嗣子一
璘子一
燕止

圳公子三
荼止
盤子一
漢子二
詮
開殤
訓止

守公子三
茂止
倿止
吹止

且公子二
麟趾止

仲公 子二
　呈祥 止
　光仁 止

　光騰 止

虹山 子二
　朝宗 子二
　　素蘭 止
　　攺 兼嗣 止
　京 子一
　　接 嗣子一
　　　借

迎春 子一
　亨 子一
　　改 双嗣

教公 子三
　稟 子二
　　鶴 子二
　　　原 子一
　　　　捷
　　　借 出嗣

新 嗣子

臘雪 子二

柯公 子二

文洪 子三

垣 出

磨

南 出

磨 子二

添全 子三

會元 子二

陳

忍居 住臺

飛雁 出嗣

回 出嗣

周易

山瑚 均往仙邑

以元出嗣

角元止

愿吕嗣子

以元子二

先來子七

賜歲止

賜品止

賜野殤

賜擯殤

賜妹子三

賞

艮殤

猛

應皇 子二

素衣 子一

摘芳 子二
淡 子五

賜諒 出嗣
賜七 續子三
仁 子一
賜七 續
劉 出嗣
籠
深 兼嗣

賞
良 殤
猛
成財 出

金錠 子三

等 子三

因元 子四

治 嗣子一

淡 續

治 續

天 双嗣子一

爆竹 子五

交

阮

劉

深

坑 子三

望 殤

走

財

寅出嗣

夘子一
針

摳子二
璽水出嗣
培玉

吸嗣子一
靈水

動竹子一
瓦殤

芽竹子四
瓦出嗣
錩子一
金龍
濃

羔裘　子五

吊竹　子四

協

參　出

抱　子三

欉

店

太源

積

經

沙　兼嗣

朝殤

素衣 出嗣

蚕 子二
- 貯
- 門

遠 子五
- 肯
- 隨
- 貴
- 賞
- 蚶

串 双嗣子一
- 沙

香公子一
廵狩子一
坤子一
添

壬公子一
邑子一
闕世子一
寅子五
炭殤
灘殤
裕
嘆
宗

陸二子三
蒲榮子二
總徙居一都
從出嗣
子榮止

勑公 嗣子一

旋榮 止

慶花 止

周粗 子三

安 子二

秋 子四

承 子二

堅

逢

蚵

蛭 殤

見

土

仙

錐出嗣

周海子二
箕子五
　樹殤
　培殤
　創
　份
　民
來子二
　旺
　甘

周衍子三
雩止

得止

纘止

長宏子五

嘉魚子一

雙殤

嘉賓繼子二

狡

戶

嘉向止

嘉生子二

狡

戶

嘉牽止

長更 子一
　樂水 止

長盛 子三
　罕 止
　詩 子一
　　墘 子一
　　　奐
　湊 止

長瓜 子四
　水來 嗣子一
　　刺
　浸來 子一
　　甚 子四
　　　文珍
　　　楓 殤
　　　喬木 殤
　　　文彩 出嗣

寢來 子四

春 子一

耀

刺 出嗣

溪

火殤

聰來 出嗣

長華 子四

專 子二

察殤

腰 嗣

斗 子二

腰 出嗣

浚

- 育
- 艮
  - 長陸 子一
    - ⿰𧾷思 爲嗣子
      - 甚 子一
        - 文彩
  - 牌公 子四
    - 霞元 子四
      - 語言 止
      - 長事 出嗣
      - 稔事 止
      - 芥恭 止
    - 入元 子一
      - 連理 止
    - 春元 止

歡公 子三
- 乾元 出嗣
- 福才 止
- 萬秀 叔嗣子
  - 欒林
- 宗廟 出似

葉公 子一
- 昭明 止

兌公 子四
- 佘 子二
  - 溪水 止
  - 其 往泉州
- 鍾煖 子一
  - 白 子一
    - 春 止
- 久元 止

博厚 子三
多 止
贊 止
馬 子四
占 子一
啓
烏
黄 殤
命

求公 子三 似子一
流泉 子四
澈 止
欒林 續子三 兼嗣
須
監

深淵 子六

沙

揪 子二

冬

鴛鴦

拖 子三

好

戸

强

紂 子一

金初

續 須 子一

錦衣

續 鑒 出嗣

續沙

烏情　子二
扭　子一
翰

郄　子三
徙
開諒
海水

鳩山　嗣子一
倪止

景元　子二
委　嗣子一
監　子二
徃　殤
永昌

似長子宗廟　續子三
禦林

切公 子二

顧 子三

深淵

烏情

連瑞 止

迎來 止

玉 子三

額 子一

來發

瑛

泰 出嗣

分 止

調公 子三

巧 嗣子一

贊 嗣子一

垙 止

氐 嗣子一

從 嗣子一

泰

魚 子二

克 子四

䫏 子二

佑

底

㒨 出嗣

謙 子一

才

㝵

簪 出嗣

挽公 子二

知 嗣子一

車 止

淙 止

木 子三

淡 止

車 出嗣

倪 出嗣

紫公 子二

平艮 止

追來 出嗣

綠公 嗣子二

追來 子二

自成 止

乾元 子五

志成 止

意成 止

自成 出嗣

兩成 止
陳成 出嗣

茂公 子三
- 德興 子三
  - 珠 止
  - 刋 出嗣
  - 同 出嗣
- 乘艮 子二
  - 張 止
  - 樹林 出嗣
- 完方 嗣子一
  - 刋 止

教公 嗣子一
- 才 止

旭蘭子四

蘊子一

重宜子六

楚子三　齊

雙

耀

爲子一　明

助子四　賽

流殤

丑殤

經殤

朕子一　開仁

瞞 子二

科進 子三

維成 子二

永成 嗣子

洛思 子三

顔 子二

企

墩 續孚

麵 出嗣

麵 止

噉 子一

亥 子二

困

續 候

候

靈

放

甫

戌

遠慮止

宣哲子三

隨

塡

會

繼本子一

砅止

驕連子一

就通子五

樹林子二

勢止

福來子一

油

屬宗續子二

㨂

武　子四

吸　子二

尾

圈　子三

榮　殤

欠　殤

辨

賴

井

涉　殤

順

碩

必捷　子四

養　子五　似子一

吉安　子五

般光　子三

萬

棟　續

居　續

蹣　子一

吞　子二

閭　出嗣

濃　子一

塞　子一

畏

祥

永居　殤

水

餘

扳安 子三
- 玠 續子一
  - 垒
- 崇 子二
  - 垒 續
- 蟾 子二
  - 洪水 殤

所安 子二
- 滔 殤
- 閩 子一
  - 土

察安 子一
- 呱

度安 子四
- 忬
- 梓匠 殤
- 輪輿 殤

騰

似次子簪纓子

蟮

百源子一

跨鳳子三

報子四

聰出嗣

掩

走

子龍

秉子二

聰

永美双嗣

恐子一

永美兼嗣

快便子三

同止

伉子一

志子五

碧殤

培

瀾殤

連絡

戇

囉子一

樟

池子三

現子四

隴子一

文章

三成

巨川 子六

洋 子六 佩子一

藝 子一

魯 子二

翰奇 子三

下澤 子三

老婆 出嗣

三元

老婆

三成 續

三元 續

庇 子一

擔

躍

班 子三

口

練

恍來 子三

贈來 子一
炭
岵

滮成

摸 子二
友
足殤

摘 子二
拱殤
桯

泮
潤

且來殤

遐邇止

六子二

爬

創

仍次子冰繼子

摸

交止

卜子三

陳子一

朝子一

耀

恬子二

抒殤

腰

厨 子六

惠 子二

不

火

等

縈 子三

墻 双嗣 子一

圳

扰 子二

圳 兼嗣

跳

覲 子二

照

溜

斗 子三

揷

絾 子一

謹 止

㦛 止

典 纉 子三

坂 子二

執

屋

番

進 成

秋

使

灶

瑞 子一
冰 出似

典公 子一
畝 子一
遮 出嗣

辦公 子三
坐 子三
洗 嗣子一
禀
蕉 止
回 子二
嘘 子三
壬
擔
禀 出嗣
鮡 子一
撟 殤
耳 出

蚕引 子三
- 呂 子二
  - 詐 子一
    - 凜 止
  - 系 嗣子一
    - 藍 止
- 蘗 子二
  - 倉 止
  - 雲
    - 敦 出

仍順 子一
- 杯 子二
  - 于 子二
    - 澗 子二
      - 科
      - 溪
  - 庚 子一
    - 篙 子三
      - 沈
      - 查

稅蘭 子四

三梳 子三

三鑽 子四

煥 子四

題 止

吟 子一

扶苓 子三

潤澤

賜 出

譽 出嗣

藍 出嗣

登 往南安

元 止

月 子二

自盛

教

三鋪　子二

貞子　子一
箏　出嗣

康　子一
流　出

歸　續子一
唱

雌雄　子一
碧　子四
湠
糧　出嗣
燕
陳　殤

唱　子一
箬

沖侯　殤

似長子世順

芸與 — 糧

利記 子三
- 暨 子二
  - 籃 子二
    - 團
    - 傳
  - 夘止
- 皇 子一
  - 機
- 胎 子一
  - 羌 子四
    - 添
    - 明
    - 吸

蓋二（子一）

程圃（子三）

文賓（子二）

文滔（子四）

捧（止）

養

往（子一）

滐洄

乾（嗣子二）

省（双嗣）

甘瑒

問（子二）

叅

福建瑪

朕（出嗣）

有（子五）

叅（出嗣）

甘 出嗣

三

深淵

福建 出嗣

學公 子二

玉匹 子三 兼嗣

蚕 止

似長子 秋霖 續子一

徃

玩 嗣子一

月 子三

扐

扭 兼嗣

晚 續子一

挨 子一

扭 双嗣

蝰　兼嗣

挨　續

韮　嗣子　兼嗣

蝰　双嗣

熙章　子五

持　止

玉匣　止

玉匹　双嗣

玉帛　止

韮　双嗣

祿公　子三

印　嗣子

西窗　子三

秩　出嗣

清　出嗣

一粲止

地利 子三
倩 嗣子一
秧 子二
元
典

西 出嗣
準 子一
清水 子一
經

喊是 出嗣

豆公 嗣子一
喊是 子一
返 嗣子一
朕

麒麟 子一
錦 出似

論公 子四
蒜 子三
爲 子三
完 子一
謙

中華民國辛亥重修

月出嗣

曉止

闕出嗣

傅止

蔭止

順止

肴嗣子一

闕子一

砌子一

級

宣和子一

茂止

貞平子三

劦止

戰勝 子四

饌 止
科 止
姜 止
倪 出嗣
硯 止
壘 子三

差 子二
艾 止

挺 子二
回春

再興
壽興

恩 止

合公 嗣王

倪 止

水公 子七

用 子三

全裕 子四 似子一

順 止

蔡 子三

褸 子六

服

唬

着

加 出

晋

田

摑
子五

架
子一
似子一

明生

似子賜

似四子
溪
子二

梓
嗣

宇
嗣

更
子二

梓
出似

宇

省

蘊

益

輕 子三
- 賜 出似
- 踏
- 慮

桃 子二
- 溁洄 出嗣
- 文鏡

佔 子三
- 注
- 殊
- 守

郜 子一 似子一
- 籃

似子配

金 子四
- 取 子一
  - 獺
- 胖 子六
  - 莞
  - 等
  - 弄
  - 硨 出嗣
  - 鏗
  - 德
- 魚 嗣子一
  - 硨

暢

陳 子四 似子一

暢 出嗣

蝭

錸

似次子梓

制 子二

汞 子一

㴻 止

綏 出嗣

悔 子二

三朝 子四

軫 子一

點

咸 止

銅止

走止

攑子二

木

庵殤

巖子七

艮止

桐子五

懃兼嗣

凱殤

庵出嗣

扁殤

流傳

育 子二
木 出嗣
獅 双承

陸 子二
啓明 出嗣
鎮成

陽 子三
禍 殤
聽 双嗣
啓

雙 子二
獅 兼嗣

己　子六

最　子三

珠　子四

理　子四

圜　春　發　實　戸　信　玉　龍　彩　殤

笑
子二
似子一

漢
子三
似子一

王
子二
才
葵

罕
子二
顯
海

珍
子二
由
撥
似子

似次子乞

交
止

孔
子一
螭

嚴 出嗣
梭 止
東 子四

標 子二
似次子自祥

坑
香

梅 子三
琴 嗣子一

朝基
烏墨
坂 出嗣
坂

培 子二

贊成 子二

企 嗣子五

治 積 子一

泰 子二

舉 子一

[礻+粤] 子一

仕 子四

坂 出嗣

有利

湖利

灶

謙 双嗣

落 双嗣

寅 双嗣

忠

九十

化出嗣

德儀嗣子
綬子三
秋霖出似
房止
會止

德香嗣子
化子五
接明止
靳止
捷止
及止
擧止

存忠 子二
浮 子二
真 止
早 子二
爆

挑公 子七
百言 子一
奪來
服 双嗣
百機 止
百招 止
建 止
百扶 止
勤和 止
窗前 止

天綏 子一
- 活

雩公 子四
- 禠
- 鎮
- 託
- 買

景公 子二
- 墻 子一
  - 惟 止
- 鬢 止

挽公 子五 似子一
- 鐕 出嗣
- 契 出嗣

厲 子二

體興 子二

切 殤

秋 子二

輝

爐 子二

善

浪

樹 子一

郡 子五 似子二

委 子二

堦

樓

從 子一

城

土 子一

栽

似次子清蘭

霜公 子四
鶯 止

傅 子二
泉 止
布 子三
萬 子二
水
順
紅
逵

似五子 錦 續子三
泉
布

似三子 浦

朝陽 嗣子一
仁 止

册 嗣子一
經 嗣子二
江 子二
嘔 續
摘 出
綱 續 子一
嘔

謹 子四
三習 子三
營 止
袋 止
江 出嗣

鶴 子五 仳子一
辨 子三
志
坤

贖 子三

文 子二

仁 出嗣

經 出嗣

燮 殤

貨 嗣子一

寬 止

篇 止

綢 出嗣

派 子一

鸞 出嗣

鴦

坤 双嗣

徙出嗣

道嗣子一

徙

桴止

排公子二

天恩子二

熾子二

坑來子八

鶱

鐃殤

套

自來殤

纏殤

婆

獻瑞

拐 子三

拐 續

降來 子四

麵來

麵來 出嗣

相

鑽金 出嗣

玉金 出嗣

鑽金

紅 出

科 出嗣

賞 殤

坪來 子二

容 殤

丕

輕公 子一

葛 止

葵公 子一

神祐 子四

禮 止

雲騰 子六

栽 止

貨 殤

喜 殤

仲癸

汀 止

榮 止

竭 止

海雁 子二

閣 止

準

攀桂 子三

惜 止

蠍 出嗣

福元 止

楓公 嗣子

蠍 子四

玉看 子二

標 子三

艮才

片 殤

赤公 子三

往 止

玉斗 嗣子一

統 出嗣

紞 嗣子一

墻

墻 出嗣

玉銀 止

玉鉛 子一

其奔 子一

隨興

玉盛 子三 似子一

做 子一

糴 子三

洒

斜

品 出嗣

老二 子三

耕田 止

佛保 子四

生 止

東 止

乑 出嗣

長宜 子二

思 子一

淵

飛 子二

顯 無嗣

聶 子二

狗 止

鄭 嗣子一

品

似三子孫 續子一

鄭

遮 子三

且 子四

聰

樹

妙

約

添丁 子四

㤞 子五

載 殤

派 出似

莪 子一

顯 双嗣

芳 子一

膽 双嗣

象 出嗣

森 出嗣

領 子二

森 十五

膽 兼嗣

曜

笑 殤

魯

穎 殤

鎮 子二

夢

任才

重 嗣子一

象 子一

籠

燕止

大車嗣子一

禾止

喜梅子四

周止

尹止

賞止

烏觀子一

白出仸

湊六子三

丙子三

別止

初嗣子一

亞元

木子二

亞元出嗣

向水

雩 止

夏 止

即 止

隨 止

東海 子二

致公 子三

照 子五

和 嗣子一 似子一

鐵 出嗣

豫 子二

維瓊 似子

瞺

椒

欽 嗣子二

鐵 止

足 嗣子二

立 子二 似子一

言

梓

似子 尊

慊 出嗣

足 出嗣

淺 止

常 嗣子二

協 子二

高 止

立 出嗣

草山子四
千言止
文章子一
賜止
贊止
全止
科公子一
業止
日在子三
嘉月嗣子
商湯子一
絨姜子一
瓦双嗣
豆訓子一
瓦双嗣
宸宿子六
均泉止
萬肯子五
我藝子一
論廻

中庸子二
護勅出嗣
世尊
保元嗣子
商湯出嗣
形端子三
回堂繼子子三

永廻
安
冊出嗣
徠
纓
堅出嗣

愛育子五

夷澤嗣子一　堅

全

仙

恭維子一　德建殤

珍維子一　艮

維聲子一　膽

瓊維出似

吉維子二　美

紅

- 安定 嗣子一
  - 謹勑 子二
    - 丹
    - 謗
- 成續 子三
  - 回堂
  - 夷澤
  - 坴
- 暮春 子二
  - 純謀 子二
    - 頂元 子一
      - 欠
    - 耳元 子一
      - 扯 出
  - 漢惠 子四
    - 文默 子三
      - 百
      - 恭

蟬公　子二

果珍　子二

獅　子四

硏　子六

海

班　出嗣

起　出嗣

文孝　止

文磠　出嗣

文谿　子三

德年

永年

逢年

其土

市光 子三

交 止

蘇 繼子一

示 止

真 生子一

限 止

餘 止

普（蘇子）

葛（真子）

日

葛 出嗣

普 繼

運公 子二

措新 子二

成 出

武 嗣子一

摘 出

專新 子二

宜 子四 似子一

鳳眼 子二

壇

甫 續

池 子四

灘

闖

快

芋

儒 嗣子二 續子一

班

飛鶯 子二

廷 子二

衍 子四

懷玉 双嗣 子一

奕 子二

旋 止

秩 止

南 止

砵

砵 兼嗣 子一

改

朝

一甫 禳

怄 子二

起 双嗣

似四子 泉 禳 子一

起

良朋 子四 似子一

彩龍 子二

彩新

平皆 子三

茅 止

三才 双嗣子一

琛 出嗣

多士 出嗣

多士 子二

迹士 子二

苕

切

採

播

碅 子二

創來

朝聘 嗣子

似三子泰

述士

炎士 出嗣

琛 子三

炎士

梓

岢 子二

切 嗣子

鑠 殤

徙來

泰山

籐枝 出嗣

籐枝

炎士出嗣

安公子一

碧止

德公子二

劉子四

炮子三

謗止

諸出嗣

任

俊子二

泮出嗣

畧出嗣

乜

碩

肯子二
- 諸子一
  - 泮子二
    - 揪
    - 係
- 任子二
  - 畧子二
    - 語

真公子一
- 盾子二
  - 益止
  - 水子一
    - 櫼取嗣

瑜公子四
- 嘉子二
  - 漂止
- 朗子二
  - 配子一
    - 鳳子二
      - 撥
      - 旦
- 極子二
  - 嫖子四
    - 興出嗣

纂 子四

- 菊 嗣子一
  - 興 嗣子一
    - 賞
- 瑞草 嗣子一
  - 番 子一
    - 撥殤
- 梨 子四
  - 鳳 出嗣
  - 核 子二
    - 玉梅 出
    - 揪 出嗣
  - 尊 子一
    - 賞 出嗣
  - 暖 止
  - 錫 子二
    - 貯 出
    - 落

臺公 子二

立達 子二

逍 子二

滚 子四

得

兵 出嗣

台

埧 出嗣

丑 止

連居 嗣子二

氣 子二

寅

塔

番 出嗣

鳴 出嗣

龍公 子二

玉昌 止

瓜 子一

力 止

朝 止

列 子五

等 出嗣

後 出

設 出

三 房

西

尊

- 登公 子二
  - 實 子三
    - 赫 嗣子一
      - 記 子一
        - 汝蘭 出嗣
    - 透 止
    - 記 出嗣
  - 酒 子二
    - 汝蘭
    - 莉
- 雨公 子三
  - 開華 子三 似子一
    - 本 子四
      - 球琳 子二
        - 祿謙
        - 土登 殤
      - 思皇 子四
        - 火 殤
        - 文頤

穖 子三

崇 止

泉水 出仯

蘭 止

清 子四

照殤

城

趙州

漳州

脩殤

杏林

情子四

欉止

讓嗣子

玉金

出子四

晏水

岸直

揀殤

霜殤

耀子三

丁財

愿殤

丁平

先 子一

奎宗 子四

似長子 趁 續子三

鏘 止

思皇

蘭

清 出嗣

通來 子一

喜

聖

進來 子一

連枝

春貴 止

太山 止

世春 子三

亥 嗣子一

秦令 子三

遐邇 子三

灝水

井水

景 出嗣

省恭 子四

潑水

二

溜 出嗣

水

告答 出嗣

詠 子二

扮 嗣子一

告答 子二

景

溜

秦介出嗣

此出嗣

從意子二　灶止

矜榔學子二　此止

甘桃子三　業止　豕出似

皆得子二　富止　春止

倚公 子一
詩 止
替 止

粧公 子二
濟 止
窗 止

朕公 子一
并 止

創來 子二
稿 子一
賞 出仳
賸 嗣子
賞 出仳

愈來 子二
妙 止
梭 止

志公 子四

- 能綱 止
- 戢衣 止
- 燦 出嗣
- 盤 子二
  - 老 出

高尚 嗣子一

- 燦 子三
  - 家興 子五
    - 旺 子一
      - 暗
    - 梛 子二
      - 依
      - 一命
    - 川 子二
      - 沙
      - 一越

寧興 子三

藤

乞 出嗣

乞 出嗣

借

仕 出嗣

純興 嗣子一

仕 徙山仔

傲公 子一 往臺灣

好 止

胡 止

殿公 子五

罕 子二

明德 子二

連响 出嗣

髻止

求子三

亦止

越止

尾止

請士二

元興出嗣

征來子四

木子二

揪

言

蝗艮嗣出

連响

連訓

[illegible]蚶[illegible]吉氏族譜　卷二

返　嗣子一

元亨　子二

述　出似

添

寒

雙路　子四

扯來

蝦水

推來

續來

潤澤　出

梯公　子二

分　子五　似子一

軍　嗣子一

滚　子四

得　出嗣

然國　子四

露　出

深　出

鏘　子一

杏元

轉　出

畫

迣

兵

合　出嗣

圳

桃

似次子賞 續子三

深

鏘

茶止

桃公子一

瑞止

樑公子一

壽止

鑒生子四

用止

春止

奪止

塙　子三

鴻　子三

尊貴

尊怨

尊壹

才　子一

富　子一

忠信

瑞　子二

尊森

尊德

榜公　子四

洓　子四

檜　子四

任太　子二

茂郎

金鳳　出嗣

任華　嗣子一

金鳳

任文 子一
清水

任榮 子三
芹

坤

正錦

栢 子一
元章

高 子四
兆清

兆建

兆芹 子二
壘

桂

德修
泉 子四
世分
世水 子三
麟
聚
坤
世玉
世藻 子一
開發
同 子四
讓 子一
文 子三
錦祥
錦水

錦孝

澧　子一
有慶　子一
冰

秋　子一
金總

開梅　子一
金火

金妹　子一
秀春

燚　子五
宗鋮　子一
貞　子一
玉輝

木

宗椿　子一
開龍

宗明　子一
元富

圭 子二

元寶 子一
元漢
宗澤 子一
宗根
雄 子三
勇 子二

忠發
阿漢
煥 止
葉 子一
魁 止
開金

勲
文池

波公 子一

六信 子一

集 子三

開 全

端 子五

强 止

慶 兼嗣

啓

長

權

達

樹

浪公 子三

文 止

鵬 子一
- 光明

不止

泰公 子三
- 首 子一
  - 槐
- 節
- 貨

芹公 子二
- 敬
- 玉克

寅公 子四
- 納 子一
  - 衆 嗣子一
    - 蘭
- 約 子一
  - 鑒 子二
    - 欽

閲 子三

選 子三 似子二

知 子一

蘭 出嗣

遥

佛

述 子四

似三子 假

立 止

意來

錩殤

鵬殤

助成

富公 子二
鉗 止
欣 止

翁公 子二
敏 子一
玖 止
笋 止

向 子一
尹 子一
有 双嗣
有 双嗣

八月 子二
完 子三
粟
蚵
府

敦謂止

裕後子四

腰子二

晋子五

灶子五

長謀

文殤

圓

王出嗣

尾出

才殤

寅殤

好殤

練殤

再興

遐

七續子四

灶

象

新公嗣子

錐

蔭公子二

江水

卷三終

国家出版基金項目
NATIONAL PUBLICATION FOUNDATION

海上絲綢之路文獻集成

總主編　陳支平　陳春聲

民間譜牒編

55

主編　林楓

海峽出版發行集團
THE STRAITS PUBLISHING & DISTRIBUTING GROUP
福建人民出版社

本册目次

［福建晋江］重修虹山彭氏族譜二十二卷首一卷（宗支圖卷四至世紀卷三）

彭季榮等纂修

重修虹山彭氏族譜宗支圖卷四

卅三世 承行　卅四世 建行　卅五世 乃行　卅六世 嘉行　卅七世 芳行

獺公 子四
- 浮
- 祿
- 燒
- 配

三評 子三
- 順陽 子二
  - 金
  - 篤 出嗣
- 正陽 嗣子一
  - 篤

春陽子二
- 坐山
- 鐵卿

慶雲嗣子一
- 佔

福元子一
- 銘

轉公子三
- 木林子一
  - 雪
- 宣
- 籃

光珠子二
- 得勝子一
  - 錦
- 趣

光定 子六
- 芳 子二 — 吉
- 墻
- 門
- 鵰
- 琴
- 喬

瑶公 子一 — 乞

潑公 子一 — 治 出繼

帳公 嗣子 — 治

配公　子三
- 鑽
- 鍇　子一
  - 徒成
- 炎殤

文答　子三
- 弄　子一
  - 江水
- 盻　子一
  - 近來
- 世金　子一
  - 河南

告予　子三
- 教
- 雙
- 桂

才土

旺

荼

塗公子一　火

永蔭子一　典來

順仕子二　棟樑

來水

成奎子一　城

雪來子一　鏘

永逆 子一 — 淵泉

秉公 子四 — 固 子三 — 言詳、淡、僅
帶 出嗣
角
錄 出嗣

山公 嗣子一 — 帶 止

江河 子二 — 創 子五 — 瓦

月

鐵

在

署

吩 出嗣

飛河 嗣子一

吩 子四

箕

冰龍

海盐

此

愛河 子二
- 得時
- 揑

禧公 子二
- 萬 子四
  - 等
  - 建
  - 親
  - 盞
- 農 子二
  - 田
  - 傘

筏公 子五
- 仟 子三
- 洴 子二
- 舉 聚

添財出嗣
坤子二
遂達
舉奕無嗣
廣子一
鑾子一
水來
鍪嗣子一
添財
武子三
獅
周
會山
農出嗣

- 遷公 子四
  - 扶 子一
    - 懾
  - 垗 子三
    - 波水
    - 昭君
    - 三槐
  - 斗 出嗣
  - 接 繼子二
    - 昭君
    - 三槐
- 買公 子五
  - 祖 嗣子一
    - 瓊
  - 孝 子三
    - 貞

友公 子三

- 從 子三
  - 貞 子一
    - 濂枝
  - 貽 子一
    - 銀水
  - 瓊 出嗣
- 陸 嗣子
  - 坤
- 禮
- 趨 子四
  - 溪 出嗣
  - 坑
  - 營 子一
    - 速來
  - 鍋 子二
    - 一炎

蚶山黃氏族譜卷四

斗 嗣子一

溪 子二

振興

逢春

壇 子六

財 子二

晁

鍾

好 出嗣

貴

伍 出嗣

乳

砵

深淵

諒公 子一
- 得 止

權公 子三
- 蘊 子一
  - 緗 子三
    - 富
    - 拱
    - 文淵
- 乙 嗣子一
  - 好 子一
    - 培
- 壇 出嗣

思公 子二
- 信 子一
  - 民 子一
    - 立成
- 劉 子二
  - 旋

爲公續子一

劉

一壐

蘭公子六

引子六

一繖

顛殤

𦃃

基

糶殤

鬢殤

轉子二

一金水

悅公 續子五

隱止

焘 子二

乃

及

蕉

勅

轉

隱

焘

錦堂

奎爪 子四
齊 子四

蕉
勅
繆
宗 嗣子一
堆 子二
倉 出嗣
謙 子三

箸
箬 出嗣
柿
捻
榮發

鵤出嗣

度

筍嗣子一　清

清映出嗣

套公嗣子一　鵤子一　専

庫公子一　乾

再公子一　滕子三　戸良

胡思

永貫嗣子一　垵

宗支圖　世系　　民國辛未重修

- 政公 子一
  - 頓 子三
    - 順興
    - 彩興
    - 燒成
- 油福 子一
  - 蓮
- 計公 子二
  - 喜 子二
    - 快
      - 玉麟
  - 惠
- 砌公 子二
  - 崇
  - 松栢 子二
    - 贊成

復成

仙

寬公 子五

恭

潤

儀

木 出嗣

蓮

莉公 嗣子一

木

梭公 子三

性 嗣子

金用

乾隆出嗣

深池

泉公嗣子一

乾隆子一

金用兼嗣

講公子三

篇

遣

汪

永馨子二

金著

合成

永塾子二

金桔

鍾嶽

永灶 子一
蹣

永拼 子一
金

分公 子五
胚 子三
隴 出嗣
其清
煉 出嗣

梳 嗣子一
隴

坎 嗣子一
煉

締 出嗣

一米

滾公 續子五

脛

椛

坎

締

米

請公 子二

慶 子一

送來

儆

妙 子二 似子一

錐 子二

詛 子二

希忠

獅忠

纙來

仁　嗣子

潽

銘　子一

團

巢　似長子　子一

潽　兼嗣

永海　子三

縣來　子五

砵

拿

圖

君

一
懈

乞

瓦

春公　子二

[illegible]

箱

全孝　子三

欽

鑨

順

根公　續子三

欽

賞公子三
鑨
順
恬靜子二
聚財
蜜來
盤出嗣
婆

吩公子三
盤子一
龍
晝池
乖

金連 子五
漢成 子一
貽興
取興
畫池 出嗣
宋郊
軒轅
永獺 子二
乖 出嗣
虔
鎮公 子二
正
寬

沉香 子二
- 潤 子一 — 快春
- 婆 双嗣

得公 子一 — 等 子一 — 佇

泰公 子一 — 磚 兼嗣

糾公 子一 — 德

情公 嗣子 — 磚

寶公 子四 — 冰、躍、汝

清

糧公 子二
杯來 子二 兼嗣
田
飛
挖來 出嗣

蘧公 嗣子
挖來

茂公 嗣子
杯來

祿公 嗣子一
締

永閩 子三
云
絨 子一
花

瀨
永尾子一 — 綸祥
進公子一 — 慶子一 — 献彩
折公繇嗣子 — 慶
瞈公子三 — 淺子一 — 宇
　　　　 — 尚殤
　　　　 — 生財子二 — 廷春
　　　　　　　　　 — 秀春
堉公子五 — 堉

塔

淹

碟

雀

擔公　子二

得成

仁

忠公　子一

福仁

饔公　子二

啖

執

詮公 双嗣子 — 桂林

燕公 子一 — 桂林 兼嗣 子一 — 雨
— 典

迓公 子三 — 儒 子一 — 圈財
— 眼
— 宣

永恒 子三 — 趁
— 教
— 洞

永錶　子二
甚
並

呈公　子二
合
慶　出嗣

案公　子二
膽
沙

永蔴　子二
秧
明

鎮公　双嗣子
冰

- 郡公 子三
  - 葵
    - 堯 兼嗣
    - 冰 兼嗣
- 麟公 嗣子
  - 莞
- 烈忠 子三
  - 叅 子一
    - 把
  - 氣 子三
    - 水
    - 阜
    - 梓
  - 喊

壇公 子三
- 文 子四
  - 溪水
  - 澤水
  - 汜水
  - 春水
- 柹 子三
  - 金蓮
  - 福馨
  - 德馨
- 品 兼承 子一
  - 安士

堦公 双嗣 子二
- 氣

敦公 嗣子二
品
賜春
掝 双嗣

芋公 子一
南山

親公 子三
掝 兼承
奢 兼承
熟

忠公 子三
件宗
賜春 出嗣

奢 承

樣公 嗣子一

撙

挐公 子四

儺 子二

仕基

銀興

紅

田

江

永擇 子二

對 子二

乃賓

莊

永齊 子一 — 良信

壽山 嗣子 — 禮

得芳 子一 — 炷

軒昂 子一 — 禮

有財 子一 — 良超

有用 子二 — 金珠
　　　　 — 金釵 出嗣

有土 嗣子 — 金釵

褫公 子三 — 創業 子一 — 全成

進池

分收

揀出嗣

海公 嗣子一 似子二

揀 子一

賞

似子 陵贊

鑽來 子三

乾 子一

秀麗

俊傑

莫

廉公 子一

財 子一

開池

返公子二
角子二
丕顯
全錠
炣子四
雁水
領水
茂昭
裕興
和公子一
爽子一
麗水
洎公子一
金鑾子三
衍基
魯生

瑞公 子二
選 子二
開基
金龍
金挺

納公 嗣子一
建

欣公 子四
號 子一
塡興
諮州
建 出嗣
金炎

俊公 子三
栽培 子一
淮水

餅　坫

楄公 子三
爽 出嗣
顥 子二
奕昌
鴻塔

福地 子二
慶
昆

晴地 子二
儆
婆

瞳仁　子三
- 胡
- 羆
- 熊

乞公　子二
- 斟
- 烏

蠏公　子一
- 自

積公　子一
- 同　兼嗣

進公　嗣子
- 同

翕公　子一
- 爽　子一
  - 全

楓

鳳城

逐 子一

王癸

昆

永恩 子四

冰

甘

墨

筆

奚公 子一

蚌 兼嗣 子二

撓

一遠

恊公 双嗣子 —— 蚌

肴公 嗣子 —— 蚌

鶴公 子二 —— 玉 子二 —— 獅

　　　　　　　　　　　　合 出嗣

　　　　　—— 基 嗣子一 —— 合

樓公 子二 —— 受 子一 —— 金

　　　　　—— 本 子一 —— 瑞氣

愛公 子一 —— 乳 出似

- 永池 子二 似子一
  - 學 子一
    - 直立
  - 敬德
  - 乳 似長子
- 金寶 子三
  - 鵝 子二
    - 顏
    - 利
  - 柯
  - 加陞
- 永拼 子一
  - 琨 子一
    - 準
- 永匹 子二
  - 高 子一
    - 只

永保 子一　妙子一
鮑來 子一
金蘭

郁

學尊

永趕 子四
疊 子一
稽

深

桑

桔

永鎖 子三
祥 子一
沙

興

班超

永行 子三
- 追
- 河
- 輦

奇公 子二
- 振興 子一
  - 懷

永藩 子一
- 俬 兼嗣

發公 嗣子
- 俬

胡公 嗣子
- 玖

永讀 子一
- 玖 兼嗣

禘公　子三
灘　出嗣
火
嗹

隨公　嗣子一　似子一
灘　子二
墻
堅

分　續子一
堅

永省　子三
芽　嗣子一
温
旺　子一
温　出嗣
乾

很公子三
牙
針
婆

柴公子一
淵源

永準出子二
長興
一旺

井公子三
開子二
早
一起
王出嗣

古 子三
沛
東
到興 子二
鏗
服衣 子二
王 子二
雙
鎮公 子三
舉
闡
永霜 子二
贊 子二
票
黨
民

永和子二 — 準、樟成

體公子一 — 佔

永篙子二 — 德、酒

貽公子二 — 溜、田土

碧公子二 — 仙、合

示公（發嗣子）— 豺

惜公（子三）— 盤、水、三（出嗣）

王癸（子三）— 開發、太山（出嗣）、和順

菊月（嗣子一）— 太山

心公（子三）— 因（子二）— 考

獅

炭
两

丞耽 子二
- 青
- 侯卡

好公 子一
- 超群

謳公 子三
- 暢 出嗣
- 檢
- 炎

暡公 嗣子一
暢 子二
彥
萬

永焱 子三
魁 出嗣
開
蟜

氷公 嗣子一
魁

永湖 子三
堉
冄
聚

簡公 子五
- 春木 子二
  - 爲成
  - 徵成 兼嗣
- 春保
- 春梅
- 笪 爲子
  - 徵成
- 羽 兼嗣

新公 子二
- 挽
- 坑

示公 爲子
- 羽

俊公 子二
丁 子一
君成
叅 殤
嬌 子一
爲萊
灶

錐公 子三
智 子三
冰
南
飛
鄭 兼嗣
芡

- 煥公 嗣子
  - 鄭
- 永撥 子二
  - 反
  - 笄
- 準公 子二
  - 周明 子一
    - 朱玉 子一
      - 漚 子一
        - 金錠
  - 自明 子一
    - 八奇 子四
      - 客 子二
        - 團輝
        - 衍慶
      - 門 子一
        - 象贊
      - 謹
      - 網 子一
        - 繼贊

麵公子二 — 火炎

甫公子二 — 罕來子四

担

禮子四 — 意成子一 — 朝火

在親子一 — 長流

梠殤

邲殤

物

庚出嗣

紅姑嗣子一 — 庚子三 — 木蕊

溪水

茂林

蹇來　子六

鋏　子二

喜南

袍

芼　子一

樹林

登止

祥　出嗣

斟　出嗣

澤水　出嗣

草來　嗣子三
祥　子一
良
斟　子一
思品
澤水　子一
金獅
郡來　子一
火來　子三
燕郎　子五
暖
田土　子三
金所　出嗣
泉水
文水　殤
挑水　子二
培
箕

春安 子一

元春 子二

瞈 子二

麒

柴 子二

興富

恩 出嗣

壇 子一

得時 子二

于時 殤

買業 嗣子一

天寶

田美

桑林 嗣孫

桑林 出嗣

飛龍

金所

旺來 子一

銀和 子一 似子一

厘 子四

坑 嗣子一

四成

魚 子二

温良

四成 出嗣

清 子一

佔

繼 子二

興

淵水

禄 續子三

魚

清

繼

吻來 子二

傒丁

森 子三

星

晏

鉗

鳥丁 子二

提 嗣子二

成才 子三

池

彬 子四

晉來 子二

通

姜 出嗣

成才 出嗣

璉紋 嗣子一

姜

瓦水

志郎　子一 — 成發

惠公　嗣子一 — 左利　嗣子一 — 滴水

庚公　子五 — 左利　出嗣

開華　子三 — 金掌　子一 — 太山

金水

滴水　出嗣

崇因　子一 — 奇光

親郎　子一 — 見成

引郎 子一
繼臨

候諹 子二
寅郎 子四
貯姑 子二
瓦成
文成
凉
省
瑛
欉 子一
卓
檜 子一
銀石

繞公 子二
鏘 子二
瑛 子一
嘉慶

禦公　子七

嵋

稽　子一

金城

祥福

完成

閂　子一

齊

拚

加錐　子三

珍

有成

志贒

重公　子三
慈麟　子二
純士　子二
愽士　子一
輝成
炒成
選　子一
呼
追成
達水

珠
麗水
加六　子二
士　子一
致
冷水

民國辛未重修

伍公 子三 似子一

座 子一 —— 及時

側

嘉澤 子二 —— 果來
　　　　　　 兩全

似三子蝦 文積 子一 —— 兩全

科公 子五

鏗士 子三

德爽 子三 —— 裕後
　　　　　　 光前 殤

德確

德育

悻光 子三

德意 子二

旺成

煥文

德丙

德栢 出嗣

濬川 子六

德望 嗣 子三

士塔

立功

瓠 双嗣

德貌 子四

士塔 出嗣

首出

金水
銀水

德顯　子三
　立功　出嗣
　怨成
　瓠成　兼嗣

德恒　嗣子
　彔金

德宜　出嗣

德存　子二
　彔金　出嗣
　烏姑

贍思 子一
- 德縣 子一
  - 文秀

搜斯 嗣子二
- 德栢 子二
  - 文鋕
  - 贊兵
- 德書

奪公 子二
- 詩禮 子三
  - 經 出嗣
  - 德弍
  - 德三
- 奏姑 子三
  - 德經 嗣子
  - 林泉

珍公 子二

棟姑 子二

樫姑 子三

本漣

生財 養

進成 子四 嗣

沙成 子四

文竹

文柄

文彬

文献

條根 子一

仲啓

仲貰 殤

來水

一月傳

進成 出嗣

球成

㧑公 子四

匣姑 子三

端成 子二

法春 出嗣

慶春

從愿

文體 嗣子一

法春

旂稟 子三

朱辱

柴胡

旂腆 子三
五生
保元
守成

旂鑾 子一
春棻

翰墨 癸嗣子
簪歸

壁治 嗣子一
銀珠 子三
鍾英 子一
樹林
育秀
啓成

專心 子一

鑽歸 兼嗣

拔茅 子五 似子一

銀珠 出嗣

命珠 子三

銃珠 子五

志成

恊成

明郎

金康

秧

江水 出嗣

田

廷燦 子三

盤珠 子二
欣成 嗣子一
似三子 䅺成 續子一
錦 子三 似子一

文海
買
從
江水
秧
田
文海
歡 子一
趖 子一

濫殤
元和

琵 子四

孔方

文陣

文春

泉水

似三子 條 續子二

文陣

文春

泉水

巷 子一

呼

樑 子三

壙

礪 子三

瓞　焉　默

水 出嗣

𢵧來 嗣子一

泮郎

貢治 子二

乃 子二

泮 出嗣

䔢 子二

好來　吸水

青 子一

見成

情公 子二

鄒 子二 似子一

得時 子二

崑山

明月

論

似長子 水 續子二

崑山

明月

灘 子二

戇

虁

兼文 子一

講 子二

連

財

道姑子二
悦
宗來子一
垂興
倪公子二
諸成
往子一
逐
榮來子三
扳
投子一
于時
福揚子二
賸子二
柯來子二
篇
藝
賞

柳子二
牆
戌

崇姑子三
鏊子三
吉
培
通

當子一
綮言

亶殤

藩姑子五
薑子二
金童
金土

宗支圖 二十三世二十四世

民國辛未重修

芋

氐　子二

　金泉

　金剪

掇　子二

　金府

　金縣

怵

暹只　子三

　介

　尚

　嬪

面只　子二

草木

金蘭

經旋　子三

錫祚　子二

財　子四　似子一

翁　嗣子二

暖　出嗣

瓶　出嗣

貌

放

似三子　慶成

暖

瓶

權 出嗣

斗 子二

蓋頂 子三 無嗣

店

帶

伴

經鑒 子五

徹然

恍然 出嗣

擔

卓

坑 嗣

新禧 嗣子二

權 子一

怏 子四

文朝

必成

金墨

金水

愰

百來

双嗣孫

蓋頂

乞公 子二

尚群 子二

郭 子一

聰明 子三

借

討

擱

澗 子三
莊周
庚
潘

緒續 子二
晝 子二
册 子一
扭明
春水

貼 子二
雨水
抵水

貽謀 子五
食祿 子二
秣 子三
川 出嗣
山 子一
元

訛　子二
箏
候　出嗣

尺　嗣子一
川

弄姑　子二
兩成　子二
金信　子一
瓦水
丁丑

烏生
嗣曾孫　候

程

靜思

黨評　子一
羅　子二
謙　子一
貢

糠

珪璋 子二 似子一
越 子一
成氣
魯
齊
似長子 俊 子一
乞

鈎深 子五
紅姑 子二
樟 子二
連類
雖郎 嗣子
儒 出嗣
株林 嗣子一
儒 子三
雖 出嗣

犂

富

棚林　子三

緜染

樹林　子一　双祧

烏田

梯林　子一

任　子一

法

木林　子五

位　子一

金蓮

智

篙

印

綴衣 子四 似子二

盍郎 子二

閤郎 子四

營

愌 出嗣

雲 子一

欠

曹 出嗣

趙 子三

快

兎

金

思 子一

維熊

玉樹 續子一

維熊

答 嗣子二 — 曹 子一 — 英才

懙

塔 子一 — 鐨

似四子 猴 續子一 — 鑽

絨公 子一 — 推許 嗣子二 — 刋

成業 子一 — 央 嗣子一 — 好

黨林 子三 — 興 子三 — 勤書 子六 — 樹林 出嗣

蔭林

竹林

降書 嗣子二

錢林

茶林

成林

樹林 子二

秋蘭

秋忠

祚榮 子二

漢水

載明

朝書 子五

祚榮 出嗣

田華

佔高
封侯
得才

傳世
登 子一
煖成

托成 子二
居 子二
勸 子一
進來
他
呱 子三
好 出嗣
很來

文彩

集興　子三
書
藔
生

長成　嗣子一
彪　止

最成　子三
流　止
彪　出嗣
任

幟興　子一
水

盾興 子二
稺
鳳
順風

芸興 子二
撓 子二
及時
卑

廷賴 子三
聰恭 出嗣
愽厚
萬

廷勳 子三
保德 出嗣

任德

蟾蜍

保德 子一

皇

廷錬 嗣子二

聰恭 子二

孫

添富

廷朗 子五

高

詩

自

世

爲

瓊居　嗣子一　乞

皎月　子一　往來

石光　子二　英　子一　欽水

　　　　　　　　　　穡　出似

團月　子二　炮昌　子一　嚴成

　　　　　　　　　　聚守

偶成　子二　蠟

　　　　　　　　　　教

甘棠 子三 — 嘉民 嗣子 — 開園

　　　　　　清水

　　　　　　清香 子一 — 開園 出嗣

雨公 續子三 — 嘉民

　　　　　　清水

瓢郎 續子一 — 清香

有光 子二 — 成祖

　　　　　　雙淵 兼嗣

渭川 嗣子 — 雙淵

廷堅子二
- 克昌子一
  - 多祥
- 鋮昌出嗣

圭光子三
- 汝
- 衍
- 題

闇郎嗣子一
- 鋮昌

熾光子二
- 肥
- 曾

柿公子一
- 波子一
  - 金城

一蟬廣

蘇公　子一　攀

萬公　子一　領　子一　殊　子一　逢珠

純熙　子三　似子一　本　子三　查

瓜

反

情　子一　横

似長子　瑶成　繼子三　查

瓜

洸公 子一

標 子二

反　絅　放

桐公 子三

榜 子二

鐸　脹

莉 子三

回　貨　佮

潤 子一

田

拱成 子二
當 子二
欽
挺

含公 子四
烏
味 子四
金
桶

座
鉗
廣
約
琦

着公　嗣子一
進成　止

禧公　子五
勵　出嗣
跳
車
籍
斗　子二
夢
傳　出嗣

勵　系嗣子
夢

舉公　子一
段　子一
坑

赤公 子二 —— 落
—— 盞

超公 嗣子一 —— 落 子一 —— 顔

忍公 —— 進成

煥宗 双嗣子一 —— 德裕

誥宗 子一 —— 德裕 子七 兼嗣 —— ⿰石區
—— 彬
—— 明 兼承
—— 盛

嘉猷 子五

羕 子八

丁 子一
璇璣

秋 兼嗣

度 子一
緜圃

僭

氣 子三 兼嗣
金水

清標

挐 出嗣

考 出嗣

旭

清源

愛　劉　尾

捷 繼子

秋

瓦 繼子

氣

鷄 續子三

愛 兼嗣　劉　尾

嘉肆子二
築繼子　愛
巖繼子　考
挑嗣子二
擧子四　真珠
强
扳桂
和引
考兼嗣
嘉箕子四
測子二
等子一　南艮
作子三
肯

尚
金 嗣子
炮
東元
軫 子二
貝
叟
榮
金 出嗣
塗 子四
貢
鏲 子一
嘉種 子二

嘉力 子三

　梗殤
　　珍
　鎔 出嗣
　樆 子一
　　秧
　梗 出嗣

嘉肇 子三 似子一

　宋朝 子三
　　海棠
　　楓
　　鳳 兼嗣
　柳條 嗣子
　　鳳

溪水 子二
膽
賖

坪來 續子二
膽
賖

嘉象 双嗣子
朱朝

嘉祉 子二
乾 子二
坂 子一
琴
此 兼嗣

飛 子二
初
此 双嗣

似長子 柴

嘉揚 子三

卓 子二

傳

順成

砯

贊

嘉鰲 子四

切

逵 子一

轉

仟

倚

滿香 繼子二 — 卓
— 砵

嘉染 子三 — 坊
— 塔
— 浮 出嗣

嘉素 繼子 — 當

欽公 嗣子 — 贊 殤

買公 嗣子 — 春成

賬公 子一 — 拿 子二 — 來

與公子一 — 海 — 金珠

謨公子一 — 遣子三 — 蚵　闈　涼

耽公子二 — 董　牆

汀公子二 — 荐子一 — 和
飯出嗣

崁公 嗣子
- 飯

侒公 子五
- 樓 子二
  - 增
  - 拐
- 擒 子一
  - 汾
- 修 子一
  - 招
- 汲
- 頣 出似

永敦 子亡
- 孟
- 自

臨
極 出嗣
智 出
啓
康

樓公 子一
扶

嘉興 續子一
扶

偉公 子三
坐 子四
烈火

連水

淡水

教永

艮　子一

走

窖

瀑公　子三

鎖

間

閂

驅公　子二

赫　子一

贊來

極

粒公子一
明

密公子二
亥
土

審公子一
已

譔公子一
仁倉

嘆子四
實
炎
欺
款成

均公 嗣子
　德成

彩公 子一
　参

庭宗 子二
　愁 子二
　　綱
　　雙
　耻

癸公 子一 似子一
　德成 子四
　　蓮
　　懿
　　皆
　　治

似子頎 繼子三
- 顋
- 皆
- 治

林郎 子二
- 良帛 子三
  - 笑 嗣子一
    - 呼
  - 牆
  - 戸 子三
    - 租
    - 呼 出嗣
    - 楓
- 良畝 子二
  - 慮
  - 國

長江 子三

梭 子二

自成 兼嗣

旭來 出嗣

珠 嗣子

自成

鸞 嗣子

旭來

長棄 子四

川 嗣 子二

翰 双嗣

肥

係 子三

翰 兼嗣

田

圜

秋子二 — 肥出嗣

綴 — 鑨

長鎮子一 — 齊子二 — 等

贊

榼中子三 — 禱子一 — 育

斜嗣子二 — 爆

坤子一 — 爆出嗣

湖只子四 — 宜發嗣子 — 帶成

雅子二
- 買來
- 天成出嗣

著嗣子一
- 天成

桂子一
- 帶成兼嗣

長能續子三
- 係
- 秋
- 緞

宣耀子二 似子一
- 䀹成子四
  - 庚
  - 白

宣茂 子五

梅成

似長子 迎成

晟成 子二

摯成 子二

菩成 出嗣

先

章

達

親

貴士

金洋

拳成

抒成

宣浪 子二

金使 子三

柏

守財

從

宣硯 子四

果 子二

金煉

居財

姜

杞七

宣墨 嗣子一
燕春 子二
榮公 子三

培基
菁成 子一
韮 子一
頭 子一 似子一
鐵 子四

有爲
鄭忠
沙金 子一
似子 偏 續子
逢
雙
康
云

留情
留情

朝 出嗣

聚金 出嗣

款公 學 子二

朝 子二

金石

成良

尋公 續 子二

鐵

聚金 子二

輝煌

東北 子三

滚 子三

徧 出做

典

闍

東來 子三

泉 子三　　苟 子一　　儒　　𥙿

福 嗣子一　　夔 子二　　祿 子三　　富

成業　　顯祖　　憩玖　　成業 出嗣　　成祖　　金拔

東印　子四

嵋　子一

日　繼子

日

爽　繼子

窗　子四

變　子一

出興

春水

太平

春水　兼嗣

信

老備

太平　兼嗣

東漢

續　子三

泉

葉向 子一
樹 子一
傳

苗

蝛

東蘊 子三
昌 子二
洸

悅

分

葵

七

連里 子二
碟 子四
池 子一
煤

文

貞

瓦

近 出嗣

九里 嗣子一

近 子二

順 殤

品 殤

影公 嗣子一

地長 子二

金潤

聽公 子三

送 子二

帕

地長 出嗣

迎成 出似

悻公 子四
- 汝
- 贊
- 垗 出嗣
- 往 出嗣

亞公 子三
- 囉 子一
  - 開成
- 酒
- 定

垗 嗣

進興 子四

瓊簪

牙簪

光猜

光別 子二

育

兒 子二

松枝

玉

錫類 子二

宜

再 子二 兼嗣

金木 子二

有德

團成

秉燭 子二
紫
魯

智公 繼子
再

爲田 子一
曜 子五
乞
僊 繼子
趙
托 出嗣
坎 双嗣子一
泉水
謗

在田 子三
清華 子三
托 子一
菜根

清洲 子三

婆 子四
樹木
葦成
國甫
秋菊
樞木
金氏
大月

取義

敲

琶 子二
來
行

捋 子二
皆成
代成

清妹

芸田 子一
勵 子一
偉 子一
淵
趙

新田 子二
廉 嗣子一
蓁 子一
成水
穡 子一
有 子一
復承

定祥 子四
彔 子四
不來 子二
悅興
鎮成
掄來 子三
王梨
香楊
成水 出嗣

于來

京來 續子二

悅興

鎮成

溜 子三

濕 兼嗣 子二

火炎

及

鰲 出嗣

燗 續子二

濕

及

簾 出嗣

佳祥子二
徙
貯

報祿子二
深淵子二
作
漸子一
泉水
瑛琪兼嗣

開統子三
神助子五
湧源出嗣
資源子一
發
錢出嗣
俊

盤

神富 嗣子

湧源 子三

象

轉來

珙琪 双嗣

吹壎 子三

攀龍

左

艮 子二

獅

砌公 子二

孫鍾

孫杖 子二

麗水

埼公
錢

顯宗　子三
挨　子一
雪

更川　嗣子
塡

登　子四
佛然
两秀
留
有

聘恩　子一
泉　子二
澤
山水

唱恩 子三

艾 子二

垻 兼嗣

膦成 兼嗣（乃成）

愛 子一

金水

髻

艾 出嗣

園書 子二

串珠 子三

淡水 子一

宇

燒姑

兩水 出嗣

緒公 子二

淵鮭 嗣子

麗水

承基　子五
腰　子二
水
確　嗣子一
兩水
鮭　出嗣
樵
簡

六光　子一
兵

萬紀　子四
鈞
顏
若

搓公　子五

猴　子一

基

榮昌　子四

降

瓦

娥

佃　嗣

榮池　子五

賴　子三

文明

文頤

老成

乖　子一

挪成

榮堯子五

講　殿　拐　燕子二　鶯子二　鶚　鈴

安成　金錢　傳芳　順元

熊

榮突 子四

雀

炎

鎗

格

榮凸 子四

門

佃 出嗣

獅

按成

文答 子二
拋 子二
楷 子四
付
稿
軟
潤
第
胥 子一 兼嗣
坤水
教公 子四
情 子二
溫 出嗣
媚
河 殤

揪

寬公 嗣子

溫 子三

益春

籃

山 續

撥公 嗣子

舌 續子一

山

徙來 子一

塲 止

秋林 嗣子

葵

耀來 子五

榮業 子一

奕水 殤

思

响 嗣子一
- 招

庄

摘

雌來 嗣子一
- 順

戴來 子二
- 皆得
- 順 出嗣

知來 子二
- 書禮 子三
  - 經
  - 弍
  - 三

謹來 子二

好禮

飛 子二

溪水 出嗣

帕 子三

電 子三

川

發

園

莊

真

示

尋來 承嗣子

糠

正思 嗣子一

溪水 子二 似子一

丟 子二

土 殤

参

嗹

李成

似長子 隴成 續子二

参

嗹

恩來 嗣子一

青 子四

神

于

興 續

賜來 子三

冬 子三

青 出嗣

糠 兼嗣 嗣子一

首

金

抹

興 續

首 出嗣

世脘 子一

守余 嗣子

王梨

世讓 似子一 子一

復 子一 兼嗣

王梨 兼嗣

忠誠

世晏　子二

似子曦　繼子一　忠誠

醮明　嗣子　皇恭

葵高　子二　軋成　皇恭　出嗣

謙公　子四

淺

坪　出似

泄

因　子二　開文　自成

沶公　子一
- 砧

升稟　子三
- 壹　子二
  - 成
  - 銀
- 坑　子一
  - 橡
- 進　子二
  - 金鑾
  - 淵源

幼爾　子三
- 午
- 覚
- 傳

援公 續子二
寬
傳

沉郎 子三
吻 子二
强
雨
楓
林

登士 續子三
楓
林

順跧 子二
𦼮 兼嗣

曹

旺公 嗣子 — 蒜

郡公 子一 — 擔

群公 續子二 — 蒜、曹

勅公 子一 — 鎏

邊公 子二 — [石區] 子一 — 惜、失名

碧 子一 兼嗣 — 火

輕公 嗣子 — 碧
高公 子三 — 樹 雙 欽
壬癸 子二 — 獅 銀
壬蘭 繼子二 — 獅 銀
出公 子一 — 泉 出似

買公 子一
參 子二
路
得

吉公 子二 似子一
百 子三
顏
墻基
坑

瞈 出似

似子 泉 續 子二
墻基
坑

溪公 子一
慫

旺公子二
　尊子二
　　塤
　祥双嗣

𠯌公子三
　祥兼嗣
　佔
　妓

禮公續子二
　佔
　妓

蘊公子三
　灶子三
　　鳳城
　　銀
　—

完城

從　田

才　士公　子四

塗　來　澤

扶　佳公　子一

揚　清公　子二

安公子二
學
紫兼嗣
紫双嗣

夏公子三
明
璧
笑

蝌公續子二
璧
笑

志高子二
丙丁殤

蓍 子二 —— 科先

永有 積子 —— 蓍

檥公 子三 —— 两殤
　　　　　—— 默 兼承
　　　　　—— 茂

且公 繼子 —— 默

儉公 子四 —— 海冰 出嗣
　　　　　—— 雙
　　　　　—— 未成

永樹　子一
永根　子五
永情　子六

法成
海水
送
丙
籃
丑
滿水
金山
晃

輝

田

朝

樹

冊成

永和　子二

準

樟

永變　子四

潤水

橌水

珍水

澤水

永間子三

海

郁

凉

永言子二

金田

由成

律公嗣子

玉成

云公嗣子

來成

脫公 子三
- 來成 兼嗣
- 池
- 玉成 兼嗣

永冬 續 子二
- 池
- 玉成

証公 子一
- 泉 子三 兼嗣
  - 順興
  - 彩興
  - 燒成

傑公 繼子
- 泉

有公　子一　樾

永趁　子嗣　河南

永蚌　子一　河南　兼嗣

等公　子三　錦　財　紅

廣公　子一　兼

薄公　子二　欠　天貴

永瓊 續子二
天貴

乞公 子四
逢 出嗣
興
助
得山

降公 嗣子
逢

永詩 子三
木殤
樹 兼承
逐 兼承

永巨　子二
陳
諒

紫公　嗣子
樹

逐

壽山　子三
砳殤
石
硯

永强　子一
倉

永跳　子五
纏

根 民 示 房 座 箕 簪 取 追

永咱 子二
座

永葵 子二
簪

永田 子一
取
殤

永醋 子一
追

永樟子二
　艮翼
　艮喬

永首子三
　全金
　朱盤
　呵賊

永後子一
　蘇興

敬忠子一

永綏子一
　水知

汲公子三
　助

永土 續 子三

永欺 子一

坂公 子一

弄公 子二

純翁

助

純翁

建

肯

國

錆

一永穎　双嗣　子二
　　一國
　　一錆

一永培　子二
　　一婆
　　一挑

一永粥　子二
　　一趁
　　一鉗

一永塔　子一
　　一好興

一永軟　子一
　　一天機

一永逵　子二
　　一由

茶

閣公　子一　成業

和自　子二　新才
　　　　　　泮水

永諒　子一　添

永蟾　子一　祖蔭

火石　子二　合[illegible]
　　　　　　白[illegible]

永本　子一　春城

永返子二
賴
撥

永揪子二
彩成
職成

永丕子二
珪誠

永騰子二
往成
來成

永差子二
虔誠
專誠

永莧 子一 — 源泉

永平 子一 — 展

永撑 子一 — 惟德

永餘 子二 — 棟
　　　　　 — 異 殤

永絨 嗣子一 — 鍊 殤

永濬 子四 — 瞞
　　　　　 — 鍊 出嗣
　　　　　 — 測

纂

永標子一
火

永來子一
定

永進子一
樹籐

永熈子
長殤

永貓子三
賞
班
鉦出嗣

永炳子一
肯

永臺 子二
- 鱷魚
- 恩

永沙 子二
- 哆
- 復

永趺 續子
- 復

永蔘 子一
- 瘦

永德 子一
- 金鳳

永鏘 子三
- 鈺
- 規矩

天池

永齊 子二 — 文回

文士

永滐 子二 — 起法 双承

德興

永甘 嗣子一 — 其山

永謙 双祧 子二 — 熒

麒麟 嗣芳川爲孫

服公 續子一 — 簡

晉公 子二

拋

簡

永田 子四

近 子四

金取

勤書

金盾

金鈒

瑞

福成

江南

永省 子四
- 援 殤
- 端
- 箕輿
- 其山 出嗣

永蘊 子二
- 孚
- 銀勝

永益 子四
- 磨
- 談 殤
- 攀桂

—強山

明公 子三
—東
—屋

永賜 續子二
—東
—屋

永踏 子一
—諷 兼嗣

永慮 嗣子
—諷

文鏡 子三
—姣
—活

朝碼

汪公 子一 — 遠來

永殊 子一 — 蕉來

永籃 子一 — 評 子一 — 盤書

永德 子一 — 煥

永蝗 子一 — 見竹

永梓 螟子 — 見竹

永點 子二 — 文 殤
— 膽

春生 子一 — 田

永實 子一 — 權

永信 子三 — 田 出嗣
— 祥
— 願

永玉 子一 — 深

永才 子二 — 成
— 摘 殤

永葵 子一 — 軋 殤

永由 子一
朝成

永𧍥 子一
振興

永謙 子二
芡 為季完孫
麒麟

永輝 子二
添
建成

永嘔 子三
胡殤
順興
培殤

永坤子四

陣

奇

門

深出嗣

鑾公嗣一

深

永套子二

在昧

明德

良才子一

泮水

淵公子四

察

賽
前
尚

論廻 子三
新德
建德
鞠德

穎廻 子二
維金
維般

永安 子一
謹春

永徠子二
盛發
金情

永冊子二
井
瑞

永欠子一
金箕

恭公子一
錦昌

永海子一
走來

永日續子
走來

永壇子三
天子一
熾昌

丑

磨

永甫子一　茂

永闖子一　宋

永起子一　格

永語子一　執

永旦子一　贊直

得公子一　夢

永合子一　上

祿謙子一　生

文頎子二　汲水
樹林

丁財子二　樹哖
樹連

瀨水子一　送來

永喑子二　相
雲蘭

永塡子一　贊

茂郎子一　欣

金鳳子一　淦

清水子一　失名

永長子一　全

權公子一　麗

卅七世芳行　卅八世

佑子一　遷

卷肆終

重修虹山彭氏族譜世紀卷壹

一世

棖公原名籛避諱改之

娶羅氏號寬慈合葬吳厝后壠徐厝邊今號鋸枋灣新田后坐

東北向西南　子三　相齡　相榮　相議

二世

相齡公　即棖公長子任福州監倉曹

娶黃氏號裕慈合葬大林前　子一　燁

相榮公　即棖公次子任廣州司戶曹

娶魏氏　合葬大壠園山頭　子一　十公失諱

相議公　即棖公三子爲僧

三世

烨公　即相齡公之子任團練節度使曆高州安撫使

娶陳氏號温慈合葬龍湖山兜號彭墓林

子一　延進

十公失諱　即相榮公之子

娶傅氏　子一　十二失諱

四世

延進公　即燁公之子官承務郎
娶吳氏陳氏方氏公與吳氏塋四翁坑陳方氏塋林兜田后
子四　謙公　十七公　誘公　恭公
十二公失諱　即十公之子
娶曾氏塋東郭嶺西邊　子一　十五公

五世

謙公　即延進公長子官承務郎
娶林氏號柔慈合塋丘厝尾
子二　朕公　廿一公

十七公失諱　即延進公次子止
誘公　即延進公三子官教授
娶吳氏合葬後洋埔中坐北向南止
恭公　即延進公四子爲僧
十五公失諱　即十二公之子官學錄
娶陳氏合葬廣濟庵山上　子一　映

六世

仕僊公諱朠　即謙公長子宋高宗紹興三十一年辛巳任南
劍州州學教授學行醇美師道允宜未滿秩以廸光致仕始

修譜系俾子孫得考淵源又捨地一所建瑁峰宫又捨地周圍一百二十丈建龍興堂祈求子孫昌盛娶游氏號莊慈合塟楓嶺佛亭子對過

子二　碩　順

廿一公諱賢字天祿　即謙公次子分居莆田北頭即今小横塘

裔孫鄉進士模謹識

映公　即十五公長子宋孝宗淳熙八年辛丑同僧自昕建龍潭橋今號員通璧橋登泉誌

娶吴氏　子一　績

七世

碩公　即朕公長子止

順公　即朕公次子

娶吳氏號勤慈合葬佛亭伃后過去大路東邊坐子向午號後

林　子一　軒

績公　即映公之子宋孝宗淳熙十一年甲辰特奏名仕至通

議大夫兵部侍郎登泉誌

娶李氏號純慈合葬玉虹山垅后徐林

子一　輊

八世

軒公　即順公之子

娶吳氏陳氏徐氏合葬後嶺中崙坐西向東

子二　如高　如山

輕公　即績公之子官儒林郎學有蘊藉行歸準繩

娶謝氏止

九世

如高公　即軒公長子宋光宗紹熙元年庚戌任宣議大夫與

仙邑劉坡侍郎崇清陳說友善因書對面二石東園舒嘯四

字

娶李氏號儉慈分居前厝公塋丘宅山母後李塋雲龍寨兜

山中隔　子三　漢湖　漢昭　漢輔

如山公　即軒公次子充拓田林創業垂裕

娶謝氏傅氏分居後厝合塋楊厝埔大林崙上號前灣園

子一　嚴之

十世

漢湖公　即如高公長子官學錄宋寧宗慶元三年丁巳任遂

昌教諭雅意作人克舉其職義方訓子得志登名

娶黃氏號静慈合葬吳厝壠徐厝外

子二　卿月　卿僊

漢昭公　即如高公次子

娶曾氏　子四　宗后　清　卿雲　五十三

漢輔公　即如高公三子

娶　氏

子六　六十　六十二　卿龍　應打

應新　六十五

嚴之公　即如山公之子

娶陳氏　子三　泰　容　誠

十一世

卿月公　即漢湖公長子宋理宗紹定五年壬辰特奏名仕至

徽猷閣侍制登泉誌

娶鄭氏宜八號慎慈合埜蘇山中崙止

卿僊公　即漢湖公次子致政

娶林氏號恬慈埜丘宅山母後號陳厝後

子三　擇　潛　禮

宗后公　即漢昭公長子爲僧號深沙長老

清公　即漢昭公次子爲僧號積善藏主大德

卿雲公　即漢昭公三子官宣教郎

娶　氏　子一　棄疾

五十三公　即漢昭公四子

娶劉氏止

六十公　即漢輔公長子

娶黄氏止

六十二公　即漢輔公次子止

卿龍公　即漢輔公三子

娶吳氏謝氏合葬蘇山田後止

應打公　即漢輔公四子止

應新公　即漢輔公五子止

六十五公　即漢輔公六子

娶潘氏合葬廣濟庵後山中分居上村

泰公　即嚴之公長子出居開元寺號太公大德

容公又名卿陽　即嚴之公次子

娶鄭氏　子一　上春

誠公　即嚴之公三子爲僧號天竺長老大德

十二世

擇公　即卿僊公長子開拓田地貽厥孫謀

娶林氏合塟寶龍亭師厝后坐寨尖向南

子一　必得分居前宅

濳公　即卿僊公次子官宣教郎

娶曾氏號懿慈合塟卓佛桑山中

子二　必俊　必連

禮公　即卿僊公三子官桂平學録

娶曾氏　子一　必選

棄疾公　即卿雲公之子

娶黃氏　子二　七十五　七十七

上春公　即容公之子

娶陳氏同塋蘇山田后附卿龍公之墓

子一　蓮發

十三世

必得公　即擇公之子

娶　氏合塋楊厝門前埔后　子一　孔昭

必俊公　即潛公長子致政

娶曾氏王氏吳氏公與曾塟進坑田後王吳塟山後埔圍邊
子一　孔暉王出
必連公　即潛公次子
娶林氏公被樹打亡塟珖琅坑蜈蚣頭上
子一　孔明
必選公　即禮公之子致政
娶陳氏繼陳氏　子一　孔時
七十五公　即棄疾公長子
娶　氏塟雲龍山兜

七十七公　即棄疾公次子

娶　氏塟温林大石後　子一　元亮分居上村

蓮發公　即上春公之子

娶吳氏同塟山后埔園內　子一　傑秀分居仙邑中埔

十四世

孔昭公　即必得公之子

娶吳氏公塟林墘田中吳塟水溝圳垗止

孔暉公　即必俊公之子官宣教郎

生元成宗大德十一年丁未五月十九日午時
卒洪武七年甲寅五月十八日未時

壽六十八　塟林垊隔內
娶林氏　塟洪厝對門
繼娶陳氏　塟許壠田后
又娶林氏　塟林垊隔尾祖墳邊
子四　治才　美才　洞才陳出　天與繼林出

孔明公　即必連公之子
娶吳氏　塟東郭嶺中崙尾中心
子一　天才

孔時公　即必選公之子

娶吳氏　塋楊厝埔後向前灣園

子三　八十九　九十二　九十三

元亮公　即七十七公之子

娶　氏分居上村合塋進坑田後山上

十五世

治才公　即孔暉公長子出居承天寺侍者止

美才公　即孔暉公次子

娶傅氏止

洞才公　即孔暉公三子

娶　氏　塟庵尾田後山中崙止　生元至正二年壬午二月十七日卯時　卒洪武二十年丁卯十二月初四日卯時

天與公　即孔暉公四子　生至正三年癸未八月廿三日午時　卒永樂六年戊子六月廿七日亥時

娶陳氏號淑慈

公塟新坵田后

陳塟楊厝尾林墘大篾石下灣中號虎形坐西向東對尾

巷大坵田爲案　子三　宣　富有　曆

天才公　即孔明公之子

娶吳氏　同塟林墘墓邊止

八十九公　即孔時公長子

娶謝氏　塟林垙坑尾隔祖墓邊止

九十二公諱希乞　即孔時公次子殀止

九十三公諱希隲　即孔時公三子殀止

十六世東房派

源有公諱宣　即天與公長子生元至正二十七年丁未五月二十日午時卒永樂十二年甲午四月廿三日子時

娶林氏生元至正二十七年丁未七月廿一日丑時卒永樂十四年丙申四月廿一日卯時

合塟埔峰宮前大坵田頭坐西向東

子二　昌　盛

公闢田業新第宅爲人好施莆陽寧海橋頭東邊建塔捐資

以助紀石今尚可考享壽四十五
生洪武四年辛亥十月十七日丑時
卒建文四年壬午九月初七日未時

富有公
在員通庵外見傷于虎昇卒
娶林氏
生洪武六年癸丑九月十三日午時
卒永樂十三年乙未九月初一日戌時
公葬山圳田後小路邊坐北向南
林葬潹頭樓對面竹潭後山上　止

十六世西房派
歲進士濟有公諱賡　即天與公三子少遊上庠學遂行端
生洪武十一年戊午正月十一日申時
卒永樂十七年己亥六月日時

殁在南京監裝回
娶林氏有賢德
合葬吳厝墘灣頭坐乾向巽　生洪武十一年戊午三月初十日卯時　卒正統十一年丙寅三月日時
子一　添麟　女二　適林吳

十七世東房派

昌公　即宣公長子於永樂十八年庚子重建愛賢堂改名積慶堂
娶金谿王事劉仲修女　生洪武二十六年癸酉二月十八日巳時　卒宣德元年丙午月日時
葬樸邊園

娶劉氏改適　生洪武廿八年乙亥十月初三巳時　卒天順六年壬午八月十二日辰時

盛公　即宣公次子

娶鄭氏號樸慈鄭主事宏公女　生洪武三十年丁丑二月十六日卯時　卒宣德四年己酉　月　日　時

公塟楊厝尾祖妣龍手上坐酉向卯

妣塟東屏山如宜庵路後山上坐亥向巳

子二　顏鄭出　濬側出今爲內頭

十七世西房派

添麟公字孔巽　即厝公長子　生永樂九年辛卯七月廿九日子時　卒成化廿二年丙午十一月廿一寅時

娶吳氏生卒鈌

繼娶曾氏生卒鈌

公與曾氏塟宮灣內戌辰

吳氏塟許壠大石外路后坤艮

子三　澤　淮　洪　女一適林俱吳氏出

公爲八莊敬自持待期功以仁祠宇門庭務淨潔祀先焚香

無曠日可謂興衰之祖矣

十八世東房派

秉容公諱顔　即盛公長子壽七十一生永樂十八年庚子正月初二日寅時卒弘治三年庚戌十二月十七日子時

娶陳氏 生卒缺

繼娶柳氏　享年八十二 生宣德三年戊申九月十二日子時 卒正德四年己巳十一月初七卯時

公與柳氏同塋宮前田后附宣公之墓

陳氏塋龍興宮厝壗后坐東向西

子四　魁陳出　艮　聚　試柳氏出

東房內頭派

秉積公諱濬　即盛公次子 生卒缺

娶李氏 生卒缺　子二　椿　松　女二

十八世西房派

秉德公諱澤　即麟公長子

生正統六年辛酉　月　日時
卒正德五年庚午十二月廿四日巳時

娶陳氏

生正統九年甲子　月　日時
卒弘治十六年癸亥　月　日時

合葬楊厝尾祖妣墓北

子二　肅　森

秉規公諱淮　即麟公次子

生正統十年乙丑九月廿二日未時
卒正德七年壬申八月廿六日卯時

娶張氏

生正統十一年丙寅七月廿六日午時
卒弘治十三年庚申正月初七日戌時

繼娶李氏生卒缺

公葬林垵楓樹坵田後未丑

張李二氏同葬林垵路後甲庚

子三　鸞　鶉　珙

女四適林陳吳李俱張氏出

秉寬公諱洪　即麟公三子　生正統十二年丁卯十月廿七日亥時　卒弘治十四年辛酉十月初十日卯時

娶曾氏　有賢德祠堂被火祖數簿賴其搶出使今子孫以稽查　生正統十三年戊辰九月廿七日寅時　卒正德十二年丁丑三月廿五日卯時

合葬吳厝壠與濟有公墓毗連亥巳

子五　栢　楨　桂　棨　果

女二俱適林

十九世文字行

希軒公諱魁字文高　即顔公長子　生正統五年庚申十月十二日巳時　卒正德九年甲戌五月初二日午時

享年七十五

娶李氏　享年七十三　生正統七年壬戌七月十三日辰時　卒正德九年甲戌四月十七日戌時

塟鄭長者厝墲後辛乙戌辰

子三　琴　棋　書

公純實人也少曆辛勞撫恤群第晚景閑而樂兒孫蕃衍

清軒公諱艮字文賢　顔公次子　生景泰六年乙亥十二月十九巳時　卒正德元年丙寅七月廿四日戌時

娶陳氏　生天順四年庚辰十月廿六日酉時　卒嘉靖四年乙酉正月初九日酉時

側室李氏

子二　銈陳出　鎬李氏出

公白手成家人也性寬仁少年逢家中有事流落仙邑拮据措置家業頗裕陳氏亦勤於治內和以睦族溥惠鄉人沒世人皆悲號

翰軒公諱聚字文紀　即顏公三子

生天順四年庚辰三月廿七日巳時

卒正德五年庚午九月初十日辰時

娶吳氏

生天順三年己卯十月初七日亥時

卒嘉靖廿四年乙巳七月廿六巳時

合葬瑁峰宮前田后附宣公顏公之墓

子三　寶　銈　鑑　女二

公爲人忠厚周慎質樸無華而吳氏亦治家有道業因以增

文舉公諱試　即顏公四子有明敏特達之才勇于行義

公 生成化五年己丑二月初七日辰時 卒正德二年丁卯二月初八日亥時

娶劉氏 生成化九年癸巳三月十五日未時 卒弘治十六年癸亥十月二十酉時

繼娶林氏 生 卒 鈌

合葬吳厝墘

子一　鈔英　女一

東內頭房

文靈公諱椿　即濬公長子 生 卒 鈌

娶陳氏 生 卒 鈌

繼娶林氏生卒缺

三娶許氏生卒缺　合葬曾子祥止

文喬公諱松　即濬公次子生卒失

娶黃氏生卒失

繼娶歐氏生卒缺　合葬山中林

子三　榮英　愷英黃出　悌英歐氏出

西房派

文儀公諱肅　即澤公長子　生天順七年癸未正月廿二日戌時　卒嘉靖廿三年甲辰正月廿二日時

娶邱氏

繼娶趙氏　仝塟宮灣內戌辰
子四　燦　烱　烜　燭俱邱氏出　女二
文林公諱森　即澤公次子生卒失
娶林氏
繼娶盧氏　同塟樸邊園後
子二　雲漢　雲霄　女一適賴俱林出
文和公諱鸞　即淮公長子
娶吳氏生卒缺
繼娶林氏生卒缺

子一　相　女一適薛

文貴公諱鵠　即淮公次子　生卒失

娶張氏　生卒失　止

公多才能都有無産之糧重受其累公白于有司因作浮糧而輕其稅族人至今感之惜其無後良可嘆夫

林泉公　字文昇諱珙　即淮公三子　生弘治二年己酉二月三十日辰時　卒嘉靖四十年辛酉五月廿二辰時

娶黃氏　生弘治五年壬子十一月初五日酉時　卒嘉靖四十一年壬戌六月廿五亥時

子二　遶隆　遶蕃　女二適吳黃

公有才學修錄譜牒有李太愚爲之序仙邑致政張大尹以

詩贈其能可以見其人矣

文秀公諱栢　即洪公長子　生成化七年辛卯四月十八日未時　卒嘉靖十九年庚子正月廿三亥時

娶劉氏生卒失

合葬吳厝壠頭

子四　谿孫　媽福　媽祖　媽祜

女二適宋

文質公諱楨　即洪公次子　生成化十年甲午正月初五日午時　卒嘉靖卅一年壬子二月十一酉時

娶陳氏　生成化十八年壬寅十月廿五日酉時　卒嘉靖十六年丁酉四月十八日申時

繼娶林氏生卒缺

合塋雲龍寨山垗子午

子一　貫英　女三適黃林邱

公倡建祠堂以爲祀先之圖亦陳孺人內助之功不可誣也

文英公諱桂　即洪公三子　生成化十二年丙申九月　日　時　卒正德三年戊辰三月　月　時

娶賴氏　生成化十七年辛丑　卒正德三年戊辰

合塋鷓鴣崙丑未

文清公諱棨　即洪公四子　生弘治三年庚戌五月廿四日巳時　卒正德十四年己卯十一月初五日

娶賴氏　生卒缺　塋在下尾

子一　性英

公少有明敏之才長從事案牘撥本府司獄司

丹波公諱果字文珍　即洪公五子 生弘治六年癸丑九月十一日巳時 卒隆慶三年己巳閏六月初十酉時

娶何氏 生弘治五年壬子七月初九日丑時 卒嘉靖四十年辛酉九月廿九亥時

公塋呉新厝樟樹下壬丙

妣塋蘇山垵長三四子附塋

子四　錫　鐙　鑰　鎡

東長房

二十世子字行

子輝公諱琴　希軒公長子 生成化三年丁亥正月十七日辰時 卒正德九年甲戌三月廿五日未時

娶黃氏蔡氏 生卒俱缺
合葬山尾宮右畔與希軒公毗連
子二　傑　儆　女二

素軒公諱棋字子策　即希軒公次子 生成化六年庚寅二月初一日寅時 卒嘉靖廿六年丁未九月初四子時
享年七十八
娶李氏號清德 生成化十三年丁酉十一月初八卯時 卒嘉靖二十年辛丑三月初四日戌時
同塟溪眉墘乙辛
子三　任　傳　佳　女四

子道公諱書　即希軒公三子 生成化十二年丙申三月十八日丑時 卒嘉靖三十年辛亥二月初三日酉時

享年七十六　生成化十四年戊戌七月廿四日亥時 卒嘉靖七年戊子十二月初七日午時

娶張氏號貞德

仝葬帽峰宮前大坵后與宣公墓毗連

子二　儔　信　女一

東二房

坨崖公諱銓字予衡　即清軒公長子　生弘治五年壬子十月初十日午時 卒嘉靖廿六年丁未十月初七未時

娶謝氏　生弘治七年甲寅四月初二日申時 卒嘉靖十七年戊戌七月初一未時

繼娶許氏　生 卒 缺

合葬雁塔龍首堂右畔癸丁

子三　天祉　天民　天定　女二適張林

公性耽隱逸以山水自娛寄情花鳥木石尤篤愛祖宗正德十年乙亥重建祠宇捐金以充其用仍與西房文質公恊造祖龕爲祀先之圖

樸敏公諱鎬字子京　清軒公次子　生弘治十一年戊午正月十九日辰時　卒嘉靖十二年癸巳二月二十日未時

娶黃氏　生弘治十二年己未四月十六日卯時　卒嘉靖廿二年癸卯十月十二日未時

仝塟雁塔案山後夘酉

子一　天沈　女四二三適黃四長適杜潘

公性質愷悌復明敏有才恢宏先業至今賴之

東三房

榮峰公諱寶字子敬　即翰軒公長子　生成化二十年甲辰　卒嘉靖廿二年癸卯六月廿五未時

娶王氏　生成化二十一年乙巳　卒嘉靖十八年己亥正月初十日

合葬西墘乾巽

子二　華山　華舟　女二適魏傅

子堅公諱銈　即翰軒公次子　生弘治元年戊申十一月廿八日巳時　卒失

娶謝氏　生弘治四年辛亥　卒嘉靖十三年甲午六月初三日酉時

同葬前坂倉後內徐

子二　仲夏　望夏　女一適卜

公有功於祖正德八年癸酉祠堂火燬倡興其圮有李太愚

爲之記

員峰公諱鑑字予祥　即翰軒公三子生弘治九年丙辰十月初七日丑時卒嘉靖四十年辛酉二月十八寅時

娶陳氏生弘治八年乙卯三月十七日丑時卒嘉靖　年戊　十二月十六酉時

同塋楊厝對面

子三　岳　崧　崑

東四房

予財公諱鈔　即文舉隻子爲八周慎嚴厚生卒失

娶盧氏生卒缺

同塋吳氏壠田後

子六　德　齊　饒　禹　智　廣

東內頭房

子揚公諱榮　即文喬公長子生卒缺

娶林氏生卒缺

子二　望秋　望冬

子仁公諱愷　即文喬公次子生卒缺

娶林氏生卒缺

仝塋雁塔

子四　扳　繼　紐　絜

子恭公諱悌　即文喬公三子生卒失

娶黄氏生卒失

合葬雁塔

子二　兒　孫

西房派

子燦公　即文儀公長子未婚而歿生卒失

廷光公諱烔　即文儀公次子

生弘治元年戊申十月廿五日寅時
卒嘉靖四十年辛酉

娶朱氏生卒失

繼娶潘氏　合葬前崙田後

子一　謨

廷耀公諱烜　即文儀公三子　生弘治七年甲寅十一月十一日寅時　卒嘉靖廿六年丁未十二月廿七未時

娶柯氏　生弘治十四年辛酉十月十三日辰時　卒嘉靖卅六年丁巳十月十六日寅時

同塋廣濟庵后

子二　韜　論

廷煥公諱燭　即文儀公四子　生弘治十二年己未九月初二日戌時　卒嘉靖四十年辛酉三月初四日酉時

娶徐氏　生卒失

繼娶黃氏　生卒失

公與徐氏合塋下尾田後附毋邱氏墳
黄氏附塟文儀公墳
子二　省徐出　治黄出
廷昭公諱雲漢　即文林公長子生卒失
娶何氏　改適
子二　大興　大頭
廷鵬公諱雲霄　即文林公次子生卒缺
娶陳氏　改適
子一　守英

廷佐公諱相　即文和公隻子　生正德十一年丙子十月十七日戌時　卒嘉靖四十年辛酉被倭擄去無回

娶蘇氏　生卒缺

子三　揚　拯　操

廷祚公諱遠隆　即林泉公長子　生正德十四年己卯十月二十日未時　卒嘉靖四十一年壬戌六月十一戌時

娶黃氏　生正德十四年己卯十月十二日辰時　卒嘉靖三十年辛亥八月初九日酉時

繼娶林氏　原歸城去

葬西壠仔瓦坪後艮坤

子三　覺　譽　舉

廷衍公諱遠蕃　即林泉公次子　生卒缺

娶陳氏　改適

子三　説　詠　誦

廷賢公諱益孫　即文秀公長子生卒失

娶　氏未詳　合壟吳厝壠頭

子一　秦英

廷厚公諱媽福　即文秀公次子生失　嘉靖四十二年癸亥十二月十一日被倭逐去西鄉乞口溪亡

娶邱氏生卒失

子一　琚

廷本公諱媽祖　即文秀公三子生正德三年戊辰　卒嘉靖四十二年癸亥二月十九日午時

娶黄氏 生失 嘉靖四十年辛酉四月廿一日巳時被倭害

合葬前坂後山池後灣

子一　韓

廷進公諱嫣祜　即文秀公四子 生正德七年壬申閏五月 嘉靖四十年辛酉被倭掠去

娶莊氏 生失 卒失

塋庵后崙號虎井坪子午

子一　楚英

豁然公諱貫字廷通　即文質公隻子性聰敏臨事有機應物有

節 生弘治十一年戊午七月廿五日辰時 卒嘉靖四十一年壬戌六月廿六丑時

娶賴氏

生弘治十三年庚申七月廿二日卯時
卒嘉靖廿七年戊申三月廿一日酉時

同塋廣濟庵墘後寅申

子四　熊　羆　態　能　女四適賴張蔡

廷順公諱性　即文清隻子生卒缺

娶劉氏生卒缺

子一　鵠　女二適陳

廷惠公諱錫　即丹波公長子

生正德八年癸酉十月初四日子時
卒嘉靖元年壬午四月十三日巳時

娶侯氏生卒失

公塋蘇山墘

妣葬東郭嶺邊坤艮

子二　有典　有師

廷鐙公　即冊波公次子 生卒失

廷樞公諱錀　即冊波公三子 生嘉靖七年戊子 卒嘉靖四十一年壬戌

娶鄭氏 生嘉靖七年戊子 卒嘉靖四十年辛酉

仝葬蘇山垻附妣何氏墓

女一適陳

廷時公諱鎡　即冊波公四子 生嘉靖十二年癸巳 卒嘉靖四十一年壬戌四月廿六未時被倭害

附葬母墳

重修虹山彭氏族譜世紀卷二

二十一世仕字行

實軒公諱傑字仕俊　予輝公長子生弘治十五年壬戌二月初六日午時嘉靖四十一年壬戌正月被倭擄去無回

娶黃氏生正德元年丙寅十月十二日辰時卒嘉靖廿九年庚戌十二月初四日辰時

葬雁塔尾山之原

子二　澄　泊　女三

仕儼公　即予輝公次子生卒缺　止

直簡公諱任字仕用　素軒公長子生弘治九年丙辰八月廿七日丑時卒嘉靖四十年辛酉閏五月十三巳時

娶陳氏生弘治八年乙卯九月初七日亥時卒嘉靖四十年辛酉六月初一日申時

合葬倉仔前乙辛

子二　江　潮　女三　適吳賴黃

次簡公諱傳字仕訓　即素軒公次子　生卒失記

娶賴氏　生卒失

繼娶蔣氏　生弘治十七年甲子十月初二日丑時　卒嘉靖四十年辛酉九月十一日寅時

葬宮墲

子四　河　漢　泮　溥　俱蔣氏出

三簡公諱佳字仕雅　即素軒公三子　生正德十年乙亥十月廿六日寅時　卒萬曆廿六年戊戌四月廿九午時

娶李氏　生正德九年甲戌十一月十六日卯時　卒嘉靖四十一年壬戌三月初五日巳時

繼娶謝氏　生正德十四年己卯正月初五日酉時　卒萬曆廿九年辛丑二月初三日

合塟內徐艮坤

子三　淵　海　泗

仕寛公諱傳　即子道公長子　生正德九年甲戌十一月十六日卯時　卒嘉靖四十年辛酉三月初五日巳時

娶黄氏　生卒缺

子四　瑋　琮　珪　瑚

仕忠公諱信　即子道公次子　生卒失記

娶方氏　分居仙邑東鄉水流尾

子一　璸

東二房

琴庭公諱天祉字仕廸　北崖公長子生正德七年壬申九月廿八日戌時卒萬曆十四年丙戌正月十八辰時

娶蕭氏

繼娶劉氏

葬雲龍艮坤

子二　尚義蕭氏出　尚友劉氏出出繼天民

簡亭公諱天民字仕可　北崖公次子生嘉靖二年癸未十月廿三日巳時卒嘉靖卅七年戊午六月初六卯時

娶陳氏

葬謝厝池后辛乙

嗣子 尚友

三亭公諱天定字仕一 北崖公三子爲人忠厚純樸孝友天然

生嘉靖七年戊子十一月廿三日戌時
卒萬曆十二年甲申二月初七日未時

娶黃氏號勤仁

生嘉靖八年己丑三月初三日申時
卒萬曆卅四年丙午十二月廿五日戌時

合塟施厝上亭井庚甲

子二 尚節 尚綱 女二 適陳黃

毅齋公諱天沈字仕濟 樸敏叟子

生正德十五年庚辰閏八月初一日辰時
卒嘉靖廿九年庚戌七月初一日寅時

娶尤氏

生正德十四年己卯十一月十五日亥時
卒嘉靖四十年辛酉三月廿六日未時

公性剛方好古重義家教肅然仙逝時僅一女八歲男方遺腹

一月尤嬀甘孀撫孤煢煢痛哉

仝附葬雁塔寨山樸敏公墓

子　尚遺　女一

東三房

仕崇公諱華山　榮峰公長子生正德七年壬申卒嘉靖十六年丁酉

娶柳氏改適

公葬祠堂對面

子　守約

仕載公諱華舟　榮峰公次子生卒缺

娶楊氏　生 卒 失

塋九重漈

子一　守卿

仕亨公諱仲夏　子堅公長子　生正德十年乙亥四月三十日戌時　卒嘉靖卅六年丁巳正月初十日戌時

娶邱氏　生正德十五年庚辰正月三十日巳時　卒萬曆卅一年癸卯七月廿二日戌時

公塋進坑口　妣塋徐壠邊乾巽

子芽　華　芟　蘭

仕遠公諱望夏　子堅公次子　生正德十五年庚辰六月十五日辰時　卒嘉靖四十一年壬戌閏五月廿六日寅時

娶黃氏　生 卒 缺

合葬蘇山甲庚
子二　蕚　苗　女二
仕重公諱岳　員峰公長子生卒缺
娶黄氏生卒缺
子三　養志　養謙　養元
仕瞻公諱崧　員峰公次子生卒缺
娶鄭氏
繼鄭氏生卒俱失
子三　養正先鄭氏出　養端　養執　女三俱後鄭氏出

仕仰公諱崑　員峰公三子　生卒缺

娶黃氏　生卒缺　合葬西烘大坵田后辛乙

子　養譽

東四房

仕懷公諱德　子財公長子　生卒缺

娶朱氏　生卒失　塟山尾宮慈雲堂大石下

子四　詢　誥　誠　詳

仕禮公諱齊　子財公次子　生嘉靖四年乙酉七月廿九日辰時　卒萬曆廿七年己亥二月十七日子時

娶蔡氏　生嘉靖四年乙酉八月十八日酉時　卒隆慶三年己巳十月廿六日戌時

合埜帽峰宮邊赤墘烈山下辛乙

子二　學舜　學康

仕裕公諱饒　子財公三子生卒失

娶賴氏生卒缺　埜烘后路上

子一　歆

仕虞公諱禹　子財公四子生卒失

娶盧氏改適止

仕哲公諱智　子財公五子生卒失

娶徐氏改適止

仕茂公諱廣　子財公六子生卒鈌
娶黃氏生卒失　止

東內頭房

仕利公諱望秋　子揚公長子生卒失
娶莊氏生卒失
子一　旭

仕足公諱望冬　子揚公次子生卒鈌　止

仕科公諱攀　子仁公長子生卒鈌　止

仕業公諱繼　子仁公次子生卒鈌

娶嚴氏生卒缺

子一　曰儲往仙邑新橋住

仕吉公諱紐　子仁公三子生卒失

娶陳氏生卒失　合葬吳新厝

子一　曰偉

仕春公諱絜　子仁公四子生卒失　止

仕兒公　子恭公長子生卒失

娶陳氏生卒失

子二

仕孫公　子恭公次子　生卒缺　止

西房派

希烈公　諱謨　廷光公隻子　生卒缺

娶邱氏　生卒缺

繼娶陳氏　生卒失

嗣子　思敏　女二　適林吳

希弼公　諱韜　廷耀公長子　生嘉靖十年辛卯　卒失

娶黃氏　生卒失　葬楊厝尾

子二　思嚴　思敏　出繼希烈　女一　適林

希魯公諱論　廷耀公次子　生嘉靖十六年丁酉 卒失

娶趙氏 生卒失　止

希察公諱省　廷煥公長子　生嘉靖十二年癸巳十月十二日丑時 卒萬曆十二年甲申二月廿九日巳時

娶徐氏　生嘉靖四年乙未 卒失

繼娶徐氏　生嘉靖六年丁酉 卒萬曆二年甲申二月廿八日

合葬後嶴田後

子三　思遜先徐氏出　思儉　思復後徐氏出　女一　適黃

希國公諱治　廷煥公次子 生嘉靖十九年庚子 卒失

娶吳氏 生卒失

子二　思太　思進

希資公諱大興　即廷昭公長子生卒失

娶莊氏生卒失　止

希寬公諱大頭　即廷昭公次子生卒失

娶莊氏生卒失　止

希成公諱守　即廷鵬公隻子

生嘉靖二十年辛丑四月十二日　時

卒失

娶黃氏生卒失

子一　思瑗

希武公諱揚　即廷佐公長子

生嘉靖十八年己亥　月　日　時

卒失

娶黃氏 生卒失

子一　思信

希拯公諱拯　即廷佐公次子　生嘉靖廿四年乙巳　月　日　時　止　卒失

希存公諱操　即廷佐公三子 生卒失

娶莊氏改適

子一　晚

希孚公諱覺　即廷祚公長子　生嘉靖十七年戊戌十一月廿一戌時　卒萬曆廿四年丙申六月廿三日巳時

娶蔡氏　生嘉靖十八年己亥　卒失

繼娶李氏　生嘉靖十八年己亥十月初十日辰時　卒萬曆四十三年乙卯十二月初八申時

仝塋林兜甲庚寅申

子五　思忠蔡氏出　思稷　思產　思聖　思由李氏出

希堯公諱譽改名一鳳　廷祚公次子　生嘉靖廿五年丙午十月初二日未時　卒萬曆四十年壬子九月初三日戌時

娶吳氏　生嘉靖廿七年戊申　卒萬曆四十四年丙辰

子二　思籍　思策

希聘公諱舉　即廷祚公三子　生卒失　止

希旋公諱說　即廷衍公長子　生嘉靖卅一年壬子八月　日　時　卒萬曆五年丁丑五月初七日子時

希修公諱詠　即廷衍公次子　生嘉靖卅三年甲寅三月十九日辰時　卒萬曆卅六年戊申　月　日　時

娶黃氏　生卒失

塟烘厝水屈後

子　思學　思椿

希元公諱詔　即廷衍公三子生卒失　止

希朝公諱秦　即廷賢公隻子生嘉靖十三年甲午被倭擄去無回

娶蔡氏改適　止

希琚公諱琚　即廷厚公隻子往仙邑西鄉居焉

娶　氏

子一　朝貴

海玄公諱韓字希愈　即廷本公隻子素習地理研勘山書著中生嘉靖廿五年丙午十一月初八亥時卒天啓七年丁卯十二月十七月亥時

山祠堂基圖誌

娶林氏

塋吳新厝岐頭予午

生嘉靖廿六年丁未十一月初八日亥時
卒萬曆三十年壬寅十二月廿五日申時

子一　思亮移居東鄉打石坑

希善公諱楚　即廷進公隻子生卒失

娶賴氏生卒失　合塋虎井坪

玉山公諱熊字希靜　豁然公長子

生正德十二年丁丑九月十七日申時
卒嘉靖四十四年乙丑四月廿三酉時

娶何氏生卒失

繼娶林氏

生嘉靖六年丁亥二月廿七日卯時
卒嘉靖卅年辛亥閏五月初四日被倭擄去而亡

三娶黃氏生卒缺

四娶侯氏改適

仝葬山尾宫對面艮坤

子　思聰　思箴

樂山公諱羆字希陵　豁然公次子　生正德十四年己卯八月初二日寅時　卒萬曆廿八年庚子

娶黄氏　生嘉靖元年壬午　卒萬曆十八年庚寅

仝葬吳厝墘乾巽

子一　思明

希度公諱態　豁然公三子　生嘉靖十年辛卯　卒萬曆十二年甲申十月十九日申時

娶陳氏　生失　卒萬曆廿一年癸巳九月十三日寅時

仝塋庵尾甲庚
生嘉靖十六年丁酉六月初六日
卒　年　九月初十日巳時

子　思温　思篤

希才公諱能　即豁然公四子
生嘉靖十九年庚子八月初四日時
卒天啓元年辛酉正月廿一日申時

娶邱氏

仝塋楊厝尾琢磨桑山坐西北拱東南

子　思敬　思睦　思登

希榮公諱鵠　即廷順公隻子
生嘉靖廿六年丁未十月初一日
卒萬曆十一年癸未八月十三日

塋吳新厝

希叙公諱有典　即廷惠公長子
生嘉靖廿七年戊申十月十四日辰時
卒天啓二年壬戌九月初十日午時

娶吳氏生卒失　塋吳新厝戌辰

子四　思琰　思環　思琪　思瑞

希教公諱有師　即廷惠公次子　生嘉靖卅年辛亥十一月初九日卯時卒失

娶張氏　生嘉靖卅六年丁巳三月十六日巳時卒欠

子一　觀保

東長房派

廿二世宜字行

宜纓公諱澄　即傑公長子生卒失

娶黃氏生卒失　止

宜素公諱泊　即傑公次子生卒失

娶盧氏改適

公與母王氏同塋雁塔厝尾止

一泉公諱江字宜方　即任公長子　享年七十七

生嘉靖三年甲申十月二十日酉時
卒萬曆廿八年庚子六月廿七日午時

娶謝氏

生嘉靖二年癸未八月十六日未時
卒嘉靖卅八年己未十二月廿八寅

繼娶魏氏

生嘉靖　年四月初八日午時
卒萬曆十二年甲申八月三十日時

公同謝氏塋后坑坂坐辛向乙

子一　桐　女一　適黃俱謝氏出

宜永公諱潮　即任公次子　生嘉靖八年己丑正月廿九日申時　卒嘉靖四十年辛酉閏五月十一日酉時

娶賴氏　生失　卒嘉靖四十年辛酉六月初五日寅時

同塟謝厝崙脊

子一　憲

宜深公諱河　即傳公長子　生嘉靖十年辛卯正月十四日戌時　卒嘉靖四十年辛酉五月二十日酉時

娶尤氏生卒失　塟堂頭園后

子一　天在殀　止

宜濯公諱漢　即傳公次子　生嘉靖十一年壬辰十月初三日亥時　卒萬曆十六年戊子正月初一日午時

娶李氏生卒失　合塟堂頭園後

嗣子一　應知

宜敏公諱泮　即傳公三子止

生嘉靖廿二年癸卯五月十一日午時
卒萬曆卅三年乙巳五月二十日巳時

宜慱公諱溥　即傳公四子

生嘉靖廿六年丁未十月初十未時
卒萬曆十年壬午五月廿九日戌時

娶黄氏

子三　應知出嗣漢　應星　應紀

孟深公諱淵字宜泉　即佳公長子

生失
卒天啓三年癸亥十一月十七日亥時

娶李氏

生嘉靖卅八年己未十月初五日未時
卒萬曆三年乙亥十一月初十日申時

繼娶林氏生失卒

李氏塋倉伃前坐寅向申

公與林氏塟

子二 立言李氏出 應育林氏出

宜桴公諱海 即隹公次子

生嘉靖廿五年丙午閏八月三十 時
卒崇禎二年己巳十一月十二日亥時

娶林氏

生嘉靖卅六年丁巳七月初十日申時
卒萬曆四十六年戊午閏四月十九辰

子三 應亮 應造 應試

宜洙公諱泗 即隹公三子 生失卒

娶黃氏改適

子一 香仔住永春湯洋

宜員公諱璋 即儁公長子

生嘉靖九年庚寅 月 日 時
卒 庚子閏二月十三日 時

娶莊氏生卒失
又娶黃氏　改適
公塟楊厝尾大石后坐庚向甲
子二　神保殀　應傳嗣子
宜真公諱琮　即傳公次子生卒鈌
娶林氏生卒鈌　　塟南墘後
女二　適賴　適莊
宜履公諱琏　即傳公三子生嘉靖十五年丙申卒失
娶莊氏生卒失

子二　應傳 出嗣璋公　應秀

宜勤公 諱瑚　即僖公四子止

宜貢公 諱璸　即信公之子 移居東鄉仙水 生卒失

娶陳氏 生卒失

東二房派

紫山公 諱尚義字宜辦　琴庭公長子 生嘉靖十二年癸巳八月廿八日 卒萬曆十五年丁亥八月初四日

娶劉氏 生嘉靖十八年己亥八月十五日酉時 卒天啓三年癸亥四月二十日

仝塟謝厝池后

子三　若源　若湛　若涵

文齋公諱尚友字宜文　琴庭公次子　生嘉靖廿九年庚戌正月廿五辰時　卒天啓　年　月　日　時

娶黃氏　生嘉靖卅一年壬子六月二十　時　卒萬曆卅六年戊申十月初七戌時

子三　若洵　若沁　若津

女四　長四適宋　二三適劉吳

仰亭公諱尚節字宜秉　三亭公長子　生嘉靖廿八年己酉十二月初三申　卒崇禎十四年辛巳二月初八日　時

壽九十三

娶賴氏　生嘉靖卅四年乙卯九月十九未時　卒天啓元年辛酉十一月廿三日寅時

合葬蘇山內徐甲庚寅申

子二　夢鯤　夢洙　女三　長次適黃家　三適潘家

公課予姪讀書晨夕不倦次男夢洙長孫光先及洙之子喬會
佳會而喬會之子紹業希鑨俱少年遊泮誠勤督之功也另立
厲賢租爲子孫筆墨之需尤好賢盛典焉

錦亭公諱尙絅字宜錦　三亭公次子 生嘉靖卅五年丙辰　月　日　時 卒萬曆廿六年戊戌五月廿六丑時
娶王氏 生失 卒
繼娶陳氏 生嘉靖卅九年庚申七月二十日卯時 卒萬曆四十四年丙辰五月初九丑時
合葬西墘坤艮
子一　若濂　女一適黃 俱陳氏出

中山公諱尙遺字宜肖　毅齋公隻子 生嘉靖三十年辛亥二月初三亥時 卒萬曆四十八年庚申二月廿巳時

娶陳氏號純靜
生嘉靖廿九年庚戌九月十九日戌時
卒萬曆卅八年庚戌八月十五日辰時
仝塟雁塔附祖樸敏公墓左
子四　若泳　夢瀾　若混　若浩
女三　長適張　次適黄　三適王
公懷孕一月而父亡十二歲而母又亡寄食伯氏琴庭公祖
業蕩費殆盡及長拮据贖回仍以贍餘置租百石爲高曾祖
及祭掃之田又爲子孫育才之需治家嚴處族雖居里閈和
僉舉約正褒錫冠帶增修族譜勉勵後進嗣後長孫俞超超
之子宗望接踵遊泮亦不負育才之舉也陳氏治內事無大

小一以身肩誠巾幗中之丈夫矣

東三房

宜曾公諱守約　即仕崇公隻子 生嘉靖十二年癸巳十月廿七日寅時 卒萬曆卅二年甲辰九月廿一日子時

娶陳氏 生嘉靖廿二年癸卯五月初七日午時 卒萬曆廿九年辛丑十一月十五辰時

塟西烘水路下未丑

子二　應琚　應璞

宜貴公諱守卿　即仕載公隻子 生卒失

娶黄氏 生卒鈌　塟刻石橋路后

子一　三孫

鎔軒公諱芽字宜達　仕亨公長子　生嘉靖十九年庚子二月初二日丑時　卒萬曆卅三年乙巳二月初三日卯時

娶盧氏　生嘉靖廿五年丙午七月廿五日丑時　卒萬曆四十五年丁巳十月初三日巳時

葬後山田後庚甲　子二　應辰　應佛

宜華公諱華　即仕亨公次子　生失　嘉靖四十年辛酉被倭擄去南安身亡　止

次軒公諱荄字宜芬　仕亨公三子　生嘉靖廿九年庚戌五月廿八日亥時　卒天啓二年壬戌十二月二十日　時

娶林氏　生嘉靖卅八年己未十月十七日丑時　卒天啓三年癸亥十二月廿六日申時

側室楊氏　生嘉靖廿九年庚戌五月廿八日亥時　卒崇禎元年戊辰六月初二日亥時

合葬石獅大頭內巳亥

子四　應騰　應勝　應臚　應皇

三軒公諱蘭字宜馥　仕亨公四子 生嘉靖卅二年癸丑九月十二日戌時 卒天啓五年乙丑十一月廿三日戌時

娶林氏 生嘉靖卅五年丙辰十二月十八寅時 卒萬曆三十年壬寅八月十七日未時

繼娶李氏 生隆慶三年己巳三月十九日申時 卒天啟六年丙寅五月初十日卯時

合塟徐壠乾巽

子二　天賜　天盛俱李氏出

女三　長次適杜　三適林俱林氏出

琯山公諱薴字宜密　仕遠公長子 生嘉靖十九年庚子十一月初七寅時 卒萬曆四十一年癸丑四月十三寅時

娶吳氏 生嘉靖廿三年甲辰正月十九辰時 卒天啓元年辛酉七月廿六日酉時

子三　應詔　應昭　應紹　女一適林

鍾山公諱苗字宜耘　仕遠公次子生嘉靖廿七年戊申十月
卒天啓元年辛酉九月初九日

娶林氏生
卒缺

子一　應元

宜培公諱養志　即仕重公長子生嘉靖十九年庚子十一月廿六日戌時
卒年五月初五日辰時

娶黄氏生嘉靖廿一年壬寅九月初三日辰時
卒年十月初十日申時

子二　應機　應會

宜益公諱養謙　即仕重公次子生
卒缺

娶楊氏生
卒失

子一　恒解解移居仙邑御史嶺

養元公　即仕重公三子生卒失　止

宜直公諱養正　即仕瞻公長子　生嘉靖廿四年乙巳 卒失

娶姚氏生卒失

子一　晚仔

宜棠公諱養端　卽仕瞻公次子　生隆慶五年辛未四月廿六日亥時 卒失

娶陳氏　生萬曆二年甲戌九月初十日亥時 卒失

子　應奎　應參　應壁

養執公　即仕瞻公三子　生萬曆八年庚辰 卒天啟七年丁卯三月十八日未時

娶楊氏生卒失　仝塋御史嶺厝邊

子五　福孫　秀孫　圓　團　好移居仙遊御史嶺居

宜稱公諱養譽　即仕仰公隻子　生嘉靖卅二年癸丑六月初九日
卒失

娶林氏　生嘉靖四十五年丙寅五月廿一日午時
卒崇禎十四年辛巳七月初八日丑時

仝葬后坑坂　子一　應祖

東四房

宜問公諱詢　即仕懷公長子　生嘉靖廿一年壬寅
住仙邑東華

嗣子　愛英隨父住居仙邑

宜明公諱詰　即仕懷公次子　生嘉靖廿六年丁未七月初三日巳時
卒萬曆四十三年乙卯七月初九未時

娶陳氏　生嘉靖卅五年丙辰　月　日　時
卒萬曆卅二年甲辰正月初八日卯時

仝塟鷺鷥尾

子四　育新　育沂　愛治出繼　育所

宜勉公諱誠　即仕懷公三子生嘉靖廿八年己酉　月　日　時卒萬曆四十六年戊午閏四月初十日時

娶楊氏生卒缺

繼娶侯氏生卒失

侯氏塟山尾宮慈雲堂後

子　育富

宜推公諱詳　即仕懷公四子生嘉靖卅八年己未卒失

塟山尾宮慈雲堂後與三嫂侯氏仝穴

振軒公諱學舜字宜馮　即仕禮公長子

公生嘉靖廿九年庚戌十二月廿二日辰時
卒萬曆四十二年甲寅十月初九日未時

娶劉氏生缺
卒缺　繼娶方氏生缺
卒缺

劉氏塋宮灣池后　方氏塋仙遊縣後艮坤

子三　際寅　際安　際寵

宜宰公諱學康　即仕禮公次子生嘉靖四十三年甲子八月廿八日辰時
卒崇禎　年　四月十四日亥時

娶楊氏生隆慶三年己巳二月廿二日申時
卒　年　十一月十七日　時

塋瑁峰宮邊砂坵田後

子　際宏　際賓　際寀

宜正公諱欽　仕裕公隻子嘉靖四十年辛酉被倭擄去安平大庭頭居住

子　七恒　宗恒　太等

東內頭房

宜旦公諱旭　即仕利公隻子生卒失

娶楊氏生卒缺

子二　毓庚　毓癸

宜器公諱日偉　即仕吉公隻子生卒失

娶侯氏生卒失止

西房派

思敏公　即希烈公嗣隻子

惟莊公諱思嚴　即希嚮公長子　生 卒失

娶賴氏改適　止

西泉公諱思遜字惟揖　希察公長子　生嘉靖卅四年乙卯二月十八巳時 卒失

娶黃氏　生嘉靖卅六年丁巳九月十八日申時 卒萬曆十五年丁亥四月廿九日

繼娶陳氏　生萬曆元年癸酉二月初四日 卒失

子一　殿舄

惟管公諱思儉　即希察公次子　生隆慶二年戊辰八月廿三日辰時 卒萬曆廿九年辛丑十月十六午時

娶林氏　生隆慶五年辛未四月二十日子時 卒崇禎七年甲戌八月廿五日戌時

子一　殿球

懐泉公諱思復　即希察公三子　生萬曆六年戊寅十二月廿五日戌時　卒崇禎七年甲戌十二月廿六日卯時

娶黃氏生卒缺

繼娶李氏生卒失

子二　殿沛　殿倪

惟甫公諱思太　即希國公長子生卒缺止

惟第公諱思進　即希國公次子生萬曆十九年辛卯卒失

娶賴氏生卒失止

惟謹公諱思援　即希成公隻子生卒失止

惟發公諱思信　即希武公隻子生卒失止

惟晚公　即希存公隻子生卒缺止

惟尹公諱思忠　即希孟公長子生嘉靖四十三年甲子止卒失

惟禹公諱思稷　即希孟公次子生萬曆四年丙子七月十四日午時卒失

娶林氏生卒失

子　世侃

惟止公諱思產　即希孟公三子生萬曆六年戊寅九月初八日卒失

娶杜氏生卒失

子二　世輝　世培

惟丘公諱思聖　即希尹公四子生萬曆十年壬午 卒失

娶張氏生 卒缺

子　世至　世都

惟貫公諱思由　即希尹公五子生萬曆十二年甲申 卒崇禎十六年癸未

娶涂氏生 卒缺

子一　世嬌

惟周公諱思籍　即希堯公長子生萬曆十四年丙戌三月三十日丑時 卒天啓七年丁卯九月初六日吉時

娶蘇氏改適

子　殿思

惟符公諱思策　即希堯公次子　生萬曆十七年己丑五月廿一日巳時　卒失

娶賴氏　繼娶林氏　生卒俱缺　止

惟毅公諱思學　即希修公長子　生萬曆廿二年甲午　卒崇禎十六年癸未

娶蘇氏　生卒失

繼娶謝氏　生卒失

子三　世孔　世厚　世案

惟祈公諱思椿　即希修公次子　生萬曆廿九年辛丑　月十六日午時　卒崇禎十六年癸未三月十八日巳時

娶黃氏　生萬曆卅八年庚戌九月廿五日卯時　卒康熙十七年戊午五月初四日戌時

公塟前崙尾坂田後　妣塟蜘蛛結網巽乾

予　世亥　世添

朝貴公　即希琚公隻子

生嘉靖十四年乙未
卒萬曆廿一年癸巳正月廿一日戌時

娶許氏

生嘉靖廿五年丙午
卒萬曆十九年辛卯九月十八日酉時

合葬萬善里石碼頭山路邊

予三　時成　時玉　時三俱移居西鄉

振玄公諱思亮字宜恕　海玄公隻子

生萬曆四年丙子六月十三日巳時
卒順治四年丁亥十月二十日巳時

一　娶陳氏

生萬曆五年丁丑閏八月初六日巳時
卒順治十年癸巳五月十三日巳時

仝葬本山

予三　一心　仁心　存心住東鄉打石坑

宜曠公諱思聰　即玉山公長子　生嘉靖卅六年丁巳十月十三日申時　卒失

娶黃氏　生隆慶二年戊辰十月十七日　卒失

仝葬庵尾

子二　世欽　世鎮

宜克公諱思箴　即玉山公次子　生嘉靖四十四年乙丑正月十一日寅時　卒失

娶蔡氏　生隆慶五年辛未十一月十一日寅時　卒天啓元年辛酉三月十一日巳時

同葬山尾宮前

子四　世輙　世項　産三　鼎撻

宜高公諱思明　即樂山公長子　生缺　卒缺

娶傅氏生卒缺
子三　天選　天從　天昂
宜玉公諱思温　即希度公長子生嘉靖卅七年戊午六月初十日卒萬曆廿一年癸巳七月初二日
娶李氏生卒缺　合葬克石橋乙辛
子一　天印
宜敦公諱思篤　即希度公次子生隆慶四年庚午三月廿六日卒失
娶潘氏生卒失
子三　世英　世富　世爲
欲然公諱思敬字宜愛　即希才公長子

重修虹山彭氏族譜世紀卷二

二十一世仕字行

實軒公諱傑字仕俊　予輝公長子生弘治十五年壬戌三月初六日午時嘉靖四十一年壬戌正月被倭擄去無回

娶黃氏生正德元年丙寅十月十二日辰時卒嘉靖廿九年庚戌十二月初四日辰時

塟雁塔尾山之原

子二　澄　泊　女三

仕儼公　卽予輝公次子生卒缺　止

直簡公諱任字仕用　素軒公長子生弘治九年丙辰八月廿七日丑時卒嘉靖四十年辛酉閏五月十三巳時

娶陳氏生弘治八年乙卯九月初七日亥時卒嘉靖四十年辛酉六月初一日申時

合塟倉仔前乙辛

子二　江　潮　女三　適吳賴黃

次簡公諱傳字仕訓　即素軒公次子生卒失記

娶賴氏生卒失

繼娶蔣氏生弘治十七年甲子十月初二日丑時卒嘉靖四十年辛酉九月十一日寅時

塟宮墲

子四　河　漢　泮　溥　俱蔣氏出

三簡公諱佳字仕雅　即素軒公三子生正德十年乙亥十月廿六日寅時卒萬曆廿六年戊戌四月廿九午時

娶李氏生正德九年甲戌十一月十六日卯時卒嘉靖四十一年壬戌三月初五日巳時

繼娶謝氏　生正德十四年己夘正月初五日酉時　卒萬曆廿九年辛丑二月初三日

合塟內徐艮坤

子三　淵　海　泗

仕寬公諱傳　即予道公長子　生正德九年甲戌十一月十六日夘時　卒嘉靖四十年辛酉三月初五日巳時

娶黃氏　生　卒　缺

子四　璋　琮　珪　瑚

仕忠公諱信　即予道公次子　生　卒　失記

娶方氏　分居仙邑東鄉水流尾

子一　璸

東二房

琴庭公諱天祉字仕廸　北崖公長子　生正德七年壬申九月廿八日戌時
卒萬曆十四年丙戌正月十八辰時

娶蕭氏

繼娶劉氏

塟雲龍艮坤

子二　尚義蕭氏出　尚友劉氏出出繼天民

簡亭公諱天民字仕可　北崖公次子　生嘉靖二年癸未十月廿三日巳時
卒嘉靖卅七年戊午六月初六卯時

娶陳氏

塟謝厝池后辛乙

嗣子　尙友

三亭公諱天定字仕一　北崖公三子爲人忠厚純樸孝友天然
生嘉靖七年戊子十一月廿三日戌時
卒萬曆十二年甲申二月初七日未時

娶黄氏號勤仁
生嘉靖八年己丑三月初三日申時
卒萬曆卅四年丙午十二月廿五日戌時

合塟施厝上亭井庚甲

子二　尙節　尙綱　女二　適陳黄

毅齋公諱天沇字仕濟　樸敏叟子
生正德十五年庚辰閏八月初一日辰時
卒嘉靖廿九年庚戌七月初一日寅時

娶尤氏
生正德十四年己卯十一月十五日亥時
卒嘉靖四十年辛酉三月廿六日未時

公性剛方好古重義家教肅然仙逝時僅一女八歲男方遺腹

一月尤媽甘孀撫孤煢〻痛哉

仝附塟雁塔案山樸敏公墓

子　尚遺　女一

東三房

仕崇公諱華山　榮峰公長子 生正德七年壬申 卒嘉靖十六年丁酉

娶柳氏改適

公塟祠堂對面

子　守約

仕載公諱華舟　榮峰公次子 生 卒 缺

娶楊氏　生
卒失

塋九重漈

子一　守卿

仕亨公諱仲夏　子堅公長子　生正德十年乙亥四月三十日戌時
卒嘉靖卅六年丁巳正月初十日戌時

娶邱氏　生正德十五年庚辰正月三十日巳時
卒萬曆廿一年癸卯七月廿二日戌時

公塋進坑口　妣塋徐壠邊乾巽

子芽　華　茇　蘭

仕遠公諱望夏　子堅公次子　生正德十五年庚辰六月十五日辰時
卒嘉靖四十一年壬戌閏五月廿六日寅時

娶黄氏　生
卒缺

合壟蘇山甲庚
子二　蕚　苗　女二
仕重公諱岳　員峰公長子生卒缺
娶黃氏生卒缺
子三　養志　養謙　養元
仕瞻公諱崧　員峰公次子生卒缺
娶鄭氏
繼鄭氏生卒俱失
子三　養正先鄭氏出　養端　養執　女三俱後鄭氏出

仕仰公諱崑　員峰公三子生卒缺

娶黃氏生卒缺　合葬西烘大垢田后辛乙

子　養譽

東四房

仕懷公諱德　子財公長子生卒缺

娶朱氏生卒失　葬山尾宮慈雲堂大石下

子四　詢　誥　誠　詳

仕禮公諱齊　子財公次子　生嘉靖四年乙酉七月廿九日辰時　卒萬曆廿七年己亥二月十七日子時

娶蔡氏　生嘉靖四年乙酉八月十八日酉時　卒隆慶三年己巳十月廿六日戌時

合塋帽峰宮邊赤墈烈山下辛乙

子二　學舜　學康

仕裕公諱饒　子財公三子生卒失

娶賴氏生卒缺　塋烘后路上

子一　歆

仕虞公諱禹　子財公四子生卒失

娶盧氏改適止

仕哲公諱智　子財公五子生卒失

娶徐氏改適止

仕茂公諱廣　子財公六子生卒缺
娶黄氏生卒失　止
東內頭房
仕利公諱望秋　子揚公長子生卒失
娶莊氏生卒失
子一　旭
仕足公諱望冬　子揚公次子生卒缺　止
仕科公諱樂　子仁公長子生卒缺　止
仕業公諱繼　子仁公次子生卒缺

娶嚴氏生卒缺

子一　曰儲徙仙邑新橋住

仕吉公諱絪　子仁公三子生卒失

娶陳氏生卒失　合塟吳新厝

子一　曰偉

仕春公諱絮　子仁公四子生卒失　止

仕兒公　子恭公長子生卒失

娶陳氏生卒失

子二

仕孫公　子恭公次子生卒缺　止

西房派

希烈公諱謨　廷光公隻子生卒缺

娶邱氏生卒缺

繼娶陳氏生卒失

嗣子　思敏　女二　適林吳

希郷公諱韜　廷耀公長子　生嘉靖十年辛卯卒失

娶黄氏生卒失　葬楊厝尾

子二　思嚴　思敏出繼希烈　女一　適林

希魯公諱論　廷耀公次子　生嘉靖十六年丁酉　卒失

娶趙氏生卒失　止

希察公諱省　廷煥公長子　生嘉靖十二年癸巳十月十二日丑時　卒萬曆十二年甲申二月廿九日巳時

娶徐氏　生嘉靖四年乙未　卒失

繼娶徐氏　生嘉靖六年丁酉　卒萬曆十二年甲申二月廿八日

合葬後霄田後

子三　思遜先徐氏出　思儉　思復後徐氏出　女一　適黃

希國公諱治　廷煥公次子　生嘉靖十九年庚子　卒失

娶吳氏生卒失

子二　思太　思進

希資公諱大興　即廷昭公長子生卒失

娶莊氏生卒失　止

希寬公諱大頣　即廷昭公次子生卒失

娶莊氏生卒失　止

希成公諱守　即廷鵬公隻子生嘉靖二十年辛丑四月十二日時卒失

娶黃氏生卒失

子一　思瑗

希武公諱揚　即廷佐公長子生嘉靖十八年己亥　月　日　時卒失

娶黃氏生卒失

子一　思信

希拯公諱拯　即廷佐公次子　生嘉靖廿四年乙巳　月　日　時止　卒失

希存公諱操　即廷佐公三子生卒失

娶莊氏改適

子一　晚

希予公諱覺　即廷祚公長子　生嘉靖十七年戊戌十一月廿一戌時　卒萬曆廿四年丙申六月廿三日巳時

娶蔡氏　生嘉靖十八年己亥　卒失

繼娶李氏　生嘉靖十八年己亥十月初十日辰時　卒萬曆四十三年乙卯十二月初八申時

仝塟林兜甲庚寅申

子五　思忠蔡氏出　思稷　思産　思聖　思由李氏出

希尭公諱礐改名一鳳　廷祚公次子　生嘉靖廿五年丙午十月初三日未時　卒萬曆四十年壬子九月初三日戌時

娶吳氏　生嘉靖廿七年戊申　卒萬曆四十四年丙辰

子二　思籍　思策

希聘公諱舉　即廷祚公三子　生失　卒　止

希旋公諱説　即廷衍公長子　生嘉靖卅一年壬子八月　日　時　卒萬曆五年丁丑五月初七日午時

希修公諱詠　即廷衍公次子　生嘉靖卅三年甲寅三月十九日辰時　卒萬曆卅六年戊申　月　日　時

娶黄氏　生失　卒　塟烘厝水屈後

子　思學　思椿

希元公諱誦　即廷衍公三子生卒失　止

希朝公諱秦　即廷賢公隻子生嘉靖十三年甲午被倭擄去無回

娶蔡氏改適　止

希琚公諱琚　即廷厚公隻子徙仙邑西鄉居焉

娶　氏

子一　朝貴

海玄公諱韓字希愈　即廷本公隻子素習地理研勘山書著中生嘉靖廿五年丙午十一月初八亥時卒天啓七年丁卯十二月十七日亥時

山祠堂基圖誌

娶林氏　生嘉靖廿六年丁未十一月初八日亥時　卒萬曆三十年壬寅十二月廿五日申時

葬吳新厝歧頭子午

子一　思亮移居東鄉打石垙

希善公諱楚　即廷進公隻子　生卒失

娶賴氏生卒失　合葬虎井坪

玉山公諱熊字希靜　豁然公長子　生正德十二年丁丑九月十七日申時　卒嘉靖四十四年乙丑四月廿三酉時

娶何氏生卒失

繼娶林氏　生嘉靖六年丁亥二月廿七日卯時　卒嘉靖卅年辛亥閏五月初四日被倭擄去而亡

三娶黃氏生卒缺

四娶侯氏改適

仝𡏖山尾宮對面艮坤

子　思聰　思箴

樂山公諱罴字希陵　豁然公次子 生正德十四年己卯八月初二日寅時 卒萬曆廿八年庚子

娶黃氏 生嘉靖元年壬午 卒萬曆十八年庚寅

仝𡏖吳厝墘乾巽

子一　思明

希度公諱態　豁然公三子 生嘉靖十年辛卯 卒萬曆十二年甲申十月十九日申時

娶陳氏 生失 卒萬曆廿一年癸巳九月十三日寅時

仝葬庵尾甲庚

子　思温　思篤

希才公諱能　即鍇然公四子

生嘉靖十六年丁酉六月初六日
卒　年　九月初十日巳時

娶邱氏

生嘉靖十九年庚子八月初四日時
卒天啓元年辛酉正月廿一日申時

仝葬楊厝尾琢磨桑山坐西北拱東南

子　思敬　思睦　思登

希榮公諱鵲　即廷順公隻子

生嘉靖廿六年丁未十月初一日
卒萬曆十一年癸未八月十三日

葬吳新厝

希叙公諱有典　即廷惠公長子

生嘉靖廿七年戊申十月十四日辰時
卒天啓二年壬戌九月初十日午時

娶吳氏生卒失　葬吳新厝戌辰

子四　思琰　思環　思琪　思瑞

希教公諱有師　即廷惠公次子　生嘉靖卅年辛亥十一月初九日卯時卒失

娶張氏　生嘉靖卅六年丁巳三月十六日巳時卒失

子一　觀保

東長房派

廿二世宜字行

宜纓公諱澄　即傑公長子生卒失

娶黃氏生卒失　止

宜素公諱泊　即傑公次子生卒失

娶盧氏改適

公與母王氏同塋雁塔厝尾止

一泉公諱江字宜方　即任公長子　享年七十七

生嘉靖三年甲申十月二十日酉時
卒萬曆廿八年庚子六月廿七日午時

娶謝氏

生嘉靖二年癸未八月十六日未時
卒嘉靖卅八年己未十二月廿八寅

繼娶魏氏

生嘉靖　年四月初八日午時
卒萬曆十二年甲申八月三十日時

公同謝氏塋后坑坂坐辛向乙

子一　桐　女一　適黃俱謝氏出

宜永公諱潮　即任公次子　生嘉靖八年己丑正月廿九日申時　卒嘉靖四十年辛酉閏五月十一日酉時

娶賴氏　生失　卒嘉靖四十年辛酉六月初五日寅時

同塟謝厝崙脊

子一　憲

宜深公諱河　即傳公長子　生嘉靖十年辛卯正月十四日戌時　卒嘉靖四十年辛酉五月二十日酉時

娶尤氏　生卒失　塟堂頭園后

子一　天在殀　止

宜濯公諱漢　即傳公次子　生嘉靖十一年壬辰十月初三日亥時　卒萬曆十六年戊子正月初一日午時

娶李氏　生卒失　合塟堂頭園後

嗣子一 應知

宜敏公諱泮 即傳公三子止

生嘉靖廿二年癸卯五月十一日午時
卒萬曆卅三年乙巳五月二十日巳時

宜愽公諱溥 即傳公四子

生嘉靖廿六年丁未十月初十未時
卒萬曆十年壬午五月廿九日戌時

娶黃氏

子三 應知出嗣漢 應星 應紀

孟深公諱淵字宜泉 即佳公長子

生失
卒天啓三年癸亥十一月十七日亥時

娶李氏

生嘉靖卅八年己未十月初五日未時
卒萬曆三年乙亥十一月初十日申時

繼娶林氏

生失
卒失

李氏塋倉伊前坐寅向申

公與林氏埜

予二　立言李氏出　應育林氏出

宜桴公諱海　即佳公次予

生嘉靖廿五年丙午閏八月三十　時
卒崇禎二年己巳十一月十二日亥時

娶林氏

生嘉靖卅六年丁巳七月初十日申時
卒萬曆四十六年戊午閏四月十九辰

予三　應亮　應造　應試

宜洙公諱泗　即佳公三予生卒失

娶黃氏改適

予一　香仔往永春湯洋

宜員公諱璋　即傳公長予

生嘉靖九年庚寅　月　日　時
卒　庚子閏二月十三日　時

娶莊氏生卒失
又娶黄氏　改適
公葬楊厝尾大石后坐庚向甲
子二　神保殀　應傳嗣子
宜真公諱琮　即傳公次子生卒鈌
娶林氏生卒鈌　葬南墘後
女二　適賴　適莊
宜詹公諱珪　即傳公三子生嘉靖十五年丙申卒失
娶莊氏生卒失

子二　應傳 出嗣璋公　應秀

宜勤公 諱瑚　即僖公四子 止

宜貢公 諱璜　即信公之子 移居東鄉仙水 生卒失

娶陳氏 生卒失

東二房派

紫山公 諱尚義 字宜辨　翠庭公長子　生嘉靖十二年癸巳八月廿八日 卒萬曆十五年丁亥八月初四日

娶劉氏　生嘉靖十八年己亥八月十五日酉時 卒天啓三年癸亥四月二十日

仝塟謝厝汕后

子三　若源　若湛　若涵

文齋公 諱尚友 字宜文 琴庭公次子 生嘉靖廿九年庚戌正月廿五辰時 卒天啓 年 月 日 時

娶黃氏 生嘉靖卅一年壬子六月二十 時 卒萬曆卅六年戊申十月初七戌時

子三 若洵 若沁 若津

女四 長四適宋 二三適劉吳

仰亭公 諱尚節 字宜秉 三亭公長子 生嘉靖廿八年己酉十二月初三申 卒崇禎十四年辛巳二月初八日 時

壽九十三

娶賴氏 生嘉靖卅四年乙卯九月十九未時 卒天啓元年辛酉十一月廿三日寅時

合葬蘇山內徐甲庚寅申

子二 夢鯤 夢洙 女三 長次適黃家 三適潘家

公課予姪讀書晨夕不倦次男夢洙長孫光先及洙之子喬會佳會而喬會之子紹業希鑨俱少年遊泮蔵勤督之功也另立勵賢租爲子孫筆墨之需尤好賢盛典焉

錦亭公諱尙絅字宜錦　三亭公次子 生嘉靖卅五年丙辰　月　日　時 卒萬曆廿六年戊戌五月廿六丑時

娶王氏 生卒失

繼娶陳氏 生嘉靖卅九年庚申七月二十日卯時 卒萬曆四十四年丙辰五月初九丑時

合葬西墘坤艮

子一　若濂　女一　適黃 俱陳氏出

中山公諱尙遺字宜肖　毅齋公隻子 生嘉靖三十年辛亥三月初三亥時 卒萬曆四十八年庚申二月廿巳時

生嘉靖廿九年庚戌九月十九日戌時
卒萬曆卅八年庚戌八月十五日辰時

娶陳氏號純靜

仝塟雁塔附祖樸敏公墓左

子四　若泳　夢瀾　若混　若浩

女三　長適張　次適黃　三適王

公懷孕一月而父亡十二歲而母又亡寄食伯氏翠庭公祖業蕩費殆盡及長拮据贖回仍以贍餘置租百石爲高曾祖及祭掃之田又爲子孫育才之需治家嚴處族睦居里閈和僉舉約正褒錫冠帶增修族譜勉勵後進嗣後長孫俞超超之子宗望接踵遊泮亦不負育才之舉也陳氏治內事無大

小一以身爲誠巾幗中之丈夫矣

東三房

宜曾公諱守約　即仕崇公隻子　生嘉靖十二年癸巳十月廿七日寅時　卒萬曆卅二年甲辰九月廿一日子時

娶陳氏　生嘉靖廿二年癸卯五月初七日午時　卒萬曆廿九年辛丑十一月十五辰時

塟西烘水路下未丑

子二　應琚　應璵

宜貴公諱守卿　即仕載公隻子　生失　卒失

娶黄氏　生缺　卒缺　塟刻石橋路后

子一　三孫

豁軒公諱芽字宜達　仕亭公長子　生嘉靖十九年庚子二月初二日丑時　卒萬曆卅三年乙巳二月初三日卯時

娶盧氏　生嘉靖廿五年丙午七月廿五日丑時　卒萬曆四十五年丁巳十月初三日巳時

塟後山田後庚甲

子二　應辰　應佛

宜華公諱華　即仕亭公次子　生先　嘉靖四十年辛酉被倭擄去南安身亡　止

次軒公諱茇字宜芬　仕亭公三子　生嘉靖廿九年庚戌五月廿八日亥時　卒天啓二年壬戌十二月二十日　時

娶林氏　生嘉靖卅八年己未十月十七日丑時　卒天啓三年癸亥十二月廿六日申時

側室楊氏　生嘉靖廿九年庚戌五月廿八日亥時　卒崇禎元年戊辰六月初二日亥時

合塟石獅大頭內巳亥

子四　應騰　應勝　應臚　應皇

三軒公諱蘭字宜馥　仕亨公四子　生嘉靖卅二年癸丑九月十二日戌時　卒天啓五年乙丑十一月廿三日戌時

娶林氏　生嘉靖卅五年丙辰十二月十八寅時　卒萬曆三十年壬寅八月十七日未時

繼娶李氏　生隆慶三年己巳三月十九日申時　卒天啟六年丙寅五月初十日卯時

合葬徐壠乾巽

子二　天賜　天盛　俱李氏出

女三　長次適杜　三適林　俱林氏出

琄山公諱蕚字宜密　仕遠公長子　生嘉靖十九年庚子十一月初七寅時　卒萬曆四十一年癸丑四月十三寅時

娶吳氏　生嘉靖廿三年甲辰正月十九辰時　卒天啓元年辛酉七月廿六日酉時

子三　應韶　應昭　應紹　女一適林

鍾山公諱苗字宜耘　仕遠公次子生嘉靖廿七年戊申十月卒天啓元年辛酉九月初九日

娶林氏生卒缺

子一　應元

宜培公諱養志　即仕重公長子生嘉靖十九年庚子十一月廿六日戌時卒年五月初五日辰時

娶黄氏生嘉靖廿一年壬寅九月初三日辰時卒年十月初十日申時

子二　應機　應會

宜益公諱養謙　即仕重公次子生卒缺

娶楊氏生卒失

子一　恒解移居仙邑御史嶺

養元公　即仕重公三子生卒失止

宜直公諱養正　即仕瞻公長子　生嘉靖廿四年乙巳　卒失

娶姚氏生卒失

子一　晚伃

宜棠公諱養端　即仕瞻公次子　生隆慶五年辛未四月廿六日亥時　卒失

娶陳氏　生萬曆二年甲戌九月初十日亥時　卒失

子　應奎　應参　應壁

養執公　即仕瞻公三子　生萬曆八年庚辰　卒天啟七年丁夘三月十八日未時

娶楊氏生卒失　仝葬御史嶺厝邊

子五　福孫　秀孫　圓　團　好移居仙遊御史嶺居

宜稱公諱養譽　即仕仰公隻子　生嘉靖卅二年癸丑六月初九日　卒失

娶林氏　生嘉靖四十五年丙寅五月廿一日午時　卒崇禎十四年辛巳七月初八日丑時

仝葬后坑坂　子一　應祖

東四房

宜問公諱詢　即仕懷公長子　生嘉靖廿一年壬寅　住仙邑東華

嗣子　愛英隨父住居仙邑

宜明公諱誥　即仕懷公次子　生嘉靖廿六年丁未七月初三日巳時　卒萬曆四十三年乙卯七月初九未時

娶陳氏　生嘉靖卅五年丙辰　月　日　時　卒萬曆卅二年甲辰正月初八日卯時

仝埜鷺鷥尾

子四　育新　育沂　愛治出繼　育所

宜勉公諱誠　即仕懷公三子生嘉靖廿八年己酉　月　日　時卒萬曆四十六年戊午閏四月初十日時

娶楊氏生卒缺

繼娶侯氏生卒失

侯氏埜山尾宮慈雲堂後

子　育富

宜推公諱詳　即仕懷公四子生嘉靖卅八年己未卒失

埜山尾宮慈雲堂後與三嫂侯氏仝穴

振軒公諱學舜字宜馮　即仕禮公長子

公 生嘉靖廿九年庚戌十二月廿二日辰時
卒萬曆四十二年甲寅十月初九日未時

娶劉氏 生 卒 缺　繼娶方氏 生 卒 缺

劉氏葬宮灣池后　方氏葬仙遊縣後艮坤

子三　際寅　際安　際寵

宜宰公諱學康　即仕禮公次子 生嘉靖四十三年甲子八月廿八日辰時
卒崇禎　年　四月十四日亥時

娶楊氏 生隆慶三年己巳二月廿二日申時
卒　年　十一月十七日　時

葬瑁峰宮邊砂坵田後

子　際宏　際賓　際寀

宜正公諱欱　仕裕公隻子嘉靖四十年辛酉被倭擄去安平大庭頭居住

子　七恒　宗恒　太等

東內頭房

宜旦公諱旭　即仕利公隻子生卒失

娶楊氏生卒鈌

子二　毓庚　毓癸

宜器公諱日偉　即仕吉公隻子生卒失

娶侯氏生卒失止

西房派

思敏公　即希烈公嗣隻子

惟莊公諱思嚴　即希鄉公長子　生卒失

娶賴氏改適　止

西泉公諱思遜字惟揖　希察公長子　生嘉靖卅四年乙卯二月十八巳時　卒失

娶黃氏　生嘉靖卅六年丁巳九月十八日申時　卒萬曆十五年丁亥四月廿九日

繼娶陳氏　生萬曆元年癸酉二月初四日　卒失

子一　殿昺

惟管公諱思儉　即希察公次子　生隆慶二年戊辰八月廿三日辰時　卒萬曆廿九年辛丑十月十六午時

娶林氏　生隆慶五年辛未四月二十日子時　卒崇禎七年甲戌八月廿五日戌時

子一　殿球

懷泉公諱思復　即希寀公三子　生萬曆六年戊寅十二月廿五日戌時　卒崇禎七年甲戌十二月廿六日卯時

娶黃氏生卒缺

繼娶李氏生卒失

子二　殿沛　殿侻

惟甫公諱思太　即希國公長子生卒缺止

惟第公諱思進　即希國公次子生萬曆十九年辛卯　卒失

娶賴氏生卒失止

惟謹公諱思瑗　即希成公隻子生卒失止

惟發公諱思信　即希武公隻子生卒失止

惟晚公　即希存公隻子生卒缺止

惟尹公諱思忠　即希子公長子生嘉靖四十三年甲子卒失止

惟禹公諱思稷　即希子公次子生萬曆四年丙子七月十四日午時卒失

娶林氏生卒失

子　世侃

惟止公諱思産　即希子公三子生萬曆六年戊寅九月初八日卒失

娶杜氏生卒失

子二　世輝　世培

惟丘公諱思聖　即希尹公四子 生萬曆十年壬午 卒失

娶張氏 生卒缺

子　世至　世都

惟貫公諱思由　即希尹公五子 生萬曆十二年甲申 卒崇禎十六年癸未

娶涂氏 生卒缺

子一　世嬌

惟周公諱思籍　即希堯公長子 生萬曆十四年丙戌三月三十日丑時 卒天啓七年丁卯九月初六日吉時

娶蘇氏改適

子　殿思

惟符公諱思策　即希堯公次子　生萬曆十七年己丑五月廿一日巳時　卒失

娶賴氏　繼娶林氏生卒俱缺止

惟觳公諱思學　即希修公長子　生萬曆廿二年甲午　卒崇禎十六年癸未

娶蘇氏生卒失

繼娶謝氏生卒失

子三　世孔　世厚　世案

惟祈公諱思椿　即希修公次子　生萬曆廿九年辛丑　月十六日午時　卒崇禎十六年癸未二月十八日巳時

娶黃氏　生萬曆卌八年庚戌九月廿五日卯時　卒康熙十七年戊午五月初四日戌時

公塟前崙尾坂田後　妣塟蜘蛛結網巽乾

子 世亥 世添

朝貴公 即希琚公隻子 生嘉靖十四年乙未 卒萬曆廿一年癸巳正月廿一日戌時

娶許氏 生嘉靖廿五年丙午 卒萬曆十九年辛卯九月十八日酉時

合葬萬壽里石碼頭山路邊

子三 時成 時玉 時三 俱移居西鄉

振玄公諱思亮字宜恕 海玄公隻子 生萬曆四年丙子六月十三日巳時 卒順治四年丁亥十月二十日巳時

一 娶陳氏 生萬曆五年丁丑閏八月初六日巳時 卒順治十年癸巳五月十三日巳時

仝葬本山

子三 一心 仁心 存心 住東鄉打石垙

宜曠公諱思聰　即玉山公長子　生嘉靖卅六年丁巳十月十三日申時　卒失

娶黃氏　生隆慶二年戊辰十月十七日　卒失

仝葬庵尾

子二　世欽　世鎮

宜克公諱思箴　即玉山公次子　生嘉靖四十四年乙丑正月十一日寅時　卒失

娶蔡氏　生隆慶五年辛未十一月十一日寅時　卒天啓元年辛酉三月十一日巳時

同葬山尾宮前

子四　世輙　世項　產三　鼎掟

宜高公諱思明　即樂山公長子　生卒鈌

娶傅氏生卒鈌

子三　天選　天從　天昂

宜玉公諱思温　卽希度公長子生嘉靖卅七年戊午六月初十日卒萬曆廿一年癸巳七月初二日

娶李氏生卒鈌　合葬克石橋乙辛

子一　天印

宜敦公諱思篤　卽希度公次子生隆慶四年庚午三月廿六日卒失

娶潘氏生卒失

子三　世英　世富　世爲

欲然公諱思敬字宜愛　卽希才公長子

公

生嘉靖四十三年甲子閏二月廿三子時
卒萬曆四十六年戊午二月十五日亥時

娶蔡氏號慈慎

生嘉靖四十五年丙寅四月初四日申時
卒天啟四年甲子二月廿八日巳時

公塟墘頭園后乾巽　妣塟泗洲外丑未

子三　世瑋　世祿　世胄

宜孝公諱思睦　即希才公次子

生隆慶四年庚午正月十八日申時
卒萬曆四十八年庚申九月初三日戌時

娶阮氏生卒失

繼娶黃氏生卒鈌

子二　世星　世惜

宜及公諱思登　即希才公三子

生隆慶六年壬申八月十五日
卒失

娶張氏　繼娶侯氏　三娶陳氏生卒俱失

子一　世元

宜佩公諱思琰　即希叙公長子　生隆慶四年庚午十月十九日亥時 卒失

娶謝氏生卒失

子一　世湘

宜瑺公諱思環　即希叙公次子　生萬曆元年癸酉七月十七日未時 卒天啓二年壬戌四月十五日寅時

娶侯氏　生萬曆三年乙亥五月十四日未時 卒失

子一　世沿

宜深公諱思琦　即希叙公三子　生萬曆六年戊寅九月十六日戌時 卒失

重修虹山彭氏族譜世紀卷三

東房長房長派

廿六世 懋字行

以安公諱肇解字懋修　即萃琇公長子　生崇禎三年庚午九月廿二日申時　卒康熙廿九年庚午十二月廿二日戌時

娶黃氏　生崇禎五年壬申六月廿一日辰時　卒康熙廿九年庚午三月初六辰時

公葬在下坪山嶺水井後坐乾向巽

妣葬在陳墘山坐庚向甲兼酉卯

子一　齋

學魯公諱曾字楙省　即萬琇公長子　生天啓元年辛酉十月十三日寅時　卒順治六年己丑八月十五日巳時

娶黄氏　生天啓七年丁卯七月廿三日亥時　卒順治六年己丑九月十二日申時

合葬東郭嶺頭石交椅路下坐壬向丙兼子午

公與于明公友善意氣相師德行相勉是心乎慕道者也使天假以年嚴厲切磋以成其德猶爲不失詩書禮義之門竟終于顔子之壽惜哉

天成公諱曰兩字楙象　即萬琇公次子　生天啟六年丙寅五月初五日午時　卒　年　四月廿四日未時

娶黄氏　生崇禎元年戊辰十月廿五日丑時　卒順治九年壬辰九月廿三日申時

繼娶賴氏　生崇禎六年癸酉二月廿五日辰時　卒　年　七月初四日酉時

公與賴氏塟滖厝垵坐丑向未

先妣黃氏塟西墘中崙路後坐戌向辰兼辛乙

子三　八　便　豆　女一　適潘家

公性樸拙無華守分治農毫非不染生平以勤儉爲主衣食不負今者年近八旬子孫繩繩繼起亦忠厚長者之報也

顔壽公　諱日淑字樾雍　即萬琇公三子　生崇禎二年己巳二月初九日辰時　卒順治十七年庚子正月廿五戌時

娶黃氏　生崇禎三年庚午二月十九日酉時　卒崇禎十四年辛巳十二月十八巳

子一　陟岵

一心公諱日嚴字懋翼　即萬琇公四子　生崇禎七年甲戌十一月初二日丑時　卒康熙四十三年甲申五月初二　時

娶盧氏　生崇禎九年丙子十二月十七日未時　卒康熙五十五年丙申三月十八　時

考妣同塟雲龍寨脚坐寅向申兼艮坤

子二　立　雙　女一　適陳家

公昆弟四人君居其季長兄及三兄早逝猶子尚幼值門戶承當之時以身肩之不辭勞焉生平治家有道業亦頗增處家庭之間兄弟友于夫婦倡隨而且孫曹之繞膝森起誠天

倫樂事焉

存素公諱大來字繼交　即非百公長子 生崇禎二年己巳二月廿二日戌 卒康熙廿二年癸亥七月初七午

娶黃氏 生崇禎四年辛未十一月廿二日巳 卒康熙十九年庚申十一月二十亥

合葬本鄉中蓮崎尾坐乾向巽兼亥巳

子三　曰昶　曰曉出嗣鍾琬　曰暹

女三　長適郭　次適杜　三適謝

公少時家業淡薄每受趨庭之訓不得專志肄業經營拮据產業充拓性渾厚好施人有求必應延師課弟姪兒孫輩俾季弟鍾琬次兒得祥俱入泮焉公之力也庚申歲饑值大當

事務浩繁公罄橐代辦併多方借貸以完公務都族人咸嘉賴之

希文公諱祥來字懋考　即非百公次子

公　生崇禎五年壬申正月初七日辰時　卒康熙卅五年丙子十一月十二午時

娶蕭氏　生崇禎五年壬申七月初七日亥時　卒順治十六年己亥七月十二午時

繼娶杜氏　生崇禎十四年辛巳十一月廿八卯時　卒康熙廿一年壬戌九月十四日未時

公與杜氏塟石鍾寨南門外五樟山之原負辛拱乙兼卯酉

蕭氏塟東坂內田園前社仔后坐卯向酉與非百公妣黃氏同立在右壙焉

子二　果（蕭氏出）　叟（杜氏出　出嗣任來公）

女四　長適林　次適杜　三適潘　四適賴（俱杜氏出）

公少年與兄存素公並曆艱苦勤儉治家家業頗裕性溫柔誠樸絶不與人圭角其度量卓越如此伯兄仙逝公與弟姪商議擇地塋親果得牛眠子職盡矣男二女四婚娶各畢父道全矣身雖不得勉志力學然子孫繩繩書香繼起異日克振家聲蓋未艾也

存誠公諱任來字懋擔　即非百公三子

生崇禎十五年壬午十月十九日卯時

卒　年　月　日　時

娶黃氏　生順治元年甲申二月初二日亥時　卒康熙廿六年丁丑二月十六辰時

嗣子一　叟

公少聆庭訓習舉業長而從師於歲貢林雲和公數試不遇遂退處隱逸無復功名志娶虞生黃拱垣女艱于嗣僅生一女適己夘科亞元黃騰冠於書生物色焉其自知而兼知於人如此

邑庠生石珍公諱鍾琬字懋珍　即非百公四子　生順治四年丁亥七月初四日巳時　卒康熙十三年甲寅八月初四亥時

娶潘氏　生順治五年戊子二月廿四日卯時　卒康熙卄九年庚午五月十一辰時

嗣子一 得祥 即曉郡庠生 女一適洪

公負笈從師見知於楊都御先生先生奇之曰此兒氣骨不凡君家千里駒也少年茂才攻苦經史晨夕不倦期竿頭再進少酬楊先生國士之遇竟以篤學成疾宿度無光軫星告殞良可惜夫

懋景公 諱昉 即蓼琇公長子 生崇禎九年丙子三月廿八日寅時 卒康熙六年丁未正月廿六日戌時

娶潘氏改適 止

懋群公 即蓼琇公次子 生康熙十一年壬子七月廿七日辰時 卒 年 月 日 時

娶 氏 生卒缺

子二　琴　魯　女一適潘

允参公字懋賛　即藩琇公長子

生天啓六年丙寅七月初七日戌時
卒順治七年庚寅九月初七日戌時

娶黃氏改適　止

塟祭虫山下坐乾向巽

允程公字懋　即藩琇公次子

生崇禎六年癸酉六月廿七日巳時
卒順治六年己丑十一月十四辰時

與兄允参公合塟祭虫山下　止

允升公字懋昭　即藩琇公三子

生順治元年甲申四月初四日辰時
卒　年　月　日　時

娶杜氏

生順治元年甲申六月十一日酉時
卒　年　月　日　時

子二　肯　奏出嗣允則公

女四　適黃　適林　適吳　適杜

公當幼穉時伯兄早逝二兄繼歿而振懷公所屬望者其子

乎習觀古史時藝亦欲勉志力學以求承先人意不謂年甫

冠而慈父見背遂爲家務所紛焉性周慎奉公維謹克守先

業其才足取矣弟允則公與君異母早殀無嗣以次子承繼

孝與友兼盡矣男二女四各畢其願慈道彰矣君之爲人卓

〻可稱若此堪一鄉之善士矣

允則公字懋言　即藩琇公四子　生順治十三年丙申十一月初七午時　卒康熙十八年己未八月廿七日未時

娶黃氏　生順治十五年戊戌三月十四日午時　卒　年　月　日　時

嗣子一　奏　女一適賴

公少習舉業從師於姐夫林雲和公公亦器之惜其夭折良

可慨夫

妣年二十二矢志守節玉潔冰清事姑以孝爲夫立後功豈

淺鮮哉

曰郎公字懋拱　即蓍琇公長子　生崇禎四年辛未九月初七日辰時　卒　年　月　日　時

娶潘氏號慎慈　生崇禎四年辛未四月廿五日巳時　卒康熙廿一年壬戌二月初四巳時

子二　澄　渫　女二俱適劉

希有公諱曰是字懋荷　蓍琇公次子　生崇禎七年甲戌三月二十日子時　卒康熙十五年丙辰二月十九辰時

娶黄氏號慎儉
生崇禎十年丁丑三月二十日未時
卒康熙卅四年乙亥正月初十戌時

子一　璇　女二　適吳　適陳

履吉公諱曰垣字樾貞　蓍琇公三子
生崇禎九年丙子七月初七日辰時
卒　年　月　日　時

娶葉氏
生崇禎十二年己卯三月廿二日亥時
卒　年　月　日　時

子一　賀　女二　適黄　適潘

處士祿吉公諱曰益字樾謙　即蓍琇公四子
生崇禎十三年庚辰三月廿九日戌時
卒康熙五十四年乙未二月十九午時

娶黄氏號勤淑
生順治元甲申四月十五日午時
卒康熙四十八年己丑正月初四寅時

合塟面頭山坐丁向癸兼午子

子六　倡　與　起　課　聘　至

女一適潘

公少時得力於趨庭之訓文義諳曉但家業淡薄以書爲田且教且讀迨兒輩繩繩繼起衣食所迫是以不得專志肄業焉今者冢子成婚次子已聘日夜圖維惟以不能了子債爲慮然君之勤儉治家課耕課讀詩書遺澤後之食報蓋有未艾也

班孟公諱增豐字樾堅　即荃琇公長子

生順治四年丁亥十二月十二日子時
卒康熙卅六年丁丑六月廿六日巳時

娶杜氏 生順治九年壬辰七月三十日亥時 卒康熙五十一年壬辰十一月二十日戌時

子二 光 顯

恒輪公諱增珣字懋專 即荃琇公次子 生順治十年癸巳十二月初九日丑時 卒康熙五十七年戊戌閏八月廿八日辰時

娶賴氏號勤順 生順治十三年丙申十月廿八日亥時 卒雍正元年癸卯九月初一日丑時

考妣合塟火石後坐庚向甲兼申寅

子一 佛漢 女二 適黃 適尤

增瓏公字懋齡 即荃琇公三子 生順治十七年庚子十二月十五未時 卒康熙五十年辛卯九月十二日亥時

娶黃氏號勤德 生康熙十二年癸丑十二月廿七辰時 卒乾隆十年乙丑二月十三日巳時

子一　魁

東長房二派

樾賓公諱嘉　即日寬公長子

生順治十八年辛丑四月廿六日戌時

卒康熙卅六年丁丑六月廿五日時

娶林氏改適止

樾龍公諱鑣　即日寬公次子

生康熙七年戊申六月廿四日辰時

卒康熙十四年乙卯正月十九丑時止

應信公諱座字樾台　即日柔公長子

生順治十三年丙申十一月二十日寅時

卒康熙四十七年戊子正月十二日戌時

娶黃氏號勤貞

生順治十六年己亥十月初一日戌時

卒康熙五十六年丁酉七月初四辰時

子二　仰　占

維成公諱創字懋業　即日彔公次子　生康熙八年己酉正月初六日辰時　卒雍正四年丙午十二月初九日亥時

娶潘氏號情慈　生康熙廿二年癸亥九月十五日申時

子四　均又名聖　宗體　俊　屋

懋伯公諱甫　即日彔公三子　生康熙十一年壬子十二月廿二日卯時　卒鈌　止

懋吉公　即日彔公四子　生康熙十六年丁巳三月十五日巳時　卒失　止

維賢公諱隱　即建公長子　生鈌　卒鈌

娶黃氏　生　年六月十五日　卒　年五月廿四日

子一　蘭

樾居公　即建公次子生卒缺　止

樾超公　即彥琇公長子

生康熙十二年癸丑十二月初五日子時　止
卒矢

樾富公　即彥琇公次子

生康熙廿四年乙丑四月初　日未時　止
卒失

樾回公　即德琇公之子生卒缺　止

維麟公諱嫣賜字樾尊　即積琇公長子

生康熙五十一年壬辰十二月廿四午時
卒乾隆五十六年辛亥八月廿七日未時

娶潘氏

生康熙六十年辛丑十二月廿五日辰時
卒嘉慶二年丁巳八月二十日酉時

子四　貼　班　寮　設

樾閣公　即積琇公次子生卒缺　止

東長房三派

易齋公諱外使字樹賢　即明公長子

生康熙七年戊申四月廿七日卯時
卒失

娶黃氏

生康熙十七年戊午正月初九日申時
卒雍正　年正月十二日辰時

子二　敬　仲　女三適陳黄

素樸公諱佐字樹右　即明公次子

生康熙十一年壬子五月初十日辰時
卒康熙五十二年癸巳四月初二戌時

娶莊氏改適

子一　恭

存成公諱賜養字樹浩　即馨懷公長子

娶黃氏號寛慈
合葬篤塲埔乾巽亥巳
嗣子一　傳英
楙操公　即馨懐公次子
娶　氏生卒鈌
子一　樓
維慎公諱昜　即馨懐公三子
娶潘氏

生康熙十八年己未八月初一日未時
卒雍正八年庚戌十一月廿七日巳時
生康熙廿八年己巳六月初八日寅時
卒雍正八年庚戌十一月廿九日申時
生康熙廿五年丙寅八月廿九日辰時
卒失
生康熙卅三年甲戌十一月初四日戌時
卒乾隆四十八年癸卯十月十四日亥時
生康熙卅六年丁丑十月初六日戌時
卒乾隆卅三年戊子二月初七日丑時

子三　築　傳出嗣　鵬

維用公諱禮　即馨懷公四子　生康熙卅六年丁丑十一月初四日亥時　卒　六月初八日

娶鄭氏生失　卒失　止

維能公諱讓字懋催　即奏懷公隻子　生康熙卅九年庚辰八月廿五酉時　卒雍正十年壬子十月廿八日丑時

娶林氏生失　卒失

嗣子　崇

維山公諱長　即泰懷公隻子　生康熙廿七年戊辰二月廿七日辰時　卒　年　七月廿九日

娶吳氏生缺　卒缺

公塋蘇山子午壬丙

妣塋大墩尾厝后辛乙酉夘長婦附塋

子四　帝　宰　三出嗣　篇

維雲公諱騰　即順懷公長子

生康熙四十三年甲申五月廿七未
卒乾隆五年庚申正月十九日申時

娶黃氏號端慈

生康熙四十四年乙酉六月初四未
卒雍正五年丁未七月十九日丑時

繼娶黃氏改適

塋海大垵路下

子一　舉繼妣出

維和公諱忠字懋祿　即順懷公次子

生康熙四十六年丁亥十一月十五酉
卒乾隆廿五年庚寅六月廿五日戌時

娶黃氏號端懿 生康熙五十九年庚子六月初四日午時 卒乾隆九年甲子六月廿九日申時

繼娶陳氏號慈裕 生康熙五十五年丙申二月初五日午時 卒乾隆五十三年戊申十一月十一申時

合葬下邊路脚山溝後坐西向東

子二　千　智

維齋公諱懇字懋衷　即順懷公三子 生康熙五十八年己亥正月廿七日酉時 卒乾隆四十六年辛丑五月初九日未時

娶林氏號雪慈 生雍正四年丙午正月廿四日寅時 卒乾隆四十九年甲辰閏三月初五辰

合葬大羅溪嶺頭槽斗崙厝後內崙子午壬丙

子三　鸞　涼　儋　女一適潘

維升公諱科字楙盈　即成齋公長子
生康熙廿九年庚午正月廿七日申時
卒乾隆廿九年甲申十二月十五辰時
娶潘氏號温慈
生康熙三十三年甲戌四月十八日丑時
卒康熙五十八年己亥十二月十八午時
仝葬瑁峰宫前垵山癸丁子午
子一　江英　女一適黄
維花公諱賞字楙昌　即成齋公次子
生康熙卅八年己卯十二月二十亥時
卒乾隆卅二年丁亥五月十七日酉時
娶袁氏
生康熙四十二年癸未四月十七日巳時
卒乾隆四十七年壬寅五月十三日未時
子一　所

存意公諱悦字樧時　即成齋公四子
生康熙四十四年乙酉十二月十四丑時
卒乾隆四十二年丁酉四月初三日午時
娶侯氏
生康熙五十七年戊戌正月廿二日戌時
卒乾隆五十五年庚戌九月二十日酉時
子三　爾　簪　學
厚樸公諱攀字樧高　即成齋公五子
生康熙四十七年戊子八月初二日亥時
卒乾隆四十三年戊戌十二月廿一巳時
娶頼氏號柔慈
生康熙五十九年庚子十一月廿三戌時
卒乾隆廿九年甲申十一月十二日亥時
子二　管　水　女一
純超公諱拔字樧起　即咸齋公嗣子

娶陳氏號和慈

子五　交　翁　柳　只　極　女一適黃

東二房長派

樧本公諱忠　即于瑾公長子

娶張氏

樧福公　即于學公長子

樧會公　即于學公次子

樧述公諱念祖　即在原公長子

生康熙四十一年壬午九月廿九日辰時

卒乾隆五十二年丁未十一月廿五酉時

生康熙五十二年癸巳九月廿八日酉時

卒乾隆五十五年庚戌正月初六日未時

生崇禎十一年戊寅八月十五日卯時

卒康熙卅六年丁丑十月初六日未時

生崇禎十二年己卯三月初四卯時

卒康熙卅四年乙亥正月廿二日寅時

生順治十六年己亥六月十九日丑時

卒

生康熙十年辛亥十一月廿四日午時

生順治十四年丁酉七月初八日申時

懋歆公　即在原公次子

生康熙七年戊申十一月初四日戌時
康熙十三年甲寅十月十五被寇擄去無回

懋恬公諱養　即于琓公隻子

生康熙五年丙午九月初一日申時
卒

娶謝氏

生康熙八年己酉七月十七日寅時
卒

懋韜公　即忠烈公長子

生順治十五年戊戌三月十七日未時
卒康熙十七年戊午八月廿九日申時

與父忠烈公仝日被賊所害傷哉

懋傑公　即忠烈公次子

生順治十八年辛丑十月十九日卯時

往浙江温洲府平陽縣金鄉后割居焉

簡誠公諱雍字懋雁　即直其公嗣子

生康熙二年癸卯六月初八日午時
卒乾隆二年丁巳三月廿二日午時

嗣子　白英

斯高公諱雲字樾騰　即素慥公次子生康熙七年戊申四月廿九日巳時卒雍正十三年乙夘二月初五辰時

娶陳氏號専慎生康熙十八年己未七月初二酉時卒雍正五年丁未三月十七日戌時

子　清　白出嗣簡誠

寛樸公諱畧字樾經　即允明公長子生順治十七年庚子六月廿七寅時卒雍正二年甲辰十二月初三寅時

娶黄氏號懿德生康熙二年癸夘九月廿六日寅時卒乾隆元年丙辰十月廿六日辰時

公葬本鄉外壠寨脚圭庵墓

妣葬本山虎頭山坤艮申寅長婦黄氏次婦尤氏俱附葬

子二　壹　信

哲樸公諱睿字樾智　即允明公次子　生康熙五年丙午四月廿四日申時　卒雍正七年己酉十一月十五酉時

娶杜氏號順德　生康熙十九年庚申四月廿四日申時　卒雍正六年戊申六月廿二日辰時

樾植公　即允明公三子　生康熙十六年丁巳正月初二日酉時

樾懷公　即仁德公長子　生康熙十二年癸丑正月初五日寅時　卒失

尚樸公諱鸞字樾鳳　即仁德公次子　生康熙十五年丙辰八月十一巳時　卒乾隆三年戊午九月初二日未時

娶黃氏號省儉　生康熙廿八年己巳八月初六日子時　卒雍正九年辛亥二月廿五日戌時

合葬本鄉山脚大坵田後乾巽亥巳三子竹附葬

子華造竹

樾匿公　即仁德公三子　生康熙廿二年甲子十月二十日子時　往外夷卒

澤樸公諱恩　即仁德公四子　生康熙廿七年戊辰七月廿四日巳時　卒雍正十二年甲寅八月二十日

娶賴氏改適生卒失

子講

順候公諱研　即仁德公五子　生康熙三十年辛未八月二十日丑時　卒　年　十一月廿九日亥時

娶黃氏改適

子流　聚

順德公諱命　即元直公長子　生康熙十三年甲寅二月十一日未時　卒雍正十二年甲寅七月初四日巳時

娶賴氏號恬謹　生康熙廿六年丁卯二月十一日午時　卒康熙五十年辛卯二月廿五日巳時

合塟本鄉亭仔嶺路後庚甲申寅次子萬附塟

子二　貫　萬

德樸公諱塘字懋心　允直公次子

生康熙二十年辛酉九月廿一日未時
卒雍正十二年甲寅六月十四日酉時

娶黃氏號温慈

生康熙三十年辛未二月廿五辰時
卒雍正十年壬子二月十七日巳時

仝葬本山普壠園后壬丙子午

子　盛　倖

群樸公諱協字懋和　即允直公三子

生康熙廿六年丁卯十月十六日辰時
卒乾隆廿四年己卯二月廿五日未時

娶黃氏號温惠

生康熙卅六年丁丑十一月廿七日戌時
卒乾隆卅五年庚寅十二月初四日辰時

合葬本鄉蘇山丑未艮坤

子三　咸　情　佳

餘慶公諱崴　即允直公四子　生康熙卅一年壬申八月廿六日辰時　卒康熙五十七年戊戌九月廿三酉時

附葬父母墳

積樸公諱餘字樾三　允直公五子　生康熙卅五年丙子十月十五日酉時　卒乾隆廿二年丁丑四月十四日子時

娶黄氏號仁慈　生康熙四十七年戊子八月廿三辰時　卒雍正十年壬子四月十一日卯時

繼娶張氏號仁忠　生缺　卒雍正十二年甲寅七月初九日申時

合葬本鄉吳新厝乾巽戌辰子株附葬

子　株

純仁公諱解　即允通公長子　生康熙廿四年乙丑八月初六日亥時　卒康熙四十六年丁亥二月初四卯時

娶黃氏　生康熙廿九年庚午四月初四日午時　卒乾隆四十年乙未七月十八日巳時

合塟本鄉土名楊厝後乾巽亥巳予送來附塟

嗣子　送來

得秋公諱雙　即允逼公次子　生康熙卅六年丁丑四月十三未時　卒乾隆二年丁巳八月初九日午時

娶潘氏號恬澹　生康熙卅八年己卯六月廿三申時　卒雍正三年乙巳二月十六日子時

繼娶黃氏號順儉　生康熙卅八年己卯三月廿二日巳時　卒雍正十二年甲寅九月十四日戌時

三娶陳氏　生康熙四十一年壬午三月廿四巳時　卒乾隆廿三年戊寅三月廿五日巳時

公與黃氏合塟墩頭墓伊中乾巽亥巳

潘氏塟吳坑後　陳氏塟本鄉洋田中

子二　㦿　衆

誠一公諱繼字樹規　即寬懷公長子　生康熙卅五年丙子正月初九辰時　卒乾隆十八年癸酉三月廿六酉時

娶陳氏號儉柔　生康熙卅六年丁丑八月三十酉時　卒雍正五年丁未五月二十日申時

繼娶邱氏號慈溥　生康熙卅二年癸酉七月十三日寅　卒乾隆廿五年庚辰七月初三日未

公與邱氏仝葬白虹山土名藉嶺田後壬丙亥巳

陳氏附翁姑墳

子五　鼎　胖　孫　接　埒

樹職公　即寬懷公次子　生康熙卅七年戊寅十二月十四日午時　卒康熙五十九年庚子十月廿五日巳時

尚毅公諱遷字樹移　即誠信公隻子

公

娶吳氏號賀弱

生康熙五十年辛卯正月十九日未時
卒乾隆十八年癸酉四月初八日巳時

繼本鄉吳新厝印仔

生康熙五十四年乙未五月廿三日申時
卒乾隆四十四年己亥十一月十六酉時

子二　條　理　女一適黃家

懋翰公　即宗振公長子

生康熙十五年丙辰八月十九日未時
卒失

懋福公　即宗振公次子

生康熙　年　二月初四日寅時
往外鄉亡

懋植公　即宗侑公長子

生康熙二十年辛酉十月初八日酉時
卒失

三德公諱宣字懋日　即宗侑公次子

生康熙廿五年丙寅三月三十日卯時
卒乾隆廿一年丙子十一月初九寅時

公

娶蘇氏號順儉　生康熙卅四年乙亥三月初四日辰時　卒乾隆四十年乙未八月初八日子時

子二　蒲　紀

陽高公諱照字懋臨　即宗侑公三子　生康熙廿八年己巳閏三月十六未時　卒乾隆二年丁巳十二月廿二日酉時

公

娶黃氏號順儉　生康熙卅五年丙子九月十六日卯時　卒雍正十三年乙卯十月十三日子時

子二　儼　晏

懋彬公　即宗侑公四子　生康熙卅八年己卯三月廿一日酉時　卒失

往台灣歿

産厚公諱業　即宗侑公五子　生康熙四十年辛巳十一月十三日　卒乾隆卅六年辛卯九月三十日巳時

漢老公　即郡國公隻子

生康熙十八年己未六月廿九日未時
卒失

楙天公　即郡友公長子

生康熙廿一年壬戌十月廿九日辰時
卒失

楙坤公諱地　即郡友公次子

生康熙廿三年甲子九月十八日辰時
卒乾隆廿四年己卯正月廿六日

娶蔡氏

生康熙廿五年丙寅九月初八日亥時
卒乾隆廿四年己卯四月十四日

子二　長　朱

楙爵公諱八　即郡友公三子

生康熙廿六年丁卯十二月廿三日午時
卒失

楙善公　即郡友公四子

生康熙卅八年己卯六月初四日辰時
卒乾隆七年壬戌八月十四日未時

娶　氏

子　曆

樾我公　即宗胤公隻子　生康熙五十一年壬辰　卒雍正十三年乙卯閏四月廿五日巳時

質樸公諱合又名鴻道　卓懷公之子　生康熙三年甲辰八月廿五日辰時　卒康熙六十年辛丑十二月廿二日

娶林氏號專德　生卒缺

合塟大帽甲寅坤艮

子三　荔　蒂　賽

樾遜公諱鴻英　即誨懷公長子　生卒缺

娶黃氏號明哲　生卒缺

子二　嶷　葛

貞德公諱鴻逵字樾懇　即誨懷公次子

公
生康熙十一年壬子七月廿四日辰時
卒康熙四十七年戊子九月廿三未時

娶王氏號節孝
生康熙十五年丙辰正月廿五日酉時
卒雍正十三年乙卯二月初一日申時

子三　洋　澤　壽

繼靜公諱鴻淵又名源　即曠懷公長子
生康熙五年丙午十一月廿五日辰時
卒失

公

娶謝氏
生康熙十年辛亥十月廿五日亥時
卒失

子二　翼　煜

繼浩公　即曠懷公次子
生康熙十年辛亥十月十四日辰時
卒失

繼泉公諱惠溥　即曠懷公三子　生卒缺

娶黃氏生卒失

厚樸公諱沈字樾深　即豪懷公長子　生康熙十四年乙卯正月十四辰時　卒正月初三日

娶黃氏垢娘號仁慈　生康熙廿八年己巳七月廿九日酉　卒四月初一日時

子四　茅　保　齊　泰

顯樸公諱煥字樾燿　即豪懷公次子　生康熙廿一年壬戌十一月十六日寅時　卒乾隆九年甲子八月十七日午時

公

娶林氏號勤惠　生康熙卅二年癸酉九月十五日辰時　卒康熙五十七年戊戌七月十九申時

繼娶郭氏號儉忍　生康熙卅三年甲戌三月廿七日酉時　卒乾隆卅二年丁亥八月十七日巳時

子　衷

懋登公諱相　即豪懷公三子　生康熙三十年辛未十月十三日丑時　卒失

雲樸公諱郁字懋盛　即華懷公子　生康熙卅二年癸酉十二月十八酉時　卒康熙六十一年壬寅二月初一午時

娶陳氏號恩修　生康熙卅七年戊寅九月初十日亥時　卒康熙五十二年癸巳七月卅日子時

繼娶黃氏　生卒缺

子　從陳出

素樸公諱質字懋鶴　即介懷公子　生康熙卅九年庚辰六月廿一日未時　卒乾隆十六年辛未五月初五日辰時

娶郭氏號柔懿　生康熙四十四年乙酉二月廿九日巳時　卒乾隆廿八年癸未六月初七日未時

子　冬金

孟樸公諱文攝字懋陬　即順懷公長子

公　生康熙五十一年壬辰三月十五日子時　卒乾隆四十七年壬寅十一月廿二戌時

娶黃氏號柔惠　生康熙五十二年癸巳八月初二日丑時　卒乾隆五十三年戊申六月十六日卯時

公與弟慎樸公合葬三尖坵東崙墘癸丁丑未

子東壯聑　女一適南安

慎樸公諱文樞字樾謹　即順懷公次子　生康熙五十四年乙未六月十一日未時　卒乾隆四十八年癸卯二月十七日戌時

娶王氏號柔慈　生康熙五十六年丁酉二月十四日巳時　卒乾隆四十二年丁酉五月初二日未時

子滔蹈色嚳

女三　長適潘　次適林　三適

元玉公諱㥦字樧玉　即純樸公長子　生康熙二年癸卯六月廿五日巳時　卒缺

娶賴氏號寬慈　生康熙四年乙巳九月廿三日辰時　卒雍正十一年癸丑正月十五辰時

予　績　勝

弦置公諱君字樧邦　即純樸公次子　生康熙十三年甲寅五月廿五戌時　卒雍正五年丁未五月十五日未時

娶黃氏號勤順　生康熙廿一年壬戌五月廿九午時　卒雍正五年丁未五月十六日申時

予　賜　齊懷　祥懷

樧祿公　即愧自公長子　生康熙卅一年壬申五月廿二日酉時　卒失

樧喬公　即愧自公次子　生卒失

樧贊公　即于特公子　生康熙卅一年壬申四月廿五日未時　卒失

樾勸公諱獎　即隆兆公長子
生康熙七年戊申四月廿六日卯時
卒失

娶黃氏
生康熙十三年甲寅四月初六日巳時
卒失

子　若世

樾申公　即隆兆公次子
生康熙十九年庚申六月廿九日巳時

樾揆公諱符　即于平公子
生康熙卅一年壬申

東二房二派

樸馨公諱進九字樾暉　即一童公嗣子
生康熙五年丙午正月初五日亥時
卒雍正十一年甲寅九月初一亥時

公
生康熙八年己酉八月初七日亥時
卒雍正七年己酉正月初六日戌時

娶潘氏號守志

塋謝狗林

子　芋　毓

進燁公　即于旦公次子　生康熙十二年癸丑三月十三日戌時　卒失

福齋公　諱進碩字樾膚　于旦公三子　生康熙廿一年壬戌七月十三酉時　卒乾隆十八年癸酉二月廿八未時

娶　氏　生卒失

子　士雍

進贊公　即于璞公長子　生康熙三年甲辰十二月十一日戌時　卒康熙卅二年癸酉十二月廿七辰時

進起公　即于璞公次子　生康熙十二年癸丑九月初十日戌時　卒康熙四十七年戊子六月初九日巳時

娶柱氏　生卒失

楙基公諱進初　即于珪公子

生康熙八年己酉七月十四日辰時
卒康熙五十五年丙申十月十九寅時

娶黄氏

生康熙十四年乙卯三月廿五日申時
卒乾隆三年戊午九月十三日未時

子　復　烈

胤衿公　即三吾公長子

生順治十七年庚子八月初二日戌時
卒失

素錦公諱胤禩字楙體　即三吾公次子

公

生康熙四年乙巳九月十七日未時
卒雍正七年己酉十月十五日未時

娶陳氏

生康熙二十年辛酉十月初二日寅時
卒

繼娶廖氏

生康熙十年辛亥十二月廿三日申時
卒雍正十三年乙卯九月十六日午時

子　念　姐　義

文誠公諱胤祥字懋璇　即學貫公長子

公

生康熙元年壬寅十一月初十日丑時
卒雍正十三年乙卯八月廿四日未時

娶吳氏號慈懿

生康熙十九年庚申三月廿八日申時
卒乾隆十年乙丑二月十九日辰時

合葬本鄉午福坪辛乙酉卯

子　丁　曾　霞　思出嗣　完　夔

天定公諱胤祉　即學貫公次子

生康熙八年己酉正月初十日未時
卒康熙卅三年戊子閏三月初九未時

順軒公諱胤祈　即學貫公三子

生康熙十四年乙卯十月廿六日丑時
卒雍正十三年乙卯十月廿九日辰時

娶黃氏號淑懿

生康熙廿六年丁卯八月十八日辰時
卒乾隆十八年癸酉十一月初一卯時

子　思嗣　厚　重

天爲公諱胤祐字懋資　即居易公長子

公　生康熙七年戊申十二月廿一日亥時

卒康熙四十二年癸未六月廿四午時

娶謝氏生卒失

繼娶陳氏生卒失

三娶黃氏生卒失

子　愿

天注公諱胤禮又名昌字懋熾　即居易公次子

生康熙十年辛亥十一月初十日寅時

公　卒康熙四十七年戊子五月三十未時

生康熙十六年丁巳十二月初九辰時

娶賴氏　卒雍正十三年乙卯七月廿一日亥時

子　琳　環

雅惠公諱胤祜又名鍋字燃駿　即居易公三子

生康熙十四年乙卯十二月十二辰時
卒雍正六年戊申十一月初五日戌時

公

娶謝氏

生康熙廿二年癸亥五月廿七日卯時
卒乾隆廿一年丙子四月廿九日午時

合塟大山瑞祥庵后西畔

子　脫　腸　膝　[月襄]

順樸公諱胤秀字燃瑛　直靜公長子

生順治十一年甲午七月十一辰時
卒雍正元年癸卯正月初四日寅時

娶戴氏

生康熙四年乙巳四月廿一日申時
卒雍正十年壬子二月初八日辰時

塟本鄉土名彩漈頂頭西畔辛乙

子　俊

世庵公諱胤森字懋列　即直靜公次子

生康熙四年乙巳九月初九日巳時
卒　　四月初六日

娶吳氏生卒失

道齋公諱顏字懋信　即守靜公子

生康熙四年乙巳四月二十日酉時
卒乾隆十三年戊辰四月十三未時

娶蘇氏號懿慈

生康熙十七年戊午八月廿四日酉時
卒雍正十三年乙卯十一月初六寅時

合葬本鄉土名柏樹壠

子　緜　緒

德齋公諱與字懋勃　即巽我公長子

生康熙三年甲辰四月十六日未時
卒乾隆九年甲子正月廿九日巳時

娶黄氏號慈順　生康熙七年戊申七月初十日申時　卒雍正十二年甲寅七月初九子時

仝葬本鄉土名清邊山甲庚卯酉

子　富

愧如公諱岳字樧申　即異我公次子　生康熙十年辛亥六月十二日戌時　卒雍正七年己酉五月初九日未時

娶黄氏　生康熙十四年乙卯九月十五日子時　卒康熙五十六年丁酉三月十九未時

繼娶褚氏　生康熙廿三年甲子正月十四亥時　卒雍正二年甲辰正月初四日午時

塟埔頭內亀仔

子　慥　悅　慨　愜　恒

和直公諱建字樧親　即天受公長子　生康熙七年戊申正月十二日戌時　卒雍正元年癸卯十一月初八午時

娶陳氏號慎義
生康熙廿一年壬戌三月廿九戌時
卒雍正四年丙午三月初十日午時

合葬石路嶺壬丙子午

子　搗　三　木　日

福齋公諱光　即天受公次子
生康熙十三年甲寅七月十三戌時
卒乾隆九年甲子十月廿九日戌時

娶蘇氏號正貞
生康熙廿二年癸酉九月初四日午時
卒　三月初一日酉時

子　仕權

執義公諱捷高字樾奏　即獻台公長子

公
生康熙元年壬寅六月初十日卯時
卒雍正二年甲辰三月十一日辰時

娶王氏號淡慈
生康熙十五年丙辰四月十二卯時
卒雍正六年戊申正月廿八日戌時

仝塟白虹山宮口印山未丑坤艮

子　衍　沐出嗣　平回　丑　部

順普公諱授高　即猷臺公次子

生康熙三年甲辰八月十一日辰時

卒雍正十三年乙卯十二月十九子時

娶　氏生卒缺

子　征　沐嗣

明德公諱招高字懋潛移居仙邑龔箕墘

公

即猷台公三子

生康熙五年丙午五月十八日亥時

卒雍正四年丙午十月初四日亥時

娶　氏

塟本鄉陳厝祥新墓林田后坤艮申寅

子　麟

生順治十六年己亥三月廿四日戌時
卒

樾予公諱先　即于和公子

碩齋公諱乾字樾確　即守山公長子

生康熙十二年癸丑十二月十八日丑時
卒乾隆二十四年己卯九月初十日寅時

公

娶吳氏號柔範

生康熙廿一年壬戌正月廿三日戌時
卒乾隆十二年丁卯三月廿一日卯時

子　苞　葉　志縉

平齋公諱武　即守山公次子

生康熙廿七年丁卯十一月十七未時
卒乾隆十七年壬申十月十八日未時

娶邱氏

生康熙卅二年癸酉五月初四日辰時
卒乾隆十一年丙寅三月初一日午時

子　賢　宰　託

東三房派

樾朱公諱秀　即于頒公長子
生康熙三年甲辰六月廿六日巳時　卒

娶潘氏
生康熙六年丁未八月十四日卯時　卒

子　禮

樾編公　即于頒公次子
生康熙十二年癸丑十二月三十日酉時　卒失

樾豸公　即于頒公三子
生康熙十七年戊午四月初三日卯時　卒失

樾老公　即于頒公四子
生康熙廿二年癸亥八月廿三日寅時　卒失

福奇公　即于祚公子
生順治十六年己亥七月廿三日巳時　卒失

杜機公　即于智公子
生康熙卅八年己卯十一月十一日未時　卒失

樾任公　即于驥公長子
生康熙卅一年壬申七月初八日午時
卒失

樾瑛公　即于驥公次子
生康熙卅三年甲戌六月初一日巳時
卒失

樾孔公　即于師公長子生卒缺

樾語公　即于師公次子生卒缺

樾琭公　即克煥公長子
生康熙廿八年己巳五月初十日丑時
卒失

德齋公諱球　即克煥公次子
生康熙卅五年丙子十一月廿六日卯時
卒乾隆十八年癸酉二月初十日戌時

娶劉氏號端靜
生康熙四十二年癸未二月初二日子時
卒乾隆五十二年丁未九月廿六日子時

樾晃公　即于道公長子生卒缺

樾載公　即于道公次子生卒缺

樕珍公　即于道公三子　生康熙卅九年庚辰十月十八日　時　卒失

樕文公　即昭德公長子　生康熙卅五年丙子十二月廿六日丑時　卒失

樕茂公　即昭德公次子　生康熙四十年辛巳正月初六日亥時　卒失

樕別公　即桂齋公長子　生康熙卅三年甲戌十二月初三日亥時　卒失

樕則公　即桂齋公次子　生卒失

樕前公　即桂齋公三子　生卒失

樕巖公　即于錦公子　生康熙卅九年庚辰十月二十日　時　卒失

素凛公諱威　即愧思公子　生康熙卅七年戊寅閏三月初九未時　卒乾隆七年壬戌八月廿三日亥時

娶潘氏改適

子越炳出繼東二房葉公

吉實公諱根　即于尊公子　生康熙四十二年癸未四月十四日午時　卒乾隆　三月十一日辰時

娶潘氏號正淨　生康熙四十九年庚寅二月廿八戌時　卒乾隆十四年己巳正月初二日卯時

子聽　唱

樾秦公　即文德公長子生卒失

娶黃氏改適止

樾楚公　即文德公次子生卒失

一經公諱憲　即進積公長子　生康熙五十四年乙未二月廿二日巳時　卒乾隆四十八年癸卯七月廿五日酉時

嗣子　自來

思意公　諱想　即進積公次子　生失　卒七月十四日

懋錫公　即敦信公長子　生康熙卅七年戊寅九月初八日酉時　卒失

懋偶公　即敦信公次子　生卒失　止

贊慎公諱盤字懋師　即敦信公三子

公　生康熙四十四年乙酉七月十三日　時　卒乾隆四十一年丙申十月廿九日未時

娶賴氏號順慈　生康熙五十五年丙申閏三月十一戌時　卒乾隆三十四年己丑三月廿四日巳時

葬西墘仔瓦窰后

子　通　心　鴉　真　聚　女一適黃

贊誠公　諱宜字懋教　即克美公長子

公　生康熙四十八年己丑七月初五日丑時
卒乾隆三十六年辛卯六月初六日未時

娶黃氏號勤慎　生康熙四十九年庚寅七月初三日　時
卒乾隆九年甲子五月十九日午時

公葬蜘蛛結網墓后妣墓山尾宮頂石頭上

子　波

質慶公諱知字懋向　即克美公次子

公　生康熙五十三年甲午正月初五日午時
卒乾隆四十七年壬寅五月廿四日丑時

娶李氏號勤智　生雍正三年乙巳十二月廿三日戌時
卒乾隆五十四年己酉七月初九未時

子　出　女一適黃

家德公諱三字懋修　即克美公三子

公　生康熙四十一年丙申十月初九日戌時　卒乾隆五十九年甲寅十二月廿七子時

娶黃氏號和敏　生雍正七年己酉三月廿八日寅時　卒乾隆五十四年己酉五月廿六日丑時

子　槃　謁　采　冉　澤蘭　女二均適黃

其升公諱香　即克美公四子　生康熙五十七年戊戌閏八月十二日　時　卒乾隆三十九年甲午十二月十七日巳時

娶侯氏號慈儉　生雍正三年乙巳五月十六日巳時　卒乾隆五十五年庚戌二月十七巳時

子　沐　潭　郭

乾姐公　即于敏公子　生康熙九年甲子四月廿五日戌時　卒失

開老公　即于爻公子　生康熙卅八年己卯四月初五日戌時　卒失

信姐公　即于高公子　生康熙卅六年丁丑四月廿二日辰時　卒失

東四房系

老使公　卽于孔公子

生康熙十二年癸丑三月初　日

卒

娶陳氏

生康熙十六年丁巳七月十八日卯時

卒康熙卅七年戊寅七月初七日午時

德邦公諱環　卽錦夏公長子

生康熙卅四年乙亥七月初五日亥時

卒乾隆廿五年庚辰正月廿三日申時

娶潘氏號儉順

生康熙四十三年甲申二月初二辰時

卒乾隆十五年庚午六月初二日未時

子　卞　國　周

楙御公　卽錦夏公次子

生康熙卅七年戊寅十二月廿六日巳時

卒失

西房派

進賢公諱回　卽素樸公子

生康熙五十三年甲午十一月廿三酉時

卒乾隆三十年乙酉正月初九日酉時

娶潘氏號淑愼　生失　卒乾隆廿三年戊寅十二月廿四日

塟吳新厝園后乾巽戌辰

子　摘

字典公諱僖　即素樸公次子　生康熙六十一年壬寅四月初一未時　卒嘉慶元年丙辰正月廿一日巳時

娶黃氏號勤儉　生乾隆六年辛酉十月初六日丑時　卒嘉慶十六年戊辰二月廿七巳時

公塟嶺頭內坊

妣塟洪苻尾

子　南　柬

懋開公　即樸素公子　生卒缺

東長房長派

二十七世 孫字行

孫楚公諱齊　即肇解公長子

生康熙六年丁未三月廿三日寅時
卒夕

娶黃氏

生康熙十二年癸丑五月初六日寅時
卒缺

子四　守　孝　悌　濺

孫載公諱八　即天成公長子

生康熙二年癸卯正月十七日寅時
卒　年十一月十七日子時

娶黃氏

生康熙五年丙午六月十五日酉時
卒　年三月初四日　時

考妣合塟楊厝埔

子二　享　禮

恂謹公諱便字孫惟　即天成公次子 生康熙六年丁未四月初八日午時 卒乾隆四年己未八月二十日未時

娶林氏號慈柔 生康熙十年辛亥四月廿四日辰時 卒乾隆十九年甲戌九月初三卯時

考妣合塋本鄉白虹山腰路頂辛乙戌辰

子六　次　文　俊　高　教　低

存義公諱豆字孫房　即天成公三子 生康熙九年庚戌七月初七日寅時 卒乾隆四年己未六月十二日辰時

娶賴氏 生康熙廿一年壬戌六月十六午時 卒乾隆三年戊午七月廿七日酉時

考妣仝塋本鄉西巷田后酉卯庚甲

子六　壽　崑　川　利　哲　治

公昆第三八君居其季生平樸實守分治農經營拮据惟勤

惟儉家業頗稱日夜圖維起置田宅以爲子孫安居及老子
孫蕃衍繩繩繼起忠厚之報也

陟岵公字孫沖　即顏壽公隻子
生順治十七年庚子正月十八日午時
卒康熙四十七年戊子三月廿二戌時

娶杜氏
生康熙元年壬寅六月廿九日丑時
卒失

子四　開　登　回　延

忠慶公諱立字孫卓　即一心公長子
生康熙四年乙巳十二月十一亥時
卒乾隆十二年丁卯十月廿五酉時

娶黃氏號端德
生康熙十一年壬子十一月初七卯時
卒乾隆七年壬戌十月廿九日酉時

考妣合葬本鄉陳垵戌辰乾巽

子六　開　宗　仲　道　賽　七

艮慶公諱雙字孫揚　即一心公次子

生康熙十年辛亥十一月十二日午時

卒雍正十二年甲寅十一月初二日巳時

公

娶陳氏號勤慈

生康熙二十一年壬戌七月廿九日辰時

卒康熙五十六年丁酉二月十四日午時

考妣仝塋本鄉下彭嶺后壁崙艮坤寅申

子三　蘇　經　寅

德齋公諱昶又名孟俊字孫通　即存素公長子

生順治九年壬辰十月廿五日午時

卒康熙六十年辛丑八月初二辰時

公

娶潘氏

生順治十一年甲午正月十二日卯時

卒康熙卅七年戊寅七月廿四日酉時

考妣仝塋南安六七都吉火井垵崙丁癸未丑

子二　家　奮出嗣暹公

公少受祖庭訓仍從師肄業時藝諳曉性孝友寬厚接物當
存素公仙逝祖非百公未葬與叔擇地果得牛眠可謂孫道
之克盡矣又念雙親之窀穸未安復卜吉於本鄉中蓮崎尾
開築而合葬焉可謂子道之克盡矣身理家務俾弟得祥專
志肄業列于青衿長子成八孫枝毓秀次子稺年延師課督
又可謂父道兄道之兼盡矣今日修譜至此不能不舉數大
端爲吾羨也享壽七十

捷厚公諱暹又名奇俊字孫旭　即存素公三子

公　生康熙元年壬寅十月初六日辰時　卒康熙四十八年己丑二月十三未時

娶傅氏號純情　生康熙元年壬寅十一月初十寅時　卒雍正三年乙巳八月廿四日戌時

考妣合塟本鄉土名后山坐酉向卯兼庚甲

嗣子一　奮

公生平慷慨自持矜影無愧其所難者惟予息一道耳爾時家業饒裕兄弟和好乃將長兄次子爲後可見一本萬硃莫非忠厚傳家難兄難弟以至此美耳

弘俊公又號洪溥諱果字孫毅　即希文公長子

公　生順治十四年丁酉十月初二日戌時　卒康熙五十一年壬辰七月廿五申時

娶黃氏號順慈　生康熙元年壬寅五月廿六日卯時　卒雍正十一年癸丑九月廿九酉時

考妣仝葬仙邑溪邊園坐癸向丁兼丑未

子三　賡　廉　康　女二　又姑　葉姑

矜俊公又號仕進諱叟字孫青　即存誠公嗣子

公　生康熙十一年壬子正月初二日辰時　卒康熙五十年辛卯八月十九日未時

娶賴氏　生康熙十三年甲寅三月十八日酉時　卒　年　月　日　時

子四　應　庭　荐　庇

郡庠生實齋公諱得祥字孫仗官章曉　即石珍公嗣子

公　生順治十六年己亥十一月十六日辰時　卒　年　九月　日　時

娶黃氏號懿慈 生順治十八年辛丑七月廿一日亥時 卒　年八月廿一日　時

子二　纘　緝

公德性温和恂恂然無賢知先人意少年奮志力學研究經史時藝業師歲貢林雲和公異之果榮名泮水爲我族自伯祖濬一公文風始震嗣後接踵而續書燈列青衿者十餘人叔佳會公丁夘歲貢選任將至遽爾仙逝而文風至此一衰君其銳志奮勉竿頭再進以振家聲是則余之厚望也

孫琴公　即群公長子 生缺 卒　止

孫晉公　即群公次子 生缺 卒　止

意誠公諱肯字孫構　即允升公長子　生康熙三年甲辰五月十六日亥時　卒雍正十三年乙卯二月初一亥時

娶杜氏　生康熙十三年甲寅六月十九日卯時　卒雍正十二年甲寅三月十四日寅時

子三　彪　運　猛

孫格公諱奏　即允則公嗣子　生康熙十五年丙辰十月初八日卯時　卒乾隆三年戊午二月十三日戌時

娶杜氏號勤恬　生康熙廿二年癸亥十一月廿二日寅時　卒康熙五十三年甲午九月十八日申時

繼妣趙氏　生康熙廿五年丙寅四月十八日子時　卒雍正九年辛亥十二月廿三日午時

子四　思　珠　會　壬　俱杜氏出

澄公字孫度　即日郎公長子　生順治十一年甲午三月十三日丑時　卒康熙卅三年甲戌十月初七日戌時

娶潘氏　生卒缺

繼妣吳氏 生順治十八年辛丑六月初六日寅時 卒缺

子二 淡 壯

渫公字孫洌 即曰郎公次子 生康熙二年癸卯九月十七日寅時 卒康熙五十三年甲午二月十七寅時

娶黃氏 生康熙三年甲辰七月廿七日巳時 卒失

子二 雪 宇

瓏公字孫惼號存璣 即曰是公長子 生順治十八年辛丑十月初二卯時 卒失

娶黃氏 生康熙三年甲辰二月初五日子時 卒失

子一 方老

賀公字孫周 即曰垣公長子 生康熙四年乙巳七月初一日亥時 卒失

娶杜氏　生康熙七年戊申八月十二日卯時　卒失

子三　貢　琟　璉

博直公諱倡字孫舉　即日益公長子　生康熙二年癸卯九月初七日子時　卒雍正五年丁未四月廿四日巳時

娶黄氏號順慈　生康熙二十四年乙丑七月十一日卯時　卒康熙五十六年丁酉二月十九日午時

子三　執　本　育兼承至公

孫興公　即日益公次子　生康熙九年庚戌四月十七日申時　卒失

娶黄氏生卒俱缺

子一　儀

孫起公　即日益公三子　生康熙十二年癸丑六月初十日卯時　卒失

孫課公　卽日益公四子

生康熙十六年丁巳十二月廿七日酉時
卒失

孫聘公　即日益公五子

生康熙廿一年壬戌九月廿四日酉時
卒失

乘道公諱至　即日益公六子

生康熙廿五年丙寅二月十五日酉時
卒雍正元年癸卯六月廿四日巳時

兩嗣子一　喜

直慶公諱光　卽增豐公長子

生康熙十四年乙卯八月初五日卯時
卒乾隆十一年丙寅八月廿三日子時

娶陳氏號柔嘉

生失
卒康熙六十一年壬寅三月廿一日午時

子一　炎

振赫公諱顯　即增豐公次子

生康熙廿九年庚午十一月廿七日子時
卒乾隆卅三年戊子十二月十二日辰時

娶劉氏號勤儉

生康熙廿九年庚午十月初七巳時
卒雍正八年庚戌七月廿六日午時

子一　博

德興公諱佛漢　即增珣公長子　生康熙卅八年己卯十一月十五巳時　卒乾隆八年癸亥八月十九日酉時

娶黄氏　生康熙四十二年癸未十月初十日巳時　卒乾隆二十七年壬午七月初三日巳時

考妣與恒輪公及妣四位合葬火石後

子二　樞　暢

孫魁公　即增瓏公長子　生康熙四十二年癸未五月十五日酉時　卒缺止

東長房二派

維恭公諱仰　即應信公長子　生康熙廿四年乙丑四月初一日子時　卒乾隆十二年丁卯七月二十日申時

娶潘氏號守慎　生康熙廿八年己巳三月十八日午時　卒乾隆九年甲子十一月十一日辰時

考妣合塟在石交椅坐壬向丙兼亥巳

子一　良元

正春公諱占　即應信公次子　生康熙卅七年戊寅九月十九卯時　卒乾隆二年丁巳六月初二日未時

塟在磨石垵頭

子一　雙喜

宗仁公諱均又名聖　即維成公長子　生康熙四十三年甲申九月十三亥時　卒乾隆三十年乙酉六月十三日辰時

娶謝氏號勤慈　生失　卒乾隆廿四年己卯三月初五日寅時

子一　存已

宗體公　即維成公次子　生　年十月廿五日　時　卒失

娶黃氏　生失　卒　年二月初一日　時

子二　存立　存巧

後公　即維成公三子　生缺　卒　止

屋公　即維成公四子　生缺　卒　止

孫蘭公　即維賢公長子　生失　卒

孫貼公　即維麟公長子　生乾隆八年癸亥八月十七日申時　止　卒乾隆卅一年丙戌十月二十丑時

宗白公諱班　即維麟公次子　生乾隆十四年己巳十月十一申時　卒嘉慶七年壬戌十月初五日寅時

孫寮公　即維麟公三子　生乾隆十九年甲戌四月廿四日未時　卒乾隆五十二年丁未二月初五未時

孫設公　即維麟公四子　生缺　卒

娶　氏生卒鈌

子二　廣南　雲南

東長房三派

籌與公諱敬字孫久　即易齋公長子

公　生康熙四十四年乙酉六月十六日巳時　卒乾隆四十二年丁酉十二月十五卯時

娶黃氏號順慈　生康熙四十四年乙酉三月廿五巳時　卒嘉慶元年丙辰十一月初一日寅時

公葬本鄉竹脚乾巽亥巳

妣葬南安八都土名囷狗寨甲庚夘酉

子　春　趙出嗣　秋　越　女二適王陳

治賓公諱仲字孫厘　即易齋公次子

公

生康熙五十一年壬辰九月初一日未時
卒乾隆三十七年壬辰四月初七日卯時

娶林氏號勤謹

生雍正二年甲辰四月十九日寅時
卒乾隆五十一年丙午九月三十日寅時

子　趙嗣　改　補

克儉公諱恭　即素樸公子

生康熙四十四年乙酉閏四月廿一未時
卒乾隆廿七年壬午四月十九日戌時

娶黄氏

生康熙四十六年丁亥八月二十日寅時
卒乾隆三十七年壬辰六月初三日午時

子　尊　二　系

順齋公諱傳字孫言　即存成公子

生雍正元年癸卯正月十七日卯時
卒乾隆五十五年庚戌正月廿三戌時

娶潘氏號謹慈

生雍正十一年癸丑三月廿九日巳時
卒乾隆五十三年戊申八月廿四卯時

公葬山中嘮鯉乾巽戌辰
妣葬南安八都林口新埏崙巳亥巽乾
子　貓　判　做　撥
女二　長適黃　次適賴
孫樓公　即樹迭公子生卒失
娶　氏生卒失
子　請　湊
玉揚公諱築　即維慎公長子　生康熙六十年辛丑五月廿九日丑時　卒乾隆卅二年丁亥十一月十三辰時
娶黃氏號爰慈　生雍正十一年癸丑六月十五日未時　卒乾隆五十八年癸丑四月初九卯時

子　來助　市

生雍五五年丁未六月廿九日丑時
卒乾隆四十八年癸卯三月廿九巳時

密飛公諱鵬　即維慎公三子

娶賴氏號宣靜

生雍正十二年甲寅四月初十日巳時
卒嘉慶十六年辛未九月初五日卯時

子　麗　鵜　波　女二　長適潘　次適賴

鼎庸公諱崇字孫任　即維能公子

生雍正六年戊申八月廿三日卯時
卒嘉慶十一年丙寅十一月初一子時

娶賴氏號莊懿

生乾隆二年丁巳二月十九日戌時
卒乾隆四十三年戊戌三月十五日時

合葬本鄉南墩尾五子閣英附

子　潤　闇　闖　閹　閤

孫帝公　即維山公長子 生卒缺

娶　氏生卒缺

子都　怡　豹往臺灣　聚　瞶往臺　狐

相毅公諱宰字孫卿　即維山公次子　生雍正二年甲辰五月十五日亥時　卒乾隆四十九年甲辰二月廿日巳

娶潘氏　生雍正七年己酉七月廿八日巳時　卒乾隆四十九年甲辰二月初二日丑時

公塟山後埔厝后辛乙酉卯

妣塟母墳

子測　齊連　涉　撒　答　明月

女一適潘

義門公諱篇　即維山公四子　生乾隆三年戊午十月初六日辰時　卒乾隆廿七年壬午六月十二未時

娶賴氏號慍慈　生乾隆三年戊午正月十四日午時　卒嘉慶二十年乙亥三月十八巳時

子　隨

達慎公諱舉字孫用　即維雲公子　生乾隆元年丙辰二月十七日丑時　卒乾隆四十一年丙申五月廿五卯時

娶張氏改適

子　院　亭

孫千公　往臺　即維和公長子　生乾隆十八年癸酉九月廿八日戌時　卒

義仁公諱智字孫信　即維和公次子　生乾隆廿一年丙子六月廿五酉時　卒嘉慶二十年乙亥二月廿七丑時

娶黃氏改適

女一適杜

義華公諱螢字孫盤　即維齋公長子

公

生乾隆十七年壬申十一月初九日亥時

卒乾隆五十七年壬子十一月初七未時

娶黃氏號仁順

生乾隆廿七年壬午四月十六日卯時

卒嘉慶二十年乙亥三月十八日子時

子　箸　石（出嗣）　女一適黃

義亮公諱涼字孫遇　即維齋公次子

公

生乾隆廿五年庚辰六月初一日亥時

卒乾隆四十九年甲辰閏三月二十日未時

娶林氏改適

嗣子　石英

義心公諱愴字孫蔦（業儒）　即維齋公三子

公
娶潘氏號其言 生乾隆卌四年己丑九月十六日酉時 卒道光廿六年丙午正月初五日亥時
子　款　丹桂　皎月出 生乾隆卌六年辛卯十一月初八寅時 卒道光十二年壬辰二月廿九日巳時
女二　長適潘　次適杜

克有公諱江字孫渚　即維升公隻子 生康熙五十七年戊戌三月廿五日寅時 卒乾隆二十三年戊寅七月十四日午時
公
娶廖氏號素儉 生雍正八年庚戌四月初一日寅時 卒乾隆四十七年壬寅六月初五日午時
塟亭仔嶺路後庚甲申寅
子　巨　田　女一適尤

修身公諱所字孫有　即維花公隻子　生雍正十年壬子三月初八日申時　卒乾隆四十七年壬寅四月初三辰

娶尤氏　生乾隆六年辛酉十月廿三日辰時　卒乾隆六十年乙卯九月廿八巳時

子　興　來　掌　献(養)　女二　適杜　適賴

修高公諱爾字孫燕　即存意公長子　生乾隆八年癸亥六月初四日辰時　在汶來不歸

娶潘氏號完慈　生乾隆九年甲子三月廿七日辰時　卒嘉慶十四年己巳七月初四子時

妣與次子合塟西庵樹脚下邊田後戌辰乾巽

子　苟　巢　殺　寬(殤)　女一　適潘

修嬰公諱簪字孫誦　即存意公次子　生乾隆十一年丙寅十一月廿七日未時　卒乾隆六十年乙卯五月十七日卯時

公

娶侯氏　生乾隆廿四年己卯二月十五日酉時　卒失

子　分來養

修文公諱學字孫毅　即存意公三子　生乾隆廿二年丁卯七月十六寅時　卒失

娶侯氏號言慈　生乾隆廿四年己卯正月十二日酉時　卒乾隆五十九年甲寅十二月初七卯時

子　看　魁　女一

仲修公諱管　即厚樸公長子　生乾隆七年壬戌九月初六日卯時　卒乾隆四十四年己亥七月初九巳時

嗣子　招客養

仲流公諱水字孫洪　即厚樸公次子　生乾隆廿一年丙子正月初五子時　卒嘉慶十五年庚午五月廿一卯時

娶林氏號采慈　生乾隆卅四年己丑正月初二日　卒嘉慶九年甲子四月初七日辰時　止

莊加公諱交字孫鳥　即純超公長子　生失　往汶萊卒年六月十七日

娶黄氏號勤慈　生乾隆十三年戊辰　卒乾隆四十九年甲辰二月廿七日午時

子　整　蠻　跳嗣　女二　長適傅　次適黄

醉童公諱翁字孫波　即純超公次子　生乾隆五年庚申十二月廿五日未時　卒嘉慶十六年辛未七月廿四日丑時

公

娶盧氏號純儉　生乾隆十六年辛未十一月初十日丑時　卒乾隆五十三年戊申九月廿五日未時

女一

莊緜公諱柳字孫細　即純超公三子　生乾隆九年甲子四月初五日辰時　卒嘉慶二十年乙亥十一月初十日辰時

公

娶曾氏號恬貞　生乾隆二十年乙亥六月初四日寅時　卒嘉慶十八年癸酉七月初七日子時

子　纂　跳來（出嗣）　棕　女一適黃

孫只公　即純超公四子　生乾隆十二年丁卯三月初一日巳時　在臺灣歿

孫極公　即純超公五子　生乾隆廿一年丙子閏九月初三日酉時　在臺歿

東二房長派

光輝公諱白　即箭誠公嗣子　生康熙四十五年丙戌正月初九日卯時　卒乾隆五十一年丙午閏七月廿二未時

娶曾氏號懿慈　生康熙四十八年己丑十一月廿五午時　卒雍正五年丁未七月十一日寅時

繼娶黃氏號素靜　生康熙五十二年癸巳閏五月初四日寅時　卒乾隆五十一年丙午閏七月十四日未時

子　悻　懷　榛

昭明公諱清　即斯高公長子　生康熙卅九年庚辰四月初一日卯時　卒乾隆卅二年丁亥十二月廿五戌時

娶黃氏號恬淑　生康熙四十四年乙酉三月初五日午時　卒乾隆卅二年丁亥十二月二十日未時

合塟本鄉雁塔宮口壬丙兼子午

子鶴　閣　森

厚樸公諱壹　即寬樸公長子　生康熙廿九年庚午六月十一日酉時　卒雍正十二年甲寅十月十六日酉時

娶黃氏號順慈　生康熙卅七年戊寅八月初九日寅時　卒乾隆卅九年甲午四月初三日卯時

公塟本鄉山尾宮埧后壬丙亥巳四男爵英附塟妣附塟母

墳

子達　近　兜　爵

中孚公諱信　即寬樸公次子　生康熙卅二年癸酉五月初十日寅時　卒乾隆卅九年甲午七月初七日巳時

娶黃氏號勤順　生康熙四十年辛巳六月廿五酉時　卒乾隆十年乙丑四月初一日巳時

繼娶尤氏號素勤　生康熙四十二年癸未五月廿八日　時　卒乾隆四十二年丁酉四月廿八日卯時

子　義　所

文章公諱華　即尚樸公長子　生康熙五十一年壬辰十二月三十日酉時　卒

娶黃氏號令閨　生雍正二年甲辰九月廿三日酉時　卒乾隆十三年戊辰六月初六未時

繼娶盧氏號儉忍　生康熙六十年辛丑十月廿五日卯時　卒乾隆四十九年甲辰十月初七辰時

子　然

孫造公　即尚樸公次子　生　卒　缺

斯城公諱竹　即尚樸公三子　生康熙五十八年己亥三月二十日亥時　卒乾隆十六年辛未六月十六日亥時

嗣子　偉

明論公諱講　即澤樸公子　生雍正七年己酉九月初十日子時　卒乾隆五十一年丙午七月初八日寅時

娶潘氏號純儉　生雍正十一年癸丑五月十一日午時　卒乾隆六十年乙卯九月初九日亥時

公葬本鄉新書房脚磨石坵田后

子　艮

孫流公　即順候公長子　生卒缺　止

孫聚公　即順候公次子　生卒缺　止

以忠公諱貫　即順德公長子　生康熙四十四年乙酉八月廿六日酉時　卒乾隆二十六年辛巳十月廿四日午時

娶林氏號順慈　生康熙四十五年丙戌四月初十辰時　卒乾隆十八年癸酉七月初八日巳時

公塟本鄉土地口癸丁予午

妣塟吳坑后大石盤中崙戌辰乾巽

子　馳　生康熙四十九年庚寅十二月廿七月　時　卒乾隆十八年癸酉五月初八日寅時

孫萬公　即順德公次子

附塟父母墳

榮泰公諱盛　即德樸公長子　生康熙五十六年丁酉八月二十日巳時　卒乾隆四十四年己亥十一月十八辰時

娶黃氏號念慈　生雍正九年辛亥十一月十三日午時　卒嘉慶二十年乙亥三月初五日辰時

合塟祠堂橋頭樹林尾庚甲申寅

子　董民歆程
生康熙六十年辛丑四月三十日巳時
卒乾隆四十二年丁酉七月十一未時

孫倖公　即德樸公次子

娶　氏
生雍正五年丁未四月二十日　時
卒乾隆　六月廿五日巳時

繼娶　氏
生雍正十二年甲寅四月十七日辰時
卒乾隆卅五年庚寅三月二十日寅時

合葬本鄉下西姑石圓脚

子　儉

有羨公　諱咸　即群樸公長子
生雍正二年甲辰八月初十日午時
卒乾隆四十二年丁酉五月十七午時

娶尤氏號勤慎
生雍正九年辛亥六月廿九日午時
卒乾隆十七年壬申四月廿七午時

繼娶潘氏號勤懿
生雍正十三年乙卯六月初九日　時
卒乾隆四十二年丁酉六月廿三未時

子　邊　　生雍正十年壬子五月十一日辰時

平實公諱情　即群樸公次子　　卒乾隆四十二年丁酉四月初七卯時

娶江氏名安娘號順恬　　生雍正十二年甲寅正月十八日　時

葬本鄉山脚下未丑丁癸　　卒乾隆五十二年丁未七月十八寅時

子　班　亨

誠彰公諱佳　即群樸公三子　　生乾隆三年戊午七月十一日辰時

卒乾隆卅八年癸巳正月初十戌時

娶謝氏號宜靜　　生乾隆九年甲子九月廿四日子時

卒乾隆四十二年丁酉七月廿八未時

合葬本鄉新圳厝後辛乙戌辰長子連英附葬

子　連　票

績艮公諱株　即積樸公子

生雍正九年辛亥八月十二日戌時

卒乾隆四十三年戊戌九月廿三酉時

附葬父母墳

敦雅公諱送來　即純仁公嗣子

生康熙四十四年乙酉五月初七日丑時

卒乾隆卅一年丙戌十二月初五日未時

娶黃氏

生康熙四十四年乙酉十月二十子時

卒乾隆十三年戊辰六月廿七日巳時

繼娶鄭氏號勤敏

生康熙四十九年庚寅四月十二日巳時

卒乾隆三十五年庚寅八月初五日酉時

公附葬父母墳

黃媽葬村前洋乾巽亥巳

鄭媽葬楊厝尾庚甲

子堅　琛　德　助　芳俱黃氏出

古梅公諱懤　即得秋公長子　生康熙五十九年庚子十二月廿三申時　卒乾隆四十九年甲辰八月十八日酉時

娶謝氏號貞順　生乾隆五年庚申八月二十日酉時　卒乾隆卅八年癸巳四月初二申時

仝塟本鄉珛峰宫口土名印仔壬丙子午

子　抱　却　的

孫衆公　即得秋公次子　生卒缺

賢厚公諱鼎　即誠一公長子　生雍正元年癸卯十月十八日卯時　卒乾隆卅二年丁亥閏七月廿六未時

娶賴氏號勤儉　生雍正三年乙巳七月廿三日子時　卒乾隆四十六年辛丑四月初十未時

仝塟本鄉土名尾窨田后辛乙戌辰

子　潳　聘　拱

國學生球亭公諱胖　即誠一公次子　生雍正八年庚戌九月初五日辰時　卒嘉慶十六年辛未三月初十申時

娶賴氏號順靜　生雍正十三年乙卯十月十四日辰時　卒嘉慶十三年戊辰四月十四日午時

合葬本鄉土名塗洋后巽乾辰戌

子　長失諱　次述

詒謀公諱孫　即誠一公三子　生雍正十一年癸丑五月十五日丑時　卒乾隆卅七年壬辰八月十九日巳時

娶賴氏號端嚴　生乾隆二年丁巳十一月初七日午時　卒乾隆五十二年丁未十一月十八午時

子　芬　濬　卿　洒

卓群公諱接　即誠一公四子　生乾隆三年戊午二月十一日卯時　卒乾隆廿六年辛巳正月初三酉時

孫埒公　即誠一公五子

和德公諱條　即尚毅公長子　生乾隆五年庚申八月十四日戌時
卒嘉慶三年戊午八月廿一日卯時
娶李氏號慈淑　生乾隆十二年丁卯九月十四日戌時
卒嘉慶十三年戊辰十一月廿七丑時
子　走　陣出繼仁美

仁美公諱理　即尚毅公次子　生乾隆八年癸亥三月十三日　時
卒乾隆四十九年甲辰二月十九卯時
嗣子　陣

以澤公諱蒲　即三德公長子　生雍正元年癸卯十月初九日子時
卒乾隆四十二年丁酉三月十一亥時
娶　氏
子　舉

之綱公諱紀　即三德公次子　生雍正七年己酉十月十九日巳時
卒乾隆五十年乙巳七月十一辰時

娶李氏號恬慈　生乾隆三年戊午二月初八日酉時
卒乾隆五十六年辛亥二月十四亥時

子　炳　頭　快　下

孫儼公　即陽高公長子　生卒缺

孫晏公　即陽高公次子　生卒缺

孫長公　即懋坤公長子　生卒缺

孫朱公　即懋坤公次子　生卒缺

孫曆公　即懋善公子　生卒失

五履派

孫荔公　即質樸公長子　生康熙廿四年乙丑六月初十日巳時
卒失

娶　氏生卒失

子　與　生

恪茂公諱蒂　即質樸公次子　生康熙廿六年丁卯七月初四日午時　卒乾隆廿五年庚辰正月廿八日子時

娶黃氏號恒德　生康熙卅四年乙亥九月十一日寅時　卒乾隆卅一年丙戌四月十二日酉時

仝葬本鄉下尾坐東向西

子　北　獅　象

孫賓公　即質樸公三子　生康熙卅四年乙亥十月廿九日卯時　卒失

娶　氏

子　臨　果來

孫嶷公　即懋遜公長子　生康熙廿六年丁卯十二月廿四日丑時　卒失

娶黃氏　生康熙卅二年癸酉十一月初十日寅時　卒失

孫葛公　即懋遜公次子　生康熙卅五年丙子六月初六日丑時　卒缺

嗣子　三英

盈坦公諱洋　即貞德公長子　生康熙卅七年戊寅十一月十一日酉時　卒乾隆十一年丙寅閏三月廿五日戌時

娶黃氏號慎勤　生康熙卅八年己卯七月初五申時　卒乾隆八年癸亥六月十八日未時

子　純　儉　三出嗣　麟出嗣

恩坦公諱澤　即貞德公次子　生康熙四十四年乙酉七月廿六亥時　卒乾隆十年乙丑三月廿一日辰時

娶蘇氏號貞德　生康熙五十六年丁酉九月廿四日子時　卒乾隆五十年乙巳三月初八日戌時

嗣子　麟

孫壽公　即貞德公三子
生康熙四十七年戊子四月廿六日亥時
卒乾隆十五年庚午六月初一日未時

娶吳氏
生康熙五十二年癸巳二月初二日子時
卒乾隆十三年戊辰十一月初六申時

孫冀公　即懋静公長子
生康熙廿九年庚午十一月初四日巳時
卒

孫煜公　即懋静公次子
生康熙三十八年己卯八月十七日辰時

孫茅公　即厚樸公長子

受垣公諱保　即厚樸公次子
生康熙六十一年壬寅七月十五日酉時
卒　五月初五日

娶黄氏招娘號儉慈
生雍正六年戊申四月廿三日未時
卒　五月初四日

附葬父母墳

以禮公諱齊　即厚樸公三子

生雍正四年丙午四月初八日寅時
卒乾隆五十年乙巳閏七月初十申時

娶林氏號慎慈

生雍正九年辛亥四月三十日寅時
卒乾隆十七年壬申五月廿四日時

篤山公諱泰字孫輔　即厚樸公四子

生雍正七年己酉十月廿九日巳時
卒嘉慶二十年乙亥七月初六申時

娶戴氏號孝慈

生雍正十一年癸丑八月初七日戌時
卒嘉慶十二年丁卯九月廿六日子時

葬本鄉飼牛山苦池后乙辛

子　梅　景　星　辰　樹

孫裏公　即顯樸公子

娶　氏

子　漢

雲致公諱從字孫龍　即雲樸公子　生康熙五十二年癸巳四月十二日　時　卒乾隆卅九年甲午十一月初五日　時

娶黃氏改適

子　簡

冬金公　即素樸公子　生乾隆三年戊午十二月　卒

娶林氏生卒失

繼娶黃氏生卒失止

早升公諱東　即孟樸公長子　生雍正九年辛亥正月二十日卯時　卒乾隆十三年戊辰九月廿九酉時

娶黃氏改適

嗣子　振成

恒升公諱壯　即孟樸公次子
生雍正十一年癸丑十一月初九日巳時
卒乾隆五十六年辛亥九月十九日未時

娶蘇氏大娘號勤慈
生乾隆二年丁巳五月十七日辰時
卒乾隆五十三年戊申正月初一日未時

子　團練　文炙　文燔

允升公諱[illegible]　即孟樸公三子
生乾隆三年戊午五月十二日午時
卒嘉慶十三年戊辰八月廿六日未時

娶賴氏號恭懿
生乾隆六年辛酉十二月初八日戌時
卒嘉慶廿二年丁丑三月十四日巳時

塟無壠垵大石脚

子　文煨　文燁　文炌　文熂

碩漢公諱滔字孫江　即慎樸公長子
生乾隆二年丁巳七月初十日巳時
卒乾隆六十年乙卯八月二十日未時

娶黃氏號安分
生乾隆二年丁巳四月十六日午時
卒乾隆四十二年丁酉正月初三寅時

子三　均失諱無稽

碩意公諱踏　即慎樸公次子

生乾隆十一年丙寅二月十四日戌時
卒乾隆五十三年戊申九月廿三巳時

娶黃氏號勤懿

生乾隆十三年戊辰閏七月二十日亥時
卒嘉慶四年己未八月十八日寅時

合葬石牌壬丙子午

子　塾保　墘　闡出嗣　壔　放

女二　長適黃　次適潘

碩膚公諱色　即慎樸公三子

生乾隆十九年甲戌三月初六日酉時
卒乾隆四十九年甲辰九月初十亥時

嗣子　闡

碩福公諱晉字孫　即慎樸公四子

生乾隆廿二年丁丑七月初八日巳時
卒嘉慶十四年己巳七月初七日未時

娶邱氏號勤淑
生乾隆卅二年丁亥十一月廿五日巳時
卒乾隆五十九年甲寅正月廿八日酉時

繼娶潘氏生卒缺

子 鵲 扶 居

禹懐公諱績 即元玉公長子
生康熙卅四年乙亥七月初六子時
卒乾隆四年己未二月初七日辰時

娶黃氏號柔慈
生康熙四十六年丁亥
卒雍正五年丁未三月廿一日

繼娶杜氏
生康熙四十五年丙戌二月廿八日寅時
卒乾隆五十三年戊申三月十二日巳時

公與杜氏合塟林香脚

黃氏塟杉林垵厝后

子 取 走 廿九

聽懷公諱勝　即元玉公次子　生康熙卅九年庚辰八月十四日亥時　卒乾隆十八年癸酉五月十一日午時

娶　氏　生康熙五十年辛卯五月廿一日申時　卒乾隆十八年癸酉五月二十日未時

顏懷公諱賜　即弦置公長子　生卒失

娶　氏

子　錐

齊懷公　即弦置公次子　生卒失

娶　氏　生卒失

子　存本　存心　存厚　存德　存成

祥懷公　即弦置公三子　生卒失

娶黄氏
生康熙六十一年壬寅十一月廿七寅時
卒乾隆四十九年甲辰四月初九日未時

子　祜　丙　面　內

考世公　即懋勸公長子

東二房二

烝氣公諱芋　即樸馨公長子
生康熙三十年辛未八月初九日丑時
卒乾隆十九年甲戌正月十五日丑時

娶潘氏選娘
生康熙四十一年壬午十一月初九未時
卒康熙六十年辛丑三月初八日午時

繼娶陳氏㕕娘
生康熙卅六年丁丑二月十六日
卒雍正四年丙午九月初十日戌時

三娶尤氏成娘號柔順
生康熙四十六年丁亥十一月初五日酉時
卒乾隆四十五年庚子十一月十五日未時

子　殷　泰　時　老

毓鳳公　即樸馨公次子

生康熙卅七年戊寅八月二十日亥時

卒失

孫雍公　即福齋公子　生卒失

生康熙卅一年壬申十一月廿五日亥時

卒乾隆廿六年辛巳十一月十八日卯時

循齋公諱復　即樾基公長子

生康熙四十二年癸未六月十二日未時

卒乾隆二十年乙亥七月廿五日子時

娶　氏

子　脫英

孫烈公　即樾基公次子

生康熙卅七年戊寅九月初七日巳時

卒失

箸正公　未詳何公子查係此派兼有後裔姑就此錄之

生康熙四十一年壬午七月初八日巳時

卒乾隆四十一年丙申八月十八日　時

公

生康熙五十一年壬辰十月初五日　時

娶黃氏號慈息

卒　二月初五日丑時

塋本鄉祠山後

子　表

孫念公　即素錦公長子

生康熙卅八年己卯十月十八日巳時
卒

孫姐公　即素錦公次子　生
卒

孫義公　即素錦公三子

淡齋公諱丁　即文誠公長子

生康熙卅六年丁丑六月十四日辰時
卒乾隆卅七年壬辰五月十五日辰時

娶黃氏號慎業

生康熙卅七年戊寅七月廿三日未時
卒乾隆四十七年壬寅三月廿四辰時

子　适　達

善誘公諱曾　即文誠公次子

生康熙卅八年己卯六月十八日未時
卒乾隆十八年癸酉四月十二日寅時

娶黃氏號勤信

生康熙四十六年丁亥八月十五日辰時
卒乾隆五十五年庚戌七月廿五日午時

子　罘　夜

齊飛公諱霞　即文誠公三子

生康熙四十四年乙酉九月初四日亥時
卒乾隆二十九年甲申二月初五日寅時

娶吳氏號慚慈

生康熙五十三年甲午
卒乾隆四年己未四月初二日未時

塟本厝杜生脚萊園后與焘治仝塟

懷德公諱完　即文誠公四子

生康熙五十一年壬辰九月初三日戌時
卒乾隆卅七年壬辰九月十一日申時

娶杜氏寶娘

生康熙五十四年乙未十月廿二日酉時
卒乾隆五十四年己酉九月十二日申時

子　諒　詩　三

堅執公諱變　即文誠公五子

生康熙五十四年乙未八月廿七戌時
卒乾隆十四年己巳七月十七日未時

娶黃氏號素範　生康熙五十六年丁酉正月十六戌時　卒乾隆卅七年壬辰八月廿四日巳時

子　西　迎　璉

孫思公　即順軒公嗣長子　往臺灣不歸

生康熙五十五年丙申七月廿七日子時

卒乾隆五十四年己酉八月十五日卯時

敬意公諱厚　即順軒公次子

生康熙五十八年己亥正月十七日戌時

卒乾隆六十年乙卯十一月二十日戌時

娶黃氏號賞錫

子　桂　花　坎　朶　六

寬洪公諱重　即順軒公三子

生康熙五十八年己亥十一月十五寅時

卒乾隆五十三年戊申五月十五日子時

娶黃氏號密德

生雍正六年戊申十月廿九日卯時

卒乾隆三十年乙酉三月廿六午時

子　拱　節

孫愿公　即天爲公子

生康熙三十年辛未十月初五日寅時

卒

孫琳公　即天注公長子

生康熙卅七年戊寅五月十七日巳時

卒

敦素公諱環　即天注公次子

生康熙四十五年丙戌三月廿三申時

卒雍正十三年乙卯六月廿八日辰時

娶黃氏仰娘號栢節

生康熙五十二年癸巳五月廿二巳時

卒乾隆廿四年己丑正月廿二日巳時

公塟粽葉林妣與媳婦合塟本鄉埔頭崙辛乙酉卯

子　沛

喜德公諱脫　即雅惠公長子

生康熙四十五年丙戌九月廿五日巳時

卒乾隆三十六年辛卯十月初四日戌時

娶汪氏

生康熙四十四年乙酉三月廿三日未時

卒乾隆三十五年庚寅五月廿四日子時

塟嘉里埧坐南向北

子　挺　哲　遊　國

守政公諱賜　即雅惠公次子

生康熙四十九年庚寅二月廿三日寅時
卒乾隆三十四年己丑五月廿三日申時

娶劉氏號淑慈

生康熙五十三年甲午六月十八日辰時
卒乾隆五十一年丙午正月廿七日亥時

子　探　箒　貢　都　月

文亭公諱滕　即雅惠公三子

生康熙五十六年丁酉四月廿六日未時
卒乾隆五十三年戊申五月廿八日未時

娶黃氏號賞信

生康熙五十六年丁酉七月廿六日酉時
卒乾隆五十五年庚戌十一月十六寅時

子　亢　元　凡

志回公諱朦　即雅惠公四子

生康熙六十一年壬寅正月十一辰時
卒乾隆十八年癸酉六月十三日申時

娶　氏

埜本鄉謝厝田后

子　天與

克明公諱俊　即順樸公子

生康熙四十年辛巳五月廿六日申時

卒乾隆四十三年戊戌閏六月十九丑時

娶廖氏號勤慈

生康熙四十七年戊子十一月初四申時

卒乾隆四十六年辛丑五月廿二日寅時

仝埜本鄉土名下彩漈辛乙酉夘

子　南　讀

鄉望公諱緜字孫遠　即道齋公長子

公

生康熙　　五月十九日酉時

卒乾隆四十六年辛丑六月十七日未時

娶黃氏

生康熙　　八月初十日寅時

卒乾隆四十三年戊戌八月十六日酉時

合葬本鄉柏樹墘土名狗肚

子　孔明

成欽公諱緒字孫滔　即道齋公次子

生康熙五十九年庚子十一月廿[illegible]日戌時
卒乾隆四十五年庚子十一月二十日亥時

公

娶尤氏號順儉

生康熙五十八年己亥十二月初八辰時
卒乾隆五十三年戊申六月十二日午時

合葬本鄉牛路

子　旺

榮顯公諱富字孫華　即德齋公子

生康熙三十三年甲戌二月十三日巳時
卒乾隆卅六年辛卯十一月初四日子時

公

娶趙氏號孝勤
生康熙四十一年壬午十月初一日丑時
卒乾隆四十二年丁酉十一月初七日寅時
仝塟本鄉土名雲壠寨脚丑未艮坤
子　來　橋　但　馬　祈　天助

鄉譽公諱慥　即愧如公長子
生康熙卅二年癸酉三月十五日戌時
卒乾隆十年乙丑四月廿六日巳時
娶杜氏號順慈
生康熙卅七年戊寅五月初五日午時
卒乾隆卅六年辛卯十月十七日亥時
子　屆世　元椿　元檜　元宅

義善公諱悅　即愧如公次子
生康熙卅四年乙亥九月初八日　時
卒乾隆十五年庚午九月廿九日酉時

鄉存公諱慨　即愧如公三子
生康熙卅七年戊寅九月十九日酉時
卒乾隆廿三年戊寅七月十四日酉時
娶潘氏號榮素
生康熙四十四年乙酉二月初六日丑時
卒乾隆卅五年庚寅三月初八日亥時

楚本鄉雲壠壬丙子午

子　錐　鈎　餅　贈

生康熙四十年辛巳十月廿三日巳時
卒

鄉倫公諱愜　即愧如公四子

生康熙五十年辛卯十一月二十日辰時
卒乾隆四十三年戊戌五月十八日午時

鄉義公諱恒　即愧如公五子

娶黃氏

生雍正元年癸卯二月廿一日戌時
卒乾隆五十年乙巳二月初八午時

子　軒　詿　轉　軫

貢惠公諱搗　即和直公長子

生康熙二十九年庚辰十一月初四日酉時
卒乾隆五十三年戊申十一月廿七日未時

娶黃氏號順儉

生康熙　九月十九日酉時
卒乾隆　十一月十九日丑時

子　寮　滙　告塔

艮平公諱三　即和直公次子
娶賴氏號素志
子　點
感生公諱木　即和直公三子
附塟和直公墳
隱曜公諱日　即和直公四子
娶吳氏號寬慎
子　勅　雅　路
寧度公諱仕權　即福齋公子

[illegible]
卒乾隆四十二年丁酉正月廿八日巳時
生康熙四十九年庚寅七月二十日
卒乾隆十一年丙寅五月二十日
生康熙四十六年丁亥六月廿五日辰時
卒乾隆　　正月初一日辰時
生康熙五十三年甲午九月初二辰時
卒乾隆廿一年丙子六月初七日申時
生康熙六十一年壬寅正月初二日亥時
卒嘉慶九年甲子四月十六日午時
生康熙五十年辛卯十一月廿三日午時
卒乾隆四十六年辛丑三月廿八月午時

娶潘氏號專志
生康熙五十二年癸巳十二月十七巳時
卒乾隆二十三年戊寅六月十六日辰時

繼娶邱氏號專静
生康熙五十五年丙申十一月初三酉時
卒乾隆四十六年辛丑九月廿九日未時

子　祐　治　辰平

征巖公諱衍　即執義公長子
生康熙卅二年癸酉十二月十一戌時
卒乾隆廿九年甲申二月初六日亥時

娶王氏號勤德
生康熙四十二年癸未四月廿四巳時
卒乾隆卅七年壬辰十月三十日午時

子　蘭　莉出嗣

平回公　即執義公三子
生康熙四十二年癸未正月十七酉時
卒雍正十二年甲寅七月初十日寅時

葬本鄉土名交椅背

嗣子　莉

孫丑公　即執義公四子

孫部公　即執義公五子

孫征公　即順普公長子

娶　氏

子　邑

正秉公諱沐　即順普公次子

生康熙卅九年庚辰二月十七日戌時

卒乾隆廿九年甲申二月初八日申時

娶黃氏號順德

生康熙四十年辛巳十一月廿九亥時

卒乾隆廿七年壬午七月廿七日未時

子　恭

勤勵公諱麟　即明德公子

生康熙五十六年丁酉二月十七日午時

卒乾隆四十七年壬寅六月三十日申時

娶楊氏　生雍正七年己酉三月十三日巳時　卒嘉慶十九年甲戌九月十五戌時

合塟仙邑孝仁里猴擸山嶺內丙丙壬巳亥外丙壬子午

子　祖榮　宗　焱　輝

樸素公諱苞　即碩齋公長子　生康熙四十一年壬午十月十三午時　卒乾隆卅三年戊子六月廿六日未時

娶黃氏號昭德　生康熙四十九年庚寅六月廿五酉時　卒乾隆卅五年庚寅二月十三日未時

子　文貌　文報　文曲

一枝公諱葉　即碩齋公次子　生康熙五十六年丁酉十二月廿三寅時　卒乾隆六十年乙卯十二月十四日未時

娶潘氏號厚德　生康熙五十六年丁酉五月初八日未時　卒乾隆五十八年癸丑六月初六日亥時

子　謀　謨　讓

志縉公　即碩齋公三子
娶黃氏號念德
子　誠德　英生
皆天公諱賢　即率齋公長子
娶王氏
子　聰明
伯周公諱宰　即率齋公次子
娶黃氏號愧德
子　有

生康熙六十一年壬寅三月初八日卯時
卒乾隆五年庚申八月十五日午時
生康熙五十九年庚子五月廿五日巳時
卒乾隆四十三年戊戌九月初七日子時
生康熙五十五年丙申五月初七日卯時
卒乾隆二十九年甲申三月廿六日午時
生雍正二年甲辰十一月十四卯時
卒乾隆四十二年丁酉正月十一戌時
生康熙六十一年壬寅十一月廿八亥時
卒乾隆卅二年丁亥十二月初九日卯時
生雍正十一年癸丑十二月廿三日
卒乾隆　十二月初九日

寄命公諱託　即宰齋公三子

生雍正十年壬子四月初四日　時

卒乾隆四十六年辛丑十一月初四辰時

娶吳氏號孝順

生乾隆十三年戊辰五月初五日亥時

卒乾隆五十三年戊申七月初四卯時

子　發

東三房派

孫制公諱禮　即樕朱公子

生康熙卅三年甲戌八月十二日申時

卒失

積善公　諱越　即素濵公長子

生雍正二年甲辰四月廿二日寅時

卒乾隆五十四年己酉四月廿四戌時

娶吳氏號儉慈

生雍正元年癸卯四月廿三日丑時

卒乾隆卅六年辛卯八月廿九辰時

公塟仙邑龍門坑過坑路邊池仔后甲庚

妣塟克食橋內石頭邊

子　紂

孫聽公　即吉實公長子　生卒失

大聲公諱唱　即吉實公次子

生乾隆十年乙丑二月十一日戌時
卒嘉慶元年丙辰三月初四日未時

榮和公諱自來字孫請　即一經公子

公

生乾隆廿七年壬午閏五月廿一日丑時
卒乾隆五十三年戊申正月十一日酉時

孫通公　即質慎公長子　往臺灣

安靜公諱心字孫耳　即質慎公次子

生乾隆六年辛酉三月初二日寅時
卒乾隆六十年乙卯三月廿七巳時

娶黃氏號素恬

生乾隆十三年戊辰十二月初一日亥時
卒乾隆四十六年辛丑九月廿九日寅時

子　得意　彩鳳　女一適黃

文質公諱鵜字孫庭　即質愼公三子

生乾隆十五年庚午二月廿五寅時
卒嘉慶十年乙丑六月廿六日寅時

娶梁氏號貞順

生乾隆三十年乙酉七月二十日午時
卒道光十二年壬辰十二月十九卯時

子　有道　有朋　有志

質玉公諱真字孫金　即質愼公四子

生乾隆十八年癸酉十二月初五酉時
卒嘉慶廿三年戊寅五月十七日巳時

公

娶黃氏號肅恬

生乾隆卅五年庚寅十二月初八日戌時
卒嘉慶廿一年丙子　月　日　時

明連公諱聚字孫斗　即質愼公五子

生乾隆廿三年戊寅七月廿八日寅時
卒嘉慶十九年甲戌二月廿五日卯時

公

娶朱氏生卒失

誠德公諱波字孫濤　即賀誠公長子　生乾隆三年戊午四月十四日寅時
卒嘉慶廿一年丙子九月初二戌時

娶黃氏號懿慈　生乾隆十二年丁卯八月十二日巳時
卒嘉慶十一年壬申正月初二日戌時

安樹公諱出字孫入　即賀慶公子　生乾隆十五年庚午六月廿四日寅時
卒乾隆五十三年戊申三月十三午時

娶黃氏號如恬　生乾隆三十年乙酉　月
卒乾隆五十三年戊申五月廿六酉時

子　照來

有童公諱粲　即家德公長子　生乾隆十五年庚午六月十九日未時
卒乾隆卅五年庚寅十一月三十酉時

多吉公諱藹字孫八　即家德次子　生乾隆十九年甲戌正月初十日戌時
卒嘉慶十二年丁卯八月初三日辰時

娶潘氏號靜慈　生乾隆廿六年辛巳十二月廿一午時
卒嘉慶十六年辛未二月廿八日　時

子　紹　祿　慶　寵　歲

日裕公諱柔字孫有　即家德公三子　生乾隆廿三年戊寅七月十三寅時　卒道光十九年己亥十月初二丑時

娶王氏號順靜　生乾隆廿四年己卯八月廿三日戌時　卒道光十六年丙申五月二十日午時

孫冉公　即家德公四子　生卒失

秉直公諱澤蘭　即家德公五子　生乾隆卅四年己丑六月初四酉時　卒嘉慶三年戊午六月初三日辰時

孫沐公　即其升公長子　生卒鈌

孫潭公　即其升公次子　生卒鈌

孫郭公　即其升公三子　生卒鈌

東四房

孫卞公　即德邦公長子　生雍正八年庚戌七月二十日巳時　卒乾隆十九年甲戌十一月十七酉時

克家公諱國　即德邦公次子
生乾隆二年丁巳九月廿二日丑時
卒乾隆廿四年己卯二月十八酉時

娶　氏

子　邑　攜隨母去

盛德公諱周　即德邦公三子
生乾隆七年壬戌四月廿四日未時
卒嘉慶五年庚申十月十一日子時

娶黄氏號素勤
生乾隆十一年丙寅九月廿四日辰時
卒乾隆四十二年丁酉十二月廿八寅時

子　成　吟

西房派

孫摘公　即進賢公子生卒缺

宗立公諱南　即字典公長子
生乾隆十一年丙寅九月十七日辰時
卒乾隆五十年乙巳九月廿一日午時

娶謝氏
生乾隆廿六年辛巳九月廿一日午時
卒　十二月二十日

合葬吳新厝杏仁崙丑未艮坤

子　望穡　足

美德公諱棗字孫紅　郎字典公次子
生乾隆十三年戊辰四月初九日酉時
卒道光三十年庚戌八月十九日酉時

公

娶許氏寅娘號勤懿
生乾隆四十九年甲辰六月十七寅時
卒咸豐二年壬子六月初七日酉時

子　潤　有　天元

卷叁終

国家出版基金项目
NATIONAL PUBLICATION FOUNDATION

海上絲綢之路文獻集成

總主編　陳支平　陳春聲

民間譜牒編 56

主編　林楓

海峽出版發行集團
THE STRAITS PUBLISHING & DISTRIBUTING GROUP
福建人民出版社

本册目次

［福建晋江］重修虹山彭氏族谱二十二卷首一卷（世纪卷四至世纪卷七）

彭季榮等纂修

重修虹山彭氏族譜世紀卷四

東長房長華琇派

廿八世 為字行

爲守公　即齊公長子
生康熙廿八年己巳六月十三日酉時
卒雍正八年庚戌五月初八日辰時

敦樸公諱孝　即齊公次子
生康熙卅一年壬申年十二月初六日未時
卒乾隆二十一年丙子九月十二日　時

娶　氏號順德
生失
卒　年六月初八日　時

子一　蔭

存謹公諱悌　即齊公三子
生康熙卅七年戊寅八月初七日戌時
卒雍正十三年乙卯六月廿八日辰時

娶　氏 生卒失

子一　君　　生康熙　年　止

爲濺公　即齊公四子

東長房長愧斯派

生康熙卅二年癸酉十一月廿六日丑時

卒失　止

爲享公　即八公長子

爲禮公　即八公次子　　生卒失　止

致曲公諱必次　即恂謹公長子

生康熙二十八年己巳九月廿五日亥時

卒雍正八年庚戌正月廿一日戌時

娶黃氏號守節

生康熙卅七年戊寅五月廿一日戌時

卒乾隆卅八年癸巳六月初九日酉時

子二　神祐　祖德

質樸公諱必文字爲述　即恂謹公次子

公　生康熙卅一年壬申十月十九日辰時
卒乾隆七年壬戌十月初四日　時

娶潘氏　生失
卒雍正　年五月廿五日　時

繼娶潘氏　生失
卒失

潘氏與克明妣尤氏如阜妣黃氏合塋在前崙

子二　漸　恕

克明公諱必俊字爲傑　即恂謹公三子

公　生康熙卅四年乙亥九月初六日未時
卒乾隆廿二年丁丑九月初四日酉時

娶尤氏號莊慎　生康熙四十三年甲申十一月三十日巳時
卒雍正四年丙午二月初九日戌時

繼娶黃氏號慈懿　生康熙四十一年壬午六月廿五日巳時
卒乾隆四十二年丁酉十二月初六寅時

黃氏與公同塋在西墩坐辛向乙

尤氏與必文妣潘氏如皋妣黃氏三墳合塋在前崙坐艮向坤

子四　吉來尤氏出　竹　肪　月俱黃氏出

如皋公諱必高字爲山　即恂謹公四子

公　生康熙卅八年己卯九月初九日卯時　卒乾隆卅四年己丑十二月廿四丑時

娶黃氏號順懿　生康熙四十二年癸未十一月廿三日亥時　卒雍正八年庚戌六月廿二日卯時

繼娶謝氏號順勤　生康熙四十三年甲申六月初三日亥時　卒乾隆卅八年癸巳正月初五日未時

黃氏與克明妣尤氏必文妣潘氏仝塋在前崙向內詳

謝氏與如阜公同塋在西墩坐乾向巽兼戌辰

子四　参　標　情　于

必教公字爲道　即恂謹公五子

生康熙四十一年壬午七月廿八日巳時
卒乾隆十六年辛未六月十一日午時

娶潘氏

生康熙四十八年己丑九月十三日　時
卒乾隆九年甲子正月十五日午時

子一　謀

純直公諱必低字爲徊　即恂謹公六子

公

生康熙四十八年己丑四月十九日酉時
卒乾隆四十二年丁酉十月初七日巳時

娶黃氏號順慈

生康熙五十四年乙未八月廿八日卯時
卒乾隆四十二年丁酉十月初九日亥時

考妣仝塋在后坑坂坐庚向甲兼酉卯

子三　蘊　欣　妹

存義派

慕德公諱壽又名必得字爲仁　即存義公長子

生康熙卅九年庚辰七月廿九日丑時
卒乾隆廿三年戊寅三月初五日午時

公

娶黃氏號純慈

生康熙四十一年壬午六月廿一日辰時
卒乾隆卅四年己丑十一月十五日戌時

公塟蓮田坐艮向坤兼寅申

妣塟楊厝尾下新厝坐辛向乙兼酉卯

子三　泮　沃　全

如陵公諱崑又名必出字爲崗　即存義公次子

公　生康熙四十二年癸未七月初十日戌時　卒乾隆　年　七月十五日卯時

娶黃氏　生康熙四十八年己丑四月初一日子時　卒乾隆卅三年戊子正月十三日巳時

子六　秉　好　官　塔　九　堂出嗣治

女二　俱適黃

克勤公諱川又名必因字爲豚　即存義公三子

公　生康熙四十五年丙戌六月初二日丑時　卒乾隆卅四年己丑七月十一日未時

娶陳氏　生康熙四十八年己丑五月廿九日亥時　卒乾隆十八年癸酉六月十六日午時

繼娶潘氏　生康熙五十九年庚子八月廿八日亥時　卒乾隆四十四年己亥十二月廿五酉時

子六　彥　美　粲　隮陳氏出　助　爱潘氏出

女一　適黃

如邦公諱利又名必獲字爲寶　即存義公四子

生康熙五十六年丁酉十月十八日申時

卒乾隆二十年乙亥十月廿三日卯時

公

娶黃氏號守節

生康熙五十六年丁酉五月廿六日　時

卒乾隆卅七年壬辰七月初四日　時

考妣合葬仙邑仁德里梧桐鄉洋內東畔坐乙向辛兼辰戌

分金辛卯辛酉

子四　動　搖　虎　畏　女一　適黃

則齋公諱哲又名必既字爲朋　即存義公五子

生康熙五十九年庚子六月廿九日戌時

卒乾隆二十年乙亥四月十一日寅時

公

娶黃氏號淑慎　生康熙五十七年戊戌七月廿四日寅時　卒乾隆四十三年戊戌正月廿六日戌時

考妣全塋仙邑仁德里土名馬路坐丁向癸兼未丑

子三　廣　速　所

太學生修齋公諱治又名必身字爲平　即存義公六子

公　生康熙六十一年壬寅十一月廿六子時　卒乾隆四十九年甲辰正月初二日戌時

娶潘氏號懿慈　生雍正二年甲辰十一月初九日丑時　卒乾隆五十三年戊申九月初五日未時

公塋白虹山土名石公婆坐壬向丙兼亥巳

妣塋本鄉土名嘮葉披肩坐甲向庚兼寅申

子四　偕　堂嗣子　慊　巫　女二

陟岵派

爲開公　即陟岵公長子

子一　正莊兼承延公

爲登公　即陟岵公次子

爲回公　即陟岵公三子

爲延公　即陟岵公四子

嗣子一　正莊兼承

忠慶派

懷直公諱開　即忠慶公長子

生康熙廿八年己巳五月初十日戌時
卒失

生康熙卅五年丙子四月初七日酉時　止
卒失

生康熙卅九年庚辰十月十三日午時　止
卒失

生康熙　年　月　日　時　止
卒失

生康熙卅一年壬申二月初五日亥時
卒乾隆十二年丁卯十二月初四日辰時

娶張氏號積樸
生康熙四十四年乙酉三月初八日酉時
卒雍正十年壬子五月十八日酉時

考妣合塋本鄉東髻嶺腹園后坐

嗣子一　期

廷齋公諱宗　即忠慶公次子
生康熙卅三年甲戌六月廿二日戌時
卒乾隆十年乙丑正月十六日寅時

娶黃氏號惟勤
生康熙四十七年戊子正月十四日亥時
卒乾隆卅二年丁亥七月初一日巳時

考妣合塋漈頭墘坐乙向辛兼辰戌

子二　來　傳養

擇建公諱仲　即忠慶公三子
生康熙卅八年己卯六月廿六日申時
卒乾隆元年丙辰正月廿五日戌時

娶潘氏號柔懿
生康熙四十九年庚寅七月十四日寅時
卒乾隆五十一年丙午七月初九日酉時

考妣仝塟陳垗山田后坐乾向巽兼戌辰

子二　黨　期出嗣開

爲道公　即忠慶公四子　生康熙四十年辛巳十一月初十日寅時　卒康熙六十一年壬寅八月廿五日未時

與父忠慶公仝塟本鄉陳垗

廷瑞公諱賽　即忠慶公五子　生康熙四十五年丙戌三月二十日申時　卒乾隆卅一年丙戌四月初一日酉時

娶謝氏號懿勤　生康熙五十四年乙未六月十三日酉時　卒乾隆　年　十二月廿一日酉時

塟在西巷路後坐辛向乙兼戌辰

子三　泡　章　才出嗣七公　女二　長適賴　次適黃

念直公諱七　即忠慶公六子　生康熙五十五年丙申三月廿一日丑時　卒乾隆卅四年己丑四月廿六日辰時

娶黃氏號勤樸　生雍正元年癸卯十一月廿五日巳時　卒乾隆十九年甲戌九月二十日巳時

繼娶黃氏號勤柔　生失　卒　年　十月十五日午時

合葬本鄉土名深田埔路後坐　向

子二　才嗣孚　榔　嗣曾孫　詑

艮慶派

來德公諱蘇字爲后　即艮慶公長子

公　生康熙卅九年庚辰十一月廿六日子時　卒乾隆四十八年癸卯十二月廿二卯時

娶潘氏號貞順　生康熙四十九年庚寅十一月二十午時　卒乾隆五十八年癸丑二月廿八日未時

全葬南安飛雲寺內崙坐壬向丙

子五　選　罛　杯　帛　軫　女一適黃

樸軒公諱經字爲綸　即良慶公次子

公　生康熙四十八年己丑四月初八日巳時
卒乾隆四十五年庚子十一月初一日丑時

娶黃氏　生康熙五十九年庚子二月初四日亥時
卒乾隆四十六年辛丑九月初七日巳時

子一　衫

有義公諱寅字爲夘　即良慶公三子

公　生康熙五十三年甲午十月十五日寅時
卒乾隆五十九年甲寅十月初四日酉時

娶黃氏　生雍正三年乙巳十一月初四日午時
卒乾隆　年十月初八日辰時

子五　匏　欝　班　粒　仕

東長房長德齋派

行素公諱冢郎又名承宰字爲御　即德齋公長子

公　生康熙十三年甲寅五月廿二日酉時　卒雍正十年壬子十月廿八日寅時

娶黄氏銀舍號勤樸　生康熙十五年丙辰十月廿四日午時　卒康熙四十八年己丑五月初六日巳時

合塟在南安八都飛雲寺邊左畔坐癸向丁兼子午分金丙子丙午

繼娶黄氏號勤肅　生康熙十七年戊午二月廿一日寅時　卒乾隆五年庚申四月初四日酉時

塟在本都下院

子二　鎮　鈴

公祖武克繩聰聽祖考彝訓後人無忝善貽後世遺規

太學生恪齋公諱奮字爲勵官章朝陽　即捷厚公嗣子

生康熙卅二年癸酉六月廿二日寅時

卒乾隆四十二年丁酉十月初十午時

享年八十五

娶黃氏叩娘號柔懿　享年八十七

生康熙卅一年壬申六月十五日卯時

卒乾隆四十三年戊戌十月十七午時

妣

合葬四十六都鳳棲坑倒橋厝後土名前間社坐乾向巽兼

亥巳

子四　貞　聰　鏗　适

女二　適黃　適杜

公謹遵父命無異腹生恢宏遠謨創業前程翼子貽孫大厦築成經文緯武書齋毓英田園廣置倉庾惟盈厚待兒孫勵賢祖程燈窗助用敬凜毋傾處友以信待師至誠公能有爲嫣亦同情芳流百世名傳一彭

東長房長希文派

太學生郁園公諱賡字爲金官章際南　即洪溥公長子

公

生康熙二十年辛未四月廿七日未時

卒乾隆卅四年己丑四月廿四日丑時

娶黃氏昭娘號慎樸

生康熙三十年辛未十二月十八亥時

卒康熙五十四年乙未九月初五未時

繼娶潘氏領娘號敦慈

生康熙卅二年癸酉正月初八日申時

卒乾隆卅八年癸巳七月十三日申時

合埶樓仔后坐西向東

子一　驎 黃氏出

公平生慷慨建築大厦書軒及塗樓迄今翻爲小宗是也自

幼聰慧偉俊酷嗜書香實爲克肖子也彭家之八傑也

懷素公 諱廉字爲心 別號際盛　即洪溥公次子

公　生康熙卅二年癸酉十一月廿七日子時
卒乾隆十二年丁卯十一月初六日未時

娶黃氏吉娘號順樸　生康熙卅四年乙亥六月十一日酉時
卒康熙五十七年戊戌九月廿六戌時

繼娶杜氏淑娘號謹恬　生康熙四十年辛巳十一月十三日巳時
卒乾隆十四年己巳十二月初一日巳時

子三　騤　騑　騂

爲侯公諱康　即洪溥公三子
娶陳氏號勤順
繼娶黃氏號敏惠
三娶黃氏號勤慈
子七　騅　駰李生　驪李生　駥　騧　驔　騎
東長房長仕進派
誠一公諱應字爲求　即仕進公長子
公
娶劉氏號順慈

生康熙四十三年甲申九月十九日卯時
卒　年　月　日時
生康熙四十五年丙戌九月十四日酉時
卒乾隆七年壬戌九月初二日辰時
生康熙四十五年丙戌六月廿二日　時
卒雍正四年丙午十二月廿八日寅時
生康熙五十二年癸巳八月二十日申時
卒乾隆四十七年壬寅十二月十四午時
生康熙卅四年乙亥六月初三日戌時
卒乾隆二十年乙亥十一月十七酉時
生康熙卅三年甲戌十一月廿一日午時
卒乾隆五年庚申十月初九日巳時

繼娶蘇氏號慎淑　生康熙四十五年丙戌十二月廿九酉時　卒乾隆十一年丙寅九月二十日卯時

合葬樓仔口坐辛向乙兼酉卯

子一　澦

瞻庵公諱庭　即仕進公次子　生康熙卅六年丁丑八月二十日寅時　卒康熙六十一年壬寅十一月十三辰時

娶陳氏號寬和　生康熙卅七年戊寅八月十三日辰時　卒乾隆卅七年壬辰三月初一日辰時

葬本鄉后坑坂坐丁向癸兼午子

猶子　純樸　純定　全順

誠國公諱薦字爲賢　即仕進公三子壽八十三　生康熙卅九年庚辰二月初三日辰時　卒乾隆四十七年壬寅七月初六卯時

公

娶潘氏號寬慈　生康熙四十一年壬午九月初四日寅時　卒乾隆廿七年壬午三月十八日午時

葬深頭山尖坐癸向丁兼子午

子六　深　池　汝　告　范　溽

端呈公諱庇　即仕進公四子壽七十八　生康熙五十年辛卯八月廿九日戌時　卒乾隆五十三年戊申五月廿八日未時

公

娶杜氏號寬厚　生康熙五十一年壬辰八月廿一日酉時　卒乾隆四十年乙未三月廿七日巳時

子三　紀　纚　絺

東長房長石珍派

紹亭公諱纘緒字爲述　即實齋公長子

公
生康熙廿九年庚午四月廿一日辰時
卒雍正六年戊申五月十八日寅時
娶黄氏號純節享壽八十齡
生康熙卅二年癸酉七月十一日　時
卒乾隆卅七年壬辰九月初七日　時
塟西岐穴坐癸向丁兼丑未
子二　瑞　取
敬齋公諱緝字爲熙　即實齋公次子
公
生康熙卅四年乙亥六月廿九日辰時
卒雍正十三年乙卯九月廿九日午時
娶謝氏號節懿
生康熙卅四年乙亥十月初六日卯時
卒乾隆四十二年丁酉二月廿七戌時
合塟在苦塡山坐寅向申兼甲庚鯉魚尾山爲記
子二　雋　等

東長房長藩琇派

恥德公諱彪　即意誠公長子

生康熙卅四年乙亥五月十一日　時
卒雍正五年丁未七月十六日　時

娶林氏

生康熙卅四年乙亥九月十一日　時
卒乾隆卅八年癸巳十二月廿一　時

考妣與祖允升公仝塋西墘坐乾向巽兼亥巳

子二　寬　春嗣子

守忠公諱運字爲年　即意誠公次子

生康熙卅七年戊寅十月初五日卯時
卒乾隆二十年乙亥三月十八日亥時

公

娶杜氏號輝順

生康熙四十一年壬午七月初一日午時
卒乾隆卅二年丁亥閏七月初七午時

考妣與兄仝塋西墘

子五　和　春出嗣彪　長　守錦　女一適杜

守積公諱猛字爲省　即意誠公三子

生康熙四十八年己丑七月十八日　時
卒乾隆十八年癸酉十月廿七日　時

公

娶杜氏號勤順

生康熙五十一年壬辰二月十八日午時
卒乾隆十年乙丑二月初三日亥時

子一　棟　女二　俱適黃

其大公諱思字爲德　即奏公長子

生康熙卅九年庚辰三月十八日寅時
卒乾隆五十四年己酉正月十七申時

娶杜氏

生康熙四十二年癸未六月十八申時
卒乾隆廿一年丙子五月初八日巳時

子二　時　且

守慶公諱珠字爲弗　即奏公次子

生康熙四十二年癸未二月廿六辰時
卒乾隆廿八年癸未九月初二日卯時

娶吳氏號謹慎　生康熙四十五年丙戌五月十五日午時
卒乾隆十九年甲戌九月初六日午時

子一　顧

其誠公諱會字爲臨　即奏公三子　生康熙四十六年丁亥二月初八日寅時
卒乾隆四十二年丁酉八月廿五日丑時

娶潘氏號謹惠　生康熙五十一年壬辰九月廿一日巳時
卒乾隆十四年己巳八月廿八日戌時

子二　但　落

爲壬公　即奏公四子　生　年正月廿六日辰時
卒　年七月初六日卯時

娶　氏　生　年五月廿九日　時
卒　年七月廿八日　時

子一　初

東長房長蓍琇派

爲淡公　即澄公長子生卒缺止

爲壯公　即澄公次子生卒缺止

爲雩公　即渫公長子生卒缺止

爲宇公　即渫公次子生卒缺止

方老公　即璇公之子　生康熙卅七戊寅十一月廿三日　時　卒乾隆五年庚申六月二十日　時

娶黃氏　生康熙卅八年己卯七月初一日　時　卒乾隆　年九月十二日　時

子二　菊　麟

爲貢公　即賀公長子生卒缺

娶　氏生卒失

子一化

爲雅公　即賀公次子生卒失

娶　氏生卒失

子一巧

爲蓮公　即賀公三子生卒失

娶　氏生卒失

子一路

爲持公諱執　即倡公長子生卒失

娶　氏生卒失

子二　旺　偏

立定公諱本字爲根　即倡公次子　生康熙四十七年戊子十月初七日寅時　卒乾隆四十年乙未四月十一日申時

娶黃氏號端慈　生康熙五十七年戊戌閏八月初八日卯時　卒乾隆四十三年戊戌八月初九日亥時

子二　丁　通

樂定公諱喜　即倡公三子　生康熙五十四年乙未二月十五日午時　卒乾隆五十四年己酉二月十一日　時

娶陳氏號勤正　生雍正五年丁未十一月十一日申時　卒乾隆十一年丙寅九月初九日巳時

子二　識　瓶

爲儀公　即興公之子　生卒失

子一　進祖

爲喜公　即至公兩承下　生卒缺

東長房長荃琇派

爲炎公　即直慶公長子　生卒缺

娶　氏　生卒缺

子五　恩　擾　八　永　使

敦厚公諱愽　即振赫公之子　生雍正四年丙午二月廿九日子時　卒乾隆五十九年甲寅十二月廿九戌時

娶尤氏號亦吉　生乾隆二年丁巳三月初十日申時　卒嘉慶十七年壬申十一月初二日申時

子三　淵　詩　冬

爲極公諱樞　即佛漢公長子　生雍正七年己酉九月初十日卯時　卒嘉慶十四年己巳十二月三十申時

娶尤氏號順德　生乾隆二年丁巳五月廿六日巳時　卒嘉慶十年乙丑九月十二日丑時

子二　秦　皎出嗣暢公

如茂公諱暢　即佛漢公次子　生雍正十二年甲寅十一月十五日午時　卒乾隆十七年壬申十一月二十日巳時

嗣子一　皎

東長房二次簡派

存昭公諱良元字爲響　即維恭公長子　生康熙五十三年甲午五月二十日午時　卒乾隆四十七年壬寅三月初九日午時

公

娶黃氏號懿慈　生康熙六十一年壬寅正月十二日寅時　卒乾隆五十年乙巳五月十八日酉時

仝塋大墩崙坐申向寅兼坤艮

子四　夔　錦　砥　斗

雙美公　即正春公長子生卒缺止

生乾隆二年丁巳九月十三日子時
卒失　往臺灣殁

存己公　即宗仁公長子

生乾隆十八年癸酉六月廿二日午時
卒乾隆四十二年丁酉十月初十亥時

娶林氏號辰慈

子一　桃

存立公　即宗體公長子

生乾隆三年戊午九月十五日　時
卒乾隆五十三年戊申四月十一日　時

娶黃氏

生　年九月初九日　時
卒失　止

存巧公諱如巧　即宗體公次子

生乾隆六年辛酉十二月初六日巳時
卒道光十三年癸巳十二月初十巳時

娶黃氏號順安

生乾隆十五年庚午三月廿九日　時
卒道光廿八年戊申十二月十一寅時

子一　允

存德公諱廣南　即設公長子

生嘉慶五年庚申閏四月初七日辰時
卒光緒三年丁丑三月十一日寅時

娶黃氏

生嘉慶十六年辛未閏三月廿四日未時
卒道光二十年庚子五月廿二日子時

子三　士倒　廷蘭　茹來

雲南公　即設公次子

生嘉慶九年甲子六月初五日寅時
卒同治二年癸亥六月初二日未時

娶謝氏庱娘

生嘉慶十九年甲戌八月二十日戌時
卒光緒十五年己丑十月廿七日未時

子一　來成

東長房三派

成伯公諱春字爲知　即善與公長子

公　生雍正十一年癸丑二月廿五日丑時　卒嘉慶廿五年庚辰五月初四日午時

娶侯氏　生乾隆四年己未三月十一日辰時　卒乾隆廿二年丁丑十月十八日酉時

繼娶尤氏　生雍正十一年癸丑十月十七日　卒嘉慶八年癸亥三月三十日

予三　弗　殷　度

女一適黄

修伯公諱秋宇爲韡　即善與公三子

公　生乾隆四年己未十二月廿五日丑時　卒乾隆五十八年癸丑三月廿七　時

娶黄氏　生乾隆十九年甲戌十二月初六日辰時　卒失

予四　贍　文　入出嗣　勿

夫伯公諱越字爲珠　即善與公四子

公　生乾隆十二年丁卯十月初四日戌時
卒嘉慶廿三年戊寅三月二十日寅時

娶黃氏　生乾隆卅二年丁亥十二月十八日時
卒嘉慶十八年癸酉八月初一日午時

仝塟白虹山后甲庚寅申

子四　倩　盼　妙　鋭出　女一適黃

循伯公諱趙字爲良　即治賓公長子

公　生乾隆元年丙辰十月初七日丑時
卒嘉慶十八年癸酉八月初十巳時

娶吳氏　生乾隆十二年丁卯十一初五日
卒乾隆四十二年丁酉五月初九日申時

嗣子八　女一適潘

爲孫公諱改　即治賓公次子

爲補公　即治賓公三子

汝雲公諱尊字爲法　即克儉公長子

公

生雍正
卒乾隆四十八年癸卯九月廿七日未時

娶陳氏

生乾隆七年壬戌六月十二日辰時
卒嘉慶十八年癸酉八月二十日

子一　成罕

爲兩公諱二　即克儉公次子　生卒失

娶陳氏改適

子一　璇

爲系公　即克儉公三子　生卒失

如令公　諱貓　字爲虎　即順齋公長子
生乾隆十七年壬申三月廿七日酉時
卒道光三年癸未五月十八日亥時

娶賴氏　號柔則
生乾隆廿二年丁丑五月初八巳時
卒嘉慶十八年癸酉八月十九日申時

公葬東坂茶園垵申寅庚甲　妣葬林口秧跡田後申寅

子　梭　庚　歸　女一　適潘

如渙公　諱判　字爲通　即順齋公次子
生乾隆三十年乙酉六月廿二日午時
卒道光廿四年甲辰九月廿七日戌時

娶徐氏　號温柔
生乾隆卅六年辛卯二月十六日酉時
卒嘉慶十二年丁卯八月廿三日午時

公葬南安八都泗洲仔大坵田後寅申甲庚次子濘附

妣葬　後甲庚寅申長子渴附

子四　渴　濘　寅出嗣　濕出嗣

如盛公諱做

生乾隆卅三年戊子八月初六日巳時

卒乾隆五十六年辛亥三月廿九寅時

葬南安炉使庵甲庚寅申子寅附

嗣子　寅

如本公諱撥　即順齋公四子

生乾隆卅七年壬辰四月初七日午時

卒道光八年戊子十月初七日酉時

娶賴氏號省察

生乾隆卅八年癸巳八月十四日戌時

卒道光十七年丁酉正月初六日巳時

合葬南安八都東坪七坵尾壬丙亥巳

子四　紅日　紅石　紅抽　紅土

女二　長適林　次適黃

爲請公　即孫樓公長子生卒失

娶　氏生卒失

子四　妍　鑿　玩　撻

爲湊公　即孫樓公次子生卒失

娶　氏生卒失

子二　哖　衍嗣

如正公諱來助　即玉楊公長子

生乾隆十九年甲戌二月初二日巳時

卒道光十一年辛卯正月廿九日亥時

娶謝氏號惠慈
生乾隆廿九年甲申八月十八丑時
卒嘉慶六年辛酉五月廿九日未時

子二　花　圭　女一

如眼公諱市　即玉楊公次子
生乾隆廿八年癸未十月初七日寅時
卒乾隆四十九年甲辰五月廿九日未時

如仁公諱龐　即密飛公長子
生乾隆廿五年庚辰七月十四日寅時
卒嘉慶十六年辛未七月廿六日巳時

娶謝氏號寬慈
生乾隆卅六年辛卯二月十五日辰時
卒嘉慶六年辛酉四月十一日未時

子一　納　女一　適林

爲鵜公　即密飛公次子
生乾隆卅二年丁亥十一月廿四日辰時
卒失

娶黃氏號容慈
生乾隆四十二年丁酉八月廿四日巳時
卒嘉慶五年庚申七月廿六日午時

嗣子　濕

如海公諱波　即密飛公三子

生乾隆卅八年癸巳閏三月十八酉時
卒道光廿六年丙午七月廿二日巳時

娶賴氏號淑靜

生乾隆四十六年辛丑十二月初一日亥時
卒道光廿一年辛丑十二月廿二日酉時

子三　嚴和　日遇　日衛

女三

如暘公諱濶　即鼎庸公長子

生乾隆廿二年丁丑九月三十日丑時
卒道光廿六年丙午八月初六日酉時

娶黃氏號柔慈

生乾隆廿三年戊寅四月廿三日卯時
卒嘉慶廿一年丙子十二月廿六午時

子二　地厚　待月出嗣

如奕公諱闇　即鼎庸公次子

生乾隆廿九年甲申五月初十日亥時
卒嘉慶廿三年戊寅二月十四日辰時

娶賴氏號三順

生乾隆卅一年丙戌十二月初三日丑時
卒嘉慶廿五年庚辰十月廿四日未時

子四　最　禁　粒　扯

如運公諱闖字爲泒　即鼎庸公三子

生乾隆卅二年丁亥十一月廿六日丑時
卒道光廿三年癸卯正月初七日巳時

公

娶賴氏號勤真

生乾隆卅六年辛卯二月初四亥時
卒道光廿三年癸卯七月廿二日午時

合塟南安八都大帽土名糞箕窩甲庚寅申

子五　索　家善　辦來　杏仁　緜遠

女二　適黃

如首公諱闓　即鼎庸公四子

生乾隆卅五年庚寅九月十六日丑時
卒道光廿六年丙午正月初二日辰時

娶陳氏號信己

生乾隆卅八年癸巳九月初八日巳時
卒同治二年癸亥五月初一日未時

子四　和修　永則　牧童　萊連

和成公諱闇　即鼎庸公五子

生乾隆卅八年癸巳正月廿五日酉時

卒嘉慶二年丁巳二月廿二月亥時

娶黃氏改適

公附葬父母墳

嗣子　待月

如督公諱都字爲東　即孫帝公長子

公

生乾隆十一年丙寅四月廿九日酉時

卒嘉慶十九年甲戌十一月十四日子時

娶黃氏號守静

生乾隆廿二年丁丑四月十五日

卒嘉慶十六年辛未十一月廿八日寅時

子二　漢　平

如吉公諱怡字爲和　即孫帝公次子　生乾隆十四年己巳十一月十一日丑時　卒失

公

娶黃氏號肅靜生卒失

子三　文鏘　天作　皈

如聚公　即孫帝公四子生卒失

娶　氏

子四　琬　鬢　妾出嗣　夾

爲狐公　即孫帝公六子生卒失

如陋公諱測　即相毅公長子　生乾隆十一年丙寅正月廿九日卯時　卒道光十二年壬辰十月廿六日寅時

娶黃氏　生乾隆十六年辛未十二月十四日巳時　卒道光二年壬午三月初三日巳時

子二　特　柹

如足公諱齊連　即相毅公次子　生乾隆二十年乙亥二月廿六日申時　卒嘉慶十八年癸酉十一月廿三未時

娶黃氏　生乾隆廿二年丁丑八月初七寅時　卒嘉慶七年壬戌六月十七日巳時

子二　買　雙來

成里公諱沙　即相毅公三子　生乾隆廿五年庚辰七月廿六日戌時　卒乾隆五十二年丁未七月廿五未時

娶黃氏號節儉　生乾隆卅二年丁亥九月初三日卯時　卒道光　年五月初三日卯時

子一　攢嗣

如千公諱船字爲百　相毅公四子　生乾隆廿八年癸未二月廿五日卯時　卒道光十年庚寅八月初十日辰時

娶盧氏號端慈
生乾隆卅七年壬辰八月十八日子時
卒道光十七年丁酉四月十五日

塟大坪后三片石後

子三　加祿　艮進　顯達　女一　適潘

應語公諱答　即相毅公五子
生乾隆卅二年丁亥十二月廿六日戌時
卒乾隆六十年乙卯七月廿四日未時

嗣子　拈英

如輝公諱明月字爲星　即相毅公六子

公
生乾隆卅七年壬辰七月十五日戌時
卒道光十三年癸巳二月初七日未時

娶黃氏
生乾隆四十年乙未十一月廿四日酉時
卒咸豐十年庚申九月廿七日子時

塟外巃寮脚巳亥乾巽

子五　豕　阮來　開宗　黃烏　守提

生乾隆廿六年辛巳正月初五日戌時
卒道光廿七年丁未十一月十九酉時

如譽公諱隨　即義門公隻子

生乾隆卅一年丙戌十二月初二日酉時
卒嘉慶五年庚申九月三十日午時

娶黃氏號端慈

繼娶陳氏

生乾隆廿七年壬午六月初九日卯時
卒道光十四年甲午正月初六日丑時

子二　稿　妾嗣

良語公諱院　即遠慎公長子

生乾隆卅三年戊子十一月十三日戌時
卒乾隆五十七年壬子閏四月初十酉時

娶黃氏改適

附塟父墳

如別公諱亭　即遠慎公次子

生乾隆卅五年庚寅十二月初八酉時
卒道光廿九年己酉五月廿八日未時

子　成宗養

如魚公諱箸字爲綱　即義華公長子

生乾隆五十四年己酉正月二十子時
卒道光十七年丁酉六月初二日午時

公

娶尤氏號順慈

生嘉慶八年癸亥八月初五日午時
卒同治四年乙丑十一月十一未時

公塋本鄉楊前埔腳

妣塋本鄉下長

子三　往來　斜元　汝元

女二　長適林家　次適黃家

如鐵公諱石字爲池　即義亮公之子

公　生乾隆五十六年辛亥七月廿六日卯時
卒同治九年庚午三月十七日卯時

娶黄氏葉娘　生嘉慶十二年丁卯七月廿三日辰時
卒道光廿三年癸卯四月初七日辰時

子二　丘山　四山出嗣如香

如深公諱款　即義心公長子　生乾隆五十七年壬子六月初四日丑時　止
卒道光八年戊子八月初七日辰時

如香公諱丹桂字爲月　即義心公次子

公　生嘉慶四年己未十月十九日巳時
卒道光廿二年壬寅十月十四巳時

娶林氏　生嘉慶十年乙丑九月廿三日卯時
卒光緒五年己卯九月初六日卯時

子二　四山嗣　嫦娥殤

仰峰公諱巨字爲大　即克有公長子

公

娶尤氏改適

嗣子　聖壂

生乾隆十九年甲戌十一月十二日亥時
卒乾隆四十七年壬寅六月十九日巳時

仰甫公諱田字爲山　即克有公次子

公

生乾隆廿三年戊寅六月廿一日午時
卒嘉慶十二年丁卯六月廿六日巳時

娶黃氏

生乾隆卅三年戊子十月廿二日亥時
卒道光十五年乙未八月初七日辰時

子三　由來　聖壂嗣仰峰　合仁

女二　長適陳家　次適邱家

興來公　即修身公長子

生乾隆廿七年壬午
卒乾隆四十九年甲辰五月十二日巳時

娶潘氏改適　止

如反公諱掌字爲熊　即修身公次子

生乾隆卅六年辛卯六月十七日酉時

卒道光十五年乙未七月廿八日午時

公

娶黃氏號純美

生乾隆四十二年丁酉八月廿四日巳時

卒嘉慶廿一年丙子閏六月廿四日午時

子二　雙路　雙喜　出嗣如章

如章公諱献字爲賢　即修身公三子

生乾隆四十二年丁酉十二月初三日丑時

卒咸豐五年乙卯正月十六日子時

公

娶許氏號莆節

生乾隆五十四年己酉閏五月初五日午時

卒同治十年辛未五月十七日丑時

子三　協　利　培　似長子双喜

女二　長適潘家　次適黃家

如杞公諱苟　即修高公長子

生乾隆廿九年甲申十二月十四日子時
卒道光十七年丁酉七月初六日午時

子　戴來養

有鵲公諱巢　即修高公次子

生乾隆卅二年丁亥八月初八日酉時
卒乾隆五十三年戊申八月初五日未時

附塟母墳

如發公諱聲字爲飛　即修高公三子

生乾隆卅六年辛卯六月十五日亥時
卒道光十九年己亥五月廿五日午時

公

娶黃氏

生乾隆四十九年甲辰十月十九日寅時
卒道光廿八年戊申十二月初五日寅時

合塟舊仔前園後乙辛卯酉

子三　雙全　和成　贊成

女二　俱適黃家

夘來公　即修嬰公之子

生乾隆四十七年壬寅八月廿二日寅時
卒失

如苑公諱看　即修文公長子

生乾隆五十年乙巳十二月初十未時　止
卒道光十二年壬辰四月初七日午時

如志公諱魁字爲淩　即修文公次子

公

生乾隆五十八年癸丑二月廿八寅時
卒道光二年壬午十一月十一日申時

娶謝氏改適

子一　締

招客公　即仲修公之子

生乾隆四十八年癸夘　止
卒失

鏊來公　即莊加公長子

生乾隆卅二年丁亥七月廿九日丑時　止

卒乾隆五十七年壬子四月廿七未時

爲鑾公　即莊加公次子

生乾隆卅六年辛卯十一月十八日丑時　止

卒乾隆五十三年戊申九月

如過公諱跳字爲溪　即莊加公三子

公

生乾隆五十二年丁未三月十四日亥時

卒咸豐三年癸丑十二月廿二日巳時

娶黃氏號平慈

生嘉慶七年壬戌正月廿二日酉時

卒咸豐八年戊午十一月十一申時

子三　盤德　應歲出嗣如則　六英

如則公諱纂　即莊綿公長子

生乾隆四十五年庚子六月初一日申時

卒道光十四年甲午十一月十二日未時

嗣子　應歲

爲棕公　即莊綿公三子

生嘉慶二年丁巳九月十九日寅時

往臺灣無回

東二房長

逸安公諱悻　即光輝公長子　生雍正七年己酉十月十五日酉時　卒乾隆四十八年癸卯十月十八丑時

娶黄氏號純儉　生雍正七年己酉八月廿七日申時　卒乾隆五十三年戊申十一月廿七日寅時

葬

子三　古　煖　猛

思念公諱懐　即光輝公次子　生乾隆七年壬戌十一月廿三日辰時　卒乾隆五十三年戊申十一月十五辰時

娶黄氏號儉慈　生乾隆十年乙丑十一月廿七日寅時　卒嘉慶六年辛酉六月廿四日午時

子三　禹　中　壁

爲棒公　即光輝公三子　生卒失

實賢公諱鶴　即昭明公長子

生雍正五年丁未八月十八日申時
卒乾隆四十九年甲辰五月十八日申時

娶黃氏號惠慈

生雍正七年己酉閏七月十四日未時
卒乾隆六十年乙卯六月初五日午時

子五　尚義　評　詠　虎　誣

爲閣公　即昭明公次子 生卒失

娶謝氏 生卒失

子二　勸　志

實道公諱森　即昭明公三子

生乾隆十一年丙寅閏三月初八日辰時
卒嘉慶十二年丁卯十月廿三日辰時

娶黃氏號端慎

生乾隆十一年丙寅十二月十三日子時
卒乾隆卅八年癸巳六月初八日戌時

繼娶尤氏號靜德

生乾隆廿二年丁丑十一月十七日未時
卒嘉慶六年辛酉五月二十日酉時

子二　銓　共

誠縣公諱達　即厚樸公長子

娶盧氏號慈惠

子三　姜　琊　强

詧裕公諱近　即厚樸公次子

娶黃氏號順儉

子　向英

敦厚公諱垙　即厚樸公三子

娶潘氏號順謹

生康熙五十七年戊戌四月初六日巳時

卒乾隆四十三年戊戌五月廿八日寅時

生雍正二年甲辰七月二十日子時

卒嘉慶十五年庚午十二月十五辰時

生康熙六十年辛丑三月二十日寅時

卒乾隆三十年乙酉九月初二日卯時

生康熙六十一年壬寅八月廿六日亥時

卒乾隆　年　五月十六日未時

生雍正六年戊申正月十一日亥時

卒嘉慶四年己未六月初十日丑時

生乾隆元年丙辰六月初五日卯時

卒乾隆卅六年辛卯十二月初四日酉時

繼娶賴氏號順惠　生乾隆元年丙辰九月廿一日未時
卒乾隆五十二年丁未四月廿一日辰時

子二　湊景　江

爲爵公　即厚樸公四子　生卒失

說仁公諱義　即中孚公長子　生雍正四年丙午九月初八日巳時
卒乾隆四十九年甲辰十一月十四日戌時

娶賴氏號勤節　生雍正十年壬子十月初一日
卒乾隆卅一年丙戌二月十七日戌時

繼娶黃氏號勤德　生　年　二月十七日
卒　年　正月十三日寅時

子三　針　先　草

如聚公諱所　即中孚公次子　生乾隆五年庚申四月初四日未時
卒乾隆五十四年己酉十二月十三日申時

娶賴氏號恬謹　生乾隆六年辛酉十月初十日
卒乾隆五十八年癸丑二月初四日午時

合塟本鄉圯山口墓坟頭乾巽戌辰

子三　科　仲　廩

應掟公諱然　即文章公隻子

娶潘氏號勤意

子二　滚　掌養

爲偉公　即斯城公嗣隻子　生卒失止

爲艮公　即明論公隻子　生卒失止

鳳毛公諱馳　即以忠公隻子

娶蕭氏號守居

生乾隆二十年乙亥四月廿二日酉時

卒道光七年丁亥十一月廿八日申時

生乾隆廿一年丙子十一月初九日戌時

卒嘉慶二十年乙亥三月初三日未時

生乾隆二年丁巳閏九月十五日申時

卒嘉慶九年甲子五月初一日卯時

生乾隆六年辛酉十月初十日子時

卒乾隆五十二年丁未十月十五子時

子二　約　粧

保全公諱薑　即榮泰公長子

生乾隆十五年庚午七月初七日辰時
卒嘉慶六年辛酉八月廿七日辰時

娶黃氏號勤員

生乾隆十六年辛未十二月廿四日酉時
卒乾隆卅五年庚寅六月廿六日卯時

繼娶黃氏四娘號心靈

生乾隆廿六年辛巳七月廿八日卯時
卒道光十一年辛卯九月初九日未時

公與先妣仝塋祠堂樹林腹予趙元附塋

繼妣塋洪墘尾午子丁癸孫瑞安曾孫吉祥附塋

予一　趙元

直道公諱民　即榮泰公次予

生乾隆十八年癸酉九月廿一日寅時
卒道光二年壬午五月廿八日申時

娶林氏號勤節

生乾隆卅三年戊子正月初一日酉時
卒嘉慶十三年戊辰八月初八日申時

女二　適黃

添榮公諱歇字爲飄　即榮泰公三子

生乾隆卅一年丙戌三月廿七日寅時
卒道光十二年壬辰七月十一日辰時

公

娶蕭氏

生乾隆四十年乙未六月廿八日酉時
卒咸豐四年甲寅二月十七日午時

合葬本鄉土地口乾巽亥巳

子二　合來　富來

奉祥公諱程　即榮泰公四子

生乾隆卅五年庚寅十月初四日未時
卒道光三年癸未十二月廿六日辰時

娶黃氏號貞信

生乾隆四十五年庚子三月二十未時
卒道光二年壬午四月廿二日亥時

仝葬本鄉土名新圳

子琴

爲儉公　即孫倖公隻子　生卒失止

春水公諱邊　即有羨公隻子　生乾隆十六年辛未六月初三日午時　卒道光十二年壬辰十一月廿八未時

娶　氏　生乾隆廿六年辛巳四月初十日辰時　卒嘉慶廿四年己卯十一月廿九未時

子四　天寶　利貞　元亨　泰丁

若是公諱班　即平實公長子　生乾隆廿七年壬午十月初五戌時　卒嘉慶六年辛酉九月初十日午時

娶潘氏號慈順　生乾隆卅二年丁亥十一月廿二卯時　卒道光十一年辛卯二月初九日酉時

公塟過溪山辛乙戌辰

子二　永來　春蘭　女一適黃

若信公諱享　即平實公次子　生乾隆卅六年辛卯十月初十日戌時　卒嘉慶廿三年戊寅十二月十三寅時

葬本鄉土樓角乾巽亥巳

嗣子　董英

如理公諱連　即誠彰公長子　生乾隆廿九年甲申六月廿三戌時　卒道光七年丁亥七月十五日酉時

娶謝氏號節儉　生乾隆四十年乙未四月初四日午時　卒道光廿七年丁未正月十五日子時

公附葬父母墳

妣葬本厝門口亥巳乾巽

子四　廣　世（出嗣宣儀）　尋　拔

女三　均適黃

宣儀公諱黙　即誠彰公次子

生乾隆卅七年壬辰六月初三日午時
卒道光廿五年乙巳二月初五日酉時

塟本鄉吳坑後艮坤寅申

嗣子一　世英

如石公諱堅　即敦雅公長子

生雍正十年壬子閏五月十二日辰時
卒乾隆四十六年辛丑八月廿九戌時

娶謝氏

生雍正十二年甲寅三月初七日午時
卒乾隆五十年乙巳三月十四日寅時

塟

子二　夢　意

如獻公諱琛　即敦雅公次子

生雍正十三年乙卯十一月十八日丑時
卒乾隆五十八年癸丑八月十二日未時

娶　氏

生乾隆十年乙丑四月廿三日未時
卒乾隆四十九年甲辰三月十七巳時

子二　案　兩

克俊公諱德　即敦雅公三子　生乾隆三年戊午九月十二日寅時
卒乾隆四十九年甲辰九月初一巳

娶　氏

女一適蕭

直輔公諱助　即敦雅公四子　生乾隆五年庚申十一月十四日丑時
卒嘉慶十九年甲戌八月初九日辰時

娶黃氏號謹潔　生乾隆十四年己巳十二月十七日辰時
卒乾隆五十一年丙午十一月二十酉時

仝塟新書房脚甲庚卯酉

子四　仕　對　群　念

如盛公諱芳　即敦雅公五子　生乾隆十一年丙寅四月初四日午時
卒乾隆五十三年戊申五月初十日

娶陳氏號勤慈　生乾隆廿三年戊寅十二月初五日　卒乾隆五十三年戊申五月初四日未時

合塋道光嶺脚乾巽亥巳子賞附塋

子一　賞英

格託公諱抱　即占梅公長子　生乾隆十七年壬申九月十八日戌時　卒乾隆五十年乙巳七月廿八日酉時

塋

子一　前英養

盈新公諱却　即占梅公次子　生乾隆廿三年戊寅八月廿四子時　卒道光八年戊子二月初一日巳時

娶謝氏號純怨　生乾隆三十年乙酉三月廿二日丑時　卒乾隆五十二年丁未十月十二酉時

繼娶徐氏號純慈　生乾隆卅四年己丑十二月初六日寅時　卒道光十二年壬辰十一月廿二日寅時

子三　亮　梭　五

女二　俱適黃

文亭公諱的　字爲爽　即占梅公三子

公

生乾隆廿六年辛巳十一月廿七日丑時
卒道光十八年戊戌三月十八日巳時

娶黃氏泰娘　號柔儉

生乾隆卅五年庚寅四月初十日酉時
卒咸豐三年癸丑七月十七日子時

合塟本厝門口丙壬巳亥

子三　天祐　柑　君

女三　適潘

恂忍公諱澹　賢厚公長子

生乾隆十年乙丑正月初九日巳時
卒乾隆四十五年庚子十二月十一未

娶潘氏號靡他
生乾隆十六年辛未五月廿三日亥時
卒乾隆五十一年丙午七月十一酉時

公塟本鄉寨脚山下戌辰辛乙

妣塟皮刀坵乙辛夘酉

子二　梯　慶

席待公諱聘　即賢厚公次子
生乾隆十九年甲戌六月初四日寅時
卒嘉慶十七年壬申五月十八日巳時

娶潘氏號貞德
生乾隆廿一年丙子閏九月初五午時
卒嘉慶十二年丁夘八月十七日午時

合塟本鄉掘銀垵頭坤艮申寅

子四　倫　吾　花　銓出嗣

端好公諱拱　即賢厚公三子
生乾隆廿五年庚辰四月初一日夘時
卒嘉慶廿一年丙子十一月十一酉時

娶黃氏號慈慎　生乾隆卅二年丁亥二月廿四日午時　卒乾隆五十六年辛亥八月初五未時

繼娶吳氏號惠慈　生乾隆卅三年戊子八月初五日　卒乾隆五十七年壬子二月廿四日丑時

嗣子　銓英

爲

公　即球亭公長子生卒失

嗣子　札魁

信古公諱述　即球亭公次子　生乾隆四十五年庚子十二月初一辰時　卒道光十七年丁酉五月初四日未時

娶張氏號勤德　生乾隆五十五年庚戌十二月　日　卒道光十七年丁酉十一月十六日酉時

子三　札魁出嗣長兄　元尚　而貨

自南公諱芬　即詒謀公長子　生乾隆廿二年丁丑八月廿五日丑時　卒乾隆五十二年丁未十月十七戌時

止

孔昭公諱潛　即詒謀公次子
生乾隆廿五年庚辰九月十二日
卒嘉慶三年戊午三月十二日卯時

子　全 生葬未詳

議羽公諱卿　即詒謀公三子
生乾隆二十年乙酉九月廿一日申時　止
卒乾隆五十二年丁未十月初八午時

滌新公諱洒　即詒謀公四子
生乾隆卅三年戊子正月廿一日亥時　止
卒乾隆五十五年庚戌四月三十午時

爲走公　即和德公長子
生　年　十月十九日酉時
卒　年　九月十五日未時　止

勝勢公諱陣　即仁美公嗣子
生乾隆四十二年丁酉十一月十七子時
卒咸豐二年壬子正月十二日寅時

娶賴氏科娘號同道
生乾隆四十八年癸卯五月廿六日未時
卒　年　十月十二日午時

子三　慶　鳳　郤

爲舉公　即以澤公隻子 生失 卒

娶　氏

子一　破

爲炳公　即之綱公長子生卒失查　　木主在八都奉祀

首山公諱頭　即之綱公次子　　生乾隆卅二年丁亥二月十二日申時
卒嘉慶廿四年己卯五月廿七日辰時

娶尤氏徙娘　　生乾隆卅六年辛卯四月初四日酉時
卒道光十二年壬辰五月廿六日亥時

子四　斜　金　眉出嗣西房　雖

爲快公　即之綱公三子生卒失

五履公派

爲與公　即孫荔公長子生卒失

娶　氏

子一　田英

爲生公　即孫荔公次子　生卒失

天樞公諱北　即恪茂公長子　生雍正二年甲辰八月廿六日辰時　卒乾隆四十六年辛丑七月初六戌

娶黃氏號恬謹　生雍正二年甲辰正月廿八日辰時　卒乾隆卅四年己丑十月十九卯時

子三　錦　鑑　鐵

存德公諱獅　即恪茂公次子　生雍正十一年癸丑十二月初七日午時　卒乾隆五十二年丁未六月十四日午時

娶黃氏惜娘號貞勤　生雍正十三年乙卯二月十八日午時　卒乾隆五十二年丁未六月廿七子時

子七　載　用　苒球　示　雄　寶成

浮

承義公諱象　即恪茂公三子

生乾隆元年丙辰十一月初二日子時
卒乾隆五十二年丁未四月廿一午時

娶黃氏號勤懿

生乾隆三年戊午九月十一日巳時
卒嘉慶十八年癸酉三月十二寅時

合塋石磨嶺尖

子三　秀來　禎祥　顯榮

爲臨公　即孫賽公長子 生卒失

娶　氏

子　丁秋

果來公　即孫賽公次子 生卒失

如慎公諱三　即孫葛公嗣隻子　生雍正七年己酉九月十三日寅時　卒嘉慶六年辛酉十二月初六寅時

子一　友成生養未詳

天錫公諱純　即盈坦公長子　生康熙五十九年庚子七月十七日巳時　卒乾隆十三年戊辰七月廿四日丑時

子一　研英嗣子

賀慎公諱儉　即盈坦公次子　生雍正二年甲辰十二月十七日酉時　卒乾隆四十一年丙申三月廿五未時

子一　祿英嗣子

毛慎公諱麟　即恩坦公嗣隻子　生雍正十三年乙卯二月初九日申時　卒嘉慶六年辛酉二月初七日未時

娶蘇氏號維參　生乾隆十六年辛未三月三十日卯時　卒道光十八年戊戌六月廿九日丑時

楚

子六　研出嗣天錫　鰍　諹　鴦　祿出嗣質慎

玉完

其吉公諱梅　即篤山公長子

生　年　十二月十六　時
卒　年　四月廿八日　時

娶黃氏號素慈

生　年　十二月初五　時
卒　年　十一月十四日　時

子一　買英嗣子

其軒公諱彔　即篤山公次子

生乾隆十九年甲戌十二月廿九日時
卒道光廿三年癸卯九月十五日午時

娶黃氏鄙娘號慈惠

生乾隆三十年乙酉九月廿三日丑時
卒道光十七年丁酉七月初七日巳時

子三　珍國　誠輿　福溪

其明公諱星　即篤山公三子

生乾隆廿二年丁丑七月廿五日酉時
卒嘉慶十四年己巳十月廿二日未時

娶杜氏號敦慈

生乾隆卅一年丙戌七月初四日亥時
卒嘉慶六年辛酉五月初三日亥時

子三　諌　習　圳

其烈公諱辰字爲宿　即篤山公四子

公

生乾隆廿四年己卯十二月三十日寅時
卒道光七年丁亥十一月初二日午時

娶潘氏粉娘號儉順

生乾隆卅三年戊子四月初七申時
卒道光六年丙戌四月十一日巳時

子三　守　且　仰

其香公諱榭字爲荅　即篤山公五子

公

生乾隆廿六年辛巳十二月十三日戌時
卒道光四年甲申三月初八日戌時

娶蕭氏號素儉

生乾隆卅六年辛卯八月十五日寅時
卒嘉慶十八年癸酉十月初二日巳時

子三　虹山　迎春　教英

爲西公諱漢　即孫衷公隻子　生卒缺

娶　氏

子一　柯英

純庵派

天心公諱簡字爲太　雲致公隻子　生雍正十二年甲寅十二月十六酉時　卒嘉慶十四年己巳八月十四日寅時

娶黃氏號勤順　生乾隆十三年戊辰九月廿二日辰時　卒嘉慶十九年甲戌正月廿五日戌時

合葬后消田後甲庚卯酉

子二　文洪　愿呂

復國公諱振成　即早升公嗣子　生乾隆十五年庚午二月十四日寅時　卒嘉慶廿五年庚辰四月初六日卯時

娶黃氏號順烈　生乾隆十九年甲戌八月十七日丑時　卒道光十年庚寅二月二十日　時

公與妣及公之父早升公合塟東厝壠田後壬丙子午子霞

厚附塟

子二　霜厚　霞厚　女一適李

復圓公諱團練字爲有　即恒升公長子　生乾隆廿二年丁丑十月十七日戌時　卒乾隆六十年乙卯四月廿九日　時

公

娶謝氏號儉烈　生乾隆廿四年己卯八月三十日申時　卒乾隆五十四年己酉十一月初八午時

塟牛條溝頭子午丁癸

子二　應皇　金錠

復固公諱文欽字爲嗜　即恒升公次子

公

生乾隆廿六年辛巳二月初七日酉時

卒嘉慶廿五年庚辰五月初四日寅時

娶黃氏敬娘號忠惠

生乾隆三十年乙酉十月廿五日時

卒咸豐二年壬子十月二十日午時

合塟午條溝頭坐南拱北

子四　香　蓮　壬　千出

女一　適黃

復回公諱文旛　即恒升公三子

生乾隆卅四年己丑四月初一酉時

卒道光八年戊子四月初七日酉時

娶　氏改適

楚南安八都洋尾溛木秋嶺

復信公諱文煨字爲深　即允升公長子

公

生乾隆廿八年癸未十月廿八日辰時
卒道光十二年壬辰八月二十日丑時

娶黃氏號莊泰

生乾隆廿九年甲申二月十七日未時
卒乾隆五十二年丁未十月十七寅時

繼娶劉氏號慈泰

生乾隆卅四年己丑十月十五日巳時
卒道光十三年癸巳九月廿七日寅時

子四　陞二　謙　石　勑使出嗣文煸

女二　長適黃　次適杜

文熚公　即允升公次子生卒失

娶黃氏號莊慈

生乾隆廿九年甲申二月廿七日未時
卒乾隆五十二年丁未十月十七卯時　止

文炌公　即允升公三子生卒鈌止

復園公諱文煐　即允升公四子　生乾隆四十七年壬寅十月十四午時 卒嘉慶廿五年庚辰五月十九日巳時

嗣子　勅使

如磨公諱埜保　即碩意公長子　生乾隆卅三年戊子七月廿四日戌時 卒道光十五年乙未九月初四日午時

娶林氏號順烝　生乾隆 卒嘉慶十一年丙寅三月廿九日酉時

公與長子仝塟本都騎馬山乾巽戌辰

嗣子二　嶺　周粗

如須公諱墩　即碩意公次子　生乾隆卅八年癸巳 往臺湾殁止

如化公諱塲字爲金　即碩意公四子

公
生乾隆五十年乙巳六月初六日辰時
卒道光廿五年乙巳六月廿八日巳時

娶黃氏滿娘號順儉
生嘉慶五年庚申七月二十日辰時
卒同治十一年壬申九月廿三日亥時

公塟八都土名后山尾

子四　周粗出嗣如磨　周海　周山　周衍

女二　長適賴　次適黃

如呈公諱放　即碩意公五子
生乾隆五十四年己酉五月初六午時
卒咸豐五年乙夘六月廿三日申時

娶賴氏號勤順
生嘉慶五年庚申
卒嘉慶廿二年丁丑五月十九日戌時

繼娶賴氏號勤信
生嘉慶元年丙辰
卒道光四年甲申十一月十一日申時

子二　長宏　長更俱出嗣

如日公諱闌字爲同　即碩膚公嗣子

公　生乾隆四十四年己亥三月二十日辰時
卒道光廿一年辛丑十二月廿七日辰時

娶王氏糧娘號順懿　生乾隆五十七年壬子四月廿九辰時
卒咸豐二年壬子十二月三十日申時

公附葬父墳墓在本鄉石牌乙辛夘酉

妣葬五坑后後寮坐北拱南

子六　長盛　長瓜　長宏出嗣如呈　長更出嗣如呈

長華　長陸　女二

爲鵲公　即碩福公長子　生乾隆五十三年戊申十月二十未時
卒咸豐四年甲寅十月十五日

娶陳氏改適

子三　自英往四都　擱　返俱隨母往陳三坝

爲扶公　即碩福公次子生卒鈌　往外夷亡

娶黃氏　生嘉慶二十年乙亥十二月初六戌時　卒道光十年庚寅三月廿一日巳時　止

爲居公　即碩福公三子生卒鈌　往外夷亡

錦亭派

日進公諱取　即禹懐公長子　生雍正八年庚戌正月廿一日亥時　卒嘉慶三年戊午六月十七日子時

娶胡氏號素儉　生乾隆十一年丙寅九月廿四日寅時　卒乾隆卅八年癸巳三月初八日戌時

子二　牌　歡

步進公諱走　即禹懐公次子　生雍正九年辛亥五月初三日辰時　卒嘉慶九年甲子八月初三日卯時

娶黃氏號慎慈
生乾隆二年丁巳四月廿六日巳時
卒乾隆五十三年戊申五月十九子時

子三　葉　兌　求

廿九公　即禹懷公三子
生雍正十一年癸丑七月十三日巳時
卒乾隆廿六年辛巳三月初二日丑時　止

悟文公諱錐　即顏懷公隻子
生乾隆元年丙辰三月十二日申時
卒乾隆六十年乙卯正月十三未時

娶賴氏號玉懿
生乾隆元年丙辰六月廿九日巳時
卒嘉慶廿三年戊寅四月初九卯時

子四　切　調　挽　邀

存本公　即齊懷公長子
生乾隆元年丙辰正月十一日未時
卒乾隆四十六年辛丑九月初九戌時

嗣子　紫英

存心公　即齊懷公次子
生乾隆四年己未十月初五日酉時
卒乾隆四十九年甲辰四月十二辰時

娶陳氏
生乾隆九年甲子六月初十日申時
卒乾隆四十九年甲辰七月初七午時

子一 綠

存厚公 即齊懷公三子
生乾隆
卒乾隆五十四年己酉正月二十日寅時 止

存德公 即齊懷公四子
生乾隆十一年丙寅正月廿四日巳時
卒乾隆四十九年甲辰四月初七午時

娶廖氏號勤儉
生乾隆十七年壬申九月初十日卯時
卒乾隆四十九年甲辰七月初五未時 止

存成公 即齊懷公五子
生乾隆十三年戊辰七月廿一日申時
卒乾隆五十五年庚戌正月十九寅時 止

懷新公諱祜 即祥懷公長子
生乾隆十二年丁卯二月初五日午時
卒乾隆四十九年甲辰六月十六未時

娶黃氏號純儉
生乾隆十七年壬申九月初十日卯時
卒乾隆四十九年甲辰七月初五日未時
塟本鄉石埔路頭

予一　茂英

存慎公諱丙　即祥懷公次予

生乾隆十七年壬申五月十四日戌時
卒道光十三年癸巳七月廿九日未時

娶盧氏號守儉

生乾隆廿一年丙子十一月二十丑時
卒乾隆五十年乙巳九月十七日戌時

予一　教英

懷慎公諱面　即祥懷公三予

生乾隆廿二年丁丑三月初十日酉時
卒乾隆四十七年壬寅十二月初三申時

塋本都海頭垵艮坤丑未

志正公諱內　即祥懷公四予

生乾隆廿五年庚辰八月初一日巳時
卒道光十二年癸巳四月初七日酉時

娶賴氏號慈懿

生乾隆卅五年庚寅五月廿六日戌時
卒乾隆五十三年戊申十二月初一未時

繼娶侯氏號信德

生乾隆卅一年丙戌二月初三巳時
卒咸豐元年辛亥正月初七日辰時

公塟本鄉古井潭后

先繼妣合塟本都九屈脚

子四　旭蘭　驕逵　必捷　巨川

女三　長適杜　次三俱適黃

東二房二

爲殷公　即烝氣公長子　生卒缺

成崑公諱泰　即烝氣公次子　生乾隆二年丁巳十月初十日戌時　卒嘉慶十八年癸酉八月廿九戌時

娶黃氏號勤省　生乾隆三年戊午五月廿一日午時　卒嘉慶十年乙丑八月初九日午時

子四　貴成　輕　典　每

節用公諱時　即忍氣公三子　生乾隆十一年丙寅十一月初十日戌時　卒嘉慶十二年丁卯十一月十一日巳時

娶黃氏鷄娘號勤儉　生乾隆十八年癸酉九月十二日未時　卒道光十四年甲午二月十六日申時

子二　內　辦

爲老公　即忍氣公四子　生卒缺

爲脫公　即循齋公隻子　生卒缺

克讓公諱表　即善正公隻子　生乾隆十二年丁卯三月廿五日未時　卒嘉慶十九年甲戌十二月十四日亥時

娶黃氏號純淑　生乾隆十六年辛未八月廿一日　時　卒乾隆四十三年戊戌五月初九未時

繼娶陳氏號淑慎　生乾隆十九年甲戌九月十八日午時　卒嘉慶十八年癸酉十月十六日辰時

子四　蹇　他　稅蘭　守竹

爲适公　即淡齋公長子

爲達公　即淡齋公次子

爲哭公　即善誘公長子

爲夜公　即善誘公次子

高宗公諱諒　即懷德公長子　生乾隆九年甲子十月初九日巳時　卒乾隆四十五年庚子十一月廿三巳時

娶黄氏八娘號節儉　生乾隆十年乙丑正月二十日未時　卒嘉慶十七年壬申二月廿九丑時

子二　角　蓋二

爲詩公　即懷德公次子

至才公諱三　即懷德公三子　生乾隆十六年辛未九月初六日未時　卒乾隆五十三年戊申十月廿七未時

娶黄氏號有志

嗣子　天擇

天明公諱西　即堅執公長子

天送公諱迎　即堅執公次子

高倍公諱噠　即堅執公三子

娶林氏猛娘號慈成

子二　學　熈草

側耳公諱桂　即敬意公長子

娶潘氏號恬慈

生乾隆廿二年丁丑四月十四日未時

卒乾隆四十五年庚子八月二十巳時

生乾隆四年己未二月初四日戌時

卒乾隆三十年乙酉正月初十酉時　七

生乾隆六年辛酉二月十五日亥時

卒乾隆卅七年壬辰十月十一巳時　止

生乾隆九年甲子八月十二日未時

卒嘉慶十一年丙寅正月十八寅時

生乾隆十七年壬申五月初六日午日

卒嘉慶十三年戊辰五月十五日午時

生乾隆三年戊午十二月廿四日巳時

卒乾隆五十一年丙午十月初二未時

生乾隆六年辛酉八月初八日卯時

卒乾隆卅六年辛卯五月十二日未時

墊

子二　祿　豆

爲花公　即敬意公次子　生卒缺

離位公諱坎　即敬意公三子　生乾隆九年甲子六月十八日巳時　卒嘉慶十一年丙寅三月初八未時

娶郭氏號愼慈　生乾隆十年乙丑十二月初三亥時　卒嘉慶九年甲子八月廿七日午時

子數人因木主字跡不現不敢下筆姑缺之以待候査添記

賢才、公諱殀字爲頤　即敬意公四子　生乾隆十九年甲戌四月十八日子時　卒道光六年丙戌七月初九日子時

公

娶謝氏桃娘號仙菓　生乾隆卅二年丁亥七月廿一巳時　卒道光八年戊子七月十八日卯時

子二　麒麟　親英

寬信公諱六　即敬意公五子
生乾隆廿六年辛巳五月廿五日戌時
卒乾隆五十五年庚戌十一月十六酉時

娶　氏

子一　論

輝照公諱拱　即寬洪公長子
生乾隆九年甲子九月十三日辰時
卒乾隆五十三年戊申六月初八申時

志制公諱節字爲甘　即寬洪公次子
生乾隆二十年乙亥三月十四丑時
卒嘉慶二年丁巳正月十一日巳時

娶　氏轉娘號靜順
生乾隆廿九年甲申十二月初六酉時
卒道光五年乙酉五月廿一日子時

子二　文玉　宣和

基宗公諱沛字爲滂　即敦素公隻子

公

娶蕭氏號敬忠

生雍正十二年甲寅十二月廿三午時
卒嘉慶三年戊午七月十九日寅時

公塋雲龍寨脚乾巽戊辰

生乾隆十年乙丑五月廿五日巳時
卒嘉慶八年癸亥三月三十日巳時

子四　貞平　戰勝　合英　乃英

女一　適李

和然公諱挺　即善德公長子

生雍正六年戊申七月十九日午時
卒乾隆五十三年戊申三月廿六寅時

娶黃氏

生雍正八年庚戌七月廿七日辰時
卒嘉慶十三年戊辰五月初十巳時

塋湖宅亥巳壬丙

子六　水　德華　德儀　英世　德香

鶱

爲哲公　即善德公次子

子一　存忠

爲遊公　即善德公三子

子一　挑

爲國公　即善德公四子

子一　天終

爲探公　即守政公長子

爲箏公　即守政公次子

稅義公諱貢　即守政公三子
生乾隆十一年丙寅五月初一巳時
卒嘉慶七年壬戌正月初五日寅時
娶黃氏號成慈
生乾隆廿二年丁丑六月十二日卯時
卒嘉慶十三年戊辰正月初二日丑時
子一　雩

爲都公　即守政公四子

爲月公　即守政公五子

爲兀公　即文亭公長子

寅詹公諱元　即文亭公次子
生乾隆七年壬戌正月初九日巳時
卒嘉慶十八年癸酉正月廿八未時
娶黃氏
生乾隆七年壬戌正月二十日巳時
卒乾隆四十七年壬寅三月廿九戌時
子三　景　挽　孝

爲几公　即文亭公三子

天與公　即志回公隻子

德明公諱南　即克明公長子

娶杜氏

塋本鄉土名胥尾墘申寅坤艮

子三　霜　贖　排

謂議公諱讀　即克明公次子

娶　氏

子四　慶　通　輕　葵

生雍正七年己酉閏七月廿六巳時

卒嘉慶二年丁巳九月初三日子時

生雍正十二年甲寅七月初九亥時

卒嘉慶八年癸亥十月初一日卯時

生乾隆二年丁巳八月初二日申時

卒乾隆六十年乙卯七月廿三酉時

生乾隆六年辛酉六月十九日亥時

卒乾隆五十三年戊申四月十四申時

孔明公　即鄉望公隻子生卒失往中都亡

娶賴氏　生乾隆　年正月廿七日未時　卒乾隆　年七月初八日午時

予二　蛟　莪

特朝公諱旺　即成欽公隻子　生乾隆十一年丙寅十二月十二酉時　卒嘉慶二十年乙亥二月十三日寅時

娶黃氏號寬慈　生乾隆十三年戊辰四月初五日寅時　卒乾隆四十六年辛丑十二月初九午時

合葬歌衢嶺頭

予三　攀桂　樟　楓

志惠公諱來　即榮顯公長子　生康熙四十九年庚寅九月初八辰時　卒乾隆四十年乙未四月十五日未時

娶黃氏號信慈　生康熙五十七年戊戌八月廿二酉時　卒嘉慶八年癸亥十月初二日子時

公葬本鄉古井田壬丙

妣葬高衢嶺

子二　赤　老二

樾遷公諱橋　即榮顯公次子　生雍正二年甲辰七月十一日辰時　卒嘉慶八年癸亥九月初九日酉時

娶黄氏號孝儉　生雍正二年甲辰九月三十日卯時　卒乾隆四十七年壬寅正月初六申時

公葬本鄉烏鴉啄屍巽乾辰戌長孫附塋

妣葬樹脚圍乾巽戌辰

子六　喜梅　秋香　文言　湊六　東海

溪英

直毅公諱旦字爲旭　即榮顯公三子

公

生雍正八年庚戌十二月初二日辰時

卒乾隆十八年癸酉十一月初十丑時

塋本鄉烏石洋大石脚

子一　致養

光昌公諱馬祈　即榮顯公四子

生乾隆五年庚申閏六月廿七日未時

卒嘉慶廿一年丙子十二月初十未時

娶黃氏號歸静

生乾隆八年癸亥四月初六日未時

卒嘉慶廿二年丁丑十一月十一丑時

子三　草山　科　樹枝

輔國公諱天助字爲相　即榮顯公五子

公

生乾隆十一年丙寅九月廿二辰時

卒道光十年庚寅九月十四日酉時

娶黃氏英娘號雲奶　生乾隆十年乙丑十一月初二子時　卒道光八年戊子八月廿八日申時

合塟本鄉土名新墓林申寅庚甲

子五　日在　蟬　運　飛鶯

艮朋

屈世公　即鄉譽公長子　生康熙五十七年戊戌　卒乾隆十年乙丑四月十二日巳時

振命公諱元椿　即鄉譽公次子　生康熙六十年辛丑十月初一日卯時　卒乾隆四十年乙未二月廿八日寅時

娶蘇氏號粧慈　生雍正八年庚戌五月初十日辰時　卒嘉慶三年戊午二月十七日巳時

子六　安　德　真　星　員　劍

肇基公諱元檜　即鄉譽公三子　生雍正二年甲辰九月廿六日亥時　卒乾隆卅八年癸巳十一月初一未時

娶戴氏號和柔

生雍正十二年甲寅七月廿九日戌時
卒嘉慶十四年己巳九月初八日丑時

合塟本鄉土名古井巷乾巽戌辰

子二 瑜 台明

存德公諱元宅 即鄉譽公四子

生雍正十年壬子二月初八日丑時
卒嘉慶七年壬戌七月初十日未時

娶杜氏號足慈

生乾隆四年己未十一月十六日巳時
卒乾隆五十一年丙午閏七月廿六日卯時

合塟本厝後壬丙亥巳

子五 龍 登 雲 雨 味

爲錐公 即鄉存公長子

事吳公諱鈞 即鄉存公次子

生雍正七年己酉五月初二日戌時
卒乾隆六十年乙卯五月十二巳時

娶賴氏號慈謹

仝葬本處后山埔獅仔甲庚夘酉

生乾隆三年戊午三月廿六日戌時

卒乾隆四十三年戊戌三月初八亥時

子三　世春　從意　矜榔

爲餅公　即鄉存公三子

爲贈公　即鄉存公四子

賓誼公諱軒　即鄉義公長子

生乾隆廿一年丙子十二月廿二丑時

卒嘉慶九年甲子十月十五日午時

娶賴氏號勤敏

生乾隆卅一年丙戌十月十二日戌時

卒嘉慶十六年辛未正月初十日戌時

子二　甘桃　寛

爲註公　即鄉義公次子

爲轉公　即鄉義公三子

爲軫公　即鄉義公四子

寮池公　即貢惠公長子

告塔公　即貢惠公次子

生雍正六年戊申四月初七日未時

卒乾隆卅八年癸巳十一月十一卯時

永進公失諱　即和直公孫

生乾隆八年癸亥正月十七日未時

卒嘉慶三年戊午二月十四日巳時

娶鄭氏號慈順

生乾隆十九年甲戌四月初二日酉時

卒嘉慶廿三年戊寅十二月初十酉時

子二　皆得　朝耕

何如公諱點字爲及　即良平公隻子

公

生雍正九年辛亥十二月廿六日午時

卒嘉慶九年甲子七月十八日卯時

娶尤氏三娘號順慈
子三　荷　粧　朕
文山公諱勅　即隱曜公長子
娶賴氏粑娘號尊慈
全葬本鄉後壁頭蜂腰
子二　創來　愈來
言山公諱雅　即隱曜公次子
娶林氏號姑惜
繼娶賴氏號淑範

生乾隆三年戊午正月十二日辰時
卒嘉慶二年丁巳正月廿一日酉時

生乾隆十一年丙寅四月十五午時
卒嘉慶七年壬戌五月廿三日午時
生乾隆十二年丁卯二月十二日酉時
卒嘉慶十六年辛未四月十六日巳時

生乾隆十六年辛未七月十三日戌時
卒道光元年辛巳十二月十一日亥時
生乾隆廿七年壬午十月廿九日辰時
卒乾隆五十一年丙午十月初四戌時
生乾隆廿一年丙子三月初三日巳時
卒道光廿三年癸卯十一月十三戌時

公與賴氏仝塟嶺尾丙壬巳亥
林氏塟楓窨夘酉乙辛
子三　志　高尚　傲
麗金公諱路字爲水　即隱曜公三子
生乾隆廿一年丙子八月初四日午時
卒乾隆五十五年庚戌四月廿八午時
公
娶謝氏號違範生卒失
公塟陳厝祥
子一　對英
篤周公諱祜　即審度公長子
生乾隆六年辛酉十二月廿五日午時
卒嘉慶十六年辛未五月廿六日酉時

娶黃氏送娘號惠慈

生乾隆八年癸亥正月廿一日酉時
卒乾隆五十二年丁未七月十四未時

子三　八貴　維英　殿英

爲治公　即審度公次子

辰平公　即審度公三子

爲蘭公　即征巖公長子

爲莉公　即平回公隻子

爲邑公　即孫征公隻子

生康熙六十年辛丑八月初九日未時
卒　丙午四月廿六日子時

進金公諱榜　即捷高公之孫

生乾隆廿九年甲申八月廿一日酉時
卒乾隆四十九年甲辰二月十七亥時

進稱公失諱　即捷高公之孫

生乾隆廿九年甲申六月十三日辰時
卒

行直公　即提高公之孫

生乾隆　年　十二月廿六日辰時

卒乾隆六十年乙卯五月初四日巳時

行矩公諱恭　即正秉公隻子

生雍正三年乙巳五月十四日未時

卒乾隆四十九年甲辰二月初十辰時

娶黃氏號勤素

生雍正十一年癸丑十一月十四酉時

卒乾隆　年　三月十一日卯時

塋

子一　梯英

為繩公諱祖　即勤勵公長子

生乾隆十一年丙寅九月十四日戌時

卒道光三年癸未十二月廿六日巳時

娶林氏

生乾隆廿一年丙子九月十八日巳時

卒道光廿四年甲辰七月十三日戌時

子五　桃　琚　樑　棟　材

為華公諱榮　即勤勵公次子

生乾隆十五年庚午七月初三日巳時

卒嘉慶十二年丁卯七月二十日酉時

娶范氏
生乾隆廿七年壬午六月十九日午時
卒失

子四　秋元　澄秀　松生　竹生

爲燕公諱宗　即勤勵公三子
生乾隆十九年甲戌三月廿四日巳時
卒嘉慶十六年辛未三月初一日丑時

娶邱氏
生乾隆廿六年辛巳八月廿二日寅時
卒失

子二　淮生　天生　女二

爲光公諱炎　即勤勵公四子
生乾隆廿四年己卯十月廿二日酉時
卒道光七年丁亥十一月初五日酉時

娶陳氏
生乾隆三十年乙酉正月初四子時
卒道光十年庚寅十月廿六日亥時

子二　宏蔚　鑒生　女一

爲玉公諱輝　即勤勵公五子
生乾隆卅五年庚寅五月初八申時
卒嘉慶元年丙辰十一月十八巳時

娶李氏　生乾隆卅九年甲午十一月初九寅時　卒咸豐五年乙卯四月初二日寅時

子一　榜　女二

思温公諱貌　即樸素公長子　生雍正三年乙巳四月廿六日寅時　卒乾隆五十三年戊申三月十七未時

娶黄氏號惠德　生雍正六年戊申八月廿七日巳時　卒嘉慶十九年甲戌十二月十一卯時

子三　波　滙　頂

聯答公諱文報　即樸素公次子　生雍正十一年癸丑十一月初三亥時　卒嘉慶六年辛酉正月廿五日寅時

娶陳氏號順謹　生雍正十三年乙卯十一月十三日卯時　卒乾隆五十四年己酉閏五月十三丑時

子二　参　贊

其次公諱文曲　即樸素公三子　生乾隆七年壬戌七月初五日寅時　卒乾隆四十二年丁酉九月廿三亥時

娶黃氏號惠慈　生乾隆十年乙丑十月廿三日戌時　卒乾隆四十九年甲辰五月十一日未時

子二　進　岑

諸侯公諱謀　即一枝公長子　生乾隆五年庚申三月十五日寅時　卒嘉慶元年丙辰四月十六日子時

娶黃氏號仁慈　生乾隆六年辛酉正月十三日寅時　卒嘉慶元年丙辰四月初八日寅時

子五　茅　芹　艾　燕　莊

敦篤公諱謨　即一枝公次子　生乾隆七年壬戌十月廿七日亥時　卒嘉慶十年乙丑閏六月十二午時

娶潘氏號麟順　生乾隆七年壬戌六月初五日午時　卒嘉慶十八年癸酉二月十四寅時

子二　舉售　孝慈

爲國公諱讓　即一枝公三子　生乾隆十六年辛未八月初一日丑時　卒嘉慶十八年癸酉九月初一日午時

娶杜氏號鄰幽
生乾隆二十年乙亥九月十二日午時
卒乾隆五十三年戊申十月十四戌時

繼娶黃氏號歲懿
生乾隆廿九年甲申十月廿九日
卒道光十二年壬辰四月廿七日未時

子五 祖蔭 奕茂 式志 芻 乾

則明公諱誠德 即志縉公長子
生乾隆二年丁巳四月十七日申時
卒乾隆五十四年己酉四月廿六未時

娶潘氏號恭慈
生乾隆五年庚申十月廿八日戌時
卒嘉慶五年庚申十二月廿一辰時

子一 寅英

文豪公諱英 即志縉公次子
生乾隆五年庚申十二月三十戌時
卒嘉慶元年丙辰正月廿五日未時

娶賴氏號貞慈
生乾隆六年辛酉五月十七日巳時
卒嘉慶二十年乙亥二月十三丑時

子三 翁 富 超

大訓公諱晦士　即碩齋公之孫

天嚮公失諱　即碩齋公之孫

睿知公諱聰明　即皆天公隻子

自達公諱有　即伯周公隻子

仲禮公諱發　即寄命公隻子

東三房

爲紂公　即積善公隻子

得意公　即安靜公長子

彩鳳公　即安靜公次子

生乾隆十年乙丑八月廿三日未時
卒乾隆廿七年壬午閏五月初四戌時

生乾隆廿二年丁丑六月廿四日午時
卒乾隆卌六年辛卯八月初八日未時

生失
卒　十一月廿九日

生乾隆十九年甲戌七月十五日酉時
卒嘉慶十八年癸酉八月十二日酉時

生乾隆四十年乙未二月十三日
卒嘉慶二十年乙亥四月十四日未時

有道公　即文質公長子
有明公　即文質公次子
有志公　即文質公三子
照來公　即安樹公隻子
爲終公　即多吉公長子
爲祿公　即多吉公次子
爲慶公　即多吉公三子
爲寃公　即多吉公四子
爲歲公　即多吉公五子

東四房

爲邑公　即克家公長子

爲成公　即盛德公長子

爲吟公　即盛德公次子

生乾隆廿五年庚辰四月初四日卯時
卒嘉慶十四年己巳正月廿二日未時

懷美公失諱

娶潘氏

生乾隆四十年乙未十月初十寅時
卒咸豐八年戊午七月十五日卯時

子二　糝　甕

成美公失諱

生乾隆卅一年丙戌十月十二日亥時
卒乾隆五十七年壬子十二月初十巳時

娶　氏

子二　次連與

西房系

望稽公　即宗立公長子

爲足公　即宗立公次子　生失　卒　年正月廿六日未時

娶　氏　生失　卒　年十二月廿五日戌時

子一　昌英

維容公諱潤字爲雨　即美德公長子　生嘉慶十六年辛未閏三月十二寅時　卒同治十三年甲戌八月初六日戌時

公

娶黃氏藥娘　生嘉慶廿一年丙子二月初二日卯時　卒光緒十二年丙戌二月初七日酉時

子二　新　德

維客公諱有字爲內　即美德公次子

公

娶謝氏號順静

繼娶糠氏成娘號慈愛

三娶林氏號順懿

子二　蔭　壇

天元公字爲魁　即美德公三子

娶羅氏

生嘉慶十九年甲戌十二月廿三酉時
卒咸豐八年戊午正月廿七日巳時

生嘉慶二十年乙亥五月廿一日卯時
卒道光十三年癸巳五月十七日戌時

生道光三年癸未
卒道光廿二年壬寅正月初四日丑時

生嘉慶廿三年戊寅
卒咸豐十年庚申十二月初七日辰時

生嘉慶廿四年己卯四月初十戌時
卒同治五年丙寅八月十八日巳時

生道光十年庚寅正月廿三日　時
卒宣統三年辛亥五月廿四日申時

子二　安　轉

卷肆終

重修虹山彭氏族譜世紀卷伍

廿九世 可字行

東長房長萃琇公派

可蔭公　即敦樸公之子 生卒失

艮慶公諱君　即存謹公之子 生雍正十三年乙卯八月十一日時 卒乾隆卅三年戊子十一月初八時

娶黃氏號勤順 生卒失

葬同以安公冰井后坐乾向巽

子 失諱

東長房長愧斯公派恂謹系

日祇公諱神祐　即致曲公長子

生雍正元年癸卯十二月廿七日丑時
卒乾隆五十三年戊申十一月十五丑時

娶黃氏號柔順

生雍正八年庚戌六月十三日巳時
卒乾隆五十三年戊申十一月十一寅時

子一　外來

承業公諱祖德字可成　即致曲公次子

公

生雍正六年戊申五月初六日戌時
卒嘉慶十二年丁卯十二月初七酉時

娶陳氏號勤謹

生雍正九年辛亥八月十四日辰時
卒乾隆卅九年甲午四月初四巳時

子四　梅　權　奧　嫣

可漸公　即質樸公長子　生卒失止

循忠公諱恕　即質樸公次子

生失
卒　七月廿五日止

如松公諱吉來字可陽　即克明公長子　生雍正三年乙巳十二月廿三日　時　卒乾隆卅七年壬辰八月初六日未時

公

娶何氏號恬順　生乾隆二年丁巳三月初二日　時　卒嘉慶十七年壬申四月初二亥時

合葬東過嶺崙石脚坐庚向甲兼酉夘

子一　秋連

克勤公諱竹　即克明公次子　生雍正七年己酉十一月廿九日戌時　卒乾隆四十三年戊戌正月初五戌時

娶張氏號順志　生乾隆二年丁巳十一月十四日　時　卒乾隆廿九年甲申十二月初八巳時

同葬牛塲崙尾石脚坐丁向癸兼未丑

子一　任來

如友公諱肪字可友　即克明公三子

生乾隆六年辛酉八月十四日巳時
卒嘉慶十一年丙寅五月廿一日丑時

公

娶黃氏號勤慎

生乾隆二十年乙亥十二月十五卯時
卒道光二年壬午六月初六日午時

同葬在牛塲進坑坐丁向癸兼未丑

子四　暖　實　纜　就允

如皎公諱月字可皎　即克明公四子

生乾隆十一年丙寅七月十八日寅時
卒乾隆五十一年丙午七月初七午時

公

娶陳氏號柔惠

生乾隆廿二年丁丑十二月廿六日寅時
卒乾隆五十一年丙午七月十二日戌時

合葬東過嶺頭厝學尾崙路后坐癸向丁兼丑未

子二　搏　只尚

克征公諱參字可昂　即如阜公長子　生雍正三年乙巳十一月初三午時　卒嘉慶九年甲子五月十五日酉時

娶黃氏號勤敏　生雍正八年庚戌十一月十五日亥時　卒乾隆五十一年丙午正月初六子時

合葬外石垵嶺頭坐乙向辛

子三　綴　嘗　奈

其實公諱標　即如阜公次子　生雍正十三年乙卯五月十六日申時　卒乾隆五十八年癸丑十月廿五酉時

娶謝氏號恬慈　生乾隆九年甲子十月初十日酉時　卒嘉慶元年丙辰七月廿六日未時

仝葬本鄉牛山峻坐西向東

子二　斗　挽

克實公諱情　即如皋公三子

生乾隆五年庚申五月初三日辰時
卒嘉慶二年丁巳十一月初七巳時　止

可于公　即如皋公四子 生卒失止

諶公字可咨　即必教公隻子

生乾隆五年庚申正月初四日丑時
卒乾隆五十三年戊申九月初四辰時

先娶　氏

生乾隆廿二年丁丑七月廿六日　時
卒失

繼娶　氏

生失
卒　二月廿四日

子一　秋季

恪實公諱蘊字可求　即純直公長子

生乾隆十年乙丑十一月初十日午時
卒乾隆五十三年戊申七月初七酉時

承

先娶潘氏號懿慈

生乾隆十二年丁卯十二月初一日戌時
卒乾隆四十二年丁酉十二月初三卯時

繼娶潘氏號順懿
生乾隆十一年丙寅九月十一日酉時
卒嘉慶十七年壬申六月二十日戌時
子二　慈　祥來　女一適潘

喜顏公諱欣字可喜　即純直公次子
生乾隆十六年辛未二月十三日申時
卒乾隆四十五年庚子八月廿六日亥時
公
嗣子一　約

祥實公諱妹字可定　即純直公三子
生乾隆十九年甲戌九月二十日巳時
卒道光五年乙酉八月廿五日酉時
公
娶黃氏號克儉
生乾隆廿四年己卯三月初八日亥時
卒道光十七年丁酉五月廿七日丑時
子五　冬菊　功亨　世來　典來　忍來

太學生克家公諱泮字可藻　即慕德公長子

生雍正三年乙巳七月初五日辰時

卒乾隆卅一年丙戌八月十五酉時

公

娶黃氏號成慈

生雍正六年戊申六月十四日辰時

卒嘉慶七年壬戌四月十六日寅時

公葬本鄉土名下垢壠坐辛向乙

妣葬本鄉土名楊厝埔坐乾向巽

子四　檜　栢　桃出嗣沃公　柿

克開公諱沃字可啓　即慕德公次子

生乾隆五年庚申五月廿四日亥時

卒乾隆卅四年己丑十月廿九戌時

公

娶潘氏

生乾隆四年己未十月廿三日　時

卒嘉慶十七年壬申二月初一　時

公塟對面壠坐癸向丁兼子午

妣潘氏與泮公妣黄氏仝公妣賴氏三嫣合塟楊厝埔坐乾

向巽兼戌辰

嗣子一　桃

克瑜公諱仝字可瑜　即慕德公三子

生乾隆十二年丁卯四月廿二日丑時

卒乾隆五十二年丁未九月十六日　時

公

娶賴氏

生乾隆十三年戊辰正月廿七日申時

卒乾隆五十二年丁未十二月廿七日酉時

公塟本鄉埔尾鄉坐子向午兼癸丁

妣與沃公之妣合塟

子二　携　澄

存義派

敦厚公諱兼字可福　即如陵公長子　生雍正六年戊申二月廿五日時　卒乾隆四十四年己亥三月十七時

娶潘氏　生雍正八年庚戌四月廿五日時　卒乾隆卅三年戊子正月廿一時

子一　筆　往番邦無回

敦樸公諱好字可懷　即如陵公次子　生雍正　年八月廿五日時　卒乾隆卅五年庚寅五月初七時

娶黃氏號貞慈　生雍正十一年癸丑十月初九日卯時　卒乾隆五十八年癸丑七月初四未時

子二　天　吥　女一

世法公諱官　即如陵公三子　生乾隆元年丙辰七月十五日時　卒乾隆卅五年庚寅九月初四時

娶劉氏　生乾隆二年丁巳八月十三日時
　　　　卒嘉慶十年乙丑三月初二日時

子二　橡分居大田縣住　農　女一適黃

克樓公諱塔　即如陵公四子　生乾隆五年庚申七月初九日時
　　　　　　　　　　　　　往臺灣不歸

娶黃氏　生　年正月十八日時
　　　　卒　年三月初三日時

妣塟八都山中土名蘇厝墓坐甲向庚兼夘酉

子二　量　習夢

得情公諱九字可陽　即如陵公五子　生乾隆十三年戊辰九月十五日時
　　　　　　　　　　　　　　　　卒乾隆五十三年戊申四月十一日時

娶賴氏生卒失

子二　笑山　銃

成傑公諱彥　即克勤公長子
生雍正七年己酉七月廿一日丑時
卒乾隆四十七年壬寅七月十二辰時
娶賴氏號守靜
生雍正九年辛亥八月十三日戌時
卒乾隆五十三年戊申四月十三未時
合塟本鄉土名西坑園
子二　素香　艾　女二　適賴　適潘

成俊公諱美字可鄰　即克勤公次子
生雍正十三年乙卯正月廿一日　時
卒嘉慶　年　二月初一日時
幼娶潘氏
生乾隆　年　月　日　時
卒乾隆元年丙辰四月十一日時
繼娶潘氏
生乾隆二年丁巳閏九月廿七日　時
卒乾隆五十九年甲寅九月十二　時
仝塟本鄉后山厝后坐辛向乙
子三　快　墻　味

成英公諱粲　即克勤公三子

生乾隆八年癸亥三月十一日辰時
卒嘉慶十一年丙寅十二月初九未時

娶謝氏號勤儉

生乾隆九年甲子六月廿二日辰時
卒乾隆五十年乙巳六月初十午時

塋本鄉對面田后

子二　浮　張

穴隊公諱隊　即克勤公四子

生失
往夷無回

娶黃氏

生乾隆十八年癸酉六月十二日　時
卒嘉慶七年壬戌十二月初一日申時

嗣孫　册來

論語公諱助　即克勤公五子

生乾隆廿二年丁丑正月十五日辰時
卒嘉慶廿二年丁丑八月十一日酉時

先娶賴氏號慈愛

生乾隆　年　月　日　時
卒乾隆　年　八月十四日　時

繼娶潘氏　生乾隆廿八年癸未三月十八日卯時　卒嘉慶廿四年己卯十一月廿七辰時

子一　耦才

成德公諱妥　即克勤公六子　生乾隆廿五年庚辰七月廿九日丑時　卒乾隆五十三年戊申十二月廿六巳時　止

其直公諱動字可直　即如邦公長子

公　生乾隆五年庚申八月二十日丑時　卒乾隆五十三年戊申四月初五未時

娶陳氏號柔和　生乾隆七年壬戌八月初十日酉時　卒乾隆五十一年丙午十二月廿九午時

公塟本鄉曰虹山左畔龍母山下坐亥向巳兼乾巽

妣陳氏塟楊厝尾棹磨桑樹林下坐坤向艮兼未丑

子三　醉　須　榮　女二　適潘　適黃

公少時家業淡薄性樸實不華守分篤志習醫法研究至精四方稱爲善醫名不虛傳至中年頗有家業與弟可榜在亟頭山建築宅舍以貽子孫天性友于怡怡如也壽至四十九而終惜哉

玉佩公諱瑶字可佩　即如邦公次子公

生乾隆九年甲子正月廿九日亥時
卒嘉慶七年壬戌正月初八日寅時

娶賴氏號慎慈

生乾隆九年甲子九月初五日亥時
卒道光元年辛巳十一月廿四巳時

合塟本鄉土名社伃隔坐癸向丁兼丑未

子三　哇　循　杼

女二　長適黃家　次適潘家

處士克莊公諱虎字可榜　即如邦公三子

生乾隆十二年丁卯四月廿六日午時
卒嘉慶廿五年庚辰二月十七日辰時

公

娶潘氏號克儉

生乾隆十四年己巳三月初三申時
卒道光十年庚寅九月初三日未時

公葬本鄉面頭山后坐坤向艮

妣葬本鄉面頭山后

子二　規　克

愼思公諱畏　即如邦公四子

生乾隆十七年壬申六月初九日申時
卒嘉慶十六年辛未六月十七日辰時

娶黃氏

生乾隆廿三年戊寅八月廿二日　時
卒乾隆六十年乙卯九月初六日　時

子一　侶

心誠公諱廣字可胖　即則齋公長子

生乾隆五年庚申十月十六日丑時
卒乾隆卅七年壬辰九月廿二卯時

娶黃氏號愼儉

生乾隆五年庚申十二月廿九亥時
卒嘉慶九年甲子二月廿四日午時

心誠公恬安公若進公合塟本鄉楊厝樹林土名倒湖霜

妣塟仙邑仁德里石牛

子三　察　口　星出嗣所公

恬安公諱速字可旦　即則齋公次子

公

生乾隆十一年丙寅二月十六日寅時
卒乾隆五十九年甲寅四月初五日未時

娶黃氏號順厚

生乾隆十六年辛未五月十二日　時
卒乾隆五十九年甲寅六月十四寅時

子二　朗　標出嗣所公　女一適黃

若進公諱所字可對　則齋公三子
生乾隆十七年壬申五月十一日時
卒乾隆五十一年丙午七月十九巳時

娶黃氏改適

嗣子二　星　標

序級公諱偕字可仕　即修齊公長子
生乾隆四年己未正月初九日時
卒　年　四月十五日時

娶黃氏
生　年　十二月廿八時
卒　年　二月初九日時

子四　台　若　枹　繆出嗣慊公

維敏公諱堂字可正　即修齊公次子
生乾隆九年甲子八月廿三日寅時
卒乾隆五十四年己酉八月十七日午時

公

娶潘氏號順慈

生乾隆十三年戊辰七月廿七日時
卒嘉慶元年丙辰十二月初三日時

子三　意　玉　佳

女二　適李黃

純誠公諱慊字可恬　即修齊公三子

公

生乾隆廿五年庚辰六月初十日未時
卒乾隆四十七年壬寅十二月初七辰時

娶黃氏號克儉

生乾隆廿四年己卯八月十一辰時
卒道光二年壬午九月初七日酉時

塋本都土名後山大石公脚坐坤向艮兼未丑從甫附塋右

壙

子二　纓嗣予　俱來　女一適賴

昌盛公諱亟字可盛　即修齊公四子

公　生乾隆廿七年壬午十一月廿九　時
　　卒嘉慶二十年乙亥三月十一日　時

先娶潘氏　生乾隆廿九年甲申十二月十八日　時
　　　　　卒乾隆五十三年戊申四月廿八日　時

繼娶潘氏　生乾隆三十年乙酉十月廿一　時
　　　　　卒嘉慶七年壬戌七月初二日　時

公與繼妣合塟仙邑仁德里土名南山嶺脚淡仔林坐丁向

癸兼午子

先妣另塟本鄉土名前崙龜山坐壬向丙兼子午

子二　元宵　連招

陟岵派

正莊公 即闇公長子兼承延公

生康熙五十九年庚子正月初三日辰時
卒乾隆四十三年戊戌六月廿九日未時

娶陳氏號淑慎

生乾隆二年丁巳三月三十日辰時
卒乾隆五十二年戊申七月十一未時

子二 樟 枋

忠慶派

誠樸公諱期 即懷直公嗣隻子

生乾隆十一年丙寅十月廿三日巳時
卒乾隆五十六年辛亥十一月廿二丑時

子一 義德

順謹公諱來 即廷齋公長子

生雍正六年戊申七月二十日丑時
卒乾隆卅五年庚寅五月二十未時

娶黃氏號勤節

生乾隆五年庚申六月廿四日辰時
卒乾隆四十九年甲辰十二月初六辰時

子一 沙

習齒公諱傳　即廷齋公養次子
生乾隆十一年丙寅十一月初十日卯時
卒道光三年癸未六月十二日申時

娶陳氏號順慈
生乾隆廿二年丁丑十月廿一日亥時
卒乾隆五廿六年辛亥三月廿九寅時

子一　一蘭

守義公諱黨字可類　即擇建公長子
生雍正十年壬子四月廿六日巳時
卒乾隆五十一年丙午八月初二日酉時

公

娶黃氏號醇勤
生乾隆十年乙丑十二月初七日申時
卒乾隆四十年乙未十月初六日申時

子二　水　兵

火德公諱泡字可明　即廷瑞公長子
生乾隆六年辛酉四月廿二日辰時
卒乾隆五十四年己酉十二月十一巳時

公

娶尤氏號順正　生乾隆十年乙丑九月十七日午時　卒乾隆四十七年壬寅九月十七辰時

子二　瓜　鉗　女一適林

文詩公諱章　即廷瑞公次子　生乾隆十一年丙寅正月廿一日亥時　卒乾隆五十三年戊申九月廿七巳時

可才公　即念直公嗣長子生卒失

娶黃氏號儉東　生乾隆十四年己巳九月　日　時　卒乾隆五十八年癸丑十二月初一亥時　止

可榔公　即念直公次子生卒失止

艮慶派

素齋公諱選　即來德公長子　生雍正九年辛亥八月十二日丑時　卒乾隆六十年乙卯二月十六日酉時

娶陳氏號勤順　生雍正十二年甲寅十一月廿八酉時　卒嘉慶二年丁巳七月廿七日　時

子二　壳　欺

生卒失
往番邦殁

可衆公　即來德公次子

娶潘氏號純勤

生乾隆十一年丙寅五月初五日寅時　止
卒乾隆卅五年庚寅四月廿二日酉時

勤素公諱杯　即來德公三子

生乾隆八年癸亥八月廿九日　時
卒乾隆五十八年癸丑十月初三　時

娶黃氏改適

考塟本鄉東過嶺厝脚大嶺路后坐癸向丁兼子午

子一　秋金

生乾隆十四年己巳九月廿七日　時
卒嘉慶十七年壬申七月廿二日酉時

如玉公諱帛　即來德公四子

生乾隆廿三年戊寅七月廿九日酉時
卒道光十三年癸巳五月初七日辰時

娶潘氏號義懿

子五　濟　恐　廳　進　走

絺存公諱軫　即來德公五子　生乾隆十九年甲戌四月廿四巳時　卒道光二年壬午三月廿七日未時

娶陳氏號有道　生乾隆三十年乙酉二月初六酉時　卒道光三年癸未八月初六日辰時

子三　平　色　連義

義希公諱衫　即樸軒公隻子　生乾隆七年壬戌正月廿九日　時　卒道光廿二年壬寅十一月廿七　時

先娶黃氏生卒失

繼娶黃氏生卒失

三娶賴氏生卒失

黃氏合葬進坑后大石下坐未向丑兼丁癸

子三　文尚　文魁　文我

可匏公　即有義公長子 生卒失止

長齋公諱欝　即有義公次子　生乾隆十二年丁卯十月十二日巳時 卒道光十四年甲午七月十三日未時

子一　著 養

可班公　即有義公三子 生卒缺

狠戾公諱粒　即有義公四子　生乾隆三十年乙酉　月　日　時 卒失止

可求公諱仕　即有義公五子 生卒缺止

非百公長房行素公派

太學生思靜公諱鎮字可一官章榮鎮　即行素公長子

公　生康熙卅七年戊寅九月初五日子時　卒乾隆廿六年辛巳十一月十七巳時

娶黃氏號醇謹　生康熙卅八年己卯四月初四日巳時　卒乾隆三十年乙酉閏二月廿一午時

仝塟本都土名下院坐　向

子三　元爽　清和　嫎英

公克體父志不以席豐而驕能以兄弟恊和爲務存心於古超類於今爲子孫謀安居則築大厦爲子孫謀榮顯則造書軒嗚呼觀於往事公亦偉人矣哉

鄉飲賓國學生昭聲公諱鈴字可鑾官章榮鑣　即行素公次子

公　生康熙五十三年甲午六月十三日酉時　卒乾隆五十三年戊申五月初三日酉時

嫡配杜氏合娘號嶶柔 生康熙五十五年丙申十二月十八子時 卒乾隆五十二年丁未九月十九日巳時

側室陳氏綢姐號順謹 生雍正十二年甲寅六月十三日午時 卒乾隆五十三年戊申四月廿九寅時

同塟本鄉潦頭土名對面墘坐申向寅兼庚甲分金庚申庚寅

側室塟仙邑仁德里土名南山坐丁向癸兼午子分金丙午丙子

子五　長嘉猷　次占春　三占模　四占夏 自孺人出

五占高 陳氏出

女六　拖　笑　稅　乃 自杜氏出　宥　滿 陳氏出

公祖武克繩無忝矩矱少年創業善貽規模築大厦兮美輪美奐造書軒兮允文允武余嘗閲公誌銘云公生平不收聲譽惟務儉樸雖有家財不以自封其上而修祠宇理祖墳必傾囊以倡其廣而新文廟建橋梁必捐貲以從至若尊師友睦族黨卹孤憐貧緩急濟人又實本孝友之性所推而暨不事勉强者以故鄉鄰尊其德咸樂爲公舉賓垂名郡邑熟讀此言益信公爲人傑也厥後孫曹有邑而庠者有郡而庠者有恩錫歲進士者有恩授直隸州者濟濟一堂夫非食公之德於無既也哉爰爲之讚曰虹山地靈公壽並臻滐水流長

公德咸馨生今之世超今之俗一代奇英宜爾子孫蟄蟄振

振

土樓邊長房恪齋公派

國學生廷獻公諱貞字可聲號實園　恪齋公長子享年六十一

生康熙五十三年甲午八月初九戌時
卒乾隆卅九年甲午九月十九日亥時

公

娶王氏號勤敏　生康熙六十一年壬寅九月十六時
卒乾隆十三年戊辰十月廿七日時

繼娶黃氏車娘號柔順　生雍正二年甲辰四月初一日時
卒嘉慶元年丙辰十二月十四時

子三　商王氏出　綏黃氏出　謳黃氏出

國學生廷璋公諱聰字可文號華園　恪齋公次子享年七十二

公　生康熙五十六年丁酉二月十五日申時　卒乾隆五十三年戊申十一月廿五寅時

娶戴氏五娘號懿恭享年八十二　生康熙五十六年丁酉十月十四丑　卒嘉慶三年戊午正月十九日

合葬仙遊城東門外

子四　耿　吟　勘　讌

國學生廷璧公諱鏗字可撰號慎園　即恪齋公三子

公　生雍正元年癸卯五月十六日寅時　卒乾隆五十三年戊申十月初三戌時

娶潘氏專娘號靜恭　生雍正三年乙巳九月廿四日卯時　卒嘉慶十二年丁卯十一月初九巳時

合葬本都換田坐癸向丁兼丑未

子三　汲　彬　紹

肅園公諱适字可環　即恪齋公四子

生雍正七年己酉六月十四日午時
卒乾隆二十年乙亥十一月廿二日丑時

公

娶黄氏蔡娘號順節

生雍正十三年乙卯正月初五日寅時
卒乾隆卅八年癸巳六月廿二日戌時

同塟本都本鄉土名西壠

子一　亢

公娶黄氏不數年而公竟逝矣然猶幸有一綫之延天不加公以數年之壽天又與媽有七月之孕而慶弄璋焉媽於是心同冰霜志切栢舟躬親撫養至於成立母道更兼父道外而延師課督內而義方是訓底於有成至於諸事靡不咸周

難以悉舉

希文派

太學生敏齋公諱驎字可千官章光前　即郁園公長子

生康熙五十年辛卯十一月廿三日時　卒乾隆卅一年丙戌十一月廿一日時

公

娶潘氏壽娘號勤樸

生康熙四十九年庚寅閏七月廿九時　卒乾隆卅三年戊子十一月初二日時

合塋滌頭壠

子三　燿　炯　熵

公自幼攻書府縣試屢拔前茅時人佇望其必售孰意知己難逢因援例而入雍焉

寬厚公諱騤　即懷素公長子　生雍正元年癸卯七月十三日戌時　卒乾隆　三月初九日酉時

娶　氏生卒失

子五　存心　存櫶　梲　與　再興

寬大公諱騑　即懷素公次子　生雍正九年辛亥正月初五日　時　卒乾隆廿六年辛巳十月十五亥時

先娶謝氏號儉順生卒失

繼娶吳氏號儉素生卒失

三娶蘇氏號儉懿生卒失

子二　栩　拱

存樸公諱騂　即懷素公三子　生乾隆五年庚申五月初七日午時　卒乾隆卅七年壬辰八月初三辰時

娶黃氏號恭順
生乾隆四年己未二月初一日辰時
卒嘉慶廿一年丙子五月十八日巳時

子二　知禮　彩鳳嗣子

存謹公諱雖字可荀　即康公長子
生雍正六年戊申十二月廿九日戌時
卒乾隆十九年甲戌七月初四日子時

娶黃氏號儉勤
生雍正六年戊申七月廿七日寅時
卒乾隆四十三年戊戌三月廿二　時

子二　巖　涯

和宜公諱駰　即康公次子孿生
生乾隆九年甲子五月初五日午時
卒乾隆五十三年戊申六月十九申時

娶黃氏號守懿
生乾隆十一年丙寅十一月初三亥時
卒乾隆五十二年丁未十月初一未時

子三　瑞　祥　擔

鄉賓獻彩公諱驪字可軒又名懷德　即康公三子孿生

公　生乾隆九年甲子五月初五日戌時
卒道光元年辛巳二月廿三日巳時

娶黃氏號勤謹　生乾隆九年甲子十二月廿八日辰時
卒乾隆五十年乙巳十月十九日辰時

子三　稟　保　天從

恊和公諱駥　即康公四子　生乾隆十一年丙寅五月十九日丑時
卒嘉慶十八年癸酉正月廿六日未時

娶黃氏號勤柔　生乾隆十四年己巳五月廿九日丑時
卒嘉慶元年丙辰十二月初七日申時

子四　沿　揉芹　子燕出嗣存義公　彩鳳出嗣存樸公

存厚公諱騆　即康公五子　生乾隆十六年辛未五月初二日戌時
卒乾隆　年十一月廿四寅時

娶　氏　生乾隆十八年癸酉六月廿二日子時
卒乾隆　年六月廿二日　時

嗣子一　紫荷

厚樸公諱驛　即康公六子　生乾隆十八年癸酉十一月初二未時　卒乾隆五十年乙巳十月初八日未時

娶　氏生卒失

子一　泰

存義公諱騎　即康公七子　生乾隆十九年甲戌十月初九日酉時　卒嘉慶十八年癸酉十二月廿七丑時

娶黃氏號柔懿　生乾隆廿七年壬午五月廿五日寅時　卒乾隆五十三年戊申五月廿三　時

嗣子一　紫燕

仕進派

文吉公諱滌　即誠一公長子　生康熙五十二年癸巳八月初八未時　卒乾隆卅八年癸巳六月二十日酉時

先娶尤氏號慈德　生康熙五十二年癸巳十月初六戌時　卒雍正十三年乙卯六月廿三日酉時

繼娶黃氏號端宜　生康熙五十八年己亥九月廿九亥時　卒乾隆四十五年庚子四月初十未時

合塟本鄉山頭埧田後坐坤向艮兼申寅

子二　璉　理　俱黃氏出

純樸公　即瞻庵公猶子　生康熙五十四年乙未四月十六辰時　卒乾隆六年辛酉五月廿三日未時

娶黃氏號儉柔　生康熙五十七年戊戌五月初十寅時　卒乾隆六年辛酉十二月初九日寅時

猶子　厚益　温厚

純定公　即瞻庵公之子　生康熙五十六年丁酉五月十八午時　卒乾隆廿三年戊寅七月初二日戌時

娶翁氏號勤儉　生康熙六十一年壬寅六月初十未時　卒乾隆卅三年戊子六月廿八日未時

猶子　從權　克清

全順公　即瞻庵公子之

生康熙五十八年己亥十二月廿六午時
卒乾隆四十三年戊戌六月初九日辰時

娶黃氏號安恬

生康熙五十八年己亥三月十一日未時
卒乾隆四十三年戊戌六月初七日酉時

子八　瑜　瑀　瑋　琯　玖　玢　璞　璽

樸謹公諱深　即誠國公長子

生雍正元年癸卯六月廿一日辰時
卒乾隆五十三年戊申六月二十日

先娶陳氏號仁意

生雍正三年乙巳七月廿九日亥時
卒乾隆廿五年庚辰正月廿八辰時

繼娶潘氏號仁愛

生康熙六十一年壬寅正月初十日巳時
卒乾隆五十三年戊申三月十六日巳時

子三　柳　格　柝

樸素公諱池　即誠國公次子

生雍正七年己酉十二月廿七日辰時
卒乾隆四十五年庚子十二月廿八午時

娶黃氏號守靜

生雍正九年辛亥正月十二日丑時
卒乾隆四十三年戊戌十月十七未時

子四　植　能　滚　榴

樸成公諱汝　即誠國公三子

生雍正十年壬子十月廿五日亥時
卒嘉慶廿三年戊寅十二月十六卯時

娶黃氏號温柔

生雍正十二年甲寅十一月廿五日辰時
卒乾隆五十九年甲寅十二月廿七辰時

子三　梭　枰　棟

得志公諱告　即誠國公四子

生雍正十三年乙卯四月十七日子時
卒乾隆四十七年壬寅五月初一巳時

娶賴氏號仁謹

生乾隆二年丁巳閏九月廿三日寅時
卒嘉慶十五年庚午正月二十日丑時

子一　杼

正齋公諱范　即誠國公五子

生乾隆四年己未七月廿三日午時
卒乾隆六十年乙卯五月初八辰時

娶潘氏號儉順

生乾隆八年癸亥八月十四日　時
卒乾隆五十二年丁未六月初六未時

塋本鄉土名九曲崙

子二　南山　福壽

樸存公諱溥　即誠國公六子

生乾隆七年壬戌六月十二辰時
卒嘉慶十六年辛未八月廿六日未時

娶潘氏號仁和

生乾隆十年乙丑四月初八日酉時
卒嘉慶十年乙丑四月初一日辰時

子二　樵　淡

士綱公諱紀　即端呈公長子

生雍正十一年癸丑四月廿四日巳時
卒乾隆　年七月廿一日酉時

娶黃氏號和懿

生雍正十三年乙卯十一月初五巳時
卒嘉慶六年辛酉三月廿一日申時

子三　到　剖　艾

純謹公諱繼　即端呈公猶子

生乾隆四年己未正月廿九日巳時
卒乾隆　年正月初四日戌時

娶黄氏粉娘號貞信　生乾隆六年辛酉五月廿九日寅時　卒乾隆　年五月二十日未時

子二　順意　慈

魁梧公諱綿　即端呈公猶子　生乾隆十一年丙寅六月初八日　時　卒乾隆四十三年戊戌六月十五日　時

娶陳氏號素守　生乾隆十年乙丑三月十二日　時　卒乾隆四十三年戊戌六月十四　時

合葬南安大帽山菩薩庵嶺仔頭坐甲向庚兼卯酉

嗣子一　情孝

石珍派

義之公諱瑞　即紹亭公長子　生卒失

娶　氏　生卒失

予與猶予六　蘭齋　海籌　壯明　康壽　宣福　秉素

錄之公諱取　即紹亭公次子　生　年九月十八日　時　卒　年十一月廿五　時

先娶黃氏號懿柔　生　年七月廿一日時　卒　年二月二十日時

繼娶賴氏號勤敏　生　年六月初六日時　卒　年十月初一日時

三娶陳氏號貞敏　生　年十二月初三時　卒　年五月十八日時

塟蘇山睡狗穴坐夘向酉兼甲庚

子三　蔚堂　晴巖郡庠生　敦德猶子

存信公諱篤字可恭　即敬齋公長子

公　生康熙六十一年壬寅五月廿二日夘時　卒乾隆卅二年丁亥十月廿九日戌時

娶黃氏號順節　生雍正七年己酉八月初六日辰時　卒乾隆卅九年甲午十月初六巳時

葬本鄉中墘尾尖

子三　軌　晁　祿國

存誠公諱等字可級　即敬齋公次子　生雍正　年　月　日　時　卒　年　月　日　時

娶黃氏號淑慎　生雍正十一年癸丑六月十七日未時　卒乾隆六十年辛未九月十六日寅時

繼娶黃氏號惠慈　生乾隆二年丁巳四月廿七日寅時　卒嘉慶廿五年庚辰十月十六午時

子四　温來　及來　仲山俱繼妣出　五德猶子

藩琇派

寬公字可信　即彪公長子　生康熙五十七年戊戌閏八月廿八　時　卒乾隆九年甲子九月廿七日　時

娶　氏改適

子二　措務　溪嗣子

日盛公諱春字可温　即彪公嗣次子

生雍正五年丁未七月廿九日卯時

卒嘉慶九年甲子正月二十日午時

娶黄氏號亦慈

生雍正十二年甲寅十一月廿一日辰時

卒嘉慶六年辛酉八月二十日戌時

子五　坎　溪出嗣寬公　學　介　南出嗣棟公

女二　適杜　適潘

和公字可祥　即運公長子生卒失止

日茂公諱長字可使　即運公三子

生雍正七年己酉十月十五日申時

卒乾隆五十六年辛亥六月廿八日未時

娶黄氏蜜娘

生乾隆四年己未五月廿一日午時

卒乾隆五十三年戊申五月廿二酉時

子六　六　題　田　華　巡　羨

日興公諱字字可意　即運公四子　生雍正十年壬子正月廿四日丑時　卒嘉慶二十年乙亥十月初九卯時

娶杜氏號順德　生乾隆十年乙丑十二月十八日戌時　卒嘉慶十二年戊辰二月廿七日亥時

公合北山可願公埜嶺頭

妣埜對面山

子四　隨　申　藜　外

女一適杜

可錦公　即運公五子　生失　卒　年八月廿五日　時止

勝任公諱棟字可樑　即守積公之子　生雍正十一年癸丑六月十八亥時　卒嘉慶九年甲子十月十七日巳時

娶林氏　生雍正十年壬子正月廿五日亥時　卒乾隆廿二年丁丑十一月十八日子時

嗣子一　南

質素公諱時字可習　即其大公長子

公　生雍正二年甲辰正月二十日　時　卒乾隆四十五年庚子十二月廿七日寅時

娶陳氏號端齋　生雍正七年己酉五月十七日酉時　卒乾隆廿一年丙子四月廿二日酉時

繼娶卓氏號莊恬　生雍正三年乙巳二月十二日　時　卒乾隆四十九年甲辰三月十七日寅時

子一　秋桂　女一適邱

可且公　即其大公次子　生失　卒　年六月初四日　時止

可願公　即守慶公之子　生乾隆四年己未四月十九日辰時　卒乾隆卅九年甲午五月初三　時

嗣子一　荔

可但公　即會公長子

生失

卒　年八月廿五日　時止

可落公　即會公次子往夷不知存亡

可初公　即壬公之子

生失

卒　年二月十七日　時止

蓍琇派

實圃公諱菊字可賞　即方老公長子

公

生雍正十三年乙卯十二月初七日　時

卒乾隆五十九年甲寅十月十五日申時

娶黃氏

生乾隆十六年辛未九月三十日未時

卒嘉慶元年丙辰四月初二日辰時

子三　拔　國　操

實德公諱麟字可里　即方老公次子

公　生乾隆六年辛酉正月十五日寅時
卒乾隆五十五年庚戌十一月廿一日亥時

娶賴氏改適

公塟前崙嶺

子二　蘭　再

可化公　即貢公長子生卒失

子一　瑤養

可巧公　即雅公長子生卒失

子一　創來養

可路公　即蓮公長子生卒失

嗣子一　石

可旺公　即執公長子生卒失

子一　璧養

可偏公　即執公次子生卒失止

丁公字可木　即本公長子生卒失

娶　氏生卒失

子三　五　仁　石出嗣路公

女三

通公字可體　即本公次子生卒失

娶　氏生卒失

子一　占　女一

可識公　即喜公長子生卒缺　止

可瓶公　即喜公次子生卒缺　止

進祖公　即儀公之子生卒缺　止

荃琇派

可恩公　即炎公長子　止

可擾公　即炎公次子　止

可八公　即焱公三子　止

可永公　即焱公四子　止

可使公　即焱公五子　止

可淵公　即博公長子　止

可詩公　即博公次子　止

可冬公　即博公三子　止

城曲公諱泰　即樞公長子

生乾隆三十年乙酉六月廿九日丑時

卒乾隆四十九年甲辰十二月廿四亥時

嗣子一　讀

惟亮公諱畯　即如茂公嗣子

生乾隆卅二年丁亥十二月十七戌時

卒嘉慶十三年戊辰八月初一日亥時

娶鍾氏號勤慎

生乾隆四十年乙未二月十一日戌時
卒道光廿九年己酉正月廿二日戌時

子三　元首　勑來　福元

長房二次簡公派

文魯公諱變　即存昭公長子

生乾隆七年壬戌九月初六日丑時
卒乾隆五十年乙巳四月初二午時

娶黃氏執娘

生乾隆十五年庚午二月十九日酉時
卒乾隆六十年乙卯六月初六日　時

子一　愛

文花公諱錦　即存昭公次子

生乾隆十年乙丑十二月十二日寅時
卒嘉慶十六年辛未九月初八日酉時

娶黃氏完娘

生乾隆廿一年丙子十二月初六巳時
卒道光二年壬午七月十一日未時

合塟大帽破厕池大路后坐乙向辛兼夘酉

子二　再　榮和

文仁公諱砥　即存昭公三子
生乾隆十三年戊辰十二月十六卯時
卒嘉慶十五年庚午二月廿二日巳時

娶黃氏號柔德
生乾隆十九年甲戌五月廿六日酉時
卒乾隆四十六年辛丑十月十八申時

子一　冬

文義公諱斗　即存昭公四子
生乾隆廿三年戊寅七月廿八未時
卒道光七年丁亥九月十八日午時

娶黃氏相娘號懷柔
生乾隆廿八年癸未七月初十日酉時
卒嘉慶十七年壬申三月十九日午時

合葬大石崗摸乳巷尖對面

子三　鶯　荔　鳳

成李公諱桃　即存己公長子
生乾隆卅八年癸巳七月廿一日丑時
卒道光廿九年己酉三月廿九日午時

子一　生來養

可充公又名搶　即如巧公之子

子二　白　發俱養

生乾隆卅九年甲午十月廿八日戌時
卒道光十三年癸巳六月初二日辰時

正忠公諱士倒　即廣南公長子

生道光七年丁亥五月十一日卯時
卒咸豐六年丙辰十月二十日子時　止

廷蘭公　即廣南公次子

娶黃氏延娘

子三　才良　蛟龍　鶱出嗣茹來

生道光十一年辛卯七月十七日未時
卒光緒卅一年乙巳正月初五日亥時

生道光廿一年辛丑五月十五未時
卒民國九年庚申六月十四日卯時

女一　適黃

茹來公　即廣南公三子

生道光十六年丙申二月十二日亥時
卒宣統元年己酉十二月初十日寅時

娶黃氏好娘
生道光廿四年甲辰二月廿三日亥時
卒光緒十四年戊子六月廿八日巳時

嗣子一　奮

來成公字可德　即雲南公長子
生道光廿一年辛丑三月十八日寅時
卒光緒十七年辛卯八月初七日午時

娶黃氏髻娘
生道光廿五年乙巳十月十八日戌時
卒宣統元年己酉十二月十一日辰時

子二　太山　武王

東長房三

伸哭公諱弗字可伴　即成伯公長子
生乾隆卅一年丙戌十二月初一日巳時
卒嘉慶二十年乙亥五月二十日午時

公

娶黃氏
生乾隆卅六年辛卯七月廿二日巳時
卒嘉慶七年壬戌二月初二日午時

子二　尚論　仁貴

伸心公諱殷字可傾　卽成伯公次子

生乾隆卅四年己丑七月初四日巳時
卒嘉慶廿二年丁丑八月廿一日巳時

公

娶陳氏號節順

生乾隆四十二年丁酉五月廿六日
卒　正月廿五日卯時

子三　秦　世　仙來

可度公　即成伯公三子

生乾隆卅九年甲午十月十二日
卒失

伸照公諱膽字可肝　即修伯公長子

生乾隆卅六年辛卯七月初九日
卒道光二十年庚子十一月十六日巳時

公

娶杜氏

生乾隆卅七年壬辰七月廿七日
卒道光二十年庚子三月廿七日

子三　顯　諡　幼　女一

伸忠公諱文字可與　即修伯公次子

公

生乾隆四十六年辛丑十一月十二日
卒道光十一年辛卯七月廿九日戌時

娶黄氏滿娘

生乾隆五十六年辛亥五月初一日
卒同治七年戊辰七月廿一日寅時

子一　次英

可勿公　即修伯公四子

生乾隆五十四年己酉十二月廿一日
卒　五月十九日辰時

伸美公諱倩字可笑　即夫伯公長子

公

生乾隆五十一年丙午十一月十三戌時
卒咸豐元年辛亥十一月初八日午時

娶蘇氏

生乾隆六十年乙卯二月初二日子時
卒道光十二年壬辰九月初七日戌時

子三　義　商　八

伸素公諱盼字可美　即夫伯公次子

生嘉慶五年庚申七月初一日巳時
卒同治八年己巳十月初十日丑時

娶賴氏號德儉

生嘉慶八年癸亥十月十一日卯時
卒光緒二年丙子正月初四日巳時

子二　林　金

伸德公諱妙字可爲　即夫伯公三子

公

生嘉慶十一年丙寅十一月十九日巳時
卒光緒十六年庚寅十二月初七日申時

娶姚氏號圓慈

生道光二年壬午九月廿五日巳時
卒光緒廿六年庚子九月十九酉時

葬南安八都土名粉壁坑頭子午癸丁

子三　昉　凱　正　女一適黃

仲孝公諱入　即循伯公子　生乾隆五十一年丙午十一月廿五日巳時　卒嘉慶廿四年己卯四月初四日巳時

娶陳氏曾娘號節儉　生嘉慶三年戊午正月十三日午時　卒咸豐元年辛亥十月十四日丑時

子一　一成

成罕公　即汝雲公子　生乾隆　六月廿九日丑時　卒嘉慶十八年癸酉五月初五日

可旋公　即爲兩公子　生卒失

秦箴公諱梭　即如令公長子　生乾隆四十二年丁酉六月十八日酉時　卒乾隆五十八年癸丑二月初二日亥時

秦順公諱庚字可辛　即如令公次子　生乾隆四十五年庚子六月廿九日午時　卒咸豐元年辛亥四月廿六日巳時

公

娶賴氏號端慈　生乾隆四十七年壬寅十二月二十丑時　卒同治七年戊辰十一月廿一日午時

公塋草埔脚對面紅埔頭壬丙亥巳

子三　巧言　雲程養　秩元

女二　均適黃

秦切公諱歸宇可謀　即如令公三子

生乾隆四十九年甲辰六月廿九日酉時
卒道光廿四年甲辰五月廿九日申時

公

娶潘氏號節儉

生乾隆五十三年戊申二月十七日
卒道光廿五年乙巳七月初一日卯時

合塋滐頭路后坤艮

子五　普　靖　夜　菊　近悅

秦德公諱漍　即如渙公長子

生乾隆五十九年甲寅六月初五巳時
卒道光七年丁亥五月廿九日午時

娶黃氏拱娘

生嘉慶四年己未十月初二日戌時
卒光緒十四年戊子三月二十寅時

公附塋母墳

妣塋大光嶺頭路后

子二　抄　胡出嗣　女一　適黃

秦解公諱灣　即如漁公次子

生嘉慶二年丁巳四月十二日巳時
卒咸豐二年壬子十月初五日丑時

附塋父墳

嗣子　胡

可寅公　即如盛公子

生嘉慶八年癸亥九月十一日辰時
卒道光十一年辛卯九月廿九午時

秦照公諱紅日　即如本公長子

生嘉慶五年庚申四月十九日寅時
卒道光十六年丙申十二月廿九巳時

秦楚公諱撻　即爲請公四子　生失　卒嘉慶廿三年戊寅四月廿六日巳時

娶黄氏改適

子三　壬申　語來出嗣　登山

可哆公諱哖　即爲凑公長子　生乾隆四十六年辛丑九月十五日午時　卒失

娶潘氏　生乾隆五十四年己酉閏五月　日亥時　卒失

子二　見　執任仙邑城内

可慶公諱衍　即爲凑公次子　生乾隆五十六年辛亥八月十二日酉時　卒失

娶　氏生卒失

繼娶　氏生卒失

子四　炭　登　科　段　似長子

秦根公諱花　即如正公長子

生乾隆五十六年辛亥十二月初一辰時

卒道光廿五年乙巳十二月十一日戌時

娶楊氏號恬靜

生嘉慶十年乙丑七月十二日寅時

卒道光二十年庚子九月廿四卯時

子一　把

可圭公　即如正公次子

生嘉慶三年戊午正月十二日丑時

卒道光三十年庚戌十月初二戌時

秦祥公諱納　即如仁公子

生嘉慶二年丁巳八月十三日戌時

卒光緒三年丁丑九月二十日未時

娶黃氏

生嘉慶十一年丙寅九月初四日寅時

卒光緒九年癸未八月廿六日申時

子一　地寶

可濕公　即爲鵝公子

生嘉慶十一年丙寅十一月十五日寅時

卒失　往臺灣

秦貴公諱嚴和　即如海公長子
生嘉慶八年癸亥閏二月十一酉時
卒同治元年壬戌八月十九日午時

娶潘氏草娘
生嘉慶十四年己巳十二月初四日午時
卒光緒廿二年丙申十一月廿二日巳時

子五　咸　魚別　中土出嗣　容力　自新殤

秦着公諱遇　即如海公次子
生嘉慶十二年丁卯正月十一日辰時
卒光緒十二年丙戌三月十四日酉時

娶黃氏理娘
生嘉慶廿四年己卯十二月廿七日巳時
卒光緒十九年癸巳九月初二日酉時

嗣子　中土

秦楚公諱衛　即如海公三子
生嘉慶廿四年己卯五月廿五日辰時
卒光緒廿六年庚子十月十六日巳時

娶高氏
生道光十年庚寅閏四月初二日
卒同治十三年甲戌五月初二日巳時

子一　敦

秦明公諱地厚　即如腸公長子

生乾隆四十二年丁酉十一月十九卯時
卒道光六年丙戌五月廿六日未時

娶杜氏號慈肯

生乾隆四十六年辛丑六月廿八日卯時
卒道光廿四年甲辰五月初二日午時

子四　戍美　徙　恥　色厲

秦久公諱最　即如奕公長子

生乾隆五十三年戊申十月廿三日卯時
卒道光十二年壬辰三月初六日戌時

娶黃氏號節安

生嘉慶五年庚申七月十八日辰時
卒道光十二年壬辰三月十三未時

子三　仁和　東海　齊輝

秦約公諱禁　即如奕公次子

生嘉慶二年丁巳八月十六日子時
卒咸豐七年丁巳八月十二日辰時

娶曾氏

生嘉慶十五年庚午六月廿四日丑時
卒

子三　吉　好　言

女一適潘

泰月公諱可粒 即如奕公三子

生嘉慶四年己未十二月初二酉時
卒咸豐元年辛亥十月初三日戌時

可扯公 即如奕公四子

生嘉慶十年乙丑正月廿三日巳時
卒同治二年癸亥正月十四日未時

泰門公諱索字可樹 即如運公長子

公

生乾隆五十七年壬子二月二十日 時
卒光緒二年丙子正月三十日未時

娶黃氏

合葬南安八都大帽土名長坵田頭艮坤寅申

子四 四端 團圓 天送 趨賜

泰朵公諱家砉字可秒 即如運公次子

生嘉慶三年戊午正月十二日亥時
卒光緒廿八年戊申六月十九巳時

公

娶陳氏妹娘號榮至

子二　篤志　奪來

秦孝公諱辦　即如運公三子

娶黄氏生卒失

子三　楚　鈞　儒

秦德公諱杏仁　即如運公四子

秦富公諱緜遠　即如運公五子

娶黄氏號榮慈

生乾隆五十九年甲寅七月二十酉時
卒咸豐七年丁巳七月初十日辰時

生嘉慶三年戊午五月初九日午時
卒道光廿一年辛丑十二月初四辰時

生嘉慶五年庚申五月初六日寅時
卒道光廿三年癸卯三月廿三辰時

生嘉慶九年甲子四月十六日未時
卒道光六年丙戌五月初四日酉時

生嘉慶十二年丁卯十月廿一戌時
卒同治六年丁卯八月初六日巳時

卒嘉慶十八年癸酉七月十四日戌時
卒道光廿三年癸卯十月十六日丑時

繼娶張氏生卒失

子二　回春　五車　女一　適黃

秦爲公諱和修　即如首公長子　生乾隆五十九年甲寅五月廿六午時　卒咸豐七年丁巳十二月廿四日辰時

秦帶公諱永則　即如首公次子　生嘉慶十年乙丑八月廿九日子時　卒　十一月廿六日

娶李氏　生嘉慶十八年癸酉十一月廿七日　卒　十月二十日

子一　來成徙湖洋新溪鄭姓

秦予公諱牧童　即如首公三子　生嘉慶十七年壬申十二月十五戌時　卒道光廿六年丙午六月十六日申時

秦琴公諱萊連　即如首公四子　生嘉慶廿一年丙子十二月初五辰時　卒道光廿六年丙午六月十六日申時

秦聲公諱待月　即和成公嗣子　生乾隆五十八年癸丑十月十一卯時　卒咸豐十年庚申閏三月廿二日午時

娶杜氏號儉素

生嘉慶七年壬戌五月廿二日未時
卒道光廿七年丁未三月十一酉時

子四　八士　益友　祖　池出嗣

秦滔公諱漢字可從　即如督公長子

生乾隆四十三年戊戌六月十六日未時
卒道光十七年丁酉八月初三日卯時

公

娶黃氏

生乾隆四十六年辛丑九月　日亥時
卒咸豐七年丁巳六月三十日酉時

子四　珠玉　文貿出嗣　生來出嗣　彩雲

女一

秦治公諱平　即如督公次子

生乾隆五十五年庚戌七月十五巳時
卒道光十七年丁酉八月初十日巳時

秦鏗公諱文鏘字可鍾　即如吉公長子

公　生乾隆四十八年癸卯八月二十日巳時
卒光緒十七年丁酉八月初四日辰時

娶黃氏　生嘉慶四年己未十一月十五丑時
卒咸豐元年辛亥十一月廿六巳時

子三　勅賜　西川　真似　女一適黃

泰活公諱天作　即如吉公次子　生乾隆五十四年己酉十二月初十戌時
卒嘉慶廿五年庚辰五月廿九日丑時

泰與公諱皈　即如吉公三子　生嘉慶二年丁巳九月廿五日申時
卒道光十七年丁酉七月廿七卯時

泰逑公諱宛　即如聚公長子　生乾隆五十五年庚戌四月十七日卯時
卒咸豐二年壬子三月二十日卯時

可鬢公　即如聚公次子　生嘉慶六年辛酉八月十四日巳時
卒同治四年乙丑六月十二日卯時

可炎公　即如聚公四子　生嘉慶十四年己巳
卒光緒二年丙子十一月

娶陳氏　生嘉慶十五年庚午五月二十日辰時
卒光緒六年庚辰七月廿三日酉時

子一　董

秦心公諱特　即如陋公長子　生乾隆五十三年戊申十一月十五日卯時　卒失

娶王氏號柔順　生乾隆六十年乙卯十一月十二辰時　卒光緒九年癸未十一月初五日巳時

葬南山厝後

子二　光全　瑳來

秦言公諱柺字可彥　即如陋公次子　生乾隆五十九年甲寅七月二十日未時　卒咸豐九年己未五月初四日卯時

公

娶戴氏　生嘉慶九年甲子七月十四日未時　卒道光十二年壬辰六月廿四卯時

繼娶劉氏　生嘉慶三年戊午十二月廿五寅時　卒咸豐三年癸丑九月初九日巳時

合葬大帽磨石垵

子三　綱戴氏出　標　炮　親養子

秦沽公諱買字可脯　即如足公長子

公

生乾隆四十五年庚子九月十五日午時

卒道光十三年癸巳十一月十八日未時

娶賴氏號勤得

生乾隆四十八年癸卯十二月初一酉時

卒道光十三年癸巳七月十五日辰時

子四　吽　椽　雍　桶

秦付公諱雙來字可對　即如足公次子

公

生嘉慶三年戊午十二月廿七酉時

卒光緒九年癸未十月初五日申時

娶黃氏號讓慈

生嘉慶八年癸亥閏二月十四戌時

卒咸豐九年己未九月初三日巳時

子五　剖元　高山　江泉　偶才　似長子　查

女一適賴

可燧公諱攢來　即成里公子

生乾隆五十二年丁未八月初十寅時
卒道光十七年丁酉八月十九日酉時

秦壽公諱加祿字可爵　即如千公長子

公

生乾隆五十四年己酉十一月初七日卯時
卒道光十年庚寅十二月廿三日辰時

娶潘氏號恭靜

生乾隆五十九年甲寅六月十二戌時
卒嘉慶廿一年丙子八月十一日未時

繼娶胡氏粉娓號恭慈

生乾隆五十九年甲寅十一月十一日
卒光緒六年庚辰五月十七日未時

公與胡氏合塟南安八都林口水尾未丑

潘氏與長子光道并長孫雨水仝塟龔箕窩

子二　光道　清廉俱胡氏出

泰忠公諱良進字可欲　即如千公次子

生嘉慶九年甲子七月初四日午時

卒道光　年四月廿九日申時

公

娶李氏號信慈

生嘉慶十七年壬申

卒道光　四月廿四日巳時

泰通公諱顯達字可适　即如千公三子

公

生嘉慶十三年戊辰九月十二日丑時

卒同治十一年壬申正月初八日亥時

娶黃氏

生嘉慶廿四年己卯四月初八日酉時

卒光緒十一年乙酉二月十七日丑時

子一　周元

泰驕公諱泰字可生　即如輝公長子

公　生乾隆六十年乙卯五月十六日午時
卒　三月初三日
娶蔡氏　生嘉慶九年甲子八月十八日
卒同治四年乙丑十一月十五日巳時
子二　林蘭　賞嗣

秦恭公諱阮來字可侵　即如輝公次子
公　生嘉慶八年癸亥二月廿五日未時
卒光緒七年辛巳八月初四日酉時
娶黃氏琴娘號儉直　生嘉慶十七年壬申四月十五日午時
卒咸豐元年辛亥閏八月廿一日丑時
繼娶鄧氏輝娘號儉德　生道光二年壬午八月十七日辰時
卒光緒
子五　潮　賜黃氏出　拯　樓　似次子墘
女二　長適黃　次適潘

秦義公諱閙宗字可義　即如輝公三子
公
娶黃氏
繼娶謝氏
子二　箕　火

生嘉慶十五年庚午五月初四酉時
卒光緒五年己卯二月十五日巳時
生嘉慶十六年辛未正月初一日申時
卒道光廿八年戊申四月初一日申時
生嘉慶十九年甲戌正月廿九子時
卒光緒五年己卯二月十五日辰時

秦楚公諱黃烏字可交　即如輝公四子
公
娶潘氏號柔順
繼娶鄭氏號柔直

生嘉慶十八年癸酉九月十三日酉時
卒光緒十七年辛卯二月廿六日午時
生嘉慶廿四年己卯
卒咸豐元年辛亥九月十一日戌時
生嘉慶十五年庚午十二月初三日卯時
卒光緒元年乙亥八月十五日酉時

塋南安八都土名粉壁大埔後坑邊辛乙戌辰

子二　然　泡

秦爾公諱守提字可言　即如輝公五子

生嘉慶廿四年己卯正月廿一日巳時
卒光緒八年壬午十一月廿五日午時

公

娶黃氏

生道光六年丙戌六月十七日未時
卒光緒廿八年壬寅十月初四午時

子四　來興　走來　九來　似長子藻來

秦苗公諱稿字可花　即如譽公長子

生嘉慶三年戊午四月十八日子時
卒同治十年辛未正月十二日巳時

娶賴氏號恭慈

生嘉慶六年辛酉七月廿九日巳時
卒咸豐七年丁巳十月三十日酉時

子　文機　松茂　烟景　冬英殤

可情公諱妥　即如譽公次子生卒失

娶王氏號成慈　生嘉慶十三年戊辰十月三十日　卒道光廿七年丁未七月廿九日巳時

嗣子　今汝

成宗公　即如別公子　生嘉慶八年癸亥十二月二十酉時　卒道光十年庚寅七月初四日辰時

秦田公諱往來　即如魚公長子　生道光元年辛巳正月初六日寅時　卒光緒五年己卯七月廿二日巳時

娶黃氏號貞擔　生道光八年戊子十月十八日亥時　卒光緒廿五年己亥正月廿二酉時

公塋本鄉下坑長子附

妣塋本鄉下坑次媳附

子三　絨　安　似長子　水

女二　長適林　次適潘

生道光六年丙戌四月初四日午時
卒光緒七年辛巳十一月初一卯時

秦祿公諱斜元　即如魚公次子

娶賴氏

生道光十四年甲午十月廿五日辰時
卒光緒卅一年乙巳八月初六日戌時

子四　客　傳　細　似三子瓶

女三　長適黃

秦用公諱汝元字可彼　即如魚公三子公

生道光十四年甲午十一月十七酉時
卒光緒廿六年庚子三月十二日丑時

娶林氏益娘

生道光廿一年辛丑十一月廿四酉時
卒光緒八年壬午四月初七日未時

繼娶杜氏旦娘

生道光二十年庚子

予洋　百　郡　橋　且

女二　長適林　次適潘

可閔公諱鳩山　即如鐵公長子

生道光十二年壬辰二月初六日巳時
卒民國元年壬子十二月廿六日

娶陳氏惋娘

生道光十五年乙未六月廿一日辰時
卒民國

子　渙來　沃水　築興　稽首

女一適黃

可槐公諱西山字可帥　即如香公子

公

生道光十七年丁酉十一月廿六日辰時
卒

娶林氏擔娘

生道光廿四年甲辰三月十八日辰時
卒民國

子　澤水　晉　諧
生乾隆五十七年壬子八月廿七寅時
卒道光十三年癸巳六月十一日寅時

秦嘆公諱聖堅　即仰峰公子

秦逝公諱由來　即仰甫公長子
生乾隆五十年乙巳八月十七日亥時
卒道光十七年丁酉六月初五日申時

嗣子　金榜

秦義公諱台仁字可車　即仰甫公三子

公
生嘉慶元年丙辰九月十九日未時
卒道光廿八年戊申正月初二戌時

娶潘氏號晚慈
生嘉慶十二年丁卯九月廿八辰時
卒光緒元年乙亥八月初十日酉時

子　金榜出嗣　青才

雙路公　即如反公長子
生嘉慶十一年丙寅正月初五日寅時
卒失

秦渭公諱恊字可陽　即如章公長子

生嘉慶十五年庚午二月十五日午時
卒道光廿一年辛丑九月十三日酉時

公

娶杜氏秀娘　招偶

生嘉慶廿三年戊寅四月廿六夘時
卒咸豐三年癸丑九月十四日未時

公歿於仙邑大坂口姑仔龍骸骨無歸

妣葬本鄉大光嶺后出水埔頂乙辛夘酉

子　徵　繼子　得寅　苧

女二　長適杜　次適黃

可利公　即如章公次子

生嘉慶廿三年戊寅十一月初九日丑時
卒失

可培公　即如章公三子

生道光七年丁亥十一月廿九日子時
卒　六月二十日

雙喜公　即如章公似長子
生嘉慶十五年庚午十一月廿六辰時
卒咸豐　十月二十日

繼子　得寅　学

戴來公　即如杞公子
生乾隆四十三年戊戌八月十五未時
卒咸豐三年癸丑七月十四日未時

子　北海　養

秦對公諱雙全　即如發公長子
生嘉慶十九年甲戌三月初八日申時
卒咸豐三年癸丑十二月廿五日午時

娶黃氏
生嘉慶二十年乙亥七月二十日
卒道光十六年丙申七月十六日寅時

子　他來

和成公　即如發公次子
生道光二年壬午五月十五日寅時
卒光緒十五年己丑九月初八日

贊成公　即如發公三子
生道光六年丙戌七月初九日申時
卒光緒十四年戊子正月初九辰時

嗣子　芸來

可締公　即如志公子　生卒失

盤德公　即如過公長子　生嘉慶廿二年丁丑七月廿三日酉時　卒光緒二十年甲午十一月廿四巳時

娶黃氏　生道光六年丙戌十月十二日戌時　卒咸豐元年辛巳十一月初五巳時

子一　蓮士　女一　適黃

可六公　即如過公三子　生道光　十二月初三日午時　卒失

應歲公　即如則公子　生嘉慶廿四年己卯十月廿五酉時　卒咸豐三年癸丑五月廿七日申時

東二房長系

克勤公諱古　即逸安公長子　生乾隆廿一年丙子八月初二申時　卒嘉慶五年庚申九月廿二日酉時

娶　氏

子　禱應

可煖公　即逸安公次子生卒失

可猛公　即逸安公三子生卒失

可禹公　即思念公長子生卒失

娶楊氏生卒失

子　賞

可中公　即思念公次子生卒失

可璧公　即思念公三子生卒失

尚義公　即實賢公長子　生 卒 鈌

尚品公諱評　即實賢公次子　生乾隆廿九年甲申十月初三日戌時 卒嘉慶十三年戊辰正月二十日未時

娶賴氏號篤厚　生乾隆卅九年甲午十一月十三日未時 卒道光　閏四月十二日酉時

子二　名　獺

可詠公　即實賢公三子　生 卒 鈌

可虎公　即實賢公四子　生 卒 失

娶　氏　生 卒 失

子二　鑠　豔

尙以公諱謳　即實賢公五子　生乾隆　二月初九日戌時 卒道光十六年丙申十二月廿七日午時

娶　氏
生乾隆卅五年庚寅七月廿六日未時
卒咸豐三年癸丑十月初九日丑時

子三　捷　栽　鼠出嗣玉成

克敬公諱勸　即爲閣公長子
生乾隆廿一年丙子四月廿九辰時
卒道光二年壬午正月初八日丑時

娶黄氏改適

子一　超

士道公諱志　即爲閣公次子
生乾隆廿七年壬午十一月廿六日午時
卒乾隆五十六年辛亥五月初八日

可爺公　即實道公長子生卒缺

德有公諱共　即實道公次子
生缺
卒咸豐三年癸丑三月十一日未時

嗣子　敦

以正公諱姜　即誠緜公長子
生乾隆十三年戊辰十二月初八辰時
卒嘉慶十九年甲戌四月十二日戌時

娶潘氏號恬静
生乾隆十五年庚午四月廿五日子時
卒嘉慶十四年己巳十月廿三日戌時

子　沸　印　文　慈

順俟公諱琊　即誠緜公次子
生乾隆廿七年壬午三月十九日丑時
卒乾隆六十年乙卯三月廿七日酉時

娶盧氏號恬懿
生乾隆三十年乙酉二月初六日亥時
卒乾隆五十一年丙午四月廿四卯時

繼娶氏傅號貞静
生乾隆三十年乙酉六月二十日辰時
卒嘉慶十八年癸酉八月廿七日巳時

子　笑　嬌

固執公諱强　即誠緜公三子
生乾隆卅一年丙戌四月初五日申時
卒嘉慶十二年丁卯六月二十日午時

娶黃氏號恬慈
生乾隆卅五年庚寅六月廿五巳時
卒嘉慶五年庚申七月廿二日亥時

子　棨元　壽元　岱元

生乾隆十年乙丑三月初九日辰時
卒乾隆五十一年丙午四月十五申時

會事公諱向　即箸裕公子

娶黃氏號勤敏

生乾隆十六年辛未四月十九日寅時
卒乾隆卌六年辛卯七月初八日未時

子一　錯來

懷德公諱湊景　即敦厚公長子

生乾隆　九月廿五日
卒嘉慶十三年戊辰七月十一日戌時

子　把養

秋陽公諱江　即敦厚公次子

生乾隆四十年乙未正月廿四日申時
卒道光廿五年乙巳八月十八戌日時

娶黃氏號純德生卒失

繼娶曾氏號家成

生乾隆五十五年庚戌七月廿一日酉時
卒咸豐三年癸丑五月十八日酉時

子　譽

娶福公諱針　即說仁公長子

生乾隆十九年甲戌七月初四午時
卒道光四年甲申五月廿四日酉時

娶黃氏號慈惠

生乾隆廿六年辛巳正月初一辰時
卒道光六年丙戌二月十三日巳時

子　騰瑞　和元　姜元

可先公　即說仁公次子

生乾隆廿二年丁丑十一月初三辰時
卒嘉慶十年乙丑六月十一日未時

娶黃氏號柔順

生乾隆廿七年壬午十月初十日卯時
卒嘉慶廿五年庚辰正月十六日丑時

子　來英

必偃公諱草　即說仁公三子

生乾隆卅五年庚寅二月廿二日辰時
卒道光六年丙戌十一月廿九日卯時

可科公　即如聚公長子

生乾隆三十年乙酉五月廿二戌時
卒道光十年庚寅十月初八日巳時

可仲公　即如聚公次子

生乾隆廿三年戊子四月十二日巳時
卒嘉慶二十年乙亥三月十一日未時

玉成公諱可麇　即如聚公三子

生乾隆四十五年庚子十二月初七卯時
卒嘉慶八年癸亥正月初九日戌時

娶黃氏號端美

生乾隆四十八年癸卯八月十一日
卒嘉慶八年癸亥十月廿七日巳時

嗣子　鼠

羽山公諱滚　即應捷公長子

生乾隆四十一年丙申七月初三午時
卒道光十四年甲午正月十五日卯時

娶潘氏號懿德

生乾隆四十八年癸卯十一月十八酉時
卒嘉慶十七年壬申八月初三日戌時

繼娶林氏號敬贊

生乾隆四十八年癸卯五月廿一酉時
卒道光廿三年癸卯五月初一日卯時

子　春興　紅興　春昭

女　長次適黃　三適賴

觀靜公諱掌　即應捷公次子
生乾隆五十五年庚戌七月十二酉時
卒道光廿二年壬寅四月十六日申時

娶潘氏罕娘號希慈
生嘉慶二年丁巳三月初四日酉時
卒咸豐四年甲寅十二月十一巳時

子　麟　菊　甲　比　揺　似次子樹蘭
似五子移

成懷公諱約　即鳳毛公長子
生乾隆卅七年壬辰六月廿七日子時
卒道光十年庚寅五月十六日巳時

娶賴氏縣娘號順慈
生乾隆卅八年癸巳三月十六日丑時
卒道光廿五年乙巳十二月廿五卯時

子　井　契

成麟公諱粧　即鳳毛公次子
生乾隆四十四年己亥十一月十四丑時
卒道光十九年己亥二月十七日辰時

娶賴氏號順懿
生乾隆五十年乙巳五月廿五日辰時
卒嘉慶十八年癸酉十月初八日辰時

子　錢

趙元公　即保全公子

生乾隆五十四年己酉十月十九未時

卒嘉慶九年甲子六月初一日巳時

子　居來養　似子對

己從公諱合來　即添榮公長子

生嘉慶八年癸亥正月二十日戌時

卒咸豐三年癸丑六月廿八日丑時

娶杜氏應娘號簪志

生嘉慶十一年丙寅十二月初七日辰時

卒道光十三年癸巳十一月廿九日酉時

子　麗水

受積公諱富來字可貴　即添榮公次子

公

生乾隆十六年辛未四月十一日未時

卒同治十三年甲戌四月初六日丑時

娶黃氏暆娘號簪事

生嘉慶廿五年庚辰三月十三日酉時

卒光緒廿七年辛丑十一月二十酉時

公塟本鄉下風隔辛乙戌辰

子　維喬

女二　長適林　次適陳

劍氣公諱琴字可琵　即奉祥公子

生嘉慶十六年辛未七月二十卯時

卒同治六年丁卯四月初一日巳時

娶謝氏免娘號善慈

生嘉慶廿三年戊寅十二月廿九日　時

卒道光二十七年丁未八月十七日寅時

仝塟本鄉西姑石園后壬丙子午

子　棋出　揚

惠信公諱天寶　即春水公長子

生乾隆四十六年辛丑十二月廿三戌時

卒嘉慶廿四年己卯十一月廿八日未時

娶黃氏號柔順

生乾隆四十七年壬寅二月初一日酉時

卒嘉慶廿四年己卯十二月廿四日戌時

子　曉元
愼素公諱利貞　即春水公次子
嗣子　回英
元亨公　即春水公三子
娶黃氏號儉順
進素公諱添丁　即春水公四子
娶謝氏見娘
自求公諱永來　即若是公長子
娶黃氏號慈儉

生乾隆五十六年辛亥
卒道光十七年丁酉五月十六日未時
生乾隆五十九年甲寅八月二十日未時
卒道光十二年壬辰十一月十三日未時
生乾隆六十年乙卯九月十三日寅時
卒嘉慶廿三年戊寅十月廿二日子時
生嘉慶　十月廿六日
卒
生嘉慶六年辛酉正月十七日巳時
卒嘉慶廿四年己卯十二月十四日寅時
生乾隆五十八年癸丑八月初四巳時
卒同治四年乙丑十二月初三日辰時
生乾隆六十年乙卯十一月初八日　時
卒咸豐五年乙卯正月十九日　時

公葬本鄉土名崎頭艮坤丑未

妣葬南邑八都土名金山甲庚卯酉

子 心愛 青山嗣

秋祥公諱春蘭 即若是公次子

生嘉慶四年己未十二月十六日戌時

卒咸豐八年戊午十一月十七日巳時

娶蘇氏晏娘號早成

生嘉慶十一年丙寅九月廿六日戌時

卒光緒四年戊寅十二月十七日巳時

子 心法 青山出嗣

女一 適賴

著味公諱韮 即若信公嗣子

生嘉慶十四年己巳正月十七日寅時

卒光緒二年丙子八月初三日申時

娶黃氏慶娘號順榮

生嘉慶十五年庚午十二月初九戌時

卒咸豐二年壬子九月廿二日戌時

合瘞夲鄉土名蝦蟆坑辛乙戌辰

子　品　水

循盤公諱廣　即如理公長子

生嘉慶六年辛酉十二月廿四午時
卒道光八年戊子二月廿一日戌時

葬本鄉過溪山尾壬丙亥巳

青善公諱錚　即如理公三子

生嘉慶二十年乙亥十一月廿六午時
卒光緒五年己卯閏三月十三日巳時

子　皆養

精裡公諱掁　即如理公四子

生嘉慶廿三年戊寅九月十二日戌時
卒光緒十五年己丑三月廿五日未時

娶黃氏抱娘號素選

生嘉慶廿五年庚辰五月十六午時
卒光緒七年辛巳七月十一日辰時

子　火吉養　團吉

廼昌公諱世　即宣儀公嗣子

生嘉慶九年甲子十二月初八日丑時
卒咸豐四年甲寅十二月十一日辰時

娶黃氏店娘號克勤

生嘉慶十四年己巳九月初四日戌時
卒光緒十一年乙酉四月初三日午時

合葬本鄉吳坑後香炉墘壬丙亥巳

子　活水　他來　彩日

女二　長適潘　次適王

如裡公諱夢　即如石公長子

生乾隆廿四年己卯六月二十日　時
卒道光十一年辛卯三月三十日卯時

娶謝氏號惠慈

生乾隆廿七年壬午十月初十日　時
卒嘉慶廿五年庚辰五月十八日未時

子　申　籠　卜出嗣

樸志公諱意　即如石公次子

生乾隆三十年乙酉九月廿一日辰時
卒嘉慶十四年己巳六月廿一日未時

嗣子　卜英

如待公諱棨　即如献公長子

娶蘇氏七娘號達慎

子　才

生乾隆卅三年戊子十月初五日丑時

卒道光十五年乙未閏六月十四酉時

生乾隆　八月初一日

卒道光二十年庚子八月十八日辰時

如端公諱兩　即如献公次子

娶陳氏王娘號達慈

子　裕盛　應　影

生嘉慶元年丙辰三月初二日　時

卒嘉慶廿五年庚辰三月廿二卯時

生失

卒道光十二年壬辰四月初八日　時

如義公諱仕　即直輔公長子

娶黃氏勤號儉懿

生乾隆卅三年丁亥二月初六日巳時

卒道光廿一年辛丑二月十八日寅時

生乾隆卅七年壬辰八月三十巳時

卒咸豐三年癸丑正月廿三日午時

公塋翁墘洪內坑口癸丁丑未

妣塋土地口壬丙子午

子畜　后　網出嗣　傳書出嗣

如成公諱對　即直輔公次子

生乾隆卅五年庚寅八月廿一辰時
卒道光元年辛巳三月廿七日午時

娶戴氏尾娘號淑齊

生乾隆四十八年癸卯十二月十七卯時
卒道光廿三年癸卯六月初二日辰時

合塋本鄉土地口辛乙酉卯長子唱英附

子唱　次最　巖

女二　長適尤　次適黃

如祿公諱群　即直輔公三子

生乾隆四十年乙未四月初四日酉時
卒道光十五年乙未九月廿二日未時

娶陳氏號順烈　生乾隆四十九年甲辰六月廿八日丑時　卒嘉慶廿一年丙子閏六月十七日亥時

繼娶黃氏號柔順　生乾隆五十五年庚戌二月廿四午時　卒道光七年丁亥五月初八日戌時

公與繼妣仝葬本鄉山後埔壬丙亥巳

妣另葬吳坑后厝埸坤艮申寅

子　書傳嗣　塔

女一適潘

常思公諱念　即直輔公四子　生乾隆四十三年戊戌十一月廿四亥時　卒嘉慶八年癸亥二月廿九日辰時

嗣子　綢

落埼公諱賞　即如盛公子　生乾隆四十一年丙申正月十一酉時　卒道光十三年癸巳四月廿七日寅時

娶王氏笑娘號蓮同
公附塋父母墳
生乾隆五十八年癸丑十二月廿八日
卒光緒元年乙亥七月初五日亥時

子　篆　瓜　派　𨔵出　帖出

光輝公諱前　即格托公子
生乾隆四十二年丁酉六月廿八酉時
卒嘉慶十二年丁卯五月廿七日未時
娶黃氏腥娘號汞眠
生乾隆四十八年癸卯八月十三寅時
卒道光十二年壬辰十一月十四日
子　撥英養　女一

懷執公諱亮　即盈新公長子
生乾隆五十六年辛亥八月初七卯時
卒嘉慶廿三年戊寅正月廿四日丑時
娶劉氏傚娘號儉素
生乾隆五十六年辛亥八月初八亥時
卒道光六年丙戌二月廿九日巳時
子　緣　炮

懷德公諱梭　即盈新公次子
生嘉慶三年戊午九月十七日辰時
卒道光十八年戊戌正月廿一巳時

娶賴氏滿娘號花林
生嘉慶四年己未七月初七日未時
卒光緒六年庚辰七月十八日酉時

子　科　篤　嘆殀　諸侯殤　作亂殤

女二均適黃

懷日公諱五　即盈新公三子
生嘉慶七年壬戌十月十五日卯時
卒咸豐三年癸丑十一月十七戌時

娶黃氏蕉娘號仁意
生嘉慶十年乙丑六月十七日未時
卒咸豐四年甲寅八月初七日巳時

公葬本鄉外塔後土名中鐘丁癸午子

妣葬本鄉土名鷓鴣崙巽乾巳亥

子　輕　藝

誠樸公諱天祐字可下　即文亭公長子

生乾隆五十九年甲寅十二月初八亥時
卒道光十八年戊戌二月廿一日申時

公

娶黃氏罕娘號勤慈

生嘉慶三年戊午七月廿三日未時
卒道光十一年辛卯十月二十日巳時

繼娶黃氏千娘號勤慈

生嘉慶三年戊午正月廿四日未時
卒道光十八年戊戌二月廿五未時

公與先妣合葬后林香脚壬丙子午

繼妣葬吳坑後赤墘水路壬丙子午

子　孱智　梳出嗣　問

女三適黃

誠吉公諱柑　即文亭公次子

生嘉慶二年丁巳十二月初四日戌時
卒道光十八年戊戌二月十二日未時

娶黃氏聘娘號順流　生嘉慶五年庚申九月初二日巳時　卒道光十八年戊戌二月初一日申時

仝葬大帽山脚辛乙酉夘

子　花英　偶才

女一　適陳

篤志公諱君　郎文亭公三子　生嘉慶九年甲子三月十三日辰時　卒道光十八年戊戌三月廿九辰時

娶黃氏苒娘號静惠　生嘉慶十二年丁卯六月十二日未時　卒道光十八年戊戌正月廿七日寅時

仝葬本鄉埧崩垵尾

嗣子　梳　興法殤

女三　長適黃　次適姚　三適黃

可梯公　即恂烝公長子
生乾隆卌八年癸巳閏三月初五卯時
卒道光十年庚寅十一月三十日寅時

嗣子　投

可慶公　即恂烝公次子　生卒缺

五正公諱倫　即席待公長子
生乾隆四十三年戊戌閏六月廿八午時
卒道光十五年乙未九月十八日巳時

娶黃氏號冰質
生乾隆四十九年甲辰九月十一酉時
卒道光十一年辛卯九月初三日辰時

子　廟　飄　庭　則　定　似四子獅

女二　長適黃　次適潘

順德公諱吾　即席待公次子
生乾隆四十七年壬寅十一月十六辰時
卒道光十七年丁酉十二月三十日　時

娶潘氏號惠愛
生乾隆五十四年己酉八月十六日午時
卒道光十七年丁酉十二月廿一日

合塟本鄉礐后園掘銀垵頭次子端英附

子　府　端

錦德公諱花字可金　即席待公三子

生乾隆五十九年甲寅正月十八戌時
卒道光十七年丁酉九月十七日子時

公

娶謝氏號祥愛

生乾隆五十九年甲寅十二年廿七子時
卒同治四年乙丑九月十九日辰時

合塟本鄉塗洋山后塔脚

子　奏英　春安

存義公諱銓　即端好公子

生嘉慶三年戊午七月初四日亥時
卒道光十七年丁酉八月十四辰時

娶謝氏號静勤

生嘉慶七年壬戌二月初五日　時
卒道光十七年丁酉十一月廿四酉時

子　光彩　萬美　荷英

札魁公　即球亭公之承重孫　生失　卒　十二月初三日

元尚公　即信古公次子　生失　卒　十二月初三日

而貨公　即信古公三子　生失　卒　三月十九日

可全公　即孔昭公子　生缺　卒　七月十九日

其成公諱虔　即勝勢公長子　生嘉慶九年甲子二月廿五日子時　卒咸豐六年丙辰四月十七日巳時

娶王氏號桂慈　生嘉慶廿二年丁丑五月十三午時　卒光緒四年戊寅三月二十日丑時

仝塟本鄉土名翁墘內

子　土　貢　彩　批出嗣　總

其毛公諱鳳　即勝勢公次子　生嘉慶二十年乙亥十二月十五日寅時
卒咸豐六年丙辰八月初十日子時

娶　氏

子　通　奎隨母往仙邑

恭敬公諱郤　即勝勢公三子　生道光五年乙酉十月廿一日酉時
卒　十月初一日

子　批

可破公　即爲舉公子

子　斟兼承　敦出嗣

可斜公　即首山公長子生卒缺

德生公諱金字可玉　即首山公次子　生嘉慶十年乙丑二月十八日巳時
卒同治十二年癸酉九月初八辰時

娶林氏報娘號揑惠　生嘉慶十七年壬申五月十八巳時　卒咸豐三年癸丑三月廿九日酉時

子　義　琟出

女一適李

可雌公　即首山公四子　生卒缺

五履派

可田公　即爲與公子　生卒失

娶　氏

子　章

尙綱公諱錦　即天樞公長子　生卒失

娶黃氏號儉慈　生乾隆十一年丙寅八月廿七日　時　卒乾隆四十八癸卯正月廿一日午時

嗣子　廣

可鑑公　即天樞公次子　生失　卒

可鐵公　即天樞公三子

撫時公

娶黃氏號慈惠

子　成罕

查撫時系是鑑鐵二公合主之號特未稔其娶黃氏及子成罕爲鑒之後歟抑爲鐵之後歟故錄之以備參攷

德穆公諱載　即存德公長子

生乾隆廿五年庚辰二月初二日午時
卒道光廿七年丁未九月初十日巳時

娶杜氏銀娘號端靜

生乾隆卅二年丁亥四月三十日　時
卒乾隆五十三年戊申九月初六申時

繼娶黃氏執娘號純素

生乾隆卅二年丁亥四月廿六日卯時
卒咸豐元年辛亥九月廿九日辰時

公塟本鄉土名水邊壠路尾

先妣塟外塔橋

繼妣塟金山

子　貝米　蘇秦

恒謙公諱用　即存德公次子

生　十月廿九日
卒　十一月廿五日

飛成公諱苒球　即存德公三子

生乾隆　六月十二日
卒道光　十二月初四日

娶黃氏號慈言　生乾隆　二月十五日　卒道光廿六年丙午二月廿七日　時

女一適陳

可示公　即存德公四子　生卒失

娶　氏

子　夏蘭　均蘭

維羆公諱雄　即存德公五子　生乾隆卅七年壬辰四月十六巳時　卒嘉慶二年丁巳四月初六日丑時

嗣子　好

厚德公諱寶成字可珠　卽存德公六子

公　生乾隆四十年乙未十二月十二巳時　卒道光十七年丁酉四月廿九日午時

娶黃氏徽娘號順儉　生乾隆四十二年丁酉八月廿八酉時　卒道光十五年乙未七月初八日丑時

子　邦　好出嗣　凡

乘平公諱浮　即存德公七子　生卒缺

黎山公諱秀來字可苗　即承義公長子　生乾隆廿七年壬午閏五月廿九申時　卒道光三年癸未三月初八日辰時

公

娶　氏

子　省明　隨蘭

和氣公諱禎祥　即承義公次子　生正月初五日　卒九月廿六日

娶杜氏號慈齋　生二月初五日　卒正月初五日

子　登吉　满夜

丕承公諱顯榮　即承義公三子　生乾隆卅七年壬辰十一月廿二日巳時　卒道光十二年壬辰十二月廿七日丑時

娶黃氏生卒缺

子　鶴舞　贊春

丁秋公　即爲臨公子　生卒失

娶　氏

子　垙英

友成公　即如慎公子　生卒失

盟惠公諱研　即天錫公子　生乾隆四十四年乙未十月廿五日丑時　卒道光十八年戊戌閏四月初一日丑時

娶黄氏號貞德
生乾隆四十九年甲辰十一月廿七亥時
卒咸豐十年庚申七月十八日未時

子　旺　臘　勤出嗣　田

可祿公　即質愼公子往臺灣不歸
生乾隆四十三年戊戌七月廿五日子時
卒道光廿一年辛丑十二月初九日寅時

梁惠公諱鰍　即毛愼公次子

娶黄氏號順德
生乾隆五十八年癸丑十一月十二申時
卒嘉慶廿四年己卯五月十四日未時

子　甘露

能惠公諱謁　即毛愼公三子
生乾隆四十六年辛丑八月初十巳時
卒道光三十年庚戌十月十一日酉時

娶易氏號順慈
生乾隆四十八年癸卯三月十八日　時
卒道光七年丁亥十二月二十日戌時

鳳惠公諱鸞　即毛愼公四子
生乾隆四十九年甲辰三月廿七日寅時
卒道光二十年庚子十二月廿四日巳時

嗣子　勤　似子　埔

生乾隆五十四年己酉十二月初八日　時
卒道光　十二月初四日　時

玉完公　即毛慎公六子

生乾隆六十年乙卯二月廿六辰時
卒同治五年丙寅十月初二日酉時

娶曾氏買娘

子　倉廩

樸實公諱買　即其吉公子

生　十月廿六日
卒　四月初五日

娶黃氏號順靜

生　九月廿六日
卒　二月十一日

繼娶黃氏號柔靜

生　六月初七日
卒　四月初六日

子　櫕嗣　契嗣　老　抄

誠聘公諱珍國　即其軒公長子

生乾隆五十四年己酉八月初八寅時
卒道光十七年丁酉五月十六日巳時

娶潘氏蔭娘號貞慈　生乾隆五十六年辛亥九月廿三丑時　卒道光十七年丁酉六月初十日巳時

子　瑞　琨　瑯玕　瑶琳

誠興公　即其軒公次子　生嘉慶三年戊午十一月初三日亥時　卒嘉慶二十年乙亥五月初五日寅時

娶　氏改適

子　珍　珐

誠海公諱福溪　即其軒公三子　生嘉慶九年甲子十一月初七日亥時　卒同治九年庚午十一月初二日未時

娶黃氏延娘號貞靜　生嘉慶十二年丁卯六月廿二日申時　卒道光十七年丁酉六月初三日巳時

繼娶賴氏冉娘　生嘉慶二十年乙亥　卒光緒十四年戊子二月初十日亥時

子　岳　作　重

可竦公　即其明公長子 生卒

可習公　即其明公次子

嗣子　璘

誠傑公諱圳　即其明公三子

娶侯氏痛娘號儉節

子三　茶　盤　訓

敦正公諱守　即其烈公長子

娶黃氏妸娘號勤敏

子　茂　佞　吹

生嘉慶四年己未十一月十五日辰時

卒嘉慶十六年辛未八月廿四日亥時

生嘉慶十一年丙寅六月十八日卯時

卒道光十七年丁酉八月初九日午時

生嘉慶十二年丁卯八月廿二日丑時

卒光緒七年辛巳十一月十九日卯

生乾隆五十八年癸丑十一月十六亥時

卒道光八年戊子六月初四日卯時

生嘉慶元年丙辰七月十五日戌時

卒道光十七年丁酉五月十一辰時

敦篤公諱且　即其烈公次子
生嘉慶二年丁巳四月廿三日巳時
卒嘉慶二十年乙亥八月十八午時

子　麟趾 養　呈祥 嗣

敦高公諱仰　即其烈公三子 生卒失

娶黃氏七娘號勤懿
生嘉慶十三年戊辰四月十五日巳時
卒道光十二年壬辰三月廿三日申時

繼娶黃氏號勤美 生卒失

子　光仁　光騰

誠秀公諱虹山　即其香公長子
生乾隆五十五年庚戌十一月十五亥時
卒道光十八年戊戌二月廿四日酉時

娶黃氏緞娘號節素
生乾隆五十八年癸丑五月十七卯時
卒道光十五年乙未六月十九日申時

繼娶賴氏論娘號青素
生嘉慶四年己未七月初十日卯時
卒道光十八年戊戌正月二十巳時

子　朝宗　京英

清秀公諱廼春　即其香公次子

生嘉慶元年丙辰正月初一日寅時
卒嘉慶廿一年丙子十月初七丑時

娶黃氏　生卒失

子　亨

實秀公諱教　即其香公三子

生嘉慶三年戊午八月十八日未時
卒道光十八年戊戌三月廿五戌時

娶黃氏于娘

生嘉慶六年辛酉十二月廿四日午時
卒同治十二年癸酉三月初十日巳時

子　禀　新　臘雪

明德公諱柯　即爲酉公子

生乾隆卅七年壬辰三月初二日申時
卒乾隆五十九年甲寅七月十三酉時

子　添全

純庵派

明通公諱文洪字可青　即天心公長子

生乾隆卅九年甲午七月廿四日　時
卒道光十七年丁酉九月廿三日卯時

公

娶吳氏號勤慈

生失
卒咸豐四年甲寅閏七月十六日巳時

子　會元　以元出嗣　角元

明道公諱愿呂　即天心公次子

生乾隆四十八年癸卯正月十二辰時
卒嘉慶廿五年庚辰八月十二日寅時

娶莊氏號儉丞

生嘉慶四年己未十月十五日卯時
卒嘉慶廿二年丁丑二月廿二卯時

合塋火石脚壬丙兼子午

嗣子　以元

必露公諱霜厚　即復國公長子　生乾隆五十三年戊申九月初七日　時
卒咸豐元年辛亥四月十一日午時

塟本鄉下尾后大崙頭坐北向南

必義公諱霞厚　即復國公次子　生乾隆五十九年甲寅
卒嘉慶廿五年庚辰三月初三日未時

必對公諱應皇　即復圓公長子　生乾隆四十五年庚子十二月初六未時
卒　九月十四日申時

嗣子　表衣　似子　等英

必身公諱金錠字可銀　即復圓公次子

公　生乾隆四十八年癸卯七月十九巳時
卒道光十八年戊戌七月初七日未時

娶李氏帖娘號節孝　生乾隆五十八年癸丑八月十六巳時
卒咸豐四年甲寅三月廿六日巳時

仝塟本鄉土名畓仔田后巽乾戌辰

子　因元　羔裘　表衣出嗣

女二　長適林　次適黄

必清公諱香字可咏　即復固公長子

生乾隆五十四年己酉九月初七日戌時

卒咸豐三年癸丑八月十七日戌時

公

娶賴氏妙娘號慈孝

生乾隆五十六年辛亥二月十五日　時

卒同治五年丙寅八月初九日午時

子　繼狩

女一適黄

必言公諱謹　即復固公次子

生嘉慶三年戊午四月初八日巳時

卒道光二年壬午七月十六日巳時

必寅公諱壬　即復固公三子

生嘉慶六年辛酉十一月十三酉時

卒同治二年癸亥七月初九日子時

娶杜氏綢娘號懿孝　生嘉慶十六年辛未十二月十二酉時
卒同治八年己巳三月廿九日寅時

子　邑 養

必荔公諱陸二字可八　即復信公長子

公　生嘉慶二年丁巳六月初二日戌時
卒咸豐八年戊午正月廿三日酉時

娶劉氏號娘號敬孝　生嘉慶十七年壬申七月初三日辰時
卒光緒十一年乙酉四月十六日巳時

塟本鄉土名大武山丙壬午子

子　蒲榮　予榮 任建寧府　旋榮

女一適黃

必誥公諱鳴謙　即復信公次子　生嘉慶五年庚申十二月初四日
卒道光廿七年丁未九月十七日寅時

必敏公諱石　即復信公三子

生嘉慶八年癸亥九月十一日　時

卒道光廿七年丁未七月廿九酉時

必領公諱勅使　即復国公子

生嘉慶十四年己巳十一月廿二戌時

卒同治四年乙丑九月廿一日卯時

嗣子　慶花

振宇公諱嶺　即如磨公長子

生嘉慶九年甲子九月廿七日寅時

卒道光六年丙戌九月十五日巳時

振精公諱周粗　即如磨公次子

生嘉慶廿五年庚辰二月廿八日辰時

卒光緒廿三年丁酉十二月廿八酉時

娶黃氏溪娘號柔莊

生道光七年丁亥八月廿一日辰時

卒光緒十年甲申二月十四日辰時

合葬南邑八都土名後山尾庚甲酉卯

子　安　秋　錐出嗣

振於公諱周海字可內　即如化公次子

公　生道光九年己丑七月十一日巳時　卒光緒十五年己丑十二月十九日戌時

娶黃氏全娘號柔儉　生道光二十年庚子十一月廿三申時　卒光緒廿三年丁酉二月初三日辰時

子　箕　來

女二均適黃

振才公諱周山　即如化公三子　生道光十四年甲午十月廿三酉時　卒咸豐二年壬子九月廿九日酉時

振慶公諱周衍　即如化公四子　生道光廿三年癸卯四月廿八日寅時　卒宣統三年辛亥四月初九日未時

娶黃氏理娘號柔懿　生道光三十年庚戌四月廿二日酉時　卒光緒十六年庚寅十二月十九卯時

子　雩　得　績

振道公諱長宏字可心　即如呈公長子

公

生嘉慶廿五年庚辰九月廿八日寅時
卒同治十年辛未十月廿八日巳時

娶黄氏情娘號榮勤

生道光九年己丑六月廿四日子時
卒光緒六年庚辰八月初五日子時

公塟本鄉土名雷打脚

妣塟雷打石墘

子　嘉魚　嘉賓　嘉向　嘉生　嘉牽

振齋公諱長更　即如呈公次子

生道光九年己丑三月廿四日寅時
卒光緒八年壬午十月初八日子時

娶林氏會娘號柔慈

生道光十年庚寅五月廿八日亥時
卒同治六年丁卯十一月十一巳時

子　樂水

振富公諱長盛字可昌　即如日公長子

公
生嘉慶廿一年丙子四月十四日辰時
卒咸豐九年己未三月十四日酉時

娶黃氏幼娘號柔德
生道光二年壬午四月初八日辰時
卒道光廿二年壬寅十月初一卯時

繼娶黃氏郄娘號柔金
生道光九年乙丑五月十三日未時
卒民國元年壬子十二月十三寅時

公塟本鄉塗光嶺后土名雲臺山壬丙亥巳

子　罕　詩　湊

振鉄公諱長瓜宇可緜　即如日公次子

公
生嘉慶廿三年戊寅七月十六日巳時
卒同治九年庚午閏十月廿五日辰時

娶黃氏妹娘號柔惠
生道光二年壬午十二月廿二日亥時
卒光緒十四年戊子三月十八日戌時

仝塟本鄉吳坑后後寮田脚巽乾辰戌

子　水來　浸來　寖來　踻來出嗣

女一適黃

振榮公諱長華　即如日公五子

生道光十一年辛卯十月十五日卯時
卒光緒廿一年乙未二月初一日未時

娶黃氏寶娘號柔玉

生道光十九年己亥十月初二日酉時
卒光緒卅三年丁未十二月二十辰時

子　專　斗　育　良　女一適黃

振耳公諱長陸　即如日公六子

生道光十四年甲午六月初八日戌時
卒咸豐元年辛亥八月廿六日酉時

嗣子　踻來

錦亭派

於泗公諱牌　即日進公長子

生乾隆卅四年己丑二月廿二日　時
卒道光八年戊子七月廿七日卯時

娶賴氏號惟儉　生乾隆卅二年丁亥八月初八　時
卒道光元年辛巳七月廿二日巳時

子　霞元　入元　春元　乾元出嗣

女二　長適鄭　次適黃

餘民公諱歡字可喜　即日進公次子　生乾隆卅七年壬辰九月初七日辰時
卒嘉慶廿四年己卯四月二十日巳時

公

娶梁氏號輕柳　生乾隆卅八年癸巳　月十九日
卒　七月十九日

子　福才　萬秀　宗廟出似

女二　長適黃　次適謝

其真公諱葉　即步進公長子　生乾隆廿六年辛巳正月十五未時
卒道光元年辛巳正月初十日卯時

娶林氏　生失　卒　正月十一日

子　昭明

餘萬公諱兌　即步進公次子　生乾隆卅三年戊子七月十二日巳時　卒道光十三年癸巳五月初六日辰時

娶謝氏號輕仕　生乾隆卅八年癸巳十二月初四日巳時　卒道光十五年乙未十二月十九日寅時

合塟下壠田尾辛乙酉夘

子　介　鍾煖　久元　忭厚

女三　長適蕭　次適黄　三適林

永吉公諱求　即步進公三子　生乾隆卅九年甲午九月十三日酉時　卒道光十四年甲午五月十四日巳時

娶蕭氏號恬素　生失　卒道光十四年甲午三月廿五日巳時

子　流泉　鳩山　景元　似長子宗廟

女五　次適林　餘均適黃

幼德公諱切　即悟文公長子　生乾隆廿一年丙子正月初一日巳時　卒嘉慶二十年乙亥十二月初八未時

娶謝氏號守恬　生乾隆卅三年戊子十二月十七酉時　卒嘉慶三年戊午九月十三日辰時

繼娶洪氏號守懿　生失　卒嘉慶二十年乙亥十二月初九日午時

子　願　分嗣

女一適仙邑

恭懷公諱調　即悟文公次子　生乾隆卅四年己丑三月十一寅時　卒道光九年己丑正月二十日子時

娶黃氏號彔順　生乾隆卅四年己丑五月十三日　時　卒道光廿九年己酉九月十六日巳時

子　巧　瓜　魚

有伯公諱挽　即悟文公三子 由

生乾隆卅六年辛卯四月初十日午時
卒道光廿二年壬寅十月廿九日丑時

娶黃氏緞娘

生缺
卒　　十一月初八日巳時

子　知　涼　木

女一適賴

明德公諱邀　即悟文公四子

生乾隆卅八年癸巳九月十九日酉時
卒嘉慶十五年庚午九月十七日巳時

東德公諱紫　即存本公子

生乾隆廿九年甲申八月初一日酉時
卒嘉慶十四年己巳五月十七日午時

娶謝氏號順静

生乾隆卅三年戊子十二月十二日卯時
卒道光十二年壬辰十二月十六日巳時

子　平艮　追來 出嗣惟有公

惟有公諱綠　即存心公子

嗣子　追來　乾元

益恭公諱茂　即懷新公子

娶魏氏號仁慈

子　德興　采良　完方

可教公　即存慎公子　生卒缺

嗣子　才

益文公諱旭蘭　即志正公長子

娶謝氏團娘號恬慈

生乾隆四十三年庚戌五月初五戌時
卒道光十三年癸巳二月初六日辰時

生乾隆卅八年癸巳三月初十日未時
卒道光廿五年乙巳七月初九日酉時

生乾隆四十七年壬寅十二月十九亥時
卒道光廿五年乙巳十月廿六日巳時

生乾隆五十七年壬子三月十七亥時
卒道光十八年戊戌四月十二日亥時

生嘉慶元年丙辰八月廿四日辰時
卒同治二年癸亥九月廿四日巳時

側室曾氏炎姊號順柔　生嘉慶廿四年己卯十一月十一寅時　卒道光廿九年己酉十月廿四日巳時

合葬本鄉東坂園后甲庚寅申

子　蘊　瞞養　科進側出　繼本側養　女一適黃

益氣公諱驕連字可枝　即志正公次子　生嘉慶三年戊午九月初三日戌時　卒嘉慶十七年壬申十月初四巳時

公

葬南安大帽居與晉江界

子　就通養

益元公諱必捷字可遠　即志正公三子　生嘉慶五年庚申十二月初七丑時　卒同治九年庚午五月十九日寅時

公

娶謝氏寶娘號懿德

生嘉慶八年癸亥九月初四日未時
卒咸豐二年壬子十月廿七日未時

繼娶黃氏運娘號懿儉

生嘉慶十四年己巳七月十四戌時
卒光緒十年甲申五月初五日未時

公塟仙邑仁德里土名魯鼠空

妣塟仙邑仁德里土名豬脚跡

子　養養　百　快便　池嗣

女三　長三適黃

作舟公諱巨川字可濟　即志正公四子

生嘉慶八年癸亥五月十四日巳時
卒同治十三年甲戌十月廿七戌時

公

娶謝氏昧娘號德慈

生嘉慶十四年己巳正月初九日卯時
卒道光廿四年甲辰十月初七日丑時

繼娶林氏担娘號德惠　生嘉慶廿一年乙亥九月初五日巳時　卒同治十一年壬申十月初六日卯時

公塟本鄉雁塔池后酉卯

先妣與次男交英合塟仙邑仁德里楓樹嶺甲庚卯酉

繼妣塟本鄉新垣頭申寅坤艮

子　泮　交　卜　厨　絨俱謝氏出　瑞林出

女一適黃

東二房二派

貴成公　即成崑公長子　生乾隆廿五年庚辰十一月廿八日寅時　卒乾隆五十二年丁未九月十八日未時

薄意公諱輕　即成崑公次子　生乾隆四十年乙未六月十六日巳時　卒嘉慶十六年辛未十一月初四酉時

峻德公諱典　即成崑公三子
生乾隆四十六年辛丑九月初九午時
卒咸豐五年乙卯七月十七日卯時

娶賴氏只娘號室家
生嘉慶元年丙辰正月十八日亥時
卒同治六年丁卯五月三十日辰時

塟本鄉番口林

子　畝

可每公　即成崑公四子

可內公　即節用公長子

守備公諱辦　即節用公次子
生乾隆五十年乙巳九月廿六日子時
卒咸豐三年癸丑十二月廿六日子時

娶黃氏號何須
生嘉慶八年癸亥七月十八日
卒同治五年丙寅十二月廿四未時

子　坐　回　耳出

蚕引公諱遷　即克讓公長子
娶黃氏亥娘號柔信
繼娶賴氏號勤儉
子　呂　詐　系
仍順公諱他　即克讓公次子
娶黃氏號存省
子　杯
龍飛公諱稅蘭　即克讓公三子
娶黃氏寶娘

生乾隆卅六年辛卯七月十九日未時
卒道光三年癸未正月十一日酉時
生乾隆卅八年癸巳四月廿二日未時
卒乾隆五十八年癸丑五月十四午時
生乾隆四十四年己亥十二月初五卯時
卒道光十三年癸巳正月十六日辰時
生乾隆卅九年甲午四月廿一日亥時
卒嘉慶十四年己巳四月初四日酉時
生失
卒　七月十一日
生乾隆五十四年己酉八月廿五亥時
卒同治八年己巳五月初四日子時
生乾隆五十四年己酉五月初二辰時
卒咸豐二年壬子七月初二日卯時

子　三褫　三鑽　三鋪　利記

紅日公諱守竹　即克讓公四子　生乾隆五十九年甲寅九月廿七午時　卒道光十五年乙未八月十六日戌時

可角公　即高宗公長子

延穗公諱芥二　即高宗公次子　生乾隆卅六年辛卯十月十三寅時　卒道光十年庚寅七月廿五日午時

娶林氏遞娘號勤意　生乾隆四十三年戊戌正月十八未時　卒嘉慶十年乙丑七月初八日丑時

子　程圃

卜吉公諱擇　即至才公嗣子　生乾隆卅七年戊辰九月十六日巳時　卒嘉慶廿二年丁丑十月初二日午時

成志公諱學字可乣　即高倍公長子　生乾隆四十二年丁酉十二月十二亥時　卒道光三年癸未七月廿六日戌時

公

娶黃氏敬娘號順淑

生乾隆四十七年壬寅七月十八未時
卒嘉慶八年癸亥六月初四日申時

續子　玉匹　玉匣　玉帛　韮

生乾隆五十年乙巳五月十四未時
卒嘉慶八年癸亥八月十一日卯時

盈科公諱熙章　即高倍公次子

娶黃氏號淑儉　招偶

生乾隆五十一年丙午二月廿七日辰時
卒道光三十年庚戌十一月初二日未時

子　持　續子　玉匹兼承　玉匣　玉帛

韮兼承

承恩公諱祿　即側耳公長子

生乾隆廿九年甲申五月初三日未時
卒嘉慶廿一年丙子四月初七日申時

娶謝氏耳娘聞聲

生乾隆卅三年戊子七月廿三日戌時
卒道光十六年丙申五月初十日巳時

子　印　地利　喊是出嗣

爭頌公諱豆　即側耳公次子

生乾隆卌二年丁亥二月廿五日辰時
卒道光十三年癸巳五月十五日午時

嗣子　喊是

彩鳳公諱麒麟　即寶才公長子

生乾隆　　四月廿五日酉時
卒道光　　十一月初九未時

娶蔡氏花娘號勤意

子　錦英出繼

生道光　　五月初一日卯時
卒失

可親公　即賢才公次子

文元公諱論　即寬信公子

生乾隆四十三年戊戌九月十一酉時
卒道光廿八年戊申五月廿二日　時

娶潘氏號綒戍

生乾隆四十八年癸卯八月廿二辰時
卒咸豐四年甲寅十二月初十日　時

子　菶　蔭　順　看

世珠公諱文玉　即志制公長子

生乾隆五十六年辛亥九月十六未
卒道光十八年戊戌二月初一日

世成公諱宣和字可希　即志制公次子

公

生乾隆六十年乙卯十月廿六日未時
卒道光廿六年丙午十二月初九巳時

娶黄氏改適

子茂

元亨公諱貞平字可傒　即基宗公長子

公

生乾隆卌三年戊子四月廿三日午時
卒道光十六年丙申三月廿九日酉時

娶黄氏二娘號成雙

生乾隆卌六年辛卯四月十六日未時
卒道光廿六年丙午七月廿八日寅時

子　扐養　鏢　科

女三

臨淵公諱戰勝字可必　即基宗公次子　生乾隆卅六年辛卯八月廿二日亥時
卒道光十三年癸巳正月初四日未時

公

娶黃氏珠娘號愛玉　生乾隆卅八年癸巳九月初七日寅時
卒道光十七年丁酉二月初六日戌時

合塟本鄉謝厝土名灣垢田頭

子　姜　倪出嗣　硯　墨

菩居公諱合　即基宗公三子　生乾隆四十二年丁酉正月初二酉時
卒咸豐元年辛亥十月十六日亥時

嗣子　倪

積倉公諱乃字可逸　即基宗公四子

公　生乾隆四十八年癸卯正月廿三日丑時　卒道光三十年庚戌十二月十九日巳時

娶李氏小娘　生嘉慶元年丙辰九月十五日辰時　卒嘉慶二十年乙亥九月十九日寅時

女一

德泉公諱水　即和然公長子　生乾隆十六年辛未閏五月二十日酉時　卒嘉慶十四年己巳十一月初十日寅時

娶黃氏鐵娘　生乾隆廿五年庚辰十一月十七未時　卒道光十二年癸巳八月初一日酉時

子　用　制　綏出嗣　悔　已　培

化出嗣

德華公　即和然公次子　生乾隆廿三年戊寅正月初一日寅時　卒缺

德儀公　即和然公三子　生乾隆廿六年辛巳十月初十日　時　卒乾隆五十三年戊申六月初七巳時

嗣子　綏

英世公　即和然公四子

生乾隆三十年丙戌六月廿二日戌時
卒乾隆五十三年戊申四月十九辰時

娶謝氏

生乾隆卅六年辛卯七月初十日辰時
卒乾隆五十三年戊申五月十二未時

德香公　即和然公五子

生乾隆卅六年辛卯七月初十子時
卒咸豐三年癸丑五月廿七日辰時

娶杜氏號勤德

生乾隆卅七年壬辰十二月二十申時
卒嘉慶七年壬戌五月廿六日卯時

嗣子　化

德鳴公諱鸞　即和然公六子

生乾隆四十年乙未十一月十九日未時
卒道光十七年丁酉十一月十二日寅時

性義公諱存忠字可心　即哲公子

生乾隆四十四年己亥四月廿八辰時
卒嘉慶十三年戊辰十月初一日巳時

娶潘氏號恬意

生乾隆四十三年戊戌七月廿三辰時
卒嘉慶六年辛酉六月十四日卯時

繼娶賴氏號順意

生乾隆四十三年戊戌四月十三子時

卒嘉慶十一年丙寅八月廿二日酉時

子　浮

高陞公諱挑字可選　即遊公子

生乾隆三十年乙酉八月初九日亥時

卒道光十八年戊戌閏四月初六亥時

娶黃氏夔娘號誠意

生乾隆卅一年丙戌九月廿七日子時

卒道光十一年辛卯八月初六日辰時

子　百言　百機　百招　建　百扶

勤和　窗前

天縱公　即國公子

生乾隆四十六年辛丑十二月十二戌時

卒咸豐元年辛亥十月初九日申時

娶謝氏

生乾隆五十一年丙午十月初二巳時

卒嘉慶十三年戊辰四月廿六日未時

子　活

山中公諱雩字可益　即梲義公子
生乾隆四十年乙未十二月廿九未時
卒道光十四年甲午正月十六日卯時

娶陳氏號慈愛
生乾隆四十九年甲辰三月十一辰時
卒道光廿三年癸卯二月廿五日辰時

子　穊　鎮　託　買

首春公諱景　即寅詹公長子
生乾隆卌四年己丑九月十三日酉時
卒嘉慶十八年癸酉二月初七日酉時

娶黃氏號柔意
生乾隆卌七年壬辰十月初二日酉時
卒嘉慶六年辛酉十一月十八日巳時

子　墻　鬐

春情公諱挽　即寅詹公次子
生乾隆四十二年丁酉十月十五寅時
卒咸豐六年丙辰正月廿六日未時

娶陳氏欽娘
生乾隆卌九年甲午四月三十日亥時
卒道光廿一年辛丑七月廿三日巳時

繼娶潘氏號後進
生乾隆四十五年庚子七月初四午時
卒咸豐元年辛亥七月十七日丑時

子　鑑出嗣　契出嗣　厲　樹　傳　似五子　錦

可孝公　即寅詹公三子往臺湾

白雪公諱霜　即德朋公長子　生乾隆十七年壬申二月初一日戌時　卒嘉慶廿二年丁丑六月廿八日巳時

娶黄氏號孝慈　生乾隆二十年乙亥六月十七日亥時　卒乾隆五十七年壬子八月廿四子時

繼娶陳氏號孝順　生乾隆十七年壬申二月初二日辰時　卒嘉慶廿四年己卯三月廿八日申時

公與先妣合塟本鄉柏樹壠

繼妣塟本鄉苦埧

子　鶯　朝陽　册　蓮

克純公諱贖字可姒　即德朋公次子

公　生乾隆廿二年丁丑九月廿七日　時
卒嘉慶十六年辛未十一月廿二巳時

娶杜氏　生乾隆卅四年己丑正月廿一日戌時
卒嘉慶二十年乙亥七月廿八日辰時

子　文　道　桴

淮泗公諱排　即德朋公三子　生乾隆廿七年壬午二月十二日戌時
卒嘉慶二十年乙亥二月十八日酉時

娶黃氏號和柔　生乾隆卅四年己丑八月十六辰時
卒咸豐元年辛亥九月初一日子時

子　天恩　獻瑞

可慶公　即謂議公長子

可通公　即謂議公次子　生乾隆三十年乙酉　月廿二日
卒乾隆五十三年戊申四月初六日申時

塟蘇山湖

德薄公諱輕　即謂議公三子

生乾隆卅七年壬辰八月廿七日亥時
卒嘉慶二十年乙亥四月初七日申時

娶黄氏吉娘

生乾隆卅八年癸巳六月十四巳時
卒道光八年戊子十月初六日巳時

子　葛

懐厚公諱葵　即謂議公四子

生乾隆四十五年庚子九月十七子時
卒道光廿六年丙午十一月十八亥時

娶林氏號舟儉

生乾隆四十三年戊戌正月十五巳時
卒嘉慶五年庚申七月十八日亥時

繼娶王氏

生乾隆四十六年辛丑十一月十一子時
卒道光十七年丁酉十月十一日未時

公與王氏合塟赤墩癸丁丑未

林氏塟寨仔后寅申坤艮

子　神祐

可蛟公　即孔明公長子　生乾隆廿五年庚辰二月十九日子時　卒乾隆四十八年癸卯十二月初二丑時

可莪公　即孔明公次子　生乾隆卅一年丙戌七月初五日巳時　卒嘉慶廿一年丙子七月初七日酉時

茂蘭公諱扳桂字可芳　即特朝公長子　生乾隆卅四年己丑七月初九日寅時　卒嘉慶廿二年丁丑正月廿九日戌時

公

娶尤氏號蝶意　生乾隆卅六年辛卯二月三十卯時　卒道光九年己丑正月十六日未時

仝葬本鄉蝠蜅蜅埔

子　惜　蠘出嗣　福元

可樟公　即特朝公次子　生乾隆卅八年癸巳六月初六日未時　卒嘉慶廿四年己卯三月初十日巳時

茂樹公諱楓　即特朝公三子　生乾隆四十二年丁酉八月初三日亥時　卒道光十六年丙申四月廿七日卯時

葬柏樹壠尾
嗣子　蠍

順義公諱赤　即志惠公長子
生乾隆十年乙丑五月初二日申時
卒嘉慶二十年乙亥八月初六酉時

娶黃氏號寬靜
生乾隆十二年丁卯正月二十日丑時
卒嘉慶元年丙辰七月廿五日辰時

仝葬本鄉寨仔脚
子　往　玉盛　耕田

純一公諱老二　即志惠公次子
生乾隆廿八年癸未九月十五日寅時
卒道光廿六年丙午四月初十日午時

娶陳氏號端莊
生乾隆卅一年丙戌九月十八日未時
卒乾隆五十三年戊申五月十三午時

繼娶吳氏號存儉
生乾隆廿七年壬午九月初十日酉時
卒嘉慶九年甲子正月二十日酉時

公與先妣同塟火炎寨脚厝地

繼妣塟高衢嶺

子　佛保　添丁　大車俱吳出

生乾隆十七年壬申六月初十寅時

卒道光十年庚寅八月十一日巳時

以色公諱喜梅　即懋遷公長子

生乾隆廿五年庚辰五月廿六日酉時

卒乾隆四十七年壬寅八月三十辰時

娶黃氏號儉慈

生乾隆廿二年丁丑正月廿九日寅時

繼娶黃氏號有行

卒道光十五年乙未六月廿二日寅時

子　周　尹　賞　鳥觀

中義公諱秋香　即懋遷公次子

生乾隆十九年甲戌八月初一戌時

卒嘉慶二年丁巳五月十一日辰時

忠信公諱文言　即懋遷公三子

生乾隆廿二年丁丑三月三十日寅時

卒乾隆四十七年壬寅三月十一巳時

泮林公諱湊六　即懋遷公四子

生乾隆廿四年己卯十月廿五日戌時

卒道光十二年壬辰九月廿七日酉時

娶杜氏號成金

生乾隆卅七年壬辰八月廿四辰時

卒道光五年乙酉正月廿八日寅時

公塟本鄉土名加錐飛半山丙壬午子孫皈元附

子丙　雩　夏

福如公諱東海　即懋遷公五子

生乾隆廿九年甲申四月十七日巳時

卒道光十四年甲午三月廿六日丑時

娶林氏號科静

生乾隆卅九年甲午七月二十日申時

卒道光十八年戊戌七月初七日寅時

子即　隨

振仙公諱溪　即懋遷公六子

生乾隆卅一年丙戌十月十四巳時

卒嘉慶元年丙辰八月初八日申時

鳴朝公諱致　即直毅公子

生乾隆十八年癸酉正月十五子時

卒道光十年庚寅六月初八日申時

娶黃氏衫娘號紫靜　生乾隆廿六年辛巳十二月初八酉時　卒道光三年癸未七月十三日申時

合葬本鄉烏石洋赤塗墘

子　照　欽　常

與堂公諱草山　即光昌公長子　生乾隆三十年乙酉十月廿五日未時　卒嘉慶廿三年戊寅正月三十日寅時

娶黃氏號慈淑　生失　卒　九月初三日酉時

子　千言　文章　賢　全

後進公諱科　即光昌公次子　生乾隆卅九年甲午七月初二日丑時　卒道光十一年辛卯八月廿二日酉時

子　業養

風堂公諱樹枝　即光昌公三子　生乾隆四十五年庚子四月十八日　卒道光十一年辛卯三月十六日巳時

祭如公諱日在字可允 即輔國公長子
生乾隆卅一年丙戌八月初七日辰時
卒道光十二年壬辰八月廿六日子時

公

娶謝氏穉娘號柔懿
生乾隆卅二年丁亥六月初八日亥時
卒道光十二年壬辰十月二十日申時

合本壟鄉清邊田后乙辛夘酉

子 素月 晨宿 暮春

克恭公諱蟬 即輔國公次子
生乾隆卅三年戊子十二月廿六日巳時
卒嘉慶十三年戊辰十一月初四日丑時

娶黃氏鶯娘號維静
生乾隆卅三年戊子十二月廿六巳時
卒嘉慶六年辛酉五月廿五日未時

繼娶黃氏清娘號予衿
生乾隆卅三年戊子十二月廿九酉時
卒道光九年己丑四月初九日亥時

仝塟本鄉寨仔脚

子　果珍

純道公諱運字可轉　即輔國公三子　生乾隆四十五年庚子二月十三亥時　卒道光十八年戊戌四月十二日申時

公

娶杜氏厚娘號懿順　生乾隆四十七年壬寅十二月二十辰時　卒嘉慶十五年庚午三月廿二日申時

繼娶葉氏員娘號懿修　生　二月二十日　卒　二月廿六日

公塟本鄉外塔壟長坵頭巽乾辰戌

先妣塟高衢嶺施厝湖坤艮申寅

子　指新　專新

處士言律公諱飛鶯　即輔國公四子　生乾隆五十年乙巳六月初五日未時　卒道光十二年壬辰八月十一酉時

娶黃氏號孝節　生乾隆五十年乙巳五月十五辰時　卒嘉慶廿五年庚辰四月九日辰時

繼娶林氏好娘號儉節　生嘉慶元年丙辰十一月十三巳時　卒咸豐八年戊午九月初八日亥時

子　廷養　衍林出

寶荐公諱艮朋字可友　即輔國公五子

公　生乾隆五十年己酉四月十四戌時　卒咸豐元年辛亥九月初一日未時

娶黃氏琴娘號好音　生乾隆五十六年辛亥三月廿一亥時　卒同治六年丁卯六月廿三日戌時

公塋本鄉土名崩山兆巽乾巳亥四子以明附

子　彩龍　彩新　平皆　朝聘　似三子添

女　次適黃

和靜公諱安　即振命公長子

生乾隆十六年辛未正月十二午時
卒嘉慶三年戊午三月初二日酉時

娶黃氏號寬裕

生　七月初四日
卒

子　碧

心懷公諱德字可茂　即振命公次子

生乾隆二十年乙亥四月初四日亥時
卒嘉慶十八年癸酉十二月初三寅時

公

娶黃氏滿娘號柔順

生乾隆三十年乙酉二月十六日申時
卒道光十四年甲午二月初九日午時

子　劉　肯

女一　適黃沙

麟趾公諱真字可族　即振命公三子

公　生乾隆廿八年癸未六月初十日卯時　卒嘉慶十八年癸酉六月十六日辰時

娶吳氏號佳慈　生乾隆卅八年癸巳八月二十亥時　卒道光三年癸未七月廿九日寅時

子　盾

拱照公諱星　即振命公四子　生卒失

郡團公諱員　即振命公五子　生乾隆卅四年己丑二月十四未時　卒嘉慶三年戊午二月十七日酉時

成團公諱劍　即振命公六子　生卒缺

有美公諱瑜字可瑾　即肇基公長子

公　生乾隆十七年壬申正月十七日未時　卒嘉慶廿五年庚辰七月十四日丑時

娶黃氏號志慈　生乾隆廿一年丙子三月十七日未時　卒乾隆五十九年甲寅六月廿五午時

側室辛氏號桂馥　生乾隆卅一年丙戌正月十九日戌時　卒嘉慶十二年丁卯五月十八日戌時

子　嘉黃出　朗　極　纂俱辛出

有大公諱臺　即肇基公次子　生乾隆廿一年丙子二月十一日亥時　卒嘉慶二十年乙亥四月廿五日未時

娶黃氏　生乾隆卅二年丁亥十一月二十丑時　卒道光十二年壬辰七月廿七日未時

子二　玉達　玉昌

文成公諱龍　即存德公長子　生乾隆廿四年己卯十二月初五酉時　卒嘉慶二十年乙亥五月十二日戌時

娶潘氏　生乾隆廿五年庚辰八月三十酉時　卒嘉慶十年乙丑九月初五日午時

子　瓜　力

東山公諱登　即存德公次子　生乾隆廿七年壬午八月初十巳時　卒嘉慶三年戊午十月十五日酉時

娶黃氏號貞慈生卒缺

繼娶杜氏號純慈　生乾隆廿九年甲申七月廿三日午時　卒道光十二年壬辰十一月十一酉時

合塟本鄉土名后壠仔木梳

子　實　赫

可雲公　即存德公三子

汝漢公諱雨　即存德公四子　生乾隆卅八年癸巳六月初六日巳時　卒道光十七年丁酉十二月十六午時

娶邱氏栽娘號和慈　生乾隆四十二年丁酉六月初四日巳時　卒嘉慶廿二年丁丑十二月初三日午時

合塟本鄉路市尾壬丙子午

子　開華　先

女一適黃

可味公　即存德公五子

克昌公諱世春　即事吳公長子　生乾隆廿二年丁丑十月十三日巳時　卒嘉慶二十年乙亥二月廿一日未時

娶黃氏號順理生卒缺

繼娶林氏號順慈　生乾隆廿七年壬午十二月初五辰時　卒道光十三年癸巳五月十四日酉時

合葬本鄉土名宅內后

子　亥　詠　此出嗣

風和公諱從意字可心　即事吳公次子

公　生乾隆　正月廿四日戌時　卒道光十一年辛卯五月初三日寅時

子　灶養

克櫝公諱矜榔字可待　即事吳公三子
生乾隆　正月十五日
卒道光　正月十五日卯時

嗣子　此

露成公諱甘桃字可李　即賓誼公長子
生乾隆五十五年庚戌九月初十日　時
卒道光十八年戊戌二月十三日辰時

公

娶王氏初娘號德勤
生乾隆六十年乙卯七月十四日戌時
卒道光二十年庚子正月初八日戌時

公葬本鄉土名苦埧后弟禮爲附

子　巢　添出繼賓茅公

禮爲公諱寬　即賓誼公次子
生嘉慶四年己未二月十五日
卒道光十八年戊戌三月初五午時

皆得公　即永進公長子　生乾隆五十三年戊申八月廿四酉時　卒道光廿四年甲辰九月廿五日卯時

娶吳氏　生嘉慶六年辛酉八月廿九日酉時　卒道光廿六年丙午二月初十午時

子　富　春

朝耕公　即永進公次子　生卒缺

葉傘公諱荷　即何如公長子　生乾隆廿三年戊寅八月廿五午時　卒嘉慶六年辛酉十月廿四日辰時

娶黃氏　生卒缺

繼娶吳氏號心德　生乾隆卅二年丁亥六月十四日　卒乾隆六十年乙卯二月廿五日戌時

子　詩　替

德晨公諱粧字可曉　即何如公次子

公
生乾隆廿八年癸未三月初五日午時
卒嘉慶十七年壬申二月廿五日酉時

娶　氏

子濟　窗

干戈公諱朕　即何如公三子
生乾隆卅一年丙戌十月廿九日子時
卒嘉慶八年癸亥五月初九日

娶黃氏歛娘號成峻生卒失

子井

垂統公諱創來字可業　即文山公長子

公
生乾隆卅九年甲午五月初三日午時
卒道光十一年辛卯二月十六日未時

娶黃氏踐娘號競儉
生乾隆四十三年戊戌四月十二日巳時
卒咸豐二年壬子十一月廿九日酉時

公塟本鄉陳厝祥

子　稿　暡

德貞公諱愈來　即文山公次子

生乾隆四十五年庚子三月十五辰時
卒嘉慶十一年丙寅正月三十日巳時

娶　氏

子　妙　梭

心正公諱志字可道　即言山公長子

生乾隆四十二年丁酉九月十九午時
卒嘉慶廿五年庚午七月初十日申時

公

娶黄氏塊娘

生乾隆四十一年丙申五月初五酉時
卒道光十八年戊戌正月初二日子時

仝塟本鄉書房後壁酉夘庚甲

子　能嚮　戢衣　燦出嗣　盤

心義公諱高尚字可敬　即言山公次子

公　生乾隆五十六年辛亥十月初八巳時
卒道光十七年丁酉七月二十日戌時

娶潘氏柔娘號和柔　生乾隆五十八年癸丑十一月初六午時
卒道光廿九年己酉二月十四日巳時

仝葬本鄉東坂土名竹林垵頭乙辛

嗣子　燦

子傲公　徃臺灣　即言山公三子　生嘉慶四年己未

娶黃氏須娘號慈巽　生嘉慶七年壬戌七月初五日
卒同治十年辛未八月十二日酉時

妣仝二子葬塔頭后科園艮坤丑未

子　好　胡

可對公　即麗金公子　生卒缺

潘氏　生卒缺

八貴公　即篤周公長子　生卒失

可維公　即篤周公次子　生卒失

娶黃氏　生卒失

裕後公諱殿　即篤周公三子

生乾隆卅三年戊子七月十五日未時
卒道光十三年癸巳二月初六日未時

娶黃氏火娘

生乾隆四十三年戊戌四月十七酉時
卒咸豐元年辛亥七月廿一日未時

公與次子髻合葬外訓坑溝鄉

妣與五子返合壟石盤頭壠

子 孚 髻 求 請 返

可葉公生 卒失

娶陳氏生 卒失

細查可葉公係審度公之派錄於此以備後入稽核

子 笑

德鏡公諱梯字可階 即行短公子

生乾隆卅一年丙戌十月三十日未時

卒道光十二年壬辰四月廿四日申時

公

娶黃氏號順禮

生乾隆卅六年辛卯九月十八日巳時

卒道光廿五年乙巳十一月初五巳時

子　分　棻

可會公諱桃　即爲繩公長子

生乾隆四十二年丁酉正月廿二午時
卒嘉慶十一年丙寅六月二十日卯時

娶張氏

生乾隆四十七年壬寅五月初八日申時
卒失

子　瑞　郎

可瓊公諱琚　即爲繩公次子

生乾隆四十六年辛丑六月十八日亥時
卒

娶陳氏

生嘉慶元年丙辰八月初四日丑時
卒道光二十年庚子十二月初一日

可樑公　即爲繩公三子

生乾隆五十二年丁未正月初六日巳時
卒　正月廿六日酉時

子　壽

可棟公　即爲繩公四子

生乾隆五十四年己酉閏五月十四日辰時
卒　三月初八日巳時

可材公　即爲繩公五子　生卒失

可大公諱秋元　即爲華公長子　生乾隆五十四年己酉六月廿八日辰時　卒失

娶黃氏　生乾隆五十四年己酉正月十四日巳時

澄秀公　即爲華公次子　生嘉慶元年丙辰五月廿五日未時　卒失

可楓公　即爲華公三子　生嘉慶五年庚申十一月廿九日巳時　卒

可竹公　即爲華公雙胎四子　生嘉慶五年庚申十一月廿九日巳時　卒

可淮公　即爲燕公長子　生乾隆五十六年辛亥七月廿三日辰時　卒

天生公　即爲燕公次子　生嘉慶元年丙辰五月十六日未時　卒

宏蔚公　即爲光公長子　生乾隆五十七年壬子八月廿八日辰時　卒

鑒生　即爲光公次子
生嘉慶十一年丙寅三月十八日戌時
卒

娶　氏

子　用　春　奪　塙

可標公諱榜　即爲玉公子
生乾隆五十八年癸丑三月十四子時
卒同治五年丙寅二月初九日戌時

娶陳氏
生乾隆五十八年癸丑七月十四寅時
卒光緒三年丁丑十月初二日辰時

子　涑　同　蔆　圭

中海公諱波　即思温公長子
生乾隆十八年癸酉九月廿五日戌時
卒乾隆五十七年壬子四月十九巳時

娶黄氏泯佳
生乾隆十九年甲戌九月十四日
卒乾隆五十四年己酉六月廿九日戌時

子　六信

水聲公諱淚　即思温公次子
生乾隆廿五年庚辰正月十七日寅時
卒嘉慶十九年甲戌十二月三十卯時

娶潘氏號恬來
生乾隆卅一年丙戌二月二十丑時
卒嘉慶五年庚申十月廿一日亥時

子　文　鵬　不

可頂公　即思温公三子

則見公諱叅　即聯答公長子
生乾隆卅四年己丑十一月廿五午時
卒嘉慶十五年庚午九月十三日戌時

娶黃氏號柔德
生乾隆四十年乙未三月三十日巳時
卒嘉慶廿二年丁丑三月廿五日巳時

子　首　節　貨

可贊公　即聯答公次子

於禮公諱進　即其次公長子
生乾隆卅二年丁亥七月十五日午時
卒道光十年庚寅十一月初六日午時

娶黃氏號懿德
生乾隆卅九年甲午十一月十三日
卒嘉慶二十年乙亥正月廿六日未時

澤畔公諱岑　即其次公次子
生乾隆卅七年壬辰七月廿七日
卒乾隆六十年乙卯六月初七日辰時

可茅公　即諸侯公長子

則儉公諱芹　即諸侯公次子
生乾隆卅四年己丑二月廿七子時
卒道光五年乙酉十月十九日未時

娶潘氏號德接
生乾隆卅六年辛卯六月廿八日
卒道光十三年癸巳六月初三日辰時

子　敬　玉瓦

是穫公諱艾　即諸侯公三子
生乾隆卅七年壬辰九月初一午時
卒嘉慶五年庚申七月廿四日未時

可燕公　即諸侯公　子

可莊公　即諸侯公　子

則勸公諱舉善　即敦篤公長子生卒缺

娶黃氏號儉德生卒缺

則忠公諱孝慈　即敦篤公次子生卒缺

成宗公諱祖蔭　即爲國公長子

生乾隆四十六年辛丑九月十四丑時

卒嘉慶廿五年庚辰七月十四日午時

娶黃氏號貞順

生乾隆五十一年丙午四月廿九日寅時

卒嘉慶十八年癸酉十二月初四日巳時

奕茂公　即爲國公次子

希文公諱式志　即爲國公三子

生乾隆　十月廿八日午時

卒嘉慶　七月廿三日午時

任文公諱[illegible]　即爲國公四子

生乾隆　十月廿九日午時

卒嘉慶　十二月廿三酉時

可乾公　即爲國公五子

一歲公諱寅　即則明公子
生乾隆廿六年辛巳正月十三日寅時
卒嘉慶二十年乙亥正月三十日酉時

娶黃氏號歸德
生乾隆卅一年丙戌六月廿七日酉時
卒道光十一年辛卯九月十六日子時

子　納　約　閱　向

恩錫公諱翁　即文豪公長子
生乾隆廿六年辛巳四月初五日亥時
卒道光八年戊子十二月初七日卯時

娶黃氏號我懿
生乾隆卅二年丁亥十月十二寅時
卒道光九年己丑十月二十日辰時

子　敏　箕

與貴公諱富　即文豪公次子
生乾隆廿九年甲申十一月廿七午時
卒嘉慶十三年戊申四月初八日午時

娶黃氏金娘號柔意
生失
卒道光廿四年甲辰十一月廿九日

子　鋇　欣　敦謂

可超公　即文豪公三子　生乾隆四十三年戊戌八月初十日　卒道光廿四年甲辰十月初三日巳時

東四房

裕後公　即德邦公之派　生嘉慶四年己未三月廿三日辰時　卒咸豐九年己未八月廿九日卯時

娶黃氏　生嘉慶十五年庚午十一月廿一寅時　卒同治六年丁卯十二月廿七日卯時

子　腰　遐　七　象

垂裕公　即德邦公之派　生嘉慶十二年丁卯二月十五卯時　卒咸豐七年丁巳九月十二日卯時

西房

可昌公　即爲足公子　生失　卒十一月十七日午時

又日公諱新　即維容公長子　生卒缺

娶黃氏涅娘

生失

卒　八月廿四日

嗣子　錐

仍貫公諱舊　即維客公次子

生咸豐六年丙辰十二月廿八亥時

卒同治九年庚午七月初三日巳時

福祐公諱蔭　即維客公長子

生道光廿一年辛丑十一月十四日申時

卒光緒十八年壬辰十一月初六日巳時

娶許氏正娘

生咸豐五年乙卯十月十三日午時

卒民國五年丙辰三月初九日寅時

予　江水

可壇公　即維客公次子　生失　卒

可安公　即天元公長子

生道光三十年庚戌十一月十六丑時

卒光緒廿六年庚子九月二十日辰時

娶李氏胚娘

生光緒元年乙亥十一月十一日子時

卒光緒卅四年戊申五月初四日申時

可轉公　即天元公次子生卒失

卷五終

重修虹山彭氏族譜世紀卷六

東長房長愧斯派

三十世 仲字行

恂謹派

立方公諱外來字內仲　即曰祇公長子
生乾隆十四年己巳十月廿六日辰時
卒道光十九年己亥四月二十日亥時

公

娶黃氏記娘號敏慎
生乾隆卅五年庚寅十月十四日酉時
卒道光廿七年丁未十一十九酉時

妣仝塟白虹山尾坐癸向丁

子二　鏡　籃　女二　長適潘　次適黃

雪花公諱梅　即承業公長子
生乾隆二十年乙亥十月十一日戌時
卒乾隆五十三年戊申十二月初三午時
嗣子　京師

權公字與仲　即承業公次子
生乾隆廿五年庚辰八月廿二日辰時
卒道光十四年甲午五月十八日辰時
娶吳氏引娘
生乾隆卅五年庚寅十一月十九酉時
卒道光二年壬午二月初五日午時
子三　金與子杉移居仙邑城内　六　北　菓

妙德公諱奧　即承業公三子
生乾隆廿八年癸未十月十三日未時
卒嘉慶十三年戊辰十月初九日申時
娶吳氏採娘
生失
卒　十月初二日
子一　京師出嗣雪花

仲嫣公　即承業公四子
生乾隆卅一年丙戌二月　日　時
卒失

冬藏公　諱秋連字冬仲　即如松公長子

生乾隆廿五年庚辰十一月廿二日丑時
卒嘉慶十八年癸酉五月十三日未時

公

先娶潘氏

生乾隆廿九年甲申三月初四日　時
卒乾隆四十七年壬寅十二月初一酉時

繼娶潘氏號賢慈

生乾隆卅二年丁亥八月二十日午時
卒道光十三年癸巳八月廿三日辰時

考與繼妣同塟火石大坵園下猛虎下山坐坤向艮兼申寅

先妣塟東過嶺頂長寮園后坐乾向巽兼亥巳

子二　元很　元鳳

成裘公諱任來　即克勤公長子

生乾隆廿四年己卯十月廿九日　時
卒乾隆五十五年庚戌八月初四申時　止

如和公諱暖字敬仲　即如友公長子

公
生乾隆四十一年丙申五月十四日戌時
卒道光十三年癸巳十月十八日　時

娶黃氏號勤柔
生乾隆五十二年丁未十一月初五丑時
卒道光八年戊子七月十五日巳時

子二　元道　密

正玉公諱寶字珠仲　即如友公次子

公
生乾隆四十三年戊戌十二月初六酉
卒嘉慶十八年癸酉七月十八日未時

娶黃氏號順樸
生乾隆五十三年戊申十一月廿六丑時
卒道光二十九年己酉九月三十日辰時

子一　成畝

存成公諱鑾字緣仲　即如友公三子

公
生乾隆四十六年辛丑十一月廿四未時
卒道光十三年癸巳十月十一日巳時

娶黃氏號寬柔　生乾隆五十五年庚戌五月十四日申時　卒道光七年丁亥十一月十一日戌時

子二　路　燕

克任公諱就允字任仲　即如友公四子　生乾隆五十一年丙午二月十七日戌時　卒咸豐元年辛亥八月廿三日酉時

公

娶黃氏號順和　生嘉慶四年己未七月初五日巳時　卒道光十三年癸巳八月廿三酉時

子　欽

如晉公諱搏字善仲　即如皎公長子　生乾隆四十六年辛丑五月初十日戌時　卒道光十三年癸巳八月十四日辰時

公

娶黃氏號柔慎　生乾隆四十六年辛丑八月十四日未時　卒道光十三年癸巳八月十六日　時

子　宜蘭

惟利公諱只尚字揖仲　即如皎公次子

生乾隆四十九年甲辰九月初一寅時

卒道光九年己丑七月十八日巳時

公

娶黃氏育娘號淑儉

生乾隆五十六年辛亥十二月初十未時

卒道光十七年丁酉四月二十日辰時

合葬本鄉後壠園中坐辛向乙兼酉夘

子二　再興　德興　女二俱適黃

機桴公諱緞　即克征公長子

生乾隆十五年庚午二月十四午時

卒道光七年丁亥四月初三日辰時

娶黃氏號敏惠

生乾隆卅二年丁亥六月初八日戌時

卒道光二年壬午十一月初一日申時

考妣合葬本鄉余店厝地後坐坤向艮兼申寅

子四　日新　胚　郎　邱陵

生乾隆十八年癸酉八月初十日酉時
卒道光十四年甲午六月十九日巳時

存忠公諱會　即克征公次子

娶潘氏號勤儉

生乾隆三十年乙酉五月初三日寅時
卒道光十七年丁酉八月廿六日辰時

子三　兵　巧　麒麟

是富公諱奈　即克征公三子

生乾隆廿一年丙子十一月廿七巳時
卒嘉慶二年丁巳十二月廿二日子時

娶林氏號柔思生卒失

子二　萬福　陞

升富公諱斗　即其實公長子

生乾隆廿九年甲申七月廿七戌時
卒嘉慶元年丙辰五月廿四日酉時

娶王氏佑娘

生乾隆四十年乙未四月廿五日寅時　止
卒失

敦法公諱挽字回仲　即其實公次子　生乾隆卅二年丁亥七月初九巳時
卒道光三年癸未十一月十八戌時

娶曾氏執娘號順情　生乾隆四十五年庚子八月十九寅時
卒咸豐元年辛亥四月二十日戌時

子三　改　蚶　糴

秋季公　即謀公隻子　生失
卒　六月廿五日　止

義懷公諱慈　即恪實公長子　生乾隆卅三年戊子十二月廿一亥時
卒道光廿五年乙巳四月十九日酉時

娶黃氏號淑配　生乾隆卅六年辛卯三月初十日午時
卒道光廿八年戊申六月廿八日巳時

子四　富　我　款來孿生　其蘇孿生

禎瑞公諱祥來　即恪實公次子　生乾隆五十年乙巳七月十四日卯時
卒道光十七年丁酉九月廿八日丑時　止

以禮公諱約　即喜顏公嗣隻子　生乾隆卅六年辛卯九月初十日巳時
卒道光十七年丁酉十二月廿八辰時

娶尤氏號柔順　生乾隆四十二年丁酉十月十三午時　卒道光十七年丁酉六月初八日未時

子三　盈車　鉗　全　女一適謝

東園公諱冬菊　即祥實公長子　生乾隆五十年乙巳二月初七日卯時　卒嘉慶十八年癸酉八月十七日未時

娶王氏號守勤　生乾隆五十五年庚戌二月廿九　時　卒道光十七年丁酉七月十七日巳時

子一　連好

東圃公諱功亨　即祥實公次子　生乾隆五十二年丁未　月　日　時　卒道光十一年辛卯七月廿四日酉時

娶　氏改適

子二　香　欽

東德公諱世來　即祥實公三子　生乾隆五十七年壬子三月廿八亥時　卒道光十七年丁酉六月初四日酉時

娶杜氏初娘生卒失

東成公諱典來　即祥實公四子

生嘉慶四年己未八月十七日巳時
卒道光廿九年己酉五月廿九午時

先娶劉氏號守儉

生嘉慶十一年丙寅正月初一日　時
卒道光　年六月初五日卯時

繼娶謝氏壇娘

生嘉慶九年甲子正月初五日寅時
卒咸豐八年戊午六月廿二日巳時

公與劉氏同塟聚峰宫脚坐乾向巽兼亥巳

子三　詠　郆　蜂出嗣東星公

東星公諱忍來　即祥實公五子

生嘉慶九年甲子　月　日　時
卒道光十七年丁酉六月初四日　時

嗣子一　蜂

纂德派

如松公諱檜字松仲　即克家公長子

公

生乾隆十一年丙寅三月初一日　時
卒嘉慶十七年壬申十一月十八卯時

娶黄氏號純一

生乾隆十二年丁卯九月十一日寅時
卒乾隆五十三年戊申七月十八酉時

子三　姜　术殤　木出嗣如旨公

如林公諱栢字樹仲　即克家公次子

生乾隆十四年己巳十月初五丑時
卒乾隆五十四年己酉二月初四酉

娶潘氏號柔惠

生乾隆十四年己巳十二月十二酉時
卒道光四年甲申七月十一日酉時

子四　片　苧　梅出嗣如源公　驅

如旨公諱柿字其仲　即克家公三子

公

生乾隆二十八年癸未六月廿三日申時
卒道光十四年甲午十一月廿四日戌時

先娶黃氏號順靜　生乾隆　年十二月廿九日　卒乾隆　年十月廿一日午時

繼娶黃氏號謹恬　生　年七月　日　時　卒乾隆　年八月十一日午時

子二　木嗣子　郁

如源公諱桃字源仲　即克開嗣長子　生乾隆十六年辛未十月初九寅時　卒嘉慶八年癸亥三月廿一日辰時

娶黃氏號順謹　生乾隆十九年甲戌十二月十五辰時　卒嘉慶十四年己巳十月十一日未時

考妣同塟仙邑仁德里土名牛角坐　向

子二　梅嗣子　冬桂

如養公諱携字提仲　即克瑜公長子　生乾隆卅五年庚寅八月廿七日戌時　卒道光十二年壬辰三月初三日申時

娶黃氏號惟勤　生乾隆卅十七年壬辰十二月廿九未時　卒道光十五年乙未六月初七日未時

子二　長肯　長枝

如彬公諱澄字徹仲　即克瑜公次子　生乾隆卅八年癸巳八月初六子時　卒道光九年己丑八月十四日酉時

娶黃氏號順和　生乾隆　年九月初九日寅時　卒道光廿六年丙午八月廿二日辰時

妣葬本鄉塔仔坐巽向乾

子五　篤　捧　亦開　濬　悔

女一適黃

如陵派

筆仲公　即敦厚公隻子　往番邦無歸　生卒失止

克順公諱天宇日仲　即敦樸公長子

公
生乾隆廿三年戊寅五月初五日辰時
卒乾隆四十七年壬寅四月廿六未時

娶黃氏號節儉
生乾隆廿四年己卯九月十二日辰時
卒乾隆五十九年甲寅二月初七酉時

子一　新興

堅致公諱吥　即敦樸公次子
生乾隆廿九年甲申六月十九日午時
卒嘉慶廿三年戊寅八月廿五日午時

娶黃氏號德性
生乾隆三十年乙酉九月初一寅時
卒嘉慶十年乙丑九月初九日午時

子五　新來　雲　梗　弓　音

望克公諱檬字根仲　即世法公長子　生卒失

娶曾氏號得性　生卒失

子一　綢　分居大田縣

如士公名農　即世法公次子　生　年二月初二日　時　卒　年十一月十五日　時
娶　氏　生　卒失　年四月廿八日　時
如成公諱量　即克樓公長子　生乾隆卅八年癸巳八月初八子時　卒道光七年丁亥九月廿三日未時
嗣子一　樹
如前公諱習蓼　即克樓公次子　生乾隆四十八年癸卯三月二十巳時　卒道光十八年戊戌四月初五日戌時
娶黄氏芋娘號純德　生乾隆五十五年庚戌十一月初十戌時　卒同治三年甲子四月廿一日辰時
考塟八都籃口新垢圳脚坐卯向酉兼乙辛
妣塟八都籃口水尾路后坐夘向酉兼乙辛
嗣子一　添元

如巧公諱笑山　即得情公長子　生乾隆卅六年辛卯十二月初六日巳時　卒道光十三年癸巳十二月初十日巳時

娶黄氏號順安　生乾隆四十一年丙申三月廿九日卯時　卒道光廿八年戊申十二月十一日寅時

子二　糕才　主出嗣如充

如充公諱銃　即得情公次子　生乾隆卅九年甲午十月廿八日戌時　卒道光十三年癸巳六月初二日巳時

嗣子一　主

克勤派

如蘭公諱素香　即成傑公長子　生乾隆廿九年甲申十一月廿六日戌時　卒嘉慶廿四年己卯十二月十五日巳時

娶賴氏號莊柔　生乾隆卅四年己丑八月二十日未時　卒道光廿九年己酉七月二十日卯時

合壟南安八都土名戲仔墓口坐壬向丙

子七　居來　舛來　誥來　且來

册來出嗣穴隙公　曲來出嗣耦才公　老

生乾隆卅五年庚寅九月初八日寅時

卒嘉慶十九年甲戌七月初八日酉時

揉葛公諱艾　即成傑公次子

娶黃氏號勤新

生乾隆四十四年己亥八月廿四申時

卒道光十五年乙未六月初五日戌時

子二　朋　棻養

如是公諱快字乃仲　即成俊公長子

生乾隆　年正月十三日　時

卒道光十二年壬辰四月廿三日　時

娶黃氏

生失

卒　年九月初二日　時

子二　法　完嗣子

如雕公諱墻　即成俊公次子

生乾隆四十二年丁酉八月十八未時

卒道光十二年壬辰五月廿四日巳時

公同子釀仝葬本鄉水井邊坐壬向丙

嗣子一　釀

思服公諱味字簹仲　即成俊公三子　生乾隆四十五年庚子七月廿二時　卒道光　年二月廿二日子時

娶陳氏號順節　生乾隆五十一年丙午七月二十日　時　卒道光三十年庚戌十二月初四日辰時

公葬后山大垅尾坐艮向坤兼寅申

妣葬本鄉三元坑亀罕寮坐坤向艮兼申寅

子四　吽　釀出嗣墻公　完出嗣快公　硯

女一　適黃

如海公諱浮　即成英公長子　生乾隆卅二年丁亥二月廿八卯時　卒道光二年壬午七月十七日午時

娶黃氏號貞順　生乾隆四十八年癸卯九月十二辰時　卒道光十五年乙未二月初一日申時

養孫　諸光　嗣孫　垙

時榮公諱張　即成英公次子　生乾隆卅八年癸巳八月二十日　時　卒乾隆五十三年戊申二月初四巳時

娶　氏生卒失

子一　汝殤

意錄公諱耦才　即論語公隻子　生乾隆五十四年己酉八月十四巳時　卒嘉慶廿五年庚辰四月廿三日申時

嗣子一　曲

如邦派

意老公諱醉字翁仲　即其直公長子　生乾隆卅一年丙戌六月廿四卯時　卒　年八月十六日　時

娶黄氏號恬慈　生乾隆卅一年丙戌十月初六日子時　卒　年五月初二日　時

子三　揚　盤　琴　女一適黄

德山公諱須字我仲　即其直公次子　生乾隆四十一年丙申十月初二日寅時　卒道光二十五年乙巳八月初七日巳時

公

娶黄氏酔娘號順慈　生乾隆四十七年壬寅九月初一辰時　卒同治九年庚午六月十七日午時

公塟本鄉克食橋對面山尾坐甲向庚兼寅申

妣塟本鄉城隍內犂田園坐申向寅兼庚甲

子二　悅　資

所基公諱榮字顯仲　即其直公三子

公
生乾隆四十八年癸夘四月十六日夘時
卒道光六年丙戌三月初六日戌時

娶鄭氏尾娘號首貞
生嘉慶四年己未十一月廿五日申時
卒同治六年丁夘十二月十七日戌時

公塋本鄉飼牛山滌仔邊坐乙向辛兼辰戌

妣塋本鄉厝壠墘田后坐辛向乙兼酉夘

子一　辣　女一　適潘

如黎公諱哇　即玉佩公長子
生乾隆卌二年丁亥六月十一日未時
卒道光十八年戊戌十一月初六辰時

娶黄氏號順隱
生乾隆卌四年己丑八月初三日子時
卒嘉慶廿一年丙子五月廿七日未時

子三　連芳　連環　連親　女一　適潘

美和公諱循　即玉佩公次子
生乾隆卌七年壬辰四月廿二日丑時
卒道光十二年壬辰閏九月十一丑時

娶黃氏號謹柔　生乾隆卅八年癸巳九月廿八日辰時　卒道光廿九年己酉十二月十三子時

子二　衆嗣子　守比

文機公諱杼　即玉佩公三子　生乾隆四十一年丙申正月十二日辰時　卒道光十九年己亥十二月十八日寅時

娶黃氏號端柔　生乾隆四十四年己亥十二月十五巳時　卒道光九年己丑九月初六日亥時

子四　等　衆出嗣循公　堆鳳　搢

爲方公諱規字應仲　即克壯公長子　生乾隆四十三年戊戌十一月廿九亥時　卒嘉慶十三年戊辰六月初八日未時

公

娶陳氏號儉懿　生乾隆四十三年戊戌十月初八日午時　卒道光十三年癸巳十一月廿二日丑時

子四　即　淵　雙鳳　孫財

復禮公諱克字復仲　即克壯公次子

公　生乾隆四十八年癸卯四月十九日卯時　卒道光十三年癸巳九月初六日酉時

娶賴氏號慈勤　生乾隆四十八年癸卯八月十三日辰時　卒嘉慶廿三年戊寅十二月廿二日寅時

子二　照元　捅來

同多公諱侶字林仲　即慎思公長子

公　生乾隆四十二年丁酉二月初九日亥時　卒道光十七年丁酉七月初九日午時

娶劉氏雪娘號勤惠　生乾隆五十一年丙午八月廿一辰時　卒道光十七年丁酉六月十六日酉時

子五　糠　自　磨　摘　居養

則齋派

言順公諱察字言仲　即心誠公長子

公　生乾隆廿七年壬午十二月廿六戌時
卒道光二年壬午十一月十五日午時

娶陳氏號柔儉　生乾隆卅二年丁亥十二月廿七未時
卒道光十八年戊戌正月十一日戌時

子三　潤　葵　富

如誦公諱□字吻仲　即心誠公次子　生乾隆三十年乙酉六月廿五巳時
卒道光十二年壬辰正月初十巳時

娶王氏燕娘號維謹　生乾隆卅九年甲午三月十六日辰時
卒道光十五年乙未九月十二日午時

合葬南安八都山中厝對面坐庚甲兼甲寅

子八　挑宗　廷蘭　趁蘭　珠文　建功

東來　籌來出嗣標公　閒似五子

清明公諱朗　即恬安公長子

生乾隆四十年乙未八月十五日　時
卒道光二年壬午九月廿二日寅時

娶黃氏號維淳

生乾隆四十五年庚子正月初七戌時
卒道光十五年乙未七月廿一日巳時

子二　貨　珍

如釜公諱星字斗仲　即若進公嗣長子
公

生乾隆卅三年戊子六月十七日申時
卒道光十二年壬辰九月廿四日申時

娶黃氏號貞慈

生乾隆四十年乙未三月十一日卯時
卒道光廿八年戊申三月廿八日午時

子一　⿰扌身

世直公諱標　即若進公嗣次子

生乾隆四十一年丙申三月廿一日　時
卒嘉慶七年壬戌五月初四日子時

嗣子一　簪來

修齊派

克明公諱台　即序級公長子
生乾隆廿四年己卯十二月十七午時
卒道光三年癸未三月十一日酉時

娶黃氏號儉慈
生乾隆廿六年辛巳十一月初五午時
卒道光十二年壬辰七月初六日寅時

子三　荷　笋　砌

維和公諱若　即序級公次子
生乾隆廿八年癸未三月初四日辰時
卒乾隆五十年乙巳五月初七日巳時

子一　歲日養

慎柚公諱枹　即序級公三子
生乾隆卅二年丁亥七月廿八日午時
卒嘉慶五年庚申九月初八日巳時

子一　草養

心虔公諱意　即維敏公長子
生乾隆卅二年丁亥二月初六日　時
卒嘉慶二十年乙亥三月初九日　時

娶潘氏號惠信　生乾隆卅七年壬辰　月　日　時　卒道光十六年丙申十二月十五巳時

考妣仝塋南安八都林口鄉土名印仔山坐壬向丙兼亥巳

子四　坤　乾　樹出嗣量公　宣

如珠公諱玉　即維敏公次子　生乾隆卅四年己丑九月廿六日　時　卒道光二年壬午七月十九日申時

娶謝氏號靜一　生乾隆四十三年戊戌四月初七戌時　卒咸豐元年辛亥閏八月十五日酉時

子二　降　恨

如立公諱成佳　即維敏公三子　生乾隆四十六年辛丑九月初三丑時　卒道光十年庚寅十月初一日丑時

娶潘氏號節慎　生　年十二月初二日　時　卒　年十一月初七日　時

子一　四蓋

克迨公諱繆字牖仲　即純誠公嗣長子

公　生乾隆四十一年丙申四月初二未時　卒道光廿五年乙巳正月初一日午時

先娶潘氏號貞正　生乾隆四十五年庚子四月廿五巳時　卒嘉慶七年壬戌十月初五日卯時

繼娶賴氏　生乾隆卅九年甲午十月十三日丑時　卒嘉慶十三年戊辰正月初七日寅時

嗣子一　從甫早殀

通達公諱俱來字行仲　即純誠公次子

公　生乾隆四十四年己亥八月二十日亥時　卒嘉慶二十一年丙子三月廿二日戌時

娶賴氏報娘號純一　生乾隆四十九年甲辰三月廿六日巳時　卒咸豐七年丁巳十月初一日未時

子三　從善　從澤　從甫出嗣繆公殀

如明公諱元宵　即昌盛公長子　生乾隆五十五年庚戌十一月初七亥時　卒道光二十五年乙巳二月廿八日卯時

娶賴氏號純瓵　生乾隆五十六年辛亥二月廿九寅時　卒同治十一年壬申六月初一日未時

合葬本鄉楊厝后頭園埔坐　向

子三　則　飽　誨　女一適黃

相近公諱連招　即昌盛公次子　生乾隆五十八年癸丑五月十一未時　卒道光六年丙戌八月初八日酉時

娶黃氏號樸柔　生嘉慶元年丙辰十月初四日未時　卒咸豐八年戊午十一月二十卯時

合葬仙邑仁德里土名陳墓坐乾向巽兼戌辰

子二　鍊　進誼子

忠慶派

如松公諱樟　即正莊公長子
生乾隆廿三年戊寅四月十二戌時
卒道光二年壬午七月十二日未時

娶黃氏蔭娘號樸儉
生乾隆廿九年甲申十二月初五戌時
卒嘉慶十一年丙寅七月廿八日辰時

子一　合元

維民公諱枋　即正莊公次子
生乾隆卅三年戊子十一月初七丑時
卒道光二年壬午八月初九日卯時

子一　罕來養

義德公　即誠樸公之子生卒失止

宣威公諱沙　即順謹公隻子
生乾隆廿七年壬午三月廿一日未時
卒嘉慶廿四年己卯六月廿三日未時

娶黃氏
生乾隆廿七年壬午十二月十九卯時
卒道光十七年丁酉八月初二日未時

子三　生　淨　歲

德意公諱一蘭　即君齒公隻子
生乾隆五十年乙巳九月初十日未時
卒道光十七年丁酉九月初一日酉時

娶陳氏
生嘉慶二年丁巳四月初八日辰時
卒道光廿六年丙午正月初一巳時

子一　賞

平齋公諱水字洪仲　即守義公長子
生乾隆卅一年丙戌正月初一午時
卒嘉慶十九年甲戌七月初一辰時

娶黃氏號　勤
生乾隆卅三年戊子正月初一日丑時
卒嘉慶十一年丙寅正月十三日酉時

子三　信　訖　仰　女一適黃

既勝公諱兵　即守義公次子
生乾隆卅四年己丑二月十五日丑時
卒道光三年癸未四月初七日卯時

娶林氏號勤德
生乾隆四十一年丙申十月十一日寅時
卒嘉慶十四年己巳十一月十五日丑時

子二　初　送

朝基公諱瓜　即火德公長子

生乾隆卅五年庚寅二月初七戌時
卒道光三年癸未七廿一日未時

娶謝氏號端静

生乾隆卅七年壬辰十月三十日巳時
卒道光廿九年己酉九月十九日丑時

子二　緩　孔　女一適黃

如鉗公諱鉗　即火德公次子

生乾隆卅九年甲午六月十一日巳時
卒道光十七年丁酉九月初一日卯時

娶塗氏號惠安

生乾隆卅八年癸巳七月二十日午時
卒道光廿六年丙午八月十四日巳時

子一　勇

艮慶派

實德公諱壳　即素齋公長子

生失
卒嘉慶　年七月初四日未時

天平公諱欺　即素齋公次子

生乾隆卅七年壬辰四月廿一日辰時
卒嘉慶廿一年丙子九月十七日未時

秋金公　即勤素公隻子

生乾隆四十三年戊戌七月十一辰時
卒咸豐元年辛亥六月廿七日戌時

娶廖氏號實懿

生乾隆四十六年辛丑六月十一未時
卒道光四年甲申閏七月初七日辰時

子二　甜　辦

如洽公諱濟字億仲　如玉公長子

生乾隆四十五年庚子十二月初一丑時
卒咸豐二年壬子五月廿六日巳時

娶潘氏號心意

生乾隆五十九年甲寅十二月廿四酉時
卒同治六年丁卯十二月十三日酉時

子三　貼　卜（出嗣恐公）　論

欲誠公諱恐　即如玉公次子

生乾隆四十九年甲辰五月初一酉時
卒道光四年甲申四月初四日午時

嗣子一　卜

廳仲公　即如玉公三子

生乾隆五十四年己酉四月廿八日申時
卒道光十七年丁酉十一月十七日丑時

娶黃氏 生卒失

生乾隆五十六年辛亥十一月廿九亥時
卒道光十七年丁酉七月廿九日卯時

子一　苗

進仲公　即如玉公四子

娶潘氏

生嘉慶十一年丙寅十一月初四日申時
卒道光十七年丁酉十二月十九日酉時

子一　甘殀　女一適黃

走仲公　即如玉公五子

生嘉慶二年丁巳正月初八日亥時
卒道光十七年丁酉十月廿九日　時

娶黃氏

生失
卒道光十七年丁酉十月十三日　時

子三　徙　欲殀

爲孝公諱平　即絺存公長子

生乾隆五十一年丙午十一月十五日　時
卒道光　年　九月廿四日　時

娶　氏生卒鈌

子一　綜

爲質公諱色　即絺存公次子　生乾隆五十九年甲寅二月初二日午時　卒　年十月廿五日　時止

存方公諱連義　即絺存公三子　生嘉慶十四年己巳七月廿四日丑時　卒同治　七月初六日巳時

先娶黃氏號克順　生失　卒　年七月十八日　時

繼娶黃氏號順德　生嘉慶十九年甲戌十月廿七日　時　卒光緒二年丙子五月十六日　時

子三　春　挨　佞

文尚公　即義希公長子生卒失止

文魁公　即義希公次子生卒失止

文我公　即義希公三子　生卒失止

聰連公諱蓍　即長齋公隻子　生乾隆五十六年辛亥四月廿二日巳時　卒　年正月廿七日　時

德齋派

質慎公諱元爽字快仲　即思靜公長子　生康熙五十八年己亥七月初八午時　卒乾隆十三年戊辰二月十三日酉時

公

娶黃氏勸娘號貞淑　生康熙五十七年戊戌十一月初六日丑時　卒乾隆二十一年丙子十二月初六日巳時

考妣合葬本鄉土名漈頭墘坐　向

子二　曉　璣

質實公諱清和　即思靜公次子　生雍正十一年癸丑八月廿七日酉時　卒嘉慶十一年丙寅九月廿八日未時

娶黄氏號慈儉 生雍正十二年甲寅八月初一日子時 卒嘉慶十年乙丑十一月廿一日寅時
塟在三元坑大累
子四 昌 亮 體 斗
女三 長次適 三適黄
質樸公諱娉字修仲 即思靜公三子 生乾隆四年己未八月三十日辰時 卒乾隆卅五年庚寅十一月初一未
娶黄氏蜜娘號貞儉 生乾隆五年庚申六月十九日午時 卒嘉慶十年乙丑十二月初五未時
考妣合塟在廣橋半嶺土名磨石崙坐 向
子二 朕 鶯
國學生柔齋公諱綽官章嘉献 即昭聲公長子

公　生雍正十年壬子七月初十日卯時
卒乾隆五十年乙巳五月初一辰時

娶黃氏貴娘號節儉　生雍正十年壬子三月初三日巳時
卒乾隆六十年乙卯九月初一酉時

考妣合葬在廣橋土名李寮坐亥向巳兼乾巽

子六　邁　爾　迎　得　述　順

女一適黃

國學生誠齋公諱素梅字紫仲官章占春　即昭聲公次子

公　生乾隆七年壬戌三月廿二日戌時
卒嘉慶十六年辛未四月十三戌時

娶黃氏報娘號和集　生乾隆八年癸亥十一月十八日酉時
卒嘉慶十九年甲戌十月廿五日子時

側室林氏愛姐號柔慎　生乾隆十三年戊辰七月初五日巳時
卒乾隆五十三年戊申五月十七亥時

考與嫡妣仝塋興化府仙遊縣南街鄉蔣坑庵后坐辛拱乙兼戌辰分金辛酉蓋取同衿同穴義也爰爲之銘曰南街之陽佳氣欝蒼蔣坑庵后土德流光吉哉斯兆鳳舞厥翔公偕孺人晨昏徜徉幽居蘊藉封樹靈長克昌厥後終焉允臧

子五　尊元孺人出　淑元林氏出　聯元林出出嗣玉亮

核元林氏出　納元孺人出

女三　長適黃　次適杜　三適潘

公兄弟五人公居其二少而穎異勵志詩書昭聲公以家務煩劇竟爲援例入雍恊力相助由是廣置田租榮築華屋則公

之予克家而考無咎也肩理家政均分產業則公之敦天顯而念鞠哀也解衣推食排難解紛則公之篤宗盟而和閭里也鼎新祠宇協建堡樓則公之光前裕後也延聘名師課督兒姪則公之詒孫謀而燕翼予也長郎肇元樹幟辟雍三掄元胞姪重光蜚聲黌序孰謂非公之培植有以致之乎公厚重少而克勤奉儉約人之見公者咸欽其樸誠而不知公之見大義輒不惜施布也憶曩年晉仙交界廣橋崩圮重捐貲金南邑飛雲寺僧乏齋首倡輸租不其彰明較著哉

玉亭公諱占模　即昭聲公三子

生乾隆十年乙丑五月廿二日辰時
卒乾隆卅一年丙戌十一月初六卯時

娶黄氏妙娘號守貞　生乾隆十年乙丑七月十二日巳時　卒道光七年丁亥十一月十五巳時

考妣合塟本鄉土名滌頭墘坐辛向乙兼戌辰

嗣子一　聯元　女一適李

國學生謹齋公諱愷字法仲官章占夏　即昭聲公四子

公　生乾隆十六年辛未四月十一日辰時　卒嘉慶十六年辛未四月廿六日卯時

娶林氏賞娘號恭儉　生乾隆十七年壬申三月廿七辰時　卒嘉慶六年辛酉十月十九日午時

考塟本鄉土名亭垙坐　向

妣塟本鄉土名后坑坂坐　向

子四　忠元　懋元　憲元　惠元

女一　適黃

公生平樸實節儉無奢治煩理劇刮垢祛瑕風行晏子業追

陶家四海遠遊衣惡衣而不恥二兄可與超高樓而可誇

鄉飲賓加國子監生厚齋公諱天賜官章占高　即昭聲公五子

公　生乾隆年八月十二日時　卒年四月十三日時

娶潘氏切娘號和至　生乾隆年二月廿一日時　卒年三月十一日時

子四　揖元　搆元　搨元　掛元

女二　長適潘　次適杜

公心存古道德協古風繼志述事兩無遺負不賢而能若是

乎

恪齋派

至有公諱商　即實園公長子　生雍正十年壬子九月初三日辰時　卒乾隆五十四年己酉六月廿九辰時

娶別氏生卒鈌

子三　洒　灘　洗

樸篤公諱綏又名時安字撫仲　即實園公次子　生乾隆十七年壬申四月初六酉時　卒嘉慶八年癸亥五月十三日寅時

公

公塟本都烏石洋思上穴坐庚向甲兼酉卯

娶杜氏號儉慈生卒失

子四　玉蘭　契蘭出嗣謳公　富蘭生乾隆廿六年辛巳十月廿九日戌時 卒乾隆四十四年己亥十月廿八辰時　璘蘭

淳質公名謳　即實園公三子

嗣子一　契蘭

太學生時光諱耿字覲仲號義亭　即華園公長子

公生乾隆十年乙丑正月十九日巳時 卒道光七年丁亥五月十一日卯時

娶杜氏號順恭生乾隆九年甲子十二月十五日巳時 卒乾隆四十九年甲辰八月初九酉時

繼娶黃氏號慈敏生乾隆十七年壬申八月初四日亥時 卒乾隆六十年乙卯正月十七日巳時

公與妣杜氏仝塟山中洋尾坐巽向乾兼巳亥

黃氏塟本鄉龜肩穴坐　向　兼

子四　珍　玠出嗣吟公　睹　科俱杜出

樸慎公諱吟　即華園公次子　生乾隆十四年己巳十月十六日未時　卒乾隆卅一年丙戌六月廿四日酉時

塟本都本鄉土名下坵壠穴坐　向

嗣子一　玠

宣亭公諱勘字咸仲　即華園公三子　生乾隆廿一年丙子九月十一酉時　卒道光九年己丑七月初一日午時

娶曾氏號純樸　生乾隆廿四年己卯五月廿二日戌時　卒道光十二年壬辰四月初六日申時

考妣仝塟本鄉土名曾宅穴坐乙向辛兼辰戌

子五　雄　妍　假　逷　炏

碩齋公諱藹字吉仲　即華園公四子

公
生乾隆廿三年戊寅十一月廿四日亥時
卒道光三年癸未六月十八日午時
塟本鄉倒覆䶒靴坐　向
娶傅氏受娘號端敏
生乾隆廿五年庚辰二月廿八日亥時
卒道光九年己丑十二月初十日申時
塟本鄉下江洋坐丙向壬兼午子
子三　葛　埒　嚴

太學生時茂號義軒公諱汲字引仲　即慎圓公長子
生乾隆九年甲子二月廿二日申時
卒嘉慶二十年乙亥九月初十未時
公
娶林氏例娘號純慈
生乾隆十一年丙寅九月十四日巳時
卒道光六年丙戌十一月廿六日寅時
考妣合塟南安八都土名坂心坐壬向丙兼子午

子三　啓　山　吉蘭　女一

謙亭公諱彬字希仲　慎園公次子　生乾隆十三年戊辰七月廿二日戌時　卒嘉慶廿一年丙子三月初九日寅時

娶潘氏西娘號淑恭　生乾隆十三年戊辰七月廿二日戌時　卒乾隆五十九年甲寅三月初十未時

考妣合塋南安山中圍土名磨石垵坐丑向未兼艮坤

子三　粕　談　持　女一適李

篤誠公諱紹字介仲　即慎園公三子　生乾隆廿三年戊寅九月初八寅時　卒道光十二年壬辰五月廿九酉時

與妣杜氏仝塋本鄉院前壠坐辛向乙兼酉卯

娶杜氏號順欽　生乾隆廿六年辛巳六月初一午時　卒嘉慶十年乙丑五月二十日未時

與公同塋

又娶黃氏格娘號純寬 生乾隆廿九年甲申八月初三日申時 卒嘉慶十五年庚午三月初六日未時

塟本鄉院前壠坐

子三　旁　卿　遷

太學生素齋公諱兀字器仲官章時龍　即肅園公遺腹子 生乾隆廿一年丙子二月廿一日寅時 卒道光四年甲申八月十四日申時

公

娶林氏讚娘號柔懿 生乾隆廿二年丁丑八月十二日酉時 卒道光十七年丁酉九月十三日辰時

考妣同塟仙邑仁德里南山鄉土名石鼓坑坐坤向艮兼未

丑

子五　長土　次亀　三賢　四暖　五懷

女一適黃

公生而歧嶷長而敏慧外受傅訓內奉母儀惟時形單影隻家務紛繁雖不得篤志詩書亦以國恩受贈然公之生平酷嗜書香勤儉治家爲子孫立長久之計築大厦造塗樓建田業計租貳仟四百餘石矣是公之創業垂統而亦有子克家善繼善述次子齊治於內三子經營於外爾時父父子子兄兄弟弟稱濟美焉既而長子克修於道光丙寅科以文場受知於邵老夫子三子俊修學弓不效復以身列成均五子德修例贈六品文林郎自是而孫曾亦有文武見售亦有身受

皇恩而詩書衍派世有傳人是公之遺澤正未有艾

希文派

郡庠生斐亭公諱燿　即敏齋公長子　生雍正十一年癸丑十月十二日　時　卒失

娶林氏號儉肅　生雍正十三年乙卯九月廿七日　時　卒　年六月廿一日　時

子四　助　勷　呂　盛

公讀書不成棄文學武遂入黌宮稟性躁直彼時之俊傑也

處士懷直公諱烔字舉仲別號高舉　即敏齋公次子生平克勤　生乾隆三年戊午七月三十日午時　卒嘉慶十八年癸酉八月初四巳時

克儉延師課子

先娶林氏梓娘號順恬　生乾隆六年辛酉十月廿五日　時　卒乾隆廿九年甲申八月二十日　時

繼娶杜氏坤娘號順儉　生乾隆十六年辛未十一月初十日　時　卒乾隆五十三年戊申九月初五日　時

先妣林氏與世伯塟在陳垵坑仔后坐坤向艮兼申寅

公與繼妣合塟在內徐乙辛卯酉

子三　勢林出　劼　勣

女二　長適潘　次適黃俱杜出

懷義公諱熵字明仲　即敏齋公三子　生乾隆十年乙丑二月初三日戌時　卒嘉慶十七年壬申十二月十三日巳時

公

先娶潘氏號謹厚　生乾隆十年乙丑八月初五日申時　卒乾隆廿九年甲申九月十三午時

繼娶杜氏號順慈　生乾隆十五年庚午正月廿九日酉時　卒乾隆卅九年甲午正月十四日辰時

三娶杜氏號慈室　生乾隆十九年甲戌正月十一日午時　卒道光十四年甲午正月廿九日　時

子二　增　均

守樸公諱存心　即寬厚公長子　生乾隆廿八年癸未十二月十九日戌時　卒嘉慶十四年己巳十二月初五日卯時

娶洪氏　生乾隆卅七年壬辰十一月廿四戌時　卒道光六年丙戌正月廿八日丑時

子三　蔭　賜　成全

守己公諱存禮　即寬厚公次子　生乾隆卅七年壬辰七月初三日寅時　卒道光十三年癸巳四月十二日巳時

嗣子一　元

實義公諱梲　即寬厚公三子　生乾隆四十年乙未八月二十日寅時　卒道光十四年甲午十一月初七辰時

娶賴氏號勤室　生乾隆四十七年壬寅七月廿六日辰時　卒嘉慶二十五年庚辰八月初六日亥時

子一　命宗

同義公諱與　即寬厚公四子
生乾隆四十七年壬寅八月廿八酉時
卒道光十五年乙未十月初五日辰時　止

達義公諱再興　即寬厚公五子
生乾隆五十一年丙午十二月廿三寅時
卒道光十五年乙未九月廿八日午時

子一　葵養

秉慎公諱栩　即寬大公長子
生乾隆十五年庚午十一月十八日丑時
卒乾隆五十年乙巳十一月廿八日巳時　止

拱仲公　即寬大公次子　生卒缺　止

知禮公　即存樸公長子
生乾隆二十八年癸未四月廿一日卯時
卒乾隆四十七年壬寅五月廿八日申時　止

彩鳳公　即存樸公嗣次子　生卒缺　止

知直公諱巖　即存謹公長子
生乾隆十四年己巳十月十九日戌時
卒乾隆五十三年戊申四月廿九辰時

先娶黃氏
生乾隆十三年戊辰十一月初六日戌時
卒乾隆三十四年己丑十月十四日辰時

繼娶賴氏
生乾隆廿一年丙子十二月廿三寅時
卒乾隆五十年乙巳三月三十日申時　止

涯仲公　即存謹公次子生卒失止

知盛公諱瑞　即和直公長子
生乾隆卅一年丙戌十一月十二未時
卒嘉慶六年辛酉十月初六日卯時

嗣子一　親

平直公諱祥　即和直公次子
生乾隆卅四年己丑十二月十八午時
卒道光二十四年甲辰三月十三辰時

娶施氏玉娘號柔慈
生乾隆四十二年丁酉九月二十日巳時
卒道光二十九年己酉七月廿四日亥時

子四　親出嗣瑞公　元出嗣守己公　于　蔡

擔仲公　即和直公三子生卒失止

稟仲公　即献彩公長子生卒缺　止

三海公諱保　即獻彩公次子　生乾隆卅一年丙戌七月初九日巳時　卒道光十六年丙申四月十六日午時　止

三程公諱天從　即獻彩公三子　生乾隆四十五年庚子三月初八辰時　卒道光五年乙酉十二月初一日丑時

子一　右養

沿仲公　即恊和公三子生卒缺　止

採芹公　即恊和公次子生卒失　止

紫荷公　即存厚公嗣子生卒失　止

秦仲公　即厚樸公長子生卒失　止

新義公諱紫燕　即存義公嗣子　生乾隆四十四年己亥三月十三辰時　卒道光三年癸未十月廿五日未時

嗣子一　買

寬從公 生卒失未詳何公之子

娶黃氏號儉慈 生卒失

子一　成

仕進派

質實公諱璡　即文吉公長子

生乾隆二年丁巳七月十一日酉時
卒乾隆五十一年丙午五月初四寅時

先娶黃氏尾娘號温敏

生乾隆九年甲子七月初五日亥時
卒乾隆卅九年甲午十一月初十辰時

繼娶鄭氏號敏惠

生乾隆十二年丁卯正月十八日巳時
卒乾隆六十年乙卯十月廿九日巳時

子四　愈　點 俱黃出出嗣理　慈　必 俱鄭出

思密公諱理　即文吉公次子
嗣子一　點
生乾隆廿四年己卯正月十八日辰時
卒乾隆四十三年戊戌六月十四辰時

厚益公　即純樸公猶子
生乾隆四年己未十二月廿六辰時
卒嘉慶六年辛酉八月十九日丑時
娶賴氏號素仁
生乾隆九年甲子七月初五日辰時
卒乾隆五十八年癸丑十二月初二申
子二　成武　成文

厚温公　即純樸公猶子
生乾隆六年辛酉九月廿九日　時
卒乾隆五十一年丙午十月廿五　時
娶謝氏號儉成
生乾隆十七年壬申五月廿四日　時
卒嘉慶二年丁巳二月廿八日　時
子一　日誦

守經公諱從權　即純定公之子
生乾隆十二年丁卯十月十六日辰時
卒乾隆四十一年丙申七月廿六卯時

娶 氏 生卒缺

子一 別

克清公 即純定公之子 生乾隆十四年己巳四月初一日亥時 卒道光元年辛巳十一月十一日巳時

娶陳氏怡娘 生乾隆十七年壬申七月十九日丑時 卒嘉慶十七年壬申十月三十日巳時

子六 仙 衢 嚴 作 侯 六

如柗公諱瑜 即全順公長子 生乾隆 年五月初九日戌時 卒乾隆 年六月三十日戌時

娶 氏 生卒失 止

珊仲公 即全順公次子 生卒失 止

瑋仲公 即全順公三子 生卒缺 止

琯仲公　即全順公四子生卒失　止

玖仲公　即全順公五子生卒失　止

玢仲公　即全順公六子
生乾隆十九年甲戌三月初八日睌
卒嘉慶廿四年己卯閏四月十六未時　止

璞仲公　即全順公七子
生乾隆　年十二月廿八日　時
卒乾隆四十三年戊戌六月十二日　時　止

璽仲公　即全順公八子
生乾隆　年三月十八日　時
卒乾隆六十年乙卯七月十九日　時　止

純儉公諱栁字呈仲　即樸謹公長子

公
生乾隆十六年辛未七月十一日巳時
卒乾隆四十七年壬寅七月十六寅時

娶杜氏伍娘號勤梅
生乾隆二十年乙亥六月初七戌時
卒道光十年庚寅十月十九日子時

子二　伐　籐

純德公諱格　即樸謹公次子　生乾隆十九年甲戌五月十六日辰時　卒乾隆六十年乙卯二月十四日申時

子一　推登

柝公　即樸謹公三子　生卒缺　止

克定公諱植　即樸素公長子　生乾隆十九年甲戌三月十八日午時　卒乾隆五十三年戊申五月十四辰時

娶黃氏號温和　生乾隆廿三年戊寅四月二十日巳時　卒乾隆五十年乙巳二月廿五日午時

子一　由來

克焉公諱能　即樸素公次子　生乾隆廿三年戊寅十月廿五日未時　卒乾隆五十三年戊申五月初七巳時　止

克三公諱滚　即樸素公三子　生乾隆卅二年丁亥九月十二日寅時　卒乾隆五十三年戊申五月廿三巳時　止

榴仲公　即樸素公四子　生卒缺　止

得如公諱梭　即樸成公長子

生乾隆廿六年辛巳八月廿九日酉時

卒嘉慶十六年辛未十一月十二巳時

娶黃氏號貞慈

生乾隆廿八年癸未十月初六日未時

卒嘉慶十年乙丑十二月十六日巳時　止

枰仲公　即樸成公次子　生卒缺　止

棟仲公　即樸成公三子　生卒缺　止

如松公諱杼　即得志公長子

生乾隆廿三年戊寅四月廿七日申時

卒嘉慶二十年乙亥五月廿九日午時

娶　氏閨娘

生乾隆卅五年庚寅九月十九日亥時

卒道光廿七年丁未十二月初七未時

子四　勇元　保元　永元　粽元

梅竹公諱南山　即正齋公長子

生乾隆卅二年丁亥六月二十日亥時

卒咸豐元年辛亥二月廿四日酉時

娶黃氏號恭懿

生乾隆卅八年癸巳七月十九日未時

卒道光十九年己亥三月十七日巳時

子四　府郎　色蘭　底蘭　取來

福壽公　即正齋公次子　生卒缺止

純法公諱樵　即樸存公長子

生乾隆卅二年丁亥八月初六日午時
卒道光八年戊子八月初五日申時

娶潘氏號貞傳

生乾隆卅二年丁亥十月初九日酉時
卒道光十年庚寅七月廿九日辰時

子二　神撥　宦

明登公諱淡字簡仲　即樸存公次子

生乾隆卅五年庚寅十二月廿八日戌時
卒嘉慶廿四年己卯閏四月初一日辰時

公

娶黃氏巧娘號純情

生乾隆卅九年甲午二月十三日酉時
卒道光十一年辛卯二月十一日辰時

子二　擯郎　雪香

回齋公諱到　即士綱公長子　生乾隆卅六年辛卯十二月初二　時　卒道光十三年癸巳五月廿七日辰時

娶林氏號和懿　生乾隆四十五年庚子十一月廿七寅時　卒道光十八年戊戌正月初九日　時

子三　王予　夫予　明以

存心公諱剖　即士綱公次子　生乾隆四十六年辛丑五月初七酉時　卒道光八年戊子五月廿四日巳時

娶潘氏號新意　生乾隆五十八年癸丑七月十六午時　卒道光十一年辛卯五月廿四日申時

子一　悔

艾仲公　即士綱公三子　生卒缺　止

順意公　即純謹公長子　生乾隆五十九年甲寅六月初一寅時　卒道光廿一年辛丑十月廿四日寅時

娶林氏雙娘號順要　生嘉慶三年戊午九月初六日酉時　卒道光元年辛巳五月廿三日未時　止

慈仲公　即純謹公次子生卒失　止　生乾隆卅六年辛卯四月十六卯時 卒道光五年乙酉四月廿六日酉時

情孝公　即魁梧公嗣子

娶黃氏號貞懿　生乾隆卅八年癸巳七月初四日午時 卒失

子二　朝春　夜香

石珍派

蘭齋公　即羲之公猶子生卒缺

娶潘氏號栢志生卒失

子與猶子四　坤　文輿　文賓　文炳

海籌公　即羲之公猶子生卒失

娶潘氏號志到生卒缺

子與猶子三 於 克儉 膺揚

壯明公 即羲之公猶子生卒缺

娶黃氏號靜勤生卒缺

猶子 樸敏 寬懷

康壽公 即羲之公猶子生卒失

娶陳氏號樸鄙生卒失

猶子 敏成 茂篤

宣福公 即羲之公猶子生卒失

先娶黃氏號敏信生卒失

繼娶杜氏號恬謹生卒失

子與猶子　行謙　到遠　嘉献

秉素公　即羲之公猶子生卒失

娶黃氏號靜專生卒失

猶子　献金　升桐

蔚堂公諱霸　即錄之公嗣子　生乾隆二十年乙亥九月廿一日戌時 卒嘉慶十七年壬申五月初四日未時

先娶黃氏號肅信　生乾隆廿三年戊寅五月十三日寅時 卒嘉慶十四年己巳七月廿七日酉時

繼娶杜氏號恬謹生卒失

子五　輔世　圍　磨　科　錦殤

郡庠生晴巖公　即錄之公次子　生年十二月十七日時　卒年十二月二十日時

先娶黃氏號順和　生年十月初四日時　卒年七月初四日時

繼娶陳氏號清泰　生年五月廿五日時　卒年十一月廿五日時

子五　灑　釪　鋪　彪　悄

敦德公　即錄之公猶子　生卒失

紫巖公諱軌　即存信公長子　生乾隆廿四年己卯六月十三日卯時　卒嘉慶十八年癸酉二月初十日戌時

娶陳氏號貞信　生乾隆卅九年甲午四月廿二辰時　卒道光十四年甲午十二月初八巳時

考妣合塋運大山夘酉乙辛

子三　嚴顔　梗　錢殤

和安公諱晁　即存信公次子　生乾隆廿七年壬午三月十六日子時　卒道光十二年壬辰七月廿五日寅時

嗣子一　腆

壽星公諱祿國　即存信公三子　生乾隆卅一年丙戌九月初五日子時　卒道光十六年丙申十一月初二酉時

嗣孫一　慱厚

温來公　即存誠公長子　生　卒失

娶　氏　生　卒失

子一　枉連

及來公　即存誠公次子　生　卒鈌

娶黃氏生卒鈌

子二　圭連　究連

醇樸公諱仲山　即存誠公三子

生乾隆卅九年甲午四月廿七日酉時
卒道光元年辛巳十一月廿三日亥時

娶賴氏扁娘號行愛

生乾隆四十六年辛丑七月廿九戌時
卒道光廿八年戊申正月十六日酉時

子二　畝連　敳連

五德公　即存誠公猶子

生乾隆四十一年丙申三月廿一日辰時
卒道光十三年癸巳十二月二十日辰時

娶黃氏號柔順

生乾隆四十一年丙申二月初二酉時
卒道光十三年癸巳七月十五日申時　止

藩琇派

德泉公諱溪　即寬公嗣次子

生乾隆廿八年癸未正月廿四日卯時
卒道光十一年辛卯九月初六日戌時

娶黃氏呈娘　生乾隆卅一年丙戌二月廿四日丑時　卒乾隆五十四年己酉十二月三十亥時

繼娶江氏成娘　生乾隆卅七年壬辰十一月十四巳時　卒嘉慶四年己未二月十八日巳時

子一　惜

成渠公諱坎字科仲　即日盛公長子　生乾隆十九年甲戌八月十四卯時　卒嘉慶十二年丁卯五月十四辰時

娶杜氏乖娘　生乾隆二十年乙亥四月二十日巳時　卒乾隆五十四年己酉十二月廿六辰時

子二　忍　屢　女一適黃

賢德公諱學字胥仲　即日盛公三子　生乾隆卅一年丙戌三月廿一亥時　卒道光十二年壬辰四月初六巳時

娶吳氏時娘　生乾隆四十年乙未五月十一日午時　卒道光十五年乙未十一月二十寅時

子一　插

純成公諱介　即日盛公四子　生乾隆卅四年己丑十一月十一戌時　卒道光十五年乙未五月初六日未時

娶許氏器娘　生乾隆四十六年辛丑六月十三辰時　卒道光十一年辛卯九月初五日巳時

子四　興　登　三　盛

六公　即日茂公長子生卒失　止

題公　即日茂公次子生卒失　止

田公　即日茂公三子生卒失　止

華公　即日茂公四子生卒失　止

廵公　即日茂公五子生卒失　止

羨仲公　即日茂公六子生卒失　止

成業公諱隨字統仲　即日興公長子　生乾隆二十年乙亥十一月十三辰時　卒道光八年戊子正月十二日未時

娶廖氏號愛娘　生乾隆四十年乙未八月廿一日卯時　卒道光十五年乙未八月十七日酉時

子五　賀　醋　省　腰　清

積興公諱申字根仲　即日興公次子　生乾隆卅六年辛卯八月廿一寅時　卒嘉慶廿四年己卯九月廿九辰時

娶黃氏錐娘　生乾隆卅五年庚寅九月初九日卯時　卒道光十五年乙未閏六月初三午時

子三　絹　偷　闔

戍金公諱藝字民仲　即日興公三子　生乾隆四十年乙未五月十四辰時　卒道光十五年乙未七月十一未時

娶陳氏丑娘號月室　生乾隆五十一年丙午七月十四未時　卒道光十五年乙未七月十三日未時

公塟新墓山園頭　子堅附塟

妣塋禪脚坵路脚　媳杜氏附塋

子二　堅　蹼

成內公諱外字來仲　即日興公四子　生乾隆四十三年戊戌十二月初六辰時　卒道光十五年乙未七月十六日酉時

公

娶陳氏着娘　生乾隆五十五年庚戌八月十九子時　卒道光十八年戊戌三月初七日申時

子三　尋　墨　違　女一適黃

純晉公諱南　即勝任公長子　生乾隆卅七年壬辰六月廿一日丑時　卒道光十六年丙申九月十一日丑時

娶蘇氏是娘　生乾隆四十三年戊戌九月十四酉時　卒嘉慶十二年丁卯三月初六日辰時

子一　温

秋桂公　即賀素公之子生卒失止

荔仲公　即願公之子生卒失止

蓍琇派

其祥公諱拔　即實圃公長子　生乾隆四十四年己亥二月廿二亥時　卒道光十五年乙未六月十二日辰時

嗣子一　點

清財公諱國　即實圃公次子　生乾隆四十七年壬寅八月十五亥時　卒道光十七年丁酉九月廿一日酉時

娶陳氏　生乾隆五十七年壬子六月廿四午時　卒道光十七年丁酉九月廿五日巳時

子四　周明　要　點出嗣拔公　分

柔順公諱操　即實圃公三子　生乾隆五十五年庚戌正月初一戌時　卒嘉慶廿三年戊寅三月初三日未時

嗣子一　洒

季蘭公　卽實德公長子　生卒鈌　止

再公　即實德公次子　生卒鈌　止

瑶公　即化公之子　生卒失　止

創來公　卽巧公之子　生卒鈌　止

石公　即路公嗣子　生卒鈌　止

娶　氏　生卒鈌　女三

璧公　即旺公之子　生卒失　止

五公　即丁公長子　生卒失

養子 心 兼承仁公 似子 二老 俱承仁仲公

仁公 即丁公次子 生失 卒

雙承子 心 似子二老 俱双承

占公 即通公之子 生失 卒

娶 氏 生失 卒

女一

荃琇派

讀公 即誠曲公嗣子 生失 卒 年七月初一日 時

娶黃氏汪娘 生失 卒 年十一月十四日 時

子二　發　眉

元首公　即惟亮公長子　生嘉慶七年壬戌正月十二日辰時　卒失

子一　魚桃

勅來公　即惟亮公次子　生嘉慶十年乙丑三月廿四日辰時　卒失

福元公　即惟亮公三子　生嘉慶十二年丁卯十二月二十日卯時　卒道光廿九年己酉十二月廿四日巳時

次簡派

純高公諱愛　即文魯公長子　生乾隆四十五年庚子六月廿七辰時　卒咸豐四年甲寅五月初一日巳時

嗣子一　文珍

純豆公諱再　即文花公長子　生乾隆四十三年戊戌二月初九日巳時　卒道光廿七年丁未十二月十九日午時

娶黃氏　生乾隆五十三年戊申正月初四子時　卒道光十五年乙未九月初一日午時

考妣合塟南安八都蟧蜫尾坐南向北

子三　只雲　文珍出嗣愛公　坦

純泰公諱榮和　即文花公次子　生乾隆五十九年甲寅四月初五丑時　卒道光十二年壬辰八月初十日卯時　止

純日公諱冬　即文仁公之子　生乾隆卌九年甲午六月初八日寅時　卒道光十二年壬辰十一月廿二酉時

娶黃氏生卒不知　止

純燕公諱鶯　即文義公長子　生乾隆五十四年己酉八月十七亥時　卒咸豐三年癸丑二月十五日未時

娶黃氏适娘號璞勤　生嘉慶九年甲子三月初十日辰時　卒光緒七年辛巳八月初二日寅時

子三　姜　陽　梅通

純輝公諱荔　即文義公次子
生乾隆五十九年甲寅六月十一亥時
卒咸豐三年癸丑正月初八日巳時
娶劉氏快娘號順慈
生嘉慶十二年丁卯二月十二卯時
卒同治八年己巳正月廿九日戌時
子五　信　霞　審　從出嗣外房　蘇

純龍公諱鳳　即文義公三子
生嘉慶五年庚申二月十五日　時
卒道光十二年壬辰閏九月十四酉時　止

宣財公諱生來　即桃公養長子
生嘉慶十八年癸酉二月廿二日寅時
卒光緒十九年癸巳十月廿九日辰時
娶謝氏號儀儉
生道光元年辛巳九月十九日午時
卒光緒廿一年乙未四月廿三日寅時
子三　謀　探　洸出嗣珠玉公

如榮公諱白　即搶公養長子
生道光廿一年辛丑十月初六日午時
卒光緒九年癸未十一月廿四日巳時
娶黃氏里娘
生道光三十年庚戌十一月廿九寅時
卒光緒十一年乙酉八月廿四日酉時

子三　俊　祿　塗

嵏仲公　即搶公養次子生卒失止

生失

才艮公　即廷蘭公長子

卒民國十年辛酉四月廿一日巳時

生失

娶杜氏有娘

卒民國七年戊午七月廿六日寅時

子三　磨　眼出嗣蛟公　涼　女二俱適黃

生失

蛟龍公　即廷蘭公次子

卒民國七年戊午閏七月十五日　時

嗣子一　眼

生失

鶱仲公　即茹來公嗣子

卒民國七年戊午十月初三日酉時

生失

娶黃氏晏娘

卒民國七年戊午八月十一日　時

子三　欽　開　木連

生同治十三年甲戌十月廿六日辰時

太山　即來成公長子

娶謝氏送娘

生同治十年辛未十月十五日巳時
卒民國十三年甲子十月廿六寅時

子三　尊　籠　冉　女一適黄

生光緒十年甲申正月廿四日亥時

武王　即來成公次子

娶莊氏添娘

生光緒廿一年乙未二月十七日寅時

女一

亶才公諱尚論　即伸哭公長子

生乾隆五十七年壬子九月初八日　時
卒失

娶謝氏

生嘉慶
卒同治四年乙丑二月廿六日巳時

子　頂　養　運出嗣

仁貴公　即伸奕公次子
生嘉慶六年辛酉十一月十八日　時　止
卒失

秦仲公　即伸心公長子
生嘉慶三年戊午七月初十日　時　止
卒失

世仲公　即伸心公次子
生嘉慶七年壬戌三月初一日　時　止
卒

奕斯公諱仙來　即伸心公三子
生嘉慶十九年甲戌十二月初七辰時
卒同治八年己巳十月二十日未時

嗣子　運英

宣德公諱顯　即伸照公長子
生嘉慶二年丁巳七月初十日未時
卒道光元年辛巳十月初六日辰時

娶黃氏號恭慈
生嘉慶三年戊午九月廿一日　時
卒同治五年丙寅七月初六日巳時

子　辣英

菈仲公　即伸照公次子
生嘉慶五年庚申七月初二日　時　止
卒失

宣賢公諱紉　即伸照公三子
生嘉慶十年乙丑二月十四日　時
卒同治三年甲子八月廿七日辰時

娶賴氏
生嘉慶十三年戊辰
卒咸豐六年丙辰八月十五日卯時

子通瑶

次仲公　即伸忠公隻子
生嘉慶十七年壬申十月廿九日丑時　止
卒失

宣方公諱義　即伸美公長子
生嘉慶廿三年戊寅二月十一日午時
卒道光廿六年丙午六月十六日申時

娶蘇氏
生道光十一年辛卯
卒道光三十年庚戌十月廿四日未時　止

商仲公　即伸美公次子
生嘉慶廿五年庚辰六月十五巳時
卒光緒九年癸未四月初二日辰時　止

八仲公　即伸美公三子
生道光十年庚寅五月廿三日亥時　止
卒道光廿九年己酉六月十三丑時

亶枝公諱林　即伸素公長子　生道光十年庚寅九月初四日戌時　卒光緒十五年己丑十二月初六辰時

娶黃氏　生道光廿四年甲辰正月廿八日巳時　卒

子　各　火出繼　女一　適潘

亶艮公諱金　即伸素公次子　生道光廿一年辛丑三月初六日巳時　卒光緒十八年壬辰十月十三日辰時

娶潘氏　生道光廿九年己酉七月初一日巳時　卒光緒三十年甲辰二月三十日酉時

子　盾　壁　聚　旼嗣　女二　適潘　適賴

亶豪公諱昉字應仲　即伸德公長子　生道光廿八年戊申八月二十日申時　卒光緒廿七年辛丑正月初十日辰時

娶黃氏止娘號孝慈　生咸豐五年乙卯七月十五日巳時　卒光緒卅四年戊申五月初一巳時

子　輕出嗣　業　土　枹出嗣　薛　仕

女四俱適黃

宣南公諱凱　即伸德公次子
生咸豐二年壬子十一月初七日申時
卒光緒廿六年庚子八月十九日寅時

嗣子　輕英

宣直公諱正　即伸德公三子
生咸豐九年己未十二月初四日寅時
卒光緒廿六年庚子八月十六日酉時

嗣子　袍英

勤仲公諱一成　即伸孝公隻子
生嘉慶廿四年己卯十月十一日　時
卒夭

娶王氏繭娘
生道光十一年辛卯五月初四日午時
卒光緒　年十月初九日巳時

子　闕出繼　配

宣篝公諱巧言字好仲　即秦順公長子

公　生嘉慶十年乙丑八月十九日未時　卒道光十七年辛卯五月廿八丑時

娶潘氏號儉慈　生嘉慶十四年己巳十月十九日丑時　卒光緒十九年癸巳九月初三日辰時

公塟前坂小巃仔坤艮申寅

子　甲辰　血氣　伯适

宣祥公諱雲程字此仲　即秦順公次子

公　生嘉慶廿五年庚辰正月十五日丑時　卒光緒十七年辛卯十一月初九午時

娶陳氏香娘號升勤　生道光四年甲申八月初五日巳時　卒光緒廿二年丙申九月初十酉時

子　突　早　老　夔　龍

女一　適黃

宣斯公諱秩元 即秦順公三子

生道光七年丁亥三月十七日辰時

卒光緒三十年甲辰十一月初九亥時

娶黃氏玉娘號昆慈

生道光十年庚寅二月十二日辰時

卒光緒卅二年丙午二月初十丑時

子 卯 敏 素 倪 洪 欣 似長子失

女一適黃

宣捷公諱普字準仲 即秦切公長子

公

生嘉慶十九年甲戌七月初十日申時

卒同治九年庚午九月廿九日未時

娶黃氏號慈慎

生嘉慶十八年癸酉十一月十一寅時

卒同治五年丙寅六月初三日未時

繼娶黃氏號慈愛

生道光四年甲申九月廿七日酉時

卒民國六年丁巳二月初八日丑時

塟本鄉象墓園乙辛

子　元利　重輕出嗣　重實　尋　雪

女三俱適黃

靖仲公　即秦切公次子

生嘉慶廿二年丁丑十二月初八申時
卒道光十五年乙未四月十七日午時

葬南安八都九斗坵尾尾壠嶺頭

嗣子　重輕

宣輝公諱夜字昨仲　即秦切公三子

生道光元年辛巳八月初六日申時
卒民國元年壬子十一月初一未時

娶賴氏號慈雙

生道光六年丙戌八月廿九日酉時
卒光緒卅四年戊申七月十六寅時

子　治　扶　有　女一適黃

宣明公諱菊　即秦切公四子

生道光六年丙戌十二月初十日巳時
卒道光廿二年壬寅十月十四日辰時

附塋二兄墳

子　梅英養

宣悅公諱悅字達仲　即秦切公五子

公

生道光十年庚寅十月廿一日寅時
卒光緒廿五年己亥三月初五日未時

娶黃氏號勤綉

生道光十四年甲午八月十六巳時
卒光緒八年壬午七月廿九日巳時

塋本鄉四坵頭乙辛

子　齊　串　欲　砂

女一適黃

宣義公諱抄　即秦德公長子

生道光四年甲申七月十二日申時
卒咸豐十年庚申六月廿三日午時

娶黃氏列娘號順慈

生道光七年丁亥七月十八日午時
卒光緒十二年丙戌正月十六戌時

子　諏　盤　查　宇　女一適馬

生道光七年丁亥五月廿四日　時
卒光緒廿九年癸卯八月十二子時

宣豐公諱胡　即綮解公隻子

娶謝氏井娘號有泉

生道光十二年壬辰正月初二日亥時
卒光緒三十年甲辰六月初二日辰時

子　尊　訓　號　女一適林

宣端公諱正　即秦照公長子

生道光九年己丑十月廿八日卯時
卒光緒八年壬午六月初二日辰時

娶謝氏便娘

生道光十五年乙未十二月初二巳時
卒光緒廿六年庚子四月廿三日丑時

子　坪　帛　按　省　南　賢

女一適潘

宣碩公　即秦照公三子
生道光廿一年辛丑八月初九申時
卒咸豐元年辛亥正月初二日申時　止

宣樹公諱畝字宅仲　即秦照公四子
公
生道光廿八年戊申十二月初五戌時
卒光緒廿六年庚子十月廿六日酉時

娶黃氏
生咸豐五年乙卯二月初三日卯時
卒民國三年甲寅十月十九日辰時

子　印　臟　慈

宣城公諱縣　即秦李公子
生咸豐元年辛亥十一月廿四日子時
卒光緒十九年癸巳八月十九日戌時

娶潘氏報娘
生咸豐九年己未十月十九日寅時

子　暢　女三　長適黃　三適　次適潘

宣好公諱㤅　即秦彼公長子
生乾隆五十八年癸丑二月十二日巳時
卒道光十七年丁酉十二月十五日丑時

娶侯氏 生失 卒道光 年八月十九日

子 專 全記 杭

宣匯公諱瘦 即秦彼公次子 生嘉慶五年庚申十二月廿七日 卒道光十七年丁酉六月廿九日巳時

龍眼公 即可玩公長子

宣仁公諱歐宇吟仲 即可玩公次子 生嘉慶九年甲子十一月廿五日 卒咸豐四年甲寅十二月初十日

娶劉氏 生失 卒 年十二月廿五日戌時

宣偕公諱伯連 即可玩公三子 生嘉慶十四年己巳十一月初二日子時 卒失

娶杜氏 生失 卒光緒十年甲申十一月初二日

宣伯公諱壬申字甫仲 即秦楚公長子

公　生嘉慶十一年丙寅八月初十日卯時
卒道光十四年甲午六月初六日辰時

娶黃氏改適

子　諸侯

在仲公諱登山　即秦楚公三子　生嘉慶廿一年丙子四月廿四日戌時
卒失

娶　氏

子　根　皆出繼馬頭黃

見仲公　即可哆公長子　生嘉慶十七年壬申五月廿七日酉時
卒失

宣林公諱炭　即可衍公長子　生道光元年辛巳六月初七日辰時
卒咸豐四年甲寅八月十三日申時

娶賴氏　招偶　生失
卒同治十年辛未六月廿六日丑時

子甯反　全續往他鄉為他八子
生道光七年丁亥八月初八日巳時
卒光緒　年三月初九日申時

宣重公諱疊　郎可衍公次子

娶黃氏
生失
卒光緒　年四月十八日未時

子二　圳　岸　女二　長適黃　次適潘

宣等公諱科　郎可衍公三子
生道光十年庚寅九月初九日戌時
卒光緒廿一年乙未七月十七未時

娶杜氏
生道光十九年己亥七月初二日寅時
卒光緒卅四年戊申十月十二日未時

子　流嗣　晦似次子　磨

宣仲公　郎可衍公似長子生卒缺

續子　全

把仲公　即秦根公隻子
生道光十年庚寅二月廿三日寅時
卒咸豐四年甲寅五月十三日寅時　止

地寶公　即秦祥公隻子
生道光十七年丁酉十月初四日寅時
卒失　止

咸仲公　即秦貴公長子
生道光十四年甲午八月二十日戌時
卒同治十一年壬申正月廿五日巳時　止

宣龍公諱魚別　即秦貴公次子
生道光十九年己亥八月初八申時
卒宣統二年庚戌五月十九日午時

子　吩養

宣足公諱容力　即秦貴公四子
生道光廿五年乙巳[illegible]月初二日亥時
卒光緒卅四年戊申四月廿六日未時　止

宣正公諱中土　即秦着公子
生道光廿二年壬寅二月十一日午時
卒民國七年戊午十二月廿五日午時

子　才養

敦仲公　即秦楚子
生咸豐七年丁巳正月十三日酉時
卒光緒六年庚辰十一月初三申時

娶　氏　生卒缺　止

宣仁公諱成美　即秦明公長子

生嘉慶五年庚申七月廿七日寅時
卒同治四年乙丑十二月初六酉時　止

宣義公諱徙字士仲　即秦明公次子

生嘉慶十六年辛未閏三月初七戌時
卒咸豐十年庚申十月廿九日子時

公

娶潘氏號青花

生嘉慶廿四年己卯四月
卒道光廿九年己酉八月十一日酉時

子　罕　對

宣笑公諱恥　即秦明公三子

生嘉慶二十年乙亥五月初二卯時
卒同治六年丁卯七月初七日亥時　止

宣言公諱色厲　即秦明公四子

生嘉慶廿四年己卯四月二十日巳時
卒同治六年丁卯九月廿一日辰時　止

宣利公諱仁和　即秦久公長子

生嘉慶廿五年庚辰七月廿三未時
卒同治十年辛未五月十七日申時

娶林氏純娘 生失 卒 年正月初八日申時

子 勇養 舉 掄出嗣

女二俱適黄

南山公諱東海 即秦久公次子 生失 卒 年十二月初十日

娶林氏勤娘 生失 卒 年十二月十三日

子 云 磨出續北山日

宣國公諱齊輝 即秦久公三子 生道光六年丙戌十月初三日亥時 卒光緒十年甲申正月二十日亥時

嗣子 榮出似

宣興公諱吉 即秦約公長子 生道光十二年癸巳六月廿三日酉時 卒光緒廿二年丙申十一月廿八未時 止

好仲公　即秦約公次子

嗣子　捷

生失
卒宣統元年己酉七月初八日未時

言仲公　即秦約公三子

生道光廿六年丙午八月
卒失
止

宣順公諱四端　即秦門公長子

生嘉慶廿三年戊寅五月廿四日酉時
卒咸豐六年丙辰六月初一日辰時

娶黃氏號静安

卒道光三年癸未八月初十日酉時

卒道光廿六年丙午五月廿五巳時

繼娶黃氏號原素

生道光三年癸未三月初九日亥時
卒咸豐六年丙辰四月廿九日

嗣子　先禮

生道光六年丙戌七月廿六日辰時
卒光緒廿九年癸卯七月十三辰時

日公諱團圓　即秦門公次子

生道光十七年丁酉七月十五日午時

娶陳氏

卒光緒九年癸未七月廿五日辰時

子　先禮出嗣　鏡　蠘　別　蹤出嗣
　問　星出嗣

宣與公諱天送　即秦門公三子　生道光十一年辛卯十一月初十戌時　卒同治十二年癸酉五月初一日辰時
　娶杜氏號意順　生道光十七年丁酉七月十五辰時　卒光緒六年庚辰五月十六日酉時
　子　德出嗣南安　女一

宣桂公諱趨賜字進仲　即秦門公四子
公　生道光十九年己亥八月二十日酉時　卒光緒廿八年壬寅六月三十日巳時
　娶黃氏葉娘號仁慈　生道光廿三年癸卯三月廿六寅時　卒宣統元年己酉八月十四日未時
　子　寬　女二　長適黃　次適賴

宣哉公諱篤志　即秦柔公長子

生道光六年丙戌九月廿七日未時
卒咸豐三年癸丑正月初一日子時

娶黃氏改適止

宣伯公諱奪來字元仲　即秦柔公次子

公

生道光九年己丑五月廿六日戌時
卒光緒廿六年庚子九月十四日巳時

娶黃氏片娘號榮貴

生道光十八年戊戌十二月初四亥時
卒光緒三年丁丑七月廿八日卯時

繼娶黃氏配娘號榮順

生道光廿九年己酉六月廿八日巳時
卒光緒廿七年辛丑七月廿二日辰時

子　拋　捘　苡　丟　緑　坑

女五　長適林　四適黃

作仲公諱楚　即秦孝公長子

生道光十三年癸巳六月初一丑時
卒光緒三年丁丑九月十四日申時

娶黃氏趕娘　招偶　生道光二十年庚子十月廿七日　卒光緒九年癸未二月十五日未時

子　竭　墠出嗣　迓　帕　八　傳續

宣初公諱鈎　即秦孝公次子　生道光十八年戊戌十二月十七日　卒光緒廿九年癸卯八月十四日巳時

嗣子　拏　傳續

宣盛公諱儒　即秦孝公三子　生道光廿二年壬寅三月初七日未時　卒光緒十三年丁亥三月廿一日卯時

娶黃氏　生失　卒宣統二年庚戌八月廿二日

子　麟　澄

宣進公諱回春　即秦富公長子　生道光十三年癸巳十月初六日午時　卒光緒十八年壬辰十月初九日酉時

嗣子　蹤

宣任公諱五車　即秦富公次子　生咸豐三年癸丑十一月廿六日巳時
卒光緒廿二年丙午五月二十日未時

娶曾氏做娘　生光緒元年乙亥六月初一日戌時
卒

子　星嗣　池水　燦出嗣

八士公　即秦聲公長子生卒鈇　生道光十四年甲午二月初八日巳時
卒咸豐九年己未十一月初九日辰時　止

娶黄氏　生道光七年丁亥二月初六日
卒　年五月廿四日

益友公　即秦聲公次子

娶李氏　生　年六月初六日寅時
卒　年五月十一日戌時

子　房蚤

祖仲公　即秦聲公三子　生道光十一年辛卯八月十五日丑時
卒　年三月廿七日　止

宣積公諱珠玉　即秦滔公長子

生嘉慶十一年丙寅七月十九亥時
卒同治四年乙丑八月十七日丑時

嗣子　洗英

綵雲公　即秦滔公四子

生嘉慶廿一年丙子正月初二日
卒道光廿七年丁未正月初一日寅時　止

勅賜公　即秦鏗公長子　生卒缺　止

西川公　即秦鏗公次子　生卒失　止

真似公　即秦鏗公三子　生卒失

董仲公　即可夾公隻子　生卒失

宣正公諱光全字巢仲　即秦心公長子

生嘉慶廿五年庚辰九月初三未時
卒光緒九年癸未五月初十日卯時

公

娶黃氏號勤彌　生道光五年乙酉十月初十日午時　卒光緒廿二年丙申二月初十辰時

子　發嗣　賓出　莉　興出嗣　珖出

女二　長適潘　次適黃

宣安公諱瑳來字宣仲　即秦心公次子

公　生道光十七年丁酉二月初十午時　卒宣統三年辛亥九月廿八日酉時

娶黃氏盞娘　生道光廿二年壬寅九月廿九酉時　卒光緒十年甲申八月初五日巳時

子　客　川幼殤　斗　砌幼殤

女一適黃

宣鄰公諱綱字沙仲　即秦言公長子

公

娶黃氏貨娘　招偶

子　亞元　續子　仲春　黨　蛤　權出嗣宣梅公

生嘉慶廿五年庚辰八月廿三戌時

卒咸豐元年辛亥八月十一日巳時

生道光十年庚寅四月十五日巳時

卒光緒卅三年丁未十月十五戌時

女一適林

宣梅公諱標字杏仲　即秦言公次子

生道光十六年丙申十月初七戌時

卒光緒元年乙亥六月十五日午時

娶黃氏

生道光廿一年辛丑正月廿一日寅時

卒同治十二年癸酉六月廿四日丑時

嗣子　權　鎮双承

宣令公諱炮字連仲　即秦言公三子

公

生道光二十年庚子二月初七日戌時

卒光緒廿九年癸卯五月初九日亥時

娶潘氏　生道光廿五年乙巳三月十一日酉時　卒民國四年乙卯十二月初二日巳時

子的　於　獺　秋　佔　鎮　兼承宣梅公

女一適黃

宣與公諱親　即秦言養子　生道光元年辛巳九月十九日戌時　卒同治五年丙寅十月廿六日酉時

續子　仲春　黨　蛤

宣曉公諱吽　即秦沽公長子　生嘉慶八年癸亥八月初二日子時　卒失　止

宣智公諱椽　即秦沽公次子　生嘉慶十二年丁卯九月廿四酉時　卒咸豐七年丁巳五月十五日酉時　止

宣仁公諱雍　即秦沽公三子　生嘉慶十七年壬申五月二十辰時　卒同治元年壬戌二月廿五日未時　止

勤真公諱桶　即秦沽公四子　生失　卒道光三年癸未十一月初五日酉時　止

宣賢公諱剖元字開仲　秦付公長子　生道光九年己丑正月十九日卯時　卒同治五年丙寅十二月初七戌時

娶黃氏號柔儉　生道光十五年乙未五月廿八日亥時　卒咸豐三年癸丑十二月廿二日酉時

繼娶林氏　招偶　生道光十八年戊戌十二月十二申時　卒光緒卅四年戊申正月初七日酉時

子晉　譪　思續　似次子　賀

女二　長適林　次適賴

宣仰公諱高山字景仲　即秦付公次子　生道光十三年癸巳正月十八日丑時　卒光緒廿六年庚子正月初二日酉時

公

娶黃氏號柔惠　生道光十五年乙未四月廿三亥時　卒咸豐六年丙辰七月初七日未時

繼娶黃氏宿娘號玉慈　生道光十五年乙未七月初三日戌時　卒光緒廿七年辛丑二月初五日辰時

子　紅陵　興嗣

宣海公諱江泉　即秦付公三子

生道光十六年丙申六月初四日戌時
卒光緒廿二年丙申十一月廿四申時

娶黃氏

生道光廿五年乙巳七月初八卯時
卒民國元年壬子三月初七日巳時

子　尚　羅　女三　俱適黃

宣過公諱偶才字肇仲　即秦付公四子

公

生道光十九年己亥九月初五寅時
卒宣統元年己酉十月廿二日午時

娶黃氏

生咸豐元年辛亥十一月初九子時
卒宣統元年己酉十月初三日亥時

子　性養　顏　煨　銅　吟

女二　長適潘　次適林

宣石公諱查　即秦付仈長子

生道光十七年丁酉
卒光緒十一年乙酉九月廿八日丑時

續子　思英

宣德公諱光道字明仲　卽秦壽公長子

公

生道光元年辛巳正月初八日酉時
卒光緒十一年乙酉七月廿三亥時

附葬母墳

嗣子　及英

宣孝公諱清廉字節仲　卽秦壽公次子

公

生道光四年甲申七月十一日丑時
卒民國元年壬子正月十五日未時

娶杜氏錢娘號儉財

生道光十年庚寅二月初八日巳時
卒光緒廿三年丁酉七月十一巳時

公墓南安土名大帽坑仔頭壬丙
妣墓瑁峰宮后
子　雨水　及出嗣　涵　似長子榮
女一適黃
宣武公諱周元字文仲　即秦通公隻子
生道光廿一年辛丑正月初九日寅時
卒民國十年辛酉十二月廿七日酉時
公
嗣子　溪　似次貨
宣樹公諱林蘭　即秦驕公長子
生道光八年戊子二月初七日巳時
卒宣統元年己酉十一月廿六子時
娶賴氏
生道光十一年辛卯九月廿三日卯時
卒光緒卅四年戊申十月十八日亥時

子　元娥養

宣池公諱賞　即秦驕公次子

生道光廿一年辛丑正月十二日丑時
卒光緒廿九年癸卯正月初三日酉時

娶賴氏且娘

生失
卒　年十一月廿四日

繼娶潘氏蹈娘

生道光廿三年癸卯
卒光緒十七年辛卯五月廿一日未時

子　細　良　干　貨出繼

宣立公諱潮　即秦恭公長子

生道光十七年丁酉六月二十日亥時
卒光緒十年甲申十一月十九日寅時

嗣子　撻英

宣福公諱賜字貴仲　即秦恭公次子

生道光廿七年丁未十一月初五日酉時
卒光緒十九年癸巳三月廿二日辰時

公

娶杜氏號尊儉　招偶

生咸豐十年庚申二月初十日巳時
卒民國十年辛酉八月十二日巳時

續子　搗　佾　撻出嗣宣立

拯仲公　即秦恭公三子

生咸豐七年丁巳五月初二日辰時
卒宣統二年庚戌七月十八日巳時

娶黃氏

生失
卒民國十三年甲子正月初一日戌時

宣臺公諱樓字城仲　即秦恭公四子

生同治元年壬戌十一月初九日未時
卒民國十九年庚午三月初二日酉時

娶黃氏昧娘號慈真

生光緒四年戊寅七月十五日午時
卒民國二年癸丑七月初六日未時

子　顯　約　長出嗣外祖

宣永公諱墘　即秦恭公似次子

生同治五年丙寅二月十一日酉時
卒民國十年辛酉十二月廿四日未時

續子　搗　佾　撻

宣至公諱箕　即寀義公長子

生道光十九年己亥四月十四日未時
卒咸豐九年己未十一月初五日戌時

嗣子　乞英

宣冰公諱炎火　即寀義公次子

生道光廿一年辛丑十一月初九酉時
卒光緒十九年癸巳六月初九日午時

娶黃氏改適

子　乞出嗣　切英出

宣寶公諱然　即秦楚公長子

生道光廿五年乙巳九月十五日亥時
卒民國十六年丁卯八月廿九日丑時

娶黃氏厭娘號慈順

生道光廿八年戊申十月十一亥時
卒民國九年庚申十月十九日辰時

子　居　積　迎　見　錆　摽

女一適黃

宣帽公諱泡　即秦楚公次子
生道光三十年庚戌六月廿四日申時
卒民國三年甲寅十一月廿七日亥時

娶潘氏爲娘號宜家
生咸豐元年辛亥十一月廿七日酉時
卒民國十八年己巳三月初三日寅時

子　佳　府　立　[illegible]

宣旺公諱來興　即秦爾公長子
生道光三十年庚戌二月廿二午時
卒光緒九年癸未六月三十日未時

娶黃氏　招偶　改適

子　爻嗣　纖續

宣步公諱走來　即秦爾公次子
生咸豐五年乙卯六月初七日丑時
卒光緒三十年甲辰六月初九巳時

娶黃氏錐娘
生咸豐八年戊午四月廿三日午時
卒光緒四年戊寅六月廿三日酉時

繼娶賴氏母娘
生失
卒光緒　年十一月廿八日

子二　琛　曝

九來公　即秦爾公三子
生失
卒宣統三年辛亥正月十六日酉時
止

宣倫公諱藻來　即秦爾公仈長子
生道光廿一年辛丑
卒光緒十三年丁亥九月初九日酉時

續子　纖

宣行公諱文機　即秦苗公長子
生嘉慶廿三年戊寅八月初五申時
卒同治十年辛未八月廿二日未時

娶黃氏號有慈
生嘉慶廿二年丁丑八月廿八日卯時
卒光緒廿六年庚子九月十六日戌時

子　秋雁　秋庭養　秋湶　秋民

女一　適潘

宣興公諱松茂字包仲　即秦苗公次子

公

娶黃氏拈娘號如慈

生道光十四年甲午九月十六日戌時
卒光緒卅三年丁未正月廿八日申時

子　鑾　兎　琴出嗣宣朱

生道光廿二年壬寅十月十九日丑時
卒光緒廿六年庚子十一月初七巳時

新仲公諱烟景　即秦苗公三子

生道光十九年己亥正月二十戌時
卒宣統三年辛亥八月十三日子時

娶潘氏曲娘

生道光廿三年癸卯八月十六日卯時
卒民國十四年乙丑六月廿一日寅時

子　鳳　昬　饒　毛

女三　長適潘　次適黃　三適黃

宣朱公諱今汝　即可情公長子

生道光十六年丙申十月廿二申時
卒光緒七年辛巳三月初九日酉時

嗣子　琴

即仲公諱絨　即秦田公長子

生道光廿八年戊申正月初八卯時
卒光緒九年癸未六月初九日酉時

娶林氏緞娘　招偶

生道光廿九年己酉二月廿一卯時
卒民國元年壬子正月廿七日寅時

子　圈　瘦　女二　長適潘　次適黃

安仲公　即秦田公次子

生咸豐三年癸丑三月廿三日辰時
卒光緒廿九年癸卯八月廿二巳時

娶黃氏院娘

生咸豐四年甲寅八月十九日辰時
卒光緒卅三年丁未十一月初四日戌時

公葬頂洪空門口

妣附母墳

子　種　祜　酐　宣　鏡

女一適黃

水仲　即秦田公仍長子生卒缺錄

主仲公諱客　即秦祿公長子　生咸豐四年甲寅四月十八日寅時　卒光緒三十年甲辰十月初五未時

娶黃氏器娘　生咸豐五年乙卯三月十四日酉時　卒民國九年庚申十月廿七日丑時

子　遠水　明　講

女三　長適黃　次適潘　三適

傳仲公　即秦祿公次子　生同治三年甲子十月十一日未時　卒宣統二年庚戌八月十二日午時

娶潘氏奚娘　生同治四年乙丑八月十五日寅時　卒民國十四年乙丑十一月初一日午時

子　逐養　銅

細仲公　即秦祿公三子　生同治七年戊辰閏四月十九日酉時　卒光緒十四年戊子五月廿九日午時

娶賴氏華娘　招偶
生同治十年辛未十一月初十日戌時
卒光緒廿七年辛丑四月廿五日巳時

續予　越　女一適林

再娶楊氏愛娘
生光緒五年己卯三月初七日午時

瓶仲公　即秦祿公似三子
生咸豐十年庚申
卒民國十一年壬戌十月廿一日子時

予　瑛

清仲公諱洋　即秦用公長子
生咸豐十一年辛酉六月初八日酉時
卒民國十四年乙丑十一月初十丑時

娶潘氏育娘
生咸豐十一年辛酉二月十三日辰時
卒光緒廿九年癸卯十月廿三日酉時

予　新全　渉來　雁　池　麟　六片

女一適林

百來公　即秦用公次子　生同治三年甲子七月廿七日未時
娶潘氏罕娘
子　鐃　女二均適林　生同治六年丁夘十月廿七日未時
郡仲　即秦用公三子
娶潘氏尾娘　生同治七年戊辰十月廿九日酉時
子　添　執　丑　女二　長適黃　次適陳
橋仲公　即秦用公四子　生同治九年庚午正月十四日亥時　卒光緒卅三年丁未三月十九酉時
娶黃氏罪娘　生光緒元年乙亥五月初九日未時
子　伏

且仲 即秦用公五子 生同治十二年癸酉五月十二日戌時

娶林氏妹娘 生一子

子 㕭 出嗣宣良 思 三出

宣疏公諱煥來 即鳩山公長子 生咸豐九年己未八月十七日寅時 卒光緒七年辛巳六月十八日巳時

嗣子 木

宣心公諱沃水 即鳩山公次子 生同治三年甲子五月初一日巳時 卒光緒廿二年丙申八月初八午時

娶賴氏 招偶 改適

子 木 出嗣 捧 殤

續子 顛 蓍 出 笑 出

築與 即鳩山公三子 生同治九年庚午五月初五日丑時

娶黃氏姜娘生卒

子　瓜情　女一適黃

稽首　即鳩山公四子

纘子　顛

澤水　卽秦塊公長子

看仲　即秦塊公次子

詰仲　即秦塊公三子

娶黃氏送娘　招乘偶

纘子　堅　泮

生同治十二年癸酉十二月廿七戌時
卒宣統三年辛亥四月廿三日

生咸豐十一年辛酉十一月初一巳時
卒光緒卅二年丙午正月初二日

生同治十年辛未二月十九日辰時
卒

生光緒六年庚辰六月初十日辰時

宣標公　諱金榜　即秦逝公嗣子

生道光六年丙戌七月廿三日午時
卒咸豐六年丙辰二月二十日酉時

青才公　即秦義公次子

嗣子　轉來

生道光廿四年甲辰十二月十七日丑時
卒失

徽仲公　即秦渭公長子

嗣子　燦

生道光廿一年辛丑正月十九日戌時
卒宣統二年庚戌十月初十日丑時

得寅公　即秦渭公次子

生道光廿七年丁未正月十九日寅時
卒咸豐　年正月十五日

苧來公　即秦渭公三子

生道光三十年庚戌十月廿一酉時
卒宣統元年己酉九月十六日卯時

東河公　諱北海　即戴來公子

生嘉慶廿四年己卯五月初六巳時
卒光緒二年丙子八月初七日寅時

宣年公　諱他來　即秦對公子

生道光十六年丙申五月十六日寅時
卒光緒十八年壬辰十月初八日辰時

嗣子　泉來

生道光廿八年戊申七月三十日巳時
卒民國十五年丙寅八月初十日子時

勤仲公諱芸來　即贊成公子

娶黃氏糉娘

生咸豐八年戊午九月初四日亥時
卒民國十五年丙寅十一月初五丑時

子　心　女二均適黃

蓮士公　即盤德公子

生道光廿八年戊申十二月初七日寅時
卒同治三年甲子十二月初七日亥時

卷陸終

重修虹山彭氏族譜世紀卷柒

三十世 仲字行

東二房長

禱應公　即克勤公叟子　生缺　卒

子　發英 養

賞仲公　即可禹公叟子　生嘉慶八年癸亥九月十一日　卒同治九年庚午七月廿四日丑時

娶林氏甜娘　生嘉慶廿四年己卯十一月廿八日　卒光緒七年辛巳八月十一日辰時

子　孝 出繼　命 兼承次公　芸 出繼睿公　捧 出嗣獺公

名仲公　即尚品公長子　生乾隆五十七年壬子七月廿一日　卒同治三年甲子十一月十一日酉時

娶賴氏

生乾隆五十五年庚戌十月廿四日

卒同治七年戊辰七月十四日申時

子　茂出為長房山頭似子

女一適黃

生嘉慶八年癸亥正月二十日亥時

卒同治二年癸亥十月初五日申時

獺仲公　即尚品公次子

嗣子　捧英

鑠仲公　可虎公長子

艷仲公　可虎公次子

子　托養

萬泉公諱撻　即尚以公長子

生嘉慶四年己未十二月廿一寅時

卒咸豐元年辛亥九月初四日辰時

娶黃氏

生嘉慶廿三年戊寅十一月

卒同治五年丙寅三月十一日巳時

子 粘 挨出 道出繼裁仲

裁仲公 即尚以公次子
生嘉慶十年乙丑正月廿四日寅時
卒咸豐十年庚申十二月廿一寅時

娶黃氏推娘
生道光六年丙戌
卒光緒八年壬午十二月廿六日

嗣子 道英

超仲公 即克敬公雙子
生嘉慶十五年庚午正月廿九酉時
卒咸豐五年乙卯正月初六日丑時

塟本鄉泗洲仔甲庚夘酉

嗣子 孝英

敦仲公 即德有公雙子

湯明公諱沸 即以正公長子
生 年十一月初二日
卒 年二月初十日辰時

娶黃氏乖娘號巧里　生乾隆四十二年丁酉九月十九日　卒　年十二月初五日

子　曾　梅

綬職公諱印　即以正公次子　生乾隆四十三年戊戌二月廿八日亥時　卒道光二年壬午六月十一日巳時　止

文仲公　即以正公三子　生失　卒　年四月初九日　時　止

慈仲公　即以正公四子　生失　卒　年三月初七日　時　止

笑仲公　即順侯公長子　生失　卒　年六月十三日　時　止

嬌仲公　即順侯公次子　生失　卒　年三月廿二日　時　止

善誠公諱案元字平仲　即固執公長子　生乾隆五十五年庚戌六月十四日　卒咸豐九年己未四月初八日卯時

公

娶林氏判娘號成仁　生乾隆五十八年癸丑六月廿八日辰時　卒同治四年乙丑六月廿二日午時

子　掇　否　綏　締　順出繼彝元

彝元公　即國執公次子　生乾隆五十九年甲寅十月三十日寅時　卒同治元年壬戌九月廿七日子時

嗣子　順英

文郁公諱岱元　即國執公三子　生嘉慶二年丁巳十月廿九日酉時　卒同治十二年癸酉十月十七巳時

娶謝氏作娘號旺謹　生嘉慶五年庚申四月廿三日亥時　卒道光廿一年辛丑五月初七酉時

子　進　純

錯來公　即會事公隻子　生卒缺

娶杜氏謙娘號貞順　生乾隆卅三年戊子正月十九日辰時　卒嘉慶四年己未九月十九日巳時

子　尊英

把仲公　即懷德公雙子　生卒缺

譽仲公　即秋陽公雙子　生卒失

娶杜氏錦娘號順慈　生嘉慶廿一年丙子九月初四日午時　卒道光廿七年丁未二月初三日未時

繼娶杜氏琴娘　生卒失

子　長賜　樓英殤

維得公諱騰瑞　即嬰福公長子　生乾隆四十九年甲辰　卒道光二年壬午九月廿五日午時　止

和元公　即嬰福公次子　生卒失

子　盤英

姜元公　即嬰福公三子生卒失

娶黃氏三娘生卒失　止

來仲公　即可先公隻子生卒失

明碩公諱鼠　即玉成公嗣子

生嘉慶十二年丁卯十一月廿七日
卒咸豐三年癸丑十月廿六日酉時

娶杜氏勸娘號賢慈

生嘉慶廿二年丁丑二月廿七日卯時
卒道光十五年乙未十二月十一酉時

仝葬吳坑后下埔仔

子　涯

春興公　即羽山公長子生卒失

娶林氏號莊意生卒失

繼娶杜氏號勤意
生嘉慶七年壬戌四月初九日巳時
卒道光十七年丁酉三月十七午時

子　坦　長　習出繼

好事公諱紅興　即羽山公次子
生嘉慶十三年戊辰九月廿一日
卒道光十六年丙申五月十八日午時

嗣子　習出嗣羅溪黃

春昭公　即羽山公三子
生嘉慶廿二年丁丑五月廿九日未時
卒道光廿七年丁未二月十八日丑時

娶潘氏順娘
生嘉慶廿一年丙子二月初八日未時　止
卒道光十八年戊戌九月初九日午時

呈祥公諱麟　即觀靜公長子
生嘉慶十九年甲戌正月廿一卯時
卒同治三年甲子三月十九日午時

娶潘氏緞娘綢惠
生嘉慶十九年甲戌十月三十亥時
卒同治六年丁卯三月十一日辰時

子　顧家

進成公諱菊　即觀靜公次子

生嘉慶廿二年丁丑六月廿一酉時

卒咸豐五年乙卯十二月初六丑時

娶黃氏隔娘號勤謹　招偶

生道光四年甲申七月十七日酉時

卒光緒廿七年辛丑七月初八辰時

子　佘行　國垂績　似次子紅貢

呈輝公諱甲　即觀靜公三子

生嘉慶廿五年庚辰十一月初八亥時

卒光緒十七年辛卯八月十四日巳時

娶林氏耳娘號聰儉

生道光元年辛巳十二月初四日卯時

卒咸豐十一年辛酉四月廿三日丑時

子　涼養　壬癸　女一適黃

呈肩公諱比　即觀靜公四子

生道光四年甲申十月初一日子時

卒光緒十八年壬辰三月廿三酉時

娶潘氏改適

子　俊　真出為前坂似子　禧

女三　長三適黃　次適潘

生道光十一年辛卯三月十二辰時
卒同治六年丁卯六月初三日戌時

慎勤公諱搖　即觀靜公五子

娶黃氏成娘號勤儉　招偶

生道光廿九年己酉十月廿四申時
卒宣統元年己酉八月二十日辰時

續子　鍊殤　蠏　腱　紅 出為進成似子

女四　長三適黃　次四適林

梅桂公諱樹蘭　即觀靜似次子

生嘉慶廿五年庚辰十二月廿四日
卒同治二年癸亥十二月初十日寅時

續子　國垂

續後公諱衫　即觀靜似五子

生道光二十年庚子四月初五戌時
卒光緒九年癸未二月初一日申時

續子　蠏　腱　紅 出續

泉興公諱井　即成懷公長子

嗣子　行英

如山公諱契　即成懷公次子

得財公諱錢　即成麟公隻子

娶黃毛娘號仁慈

子　禮　鄭

瑞安公諱居來　即趙元隻子

娶陳氏款娘號儉待　招偶

子　賜　能　續子我

生嘉慶四年己未四月廿六日卯時

卒咸豐六年丙辰十一月初四午時

生嘉慶八年癸亥正月廿四日丑時　止

卒咸豐　年八月　日

生嘉慶十四年己巳正月十五寅時

卒同治八年己巳十月初九日酉時

生嘉慶十九年甲戌十二月十三巳時

卒光緒二年丙子八月廿九日戌時

生嘉慶五年庚申十二月初九月辰時

卒道光十七年丁酉十月二十日申時

生嘉慶十一年丙寅十一月初九日

卒光緒廿九年癸卯三月廿六日卯時

女二均適黃

雙慎公諱對　即趙元公似子　生　卒同治八年己巳八月初七日未時

續子　我

金仲公諱麗水　即己從公隻子　生失　卒三月廿九日

娶陳氏好娘　生缺卒

有情公諱維喬字遷仰　即受積公隻子

公　生道光廿二年壬寅九月廿九日寅時　卒民國十一年壬戌二月初七日午時

娶尤氏信娘號忠盛　生道光廿四年甲辰十月廿二日辰時　卒光緒九年癸未十二月十二日亥時

子臨　女一適黃

揚仲公　即劍氣公次子
生道光廿二年壬寅十月廿四日寅時
卒失

嗣子　徙英往潘姓

日仲公諱曉　即惠信公隻子
生嘉慶十八年癸酉五月初一日酉時
卒光緒十九年癸巳二月十二日亥時

娶謝氏訂娘號恬和
生嘉慶廿三年戊寅六月初九日未時
卒光緒廿五年己亥九月廿一日辰時

子　玉瑞　反來　平來

回仲公　即慎素公隻子
生嘉慶廿三年戊寅五月十五日
卒　年十二月十一日
止

樸碩公諱心愛字仁仲　即自求公長子

公
生道光七年丁亥十二月二十日戌時
卒光緒十六年庚寅十一月十七丑時

娶黃氏贊娘號恬安
生道光九年己丑十一月十一日亥時
卒光緒廿八年壬寅三月廿二日巳時

仝塋雁塔厝角壬丙亥巳

子　文學嗣子　建立養　逼　桂

初連公諱青山字東仲　即自求公次子

生道光廿九年己酉八月初九未時

卒民國十年辛酉正月十一日寅時

公

娶黄氏懇娘號希裕

生咸豐九年己未十二月初一子時

卒民國四年乙卯八月十二日巳時

子　裕殤　領出繼　酐

女一適黄

勤樸公諱心法　即秋祥公長子

生道光廿二壬年寅二月初七日巳時

卒光緒十五年己丑正月初三日卯時

嗣子　領英

咸亨公諱品　即著味公長子
生道光十四年甲午九月廿九日戌時
卒同治七年戊辰六月廿五日子時
塟本鄉翁垵內辛乙戌辰

潆洄公諱水　即著味公次子
生道光廿九年己酉四月廿一日巳時
卒失

振百公諱皆　即育公隻子
生道光廿四年甲辰正月十八日寅時
卒同治九年庚午八月十二日辰時
塟本鄉崎壠邊艮坤丑未

火吉公　即精裡公長子
生咸豐五年乙卯八月
往頂府亡

團吉公　即精裡公次子
生咸豐七年丁巳十二月二十日未時
卒
娶黃氏旦娘
生咸豐三年癸丑正月十五日酉時
子　自寶　女一

源頭公諱活泉字水仲　即廼昌公長子

生道光二十庚子正月十三日辰時
卒光緒十五年己丑五月初二亥時

公

娶黃氏晏娘號順寬

生道光十六年丙申五月廿一日午時
卒光緒十五年己丑十二月初二午時

合葬吳坑後長坵田後壬丙亥巳

子　好業養　達艾

貞邦公諱他日字歸仲　即廼昌公次子

生道光廿二年壬寅六月廿二午時
卒宣統三年辛亥四月廿九日巳時

公

子　守業

升曜公諱衫日　即廼昌公三子

生道光廿九年己酉七月廿八日丑時
卒民國十一年壬戌九月初九日巳時

娶黃氏蜂娘　生咸豐五年乙卯十一月二十日丑時

子　顧業　爲照　女一

吉庚公諱申　即如裡公長子　生乾隆五十五年庚戌十月十二日酉時　卒嘉慶十六年辛未十一月二十日巳時　止

籠仲公　即如裡公次子　生　卒　缺

吉旺公諱卜　即樸志隻子　生嘉慶三年戊午正月初四日　卒道光十六年丙申十一月廿四日戌時

娶　氏改適

子　舟英

才仲公　即如待公隻子　生失　卒　年正月十五日

娶黃氏城娘　生失　卒　年九月初三日

子　類　綱出繼塔公　女一適黃

裕盛公　即如端公長子

廳仲公　即如端公次子

影仲公　即如端公三子

輝信公諱畜宇魚仲　即如義公長子

生乾隆五十七年壬子十一月廿三辰時

卒咸豐二年壬子四月十三日辰時

公

娶黃氏選娘號素儉

生嘉慶四年己未五月十八日卯時

卒同治十年辛未九月三十日戌時

仝塋本鄉土樓角酉夘庚甲

子　與　秒　萬　垂

女三　長適賴　次適潘　三適黃

明信公諱厚字愽仲　即如義公次子

生嘉慶七年壬戌三月廿七日戌時

卒咸豐三年癸丑二月初一日酉時

娶黃氏緣娘號源慈

生嘉慶十二年丁卯五月十七戌時

卒同治四年乙丑六月初三日巳時

仝葬本鄉土名過崩垵壬丙子午

子　輦　柳　涯出繼　蜚

女二　長適杜　次適黃

扶信公諱唱　即如戍公長子

生嘉慶七年壬戌九月廿七日卯時

卒咸豐元年辛亥六月初二日午時

娶戴氏偷娘號氏明

生嘉慶十二年丁卯四月初二戌時

卒同治九年庚午十月三十日戌時

公附葬父母墳

子　乳　穴　錬出嗣府公　鶴出嗣最公

安信公諱次　即如成公次子　生嘉慶十一年丙寅二月初六日丑時　卒同治　年五月十七日辰時

曰信公諱最　即如成公三子　生嘉慶十九年甲戌正月初七申時　卒同治三年甲子四月初九日申時

嗣子　鶴英

斯信公諱巖　即如成公四子　生嘉慶廿三年戊寅二月初四日辰時　卒咸豐元年辛亥十一月廿七日午時

傳書公　即如祿公長子　生失　卒　年五月初三日

娶賴氏即娘號靜恭　生失　卒　年四月十二日

子　臘　麐出嗣塔公　女一適賴

明善公諱塔　即如祿公次子　生嘉慶廿四年己卯六月初四巳時　卒光緒六年庚辰四月初四日巳時

娶陳氏寅娘　生道光十五年乙未十一月廿九寅時　卒光緒廿六年庚子八月廿九日卯時

公塋翁兜後甲庚卯酉

嗣子　綢　疇嗣　三時

女一適黃

文則公諱綢　即常思公雙子　生嘉慶　年十月廿六日卯時　卒咸豐三年癸丑正月十七日卯時

娶林氏秀娘號成昌　生嘉慶　年十月十二日　卒咸豐三年癸丑正月初十日酉時

子　畝　學出嗣心愛　女一適黃

利盛公諱篆　即落椅公長子　生嘉慶十九年甲戌二月初一日巳時　卒光緒十二年丙戌十一月廿二卯時

娶陳氏來娘號明易　生道光十年庚寅十二月初四亥時　卒咸豐八年戊午正月廿二日

繼娶尤氏號同成
生嘉慶二十年乙亥五月十三日午時
卒光緒十六年庚寅七月十九日辰時

子　緜圃

緜盛公諱瓜字瓞仲　即落荷公次子
生嘉慶廿一年丙子正月十三日酉時
卒光緒十八年壬辰六月初六日未時

公

娶鄭氏片娘號明言
生道光十二年壬辰九月二十寅時
卒光緒十年甲申三月廿五日未時

子　鏗養　潭　狂

衍盛公諱泒　即落荷公三子
生嘉慶廿四年己卯六月十八日丑時
卒道光二十年庚子十二月二十申時　止

登信公諱撥　即光輝公隻子
生嘉慶十二年丁卯五月十八日卯時
卒道光十三年癸巳十月二十日未時

娶　氏改適

子　秋月

生嘉慶十八年癸酉三月二十日
卒光緒四年戊寅七月廿六日亥時

結成公諱緣　即懷執公長子

生嘉慶廿一年丙子正月初五日
卒道光二十年庚子九月廿五日午時

娶黃氏號靜順

子　考

粕仲公　即懷執公次子

生嘉慶廿四年己卯
往臺灣亡

登甲公諱科　即懷德公長子

生道光四年甲申六月十九日寅時
卒道光廿一年辛丑四月初六巳時　止

篤仲公　即懷德公次子

生道光九年己丑
卒同治四年乙丑七月初五日寅時

嘆仲公　即懷德公三子

生道光十一年辛卯正月初五日酉時　止

正體公諱輕字煖仲　即懷曰公長子

卒道光　年正月初三日午時

公
生道光十年庚寅八月十四日戌時
卒光緒廿九年癸卯四月廿八日午時

娶鄭氏克娘號勤儉
生道光二十年庚子九月廿九戌時
卒民國六年丁巳十月初一日午時

仝葬本鄉亀山尾甲庚夘酉

子　音　敲　售

女三　長適賴　次適潘　三適黃

藝仲公　即懷曰公次子
生道光十八年戊戌四月十四日辰時
往頂府下

聰明公諱睿字容仲　即誠樸公長子
生嘉慶廿五年庚辰八月初十子時
卒同治七年戊辰十月初五日未時

娶潘氏燕娘號美德
生嘉慶廿四年己夘七月廿七日亥時
卒光緒卅四年戊甲十月十八日辰時

葬本鄉后消坑仔戌辰乾巽

子　云嗣子　丁　百　貞

女三　長次適賴　三適黄

學詩公諱問　即誠樸公三子　生道光十一年辛卯五月十七日子時　卒光緒十四年戊子十月初二日巳時

嗣子　反英

榮順公諱花字燭仲　即誠吉公長子　生道光三年癸未六月廿四日巳時　卒光緒十年甲申六月廿八日巳時

娶黄氏菶娘生卒失

繼娶黄氏號誠郡　生道光十二年壬辰　卒咸豐七年丁巳十月初八日子時

三娶林氏綢娘　生道光二年壬午九月初四日午時　卒宣統三年辛亥十月初十日寅時

子　盾　反出嗣學詩

女二適黃

佳邦公諱偶才　即誠吉公次子

生道光九年己丑正月十八日卯時
卒光緒廿四年戊戌二月初五辰時

娶潘氏絹娘

生道光十年庚寅二月廿二日寅時
卒失

子　南出為似子　献　度出嗣眉斗

貽親公諱梳　即篤志長子

生道光七年丁亥七月初四日卯時
卒光緒十五年己丑四月十五辰時

娶黃氏愛娘號仁慈

生道光八年戊子十二月廿九日卯時
卒光緒十九年癸巳十月十二日子時

子　仙　葛　春熙出繼外祖

投仲公　即可梯公隻子

生失
卒咸豐　年正月十四日

子　諒養

宗興公諱廟　即五正公長子　生嘉慶十一年丙寅五月廿八日辰時　卒道光廿一年辛丑十二月廿二巳時

娶黃氏號規信　生嘉慶十四年己巳三月十三日子時　卒咸豐五年乙卯十一月廿三日午時

公塋仙邑仁德里土名大坪壬丙子午長子目附塋

妣塋大坪田後癸丁子午

子　目英　新春　雙春

飄仲公　即五正公次子　生缺　卒缺

前草公諱庭　即五正公三子　生嘉慶十九年甲戌十一月十三戌時　卒同治三年甲子三月三十日未時

娶吳氏　生道光十一年辛卯十月十一日卯時　卒同治十一年壬申十二月十三未時

合塋仙邑仁德里隘門邊草堆田後丙壬午子

子　臨春　火英

則仲公　即五正公四子　生失　卒同治五年丙寅正月十二日巳時

娶賴氏草娘　招偶　生卒缺

子　來　續子　奚　羅

女二均適黃

餘成公　諱定　即五正公五子　生道光五年乙酉三月廿八日巳時　卒光緒九年癸未六月廿八日巳時

娶林氏號意順　生道光十八年戊戌九月十七日申時　卒光緒十三年丁亥十一月初八卯時

仝葬仙邑仁德里土名牛角田後

子　紫　元　更

女二　長適潘　次適林

獅仲公　即五正公似四子　生卒缺

續子　奚　耀

章英公諱府　即順德公長子　生嘉慶十二年丁卯五月十六日卯時　卒咸豐三年癸丑十二月十二日申時

娶廖氏號義意　生嘉慶廿一年丙子九月廿三日寅時　卒光緒廿一年乙未三月廿七日酉時

公與堂弟光彩公仝塋本鄉掘銀垵園后乾巽戊辰

子　便　連胎出嗣　武英兼承萬美

正一公諱端　即順德公次子　生嘉慶十四年己巳六月二十日　卒咸豐十七年丁酉十二月廿七日

嗣子　連胎

純敏公諱奏　即錦德公長子　生嘉慶十八年癸酉九月初十日申時
卒道光十七年丁酉九月廿一日酉時

娶賴氏號存貞　生嘉慶廿二年丁丑五月十三日酉時
卒道光十三年癸巳五月初六日午時

繼娶黃氏號省儉　生嘉慶廿三年戊寅五月十一午時
卒同治五年丙寅三月廿四日辰時

公與黃氏同塟本鄉塗洋山後塔腳

子　梅香　開族

春安公　即錦德公次子　生　年二月廿二日子時
卒同治五年丙寅二月初六日寅時

焯煌公諱光彩　即存義公長子　生道光二年壬午十一月初九日
卒道光廿二年壬寅十二月初七日

附堂兄章英公墳

萬美公　即存義公次子　生道光十二年壬辰六月初七日寅時
卒宣統元年己酉九月三十日子時

雙承子　武英

苟仲公　即存義公三子　生卒缺

有地公諱土　即其成公長子

生道光十七年丁酉十一月初十戌時
卒同治八年己巳十二月初九日

娶謝氏箱娘

生道光十七年丁酉八月十五日寅時　止
卒咸豐六年丙辰十二月初二日酉時

文子公諱貢　即其成公次子

生道光二十年庚子二月初八日戌時
卒光緒五年己卯七月二十日亥時

娶郭氏快娘號宜緫

生道光三十年庚戌十二月廿六日
卒光緒三年丁丑十月十九日戌時

子　壹英

清裳公諱衫　即其成公三子

生道光廿三年癸卯九月初三日午時
卒

娶丁氏全娘號其美

生道光三十年庚戌十二月十九午時
卒光緒四年戊寅三月初八日午時

續子　聲英 出嗣仁宅　女三均適黃

總仲公　即其成公五子 生卒失

通仲公　即其毛公長子 往泉州食糧不知如何

文信公諱批　即恭敬公隻子 生咸豐三年癸丑正月十八日午時止 卒民國元年壬子七月十三日寅時

斟仲公　可破公長子 生卒失

信近公諱義字言仲　即德生公長子 生道光十五年乙未五月初一酉時 卒民國七年戊午九月廿三日亥時

娶杜氏元娘 生失 卒光緒五年己卯九月二十日酉時

嗣子　柔　圍棋

五履派

章仲公　即可田公隻子　生卒缺

娶杜氏　生卒缺

子　園　路　剖

維升公諱廣　即尚綱公隻子　生卒失

維言公諱成罕　即撫時公隻子　生卒失

維芳公諱貝米　即德穆公長子　生乾隆五十七年壬子正月十五酉時　卒同治四年乙丑三月初三日辰時

娶賴氏號順懿　生嘉慶七年壬戌正月十八日辰時　卒光緒七年辛巳十月廿一日酉時

子　巖炮　凉出嗣

女三　長次適賴　三適黃

維香公諱蘇秦　即德穆公次子

生乾隆五十九年甲寅十二月廿九酉時
卒光緒七年辛巳二月三十日辰時

嗣子　涼英

夏蘭公　即可示公長子　生卒失　止

均蘭公　即可示公次子

生嘉慶十一年丙寅六月初二辰時
卒咸豐六年丙辰九月三十日巳時　止

好仲公　即維羆公隻子

生嘉慶十一年丙寅
卒失　止

維山公諱邦　即厚德公長子　生卒失

凡仲公　即厚德公三子　生卒失

維三公諱省明　即黎山公長子　生卒失

隨蘭公　即黎山公次子　生卒失

維月公諱登吉　即和氣公長子　生乾隆五十七年壬子十月初二日酉時　卒道光三十年庚戌十一月廿八日丑時

子　連發養

維間公諱滿夜　即和氣公次子　生　年六月十九日　卒　年十一月初一日卯時

娶杜氏刊娘　生　年十一月初二日卯時　卒　年六月十四日午時

子　連　往　均出續他姓

女一　適黃

維文公諱鶴舞　即丕承公長子　生缺　卒

娶黃氏號賢儉　生缺　卒

子　就元徃頂府

贊春公　即丕承公次子　生卒失　止

垙仲公　即丁秋公子　生卒缺

娶　氏

予　裕　等　紅　父子兄弟同往仙邑

維德公諱旺　即盟惠公長子　生嘉慶十五年庚午十月十三日未時　卒道光二十年庚子九月廿四日巳時　止

維興公諱臘　即盟惠公次子　生嘉慶二十年乙亥十二月初六戌時　卒光緒十四年戊子三月十二日午時　止

田仲公　即盟惠公四子　生道光二年壬午正月初七日寅時　卒光緒廿七年辛丑四月廿三寅時　止

甘露公　即梁惠公隻子　生嘉慶二十年乙亥　卒失　止

貽邦公諱勤　即鳳惠公隻子　生嘉慶廿三年戊寅七月初二寅時　卒同治三年甲子正月初六日巳時

娶潘氏柿娘號懿儉
繼娶潘氏箕娘　招偶
嗣子　發英　沸英養
埔仲公　即鳳惠公仭子
雙承子　發英　沸英
倉廩公　即玉完公隻子
進益公諱鐩　即樸實公長子
娶黃氏丕娘號恬順
繼娶黃氏郄娘號柔順

生道光三年癸未三月廿九日
卒咸豐四年甲寅五月十三日未時
生道光十九年己亥二月初四辰時
卒民國五年丙辰正月初五日卯時
女一適潘
生道光廿一年辛丑五月廿七日酉時
卒民國五年丙辰十二月初六日午時
生嘉慶十二年丁卯八月十二卯時
卒光緒三年丁丑五月廿六日午時
生失
卒　四月廿八日
生嘉慶十四年己巳十月十一日
卒咸豐九年己未九月十九日

公與繼妣仝塟后坑

子　月　喜嗣　居養　科嗣　轉

寗直公諱契字分仲　即樸實公次子

娶黃氏安娘號順謹

繼娶黃氏昭娘號慈貞

三娶黃氏乖娘

子　冬風　西川　回嗣

進德公諱老　即樸實公三子

娶黃氏益娘號淑貞

生嘉慶十九年甲戌三月十四午時
卒同治七年戊辰二月初八日戌時

生嘉慶廿一年丙子正月廿二巳時
卒道光八年戊子二月十六日巳時

生嘉慶廿五年庚辰正月初五日卯時
卒道光廿六年丙午二月初丁日亥時

生嘉慶　年七月廿三日酉時
卒光緒二年丙子十二月廿八日未時

生嘉慶廿五年庚辰正月十五日子時
卒光緒廿六年庚子六月十七日酉時

生道光三年癸未二月廿二日午時
卒光緒十八年壬辰八月廿四子時

予評　羅嗣　迎嗣

謇揮公諱抄　即樸實公四子

生道光十四年甲午十一月廿五戌時
卒民國十一年壬戌八月十三日寅時

娶潘氏蝳娘號素遜

生道光二十年庚子四月十四日辰時
卒光緒廿二年丙申二月十四日卯時

予準　誠　遣　受　似三子賛

瑞仲公　即誠聘公長子

生嘉慶十八年癸酉正月初四日丑時
卒道光十三年癸巳六月初三日午時　止

垂祥公諱琨　即誠聘公次子

生嘉慶廿四年己卯十月廿五日寅時
卒同治十三年甲戌六月初七日酉時

娶黃氏案娘號柔意

生嘉慶廿五年庚辰十二月初四辰時
卒光緒九年癸未五月十三日卯時

予鶯出嗣　捧

瑯玕公　即誠聘公三子

生道光四年甲申正月十六日丑時　止
卒道光十七年丁酉七月初六巳時

瑶琳公　即誠聘公四子　生道光七年丁亥十二月廿三亥時　卒咸豐三年癸丑九月初四日辰時

嗣子　鶯英

珍仲公　即誠與公長子

聲容公諱珏　即誠與公次子　生嘉慶二十年乙亥五月廿五日申時　卒道光十三年癸巳五月十七日午時

嗣子　飛雁

喬祥公諱岳字奏仲　即誠海公長子　生道光六年丙戌十月十四日巳時　卒光緒卅三年丁未十一月初二戌時

娶賴氏歇娘號慈淑　生道光九年己丑二月十七日未時　卒光緒十三年丁亥五月初八卯時

子　讀養　有養　度嗣　似長子　合

百祥公諱作　即誠海公次子　生道光九年己丑七月十八日戌時　卒光緒十年甲申五月初五日未時

娶林氏勸娘號忍意
生道光十二年壬辰三月十四酉時
卒光緒三年丁丑三月十五日午時

繼娶黃氏切娘號忠慎
生道光十一年壬辰八月十六日
卒光緒三十年甲辰八月初一日酉時

子　碖　所　信　管　石　似三子　坦

祥禎公諱重　即誠海公三子
生道光十五年乙未五月二十日卯時
卒光緒十三年丁亥正月初七日丑時

娶黃氏須娘號慚意
生道光廿三年癸卯三月初三日酉時
卒光緒廿三年丁酉十月初十日巳時

葬本鄉下尾癸丁

子　波　料　從嗣　趨　炉

珖仲公　即可瞀公隻子　生卒缺

娶林氏香娘號裕意
生嘉慶十八年癸酉十二月廿八未時
卒道光十七年丁酉七月廿一日丑時

子 燕

荼仲公 即誠傑公次子 生道光七年丁亥 卒道光廿五年乙巳十一月十七日丑時

盤仲公 即誠傑公次子 生道光十二年壬辰 卒光緒十三年丁亥三月十八日未時

娶黃氏鑽娘 生道光十二年壬辰五月初三日 卒光緒卅二年丙午八月初七日午時

子 漢 女二均適黃

訓仲公 即誠傑公三子 生道光十五年乙未正月十六日 卒民國五年丙辰正月廿六日辰時 止

茂仲公 即敦正公長子

佞仲公 即敦正公次子

吹仲公 即敦正公三子

娶　氏

女一適仙邑大坂口

麟趾公　即敦篤公長子

呈祥公　即敦篤公次子

光仁公　即敦高公長子

光騰公　即敦高公次子

娶黃氏鑽娘

江漢公諱朝宗　即誠秀公長子　生失　卒三月廿八日午時

娶潘氏禾娘號謹慈　生失　卒七月初七日丑時

子　素蘭　改英 兼承利貞

周師公諱京　即誠秀公次子

生道光二年壬午閏三月初三日酉時
卒同治十二年癸酉閏六月十二午時

娶黃氏昧娘

生道光六年丙戌正月廿一日
卒光緒廿七年辛丑正月十二日卯時

子　接英

利貞公諱從亨　即青秀公隻子

生道光元年辛巳
卒道光廿一年辛丑十一月廿二日

雙承子　改英

美德公諱稟　即實秀公長子

生道光九年己丑十二月廿九日辰時
卒光緒十九年癸巳十一月十三辰時

娶賴氏罕娘號希意

生道光十四年甲午五月廿二午時
卒同治八年己巳九月十八日戌時

繼娶潘氏悴娘

生道光二年壬午正月十三日午時
卒光緒三年丁丑十一月初一巳時

十二

子　鶴　垣出繼偁八似子

生道光十二年壬辰四月十八日酉時　卒

文新公　即實秀公次子

雙承子　𪊨英

霜益公諱臘雪　即實秀公三子

生道光十五年乙未十二月十七亥時　卒同治二年癸亥十二月三十日巳時

娶黃氏益娘

生道光十九年己亥四月廿九日未時　卒

子　南出南安　𪊨兼承文新

添全公　即明德公子生卒缺

娶黃氏乖娘改適

子　丞居　飛雁出嗣　回出嗣

純庵派

友文公諱會元　即明通公長子　生嘉慶十一年丙寅　卒咸豐七年丁巳八月十一日

娶謝氏

子二　周易　山瑚　母子同往仙邑龍虎山街為他人子

角元公　即明通公三子　生嘉慶廿一年丙子七月初二日　卒道光廿三年癸卯三月十五日申時　止

有財公諱以元字文仲　即明道公隻子

公　生嘉慶十七年壬申六月廿四日酉時　卒光緒十五年己丑六月十四日申時

娶賴氏　生道光五年乙酉十月十一日子時　卒光緒　年二月廿四日未時

子　先來　摘芳

惟貴公諱素衣　即必對公長子
生道光十八年戊戌三月廿四戌時
卒同治三年甲子正月廿三日寅時

娶黃氏巧娘　招偶
生道光廿八年戊申十月廿七酉時
卒民國二年癸丑七月十四日寅時

續子　淡　治

女二　長適潘　次適黃

惟送公諱等　即必對公似子
生道光廿一年辛丑十月十五日　時
卒民國十一年壬戌十月十二日申時

續子　淡　治　予　天英養

惟夏公諱因元字殷仲　即必身公長子
生道光二年壬午三月廿四日戌時
卒光緒五年己卯九月十九日酉時

公

娶林氏晟娘號美懿
生道光七年丁亥九月十二日辰時
卒光緒十八年壬辰閏六月十七辰時

子　爆竹　動竹　茅竹　帛竹

生道光九年己丑六月廿九日辰時
卒光緒廿三年丁酉六月初十日申時

惟献公諱羔裘字元仲　即必身公次子

公

娶黃氏窑娘號淑懿

生道光十八年戊戌十一月初七辰時
卒光緒卅三年丁酉七月廿三日巳時

子　玶　積　蚕　達　串

生道光十三年癸巳七月廿一日午時
卒光緒廿四年戊戌五月二十日辰時

惟南公諱繼狩　即必清公隻子

娶黃氏賞娘號霖靜

生道光十五年乙未十二月廿八酉時
卒光緒廿一年乙未十月初一日未時

子　坤養

女三　長適黃　次適潘　三適黃

惟步公諱邑 即必寅公隻子 生道光廿八年己酉二月十八日子時 卒宣統二年庚戌二月廿八日未時

子 闕世

蒲榮公 即必荔公長子 生道光十一年辛卯八月十八日戌時

娶陳氏椒娘 生道光十一年辛卯十一月十一日戌時

子 總 從出嗣祥禎 父子同往一都

予榮公 即必荔公次子 生道光廿三年癸卯四月十三日 卒光緒十七年辛卯七月十六日酉時在建寧府亡 止

惟吉公諱旋榮 即必荔公三子 生咸豐五年乙卯六月廿六日卯時 卒光緒廿七年辛丑正月十三日 止

慶花公 即必領公隻子

則恭公諱安 即振精公長子 生咸豐三年癸丑正月十四日巳時 卒同治十二年癸亥四月初四巳時

娶黃氏切娘號勤紅　生同治二年癸亥十二月十七日辰時

子　承　堅嗣

女三　長適黃　次適黃　三適潘

秋仲公　即振精公次子　生同治三年甲子二月十九日巳時

娶黃氏啞娘　生光緒五年己卯十一月初一日酉時

子　逢　蚵　蟶殤　見

女一適黃

箕仲　即振於公長子　生同治四年乙丑二月初六日酉時

娶黃氏挽娘　生同治十一年壬申正月十六日酉時

子　樹殤　培殤　創　份　民

女二　長適潘　次適黃

生光緒元年乙亥九月十四日戌時

來仲　即振於公次子

娶黃氏蔭娘號勤謹

生光緒四年戊寅二月初八日巳時
卒民國十年辛酉十月初七日申時

子　旺　甘

女三　長次適潘　三適黃

雪仲公　即振慶公長子

生同治五年丙寅七月十八日酉時　止
往外夷亡

得仲公　即振慶公次子

生同治十一年壬申十月初六日未時　止
往外夷亡

鑽仲公　即振慶公三子

生光緒十年甲申四月三十日亥時　止
卒光緒廿八年壬寅七月廿七未時

則別公諱嘉魚　即振道公長子　生道光廿七年丁未十月初二未時　卒光緒五年己卯正月十九日辰時

嗣子　雙英殤

則客公諱嘉賓　即振道公次子　生咸豐元年辛亥正月廿六日巳時　卒民國二年癸丑五月十四日巳時

續子　狡　戶

則日公諱嘉向　即振道公三子　生咸豐四年甲寅十二月十五日卯時　卒光緒卅三年丁未十月初五日　止

則金公諱嘉生　即振道公四子　生咸豐十年庚申十月初三日寅時　卒光緒十八年壬辰四月初四午時

娶黃氏鶯娘　招偶　生同治十一年壬申十月十三戌時　卒民國十年丙寅十月初一日申時

續子　雙出嗣　狡　戶　女一

嘉牽公　即振道公五子　生同治七年戊辰　卒失　止

樂水公　即振齋公隻子

生咸豐元年辛亥五月初九日酉時

徃外亡

罕仲公　即振富公長子

生道光廿九年己酉

卒失

娶黃氏改適　止

則賦公諱詩　即振富公次子

生咸豐三年癸丑五月十八日丑時

卒民國十三年甲子七月十二巳時

娶黃氏錬娘

生同治八年己巳十一月廿一日未時

子　崐

女三　長適尤　次適蕭　三適賴

則明公諱湊　即振富公三子

生咸豐五年乙卯九月初四日亥時　止

卒光緒十七年辛卯十月十二未時

則蘭公諱水來　即振瓞公長子

生道光廿七年丁未八月廿九日亥時

卒光緒廿五年己亥正月廿四日寅時

嗣子　刺英　生咸豐元年辛亥正月廿六日子時　卒宣統二年庚戌十一月二十亥時

則言公諱浸　即振朕公次子

娶賴氏實娘號莊美　生同治五年丙寅十月初二日午時　卒光緒卅二年丙午七月十六午時

合葬南安八都土名龍梯脚九條田後夘酉甲庚

子　甚英兼承則遺　女二　長適潘　次適黃

則昌公諱寢　即振朕公三子　生咸豐七年丁巳六月十一日午時　卒光緒三十年甲辰二月廿四寅時

娶陳氏蘊娘　生同治九年庚午六月十四日亥時

子　春　刺出嗣　溪　火殤

女一適黃

則心公諱專　即振榮公長子
生咸豐十年庚申三月十六日戌時
卒民國二年癸丑二月初四日卯時
娶黃氏改適
子　家殤　嗣子腰　女一適潘

則南公諱斗字玉仲　即振榮公次子
生同治七年戊辰正月廿九日亥時
卒民國十四年乙丑正月初二未時
娶潘氏唱娘
生光緒七年辛巳七月廿九日卯時
卒民國七年戊午十一月廿九巳時
子　腰出嗣則心　淩
女一適潘

則教公諱育　即振榮公三子
生同治十一年壬申十一月廿六日卯時

則索公諱艮　即振榮公四子
生光緒二年丙子九月初八日辰時
往外洋亡
止

則遺公諱[illegible]　郎振耳公隻子 生咸豐十一年辛酉九月廿六日巳時 卒光緒十八年壬辰十月廿四日戌時

葬本都吳坑後后寮癸丁丑未

雙承子　甚英

錦亭派

霞元公　即於泗公長子 生卒 鈌

娶黃氏 生嘉慶四年己未七月十二日酉時 卒同治八年己巳九月十四日巳時

子　語言　長事 出嗣　稔事　芥恭

女一 適黃

八元公　即於泗公次子 生卒 鈌

娶黃氏生卒失

子　連里

春元公　即於泗公三子卒生失　止

祿意公諱福才　即餘民公長子

生嘉慶十六年辛未四月廿七日辰時

卒　年二月廿九日巳時　止

疆興公諱萬壽　即餘民公次子

生嘉慶十八年癸酉三月

卒咸豐四年甲寅八月三十日巳時

雙承子　禦林

昭明公　即其真公隻子

生嘉慶五年庚申十一月初四日亥時

卒嘉慶廿一年丙子七月廿五日　止

好地公諱合　即餘萬公長子

生乾隆五十七年壬子六月廿七日子時

卒道光十二年壬辰十二月廿七日巳時

娶柯氏改適

子　溪水　其英往泉州反田

慎直公諱鐘煖　即餘萬公次子

生乾隆六十年乙卯十月十四日酉時

卒道光廿七年丁未五月十二日巳時

娶吳氏改適

子　白英養

仁心公諱久元　即餘萬公三子

生嘉慶十七年庚申七月初一日寅時

卒道光十五年乙未七月初九日午時

娶林氏改適止

達明公諱博厚　即餘萬公四子

生嘉慶廿一年丙子四月初十巳時

卒光緒九年癸未三月十五日未時

娶黃氏臻娘號慈愛

生道光二年壬午三月初一日未時

卒光緒廿六年庚子十月初七午時

公塟本鄉後寮圳後

妣蟄頂嶺大坵脚

子　多　賢　馬

女二　長適林　次適潘

仁達公諱流泉　即承吉公長子

生嘉慶九年甲子六月十九日申時
卒道光廿二年壬寅七月廿六丑時

娶黃氏號柔懿　招偶

生嘉慶二十年乙亥十一月廿三申時
卒光緒十八年壬辰八月十二日申時

子　澈　繼子　禦林兼承驪與　深淵　烏情

女一

仁樸公諱嶋山　即承吉公次子

生嘉慶十七年壬申十月廿二日
卒道光廿一年辛丑三月十六日戌時

嗣子　倪英

仁悅公諱景元　即永吉公三子　生道光五年乙酉七月十七日　卒同治五年丙寅十二月初十日辰時

娶潘氏改適

子　委英

仁禮公諱宗廟　即永吉公仍長子　生嘉慶廿一年丙子十一月十八巳時　卒光緒八年壬午十一月廿九日未時

續子　爨林　深淵　烏情

宣情公諱願　即幼德公長子　生嘉慶元年丙辰　卒同治六年丁卯二月廿五日未時

聘梁氏生卒缺

娶潘氏蜂娘號容慈　生失　卒同治六年丁卯六月初七日子時

嗣子　璉瑞　迎來養　玉英養

分仲公 即幼德公次子
生道光十四年甲午正月初三日丑時
卒同治十一年壬申正月初六日戌時 止

緜園公諱巧 即恭懷公長子
生乾隆五十六年辛亥八月廿六日
卒嘉慶廿五年庚辰七月廿九日亥時

嗣子 簪英

緜趺公諱瓜 即恭懷公次子
生嘉慶八年癸亥九月初十日子時
卒咸豐四年甲寅十月廿六日申時

嗣子 從英

實維公諱魚 即恭懷公三子
生嘉慶十三年戊辰六月十一日辰時
卒光緒五年己卯十一月廿二日寅時

娶呂氏
生道光六年丙戌八月初一日未時
卒光緒卅四年戊申六月十五巳時

子 克 簪出嗣

女二 長適黃 次適李

知仲公　即有伯公公長子

生嘉慶二年丁巳年八月廿七日

卒

娶黃氏論娘

生嘉慶十六年辛未年五月初五日

卒

嗣子　車英

凉仲公　即有伯公次子

生嘉慶六年辛酉年七月初十日巳時

卒

止

茂樹公諱木　即有伯公三子

生嘉慶七年壬戌十一月初十日

卒咸豐二年壬子四月廿四日丑時

娶　氏改適

子　淡　車出嗣　掜出嗣

平艮公　即東德公長子　生卒缺　止

聿德公諱追來　即惟有公長子

生嘉慶八年癸亥正月十四日酉時

卒道光廿七年丁未十月初九午時

娶林氏號惠卜　生失　卒　七月廿七日

嗣子　自成

利德公諱乾元　即惟有公次子　生嘉慶八年癸亥十月十九日卯時　卒同治三年甲子四月廿八日戌時

娶林氏氣娘號儉慈　生嘉慶十八年癸酉十二月十三卯時　卒光緒八年壬午五月十四日酉時

子　志成　意成　自成出嗣　兩成　陳成出嗣

盛世公諱德興　即益恭公長子　生失　卒同治八年己巳正月十八日巳時

娶潘氏于娘　生道光二年壬午七月十五日午時　卒同治七年戊辰十月十一日巳時

子　珠　刋出嗣　同出嗣

女二　長適潘　次適黄

飛齋公諱采艮　即益恭公次子

生嘉慶廿二年丁丑五月初七日午時
卒咸豐九年己未十二月十二日酉時

娶　氏改適

子　張　樹林出嗣

女一適黃

完方公　即益恭公三子

生道光八年戊子
卒光緒十一年乙酉正月十六日

嗣子　刋英

順間公諱才　即可教公隻子

生嘉慶十五年庚午九月十六日寅時
卒咸豐三年癸丑十一月十一日午時

娶黃氏金娘號勤後

生嘉慶十四年己巳十月初七巳時
卒光緒九年癸未十月廿三日戌時

女一適盧

順德公諱蘊　即益文公長予
生嘉慶廿一年丙子正月二十日亥時
卒道光十六年丙申二月初九日亥時

娶黃氏細娘號惟慈
生嘉慶廿一年丙子七月初七日
卒道光十八年戊戌三月廿七日巳時

合塟本都面頭山後巽乾巳亥

予　重宜養

䀯仲公　即益文公次予
生道光五年乙酉四月十九日辰時
卒

娶王氏濯娘號念慈
生道光五年乙酉八月初四日丑時
卒咸豐八年戊午十月十三日巳時

繼娶陳氏秦娘號汾慈
生道光四年甲申十二月廿一亥時
卒光緒十年甲申正月二十日巳時

三娶李氏尋娘
生道光十年庚寅十月初四日卯時
卒

予　維成嗣　承成　女一

聯登公諱科進　即益文公三子
生道光十七年丁酉九月初七日巳時
卒光緒廿九年癸卯十二月三十巳時

娶賴氏帯娘號勤儉
生道光二十年庚子三月十三日巳時
卒民國十三年甲子十一月廿三酉時

子　洛思　遠慮　宣哲

女一適歐

可知公諱繼本　即益文公四子
生道光十八年戊戌閏四月廿九辰時
卒光緒十八年壬辰四月初八日卯時

娶黃氏篇娘號勤意
生道光廿七年丁未六月廿一日巳時
卒光緒廿九年癸卯十一月初七寅時

子　砵英　女一適黃

有道公諱就通　即益氣公叟子
生道光六年丙戌十月十四日丑時
卒光緒十年甲申七月十二日巳時

娶黃氏滿娘
生道光十二年壬辰十一月廿二辰時
卒光緒廿七年辛丑正月十三日未時

公塟宮仔崙壬丙亥巳

妣塟大帽尾

子　樹林嗣　屬宗　武英　吸英　殷光

女二適黃

心順公諱賽　即益元公長子

生道光四年甲申二月初八日寅時
卒光緒十年甲申三月廿七日巳時

娶黃氏諱娘號勤敏

生道光九年己丑二月初六日未時
卒光緒卅四年戊申十一月初四巳時

子　吉安　扳安　所安　察安　度安

似次子　簪英

萬順公諱百源字千仲業儒　即益元公次子

公
生道光十一年辛卯八月初六日卯時
卒同治三年甲子二月十八日戌時

娶李氏招娘號勤德
生道光十三年癸巳十二月初八戌時
卒光緒三十年甲辰十月廿八日戌時

子　蹲鳳　女一適潘

惟順公諱快便　即益元公三子
生道光十九年己亥三月初十日午時
卒宣統二年庚戌四月十四日申時

娶黃氏廼娘號勤慈
生道光廿二年壬寅四月十八酉時
卒光緒二年丙子九月十一日子時

子　同嗣　伉　囉

數順公諱池　即益元公四子
生道光二十年庚子四月十四日戌時
卒民國十五年丙寅四月廿九日酉時

娶林氏紊娘號德慈
生道光廿二年壬寅六月初六日酉時
卒光緒十八年壬辰二月初三日戌時

子　現　藝　魯

女三　長次適黃　三適潘

思樂公諱泮水字遊仲　即作舟公長子

生道光九年己丑正月初四日寅時
卒光緒元年乙亥正月廿二日未時

公

娶黃氏悔娘

生道光八年戊子九月初一日戌時
卒光緒三十年甲辰十二月初一子時

公塋本都虎頭山壬丙子午

妣塋吳坑后岸坵崙

子　翰奇　下澤　恍來　且來殤　遐邇

六英　似次子　冰

女二俱適黃

以道公諱交　即作舟公次子

生道光十一年辛卯
卒道光廿五年乙巳十月初四日戌時

附葬母墳止

宣笙公諱卜字吉仲　即作舟公三子
公

生道光十四年甲午閏六月初七戌時
卒光緒廿五年己亥五月十八日午時

娶林氏新娘

生道光十八年戊戌四月十一日巳時
卒光緒廿七年辛丑正月二十日卯時

子　陳嗣　恬養　惠

藏珍公諱厨字危仲　即作舟公四子
公

生道光十七年丁酉十一月初三戌時
卒光緒廿三年丁酉三月廿六日子時

娶黃氏初娘號敦素

生道光廿五年乙巳正月初一丑時
卒民國五年丙辰六月廿三日申時

子縈觀斗坂典[illegible]

女三　長次適黃　三適林

絅春公諱絨字秦仲　卽作舟公五子

生道光廿一年辛丑十月廿九日申時
卒光緒廿四年戊戌二月廿二日未時

公

娶黃氏狠娘號勤儉

生道光廿五年乙巳二月初五巳時
卒同治二年癸亥九月廿三日巳時

繼娶黃氏慶娘

生道光廿一年辛丑正月廿九日酉時
卒失

子　謹養　女一適黃

献玉公諱瑞　卽作舟公六子

生道光廿五年乙巳十二月初一亥時
卒同治十二年癸酉八月廿六日戌時

娶林氏政適

子　冰英出為思樂似子

東二房二

以桑公諱畝　即俊德公隻子

生嘉慶廿四年己卯八月廿八戌時
卒咸豐九年己未五月廿七日午時

娶黃氏改適

子　漉出嗣

文助公諱坐　即守倫公長子

生道光三年癸未十一月廿八日卯時
卒光緒十九年癸巳六月十二日酉時

娶黃氏會娘

生道光五年乙酉八月
卒同治元年壬戌十二月廿四日酉時

子　洸　蔗

通信公諱回字心仲　即守備公次子

生道光廿四年甲午六月十四寅時
卒民國元年壬子七月廿三日申時

娶潘氏銀娘號守財　生道光廿六年丙午十二月　卒光緒七年辛巳十一月廿二日亥時

子　唬　鮡

女二　長適黄　次適陳

節意公諱呂　即垂引公長子　生嘉慶三年戊午十一月廿六酉時　卒道光廿一辛丑正月初一日寅時

娶黄氏勞娘　生嘉慶十年乙丑六月廿一日酉時　卒道光十八年戊戌三月十六辰時

子　孽　眷

詐仲公　即垂引公次子　生嘉慶八年癸亥正月廿七日丑時　卒道光十七年丁酉正月十八酉時

娶　氏　生嘉慶十五年庚午八月十四日巳時　卒道光十三年癸巳二月十四日午時

子　凛

柔仲公　即蚕引公三子

生嘉慶十五年庚午十二月十一丑時
卒道光十五年乙未六月初十日申時

嗣子　藍

薪水公諱杯　即仍順隻子

生嘉慶十三年戊辰二月廿五未時
卒咸豐十年庚申正月十九日巳時

娶潘氏順娘號和柔

生嘉慶十五年庚午十一月初二卯時
卒光緒二十年甲午三月初十日卯時

子　于　庚

將成公諱三禠　即龍飛公長子

生嘉慶十六年辛未三月十二日未時
卒光緒十七年辛卯六月初二日巳時

娶賴氏妙娘號好順

生嘉慶廿四年己卯二月廿二未時
卒光緒十年甲申九月初五日未時

子　煥　題　吟俱養

有成公諱三鑽　即龍飛公次子

生嘉慶十八年癸酉閏四月十二巳時
卒光緒三年丁丑四月廿六日申時

娶黃氏四娘號若儉
生嘉慶　年九月初五日
卒光緒十五年己丑九月初三日戌時

子　挾琴　貞予　康　歸

嘉成公諱三鋪　即龍飛公三子
生嘉慶廿四年己卯十二月初三酉時
卒光緒六年庚辰十二月廿三日巳時

娶黃氏
生道光四年甲申
卒咸豐二年壬子四月廿四日巳時

繼娶黃氏
生失
卒光緒廿二年丙申五月三十日

子　雌雄　芸與

和成公諱利記　即龍飛公四子
生道光三年癸未十二月三十日亥時
卒光緒十九年癸巳九月初九日辰時

娶潘氏勤娘號儉節
生道光十年庚寅九月廿三日巳時
卒光緒十一年乙酉正月十四酉時

子　暨　皇　胎

如農公諱程圃　即延穗公隻子　生嘉慶六年辛酉七月二十日寅時
卒咸豐五年乙卯四月廿三日子時

娶黄氏號慈信　生嘉慶十一年丙寅三月廿三日
卒道光廿九年己酉十二月十五日申時

子　文賓　文滔　蚕　似長子秋霖

傳成公諱持　即盈科公長子　生乾隆六十年乙卯四月初一日戌時
卒嘉慶廿二年丁丑八月初九日卯時　止

爲成公諱玉四字配仲　即盈科公次子

公　生嘉慶十五年庚午七月十五寅時
卒咸豐元年辛亥七月初六日丑時

娶黄氏治娘　生嘉慶十七年壬申五月初八日寅時
卒光緒十五年己丑八月廿四日申時

子　玩　晚　蛵兼承藜仲

合成公諱玉匣　即盈科公三子　生嘉慶十八年癸酉二月十一日午時
卒同治六年丁卯二月廿八日丑時　止

朝楚公諱玉帛　即盈科公四子

生嘉慶廿三年戊寅七月十八日戌時

卒咸豐元年辛亥閏八月十七日午時

蔡仲公諱韮　即盈科公五子

生道光元年辛巳三月初十日寅時

卒光緒十九年癸巳十月十二辰時

雙承子　蝘英

封賜公諱印字伯仲　即承恩公長子

公

生乾隆五十八年癸丑十一月二十酉時

卒道光十二年壬辰十一月初一日子時

嗣子　西窗

順理公諱地利　即承恩公次子

生嘉慶七年壬戌四月初十日戌時

卒光緒五年己卯七月十九日亥時

娶謝氏火娘號勤淑

生嘉慶十年乙丑十一月十五日午時

卒同治十一年壬申六月初一日亥時

子　倩　西窗出嗣　準

㖂是公　即爭碩公隻子　生卒缺

娶黃氏號意慈　生嘉慶十七年壬申二月十七日　卒道光十七年丁酉九月初五日

子　返英

尙樓公諱菶　即文元公長子　生嘉慶十四年己巳五月初一日午時　卒咸豐十年庚申十二月初七日辰時

娶黃氏醒娘　生嘉慶十九年甲戌十一月廿四日寅時　卒同治十二年癸酉十月廿六日辰時

子　爲　闕出嗣　憓

蔭仲公　即文元公次子　生嘉慶十七年壬申　卒失　止

天成公諱順　即文元公三子　生嘉慶二十年乙亥五月十三日未時　卒道光廿八年戊申三月廿七日未時　止

明衍公諱看　即文元公四子　生嘉慶廿三年戊寅六月初十日午時　卒同治九年庚午三月十四日卯時

嗣子　闕英

成林公諱茂仲　即世成公隻子

生道光十六年丙申正月初一日寅時
卒宣統二年庚戌六月初七日未時　止

扐仲公　即元亨公長子

生嘉慶五年庚申四月十四日子時
往外東亡　止

餗仲公　即元亨公次子

生嘉慶八年癸亥六月十七日申時
卒道光十七年丁酉七月十五戌時　止

科仲公　即元亨公三子

生嘉慶十四年己巳十一月十八日未時
卒失　止

爾明公諱姜　即臨淵公長子

生嘉慶十年乙丑十一月初八日丑時
卒道光三十年庚戌十月三十日戌時

與三弟硯合埜本鄉埔頭崙止

硯仲公　即臨淵公三子

生嘉慶十八年癸酉十一月初五日巳時
卒咸豐七年丁巳十一月十四日辰時

附埜長兄墳

箏成公諱壘　即臨淵公四子
生嘉慶廿四年己卯閏四月廿三日辰時
卒光緒十二年丙戌八月初三日卯時

娶黃氏縷娘號恬慈
生道光二年壬午九月廿七日酉時
卒光緒十三年丁亥三月初三酉時

仝葬本鄉埔頭崙癸丁丑未

子　差　艾　恩養

粒賜公諱倪　即箸居隻子
生嘉慶十三年戊辰十月十九日戌時
卒同治十年辛未七月初四日卯時

娶黃氏早娘
生嘉慶二十年乙亥九月廿三日申時
卒道光三十年庚戌十二月廿四巳時

女一適黃

文献公諱用　即德泉公長子
生乾隆四十八年癸卯十二月十五日亥時
卒道光三十年庚戌九月廿五日巳時

娶杜氏號惠愛
生乾隆五十八癸丑九月十八辰時
卒同治九年庚午三月初二日戌時

子　全裕　撾　金

文在公諱祭　即德泉公次子

生乾隆五十一年丙午十月十四日酉時
卒道光二十年庚子正月初十日卯時

子　承養

桐辟公諱悔　即德泉公四子

生乾隆五十九年甲寅十月初二日丑時
卒道光十五年乙未七月十一日寅時

娶杜氏號貞慈

生嘉慶十四年己巳三月十四日午時
卒光緒元年乙亥三月初六日丑時

子　三朝　嚴嗣

文有公諱巳　即德泉公五子

生嘉慶五年庚申二月十六日巳時
卒咸豐五年乙卯八月初一日寅時

娶黃氏

生嘉慶十七年壬申五月初三日丑時
卒光緒六年庚辰十一月初三日寅時

合葬結秀頭艮坤未丑

子　最　笑　漢　嚴出嗣　梭　東

文珍公諱培字臣仲　即德泉公六子

生嘉慶六年辛酉十一月初十日巳時
卒光緒四年戊寅正月十二日寅時

公

娶黃氏真娘號儉順

生嘉慶十八年癸酉正月廿五日酉時
卒光緒廿年甲午六月初一日丑時

子　贊成　企英

文邦公諱綏　即德儀公嗣子

生乾隆五十四年己酉三月廿四日申時
卒咸豐元年辛亥五月初一日亥時

娶賴氏號淑慎

生嘉慶八年癸亥二月廿五日申時
卒同治四年乙丑五月十二日辰時

子　秋霖出似　房　會

文三公諱化字敦仲　即德香公嗣子

生嘉慶九年甲子五月十八日巳時
卒同治五年丙寅八月廿七日未時

娶賴氏　生嘉慶十三年戊辰六月十八日午時
卒同治七年戊辰五月廿九日酉時

子　接明　靳　撻　及　摯

成海公諱浮　即性義公隻子　生　年十二月十二日酉時
卒道光十八年戊戌四月初九日申時

娶魏氏號息意　生嘉慶七年壬戌二月廿三日寅時
卒道光廿五年乙巳八月初三巳時

子　真　早

非禮公諱百言字旋仲　即高陞公長子　生乾隆五十一年丙午閏七月初三日辰時
卒道光十二年壬辰七月初五日未時

公

娶杜氏　生乾隆五十八年癸丑十二月廿三日辰時
卒同治四年乙丑七月十二日丑時

子　奪

全茂公諱百機　即高陞公次子　生乾隆五十三年戊申八月初五日午時　卒道光十八年戊戌三月十一日午時　止

桐財公諱百招　即高陞公三子　生乾隆五十五年庚戌八月初七日巳時　卒道光廿九年己酉二月十一日午時　止

禮財公諱建　即高陞公四子　生嘉慶二年丁丑十一月初七日丑時　卒同治四年乙丑五月廿七日申時　止

百扶公　即高陞公五子　生卒失　止

從善公諱勸和　即高陞公六子　生嘉慶八年癸亥正月初七日丑時　卒道光十二年壬辰八月初七日卯時　止

巽勤公諱窗前　即高陞公七子　生嘉慶十八年癸酉七月初一日酉時　卒道光廿二年壬寅十月廿七日酉時

活仲公　即天綮公隻子　生卒缺

褫仲公　即山中公長子　生卒缺　止

鎮仲公　即山中公次子　生卒失

託仲公　即山中公三子 生卒失

買仲公　即山中公四子 生卒失

室美公諱墻　即首春公長子

生嘉慶元年丙辰七月十八日亥時
卒咸豐十年庚申九月廿五日申時

子　惟 養

室物公諱鬘　即首春公次子

生嘉慶四年己未
卒同治三年甲子五月廿五申時　止

瑞香公諱厲　即春情公三子

生嘉慶五年庚申二月初十日卯時
卒同治三年甲子十二月廿四日丑時

娶黃氏分娘

生嘉慶廿一年丙子二月十二日辰時
卒咸豐元年辛亥六月初九日卯時

子　體與　切 殤

香山公諱樹　即春情公四子

生嘉慶十六年辛未七月廿九日戌時
卒同治四年乙丑九月十八日巳時

娶謝氏配娘號儉慈

生道光二年壬午五月十三日寅時
卒光緒廿一年乙未十一月廿七子時

子　郡英

世芳公諱傳　即春情公五子

生嘉慶廿四年己卯九月廿九日戌時
卒咸豐九年己未十二月初十日申時

娶黃氏于娘　招偶

生道光十年庚寅十二月
卒光緒七年辛巳三月初五日戌時

續子　泉布

春回公諱錦　即春情公仈五子

生道光二年壬午八月廿九日
卒光緒十六年庚寅五月十五日巳時

子　泉布

執鶯公　即白雪公長子

生乾隆卌六年辛卯正月初五日亥時
卒嘉慶廿五年庚辰九月十六日巳時　止

逢齊公諱朝陽　即白雪公次子

生乾隆四十二年丁酉十月初五戌時
卒道光十年庚寅十一月廿四日午時

嗣子　仁　生乾隆四十六年辛丑十二月十六日酉時　卒道光三十年庚戌六月廿六日辰時

成齋公諱册　即白雪公三子

嗣子　經

向日公諱達　即白雪公四子　生乾隆五十四年己酉十月十六日寅時　卒同治元年壬戌七月初三日子時

娶黃氏號柔順　生乾隆　年八月初八日亥時　卒道光十六年丙申四月廿八日酉時

繼娶周氏號賢淑　生乾隆五十五年庚戌六月廿九日未時　卒道光廿五年乙巳二月十八日酉時

葬本鄉后墘

子　三胄　鶴　仁出嗣　經出嗣

斯行公諱文　即克純公長子　生乾隆五十七年壬子七月廿八日酉時　卒道光十五年乙未三月廿五日辰時

娶賴氏　生失　卒　四月十八日

子　変殤　徙　出嗣

蓮理公諱道　即克純公次子　生嘉慶三年戊午十二月廿八日巳時　卒咸豐七年丁巳十一月二十日巳時

嗣子　徙

杼仲公　即克純公三子　生失　卒　年二月初八日卯時　止

公

賜福公諱天恩　即淮泗公長子　生乾隆五十八年癸丑十一月十一日寅時　卒道光十五年乙未九月十七日午時

娶潘氏尊娘號柔意　招偶　生嘉慶八年癸亥六月廿五日午時　卒同治七年戊辰正月初二日子時

塟外壠正湖坪

子 熾 拐續

呈祥公諱獻瑞 即淮泗公次子
生嘉慶六年辛酉二月廿三日戌時
卒同治九年庚午十月十八日寅時
葬松樹壠狗頭下

續子 拐英

萬衣公 即德籌公隻子
生嘉慶年
卒失
止

月飛公諱神祐 即懷厚公隻子
生嘉慶十三年戊辰六月十三日卯時
卒光緒四年戊寅九月十八日午時

娶杜氏叅娘號意範
生嘉慶十八年癸酉二月廿九日酉時
卒咸豐二年壬子三月十四日辰時

繼娶杜氏耳娘號莫範
生嘉慶二十年乙亥正月十一未時
卒同治三年甲子三月初二日

子 禮 雲騰 竭養 海雁

敬愛公諱情　即茂蘭公長子
生嘉慶四年己未八月初二日辰時
卒咸豐二年壬子正月十六日辰時
塋柯脚坪止

福元公　即茂蘭公三子
生嘉慶十九年甲戌三月二十日巳時
卒在外止

香成公諱蠍　即茂樹公隻子
生嘉慶十一年丙寅十月廿二日戌時
卒光緒十九年癸巳八月廿六日酉時
娶黃氏花娘號光儉
生嘉慶廿二年丁丑七月廿二日申時
卒光緒十五年乙丑二月十八日辰時
子　玉看　玉斗　玉銀　玉鉛
女一適黃

朝望公諱往　即順義公長子
生乾隆卅三年戊子六月十一日巳時　止
卒嘉慶元年丙辰十月廿六日午時

寶泉公諱玉盛　即順義公次子
生乾隆卅七年壬辰九月初二日未時
卒道光十二年壬辰閏九月廿一酉時

娶黃氏號金彰　生乾隆卅九年甲午九月初四申時　卒咸豐四年甲寅二月初五日亥時

子　儆養　長宜　勗　似三子孫英

耕田公　即順義公三子徃外亡生卒失止

玉湖公諱佛保　即純一公長子　生乾隆五十六年辛亥十月初五午時　卒道光十二年壬辰八月廿七日卯時

娶黃氏　生嘉慶四年己未六月十二日子時　卒道光十八年戊戌六月十四午時

子　生　東　秉出嗣　嗣子遮兼承

進財公諱添丁　即純一公次子　生嘉慶二年丁巳二月初五日丑時　卒同治六年丁卯四月廿五日辰時

娶黃氏八娘號溫素　生嘉慶十四年己巳二月十六日午時　卒同治十三年甲戌七月十九日戌時

塟本鄉赤塗墘蠟燭尾番身狗形辛乙酉卯

子　悴　領　重　燕

女二　適黃

以行公諱大章　即純一公三子　生嘉慶七年壬戌六月廿五日寅時　卒道光十二年壬辰九月初七戌時

嗣子　乖英

監汝公諱周　即以色公長子　生乾隆四十九年甲辰三月十三戌時　卒道光十八年戊戌四月廿六日子時　止

求志公諱尹　即以色公次子　生乾隆五十二年丁未七月初八戌時　卒嘉慶二十年乙亥二月十九日子時　止

勸善公諱賞　即以色公三子　生乾隆五十五年庚戌七月十一戌時　止　卒嘉慶十一年丙寅正月初八日辰時

鳴賀公諱鳥觀　即以色公四子　生嘉慶五年庚申六月初三日亥時　卒咸豐三年癸丑三月十二日戌時

子　白養出似

長園公諱丙　即泮林公長子　生嘉慶元年丙辰三月初五日辰時　卒道光三十年庚戌四月二十日戌時

娶賴氏盞娘號肅良　生嘉慶十六年辛未四月初九日　卒光緒元年乙亥十月十六日巳時

子　別　初　木

滿成公諱雪　即泮林公次子　生卒失

娶黃氏密娘　生卒失

公塟鳳髻山埔申寅坤艮　止

有羽公諱宴　即泮林公三子　生卒失

娶黃氏勤娘號肅意　生卒失　止

合塟本鄉牛簶后巽乾辰戌

郎仲公　即福如公長子 往外亡生卒失止

隨蘭公　即福如公次子 生卒失止

星樸公諱照宇辰仲　即鳴朝公長子

公 生乾隆四十九年甲辰正月廿三日子時 卒道光十七年丁酉九月十七日未時

娶黃氏乾娘 生嘉慶五年庚申七月初十日巳時 卒同治六年丁卯三月十六日巳時

子　和　鐵出嗣　協出嗣　足出嗣　淺越

東代公諱欽　即鳴朝公次子 生乾隆五十四年己酉十一月初七辰時 卒同治元年壬戌十二月十九日卯時

塟本鄉後山埔土名獅仔頭子鐵英附塟

嗣子　鐵　足

呈瑞公諱常　即鳴朝公三子　生乾隆五十八年癸丑正月初三辰時　卒咸豐二年壬子二月二十日戌時

娶本鄉雲南寨加錐飛中路后

嗣子　協

孝義公諱千言　即與堂公長子　生卒缺　止

孝美公諱文章　即與堂公次子　生卒缺

娶黄氏　生卒缺

子　賜英

亦士公諱賢　即與堂公三子　生卒缺　止

清和公諱全　即與堂公四子　生卒缺　止

濟美公諱業　即後進公隻子（生卒缺）止

純樸公諱素月字富仲　即祭如公長子（生乾隆五十三年戊申九月廿八子時　卒嘉慶十六年辛未九月廿九日巳時）

公

嗣子　商湯

純榮公諱辰宿字列仲　即祭如公次子（生乾隆五十九年甲寅十月初四午時　卒同治三年甲子六月初三日午時）

公

娶黃氏担娘號和柔（生嘉慶十二年丁卯十月廿三日巳時　卒同治四年乙丑正月十六日巳時）

合葬本鄉土名擧改申寅坤艮

子　均泉（蚤）　萬青　商湯（出嗣）　形端　愛育　安定

似四子成

駉熙公諱暮春字梨仲　即祭如三子

生嘉慶九年甲子正月十四日亥時
卒咸豐元年辛亥十一月十一酉時

妣

娶黃氏鵲娘號懿信

生嘉慶九年甲子四月初一日辰時
卒道光十九年己亥六月初三辰時

繼娶賴氏益娘號端靜

生嘉慶廿一年丙子九月十二日辰時
卒咸豐五年乙卯七月初六日戌時

同葬本鄉龍湖尖壬丙子午

子　純謀黃出　漢惠賴出

女一　適謝

鍾業公諱果珍　即克添公長子

生嘉慶元年丙辰
卒咸豐五年乙卯五月初二日辰時

娶杜氏險娘號勤敏　生嘉慶元年丙辰十二月初三日辰時　卒咸豐元年辛亥二月初七日酉時
合葬本鄉嶺尾
子　獅　市光
宴賓公諱指新　即純道公長子　生嘉慶七年壬戌六月廿九日寅時　卒同治二年癸亥五月廿九日辰時
娶黃氏延娘號守勤　生嘉慶十四年己巳四月廿六日亥時　卒道光十二年壬辰八月十八日丑時
子　成　武俱夭
女一　適黃
志成公諱專新　即純道公次子　生嘉慶九年甲子八月十二日午時　卒道光十八年戊戌四月初三午時
娶黃氏園娘號玉勤　生嘉慶十二年丁卯七月初九日巳時　卒光緒十九年癸巳十二月廿七亥時

公墓本鄉土名松樹壠丁癸未丑

子　宜英

女一適黃

宗後公諱子廷　業儒　即言律公長子

公　生嘉慶十四年己巳正月十三日未時
卒同治元年壬戌七月廿五日酉時

娶許氏蛟娘號肅懿　生嘉慶十五年庚午十月初一日酉時
卒道光十一年辛卯十二月初五寅時

繼娶陳氏者娘號能勤　生道光元年辛巳五月初五日
卒咸豐元年辛亥七月初七日辰時

三娶杜氏齊娘號見寶　生嘉慶廿一年丙子八月廿九日卯時
卒光緒十五年己丑五月廿七日辰時

子　懷玉養　奕杜出

高明公諱衍字此仲　即言律公次子

公　生道光六年丙戌九月廿四日子時
卒同治十二年癸酉九月廿三酉時

娶黃氏逞娘號心賢　生道光十一年辛卯十月廿二日子時
卒光緒九年癸未十一月廿七日酉時

子　旋　秩　南　荐

守靜公諱彩龍字化仲　即實荐公長子

公　生嘉慶十八年癸酉正月十三日戌時
卒咸豐九年己未正月初六日卯時

娶杜氏巧娘號柔言　生嘉慶廿一年丙子十月廿六日戌時
卒光緒廿七年辛丑二月初九日

子　三才　琛出嗣以明　多士出嗣進加

女二俱適黃

舒容公諱彩薪字獻仲　即實茅公次子

生嘉慶二十年乙亥八月初二日未時　止
卒道光廿四年甲辰十月初二日辰時

公

進加公諱平皆字求仲　即實茅公三子

生嘉慶廿五年庚辰十一月初三未時
卒同治五年丙寅十一月十五日酉時

公

娶黃氏焘娘號艮規　招偶

生道光十二年壬辰十月初五日巳時
卒道光廿六年庚子三月初五日巳時

嗣子　多士　述士續　燚士續出嗣　似長子問

女三　適潘　適黃　適曾

以明公諱朝聘字時仲　即實茅公四子

生道光三年癸未三月十二日辰時
卒咸豐八年戊午十月十五日午時

公

附塟父墳

嗣子　琛　炎士

屬思公諱泵字富仲　即實茅公𠈌三子　生道光十三年癸巳八月十四日寅時　卒宣統三年辛亥十二月初一日卯時

公

續子　述士　炎士出嗣以明

碧仲公　即和靜公隻子　生卒缺止

連泉公諱劉　即心懷公長子　生嘉慶五年庚申八月初八日戌時　卒光緒元年乙亥六月十一日巳時

娶黃氏　生嘉慶七年壬戌八月廿一日　卒道光十七年丁酉九月廿三子時

子　炮　謗　諸出嗣　任繼

測禊公諱肯　即心懷公次子

生嘉慶十一年丙寅十月廿六日丑時
卒道光十八年戊戌閏四月十八卯時

娶黃氏劣娘　招偶

生嘉慶　年七月十三日辰時
卒咸豐元年辛亥閏八月廿一丑時

嗣子　諸　續子　任

女二

合方公諱盾　即麟趾公隻子

生嘉慶八年癸亥十二月廿七亥時
卒咸豐三年癸丑三月初七日午時

娶黃氏成娘號守勤

生嘉慶十一年丙寅八月廿九日未時
卒光緒十一年乙酉三月十九日申時

子　益　水

積素公諱嘉　即有美公長子

生乾隆卅七年壬辰十一月初八日巳時
卒嘉慶十年乙丑三月十二日辰時

嗣子　漂

積高公諱朗　即有美公次子生卒缺
娶黃氏生卒失
子　配蚤
積星公諱極　即有美公三子生卒失
娶黃氏生卒失
子　漂　菊
修禮公諱纂字奪仲　即有美公四子生乾隆五十九年甲寅八月初十巳時卒同治九年庚午十一月初八日子時
公
娶陳氏桂娘號慈富生嘉慶十二年丁卯九月初五巳時卒同治三年甲子正月十三日子時

子　瑞草養　犂　建居　丑

生乾隆五十七年壬子六月十八未時
卒道光廿二年壬寅二月廿九日亥時

女二　適阮　適黃

飛烈公諱玉逵　即有大公長子

生乾隆五十八年癸丑九月初一日酉時
卒道光十四年甲午十二月三十日卯時

娶黃氏

子　追　朝

激烈公諱玉昌　即有大公次子

生嘉慶四年乙未十一月初四戌時　止
卒道光三年癸未八月初六日未時

佚幼公諱瓜　即文成公長子

生嘉慶四年己未二月廿九日未時
卒同治五年丙寅五月廿二日戌時

娶黃氏愛娘

生嘉慶八年癸亥二月初二日卯時
卒光緒十年甲申九月十八日未時

子　列

竭進公諱力　即文成公次子　生嘉慶八年癸亥二月二十日午時　卒光緒八年壬午二月十九日午時

娶侯氏號氣順　生嘉慶九年甲子十一月廿四日　卒光緒十五年己丑十一月初五巳時

女一　適黃

仁車公諱實　即東山公長子　生乾隆五十六年辛亥十一月初五日亥時　卒道光十四年甲午八月廿三日巳時

娶黃氏寶娘號慈進　生嘉慶四年己未二月初六日　卒同治六年丁卯九月初六日申時

子　酒　記出嗣　透

師尹公諱赫　即東山公次子　生嘉慶元年丙辰十二月十六亥時　卒咸豐元年辛亥五月十二日酉時

嗣子　記英

築榮公諱開華字物仲　即汝漢公長子

公　生嘉慶八年癸亥六月十二日戌時
卒同治七年戊辰二月十六日辰時

娶黃氏鄒娘號執儉　生嘉慶十九年甲戌二月初五日寅時
卒光緒八年壬午九月初七日戌時

公葬本鄉土名埔頭內乾巽戌辰

子本　穠　情　似長子趁

女二　適賴　適黃

公慷慨樸敏竭力耕田儉以自奉恭以接人義方是訓勤謹經商女嫁男婚而送往迎歸悉備建田業築大厦可謂父道之克盡矣桂枝挺秀蘭芽舒香垂統緒於後昆媽自二八于歸克勤婦道上處翁姑以孝下處妯娌以和此亦妣之克勤克儉而相

助中饋之稱賢矣

妣葬本鄉埔頭內穴坐乾向巽兼戌辰

生嘉慶十五年庚午五月十三日卯時
卒道光二十年庚子六月十九日午時

後化公諱先　即汝漢公次子

娶尤氏金娘號載德

生嘉慶廿三年戊寅七月初五日寅時
卒道光十八年戊戌三月十五日卯時

公葬本鄉對面埔山戌辰辛乙

子　奎宗養

接宗公諱亥字癸仲　克昌公長子

生乾隆五十六年辛亥九月初六日申時
卒道光元年辛巳十月初六日巳時

嗣子　秦令

賢德公諱詠字神仲　即克昌公次子

生嘉慶五年庚申十月初八日巳時
卒同治九年庚午閏十月廿七日午時

娶謝氏担娘號柔慈　生嘉慶五年庚申十月初八日巳時　卒同治九年庚午閏十月廿七午時

考妣與祖叔合塟本鄉土名后壠仔池后丙壬午予

予　扮養　秦介出嗣接宗

灶仲公　即風和公長子生卒缺止

此仲公　即克檳公隻予生卒缺

巢仲公　即露成公長予生卒缺止

富仲公　即皆得公長子生卒缺止

春仲公　即皆得公次子生卒失止

詩仲公　即葉傘公長子

替仲公　即葉傘公次子

濟仲公　即德晨公長子

窗仲公　即德晨公次子

井仲公　即干戈公隻子

稿仲公　即垂統公長子　生嘉慶十六年辛未二月廿一日　卒年　二月廿一日

予　賞　養兼承得望出似

得望公諱暘　即垂統公次子　生嘉慶廿二年丁丑八月廿五日寅時　卒道光十七年丁酉六月二十日申時

雙承子　賞

妙公早殀　即德貞公長子

梭仲公徙外厝　即德貞公次子

德容公諱能嚮　即心正公長子

德成公諱戢衣　即心正公次子

成古公諱盤　即心正公四子

娶黃氏凿娘號如圓

子　老徙洋坪

昇輝公諱爍字宣仲　即心義公隻子

公

娶黃氏琴娘

生嘉慶二年丁巳三月十三日未時
卒道光十七年丁酉十二月二十戌時

生嘉慶五年庚申四月初九日戌時
卒道光三十年庚戌七月十九酉時

生嘉慶十四年己巳三月十三日酉時
卒　年二月十七日

生嘉慶二十年乙亥三月十七日巳時
卒　八月二十日

生嘉慶十年乙丑九月二十日酉時
卒光緒三年丁丑二月十六日未時

生嘉慶十七年壬申十一月十一日卯時
卒道光十八年戊戌三月二十日巳時

繼娶陳氏妹娘　生嘉慶十三年戊辰正月初二日酉時　卒同治四年乙丑十月初七日酉時

公與黃氏仝葬塔頭園后乾巽戌辰

陳氏葬赤塗墩田中坤艮申寅

王

子　家興　寧興　純興

則氏公諱好　即子傲公長子　生嘉慶廿四年己卯八月二十日酉時　卒同治十年辛未七月初五日卯時

國言公諱胡　即子傲公次子　生道光七年丁亥二月初六日寅時　卒　年八月十八日

維成公諱罕　即裕後公長子　生嘉慶六年辛酉八月廿八日酉時　卒咸豐三年癸丑三月十四日酉時

娶黃氏勸娘　生嘉慶六年辛酉　卒同治四年乙丑九月十三日

子　明德　蝘艮

寬慓公諱髻　即裕後公次子
生嘉慶九年甲子四月廿九日未時　止
卒嘉慶廿五年庚辰七月十九酉時

維冉公諱求　即裕後公三子
生嘉慶十二年丁卯十二月廿三日
卒同治四年乙丑六月廿三日

娶黃氏蔭娘
生失
卒　年十二月廿三日

繼娶　氏
生失
卒　年七月廿一日

子亦越　尾

振益公諱請字益伸　即裕後公四子
生嘉慶十八年癸酉八月初一巳時
卒光緒七年辛巳十月廿七日卯時

娶陳氏神娘
生嘉慶廿五年庚辰十月廿七日卯時
卒咸豐三年癸丑二月廿八日巳時

繼娶賴氏有娘
生嘉慶廿五年庚辰正月十二日
卒光緒七年辛巳十月初五日巳時

子元章出嗣　征來

和順公諱返　即裕後公五子
生嘉慶廿一年丙子四月初一日巳時
卒道光廿六年丙午十一月十五丑時

娶　氏改適

嗣子　元亨

笑仲公　即可葉公隻子
生嘉慶八年癸亥八月初九日巳時
卒光緒十年甲申十二月廿三寅時

成明公諱分　即德鏡公長子
生嘉慶八年癸酉五月初九日午時
卒道光十年庚寅四月十八日酉時

娶杜氏傅娘號榮錦

繼娶蔡氏實娘
生嘉慶廿四年己卯十月初一日
卒宣統三年辛亥七月初六日午時

子　軍養　然國　畫　迎　桃　似次子賞

萘仲公　即德鏡公次子
生嘉慶十三年戊辰五月十四日辰時
卒嘉慶廿五年庚辰九月十七日巳時

瑞郎公　即可會公隻子

壽仲公　即可樑公隻子

用仲公　即鑒生公長子

春仲公　即鑒生公次子

奪仲公　即鑑生公三子

芳仲公諱塭　即鑑生公四子　生　年正月初六日　卒　年四月廿三日

娶潘氏　生失　卒年六月廿一日

繼娶陳氏　生　二月廿六日　卒　十一月廿七日

子　鴻　才　瑞

河仲公諱湅　即可標公長子

生嘉慶　年六月十九日
卒　年十二月初二日

娶吳氏

生　年正月十九日
卒　年十二月廿三日

子　檜　栢　高　泉

梓仲公諱同　即可標公次子

生嘉慶廿五年庚辰四月廿三日寅時
卒光緒十二年丙戌十一月廿一午時

娶陳氏

生道光八年戊子八月初十日卯時
卒光緒廿年甲午十一月廿一午時

子　讓　澧　秋　開梅

葭仲公諱菼　即可標公三子

生道光二年壬午十二月初五酉時
卒光緒七年辛巳四月十五日戌時

娶林氏

生道光十二年壬辰七月廿五日申時
卒　年十月二十日戌時

側室林氏

生道光十二年壬辰九月初二日午時
卒光緒八年壬午十一月初十日戌時

子　宗緘　宗椿　宗明　宗澤　宗根

星仲公諱圭　即可標公四子
生道光十年庚寅四月十八日寅時
卒光緒廿四年戊戌十月十三未時

娶楊氏
生道光十八年戊戌八月廿八辰時
卒光緒四年戊寅七月十三日申時

子　雄　勇

女三

則物公諱六信　即中海公隻子
生乾隆四十五年庚子二月廿七日申時
卒道光十三年癸巳五月廿三日午時

娶盧氏號節懿
生乾隆五十四年己酉十二月初二日亥時
卒嘉慶十六年辛未九月二十日酉時

繼娶杜氏號對懿　生卒缺

子　集

華國公諱文　即水聲公長子　生乾隆五十四年己酉十月十三寅時　卒嘉慶二十年乙亥二月廿二日巳時

簿言公諱鵬　即水聲公次子　生卒缺

娶　氏缺錄

子　光明

彩花公諱不　即水聲公三子　生嘉慶四年己未三月廿二日寅時　卒道光十一年辛卯九月初二寅時

首仲公　即則見公長子

節仲公　即則見公次子

貸仲公　即則見公三子

敬仲公　即則儉公長子

玉兎公　即則儉公次子

祥重公諱納　即一歲公長子

娶謝氏號謹慎

子　衆

則言公諱約　即一歲公次子

娶　氏

子　鑒

懷義公諱閱　即一歲公三子

娶林氏新娘號柔德

生乾隆五十年乙巳五月廿八日申時
卒道光十二年壬辰十二月廿七卯時

生乾隆五十九年甲寅三月初三日午時
卒咸豐元年辛亥十月十七日巳時

生乾隆五十四年己酉三月十三巳時
卒咸豐三年癸丑四月初四日酉時

生嘉慶元年丙辰八月廿二日
卒道光廿四年甲辰十一月廿二酉時

生嘉慶十年乙丑九月廿六日
卒咸豐七年丁巳十二月十一日寅時

子選　知　八月

彩陵公諱向　即一歲公四子

生嘉慶七年壬戌五月初四日丑時
卒道光十四年甲午正月廿二未時

子　尹蚤

於事公諱敏　即恩錫公長子

生乾隆五十八年癸丑十月二十戌時
卒咸豐四年甲寅九月十一日卯時

娶范氏號切意

生嘉慶十二年丁卯五月初八午時
卒同治六年丁卯四月十八日未時

子　玖

笄仲公　即恩錫公次子

責謂公諱鉗　即與貴公長子

永慕公諱欣　即與貴公次子

敦謂公失諱　即與貴公三子
生嘉慶三年戊午八月初四日午時
卒道光十七年丁酉八月初十酉時

東四房

腰仲公　即裕後公長子
生道光十年庚寅十一月初十日辰時
卒同治八年己巳十二月初四日酉時

娶林氏對娘
生道光十八年戊戌十二月廿四日
卒宣統三年辛亥十一月十七日酉時

子　看　灶續

遐仲公　即裕後公次子
生失
卒光緒廿七年辛丑十一月廿四日辰時

七仲公　即裕後公三子
生道光十七年丁酉六月十六日巳時
卒宣統三年辛亥二月初十日申時

續子　灶

象仲公　即裕後公四子
生失
卒　年二月廿四日

西房派

錐仲公　即又日公嗣子

江仲公　即福祐公隻子

娶賴氏見娘

繼娶　氏生卒缺

生同治七年戊辰十月二十日酉時
卒民國元年壬子七月廿九日酉時

生光緒十年甲申閏五月廿七日巳時

生光緒廿二年丙申七月初三日巳時
卒民國八年己未九月廿二日丑時

卷七終

国家出版基金项目
NATIONAL PUBLICATION FOUNDATION

海上絲綢之路文獻集成

總主編 陳支平 陳春聲

民間譜牒編 57

主編 林楓

海峽出版發行集團
THE STRAITS PUBLISHING & DISTRIBUTING GROUP
福建人民出版社

本册目次

［福建晋江］重修虹山彭氏族譜二十二卷首一卷（世紀卷八至世世紀卷一〇）

彭季榮等纂修

重修虹山彭氏族譜世紀卷八

三十一世 叔字行

東長房長莘琇派

盤公字叔芳　即　公之子 生乾隆五十八年癸丑十二月初二辰時 卒道光十五年乙未十月十四日辰時

娶　氏 生缺 卒缺

子二　催　居

恂謹派

如察公諱鏡字叔監　即立方公長子 生乾隆五十九年甲寅十二月初九日午時 卒咸豐四年甲寅六月十六日午時

公

娶黃氏磚娘號勤意

生嘉慶十四年己巳十二月初一日卯時

卒同治六年丁卯五月廿二日未時

子八　樹榮　玉子出嗣藍公　力只　欲桂　北山出嗣悅公

讓出嗣京師　廻山出嗣連資　賢德出嗣辣來

松日公諱籃　即立方公次子

生嘉慶五年庚申正月十八日丑時

卒咸豐元年辛亥九月廿二日午時

嗣子一　玉子

京師公　即梅公嗣子

生失

卒　年九月初四日　時

嗣子一　讓

六北公　即權公次子

生嘉慶五年庚申十二月廿九日　時　止

卒　年十月初十日　時

菓公字叔　即權公三子

生嘉慶十八年癸酉十一月廿五辰時　止

卒道光二年壬午六月十一日亥時

瑾復公諱元很字叔章　即冬藏公長子

生乾隆五十二年丁未二月初五巳時
卒道光十七年丁酉十月十三日子時

公

娶杜氏號貞淑

生乾隆五十九甲寅二月初二日寅時
卒道光十年庚寅五月初三日卯時

考妣同葬獅仔尾坐辛向乙兼戌辰

子二　縣益出嗣成信　新科

成信公諱元鳳　即冬藏公次子

生嘉慶三年戊午八月初四日午時
卒咸豐十年庚申十一月初五日未時

嗣子一　縣益

理情公諱元道　即如和公長子

生嘉慶十四年己巳八月十五日卯時
卒咸豐二年壬子八月廿三日　時

娶吳氏號儉德

生失
卒咸豐　年三月廿四日時

予一　轉

如恭公諱密　即如和公次子

生嘉慶廿五年庚辰二月初二日　時

卒咸豐元年辛亥五月十七日子時

娶　氏生卒不知

予一　魁月往外殀　止

成田公諱成畝　即正玉公隻子

生嘉慶十八年癸酉七月廿二日午時

卒道光十七年丁酉九月初五日酉時

娶黃氏改適　止

行心公諱路　即存成公長子

生嘉慶十八年癸酉七月初七日未時

卒道光廿六年丙午六月十三日寅時

娶賴氏

生嘉慶廿二年丁丑三月初七日未時

卒光緒十四年戊子十二月十一巳時

予一　長

女二俱適黃

居寶公諱燕　即存成公次子

生嘉慶廿四年己卯八月十三日時
卒同治五年丙寅八月廿八日申時　止

而直公諱欽　即克任公長子

生道光三年癸未四月十六日巳時
卒咸豐四年甲寅十二月十四未時

子一　基養外亡　止

樂盛公諱宜蘭　即如晉公長子

生嘉慶廿四年己卯十一月廿二丑時
卒光緒六年庚辰十一月十二日未時

娶蘇氏芹娘號慈德

生道光五年乙酉十二月廿五日　時
卒光緒十五年己丑十月初六日酉時

子一　禎出為仁圖公似子

馳值公諱再興字叔思　即惟利公長子

生嘉慶十八年癸酉十一月初一寅時
卒光緒九年癸未七月初二日寅時

公

娶賴氏發娘號言慈　生嘉慶廿二年丁丑三月初七日未時
卒光緒十四年戊子十二月十一巳時

子三　彦　戍仁　鵬

女一　適黃

德興公諱以　即惟利公次子　生嘉慶廿四年己卯　月　日時
卒道光九年己丑　月　日　時　止

苟直公諱日新　即機杼公長子　生乾隆五十一年丙午五月初三日時
卒道光十七年丁酉八月廿八日酉時

娶潘氏號柔慈　生乾隆五十一年丙午九月初七子時
卒道光十七年丁酉八月初七日午時

子四　敦仁　業書　臣　招出嗣成廸公

成廸公諱胚　即機杼公次子　生乾隆五十六年辛亥十月初五日卯時
卒道光十二年壬辰十二月廿五日卯時

嗣子　招

木信公諱郎　即機杼公三子
生嘉慶元年丙辰　月　日　時
卒同治元年壬戌三月十六日寅時

娶黃氏賞娘號純勤
生乾隆五十九年甲寅三月十六日寅時
卒失

子一　鼎外亡　止

木正公諱邱陵　即機杼公四子
生嘉慶十六年辛未四月十二寅時
卒同治七年戊辰十月初八日酉時

娶黃氏早娘號良儉
生道光五年乙酉正月初三日　時
卒同治六年丁卯五月初二日卯時

子二　朝仕　思忠

是郎公諱兵元字叔部　即存忠公長子

公
生乾隆五十五年庚戌十月十一日寅時
卒道光廿九年己酉十一月十五日申時

娶黃氏益娘號戚靈
生乾隆六十年乙卯　月　日　時
卒咸豐五年乙卯十二月初五日卯時

子二　蟯　連敬

女一　適潘

介善公諱巧　即存忠公次子

生乾隆五十九年甲寅十月廿四酉時　止
卒道光十四年甲午四月初八日未時

如繡公諱麒麟　即存思公三子

生嘉慶四年己未十二月廿五日　時　止
卒道光十七年丁酉八月初七日酉時

和直公諱萬福　即是富公長子

生乾隆五十二年丁未十一月十三時　止
卒道光十一年辛卯正月廿四日寅時

如以公諱陸　即是富公次子

生乾隆五十八年癸丑七月十五日時
卒道光十七年丁酉八月十一日寅時

娶　氏改適

子　君

克善公諱改字叔過　即敦法公長子

生嘉慶六年辛酉十月初七日寅時
卒道光十八年戊戌二月廿四未時

娶黃氏葉娘號順志　生嘉慶十一年丙寅十一月廿三日寅時　卒道光十七年丁酉十二月廿五日巳時

考妣合塟本鄉大畬田中坐癸向丁

子二　琥嗣子　昨

成鸞公諱蚶字叔淩　即敦法公次子　生嘉慶十一年丙寅八月初九戌時　卒咸豐六年丙辰三月初二日午時

先娶盧氏占娘號莊柔　生嘉慶十三年戊辰十二月廿六巳時　卒道光十八年戊戌二月廿三日子時

繼娶邱氏取娘號勤義　生嘉慶十九年甲戌二月初二戌時　卒光緒六年庚辰十月十七日巳時

子四　端　琥俱盧出出嗣克善　皇　案俱邱氏出

考與盧氏仝塟本都中墘田中坐辛向乙兼戌辰

成美公諱糴字叔遏　即敦法公三子

公　生嘉慶廿二年丁丑九月廿二日亥時
卒光緒十二年丙戌五月廿九日未時

娶杜氏禮娘　生道光四年甲申五月初四日申時
卒光緒廿一年乙未十一月廿巳時

子一　由天

叔富公　卽義懷公長子　生乾隆五十六年辛亥八月十六日巳時止
卒失

我來公　即義懷公次子　生嘉慶六年辛酉　月　日　時止
卒失

款來公　即義懷公三子李生　生嘉慶二十年乙亥二月十七日申時止
卒失

其蘇公　即義懷公四子李生　生嘉慶二十年乙亥二月十七日申時止
卒道光十八年戊戌四月十一日未時

盈車公　即以禮公長子　生嘉慶四年己未十一月廿八日亥時止
卒道光十七年丁酉五月十六日申時

叔鉗公　即以禮公次子　生嘉慶十八年癸酉九月十四日時
卒同治九年庚午十月廿九日申時

先娶謝氏葉娘　生　年正月廿九日時　卒　年正月廿九日時

繼娶杜氏濵娘　生道光四年甲申八月廿一日丑時　卒光緒十九年癸巳七月十二巳時

子二　捣出嗣全公　海

叔全公　即以禮公三子　生嘉慶廿二年丁丑十月二十日時　卒光緒十九年癸巳九月廿四午時

嗣子一　捣

連好公　即東園公隻子　生嘉慶十七年壬申　月　日時　卒道光十七年丁酉八月十四日時

娶　氏改適

子一　同　移仁宅居住

叔香公　即東圃公長子　生缺　卒

娶　氏改適

生　年十一月初六日卯時

卒　年三月十九日　時

子一　城承郄公

叔歛公　即東圃公次子

生道光十四年甲午十一月廿一卯時

卒光緒八年壬午十月廿六日午時

娶李氏旺娘號振勤

女一　適黃

如承公諱詠　即東成公長子

生道光十三年癸巳十二月初一辰時

卒光緒十三年丁亥八月初六日巳時　止

如修公諱郄　即東成公次子

生道光廿二年壬寅十一月初五酉時

卒宣統二年庚戌七月初六日申時

兩嗣子一　城

如密公諱蜂　即東星公嗣子

生道光廿五年乙巳九月十七寅時

卒民國九年庚申正月廿一日巳時

子一　鄭

葬蘇厝垵坐辛向乙兼戌辰

慕德派

如通公諱姜字叔通　即如松公長子

生乾隆四十五年庚子二月廿三辰時
卒道光三年癸未二月十八日卯時

公

娶黃氏居娘號成居

生乾隆四十年乙未九月初二酉時
卒同治七年戊辰二月十六日辰時

子二　綢　貌

維一公諱片　即如林公長子

生乾隆卅五年庚寅十月初七未時　止
卒嘉慶七年壬戌六月初二日子時

成立公諱学　即如林公次子

生乾隆卅八年癸巳二月十三申時　止
卒嘉慶七年壬戌六月廿二日申時

誠馳公諱驅字叔範　即如淋公四子

生乾隆四十八年癸卯正月初一日丑時
卒咸豐元年辛亥九月十一日午時

公

娶蘇氏號順志

生乾隆五十一年丙午十二月初十辰時
卒道光十八年戊戌十二月十六日巳時

子二　進益　客來嗣子

女一　適潘

似金公諱木　即如旨公嗣長子

生乾隆五十二年丁未　月　日　時止
卒道光十一辛卯五月廿三日戌時

如代公諱郁字叔代　即如旨公次子

公

生乾隆五十六年辛亥正月十四日亥時
卒同治元年壬戌十月十六日丑時

娶曾氏莧娘

生嘉慶九年甲子二月十八日酉時
卒道光廿一年辛丑正月廿二日子時

子三　煥　義出繼二房樹公　彩

女一　適黃

公

時魁公諱梅字叔魁　即如源公嗣長子

生乾隆四十四年己亥十月初六酉時
卒嘉慶廿五年庚辰五月十九日寅時

娶杜氏號勤慎

生乾隆四十六年辛丑六月廿六巳時
卒道光十五年乙未七月初三日未時

考妣合塋南安八都林口土名柏仔頭坐甲向庚兼寅申

子四　石養　賞　淺　習

其藏公諱冬桂字叔扳　即如源公次子

生乾隆四十九年甲辰二月初二酉時
卒道光十年庚寅四月初十日未時

公

娶黄氏碧娘號安靜 生乾隆五十一年丙午十月十七申時 卒嘉慶十三年戊辰三月十四日卯時

繼娶蕭氏愈娘號懿慈 生乾隆五十六年辛亥十一月十九寅時 卒咸豐十一年辛酉五月廿二日亥時

子三 銅 恭 容來出嗣驅公俱蕭出

克容公諱長肯字叔基 即如養公長子

公 生嘉慶七年壬戌十月十八日寅時 卒咸豐四年甲寅六月初六日巳時

娶黄氏擔娘號莊和 生嘉慶十年乙丑二月二十日巳時 卒道光廿七年丁未六月初二戌時

仝塋本鄉對面園坐甲向庚兼卯酉

子八 向 別 齒 威 理 帝 臻 攀

女一 適黄

克有公諱長枝字叔能　即如養公次子

生嘉慶十三年戊辰正月十二日午時
卒咸豐四年甲寅四月十三日辰時

公

娶黃氏葉娘號惟儉

生嘉慶十六年辛未五月初四日卯時
卒同治九年庚午閏十月十八日巳時

子六　擬　良　都　堯出嗣習　臨　皇出嗣蛸

成軒公諱鶱字叔圃　即如彩公長子

生嘉慶二年丁巳十一月廿三日子時
卒咸豐十一年辛酉六月廿五日辰時

公

娶黃氏敬娘號勤節

生嘉慶十年乙丑閏六月十七日寅時
卒光緒九年癸未七月十二日辰時

仝塋南安八都林口鄉坐癸向丁兼子午

子三　梅香　交友出嗣亦開　西出嗣裡登

女一　適黃

義山公諱捧字叔　即如彩公次子　生嘉慶五年庚申四月十一日時
卒道光三十年庚戌十月廿五寅時

娶黃氏號貞室　生嘉慶六年辛酉五月二十日時
卒咸豐六年丙辰四月初二日時

子四　躍　厚　炮出嗣潛公　垙出嗣浮公

成樂公諱亦開字叔言　即如彩公三子

公　生嘉慶十四年己巳十月二十日戌時
卒光緒十八年壬辰八月初一日子時

嗣子一　交友

如云公諱潛　即如彩公四子　生嘉慶二十年乙亥五月初十日戌時
卒同治十一年壬申九月十三日巳時

嗣子一　炮

德心公諱悔　即如彩公五子
生嘉慶廿五年庚辰五月廿一未時
卒光緒九年癸未六月初七日巳時
娶蘇氏號守進
生道光十二年壬辰八月初三日酉時
卒光緒十六年庚寅正月廿一日丑時
子四　妹　賚　富　述　灶似四子

如陵派

成旺公諱新興　即克順公隻子
生乾隆四十三年戊戌　月　日　時
卒道光十五年乙未六月初九日申時
娶葉氏號貞順
生乾隆四十七年壬寅　月　日　時
卒道光十五年乙未五月廿六日申時

克維公諱新來　即堅致公長子
生乾隆五十二年丁未正月十一日卯時
卒道光廿三年癸卯閏七月初四日丑時
娶　氏碅娘號柔和
生嘉慶三年戊午七月初三日子時
卒咸豐三年癸丑二月初五日丑時

如雨公諱雲　即堅致公次子
生乾隆五十五年庚戌二月廿六日午時
卒道光廿七年丁未六月廿八日巳時

娶陳氏號慈懿

生嘉慶十五年庚午十月初二日寅時
卒同治十二年癸酉二月十九日巳時

子三　見　景出嗣音公　籐

生乾隆五十九年甲寅四月初三午時　止
卒道光十五年乙未六月初四日巳時

克吉公諱梗　即堅致公三子

生嘉慶二年丁巳五月　日　時
卒咸豐四年甲寅正月二十申時

如詩公諱弖　即堅致四子

生嘉慶八年癸亥正月初七日午時
卒同治九年庚午十二月初五卯時

聲德公諱音　即堅致公五子

嗣子一　景

如林公諱樹字叔古　即如成公嗣隻子

公

生嘉慶五年庚申七月廿一日巳時
卒同治十二年癸酉二月廿一未時

先娶阮氏探娘號儉德

生嘉慶十八年癸酉十一月十五卯時
卒咸豐五年乙卯三月初二日辰時

繼娶黄氏次娘　生嘉慶十二年丁夘四月十五寅時　卒同治八年己巳九月廿六日巳時

先娶阮氏另塟仙邑仁德里土名十二路坐壬向丙兼子午

子五　走來養　和義嗣子　錟光　西涼　溪俱阮出

似三子竭

如祿公諱添元字叔進　即如前公嗣隻子　生道光四年甲申閏七月二十亥時　卒光緒六年庚辰十月十三日申時

公

娶陳氏更娘號恭德　生道光七年丁亥七月十二日辰時　卒光緒廿四年戊戌閏三月十一未時

養子三　鳳　力　俊

謀益公諱榚才字叔起　即如巧公隻子　生　年十月廿二日　時
卒光緒五年己卯十一月初九日亥時

公

娶陳氏　生嘉慶廿三年戊寅二月初一日辰時
卒

子一　華

女一　適朱

謀理公諱主字叔賔　即如充公嗣子　生卒缺

克勤派

如大公諱居來　即如蘭公長子　生乾隆五十四年己酉七月二十日丑時
卒道光廿五年乙巳正月廿九日寅時

娶趙氏根娘　生嘉慶二年丁巳五月廿九日巳時
卒咸豐四年甲寅七月初五日丑時

合葬仙邑仁德里土名塔仔林田仔后坐乙向辛兼辰戌
子五　纖出嗣誥公　目　清出嗣且公　縷　彪
女一　適潘
獨明公諱舛來　即如蘭公次子　生乾隆五十六年辛亥十月廿五日戌時　卒道光十二年壬辰閏九月十六日酉時
娶黃氏號娘柔淑　生嘉慶八年癸亥四月初四日巳時　卒道光十二年壬辰八月初四辰時
仝葬本鄉土名墓林園後坐東向西
子一　經元
如訓公諱誥來字叔命　即如蘭公三子　生嘉慶元年丙辰五月廿二日亥時　卒嘉慶廿四年己卯十二月十七巳時
公

誥公與且公同塋本鄉南墘埔田後坐辛向乙

嗣子一　纖

苟成公諱且來　即如蘭公四子　生嘉慶四年己未五月廿六日亥時　卒道光十二年壬辰七月初四卯時

且公與誥公仝塋內詳

嗣子一　清

成其公諱老　即如蘭公七子　生嘉慶十八年癸酉五月廿二日寅時　卒道光廿九年己酉十一月十一未時

娶林氏改適

子一　熟

同類公諱朋　即採葛公長子　生嘉慶十二年丁卯十二月廿四辰時　卒道光十五年乙未六月廿一日辰時

娶黃氏銅娘號寬恕　招偶　生嘉慶廿一年丙子十二月三十酉時　卒同治五年丙寅四月初一日酉時

同塋仙邑仁德里土名墻頭隔路後寮地邊坐甲向庚兼卯酉

子一　單　續子　簪出嗣茶公

如茶公　即採葛公養次子　生嘉慶十四年己巳十月廿四日寅時　卒咸豐三年癸丑八月十六日寅時

塋南安八都土名林口坐　向

續子一　簪

如守公諱法　即如是公長子　生卒失止

苟靈公諱完　即如是公嗣次子　生嘉慶廿四年己卯閏四月廿三日子時　卒同治元年壬戌五月十四日寅時

娶曾氏 生道光八年戊子六月廿七日酉時 卒光緒卅二年丙午四月廿七寅時

子一 仕 兼承硯公

克幼公諱釀 即如雕公嗣隻子 生嘉慶廿一年丙子八月廿七寅時 卒咸豐三年癸丑七月十一日申時

與父如雕公同塋內詳

嗣子一 雅

如應公諱㕷字叔聲 即思服公長子 生嘉慶十七年壬申九月廿一日辰時 卒光緒八年壬午十一月二十日丑時

公

娶徐氏號續儉 生嘉慶廿五年庚辰十月廿五日時 卒道光廿八年戊申五月十五日時

繼娶潘氏號悅儉 生嘉慶十八年癸酉十二月廿三日申時 卒光緒二十年甲午六月十五日午時

公與先妣徐氏同塋本都北山圳下坐坤向艮兼申寅

嗣子一　象

閣筆公諱硯　即思服公四子　生道光元年辛巳十一月初七日亥時　卒光緒七年辛巳十一月廿八日辰時

兩嗣子一　仕

有典公諱冊來　即穴隱公嗣孫　生嘉慶十年乙丑三月廿七日丑時　卒咸豐九年己未二月廿四日巳時

娶戴氏號順和　生嘉慶十一年丙寅　月　日　時　卒同治二年癸亥十二月廿四酉時

子三　錦　傳學　丕

理直公諱曲字叔謗　即意錄公嗣隻子　生嘉慶十三年戊辰八月廿四日申時　卒光緒二十年甲午正月十二日酉時

公

娶蔡氏　生嘉慶十八年癸酉十二月廿八酉時
卒光緒七年辛巳十二月廿五日卯時

子六　章　白　傳出嗣冊公　象出嗣𠃧公　日　牽

如邦派

德謹公諱揚字叔奕　即意老公長子　生乾隆五十九年甲寅四月廿五日卯時
卒道光二年壬午三月初一日巳時

公

娶陳氏改適

子一　裔兼承盤公

如儀公諱盤字叔楹　即意老公次子　生嘉慶二年丁巳正月十三日午時
卒嘉慶廿二年丁丑十月初六日丑時

兩嗣子一　裔

能清公諱琴字叔棋　即意老公三子　生嘉慶十一年丙寅五月初三午時　卒咸豐三年癸丑二月十二日寅時

娶黃氏好娘號心儉　生嘉慶十六年辛未九月初五卯時　卒光緒九年癸未六月廿三日午時

子二　滿　吉月

女一　適黃

誥贈文林郎宣明公諱悅字叔傅官章文華　即德山公長子　生嘉慶十五年庚午九月二十未時　卒同治八年己巳五月廿七日巳時

公

先娶黃氏粉娘號勤慈　生嘉慶十五年庚午　月　日　時　卒道光四年甲申十一月十七寅時

繼娶黃氏謹娘號勤順　生嘉慶廿四年己卯三月初九日寅時　卒道光三十年庚戌正月初五日寅時

三娶戴氏敬娘號勤心　生嘉慶廿二年丁丑正月十九日丑時　卒光緒廿九年癸卯十一月廿三日時

子五　膺　北山嗣子　成俱次妣出　本立三妣出

杰　似次子

女三　長適黃次妣出　次適賴　三適潘俱戴氏出

仁圃公諱達資字叔深　即德山公次子

公　生嘉慶廿一年丙子四月十九丑時
卒光緒九年癸未十月十一日未時

先娶林氏號惟賢　生嘉慶廿四年己卯四月廿五　時
卒咸豐六年丙辰八月初一日戌時

繼娶杜氏柳娘號端恬　生嘉慶二十年乙亥二月十七日未時
卒光緒廿四年戊戌二月初五日未時

子四　段　姐　廻山嗣子　榜俱林氏出　禎似三子兼承樂盛公

女二　適黃　適曾俱林氏出

維珍公諱辣字叔珍　即所基公長子
生道光四年甲申六月十五日酉時
卒光緒廿四年戊申五月廿四未時

公

娶謝氏滿娘號勤足
生道光十三年癸巳十二月廿三寅時
卒光緒十八年壬辰二月廿九日戌時

同塟厝后丁哥樹林尾坐未向丑兼丁癸

子六　贊德嗣子　掖　元　很　心　炉

女三　俱適黃

流遠公諱連芳　即如黎公長子
生乾隆五十六年辛亥正月十一子時
卒嘉慶十八年癸酉七月廿一日寅時　止

功盛公諱連環　即如黎公次子
生乾隆五十七年壬子九月初十日時
卒道光十九年己亥十二月初四日巳時

娶黃氏號寬恕
生嘉慶七年壬戌五月廿七日時
卒道光十八年戊戌五月十五丑時

子二　夜　他

女一　適潘

克友公諱連親　即如黎公三子

生嘉慶三年戊午十一月初六日　時　止
卒嘉慶十九年甲戌十二月十六酉時

如識公諱眾　即美和公嗣長子

生嘉慶十二年丁卯正月初七日酉時　止
卒道光二十年庚子五月二十日酉時

則此公諱守比　即美和公次子

生嘉慶十四年己巳正月廿五寅時
卒咸豐八年戊午正月初六日未時

娶黃氏號勤節

生嘉慶廿二年丁丑八月廿九日丑時
卒咸豐五年乙卯十一月廿五日亥時

子一　素

女二　適陳　適潘

德明公諱等　即文機公長子

生嘉慶九年甲子九月二十日酉時
卒咸豐三年癸丑七月十一日巳時

娶黄氏妹娘號意儉 生嘉慶十七年壬申十一月廿六申時 卒光緒九年癸未十一月十四日未時
子四 水 貢出嗣堆鳳 邛 華
女二 適黄 適陳
招麟公諱堆鳳 即文機公三子 生嘉慶十五年庚午十月初九午時 卒咸豐三年癸丑六月廿三日巳時
嗣子一 貢
義門公諱叩字叔門 即爲方公長子 生嘉慶四年己未正月初四日酉時 卒同治十年辛未六月初三日未時
先娶黄氏號儉慈 生嘉慶八年癸亥十二月廿七夘時 卒道光七年丁亥九月初三日申時
繼娶杜氏號端凝 生嘉慶五年庚申五月廿九日子時 卒光緒七年辛巳七月廿三日子時
子一 連琛黄出

女一　適黃杜氏出

山源公諱淵字叔自　即爲方公次子
生嘉慶五年庚申九月初二日巳時　止
卒道光二年壬午六月初一日午時

公

彩鸞公諱雙鳳字叔彩　即爲方公三子
生嘉慶七年壬戌八月廿一日卯時　止
卒道光十五年乙未六月初二日時

公

祥妙公諱孫財字叔妙　即爲方公四子
生嘉慶十一年丙寅九月初十日午時
卒道光十四年甲午六月初八日寅時

娶黃氏
生嘉慶十四年己巳二月初五日午時
卒同治　年十月十九日巳時

子一　梗

如臨公諱照元字叔亮　即復禮公長子
公
生嘉慶八年癸亥八月初八日戌時
卒同治十二年癸酉九月三十未時
娶賴氏號淑静
生嘉慶　年二月廿二日時
卒　年二月十七日時
子二　歡　輝

如金公諱揷來字叔金　即復禮公次子
公
生嘉慶十五年庚午四月三十日未時
卒道光十八年戊戌三月十九日午時
與復禮公同葬曾宅埔大垅山溝後田脚

能米公諱糠　即同多公長子
生嘉慶十四年己巳六月初十日辰時
卒咸豐十一年辛酉正月初一日卯時
娶黄氏驣娘
生道光五年乙酉十月十一日辰時
卒缺

子二　聘　富以養　涉似次子

能是公諱自　即同多公次子
生嘉慶二十年乙亥六月初十日時　止
卒咸豐四年甲寅八月十八日酉時

能愛公諱摘　即同多公四子
生道光二年壬午十一月　日　時　止
卒道光　年六月廿五日酉時

能安公諱居光　即同多公養五子
生道光三年癸未九月廿二日辰時
卒光緒廿三年丁酉十一月十五巳時

則齋派

穀正公諱潤　即言順公長子
生乾隆六十年乙卯四月十四午時
卒咸豐五年乙卯六月十六日丑時

娶黃氏號勤意
生嘉慶四年己未八月十八日　時
卒道光七年丁亥正月十三日戌時

子二　於哉　獅

克性公諱葵　即言順公次子
生嘉慶六年辛酉三月初三日辰時
卒道光廿七年丁未四月十五戌時

嗣子一　能

與貴公諱富　即言順公三子　生嘉慶十一年丙寅十二月廿七寅時
卒同治七年戊辰十月十五日巳時

娶黃氏號順則　生嘉慶廿一年丙子七月初五日午時
卒光緒十一年乙酉六月廿七日未時

子四　頭　能出嗣克性公　嶺　隔

女一適黃

克視公諱挑宗字叔民　即如誦公長子

公　生嘉慶元年丙辰八月二十四日酉時
卒道光二十年庚子十一月十四戌時

娶黃氏號維順　生嘉慶八年癸亥二月初五日辰時
卒道光十一年辛卯十二月廿九日巳時

考妣同葬南安八都南山寨臥狗后坐乾向巽兼戌辰

子四　蒲殤　全來養　敏養　回養

女一　適阮

如舞公諱廷蘭字权朝　即如誦公次子

生嘉慶五年庚申閏四月初八日酉時
卒道光十八年戊戌三月廿五日亥時

公

娶黃氏領娘號盡意

生嘉慶十年乙丑九月初十日辰時
卒同治二年癸亥六月初九日辰時

公葬南安八都山中對面内崙坐庚向甲兼酉夘

妣葬南安八都山中蟧蜾宫仔口坐乾向巽兼戌辰

子二　財元　逼元

女一　適黃

如高公諱趁蘭字叔春　即如誦公三子

公　生嘉慶九年甲子五月初四日巳時　卒道光廿一年辛丑二月初十酉時

娶潘氏鶴娘號勤成　生嘉慶十四年己巳四月十二日辰時　卒道光廿三年癸卯三月初一日巳時

子一　條養

如懷公諱珠文字叔寶　即如誦公四子

公　生嘉慶十一年丙寅十二月廿二戌時　卒道光廿八年戊申八月十一日辰時

嗣子一　愽

如文公諱建功字叔諸　即如誦公五子

公　生嘉慶十三年戊辰十二月十七戌時　卒道光十七年丁酉六月二十日未時

娶黃氏進娘號惟惠　招偶

生嘉慶廿一年丁丑八月初十日丑時
卒道光廿三年癸卯三月初十日午時

同塟南安八都山中土名坑堪曾宅湖田后壬丙亥巳

續子一　碩兼承如祿公

明信公諱東來字叔西　即如誦公六子

生嘉慶十八年癸酉正月十七日戌時
卒光緒四年戊寅十一月十八日辰時

公

先娶洪氏號恬肅

生道光元年辛巳十二月十二日卯時
卒道光廿九年己酉六月十四日辰時

繼娶黃氏惴娘號靜儉

生道光四年甲申七月初四日巳時
卒光緒廿二年丙申正月廿六未時

公塟本都土名飼牛山湖丙壬午子

先妣洪氏塟南安八都土名林口西壠仔

子四　水　出洪生　木養　租養

女一　適潘黃出

如祿公諱間　即如誦公仍五子　生嘉慶十五年庚午四月十一日巳時　卒同治十三年甲戌十月初五日巳時

續子一　碩

叔貨公　即清明公長子　生卒失　卜在厝斗鄉

問焉公諱珍　即清明公次子　生嘉慶廿五年庚辰　月　日　時　卒光緒十一年乙酉正月十四日時

嗣子一　蟲

一身公諱掬字叔權　即如釜公隻子　生嘉慶五年庚申八月廿二日辰時　卒咸豐九年己未七月初八日午時

公

娶鄭氏甲娘號賢德　生嘉慶十二年丁卯四月初九日寅時　卒同治十二年癸酉五月廿七日午時

考妣同壟南安八都土名林口小宗地後坐　向

子六　厲　慱出嗣如懐公　好　統出嗣簪公　吟出嗣脉公

虫出嗣珍公

如榮公諱簪　即世直公嗣雙子　生嘉慶二十年乙亥六月廿七日酉時　卒同治四年乙丑十一月初六日巳時

娶陳氏　生道光五年乙酉十月廿二日午時　卒失

嗣子一　統

修齊派

如桑公諱荷　即克明公長子　生　年四月初三日　時　卒　年四月廿二日　時

娶　氏生卒失

子二　德　輦

成宜公諱笋　即克明公次子
生　年　月　日　時
卒　年八月廿九日時　止

如景公諱砌　即克明公三子
生　年　月　日　時
卒　年六月廿一日時　止

春成公諱歲日　即維和公養子
生　年正月初二日時
卒　年七月十八日時　止

成芳公諱草　即慎柚公養子
生乾隆六十年乙卯九月廿一午時
卒咸豐二年壬子六月十八日卯時

娶黃氏號當儉
生嘉慶十七年壬申八月廿六日申時
卒光緒十三年丁亥正月初二日卯時

子二　落　聽

如定公諱坤　即心慶公長子
生乾隆五十八年癸丑七月廿四日　時
卒道光廿三年癸卯十二月十七日丑時

子一　來養

如溢公諱乾　即心虔公次子

鮑思公諱宣　即心虔公四子

娶黃氏號澤美

繼娶蔡氏號吾儉

子二　文養外出　偷

一等公諱降　即如珠公長子

娶杜氏號德贊

子二　鎏　洽

生　年　月　日　時

卒　年　月　日　時

生嘉慶十一年丙寅六月廿八申時

卒咸豐八年戊午二月初四日寅時

生　年　月　日　時

卒　年　月　日　時

生　年十一月十六日時

卒　年五月廿一日　時

生嘉慶三年戊午六月廿九日巳時

卒咸豐五年乙卯七月廿八日酉時

生嘉慶二十年乙亥三月廿七亥時

卒咸豐元年辛亥十月廿七日酉時

如淨公諱恨　即如珠公次子
生嘉慶七年壬戌十月初十日巳時
卒咸豐二年壬子十一月十七戌時　止

如道公諱四　即如立公養隻子
生嘉慶十二年丁卯七月二十　時
卒道光　年八月初六日　時　止

嗣子一　卒殤

貴性公諱從甫　即克迫公嗣隻子
生嘉慶十三年戊辰十一月初一日辰時
卒道光十年庚寅五月十九日辰時

考與純誠公合塟本都土名後山大石公脚坐坤向艮兼未
丑

嗣子一　順

如也公諱從善字叔改　即通達公長子
生嘉慶七年壬戌七月廿四日亥時
卒同治四年乙丑十月初八日辰時

公

娶賴氏越娘號勤哉

生嘉慶九年甲子三月初七日巳時

卒光緒十年甲申七月十一日未時

子七　米　順（出嗣從甫）　福趺　福集　明旦　原生

猷謀

克祺公諱從澤　即通達公次子

生嘉慶十年乙丑九月廿一日巳時

卒咸豐七年丁巳八月十三日未時

娶黃氏企娘號備儉

生嘉慶十八年癸酉十月初十日子時

卒光緒二年丙子四月初九日巳時

子四　泡　力　總　兒

女二　俱適黃

如忠公諱則　即如明公長子

生嘉慶十六年辛未十一月初三未時

卒道光廿八年戊申正月廿八日子時

娶林氏號霜節

卒嘉慶十九年甲戌二月初六巳時

卒同治二年癸亥三月十二日巳時

子三　裕寶　舌　昌

生嘉慶二十年乙亥七月二十日巳時
卒光緒十五年己丑七月十八日巳時

女一　適尤

如煖公諱飽　即如明公次子

娶陳氏爾娘號恭慈

生道光五年乙酉十月十六日寅時
卒光緒廿三年丁酉十二月初十酉時

子二　串　僻出嗣誨公

女二　適黃　適賴

公塋本都埔尾土名世坑坐　向

妣塋南安八都飛雲寺口土名松埔坐　向

一同公諱誨　即如明公三子

生道光八年戊子三月廿九日巳時
卒光緒六年庚辰二月廿七日申時

嗣子一　僻

如寬公諱錬　即相近公長子

生道光五年乙酉十二月十三未時
卒光緒元年乙亥四月廿五日巳時

娶謝氏獺娘號恭儉

生道光十九年己亥九月廿二日酉時
卒光緒廿九年癸卯十月十九日巳時

子一　甲

女三　俱適林

如財公諱進　即相近公養次子

生道光廿一年辛丑二月廿二日　時
卒光緒十三年丁亥十月初一日申時　止

忠慶派

苟完公諱合元　即如松公隻子

生乾隆五十五年庚戌十二月十四辰時
卒嘉慶廿三年戊寅二月初三日戌時

嗣子一　周全

爲利公諱罕來字叔言　即維民公養叟子　生嘉慶六年辛酉十二月廿四日申時　卒咸豐元年辛亥十一月十六日卯時

公

娶黃氏號請別　生嘉慶九年甲子十月十八日戌時　卒咸豐元年辛亥十一月十七辰時

同葬本鄉三元坑土名水口尾寮地外坐乾向巽兼亥巳

子四　周全出嗣荀兜　杏裕　連魩　華養

學玉公諱生　即宣威公長子　生乾隆五十六年辛亥七月廿八午時　卒道光十八年戊戌八月十四日未時

娶黃氏號如意　生乾隆六十年乙卯六月初二卯時　卒同治元年壬戌五月三十日未時

繼娶吳氏刋娘號治助生卒失

子一　撽

降祿公諱淨　即宣威公次子
生乾隆五十九年甲寅正月十七午時
卒道光十七年丁酉七月初六日巳時

娶黃氏號治家
生嘉慶七年壬戌十二月十五日辰時
卒道光十七年丁酉十二月廿三午時

子三　炮　康出嗣歲公　伍

降壽公諱歲　即宣威公三子
生嘉慶六年辛酉六月初十日巳時
卒道光十七年丁酉五月二十酉時

娶謝氏改適

嗣子一　康

女一　適黃

宜像公諱賞　即德意公隻子
生道光六年丙戌十月十一日辰時
卒光緒廿四年戊戌閏三月廿三巳時

娶潘氏
生道光十九年己亥三月十一申時
卒同治四年乙丑三月十四日巳時

子一　文繡

愛眾公諱信　即平齋公長子
生乾隆五十二年丁未八月十八巳時
卒道光十二年壬辰五月初九日丑時

娶陳氏號勤賢
生乾隆五十八年癸丑八月初二午時
卒咸豐九年己未六月初八日卯時

子三　煎　白　尾

執楚公諱訖　即平齋公次子
生缺
卒道光十六年丙申十月廿五日酉時

娶謝氏翁娘
生失
卒　年八月十八日　時　止

足存公諱仰　即平齋公三子
生乾隆五十九年甲寅十二月廿三巳時
卒嘉慶廿五年庚辰九月三十日戌時

娶　氏改適　止

惟初公　即既勝公長子
生失
卒　年十一月十七日　時

娶　氏改適　止

惟送公　即既勝公次子　生失　止
卒　年閏九月初十日　時

奐誠公諱綬　即朝基公長子　生嘉慶五年庚申三月初七日卯時
卒嘉慶廿三年戊寅正月十九寅時

嗣子一　泰

克聖公諱孔　即朝基公次子　生嘉慶七年壬戌十月初二日申時
卒同治四年乙丑九月初十日卯時

娶謝氏號奕儉　生嘉慶十五年庚午十二月十四辰時
卒光緒六年庚辰六月初三日巳時

子四　妙養　苟　埧　泰出嗣綬公

女一　適潘

義新公諱勇　即如鉗公隻子　生嘉慶十六年辛未七月十五日巳時
卒道光廿九年己酉九月初九日酉時

娶　氏改適　止

艮慶派

叔甜公　即秋金公長子
生嘉慶十八年癸酉八月十六巳時
卒光緒五年己卯九月廿一日辰時

娶賴氏語娘
生道光三年癸未十月廿五日戌時
卒同治九年庚午十月十二日酉時

子一　柳興　養

叔辦公　即秋金公次子
生嘉慶廿二年丁丑十一月十五子時
卒咸豐元年辛亥六月廿五日丑時

娶林氏改適　止

書成公諱貼　即如治公長子
生嘉慶廿三年戊寅三月初四日未時
卒光緒十八年壬辰二月十八日未時

娶蔡氏號如富
生道光十年庚寅十二月十七日辰時
卒光緒廿一年乙未九月初五日戌時

子四 棟 泉 內 程 出嗣卜公

叔論公 即如洽公三子 生道光十一年辛卯五月初一日寅時 卒失 止

叔卜公 即欲誠公嗣隻子 生嘉慶廿五年庚辰正月初一日寅時 卒光緒廿一年乙未二月初五日卯時

娶黃氏號如安 生道光八年戊子五月十二日申時 卒光緒十一年乙酉十二月初七辰時

嗣子一 程

叔苗公 即廳公隻子 生卒失 止

叔甘公 即晉公隻子 生卒缺 止

叔徙公 即走公長子 生卒缺 止

叔欲公 即走公次子 生卒缺 止

角黍公諱粽　即爲孝公隻子
生道光七年丁亥　月　日時　止
卒光緒廿一年乙未八月初九巳時

叔春公　即存方公長子
生　年十月廿七日　時　止
卒　年十月廿三日　時

叔挨公　即存方公次子　生卒失止

佞色公　即存方公三子
生失
卒光緒四年戊寅十月廿四日巳時　止

德齋派

天樂公諱曉　即質慎公長子
生乾隆五年庚申九月廿二日卯時
卒乾隆卅八年癸巳正月十五寅時
娶黃氏燕娘號節懿
生乾隆四年己未十月初九日未時
卒乾隆五十四年己酉二月十四戌時
子三　佰　郄　道

天衡公諱璣字叔在　即質慎公次子
生乾隆七年壬戌六月初一日卯時
卒嘉慶十五年庚午正月初八丑時

娶潘氏安娘號柔懿

生乾隆七年壬戌九月初一日辰時
卒嘉慶廿二年丁丑七月初十巳時

子四　胤　梭　寬　讒

處士剛達公諱昌字叔熾　即清和公長子

生乾隆廿三年戊寅二月二十日巳時
卒乾隆五十八年癸丑九月初九申時

公

娶潘氏號勤順

生乾隆廿四年己卯五月廿四寅時
卒道光元年辛巳八月初八日巳時

子四　亥　羨　宣　衍

剛温公諱亮字叔欽　即清和公次子

生乾隆廿九年甲申正月廿二日亥時
卒乾隆五十九年甲寅九月十三戌時

公

娶潘氏號慈信

生乾隆三十年乙酉二月初七辰時
卒道光十年庚寅九月廿七日辰時

子二 朱不知何往 禾

生乾隆卅三年戊子五月初六日巳時
卒嘉慶元年丙辰八月初二日戌時

女一 適黃

剛爵公 諱體 即清和公三子

生乾隆卅四年己丑七月二十日辰時
卒道光二十年庚子十一月廿一吉時

娶杜氏儉娘

子一 暢

剛美公 諱斗 即清和公四子

生乾隆卅六年辛卯八月十八子時
卒道光三年癸未八月初六日未時

娶潘氏才娘號慈懿

卒乾隆卅七年壬辰四月十一日亥時
卒嘉慶十八年癸酉八月十六日申時

子二 魁元 八駿

女一 適潘

典三公諱朕郎字叔禮　即質樸公長子生卒失

娶黃氏瓊娘號樸勤 生乾隆廿九年甲申八月初八日酉時 卒嘉慶廿二年丁丑五月廿三日丑時

子二　茅蘭　惜英

谷愿公諱鶯字叔揚　即質樸公次子

公 生乾隆卅二年丁亥九月廿九日巳時 卒嘉慶廿一年丙子五月廿一日辰時

娶杜氏或曰黃氏未詳號順勤 生乾隆卅三年戊子五月初五日未時 卒道光十五年乙未八月廿二日亥時

子一　冬月

女一　適黃

鄉飲賓謀超公諱邁郎字叔邦　即柔齋公長子

公　生乾隆十七年壬申五月初三戌時　卒道光八年戊子六月三十日午時

娶黃氏號志儉　生乾隆十九年甲戌九月十八寅時　卒道光三年癸未正月十七日酉時

子四　秋香　戩穀　次香出嗣進作公　冊香

女一　適黃

謀遠公諱邇字叔鄉　即彔齋公次子　生乾隆十九年甲戌十一月十八巳時　卒道光二年壬午十一月初八日丑時

公

娶林氏號正譽　生乾隆　年　月　日　時　卒　年九月二十日時

子一　萬億

謀師公諱迎　即彔齋公三子　生乾隆廿三年戊寅九月初七日辰時　卒道光十一年辛卯正月初六日酉時

娶黃氏意娘號勤質　生乾隆廿七年壬午十一月廿二卯時　卒道光元年辛巳六月初八日午時

子四　雲總　衙香　光彩　喬香

謀園公諱德字叔從　即柔齋公四子　生乾隆廿七年壬午正月初五日寅時　卒嘉慶十六年辛未八月初七日辰時

公

娶黃氏號正勵　生乾隆卅四年己丑七月十九日戌時　卒　年九月十六日　時

子二　馬幼　久香

進作公諱述　即柔齋公五子　生　年十一月十五日時　卒　年正月初四日　時

嗣子一　次香

謀稱公諱順　即柔齋公六子　生乾隆卅四年己丑十二月初二巳時　卒道光十八年戊戌五月初九日申時

娶黃氏號守真
生乾隆卅七年壬辰十月十三日午時
卒道光十四年甲午五月初七日未時

子二　貞壬　錬香

國學生達圃公諱尊元字叔謙官章肇元　即誠齋公長子
生乾隆四十一年丙申十一月十八日子時
卒道光元年辛巳八月十九日卯時

公

娶黃氏潛娘號存懿
生乾隆四十三年戊戌九月廿三丑時
卒道光廿七年丁未十月三十日亥時

公葬仙邑仁德里塗寨鄉土名天妃棚

媽葬南安八都土名卧狗寨戳仔墓邊

子三　波瀾出嗣少樸公　嫻　炡

女一　適潘

公存心無偏友于兄弟孰有如公也哉築大厦則與次弟偕念同根則慟四弟亡爰命長子出爲後嗣於今枝葉並熾厥後克昌是公之德不少公之功正大也夫公固人中之人而媽亦女中之女也當公即世時大任獨肩內外皆治依孟母之道以教子援侃母之義以接賓雖長子出繼小叔而媽則有道以處之將公祀田就孟仲季輪流而當使親者不失其親義者無嫌於義也蓋欲示子孫以無忘兄弟之親亦欲示子孫以不忘兄弟之義也

國學生正圃公諱淑元字又儀官章國珍　即誠齋公次子

公　生乾隆四十二年丁酉七月廿六巳時　卒咸豐八年戊午十一月十三日巳時

娶黃氏敬娘號質勤　生乾隆四十二年丁酉三月十一辰時　卒嘉慶廿二年丁丑五月十四日辰時

繼娶黃氏定娘號存性　生乾隆五十八年癸丑五月初九午時　卒道光廿六年丙午十月初四日巳時

公與繼妣同塟在大光嶺后土名石垵崙上坐甲向庚

先妣質勤媽塟在本鄉后坑坂土名狗頭山坐巽向乾

子四　灶　楓　騰俱先妣出　慨繼妣出

公真吾鄉之巨擘也存心立志抑强不爲佐强排難解紛健訟而非好訟今日聲名赫赫仙邑演爲戲局後有覽者猶知某公爲某國某鄉之士也至於偕冢兄以築室延名師以課

兒猶其餘事也公享壽八十二

郡庠生耐圃公諱核元字又懷官章掄元　即誠齋公四子

生乾隆四十六年辛丑正月三十巳時
卒嘉慶十一年丙寅七月廿二日卯時

公

娶黃氏堋娘號守儉

生乾隆四十五年庚子正月廿一日辰時
卒咸豐三年癸丑十一月初四日巳時

公塟本鄉土名下尾墩仔頭坐甲向庚兼寅申並孫福童公

同塟也

媽塟仙邑仁德里土名下倉洋坐子向午兼壬丙

子一　潑英

女一　適杜

少樸公諱納元　即誠齋公五子
生乾隆五十一年丙午九月十二戌時
卒乾隆六十年乙卯十月十三日巳時
塟本鄉土名下坵壠田中坐乾向巽兼亥巳
嗣子一　波瀾

莊重公諱聯元　即玉亭公嗣子
生乾隆卅八年癸巳十二月廿三亥時
卒道光十六年丙申六月十七日卯時
娶杜氏超娘號慈儉
生乾隆卅九年甲午十一月十二戌時
卒道光七年丁亥四月廿五日午時
公塟本鄉土名社仔坐乙向辛兼卯酉
媽塟廣橋土名泗洲坐乙向辛兼卯酉
子四　郁　服　送　普

處士植厚公諱忠元字叔信　即謹齋公長子

公　生乾隆隆卅八年癸巳八月廿四午時　卒道光十年庚寅三月初八日丑時

先娶黃氏胡娘號純慈　生乾隆四十年乙未二月十二未時　卒嘉慶二年丁巳六月初七日未時

繼娶黃氏吟娘號寬慈　生乾隆四十年乙未十一月廿一寅時　卒道光十三年癸巳三月初六日巳時

子四　秋菊　行義　三箸　奕禩俱繼妣出

女一

塔峰公諱懋元字叔勉　即謹齋公次子

公　生乾隆四十九年甲辰四月十二日卯時　卒嘉慶廿四年己卯七月廿二日巳時

娶林氏品娘號勤懿　生乾隆五十年乙巳二月初三日卯時　卒道光十九年己亥四月初二日申時

子二　棟仕　高仕

女一　適黃

邑庠生敦厚公諱憲字叔　官章重光　即謹齋公三子

生乾隆五十三年戊申九月初八未時

卒道光十三年癸巳九月初八日未時

公

娶黃氏琴娘號懿慈

生乾隆五十三年戊申四月二十辰時

卒咸豐十一年辛酉十二月十三酉時

側室阮氏冬姊號存慈

生嘉慶十年乙丑九月十三日吉時

卒同治六年丁卯十月十五日午時

公葬本鄉土名九曲崙坐　向

媽葬本鄉土名翁厝園坐　向

子三　瑞田養　戴　貨俱庶出

女一　適黃黃氏出

恩錫耆賓莊厚公諱惠元字叔哲　即謹齋公四子
生乾隆五十九年甲寅四月十五寅時
卒咸豐六年丙辰十二月廿六日卯時

公

娶林氏柿娘號純恬
生乾隆五十九年甲寅十一月初三寅時
卒同治二年癸亥正月初九日亥時

子三　伏　庫　老

女三　長三適黃　次適潘

處士成基公諱揖元字叔立　即厚齋公長子
生乾隆五十三年戊申正月十二日酉時
卒道光十五年乙未十二月初六日未時

公

娶黃氏冷娘號勤正
生乾隆五十四年己酉十月十六亥時
卒咸豐元年辛亥九月初八日辰時

公葬本鄉城隍內土名軟脚崙坐壬向丙兼子午

子四　宗炎出嗣居閒公　宗杰　宗族　宗挺
女二　適黄　適謝
宏基公諱搆元字叔肯　即厚齋公次子
公　生乾隆五十八年癸丑九月廿四辰時　卒道光十四年甲午四月初八日亥時
娶黄氏足娘號勤實　生乾隆五十八年癸丑十月廿二酉時　卒道光十八年戊戌四月十六日未時
考妣合葬本鄉城隍洋新厝埔内崙巒坐甲向庚兼夘酉至
光緒丙申年改作坐乙向辛兼辰戌
子三　宗寶　宗盛　宗締
公居二長兄成基公幼讀詩書親朋咸異迨家素浩繁專賴

乎公之佐理公拮据成家朝夕不倦兄弟姊妹俱各如一至
鄉中長幼亦無異言衆稱其公之克成厥家公又舉業如初
以光先緒外出經營內修家務義方愛子積善成名孺人系
出自金谿紫雲武生黃鵬飛公之長女于歸之後克勤克儉
訓孫子以孝待伯叔以禮公治外孺人治內中外不虧人稱
不已是所謂爲善克昌也

居閒公諱擺元　即厚齋公三子　生嘉慶五年庚申十月十一日寅時　卒道光十四年甲午七月初八未時

娶潘氏時娘號柔順　生嘉慶七年壬戌七月初七日辰時　卒嘉慶廿四年己卯廿二月廿九申時

嗣子一　宗炎

剛方公諱掛元　即厚齋公四子
生嘉慶八年癸亥閏二月廿九日亥時
卒道光十四年甲午三月三十日巳時

娶黃氏恨娘號正實
生嘉慶九年甲子正月初八日戌時
卒咸豐六年丙辰九月十七日子時

子三　宗培　宗蒲　宗文

恪齋派

樸儉公諱洌　即至有公長子
生乾隆廿五年庚辰九月十三日亥時
卒嘉慶廿三年戊寅四月初八日午時

娶黃氏生卒缺

子三　守　澤　坑

灘公　即至有公次子生卒失止

洗公　即至有公三子生卒失止

莊敏公諱玉蘭字叔佩　即樸篤公長子

公

生乾隆卅八年癸巳三月初一日亥時

卒道光十四年甲午十一月廿一辰時

娶林氏緣娘號慎慈

生乾隆四十年乙未三月十五日卯時

卒道光十二年壬辰九月十六日辰時

子三　週甲　週庚　週雲

敦廓公諱富蘭　即樸篤公三子

生乾隆五十一年丙午二月廿六卯時

卒道光四年甲申八月廿七日午時

娶黃氏越娘號情節

生乾隆五十五年庚戌十月廿四巳時

卒道光十一年辛卯十月廿一日巳時

子二　秋月　院月

息齋公諱璘蘭　即樸篤公四子

生嘉慶元年丙辰十一月初七子時

卒同治元年壬戌五月十一日未時

娶黃氏號純淑生卒失

子二 月喜 月嬌

輝齋公諱契蘭字叔符 即淳質公嗣子

生乾隆四十七年壬寅八月初四子時
卒咸豐元年辛亥十月初五日午時

公

娶謝氏妍娘號勤懿

生乾隆四十六年辛丑十二月廿七丑時
卒咸豐六年丙辰六月三十日戌時

側室黃氏 生卒失

子二 廣裕 篆

裕後公諱珍 即義亭公長子

生乾隆三十年乙酉九月十四日午時
卒道光十七年丁酉八月廿一日辰時

娶黃氏號慈懿

生乾隆廿九年甲申七月十三日丑時
卒嘉慶七年壬戌十二月初九日戌時

同塋本鄉土名東巷墘水尾壬丙子午

子二　惟福　惟嶽

女一　適黃

純靖公諱睹　即義亭公三子　生乾隆四十一年丙申九月初八巳時　卒嘉慶二年丁巳十二月初十日巳時

葬本鄉土名九窩崙坐乾向巽兼亥巳

嗣子一　球

足敬公諱科　即義亭公四子　生乾隆四十四年己亥八月十七亥時　卒道光十七年丁酉七月十五日未時

娶潘氏號寬敏　生乾隆四十四年己亥四月十三戌時　卒道光十七年丁酉五月廿五日戌時

子七　球出嗣睹公　達　勢　應　麟　三　亭

足容公諱玲字叔俊　即樸慎公嗣長子

公

生乾隆卅三年戊子八月廿四日戌時
卒道光十四年甲午五月廿三日午時

娶黃氏翕娘號雅恬

生乾隆卅五年庚寅五月初二申時
卒嘉慶元年丙辰正月初九日寅時

繼娶黃氏千娘號端恬

生乾隆四十四年己亥九月初八日巳時
卒道光十二年壬辰閏九月初八日辰時

子二　冬春外出　萬春

成艮公諱雄　即宣亭公長子

生乾隆四十六年辛丑四月廿一巳時
卒咸豐三年癸丑二月十三日戌時

娶杜氏號儉樸

生乾隆四十五年庚子四月廿三酉時
卒道光十二年壬辰七月初三日辰時

同葬本鄉土名城隍內翻龍山

子三　地坤　艮蘭　文蘭

處士光義公諱妍字叔餘　即宣亭公次子

公
生乾隆五十年乙巳正月廿一日巳時
卒道光廿七年丁未四月廿七日亥時

娶黃氏嬀娘號順德
生乾隆五十三年戊申二月十七亥時
卒同治十二年癸酉二月廿六日寅時

公塟本鄉土名下江洋巽乾巳亥

妣塟本鄉土名內墩甲庚寅申

子四　邦瑞　邦僅　邦睿　邦敏

女一　適黃

克明公諱假字叔命　即宣亭公三子

公
生乾隆五十二年丁未十月初三酉時
卒道光十七年丁酉四月十五日子時

娶陳氏勤娘號柔慈
生乾隆五十六年辛亥九月初七巳時
卒咸豐九年己未十月廿二日巳時

同埜南邑土名山中磨石垵艮坤丑未

子四　邦彦　邦韻　邦出　邦習

純德公諱遏字叔音　即宣亭公四子

公

生乾隆五十九年甲寅九月廿四日未時
卒道光十年庚寅三月廿八日巳時

娶杜氏汝娘號順儉

生嘉慶二年丁巳七月廿八日酉時
卒咸豐二年壬子十月初十日辰時

子二　邦衛　邦緜

鄉賓國才號克毅公諱炎字叔力　即宣亭公五子

公

生嘉慶二年丁巳六月十五日巳時
卒光緒十四年戊子九月廿七酉時

娶黃氏險娘號勤謹

生嘉慶七年壬戌二月十二日亥時
卒同治十二年癸酉十二月廿二未時

同塋本都土名東坂楓脚

子四　美　慶　所　知

樸實公諱萬字叔榮　即碩齋公長子

公

生乾隆四十八年癸卯十二月廿七未時

卒咸豐三年癸丑二月廿二日卯時

娶史氏刋娘號節儉

生乾隆五十年乙巳九月三十日戌時

卒道光十二年壬辰七月十一日酉時

子三　寶　程　巨

存直公諱埒字叔言　即碩齋公次子

公

生乾隆五十三年戊申六月初三申時

卒咸豐四年甲寅六月廿九日午時

娶杜氏甲娘號勤儉

生乾隆五十五年庚戌八月十九酉時

卒咸豐七年丁巳十二月初二日戌時

子四　特　雙會　立　沛

女一　適黃

和衆公諱嚴　即碩齋公三子

娶林氏號儉敏

生嘉慶元年丙辰六月十六日　時

卒道光廿六年丙午五月十一　午時

生嘉慶三年戊午六月廿八日午時

卒道光廿六年丙午六月十五申時

同塟本都土名后宵

子五　禮　愿　好　喬　追

乃素公諱啓字叔廸　即義軒公長子

公

娶黃氏緬娘號勤慈

生乾隆卅四年己丑五月初三日寅時

卒道光十三年癸巳五月初六日卯時

生乾隆卅六年辛卯三月廿三未時

卒道光八年戊子十月初五日酉時

合塋拋網山坐東向西

子二　藝　協

克勤公諱山字叔淨　即義軒公次子
生乾隆卅七年壬辰十月二十日子時
卒道光十四年甲午四月廿一日辰時

公

先娶黃氏奏娘號勤謹
生乾隆卅七年壬辰十月初九日午時
卒嘉慶廿三年戊寅八月初九日丑時

繼娶陳氏占娘號順儉
生乾隆五十四年己酉三月初六日亥時
卒道光三十年庚戌三月廿一日未時

公與黃氏塋本都土名建香埔牛尾壬丙子午

繼妣陳氏塋本鄉土名牛角垢辛乙酉卯

子四　三省　三多黃氏出　華明　添明陳氏出

女一　適黄

純樸公諱吉蘭　即義軒公三子
生乾隆四十五年庚子正月初二巳時
卒嘉慶廿四年己卯三月初一日戌時

娶王氏正娘號順良
生乾隆四十七年壬寅八月初六卯時
卒道光十三年癸巳七月初八日午時

同葬本都土名前崙亀山艮坤寅申

子四　海　赤　魁　清

敦樸公諱粕　即謙亭公長子
生乾隆卅二年丁亥三月初一卯時
卒道光四年甲申三月十九日申時

先娶黄氏桂娘號懿慈
生乾隆卅二年丁亥十一月初五日酉時
卒乾隆五十二年丁未七月十六日酉時

繼娶李氏好娘號贒慈
生乾隆卅四年己丑七月十九日　時
卒道光十三年癸巳二月廿三日酉時

公與繼妣李氏塟本都土名献朐埔隔

先妣黄氏塋本都土名獻朐埔隔

子五　田　回　秩　彤春　等

女一　適黄

敦實公諱談字叔心　即謙亭公次子

生乾隆卅六年辛卯八月十六日巳時
卒道光十一年辛卯九月十二日酉時

公

先娶黄氏號儉懿

生乾隆三十九年甲午二月初八日戌時
卒乾隆五十七年壬子十二月十二丑時

繼娶黄氏號莊静

生乾隆卅八年癸巳三月初七日巳時
卒咸豐二年壬子十一月廿五日酉時

子二　歆　月

女一　適蘇

厚靜公 諱持宇叔志　即謙亭公三子　生乾隆四十五年庚子十月十六日亥時　卒道光十九年己亥正月初十日寅時

公

娶黃氏成娘號儉慈　生乾隆四十九年甲辰二月初三日寅時　卒道光元年辛巳十一月二十日亥時

同葬南邑土名磨石墘田后丑未艮坤

子二　接　提

女一　適黃

文英公 諱旁　即篤誠公長子　生乾隆五十四年己酉八月十二日時　卒道光十五年乙未七月十二日巳時

娶潘氏葉娘號恬素　生乾隆五十五年庚戌七月廿三日時　卒道光十五年乙未六月廿一日未時

子三　水　映　圖

定素公諱卿　即篤誠公次子
生乾隆五十八年癸丑二月二十戌時
卒咸豐三年癸丑七月二十日酉時

娶黃氏號順節
生乾隆五十九年甲寅九月初四寅時
卒道光廿八年戊申九月十八日丑時

子三　勸　晉　妥

女一　適黃

惠呈公諱遷　即篤誠公三子
生嘉慶元年丙辰四月初六日寅時
卒道光廿五年乙巳十二月廿四酉時

娶杜氏號守靜
生嘉慶二年丁巳六月十二日午時
卒道光廿四年甲辰八月廿一丑時

子三　交　虔　城

邑庠生靜軒公諱士字叔安官章克修　即素齋公長子
生乾隆四十七年壬寅四月廿八日子時
卒嘉慶十九年甲戌十月廿三日戌時

公

娶林氏蔬娘號順慈　生乾隆四十七年壬寅九月初二辰時　卒道光十三年癸巳十月初五日戌時

合塟本鄉土名西墘穴坐

子二　昭明　繼明

厚齋公諱亀字叔琛　即素齋公次子　生乾隆五十年乙巳六月十一日辰時　卒咸豐三年癸丑十二月十一日申時

公

娶黃氏琴娘號儉慈　生乾隆五十二年丁未八月十六未時　卒咸豐元年辛亥十月初二日未時

同塟本鄉城隍內土名新厝埔坐丑向未兼艮坤

子二　杏林　維明

女一　適黃

公生平厚重不遷非法不言履豐席厚舉案齊眉洪福兼脩
其五修身實省平三掌家道理出入一以至公無私自此而
外他務未遑惟是厚待名師課督兒孫冀其成立然而報應
不爽兒孫果以文武遊庠者特其先機耳同治　科次男之
長子聯登以弓矢受知於徐老夫子長男春南同治丁夘科
以文塲受知於曹老夫子而詩書代傳正未可量是皆公之
雅慕斯文有以詒之

恩授貢生慎齋公諱賢字叔才官名俊修　即素齋公三子
生乾隆五十二年丁未九月廿二亥時
卒同治元年壬戌正月廿四日戌時

公

娶潘氏鳳娘號柔慈 生乾隆五十四年己酉正月十七酉時 卒同治九年庚午四月初六日未時

同塟本鄉廣橋鄉土名野豬仔坐壬向丙兼子午

子二　昆明　低明

公性禀本忠義兼之友弟兄國恩欣受贈家教好傳聲馬帳

延先覺雞窗訓後生詩書勤五夜弓矢學三更酷嗜鰲頭選

詒謀燕翼宏敷奇偏不效孫子負心誠

篤實公諱暖　即素齋公四子 生乾隆五十八年癸丑九月廿一午時 卒嘉慶二十年乙亥七月初一日戌時

娶黃氏五娘號勤節 生乾隆五十七年壬子九月廿六日酉時 卒道光十八年戊戌十一月十三日亥時

同塟本鄉土名徐壠坐　向

子一　劍明

女一　適潘

恩授直隸州毅齋公諱懷字叔臨官章德修　即素齋公五子

公　生嘉慶元年丙辰五月十二日子時
卒同治十年辛未五月十五日巳時

娶林氏静娘號恬慈　生嘉慶元年丙辰八月十二日亥時
卒道光二十年乙巳十月初一卯時

公塟本鄉土名曾宅埔坐乙向辛兼卯酉

妣公仙邑仁德里土名後埔寨坐壬向丙兼子午

子三　培長　培創　培姣

公生平堅强不屈敬重斯文獨延名師專督長子竟以數奇

不獲見售遂命長孫開春學習弓矢即於同治　科受知於
邵老夫子則所謂功名本於前定而德修之一段婆心於是
稍慰矣

希文派

一同公諱助　即斐亭公長子　生乾隆廿四年己卯七月十四日戊時　卒嘉慶十年乙丑閏六月初十日　時
娶黃氏號順謹　生乾隆廿七年壬午七月初一日亥時　卒嘉慶　年六月十二日巳時
子一　亮

叔颸公　即斐亭公次子　生卒失止

叔呂公　即斐亭公三子　生卒失止

叔盛公　即斐亭公四子生卒失止

存烙公諱勢　即懷直公長子

生乾隆廿六年辛巳二月廿四日　時
卒乾隆四十八年癸卯八月廿八辰時

與懷直公前妣合葬陳垵坑伊後坤艮申寅

子一　就養

殷成公諱劼字叔献　即懷直公次子爲人耿直酷嗜書香

公

生乾隆卅九年甲午六月十五日亥時
卒道光廿六年丙午七月廿八日寅時

娶杜氏語娘號守積

生乾隆四十一年丙申七月初二日辰時
卒道光十七年丁酉十一月十五日午時

公葬林口厝地后甲庚卯酉

妣與三男才禮同葬林口嶺頭癸丁子午

子三　欽賜　移桃養　重賜

鄉賓樸慎公諱勳字叔一官章一鳴　即懷直公三子生平克勤克儉置家業性躁直

生乾隆四十三年戊戌十二月初五戌時
卒同治元年壬戌八月初十日酉時

娶黃氏藝娘號守善

生乾隆五十一年丙午九月十五辰時
卒咸豐二年壬子三月廿七日戌時

考妣合葬南安八都林口水尾

子四　赤養　煌　全棋　全盒

增公字叔益　即懷義公長子

生乾隆　年　月　日　時
卒咸豐　年七月廿八日　時

娶黃氏生卒缺

子二　贊朝　璇璣

叔均公　即懷義公次子生卒失止

後法公諱蔭　即守樸公長子

生嘉慶八年癸亥六月初一日辰時

卒道光十五年乙未五月廿八未時

叔賜公　即守樸公次子生卒失止

成全公　即守樸公三子

生嘉慶十二年丁卯七月初八辰時

卒道光四年甲申五月初九日子時

子二　涼　春俱養

叔元公　即守己公嗣長子

生嘉慶十四年己巳九月廿四日卯時止

卒咸豐　年　月　日　時

命宗公　即實義公之子

生嘉慶廿四年己卯正月廿七日戌時

卒失

娶姚氏

生道光元年辛巳十二月初四日午時止

卒咸豐六年丙辰七月十四日辰時

叔葵公　即達義公養子

生道光四年甲申　月　日　時止

卒同治十一年壬申正月十七日時

叔親公　即瑞公嗣子　生嘉慶六年辛酉十月二十日　時　卒道光　年四月十二日　時止

叔于公　即平直公三子生卒失止

叔蔡公　即平直公四子生卒失止

叔右公　即三程公養長子生卒失止

有全公諱買字叔用　即紫燕公嗣子　生嘉慶十九年甲戌十二月十三日巳時　卒光緒十九年癸巳十二月初四日亥時

公

娶黄氏生娘　生道光十一年辛卯三月初二巳時　卒光緒八年壬午七月初四日酉時

子二　艮　貞

叔成公　即寬從公之子生卒缺止

仕進派

純直公諱愈　即質實公長子

娶黃氏號貞順

子三　敬賜　向賜　蠟賜

純士公諱慈　即質實公三子

娶林氏號信素

子一　新春

暗定公諱必　即質實公四子

娶黃氏號恬慈

生乾隆廿七年壬午十二月廿七申時

卒道光七年丁亥八月二十日辰時

生乾隆卅四年己丑二月廿六日戌時

卒嘉慶二十年乙亥七月廿二日卯時

生乾隆四十二年丁酉九月廿八日午時

卒道光十六年丙申十一月廿三日亥時

生乾隆四十四年己亥三月十三日時

卒道光十八年戊戌十月初九亥時

生乾隆　年十一月初九日酉時

卒道光九年己丑正月十八日　時

生乾隆五十七年壬子六月初一辰時

卒道光十五年乙未七月廿八日亥時

子一　端存

純心公諱點　即思密公嗣子　生乾隆廿九年甲申七月二十酉時　卒道光四年甲申七月初四日午時

娶陳氏號神淑　生乾隆　年十一月初二日時　卒嘉慶　年八月初一日　時

繼娶杜氏號慈儉　生乾隆卅二年丁亥九月初九日申時　卒道光十六年丙申五月初十日辰時

子二　陽名　祠名

成武公　即厚益公長子　生卒失

娶　氏　生卒缺

子五　長興　儀興　儀第　思興　胄元

成文公　即厚益公次子　生乾隆卅八年癸巳八月十二丑時　卒嘉慶二年丁巳三月十七日戌時　止

日誦公　即温厚公長子生卒缺止

生乾隆卅七年壬辰九月初十日戌時
卒乾隆　年　月　日時

叔別公　即守經公之子

娶黄氏號順懿

叔仙公　即克清公長子生卒缺止

生乾隆四十三年戊戌九月初五日酉時
卒嘉慶十四年己巳正月初九日寅時　止

叔衢公　即克清公次子生卒缺止

謹成公諱嚴　即克清公三子

生乾隆四十年乙未八月廿九日酉時
卒道光十二年壬辰九月十七日午時

娶黄氏玉娘號柔順

生乾隆四十九年甲辰八月廿七卯時
卒咸豐二年壬子九月初三日未時

子二　者　兩

泉成公諱作　即克清四子

生乾隆四十六年辛丑閏五月初七日時
卒失

子二　錦　梗俱發

書軒公諱公俟字叔周　即克清公五子
生乾隆五十一年丙午正月廿一卯時
卒道光十三年癸巳十月初二日　時

公

娶潘氏首娘號貞樸
生乾隆六十年乙卯九月初五日亥時
卒嘉慶二十年乙亥十月廿九日巳時

嗣子一　失諱

叔六公　即克清公六子生卒失　止

純則公諱伐　即純儉公長子
生乾隆四十年乙未三月初八日丑時
卒道光廿七年丁未六月廿一日申時

娶蔡氏于娘號貞信
生乾隆五十九年甲寅十二月　日時
卒道光八年戊子六月十四日卯時

同塟三元坑墓仔口艮坤丑未

子二　萬　杉

女二

順理公諱篠字叔成　即純儉公次子

公　生乾隆四十二年丁酉八月廿七日戌時　卒道光十六年丙申十月初二日卯時

娶黃氏勤娘號懿儉　生乾隆五十九年甲寅九月廿七戌時　卒光緒二年丙子正月初八日辰時

子五　寬　全　晏　章　對

叔推公　即純德公養子生卒失止

由來公　即植公之子生卒缺止

純直公諱勇元　即如松公長子　生乾隆五十七年壬子十一月廿六午時　卒道光廿八年戊申九月廿七日申時

娶阮氏
子二　合圭　莱

保元公　即如松公次子　生卒失　止

永元公　即如松公三子　生卒失　止

存惠公諱粽元　即如松公四子　生嘉慶十四年己巳八月初四亥時　卒同治六年丁卯六月初七日未時
娶賴氏改適
嗣子一　春來

樸成公諱府郎　即梅竹公長子　生乾隆五十九年甲寅九月廿五日午時　卒道光十五年乙未五月十三日酉時
娶黃氏縣娘號孝慈　生嘉慶十一年丙寅十月初九日酉時　卒光緒八年壬午十二月初五日午時

子二　選來　偏來　似次子其興　生嘉慶七年壬戌正月初五日酉時　卒同治五年丙寅五月廿四日巳時

富有公諱色蘭　即梅竹公次子

娶杜氏號真盛　生嘉慶十三年戊辰十月十二未時　卒同治六年丁卯七月十五日未時

子五　方來　華來　連來　献瑞　隔來

長發公諱底蘭　即梅竹公三子　生嘉慶十五年庚午五月初九日酉時　卒咸豐十一年辛酉十二月十六戌時

娶賴氏絹娘號慈儉生卒失

子四　順興　合興　其興出為府郎似次子　春來出嗣綜元

取來公　即梅竹公四子生卒缺　止

神撥公　即純法公長子生卒失　止

貝親公諱㝗　即純法公次子　生嘉慶十年乙丑　月　日　時　卒嘉慶十九年乙亥七月廿二日未時　止

檳郎公　即明登公長子　生嘉慶十年乙丑五月廿六日申時　卒道光廿九年己酉九月廿九子時

娶杜氏號順懿　生卒缺

子二　會同　宋興

雪香公　即明登公次子　生卒缺

子一　宗廟　養

王子公　即回齋公長子　生卒缺　止

成財公諱大子　即回齋公次子　生嘉慶八年癸亥五月廿三日　時　卒咸豐七年丁巳七月廿三日巳時

娶　氏　生嘉慶十三年戊辰　月　日　時　卒道光十八年戊戌九月二十日　時

子二　光愿　連基

明以公　即回齋公三子生卒失止

叔悔公　即存心公之子生卒缺止

朝春公　即情孝公長子生卒失止

夜香公　即情孝公次子生卒缺止

石珍派

厚德公諱坤　即蘭齋公猶子　生失　卒　年三月廿一日時

娶卓氏號勤樸　生失　卒　年五月初十日　時

子二　茶　玉

文興公　即蘭齋公猶子生卒失止

文質公　即蘭齋公猶子生卒失
娶黃氏號儉慈生卒失止

文炳公　即蘭齋公猶子生卒缺止

敬德公諱於　即海籌公猶子　生乾隆四十八年癸卯　月　日　時　卒道光十三年癸巳七月廿三日午時
娶曾氏改適
子一　深

克儉公　即海籌公猶子生卒失止

膺揚公　即海籌公猶子生卒失止

娶黄氏號端敏生卒失止

樸敏公　即壯明公猶子生卒失止

寬懷公　即壯明公猶子生卒失止

敏成公　即康壽公猶子生卒失止

娶潘氏號惠愛生卒失止

茂篤公　即康壽公猶子生卒缺止

行謙公　即宣福公猶子生卒失止

先娶潘氏號似𢣷生卒失止

繼娶黄氏號謹順生卒失止

到達公　即宣福公猶子生卒失止

嘉獻公　即宣福公猶子生卒缺止

獻金公　即秉素公猶子生卒缺止

升桐公　即秉素公猶子生卒缺止

娶黃氏號孝節生卒缺

輔世公　即蔚堂公長子生卒失

娶史氏號遜謙生卒失

子二　衷　鈎

石楊公諱團　即蔚堂公次子

生乾隆五十一年丙午十一月十三子時
卒嘉慶廿三年戊寅五月二十日戌時

娶黃氏　生乾隆五十四年己酉十二月初一寅時　卒道光三年癸未七月廿五日戌時　止

如磋公諱磨　即蔚堂公三子　生嘉慶八年癸亥五月初四日寅時　卒咸豐三年癸丑正月廿六日寅時

娶黃氏粉娘號謹修　生嘉慶十五年庚午六月十六亥時　卒光緒二年丙子四月廿二日午時

子三　興　謀　延

美泉公諱科　即蔚堂公四子　生嘉慶十一年丙寅正月十九日辰時　止　卒咸豐四年甲寅五月十四日未時

和義公諱灑字叔然　即晴巖公長子　生嘉慶二年丁巳十二月廿九戌時　卒道光　年十一月初三日卯時

娶杜氏號謹慎　生嘉慶六年辛酉五月廿五日午時　卒道光廿八年戊申四月二十卯時

子二　偉　曲

敦厚公諱釪字叔昌　即晴巖公次子　生　年九月初七日　時　卒　年四月三十日　時

先娶杜氏號慎慈　生　年六月初九日　時
卒　年九月三十日　時
繼娶黃氏號樸慎　生　年三月二十日　時
卒　年十月初三日　時
嗣子一　培

敦淮公諱鋪字叔廉　即晴巖公三子
公　生嘉慶五年庚申八月十五日子時
卒　年十二月初七日　時
娶黃氏治娘號純静　生嘉慶十八年癸酉十二月廿七申時
卒道光廿六年丙午七月初五日午時
葬新生坡口丁癸未丑
子二　世縣　瓊璋
女一　適黃

文炳公諱彪字叔休　即晴巖公四子
公
生嘉慶十年乙丑十二月初十日　時止
卒道光十三年癸巳七月初十日　時

仔義公諱悄字叔閔　即晴巖公五子
公
生嘉慶十五年庚午六月二十日未時
卒咸豐六年丙辰九月廿四日辰時

聘杜氏妤娘十七歲未娶而歿

繼娶杜氏柚娘號淑静
生嘉慶十八年癸酉十月十六日午時
卒道光廿一年辛丑四月二十日酉時

子二　榜　培出嗣釪公

如悅公諱嚴顏字叔怡　即紫巖公長子
公
生嘉慶四年己未十一月廿三日丑時
卒道光十八年戊戌三月初四日酉時

娶王氏富娘號貞貴　生嘉慶五年庚申六月廿一日寅時　卒咸豐三年癸丑五月十七日巳時

合葬埔尾崎頭辛乙戌辰

子二　衍　窗

梏與公諱梗　即紫巖公次子　生嘉慶六年辛酉十二月十六日戌時　卒同治十一年壬申十一月十五卯時

娶黃氏味娘號有慈　生嘉慶十四年己巳四月廿五丑時　卒光緒九年癸未九月廿三日未時

同葬本鄉紅墩頭艮坤寅申

子一　拔

醇懷公諱腆　即和安公嗣子　生乾隆五十一年丙午十一月初三未時　卒道光十八年戊戌二月初五日巳時

娶黃氏謹娘號柔和　生乾隆五十七年壬子七月初五未時　卒道光十四年甲午七月十一日巳時

子三　連比　魁元　博厚出嗣壽星公嗣孫

生嘉慶十八年癸酉二月初二日　時
卒　　年十一月廿八日時

子鈌

桂連公　即温來公次子

圭連公　即及來公長子生卒失

娶　氏生卒失止

究連公　即及來公次子生卒失止

進益公諱畝連　即醇樸公長子

生嘉慶十一年丙寅六月廿七寅時
卒同治十年辛未七月廿六日卯時

娶杜氏草娘號謹順

生道光元年辛巳十月十七日寅時
卒光緒十三年丁亥十二月廿三辰時

子三　溪月兼承金成公　兩月　嬌月

金成公諱敳連　即醇樸公次子
生嘉慶十五年庚午二月十九日時
卒咸豐　年二月廿九日辰時

雙承子　奚月

藩琇派

賢寶公諱惜字叔花　即德泉公長子
生嘉慶二年丁巳三月十八日午時
卒道光十二年壬辰八月初八日午時

公

娶黃氏掬娘
生嘉慶九年甲子十一月十四日辰時
卒道光九年己丑十月十二日巳時

子二　招　篤

爲質公諱丞　即成渠公長子
生乾隆四十一年丙申八月初四　時　止
卒道光十一年辛卯九月十七日　時

爲昔公諱屢　即成渠公次子
生乾隆四十五年庚子四月初三日巳時
卒嘉慶廿二年丁丑正月廿一日子時

娶張氏改適

子一　畜

女一　適林

凌軒公諱揷字叔金　即賢德公長子

公

生嘉慶十一年丙寅九月廿五日午時

卒同治三年甲子十一月廿五日巳時

娶黃氏溝娘

生嘉慶十七年壬申十月廿五日卯時

卒道光廿八年戊申五月廿七日申時

子二　火　象

懷素公諱連興　即純成公長子

生嘉慶十三年戊辰十月十一日亥時

卒道光廿九年己酉十二月廿六酉時

娶黃氏飲娘號順懿

生嘉慶十六年辛未九月十三日辰時

卒道光十五年乙未十一月初七戌時

子一　鄂

來意公諱連登　即純成公次子

生嘉慶十六年辛未十一月初二寅時
卒咸豐六年丙辰十二月二十日午時

子一　西養

連三公　即純成公三子

生嘉慶廿一年丙子六月廿七巳時
卒光緒五年己卯三月廿一日未時

子一　陳養

連盛公　即純成公四子

生嘉慶廿四年己卯八月十九申時
卒同治九年庚午三月廿八日巳時

子一　長養出嗣別支

成團公諱賀字叔慶　即成業公長子

公

生嘉慶二年丁巳二月十四日戌時
卒道光十五年乙未正月廿五寅時

娶黃氏暡娘

生嘉慶五年庚申十月初一日巳時
卒同治二年癸亥二月二十日辰時

子三　開　水　族

醋公字叔存　即成業公次子

生嘉慶五年庚申正月初三日辰時
卒　年正月初四日　時

娶黃氏灶娘

生嘉慶十五年庚午六月十八日丑時　止
卒道光廿二年壬寅五月廿六日酉時

叔省公　即成業公三子

生嘉慶十五年庚午六月初九日卯時　止
卒道光廿五年乙巳三月二十日未時

叔腰公　即成業公四子

生嘉慶廿一年丙子正月廿五日亥時　止
卒道光十八年戊戌四月初六日卯時

成水公諱清　即成業公五子

生嘉慶廿五年庚辰八月十一日寅時
卒光緒十四年戊子正月初八日亥時

娶林氏南月娘號勤節

生道光十年庚寅十二月廿三日酉時
卒咸豐三年癸丑十一月初十日未時

繼娶潘氏引娘

生道光三年癸未五月廿五日午時
卒光緒十七年辛卯九月十一午時

考妣三位同塟樹林尾路脚

子二　香　春

絹公字叔傧　即積興公長子

生嘉慶三年戊午八月十七日卯時
卒道光十七年丁酉八月二十寅時

娶黃氏法娘

生嘉慶四年己未十一月廿二日丑時
卒道光十七年丁酉八月初四日寅時

子一　轉

倫公　即積興公次子

生嘉慶十年乙丑二月廿三日寅時　止
卒光緒三年丁丑五月廿一日戌時

閨公　即積興公三子

生嘉慶十六年辛未十二月廿七酉時　止
卒道光十七年丁酉八月初二日巳時

其彌公諱堅字叔利　即成金公長子

公

生嘉慶十八年癸酉八月廿八日丑時
卒光緒十年甲申二月廿一日未時

娶杜氏勤娘號且意

生嘉慶廿三年戊寅八月初六酉時
卒光緒八年壬午三月初九日辰時

考與父成金公同塋新墓山園頭

妣與姑陳氏合塋禪脚坵路脚

子四　團　杲　梓　高出嗣遠公

叔牒公　即成金公次子

生道光四年甲申三月十九日戌時　止
卒道光三十年庚戌五月初六午時

叔壽公　即成內公長子

生嘉慶十五年庚午十一月初八丑時
卒道光五年乙酉四月廿八日申時

公在洪墘溪被大水橫流而歿

雙承子　永

壘公字叔珠　即成內公次子

生嘉慶十九年甲戌九月廿八日卯時
卒道光三十年庚戌四月初十日子時

娶杜氏富娘　生嘉慶二十年乙亥二月廿三日戌時　卒咸豐三年癸丑十二月初四日辰時

子二　吟　永兼承壽公

達公字叔方　即成內公三子　生道光七年丁亥三月初七日寅時　卒光緒十五年己丑六月初三寅時

一　娶黃氏兆娘　生道光十五年乙未二月十九日巳時　卒光緒元年乙亥八月廿九日酉時

嗣子一　高

炮防公諱温字叔樹　即純晋公長子

公　生嘉慶九年甲子二月廿五日戌時　卒咸豐三年癸丑十二月初五申時

娶杜氏切娘　生嘉慶十三年戊辰三月初四日申時　卒光緒六年庚辰三月廿二日申時

嗣子二　都　尧

薔琇派

如希公諱點　即其祥公嗣長子

生道光二年壬午九月十一日丑時

卒光緒廿二年丙申六月初一戌時

娶蔡氏號柔則

生道光十六年丙申十月初七日卯時

卒光緒卅二年丙午八月十三日寅時

子四　揗　挑出嗣分公　抒　鄭出嗣蜂

周明公　即清財公長子

生嘉慶十九年甲戌三月十六日午時

卒光緒六年庚辰二月廿七日卯時

娶陳氏號如歌生卒缺

子一　標

叔要公　即清財公次子

生嘉慶廿五年庚辰　月　日　時

卒道光十七年丁酉九月廿一日未時

以恩公諱分　即清財公四子

生道光四年甲申十二月廿五日未時

卒光緒十一年乙酉十二月十六日辰時

嗣子一　挑

洒公　即柔順公嗣子　生卒缺止

叔心公　即五公養子兼承仁公　生卒缺

娶　氏用娘　招偶　生卒失

續子　圭

二老公　即五公似子　生失　卒　年九月十六日時

續子　圭

荃琇派

叔發公　即讀公長子　生　年正月初九日　時　卒　年九月十九日戌時

娶謝氏貴娘　生失卒　年十二月初十日時

繼娶　氏　生失卒年正月初七　日

子一　稟

杈眉公　即讀公次子　生卒缺

娶杜氏晟娘　生失卒年十一月十一日申時

子二　創　抱

魚桃公　即元首公之子　生卒失

次簡派

成山公諱文珍　即純高公嗣子　生嘉慶廿五年庚辰正月十九日戌時卒光緒十七年辛卯正月廿七日辰時

娶黄氏號鍾慈 生道光二年壬午 月 日 時 止 卒咸豐七年丁巳九月十八日巳時

妣葬大帽糞箕窩餅坵尾坐 向

成德公諱只雲 即純立公長子 生嘉慶十八年癸酉十二月十一酉時 卒同治五年丙寅八月廿七日寅時

娶陳氏昧娘 生嘉慶十三年戊辰四月廿四未時 卒同治七年戊辰二月初五日戌時

同葬大帽坑邊路後坐乙向辛兼辰戌

子二 清水 泮水

成平公諱坦 即純立公三子 生道光三年癸未十二月初四日丑時 止 卒咸豐十年庚申閏三月二十日申時

成文公諱姜 即純燕公長子 生道光三年癸未十月十八日亥時 卒光緒七年辛巳七月廿七日辰時

娶潘氏號樸勤 生道光五年乙酉正月十七日辰時 卒光緒十五年己丑正月十七未時

子二　聽（兼承梅通公）　楓

成秋公諱陽　即純燕公次子

生道光七年丁亥八月十六日午時　止
卒咸豐三年癸丑二月十七日辰時

成臘公諱梅通　即純燕公三子

生道光十六年丙申六月初一日午時
卒咸豐元年辛亥三月廿一日辰時

兩嗣子一　聽

成章公諱信　即純輝公長子

生道光十三年癸巳十一月廿一卯時
卒光緒廿九年癸卯正月初二日子時

娶賴氏喜娘

生道光十六年丙申十一月三十卯時
卒光緒十九年癸巳二月廿三日酉時

子一　牛

成業公諱霞　即純輝公次子

生道光十七年丁酉正月初二日卯時
卒光緒廿四年戊戌十月十三日巳時

嗣子一　投

成忠公諱審　即純輝公三子　生道光十九年己亥八月初三日卯時　卒光緒廿六年庚子七月廿七日巳時

娶黃氏連娘號勤慈　生咸豐四年甲寅　月　日　時　卒光緒卅二年丙午十一月初四巳時

子二　冰　註

女一　適黃

叔蕨公　即純輝公五子　生道光廿六年丙午八月十三日卯時

娶黃氏起娘　生咸豐三年癸丑五月初十日　時　卒光緒廿八年壬寅二月十四未時

子二　海　投出嗣霞公

女一　適黃

宜爲公諱謀　即宣財公養長子　生道光十九年己亥八月　日　時　卒宣統二年辛亥十一月初二日巳時

娶黄氏此娘生卒失

生道光廿七年丁未四月初十日　時
卒　年五月廿八日　時

子一　摘養

探公　即宣財公次子

子一　買養

俊公　即如榮公養長子生卒缺止

生同治九年庚午九月初二日　時
卒光緒卅一年乙巳二月初十巳時

如福公諱祿　即如榮公次子

子一　㾑嗣子

塗公　即如榮公三子

生光緒二年丙子六月初二日寅時
卒民國十八年己巳八月初一申時　止

麔公　即才良公長子

生失
卒民國八年己未十一月十九日巳時止

涼公　即才良公三子　生光緒廿九年癸卯十一月初五亥時　卒民國九年庚申八月初二日寅時　止

眼公　即蛟龍公嗣子　生失　卒民國七年戊午九月廿一日巳時　止

叔欽　即鶱公長子　生光緒　年六月廿七日巳時

叔開公　即鶱公次子　生　年六月十八日巳時　卒　年六月十八日卯時

木連　即鶱公三子　生民國　年三月廿三日　時

叔尊　即太山公長子　生光緒十八年壬辰七月廿四日酉時

娶王氏兼娘　生光緒廿九年癸卯九月初五日寅時

女二

叔籠　即太山公次子　生光緒廿五年己亥十月初八日子時

娶黃氏與娘

生光緒卅二年丙午三月廿四日午時

卒民國十九年庚午六月廿三日辰時

叔冉　郎太山公三子

生光緒廿九年癸卯十一月十三日未時

娶李氏香娘

生民國四年乙卯正月十五日午時

卷八終

重修虹山彭氏族譜世紀卷九

三十一世 叔字行

東長房二派

叔頂公　即宣才公長子　生失 卒同治四年乙丑十一月十五日酉時

娶　氏改適

子　輝　爲出嗣　著

叔養公　即宣才公次子　生失 卒　年十一月十五日卯時　止

叔運公　即奕斯公嗣子　生卒失

娶王氏七娘　生卒缺

嗣子一　爲

仁禮公諱辣字叔姜　即宣德公隻子

生嘉慶廿一年丙子七月初三日　時
卒同治十一年壬申六月廿四日卯時

公

娶黃氏

生嘉慶廿五年庚辰二月廿二日　時
卒光緒九年癸未十一月廿四日戌時

子列　泰　酐　告

叔通公　即宣贊公長子

生道光十九年己亥七月十三戌時
卒同治八年己巳九月廿三日辰時

義春公諱瑶　即宣賢公次子

生道光三十年庚戌正月十三日午時
卒光緒廿六年庚子三月初十日申時

子　闕

叔各公　即宣枝公長子

生同治四年乙丑正月初五日酉時　止
卒光緒四年戊寅

叔盾　即宣良公長子　生同治七年戊辰六月初四日辰時

娶賴氏香娘　生光緒元年乙亥五月十五日酉時　卒民國十八年己巳七月十二酉時

女二　長適黃

叔壁公　即宣良公次子　生光緒五年己卯三月　卒光緒廿二年丙申五月十二日申時　止

叔聚公　即宣良公三子　生光緒八年壬午十二月二十日　時　卒光緒卅三年丁未七月初六日申時　止

叔吱　即宣良公四子　生光緒廿五年己亥十月初十日辰時

娶徐氏紅娘　生民國三年甲寅四月二十日巳時

叔業　即宣豪公次子　生光緒元年乙亥八月廿六日丑時

娶林氏忝娘　生光緒十三年丁亥十月十九日酉時

子　蓁　惡殤
生光緒九年癸未八月初十日亥時

叔財名士　即宣豪公三子
生光緒十八年壬辰五月廿一日亥時

娶黃氏蝭娘

子于　颮　郁

女一　適潘

叔薛公　即宣豪公五子
生光緒十三年丁亥七月廿七日戌時
卒民國八年己未十月十三日未時

塟埔尾尖脚坐西向東

娶黃氏改適

清廉公諱仕　即宣豪公六子
生光緒十六年庚寅七月初一日亥時
卒民國十九年庚午七月初六日申時

娶黃氏鶴娘　生光緒廿九年癸卯七月初一日午時

子傑法

女二

清勤公諱輕字叔重　即宣南公嗣子　生同治十一年壬申四月廿一日辰時　卒民國六年丁巳三月十六日亥時

公

娶黃氏甘娘　生光緒七年辛巳七月廿八日巳時

子狻

女二均適黃

叔枹公　即宣直公嗣子　生光緒十二年丙戌正月十四日辰時　卒民國十年辛酉九月十六日酉時

娶黃氏改適

生同治五年丙寅二月初八日戌時
卒宣統三年辛亥八月廿三日

止

叔配公　即勤仲公次子

宜貽公諱甲辰字叔居　即宣善公長子

生道光十年庚寅閏四月十四日
卒光緒卅二年丙午二月廿三日辰時

公

娶黃氏

生道光十二年壬辰七月廿六巳時
卒民國五年丙辰二月初七日午時

公葬山后埔

子　福　錫　猛　返

宜修公諱血氣字叔有　即宣善公次子

生道光十四年丁酉正月十四日戌時
卒光緒卅一年乙巳十二月三十寅時

公

娶黃氏號勤三　生道光廿二年壬寅四月十六未時　卒宣統二年庚戌八月廿一日酉時

子保（養）　隱　葉　堯　株

女一　適黃

宜思公諱伯适　即宣善公三子　生道光　卒光緒十四年戊子七月廿六日申時

娶黃氏　生　年十一月十六日　卒宣統三年辛亥八月廿六日亥時

子備　閃　接

女二

宜信公諱冞字叔見　即宣祥公長子　生道光廿二年壬寅十一月十六日午時　卒光緒二十年甲午十一月初六日未時

公

娶陳氏白娘號德慈 生道光廿五年乙巳七月初六酉時 卒民國三年甲寅八月十六日未時

子八 冷 滚 灶 躍殤 再殤 堧殤 趖殤

丙

女一 適黃

宜輝公諱早字叔恭 即宜祥公次子

公 生道光廿九年己酉十月廿八日寅時 卒光緒廿六年庚子三月十一日丑時

娶黃氏去娘號淑慈 生道光三十年庚戌六月初二日卯時 卒光緒十六年庚寅七月廿五日未時

子 塲 欽 城嗣

宜盤公諱老字叔珠 即宜祥公三子 生咸豐八年戊午十二月初九日寅時 卒民國二年癸丑六月廿二日戌時

娶黃氏秦娘　生咸豐十一年辛酉二月廿五卯時　卒光緒六年庚辰二月廿四日亥時

繼娶邱氏螨娘　生同治十二年癸酉七月初五日寅時　卒光緒十八年壬辰八月初二日戌時

三娶黃氏叩娘　生光緒元年乙亥二月初一日寅時

子　㨗嗣

宜珍公諱鑾字叔乾　即宣祥公四子

公　生同治元年壬戌五月初二日午時　卒民國七年戊午十月十八日辰時

娶黃氏滿娘號勸觀　生同治十年辛未正月廿六日丑時　卒民國七年戊午十月廿一日戌時

子　城出嗣　昌　騰　雄

女二適黃

宜桂公諱龍字叔志　即宣祥公五子　生同治五年丙寅十月十九日丑時　卒宣統三年辛亥六月三十日寅時

娶黄氏榜娘　生光緒二年丙子四月廿三日辰時

子　纂　捷出繼　袱元　淺水殤

女一適黄

宜與公諱夘　即宣斯公長子　生咸豐元年辛亥七月初五日卯時　卒光緒十四年戊子十月十九辰時

娶黄氏富娘　招偶　生咸豐四年甲寅二月廿五日酉時　卒民國五年丙辰十一月初四辰時

續子　悖　新

女二俱適黄

叔敏公　即宣斯公次子　生咸豐六年丙辰二月廿一日辰時　卒光緒卅三年丁未四月十五未時

娶潘氏縣娘　生咸豐七年丁巳七月廿八日申時　卒光緒四年戊寅正月二十日丑時

繼娶黃氏謹娘　生咸豐七年丁巳三月廿七日酉時

子慮　糧兼承洪水

女五　長適潘　俱適黃

宜即公諱素　即宣斯公三子　生咸豐八年戊午七月初三日辰時　卒光緒元年乙亥七月初七日卯時　止

叔倪　即宣斯公四子　生同治二年癸亥正月廿二日辰時

娶黃氏注娘　生同治十年辛未十二月廿七日午時

子嘵　遣殤　環　鎰　言

女　適潘　適黃

洪水公　即宣斯公五子
生同治七年戊辰閏四月初三戌時
卒民國十年辛酉正月十九日亥時

娶黃氏箱娘
生光緒四年戊寅十一月初六日未時
卒光緒廿三年丁酉七月廿三日酉時

雙承子　糧英

叔欣公　即宣斯公六子
生同治九年庚午十二月十八日亥時
卒民國十九年庚午九月初五日申時

娶黃氏糏娘
生光緒六年庚辰八月初二日子時
卒民國十四年乙丑八月三十日時

子　添　丁殤　進　未

女二　適潘　適黃

叔鈌　即宣斯公似長子
生咸豐三年癸丑十二月十二日丑時
卒民國五年丙辰二月廿一日　時

續子　㤞　新

宜亨公諱元利字叔貞　即宣捷公長子

公　生道光十三年癸巳十月十三日亥時
卒光緒廿三年丁酉七月初十日戌時

娶賴氏號慎慈　生道光十三年癸巳八月初三日酉時
卒光緒十二年丙戌十一月初八亥時

塟仙邑九尾林丙壬午子

子　暖　鶱　蹈出嗣　瑤　悄出嗣

女一　適賴

宜床公諱重實字叔性　即宣捷公三子

公　生道光十九年己亥七月廿五日未時
卒光緒廿七年辛丑八月初六日巳時

娶潘氏號勤慈　生道光廿一年辛丑七月十二日卯時
卒民國十七年戊辰閏二月初九酉時

子五　挨　変　廣　套　係

女一　適黃

宜濱公諱尋字叔芳　即宣提公四子

生道光廿九年己酉三月初四日丑時
卒光緒二十年甲午二月初四日辰時

公

娶陳氏號川慈

生道光三十年庚戌七月十四戌時
卒光緒二年丙子五月初五日寅時

繼娶黃氏

生咸豐九年己未三月
卒光緒廿四年戊戌九月十七日子時

嗣子　蹈　悄

宜精公諱雩　即宣提公五子

生咸豐二年壬子四月十三日卯時
卒宣統元年己酉十月廿九日未時

娶黃氏號玉慈

生咸豐二年壬子七月廿四日戌時
卒光緒三年丁丑九月廿七日戌時

繼娶陳氏號生慈　生咸豐十年庚申八月初四日申時

子　冬　堧　西

女一　適潘

宜相公諱重輕字叔烟　即靖仲公嗣子

公　生道光十七年丁酉三月十一日申時
卒宣統元年己酉八月二十日寅時

娶陳氏　生道光十九年己亥六月初三日亥時
卒光緒十八年壬辰五月廿六日寅時

塋南安八都東坪子午癸丁

子　瓦來　秧水

女二　適黄

宜民公諱治　即宣輝公長子

生咸豐八年戊午三月十八日酉時
卒民國二十年辛未二月廿四午時

娶黃氏

生同治十二年癸酉七月廿三日未時

子　朗　在

宜得公諱扶　即宣輝公次子

生咸豐十一年辛酉八月初七日酉時
卒民國十四年乙丑四月初四日卯時

娶賴氏

生光緒七年辛巳九月十九日亥時
卒民國十一年壬戌三月三十丑時

子　宣（兼承有公）　朝（出）

叔有公　即宣輝公三子

生同治五年丙寅十月初八日戌時
卒光緒卅四年戊申二月十二卯時

雙承子　宣

宜桂公諱梅　即宣明公隻子

生道光十九年己亥二月二十日巳時
卒民國七年戊午四月初五日戌時

娶林氏

子　興英

生道光廿四年甲辰七月廿六日酉時
卒光緒卅二年丙午九月廿八日酉時

宜景公諱齊　即宜悅公長子

娶黃氏改適

子　孫　連　千嗣

生咸豐四年甲寅二月十二日申時
卒光緒三十年甲辰七月十一未時

宜條公諱串　即宜悅公次子

公亡在外洋

生咸豐六年丙辰十月十三日酉時
卒光緒卅一年乙巳三月廿九午時

宜成公諱欲　即宜悅公三子

嗣子　黑

生同治元年壬戌十一月初八日卯時
卒光緒卅三年丁未十月廿二日辰時

娶黃氏　生光緒三年丁丑正月初十日辰時

子分　千出嗣

女二俱適黃

宜寶公諱砂字叔金　即宜悅公四子

公　生同治六年丁卯
卒民國十二年癸亥四月初十日酉時

娶黃氏　生光緒四年戊寅二月初二日午時

子　黑出嗣　大　滃殤　丹

宜楚公諱諏　即宜義公長子　生道光三十年庚戌正月初十酉時
卒光緒八年壬午八月十二日巳時

娶黃氏乖娘　招偶　生道光廿九年己酉六月十七辰時
卒民國六年丁巳三月十三日子時

子　擔　皎續　鏗續

女一　適黃

宜恭公　諱璒　即宣義公次子　生咸豐四年甲寅十二月十八辰時　卒民國五年丙辰九月初八日巳時

續子　皎　鏗

宜相公諱查　即宣義公三子　生咸豐七年丁巳六月初一日辰時　卒民國二年癸丑十二月廿四午時

娶陳氏春娘號勤東　生咸豐七年丁巳四月十二日酉時　卒民國四年乙卯十一月廿六子時

子　烝

女一　適黃

宜路公諱宇　即宣義公四子　生咸豐十年庚申三月十三日午時　卒宣統三年辛亥十一月初五卯時　止

宜稱公諱尊　即宣豐公長子　生咸豐七年丁巳五月初三日巳時　卒宣統二年庚戌十二月十一酉時

娶劉氏眼娘　生光緒二年丙子閏五月廿九日巳時

子　降來

女二　適李　適潘

宜明公諱訓　即宣豐公次子　生同治二年癸亥七月初三日酉時　卒民國元年壬子十一月十七日酉時

娶黃氏改適

子　開　章

叔號　即宣豐公三子　生同治七年戊辰十一月初十日寅時

叔坪公　即宣端公長子　生咸豐六年丙辰十月廿一日午時　卒民國十一年壬戌十二月十四戌時

嗣子一　唱

叔箋公諱帛　即宣端公次子
生咸豐十年庚申閏三月二十日子時
卒民國十六年丁卯二月初九日亥時

娶賴氏李娘
生光緒四年戊寅八月廿二日寅時

子　雲梯養

叔按公往外洋亡　即宣端公三子
生同治二年癸亥五月十八日卯時
卒光緒十七年辛卯十二月十七未時

叔省　即宣端公四子
生同治七年戊辰八月廿六日未時

子　接成養　續子　有木

叔西公諱南　即宣端公五子
生同治十三年甲戌六月廿七日酉時
卒民國五年丙辰十二月初三日戌時

娶黃氏又娘　招偶
生光緒七年辛巳正月初八日酉時

子　鏊殤　鳴出嗣　有木續

叔賢　即宣端公六子後出爲宣箏似子

生光緒四年戊寅七月初一日未時

娶黃氏悔娘

生光緒十四年戊子正月廿八日酉時

卒光緒卅四年戊申十一月二十酉時

叔印　即宣樹公長子

生同治十二年癸酉十二月廿七日戌時

娶黃氏爰娘號寬慈

生光緒十一年乙酉十月廿九日酉時

卒民國四年乙卯十月廿四日申時

子　圖　爽出嗣

女二　適黃　適林

叔臓　即宣樹公次子

生光緒三年丁丑五月初十日午時

嗣子　爽　生光緒十二年丙戌十二月廿七申時　卒民國二年癸丑六月初二日亥時　止

叔慈公　即宣樹公三子

叔暢　即宣城公隻子　生光緒十三年丁亥八月廿三日酉時

娶陳氏言娘　生光緒卅一年乙巳

子　達成　于高　颺英

叔專公　即宣好公長子　生道光六年丙戌十月初　日　卒光緒元年乙亥十一月十二日

娶黃氏　生失　卒同治八年己巳三月十二日戌時

子　嘵

全記公　即宣好公次子　生卒缺

娶仙邑東鄉八 生卒鈌

子 進成養 似子 東原回屬栖去

叔杭公 即宣好公三子 生卒失

諸侯公 即宣伯公隻子 生卒失

叔根公 即在仲公長子 生卒失

叔窗公 即宣林公長子 生道光廿五年乙巳二月十二申時 卒民國四年乙卯五月初五日午時

娶黃氏密娘 生道光　年十二月十七日辰時 卒光緒十六年庚寅十一月初九日酉時

子 桶養

叔反公 即宣林公次子 生道光三十年庚戌九月十五日子時 卒

宜秀公諱圳字叔山　即宣重公長子

生咸豐十年庚申正月廿一日申時

卒民國十年辛酉九月十日八丑時

公

娶何氏銀娘

生光緒元年乙亥

子　影

女一　適黃

叔田名岸　即宣重公次子

生同治十年辛未七月三十日巳時

娶黃氏巧娘

生光緒七年辛巳二月初四日辰時

子　順　戸　臣

女一　適黃

叔流公　即宣等公長子　生同治八年己巳六月十八日　止
卒宣統二年庚戌七月初一日

叔蟳公　即宣等公次子　生同治十年辛未十二月廿九日子時
卒宣統三年辛亥十一月十二日酉時

娶黃氏貝娘　招偶　生光緒九年癸未十一月十七日戌時

予　拱　嫡續　膽續

女三　適林　適黃

叔馨公　即宣等公仈次子　生
卒民國四年乙卯五月初五日申時

叔贊　即宣等公又似次子　生光緒四年戊寅七月初一日未時

續予　嫡　膽

叔吩　即宣龍公隻子　生光緒九年癸未六月初八日亥時

娶黃氏啞娘　生光緒十二年丙戌十一月十三日丑時

子　謙　樹

女四　適黃二　適朱二

叔才　即宣正公之子　生光緒廿四年戊戌二月十二日未時

勝餘公諱罕　即宣義公長子　生道光廿三年癸卯三月廿六日巳時　卒光緒卅四年戊申五月廿六日未時

嗣子　惟英

勝雙公諱對　即宣義公次子　生道光年　卒光緒卅四年戊申正月廿一日戌時

娶黃氏號慈便　生　卒民國三年甲寅三月初六日申時

子　再

叔勇公　即宣利公長子　生卒缺　止

叔舉公　即宣利公次子任外洋　生卒缺

娶陳氏于娘　生　卒　年五月初六日戌時

子　愁殤　選

叔云公　即南山公長子　生　卒　年十月十五日

娶黃氏改適

子　茅殤

叔捿公　即好仲公之子　生卒缺　止

昌義公諱先禮　即宣順公之子　生咸豐九年己未七月廿七日巳時　卒宣統三年辛亥九月十四日酉時

娶黃氏　生同治十一年壬申三月初五日巳時

公塋南安八都大帽土名隔亞水路頭上丙

子　鳥殤　溪出嗣　参　進殤　拿出

女一　適黃

昌亦公諱鏡　即宣日公次子　生同治元年壬戌六月廿四日酉時　卒民國五年丙辰四月十八日酉時

娶潘氏鈴娘　生　卒光緒廿九年癸卯十月初八日子時

嗣子　溪

昌有公諱蟻　即宣日公三子　生同治四年乙丑六月廿一日子時　卒光緒十八年壬辰十二月廿六丑時　止

昌多公諱別　即宣日公四子　生同治六年丁卯十二月初四日丑時　卒民國九年庚申十月初八日酉時

叔問　即宣日公六子　妻死出爲前坂仈子

生光緒四年戊寅九月廿八日丑時
卒宣統元年己酉七月初六日巳時

娶黄氏號順才

叔謹名寬　即宣桂公之子

生同治十一年壬申八月廿八日亥時

聘黄氏

生失
卒
年九月初五日

娶黄氏省娘

生光緒六年庚辰八月初十日申時

予深　次殤　蘊殤

昌美公諱拋字叔重　即宣伯公長子

公

生咸豐十年庚申十一月十二日亥時
卒光緒十七年辛卯七月廿八日卯時

娶黄氏振娘

生咸豐十年庚申十二月廿三日申時

子學肅　娶兼承叔房

女一　適賴　生同治十年辛未八月十八日酉時

忠平名振字叔繡　即宣伯公次子

娶賴氏麵娘號慈禎　生光緒四年戊寅十一月初六日丑時

子　改兼承　歡兼承　超殤

女五　適黃三　適潘一

昌發公諱苡字叔芽　即宣伯公三子　生光緒五年己卯六月二十日未時

公　往外洋亡失

娶黃氏粲娘　生光緒五年己卯四月初四日酉時

子路　雙　彼　贍出

女一　適林　適吳

昌挽公諱丟字叔摘　即宣伯公四子

生光緒八年壬午八月十一日巳時
卒民國十四年乙丑十月三十申時

公

娶謝氏寬娘號先慈

生光緒九年癸未正月初八日卯時
卒宣統元年己酉十月廿一日卯時

續子　合

女一　適黃

昌裡公諱綠字叔衣　即宣伯公五子

生光緒十八年壬辰閏六月廿一日亥時
卒宣統元年己酉四月初十日午時

公

娶黃氏樹娘　招偶
生光緒十八年壬辰二月十五日未時

續予　合英　鵬
生光緒廿一年乙未十一月初六亥時

平義公諱坑　即宣伯公六子
卒宣統三年辛亥三月十四日未時

公亡在外洋

雙承予　改　歡

叔謁公　即作仲公長子
生同治二年癸亥五月廿三日巳時
卒民國元年壬子正月初九日　時

予　足　養

叔迓公　即作仲公三子
生同治八年己巳五月初七日午時
卒民國六年丁巳十二月廿一酉時

娶黃氏
生光緒十一年乙酉三月廿九日巳時

子　由英

女三　適賴　適潘　適黃

叔帕公　即作仲公四子

叔八　即作仲公五子

娶黃氏水娘

叔傳公　即作仲公六子

宜成公諱擧　即宣初公隻子

娶潘氏

子　惟出嗣勝餘　郡　本

生同治十年辛未九月廿六日戌時

往外夷卒　九月十四日

生同治十三年甲戌五月廿二日酉時

生

卒光緒三十年甲辰四月廿八日巳時

生光緒六年庚辰正月二十日丑時　止

卒民國十一年壬戌三月初五辰時

生同治五年丙寅十二月廿二日申時

卒民國七年戊午十一月十二日巳時

生同治十二年癸酉七月十四日酉時

女一　適林

叔麟公　即宣盛公長子　生同治九年庚午　卒民國元年壬子五月初一日未時

娶賴氏度娘　生　卒宣統二年庚戌四月初四日申時

繼娶黃氏銶娘　生　卒民國六年丁巳四月廿四日

女一

叔澄公　即宣盛公次子　殀　生鈌　卒鈌

叔蹤　即宣進公嗣隻子　生同治十二年癸酉十二月十八日丑時

娶黃氏紅娘　生光緒元年乙亥三月十三日未時

子　愿夭　杯

女六

叔星　即宣任公長子　生光緒八年壬午五月廿七日寅時

娶黃氏每娘　生光緒九年癸未六月十一日戌時　卒民國十七年戊辰四月初四午時

子　謙　火𡥉　體

池水公　即宣任公次子　生光緒廿六年庚子六月初五卯時　卒民國十年辛酉四月十五日午時

叔房公　即益友公隻子　生咸豐三年癸丑八月十八日寅時　卒民國十六年丁卯七月十二戌時

子　此英養　雙承子　貶

叔洗公　即宣積公隻子　生咸豐七年丁巳　月　日　時　卒光緒卅二年丙午　月　日　時

子　山養　似子　賜

叔發公　即宣正公長子　生卒缺

嗣子　營　兼承叔莉

叔莉公　即宣正公三子　往外夷亡生卒失

雙承子　營

叔客　即宣安公長子　生同治二年癸亥二月廿九日午時

娶潘氏窗娘　生光緒二年丙子六月廿九日戌時

子　烹　眠出嗣　裁　送出　杉出

女三　適黃　適黃　適陳

叔斗公　即宣安公三子　生同治十一年壬申三月十九丑時　卒民國五年丙辰正月廿八日辰時

娶潘氏寬娘　生光緒十二年丙戌七月廿六日卯時　卒光緒三十年甲辰正月初五日酉時

合葬南安粉壁石橋仔

嗣子　眠

宜魁公諱亞元　即宜鄰公長子

公　生道光廿八年戊申八月初七日丑時　卒宣統二年庚戌八月二十日未時

娶林氏悔娘　生咸豐十一年辛酉十一月初五日酉時

子　捉養　邊嗣

女一　適黄

宜洋公諱仲春字权沂　即宜鄰公次子

公　生咸豐六年丙辰九月初五日寅時
卒民國七年戊午十一月廿四卯時

娶黄氏北娘　生同治六年丁卯九月十六日戌時

子　綵　隴　琴

女四　適黄二　適潘二

公少孤貧負薪行傭以養母艱難拮据克自樹立伉爽好施與親友有以貧窮告貸者常假諸人以與之常曰人非貧窮不求我忍拒之乎雖賠負纍纍弗恤也鄉之人以此重之凡族中有睚眦忿爭之事得公一言排解無不如其愿以去蓋其德之感人深矣少不讀書而能書作普通契券文件科舉

廢後極力贊成虹山學校培養子姪酷嗜書香本乎天性宿根慧悟由於自然至於拓祀田以備蒸嘗建新居以貽子孫

尤其分內事耳

宜明公諱黨字叔派　即宣鄰公三子

生咸豐九年己未十月廿七日酉時

卒光緒三十年甲辰六月十五日巳時

公

生同治十一年壬申三月十一日子時

娶黃氏糠娘

子　潑　獟　暹出嗣

女一　適黃

宜聯公諱蛤字叔蚌　即宣鄰公四子

生同治二年癸亥正月十八日亥時

卒光緒卅二年丙午三月初二辰時

娶黃氏　生光緒元年乙亥四月十一日子時

子　滿　坡

女一　適林

宜興公諱權　即宣梅公長子　生同治五年丙寅　往外夷亡

宜所公諱的字叔利　即宣夼公長子　生同治四年乙丑八月初三日午時　卒民國七年戊午二月初九日酉時

娶潘氏粕娘　生同治十一年壬申二月十九日午時　卒光緒廿三年丁酉十二月廿四午時

嗣子　耽

叔於　即宣夼公次子　生同治十一年壬申九月廿六日辰時

娶潘氏看娘　生光緒六年庚辰四月初二日申時

子　眈出嗣　金

女二　適黃

叔獺　即宣合公三子

生光緒二年丁丑八月十四日巳時

娶黃氏岦娘

生光緒十四年戊子五月廿六日酉時

子　盤　燕　簀

女五　適潘二　適曾一

宜涼公諱秋字叔冬　即宣合公四子

生光緒六年庚辰九月初九日申時

卒民國十二年癸亥十月廿一戌時

娶黃氏改適

子　産

宜星公諱佔　即宣介公五子
生光緒九年癸未八月十七日巳時
卒民國四年乙夘三月十三日亥時
娶黃氏烏娘　招偶
生光緒廿三年丁酉五月十五日酉時
續子　水

杈鎮　即宣介公兼承子
生光緒十三年丁亥正月初七日寅時
續子　水

宜烟公諱香字杈篆　即宣賢公長子
生同治元年壬戌七月初三日酉時
卒民國十一年壬戌十月廿二日酉時
公
娶賴氏印娘
生同治十年辛未七月初五日
卒宣統二年庚戌八月初七日巳時
子　响　朕　塡出嗣

宜士公諱譪字叔多　即宣賢公次子　生同治四年乙丑九月十五日酉時　卒光緒廿七年辛丑九月十二申時

娶潘氏款娘　招偶　生光緒元年乙亥七月初一日戌時

子　蟬

女一　適潘

叔思公　即宣賢公三子　生同治十年壬申二月初十日　往外夷卒失　止

叔賀公　即宣賢公似次子　生卒失　止

叔杏公諱紅綾　即宣仰公長子　生同治三年甲子五月二十日戌時　卒民國十二年癸亥五月十五卯時

娶潘氏恤娘　生同治八年己巳正月十一日寅時　卒民國十二年癸亥七月初五未時

子　魁出嗣　瓢出居仙邑

叔隆名與　即宣仰公次子　生同治四年乙丑四月初六日午時
娶黄氏藍娘號順慈　生光緒七年辛巳二月十一日辰時
子必鏘　𤇾出嗣　盤琭
女三　俱適黄
叔卿名尚　即宣海公長子　生同治八年己巳三月廿三日巳時
娶賴氏井娘　生同治十三年甲戌十一月廿二日丑時
子杏培　宣漂
叔䆴　即宣海公次子　生光緒十二年丙戌四月初十日酉時
娶賴氏勸娘　生光緒十八年壬辰四月初十日午時

子　埧嗣

宜士公諱性字叔情　即宣過公長子

生同治七年戊辰五月十九日巳時
卒民國十一年壬戌八月廿六午時

娶賴氏衛娘

生同治十一年壬申三月廿六巳時

子　壔　派

女一　適黄

宜泠公諱顏　即宣過公次子

生光緒三年丁丑八月初八日巳時
卒光緒卅四年戊申正月廿三未時

娶賴氏類娘

生光緒九年癸未四月十一日　時
卒光緒卅三年丁未十一月十三巳時

子　鈺

叔偎公　即宣過公三子

生光緒八年壬午十一月廿四寅時
卒民國五年丙辰三月廿五日寅時

叔銅公　即宣過公四子
生光緒十二年丙戌六月十一日寅時
卒民國七年戊午五月三十日申時

娶黃氏洗娘　招偶
生光緒廿三年丁酉三月十一日寅時

雙承子　着養

叔吟　即宣過公五子
生光緒十五年己丑十二月廿六日巳時

雙承子　着養

宜童公諱及　即宣德公隻子
生同治四年乙丑九月十一日辰時
卒光緒五年己卯正月初九日申時

塟本鄉吊窩口路頂新庭后

宜雲公諱雨水字叔京　即宣孝公長子
生咸豐十一年辛酉八月初九日巳時
卒光緒十七年辛卯十二月二十亥時

公

娶黃氏量娘　招偶　生同治二年癸亥十月十三日丑時

子　想　扼續　出續　尺續

宜尊名涵字叔汪　即宣孝公三子　生同治十一年壬申二月廿六日寅時

娶黃氏乳娘號恩慈　生光緒四年戊寅八月十五日卯時　卒民國七年戊午九月廿六日寅時

子　袋　潨　泰山

女二　適潘　適黃

叔榮公　即宣孝公似長子　生同治七年戊辰三月初五日申時　卒民國十七年戊辰四月廿九辰時

續子　扼　出　尺

宜從公諱溪　即宣武公隻子　生光緒三年丁丑五月十七日子時　卒光緒卅三年丁未十二月初十寅時

娶黃氏邅娘　生光緒十一年乙酉十一月二十酉時
卒光緒三十年甲辰八月廿五日巳時

繼娶黃氏爰娘　招偶　生光緒十六年庚寅四月十三日巳時

子　得成養

叔貨　即宣武公仭子　生光緒十三年丁亥十月三十日申時

子　得成養

宜生公諱元娥　即宣樹公愛子　生咸豐三年癸丑七月初四日巳時
卒民國五年丙辰三月初五日未時

娶賴氏綢娘　生咸豐七年丁巳八月十七日巳時
卒光緒廿六年庚子正月初四酉時

子　約　教

女一　適黃

叔細公　即宣池公長子　生光緒五年己卯
徃外夷亡

叔艮公　即宣池公次子　生光緒七年辛巳
徃外夷亡

叔干公　即宣池公三子　生光緒十一年乙酉
徃外夷亡

叔撻　即宣立公隻子　生光緒廿七年辛丑正月十九日申時

娶黃氏樓娘　生光緒三十年甲辰十一月十七日子時

子　泉英

叔搗公　即宣福公長子　生光緒二十年甲午二月廿五日戌時
卒民國十九年庚午八月廿七日未時

娶潘氏改適

叔令　即宣福公次子　生光緒廿二年丙申九月初八日寅時

娶黄氏菜娘　生光緒廿四年戊戌十二月十四日子時

子　田英殤　柴

女二

叔顯　叔宣臺公長子　生光緒廿五年己亥九月十七日巳時

娶李氏時娘　生光緒卅四年戊申七月十九日辰時　卒民國十四年乙丑六月廿六日寅時

繼娶林氏蕉娘　生光緒卅一年乙巳七月十三日午時

子一　聚財

女一適林

叔約　即宣臺公次子　生光緒卅一年乙巳六月廿四日戌時

叔乞　即宣至公之子
生
卒

宜任公諱居字叔財　即宣實公長子
公
生同治九年庚午十一月廿五戌時
卒民國五年丙辰九月初六日午時
娶曾氏改適

宜箸公諱積字叔聚　即宣實公次子
公
生同治十三年甲戌正月初一日酉時
卒民國十一年壬戌四月初三日未時
娶賴氏潤娘
生光緒十一年乙酉三月初八日丑時
子　劉嗣
女三　適林二　適黃一

叔雅名廸　即宣寶公三子
生光緒三年丁丑九月廿六日戌時
娶賴氏靈娘
生光緒十三年丁亥八月廿三日酉時
子　鮑兼承叔見　樹

叔見公　即宣寶公四子
生光緒七年辛巳正月廿二日戌時
卒宣統二年庚戌十月初六日午時
雙承子　鮑

叔鋳　即宣寶公五子
生光緒十年甲申五月十三日子時
娶潘氏淺娘
生光緒廿三年丁酉四月初六日辰時
子　福　道　劉出嗣宜善　貢出嗣叔摽

叔摽　即宣寶公六子
生光緒十四年戊子十二月十七日巳時

娶蘇氏冬娘　生光緒十七年辛卯八月十七日未時

嗣子　貢

叔佳公　即宣帽公長子　生卒失　生光緒七年辛巳六月初七日巳時　卒光緒卅一年乙巳六月初一申時

宜意公諱府　即宣帽公次子　生光緒十年甲申正月廿一日寅時　卒民國二十年辛未九月初六寅時

娶黃氏啞娘　招偶

續子　拔　己

宜順公諱立　即宣帽公三子　生光緒十一年乙酉四月十四日未時　生光緒廿八年壬寅十二月廿五酉時

叔[石區]　即宣帽公四子　生光緒十五年己丑四月初四日丑時

續子　拔　己

叔爻　即宣旺公長子　生光緒十二年丙戌五月二十日午時

娶曾氏係娘　生光緒廿一年乙未五月初二日辰时

子　在土　坵出嗣　柳出　針

叔織　即宣旺公次子往外洋

叔琛公　即宣步公長子　生光緒十三年丁亥二月十二日申時　卒民國九年庚申三月初十日寅時

娶黃氏改適

嗣子　坵

叔曝　即宣步公次子　生光緒廿五年己亥九月廿六日子時

娶黃氏佇娘　生宣統二年庚戌十二月初四日戌時

宜高公諱秋雁　即宣行公長子

娶黃氏汝娘

子六　述　瓊出嗣宜爲　格　餘出　極續　計出

女四　適潘二　適黄二

進門公諱秋庭　即宣行公次子

永長公諱秋陳　即宣行公三子

宜爲公諱秋民　即宣行公四子

嗣子　瓊

宜採公諱鑾　即宣興公長子

生咸豐元年辛亥二月初三日未時
卒光緒九年癸未三月廿六日巳時

生光緒五年乙卯七月十六日申時

生咸豐三年癸丑十月初三日酉時
卒光緒廿四年戊戌九月十四申時

生咸豐四年甲寅十月初二日酉時
卒同治三年甲子八月廿一日戌時

生咸豐七年丁巳九月廿六日亥時
卒光緒七年辛巳二月十二日辰時

生咸豐十一年辛酉三月十六日未時
卒光緒卅一年乙巳五月廿九日巳時

娶潘氏號安慈　生光緒三年丁丑十二月初十日寅時　卒光緒卅二年丙午十一月初六丑時

叔兕公　即宣興公次子　生同治二年癸亥十一月廿七日時　卒民國三年甲寅正月十四日酉時

叔鳳公　即新仲公長子　生同治二年癸亥九月初八日戌時　卒民國十二年癸亥十一月二十午時

娶黃氏來娘　生同治九年庚午八月廿六日戌時　卒宣統元年己酉十一月廿四卯時

子　寡

女一　適黃

叔辱公　即新仲公次子　生同治七年戊辰三月十四日亥時　往外亡

娶黃氏懿娘　生光緒十一年乙酉三月十三日未時

女五　適潘一　適盧一　適黃二

叔饒　即新仲公三子　生光緒三年丁丑九月十七日未時

娶黃氏諱娘　生光緒十一年乙酉十月廿一日酉時

子　床兼承　友

女四　適黃二

宜諸公諱毛　即新仲公四子　生光緒九年癸未四月十九日酉時　卒宣統二年庚戌十二月十八午時

雙承子　床

叔翠公　即宣朱公之子　生光緒二年丙子十二月初三日戌時　卒光緒十二年丙戌三月廿一日辰時

叔園公　即即仲公長子　生光緒四年戊寅二月初八日戌時　生光緒廿三年丁酉八月初一未時

叔瘦公　即即仲公次子　生光緒七年辛巳二月十四日亥時　卒民國十五年丙寅九月初七午時

娶林氏婁娘　生光緒九年癸未

子　底　頫　相隨

女三　適潘　適吳　適賴

叔種公　即安仲公長子　生光緒二年丙子二月二十日辰時　卒民國十四年乙丑九月初四巳時

娶羅氏𡋾娘　生光緒七年辛巳八月廿三日酉時

子　搭　彩

女一　適潘

叔𥙿公　即安仲公次子　生光緒五年己卯二月廿七日亥時　卒民國十七年戊辰十一月廿四卯時

娶王氏貝娘　生光緒八年壬午七月廿七日酉時

子 求 居 生　生光緒十一年乙酉正月十八日寅時

女一　適林

叔酢公　即安仲公三子

娶林氏運娘　生光緒二十年甲午

子　壬癸

叔宣　即安仲公四子　生光緒十三年丁亥八月十五日丑時

娶林氏棗娘　生光緒廿二年丙申七月十六日子時

子　熾緜　章　昆衣

女三　適黃　適潘

叔鏡　即安仲公五子　生光緒十九年癸巳八月十五日巳時

娶徐氏蝽娘　生失　卒民國十八年己巳十二月二十日時

繼娶潘氏　生

逵水公　即壬仲公長子　生光緒七年辛巳七月十九日辰時　卒民國五年丙辰正月廿九日辰時

娶黄氏慶娘　生光緒十三年丁亥　卒光緒廿九年癸卯六月廿七日申時

繼娶林氏此娘　生光緒十二年丙戌　卒民國六年丁巳七月十七日亥時

女二俱適林

叔明公　即壬仲公次子　生光緒十年甲申八月廿三日丑時　卒民國四年乙卯八月廿一日巳時

娶林氏改適

叔講公　即主仲公三子　生光緒十六年庚寅二月二十日丑時
卒民國七年戊午十一月初七日巳時

遜來　即傳仲公長子　生光緒十七年辛卯二月三十日寅時

娶李氏溫娘　生光緒二十年甲午十月十六日酉時

子　坤殤　葵殤

女一

叔銅　即傳仲公次子　生光緒廿六年庚子正月初六日寅時

娶林氏砵娘　生光緒卅四年戊申三月十九日丑時

叔越　即細仲公之子　生光緒十九年癸巳二月十一日卯時

娶林氏選娘　生光緒　年六月初三日卯時

子　全務

叔瑛　即瓶仲公隻子
生宣統二年庚戌二月廿四日辰時

新全公　即清仲公長子
生光緒五年己卯六月十八日亥時
卒民國元年壬子十一月廿九寅時

娶姚氏蘊娘
生光緒七年辛巳
卒民國二年癸丑四月十三日　時

子　異

沙來公　即清仲公次子
生光緒七年辛巳十月初四日亥時
卒民國五年丙辰四月初六日巳時

娶姚氏
生缺　年二月廿五日時
卒

叔雁公　即清仲公三子
生光緒九年癸未十一月十二亥時
卒民國二年癸丑二月初二日巳時

叔池公　即清仲公四子
生光緒十一年乙酉八月十八日寅時
卒民國二年癸丑十一月十二日酉時

叔麟　即清仲公五子　生光緒十三年丁亥九月十一日亥時

六片　即清仲公六子　生光緒廿五年己亥九月初十日寅時

娶林氏蝶娘　生民國元年壬子三月初五日丑時

叔鏡公　即百來公隻子　生　卒

娶林氏謹娘　生

子　淵春

叔添公　即郡仲長子　生光緒十七年辛卯八月初八日申時　卒民國三年甲寅十一月初一日丑時

娶林氏改適

子　錐

叔執公　即郡仲次子
生光緒廿一年乙未三月十四丑時
卒民國二年癸丑二月十八日巳時

叔丑　即郡仲公三子
生光緒廿八年壬寅二月十八日午時

娶黃氏星娘
生宣統元年己酉十二月廿九日午時

叔伏　即橋仲公隻子
生光緒廿一年乙未正月十五日酉時

娶李氏先娘
生光緒廿九年癸卯十二月廿九酉時
卒民國二十年辛未二月十五日辰時

子　甘成

叔思　即且仲次子

叔水公　即宣疏公隻子
生光緒十八年壬辰十二月十三戌時
卒光緒卅四年戊申十月廿九日寅時

叔頡　即宣心三子
生光緒廿六年庚子正月初五日申時

瓜情　即築與之子　生宣統三年辛亥

叔堅　即誥仲長子　生民國十五年丙辰

叔泮　即誥仲次子　生民國十八年己巳

轉來公　即青才公之子　生咸豐九年己未二月廿七日午時　卒民國三年甲寅十月初六日辰時

嗣子　活

叔燦　即微仲公子　生光緒卅一年乙巳七月十七日辰時

泉來公　即宣年公之子　生光緒三年丁丑十二月二十日丑時　卒光緒廿六年庚子八月三十日卯時

宜歸名心　即勤仲公之子　生光緒六年庚辰正月初五日丑時

娶黃氏意娘　生光緒十年甲申八月初五日戌時　卒宣統元年己酉九月二十日卯時

繼娶雷氏欠娘　生光緒十七年辛卯　卒民國七年戊午六月二十日未時

三娶張氏情娘　生光緒三十年甲辰十一月初五日申時

子　某養　傳興　都興

女二　適潘　適黃

叔袋公　即禱應公子　生道光十年庚寅　卒光緒十三年丁亥十一月十五未時

叔介公　即賞仲次子　生卒缺

叔捧公　即獺仲公子　生咸豐元年辛亥十二月廿四辰時　卒民國二年癸丑三月初七日卯時

叔託公　即艷仲公子　生卒缺

叔粘公　即萬泉公長子　住建寧府

叔道公　即裁仲公子

生失
卒光緒廿九年癸卯正月廿五日子時

叔孝公　即超仲公子

生道光十九年己亥四月十四日午時
卒民國六年丁巳正月十八日酉時

子順公諱曾　即湯明公長子

生嘉慶十一年丙寅十月廿七日時
卒同治九年庚午十月初一日申時

娶黃氏趕娘

生嘉慶十八年癸酉六月十五日　時
卒光緒廿九年癸卯五月初九日卯時

子郡　蘇　額　似三子　竹

叔梅公　即湯明公次子

生嘉慶十五年庚午正月十九日
卒咸豐　正月初二日

叔撥公　即善誠公長子

生嘉慶十七年壬申四月十九日午時
卒同治九年庚午正月初一日戌時

娶陳氏葉娘

生缺
卒　正月十九月未時

子　三多　三國

叔吾公　即善誠公次子生卒失
生道光二年壬午五月初三日戌時
卒咸豐七年丁巳三月十五日　時

叔綏公　即善誠公三子
生道光五年乙酉九月廿九日午時
卒光緒九年癸未七月廿五日卯時

說明公諱締　即善誠公四子
娶賴氏勇娘號惟正
生道光十年庚寅六月初一日辰時
卒光緒六年庚辰十一月十六申時

子　鷄嗣　銀

叔順公　即尋元公子
生道光八年戊子十一月廿二日戌時
卒同治六年丁卯十二月廿一日未時

利言公諱進字叔取　即文郁公長子
公
生道光七年丁亥六月初九日辰時
卒光緒廿八年壬寅七月初八日卯時
娶謝氏賜娘號端静
生道光十六年丙申九月初四日酉時
卒光緒廿六年庚子十二月初十申時

子五　仁　乞　營　祿　鏗

女二　均適黃

叔純公　即文郁公次子　生失　卒道光十八年戊戌正月十八日戌時

叔尊公　即錯來公子　生卒失

長賜公　即譽仲公子　生卒失

娶　氏嚳娘　生卒失

子　河比　夏至

叔盤公　即和元之子　生卒失

有好公諱涯　即明碩公子　生道光廿四年甲辰二月二十日卯時　卒光緒十八年壬辰二月廿四日亥時

娶莊氏文娘生卒失

原厚公諱坦　即春興公長子

生道光元年辛巳

卒光緒四年戊寅十一月十大日時

娶賴氏千娘號億美

生道光十一年辛卯二月廿七日亥時

卒光緒十五年己丑十一月初一寅時

子　澤

女一適蕭

叔長公　即春興公次子

生道光五年乙酉八月十一日午時

卒光緒十一年乙酉六月初九未時

相望公諱顧家　即呈祥公子

生道光廿六年丙午正月十三日亥時

卒光緒廿一年乙未十二月初六辰時

娶黃氏壓娘號溫柔

生道光廿七年丁未四月十八日未時

卒光緒廿五年己亥正月十七日酉時

子　華養　於成　彥成

女三　長適黃　次適尤　三適黃

价行公　即進成公長子
生道光廿七年丁未六月十三日午時
卒光緒廿一年乙未五月初十日　時

國垂公　即進成公次子
生同治三年甲子二月廿五日卯時
卒光緒卅二年丁未

娶黃氏糖娘　招偶
生光緒七年辛巳二月十二日　時

子　鉚英　續子　軒　奏　的四

炎明名紅字叔籃　進成公佩次子即慎動四子
生光緒十二年丙戌七月廿三日戌時

雙承子　鉚　續子　軒　奏　的四

叔涼公　即呈輝公長子
生道光廿五年乙巳二月十五日丑時
卒五月廿一日

壬癸公　即呈輝公次子
生咸豐四年甲寅七月十二日亥時
卒光緒十七年辛卯二月廿三酉時

叔俊公　即呈屑公長子
生咸豐十一年辛酉十一月十三戌時
卒光緒二十年甲午九月十九日戌時

叔禧公　即呈屑公三子
生同治十三年甲戌正月十二日辰時
卒失

娶黄氏改適

子　金出嗣厝斗　次出嗣前坂

芳溪公諱蠏　即慎動公次子
生同治十三年甲戌六月初三日戌時
卒民國十一年壬戌十月廿六日未時

娶黄氏仲娘
生光緒十年甲申五月初三日丑時

子　鐃

女一　適黄

叔腱　即慎動公三子　生光緒二年丙子十二月初五日戌時

娶黄氏　生光緒十四年戊子十一月初三戌時　卒民國三年甲寅六月廿七日申時

繼娶黄氏　生光緒十一年乙酉十二月廿二日申時

子　好

叔行　外出不歸　即泉興公子　生卒缺

其興公諱禮　即得財公長子　生道光十三年癸巳八月初三日戌時　卒光緒六年庚辰十月十五日戌時

嗣子　賓

叔鄭公　即得財公次子　生道光廿五年乙巳七月十四日巳時　卒民國五年丙辰十一月初二日辰時

娶黄氏繞娘　生咸豐五年乙卯四月初一日亥時　卒民國七年戊午正月二十日未時

子　寶出嗣　宇出嗣

吉祥公諱賜　即瑞安公長子

生道光七年丁亥八月廿三日午時

卒同治四年乙丑二月十八日辰時

女一　適黃

以禮公諱能　即瑞安公次子

生道光十五年乙未十月廿一日申時

卒光緒十八年壬辰五月十三日寅時

娶杜氏付娘

生道光十八年戊戌九月十九日酉時

卒光緒卅四年戊申二月二十日未時

子　文兼承吉祥

女二　適潘　適黃

叔我公　即瑞安公三子

生道光廿六年丙午二月廿五日戌時

卒民國六年丁巳正月廿一日卯時

叔莊名臨　即有情公之子

生同治九年庚午十月廿五日酉時

娶張氏著娘　生光緒九年癸未十一月廿四日卯時

子　粥　汀

女二　均適黃

淑金公諱玉瑞　即日仲公長子　生道光廿三年癸卯九月十八未時　卒光緒九年癸未二月初三日寅時

娶林氏蝳娘　生咸豐十年庚申三月廿六日未時　卒民國三年甲寅八月十八日申時

子　慶郎　銀榜兼承反來

我將公諱反來　即日仲公次子　生咸豐四年甲寅正月十八日申時　卒光緒十八年辛卯八月十六酉時

平來公　即日仲公三子　生咸豐七年丁巳四月初四日辰時　卒民國九年庚申十月廿八日酉時

娶吳氏金娘　生同治十三年甲戌十二月十二日午時

子　錦堂

藝圃公諱文學字叔才　即模碩公長子

生道光廿八年戊申二月初八日子時
卒光緒廿六年庚子閏八月初六酉時

公

娶黃氏論娘號義靜

生道光三十年庚戌正月三十日辰時

公墪

子　默　近田　于田　雙田出嗣達成　刋姑　諸姑出

甘棠

女二　俱適黃

功業公諱建立　即模碩公次子

生咸豐六年丙辰五月廿六日寅時
卒光緒卅三年丁未七月十二午時

娶黃氏粉娘　生同治七年戊辰七月十四日申時

子　川　呈（兼嗣圖英）　悅

女二　長適黃　次適潘

達成公諱通　即樸碩公三子（往外夷亡）　生同治元年壬戌八月廿二日酉時　卒光緒廿一年乙未正月十六辰時

嗣子　程　雙田

聯成公諱桂　即樸碩公四子　生同治六年丁卯十月廿六日戌時　卒宣統三年辛亥正月廿七日亥時

娶黃氏很娘號儉慎　生同治九年庚午十一月初六日丑時　卒光緒十四年戊子十月十五日未時

叔酐　即初連公三子　生光緒十七年辛卯五月初十日午時

娶余氏見娘　生光緒廿七年辛丑八月廿五日午時

子　胡登　起成登　金土

女二

叔領　即勤樸公子　生光緒十二年丙戌六月十五日辰時

娶黃氏砝娘　生光緒十九年癸巳十二月初八日卯時

子　城　烟

自寶公　即團吉公子　生光緒廿三年丁酉十一月廿九日丑時　卒民國十七年戊辰二月十九日戌時

好業公　即源頭公長子　生　卒光緒廿六年庚子正月廿四日卯時

嗣子　壁英

達艾公　即源頭公次子　生光緒六年庚辰二月十五日辰時　卒缺往外夷

守業公　即貞邦公子　生同治三年甲子四月十四日酉時　卒民國十一年壬戌四月廿七卯時

娶黃氏紅娘　生光緒十二年丙戌十一月初六日亥時

子　與

女二　長適黃　次適

顧業　即升曜公長子　生同治十二年癸酉十二月十一日酉時

娶賴氏篆娘　生光緒七年辛巳七月十四日丑時

子　岸　壁出嗣　旺殤　乃出嗣　飛殤

女二適黃

達照公　即升曜公次子　生光緒廿三年丁酉十一月初八日辰時　卒民國十八年己巳十一月十五日　時

娶黃氏衛娘　生光緒卅一年乙巳九月廿五日寅時

子　[illegible]水

叔舟公　即吉旺公子　生卒失

叔類公　即才仲公長子　生道光廿四年甲辰九月十五日卯時　卒光緒十四年戊子七月廿一日□時

有華公諱興　即輝信公長子　生道光元年辛巳十一月十六日申時　卒道光廿七年丁未十一月十六午時

有常公諱秒　即輝信公次子　生卒失

有心公諱萬　即輝信公三子　生道光二十年庚子六月廿六日辰時　卒光緒三年丁丑六月廿五日

嗣子　砌

後謨公諱[illegible]　即輝信公四子　生道光廿三年癸卯十一月初六辰時　卒光緒卅一年乙巳三月初六日戌時

嗣子　賀

雙鳳公諱䕀字叔雲　即明信公長子　生道光十年庚寅正月廿五日午時　卒光緒卅一年乙巳三月初四未時

娶林氏盤娘號恬和　生道光四年甲午十二月十六子時　卒民國六年丁巳七月十一日辰時

公塋頂園厝庭頭子午壬丙

妣塋蘇山監鉗艮坤寅申

子　汪　枹　丕

女二　適黃

公堅强不屈忠厚待人慷慨樸敏竭力耕田儉以自奉恭以接人乾父坤母而安厝填庫俱完可謂子職之能殫矣女嫁

男婚而送往迎歸悉備可謂父道之克盡矣桂枝挺秀蘭芽
舒香築大廈安祖父之宅穸會親衆修房譜復踵事於先人
斯時也年近古稀身又矍鑠義方是訓勤讀謹耕商婉詞多方
釋紛細事夫唱兮婦隨光前兮裕後宜其奕世傳芳望瓜瓞
之緜緜也

繼楊公諱柳字叔絮　即明信公次子
生道光十六年丙申十二月初一日申時
卒光緒卅四年戊申十月初五日申時
公

娶黃氏珠娘號恬德
生道光廿四年甲辰九月十一日卯時
卒光緒卅三年丁未十一月廿六酉時

子　清兼承　砌出嗣　恩　親出嗣　治兼承　賀出嗣

有聲公諱㙮字叔名　即明信公四子
生道光三十年庚戌四月十六日未時
卒光緒廿二年丙申正月

公

功成公諱乳　即扶信公長子
生道光四年甲申二月廿五日辰時
卒光緒十年甲申十月廿六日酉時

娶黃氏富娘號貴紋
生道光十三年癸巳五月初三日丑時
卒光緒六年庚辰十二月十九日辰時

子纓榮

女一適黃

吉成公諱穴　即扶信公次子
生道光六年丙戌十二月十九日卯時
卒失

浮成公諱鵜　即日信公子
生道光廿七年丁未七月初七日卯時
卒光緒二十年甲午三月初二日卯時

叔臘公　即傳書公長子
生道光廿二年壬寅九月初八日戌時
卒光緒十五年己丑六月初二日卯時

其田公諱綢　即明善公長子　生道光廿八年戊申十二月初十巳時　卒宣統元年己酉十月初八日酉時

娶黃氏敏娘　生咸豐六年丙辰三月初二日巳時　卒民國十二年癸亥七月廿八申時

子　勉　似子　宇

女一　適黃

叔馨公　即明善公次子　生卒缺

其習公諱三時字叔勢　即明善公三子

公　生咸豐十年庚申三月十六日辰時　卒民國五年丙辰十一月十六未時

娶黃氏晟娘號克儉　生咸豐十年庚申正月初七日巳時　卒民國十二年癸亥十一月十八卯時

子　勵

有私公諱歆字叔産　即文則公長子

公

生道光十八年戊戌十二月廿七子時
卒光緒九年癸未十二月初一日辰時

嗣子　親

縣圖　即利盛公子

生咸豐三年癸丑十二月十三日酉時

娶黄氏志娘

生咸豐六年丙辰七月初五日辰時

子　敬　田

女三　長適黄

叔鑿公　即絲盛公長子

生咸豐四年甲寅五月初六日酉時
卒光緒廿五年己亥二月廿七巳時

嗣子　祖基

叔潭公　即緜盛公次子
生咸豐七年丁巳五月初七日卯時
卒民國　四月廿四日亥時

娶曾氏冬娘
生光緒元年乙亥九月廿四日辰時

子　實　祖基出嗣叔鑾　鉗　墩　淺出嗣　企　完

進取公諱狂　即緜盛公三子
生同治元年壬戌二月廿六日未時
卒光緒十三年丁亥十月初六日巳時

冬風公諱秋月　即登信公子
生道光十年庚寅十一月廿七日辰時
卒光緒三年丁丑正月十五日酉時

稽畧公諱考字叔古　即結成公子
生道光十五年乙未七月初六日酉時
卒光緒廿七年辛丑七月初七日寅時

娶黃氏不娘號肅惠
生道光廿二年壬寅
卒同治十二年癸酉二月廿二日酉時

繼娶謝氏營娘號慇惠
生　九月初八日
卒光緒廿三年丁酉九月初一日未時

好聲名音字叔佳　即正體公長子
生同治八年己巳五月十九日寅時

娶黃氏密娘　生同治六年丁卯十二月十四卯時　卒民國八年己未九月廿八日卯時

子　慱奕　金木嗣

女一　適潘

憂玉名敲字叔金　即正體公次子　生光緒元年乙亥八月十三日酉時

娶黃氏柿娘號慈惠　生光緒十年甲申十月廿八日申時

子　流

叔售公　即正體公三子　生光緒四年戊寅十月廿三日巳時　卒民國六年丁巳二月初九日卯時

娶賴氏邓娘　招乘偶　生光緒十六年庚寅八月十八日巳時

子　泉　越子　玉蘭

魁英公諱云字叔罡　即聰明公長子
生道光廿七年丁未三月二十日卯時
卒民國八年己未正月廿八日戌時
公
子　鳳養侄外夷

財英公諱丁字叔進　即聰明公次子
生道光廿七年丁未十月廿三日子時
卒民國四年乙卯十月初三日酉時
公
子　力養

萬春公諱百字叔億　即聰明公三子
生咸豐五年乙卯四月廿五日子時
卒民國四年乙卯三月十一日辰時
娶賴氏串娘號寬静
生咸豐十年庚申閏三月廿七日未時
子　借養出似　諸

女四俱適黃

叔貞公　即聰明公四子　生咸豐十年庚申正月廿九日辰時　卒民國十年辛酉二月二十日酉時

娶謝氏粧娘　生光緒七年辛巳七月初十日酉時

子　屋　乃嗣

女一　適黃

叔反　即學詩公子　生咸豐十一年辛酉六月十一日子時

叔盾　即榮順公長子　生咸豐三年癸丑正月十二日寅時

娶黃氏印娘　生同治七年戊辰十一月十八日申時　卒民國十五年丙寅八月十四日巳時

子　尚

叔献公 即邦佳公次子 生咸豐五年乙卯七月初七日午時 卒光緒二年丙子二月廿九日亥時

叔仙公 即貽親公長子 生咸豐七年丁巳三月廿六日午時 卒民國三年甲寅四月廿六日酉時

子 朝基養 閤嗣

叔萬公 即貽親公次子 生同治四年乙丑閏五月廿一日戌時 卒民國十三年甲子九月十六日寅時

娶潘氏件娘 生光緒三年丁丑十月廿八日子時 卒光緒廿七年辛丑七月十八日時

繼娶賴氏錦娘 生同治九年庚午二月廿三日辰時 卒民國十九年庚午二月初六卯時

子 閤出嗣 炎 追

女二 適黃 適潘

叔諒公 即投仲公子 生卒失

耳聞公諱目　即宗興公長子

生道光十二年壬辰三月廿五日戌時
卒同治二年癸亥十二月廿八日酉時

附塟父墳

新春公　即宗興公次子

生道光十六年丙申二月十三日辰時
卒同治二年癸亥十一月廿九日酉時

叔對公諱雙春　即宗興公三子

生道光廿二年壬寅九月廿三日酉時

娶潘氏滿娘

生　七月初九日亥時

子　纖 往一都

女一　適林

叔秋公諱臨春　即前草公長子

生道光廿六年丙午正月十八日寅時
卒光緒廿二年丙申九月廿八日亥時

娶陳氏片娘

生道光廿四年甲辰二月初八日卯時
卒民國十一年壬戌正月初十日巳時

子　音

女三　長次適林　三適姚

叔火公　即前草公次子　生咸豐九年己未十月廿四日申時　卒失

來興公　即則仲公長子　生卒失

叔奚　即則仲公次子　生

叔耀公　即則仲公三子　生卒失

叔紫公　即餘成公長子　生咸豐元年辛亥六月初三日申時　卒光緒十四年戊子十一月十七戌時

娶林氏認娘　生咸豐十一年辛酉十月廿三日巳時　卒缺

子　見出

女一　適潘

叔元公　即餘成公次子

生同治元年壬戌十月初二日寅時
卒　年　二月初四日

娶林氏

生光緒元年乙亥七月廿七日辰時

子　食　悅　鎖出

叔更　即餘成公三子

生同治十年辛未六月廿一日酉時
卒　年六月初四日巳時

娶林氏嫩娘

生光緒六年庚辰五月廿六日戌時

子　友　金木出嗣

叔便公　即章英公長子

生道光廿一年辛丑
卒同治八年己巳

叔武公　即章英公三子

生咸豐三年癸丑十一月十八辰時
卒民國六年丁巳十月廿二日亥時

娶黃氏聽娘
生同治元年壬戌十二月十八日巳時
卒民國十八年己巳九月廿九日酉時

子　添坪　仰子　賀

運胎公　即正一嗣子
生道光廿七年丁未五月十七日丑時
卒同治十三年甲戌七月十三日卯時

秋桂公諱梅香　即純敏公長子
生道光十四年甲午九月初一巳時
卒同治元年壬戌八月廿一日未時

娶黃氏改適

子　循
生　六月廿一日辰時

開族　即純敏公次子
生同治十三年甲戌二月十六日酉時
卒失

叔一公　即文子之子

娶潘氏甘娘號貞守
生光緒四年戊寅九月初九日　時
卒光緒廿二年丙申九月十六日酉時

嗣子　淺

叔桒公　即信近公長子　生卒失

團棋公　即信近公次子　生卒失

叔閏公　即仲章公長子　生失　卒八月廿四日戌時

叔路公　即仲章公次子

叔剖公　即仲章公三子

南山公諱巖炮　即維芳公長子　生道光七年丁亥四月初三日酉時　卒光緒九年癸未正月初三日酉時

娶賴氏笑娘號裕順　生道光九年己丑十一月廿七日辰時　卒民國十年辛酉十二月初六日午時

子　沛　直　奇　暢　着

女一　適賴

翼山公諱凉　即維香公嗣子

生道光十六年丙申八月廿三日亥時
卒民國三年甲寅八月廿九日酉時

娶黃氏擔娘號寬順

生道光十九年己亥三月十五日時
卒光緒五年己卯正月廿二日巳時

子四　排　寶　祿　丕務

女二　適潘　適黃

達明公諱連發　即維月公子

生道光七年丁亥十一月廿七日戌時
卒光緒十四年戊子六月廿三日戌時

娶林氏

生失
卒光緒十五年己丑八月初六日辰時

子　孫出嗣曆斗

叔高公諱裕　即仲兆公長子

娶　氏

子　海棠　柳絮　秋　均居仙邑

叔等公　即仲垙公次子　住仙邑

叔紅公　即仲垙公三子　住仙邑

叔財公諱發　即貽邦公子　生同治二年癸亥

娶潘氏案娘　生同治十一年壬申　卒光緒二十年甲午九月廿九日申時

女一　適賴

叔沸公　即仲埔公子　生卒失

娶黃氏雖娘　生同治十二年甲戌五月十四日巳時

子　闕世

女三　長次俱適黃

玉明公諱月　即進益公長子

生道光十五年乙未八月十四日申時
卒光緒十八年壬辰十月廿三日丑時

娶黃氏妹娘號淑靜

生道光十四年甲午九月廿二日午時
卒光緒七年辛巳十一月初三日卯時

繼娶黃氏妹娘號愧懿

生咸豐元年辛亥十二月三十日　時
卒光緒八年壬午十二月十五日酉時

子　鑾養　送嗣　院嗣　同

一則公諱喜　即進益公次子

生道光十八年戊戌八月廿八卯時
卒光緒六年庚辰七月廿一日午時

娶林氏貼娘號節儉

生道光十五年乙未十一月十一日寅時
卒光緒廿六年庚子六月初八日卯時

子　温　徙養

女一適賴
生道光十九年己亥十月十六日時
卒民國六年丁巳七月廿一日辰時

進延公諱居　即進益公三子
生道光廿三年癸卯八月十三日　時
卒光緒十九年癸巳五月初四日午時
娶黃氏乳娘號因儉
子側　顯　慶

盈進公諱科　即進益公四子
生道光廿一年辛丑正月廿六日辰時
卒民國元年壬子四月廿四日午時
娶賴氏夜娘
生道光廿九年己酉五月廿九日　時
卒光緒十九年癸巳九月初三日丑時
子侃　艮
女一適黃

太學生餘吉公諱鵬搏字叔章幼名轉來　即進益公五子

公　生道光廿二年壬寅七月十五辰時　卒民國五年丙辰九月三十日酉時

娶黃氏眼娘號寬慈　生道光廿三年癸卯二月三十日午時　卒民國十六年丁卯五月廿九日午時

子決　趨　院出嗣　苗　炎　祖　乞

女五　長三五適黃　次四適賴

連義公諱東風　即善直公長子　生道光十九年己亥五月初八亥時　卒光緒四年戊寅二月十五日寅時

娶黃氏叅娘號節儉　招偶　生道光廿三年癸卯　卒光緒八年壬午七月廿二日午時

子　綱殤

西川公　即善直公次子生卒缺

娶黃氏點娘　生道光廿七年丁未十月十六日巳時　卒光緒七年辛巳正月初九日酉時

子　樹往臺灣

女二　適黃　適廖

叔回公　即善直公三子　生道光廿六年丙午九月廿三日戌時　卒民國十二年癸亥四月初八日卯時

娶陳氏担娘　生咸豐四年甲寅五月廿八日卯時　卒民國十二年癸亥十二月廿八子時

子　爾　淑　千　士

女　長三四適潘　次適黃

叔克公　即善直公長子　生卒失

愚慎公諱評　即進德公長子　生道光廿三年癸卯六月十四日巳時　卒咸豐七年丁巳六月初七日午時

嗣子　孫

惠德公諱耀　即進德公次子

生道光廿三年癸卯十二月十七日丑時
卒光緒十一年乙酉十二月十六日未時

娶黃氏號丈慈

生道光廿三年癸卯十一月初一子時
卒民國十二年癸亥七月十三日巳時

子　孫（嗣孫承惠慎）　福

叔迎公　即進德公三子

生道光廿九年己酉十二月廿七日時
卒光緒卅四年戊申五月廿二日未時

娶黃氏順娘

生咸豐元年辛亥十一月十一日時
卒民國四年乙卯九月十六日子時

節義公諱準　即善揮公長子

生咸豐八年戊午十二月初七日亥時
卒光緒十七年辛卯十一月十七辰時

明義公諱成　即善揮公次子

生咸豐十一年辛酉三月初五申時
卒光緒八年壬午十月十四日申時

存義公諱遣　即善揮公三子

生同治五年丙寅四月十八日辰時
卒光緒卅四年戊申四月廿五卯時

娶黃氏九娘　招偶

生光緒五年己卯正月十一日申時

子　江英

女六

惠義公諱受　即善揮公四子　生同治七年戊辰十二月廿二日申時　卒光緒十八年壬辰六月初四日未時

叔質　即善揮公似三子　生同治八年己巳四月初四日　時

叔捧公　即垂祥公次子生卒失

叔鶯公　即瑤琳公子

鴻傳公諱雁　即聲容公子　生　十一月廿七日午時　卒光緒十三年丁亥七月廿一日戌時

娶黃氏彂娘號高懿　生道光十九年己亥二月十七日辰時　卒民國三年甲寅十一月初九日巳時

子烈　竹　方　智出　贅

女二俱適黃

得書公諱讀　即喬祥公長子
生道光廿三年癸卯七月初四日寅時
卒光緒十三年丁亥七月十三日戌時

娶黃氏願娘號莊懿　招偶
生咸豐七年丁巳七月初七日午時
卒光緒十七年辛卯六月廿三午時

子　雀　秧

得明公諱友　即喬祥公次子
生咸豐元年辛亥十月十四日午時
卒光緒十五年己丑八月初八戌時

娶潘氏云娘號儉懿
生咸豐二年壬子十一月廿五卯時
卒光緒七年辛巳八月初四日丑時

繼娶賴氏正娘號順懿
生咸豐五年乙卯四月十一日　時
卒民國九年庚申三月十三日卯時

子　欽養

得長公諱度字叔容業儒　即喬祥公三子

公

生咸豐十一年辛酉正月廿六亥時
卒宣統三年辛亥七月十三日申時

娶黃氏綬娘號謹懿

生咸豐十一年辛酉二月十九丑時
卒民國八年己未八月初十日巳時

子　搴　店　門　閅

得吉公諱合　即喬祥似公長子

生咸豐八年戊午七月初七日寅時
卒民國　九月初九日戌時

仁直公諱綸　即百祥公長子

生咸豐四年甲寅五月十五日寅時
卒光緒廿一年乙未十二月十二酉時

娶黃氏綢娘號勤德

生咸豐六年丙辰五月廿一日戌時
卒光緒卅三年丁未十一月十四午時

子　降　約　酥

女一　適黃

仁得公諱旂　即百祥公次子

生咸豐六年丙辰七月初十日酉時
卒光緒卅三年丁未六月十六酉時

娶賴氏邪娘　生咸豐十年庚申十一月十四日

子　賜　忠　體　偏出嗣　祥

女三　適賴　適林　適黃

仁義公諱信　即百祥公三子　生同治元年壬戌七月廿八日巳時　卒光緒廿五年己亥八月十八未時

娶黃氏劣娘號意彔　招偶　生同治八年己巳二月十七日卯時　卒宣統元年己酉五月初四日申時

子　鑾　雄　續子　羨

女三　長適陳　次適黄

叔管　即百祥公四子　生同治三年甲子十二月初九日寅時

娶黃氏鞬娘　生同治十一年壬申十一月廿九日申時

子　偏嗣　琴

女四　適潘　適黃

叔石　即百祥公五子　生同治十三年甲戌十一月初二日寅時

娶賴氏耽娘號勤順　生光緒六年庚辰七月三十日亥時　卒民國八年己未九月初五日未時

子　扱　越　維　金龍

女三　適黃　適潘

叔坦公　即百祥公似三子　生同治三年甲子十一月十八日子時　卒民國十四年乙丑二月初十日亥時

續子　鰲

萬里公諱波　即禎祥公長子　生同治四年乙丑三月十九日辰時　卒民國十二年癸亥十月初八酉時

娶潘氏專娘　生同治六年丁卯二月初七日辰時

子　諒嗣　丹　曼

女七

叔料公　即禎祥公次子　生同治九年庚午五月初四日午時

娶黃氏惜娘　生同治九年庚午四月十一日　時
卒宣統元年己酉十二月三十亥時

子　慈

女四　適黃　適潘

母以公諱從　即禎祥公三子　生同治十一年壬申八月廿六日辰時
卒民國十五年丙寅四月初二日未時

娶黃氏禁娘　生光緒元年乙亥十月十八日寅時

子　金(嗣)　貢

女一　適林

叔頡　即禎祥公四子　生光緒六年庚辰九月十八日戌時

娶潘氏貼娘　生光緒十三年丁亥十一月廿七日辰時

子　郎　猂　捍　倍　贊

女一

叔爐公　即禎祥公五子　生光緒九年癸未九月廿三日午時　卒民國十五年丙寅四月初九辰時

娶黃氏籃娘　生光緒廿一年乙未七月十七日申時

子　全財　榮

叔燕公　即珑仲公子　生卒失
生同治七年戊辰八月初十日寅時
卒民國十九年庚午七月十八辰時

叔漢公　即盤仲公子
娶黄氏寬娘
生光緒四年戊寅二月初五日　時
子　詮　開殤

素蘭公　即江漢公長子
生
卒光緒三年丁丑八月廿三日戌時

叔改公　即江漢公次子　生卒失

叔接　即周師公子
生同治四年乙丑五月初六日卯時
嗣子　借

叔鶴　即美德公長子
生咸豐八年戊午八月廿五日巳時

娶黃氏靳娘號意慈　生同治六年丁卯二月初二日亥時　卒光緒卅二年丙午閏四月初九酉時

子　原　借出嗣

女五　適黃　適林

叔馨公　即霜益次子　生同治十二年癸酉正月初一日寅時　卒民國十四年乙丑七月初六日寅時

娶柯氏香娘　生光緒十二年丙戌四月廿五日午時

子　陳

忍居　即添全公長子　挈眷往臺灣

純庵派

仕圃公諱先　即有財公長子　生道光廿四年甲辰六月十六日未時　卒光緒廿一年乙未十月十三日酉時

娶黃氏汝娘號宜家　招偶　生咸豐八年戊午十月二十日辰時　卒民國十七年戊辰二月十九酉時

子　歲　品　野殤　擯殤　妹　諒出嗣厝斗　七　七續

仕草公諱摛芳　即有財公次子　生咸豐三年癸丑十二月初二寅時　卒民國六年丁巳十月二十日時

嗣子　仁　續子　七

能傳公諱淡　即惟貴公長子　生同治八年己巳三月廿六日未時　卒民國七年戊午十二月十一巳時

娶潘氏紳娘　生光緒六年庚辰正月十一日午時

子　劉出嗣　籠　深兼承叔天　交　阮

能平公諱治　即惟貴公次子　生光緒八年壬午十二月廿一日巳時　卒光緒廿八年壬寅十月廿四日巳時

嗣子　劉

叔天　即惟送公子　生光緒元年乙亥五月十一日亥時

雙承子　深英

能步公諱爆竹　即惟夏公長子　生道光廿九年己酉八月初七日辰時　卒光緒廿九年癸夘三月廿九日丑時

娶黃氏範娘號順惠　生咸豐八年戊午八月十八日戌時　卒民國十七年戊辰十二月十六巳時

子　坑　寅出嗣惟步爲孫　夘　摳　吸

女二俱適黃

能静公諱動竹　即惟夏公次子　生咸豐五年乙夘十一月廿七日巳時　卒光緒十四年戊子正月十七日亥時

嗣子　瓦殤

芋竹　即惟夏公三子　生咸豐十一年辛酉四月初十日辰時

娶黃氏葢娘號儉勤　生同治十二年癸酉十月初一日卯時　卒民國五年丙辰十一月初八日戌時

子　瓦出嗣　鉗　濃　参出

帛竹　即惟夏公四子　生同治九年庚午十二月初三日酉時

娶黃氏氣娘　生光緒七年辛巳正月初十日戌時

子　愶　欉　店　太源

女二適黃

能發公諱珉　即惟獻公長子　生同治三年甲子四月初十日午時　卒民國六年丁巳正月二十日丑時

娶賴氏嫰娘　生同治七年戊辰十二月廿九日戌時

子　田　沙兼承能通　胡殤

女五　適黄二　適賴三

叔積　即惟獻公次子　生同治七年戊辰四月初四日酉時

娶黄氏不娘　生光緒六年庚辰十一月十六日卯時　卒光緒卅三年丁未五月廿七日子時

子一幼殤

女二　長未笄而殀　次適黄

能纅公諱蚕　即惟献公三子　生同治十三年甲戌二月初二未時　卒民國六年丁巳四月十九日寅時

娶黄氏蔡娘　生光緒十二年丙戌六月十一日酉時

子　貯　閂

女二　長適黄

叔遠　即惟献公四子　生光緒二年丙子二月十六日寅時

娶黃氏救娘　生光緒十三年丁亥十二月十七日

子　肯　隨　貴　賞　蜎

女一　適黃

能通公諱串　即惟献公五子　生光緒五年己卯十月十八日寅時　卒光緒廿九年癸卯七月初八日時

雙承子　沙

能乾公諱坤　即惟南公隻子　生同治十一年壬申九月十一日卯時　卒民國十一年壬戌十月廿五日辰時

娶黃氏聘娘號儉慈　生光緒元年乙亥七月廿六日　時　卒民國六年丁巳七月廿八日辰時

子　添　女一　適陳

叔闕　即惟步公子

嗣男　寅英

叔總　即蒲榮公長子隨父往一都居焉

生光緒廿二年丙申四月初七日戌時

叔承　即則恭公長子

娶黄氏須娘

生光緒廿四年戊戌七月廿四日酉時

子二　土　仙

女二

叔堅　即則恭公次子

生光緒卅四年戊申二月初五日戌時

娶黄氏卯娘

生民國三年甲寅十一月十三日

叔逢　即秋仲長子　生光緒廿八年壬寅九月廿二日戌時

娶黃氏示娘　生宣統三年辛亥九月初二日亥時

叔蚵　即秋仲次子　生光緒卅二年丙午十月十二日戌時

娶黃氏蝦娘　生

叔見　即秋仲四子　生民國六年丁巳正月初四日卯時

叔創　即箕仲三子　生光緒卅三年丁未十一月廿二日子時

娶黃氏變娘　生民國六年丁巳

叔份　即箕仲四子　生宣統三年辛亥正月初四日寅時

叔民　即箕仲五子　生民國三年甲寅二月廿六日子時

叔旺　即來仲長子　生光緒廿三年丁酉十一月十四日午時

娶黃氏任娘　生光緒廿七年辛丑五月初三日卯時

女二

叔甘　即來仲公次子　生光緒卅二年丙午八月廿四日巳時

娶黃氏嬌娘　生民國四年乙卯二月二十日巳時

叔狹　即則金公次子　生光緒廿九年癸卯十一月廿五日酉時

叔戶　即則金公三子　生光緒卅二年丙午七月廿二日未時

叔墘　即則賦公隻子　生光緒三十年甲辰六月廿四日寅時

娶黃氏燕娘　生光緒卅二年丙午十二月廿五日丑時

予　奠

叔剌　即則蘭公隻子　生光緒十八年壬辰五月十四日亥時

娶陳氏糖娘　生光緒廿八年壬寅六月初四日巳時

叔甚　即則言兼承子　生光緒廿一年乙未六月十一日申時

娶潘氏勸娘　生光緒廿一年乙未十二月初五巳時　卒民國元年壬子五月十六日巳時

繼娶黄氏佔娘　生光緒三十年甲辰九月廿九日巳時

予　文珍　楓殤　喬木殤　文彩出嗣爲則遺孫

女一

叔春　即則昌公長子　生光緒十五年己丑五月廿四日申時

娶吳氏栽娘　生光緒廿二年丙申十一月初十日

子　耀奎

叔溪　即則昌公三子　生光緒廿六年庚子五月廿九日酉時

娶潘氏寬娘　生民國元年壬子十月初九日寅時

叔腰　即則心隻子　生光緒卅二年丙午正月十一日未時

娶黃氏芽娘　生民國四年乙卯十一月廿六日

叔浚　即則南公次子　生民國四年乙卯七月十一日巳時

叔甚　即則遺公雙承子　生庚及娶詳在則言行下

子　文彩

錦亭派

語言公　即霞元公長子生卒失

嵇事公　即霞元公三子　生道光九年己丑十一月廿三日戌時　卒同治十二年癸酉六月廿一日酉時

芥恭公　即霞元公四子　生道光十四年甲午八月十三日酉時

蓮里公　即入元公隻子生卒失

溪水公　即好地公長子　生嘉慶廿五年庚辰　卒咸豐元年辛亥三月初三日　時

娶　氏

女一適阮

叔白公　慎直之子　生道光廿二年壬寅八月初一日　時　卒光緒三十年甲辰十二月初三寅時

子　春 養

門盛公諱多　即達明公長子

生道光廿七年丁未七月十四午時　止

卒光緒九年癸未七月廿五日未時

忠良公諱賢　即達明公次子

生咸豐七年丁巳四月廿五日巳時

卒光緒廿八年壬寅七月十五酉時

娶黃氏改適

女一適黃

卿朝公名馬字叔祿　即達明公三子

生同治四年乙丑三月十七日巳時

娶黃氏嬌娘號順慈

生光緒二年丙子八月初二日申時

男四　占　烏　黃殤　命：

女三　長適黃　次三適潘

叔澈　即仁達公長子

生道光十九年己亥二月初六申時
卒咸豐四年甲寅七月廿六日未時

執藝公諱欒林　即仁達公次子

生道光廿四年甲辰三月廿九巳時
卒民國四年乙卯三月廿二日巳時

續子　須　豐　沙

如履公諱深淵　即仁達公三子

生道光廿九年己酉十月初十日巳時
卒光緒十九年癸巳八月廿八日卯時

娶賴氏旦娘　招偶

生咸豐七年丁巳九月十四日辰時
卒民國三年甲寅十二月廿四寅時

子　揪　拖　紂　續子　須　監出嗣叔委　沙

女二俱適黃

如德公諱烏情　即仁達公四子

生咸豐四年甲寅三月廿六日未時
卒民國十三年甲子七月廿五寅時

娶吳氏片娘號儉慈　生同治六年丁卯三月初五日酉時

子　扭　却

女五　適潘一　適賴一　適黃三

叔俔　即仁樸子　生道光廿五年乙巳　月十八日巳時　止　卒同治　年十一月初一日

叔委　即仁悅長子　生咸豐十年庚申十一月十五日午時　卒光緒廿五年甲午二月初四日　時

嗣子　監英

運瑞公　即宣情公嗣長子　生卒失　止

迎來公　即宣情公養次子　生失　卒光緒五年己卯三月廿九日時　止

叔玉公　即宣情養三子　生咸豐七年丁巳四月初八日寅時　卒民國二年癸丑二月初一日午時

娶潘氏放娘　生同治八年己巳二月廿五日巳時

男三　額　堧　泰出嗣叔從

興爵公諱贊　即縣園之子後出爲心順嗣子生卒在外

嗣子　垙英

叔從公　即縣趺公子　生道光廿三年癸卯三月二十日卯時　卒失

嗣子　泰

已德公諱克　即實維長子　生咸豐四年甲寅三月初三日　時　卒民國七年戊午十二月十六酉時

娶黃氏好娘　生同治二年癸亥十二月初一日　時　卒民國四年乙卯十一月初九日酉時

子　懇　垙出嗣興爵　謙　尊

女二　適黃　適潘

叔車公　即知仲子

生道光廿一年辛丑十月十一日　止
卒

淡來公　即茂樹長子

生道光十九年己亥
卒光緒八年壬午十二月初七日時　止

自成公　即聿德公子

生道光廿三年癸卯六月初三日子時
卒光緒十六年庚寅四月廿三日戌時　止

如道公諱志成　即利德公長子

生道光十五年乙未二月廿五日未時　止
往外亡

如問公諱意成　即利德次子

生道光十九年己亥四月廿一日巳時　止
卒同治十一年壬申七月二十日酉時

兩成公　即利德公四子

生道光廿八年戊申三月初二日午時
卒失

娶吳氏願娘號慈慎

生缺
卒光緒卅三年丁未三月初三日申時　止

叔珠公　即盛世長子

生咸豐元年辛亥七月初七日酉時　止
往外亡

叔張公　即飛齋公長子
生咸豐元年辛亥七月初八日丑時
卒光緒七年辛巳九月十六日戌時

叔刊　即完方子
生咸豐六年丙辰　止
往外亡

國仁公諱重宜　即順德子
生道光十四年甲午正月初二日亥時
卒光緒廿三年丁酉十一月廿九酉時

娶黃氏莪娘號和懿
生道光十九年己亥正月廿八日寅时
卒民國九年庚申十一月十二日酉時

子六　楚　爲　助　朕　顔　企

女二　適黃

性贊公諱維成　即瞞仲長子
生道光廿一年辛丑八月初十日寅時
卒光緒二十年甲午十一月十五丑時

娶鄭氏晟娘號勤慈
生咸豐五年乙卯九月廿二日寅時
卒光緒十六年庚寅七月十三戌時

子　㙺　麵出嗣

女一　適林

生咸豐六年丙辰六月十三日午時

永成公　即晡仲次子

卒民國九年庚申十二月十七卯時

娶黃氏笑娘

生　年五月廿七日戌時

卒民國十年辛酉正月廿二日酉時

嗣子　麵

泮水諱洛思　即聯登長子

生咸豐十一年辛酉十一月十一日寅時

娶黃氏正娘號靜勤

生同治七年戊辰十一月十一日申時

卒民國十七年戊辰三月十一寅時

子　噉　亥　戌

女二　適陳　適潘

能近公諱遠慮　即聯登次子

生同治十一年壬申十月十八日戌時

卒民國四年乙卯十二月廿六日申時

娶黃氏雪娘號儉慈　生同治十三年甲戌九月廿二日戌時　卒光緒廿七年辛丑四月初九日酉時

繼娶潘氏改適　生光緒三年丁丑六月十二日戌時

宣哲　即聯登公三子

娶黃氏省娘　生光緒十二年丙戌六月廿一日午時

子三　隨　填　會

叔砵　即可知士　生同治十二年癸酉九月十三未時　卒民國五年丙辰十月廿二日　時

娶潘氏鑾娘　生光緒五年己卯十二月廿三午時　卒宣統二年庚戌四月十九日酉時

女一　適黃

蹇文公諱樹林　即有道長子　生咸豐六年丙辰十二月初三辰時　卒民國十年辛酉十月廿六日寅時

子　勢英　福來俱殤

謂仁公諱屬　即有道公次子

生同治元年壬戌六月初三日戌時
卒民國十四年乙丑三月十七卯時

娶潘氏改適

續子　棟英　尾英

文治公諱叔武　即有道公三子

生同治四年乙丑三月初十日辰時
卒民國十九年庚午閏六月初七巳時

娶黃氏寶娘

生光緒四年戊寅十二月初九日未時

子　圈　榮殤　欠殤　辨

女三　適黃一　適賴一

忠偏公諱吸　即有道公四子

生同治八年己巳五月初八日寅時
卒民國十二年癸亥十月廿六酉時

娶黃氏佳娘　生光緒七年辛巳十一月十八日寅時

子　賴　井

女一　適黃

周禮公諱般　即有道公五子　生同治十二年癸酉六月廿九日巳時　卒光緒卅二年丙午八月十七日申時

娶黃氏改娘　招偶　生光緒十年甲申五月十四日酉時

子　萬　棟續　尾續

女三　適黃二　適潘一

興逢公諱吉安　即心順公長子　生道光廿九年己酉八月廿九辰時　卒民國四年乙卯九月廿二日辰時

娶黃氏粲娘　生咸豐十年庚申七月廿七日巳時　卒光緒卅二年丙午閏四月廿四亥時

子　躕　存　閩出嗣　濃　寒

女二　適潘

興桂公諱扳安　即心順公次子　生咸豐三年癸丑正月三十日戌時　卒光緒廿七年辛丑二月初五辰時

娶黃氏秀娘　招偶　生同治八年己巳八月十九日卯時

子　珍養　崇　蟾續

興裕公諱所安　即心順公三子　生咸豐六年丙辰六月十七日午時　卒民國十九年庚午六月

娶潘氏惱娘　生咸豐十年庚申十月初一日未時　卒民國六年丁巳二月廿二日酉時

子　滔殤　嗣子　閩

興理公諱察安　即心順公四子　生同治元年壬戌十二月三十酉時　卒民國三年甲寅二月十九日酉時

娶黃氏免娘　生同治八年己巳十一月廿九日巳時

子　呱

女一　適黃

興詩名瘦　即心順公五子　生同治七年戊辰五月初十日午時

娶黃氏安娘　生光緒二年丙子八月十五日卯時

子　忭　梓殤　輪殤　騰

女四　適黃三　適潘一

興爵公諱鬱纓　即心順公似次子　生咸豐八年戊午九月初十日未時　卒民國十六年丁卯正月廿四未時

續子　蟾

乘龍公諱躋鳳　即萬順公隻子

生咸豐五年乙卯十一月廿二戌時
卒宣統二年庚戌八月初六日午時

娶黃氏印娘號勤儉

生咸豐九年己未二月初八日戌時

子　報　秉　恐

女二　適黃

叔同公　即惟順公長子

生咸豐十一年辛酉
卒光緒廿九年癸卯六月廿二日巳時

壽籌公諱伉　即惟順公次子

生同治六年丁卯三月初七日子時
卒民國四年乙卯九月初五日申時

娶黃氏蜜娘

生同治六年丁卯二月十七日午時

子　志養

叔囉　即惟順公三子

生同治九年庚午十二月初八日子時

娶黃氏譽娘　生光緒七年辛巳二月廿一日申時

子　樟

女一　適黃

叔現公　即數順公長子　生同治三年甲子七月初一日辰時　卒光緒廿七年辛丑正月十六申時

娶潘氏視娘　招偶　生同治十二年癸酉三月初五日午時

子　隴　續子　三成　老婆出嗣　三元

女三　適潘二　適黃一

叔藝公　即數順公次子　生光緒三年丁丑七月初五月未時　卒光緒廿九年癸卯九月十八戌時

嗣子　老婆

叔魯公　即數順公三子

生光緒六年庚辰七月初二日午時
卒民國七年戊午十二月十三亥時

續子　三成　老婆出嗣　三元

志藝公諱翰奇　即思樂公長子

生咸豐二年壬子七月廿八日子時
卒光緒廿三年丁酉五月初二午時

娶潘氏玉娘號心慈

生咸豐八年戊午九月十二日　時
卒民國十九年庚午五月初一未時

子　庇　擔　躍

女五　適潘一　適黃三　適林一

德智公諱下澤　即思樂公次子

生咸豐四年甲寅十月廿六日　時
卒光緒十九年癸巳八月初四丑時

娶黃氏蕉娘　招偶

生咸豐十一年辛酉正月廿九日辰時

子　班　摘　摸續

女二　適潘

德義公諱恍來字叔然業儒　即思樂公三子

公
生咸豐七年丁巳二月二十日丑時
卒民國十年辛酉十二月廿六子時

娶林氏郭娘號勤敏
生同治三年甲子九月廿五日　時
卒光緒十三年丁亥八月廿五巳時

繼娶潘氏雙娘
生同治六年丁卯二月十四日亥時
卒民國八年己未閏七月初五未時

子　贈來　炭　拈　俱潘出

遐邇公　即思樂公五子
生失　止
卒　十二月初九日　時

醉英心諱六　即思樂公六子
生同治五年丙寅十月二十日　時
卒宣統二年庚戌三月廿一日酉時

娶黃氏鎮娘
生同治十年辛未四月廿六日　時
卒民國十二年癸亥三月十七辰時

子　爬　創

履端公諱冰　即思樂公似次子

生同治四年乙丑九月廿四日巳時
卒光緒卅四年戊申四月廿八丑時

子　摸

樾昭公諱陳　即宣笙公長子

生道光三十年庚戌五月十三日戌時
卒同治十二年癸酉三月初三日亥時

娶黃氏慊娘

生咸豐六年丙辰二月廿九日午時
卒光緒廿三年丁酉十二月十七酉時

子　朝逸

樾靜公諱恬　即宣笙公次子

生咸豐十年庚申三月初十日辰時
卒宣統二年庚戌六月廿七日午時

娶阮氏晟娘生卒失

繼娶林氏晦娘　生

子　長殤　腰林出

女三　適潘　適黃　適林

叔蕙公　即宣筐公三子　生同治六年丁卯九月廿二日時　卒民國十五年丙寅九月十二酉時

娶黃氏列娘　生光緒二年丙子十一月

子　不　火　等

女二　適潘　適黃

叔縈　即藏珍公長子　生同治八年己巳八月十一日辰時

娶潘氏早娘號勤德　生同治八年己巳二月廿九日亥時　卒光緒廿二年丙申十一月廿七丑時

子　墻　抗　跳　續　子　番　屋　執

叔觀　即藏珍公次子　生同治十一年壬申正月初八日亥時

娶潘氏盡娘　生光緒二年丙子五月十九日戌時

子　煦　溜

女一　適潘

正中公諱斗　即藏珍公三子　生同治十二年癸酉十月廿六丑時　卒宣統元年己酉七月十七日未時

娶黃氏玫適

子　揷　灶　使

榮業公諱坂　即藏珍公四子　生光緒二年丙子正月二十日酉時　卒民國十八年己巳正月初三巳時

娶黃氏越娘　生光緒十一年乙酉十一月初七日申時

養子　秋英　進成

克明公諱典　即藏珍公五子

生光緒四年戊寅二月初四日丑時
卒光緒廿六年辛丑十月初八午時

娶黃氏量娘　招偶

生光緒十年甲申三月廿六日丑時

續子　番　屋　執

克正公諱慃　即藏珍公六子

生光緒九年癸未五月十九日丑時
卒光緒廿四年戊戌七月初三申時　止

盆如公諱謹　即綢春公隻子

生同治三年甲子十二月三十日時
卒民國八年己未八月十九日　時

娶黃氏箱娘

生光緒四年戊寅
卒　年二月初九日戌時　止

東二房二

叔洗　即文助公長子

生道光三十年庚戌十月二十日酉時

娶蘁氏乖娘　生同治五年丙寅九月初九日丑時　卒民國三年甲寅九月十七月巳時

嗣子　稟

叔蔗公　即文助公次子　生咸豐七年丁巳　卒光緒卅四年戊申七月

叔嚏公　即通信公長子　生同治九年庚午二月三十日　時　卒民國六年丁巳正月十二日午時

娶潘氏香娘　生光緒八年壬午十月初二日寅時

子　壬　擔養　稟出嗣

女七　適賴一　適潘一　適黃四　適陳一

叔鯱公　即通信公次子　生光緒元年乙亥五月十六日　時　卒民國十五年丙寅四月廿九卯時

娶林氏改適

養子　撟殤

成爲公諱孽字叔作　即節意公長子

生道光八年戊子五月十七日寅時

卒光緒九年癸未十月廿二日子時

娶杜氏雙娘

生道光十年庚寅正月初一日丑時

卒光緒十八年壬辰十二月十四午時

子　雲　敦出南安

叔倉公　即節意公次子　生卒缺

叔凜公　即詐仲公隻子

生失

卒　年三月廿六日子時

叔藍公　即系仲公隻子　生卒失

以采公諱于　即薪水公長子

生道光十九年己亥八月廿六日巳時

卒光緒廿七年辛丑八月初一日午時

娶黃氏油娘號美意

生道光廿七年丁未五月初一日　時

卒民國十三年甲子十月廿六日辰時

子　潤

亨通公諱庚　即薪水公次子　生道光廿三年癸卯七月初五日時　卒宣統三年辛亥五月十一日寅時

子　籥蚤

順儀公諱煥　即將成公長子　生道光廿三年癸卯八月初九日寅時　卒光緒廿五年己亥二月初二日未時

娶黃氏返娘號家儉　生道光廿八年戊申五月十六辰時　卒宣統元年己酉正月廿七日寅時

子　潤澤　賜出　譽出嗣　鑑出嗣孔安

捐進公諱題　即將成公次子　生　年六月初六日　卒缺

娶黃氏便娘　生失　年三月廿六日　時　卒

叔吟公　即將成公三子　生卒缺

娶潘氏輕娘 生卒失

子　登 往南安

維敏公　諱祑芩　即有成公長子

生道光廿四年甲辰九月初四日　時

卒光緒十三年丁亥七月初一日　時

娶黃氏衫娘　招偶

生道光廿六年丙午十二月初七巳時

卒民國五年丙辰正月初九日寅時

子　元　月　唱 續

女一適黃

叔貞公　即有成公次子

生道光廿九年己酉七月廿二巳時

卒民國元年壬子七月初九日酉時

娶黃氏愛娘號順謹

生咸豐五年乙卯四月十五日巳時

卒光緒廿七年辛丑十二月廿八辰時

子　尊 出嗣嫖公

福安公諱康　即有成公三子

生咸豐四年甲寅
卒失

娶黃氏熟娘

生同治六年丁卯正月十四日戌時
卒光緒廿八年壬寅七月十九亥時

子　流出

維成公諱歸　即有成公四子

生咸豐七年丁巳十一月廿二亥時
卒民國元年壬子四月初十日寅時

續子　唱

梁雉公諱雌　即嘉成公長子

生道光廿七年丁未十月初九酉時
卒宣統二年庚戌八月廿四日卯時

娶黃氏蔭娘號慈佑

生道光廿九年己酉三月初八酉時
卒民國四年乙卯十月二十日酉時

子　碧

植杖公諱芸　即嘉成公次子

生咸豐五年乙卯八月初八日　時
卒光緒廿四年戊戌四月初六巳時

嗣孫　糧

孔安公諱暨　即和成公長子
生咸豐元年辛亥二月十五日戌時
卒光緒十四年戊子十一月廿七寅時

娶黃氏草娘號自儉
生咸豐二年壬子九月廿四日酉時
卒民國六年丁巳六月廿四日戌時

子　篤嗣　卯

女三

叔皇公　即和成公次子
生咸豐十一年辛酉五月廿五日　時
卒光緒廿五年己亥二月初十日申時

娶黃氏改適

子　機

叔胎　即和成公三子
生同治二年癸亥九月廿四日戌時

娶黄氏猛娘　生同治十年辛未九月初六日酉時

子　姜

文賓公　即如農公長子生卒失

娶黄氏全娘　招偶　生道光五年乙酉六月廿九日辰時　卒光緒十五年己丑十月十六戌時

子　捧　徃續

是思公諱文滔　即如農公次子　生道光七年丁亥四月十九日亥時　卒宣統元年己酉九月廿二日亥時

娶黄氏號柔意　生道光七年丁亥四月十九日亥時　卒光緒廿五年己亥正月二十巳時

子　乾　問　朕出嗣叔返　有

叔奋公　即如農公三子生卒缺　止

肇基公諱秋霖 即如農公仰長子

續子 往

生道光八年戊子三月初八日戌時

卒光緒十年甲申十一月初八酉時

叔賞公諱玩 即爲成公長子

嗣子 月

生道光十八年戊戌十月廿四日卯時

卒光緒十八年壬辰九月十八日亥時

仁和公諱晚 即爲成公次子

娶黃氏放娘號勤順 招偶

子 挨續

生道光廿一年辛丑四月廿二午時

卒光緒八年壬午二月初八日未時

生

卒民國十一年壬戌八月廿四日申時

叔蠷公 即爲成公三子

續子 挨

生道光廿四年甲辰四月廿九日 時

卒光緒廿一年乙未十月十二日巳時

東仙公諱西窗　即封賜公嗣子　生道光十年庚寅十二月十五日卯時　卒光緒廿五年己亥正月十八日寅時

娶黃氏賞娘號鍼思　生道光廿三年癸卯閏七月廿九辰時　卒光緒廿九年癸巳九月十六日丑時

子　秧出嗣　清出嗣　奚

純美公諱倩　即順理公長子　生道光四年甲申十二月初八日申時　卒光緒廿七年辛丑正月初三日卯時

嗣子　秧

叔準公　即順理公三子　生　卒　失

嗣子　清水

叔返公　即喊是公隻子　生　卒

娶陳氏信娘　生　卒

嗣子 朕

和成公諱爲 即尚樓公長子

生道光十九年己亥十月廿七日巳時
卒宣統二年庚戌十二月十八日未時

娶黃氏費娘號靜懿

生道光廿二年壬寅十一月初一辰時
卒光緒十五年己丑八月初七日申時

子完 月出嗣叔賞 曉

亦成公諱慱 即尚樓公三子

生道光廿八年戊申十二月初七巳時
卒光緒五年己卯閏三月廿一日卯時

叔闕公 即明衍公嗣子

生道光廿五年乙巳九月十四日申時
卒　年六月廿四日　時

娶陳氏蝳娘

生道光三十年庚戌七月廿九日巳時
卒民國十七年戊辰八月十九日巳時

子 砌英

俊逸名差字叔約 即筆成公長子

生咸豐七年丁巳三月十七日戌時

娶黃氏貿娘　生同治七年戊辰七月初三日酉時　卒民國十一年壬戌八月廿五子時

妣塋軍林隔路脚甲庚夘酉

子　挺養　回春嗣

女五　適黃二

俊得公諱艾　即筆成公次子　生咸豐十一年辛酉七月廿七日丑時　卒光緒十七年辛卯八月十七日申時　止

俊周公諱恩字叔情　即筆成公三子

公　生同治五年丙寅三月初一日辰時　卒光緒廿一年乙未三月十八日子時

塋軍林隔路後壬丙子午　止

垂後公諱全裕字叔饒　即文献公長子

公
生嘉慶十七年壬申九月三十辰時
卒光緒二年丙子九月初十日未時

娶杜氏樟娘號柔慈
生嘉慶十九年甲戌八月初五日　時
卒光緒十九年癸巳七月初八日寅時

子　順養　蔡養　縷　更　佩四子　溪

存毅公諱揔　即文獻公次子
生嘉慶廿三年戊寅　月初二日戌時
卒光緒七年辛巳閏七月初三日酉時

聘黃氏號恬慈
生道光元年辛巳九月十三日　時
卒道光十四年甲午十一月初五日

娶杜氏號肅靜
生道光三年癸未十二月初四寅時
卒咸豐九年己未八月初五日戌時

繼娶黃氏藝娘
生道光二年壬午四月初六日卯時
卒光緒十七年辛卯八月初一戌時

子　架　輕　桃　佑　郝

成珠公諱金　即文獻公三子
生道光六年丙戌八月十二日申時
卒同治六年丁卯七月初九日申時

娶黃氏聚娘號靜一　生道光六年丙戌八月十二日申時　卒道光廿四年戊戌閏三月十六寅時

子取養　胖養　魚　檀

叔永公　即文在公隻子　生卒失

娶　氏

子　窗

成思公諱三朝　即桐辟公長子　生道光四年甲申正月十一日辰時　卒光緒四年戊寅十月廿八日未時

娶杜氏輟娘號應慈　生道光五年乙酉十月初九日丑時　卒咸豐九年己未三月十二日亥時

繼娶賴氏居娘　生失　卒光緒廿四年戊戌十二月初九日　時

子　軫　咸　銅俱杜出　走林氏出

成家公諱嚴　即桐辟公次子

生道光二十年庚子十月十九寅時
卒民國八年己未八月廿三日申時

娶杜氏醒娘

生道光廿一年辛丑十二月廿三巳時
卒民國十一年壬戌十月廿七日巳時

子　搬　艮　桐　育　陸　陽　雙

成周公諱最　即文有公長子

生道光十一年辛卯九月十八戌時
卒光緒三年丁丑六月初七日巳時

娶謝氏鐟娘

生道光十九年己亥九月二十日寅時
卒光緒卅二年丙午四月初六日丑時

子　珠　理　王

成愛公諱笑　即文有公次子

生道光十四年甲午九月初二日午時
卒光緒廿五年己亥四月廿四日卯時

娶黃氏號信慈

生道光十七年丁酉十二月十四丑時
卒光緒十三年丁亥十月初二日巳時

子　罕　珍　似次子　乞

女二　適黃　適賴

成祖公諱漢　即文有公三子

生道光十七年丁酉十一月初七申時
卒光緒廿八年壬寅七月初二日丑時

娶潘氏富娘

生道光廿四年甲辰十一月廿三日午時
卒光緒二十年甲午十二月廿二日巳時

子　交　孔　標　似次子自祥

成齋公諱梭　即文有公五子　生卒失止

成文公諱東　即文有公六子

生道光三十年庚戌六月初八日　時
卒民國十二年癸亥二月廿九日戌時

娶黃氏量娘

生咸豐五年乙卯九月廿九日亥時
卒民國十一年壬戌八月廿五戌時

子　梅　琴　治　泰

女三　適賴一　適黃二

修易公諱贊成　即文珍公長子　生道光十五年乙未八月十五日午時　卒光緒廿一年乙未正月十四日巳時
娶黃氏換娘　生道光廿四年甲辰九月十九日未時　卒光緒卅三年丁未十一月三十丑時
子　舉養　禝
女五　適林三　適潘一　適黃一
修豈公諱企　即文珍公次子　生道光廿一年辛丑九月十六日申時　卒光緒廿八年壬寅七月初二日未時
娶林氏救娘號守勤　生道光廿九年己酉七月初二日巳時　卒光緒十年甲申十一月廿五日巳時
繼娶黃氏參娘號靜勤　生道光廿八年戊申五月十九日午時　卒光緒三十年甲辰十月初八日巳時
嗣子　仕
叔房公　即文邦公次子　生卒失　止

叔會公　即文邦公三子　生卒缺

接明公　即文三公長子　生卒缺

叔靳公　即文三公次子　生卒失

叔捷公　即文三公三子　生卒缺

叔及公　即文三公四子　生卒失

叔擧公　即文三公五子　生卒失

叔真公　即成海公長子　生卒失

情晏公諱早　即成海公次子　生道光十二年壬辰六月廿七日酉時　卒光緒十四年戊子九月初八日午時

娶黃氏越娘號慈意　生道光十六年丙申正月十三日寅時　卒同治九年庚午九月廿五日巳時

子　爆　生道光九年己丑八月初六日午時　卒光緒十六年庚寅二月初三酉時

駢邑公諱奪來　即非禮公隻子

娶林氏申娘號採芹　生道光十一年辛卯九月十八日戌時　卒光緒二十年甲午六月廿三日巳時

雙承孫　服

叔惟公　即宣室公隻子　生卒缺

福成公諱體興　即瑞香公長子　生道光十七年丁酉十一月十六巳時　卒光緒廿九年癸卯五月十七日巳時

娶黃氏棄娘　生道光廿五年乙巳十二月廿七申時　卒光緒卅一年乙巳九月十八日未時

子　秋　炉

叔郡公　即香山公隻子　生道光廿五年乙巳十二月初三日　卒民國十二年癸亥七月廿二子時

娶潘氏宴娘　生道光廿九年己酉十一月廿六日時　卒民國十五年丙寅九月廿四日酉時

子委　從　土　似次子　清蘭　似三子　蒲

叔泉公　即世芳公長子　生卒失

政衣公諱布　即世芳公次子　生同治六年丁卯三月廿一日　時　卒宣統三年辛亥四月十九日巳時

娶黃氏米娘號恭儉　生同治十二年癸酉六月廿四日　時　卒民國十二年癸亥十一月初二子時

子　萬　紅　遠

叔仁公　即逢齊公隻子　生卒失止

書德公諱經　即成齊公隻子　生道光八年戊子六月二十日子時　卒光緒九年癸未五月二十日午時

嗣子　江　網

茂德公諱三習字叔立　即向日公長子

生嘉慶十九年甲戌十二月廿六酉時
卒光緒九年癸未七月十五日酉時

公

娶梁氏篤娘號勤慈

生道光三年癸未三月十七日酉時
卒同治十一年壬申五月初九卯時

子　營　鍨　江出嗣

九皐公諱鶴字叔聲　即向日公次子

生嘉慶廿四年己卯二月廿九日申時
卒光緒廿七年辛丑九月初九日未時

公

娶林氏帛娘號柔玉

生道光三年癸未十月十三日戌時
卒光緒十二年丙戌二月十一酉時

子　辨　貨　寬　篇　綱出嗣　似長子　派

女一　適黃

叔從公　即連理公嗣子　生卒缺止

永昌公諱熾　即賜福公長子

娶黃氏器娘

葬高衢嶺頭丙壬巳亥

子　坑來　麵來嗣

善謀公諱拐　即賜福公次子

娶黃氏

子　降來　麵來出嗣　坪來

女一　適黃

生道光三年癸未九月廿二日申時

卒同治十一年壬申十一月初一未時

生道光十年庚寅閏四月初八日午時

卒光緒廿八年壬寅六月廿三日午時

生道光二十年庚子六月十三日申時

卒光緒廿三年丁酉六月廿四日戌時

生道光廿一年辛丑十一月十八酉時

卒民國五年丙辰十二月廿六日辰時

執禮公諱禮　即月飛公長子
生道光十五年乙未正月初七日寅時
卒失

雲騰公　即月飛公次子
生道光廿四年甲辰十月初四日巳時
卒失

娶黃氏滿娘
生道光廿四年甲辰三月廿八日酉時
卒失

子　栽　貨殤　喜殤　仲哭殤　汀　榮

叔竭公　即月飛公三子
生道光廿七年丁未十月初十日寅時
卒民國年

海雁公　即月飛公四子
生咸豐三年癸丑九月廿一日巳時
卒宣統二年庚戌八月廿三日未時

娶陳氏蘇娘
生同治十年辛未十二月廿六日時
卒民國九年庚申六月初九日未時

子　閣　準

女二　適邱

月色公諱玉肴字叔見　即香成公長子

公

生道光廿五年乙巳十月廿九日戌時

卒光緒廿七年辛丑十月初四日酉時

娶廖氏賞娘

生咸豐三年癸丑三月初三日午時

卒民國八年己未正月廿一日寅時

公塟南安八尺鄉上庭後

子　標　統出嗣

玉廣公諱玉斗字叔升　即香成公次子

公

生道光廿九年己酉十一月初九巳時

卒光緒卅四年戊申十月十五日亥時

娶潘氏小娘號善事

生道光廿六年丙午十一月初三卯時

卒光緒十六年庚寅七月廿三日丑時

嗣子　統

金錠公諱玉銀字叔好　即香成公三子

生咸豐四年甲寅三月十二日申時　止
卒光緒廿三年丁酉八月二十辰時

公

生咸豐八年戊午正月廿七日戌時

玉鉛　即香成公四子

子　其奔養

嘉善公諱做　即寶泉公長子

生嘉慶十二年丁卯正月三十巳時
卒同治六年丁卯四月三十日戌時

娶陳氏正娘

生嘉慶廿四年己卯九月十九日辰時
卒同治十一年壬申正月十七日午時

子　耀養

萬維公諱長宜　即寶泉公次子

生嘉慶十八年癸酉正月十一寅時
卒同治六年丁卯四月廿七日寅時

娶曾氏庫娘號以明

生道光三年癸未七月廿五日申時
卒光緒十七年辛卯二月初一午時

子思飛

生　年正月廿四日
卒咸豐十年庚申十二月二十日

日亭公諱鼎　即寶泉公三子

娶永春八名姓生卒均缺

繼娶黃氏于娘　招偶

生道光九年己丑　正月初十日卯時
卒

子狗　鄭續

明正公諱孫　即寶泉公似三子

生道光九年己丑四月初五日　時
卒光緒十三年丁亥十一月廿四卯時

續子鄭

財源公諱生　即玉湖公長子

生嘉慶廿三年戊寅
卒光緒十五年己丑三月初十日

娶黃氏娫娘號素遜

生先
卒光緒十四年戊子十二月初一日　止

菊月公諱東　即玉湖公次子

生道光元年辛巳九月廿四日酉時
卒同治十一年壬申十月廿八午時

娶康氏

生失
卒　六月初十日

繼娶黄氏染娘號温恭

生道光七年丁亥十二月初三日卯時
卒光緒廿九年癸卯八月初九日卯時

續似公諱遮字叔承　即玉湖公兼承子
公

生咸豐元年辛亥三月十三日丑時
卒光緒三十年甲辰三月廿二日寅時

娶黄氏甜娘號勤順

生咸豐八年戊午十月廿三日辰時
卒光緒十三年丁亥七月廿二巳時

繼娶黄氏改適

子　且　載　殤

克明公諱愾　即進財公長子

生道光七年丁亥四月初七日未時
卒光緒十一年乙酉五月廿九丑時

娶吳氏禝娘號肅恭　生道光十五年乙未四月初二日酉時　卒光緒廿六年庚子四月初一日申時

子　派出繼九皋似子　莪　芳　象出嗣　森出嗣

女一　適黃

納彩公諱領字叔布　即進財公次子　生道光十九年己亥十月初三日卯時　卒光緒卅四年戊申四月廿八日巳時

公

娶曾氏鍐娘號謹恭　生咸豐三年癸丑正月十三日巳時　卒民國十年辛酉十二月初八酉時

合葬高衢嶺頭丁癸未丑

子　森嗣　鎮

女一　適潘

祿禮公諱重字叔輕　即進財公三子　生道光廿二年壬寅六月廿七日亥時　卒同治六年丁卯二月初二日未時

公

嗣子　象

而心公諱燕　即進財公四子　生道光三十年庚戌八月十九未時　卒同治六年丁卯四月初十日戌時　止

美堂公諱禾　即以行公隻子　生道光廿一年辛丑七月廿七日子時　卒光緒十九年癸巳八月初十日戌時

娶賴氏于娘生卒失

皈元公諱別　即長園公長子　生道光十四年甲午十月三十子時　止　卒光緒十年甲申三月初八日戌時

附葬泮林公墳

緜遠公諱初字叔起　即長園公次子

公　生道光十八年戊戌十月初六日辰時
卒光緒廿七年辛丑四月廿八日　時

嗣子　亞元

流遠公諱木字叔火　即長園公三子
生道光廿七年丁未七月初二日卯時
卒民國三年甲寅五月初四日卯時

公

娶黃氏璉娘號湘玉
生咸豐十年庚申四月廿七日辰時
卒光緒廿三年丁酉八月廿二日午時

子　亞元出嗣　向水

女二　適黃　適潘

而作公諱和　即星樸公長子
生道光五年乙酉三月廿四日巳時
卒光緒十七年辛卯七月廿五日寅時

嗣子　豫　似子瓊維

長流公諱淺　即星樸公五子　生道光廿一年辛丑五月十三日午時　卒　年八月初一日　止

譽成公諱鐵　即東代公長子　生道光七年丁亥十一月十八卯時　卒咸豐五年乙卯六月廿九日　時　止

譽恒公諱足　即東代公次子　生道光十六年丙申七月廿五日巳時　卒失

嗣子　立

順意公諱協　即呈瑞公子　生道光十一年辛卯三月十五日子時　卒光緒廿一年乙未三月初九日辰時

娶黃氏𡍼娘號秒節　生道光十二年壬辰正月廿七日酉時　卒失

子　高　立出嗣

女二

端正公諱賜　即孝美公子　生卒失　止

長發公諱商陽字叔邑　即純樸公子

公　生道光十九年己亥七月初九日辰時
卒同治七年戊辰二月十三日寅時

娶黃氏濯娘號斯靜　生道光十九年己亥六月初三日巳時
卒同治　年十二月廿五日巳時

子　絨姜　豆訓

女二　適黃　適尤

長源公諱均泉字叔流　即純榮公長子

公　生道光十二年壬辰二月初七日辰時　止
卒道光廿七年丁未六月廿九日未時

塟本鄉靈湖尖壬丙亥巳

有堂公諱萬肯字叔亦　即純榮公次子

公　生道光十五年乙未七月十八辰時
卒光緒六年庚辰九月初九日巳時

娶李氏粉娘號節儉　生道光十三年癸巳十一月初三日卯時
卒光緒十一年乙酉十一月十八日巳時

子　我藝　中庸　謹勅出嗣　世尊　保元

有正公諱彤端　即純榮公四子　生道光廿一年辛丑十一月初二未時
卒同治八年己巳三月初二日申時

娶黃氏晏娘號善意　招偶　生道光廿三年癸卯三月十一日午時
卒光緒廿一年乙未九月初一日酉時

續子　回堂　吏澤　仝

女一適潘

有教公諱愛育字叔勵　即純榮公五子

公　生道光廿五年乙巳七月廿八日寅時
卒光緒廿八年壬寅三月廿一日申時

娶黃氏量娘號贊慈

生道光廿六年丙午四月廿九日未時
卒光緒廿四年戊戌四月十六日寅時

子　恭維　珍維　維聲　瓊維出為而作似子　吉維

女一　適黃

有言公諱安定字叔卓　即純榮公六子

生道光廿七年丁未十二月十二日酉時
卒同治十三年甲戌六月初二日申時

公

娶黃氏錦娘號添靜

生道光廿八年戊申九月十一日酉時
卒同治十一年壬申三月廿六日辰時

嗣子　謹勅

裕遠公諱成　即純榮公似四子

生道光廿五年乙巳六月十一日午時
卒民國元年壬子四月十二日午時

先娶黃氏顏娘號貞色

生道光廿六年丙午十月初三卯時
卒同治九年庚午十月十四日戌時

續子　回堂　夷澤兼承　全兼承

正直公諱純謀字叔燕　即和煦公長子

生道光十四年甲午十二月初九日申時

卒光緒二十年甲午十一月廿七日申時

公

娶黃氏艮娘

生道光十六年丙申正月二十午時

卒宣統元年己酉九月十三日酉時

子　順元嗣　耳元

正恩公諱漢惠字叔養　即和煦公次子

生道光廿七丁未十二月十一戌時

卒宣統三年辛亥閏六月廿四寅時

娶黃氏贊娘號其美

生道光廿九年己酉十一月三十申時

卒光緒七年辛巳閏七月初八日辰時

繼娶黃氏笪娘號謙美

生咸豐四年甲寅十二月十八未時

卒宣統二年庚戌五月十六日戌時

子　文默　文孝　文碅出嗣　文谿

女二俱適黃

有志公諱獅　即鍾業公長子

生道光三年癸未四月初五日辰時
卒光緒十三年丁亥九月廿五酉時

娶黃氏雙娘號儉意

生道光十四年甲午二月初六日辰時
卒光緒十七年辛卯十月初十日亥時

子　研　交　蘇　示

吉成公諱市光　即鍾業公次子

生道光六年丙戌六月廿六日戌時
卒光緒十三年丁亥八月廿四午時

娶王氏送娘號勤節

生道光十年庚寅四月十七日丑時
卒光緒廿一年乙未五月十五巳時

子　真　限　餘

文德公諱武　即宴賓公次子

生道光廿五年乙巳六月十一日午時
卒光緒十三年丁亥二月十九日戌時

娶黃氏改適

嗣子　摘出南安

丕謨公諱宜字叔正　即志成公子

生道光十五年乙未五月廿四日巳時
卒光緒廿五年己亥十二月初十寅時

娶黃氏胚娘號謹恬

生道光十五年乙未九月十二日未時
卒光緒卅三年丁未十月廿六日酉時

子　鳳眼　池　儒　悏　似四子　泉

其寶公諱懷玉字叔邦　即宗後公長子

生道光廿六年丙午四月廿六日寅時
卒光緒十八年壬辰五月廿六日寅時

公

雙承子　砯

其居公諱奕　即宗後公次子

生咸豐三年癸丑七月廿九日亥時
卒宣統三年辛亥十二月十五辰時

娶陳氏嬲娘

生同治八年己巳三月十一日亥時

子　砵兼承其實　改

女三　適黃二　適賴一

叔旋公　即高明公長子

生咸豐三年癸丑五月十三日戌時
徃外洋亡　止

叔秩公　即高明公次子

生咸豐九年己未十二月廿五日子時
徃外亡　止

叔南公　即高明公三子

生同治三年甲子二月廿二日　時
徃外夷亡　止

叔茅公　即高明公四子

生同治八年己巳三月初三日子時
卒民國四年乙卯十一月初八子時　止

傳至公諱三才字叔兼　即守靜公長子

生道光十九年己亥五月廿八日寅時
卒光緒十九年癸巳八月廿二日卯時

公

雙承子　荀　切

金陵公諱多士字叔福　即進加公長子

生咸豐九年己未三月十七日寅時
卒民國四年乙卯八月初十日未時

公

娶杜氏桂娘　招偶

生光緒三年丁丑七月初二日辰時

子　探　擂兼承

女三　適潘　適黃　適曾

叔詧名述士　即進加公次子

生同治九年庚午六月初七日戌時

娶黃氏綢娘

生光緒二年丙子四月初三日戌時
卒光緒廿七年辛丑十月廿一申時

嗣子　硘　梓養

叔問　即進加公𠇗長子

生光緒二年丙子九月初六日寅時

雙承予　擂

南金公諱琛字叔來　即以明公長子

生咸豐元年辛亥三月廿五日申時
卒民國九年庚申四月初五日未時

公

娶李氏遜娘

生光緒二年丙子五月三十日亥時

予　苟兼承傳至　切兼承傳至　鑠殤

火星公諱炎字叔熱　即以明公次子

生同治十一年壬申十一月初十日戌時
卒光緒廿九年癸卯八月初二日午時

公

娶賴氏契娘

生光緒七年辛巳九月十九日卯時

女三　適黃二　適潘一

纘霄公諱炮字叔聲　即連泉公長子

生道光四年甲申六月廿八日子時
卒光緒廿六年庚子十二月十一戌時

公

娶黃氏串娘

生道光十一年辛卯五月初四日丑時
卒光緒廿一年乙未二月初四日戌時

子俊　泮出嗣　畧出嗣

女二　俱適黃

信己公諱謗　即連泉公次子

生道光十一年辛卯九月廿七日止
卒　年八月十七日

乘侯公諱諸字叔白　即測禊公長子

公

生道光十七年丁酉正月十一日戌時
卒光緒十九年癸巳正月廿七日辰時

娶黃氏蔭娘號愛慈

生道光十九年己亥九月初三日未時
卒光緒十七年辛卯正月初五日巳時

嗣子　泮

重成公諱任字叔遠　即測禊公次子　生道光廿八年戊申十二月廿一卯時　卒光緒元年乙亥正月廿八日子時

公

嗣子　畧

長裕公諱鎰　即合方公長子　生道光二十年庚子四月廿二日巳時止　卒失

火性次諱水　即合方公次子　生道光廿四年甲辰十二月廿三巳時　卒光緒元年乙亥三月十七日戌時

雙承子　櫕

玉振公諱漂　即積素公子　生嘉慶二年丁巳六月初八日辰時止　卒道光廿七年丁未十二月初五丑時

永言公諱配　即積高公子　生卒失

嗣子　鳳

有成公諱嫖　即積星公長子　生卒失

娶黃氏　生卒失

子　興出嗣進祿　鳳出嗣永言　核　尊嗣

進祿公諱瑚　即積星公次子　生卒缺

嗣子　興

獻景公諱瑞草　即修禮公養長子　生道光七年丁亥三月廿四日時　卒民國六年丁巳八月十二日午時

嗣子　番

德民公諱犂字叔香　即修禮公次子

公

娶林氏味娘號膏粱

子　暖　錫　烏出嗣　番出嗣

曰諸公諱連居　即修禮公三子

嗣子　烏

叔丑公　即修禮公四子

恭慎公諱追　即飛烈公長子

娶　氏改適

子　滾兼承　箒出嗣

生光緒七年丁亥七月初七日卯時
卒光緒廿一年乙未十一月初十申時

生道光十八年戊戌十一月廿五酉時
卒民國九年庚申十二月十三日申時

生道光廿三年癸卯十一月十三亥時
卒光緒七年辛巳七月廿八日戌時

生道光廿七年丁未五月初四日申時
往外夷亡

生嘉慶廿二年丁丑九月十七日寅時
卒同治二年癸亥正月十八日巳時

恭敬公諱朝　即飛烈公次子
生道光六年丙戌十月初八日　時
卒光緒元年乙亥十一月初六丑時　止

克篤公諱列　即欧幼公隻子
生道光廿六年丙午十二月十二丑時
卒光緒廿九年癸卯九月二十日辰時
娶黃氏號修静
生道光廿六年丙午十一月初十子時
卒民國六年丁巳三月初四日戌時
子　後出　設出　西　尊

爲仁公諱酒　即仁車公長子
生嘉慶廿四年己卯十二月廿六亥時
卒同治四年乙丑十二月初二日時
娶杜氏贊娘號淑慎
生嘉慶廿五年庚辰十一月廿四戌時
卒咸豐元年辛亥十月廿一日酉時
子　莉　汝蘭嗣

九重公諱透　即仁車公三子
生道光七年丁亥四月二十日丑時
卒咸豐五年乙卯十一月廿七酉時　止

憶發公諱記　即師尹公嗣子
生道光二年壬午十月十六日　時
卒同治十一年壬申正月十四寅時

娶黃氏改適

子　汝蘭出嗣

立忠公諱本字叔仁　即築榮公長子

生道光十二年壬辰十月初八日申時
卒咸豐九年己未六月初八日辰時

公

娶黃氏常娘　招偶

生道光十五年乙未九月十二日未時
卒民國四年乙卯十二月初九日子時

子　球琳　續子思皇　蘭　清以上三人俱兼承居比

女二　適黃

秉直公諱穫字叔蜜　即築榮公次子

生道光廿一年辛丑閏三月十一辰時
卒光緒廿六年庚子九月初二日酉時

公

娶黃氏正娘號端柔　生道光廿一年辛丑正月十一申時　卒同治二年癸亥三月初九日午時

繼娶黃氏節娘號端莊　生道光廿一年辛丑六月十五日寅時　卒光緒廿四年戊戌閏三月初六戌時

子　崇　泉出為丕謨似子　欉兼承火性

女二俱適黃

深恩公諱情字叔性　即築榮公三子　生道光廿八年戊申九月初九日辰時　卒光緒三十年甲辰五月廿七日辰時

公

娶黃氏怍娘號恬謹　生咸豐二年壬子五月初三日卯時

子　讓　出　耀　鏘

女三　適尤二　適侯一

著標公諱趣　即築榮公仈長子
生道光十年庚寅七月十五日丑時
卒光緒廿七年辛丑八月十二辰時

續子　思皇　蘭　清

叔壁公諱奎宗　即後化公隻子
生道光二十年庚子二月初二辰時
卒民國二年癸丑十月廿三日子時

娶黃氏器娘
生咸豐六年丙辰四月廿二日卯時
卒光緒廿五年己亥八月二十寅時

子　通來　進來　春貴　太山

女二　適黃　適姚

隱仕公諱秦介　即接宗公之子
生道光十四年甲午七月十七日丑時
卒光緒十八年壬辰十一月廿四子時

娶黃氏對娘
生道光十六年丙申十一月十四子時
卒夭

子　遐邇　省恭　告答出嗣

女二　適黃　適陳

文財公諱扮　即贊德公長子　生道光七年丁亥　月　日　時　卒光緒十三年丁亥十一月初八子時

娶潘氏罕娘生卒失

繼娶黃氏却娘號刋柔　生道光八年戊子　卒同治十年辛未十二月廿七日　時

嗣子　告答

其國公諱家興字叔濟　即昇輝公長子

公　生道光十年庚寅十二月十五申時　卒同治八年己巳八月初三日午時

娶黃氏驕娘號温莊　生道光十年庚寅十月初七日巳時　卒宣統二年庚戌六月二十日未時

子　旺　柳　川　籐　乞出嗣

赫星公諱佇興　即昇輝公次子　生道光廿四年甲辰七月廿七日巳時
卒光緒十三年丁亥正月廿三日寅時

娶黃氏改適

嗣子　乞出為成愛似子　借　仕出嗣

素庵公諱純興字叔美　即昇輝公三子

公　生道光廿九年己酉正月廿二日巳時
卒光緒十四年戊子在臺灣亡

娶黃氏反娘　生咸豐元年辛亥十二月廿一日午時
卒光緒五年己卯十二月初七日卯時

妣埜牛腹坪

嗣子　仕又出嗣於修豈

德明公　即維成公長子　生道光十年庚寅二月十八日　時
卒同治五年丙寅七月初三日申時

娶　氏政適

子　連响出嗣　連訓

蟶艮公　即維成公次子生卒缺

嗣子　連响

叔亦公　即維冉公長子生卒失

叔越公　即維冉公次子生卒失

叔尾公　即維冉公三子生卒失

潛龍公諱征來　即振益公次子

生道光廿八年戊申四月十四日辰時

卒光緒十六年庚寅五月初十日申時

娶黃氏劣娘號慈勤

生道光三十年庚戌六月廿八日辰時

卒民國十二年癸亥五月初四日辰時

子　木　述出繼　添　寒

女一　適黃

籌長公諱元亨　即和順公嗣子

生道光二十年庚子六月初九亥時
卒民國二年癸丑正月三十日巳時

娶黃氏賞娘號慈敏

生道光廿五年乙巳二月十九日午時
卒光緒卅四年戊申十月廿五日未時

子　雙路　潤澤出繼南安

女一　適黃

保國公諱軍　即成明公長子生缺卒

嗣子　滚

其言公諱然國　即成明公次子

生道光廿三年癸卯十月廿六日巳時
卒光緒五年己卯三月廿九日辰時

娶黃氏錐娘號助理　招偶　生道光廿八年戊申十月二十日午時　卒民國十三年甲子二月十四日戌時

子　露往南安　深續往賴厝　鏘續　轉往南安

叔畫公　即成明公三子生卒失

叔迎公　即成明公四子生卒失

叔桃公　即成明公五子生卒缺

思意公諱賞　即成明公仈次子　生道光廿四年甲辰四月廿一日　時　卒光緒廿三年丁酉九月十一日辰時

續子　鏘

叔淮公諱鴻　即芳仲公長子　生失　卒　年六月十五日辰時

娶黃氏　生失　卒民國十九年庚午十一月初三日申時

子　尊貴　尊恕　尊一

女三

叔通公諱才　即芳仲公次子　生　卒

娶劉氏　生　卒

子　富郎

女三

叔年公諱瑞　即芳仲公三子　生光緒四年戊寅三月廿五日午時　卒光緒卅一年乙巳六月初三辰時

娶劉氏　生光緒八年壬午十月十四日未時

子二　尊森　尊德

叔林公諱檜　即河仲公長子　生道光十八年戊戌十月初六日巳時　卒光緒廿一年乙未十一月廿一戌時

娶陳氏　生道光廿六年丙午八月十七日巳時　卒光緒廿七年辛丑三月廿一日申時

子　任太　任華　任文　任榮

女一

叔蘭公諱栢　卽河仲公次子　生　卒

娶陳氏　生　卒

子　元章

叔賢公諱高　即河仲公三子　生　卒

娶張氏　生　卒

子　兆清　兆建　兆芹　德修

女一

叔源公諱泉　即河仲公四子　生　卒

娶李氏　生　卒

子　世分　世水　世玉　世藻

女二

叔謙公諱讓　即梓仲公長子　生咸豐元年辛亥閏八月廿九寅時　卒光緒六年庚辰四月初七日戌時

娶林氏　生咸豐五年乙卯十一月十二酉時　卒民國十八年己巳正月十二戌時

子　文

女一

叔清公諱灃　即梓仲公次子　生咸豐六年丙辰十月初一日辰時　卒光緒三十年甲辰六月廿六亥時

娶陳氏　生同治三年甲子九月十三日子時　卒光緒卅一年乙巳五月廿四巳時

子　有慶

女二

叔朝公諱秋　即梓仲公三子　生咸豐九年己未十月十五日　時　卒光緒二十年甲午六月廿二戌時

娶陳氏　生同治二年癸亥十一月初六日未時　卒民國十二年癸亥五月十四日戌時

子　金總

女二

叔庸公諱開梅　即梓仲公四子
娶陳氏
子　金火　金妹
叔啓公諱宗緘　即葭仲公長子
娶朱氏
子　貞　木
叔榮公諱宗椿　即葭仲公次子
娶林氏
子　開龍

生同治九年庚午十月十五日申時
卒民國二年癸丑正月初六日子時
生光緒八年壬午七月十三日子時
卒民國三年甲寅二月初八日申時
生咸豐元年辛亥八月初二日丑時
卒光緒廿九年癸卯二月二十午時
生失
卒同治十九年庚午六月初二日未時
生咸豐十一年辛酉四月初四日戌時
卒民國十四年乙丑二月初二日卯時
生同治九年庚午閏十月廿五日寅時
卒光緒廿五年己亥九月廿九日寅時

叔欽公諱宗明　即葭仲公三子

生同治四年乙丑二月廿六日卯時
卒民國六年丁巳閏二月初三辰時

娶王氏

生光緒五年己卯九月十八日卯時

子　元富　元寶　元漢

女一

宗澤公　即葭仲公四子

生同治八年己巳二月廿六日巳時
卒民國六年丁巳九月初五日申時

娶　氏

子　阿漢

宗根公　即葭仲公五子

生同治十二年癸酉五月廿二日申時
卒光緒廿五年己亥十月初五日未時

止

叔亨公諱雄　即星仲公長子

生咸豐五年乙卯十月初六日未時
卒光緒廿九年癸卯十月廿一未時

娶陳氏　生咸豐八年戊午二月初九日午時　卒民國十二年癸亥四月廿七未時

子　煥　葉　魁

叔模公諱勇　即星仲公次子　生光緒二年丙子十月廿七日寅時　卒民國十九年庚午六月廿一巳時

娶陳氏　生光緒十三年丁亥正月十四日巳時　卒民國十九年庚午六月十七日辰時

子　開金　開全

女二

讀書公諱集　即則物公長子　生嘉慶廿四年己卯七月廿二辰時　卒同治六年丁卯九月十六日未時

娶杜氏號勤德　生卒失

子　端　强　慶兼承自生

連將公諱光明　即簿言公隻子
生道光九年己丑十一月廿二日寅時
卒同治十二年癸酉正月廿三日巳時

娶陳氏
生失
卒同治十一年壬申十二月十一日　止

而親公諱衆　即祥重公隻子
生嘉慶　年
卒同治　年七月十一日辰時

娶陳氏徙娘
生失
卒同治六年丁卯九月十二日　時

嗣子　蘭

有念公諱鑒　即則言公隻子
生失
卒光緒廿五年己亥

娶沈氏掟娘號柔懷
生道光十三年癸巳十二月初十酉時
卒光緒六年庚辰十月廿四日巳時

子　敘　蘭出嗣

順萬公諱選　即懷義公長子
生道光八年戊子十二月初八日戌時
卒光緒十九年癸巳六月十二日戌時

娶黃氏勉娘號心意

繼娶黃氏笑娘號和意

子遥　佛　述嗣　似三子　李假

是可公諱知　即懷義公次子

娶杜氏悅娘號和柔

子立

桂香公諱八月　即懷義公三子

娶黃氏㫖娘號恭敬

子完　有　兼承合仕

生道光十一年辛卯十二月初十日

卒咸豐三年癸丑四月初七日子時

生道光七年丁亥十月十一日午時

卒同治六年丁卯二月廿八日未時

生道光十五年乙未十一月廿一申時

卒光緒廿四年戊戌三月廿九日戌時

生道光十七年丁酉七月初七日　時

卒同治六年丁卯三月十四日未時

生道光廿三年癸卯十一月初九寅時

卒宣統三年辛亥閏六月廿五日申時

生道光廿三年癸卯六月十四日戌時

卒同治七年戊辰十一月十四日戌時

介仕公諱尹　即彩陵公之子　生道光六年丙戌二月廿二日　時　卒光緒三年丁丑七月廿六日申時

雙承子　有

叔玖公　即於事公之子　生卒缺

東四房系

叔看公　即腰仲公長子　生同治五年丙寅六月廿五日巳時　卒民國元年壬子四月初七日辰時

娶黃氏妹娘　生光緒三年丁丑十一月十九日申時

子　長謀　文殤　圓　王出　尾出

女一　適林

叔灶公　即腰仲公次子　生同治十一年壬申十二月初四日酉時　卒民國十二年癸亥十二月初六日寅時

生光緒七年辛巳七月廿七日午時

娶江氏六娘

子　才殤　寅殤　妤殤　綀殤　再興越

女三　適黄二　適陳一

卷九終

重修虹山彭氏族譜世紀卷十

三十二世 季字行

東長房長

催公　即盤公長子 外出不知生卒

娶林氏

生道光四年甲申十月初一日午時
卒光緒廿四年戊戌三月十三巳時

子三　獺　標　右

居公　即盤公次子 生卒失

恂謹派

枞吉公諱樹榮字季竹　即如察公長子

公

生道光八年戊子六月十八日戌時

卒光緒九年癸未八月初二日申時

娶侯氏店娘

子四　禧兼承君公

生道光十九年己亥七月初七日申時

卒光緒廿一年乙未二月初一日巳時

陞出嗣連敬

糾出嗣欲桂賢德

川出嗣讓公

女二俱適黃

力只公　即如察公三子

生道光十五年乙未八月廿三日亥時

卒光緒十三年丁亥五月初三日寅時

子一　呈出嗣裔公養止

欲桂公　即如察公四子

生道光十八年戊戌十月廿一巳時

卒民國五年丙辰二月初一日卯時

兩嗣子一　糾兼承麟勝

寶興公諱玉予字季珠　即松日公嗣隻子

公

生道光　年二月初六日　時

卒同治二年癸亥九月初三日酉時

娶林氏菈娘號花儉

生道光十四年甲午九月十九日酉時

卒同治十二年癸酉九月初一日　時

子一　烈忠出嗣成男今寶興林氏一派神主悉歸奉祀

克儉公諱讓　即京師公嗣隻子

生道光廿三年癸卯十一月初二戌時

卒光緒廿六年庚子九月初十日午時

嗣子一　川

聯誠公諱新科　即瑾復公次子

生道光元年辛巳正月十一日子時

卒光緒元年乙亥八月廿四日巳時

娶林氏號淑儉

生道光十二年壬辰五月初一日　時

卒光緒六年庚辰三月廿二日辰時

考妣合葬在城隍坐庚向甲

養子一　曜移仙邑仁德里居住

斯誠公諱縣益字季美　即成信公嗣隻子

生嘉慶十七年壬申八月十三日辰時

卒同治十一年壬申十一月廿八辰時

公

娶陳氏號慈儉

生道光四年甲申五月十四日戌時

卒同治三年甲子二月廿二日寅時

考妣仝葬在大垢田后坐庚向甲兼酉夘

子二　三評　團圓

如周公諱轉　即理情公長子

生道光二十年庚子九月廿四日巳時

卒光緒十七年辛夘五月廿五日巳時

養子一　慶芸

國正公諱長字季佳　即行心公長子

公

生道光十九年己亥九月十四日辰時
卒光緒廿九年癸卯二月初七日戌時

娶黃氏卜娘號叶勤

生道光十二年壬辰十月初二日寅時
卒光緒廿八年壬寅四月十七日卯時

嗣子一　順禮出為桂陞公似子

季基公　即而直公養子

生道光廿三年癸卯二月十七日辰時
卒失　徃外而殁止

彥公字季稱　即馳值公長子

生道光廿八年戊申八月初二辰時
卒宣統二年庚戌七月十七日巳時

娶黃氏曉娘號舜慈

生咸豐四年甲寅　月　日　時
卒光緒十七年辛卯四月廿四日寅時

子二　福元　順禮出嗣長兄

成仁公　即馳值公次子

生咸豐五年乙卯三月十四日申時　止
卒民國元年壬子十月初七日卯時

季鵝公　即馳值公三子

生咸豐十年庚申正月初二日戌時　止
卒民國六年丁巳閏二月廿一卯時

敦仁公　即苟直公長子　生嘉慶十二年丁卯十月初五日　時　卒道光十七年丁酉八月廿七日辰時

娶黃氏逆娘號順儉　招偶　生道光元年辛巳　月　日　時　卒同治九年庚午三月廿四年時

續子三　桃　進出嗣英靈　仕出嗣大水路

業書公　即苟直公次子　生嘉慶十四年己巳十月廿七日戌時　卒道光十七年丁酉八月廿八日卯時

娶賴氏攺適止

存厚公諱臣　即苟直公似長子　生嘉慶十八年癸酉月日時　卒同治九年庚午三月廿四日午時

續子一　桃

英靈公諱招　即成迫公嗣子　生道光七年丁亥九月初五日戌時　卒咸豐八年戊午三月初九日酉時

嗣子一　進

朝仕公字季廷　即木正公長子

娶黃氏晟娘號勤富

子二　轉　祥　似長子秧

女二俱適黃

思忠公　即木正公次子

嗣孫　建籃双嗣

季蟯公　即是郎公長子

事信公諱連敬字季誠　即是郎公次子

公

生道光廿一年辛丑正月初八日午時
卒光緒廿六年庚子八月廿二日丑時

生道光三十年庚戌二月初二日午時
卒民國十四年乙丑三月廿八日午時

生咸豐二年壬子四月初二日卯時
卒民國三年甲寅三月廿九日未時

生道光五年乙酉八月十八日戌時　止
卒道光廿二年壬寅二月二十日巳時

生道光廿四年甲辰九月初二日巳時
卒光緒廿四年戊戌九月初二日亥時

娶黄氏係娘號冬勤　生道光廿四年甲辰正月十五日寅時　卒同治三年甲子正月十一日卯時

嗣子一　陞　嗣孫　孝英承喬金公

季君公　即如以公嗣隻子　生道光四年甲申　月　日　時　卒同治十二年癸酉二月十八午時

兩嗣子一　禧

榮信公諱褫字季信　即克善公嗣長子

公　生道光十三年癸巳五月廿一日丑時　卒光緒十九年癸巳十二月廿四丑時

娶黄氏京娘　生道光十五年乙未五月三十日戌時　卒民國四年乙卯十一月廿八日酉時

子二　光珠　光定

女三　長適林　次適賴　三適黄

日陞公諱晧字季家　即克籌公次子
生道光十六年丙申正月廿五日卯時
卒光緒廿二年丙申正月十八日卯時

公

娶黃氏巡娘號惟勤
生道光廿四年甲辰四月廿二日巳時
卒光緒十八年壬辰二月廿五日丑時

子四　瑞　潑　帳　麵出嗣集公

女二俱適黃

信章公諱端字季斯　即成黨公長子
生道光八年戊子七月初八日戌時
卒光緒廿六年庚子十一月十三戌時

公

娶黃氏寶娘號正玉
生道光十九年己亥十月廿八日申時
卒光緒廿九年癸卯正月廿七日戌時

子三　配　文答　告　予兼承皇公

女五　長及四俱適黄

有成公諱皇　即成黨公三子　生道光廿八年戊申四月初一日寅時　卒失

兩嗣子一　告子

有政公諱案字季齊　即成黨公四子　生咸豐元年辛亥五月十四日戌時　卒民國六年丁巳十月廿六日巳時

娶黄氏髻娘號勤顔　生咸豐八年戊午九月十八日亥時　卒光緒廿九年癸卯十二月廿五辰時

公塟紅墘田后癸丁

妣塟新草垵辛乙

子三　塗　秧出爲朝仕　似子蔭

女三　長適潘　次適杜

由天公　即成美公隻子
生咸豐八年戊午十二月　日　時
卒光緒十九年癸巳正月十一申時　止

季海公　即鉗公次子
生咸豐六年丙辰五月十五日寅時
卒宣統三年辛亥四月初七日寅時

娶黃氏偵娘
生咸豐十年庚申正月初九日巳時

子二　順仕　添財

女二適潘

季搗公　即全公嗣子
生咸豐三年癸丑三月十四日丑時
卒失

娶黃氏錐娘
生同治元年壬戌七月十四日卯時
卒失

子二　選來　福春
父子俱移居福清一都

季同公　即連好公隻子　生卒失

娶杜氏雙娘生卒缺

子一　水英俱往仁宅居住

季城　即香公隻子兼承邳公　生咸豐五年乙卯十月初二日辰時

娶葉氏變娘　生光緒三年丁丑八月十六日申時

子二　薄　赤

女一適黃

季鄭　即如密公嗣隻子　生光緒五年己卯二月十九日子時

先娶謝氏緞娘　生光緒七年辛巳十月二十日　時　卒光緒廿九年癸卯七月初四卯時

又娶黃氏坤娘　生光緒十四年戊子九月十一日申時

子一　欽

女六長三四適黃

慕德派

宜圓公諱綱來字季圓　即如通公長子

生嘉慶二十年乙亥正月初三日未時
卒光緒廿八年壬寅正月初三日戌時

公

娶陳氏每娘號悅勤

生嘉慶廿三年戊寅七月初二日辰時
卒道光十五年乙未五月初六日巳時

繼娶章氏窕娘號淑儉

生道光十一年辛卯正月廿八戌時
卒光緒元年乙亥五月十五日辰時

子四　成奎　雪來　逆　糊英 俱章氏出

女二長適潘

如禮公諱貌來　即如通公次子　生道光元年辛巳正月初三日戌時　卒光緒十一年乙酉十一月廿九子時

如明公諱進益　即誠馳公長子　生嘉慶十三年戊辰十月十五日未時　卒同治十二年癸酉八月廿七日戌時

娶杜氏肴娘號幽貞　生嘉慶十八年癸酉正月初二日丑時　卒道光廿三年癸卯六月廿二日巳時

繼娶陳氏族娘號作成　生嘉慶十七年壬申十二月十二辰時　卒同治五年丙寅十月廿六日酉時

子二　秉　山　俱杜氏出

如足公諱賢來　即誠馳公嗣次子　生道光四年甲申十二月十六日丑時　卒同治十二年癸酉十二月廿九戌時

娶陳氏號勤柔　生道光六年丙戌六月十七日辰時　卒光緒十六年庚寅六月廿三酉時

子四　溪河　江河　飛河　愛河

如成公諱煥　即如代公長子　生道光六年丙戌正月十九日戌時　卒咸豐元年辛亥八月十二日巳時

止

季衫公　即如代公三子
生道光十七年丁酉十一月初八日辰時
卒光緒卅三年丁未十二月廿一日寅時

嗣孫　錄

怡玉公諱石　即時魁公養長子
生嘉慶十一年丙寅五月十四寅時
卒光緒六年庚辰九月初十日夘時

娶盧氏很娘號將悅
生嘉慶十六年辛未二月十四日巳時
卒光緒十四年戊子十二月廿九戌時

合塟本鄉芸臺山大崙坐丁向癸

子二　禧　錢

似花公諱賞字季良　即時魁公次子
公
生嘉慶十三年戊辰五月初九日未時
卒道光十五年乙未八月廿三日戌時

娶賴氏恥娘號慈親　招偶
生嘉慶十五年庚午八月十九戌時
卒光緒九年癸未七月初四日辰時

仝葬本鄉新圳對面崙仔坐癸向丁兼子午

子二　遷　買　續子　友　權出嗣晋　諒

女一適黃

順明公諱淺字季深　即時魁公三子

生嘉慶十五年庚午四月初一辰時
卒光緒三年丁丑八月廿一日丑時

公

葬本鄉南墘山尾坐丁向癸

續子二　友　諒

周齋公諱習字季呈　即時魁公四子

生嘉慶十七年壬申十月廿二日未時
卒光緒十五年己丑五月初四日寅時

公

娶黃氏號如順　生失　卒道光　年五月十八日巳時

妣塋本鄉土名滦墝坐壬向丙

嗣子一　權　生嘉慶十九年甲戌十二月廿九寅時　卒同治五年丙寅七月廿五日酉時

如行公諱銅　即其藏公長子

娶陳氏密娘號克勤　生道光七年丁亥八月廿三日丑時　卒同治二年癸亥四月二十日丑時

子三　思　蘭出嗣恭公　爲

女一適林

克儉公諱恭　即其藏公次子　生道光元年辛巳九月十三日子時　卒光緒十二年丙戌九月初六子時

娶林氏號金成　生嘉慶廿四年己卯十二月廿四巳時　卒光緒十二年丙戌五月廿二日戌時

嗣子　蘭　悅似長子
生道光二年壬午三月十六日巳時
卒道光十八年戊戌正月初九亥時
如月公諱向元　即克容公長子
葬本都半山圳蘇厝埯園后坐辛向乙
似分公諱別元字季盛　即克容公次子
生道光四年甲申正月初十日寅時
卒光緒十六年庚寅十二月初八辰時
公
娶林氏鷄娘號柔室
生道光十年庚寅八月初三日丑時
卒咸豐四年甲寅六月初七日未時
繼娶林氏節娘號端莊
生道光九年己丑五月廿一日酉時
卒咸豐九年己未五月初五日辰時
三娶黃氏兇娘號柔儉
生道光六年丙戌七月十四日巳時
卒光緒十八年壬辰二月初七　時
公與三妣黃氏仝葬本鄉土名額兇坐辛向乙

先妣次妣俱林氏合塟本鄉土名虎岫坐申向寅兼庚甲

子一　奎黄出

如德公諱齒元字季德　即克容公三子

生道光八年戊子六月廿四日子時
卒光緒十二年丙戌七月十二午時

公

娶吳氏杉娘號意尊

生道光十一年辛卯七月廿四酉時
卒宣統二年庚戌十月初三日巳時

子二　齊　奆

女一　適黄

咸璽公諱威　即克容公四子

生道光十一年辛卯六月廿一日丑時
卒光緒廿五年己亥十月廿六日　時

同枚公諱連理　即克容公五子

生道光十三年癸巳十一月廿七寅時
卒光緒廿八年壬寅十月廿一日卯時

子二　慨養　庫嗣子

神文公諱文帝字季攸　即克容公六子

生道光十六年丙申八月廿四未時
卒宣統二年庚戌八月十一日午時

公

娶賴氏滿娘號雨坤

生道光廿二年壬寅九月初二戌時
卒民國三年甲寅十月十四日寅時

子二　再　學

葉慎公諱文臻字季咸　即克容公七子

生道光廿一年辛丑三月廿五辰時
卒宣統元年己酉九月初七日子時

公

娶蔡氏寶娘號如玉

生道光廿四年甲辰三月初八日寅時
卒光緒二十年甲午十月初十日亥時

公塋三元坑土名貓鼻嶺頭坐乾向巽兼亥巳

子二　有（出爲君成公似子）　貫

女二俱適黃

文攀公　即克容公八子
生道光廿五年乙巳十二月十三日子時
卒失

清渫公諱擬　即克有公長子
生道光十年庚寅十一月初八辰時
卒咸豐四年甲寅五月廿三日未時　止

清思公諱艮　即克有公次子
生道光十二年壬辰十二月廿四巳時
卒咸豐四年甲寅五月初二日未時　止

成邑公諱都　即克有公三子
生道光十七年丁酉二月廿一日巳時
卒光緒卅一年乙巳二月初五日午時

娶黃氏怨娘
生道光廿五年乙巳十月十八日辰時
卒光緒三十年甲辰十二月初五未時

子三　政　禹　傑

臨公　即克有公四子
生道光廿一年辛丑八月廿四日丑時
徃建寧府歿　止

春意公諱梅香字季占　即成軒公長子

公

生道光十二年壬辰二月初二日寅時
卒光緒卅二年丙午八月二十日巳時

娶陳氏益娘號清賢

生道光十九年己亥七月初八日時
卒光緒三年丁丑正月十一日戌時

繼娶黃氏鈎娘號純金

生道光十九年己亥十二月初二戌時
卒民國四年乙卯十月十二日辰時

子二　油福　計

躍公　即義山公長子生卒失止

厚公　即義山公次子生卒失止

取誼公諱交友字季信　即成樂公嗣長子

公

生道光十七年丁酉六月十七日辰時
卒光緒三十年甲辰六月十六日寅時

娶杜氏珍娘號啓事
生道光廿五年乙巳正月初六日未時
卒民國十二年癸亥七月初九日戌時

子四　砌　寬　莉　佃殤

女三俱適黃

季炮公　即潛公嗣子
生道光十八年戊戌十二月十九日巳時
卒光緒卅三年丁未十二月初三日寅時

娶黃氏曲娘號如戍
生道光廿三年癸卯五月初七日亥時
卒光緒十二年丙戌六月廿九日卯時

子三　梭　泉　講

女一適蘇

季妹公　即德心公長子
生咸豐四年甲寅二月廿五日丑時
卒光緒廿八年壬寅十一月十六寅時

嗣子　建

果珍公諱賚　即德心公次子兼承康後公

公

生同治元年壬戌七月廿一日辰時

卒民國十六年丁卯十二月廿二巳時

娶謝氏緞娘

生光緒二年丙子二月初十日巳時

子二　麘（兼承富公）　塾

女六　長次三俱適黃　四適陳

季富公諱如財　即德心公三子

生同治三年甲子十一月初四日子時

卒光緒廿八年壬寅正月十五日戌時

兩承子　麘

季述公　即德心公四子

生同治九年庚午十二月十五丑時

卒宣統二年庚戌九月廿二日申時

娶徐氏蓮娘　招偶

生光緒六年庚辰十月廿五日巳時

子三　親　續子　建出嗣妹公　尚

女三　適潘　適賴　適黃

季灶　即德心公側四子

生光緒乙酉年八月初九日巳時

續子　尚

如陵派

明覗公諱見字季光　即如雨公長子

生道光八年戊子五月初八日酉時
卒同治元年壬戌九月初二日丑時

公

明真公諱篠　即如雨公三子

生道光廿六年丙午七月十二日子時
卒民國六年丁巳正月初三日辰時

娶黃氏看娘

生咸豐元年辛亥二月初八日申時

子四　伐　灶　心出嗣昌公　拚

生道光十六年丙申十一月初四午時
卒光緒卅一年乙巳二月十七日戌時

女一　適杜

季景公　即聲德公嗣隻子

生道光十八年戊戌四月十九午時
卒宣統元年己酉八月十二日戌時

娶杜氏怨娘

子三　分　滾　請養

志輝公諱走來字季足　即如林公養長子

生道光十二年壬辰四月初三日午時
卒光緒十八年壬辰二月十六日申時

公

娶賴氏偶娘

生道光十八年戊戌十月十五日辰時
卒光緒廿九年癸卯四月初二日午時

子二　妙　海

女三　長適潘　次適陳　三適黃

志忠公諱和義　即如林公嗣次子
生道光十四年甲午十二月十九午時
卒光緒十年甲申四月初二日午時

娶阮氏成娘
生道光十五年乙未四月廿六日申時
卒光緒十五年己丑十月廿二日子時

子一　春畬

似煌公諱燚光字季騰　即如林公三子
生道光十九年己亥三月十五日寅時
卒光緒二年丙子七月十一日巳時

於

娶曾氏每娘
生道光二十年庚子正月廿四日丑時
卒咸豐十年庚申正月廿五日辰時

繼娶賴氏安娘
生道光十八年戊戌四月十五日巳時
卒同治七年戊辰二月廿一日戌時

三娶杜氏研娘
生道光十九年己亥九月廿六寅時
卒同治九年庚午正月初九日辰時

四娶黃氏來娘　招偶
生道光廿四年甲辰十一月初十卯時
卒宣統三年辛亥六月初九日卯時

子三　全孝黃出　昂嗣子　積子根

自東公諱西凉字季園　即如林公四子

公
生道光廿四年甲辰五月初一日戌時
卒光緒三十年甲辰十月十九日子時

娶黃氏尾娘
生道光廿三年癸卯八月十九酉時
卒民國九年庚申四月廿八日辰時

子四　賞　分養　金連　獺

女三　長次適林　三適潘

如江公諱溪字季河　即如林公五子

公
生道光廿七年丁未五月十九日午時
卒光緒三十年甲辰九月廿五日酉時

娶黃氏乃娘號會順　生道光廿七年丁未九月十一日寅時　卒光緒八年壬午十一月二十日午時

繼娶曾氏蝐娘號勤慈　生道光廿四年甲辰二月廿二卯時　卒民國五年丙辰五月初八日未時

子二　鎮黃出　沉香曾出

踼公　即如林公似三子　生道光廿一年辛丑二月初八日寅時　卒光緒十九年癸巳七月初五日卯時

續子一　根

朝陽公諱鳳字季龍　即如祿公養長子

公　生道光十五年乙未九月十五日辰時　卒光緒三十年甲辰十月初九日子時

娶鄭氏對娘　生道光廿五年乙巳五月廿六日子時

子五　得　泰　糾　情　丁

女一適賴

以能公諱力字季謁　即如祿公養次子

生道光廿一年辛丑十二月廿三午時
卒民國二年癸丑三月廿九日午時

公

娶黃氏雙娘

生咸豐二年壬子十月廿六日寅時
卒民國十二年癸亥十二月初三巳時

子三　寶養　糧　邁養

女二　長適潘　次適林

朝偉公諱俊　即如祿公養三子

生道光廿三年癸卯二月十七午時
卒民國元年壬子二月初十日戌時

娶吳氏擦娘

生道光廿七年丁未十一月廿六日辰時
卒民國十二年癸亥十一月初二日未時

子一　茂

榮成公諱華　即謀益公長子　生道光廿一年辛丑十月初六日午時　卒光緒九年癸未十一月廿四日巳時

娶黃氏里娘號守慈　生道光三十年庚戌十一月廿九寅時　卒光緒十一年乙酉八月廿四日酉時

子四　峻　祿　塗　昂出嗣炎公

克勤派

如愿公諱目　即如大公次子　生嘉慶廿四年己卯九月初四日巳時　卒咸豐八年戊午十二月三十日酉時

娶黃氏號純莊　生嘉慶廿一年丙子八月十五日　時　卒咸豐六年丙辰十月十五日亥時

合葬仙邑仁德里土名塔仔林厝地后坐乙向辛兼卯酉

子一　廩

緜美公諱縷　即如大公四子　生道光八年戊子三月初八日　時　卒同治七年戊辰四月十一日　時

娶黃氏璉娘號純兼　生道光六年丙戌九月初一日子時　卒咸豐七年丁巳九月廿一日戌時

仝葬本鄉南墘埔坐辛向乙兼戌辰

繼娶陳氏改適

子一　佳陳出

女二　長適侯　次適李黃出

勵公字季力　即如大公五子　生道光十七年丁酉四月十八日未時　卒光緒廿七年辛丑正月初四日辰時

子二　閩　尾俱養

如深公諱經元　即獨明公隻子也　生失　卒　年七月廿九日戌時

娶黃氏改適止

逢祥公諱織　即如訓公嗣長子

娶李氏秋娘號春儉

子四　徹　折出嗣清公　笑出嗣　進

似水公諱清　即荀成公嗣隻子

嗣子一　折

如夏公諱熟　即成其公長子

佳城公諱單　即同類公長子

娶賴氏卜娘

繼娶潘氏土娘

生嘉慶廿二年丁丑正月初八日　時
卒同治五年丙寅正月初二日未時

生道光四年甲申十二月十七日巳時
卒光緒十九年癸巳九月初五日戌時

生道光三年癸未十月廿八日巳時
卒光緒十七年辛卯三月初六巳時

生缺　年正月十八日　時
卒　止

生道光十五年乙未十月廿四日酉時
卒光緒　年十二月廿三日申時

生道光二十年庚子七月十三卯時
卒光緒元年乙亥八月廿三日丑時

生道光十八年戊戌八月廿三日卯時
卒光緒二十年甲午六月二十日未時

子二　貽養　承潘氏出

生道光廿四年甲辰四月十三日午時
卒民國十四年乙丑六月廿三日丑時

馨公　即如棻公之子

娶杜氏挨娘

生道光十八年戊戌十月十八日酉時
卒光緒廿三年丁酉正月廿四日丑時

子一　瞈養

季仕公　即苟靈公隻子兩承硯公

生咸豐八年戊午四月十七日丑時
卒民國十三年甲子六月初九酉時

娶黃氏芸娘

生光緒二年丙子五月十六日午時
卒民國十九年庚午八月初八　時

子一　興養

如言公諱雅　即克幼公嗣隻子

生道光廿六年丙午六月初八丑時
卒同治八年己巳十月廿一日巳時　止

成田公諱象字季登　即如應公嗣隻子

公

娶陳氏㑆娘號慈慎　生道光廿五年乙巳三月初五午時　卒宣統三年辛亥二月十四日戌時

子二　堦　擔養　生咸豐元年辛亥九月十一日辰時　卒民國十二年癸亥七月初十戌時

女五　長五適黃　次三適潘

倓伯公諱諸光　即承浮公嗣長孫　生道光七年丁亥七月十一日午時　卒光緒廿六年庚子八月廿三申時

娶杜氏縣娘號志德　生道光十年庚寅七月廿六日午時　卒民國六年丁巳二月初一日時

子二　忠　變

女一

垙公　即承浮公嗣次孫生卆缺殀止

絲絹公諱錦　即有典公長子

生道光十八年戊戌十一月廿五午時
卒光緒八年壬午十月廿二日巳時

娶黃氏鵲娘

生道光廿一年辛丑十二月十八酉時
卒民國十一年壬戌八月十一日巳時

子三　詿　燕出嗣丕公　欲出嗣傳公

女二

奕世公諱傳字季述　即有典公嗣次子

公

生道光廿一年辛丑八月廿七日亥時
卒光緒十一年乙酉六月廿五日巳時

娶謝氏冷娘號暖德

生道光廿五年乙巳九月廿二巳時
卒宣統元年己酉八月初六日寅時

嗣子一　欲

猷基公諱丕字季承　即有典公三子

公　生道光廿九年己酉四月廿二日酉時　卒光緒廿九年癸卯二月廿四日辰時

嗣子一　燕

德明公諱章字季安　即理直公長子

公　生道光十六年丙申十一月十九寅時　卒宣統三年辛亥七月二十日午時

娶林氏嫩娘號慈儉　生道光廿六年丙午六月三十日寅時　卒光緒十一年乙酉三月初三日亥時

子二　逕　董

女一適陳

如雪公諱白　即理直公次子　生道光十九年己亥九月二十日酉時　卒咸豐十一年辛酉二月廿七日午時

曰公字季尊　即理直公五子　生咸豐四年甲寅四月廿一日辰時

娶黃氏紅娘　生同治三年甲子五月廿五日卯時

子一　恒嗣子

峯公　即理直公六子　生咸豐六年丙辰九月初七日酉時　卒光緒廿九年癸卯七月十一丑時

娶陳氏程娘　生咸豐二年壬子十一月初五日卯時

子一　錶養

如邦派

後燾公諱倚字季多　即德謹公長子兼嗣盤公

公　生嘉慶廿五年庚辰十一月廿三日辰時　卒光緒十五年己丑十二月二十日辰時

嗣子一　星

榮素公諱滿　即能清公長子　生道光十二年壬辰七月初九日午時　卒光緒八年壬午十二月廿一日寅時　止

維月公諱吉月　即能清公次子　生道光十八年戊戌六月廿五日巳時　卒光緒二十年甲午八月十二日　時　止

一善公諱服膺　即宣明公長子　生道光十九年己亥十月十六日辰時　卒民國六年丁巳七月廿五日卯時

娶陳氏甜娘　生道光二十年庚子七月廿七日丑時　卒民國七年戊午七月廿七日辰時

子五　案　蔴　波　鎮　郡

女五　長次三四適黃　五適潘

采陟公諱兆山　即宣明公嗣次子　生道光廿一年辛丑八月十九寅時　卒光緒五年己卯正月初八日酉時

娶黃氏研娘　招偶　生道光廿五年乙巳七月廿五日午時　卒民國十四年乙丑十一月初八寅時

子三　隨　鱗　續子 鼇

舉業公諱成　即宣明公三子
生道光廿二年壬寅六月廿七戌時
卒民國五年丙辰二月十三日酉時

娶王氏捌娘
生道光廿八年戊申七月廿八日午時
卒同治十三年甲戌九月二十日子時

繼娶謝氏瞈娘
生道光廿八年戊申八月初一日卯時
卒光緒廿九年癸卯六月初一日寅時

子三　烈嗣子　壇王出　増養

女四　長三四適黃　次適王

道生公諱本立字季朝　即宣明公四子
生咸豐元年辛亥四月廿五日戌時
卒宣統三年辛亥四月十五日戌時

公

娶黃氏邊娘號助饋
生咸豐二年壬子二月十二日午時
卒光緒廿八年壬寅八月十二辰時

子二　庚　墨

女一適賴

力心公諱杰　即宣明公佩次子

生道光廿一年辛丑六月廿二寅時
卒光緒八年壬午六月二十日酉時

續子一　鐙

裴聲公諱叚字季芳　即仁圃公長子

生道光廿二年壬寅二月十二日辰時
卒民國三年甲寅七月廿三日卯時

公

娶曾氏號敏德

生道光廿一年辛丑七月初七日酉時
卒光緒廿三年丁酉三月初七日亥時

公塟本鄉克食橋后西墘樹梅垢庚甲

子四　中出嗣妲公　敦　芋　親

女三　長三適黃　次適潘

好智公諱姐　即仁圃公次子

生道光廿六年丙午正月二十丑時
卒咸豐十年庚申十月初三日巳時

塟本鄉番店洋后乾巽戌辰

嗣子一　中

德賢公諱回山　即仁圃公嗣三子

生道光廿六年丙午正月廿九丑時
卒光緒九年癸未二月初六日戌時

娶黃氏塊娘　招偶

生咸豐八年戊午十一月初一日亥時

續子二　樣　慈

女三　適潘　適黃

題名公諱榜字季標　即仁圃公四子

公

生道光廿九年己酉九月十二日寅時
卒光緒卅一年乙巳六月十九日巳時

娶黃氏省娘號身修　生咸豐元年辛亥九月初九日酉時　卒民國三年甲寅二月二十日[illegible]時

子四　挈　聰　擧　齊

女二　適黃　適潘

禎公　即仁圃公似三子兼承樂盛公

公　生咸豐五年乙卯十一月初九日時　卒民國十四年乙丑十一月初八申時

續子二　樣　慈

麟勝公諱覽德　即維珍公嗣長子　生道光廿八年戊申十二月廿七辰時　卒光緒八年壬午五月二十日巳時

娶黃氏改適

嗣子二　糾承欽桂為　有章嗣子

合倿公諱姣字季都　即維珍公次子

生咸豐五年乙卯二月十四日丑時
卒民國六年丁巳三月初七日未時

公

娶黃氏聽娘號其言

生咸豐九年己未十二月初一日卯時
卒光緒廿八年壬寅十月二十日戌時

子四　壽山　得芳　軒昂　欽祥出嗣爐公

女二俱適黃

振興諱元　即維珍公三子

生咸豐十年庚申七月初四日辰時

娶林氏益娘

生同治九年庚午十二月十五日　時

子四　有財　有土出嗣儀齋　有用　有章出嗣麟勝

女一適潘

處士儀齋公諱徦 即維珍公四子 生同治二年癸亥七月十三日午時 卒光緒十五年己丑九月廿五辰時

與麟勝公同塋墳后厝外

嗣子一 有土

忠恩諱心仁字季堅 即維珍公五子 生同治十一年壬申正月初二日寅時

公

娶黃氏志娘號其良 生光緒三年丁丑八月廿一日卯時 卒光緒廿九年癸卯閏五月十九未時

子一 嫖

女一 適黃

長香公諱爐字季香 即維珍公六子

公　生光緒元年乙亥正月廿七日申時
卒光緒卅四年戊申八月初三巳時

娶黃氏齲娘號其通　生光緒六年庚辰八月十四日亥時
卒光緒卅四年戊申二月初十日時

嗣子一　欽祥

如日公諱夜　即功盛公長子　生道光二年壬午五月十五日　時　止
卒咸豐二年壬子正月十一日亥時

咱度公諱他　即功盛公次子　生道光　年　月　日　時　止
卒失

平居公諱素　即則此公隻子　生道光廿九年己酉九月十二日寅時　止
卒光緒十五年己丑六月十二日未時

淵源公諱水字季火　即德明公長子

公　生道光十年庚寅十月十九日酉時
卒光緒廿七年辛丑正月十八亥時

娶杜氏鄒娘號嶶柔　生道光十九年己亥四月十九巳時
卒咸豐十年庚申七月廿四日卯時

繼娶杜氏得娘　生道光十一年辛卯八月廿四日未時　卒光緒廿八年壬寅九月十六日亥時

子三　褫養　海　廉出嗣貢公俱杜出

女一適吳

印綬公諱印　即德明公三子　生道光十八年戊戌七月初十日酉時　卒光緒廿五年己亥八月二十日卯時

榮富公諱華　即德明公四子　生道光廿三年癸卯三月初七日未時　卒民國十二年癸亥三月初三日卯時

娶黃氏巧娘　生咸豐元年辛亥十二月廿五日子時　卒光緒卅四年戊申十月初三日卯時

子一　鑽來

女三　適陳　適黃　適林

數歲公諱貢　即招麟公嗣子　生道光十四年甲午正月初九日寅時　卒光緒十八年壬辰十二月廿四丑時

娶黃氏卜娘號米柔　生道光廿一年辛丑二月初七日　時　卒光緒二十年甲午十月廿四日辰時

嗣子一　廉

女三　適潘　適吳　適陳

來猷公諱連琛字季元　即義門公長子

公　生道光三年癸未八月廿七日戌時　卒光緒廿八年壬寅二月初二酉時

娶黃氏推娘號順勤　生道光十年庚寅閏四月廿六日未時　卒光緒廿五年己亥九月十六日未時

合葬本厝右畔山邊田后坐　向

子八　返　和　油　瑞　納

欣　俊　桶

女一適黃

木更公諱梗　即祥妙公長子　生道光十一年辛卯十月十三日　時止
卒同治　年十月十三日　時

與祥妙公仝塟本山邊田后坐西向東

抱德公諱歡　即如臨公長子　生道光十六年丙申　月　日　時止
卒同治七年戊辰三月初三日亥時

善耀公諱輝　即如臨公次子　生道光十九年己亥　月　日　時
卒失　往建寧府亡

國朝公諱聘　即能米公長子　生道光廿六年丙午八月十一寅時
卒宣統二年庚戌八月初二日辰時

娶黃氏竁娘　生咸豐五年乙卯二月廿五日酉時
卒光緒十三年丁亥七月初九辰時

繼娶林氏乖娘　生咸豐十一年辛酉三月初十日辰時
卒光緒十七年辛卯十月廿三日戌時

子二　福地　情地俱黃出

女二適潘蔡氏出

富以公　即能米公養次子

生道光十八年戊戌十二月初十　時
卒光緒十二年丙戌五月初一日戌時

娶林氏省娘　招偶

生咸豐三年癸丑十月初三日戌時
卒民國十三年甲子正月廿六卯時

續子一　睦仁

女二　適林　適潘

涉公　即能米公次子

生道光十七年丁酉四月廿三日巳時
卒宣統二年庚戌十二月廿二日寅時

續子一　睦仁

則齋派

挿斯公諱於哉　即穀正公長子

生道光十二年壬辰二月廿四日辰時
卒光緒廿三年丁酉正月初一日巳時

娶黃氏改適

子一　乞

成師公諱獅　即毅正公次子

生道光十七年丁酉正月初一寅時　止

卒同治二年癸亥五月十二日未時

如用公諱能　即克性公嗣隻子

生道光廿五年乙巳十月初一日酉時

卒光緒廿七年辛丑十一月三十酉時

娶黃氏雙娘號慈愛

生道光三十年庚戌十月初十巳時

卒宣統元年己酉七月十四日午時

子三　蝌　翕出嗣誠樸公　積　似三子　進生

女四　長次適黃　三適潘

誠樸公諱頭　即與貴公長子

生道光廿二年壬寅二月十九子時

卒民國二年癸丑二月初八日酉時

嗣子一　翕

忠厚公諱嶺字季神　即與貴公三子

公

生咸豐元年辛亥八月初七日巳時
卒民國元年壬子六月初六日巳時

娶黃氏近娘謚信淑

生咸豐十年庚申三月初二日酉時
卒民國廿四年乙亥十月廿三日卯時

子二　圍殤　恩

女二　長適黃

進紅公諱隔字季雲　即與貴公四子

公

生咸豐四年甲寅七月廿八日卯時
卒光緒廿七年辛丑二月廿七辰時

守樸公諱全來　即克視養公次子

生嘉慶廿五年庚辰四月十一日酉時
卒咸豐七年丁巳十一月十六日辰時

娶陳氏晚娘號慎慈

生道光八年戊子九月初六日酉時
卒光緒十七年辛卯十二月廿七巳時

號全公諱敏　即克視公養三子
生道光十四年甲午八月初四日卯時
卒光緒十三年丁亥六月十三日辰時

娶杜氏作娘號維佳
生道光廿四年甲辰七月廿三日巳時
卒光緒三十年甲辰六月二十日巳時

養子三　奚　愶　看

季回公　即克視公養四子生卒缺

子二　鶴　壹俱養

進現公諱財元字季賢　即如舞公長子

公
生道光十三年癸巳九月十七酉時
卒光緒九年癸未十月廿二日午時

娶黃氏脣娘
生道光二十年庚子十月廿四日辰時
卒光緒三十年甲辰十一月二十未時

公塟南安八都山中池仔垵甲庚寅申

妣塟南安八都乙辛夘酉

子一　樓養

進明公諱通元字季達　即如舞公次子

生道光十七年丁酉十一月初九寅時

卒光緒卅三年丁未十月十四日辰時

公

娶黃氏倣娘號宜治

生道光廿三年癸夘三月十八日午時

卒光緒十一年乙酉九月廿一日未時

公塟南安八都山中蟧螻尾壬丙子午

妣塟南安八都土名林口新垢圳下巽乾辰戌

子二　愛　池

女一　適陳

進與公諱條 即如高公養隻子 生道光十二年壬辰 月 日 時 卒光緒廿一年乙未正月廿七日卯時

娶楊氏妹娘號勤言 生卒缺

子一 金寶養

女一 適林

進奕公諱愽 即如懷公嗣隻子 生道光十三年癸巳五月初九日午時 卒光緒十五年己丑五月初十日卯時

娶施氏欲娘號淑德 生道光十九年己亥五月廿三戌時 卒民國七年戊午五月十一日巳時

子四 拼養 四 卯 韜

女一 適潘

如藏公諱碩 即如文公續子兼承如祿公

公　生道光二十年庚子四月初一巳時　卒同治六年丁卯三月廿四日酉時　止

活源公諱水字季流　即明信公長子

公　生道光廿一年辛丑二月初三日巳時　卒光緒八年壬午八月廿三日卯時

娶黃氏担娘號遜素　生道光廿六年丙午十一月初十未時　卒民國十七年戊辰正月十四日未時

子三　恃　趕出嗣出公　保

女三　長三適潘　次適

公塟仙邑仁德里土名牛角田后坐壬向丙兼亥巳

作息公諱出入　即明信公次子　生道光廿三年癸卯七月初三巳時　卒宣統元年己酉十月十四日卯時

娶黃氏蠟娘號遜德　生道光廿八年戊申八月十二日辰時　卒光緒廿五年己亥六月十七日卯時

子二　趕嗣子　鎖

女二　適潘　適林

進和公諱木　即明信公養三子

生道光廿四年甲辰五月初三日寅時
卒民國九年庚申十一月廿六日寅時

娶賴氏縣娘

生道光廿八年戊申十月十二寅時
卒民國五年丙辰正月廿一日午時

子三　行　銀　志

祖公字季田　即明信公養四子

生道光廿五年乙巳七月十七日未時
卒民國十二年癸亥三月廿七日午時

娶黃氏存娘

生咸豐六年丙辰三月十九日巳時
卒民國七年戊午正月廿九日未時

子七　奇　龍　藩　發　胡　讀　侯

女二　適黃　適潘

虫公　即問焉公嗣隻子

生道光廿八年戊申十二月廿四日寅時
卒失

娶黄氏富娘號勤順

生咸豐六年丙辰七月十四日酉時
卒光緒三年丁丑七月十七日寅時

如麟公諱厲字季德　即一伸公長子

生道光九年己丑六月初一日辰時
卒光緒廿三年丁酉十二月十五戌時

公

娶詹氏情娘

生道光十七年丁酉八月廿二日寅時
卒光緒卅四年戊申十二月二十巳時

嗣子三　締双嗣周全公　隨　省繼承周全公

作規公諱好　即一伸公三子

生道光十六年丙申十一月十一酉時
卒光緒廿四年戊戌三月初八日卯時

娶黄氏樹娘

生道光廿三年癸卯十二月初六日巳時
卒失

子三　球　群出爲山頭房似子　庫出嗣連理

緒業公諱統　即如棠公嗣侄子

生道光二十年庚子正月廿五寅時
卒民國七年戊午正月廿六日午時

娶賴氏車娘號順節

生咸豐四年甲戌十二月初三日寅時
卒光緒十五年己丑十月廿一日辰時

子四　隨出嗣厲公　很　閒出嗣吟公　柴

修齊派

如升公諱德　即如桑公長子

生乾隆　年七月初二日　時　止
卒　年六月初三日　時

選擇公諱輦　即如桑公次子

生乾隆五十九年甲寅四月初三午時　止
卒道光十五年乙未六月初四日辰時

再發公諱落　即成芳公長子

生道光十六年丙申十月初九日未時
卒光緒十五年己丑正月初九日午時

娶蘇氏擔娘

生道光年　月　日　時
卒光緒十一年乙酉八月十三日　時

子一　準

聽公　即成芳公次子　生道光廿三年癸卯八月二十日丑時止
卒光緒十四年戊子十二月　日時

秉諒公諱來字季子　即如定公養隻子

公　生道光七年丁亥十月十三日酉時
卒光緒五年己卯十月二十日巳時

娶黃氏富娘號温德　生道光十四年甲午八月初七寅時
卒民國六年丁巳十月廿六日丑時

子五　井　到興　服衣　霜出嗣耆公　鎮

女二　長適鄧　次適黃

文公　即鮑思公養長子外出生卒缺止

如此公諱倫　即鮑思公次子　生道光廿七年丁未十二月十九　時
卒光緒二年丙子九月十八日巳時

娶潘氏改適止

銀梧公諱鏊字季硘　即一等公長子

公

生道光十八年戊戌十二月初十卯時
卒光緒十二年丙戌正月十二日巳時

嗣子一　霜

德成公諱洽來　即一等公次子

生道光廿八年戊申九月初六日戌時
卒光緒廿九年癸卯五月十五日未時

娶李氏敬娘

生咸豐九年己未七月十二日巳時

嗣子一　永和

治豆公諱順　即貴性公嗣子

生道光七年丁亥十一月十四日未時
卒道光廿二年壬寅十一月初三未時　止

成章公諱洮　即如也公長子

生道光四年甲申八月初五日巳時
卒咸豐元年辛亥二月廿七日卯時　止

成信公諱福趹字季綵　即如也公三子

公

生道光十三年癸巳十二月廿七未時
卒光緒五年己卯正月十九日巳時

娶黃氏瑾娘號慈積

生道光廿三年癸卯十月十六日午時
卒民國十三年甲子二月初五日辰時

子三　體　寫　碧出嗣原公

生義公諱福集　即如也公四子

生道光十七年丁酉正月十八日亥時
卒光緒廿四年戊戌五月二十日辰時

娶黃氏好娘號家室

生道光十八年戊戌閏四月十五　時
卒光緒四年戊寅十一月十八日申時

子二　扳　麵嗣子

女一適黃

朝成公諱明旦　即如也公五子

生道光二十年庚子十月廿九日卯時
卒宣統三年辛亥十二月初七日申時

娶黃氏暖娘號勤辭

生咸豐六年丙辰四月初四日亥時
卒民國六年丁巳正月初一日未時

子一　貽養

有本公諱原生　即如也公六子
生道光廿四年甲辰五月廿四寅時
卒民國六年丁巳十一月廿一辰時

娶賴氏盞娘
生咸豐五年乙卯月日時
卒光緒十七年辛巳七月廿五日未時

嗣子一　碧

勤仁公諱猷謀　即如也公七子
生道光廿七年丁未十月廿五辰時
卒光緒五年己卯六月初七日辰時

兩嗣子一　示

純服公諱泡　即克祺公長子
生道光十九年己亥十二月十四辰時
卒咸豐六年丙辰九月廿五日巳時

兩嗣子一　悄

純志公諱力　即克祺公次子
生道光廿五年乙巳七月十六亥時　止
卒同治二年癸亥八月初一日戌時

招心公諱總　即克祺公三子
生道光廿八年戊申八月廿八日午時
卒光緒三十年甲辰四月廿九日戌時

娶黃氏眉娘號懿金
生咸豐三年癸丑二月十七日午時
卒光緒五年己卯七月廿七日寅時

子一　悄 兼承洎公

招生公諱兒　即克祺公四子
生咸豐元年辛亥四月十六日辰時
卒民國十一年壬戌五月十二申時

娶黃氏謹娘號慈盛
生咸豐十一年辛酉十二月廿七亥時
卒光緒八年壬午九月初六日丑時

娶賴氏輕娘號勤盛
生同治三年甲子五月廿九日戌時
卒民國六年丁巳正月十二日寅時

子二　壬癸　埔月 俱賴出

女二　長次俱適黃 黃賴出

長益公諱裕　即如忠公養長子
生道光廿三年癸卯九月廿九日寅時
卒失

娶陳氏旺娘　生道光三十年庚戌月日時

逼話公諱舌　即如忠公次子　生道光廿四年甲辰二月十六辰時　止
卒同治二年癸亥四月廿六日申時

寖熾公諱昌　即如忠公三子　生道光廿八年戊申正月十九日申時
卒民國九年庚申十二月十二日未時

嗣子一　心

含宏公諱串　即如煖公長子　生同治四年乙丑正月初三日辰時

娶吳氏惜娘　生同治五年丙寅四月廿八日寅時

子二　耽　籠俱兼承僻公

女四俱適黃

如由公諱僻　即一同公嗣子　生同治七年戊辰十月初一日未時
卒光緒十二年丙戌七月二十酉時

兩嗣子二　眈　寵

季甲　即錸公隻子

生同治八年己巳八月十四日午時

往東邦不知存殁

娶潘氏妹娘

生光緒五年己卯七月初三日辰時

卒民國十一年壬戌九月廿九申時

養子一　銀水

女一適黃

忠慶派

成金公諱周全　即苟完公嗣隻子

生道光五年乙酉二月廿六日戌時

卒光緒八年壬午十一月十三辰時

娶杜氏情娘號謹順

生道光十六年丙申四月十三午時

卒咸豐六年丙辰八月初六日酉時

繼娶黃氏佐娘號而石

生道光十五年乙未十二月廿八申時

卒同治十三年甲戌七月十五日未時

三娶蘇氏　生道光十五年乙未十二月　日時
卒缺

子二　袮　省　俱嗣西房載在則齋公派下兩嗣如麟公註明

如高公諱杏裕　即爲利公次子　生道光十年庚寅十二月初九日寅時
卒咸豐六年丙辰十二月初十日午時　止

山興公諱連鮑　即爲利公三子　生道光十六年丙申十月初四亥時
卒咸豐七年丁巳九月十九日丑時　止

西美公諱華　即爲利公養四子　生道光廿五年乙巳二月十三日子時
卒光緒廿二年丙申七月初六日酉時　止

季撥公　即生公長子　生道光四年甲申五月廿四日申時
卒光緒九年癸未十二月十　時

娶黃氏寶娘　生失
卒

子一　晉　兼承垻公

女一　適黃

季炮公　即淨公長子　生道光三年癸未十二月廿六日卯時　止
卒　年六月十七日　時

季伍公　即淨公三子　生道光十二年壬辰十一月初七辰時　止
卒失

季康公　即崴公嗣隻子　生卒失

娶温氏雪娘　生卒失

子一　好

文繡公　即宜像公隻子　生咸豐十一年辛酉十月十二日酉時
卒失

娶蘇氏軫娘　生光緒五年己卯　月　日　時
卒光緒十八年壬辰九月十六日亥時

繼娶林氏宰娘　生光緒五年己卯　月　日　時
卒光緒廿一年乙未四月初十日巳時

三娶吳氏淺娘　生咸豐七年丁巳閏五月初五日巳時
卒失

子一　範疇吳出

斟粥公諱煎字季齎　即愛眾公長子

公

生嘉慶廿一年丙子九月廿七日子時
卒光緒廿九年癸夘十一月初八夘時

娶胡氏慊娘號恬規

生失
卒　年十二月十七日酉時

繼娶黃氏勸娘號善慈

生道光九年己丑正月廿五日巳時
卒光緒七年辛巳四月初二日丑時

子二　掟　謳

女四　長次四適黃　三適潘

成雪公諱白　即愛眾公次子

生嘉慶廿四年己夘十月廿一辰時
卒光緒七年辛巳十月初九日夘時

娶黃氏早娘號晏會

生道光八年戊子七月廿六日夘時
卒光緒卅三年丁未三月初九酉時

子一　瞈

女一　適黃

生　年六月初五日　時
徙建寧府殁

季尾公　即愛衆公三子

生道光廿八年戊申十二月十九丑時
卒光緒廿八年壬寅正月初六日丑時

季泰公　即奂誠公嗣隻子

娶賴氏歡娘

生咸豐七年丁巳五月十九日午時
卒民國十八年己巳十一月初二丑時

子四　益　銀　水　湖

好吉公諱妙　即克聖公養長子

生嘉慶廿三年戊寅十二月十三　時
卒同治九年庚午三月十五日　時

嗣子一　簡

完美公諱苟字季壽　即克聖公次子

公　生道光十九年己亥九月廿六日丑時　卒光緒廿七年辛丑八月初一日未時

娶賴氏號玉愛　生道光十九年己亥九月二十未時　卒光緒五年己卯九月初一日亥時

繼娶黃氏呈娘號意泰　生道光十九年己亥四月初三申時　卒民國六年丁巳正月初五日申時

子三　簡出嗣妙公　新　示俱賴出

女三　適潘　適黃　適杜俱賴氏出

似江公諱填字季溪　即克聖公三子

公　生道光廿一年辛丑十一月廿三辰時　卒光緒廿二年丙申五月廿九日巳時

娶黃氏濺娘　生道光廿四年甲辰　月　日　時　卒民國三年甲寅十一月初二日亥時

子二　俊　勸

楊舞公諱柳興字季花　即甜公養隻子

公　生道光廿九年己酉閏四月初三未時
卒光緒卅一年乙巳二月初七日辰時

娶賴氏萬娘　生道光三十年庚戌二月十六日未時

子三　雒　邊　煥

女四　長次適黃　三適潘

季棟公　即書成公長子　生咸豐四年甲寅八月十三日丑時
卒光緒廿一年乙未七月十六未時

娶潘氏　生咸豐三年癸丑正月十七日亥時

子二　撥養　鴻儒養

女二　適潘　適黃

季泉公　即書成公次子　生咸豐九年乙未二月廿六日巳時　卒民國　年八月　日　時

季內公　即書成公三子　生同治元年壬戌九月廿二日亥時　卒同治八年壬午三月十二日酉時

季程公　即卜公嗣隻子　生同治七年戊辰十二月十九日酉時

娶黃氏詠娘　生光緒六年庚辰五月初八日卯時　卒民國十六年丁卯四月初六寅時

子五　火石　包　瑛　蟬　河水

女一　適黃

此五名俱載大二房派下詳明

德齋派

佰公字季桐　即天樂公長子　生失　卒道光三年癸未十二月初九日　時

娶黃氏雙娘號勤慎　生乾隆廿九年甲申九月十八日丑時

卒嘉慶十六年辛未十一月廿八丑時

子三　準　麵出嗣郄公　審

生鈌

卒道光三年癸未七月初四日吉時

季郄公　即天樂公次子　生乾隆四十四年己亥八月初十吉時

娶潘氏號勤敏　卒嘉慶廿一年丙子十一月初九日時

嗣子一　麵英

克政公諱道　即天樂公三子　生乾隆卅七年壬辰二月初二日寅時

娶杜氏菊娘生卒鈌　卒嘉慶廿二年丁丑七月十七日申時

子二　彩雲　慶雲

女一適杜

克明公諱胤字季嗣　即天衡公長子

公

生乾隆卅一年丙戌十月廿七日寅時

卒乾隆五十七年壬子十一月初二酉時

嗣子一　枉

克食公諱梭　即天衡公次子

生乾隆卅八年癸巳十一月初二辰時

卒道光十年庚寅二月十六日申時

娶潘氏滿娘號居喜

生乾隆四十四年己亥六月初六午時

卒咸豐三年癸丑八月初六日午時

子三　甑　甫養　枉出嗣克明公

克有公諱寬字季衆　即天衡公三子

公

生乾隆四十三年戊戌七月初七寅時

卒道光十四年甲午正月初十酉時

娶潘氏腰娘號成節

生乾隆五十一年丙午四月十六寅時

卒咸豐六年丙辰二月十三日午時

養子二　獺　文淺

克和公諱譏字季生　即天衡公四子

生乾隆四十六年辛丑十二月十四寅時

卒道光十年庚寅十二月十五日辰時

公

娶阮氏號如勤

生乾隆五十五年庚戌五月初八巳時

卒嘉慶廿四年己卯正月初五日巳時

子一　習

柔明公諱亥　即剛達公長子

生乾隆　年六月廿四日亥時

卒道光十四年甲午六月廿四日卯時

娶　氏改適

子一　抱來

柔和公諱羨　即剛達公次子

生乾隆四十七年壬寅十月十二寅時　止

卒嘉慶十五年庚午四月廿二日戌時

汞芳公諱宣　即剛達公三子

生乾隆五十四年己酉五月初一寅時
卒嘉慶廿五年庚辰十月初六日寅時

汞衍公　即剛達公四子生卒莫稽止

季朱公　即剛温公長子不知何往

克順公諱禾　即剛温公次子

生乾隆五十九年甲寅九月十九申時
卒道光十一年辛卯十月初八日巳時

娶　氏改適

子一　慊英

成真公諱暢字季通　即剛爵公隻子

公

生乾隆六十年乙卯八月初二日卯時
卒咸豐十年庚申正月十七日未時

娶杜氏北娘號自南

生嘉慶　年丙寅五月廿六日午時
卒道光　年癸卯五月十一日卯時

子三　蹇來　草來　㨔出嗣騰公

魁元公　即剛美公長子　生卒失

娶鄭氏　生卒失　止

進寶公　諱八駿　即剛美公次子　生嘉慶四年己未八月十八日卯時　卒道光十七年丁酉五月三十午時　止

茅蘭公　即典三公長子　生卒失

娶黃氏對娘　生卒失　止

愛情公　即典三公次子　生卒失

冬月公　即谷歷公隻子　生卒失

娶　氏改適

嗣孫　盛廣

佳靜公諱秋香字季冬　即謀超公長子

生乾隆四十年乙未九月初五日酉時
卒道光十五年乙未三月十一日辰時

公

娶林氏號勤慈

生乾隆四十五年庚子三月十四卯時
卒嘉慶十八年癸酉二月廿五日辰時

繼娶葙氏

生　年十月廿六日　時
卒道光十五年乙未三月十一日　時

公與次妣葙氏仝葬仙邑土名高坑頭坐　向

先妣林氏葬仙邑金砂鄉土名茶仔墘坐　向

子二　郡來　旺來出嗣謀師公爲孫

守過公諱戩穀字季斯　即謀超公次子

公
生乾隆四十四年己亥八月廿五未時
卒道光十七年丁酉十月十二日酉時

娶黃氏號志節
生乾隆四十四年己亥四月初四寅時
卒嘉慶二年戊午十月十三日巳時

繼娶黃氏號勤修
生乾隆五十三年戊申八月廿六日未時
卒道光十七年丁酉十一月廿二日寅時

子三　地來　春安　探郎

女一適徐

佳致公諱册香字季心　即謀超公四子
生乾隆五十二年丁未九月十一丑時
卒道光十四年甲午五月廿一日寅時

公

娶黃氏腰娘號克勤
生嘉慶七年壬戌八月初五日辰時
卒咸豐二年壬子三月十八日卯時

子二　贊來　元泰

樸實公諱萬鎰字季璞　即謀遠公隻子 生乾隆四十年乙未三月十七子時 卒嘉慶六年辛酉正月十三日寅時

公

娶　氏 生卒失

子四　勇　農　明輔　敏

正心公諱雲總　即謀師公長子 生卒失

娶黃氏號和靜 生卒失

嗣子一　旺來

衙香公　即謀師公次子 生卒失

義心公諱光彩　即謀師公三子 生乾隆五十五年庚戌六月初十酉時 卒嘉慶八年癸亥十月十六日未時

安集公諱喬香　即謀師公四子

生嘉慶三年戊午二月廿四日丑時
卒嘉慶廿五年庚辰十一月初六寅時

遠實公諱馬幼　即謀園公長子

生乾隆五十六年辛亥三月廿四巳時
卒道光　年四月二十日寅時

娶黃氏號純抒

生乾隆五十七年壬子十一月廿九寅時
卒道光　年九月廿五日　時

子二　牒來　吻來

女一適

誠道公諱久香　即謀園公次子

生嘉慶五年庚申　月　日　時
卒道光　年六月初五日申時

娶　氏改適

子一　簡來

佳色公諱次香字季院　即進作公嗣子

公　生乾隆四十七年壬寅十月廿三辰時　卒道光十五年乙未三月初十日辰時

娶黃氏號純敏　生乾隆五十六年辛亥十一月廿五　時　卒道光十一年辛卯十月十八日辰時

繼娶吳氏　生乾隆六十年乙卯七月十四日　時　卒道光十九年己亥八月二十日卯時

公與先妣合葬仙邑仁德里土名舊厝寮坐丁向癸兼午子

子二　錢郎　烏丁　俱黃出

女一適黃

貞士公諱貞壬　即謀稱公長子　生嘉慶八年癸亥七月廿二日寅時　卒咸豐九年己未十二月初八未時

瑶琨公諱錸香　即謀稱公次子　生嘉慶十八年癸酉二月三十日亥時　卒道光十六年丙申十一月十二申時

娶黃氏傳娘號豐心　生嘉慶十三年戊辰二月廿五日卯時　卒光緒十四年戊子七月初十月丑時

子三　志郎　惠養　庚蚤

國學生淵源公諱嬩字季悅官章潔清　即達圃公次子

公　生嘉慶十五年庚午十二月十八日丑時　卒光緒十三年丁亥十一月廿六日子時

娶杜氏桃娘號靜德享壽七十八

妣　生嘉慶十四年己巳十月初三日亥時　卒光緒十二年丙戌四月初八日巳時

子五　候謁　繞　欒　重　伍

公籌精子母善於理財能建室樓美哉創業其生平樸實古

意古道幾幾乎有古人風焉公享壽七十八

恩授歲貢生香泉公諱烒字季瑶官章澄清　即達圃公三子

公

生嘉慶十八年癸酉七月廿六日辰時
卒光緒廿六年庚子閏八月初七酉時

娶例贈太安人黃氏寢娘號貞慈

妣

生嘉慶十八年癸酉十月十五日酉時
卒光緒十四年戊子二月十三日午時

子四　科　奪　珍　抛

女一　適黃

公少時好學佩服詩書聞善則喜見義必爲義方訓子禮貌延師有志斯文念兹在兹幸也天從善願庭堦毓紫芝長子學文而穎脱次子學武而鵠中彬彬濟濟並遊泮池三子四子弓馬爛熟几拔童幟奈際運奇而四代同堂天倫樂事舞

綵以嬉和鄉敦族心無涉私解紛排難眾不蹈危䧟後則兩
造大廈光前則兩立宗祠雖高樓書軒厥有分任亦是伯壎
仲篪創外祖之祀田並爲超度建中途之雨亭兼行施爲理
親鄰之缺賦而迫呼不至日迫修遠近之祀業而蒸嘗乃可
長垂公既有德焉亦無遺論公之行悅公之爲其於乾坤正
氣可謂一木獨支但云刑于友于燕翼謀詒猶未知公之心
志而相乎其皮孫親炙有日服侍有時然性鈍質魯甚是愚
痴不過道其一二表厥見知而詳顯略微孫也猶不能無憾
於斯公享壽八十八

職員鼎新公諱灶字季造官章廷輝　即正圃公長子

公

生嘉慶六年辛酉二月廿五日巳時
卒同治六年丁卯七月廿六日未時

娶黃氏沘舍號純端

生嘉慶五年庚申四月初四日午時
卒咸豐七年丁巳三月廿四日寅時

合塟本鄉城隍內土名樟仔脚坐　向

子四　翰墨　璧治　專心　拔萃

文林公諱楓字季木　即正圃公次子

公

生嘉慶八年癸亥二月十八日戌時
卒道光六年丙戌七月初三日亥時

娶杜氏好娘號純節

生嘉慶九年甲子正月廿二日辰時
卒光緒九年癸未十二月十二卯時

合塟埔尾鄉云臺山坐巳向亥兼丙壬

予一　廷爍

太學生中立公諱騰字季躍官章守經　即正圃公三子

公

生嘉慶十四年己巳十月廿八日戌時

卒光緒四年戊寅十二月十二日亥時

娶黃氏聚娘號懿柔

生嘉慶十五年庚午二月初一酉時

卒道光七年丁亥六月初五日　時

繼娶黃氏衍娘號純懿

生嘉慶十九年甲戌九月廿九卯時

卒道光九年己丑九月廿六日未時

三娶黃氏慶娘號純情

生嘉慶十六年辛未九月廿七日亥時

卒道光十一年辛卯九月初一日酉時

四娶黃氏皆娘號存德

生嘉慶廿二年丁丑六月初十日亥時

卒光緒二年丙子十一月廿二日卯時

子七　嗣長[illegible]　貢次妣出　情　兼文　道

倪俱四妣出　榮來養

公存心正直著貌魁奇儉並勤克言兼行危詩書篤志堂構
謀詒跡其動作蓋居然有長者風焉
克慷公諱慨字季及　即正圃公四子　生道光六年丙戌十月十六日戌時　卒光緒七年辛巳十二月二十丑時
娶黃氏蜜娘號純德　生道光六年丙戌四月廿七日申時　卒道光廿五年乙巳十月二十辰時
繼娶黃氏蛋娘號純靜　生道光十年庚寅九月初八日未時　卒咸豐五年乙卯七月十二日巳時
三娶黃氏認娘號純仁　生道光十二年壬辰閏九月廿四辰時　卒光緒十六年庚寅八月廿三日丑時
公與先妣仝塟三元坑皀斗田崙上坐乾向巽
次妣三妣仝塟東壠墩園內坐乙向辛
子五　福揚養　崇　藩　邊　面俱三妣出

女一　適黃

恩授直隸州霽雨公名潑字季活官章曉如　即耐圃公長子

公　生嘉慶六年辛酉六月廿三日申時　卒咸豐九年己未四月初七日辰時

妣太安人杜氏嫖娘號淳敏　生嘉慶六年辛酉正月廿四日亥時　卒同治十年辛未八月十一日未時

考妣仝葬廣橋鄉土名中份坐　向

子四　經旋　經鑒　新禧　百來養

女一　適潘

公八本瀟灑性好幽清百花而手自栽有情有致寸陰而心

亦惜無怠無荒然勵志雞窗而不進步雲程者豈非天哉

國學生潤澤公諱波瀾字季樓官章步墀　即少樸公嗣子

生嘉慶四年己未五月十七日戌時
卒道光廿三年癸卯十二月廿四申時

公

娶傅氏汝娘號端靜

生嘉慶四年己未二月初六日巳時
卒道光三年癸未十一月初二酉時

繼娶黃氏雙娘號安靜

生嘉慶十三年戊辰十二月廿四酉時
卒光緒三年丁丑九月十三日辰時

公瘞本鄉土名下坵壠與少樸公同竝也坐乾向巽兼亥巳

子六　乞治傳出　詒謀　黨評　珪璋

鈞深　綴衣黃出

公生平儉樸不事奢華唯斯文一途是所酷嗜也所生六子

或舉儒業或以武雋或恩授歲貢或例捐州同或列入成均

濟濟一堂詎非公之德有以致之哉

秉直公諱郁字季周　即莊重公長子

生嘉慶元年丙辰十月十二日戌時
卒道光十三年癸巳五月廿七丑時

娶杜氏香娘號勤誠

生嘉慶三年戊午五月十七日卯時
卒咸豐十年庚申九月廿九日寅時

子二　阿絨　成業

維圜公諱眼字季明　即莊重公次子

生嘉慶五年庚申十二月十六日戌時
卒道光十八年戊戌四月十八日卯時

公

娶黃氏煥娘號懿和

生嘉慶四年己未二月初四日　時
卒道光十八年戊戌閏四月十三酉時

子二　萬里　萬選

宏實公諱送　即莊重公三子

生嘉慶十四年己巳三月廿三日戌時
卒道光十八年戊戌二月廿九日酉時

娶杜氏美娘號純貞　生嘉慶十四年己巳三月初十日　時　卒道光十八年戊戌四月十六日子時

合葬本鄉土名九曲嶺坐乙向辛兼卯酉

子二　黨登　致儼

周正公諱普字季偏　即莊重公四子　生嘉慶十六年辛未十月十六戌時　卒同治九年庚午正月十四日戌時

娶杜氏惜娘號順受　生嘉慶十七年壬申九月十三日戌時　卒道光十四年甲午十一月廿六子時

繼娶陳氏譽娘號順抒　生嘉慶廿三年戊寅六月初五日戌時　卒道光十八年戊戌四月廿六日巳時

三娶杜氏丕娘號純德　生嘉慶十九年甲戌十一月廿五酉時　卒光緒六年庚辰十月初五日巳時

公與三妣杜氏同葬南安八都土名林口水尾坐巽向乾兼

巳亥

先妣杜氏與繼妣陳氏仝塟仙邑仁里德土名福墩坐丁向

癸兼未丑

子二　開成　托成

佳譽公諱秋菊　即植厚公長子

生嘉慶六年辛酉九月初一日亥時

卒道光十三年癸巳四月十二戌時

娶黃氏近娘號順一

生嘉慶五年庚申十一月廿一戌時

卒道光二年壬午九月初一日亥時

繼娶李氏蔭娘號純直

生嘉慶十一年丙寅八月十九日午時

卒道光廿二年壬寅十二月廿二酉時

子一　係郎

女二俱適黃

順德公諱行義字季道　即植厚公次子

公　生嘉慶十五年庚午四月二十日丑時
卒光緒十七年辛卯二月初十日酉時
娶黃氏全娘號歸順　生嘉慶十四年己巳十月廿八日酉時
卒同治十二年癸酉五月十五日戌時
養子一　集興
女一適黃

舉直公諱三吾字季能　即植厚公三子
公　生嘉慶十七年壬申十一月初五午時
卒光緒五年己卯十一月初六日酉時
娶黃氏號順益　生嘉慶十九年甲戌七月十一午時
卒光緒四年戊寅二月十二日子時
子四　到興　臣興　佳興　做興
女

經直公諱奕禩字季葉　即植厚公四子　生嘉慶二十年乙亥四月十九酉時　卒咸豐十年庚申五月十八日巳時

公

娶黃氏號存慈　生嘉慶廿一年丙子三月初七巳時　卒光緒四年戊寅四月十三日巳時

子三　長成　最成　接成

貞直公諱棟仕字季宇　即塔峰公長子　生嘉慶十八年癸酉正月初七亥時　卒咸豐二年壬子九月廿一日午時

公

娶許氏益娘號純勤生卒缺

子一　光輝兼承高仕

遜深公諱高仕　即塔峰公次子　生嘉慶廿二年丁丑六月十六日亥時　卒道光十六年丙申七月初五日丑時

兩嗣子　光輝

成圜公諱瑞田　即敦厚公養長子

生嘉慶廿一年丙子十一月初四巳時
卒同治八年己巳十一月十四日戌時

娶黃氏垗娘號顧勤

生嘉慶廿二年丁丑七月廿一酉時
卒嘉慶六年庚辰六月廿八月酉時

子二　㦸興　南興嗣子

萬鐘公諱戴字季祿　即敦厚公次子

公

生道光十年庚寅十一月廿二日　時
卒光緒二十年甲午十二月廿二酉時

娶黃氏粉娘號慈敬

生道光十四年甲午六月初六酉時
卒同治十年辛未十月廿四日未時

子四　耀　南出嗣成圜公　甲　麒

女一適黃

處士成僡公諱貨姑字季殖　即敦厚公三子

公

生道光十三年癸巳五月廿五日午時
卒光緒十五年己丑九月廿二日未時

娶黃氏課娘

生道光十六年丙申八月十三日未時
卒光緒廿九年癸卯七月初十日巳時

子一　盾與

處寂公諱復字季隱　即莊厚公長子

公

生嘉慶十八年癸酉四月初一日卯時
卒道光十三年癸巳四月十六日亥時

娶林氏娥娘號静和

生嘉慶十九年甲戌五月廿三日巳時
卒道光十三年癸巳八月初五日酉時

子二　芸興殀　廷賴嗣子

處直公諱犀字季碧　即莊厚公次子

公　生道光四年甲申九月廿三日寅時　卒同治六年丁卯二月初三日巳時

娶林氏安娘號靜德　生道光六年丙戌九月廿四日卯時　卒光緒卅三年丁未十二月廿七午時

子五　勳　錬　賴出嗣處寂公　朗　皎出嗣處成公

女二俱適黃

處成公諱老字季幼　即莊厚公三子

公　生道光十一年辛卯六月廿七日寅時　卒光緒十六年庚寅四月廿七日戌時

娶黃氏準娘　生道光十一年辛卯二月廿二日寅時　卒光緒卅四年戊申八月初十日午時

子二　瓊琚養　皎月嗣子

遂艮公諱宗杰　即成基公次子

生嘉慶十七年壬申十月廿四日亥時　卒道光十四年甲午二月廿八日卯時

娶杜氏員娘號貞節　生嘉慶十七年壬申正月十五亥時　卒光緒七年辛巳九月十二日戌時

子二　來成　創成嗣子

遂稱公諱宗族　即成基公三子　生道光三年癸未九月廿八日午時　卒咸豐十一年辛酉十二月廿二　時

娶潘氏究娘　生道光十年庚寅二月十九日　時

公塟本鄉大公嶺坐乾向巽兼亥巳

子三　石光　創成出嗣遂良公　貞成

遂有公諱宗挺　即成基公四子　生道光十五年乙未八月廿二子時　卒同治四年乙丑七月初九日巳時

娶黃氏玫適

子一　豬來

遂玉公諱宗寶字季珠　即宏基公長子

公　生嘉慶十七年壬申十二月初三寅時
卒道光廿二年壬寅九月十三日午時

娶黃氏嚴娘號質貞　生嘉慶十九年甲戌八月十八日卯時
卒道光廿八年戊申八月十七日酉時

子二　方見養不知何往　園月

遂美公諱宗盛字季任　即宏基公次子

公　生嘉慶廿一年丙子九月廿二辰時
卒咸豐九年己未八月廿八日午時

娶潘氏先娘號質進　生嘉慶廿二年丁丑八月十三日巳時
卒光緒廿四年戊戌正月廿六日巳時

子三　偶成　套成　河成

女一　適黃

國學生遂廟公諱宗禘字季大官章其祖　即宏基公三子

公　生道光七年丁亥閏五月十四亥時
卒宣統二年庚戌九月十四日戌時

娶黃氏上娘號質兑　生道光九年己丑十一月廿六戌時
卒同治五年丙寅二月十六日子時

繼娶林氏定娘號質言　生道光九年己丑五月初五日辰時
卒光緒廿八年壬寅八月廿八戌時

先妣黃氏塟仙邑仁德里土名埔后坐壬向丙兼子午

子五　甘棠黃出　雨養　瓢養　有光黃出
渭川林出

女一適黃

處士遂興公諱宗炎字季皆　即居閒公嗣子

公

娶黃氏甜娘號柔安
生嘉慶十四年己巳十月十三日巳時
卒同治十一年壬申三月十三日巳時

子三　廷堅（養）　圭光　閣郎
生嘉慶十六年辛未十一月初三巳時
卒光緒二年丙子九月初五日亥時

女一適黃

遂儉公諱宗培字季栽　即剛方公長子　生卒缺

娶黃氏蔭娘號質勤　生卒缺

子四　熾光　真光　假光　旦光（出嗣遂仲公）

遂篇公諱宗蒲　即剛方公次子
生道光五年乙酉十月廿一日　時
卒光緒元年乙亥十一月二十未時

娶黃氏摯娘號益後
生道光十一年辛卯十一月十五酉時
卒同治五年丙寅五月十九日午時

子一　典

女一

遂仲公諱宗文　即剛方公三子　生卒失

娶黃氏乖娘　生道光十七年丁酉八月十七日酉時

子二　旦光嗣子　金成

女二　適黃

恪齋派

守公　即樸儉公長子　生卒缺　止

澤公　即樸儉公次子　生卒失　止

坑公　即樸儉公三子生卒失止

週甲公　即莊敏公長子生卒失止

娶戴氏玉娘生卒失止

女一

勤樸公諱週庚字季日　即莊敏公次子

公　生嘉慶五年庚申九月十二日戌時　卒道光十六年丙申十月廿四戌時

娶謝氏嫌娘號寬慈　生嘉慶十三年戊辰十一月十三酉時　卒道光九年己丑七年初五日戌時

子一　榜

週雲公　即莊敏公三子生卒失止

秋月公　即郭廓公長子 生卒失 止

院月公　即郭廓公次子 生嘉慶二十年乙亥十月初五日午時 卒失

娶吳氏水娘號勤懿 生道光四年甲申十月三十日酉時 卒道光廿八年戊申六月初一　時

繼娶陳氏改適

子一　雩來 陳出

月喜公　即息齋公長子 生卒失

娶潘氏却娘 生卒失

子一　引　父子徃永春雲峰居焉

成直公諱月嬌　卽息齋公次子 生道光八年戊子十二月十五日巳時 卒咸豐七年丁巳十二月廿一日巳時

養子一　柿

廣裕公　即輝齋公長子生卒缺

娶黃氏改適

嗣子　踏宗　分居仙邑宮埔

纂公　即輝齋公次子生卒缺

娶黃氏生卒缺分居南邑潘厝

子四　廷　敬　川　標

懷靜公諱惟福　即裕後公長子生嘉慶四年己未九月十三日子時卒道光十四年甲午三月初一辰時

娶杜氏改適

子一　蘇

處士敦厚公諱惟嶽字季喬　即裕後公次子

公　生嘉慶七年壬戌十一月十五日亥時
卒光緒六年庚辰十二月廿二日辰時

娶戴氏輪娘號寬柔　生嘉慶九年甲子十月初五日卯時
卒光緒九年癸未十月初一日子時

子五　萬　純熙　洸　桐　拱成

玄德公諱球　即純靖公嗣隻子　生嘉慶六年辛酉九月十一日戌時
卒同治七年戊辰正月十四日巳時

娶黃氏栽娘號勤慈　生嘉慶九年甲子十二月廿五日酉時
卒同治八年己巳八月廿五日申時

子二　含　分

季達公　即足敬公次子　生　卒　缺

娶潘氏謹娘 生 卒 欽

子二　芽　看 出嗣勢公

篤實公諱勢　即足敬公三子

生嘉慶十四年己巳十月十九日丑時

卒道光十六年丙申五月十六日酉時

嗣子一　看

季應公　即足敬公四子

生　年八月廿二日　時

卒　年十一月十九　時

娶黃氏

生失

卒　年正月廿九日　時

子二　祿　索

季麟公　即足敬公五子

生嘉慶十八年癸酉七月廿六日卯時

卒　年十二月初七日　時

娶杜氏閃娘

生　年五月十八日　時

卒光緒十四年戊子八月十六日巳時

子二　稀出嗣三公　着

尊德公諱三　即足敬公六子

生嘉慶廿一年丙子十一月十一卯時
卒同治十一年壬申正月廿五日巳時

嗣子一　稀

季亨公　即足敬公七子

生失
卒　年正月十四日未時

嗣孫　建勵

懷安公諱冬春　即足容公長子

生嘉慶十三年戊辰十月初二日丑時
卒道光廿七年丁未九月初八日丑時

娶黃氏號勤順

生嘉慶十二年丁卯十一月初四　時
卒咸豐五年乙卯四月初四日辰時

子三　舉　赤　超

女一　適黃

懷德公諱萬春字季回　即足容公次子享年七十四

公

生嘉慶廿二年丁丑九月初六日寅時
卒光緒十六年庚寅正月十四日寅時

娶黃氏濳娘號勤孝享年五十三

妣

生嘉慶廿三年戊寅六月十九日寅時
卒同治九年庚午閏十月初一日寅時

子二　忍　摘

厚德公諱地坤字季厚　即成㫗公長子

公

生嘉慶九年甲子正月初十日子時
卒光緒五年己卯七月初四日午時

娶黃氏妹娘號純勤

生嘉慶十二年丁卯六月廿二酉時
卒咸豐三年癸丑正月廿八日戌時

公塟本都城隍內井仔后

妣埜本都城隍內土名㯙墓

子二　煥宗　誥宗

女一適黃

正實公諱艮蘭　即成艮公次子

生嘉慶二十年乙亥三月初一日亥時
卒光緒二十年甲午四月廿三日辰時

娶莊氏親娘號毅勤

生道光三年癸未三月廿七日辰時
卒光緒十九年癸巳八月廿三午時

養子一　君英兼承文蘭

女一適黃

如郁公諱文蘭　即成艮公三子

生嘉慶廿四年己卯七月廿七日　時
卒道光廿九年己酉正月初十日　時

雙承子　君英

福祥公諱邦瑞字季輯　即光義公長子

公

生嘉慶十二年丁卯八月廿二日午時
卒光緒十四年戊子八月初五日丑時

娶黃氏齊娘號勤慎

生嘉慶十三年戊辰八月二十日巳時
卒光緒十六年庚寅四月廿九日辰時

公塋仙邑仁德里雞庵門

子三　嘉猷　嘉肆　嘉篔

福澤公諱邦僅　即光義公次子

生嘉慶十七年壬申六月廿七日戌時
卒光緒廿二年丙申十一月十三卯時

娶黃氏好娘號純慈

生嘉慶十七年壬申七月廿二卯時
卒咸豐元年辛亥七月十六日午時

繼娶黃氏笑娘號勤毓

生道光六年丙戌正月廿四日　時
卒光緒三十年甲辰八月十四卯時

公與繼妣合塋本都土名曾宅

先妣與長子嘉種合塟本都廣橋脚土名隔坵

子四　嘉種　嘉力先妣出　嘉筆　嘉象次妣出

女二俱適黄先妣出

樸明公諱邦睿字季明　即光義公三子

公生嘉慶二十年乙亥十一月初二戌時
卒光緒九年癸未六月初一日辰時

娶杜氏究娘號勤恭生道光二年壬午五月十三日巳時
卒光緒廿二年丙申十一月初十巳時

公塟本都三元坑土名槽斗壬丙亥巳

妣塟本鄉土名心墓隔艮坤寅申

子四　嘉祉　嘉揚　嘉鰲　似次子滿香

女一適黃

遜志公諱邦敏字季事　即光義公四子

公

生道光六年丙戌十二月十二日巳時
卒　年　月　日　時

娶黃氏便娘勤懿

生道光七年丁亥閏五月十三巳時
卒咸豐三年癸丑八月十七日巳時

繼娶潘氏恩娘號勤慈壽七十一

生道光四年甲申三月初一日午時
卒光緒二十年甲午正月初三申時

黃氏塋仙邑仁德里土名福山脚廣橋癸丁丑未

子四　嘉染黃出　嘉積　嘉成　嘉素潘氏出

慎樸公諱邦彥　即克明公長子

生嘉慶十七年壬申四月廿九日辰時
卒道光十七年丁酉正月廿一日未時　止

樸實公諱邦韻　即克明公次子

生嘉慶廿一年丙子二月十七亥時
卒咸豐五年乙卯正月廿二日酉時

埜南邑山中磨石垵壬丙子午

子一　滿香　出爲樸明公似次子

厚樸公諱邦出　即克明公三子　生嘉慶廿四年己卯五月十七日子時　止　卒道光十五年乙未七月十八日未時

敦樸公諱邦胥　即克明公四子　生道光四年甲申正月十三日巳時　卒光緒六年庚辰十二月廿五寅時

娶黃氏任娘　生道光十年庚寅八月初五日戌時　卒失

子一　欽

女一　適黃

勤達公諱邦衛　即純德公長子　生嘉慶十九年甲戌九月廿六日卯時　卒光緒三年丁丑十一月十六日卯時

娶黃氏改適

子三　桂　龎出嗣恒逵公　買

生道光二年壬午十月十三日亥時
卒咸豐七年丁巳二月十一日戌時

恒逵公諱邦縣　即純德公次子

嗣子一　龎

有德公諱美字季尊　即克毅公長子

生道光二年壬午九月十九日寅時
卒民國二年癸丑八月十二日卯時

娶王氏爾娘號勤恭

生道光十八年戊戌九月初六日寅時
卒光緒廿四年戊戌八月十七日辰時

子六　張　扇　與　謨　雙　耽

女一適黃

有餘公諱慶　即克毅公次子

生道光五年乙酉十二月十三日午時
卒光緒卅三年丁未十一月廿九酉時

娶黃氏慱娘號勤慈 生道光十一年辛卯四月十二日酉時 卒咸豐九年己未十一月十六日午時

繼娶潘氏胚娘號淑慈 生道光十九年己亥四月初一日辰時 卒光緒卅四年戊申三月廿三日申時

子四 汀黃出 炭 丕 塔

女二 適黃 適潘俱潘出

有成公諱所宇季居 即克毅公三子

公 生道光十年庚寅十二月初一日辰時 卒光緒廿九年癸卯正月二十日巳時

娶潘氏片娘號勤儉 生道光二十年庚子正月廿八日酉時 卒光緒廿四年戊戌七月廿二日午時

公葬本都三元坑寺地尖脚庚甲申寅

子三 佞 敦 樓 嘉興似三子

女三　長三適黃　次適潘

太學生有基公諱知字季哲　即克毅公四子　生道光十五年乙未四月廿二日戌時　卒光緒卅三年丁未十二月廿一巳時

公

娶黃氏映娘號端靜　生道光二十年庚子六月初二日酉時　卒宣統二年庚戌十二月十二日卯時

公塟南安八都飛雲寺左畔子午癸丁

妣塟仙邑仁德里土名對面墘

子六　偉　瀑　驅　蟣　密　審

公素守儉樸脏尚奢華易耨深耕克修力田之職舉趾于耜

自安耕鑿之天由是桂蕋生香符乾坤之六子蘭芽挺秀兆

麟趾之三章外而義方是訓勤謹耕商內而家道是敦和睦
予婦開馬帳以延師書香酷嗜絛雞豚而款客雅意殷勤大
厦築成壯巨觀於閭里田園廣置連阡陌乎圯南斯時也創
業垂統不亦樂乎詩書雅言尚有望焉

方茂公諱寶樹　即樸實公長子
生嘉慶九年甲子三月初九日午時
卒光緒六年庚辰十月廿八日辰時

娶林氏勉娘號順慈
生嘉慶十二年丁卯三月十三戌時
卒同治元年壬戌八月廿八日卯時

繼娶王氏美娘號順情
生嘉慶九年甲子五月十三日酉時
卒同治五年丙寅正月廿五日酉時

子二　椿　彩出嗣巨公

誠實公諱程　即樸實公次子
生嘉慶十一年丙寅七月初一未時
卒咸豐十年庚申三月初九日寅時

娶黃氏輭娘號順氣　生嘉慶廿五年庚辰三月十三辰時　卒同治十年辛未七月廿九日辰時

子三　賧嗣子　井養　均

秉正公諱巨　即樸實公三子　生嘉慶廿一年丙子七月十三辰時　卒咸豐元年辛亥四月十四日未時

嗣子一　彩

成發公諱特　即存直公長子　生嘉慶十九年甲戌十月廿五日　時　卒同治十二年癸酉四月十九日申時　止

英發公諱雙會　即存直公次子　生嘉慶廿二年丁丑二月廿二日亥時　卒同治元年壬戌十一月十一日卯時

娶林氏顏娘號慈敏　生道光十二年壬辰六月廿九日寅時　卒光緒二十年甲午五月十七日辰時

子一　庭宗

女一　適黃

新立公諱立　即存直公三子
生道光四年甲申八月初一日亥時　止
卒光緒十五年己丑九月初八卯時

柔德公諱沛　即存直公四子
生道光八年戊子八月十七日戌時　止
卒光緒十六年庚寅四月初八巳時

廉節公諱禮　即和柔公長子
生嘉慶廿二年丁丑七月初四日寅時　止
卒道光廿二年壬寅正月初一日巳時

日節公諱愿　即和柔公次子
生嘉慶廿五年庚辰正月十四卯時
卒咸豐三年癸丑八月十三日酉時

清績公諱好　即和柔公三子
生道光二年壬午十一月十七卯時
卒光緒二年丙子五月初一日寅時

娶林氏雙娘號勤慈
生道光十六年丙申十月廿一丑時
卒咸豐八年戊午四月初六日未時

繼娶高氏綢娘號勤淑
生道光廿四年甲辰正月十三寅時
卒同治六年丁卯七月廿一日亥時

嗣子一　寮來

鶯遷公諱喬字季木　即和柔公四子

公
生道光三年癸未十一月初三日寅時
卒光緒十三年丁亥十月十一日寅時

娶黃氏賞娘
生道光十一年辛卯五月十七日申時
卒失

子二　寮來出嗣清績公　哭

愼総公諱廸　即和彔公五子
生道光四年甲申　月　日　時止
卒光緒十四年戊子正月十六日丑時

處士殼碩公諱藝字季書　即乃素公長子
生乾隆五十九年甲寅九月初一日酉時
卒道光七年丁亥十二月廿九日戌時

公

娶黃氏占娘號靜敏
生嘉慶元年丙辰五月三十日　時
卒道光十三年癸巳六月二十酉時

子一　林郎

維成公諱協　即乃素公次子
生嘉慶十四年己巳七月十九日戌時
卒道光十三年癸巳四月十九日酉時

娶杜氏改適 止

三省公　即克勤公長子

生嘉慶八年癸亥正月十七日辰時
卒嘉慶二十年乙亥七月廿七亥時

省與多同塟本鄉土名后宵申寅庚甲 止

三多公　即克勤公次子

生嘉慶十五年庚午五月廿一卯時
卒道光七年丁亥八月初九日卯時

與省公同塟 止

勤裕公諱華明字季富　即克勤公三子

公

生道光二年壬午閏二月初七日丑時
卒光緒廿八年壬寅三月十五日丑時

娶杜氏愛娘號靜慈

生道光三年癸未六月二十日　時
卒光緒九年癸未九月初一日戌時

合塟本鄉秫中墘后土名樓仔口

子六　長江　長棗　長鎮　差中　湖只

長能似次子

女一適黄

正直公諱添字季財　即克勤公四子

太學生官名生財公　生道光十一年辛卯十月廿六日亥時　卒民國二年癸丑九月初五日巳時

娶黄氏曉娘號勤讓　生道光十六年丙申十月初三亥時　卒民國八年己未四月廿二日酉時

合塟本鄉土名牛角垳辛乙戌辰

子五　宣羅　宣茂　宣浪　宣硯　宣壂

女一適黄

公慷慨樸實竭力耕田儉於自奉恭以接人倉庾盈餘幾爲
富有之稱詩書執禮祈慕儒雅之林乾父坤母而安厝塡庫
俱完可謂子職之能殫矣女嫁男婚而送往迎歸悉備可謂
父道之克盡矣桂枝挺秀蘭芽舒香築大厦營壽域垂統緒
於後昆會族衆修祠宇復踵事於先人斯時也年近古稀身
猶矍鑠義方是訓勤謹耕商婉詞多方釋紛細事夫唱兮婦
隨光前兮裕後宜其奕世蜚聲科甲蟬聯矣

全成公諱海字季河　即純樸公長子

生嘉慶九年甲子六月十九日午時
卒咸豐三年癸丑十一月十九巳時

公

娶黄氏發娘號家敏　生嘉慶八年癸亥十月十一日　時　卒咸豐三年癸丑十一月初二巳時

子三　節　燕春　尋出嗣清公

明德公諱赤　即純樸公次子　生嘉慶十三年戊辰七月十六日酉時　卒道光十四年甲午八月初十日巳時

娶黄氏執娘號懿慈　招偶　生嘉慶十四年己巳六月廿二日時　卒同治十二年癸酉六月廿九日寅時

子一　榮　續子　款

靜德公諱魁　即純樸公三子　生嘉慶十六年辛未六月十六日卯時　卒光緒七年辛巳十一月廿一日酉時

續子一　款

純情公諱清　即純樸公四子　生嘉慶十九年甲戌九月十三日　時　卒道光廿八年戊申十一月廿七巳時

嗣子一　尋

如哉公諱田字季才　即敦樸公長子

生乾隆五十七年壬子七月初一戌時

卒道光十四年甲午三月初一日未時

公

娶黃氏笑娘號純直

生乾隆五十八年癸丑三月初八日未時

卒道光廿五年乙巳十一月初三日未時

子三　東南　東北　振興出嗣大水路

慎樸公諱回字季益　即敦樸公次子

生嘉慶元年丙辰九月初六日卯時

卒咸豐三年癸丑十月初二日巳時

公

娶林氏歛娘號純謹

生嘉慶三年戊午二月廿三日寅時

卒咸豐九年己未四月十三日卯時

子四　東來　東印　東漢似長子　東蘊出嗣等公

厚樸公諱秩　即敦樸公三子

生嘉慶五年庚申五月十六日卯時

卒咸豐三年癸丑十一月十五卯時

娶黃氏盼娘號純節　生嘉慶十六年辛未五月十三日巳時　卒咸豐三年癸丑十二月廿七日酉時

子四　卯　胚　成基出嗣妓公　滿出嗣邦韻

女一適黃

其德公諱彤春　即敦樸公四子　生嘉慶十五年庚午九月廿七曉　卒咸豐二年壬子七月初三日申時

娶林氏改適

子一　葉向

樸實公諱等　即敦樸公五子　生嘉慶十八年癸酉正月十五日卯時　卒道光十三年癸巳八月初三日巳時

嗣子一　東蘊

如邦公諱歆　即敦實公長子　生嘉慶七年壬戌五月十二日寅時　卒道光十四年甲午三月十七日未時

娶黃氏號順和

生嘉慶九年甲子十月十八日　時

卒道光十六年丙申十一月初五午時

子二　建里　九里

靜發公諱月　即敦實公次子

生嘉慶十年乙丑五月廿九日丑時

卒咸豐元年辛亥十一月廿八巳時

娶黃氏築娘

生嘉慶十一年丙寅三月廿一日酉時

卒光緒十二年丙戌十二月廿五巳時

子一　元寬　止

信齋公諱接字季明　即厚靜公長子

生嘉慶十七年壬申十月初九日戌時

卒光緒十二年丙戌十月廿九日寅時

公

娶黃氏睹娘號貿順

生嘉慶十六年辛未七月十九日　時

卒道光十三年癸巳六月十三日　時

續子　影

順成公諱提明　即厚靜公次子
娶潘氏險娘號勤慈　招偶
子　聽　續子一　影 出嗣信齋

生嘉慶廿三年戊寅九月廿八未時
卒咸豐三年癸丑八月廿二日午時
生道光七年丁亥八月廿七日辰時
卒光緒廿九年癸卯八月初七巳時

思靜公諱水　即文英公長子
娶黃氏卜娘號存德
繼娶黃氏發娘號儉慈
子二　悻　亞 俱後妣出

生嘉慶十九年甲戌十一月初一酉時
卒咸豐九年己未五月廿五日丑時
生嘉慶十八年癸酉十月廿五日　時
卒道光十九年己亥五月初一日申時
生道光四年甲申七月十六日　時
卒光緒廿一年乙未六月十九申時

思日公諱映　即文英公次子
娶黃氏示娘號慈成

生道光四年甲申三月十八日酉時
卒光緒廿三年丁酉十一月初十未時
生道光十九年己亥四月廿四午時
卒同治四年乙丑正月廿八日戌時

繼娶黃氏御娘號修成　生道光十二年壬辰十月十九日寅時　卒失

子二　旗養　禩

女二俱適黃

洛書公諱圖　即文英公三子　生道光九年己丑十一月十九日酉時　卒失

娶黃氏倫娘號理家　生道光廿二年壬寅九月十一日卯時　卒失

子三　樞出嗣文公　紡　避出嗣早期

女一適黃

和善公諱勸　即定素公長子　生嘉慶廿一年丙子三月初二酉時　卒光緒七年辛巳二月廿六日丑時

娶黃氏衫娘號敬莊　生道光七年丁亥九月初五日午時　卒失

子一　便宗

女二　長適黃　次適潘

富成公諱晉　即定素公次子

生道光三年癸未十二月初五日酉時
卒光緒十六年庚寅正月廿三日巳時

娶黃氏快娘號意梅

生道光八年戊子二月初一日時
卒咸豐六年丙辰七月初九日辰時

子一　通元

勤儉公諱㚣　即定素公三子

生道光十年庚寅八月十九日午時
卒光緒十九年癸巳正月初八巳時

志有公諱交　即惠呈公長子

生道光五年乙酉正月廿八日時
卒光緒十六年庚寅九月十六辰時

嗣子一　樞

克有公諱虔　即惠呈公次子

生道光七年丁亥八月十二日時
卒光緒十二年丙戌二月廿七申時

承繼孫　垗

季城　即惠呈公三子
生道光二十年庚子
卒失

高敏公諱昭明字季高　即靜軒公長子
生嘉慶八年癸亥九月初四日辰時
卒嘉慶廿五年庚辰七月初六卯時

公

娶黃氏執娘號貞勤神主被孫光別帶在仙邑中埔

妣
生嘉慶六年辛酉十二月十一寅時
卒光緒六年庚辰六月廿四日巳時

子二　進興　嗣子 錫類

樸素公諱繼明字季照　即靜軒公次子
生嘉慶十一年丙寅十月初四未時
卒咸豐九年己未七月十一日酉時

公

娶黃氏連娘號勤發　生嘉慶十年乙丑十月廿八日辰時　卒同治三年甲子十月十一日丑時

子三　秉均　錫類出嗣高敏　智

郡庠生忠厚公諱杏林字季南官章春南號雨村　即厚齋公長

子享年八十有四　生嘉慶十五年庚午十一月廿二日巳時　卒光緒十九年癸巳十二月初八日酉時

娶謝氏生娘號善慈享壽七十有九

妣　生嘉慶十五年庚午五月十六日吉時　卒光緒十四年戊子三月十八日戌時

考妣於光緒丙申年九月初十日午時奉柩塟本鄉城隍洋

土名尾墘崙田內坐乙向辛兼卯酉分金丁卯丁酉

子五　莆田　爲田　在田　芸田　新田

公聰敏成性學問超群課督兒孫詩禮傳聞啓廸門第風雅能文大道爲公闡發典墳至教無隱不倦朝矚淑身善俗排難解紛忠以持己氣絶塵氛厚以待人群慕德薰至於生平作爲有公之曆溯自序而語氣氤氳鈔錄附後雖百世而遥亦有以知我祖之人爲云

中山生員彭春南自序文

今歲辛卯余年八十有四老將知而耄及無能爲也因思父兮生我母兮鞠我罔極深恩尚未能報余少多疾病好咳嗽父母深憂之躬親撫養未嘗或離八歲入小學一年之間三字

經讀未完蓋因愛憐之深然也及其十有五年始出痧而咳嗽之疾愈矣父母之心於是稍慰余上有伯兄下有季弟皆自幼而亡唯余一人形影相吊父又恐獨立無助乃於中坡過繼一移弟以爲手足之資可知父母愛我如掌上珠望我若荒年穀撫今追昔真覺耿〻難忘也余年十八即娶謝氏彼時夫婦相見如賓枕衿恒多獨旦是豈英雄氣長而兒女情短哉家道嚴而廉耻重也父乃延名師在家課督亦不使受風波之苦繼又命余負笈從師又恐余朝饔夕飧親自執爨不數月而即命治裝歸梓推是心也誠欲余朝夕在前不

忍天各一方也且夫虛聲純盜非爲己之學也聲聞過情亦無本之羞也父生師教而不能發憤自强又非所語於克家之令予也余自歸後閉戶自修霜天雪案莫知我艱夜半書聲時聞不輟所謂簡練以爲揣摩是也由是或遇考試亦曾掌取或遇院試亦曾備取然皆孫山落字未能破壁而飛俯首低頭私自嘆息自時厥後馬齒空加豹文仍隱時也命也奈之何哉余年未四十承父命與弟分箸多少家務父代爲理余也教學相兼未嘗或廢父母顧余而言曰汝須專心學業不可紛心他歧庶有慰吾望乎余亦不敢自許曰能但相

視而笑云詎料時運不齊命途多舛不數年而慈母見背矣三年之喪甫畢而嚴父又見棄矣斯時也誦蓼莪而哀勞瘁懷風木而興凄悲刺骨傷心無可告語詩書一道或作或輟又況中間多故庶務孔殷雖先建一茅屋後築一書齋祗是與妻兒勤儉得來俾兒孫可避風雨得識一丁而已非敢語於高堂大厦得壯巨觀也蓋其中之艱辛萬狀難以言傳余亦無庸辭費矣乃者光陰易逝歲月難留二毛髮及空嘆無聞五夜燈殘徒增有愧自顧頭顱居然可想又幸天誘其衷啓發余心同治丁卯科再往科試即受知於朗川曹老夫子

時又悲喜交集恨不能起吾父於地下而見之也余念我先祖父酷嗜書香忠厚待人余雖濫竊一衿是亦祖父之流風有以詒之也敢謂文章有定價哉所最憾者先父雖暑安厝而先母未有定所終天之日心何以安即欲徧尋窀穸無如寸步難行伏望　天心仁愛　明神指點先母佳城得有樂土使余得以躬親其任安塟母親他日地下相見庶免不孝之罪特未知加我以年否耶余聞治家在乎務本而立教貴有義方自揣生平恪遵庭訓不敢欺人亦不敢凌人未嘗自恃亦未嘗自驕直道而行詭詐不作又願子子孫孫繼繼繩

繩克趾前光垂裕後昆是又余之所厚望而深幸者也茲緣
吾衰已甚等於風燭竊恐卒然歸去致令往事莫傳爰抽心
緒於毫端有類塗鴉用麁俚語於紙上聊存翼燕後之覽者
亦將有以知余之鄙意

志直公諱惟明字季康　即厚齋公次子享壽七十九

生嘉慶二十年乙亥十月初九日亥時
卒光緒十九年癸巳七月初七日申時

公

娶戴氏殷娘號寬慈

生嘉慶二十年乙亥九月廿六亥時
卒光緒元年乙亥十月三十日未時

考妣合葬南邑土名山中坐　向

子二　定祥　佳祥

女一適林

樸實公諱昆明字季裕　即慎齋公長子　生嘉慶十七年壬申八月十三申時　卒咸豐八年戊午五月初六日午時

公

娶黃氏外舍號順懿　生嘉慶十六年辛未八月廿一辰時　卒同治四年乙丑七月十六日未時

子三　報祿　開統　埼生承

勤樸公諱低明　即慎齋公次子　生嘉慶十九年甲戌十二月十三寅時　卒咸豐八年戊午十一月初四日酉時

先娶黃氏昨娘號勤順　生嘉慶十九年甲戌十一月十二吉時　卒道光廿九年己酉六月廿一日吉時

繼娶潘氏幼娘號勤謹　生道光元年辛巳五月廿五日巳時　卒光緒十七年辛卯五月初八辰時

子四　吹壎　砌英　埼生兼承樸實公　讓

勤直公諱劍明字季繞　即篤實公雙子

生嘉慶十七年壬申七月二十丑時
卒同治七年戊辰五月廿八日未時

公

娶潘氏號毅慈

生嘉慶十七年壬申十二月廿七巳時
卒同治九年庚午十一月十五日巳時

側妣鄭氏號勤謹

生道光元年辛巳十一月初五　時
卒同治九年庚午十月廿二日午時

公與潘氏合葬南邑山中土名曾宅坐　向

側室鄭氏葬南邑山中厝后土名　坐癸向丁兼丑未

養子三　顯宗　聘恩　唱恩

鄉賓百忍公諱培長字季仁官章體仁　即毅齋公長子

生嘉慶廿四年己卯十二月十六寅時
卒光緒十七年辛卯五月十六日午時

公

娶黃氏惠舍號恩恬　生道光二年壬午閏三月二十日寅時

子一　團書

寬樸公諱培創　即毅齋公次子　生道光四年甲申七月十八日申時　卒道光十四年甲午十二月十五亥時

葬本都土名進坑圳后坐壬向丙兼亥巳

子一　緒英養

純質公諱培峻　即毅齋公三子　生道光十四年甲午十月初五日戌時　卒道光廿二年壬寅八月廿四日戌時

子一　承基養

希文派

亮公字季寅　即助公長子　生卒失

娶黃氏謹娘生卒缺

子一　六光

就公　即勢公養長子生卒缺

州同克明公諱欽賜字季福官章國榮　即殷成公長子

公　生嘉慶十年乙丑十一月廿八戌時
卒光緒十年甲申九月十一日午時

娶黃氏亮娘　生嘉慶十二年丁卯八月十九日卯時
卒光緒十六年庚寅十一月廿九丑時

葬三元坑寨仔庚甲

子三　萬紀　捷　文答

公自幼克勤克儉白手成家置產業構大厦嗜書香督子孫

讀書爲人耿直剛方

好秦公諱移桃字季源　即殷成公養次子

生嘉慶廿一年丙子正月二十巳時
卒光緒五年己卯五月初八日辰時

公

生嘉慶廿二年丁丑十二月初七卯時
卒光緒六年庚辰二月十九日丑時

娶賴氏雖娘

子二　教　寬出嗣才禮公

才禮公名重賜字季　即殷成公三子未字而卒自幼聰明穎悟

器慨岐嶷不俗誦讀經史過眼不再殷成公彌望其克顯祖

宗不幸享年十九歲而云亡惜哉

生嘉慶廿四年己卯七月廿五日　時
卒道光十七年丁酉十一月廿六　時

公

與母杜氏同塋林口嶺頭癸丁子午

嗣子一　寬

順碧公諱赤字季齊　即樸慎公養長子

生嘉慶七年壬戌九月廿四日丑時
卒咸豐二年壬子四月十七日戌時

公

娶黃氏蓮娘號順素

生嘉慶十八年癸酉十二月十四酉時
卒道光十三年癸巳九月廿九日巳時

繼娶潘氏挑娘號順柔生卒缺

子二　掇　搘

順直公諱煌　即樸慎公次子

生嘉慶十年乙丑正月十四日辰時
卒嘉慶廿五年庚辰六月廿一子時

養子二　愛　髻

書亭公諱全棋字季琴　即樸慎公三子　生道光三年癸未正月初九日亥時　卒光緒卅一年乙巳正月二十丑時

公　娶黃氏發娘號敦仁　生道光四年甲申十一月十四日戌時　卒光緒二十年甲午八月十九日戌時

子三　耀來出嗣守義公　徙來　秋林

守義公諱全盒字季　即樸慎公四子　生道光八年戊子三月初一日卯時　卒道光廿五年乙巳九月廿四巳時

公　嗣子一　耀來

樸纓公諱簪朝　即增公長子　生嘉慶廿三年戊寅四月二十申時　卒咸豐二年壬子九月十二日申時　止

璇璣公　即增公次子　生卒缺　止

涼公　即成全公養長子　生卒缺　止

春公　即成全公養次子　生卒失　止

良公　即買公長子　生卒失　止

貞公　即買公次子　生卒失

娶　氏

子一　土

仕進派

純正公諱敬賜　即純直公長子　生乾隆五十六年辛亥十一月初四午時　卒道光十九年己亥七月十一日戌時

娶謝氏領娘號儉貿　生嘉慶十年乙丑六月十四日卯時　卒光緒四年戊寅七月十一日酉時

子三　雌來　戴來　任來

純清公諱向賜　即純直公次子
生嘉慶五年庚申三月十五日辰時
卒咸豐元年辛亥十月十二日寅時

娶謝氏號貞法
生嘉慶十年乙丑正月廿九日　時
卒道光廿六年丙午四月廿九未時

子二　先　所

純質公諱蟻賜　即純直公三子
生嘉慶十三年戊辰十月初六戌時
卒道光九年己丑三月十三日卯時

娶杜氏旦娘號柔順
生咸豐元年辛亥七月三十日午時
卒光緒五年己卯五月初十日卯時

子一　聖賢

純得公諱新春　即純士公長子
生嘉慶七年壬戌正月廿四日辰時
卒道光十八年戊戌二月十五辰時

娶賴氏號勤心
生嘉慶十三年戊辰九月初一日午時
卒同治十一年壬申四月廿一日酉時

子四　知來　謹來　返來　尋來

端存公　即暗定公長子 生卒失止

陽名公　即純心公長子 生卒缺止

祠名公　即純心公次子 生卒失止

純顯公諱長興　即成武公長子　生嘉慶元年丙辰十二月初七酉時 卒咸豐二年壬子四月十七日亥時

娶黃氏改適

葬羅溪小嶺鄉土名新石坑石髻垵山中寅申艮坤

子一　正

儀興公　即成武公次子 生卒失止

接香公諱儀第　即成武公三子生卒失

娶潘氏套娘號安慈　生失　卒光緒十五年己丑四月廿四日午時

子二　炳　炮　嗣曾孫　李成兩嗣

思興公　即成武公四子生卒失止

習元公　即成武公五子生卒缺

子二　赫　苟俱養

季者公　即謹成公長子生卒失

子一　思來養

脩發公諱兩　即謹成公次子　生嘉慶十七年壬申五月廿二日　時　卒咸豐四年甲寅十二月初四日巳時

子一　賜來養

季錦公　即泉成公長子　生卒失止

鄉飲賓素德公諱梗字季良　即泉成公次子

公　生嘉慶十八年癸酉八月廿四日辰時　卒光緒廿九年癸卯九月十四日辰時

娶潘氏益娘號順裕　生道光七年丁亥九月初八日卯時　卒光緒廿七年辛丑正月廿六辰時

子四　世脫　世讓　世晏　世察

季萬公　即純則公長子　生嘉慶廿一年丙子七月十三辰時　卒同治二年癸亥正月初五日申時

娶黃氏其娘號順謹　生道光四年甲申閏七月廿一日寅時　卒光緒十四年戊子十一月廿九　時

子二　慱與　新與

順發公諱杉　即純則公次子　生嘉慶廿四年己卯五月初八日　時　卒光緒廿一年乙未正月廿九日巳時

娶杜氏竹娘號惠順　生道光七年丁亥九月十五日酉時　卒同治四年乙丑七月廿八日辰時

子四　洗出嗣季喬　書與繼嗣寬公　謙　他

女一適廖

德裕公諱寬字季柔　即順理公長子　生嘉慶二十年乙亥九月初八日午時　卒道光廿二年壬寅十二月十四日酉時

公

娶黃氏真娘號慈仁　生嘉慶廿二年丁丑八月廿六日戌時　卒道光十六年丙申四月三十日巳時

嗣子一　書與

季全公　即順理公次子　生卒失止

季晏公 即順理公三子 生卒失

娶黃氏號勤慈 生道光五年乙酉五月十五日辰時 卒光緒九年癸未七月十九日辰時

子二 鶴 沐

敦裕公諱章字季秀 即順理公四子 生道光八年戊子十月十八日戌時 卒咸豐三年癸丑八月廿九日戌時

妣 娶黃氏險娘 生道光十三年癸巳十一月十七日午時 卒光緒四年戊寅八月初三日辰時

子一 升廩

後位公諱對 即順理公五子 生道光十年庚寅二月廿七日 時 卒光緒二年丙子三月廿七日巳時

嗣子一 百來

合圭公　即純直公長子生卒缺止

季萊公　即純直公次子生卒失止

春來公　即存惠公嗣子生卒失止

順草公諱選來　即府郎公長子生卒失

娶　氏改適

子一　幼爾　似子援

順只公諱徧來　即府郎公次子　生道光十五年乙未九月初四亥時　卒同治九年庚午八月廿九日戌時

娶黃氏悉娘　招偶　生道光十九年己亥四月廿五日卯時　卒民國十三年甲子正月十六日巳時

子一　落海　沉郎　似次子登士　續子尚

仁賢公諱其與　即府郎公仈次子

生道光廿六年丙午二月十九日寅時
卒光緒廿七年辛丑正月廿二日子時

續子　尚

自遠公諱方來字季朋　即富有公長子

公

生道光十二年壬辰九月十六日亥時
卒光緒卅二年丙午七月初二日酉時

娶黃氏担娘號儉德　一

生道光十六年丙申四月二十日巳時
卒光緒八年壬午七月初八日戌時

子四　順踲　旺生　郡郎　登士出為順只仈次子

似長子　群

富榮公諱華來　即富有公次子

生道光十五年乙未九月十五日寅時
卒光緒三十年甲辰九月初三日辰時

娶黃氏吀娘

生道光十九年己亥月　日　時
卒民國三年甲寅正月初一日申時

子三　仲　勅　援出為順草似子兼承合興
生道光十八年戊戌五月初四日亥時
卒光緒十五年己丑正月十九日酉時

所陞公諱連來　即富有公三子

娶黃氏點娘號慈德
生道光廿八年戊申十月十二日辰時
生光緒二十年甲午四月十二日午時

子三　邊双承正直公　輕　高

正直公諱献瑞　即富有公四子
生道光二十年庚子十一月初四日辰時
卒光緒十二年丙戌十二月初六日卯時

娶黃氏忍娘號儉勤
生道光廿六年丙午十月初四日　時
卒同治七年戊辰二月十九日戌時

繼娶潘氏田娘號儉益
生道光廿八年戊申十月廿三日亥時
卒光緒廿三年丁酉六月廿八日酉時

子二　摘　邊兩嗣

隔來公　即富有公五子生卒失往外殁止

順興公　即底蘭公長子　生卒失止

合興公　即底蘭公次子　生卒失

雙承子　援

會同公　即擯郎公長子
生道光十二年壬辰七月廿二日酉時
卒咸豐三年癸丑十二月廿二日巳時

子一　每養

宋興公　即擯郎公次子　生卒失止

宗廟公　即雪香公養子
生道光六年丙戌五月初八日戌時
卒咸豐二年壬子十二月十五未時　止

懿德公諱光愿　即夫子公長子
生道光八年戊子　月　日　時
卒光緒十四年戊子十月十五日　時

娶林氏醒娘號寬慈
生道光十四年甲午三月十九日亥時
卒光緒廿二年丙午五月廿八日午時

子三　壬癸　文金承　似長子壬蘭

連基公　即夫子公次子生卒失止

石珍派

雖則公諱茶　即厚德公長子　生道光元年辛巳　月　日　時
卒　年正月十四日　時

娶黃氏號惟宜　生缺
卒　年四月廿二日　時

子二　出　爲

季玉公　即厚德公次子生卒失止

如彌公諱深　即敬德公長子　生　年十一月十二日戌時
卒　年二月十三日戌時

娶鄭氏號行順　生　年正月初九日辰時
卒　年八月廿五日未時

子一　買

協恭公諱裏　即輔世公長子

生嘉慶二十年乙亥十月廿四　時
卒咸豐七年丁巳五月廿二日亥時

娶　氏改適

子一　吉

季鈞公　即輔世公次子

生道光五年乙酉十二月十五日　時
卒　年七月廿七日　時

娶陳氏籍娘

生道光二十年庚子十一月廿六日　時
卒光緒廿九年癸卯十一月初六日午時

子二　淵　溪

桂陞公諱與　即如磋公長子

生道光十四年甲午六月十三日　時
卒光緒二年丙子正月初三日　時

娶吳氏次娘號克勤

生道光十九年己亥五月十一日午時
卒光緒　年十月十五日酉時

子二　旺　吽　似次子禮兼承國正公

嘉憲公諱謀　即如磋公次子　生道光十七年丁酉九月十五日戌時　卒咸豐十一年辛酉九月十六日未時　止

長豐公諱延　即如磋公三子　生道光廿九年己酉正月十六　時　卒宣統元年己酉三月廿八日　時　止

雄俊公諱偉　即和義公長子　生失　卒　年正月廿一日　時

娶　氏改適

子一　斗

御前公諱曲　即和義公次子　生道光十八年戊戌七月初五日　時　卒民國四年乙卯十二月初三日申時

嗣子一　蘊

養成公諱培　即敦厚公嗣子　生道光十九年己亥九月廿九日午時　卒光緒十二年丙戌四月十九日申時

嗣子一　士

縣綸公諱縣　即敦懷公長子
生　年五月初九日　時
卒　年十月初十日　時

娶蘇氏號克順
生　年十月廿八日　時
卒　年四月初四日　時

子一　佳

瓊璋公　即敦懷公次子　生卒失止

金聯公　諱榜字季登　即存義公長子

公
生道光十八年戊戌閏四月初八戌時
卒光緒九年癸未十一月十三日戌時

娶杜氏科娘號順慈
生道光十八年戊戌閏四月初二巳時
卒宣統三年辛亥三月廿五日卯時

子四　清　安　蘊出嗣曲公　夏　似四子　蝻

君成公諱衍　即嚴顏公長子
生道光十三年癸巳六月十四卯時
卒同治八年己巳三月初九日巳時

娶黃氏進娘號守財　招偶
生道光十五年乙未十月十七日子時
卒光緒廿五年己亥五月十三日申時

子四　志高　續子欉
且出嗣拔　似長子有

義門公諱窗　即嚴顏公次子
生道光十六年丙申七月廿七日子時
卒光緒廿八年壬寅十二月初二辰時

續子　欉

君盛公諱拔　即桔興公之子
生咸豐元年辛亥正月初九日卯時
卒宣統三年辛亥十一月初七子時

嗣子一　且

榮華公諱連比　即醇懷公長子
生嘉慶廿一年丙子七月十三日未時　止
卒道光十八年戊戌二月廿四日未時

桓興公諱魑元　即醇懷公次子
生道光元年辛巳　月　日　時　止
卒咸豐八年戊午五月初三日巳時

高明公諱愽厚　即壽星公嗣孫
生道光九年己丑十二月十九寅時
卒咸豐七年丁巳八月廿四日巳時　止

闕世不知名　即桂連接代子

嗣子　明篆

冰壺公諱奚月　即進益公長子兼承金成公
生道光廿五年乙巳九月廿七日辰時
卒民國八年己未十一月十九日酉時

養子一　儉

兩月公　即進益公次子
生道光廿九年己酉正月初三亥時
卒同治七年戊辰十月初四日酉時　止

秋水公諱嬌月　即進益公三子
生咸豐十一年辛酉五月十四日丑時
卒光緒卅三年丁未十二月初四午時

承繼孫　海水

藩琇派

振意公諱昭　即贊寶公長子　生道光四年甲申六月十三日午時　卒咸豐元年辛亥十一月二十申時　止

振明公諱篤　即贊寶公次子　生道光七年丁亥五月十一日午時　卒咸豐元年辛亥十一月十五卯時　止

畜公　即爲昔公長子　生嘉慶十五年庚午八月十七日戌時　卒同治四年乙丑十二月二十日辰時　止

火公　即凌軒公長子　生道光十二年壬辰十一月初七日辰時　卒失　止

象公　即凌軒公次子　生道光十六年丙申十一月初三日子時　卒失　止

振成公諱鄂　即懷素公之子　生道光十年庚寅八月十五日午時　卒咸豐四年甲寅四月初六日巳時　止

西公　即來意公養子　生卒失止

陳公字季良　即連三公養子　生道光廿七年丁未十月初八日巳時　卒民國十年辛酉八月廿三日酉時

娶黄氏侄娘　生咸豐五年乙卯正月十九日午時

子三　陽　萱出嗣長房公別派　樹

開公　即成團公長子　生道光二年壬午七月初五日酉時止　卒同治五年丙寅五月初九日午時

水公　即成團公次子　生道光五年乙酉　月　日　時　卒光緒十八年壬辰八月初三日未時

子一　連養

族公　即成團公三子　生道光七年丁亥十二月十九日巳時　卒失　往建寧府卞

香公字季蘭　即成水公長子　生道光廿五年乙巳六月十九巳時　卒民國三年甲寅七月廿二日申時

娶黃氏稅娘　生咸豐七年丁巳四月初三日午時

子五　根　情兼承春公　包　和　璽殤

女三　適黃　適潘

成值公諱春　即成水公次子

兩嗣子一　情

轉公　即絹公長子

團公字季圓　即其彌公長子

娶黃氏掬娘

嗣子一　有　兩嗣揖

德忠公諱汞　即其彌公次子

嗣子一　燮

生道光廿八年戊申四月十六日戌時
卒光緒卅二年丙午六月十七日丑時

生道光十六年丙申八月十五日寅時
卒光緒三年丁丑十二月廿六日酉時　止

生道光廿一年辛丑八月廿五日戌時
卒民國元年壬子正月廿二日午時

生咸豐五年乙卯五月初五日卯時
卒民國十五年丙寅三月初十巳時

生道光廿七年丁未四月廿四日戌時
卒光緒卅一年乙巳二月初五日未時

梓公　即其彌公三子
生咸豐四年甲寅六月廿三日卯時
卒民國二年癸丑六月廿八日申時

娶黃氏語娘
生同治八年己巳五月初五日　時
卒宣統二年庚戌十二月二十寅時

子五　秋月殤　冬　兩承高公出為成山似四子
早殤

米　榮

吟公字季詩　即墨公長子
生道光廿二年壬寅六月廿九日丑時
卒民國十七年戊辰十月十九日午時

娶黃氏寶娘
生道光三十年庚戌十月初二日卯時

嗣子一　閒

承公　即墨公次子兼承尋公
生道光廿九年己酉四月初三酉時
卒民國七年戊午三月初二日子時

嗣子一　言

成山公諱高　即達公嗣子

生咸豐九年己未三月三十日戌時
卒光緒卅一年乙巳二月十六巳時

娶黃氏銀娘

生同治五年丙寅八月初二日酉時

子五　律　紜　星　脫　言出嗣丞公

其晉公諱都字季文　即炮防公嗣長子

公

生道光十七年丁酉二月廿一日巳時
卒光緒卅一年乙巳二月初五日午時

娶黃氏恕娘

生道光廿五年乙巳十月十八日辰時
卒光緒三十年甲辰十二月初五未時

子四　証　雨　傑　磽出

成率公諱堯　即炮防公嗣次子

生道光十九年己亥五月廿九日巳時
卒光緒十七年辛卯五月十六日卯時

娶潘氏噴娘號勤水

生道光十六年丙申六月十五日午時
卒民國二年癸丑八月初六日午時

子三　尺　㛂　荖殤
生咸豐九年己未六月廿八日午時

著琇派

季揩　即如希公長子

嗣子一　永有兼承圖公

季抃公　即如希公三子
生同治十年辛未九月十八日巳時　一止
卒民國十七年戊辰十一月初四申時

季標公　即周明公之子　生缺

季挑公　即以愢公嗣子
生同治七年戊辰七月廿五日子時　止

季圭　即心公子　生缺　卒
生咸豐十年庚申四月廿五卯時

娶黃氏挪娘

子二　趁　蚌

荃琇派

季東公　即叔發公長子　生道光三十年庚戌八月廿五日　時
卒光緒廿七年辛丑六月初一日戌時

娶杜氏縣娘　生咸豐二年壬子七月二十日丑時

子四　参　瓜殤　便出嗣季柔　企

女二　適賴　適黃

季創公　即叔眉公長子　生同治五年丙寅十月十八日午時
卒光緒廿二年丙申十二月二十未時

娶黃氏臘娘　生失　年三月廿五日　時
卒　止

季抱　即叔眉公次子　生同治九年庚午二月十二日丑時
卒民國二十年辛未六月廿三申時

娶黃氏最娘　生光緒六年庚辰十月初十日寅時

子二　等　煖

季抱分居仙邑仁德里金沙鄉埔坪

次簡派

以節公諱清水　即成德公長子　生道光十七年丁酉六月廿八巳時　卒光緒十年甲申六月廿七日巳時

娶傅氏省娘號克儉　生道光十八年戊戌十月初十寅時　卒光緒元年乙亥十月十一日午時

子一　賒

女一適黃

以樂公諱泮水　即成德公次子　生道光十九年己亥九月初九亥時　卒光緒六年庚辰二月十七日亥時

娶黃氏號儉慈　生道光三十年庚戌十月十八日戌時　卒光緒二十年甲午三月十三日酉時

子四　廣　摵　薄　瓊

女三　適黃　適阮　適潘

以言公諱聽　即成文公長子兩承梅通公　生咸豐五年乙卯二月初一日戌時　卒民國四年乙卯三月初九日卯時

公

娶賴氏柑娘　生同治八年己巳五月初八日辰時

子三　箕兼承楓公　飯　華兼承楓公

女三俱適黃

以善公諱楓　即成文公次子　生咸豐十年庚申十二月廿六日辰時　卒光緒卅三年丁未十一月廿七寅時

娶黃氏號順貞　生光緒三年丁丑二月初一日巳時　卒光緒卅三年丁未十一月初四辰時

兩嗣子二　等　華

以伯公諱屮　即成章公長子　生同治四年乙丑　月　日　時　卒民國十五年丙寅正月初十日子時

娶黃氏號有慈　生光緒四年戊寅十一月廿二日寅時　卒光緒卅二年丙午十二月初五巳時

子二　昆　仲殤

以氐公諱投　即成業公嗣子　生光緒十六年庚寅四月廿七卯時　卒民國四年乙卯十二月十三日　時

娶徐氏娒娘　生光緒十五年己丑正月廿九日亥時

子二　成出嗣海　裕　女一

以土公諱水　即成思公長子　生光緒三年丁丑　月　日　時　卒光緒廿三年丁酉六月初九日　時

養子一　孫發

以禮公諱註　即成思公次子　生光緒十三年丁亥　月　日　時　卒光緒卅二年丙午十一月廿八日申時　止

季海　即叔蕨長子　生光緒十二年丙戌十一月十七日巳時

嗣子一　成

季摘　即宜爲公養長子　生光緒十四年戊子四月十二日卯時

娶潘氏先娘　生光緒十六年庚寅八月廿八日巳時　卒民國十八年己巳二月初四日卯時

繼娶黃氏銀娘　生光緒三十年甲辰十一月初五日申時

子一　魚潘出　滂黃出

女三　長適潘

買公　即探公養長子　生光緒六年庚辰七月十三日亥時　卒民國六年丁巳七月十七日　時

幼聘黃氏改娘未娶而殁　生光緒十三年丁亥　月　日　時　卒失

又娶潘氏參娘　招乘偶　生光緒十五年己丑九月廿三日亥時

子二　永籥　勇　越士　蠓　金土

季疵　即祿公嗣子　生光緒廿七年辛丑　月　日　時

国家出版基金项目
NATIONAL PUBLICATION FOUNDATION

海上絲綢之路文獻集成

總主編　陳支平　陳春聲

民間譜牒編

58

主編　林　楓

海峽出版發行集團
THE STRAITS PUBLISHING & DISTRIBUTING GROUP
福建人民出版社

本册目次

［福建晉江］重修虹山彭氏族譜二十二卷首一卷（世紀卷一一至世紀卷一三）

彭季榮等纂修

重修虹山彭氏族譜世紀卷十一

三十二世 季字行

東長房三系

季輝公　即叔頂公長子 生卒失止

季著公　即叔頂公三子　生同治四年乙丑三月初三日　時　卒光緒卅三年丁未六月十二未時

娶黃氏刋娘　生光緒元年乙亥十二月十五日

子　火　艮

宜田公諱爲　即叔運公嗣子　生咸豐三年癸丑九月廿九日午時　卒民國三年甲寅四月初四日酉時

娶黃氏柿娘　生咸豐十年庚申十二月十四日丑時　卒光緒十四年戊子十月初四日亥時

子　乞　跳出繼為義春嗣孫　降

女二　均適林

伯峰公諱列宇季澤　即仁禮公長子

公

生道光廿三年癸卯八月廿二未時
卒宣統三年辛亥七月初五日卯時

娶陳氏

生咸豐元年辛亥十二月二十申時
卒光緒三年丁丑正月十八日酉時

繼娶黃氏蜂娘

生咸豐五年乙卯五月初十日寅時
卒民國十八年己巳三月十六辰時

子　紫出嗣　詩　綴　巨

女三俱適黃

伯同公諱泰　即仁禮公次子

生道光廿九年己酉十一月廿六寅時
卒同治十二年癸酉正月初四日子時

嗣子　紫　壽　潛

伯訓公諱酙　即仁禮公三子

生咸豐三年癸丑七月初十日丑時　卒民國十六年丁卯二月廿二酉時

娶黃氏哖娘

生咸豐十年庚申七月十五日

子　壽山出嗣　開恩

女二俱適黃

伯潮公諱告　即仁禮公四子

生咸豐八年戊午九月廿八日巳時　卒民國十九年庚午正月十五日子時

娶黃氏見娘號啓慈

生同治十三年甲戌十二月十一卯時　卒宣統三年辛亥五月初一日子時

子　强　潛出嗣　耕

女一適林

闕世　即義春公接代子

嗣代子　跳

季蘂　即叔業長子　生民國元年壬子正月十四日午時

聘娶黃氏　生

季于　即叔財長子　生民國四年乙卯二月十一日申時

季飑　即叔財次子　生民國七年戊午五月廿二日午時

季郁　即叔財三子　生民國十一年壬戌正月初九日未時

季傑　即清廉公長子　生民國十三年甲子七月初七日巳時

季法　即清廉公次子　生民國十七年戊辰十一月廿七日亥時

季坤名姣　即清勤公隻子

生宣統三年辛亥十二月廿四日巳時

娶黃氏吻娘

生民國七年戊午二月廿五日未時

伯祿公諱福字季祿　即宜貽公長子

生咸豐四年甲寅十月廿三日丑時
卒光緒十一年乙酉八月十八日巳時

公

娶黃氏改志

子一　咱

伯金公諱錫字季珪　即宜貽公次子

生同治二年癸亥十一月廿八日午時
卒民國三年甲寅八月廿七日午時

公

娶黃氏垗娘

生同治九年庚午九月廿九日戌時

子　葵　任　田　水龍

伯勇公諱猛　即宜貽公三子　生同治六年丁卯正月初九日申時　卒民國十年辛酉九月初九日未時

娶黃氏雪娘　生同治九年庚午閏十月廿三日卯時　卒宣統二年庚戌十月初七日子時

子　貯　醋

伯清名返來字季海　即宜貽公四子　生同治十年辛未三月初十日丑時

娶黃氏號慶慈　生光緒元年乙亥八月廿三日酉時　卒民國三年甲寅十一月初五未時

繼娶黃氏恩娘　生光緒七年辛巳十月廿三日亥時

子　樟　得成養　杉成殤　基成

伯昭公諱保字季財　即宜修公長子

公

娶黃氏梯娘　生咸豐五年乙卯十二月初十日巳時　卒光緒廿六年庚子十月初一日巳時

子首　生同治二年癸亥九月十三日戌時

後

隱來公　即宜修公次子　生咸豐十一年辛酉二月初十日子時　卒同治十二年癸酉三月十七日子時

伯枝公諱葉字季青　即宜修公三子　生同治十三年甲戌九月初六丑時　卒民國十五年丙寅十月二十未時

娶黃氏　生光緒十二年丙戌十月初九日　時

子罔　眉　疆　四　塅出　扳　浮殤　孔

季堯　即宜修公四子　生光緒四年戊寅六月十七日未時

娶黃氏梗娘　生光緒十七年辛卯　卒民國五年丙辰五月廿四日未時

子　喜殤

國林名株字季林　即宜修公五子　生光緒七年辛巳十二月初二日丑時

娶潘氏鮑娘　生光緒廿六年庚子十月初五日酉時

子　虎　熊　超群

季脩公　即宜思公長子　生同治四年乙丑十二月初十日亥時　卒民國十五年丙寅六月初四日巳時

娶黃氏見娘　生同治十一年壬申八月初五日　時　卒宣統三年辛亥十二月初十日卯時

繼娶黃氏鳥娘

子　着　潤出　徠　酬出　拿出　助殤　走出

季閃　即宜思公次子　生同治八年己巳　卒在南洋未詳

娶黃氏改適止

季接　即宜思公三子　生同治十二年癸酉二月初三日卯時　卒民國十二年癸亥七月廿三日卯時

娶黃氏髻娘

子　反英　生光緒八年壬午十二月

季情名冷　即宜信公長子　生同治四年乙丑三月十四日寅時

娶黃氏粧娘　生同治九年庚午閏十月初一日卯時

子　敬忠　永綏　仁義　密郎出嗣　鷓鴣出嗣

項郎殤

女三　長適黃　次適賴　三適黃

伯水公諱滚　即宜信公次子

生同治七年戊辰九月十八日辰時

卒民國六年丁巳九月十一日戌時

娶　氏改適

子　太平　用　萬出

伯發公諱灶　即宜信公三子

生同治十年辛未四月廿五日亥時

卒光緒廿六年庚子十二月十七巳時

嗣子　密郎

伯玉公諱丙　即宜信公八子

生光緒四年戊寅六月初四日巳時

卒光緒卅二年丙午十月初九戌時

嗣子　鷓鴣

季塲　即宜輝公長子

生光緒二年丙子六月十一日辰時

卒民國十一年壬戌七月十七日

季欽　即宜輝公次子

生光緒五年己卯八月廿五日申時

卒光緒廿四年戊戌九月十五辰時

季城公　即宜輝公三子　生光緒十六年庚寅八月廿八日辰時　卒民國十八年己巳五月初四日寅時

娶黃氏串娘號榮慈　生光緒十九年癸巳五月初四　時　卒民國三年甲寅九月廿五日酉時

繼娶林氏京娘　生光緒廿一年乙未十二月廿五日亥時

子乾　崇

女一適潘

季捷　即宜盤公嗣子　生光緒廿七年辛丑十二月初八日丑時

娶黃氏車娘　生光緒卅二年丙午十二月十八日酉時

子朝基

季昌　即宜珍公次子　生光緒廿六年庚子十一月廿八日戌時

娶黃氏妹娘　生光緒廿九年癸卯十月十七日寅時

子　金鑾

季騰　即宜珍公三子　生光緒卅二年丙午十月廿三日丑時

娶林氏碟娘　生民國二年癸丑八月二十日巳時

季雄　即宜珍公四子　生宣統元年己酉五月廿八日　時

季纂　即宜桂公長子　生光緒廿一年乙未二月初十日申時

娶黃氏招娘　生光緒廿二年丙申八月十五日巳時

子　榮華　丞承

女一適黃

伏元　即宜桂公三子　生宣統三年辛亥七月初五日辰時

季悕　即宜與公長子　生光緒十七年辛卯九月十八日未時

娶黄氏齊娘　生光緒廿二年丙申二月初三日丑時

子義

季新　即宜與公次子　生光緒二十年甲午五月廿七日辰時

聘黄氏邊娘　生光緒卅一年乙巳正月十四日

辛民國七年戊午十一月十三日午時

季慮　即叔敏公長子　生光緒九年癸未七月十一日申時

往外洋

季糧　即叔敏公次子　生光緒廿二年丙申二月十四日亥時

娶黄氏邅娘　生光緒卅一年乙巳正月十九日寅時

季嘵　即叔倪長子　生光緒廿二年丙申六月二十日辰時

卒民國十五年丙寅十月初九日卯時

娶賴氏隨娘　生光緒卅二年丙午正月二十日酉時

季環　即叔倪三子　生光緒三十年甲辰五月廿六日巳時

季銓　即叔倪四子　生光緒卅二年丙午十月廿六日卯時

娶黃氏梅娘　生民國五年丙辰

季言　即叔倪五子　生民國元年壬子七月初六日戌時

季添　即叔欣公長子　生光緒廿六年庚子十月二十日寅時

娶黃氏歲娘　生光緒廿五年己亥十二月廿三寅時

子　芽出嗣　宗

季進 即叔欣公三子 生民國二年癸丑三月十九日酉時

娶潘氏尺娘 生宣統元年己酉十二月廿二日亥時

未成 即叔欣公四子 生民國七年戊午十二月廿九日戌時

伯柔公諱暖 即宜亨公長子 生咸豐二年壬子十月初三日酉時 卒民國十七年戊辰三月初一午時

娶黃氏號偕慈 生咸豐七年丁巳二月初五日丑時 卒光緒廿二年丙申六月初十辰時

公塋

妣塋本鄉石獅後

子四 汲 土 欺 坂

伯弓公諱鶱字季伯 即宜亨公次子

公　生咸豐五年乙卯十一月廿七日辰時
卒民國十九年庚午正月初十日未時

娶黃氏號範慈　生同治二年癸亥十二月十九申時
卒民國元年壬子七月初六日巳時

子　弄　頪　培

女二俱適黃

清吉公諱珑　即宜亨公四子　生同治五年丙寅十一月廿一日子時
卒宣統二年庚戌十二月初十日午時

娶曾氏號慈得　生光緒三年丁丑十二月初四日寅時
卒光緒廿七年辛丑二月廿七日亥時

女一適黃

伯暫公諱挨　即宜床公長子　生咸豐十年庚申六月初八日卯時
卒民國六年丁巳二月初六日巳時

娶黃氏改適

子　粥養

生同治六年丁卯八月初六日巳時

季変　即宜床公次子

娶黃氏尾娘

生光緒五年己卯正月初一日子時

子　貽謀　燕翼出嗣

伯源公諱廣　即宜床公三子　歿於南洋

公

生同治九年庚午十月廿三日申時

卒光緒卅三年丁未十月廿五午時

嗣子　獅

伯海公諱套　即宜床公四子

生光緒元年乙亥十二月廿一日巳時

卒光緒廿九年癸卯三月廿三日戌時

嗣子　燕翼

伯東名係字季春　即宜庥公五子　生光緒[illegible]六月廿九日戌時

娶潘氏號彩萬　生光緒十二年丙戌二月十一日未時

子　獅山嗣　縣　煙山

伯猷公諱蹈　即宜濱公長子　生咸豐十一年辛酉九月廿四日子時　卒光緒廿七年辛丑六月廿四日午時

娶　氏改適

伯樓公諱悄　即宜濱公次子　生同治十一年壬申四月廿五日未時　卒光緒十九年癸巳十二月廿七　時

季冬　即宜精公長子　生光緒十四年戊子四月初九日卯時

娶黃氏伴娘　生光緒廿二年丙申九月初四日戌時

子　秉　梓殤　求

季珙　即宜精公次子　生光緒十六年庚寅十一月廿六日戌時

娶黃氏萬娘　生光緒廿六年庚子

季酉　即宜精公三子　生光緒十九年癸巳十二月初八日申時

伯木公諱瓦來　即宜相公長子　生咸豐十一年辛酉正月十二申時　卒民國七年戊午四月廿三日巳時

娶黃氏躍娘　生同治三年甲子八月初八日申時

子塔　軟出嗣　文

女三　適黃　適賴

伯田公諱秧水　即宜相公次子　生光緒元年乙亥十月初三日寅時　卒民國六年丁巳十二月初九　時

娶陳氏草娘　生光緒十年甲申八月二十日酉時

嗣子　軟

季朗　即宜民公長子

季在　即宜民公次子

季宣　即宜得公長子

伯進公諱興　即宜桂公隻子

娶　氏改適 止

季孫　即宜景公長子

季連　即宜景公次子

季千　即宜景公三子

生宣統元年己酉七月廿二日寅時

生民國元年壬子九月十五日酉時

生宣統元年己酉正月十一日戌時

生同治十年辛未十月初五日午時

卒光緒廿八年壬寅四月十二午時

生光緒十年甲申三月廿六日辰時

卒光緒三十年甲辰六月初九午時

生光緒十六年庚寅二月廿四日　時

卒光緒三十年甲辰六月初二日巳時

生光緒三十年甲辰正月廿七日戌時

娶黃氏禁娘　生民國元年壬子二月廿一日巳時

季黑　即條公嗣子　生光緒廿一年乙未十二月初四日子時

娶黃氏強娘　生光緒廿八年壬寅十一月廿四日　卒民國七年戊午八月初五日午時

繼娶黃氏　生光緒廿九年癸卯　卒民國十六年丁卯六月廿八日寅時

三娶黃氏簪娘　生光緒卅四年戊申正月十四日巳時

季分　即宜成公長子　生光緒二十年甲午十二月廿三日亥時

娶黃氏晚娘　生光緒卅三年丁未三月初一日亥時

季大　即宜寶公次子　生光緒廿三年丁酉十一月廿四日戌時

季冊　即宜寶公四子　生民國十一年壬戌二月十五日丑時

季擔　即宜楚公長子　生光緒九年癸未正月初一日丑時

娶陳氏乜娘　生光緒十年甲申十二月初九日酉時

子二　針養　金器

女一適黃

季皎　即宜楚公次子　生光緒十二年丙戌十二月廿三日寅時

娶黃氏想娘　生光緒廿九年癸卯閏五月十八日申時

子三　兩水　金安　段英

季鏗　即宜楚公三子　生光緒十六年庚寅九月十六日卯時

娶黃氏贖娘　生光緒廿六年庚子七月十一日卯時

子　金桔　　生光緒十五年己丑十一月十三日卯時

女　長適黃

季焘　即宜相公隻子　　生光緒廿四年戊戌二月十七卯時　卒民國三年甲寅九月十九日戌時

娶黃氏坪娘

繼娶黄氏貲娘　　生光緒廿二年丙申九月廿三日午時

子　金成　走

季降　即宜稱隻子　　生光緒十九年癸巳四月初八日寅時

娶賴氏枉娘　　生光緒廿九年癸卯六月廿四日卯時

子　在位養　泉隆

季開　即宜明公長子

娶黃氏笑娘

子　耀　焜

季章　即宜明公次子

娶潘氏企娘

季唱　即叔坪公嗣子

娶黃氏院娘

繼娶黃氏越娘

子一　字英

生光緒卅一年乙巳六月初一日辰時

生光緒卅二年丙午正月廿六日酉時

生道光卅三年丁未十二月初一日寅時

生宣統二年庚戌十一月十一日酉時

生光緒廿八年壬寅十二月初七日申時

生光緒廿九年癸卯十二月廿六卯時

卒民國十四年乙丑四月初三日辰時

生光緒卅三年丁未七月廿一日

雲梯　即叔箋公隻子　生光緒十六年庚寅五月初九日寅時

娶黃氏泿娘　生光緒廿八年壬寅四月廿八日卯時

子　慶利

季接　即叔省隻子　生光緒卅三年丁未二月初七日酉時

娶黃氏慶娘　生

有木　即叔酉三子　生民國七年戊午十一月初三日丑時

季圖　即叔印長子　生光緒卅三年丁未三月初六日丑時

娶黃氏存娘　生宣統二年庚戌八月初五日丑時

季爽　即叔臟嗣子　生民國二年癸丑十二月廿四日　時

娶黄氏

季達　即叔暢長子　生民國八年己未正月初五日戌時

于高　即叔暢次子　生民國十年辛酉三月二十日午時

季楓　即叔暢三子　生民國十九年庚午二月十二日未時

季㖞　即叔專公隻子　生咸豐十年庚申　月　七日未時　卒光緒十七年辛卯十月初七日未時

進成公　即全記公之子　生失　卒失

娶　氏

子　款　隨母往住鳳栖坑

季桶　即叔窗公之子　生失　卒在臺灣

娶　氏改適

子達

季影　即宜秀公之子　生光緒廿四年戊戌七月三十日巳時

娶賴氏蔭娘　生光緒廿八年壬寅

子思

季順　即叔田長子　生光緒卅二年丙午十二月十八日寅時

娶黃氏嬌娘　生宣統元年己酉閏二月十六日巳時

季戶　即叔田次子　生民國二年癸丑正月十八日午時

季臣　即叔田三子　生民國五年丙辰十二月廿七日未時

季拱　即叔晦公長子　生光緒三十年甲辰八月十三日寅時
季嬌　即叔晦公次子　生民國九年庚申六月十五日申時
季膽　即叔晦公三子　生民國十二年癸亥五月初二日辰時
季謙　即叔吩長子　生宣統元年己酉二月初三日巳時
娶黃氏　生民國五年丙辰六月廿一日巳時
季樹　即叔吩次子　生民國十六年丁卯九月廿四日戌時
季惟　即勝餘公嗣子　生光緒十八年壬辰六月廿一日寅時
娶黃氏　生光緒十九年癸巳七月廿九日子時
子　逼　金祥　金情

季再　即勝雙之子　生光緒廿六年庚子正月十五日申時
卒民國十一年壬戌八月廿五日　時

季選　往外夷　叔舉之子

季参　即昌義公三子　生光緒十九年癸巳十月十七日巳時

娶黃氏親娘　生光緒廿九年癸卯五月初十日午時

子　自來

季溪　即昌亦公嗣子　生光緒十七年辛卯九月廿三日戌時

娶黃氏涼娘　生光緒廿六年庚子正月十九日酉時

子　兩水

季深　即叔謹長子　生光緒廿七年辛丑六月初十日　時

娶黃氏尾娘　生宣統元年己酉六月初二日卯時

子　奏成

定賢公諱學字季習　即昌美公長子　生光緒六年庚辰五月初五日午時　卒民國十四年乙丑二月初二日子時

公

娶黃氏蚊娘號慈儉　生光緒八年壬午十二月十六丑時　卒民國九年庚申十月十六日子時

子　有用　水龍

定慶公諱肅　即昌美公次子　生光緒九年癸未二月廿七日午時　卒光緒廿四年戊戌八月十三巳時

季貶　即昌美公三子　生光緒十九年癸巳十一月廿一日戌時

聘賴氏

季改　即忠平長子　生光緒廿七年辛丑十一月初七日戌時

娶黃氏覓娘　生宣統元年己酉十二月初一日巳時

季歡　即忠平次子　生光緒卅二年丙午三月廿四日寅時

娶黃氏蓝娘　生民國三年甲寅四月廿四日寅時

定餘公諱路　即昌發公長子　生光緒廿四年戊戌六月十四卯時　卒民國七年戊午八月十二日亥時

定喜公諱雙　即昌發公次子　生光緒廿九年癸卯十二月初八午時　卒民國十二年癸亥五月廿八日巳時

季彼　即昌發公三子　生

季合　即昌裡公長子　生民國十年辛酉八月廿二日申時

季鵬　即昌裡公次子　生民國十八年己巳正月初一日申時

季足　即叔竭公隻子　生民國元年壬子十一月廿四日子時

季由　即叔迓公隻子　生民國五年丙辰八月初一日辰時

季刼　即宜成公次子　生光緒廿三年丁酉八月廿四日未時

娶黃氏貼娘　生光緒廿九年癸卯十二月廿六日午時

子　金水

季本　即宜成公三子　生光緒廿六年庚子六月廿九日巳時

娶黃氏疢娘　生民國元年壬子四月初八日卯時

季愿　即叔蹤長子　生光緒三十年甲辰十月初一日卯時

娶潘氏肥娘　生宣統元年己酉

季杯 即叔蹤次子 生光緒卅一年乙巳十一月初一亥時 卒民國五年丙辰九月十一日卯時

季謙 即叔星長子 生民國元年壬子二月初五日丑時

季體 即叔星三子 生民國十一年壬戌五月十四日戌時

季此公 即叔房子 殀 生卒缺

季山公 即叔洗公長子 生光緒十年甲申九月廿九日子時 卒民國十年辛酉五月

娶徐氏花娘 生光緒十五年己丑十月二十日申時

子 宇

季賜公 即叔洗公似子 生失 卒民國十八年己巳六月廿九日子時

季營 即叔發公隻子 生光緒三十年甲辰八月廿五日巳時

娶黃氏伏娘　生宣統三年辛亥十月廿九日寅時

季烹　即叔客長子　生光緒二十年甲午十月廿七日亥時

娶廖氏赫娘　生宣統元年己酉十二月十三日卯時
卒民國十四年乙丑八月廿八日未時

繼娶鄭氏好娘　生光緒卅二年丙午八月廿五日辰時

女一

季裁　即叔客公三子　生宣統元年己酉二月廿一日丑時

季眠　即叔斗公嗣子　生光緒廿三年丁酉七月廿七日寅時

季捉　即宜魁公長子　生光緒十三年丁亥九月十四日酉時

娶黃氏砵娘　生光緒十四年戊子六月十九日午時
卒民國十一年壬戌九月二十日申時

繼娶張氏

子　命　艮　來

季邉　即宜魁公次子

生光緒廿六年庚子五月十五日子時

錦繡公諱綵字季線　即宜洋公長子

公

生光緒十七年辛卯三月初八日亥時

卒民國十五年丙寅七月十八日戌時

娶黃氏錬娘

生光緒廿八年壬寅七月二十日丑時

子　文輝　文超

福建省立第二中學校畢業生啓芳幼名隴字季西號虹樵

即宜洋公次子

生光緒廿一年乙未十二月十五日未時

娶林氏胭娘　生光緒廿三年丁酉正月廿八日丑時

子　文初　金珠養

南安公立中學校畢業生梓琴字季鶴　即宜洋公三子　生民國元年壬子七月初六日酉時

娶林氏⿰虫每娘　生民國三年甲寅四月十四日午時

季潑　即宜明公長子

幼配陳氏生卒

娶林氏生卒鈌錄

季狣　即宜明公次子　生光緒二十年甲午六月十六日戌時

娶陳氏亦娘　生光緒十六年庚寅十二月初二子時　卒民國元年壬子十二月廿三日未時

季滿　即宜聯公長子　生光緒二十年甲午十二月初十日卯時

季坡　即宜聯公次子　生光緒廿六年庚子五月十九日　時　往外夷亡

季耽　即宜所公嗣子　生光緒廿七年辛丑正月初九日寅時

娶黃氏寶娘　生宣統二年庚戌十月初九日酉時

季金　即叔於次子　生民國三年甲寅二月初九日申時

季盤　即叔獺長子　生宣統二年庚戌九月廿一日亥時

季燕　即叔獺次子　生民國十一年壬戌八月廿三日巳時

季簣　即叔獺三子　生民國十九年庚午正月初六日卯時

季産　即宜涼公隻子　生民國七年戊午十月十一日巳時

季水　即宜星公子　生民國七年戊午六月十七日巳時

季响　即宜煙公長子　生光緒十四年戊子五月初五日午時

娶徐氏　生光緒廿四年戊戌三月十一日巳時

季朕　即宜煙公次子　生光緒廿四年戊戌九月初一日巳時　卒民國十六年丁卯正月十五日申時

季蟬　即宜士公隻子　生光緒廿五年己亥十一月廿五日辰時

娶黃氏愛娘　生光緒廿三年丁酉五月十一日卯時　卒民國二十年辛未八月廿四日巳時

子　土乾　東來

之[illegible]濤名必　即叔隆長子　生光緒廿四年戊戌十月初十日亥時

娶李氏鏡娘　生宣統三年辛亥二月初十日寅時

季鑰　即叔隆次子　生光緒廿七年辛丑四月初七日酉時
卒民國十四年乙丑八月廿二日戌時

盤珠　即叔隆三子　生民國七年戊午四月廿四日巳時

季杏　即叔卿長子　生光緒廿九年癸卯十二月十一日寅時

娶黃氏連珍　生民國元年壬子六月廿二日戌時

季培　即叔卿次子　生光緒卅二年丙午十二月十二日酉時

季宣　即叔卿三子　生民國四年乙卯五月廿三日未時

季漂　即叔卿四子　生民國八年己未正月十七日子時

季塤　即叔耀長子　生宣統二年庚戌八月初八日辰時

娶黃氏禮娘　生民國六年丁巳正月廿六日丑時

季墻　即宜士公長子　生光緒十八年壬辰四月廿七日午時
卒民國十七年戊辰二月初七日午時

季派　即宜士公次子　生光緒廿一年乙未九月廿二日卯時

娶潘氏銀娘　生光緒卅四年戊申二月廿二日巳時

季鈺　即宜泠公隻子　生光緒卅一年乙巳九月十八日巳時

季着　即叔吟子　生民國十八年己巳二月初三日申時

季想　即宜雲公長子　生光緒十三年丁亥九月十四日卯時
卒民國十七年戊辰十月廿六日辰時

娶潘氏縣娘　生光緒廿三年丁酉八月十三日酉時

子　新春

季扼　即宜雲公次子　生光緒十九年癸巳二月廿二日寅時

季出　即宜雲公三子　生光緒廿三年丁酉三月廿五日寅時　卒民國十六年丁卯十二月廿五寅時

娶潘氏寶娘　生光緒卅二年丙午正月廿九日寅時

季尺　即宜雲公四子　生光緒廿八年壬寅正月初六日寅時

子　木

季袋　即叔汪長子　生光緒廿七年辛丑十月十七日巳時

娶黃氏埒娘　生民國元年壬子十一月二十日子時

季潹　即叔汪次子　生宣統元年己酉四月廿七日寅時

泰山　即叔汪三子　生民國四年乙卯二月廿六日未時

得成　即宜從公子　生民國十年辛酉十二月十八日申時

幼娶黃氏岸娘　生民國十四年乙丑十一月初二日丑時

季約　即宜生公長子　生光緒五年己卯正月十九日辰時
卒光緒廿六年庚子九月廿三未時

嗣子　順

季教　即宜生公次子　生光緒六年庚辰十月初四日戌時
卒民國七年戊午十一月十五亥時

娶黃氏唭娘　生光緒十三年丁亥五月初三日午時

子　順出嗣　列出　起成　畏出嗣

季泉　即叔撻長子　生民國十九年庚午六月廿九日寅時

季柴　即叔爷次子　生民國二十年辛未九月初一日

聚財　即叔顯長子　生民國十九年庚午五月十九日亥時

季劉　即宜晉嗣子　生民國九年庚申六月初七日申時

季鮑　即叔雅長子　生宣統三年辛亥八月廿八日寅時

季樹　即叔雅次子　生民國五年丙辰十一月初六日寅時

季福　即叔錡長子　生民國四年乙卯五月初六日申時

季道　即叔錡次子　生民國七年戊午三月初八日巳時

季貢　即叔摽長子　生民國十二年癸亥二月十六日未時

季拔公　即宜意公長子　生宣統元年己酉十二月廿八日寅時　卒民國十七年戊辰七月初七日巳時

季己公　即宜意公次子　生民國元年壬子十二月十六日卯時　卒民國二十年辛未八月廿三日酉時

在土公　即叔爻公長子
生民國二年癸丑十月三十日寅時
卒民國十八年己巳十一月初五卯時

季針　即叔爻公四子
生民國十五年丙寅十月十四日戌時

季坵　即叔琛公嗣子
生民國五年丙辰四月初九日亥時

季述　即宜高公長子
生同治十二年癸酉七月十一日午時

娶黃氏嚴娘
生光緒十一年乙酉正月十一日午時
卒民國十九年庚午二月初一日午時

子　侯　金成　金火

女一　適黃

季格公　即宜高公三子
生光緒四年戊寅十月十七日午時
卒宣統二年庚戌七月十八日未時

季極　即宜高公五子
生光緒十三年丁亥十二月初六日酉時

娶陳氏隻娘　生光緒十四年戊子　月十九日辰

子　評

季瓊　即宜爲公嗣子　生光緒二年丙子正月十九日酉時
卒光緒三十年甲辰四月初四戌時

季稟　即叔鳳公隻子　生光緒三十年甲辰九月十三日巳時

娶黃氏雱娘　生光緒卅四年戊申七月三十日巳時
卒民國十八年己巳八月十二日亥時

女二　長適潘

季床　即叔饒長子　生光緒卅三年丁未八月初八日亥時

娶黃氏攺娘　生民國四年乙卯十二月廿五日卯時

季友　即叔饒次子　生民國二年癸丑九月廿四日午時

季底　即叔瘦長子　生民國元年壬子二月初二日戌時

季頫　即叔瘦次子　生民國四年乙卯十月初一日寅時

相隨　即叔瘦三子　生民國九年庚申十月初九日巳時

季搭　即叔種公長子　生

季彩　即叔種公次子　生

季求　即叔祛公長子　生光緒廿八年壬寅九月初二日申時

娶林氏　生

季居　即叔祛公次子　生光緒卅一年乙巳　卒民國二十年辛酉三月十二日

季生　即叔祛公三子　生宣統二年庚戌十二月十七日酉時　卒民國十四年乙丑二月初十日酉時

壬癸　即叔酵長子　生

熾縣　即叔宣長子　生民國十一年壬戌正月初六日寅時

現章　即叔宣次子　生民國十四年乙丑十月十六日未時

昆衣　即叔宣三子　生民國二十年辛未三月十九日丑時

季異　即新全公之子　生光緒廿八年壬寅七月初四日申時

淵春　即叔鏡公之子　生

季錐　即叔添公之子　生民國三年甲寅二月十五日申時

甘成　即叔伏長子　生民國十七年戊辰七月初三日午時

季活　即轉來嗣子　生

季某　即叔心養長子　僅生一子再往別處
娶黃氏跂適
子　芽亨

傳興　即叔心次子
生民國十七年戊辰正月初一日巳時

都興　即叔心三子
生民國十八年己巳十月十一日未時

東二房長

季郡公　即子順公長子
生道光十五年乙未八月廿七未時
卒宣統二年庚戌七月十八日卯時

季蘇　即子順公次子
生道光十九年己亥四月十二日辰時
卒宣統三年辛亥十一月初四日寅時

季頟公　即子順公三子
生咸豐六年丙辰正月廿一日卯時
卒光緒二十年甲午六月初二未時

娶林氏涵娘　招偶　生同治十年辛未十一月初六日辰時

續子　見　景

季竹　即子順公佖三子　生　卒

續子　見　景

三多公　即叔掇公長子　生道光廿九年己酉九月十六日　卒光緒七年辛巳二月廿五日

三國公　即叔掇公次子　生咸豐九年己未七月初九日　卒失

季鷄公　即叔締公長子　生咸豐五年乙卯正月十六日巳時　卒光緒廿五年己亥四月初三巳時

娶柯氏　生同治十三年甲戌十二月廿一日　卒光緒廿二年丙申七月初四日午時

繼娶章氏改節

女一

季銀公　即叔締公次子　生同治二年癸亥六月初五日辰時

生光緒廿四年戊戌九月廿八酉時

和盛公諱仁　即利言公長子　生同治三年甲子二月初三日卯時　卒光緒十四年戊子二月初七未時

娶謝氏前娘　招偶　生同治七年戊辰七月廿七日辰時

續子　閣　和自兼承營公　鳴鸞　鑽英

女二　適黃

季乞　即利言公次子　生同治六年丁卯三月十九日辰時

續子　閣　和自　烏鸞　鑽英

季營　即利言公三子　生同治八年己巳七月十三日申時　卒光緒廿三年丁酉十二月廿六酉時

雙承子　和自　　生同治十年辛未十月初一日辰時

季祿　即利言公四子

聘鄭氏　　生光緒十年甲申正月十七日
卒光緒廿二年丙申五月二十日辰時

娶黃氏偏娘　　生光緒十二年丙戌四月廿四日巳時

子　猛英養

季鏗　即利言公五子　　生光緒元年乙亥六月廿六日酉時
卒在外夷

河北公　即長賜公長子　生卒缺

夏至公　即長賜公次子　生卒缺

季澤　即原厚公子　　生咸豐九年己未十一月廿四日丑時

季華公　即相望公長子
生同治十一年壬申正月十一日午時　卒在外夷
聘潘氏改適

於成公　即相望公次子
生光緒十年甲申七月初五日子時　卒在外夷

彥成公　即相望公三子
生光緒十三年丁亥九月十三卯時　卒宣統元年己酉九月初九日巳時

季鉚　即國垂公長子
生光緒廿八年壬寅二月廿四日未時
娶黃氏葉娘
生宣統二年庚戌十二月廿七日子時
子　承年養
生民國元年壬子七月初七日申時

季軒　即國垂公次子
娶黃氏綏娘
生民國五年丙辰正月十二日辰時

季秦　即國垂公三子　生民國九年庚申五月廿七日辰時

聘黃氏燕娘　生民國八年己未十一月初六日辰時

的四　即國垂公四子　生民國十六年丁夘十二月十六日戌時

季鐃　即芳溪公隻子　生光緒廿九年癸夘五月初三日辰時

娶潘氏親娘　生光緒廿四年戊申五月初六日申時

子　永忠

女二

季好　即叔艬隻子　生光緒卅四年戊申八月初五日午時

娶黃氏喃娘　生民國四年乙夘十一月初六日午時

廿二世季字行二房長派

季寶　即其與公嗣子　生光緒七年辛巳七月十一日辰時　卒民國六年丁巳正月十一日辰時

娶黃氏改節

子　叨英

季文　即以禮公叓子　生同治九年庚午閏十月廿一日午時　卒民國十二年癸亥七月十九日未時

娶黃氏靳娘　生光緒四年戊寅八月十八日午時　卒民國十一年壬戌十一月十一巳時

子　諒　苟完　不出嗣　撑出嗣　擔出嗣

季粥　即叔莊長子　生光緒三十年甲辰十月廿六日午時

娶黃氏送娘　生宣統二年庚戌二月廿五日巳時

季汀　即叔莊次子　生民國元年壬子正月十七日戌時　卒民國十四年乙丑十月十八戌時

季慶公　即淑金公長子
生光緒四年戊寅二月廿九日卯時
卒光緒卅四年戊申三月十二申時

娶蔡氏蔡娘
生光緒四年戊寅十二月十四日戌時

銀榜公　即淑金公次子
生光緒八年壬午十一月初四日寅時
卒民國十四年乙丑八月初八日子時

娶黃氏
生光緒

錦堂公　即平來公隻子
生光緒廿五年己亥四月初五日寅時
卒民國二十年辛未三月初七日申時

娶方氏富娘
生光緒　年三月十九日酉時

子　鍾藻　鍾棋　鍾珍

女二　適董　適方

文質公諱默　即藝圃公長子
生同治九年庚午二月十八日戌時
卒民國十九年庚午十月初七巳時

娶黃氏雱娘　生光緒九年癸未十月十七日申時

子　深　達　女二　長適黃

季近公　即藝圃公次子　生同治十一年壬申九月廿三日巳時　在外身亡年月失稽

嗣子一　永超

季于　即藝圃公三子　生光緒元年乙亥六月初七日戌時

娶黃氏乖娘　生光緒十八年壬辰正月初八日卯時

子　友養　一國養　金火　赤萊

季榮名刊姑　即藝圃公五子　生光緒七年辛巳八月十三日巳時

娶黃氏忝娘　生光緒廿四年戊戌七月十三日巳時

子　西寶養　奕智　國星養　作賦養　鑽木

女一適陳

貴族宗祠民國戊午燬於兵先生痛先靈之無依與黍離之悲慼甲子年董事重修蒸嘗始克禮備又念貴族譜牒自康熙己夘至今失修已二百三十餘年矣文献無徵世次不釐實爲人子孫者之羞也故於宗祠落成之時即倡修族譜之議而以一身當其任勞瘁弗辭其有光於祖有功於鄉有如此者虹山學校因費絀停辦者有年先生爲培養人才計以振興爲己任常出私財以濟之獨力造苕埧雁塔二橋以利

行人其熱心公益慈善事業有如此者鄉之人迷信風水凡
有建新居者必藉詞阻擋彼此爭執每致釀成械鬥得先生
一言爲調停雙方均得圓滿之解決而風氣爲之一變皆事
實昭昭在人耳目者也　　虹山學校教職員等拜撰誌

福建省防軍
秀春名蔭棠官章得勝　即藝圃公七子　生光緒十八年壬辰四月十五日酉時
娶黃氏勸娘　生光緒廿九年癸卯二月十六日戌時
娶陳氏碧霞　生光緒卅三年丁未三月十七日子時

予　蟾英養　擔英嗣　永泰養　永昌養　聰慧養

永綏養　永超養出嗣　聰敏養　聰懷養　聰明陳氏出

女一黃出

君少而英偉弱冠後奮志從戎民十五黨軍入閩君隨陳旅長與吾黨巨子光復閩南陳旅長調駐龍巖君爲營長屢與共匪鏖戰共匪二次掩襲君營不克嘗曰彭某如鰻在水游泳自如太難摸捉殊未可輕視此可見君之將畧矣民十九陳旅長任安南永德警備司令以永德負嵎散匪多而且悍屬君平之君身先士卒所向披靡累年群醜一掃而空旅厦

晋南惠同安公會合贈匾音以紀君德文曰愛護梓桑此可見君之得民矣南仙大道由蘆脚溪經高衢嶺東坂潦至廣橋溪河深廣山嶺崎嶇君剏（創）辦南仙公路募造龍潭橋自捐三千元爲之倡化險阻爲坦平便水陸之交通又可見君之熱心公益矣雖出身行伍而教育非常注意捐六千元爲虹山學校基金且重建宗祠續修族譜凡有利社會有益宗族者勞瘁不辭捐助不吝治軍嚴明而不傷於慈臨事果決而不流於躁卓然有名將風焉

陳氏有贒德係生南安詩山二校校長陳祕梅先生令長媛

自幼聰敏從師於思齊女學校高等畢業嗣後復任思齊學校教員其才學兼優實高出尋常萬萬矣迨于歸彭氏名門隨夫君團長蒞永德田三邑佐理軍政兼司案牘明决是非凡事各適其宜所以彼都人士咸稱巾幗丈夫焉

前清附貢七十四翁安溪易道欣敬撰

生光緒十五年己丑四月十九丑時
卒民國四年乙卯八月初十日辰時

季川公　即功業公長子

娶潘氏改適

子　硘養

秀祥名呈　即功業公次子

生光緒廿二年丙申九月十四日未時

娶林氏玉娘　生光緒卅四年戊申十一月二十日子時

季悅　即功業公三子　生光緒三十年甲辰七月廿九日卯時

娶黃氏雙娘　生宣統三年辛亥十二月二十日子時

子　開殤

季程　即達成公雙承子　生同治七年戊辰十二月十九日申時

娶黃氏　生光緒六年庚辰五月初八日卯時
卒民國十六年丁卯四月初六卯時

子　火石　包　⿰土英　蟬出嗣　戶

雙田公　即達成公嗣次子　生光緒五年己卯四月十八日未時
卒光緒十七年辛卯三月廿九未時

嗣子　蟬英

季胡　即叔酢長子　生民國十五年丙寅

起成　即叔酢次子　生民國十六年丁卯十一月初六日戌時

金土　即叔酢三子　生民國二十年辛未五月十三日未時

季城　即叔領長子　生民國二年癸丑八月十五日卯時

娶黃氏

季煙　即叔領次子　生民國八年己未閏七月初二日午時

季壁　即好業公隻子　生光緒卅一年乙巳三月二十寅時　卒民國十年癸亥正月初一日酉時

季興　即守業公隻子　生光緒卅一年乙巳十二月初一日申時

娶黃氏劣娘　生民國元年壬子十一月十二日

子　賢養

季岸　即顧業長子　生光緒廿六年庚子八月十三日寅時

娶黃氏鏘娘　生光緒卅三年丁未八月初五日

子　喜

抵水　即達照隻子　生民國十七年戊辰正月廿六日午時

季砌　即有心公嗣子　生同治七年戊辰八月廿一日亥時

娶潘氏京娘　生光緒元年乙亥六月初九日巳時

子　性　本　砮

女二　適黃　適潘

季賀　即後謨公嗣子

生光緒十二年丙戌四月十四日寅時

娶黃氏咏娘

生光緒十七年辛卯三月初三日巳時

卒民國十四年乙丑三月初二日子時

子　夢　辰

顔珍公諱汪字季洋　即雙鳳公長子

公

生咸豐八年戊午十一月十四日寅時

卒民國十八年己巳四月十八日未時

娶黃氏蜜娘號慈惠

生咸豐十一年辛酉十月十八日午時

子　返養　江　揪出嗣

女二　適黃　適潘

玉珍名枹字季圓　即雙鳳公次子

生咸豐十一年辛酉十月初四日卯時

娶黃氏妹娘號端肅　生同治五年丙寅九月廿三日寅時　卒光緒十三年丁亥三月初二卯時

繼娶亢氏愢娘號端莊　生同治十三年甲戌十月初二日申時

嗣子　楸英　不英

女三俱適黃

公幼聰敏讀書過目成誦中廢舉子業精究堪輿家庭事無一缺限孝雙親養生送死無限友兄弟建築大厦完全至修理顏公及天與公祖墓又改造振先公墓向凡鄉鄰有事出爲解紛排難民國戊午大宗被官軍焚燬平地至甲子年提倡起蓋舉公爲董事首末七年無一怠惰意畢生善舉多端

不及備載矣　宗弟德貫拜撰

季丕　即雙鳳公三子　生同治十一年壬申八月十一日子時

娶吳氏員娘　生光緒九年癸未十月初四日午時

子　騰　歲

女二　適潘　適黃

季清公　即緜楊公長子　生同治三年甲子四月初四日巳時　卒民國六年丁巳正月十八日辰時

娶黃氏點娘　生光緒五年己卯正月初八日戌時

子　水　埧

女一　適黃

義直公諱恩　即綠楊公三子　生同治十二年癸酉四月廿八申時　卒民國二年癸丑二月廿三日巳時

娶黃氏改適

女一適黃

季政名治　即綠楊公五子　生光緒七年辛巳二月初二日亥時

娶黃氏晚娘　生光緒十二年丙戌二月初十日巳時　卒光緒廿九年癸卯七月廿七日巳時

繼娶黃氏　生光緒十四年戊子十一月十四日酉時

子　樹　脫　趁

永安公諱纓　即功成公長子　生咸豐九年己未四月初十日未時　卒民國三年甲寅十一月廿二未時

娶温氏蝐娘號莊儉　生光緒六年庚辰十二月廿八子時　卒民國五年丙辰七月十三日戌時

子差瓢　三出

榮華公　即功成公次子　生同治四年乙丑二月廿二日卯時　徃外夷亡

季勈公　即其田公隻子　生光緒八年壬午九月初六日寅時　卒民國四年乙卯十月十二日申時

娶黃氏摳娘　招偶　生光緒十五年己丑八月初八日申時

續子　泮水　叨英出嗣季寶　啓成

女三　適尤　適黃

季宇　即其田公似子　生光緒十七年辛卯九月十九日戌時

續子　泮水　叨英出嗣季寶　啓成

榮業名廠字季服　即其昔公隻子　生光緒八年壬午十一月十一日酉時

子差瓢三出

榮華公　即功成公次子　生同治四年乙丑三月廿二日卯時　徙外東石

季勳公　即其田公隻子　生光緒八年壬午九月初六日寅時　卒民國四年乙卯十月十二日申時

娶黃氏摳娘　招偶　生光緒十五年己丑八月初八日申時

續子　泮水　叨英出嗣季寶　啓成

女三　適尤　適黃

季宇　即其田公似子　生光緒十七年辛卯九月十九日戌時

續子　泮水　叨英出嗣季寶　啓成

榮業名礅字季服　即其昔公隻子　生光緒八年壬午十一月十一日酉時

娶黃氏油娘　生光緒十六年庚寅八月初九日巳時

子　莧養　倚溪　泰山

季親　即有私公嗣子　生光緒三年丁丑七月初十日辰時

娶黃氏吻娘　生光緒十一年乙酉　卒民國十一年壬戌

子　平　次出　三出　四出　女一適林

季撤公　即緜圃公長子　生光緒六年庚辰十一月廿五寅時　卒民國十年辛酉六月廿五日寅時

娶杜氏改適

子　梗

季田　即緜圃公次子　生光緒十年甲申十二月初七日午時

娶黄氏係娘　生光緒廿五年己亥四月初二日

子　珍　榮　女三

祖基　即叔鏗公嗣子　生光緒廿二年丙申正月十二日亥時

季寶　即叔潭公長子　生光緒二十年甲午八月廿一日亥時　止
卒宣統元年己酉四月廿一日辰時

季鉗　即叔潭公三子　生光緒廿六年庚子六月初四日卯時

季皖　即叔潭公四子　生光緒三十年甲辰三月初一巳時
卒民國十年辛酉六月初八日酉時

季企　即叔潭公六子　生宣統三年辛亥十二月十二日申時
卒民國十三年甲子七月廿七日辰時

季完　即叔潭公七子　生民國四年乙卯二月廿二日子時

博奕　即好聲長子　生光緒十九年癸巳五月廿五日申時

嗣子　撑英　生民國四年乙卯十一月十四日亥時

金木　即好聲次子　生光緒三十年甲辰十月初一日巳時

季流　即憂玉隻子　生光緒卅三年丁未二月十九日

卒民國十四年乙丑正月初六日申時

娶黃氏浪娘

繼娶黃氏暹娘　生民國二年癸丑七月廿六日申時

泉水　即叔售公長子　生民國六年丁巳六月初六日亥時

玉蘭　即叔售公次子　生民國十四年乙丑

季力　即財英隻子　生光緒五年己卯七月廿九日戌時

娶黃氏囡娘　生光緒十一年乙酉正月初五日申時

子　灶　盤盤出嗣　順

季諸公　即萬春公次子　生卒　生光緒十四年戊子十二月廿九巳時　卒民國十六年丁卯八月初十日卯時

嗣子　盤

季屋公　即叔貞公長子　生光緒廿一年乙巳三月初十日戌時

娶黃氏棟娘

女二

季乃　即叔貞公次子　生宣統三年辛亥十二月三十日申時

季尚　即叔盾雙子　生光緒十三年丁亥七月初四日子時

娶黃氏卑娘　生光緒　年十一月廿七日寅時

子　烏莢　徵　生光緒五年己卯九月十八日辰時
往外亡

女三　適黃一

朝基公　即叔仙公長子　生光緒十五年己丑十月廿四日辰時
卒失

娶林氏莉娘

季閩公　即叔仙公次子　生光緒廿五年己亥三月廿五日未時
卒民國十六年丁卯十一月初三丑時

娶黃氏改適

嗣子　典

女一

季炎　即叔葛公次子　生光緒卅一年乙巳九月初十日酉時

娶黃氏歛娘　生宣統元年己酉四月廿四日巳時

子　典出嗣

季追　即叔葛公三子　生宣統三年辛亥七月廿六日戌時

娶潘氏雇娘　生

季音公　即叔秋公隻子　生同治六年丁卯八月廿一日未時　卒光緒廿五年己亥三月廿二子時

季食公　即叔元長子　生光緒十九年癸巳九月初六日辰時　卒失

季悅　即叔元次子　生光緒廿一年乙未十一月廿四日卯時

季友　即叔更長子　生光緒卅一年乙巳正月初九日卯時

滌坪公　即叔武公隻子　生光緒十六年庚寅十一月十六酉時　卒民國十五年丙辰四月十六日戌時

娶黃氏陳娘　招偶　生光緒廿三年丁酉八月廿六日申時

子　着來　捧兼承季循　欠續

季賀　即叔武公似子　生光緒十二年丙戌四月十四日寅時

續子　欠

季循公　即秋桂公隻子　生咸豐九年己未十一月廿四日巳時　卒民國十一年壬戌十月十三日丑時

雙嗣子　捧

季淺公　即叔一公嗣子　生光緒廿四年戊申正月初五子時　卒民國九年庚申六月廿一日巳時　止

五履派

愼顛公諱沛　即南山公長子　生咸豐三年癸丑十一月十一申時　卒光緒七年辛巳十月初九日丑時

娶黃氏軍娘號慈助　招偶
生咸豐三年癸丑七月十一日
卒民國十年辛酉七月二十日戌時

子　餘　絨續　潛續　標續

女一適潘

慎然公諱直　即南山公次子
生同治元年壬戌七月十三日子時
卒民國十七年戊辰十二月二十巳時

娶賴氏恨娘
生同治七年戊辰九月十九日酉時
卒民國九年庚申九月十三日寅時

子三　來　葉　護

女二均適黃

季奇　即南山公三子
生同治三年甲子九月廿三日子時

娶黃氏玉娘
生同治五年丙寅十一月初九日寅時
卒光緒廿八年壬寅十月十一日酉時

繼娶林氏省娘　生光緒三年丁丑　卒光緒卅三年丁未九月初一日午時

三娶黃氏寬娘　生光緒九年癸未十月廿一日　卒民國十一年壬戌十二月初九日午時

子二　添養　牒嗣

女　長次四均適黃　三適賴

季暢　即南山公四子　生同治六年丁卯八月十二日寅時

續子　絨　潛　標

季着　即南山公五子　生同治十三年甲戌四月初八丑時　卒光緒五年己卯七月初八日卯時

現塑像爲舍八

淮泗公諱排　即翼山公長子　生咸豐十年庚申二月廿九日戌時　卒光緒七年辛巳十月初五日丑時

娶賴氏珠娘號美玉　生同治元年壬戌　卒光緒七年辛巳十一月二十日申時

藏興公諱寶　即翼山公次子　生同治九年庚午六月十七日　卒光緒七年辛巳十一月初三日子時

季祿又名正　即翼山公三子　生同治十二年癸酉十一月十六日申時

娶黃氏比娘　生光緒六年庚辰九月初六日　卒民國二年癸丑三月初七日辰時

繼娶賴氏皆娘　生光緒十二年丙戌十一月廿七日未時

子七　崇　進養　水　土殤　油殤　企　出

女一　適潘

海棠　即叔高公長子

柳絮　即叔高公次子

科來　即叔高公三子

兄弟三八俱移住住仙邑其生庚譜據他應自記

闕世　即叔沸接代子

子一　溢養　蟳似

季邊　即玉明公長子生卒

娶黃氏生卒

子二　熙　貓

季送　即玉明公次子

生咸豐十一年辛酉五月初八日戌時

娶黃氏浪娘

生咸豐十年庚申四月廿六日

卒　年十一月廿四日巳時

繼娶戴氏逵娘　生同治十三年甲戌十月十一日子時

子五　聘　侯　達　僕　載

女　長次適潘　三四適黃

季院　即玉明公三子　生同治八年己巳十二月廿五日

娶賴氏耀娘　生同治十年辛未四月廿一日寅時　卒民國四年乙卯二月十一日未時

子五　炳　臺　扭　拔　執

女二俱適黃

季同　即玉明公四子　生光緒八年壬午三月初七日卯時

娶黃氏責娘　生光緒九年癸未十月初一日辰時　卒光緒廿九年癸卯五月廿一未時

繼娶林氏幼娘　生光緒二年丙子十一月十一日戌時

季温公　即一則公長子　生同治四年乙丑四月廿六日巳時　卒宣統三年辛亥七月廿八日未時

娶黃氏勸娘　生同治九年庚午六月十五日辰時　卒宣統元年己酉八月廿七日巳時

子一　沙　䟦似

女　長適潘　次三適黃

季徙　即一則公次子　生卒失外出不歸　止

季側公　即進延公長子　生咸豐十一年辛酉九月三十日　卒民國十四年乙丑四月十一日午時

娶曾氏九娘　生同治二年癸亥四月十八日酉時

子二　蓼　蟳出為鉄世似子

女　長次三五俱適黃　四適賴

生同治十年辛未十二月十五日午時
卒民國十四年乙丑三月廿四日卯時

達成公諱顯　即進延公次子

聘黃氏晝娘號青烈

生光緒二年丙子十一月二十日
卒光緒十五年己丑四月廿三日卯時

娶黃氏實娘

生光緒八年壬午四月廿八日丑時

子二　昐　田

女　長次適黃　三適潘

季慶公　即進延公三子

生光緒二年丙子五月廿三日卯時
卒民國十四年乙丑正月廿一日

娶李氏民娘

生光緒八年壬午九月初三日

子三　謙　蓮　座

女二　長適賴

季侃公　即盈進公長子

娶黃氏畝娘

子三　[illegible]　爺　辟

女一適黃

季艮公　即盈進公次子

聘賴氏蔡娘

諸方公諱決　即餘吉公長子

娶黃氏珠娘號清慈

生同治八年己巳三月三十日辰時
卒宣統二年庚戌三月廿八日亥時

生光緒二年丙子二月初二日寅時

生光緒十年甲申閏五月廿三日申時
卒光緒廿四年戊戌三月廿八日戌時

生光緒十五年己丑七月初十日巳時
卒光緒廿九年癸卯三月廿八日未時

生同治二年癸亥十二月初七日
卒民國十年辛酉八月十五日卯時

生同治二年癸亥
卒光緒十七年辛卯十月廿七日

繼娶林氏買娘　生光緒三年丁丑九月初一日　卒民國十四年乙丑二月廿七未時

子二　誇　蛤

女三　長三均適黃　次適賴

俊陪名季趨　即餘吉公次子　生同治四年乙丑十二月十四日卯時

娶賴氏醒娘號旦慈　生同治五年丙寅正月十六日卯時

子四　德　鏘　創　燊

女　長次適賴　三適黃

俊秀公諱苗字季尤　即餘吉公四子　生同治十年辛未十一月初四日酉時　卒民國十二年癸亥五月初九酉時

娶黃氏罪娘　生光緒二年丙子八月十七日丑時

子四　蔭　歲　並　便

女二　長適黃　次適潘

生同治十二年癸酉七月十五日午時

俊烈名季炎　即餘吉公五子

生同治十一年壬申八月初四日
卒光緒卅四年戊申六月十五日午時

娶黃氏砌娘號念慈

子三　昳　煦　香

女一　適黃

俊德名祖　即餘吉公六子

生光緒元年乙亥二月初八日亥時

娶賴氏看娘號存慈

生光緒三年丁丑正月十四日辰時

子四　志殤　實殤　聰　老殤

女一　生光緒二年丙子四月廿六日酉時

俊傑名乞　即餘吉公七子

娶黃氏有娘號遺慈　生光緒七年辛巳五月十八日未時　卒民國十一年壬戌三月廿二申時

子四　韶　包　交　榮

女二　長適趙　次適黃

秀思諱禰　即叔回公長子　生光緒六年庚辰十一月初七日寅時　卒光緒廿八年壬寅二月廿一日未時　止

季淑　即叔回公次子　生光緒十四年戊子七月十四日　時

娶黃氏洗娘　生光緒十八年壬辰　卒民國十五年丙寅四月廿四日酉時

子　錢　養　經

女一

秀基諱千　即叔回公三子

生光緒十九年癸巳六月初四日辰時　止

卒光緒卅四年戊申十月廿六日酉時

秀士諱士　即叔回公四子

生光緒　年五月廿八日　止

卒　年十二月廿二日

季孫　即惠慎公嗣子

生同治二年癸亥六月廿九日巳時

娶蔡氏銀娘

生光緒四年戊寅二月二十日巳時

子三　婆　簡　和

女四　長適黃　次三適潘

祿善公諱福　即惠德公次子

生同治八年己巳二月十九日子時

卒民國十七年戊辰三月初五巳時

娶林氏耳娘

生光緒九年癸未四月初七日卯時

子二　蔡養　瞈
生光緒廿三年丁酉四月廿七日酉時

女五　長次三四均適黃

季江　即存義公隻子

娶黃氏營娘
生光緒廿八年壬寅二月廿七日未時

子一　瓶

烈忠公諱烈　即鴻傳公長子
生咸豐八年戊午十月廿七日亥時
卒光緒十年甲申正月廿一日　時

雙承子　計　明

季竹　即鴻傳公次子
生同治二年癸亥七月廿九日　時
卒民國六年丁巳十月初?日午時

娶黃氏呯娘
生光緒元年乙亥
卒民國七年戊午四月十九日申時

子三　計兼承烈忠　柴兼承季方　拺

生同治七年戊辰八月初九日辰時
卒民國十四年乙丑八月廿四巳時

季方公　即鴻傳公三子

雙承子　柴

季聚　即鴻傳公五子

生光緒五年己卯三月二十日午時

聘賴氏須娘

生光緒十九年癸巳八月十五日卯時
卒光緒卅一年乙巳十二月初七卯時

娶賴氏髻娘

生光緒廿一年乙未十月十六日辰時

子　明兼承烈忠

季雀　即得書公長子

生光緒五年己卯二月十九日午時

娶謝氏富娘

生光緒七年辛巳四月初三日巳時

子二 建 章

女三 長次均適黃

季秋 即得書公次子 生光緒十二年丙戌六月十九日子時

聘黃氏脪娘 生光緒十八年壬辰 卒光緒廿九年癸卯十月廿七日卯時

娶黃氏輕娘 生光緒廿一年乙未十月廿一日酉時

子 天才養

女一適黃

敬齋公諱欽 即得明公隻子 生光緒四年戊寅九月廿七日卯時 卒民國四年乙卯正月廿二日丑時

娶黃氏罕娘 生光緒七年辛巳二月廿六日午時

子四　鉗養　泉　酬　靠　生光緒六年庚辰八月初四日巳時

季搴　即得長公長子

娶黄氏力娘　生光緒九年癸未七月十五日酉時
卒民國十三年甲子十一月十二戌時

子二　品　用

女三　長三俱適黄　次適林　生光緒十二年丙戌六月初七日子時

季店　即得長公次子

娶黄氏最娘　生光緒十六年庚寅二月初四日寅時

子　生財養　集來

女三　長次俱適黄

季門　即得長公三子　生光緒廿三年丁酉三月初一日辰時
聘黃氏意娘　生光緒廿八年壬寅　卒民國二年癸丑二月三十日　時
娶黃氏雨娘　生光緒三十年甲辰正月十八日子時　卒民國十三年甲子十月廿一日巳時
繼娶陸氏同娘　生光緒廿八年壬寅十二月初六日寅時
子
季閃　即得長公四子　生光緒廿六年庚子正月十五日寅時　卒　年十月廿六日未時
子
亦美公諱降　即仁直公長子　生光緒八年壬午十二月十一戌時　卒民國四年乙卯三月廿八日午時
娶黃氏收過

女一　適黃　生光緒十三年丁亥十一月廿四寅時
卒宣統元年己酉二月十一日　時　止

亦全公諱約　即仁直公次子

季酢　即仁直公三子　生光緒十八年壬辰七月三十日未時

娶潘氏銀娘　生光緒廿一年乙未三月初五日卯時

子　伏養　快　盤

季賜　即仁得公長子　生光緒八年壬午七月十七日戌時

娶黃氏筹娘　生光緒十八年壬辰七月廿三日酉時

子　任　錦　吉　近出嗣季酢　敎

女二　長適潘

季忠 郎仁得公次子 生光緒十三年丁亥三月廿四日巳時

娶黃氏朱娘 生光緒廿一年乙未十一月十一日子時

子 閩

女一

季體 即仁得公三子 生光緒十五年己丑十二月廿四日亥時

娶黃氏卮娘號善存 生光緒廿八年壬寅十二月廿四午時 卒民國五年丙辰十二月十二日子時

繼娶林氏卜娘 生光緒廿三年丁酉十一月十一日寅時

子 叶 蒙殤 木水

女

季祥公　即仁得公五子

生光緒廿七年辛丑十二月廿九卯時

卒民國十七年戊辰正月廿四日卯時

娶黃氏政適

嗣子　近

季鑾　即仁義公長子

生光緒十四年戊子正月三十日辰時

娶葉氏華娘

生光緒廿二年丙申十一月十二辰時

卒民國十六年丁卯六月初一日辰時

子　堦

女一適潘

季雄　即仁義公次子

生光緒廿五年己亥二月廿二日辰時

娶黃氏蟬娘

生光緒三十年甲辰十月十四日酉時

子幸抹

女

季蕎公　即仁義公三子　生光緒卅一年乙巳十一月廿五日辰時　卒民國十七年戊辰十一月初一日未時

聘黃氏改適

季偏　即叔管長子　生光緒十九年癸巳六月廿六日寅時　卒民國十六年丁卯六月初六日未時

娶潘氏綢娘　生光緒廿七年辛丑十月初三日

子　羅　位

季琴　即叔管次子　生光緒廿九年癸卯七月初三日酉時

娶黃氏問娘　生民國元年壬子

予　帝典

生光緒廿四年戊戌九月廿二日巳時

季扱　即叔石長子

生宣統三年辛亥十一月初三日未時

娶黃氏先娘

生光緒廿九年癸卯十一月十四日巳時

季越　即叔石次子

生民國三年甲寅

娶黃氏串娘

生宣統二年辛亥八月十五日午時

季維　即叔石三子

生民國二年癸丑

金龍　即叔石四子

季諒　即萬里公長子 生 卒

娶黃氏吻娘　招偶 生

子乾　蟾續　　生光緒卅二年丙午四月十五日丑時

季冊　即萬里公次子

續子　蟾

季晏　即萬里公三子　　生宣統元年己酉十二月初九日戌時

季慈　即叔料隻子　　生宣統元年己酉三月初三日酉時

娶黃氏莉娘　　生民國六年丁巳

季金　即母以公長子　　生光緒卅三年丁未六月十七日申時

季貢　即母以公次子　　生民國二年癸丑正月十九日酉時

季郎　即叔頡長子　　生宣統元年己酉閏二月廿二日亥時

娶黃氏壙娘　生民國六年丁巳二月初七日巳時

季犀　即叔頡次子　生宣統三年辛亥十月廿一日未時

季捍　即叔頡三子　生民國三年甲寅十一月十三日酉時

季倍　即叔頡四子　生民國十年辛酉三月初五日午時

季贊　即叔頡五子　生民國十四年乙丑十月廿三日酉時

全財　即叔爐爫長子　生民國七年戊午七月初三日申時

季榮　即叔爐公次子　生民國十三年甲子十二月十七日巳時

季詿　即叔漢長子　生光緒卅一年乙巳四月十四日巳時

季借　即叔接嗣子　生光緒三十年甲辰十二月廿三日

娶黃氏蓮娘　生宣統二年庚戌

季原　即叔鶴長子　生光緒十三年丁亥五月三十日辰時

娶黃氏炮娘號棋言　生光緒二十年甲午十二月十九戌時　卒民國七年戊午正月廿七日酉時

繼娶黃氏蔭娘　生光緒十五年己丑八月廿二日辰時

子　捷

季陳　即叔馨公隻子　生民國元年壬子正月十五日申時

娶林氏紅娘　生民國八年己未四月初二日未時

東二房長純庵派

賜歲　即仕圃公長子　生光緒四年戊寅正月廿三日未時　卒失　止

賜品　卽仕圃公次子

生光緒十年甲申正月十九日　時

卒光緒卅一年乙巳七月初八午時

樸績公　諱賜妹　即仕圃公五子

生光緒十九年癸巳十二月初二巳時

卒民國七年戊午十一月三十日亥時

娶黃氏連娘　招偶

生光緒廿七年辛丑四月廿七日寅時

績子　賞　艮殤　猛

賜七　即仕圃公七子

生光緒廿四年戊戌閏三月十二日亥時

續子　賞　艮殤　猛

季仁　即仕草公嗣子

生同治元年壬戌閏八月二十日丑時

卒失

娶番女改適

子　成財出

季籠　即能傳公次子　生光緒三十年甲辰十一月十九日辰時

季深　即能傳公三子　生光緒卅四年戊申八月十一日卯時

季交　即能傳公四子　生民國元年壬子四月十六日巳時

季阮　即能傳公五子　生民國六年丁巳二月十二日亥時

樸厚公諱劉　即能平公嗣子　生光緒廿七年辛丑六月初五日酉時　止
卒民國十二年癸亥九月初七日未時

季坑　即能步公長子　生光緒八年壬午四月十八日巳時

娶黃氏反娘　生光緒十八年壬辰十二月初七日辰時

子　望殤　走　財

女　長次適黃

季夘　即能步公三子　生光緒十四年戊子二月初五日寅時

娶黃氏初娘　生光緒廿七年辛丑五月初一日辰時

子　針

女一

季摳　即能步公四子　生光緒十九年癸巳五月廿五日寅時

娶林氏窗娘　生光緒廿九年癸夘十月廿六日未時

子　靈水出嗣樸素　琣玉

女一

樸素公諱吸　即能步公五子　生光緒廿一年乙未九月十九日亥時
卒民國十二年癸亥二月廿六日夘時

娶黃氏改適

嗣子　璽水

季錩　即茅竹次子

生光緒廿四年戊戌四月十七日子時

娶湯氏水娘

生光緒卅一年乙巳五月初七日　時

子　金龍

女一

樸淡公諱濃　即茅竹三子

生光緒卅一年乙巳四月廿二日戌時

卒民國十八年己巳四月初十日辰時

季恊　即帛竹長子

生光緒廿九年癸卯五月初四日酉時

娶黃氏雩娘

生民國四年乙卯七月廿八日　時

季欉　即帛竹次子　生宣統元年己酉十一月初一日寅時

季店　即帛竹三子　生民國二年癸丑七月初三日卯時

太源　即帛竹四子　生民國十五年丙寅十月十二日酉時

樸敏公諱田　即能發公長子　生光緒十八年壬辰十月初八日午時　卒光緒卅三年丁未七月初四日巳時

季沙　即能發公次子　生光緒廿九年癸卯正月十九日子時

娶黃氏前娘號裕後　生光緒卅二年丙午正月初九日　卒民國十六年丁卯七月廿三日丑時

繼娶林氏墻娘　生光緒卅四年戊申十月初七日

子

女二　俱黃氏出

季財　即能爍公長子　生光緒卅四年戊申正月十七日寅時

季門　即能爍公次子　生民國二年癸丑二月初四日巳時

季肯　即叔遠長子　生光緒卅三年丁未正月初七日子時

娶黃氏閑娘　生民國三年甲寅十二月

季隨　即叔遠次子　生民國六年丁巳二月十二日戌時

貴士　即叔遠三子　生民國九年庚申五月廿二日巳時

季賞　即叔遠四子　生民國十六年丁卯十一月初三日戌時

季蛸　即叔遠五子　生民國十九年庚午正月十六日戌時

季添　即能乾隻子　生光緒廿六年庚子十月廿九日戌時

娶劉氏圭娘　生宣統元年己酉八月廿三日巳時

季寅　乃能步次子即惟步公嗣孫　生光緒十一年乙酉五月初六日辰時

娶謝氏尾娘　生光緒廿二年丙申七月廿六日申時

子　炭殤　灘殤　裕　嘆　宗

女三　長適黃

季土　即叔承長子　生民國十六年丁卯二月初四日丑時

季仙　即叔承次子　生民國十九年庚午八月初八日辰時

季奠　即叔嵘長子　生民國二十年辛未七月初六日辰時

文珍　即叔甚長子　生民國十五年丙寅九月廿七日寅時

季羅　叔春長子
生民國十八年己巳十一月廿七日午時

文彩　叔甚四子爲則遺嗣孫
生民國二十年辛未五月初九日寅時

東二房長錦亭派

萬紫公諱春　叔白隻子
生光緒五年己卯
卒民國元年壬子四月初四日未時

娶潘氏改適　止

季占　卿朝長子
生光緒廿四年戊戌八月初十日巳時

娶黃氏寶娘
生光緒卅二年丙午八月初九日亥時

予　啓

季烏公　卿朝次子
生光緒三十年甲辰二月十六日亥時
卒民國十九年庚午十月十三日亥時

娶黃氏定娘　生民國二年癸丑二月十五日申時

季命　卿朝四子　生民國五年丙辰九月廿四日子時

季揪　如履公長子　生光緒六年庚辰八月廿七日亥時

娶黃氏粉娘　生光緒九年癸未七月二十日戌時

子　冬　鴛鴦養

女三　長次均適黃

季拖　即如履公次子　生光緒十年甲申五月初二日巳時　卒民國十五年丙寅七月十五辰時

娶潘氏蜂娘　生光緒十一年乙酉十一月廿二申時　卒民國七年戊午十二月初二日寅時

子三　好　戶　强

季紂　如履三子　生光緒十八年壬辰七月十九日巳時

娶黃氏蔡娘　生光緒二十年甲午八月初四日巳時　卒民國十二年癸亥八月初九日未時

繼娶林氏信娘　生光緒廿六年庚子十月二十日卯時

子　金初養

女二　長適潘

季須　即如履公四子　生光緒廿一年乙未九月十八日卯時

娶鄭氏奪娘　生光緒卅三年丁未十二月廿九日　時

子　錦衣

季沙　即如履公六子　生光緒廿八年壬寅十月初五日巳時

娶黃氏喜娘　生宣統二年庚戌正月初一日辰時

來成公諱扭　即如德公長子　生光緒十二年丙戌十一月廿三日未時　卒在外夷失

娶黃氏擺娘號順仁　生光緒十七年辛卯十月初十寅時　卒宣統三年辛亥六月十二日卯時

子翰

季邦　即如德公次子　生光緒十七年辛卯三月廿五日午時

娶黃氏扇娘　生光緒廿二年丙申七月初七日　時

子徙　開諒　海水

季監　即叔委嗣子　生光緒廿四年戊戌二月十三日巳時

娶黃氏螢娘　生光緒卅一年乙巳十二月十七日亥時

予　往殤　永昌

女一

季頟　即叔玉公長子出　生光緒十九年癸巳十月十五日寅時

娶黃氏柔娘　生光緒廿八年壬寅十一月廿四日卯時

予　來發養

季塽　即叔玉公次子　生光緒廿五年己亥七月初一日辰時　卒民國十六年丁卯六月十五日未時

娶張氏改適止

季垙　即興爵嗣子　生光緒十六年庚寅六月廿五日　卒失

季泰　即叔從嗣子　生光緒卅四年戊申十月三十日

聘黃氏吻娘　生光緒十三年丁亥九月十六日子時

季懇　即己德長子

娶曾氏前娘　生光緒廿三年丁酉五月廿一日午時

子　佑　底

女二

季謙　即己德公三子　生光緒十九年癸巳十一月十五日亥時

娶黃氏春娘 生卒失

繼娶黃氏金娘　生光緒卅二年丙午閏四月十七日卯時

子　才

季尊　即己德公四子　生光緒廿九年癸卯八月廿七日午時

寶善公諱楚　即國仁公長子　生咸豐十年庚申十二月十二日巳時

娶黃氏硯娘號順惠　生同治四年乙丑十月初四日午時　卒民國二年癸丑九月廿一日申時

子三　齊　雙　耀

女一　適黃

季爲　即國仁公次子　生同治四年乙丑九月二十日未時　卒宣統二年庚戌正月廿二日巳時

娶賴氏稐娘　生同治七年戊辰十月廿六日申時　卒宣統元年己酉十一月初四午時

子　明

女一　適黃

季助　即國仁公三子　生同治六年丁卯十二月初二日辰時

娶黃氏八娘號純儉　生同治九年庚午十一月廿一日戌時
卒光緒十八年壬辰五月十四日酉時

繼娶黃氏器娘　生光緒四年戊寅正月廿七日辰時
卒光緒廿九年癸卯八月初五午時

子　賽　流殤　丑殤　經殤

女一適黃

季朕　即國仁公四子　生同治十一年壬申十二月初二日寅時

娶黃氏隻娘　生光緒十年甲申四月廿五日辰時
卒民國九年庚申十月三十日辰時

繼娶林氏儼娘　生光緒十九年癸巳六月十三日午時

子　開仁養

女一

季顔　即國仁公五子　生光緒三年丁丑十月十三日酉時　卒宣統二年庚戌五月初八日申時

娶黃氏胎娘　招偶　生光緒六年庚辰五月廿一日卯時

子　困　候續

季企　即國仁公六子　生光緒六年庚辰六月廿三日卯時

聘黃氏湳娘　生卒

娶黃氏擂娘　生光緒十六年庚寅正月二十日酉時　卒

子

女四　長次均適黃

季墘　即性贇公長子
生光緒七年辛巳正月十一日亥時
卒民國四年乙卯十月三十日申時

娶郭氏玫適

續子　候

女一適林

季麵　即永成公嗣子
生光緒十三年丁亥三月廿四日酉時
卒民國四年乙卯十二月初一日申時

季噉　即泮水長子
生光緒十九年癸巳八月廿三日辰時

娶黃氏蒞娘
生光緒廿五年己亥十月十一日巳時

子　靈

女三

季亥　即泮水次子　生光緒廿二年丙申八月十五日酉時

娶黃氏鑽娘　生光緒卅一年乙巳五月十一日酉時

子　放　甫

季戌　即泮水三子　生光緒廿八年壬寅五月廿三日戌時

娶黃氏升娘　生宣統二年庚戌

季隨　即宣哲長子　生宣統三年辛亥七月十四日巳時

季塤　即宣哲次子　生民國八年己未九月十二日寅時

季會　即宣哲三子　生民國十四年乙丑九月初一日寅時

季勢　即塞文長子　生光緒四年戊寅八月廿八日辰時

卒在外夷

福來　即塞文次子　生光緒十一年乙酉八月二十日亥時
娶黃氏硯娘　生光緒廿四年戊戌三月十一日亥時
子　油
女二
季園　即文治公長子　生光緒廿五年己亥四月初三日卯時
娶黃氏于娘　生光緒廿九年癸卯十一月廿一日戌時
子　涉殤　順
女一
季辨　即文治公四子　生民國二年癸丑十一月廿五日丑時

季賴　即忠偏公長子　生光緒廿九年癸卯六月十四日申時

季井　即忠偏公次子　生民國六年丁巳六月十五日丑時

季萬　即周禮公長子　生光緒廿八年壬寅九月廿八日子時　卒民國十八年己巳五月十三日酉時

季楝　即周禮公次子　生宣統元年己酉五月廿二日丑時

季尾　即周禮公三子　生民國十一年壬戌六月初五日寅時

季蹣　即興逢公長子　生光緒八年壬午二月初八日午時

娶黃氏岸娘　生光緒十九年癸巳十二月三十日巳時

子　畏

女四　長適黃　次四適潘　三適林

季春 即興逢公次子 生光緒十三年丁亥十二月廿七日巳時

娶陳氏响娘 生光緒十二年丙戌八月初七日酉時

子 祥 永居務

女二

季濃 即興逢公四子 生光緒十九年癸巳五月初八日戌時

娶潘氏耽娘 生光緒廿八年壬寅四月二十日辰時

子 水

季寒 即興逢公五子 生光緒廿六年庚子八月初六日戌時

娶潘氏明娘 生光緒卅一年乙巳

予祿

季珍　即興桂公長子

生光緒十七年辛卯七月十七午時

卒民國九年庚申九月三十日亥時

娶黃氏養娘　招偶

生光緒廿四年戊戌五月初一日午時

卒民國十七年戊辰六月廿一日卯時

續子　全

女一

季崇　即興桂公次子

生光緒廿一年乙未四月十八日卯時

續子　全

季蟾　即興桂公三子

生光緒卅一年乙巳十月三十日巳時

娶張氏蠷娘

生光緒卅三年丁未九月十五日卯時

子　洪水 殤

女一

季閩　即興裕公嗣子　生光緒廿二年丙申二月廿七日寅時

娶林氏滚娘　生光緒卅一年乙巳二月十八日巳時

子　土

女二

季呱　即興理之子　生光緒十九年癸巳五月十九日戌時

娶謝氏珍娘　生光緒廿三年丁酉二月廿九日巳時

季[忄存]　即興詩長子　生光緒廿五年己亥五月廿六日辰時　卒民國十六年丁卯十二月廿七戌時　止

季騰　即興詩四子
生宣統三年辛亥七月初七日卯時

幼配　氏
生民國元年壬子
卒民國二十年辛未四月十七日卯時

季報　即乘龍公長子
生光緒六年庚辰五月初七日巳時

娶黃氏銀娘
生光緒十五年己丑五月廿七日未時

子　聰出嗣季秉　掩　走　予艮

女三　長適潘　次適黃

季秉　即乘龍公次子
生光緒十五年己丑正月初一丑時
卒民國四年乙卯二月廿三日戌時

娶蘇氏改適

子　聰嗣　永美承

季恐　即秉龍公三子　生光緒十八年壬辰五月十四日子時

娶黃氏乖娘　生光緒卅一年乙巳十月十九日辰時

子　永美（兼永季秉）

季志　即壽箸公之子　生光緒十四年戊子十一月十八日戌時

娶黃氏件娘　生光緒二十年甲午二月初三日酉時

子　碧殤　璿養　潤殤　連　絡　憩

女一

季樟　即叔囉之子　生民國五年丙辰九月初四日巳時

季隴　即叔現長子　生光緒廿四年戊戌四月十九日寅時

娶黃氏欽娘　生光緒卅一年乙巳七月廿六日亥時

子　文章　生宣統元年己酉十月初八日戌時

三成　即叔現次子　生民國三年甲寅十月初九日辰時
卒民國十七年戊辰八月廿九戌時

三元　即叔現四子　生宣統三年辛亥十二月初八日戌

老婆　即叔藝嗣子　生光緒十一年乙酉十月初五日寅時

乖庇　即志藝公長子

娶黃氏粕娘　生光緒十八年壬辰四月初三日卯時

子　口

女六　長適潘　次適賴　三適黃

季擔　即志藝公次子　生光緒十六年庚寅十一月初七日亥時

娶黃氏潛娘　生光緒十九年癸巳三月十三日

女三　長適黃

季躍　即志藝公三子　生光緒廿一年乙未八月十六亥時

卒民國七年戊午五月廿六日巳時

季班　即德智公長子　生光緒八年壬午十月十一日未時

娶黃氏隴娘　生光緒廿一年乙未六月十七日酉時

子　綀　潤　泮　女三　長適黃

季摘　即德智公次子　生光緒十四年戊子三月初十日亥時

卒民國十八年己巳十月廿五日亥時

娶黃氏耀娘　生光緒廿八年壬寅十一月十四日卯時

子　拱殤　柱

季摸　即德智公三子　生光緒廿二年丙申十一月初一日酉時

娶潘氏稅娘　生光緒卅一年乙巳

子　友　足殤

瓊林名贈來又名斺　即德義公長子　生光緒廿三年丁酉十月初八日辰時

娶黃氏晟娘　生光緒廿九年癸卯六月廿四日寅時　卒民國七年戊午十一月十一日亥時

繼娶黃氏完娘　生光緒廿六年庚子九月十六日子時

子　沌成

季炭　即德義公次子　生光緒卅一年乙巳十二月初四日戌時

娶黃氏配娘　生民國

季拈　即德義公三子　生宣統元年己酉十二月廿五日酉時

季吧　即醉英公長子　生光緒十九年癸巳十一月十二日戌時

季創　即醉英公次子　生光緒廿五年己亥正月十四日酉時

季朝　即燃昭公之子　生光緒十年甲申六月廿七日酉時

娶賴氏帖娘　生光緒十一年乙酉三月十六日

子　羅

女一

季腰　即樾静公次子
生宣統二年庚戌三月初二日巳時

季不　即叔惠公長子
生光緒廿一年乙未二月十九日辰時
卒民國十四年乙丑九月廿八日寅時
娶黄氏報娘
生光緒廿八年壬寅
卒民國九年庚申八月廿八日酉時

季火　即叔惠公次子
生民國三年甲寅八月十一日戌時

季等　即叔惠公三子
生民國十年辛酉三月十八日午時

季墻　即叔縈長子
雙承子　圳
生光緒十四年戊子四月初八日寅時
卒民國十二年癸亥七月十一日酉時

季抚　即叔縈公次子
生光緒十六年庚寅閏二月十八日丑時
娶黄氏程娘
生光緒卅一年乙巳十一月廿六日寅時

子圳兼承

季跳　即叔榮三子　生光緒廿一年乙未五月廿六日巳時

娶黃氏秀英　生光緒三十年甲辰正月十八日酉時

季煦　即叔覲長子　生光緒廿五年己亥正月初八日亥時　卒民國十六年丁卯六月廿九日未時

季溜　即叔覲次子　生民國元年壬子十二月初七日亥時

季捕　即正中公長子　生光緒廿七年辛丑二月初八日子時

娶黃氏勸娘　生民國三年甲寅閏五月二十日午時

季灶　即正中公次子　生光緒廿八年壬寅十一月十七日子時

季使　即正中公三子　生光緒卅四年戊申九月廿七日午時

娶黃氏劣娘　生

季秋　即榮業公長子　生光緒卅二年丙午十月十三日子時

進成　即榮業公次子　生宣統三年辛亥十月十七日亥時　卒民國十六年丁卯六月初六酉時

季番　即克明公長子　生宣統元年己酉閏二月廿八日未時

季屋　即克明公次子　生民國三年甲寅閏五月廿七日酉時

季執　即克明公三子　生民國六年丁巳九月初一日酉時

東房二房二派

季稟　即叔洗嗣子　生民國元年壬子十二月十六日巳時

娶賴氏養娘　生民國二年癸丑六月十一日

季壬　即叔噓長子　生光緒三十年甲辰正月十八日巳時

娶黄氏耽娘　生民國三年甲寅五月廿五日亥時

季擔　即叔噓次子　生光緒卅二年丙午三月廿六日寅時　卒民國十八年己巳九月十一日午時

季雲　即成爲公長子　生同治五年丙寅四月十六日巳時　卒六月初九日戌時　在外東亡

娶黄氏棟娘　生卒失

季澗　即以采公之子　生光緒五年己卯三月初六日戌時

娶黄氏强娘　生光緒九年癸未六月廿二日戌時

側室周氏守娘　生光緒廿二年丙申九月初五日戌時

嗣子　科　兼承降來　溪　養

季篙 即亨通公之子 生光緒廿一年乙未十二月十五日戌時

娶黃氏粑娘 生光緒廿二年丙申八月廿六日卯時

子 沈 查 教

女二均適黃

潤澤 即順儀公長子 生同治九年庚午七月十四日寅時

娶黃氏㖒娘 生光緒十三年丁亥

季元 即維敏公長子 生同治十二年癸酉十二月十五 卒光緒廿一年乙未十月十九日

季月 即維敏公次子 生光緒七年辛巳四月初六日亥時

娶張氏硯娘 生光緒十五年己丑八月十一日辰時

子　自盛　沖侯蚤殤　　生光緒廿一年乙未十月廿七日亥時

女四

季唱　即維敏公三子　　生宣統元年己酉十一月廿八日酉時

娶賴氏珍娘

子　簪

季碧　即梁雅公之子　　生光緒元年乙亥七月廿二日未時

娶黃氏柿娘　　生光緒六年庚辰十二月初五日亥時

子　瀠　糧出繼芸公爲孫　燕　陳殤

芸子　植杖接代子　嗣子　糧　世順似長

季籃　即孔安公長子　生光緒七年辛巳九月二十日寅時

娶賴氏省娘　生光緒十六年庚寅十一月初十日戌時

子　團　傳

女一　適賴

季外　即孔安公次子　生光緒八年壬午十二月十五日未時　卒光緒十八年壬辰七月十一日巳時

季機　即叔皇之子　生光緒二十年甲午六月初六日巳時

娶黃氏富娘　生光緒廿八年壬寅八月十七日卯時

季羌　即連胎之子　生光緒十五年己丑五月十六酉時　卒宣統二年庚戌九月十二日申時

娶黃氏貝娘　招乖偶　生光緒二十年甲午十月初五日酉時

子　添越　明越　吸越　養越

季捧　即文賓長子生卒

季徃　即文賓次子　生咸豐四年甲寅　卒光緒卅二年丙午二月廿三日巳時

子　潆洄嗣

虔誠公諱乾　即是思公長子　生咸豐四年甲寅九月十八日寅時　卒民國六年丁巳十二月十三未時

子　省双承　甘嗣

良成公諱問　即是思公次子　生同治六年丁卯二月廿七日　卒民國十二年癸亥六月初九日酉時

娶潘氏雪娘號霜勸　生光緒七年辛巳十二月十四日卯時

承繼子　忝　福建殤

季有　即是思公三子　生同治八年己巳十月廿六日午時
娶賴氏雙娘　生光緒元年乙亥七月廿五日卯時　卒民國九年庚申七月十八日巳時
子　叅出嗣良成　甘出嗣虔誠　三　深淵
福建出嗣良成

季日　即叔賞嗣子　生同治十三年甲戌十二月十七日　卒民國十三年甲子十二月廿二日
娶黄氏象娘　生光緒元年乙亥六月十八日　卒民國二十年辛未八月初六日申時
子　扐　扭兼承
女二均適黄

季挨　即仁和之子　生光緒八年壬午二月十八日未時

娶林氏集娘　生光緒廿六年庚子

子　扭双承

季奚　即東仙三子　生光緒三年丁丑六月十二日　時　卒在外夷

季秩　即純美嗣子　生同治八年己巳三月初十日戌時

娶黃氏甜娘　生光緒五年己卯二月廿二日亥時

子　元　典

女三　長三俱適黃　次適潘

季清　即叔準嗣子生卒

娶黃氏嫗娘生

子　經養

季朕　即叔返嗣子　後因往南安劉林生卒未詳

娶黃氏晟娘號成儉　生同治三年甲子十月廿四日卯時止　卒光緒八年壬午九月初十日酉時

季完　即和成長子　生同治八年己巳十月十六日丑時

娶黃氏蜂娘　生光緒七年辛巳十月廿九日戌時　卒光緒廿二年丙申六月初九辰時

繼娶陳氏報娘　生光緒六年庚辰三月初五日巳時　卒民國十八年己巳十二月初一辰時

子　謙　双祧芳川

季曉　即和成三子　生光緒四年戊寅七月初一日巳時　卒宣統二年庚戌七月初六日巳時

季砌　即叔闕之子　生光緒二年丙子十二月廿九日酉時

娶杜氏醒娘　生道光廿二年壬寅十二月廿四日　卒光緒十五年己丑四月二十午時

子　服兼承縣邑為孫　嘘　逐

女一　適黃

必曳公諱縷　即垂後公三子　生道光廿五年乙巳十月十九申時　卒宣統元年己酉十月十二日巳時

娶黃氏熟娘號勤家　生道光廿五年乙巳十月十五日寅時　卒光緒卅一年乙巳十月廿一日酉時

子六　加往南安　晉　田　省兼承虔誠　蘊

益

必齊公諱更　即垂後公四子　生咸豐四年甲寅十月初三日　卒光緒六年庚辰十月初一日

娶黃氏蝦娘　招偶　生咸豐六年丙辰　卒光緒卅二年丙午五月初二日酉時

續子　梓 出為季檀似子　宇

必流公諱溪　即垂後公似四子

續子　梓　宇

必齋公諱架　即存毅公長子

娶潘氏桔娘

子　明 似子　賜

必莊公諱輕　即存毅公次子

娶周氏還娘

子　賜 出為必齋似子　踏　慮

生道光廿八年戊申六月十九日
卒民國十七年戊辰正月廿六日巳時

生道光廿三年癸卯六月二十酉時
卒光緒十年甲申六月廿七日午時

生道光廿一年辛丑八月初一日
卒光緒卅四年戊申十一月十一戌時

生咸豐元年辛亥八月初八日酉時
卒宣統三年辛亥七月廿六日戌時

生咸豐元年辛亥十二月二十日戌時
卒民國四年乙卯三月十六日子時

必忠公諱桃　即存毅公三子

娶賴氏梅娘號慎謹

子　瀠洄出嗣季侄　文鏡

生咸豐四年甲寅十二月三十日亥時
卒光緒廿六年庚子二月初七日巳時

生咸豐五年乙卯四月十四日申時
卒民國十二年癸亥六月廿二寅時

太學生

公諱松年字季梅幼名佔　即存毅公四子

公

生咸豐十一年辛酉三月廿四日未時
卒民國二十年辛未五月初五日未時

娶賴氏粥娘號閑靜

生同治八年己巳五月初一日午時
卒民國十九年庚午三月十一未時

子　汪　殊　守

必敬公諱郤　即存毅公五子

生同治二年癸亥九月十四日卯時
卒光緒廿五年己亥十月廿五戌時

娶杜氏寶娘

生同治七年戊辰九月初七日子時

子　籃養　似予配

必進公諱取　即成珠公長子

生失

卒光緒廿四年戊戌九月初九日未時

娶潘氏奈娘

生缺

卒光緒廿四年戊戌六月廿一日寅時

子　獺

必銘公諱胖　即成珠公次子

生咸豐二年壬子八月十八日子時

卒光緒卅三年丁未三月十四丑時

娶林氏須娘

生咸豐四年甲寅正月十三日午時

子　堯　等　弄　硨出嗣必書　鏗　德

必書公諱魚　即成珠公三子

生咸豐十年庚申四月廿六日

卒光緒卅二年丙午四月初三日申時

娶黃氏到娘號仁意

生咸豐九年己未十月初六日寅時

卒光緒十五年己丑十一月初七亥時

嗣子　碑　暢

季檀　即成珠公四子

生同治二年癸亥七月廿八日未時

卒民國十一年壬戌六月初九酉時

娶潘氏幼娘

生同治十二年癸酉四月廿八日未時

子四　暢出嗣必耆　蝭　鍊　似次子梓

季窗　即叔永之子　生卒失止

其成公諱軫　即成思公長子

生道光廿九年己酉三月十七日未時

卒光緒十六年庚寅十月初九日

娶賴氏

生咸豐十一年辛酉三月十一日卯時

卒光緒十六年庚寅七月初七日巳時

子一　默

季咸　即成思公次子　生卒失止

季銅　即成思公三子　生卒失止
生同治十年辛未三月初六日
卒光緒卅二年丙午五月初八日

季走　即成思公四子
生同治元年壬戌正月廿五日未時
卒光緒廿六年庚子五月十三巳時

季搬　即成家公長子
生同治十年辛未
卒光緒十九年癸巳十一月十四日寅時

娶黃氏智娘

嗣子　木　庵殤

季艮　即成家公次子　生卒失

季桐　即成家公三子
生同治八年己巳六月廿七日戌時

娶賴氏淈娘
生光緒十四年戊子十一月十五日子時

子　聰兼承　凱殤　庵出嗣　扁殤　流傳

訥言公諱育　即成家公四子
生同治十二年癸酉四月十一丑時
卒民國五年丙辰四月初六日卯時

娶黃氏屘娘
生光緒七年辛巳七月十二日寅時

子二　木出嗣季撖　獅豩

女二　適黃

季陸　即成家公五子
生光緒三年丁丑九月初八日午時

娶陳氏糖娘
生光緒十六年庚寅八月十二日申時

子二　啓明出嗣　鎮成

女六　長適黃　次適陳　三四均適潘

煙景公諱陽　即成家公六子
生光緒六年庚辰四月十七日戌時
卒民國八年己未七月十一日申時

娶黃氏改適

子三　禍殤　顥双承　啓明嗣

季雙　即成家公七子

生光緒八年壬午八月初五日寅時

娶黃氏歷娘

生光緒十九年癸巳六月十五日亥時

子二　獅出嗣訥言　園

女三　長適盧

順美公諱珠字季玉　即成周公長子

生咸豐八年戊午九月初五日寅時

卒民國十八年己巳九月十七巳時

公

娶林氏此娘號有德

生咸豐八年戊午九月十八日寅時

子四　春　發養　實養　戸養

順和公諱理　即成周公次子

生同治元年壬戌七月初一日寅時

卒民國九年庚申正月廿五日未時

娶黃氏敏娘號慈寯

生同治二年癸亥四月初六日酉時

卒光緒廿四年戊戌十二月十四午時

繼娶黃氏天娘

生光緒十年甲申六月初十日辰時

子四　信　玉　龍　彩殤

季王　即成周公三子

生同治七年戊辰二月三十日午時

娶黃氏敬娘

生同治七年戊辰四月廿二日午時

子二　才　葵

女一　適黃

季寧　即成愛公長子
娶黃氏緗娘
子二　顯　海
季珍　即成愛公次子
娶潘氏斤娘　招偶
子二　由　似次子撥
季乞　即成愛公似次子
季交　即成祖長子
季孔　即成祖次子

生同治六年丁卯
卒在外夷
生同治八年己巳
卒民國十五年丙寅六月十五日申時
生同治十二年癸酉九月初五日寅時
卒光緒廿五年己亥十二月廿八申時
生光緒六年庚辰正月初七日辰時
生同治十二年癸酉六月初二日申時
卒民國十五年丙寅八月廿一日戌時
生同治十一年壬申四月十四日子時
卒光緒　年五月初九日
生光緒二年丙子八月十七日辰時
卒民國十四年乙丑十一月十二未時

娶黃氏取娘　招偶　生光緒十四年戊子九月初一日辰時

子　蟳　生光緒八年壬午正月十五日戌時

季標　即成祖三子

娶黃氏送娘　生光緒十九年癸巳七月二十日午時
卒民國十五年丙寅六月十五日丑時

繼娶賴氏鑨娘　生光緒十二年丙戌正月廿九日午時

子　坑　香養

女二　長適賴

自祥　即成祖仈次子　生

純三公諱梅　即成文公長子　生光緒八年壬午正月十一日未時
卒光緒卅四年戊申五月初二午時

娶黃氏糧娘　招偶　生光緒十二年丙戌十二月十一日辰時
子　朝基　烏墨　續子坂出嗣　女二
純色公諱琴　即成文公次子　生光緒十年甲申九月初一日申時　卒宣統元年己酉九月廿三日子時
嗣子　坂
季治　即成文公三子　生光緒十三年丁亥五月廿八日辰時
續子　坂
季泰　即成文公四子　生光緒廿二年丙申九月初四日巳時
娶黃氏喜娘　生光緒廿八年壬寅十月廿七日亥時
子二　有利　湖利

季舉　即修易公長子　生同治九年庚午十月初十日酉時　卒民國十六年丁卯十月廿三戌時

娶黃氏五娘　生同治十二年癸酉十二月初六日巳時

子　灶　養

女四　長適林　次四均適潘　三適黃

芳川公諱禨　即修易公次子　生光緒元年乙亥十一月十六巳時　卒民國四年乙卯正月初八日丑時

雙祧子　謙　生光緒八年壬午六月廿九日巳時

季仕　即修豈嗣子　生光緒十三年丁亥三月廿九日巳時　卒民國十一年壬戌十一月十二丑時

娶陳氏尾娘號嶶柔

繼娶黃氏冬娘　生光緒十八年壬辰九月廿六日亥時

子　落双承　寅双承　忠養　九十

女二

季爆　即情晏之子　生卒失

修來公諱秋字季春　即福成公長子

公

生同治四年乙丑八月初十日辰時
卒光緒廿三年丁酉十月十一辰時

娶黃氏郭娘

生同治七年戊辰十月二十日申時
卒民國十九年庚午十一月初五辰時

子　輝

季爐　即福成公次子

生同治十三年甲戌十二月廿九日未時

娶潘氏勅娘

生光緒二年丙子十月三十日酉時

子　善　淚

季委　即叔郡長子　生同治十一年壬申六月十一日戌時

娶林氏鐙娘　生光緒八年壬午九月十八日酉時

子　措　樓

女三　長適賴　次三適黃

季從　即叔郡次子　生光緒五年己卯正月初三日寅時　卒民國十五年丙寅七月十六戌時

娶黃氏斟娘　招偶　生光緒十四年戊子十一月十六日辰時

子　城

季土　即叔郡三子　生光緒八年壬午十月廿九日寅時　卒民國十五年丙寅六月廿二卯時

娶黃氏縣娘　招偶　生光緒十九年癸巳三月十四日寅時

子　栽

女一

清蘭　即叔郡似次子　生光緒十三年丁亥六月初十日午時

季蒲　即叔郡似三子　生光緒廿二年丙申正月廿三日辰時

季萬　即政衣長子　生光緒廿三年丁酉十二月初三寅時

娶黃氏艮娘　生光緒卅四年戊申十二月初八日午時

子　水　順

季紅　即政衣次子　生光緒廿七年辛丑十月十三日酉時

娶黃氏緞娘　生宣統三年辛亥二月二十日巳時

子

女一

季遠　即政衣三子　生光緒卅二年丙午十月初八日丑時

娶黃氏七娘　生民國二年癸丑五月十三日酉時

源泉公諱江　即書德公長子　生咸豐五年乙卯九月十五日辰時　卒光緒九年癸未二月十五日酉時

娶梁氏麥娘號恬恭　招偶　生咸豐十年庚申七月廿九日午時　卒光緒廿四年戊戌九月初六未時

續子　嘔　摘出南安苦山頭

女七　長適阮　次適賴　三適潘

四五六七均適黃

好信公諱綱　即書德公次子

續子　嶇

軍伍公諱營　即茂德公長子

連慶公諱發　即茂德公次子

好度公諱辦　即九皐公長子

娶倪氏夜娘號莊恬　招偶

子　志　坤（兼承）　鑾（出嗣）

女一　適黃

生同治元年壬戌十一月十七日酉時
卒光緒廿七年辛丑十月廿八日酉時

生道光廿二年壬寅十一月初四丑時
卒同治十一年壬申正月初十日酉時

生道光廿六年丙午十月十四日
卒同治十一年壬申四月初五日巳時

生道光廿四年甲辰三月十四未時
卒光緒九年癸未三月初二日寅時

生道光廿八年戊申三月十四日卯時
卒宣統三年辛亥十二月十八上申時

生財公諱貨　即九皐公次子
生道光三十年庚戌四月初二巳時
卒光緒九年癸未四月十八日亥時

嗣子　鸞

得衆公諱寬　即九皐公三子
生咸豐六年丙辰十月十八日戌時
卒光緒九年癸未七月廿八日巳時

表章公諱篇　即九皐公四子
生咸豐九年己未六月初十日子時
卒光緒九年癸未五月十三日戌時

其於公諱派　即九皐公似長子
生咸豐四年甲寅三月初三日申時
卒宣統三年辛亥二月初十日戌時

雙承子　坤

河浚公諱坑來　即永昌公長子
生咸豐十年庚申十月初十日寅時
卒光緒十七年辛卯三月廿八日

娶黃氏受娘　招偶
生同治十二年癸酉十一月十八日午時

子九　齋　鏡殤　續子　套　自來殤

纏殤　婆　鎖金　玉金出嗣

女三　長三俱適黃　次適潘

麵來　即永昌公嗣子

生同治九年庚午二月二十日戌時

續子　套　自來　纏　婆　鎖金　玉金

降來　即善謀公長子

生同治六年丁卯正月廿一日未時

卒民國七年戊午十二月廿八寅時

娶黃氏劉娘

生同治十三年甲戌十一月廿二丑時

卒民國二十年辛未七月十四日巳時

子　相　紅出　科出嗣　賞殤

女三　長三適潘　次適黃

坪來　即善謀公三子

生同治十三年甲戌三月十六日辰時

卒民國十七年戊辰四月十六日酉時

娶林氏蟳娘　生光緒八年壬午十一月廿五日丑時

子　容殤　丕

女三　長適黃　次適潘

季栽　即雲騰長子　生同治二年癸亥八月十四日巳時　卒在外夷

季汀　即雲騰五子　生同治十三年甲戌十二月初二日戌時　卒缺

季榮　即雲騰六子　生光緒　卒在外夷

娶李氏佔娘　生卒失

季閣　即海雁長子　生光緒十九年癸巳三月　卒宣統二年庚戌八月廿二日

季達　即海雁次子　生宣統二年庚戌正月初七日

現任仙邑大洋東間　生光緒元年乙亥四月初十日辰時　卒民國十四年乙丑三月十一午時

季澤公諱標　即月色之子

娶林氏蝦娘　生光緒二年丙子二月十九日酉時

子　艮才　片殤　墻出嗣

女二俱適黄

季統　即玉廣嗣子　生光緒六年庚辰九月初五日戌時

嗣子　墻　生光緒廿六年庚子十月十八日申時

其莽　即玉鉛之子

娶黄氏巧娘　生光緒廿六年庚子八月廿二日酉時

子　隨興

女二

文國公諱羅　即嘉善公之子

生道光八年戊子四月初六日亥時
卒光緒卅三年丁未八月十八寅時

娶潘氏忍娘號太和

生道光廿九年己酉四月十六日亥時

子　洒　斜　品出嗣季鄭

女三　長次適黃　三適潘

有元公諱思　即萬維公長子

生道光廿三年癸卯七月廿三日寅時
卒光緒十五年己丑八月廿一日酉時

娶陳氏圓娘號勤謹

生道光廿九年己酉十一月廿七戌時
卒光緒四年戊寅十二月初八日巳時

子　淵

季飛　即萬維公次子
生咸豐十年庚申二月初十日辰時
卒在外洋

娶黃氏産娘
生同治四年乙丑九月廿七日申時

子　顯（兼承）

季狗　即日亭長子
生咸豐八年戊午十月初八日
卒光緒十九年癸巳三月廿一日巳時

季鄭　即日亭次子
生同治四年乙丑八月十三日
卒光緒卅一年乙巳十月十三日申時

嗣子　品

季且號悅康　續似公長子
生光緒六年庚辰十二月十八日辰時

娶黃氏粧娘
生光緒十四年戊子九月十一日巳時
卒民國二十年辛未七月初九日辰時

子　聰　樹　妙　約

成材公諱莪　即克明公次子

生咸豐十一年辛酉正月廿六日亥時
卒民國八年己未十二月十二日酉時

雙承子　顯

成美公諱芳　即克明公三子

生同治三年甲子三月三十日子時
卒民國元年壬子二月十九日午時

娶黃氏勸娘號勉惠

生光緒三年丁丑二月初八日酉時
卒光緒廿一年乙未三月十一酉時

雙承子　膽

季森　即納彩長子

生光緒三年丁丑五月初三日丑時

娶黃氏錦娘

生光緒七年辛巳壹月初六日
卒民國十年辛酉七月十一日申時

子　膽兼承　曬　笑殤　魯　賴殤

女三　長次適黃　三適潘

成意公諱鎮　即納彩次子

生光緒十一年乙酉四月初一日寅時
卒民國十八年己巳五月初四日辰時

娶黃氏箱娘

生光緒十五年己丑十月十六日丑時

子　夢　任才

女二　長適黃　次適潘

成馴公諱象　即祿禮嗣子

生同治七年戊辰九月十七日未時
卒民國十九年庚午十月十一巳時

娶杜氏毛娘

生同治十三年甲戌六月初六日申時
卒宣統二年庚戌十一月初四日申時

子　寵

女一適黃

亞元　即縣遠嗣子

生光緒十年甲申十月十五日未時

向水　即流遠次子　生光緒廿一年乙未二月廿四日辰時

娶周氏從娘　生民國三年甲寅四月三十日

季豫公　即而作嗣子　生光緒五年己卯六月初七日巳時

卒外夷　四月十七日

娶林氏聽娘　招偶　生光緒十年甲申九月初二日亥時

續子　瞈　椒

女四　長四均適黃　次適林　三適賴

瓊維　即而作似子　生光緒七年辛巳五月廿九日戌時

續子　瞈　椒

季立公　卽譽恒嗣子　生同治二年癸亥八月初一日酉時

卒民國十八年己巳三月初七未時

娶黄氏邱娘

子　書　梓　似子會

季高公　即順意長子

福軒公諱絨姜　即長發公長子

娶賴氏淼娘號儉平

子　瓦莽殤

女二　長適黄　次適賴

豆訓公　即長發公次子

雙承子　瓦

生光緒元年乙亥九月十八日戌時
卒民國十八年己巳正月初五卯時

生咸豐二年壬子十二月三十日戌時
卒民國十六年丁卯九月廿六日

生同治二年癸亥五月初二日巳時
卒光緒廿二年丙申七月初十巳時

生同治八年己巳十月廿四日酉時
卒光緒廿四年戊戌九月初九酉時

生同治七年戊辰七月廿一日亥時
卒民國四年乙卯二月十三日卯時

福堂公諱我藝字季故　即有堂公長子

生咸豐六年丙辰七月十七日辰時
卒光緒十九年癸巳八月十五午時

公

娶黃氏院娘號超著

生咸豐九年己未七月廿三日子時
卒民國二十年辛未八月初七辰時

子　論廻　永廻

女三　長適潘　次三俱適黃

福信公諱中庸字季幾　即有堂公次子

生咸豐九年己未九月初二日亥時
卒光緒廿二年丙申正月十三巳時

公

娶黃娘梅娘號占香

生咸豐十年庚申十一月十三日寅時
卒民國十九年庚午十一月初十巳時

塟在本鄉烏鴉啄屍壬丙亥巳

子安　丹出嗣

女一適黄

世尊　即有堂公四子　生同治十一年壬申二月廿九日辰時

福意公諱保元　即有堂公五子　生光緒元年乙亥八月初五日申時　卒民國十四年乙丑三月初三子時

娶林氏紙娘　生光緒二年丙子十一月二十日酉時

公塋在本鄉土名牛路亥巳壬丙

嗣子　徠

回堂　即有正公長子　生同治十年辛未九月十七日未時　卒民國八年己未七月十一日午時

娶黄氏鑾娘　生同治十年辛未十月十六日午時

子　纓　堅出嗣夷澤　仙

生光緒元年乙亥七月十五日寅時
卒光緒卅四年戊申八月廿四寅時

女三均適黃

夷澤　即有正公次子

娶黃氏改適

嗣子　堅

生光緒六年庚辰五月初十日未時

季全　即有正公三子

生同治八年己巳十一月十九日卯時

恭維字季敬　即有教公長子

娶黃氏貝娘號寶懿

生光緒四年戊寅九月初九日酉時
卒光緒廿四年戊戌十月十六申時

子　德建殤

福相公諱珍維字季彩　即有教公次子

生同治十二年癸酉七月十六日巳時
卒光緒廿七年辛丑九月十四日巳時

公

娶林氏綏娘　招偶

生光緒十三年丁亥六月廿九申時
卒民國七年戊午五月廿三日辰時

續子　艮

女二　適潘

維聲字季音　即有教公三子

生光緒四年戊寅十二月廿七日戌時

娶黃氏棗娘

生光緒十六年庚寅八月
卒民國十五年丙寅九月十三日未時

續子　艮　予　膽

女一

吉維字季慶　即有教公五子　生光緒九年癸未十一月初二日午時

娶陳氏益娘　生光緒十一年乙酉七月廿二日申時

子　美　紅

福封公諱謹勅　即有言公嗣子　生同治六年丁卯九月十八日酉時　卒民國十一年壬戌九月初八巳時

娶林氏違娘　生同治十三年甲戌六月三十日申時

子　丹嗣　謗

女一適黃

曾歲公諱頂元　即正直公長子　生咸豐三年癸丑三月十五日辰時　卒民國三年甲寅九月初八巳時在外夷

娶黃氏秦娘　生咸豐九年己未十月初四日亥時　卒民國二年癸丑九月初八日巳時

子　欠

鏗成公諱耳元字季聽　即正直公次子

公

生同治元年壬戌九月初六日戌時
卒宣統三年辛亥十月十九日巳時

娶黃氏麟娘

生同治三年甲子十一月廿四日戌時
卒民國十六年丁卯九月二十日卯時

子　扯徙南安九都

女一適黃

思義公諱文默　即正恩公長子

生光緒二年丙子六月廿八日申時
卒民國七年戊午十二月初九酉時

娶黃氏禧娘

生光緒二年丙子十月廿三日酉時
卒民國十一年壬戌七月初六巳時

子　百　恭　其土

思忠公諱文孝　即正恩公次子
生光緒五年己卯十一月十二日辰時
卒民國十一年壬戌十一月十七日

娶黃氏研娘
生光緒十七年辛卯正月廿九日卯時

季谿　即正恩公四子
生光緒廿五年己亥五月廿五日亥時

娶黃氏隴娘
生光緒卅二年丙午四月初十日未時

側室葉氏雰娘
生光緒卅四年戊申

子　德年黃養　永年黃氏養　逢年葉氏出

季矸公　即有志公長子
生咸豐十年庚申十一月十七日辰時
卒光緒卅三年丁未五月十七日亥時

娶黃氏却娘　招偶
生同治十一年壬申七月初六日辰時

子　海　班出嗣　起出嗣　日　葛出嗣　普續

季交公　即有志公次子　生同治五年丙寅六月初三日辰時
卒在夷

季蘇　即有志公三子　生同治八年己巳九月初九日辰時

續子　普

季示公　即有志公四子　生光緒三年丁丑二月初九日戌時
卒民國八年己未十二月初九日卯時

季真公　即吉成長子　生咸豐九年己未十二月十五日丑時
卒宣統三年辛亥十一月十七日寅時

娶温氏斜娘　生光緒十三年丁亥十一月廿二日卯時

承繼子　葛

季限公　即吉成次子　生同治元年壬戌十一月廿一日丑時
在外亡年月失

季餘　即吉成三子　生同治七年戊辰七月廿一日寅時
在外亡

開枝公諱鳳眼字季龍　則丕謨公長子
生咸豐八年己未四月廿三日酉時
卒光緒十二年丙戌三月初二巳時
公
娶賴氏垗娘　招偶
生咸豐十一年辛酉七月初五日寅時
卒民國十一年壬戌九月初三日巳時
公葬本都土名出水坑湖
子　壇英　甫英 續
女三　均適黃

季池　即丕謨次子
生咸豐十一年辛酉九月廿七日辰時
卒宣統二年庚戌十一月十四日寅時
娶林娘八娘
生同治八年己巳十月二十日未時
子　灘　闖　快　芋

女二均適黃

季儒　即丕謨三子

生同治二年癸亥十一月初一日酉時

嗣子　班英　續子　甫

宏基公諱恢字季含　即丕謨四子

公

生同治七年戊辰十月十七日巳時

卒光緒廿四年戊戌十一月初六未時

娶黃氏每娘　招偶

生同治十三年甲戌十一月初一酉時

卒民國十二年癸亥正月十一日戌時

嗣子　起

女一適黃

季泉　即丕謨似四子

生光緒二年丙子八月初七日酉時

雙嗣子　起

季砵　即其居長子　生光緒廿四年戊戌正月初四日戌时

娶黃氏里娘　生光緒廿四年戊戌二月廿六日申時

子　朝

女四

季改　即其居次子　生光緒廿七年辛丑二月

娶黃氏一娘　生宣統三年辛亥三月初十日寅時

季探　即金陵長子　生光緒廿七年辛丑九月初七日巳時

娶黃氏莧娘　生光緒卅一年乙巳十月十七日未時

季揊　即金陵次子　生民國五年丙辰三月十一日巳時

文⿰石區　即叔善長子　生光緒廿一年乙未三月十八日丑時　卒民國二十年辛未九月初九日卯時

娶曾氏宿娘　生光緒二十年甲午三月初三日　卒民國二年癸丑五月廿三日未時

繼娶潘氏閃娘　生光緒廿八年壬寅四月初八日辰時

子　創來　徙來養

季梓　即叔善次子　生

娶黃氏當娘　生

季苟　即南金長子　生光緒十四年戊子八月廿二日辰時　卒在外東

娶賴氏好娘　生光緒二十年甲午二月廿九日辰時

予　太山　籐枝出嗣

生光緒十六年庚寅十二月十六日辰時

季切　即南金次子

嗣予　籐枝

生咸豐四年甲寅六月廿五日辰時

卒民國九年庚申十一月初四丑時

季俊　即嚮霄長子

生同治五年丙寅五月十二日卯時

娶黃氏做娘

予　乜　碩

女五

泮水　即乘侯嗣子

生同治六年丁卯九月初九日未時

娶黃氏妹娘

生光緒二年丙子九月十三日巳時

子　揪嗣　係

女一

季畧　即重承嗣子　生同治十年辛未六月廿一日申時

娶黃氏鶯娘　生光緒二年丙子三月十九日辰時

子　語英

女二

成齋公諱鳳　即永言嗣長子　生　卒

娶黃氏玫節

子　擐　旦耋

季核　即有成三子　生　卒

娶黃氏改節

子　玉梅出　揪英出嗣

季尊　即有成四子　生

娶黃氏宗娘　生光緒十六年庚寅正月廿五日

子　賞出嗣

季與　即進祿嗣子　生　卒

娶黃氏卜娘　生　卒

繼娶黃氏乖娘　生　卒

承繼子　賞

生光緒八年壬午四月初一日辰時

季番　即獻景嗣子

娶黃氏耽娘

子　搬英殤

生

瑞玉公諱暖　即德民長子

生咸豐十年庚申八月廿一日午時

卒光緒十年甲申八月十五日寅時

娶黃氏改適

季錫　即德民次子

生光緒三年丁丑七月廿七日

卒民國二十年辛未五月十五日申時

娶黃氏糠娘

生光緒七年辛巳二月廿七日寅時

卒民國十四年乙丑九月廿四巳時

子　貯來往南安　落

瑞思公諱鳥　即日諸嗣子
生光緒六年庚辰五月廿九日申時
卒民國十二年癸亥七月廿六巳時

娶黃氏改適

子　寅　塔

廸吉公諱淩　即恭慎兼承子
生道光廿六年丙午正月十七日丑時
卒光緒卅一年乙巳七月十八日未時

娶董氏
生咸豐四年甲寅七月初七日酉時
卒光緒十五年己丑八月初二卯時

子　得　兵承保國　合　塡承保國

公諱西　即克篤三子
生光緒二年丙子
卒光緒卅三年丁未十月十一日酉時

公諱尊　即克篤四子
生光緒十一年乙酉五月十二日
卒民國七年戊午十一月初四日午時

季莿　即爲仁長子　生卒缺　止

汝蘭　即爲仁次子　生同治元年壬戌三月十七日未時　卒光緒廿七年辛丑十二月初八巳時

可器公諱球琳字季玕　即立忠公長子　生咸豐九年己未八月廿二日酉時　卒光緒廿九年癸卯七月二十未時

公

娶黄氏霽娘　生同治三年甲子十二月初四日亥時　卒民國二十年辛未六月十二日午時

子　祿謙　士登殤

女一適黄

吉成公諱思臯字季春　即立忠公次子　生同治元年壬戌九月初三日戌時　卒民國四年乙卯十一月廿三巳時

公

娶林氏真娘　生同治九年庚午九月初二日午時

子　火殤　文碩　煦殤　城

女　長三四適黃　二五適賴

吉安公諱蘭字季馨　即立忠公三子

生同治八年己巳十二月十二日子時
卒光緒卅四年戊申正月廿九日寅時

公

娶黃氏改節

季淨名清　即立忠四子

生同治十三年甲戌八月初四日巳時

娶黃氏旦娘

生光緒十二年丙戌十二月廿五日申時

子　趙州　漳州　備英殤　杏林

女三　長次適黃

季容公諱崇　即秉直公長子
生同治十二年癸酉二月二十巳時
卒宣統元年己酉正月廿八日酉時

季欉　即秉直公三子
生光緒五年己卯七月初一日酉時
卒民國八年己未五月廿二日申時

娶黄氏改適

女三　長次適黄　三適賴

季讓　即深恩公長子
生同治十年辛未三月廿八日巳時

嗣子　玉金

季友名出　即深恩公次子
生光緒五年己卯閏四月二十日未時

娶黄氏唖娘
生光緒十五年己丑九月初六日寅時

子　晏水　岸直　揀殤　霜殤

女二　適黃

生光緒八年壬午九月廿四日酉時

季光公諱耀　即深恩三子

卒民國十六年丁卯九月廿四申時

娶黃氏澇娘

生光緒十年甲申九月初四日酉時

子　丁財　慼殤　丁平

女二　長適黃　次適

季鏘　即深恩四子

生光緒十四年戊子十二月廿一戌時

卒民國二年癸丑三月二十日未時

通來　即奎宗長子

生光緒元年乙亥九月廿八日丑時

卒民國十一年壬戌六月初八日

娶陳氏密娘

生光緒九年癸未五月廿三日辰時

子　賁　聖

女三　長次適黃　三適潘

進來　即奎宗次子　生光緒四年戊寅十一月初二日丑時　卒民國十三年甲子四月初四日卯時

娶黃氏且娘　生光緒十九年癸巳十一月廿八日酉時

子　連枝

春貴　即奎宗三子　生光緒十六年庚寅九月廿一日戌時　卒民國十四年乙丑九月初七日酉時

太山　即奎宗四子　生光緒二十年甲午十二月初二日未時

思木公諱遐邇字季毅　即隱仕長子　生同治元年壬戌二月二十日申時　卒民國十三年甲子八月初三丑時

娶林氏妹娘　生光緒三年丁丑八月十三日巳時

子三　灝水　井水　景出嗣

女一　適黃

省恭字季有　即隱仕次子

生同治四年乙丑六月十九日子時

娶賴氏麟娘

生光緒七年辛巳六月初一日巳時

子四　潑水　二　溜出嗣　水

女二　長適黃

告答　即文財嗣子

生同治十年辛未十二月二十日寅時

娶賴氏麐娘號謹順

生光緒十一年乙酉七月十六日未時

卒光緒廿七年辛丑三月廿三日卯時

繼娶黃氏朱娘

生光緒十五年己丑十月廿六日申時

嗣子　景　溜

緜盛公諱旺　即其國長子
生咸豐四年甲寅六月初六日酉時
卒光緒廿八年壬寅十二月廿三戌時

娶黃氏先娘號儉慈
生咸豐四年甲寅四月廿一日卯時
卒光緒十四年戊子十月初三巳時

子一　暗英

緜絮諱公柳　即其國次子
生咸豐七年丁巳十二月三十日巳時
卒民國十八年己巳八月二十日申時

娶陳氏粉娘
生光緒二年丙子二月初四日酉時

子二　依　命

女三

緜江公諱川　即其國三子
生咸豐十年庚申十二月十二日寅時
卒民國十八年己巳十月初　日戌時

娶鄭氏每娘號紫順
生光緒元年乙亥
卒光緒廿四年戊申十月廿七日辰時

子二　沙　越

緜遠公諱纅　即其國四子　往外亡
生同治二年癸亥九月初六日戌時
卒光緒廿一年乙未十二月初二酉時

娶白氏香娘臺灣人生傳未詳

進益公諱借　即赫星次子
生同治十三年甲戌正月廿九日戌時
卒光緒十四年戊子四月廿七日巳時

連訓公　即明德次子
生同治元年壬戌七月十九日未時
卒

連响公　即蝘艮嗣子
生咸豐九年己未正月初一日卯時
往外不歸生卒未卜

季木　即濟龍長子
生同治十一年壬申九月十六日寅時

娶黃氏晚娘
生光緒七年辛巳十一月廿四日
卒光緒卅四年戊申十月十一日酉時

子　揪英　言英

季添　即潛龍三子　生光緒十年甲申八月初一日巳時

寨澤　即潛龍四子　生光緒十四年戊子二月廿七日酉時　卒民國二十年辛未四月廿三日戌時

雙路　即善長長子　生同治八年己巳三月廿二日未時

娶黃氏乇娘　生同治十二年癸酉正月廿二日亥時

子四　扯來　蝦水　雅來　續來

女三　長未婚殁　次適　三適黃

廸吉公諱滚　保國雙祧子

娶董氏

子四　得承恭慎　兵　合承恭慎　塡

季鏘　即其言三子　生光緒十年甲申六月初五日

娶陳氏尉娘　生光緒廿一年乙未十二月十三日酉時

子　杏元

女四　長次適賴

尊貴　即叔淮長子　生光緒廿八年壬寅十月初七日午時

尊怨　即叔淮次子　生光緒卅一年乙巳九月十四日巳時

尊壹　即叔淮三子　生光緒卅二年丁未十二月廿八日未時

季華　名富郎　即叔通之子　生

娶楊氏

子　忠信　生民國六年丁巳六月初十日戌時

尊森　即叔年長子　生民國八年己未八月十四日亥時

尊德　即叔年次子　生同治四年乙丑九月廿二日午時

季岱名任太　即叔林長子　生同治八年己巳五月十四日午時　卒民國十八年己巳二月十四申時

娶蕭氏

子　茂郎　金鳳出嗣

任華　即叔林次子　生同治七年戊辰九月十七日午時　卒民國十年辛酉正月十四日申時

嗣子　金鳳

季明名任文　即叔林三子　生同治十一年壬申六月初五日寅時

娶　氏

子　清水

女一

季耀名任榮　即叔林四子

娶陳氏生

子三　芹　坤　正錦

元章　即叔蘭之子生

兆清　即叔贊長子生

兆建　即叔贊次子生

兆芹字季殷　即叔賢三子　生

娶林氏　生

子　壘　桂

德修　即叔賢四子　生

世分　即叔源長子　生

世水字季清　即叔源次子　生

娶傅氏　生

子　麟　聚　坤

世玉字季暉　叔源三子　生

世藻字季釆　即叔源四子生
娶陳氏生
子一　開發
文字季修　即叔謙之子
娶黃氏
子三　錦祥　錦水　錦孝
有慶　即叔清之子
子一　水
金總字季成　即叔期之子

生光緒元年乙亥九月十二日卯時
生光緒十七年辛卯四月十六日未時
生光緒十六年庚寅九月十九子時
卒民國三年甲寅三月廿六日戌時
生光緒十九年癸巳十一月廿一日子時

娶林氏
生光緒廿五年己亥五月廿六日丑時
卒民國十三年甲子十一月初二戌時

金火　即叔庸長子
生光緒三十[illegible]七月初七日申時
卒民國十二年癸亥五月廿一日

金妹字季豐　即叔庸次子
生
卒民國十九年庚午六月十四日未時

娶陳氏生

子　秀春

貞字季鳳　即叔啓長子生

娶楊氏生

子　玉輝

木字季和　即叔啓次子生

娶陵氏生

生光緒廿三年丁酉正月廿七日辰時

開龍字季翔　即叔榮之子

生光緒廿六年庚子六月廿三日辰時

娶楊氏

生光緒廿六年庚子二月初八日巳時

元富　即叔欽長子

生光緒卅一年乙巳正月十七寅時

元寶字季煌　即叔欽次子

生光緒卅二年丙午

娶蔡氏

子一　忠發

生光緒卅三年丁未五月廿一日巳時

元漢　即叔欽三子

阿漢　即宗澤之子生

煥郎　即叔亨長子

生光緒五年己卯八月初十日辰時
卒光緒廿五年己亥八月初六酉時

葉郎字季蘖　即叔亨次子

生光緒七年辛巳十一月十五辰時
卒民國八年己未十月廿五日酉時

娶鄭氏

子　勳　文池

生光緒廿一年乙未八月廿四日
卒民國十四年乙丑二月廿八日戌時

季魁　即叔亨三子

生光緒十一年乙酉二月十二亥時
卒民國十年辛酉九月初四日未時

開金　即叔模長子

生光緒廿九年癸卯九月十九日子時

開全　即叔模次子

生光緒卅一年乙巳七月初一日未時
卒民國十四年乙丑八月廿四亥時

正身公諱端　即讀書公長子　生卒失

娶潘氏號献順　生卒失

子五　啓　長　權　達　樹

季强　即讀書公次子　生卒失

壽福公諱慶　即讀書公三子兼承自生公

公

生道光廿四年甲辰六月廿八日卯時
卒光緒卅四年戊申十二月廿五未時

娶杜氏謹娘

生缺
卒民國十六年丁卯九月十一日申時

嗣孫　麗

季蘭　即而親公嗣子　生

季欽　即有念公長子　生

季遥　即順萬公長子

生咸豐二年壬子十二月三十日戌時
卒民國十二年癸亥五月初十日申時

娶黃氏看娘

季佛　即順萬公次子

季述　即順萬公三子

娶潘氏晏娘　招偶

子　意來　錯殤　鵬殤　助成

季假　即順萬公似三子

季立　即是可之子

苟美公諱完　即桂香公長子

娶陳氏碖娘

生咸豐五年乙卯八月廿二日
卒民國四年乙卯十一月廿八日

生咸豐　年五月廿八日
卒民國四年乙卯九月廿六日戌時

生光緒三年丁丑五月初五日丑時
卒民國十八年己巳八月十八日戌時

生光緒十六年庚寅六月十七日辰時

生光緒廿一年乙未

生同治元年壬戌九月初五日午時
卒光緒十五年己丑九月廿五酉時

生同治四年乙丑四月初八日巳時
卒民國十五年丙寅八月廿一申時

生光緒四年戊寅七月初八寅時

予乘蚵府

女六　長適潘　次適林　三適黃

季有　即桂香公次子　生同治七年戊辰三月廿三日未時

東西房之派

昌謀　即叔看公長子　生光緒廿六年庚子五月廿一日卯時

娶黃氏寶娘　多六歲是實　生光緒二十年甲午十月初九日　卒民國八年己未八月廿三日戌時

季圓　即叔看公三子　生光緒廿二年丙午十二月十六丑時　卒民國十八年己巳五月十二日甲時

再興　即叔灶之子　生民國十四年乙丑三月廿六日巳時

卷十一終

重修虹山彭氏族譜世紀卷十二

三十三世 永字行

萃琇派

永獺公　即催公長子　生道光廿七年丁未八月廿四日卯時　卒光緒卅四年戊申十二月十一丑時

娶黃氏　生同治元年壬戌十一月初四日酉時

子四　浮　祿　燒　配

女二　適林　適黃

永標公　即催公次子　生咸豐元年辛亥十月十六日巳時　止　卒民國十四年乙丑十一月十五巳時

永右公　即催公三子　生咸豐四年甲寅十二月十一日　時　止　卒光緒十三年丁亥正月十九日丑時

恂謹派

如鴻公諱禧　即松吉公長子兼承君公

公

生咸豐八年戊午正月初八日辰時

卒光緒廿七年辛丑八月十四未時

永川　即讓公嗣子

生光緒二年丙子七月初二日辰時

往夷邦不知存殁

永曜公　即聯成公養子

生同治四年乙丑二月初十日辰時

卒光緒卅四年戊申正月十二日時

公歸仙邑仁德里東間厝

論元公諱三評字永芳　即斯誠公長子

公

生道光廿六年丙午六月廿三日午時

卒光緒廿九年癸卯六月初一日午時

娶張氏寅娘號恊慈

生道光廿八年戊申九月十七日卯時

卒民國六年丁巳閏二月初二日申時

考妣合塟牛山圳脚乾巽亥巳

子三　順陽　正陽　春陽

女二　長適張　次適黃

圓垠公諱團圓　即斯誠公次子

生咸豐十一年辛酉正月十一日亥時
卒光緒十二年丙戌八月十九日辰時

娶賴氏號静儉

生同治四年乙丑正月廿六日未時
卒光緒十年甲申八月十三日丑時

妣任番邦歿

慶芸公　即如周公養子

生光緒十年甲申四月廿七日未時
卒民國四年乙卯正月廿一日丑時

兩嗣子一　佑

福元字永祿　即彥公長子

生光緒七年辛巳五月初二日申時

娶黃氏爽娘　生光緒十七年辛夘三月初十酉時　卒民國七年戊午四月十二日申時

子一　銘

女一　適黃

永桃公　即敦仁公之子　生道光廿四年甲辰十二月廿二日時　卒民國　年　月　日時

財德公諱進　即英靈公嗣子　生道光廿九年己酉　月　日時　卒同治六年丁夘十一月初八日寅時　止

智附公諱轉字永達　即朝仕公長子

公

娶黃氏甘娘　招偶　生同治十三年甲戌三月十一日亥時　卒光緒廿八年壬寅正月初六日丑時　生光緒十二年丙戌四月二十日辰時

續子三　木林　宣　籃兼承思忠公為嗣孫

承祥公　即朝仕公次子
生光緒十三年丁亥五月十六戌時
卒民國六年丁巳正月十七日戌時　止

承秧　即朝仕公似長子
生光緒十一年乙酉七月十九日戌時

續子三　木林　宣　籃

承陞　即事信公嗣子　生卒失　止

積玉公諱光珠　即榮信公長子
生同治三年甲子四月十七日巳時
卒民國十年辛酉九月初十日卯時

娶潘氏豫娘號淑儉
生光緒八年壬午八月初四日酉時
卒民國十九年庚午十一月廿三戌時

子二　得勝　趣

女二　適黃

靜川公諱光定　即榮信公次子
生光緒元年乙亥十一月初九日戌時
卒民國十四年乙丑七月初一日酉時

娶吳氏藹娘　生光緒十二年丙戌十二月廿九日寅時

子六　芳　墻　門　鴟　琴　喬

女二俱適黃

永瑶公　即日陞公長子　生同治四年乙丑四月十六日午時　卒民國　年

先娶黃氏送娘　生同治九年庚午正月廿五日巳時　卒失

繼娶黃氏攺適

子一　乞

永潑公　即日陞公次子　生同治六年丁卯十二月廿九日時　卒失　往夷邦殁

先娶黃氏歇娘號禎儉　生同治九年庚午九月十四日酉時　卒光緒二十年甲午十一月初一酉時

繼娶杜氏改適

子一　治黃氏出兼承帳公

女一杜出

申直公諱帳　即日陞公三子

生同治十二年癸酉八月十一日未時

卒光緒十八年壬辰十月十七日酉時

兩嗣子　治

永言公諱配　即端公長子

生咸豐九年己未八月十六日巳時

卒民國四年乙卯十一月二十辰時

娶黃氏瘖娘號楧實

生同治二年癸亥三月三十日戌時

卒光緒卅三年丁未正月十一巳時

子　鑽　鏘　癸殤

女二　適林　適黃

恩輝公諱文答字承禮　即端公次子

公

生同治八年己巳五月十九日丑時
卒民國十八年己巳五月三十日申時

娶黄氏徙娘

生同治十二年癸酉二月初十日卯時
卒民國十四年乙丑六月初十日辰時

子三　弄　盻兼承喬金　世金

女一適黄

告子字承性　即端公三子兼嗣皇公

生同治十二年癸酉六月初七日丑時

先娶黄氏乖娘號維巧

生光緒七年辛巳八月初一日申時
卒光緒三十年甲辰正月十九巳時

繼娶黄氏蒜娘

生光緒四年戊寅十一月廿三日巳時

子六　教先妣出　雙　桂　才　旺　栞俱後黄出

女三　長適朱　次三適黄

全山公諱塗　即有政公長子

生光緒八年壬午十一月十一日戌時
卒民國二十年辛未六月初六日巳時

娶張氏興娘

生光緒三十年甲辰九月廿二日寅時
卒民國十四年乙丑四月初十日辰時

子一　火

女一

永蔭　即有政公三子

生光緒二十年甲午七月十八日巳時

娶黄氏胚娘

生光緒廿一年乙未十一月初八日酉時

子一　典來

女三

順仕公　即海公長子　生光緒十七年辛卯二月十一日寅時　卒民國十一年壬戌七月初三日辰時

娶潘氏改節

子二　棟樑　來水

添財　即海公次子　生光緒廿二年丙申四月初四日卯時

娶林氏眉娘　生光緒卅三年丁未十一月初七日亥時

女一

選來　即搗公養長子　生光緒九年癸未三月初三日時

福春　即搗公次子　生光緒廿四年戊戌七月初九日辰時

兄弟俱移居福清一都

永水　即同公長子
生失
往仁宅居住

永薄　即城長子
生光緒卅一年乙巳十一月十八日巳時

娶黃氏碟娘
生民國四年乙卯十一月十五日午時
卒民國十九年庚午八月廿八日寅時

永赤　即城次子
生民國元年壬子四月初十日辰時

永鈌　即鄭長子
生宣統二年庚戌四月十八日申時

慕德派

金義公諱成奎　即宜圓公長子
生咸豐三年癸丑六月十二日寅時
卒民國十六年丁卯三月十二卯時

嗣子一　城

呈祿公諱雪來　即宜圓公次子
娶伊氏朱娘號恬靜
嗣子一　鏘
丞逆　即宜圓公三子
娶黃氏恨娘號柔惜
子　榮火
樟配公諱糊　即宜圓公四子
如吾公諱秉　即如明公長子
娶杜氏蝐娘

生同治五年丙寅六月十四日午時
卒民國二十年辛未八月廿七巳時
生同治十三年甲戌九月三十日子時
卒光緒廿五年己亥九月十三日丑时
生同治九年庚午十月廿五日戌時
生光緒元年乙亥十一月十三日丑時
卒民國十一年壬戌七月十五日辰時
生同治十三年甲戌十一月廿九丑時　止
卒光緒十二年丙戌七月十六日戌時
生道光十九年己亥七月廿七辰時
卒光緒九年癸未六月初一日巳時
生道光廿一年辛丑三月初九日辰時

子四　固　帯出嗣山公　角　錄出嗣衫公為孫

如川公諱山　即如明公次子　生道光廿二年壬寅十月十七日丑時　卒光緒十九年癸巳十二月十三辰時

嗣子一　帯

漢成公諱溪河　即如足公長子　生道光廿五年乙巳五月初一丑時　卒同治二年癸亥十月十二日丑時　止

如汪公諱江河　即如足公次子　生道光廿七年丁未八月廿三日丑時　卒光緒十六年庚寅閏二月十二午時

娶黃氏生卒失

子二　劊　吩出嗣飛河

女二　適潘　適黃

如躍公諱飛河　即如足公三子　生同治元年壬戌六月十八日辰時　卒光緒十六年庚寅正月十一巳時

嗣子　吩　生同治五年丙寅九月十八日丑時

愛河公　即如足公四子

娶黃氏趕娘　生光緒元年乙亥十一月十一日寅時

子二　得時　捷

成發公諱禧字永鴻　即怡玉公長子

公　生道光十七年丁酉五月十七日申時
卒光緒十五年己丑正月三十日子時

娶陳氏妹娘號蝶儉　生道光廿二年壬寅二月初八日巳時
卒光緒廿九年癸卯九月廿七日子時

同塟本鄉土名三元坑牛路田后中大崙辛乙戌辰

子二　萬　農嗣子

女二　適陳　適黃

盈發公諱錢字永綏　即怡玉公次子

公

生道光廿三年癸卯十月廿九日巳時
卒光緒卅二年丙午六月初八日巳時

娶吳氏富娘號貴德

生道光廿九年己酉正月初三日酉時
卒光緒廿一年乙未閏五月十二酉時

公葬本鄉土名三元坑水口尾坐庚向甲

妣葬本鄉土名大圳後坐坤向艮

子五　仟　廣　鏊　武　農出嗣禧公

女三　長適黃

喬移公諱遷字永歲　即似花公長子

公

先娶黃氏誓娘號柔德

生道光十年庚寅九月十一日酉時
卒光緒卅二年丙午十月廿七丑時

繼娶杜氏尋娘號柔憶

生道光十四年甲午五月十六日時
卒同治九年庚午七月十七日丑時

先妣繼妣同塋三元坑洪墘頭癸丁

生道光十一年辛卯十月初六日寅時
卒光緒二十年甲午七月廿二日寅時

子四　扶　垙孪生　斗孪生出嗣友　接

裔金公諱買字永臣　即似花公次子

公

生道光十四年甲午七月廿三日亥時
卒光緒廿三年丁酉六月初二日子時

娶賴氏能娘號勤竭

生道光十七年丁酉二月十九寅時
卒宣統元年己酉正月十三日申時

公塋林口土名后井寅申甲庚

子五　祖　孝兼承連敬為孫　從　陸　禮

女二　俱適黃

如朋公諱友　即似花公三子

生道光廿五年乙巳四月初五日寅時
卒同治十二年癸酉三月初三日卯時

娶杜氏盆娘號柔進　招偶

生道光廿六年丙午閏五月初七戌時
卒宣統元年己酉十一月初五日未時

子三　趨養　斗嗣　壇嗣

永諒公　即似花公五子

生咸豐三年癸丑三月十四日　時
卒失　往東邦歿

娶黃氏錦娘號柔衣

生咸豐五年乙卯九月廿六日巳時
卒光緒十年甲申九月初六日　時

子一　得養逃出外而歿

至敬公諱臣字永仁　即似花公似三子

公

生失
卒光緒　年二月廿四日　時

仈垂公諱權　即周齋公嗣長子

生道光廿七年丁未七月廿六巳時
卒光緒七年辛巳二月十六日未時

娶潘氏晟娘

生道光廿七年丁未七月初三申時
卒民國十年辛酉九月廿三日酉時

公塋本鄉祠堂對面坐甲向庚

子三　蘊　乙　壇（出嗣友公）

玉云公諱思　即如行公長子

生道光廿六年丙午閏五月初八巳時
卒光緒七年辛巳七月二十日巳時

娶黃氏徙娘　招偶

生道光三十年庚戌三月初六日酉時
卒民國十七年戊辰十月三十日酉時

子二　信　劉（小續壬）

女三　長適黃　次三適潘

玉𡨴公諱爲　即如行公三子
生咸豐十一年辛酉正月廿三日寅時
卒民國十二年癸亥三月初六日巳時

續子　劉

桂有公諱蘭　即克儉公嗣長子
生咸豐四年甲寅十月　日　時
卒光緒九年癸未三月十七日戌時

娶賴氏走娘　招偶
生咸豐四年甲寅正月十七日酉時
卒民國七年戊午十一月十四午時

子　引　續子　轉　隱　㕜　蕉　勅

女二　適林　適黃

悅來公　即克儉公似長子
生咸豐十一年辛酉二月廿六日戌時
卒民國八年己未十一月初四日巳時

續子　轉　隱　㕜　蕉　勅

呈輝公諱奎字永星　即似分公之子

公

娶陳氏汝娘號惟菊

生同治元年壬戌十一月十四酉時
卒宣統元年己酉十月初八日未時

公塟本鄉三元坑水口尾坐癸向丁

生同治五年丙寅九月初十日寅時
卒光緒卅三年丁未十一月初五午時

子四　繆　守　堆　倉出嗣有

女三

仕禮公諱齊字永宣　即如德公長子

生同治元年壬戌十月廿六日辰時
卒民國十七年戊辰九月廿九日酉時

公

娶黃氏成娘

生同治二年癸亥十月十一日辰時

子四　謙　鵠出嗣奎　度　筍

女二俱適黃

生同治八年己巳四月初八日亥時

永套　即如德公次子

娶黃氏寢娘

生光緒三年丁丑二月初九日寅時

嗣子一　鵤

永慨公　即連理公養長子

生咸豐八年戊午　月　日　時止

卒外亡不知

命衣公諱庫　即連理公嗣次子

生光緒七年辛巳三月初一日亥時

卒民國七年戊午正月十三日未時

娶黃氏改適

子一　乾

女一

如坐公諱再　即文帝公長子

娶蕭氏輭娘號花開

子　膵

女一　適林

生進公諱學　即文帝公次子

永貫　即文臻公次子

嗣子一　垵

永政公　即成邑公長子

娶黃氏月娘

生同治二年癸亥正月二十日申時
卒宣統三年辛亥八月二十日未時

生同治十二年癸酉八月初八日申時
卒光緒廿六年庚子七月十三午時

生同治七年戊辰三月初十日戌時
卒光緒二十年甲午八月十四午時

生光緒八年壬午九月初八日寅時

生同治四年乙丑三月十四日亥時
卒民國十七年戊辰七月十二辰時

生同治十一年壬申十月二十日申時
卒光緒廿三年丁酉二月廿二日未時

子一　頑泉

生同治八年己巳正月十三日丑時　止

卒光緒廿一年乙未六月十三巳時

永禹公　即成邑公次子

永傑　即成邑公三子

生同治十一年壬申七月十一日酉時

綠祿公諱油福字永

公　即春意公長子

生咸豐九年己未正月十四日巳時

卒光緒卅一年乙巳七月十二寅時

娶潘氏取娘號儉友

生同治元年壬戌五月廿六日辰時

卒民國九年庚申九月廿八日酉時

子一　蓮

女二　適潘　適侯

綠策公諱計　即春意公養次子

生同治八年己巳二月初二日酉時

卒光緒廿七年辛丑十二月初八卯時

娶黃氏改適

子二　喜　惠

進高公諱砌　即取誼公長子

生同治二年癸亥正月廿四日亥時

卒宣統元年己酉八月廿八日巳時

娶賴氏窭娘號惟賢

生同治四年乙丑三月十九日辰時

卒光緒十八年壬辰七月廿三子時

繼娶黃氏及娘

生同治四年乙丑正月初六日　時

子三　崇李生　松栢李生　仙

女二

恭慧公諱寬　即取誼公次子

生同治四年乙丑八月十五日寅時

卒民國十三年甲子十二月十一午時

娶黃氏釭娘號貞儉

生光緒元年乙亥十月十六日酉時

子五　莽　澗　儀　木出嗣莉公　金蓮

女三　適黄　適林　適潘

勤香公諱莉　即取誼公三子

生同治九年庚午七月廿四日卯時
卒民國十四年乙丑三月初十戌時

娶黄氏怍娘號柔懿

生光緒三年丁丑八月廿二日申時

嗣子一　木

女一　適謝

桜公　即炮公長子

生同治二年癸亥八月二十日丑時
卒民國八年己未十月廿四日寅時

娶黄氏麵娘

生同治十年辛未十月十二日未時

子三　性　乾隆出嗣泉公　深池

女二　適蘇　適潘

如水公諱泉　即炮公次子

生同治七年戊辰十二月廿九辰時

卒光緒九年癸未八月十六日午時

嗣子一　乾隆

永講公　即炮公三子

生光緒元年乙亥十月初七日酉時

卒民國二十年辛未正月十六日時

娶黃氏賢娘

生光緒四年戊寅五月十二日巳時

卒民國　年十月初四日亥時

子三　篇　遣（兼承模公）　汪

女三俱適黃

永建　即妹公嗣子

生民國元年壬子十月初二日酉時

永馨　即果珍公長子兼承富公

生光緒二十年甲午六月十一日辰時

娶黃氏㤞娘　生光緒廿一年乙未　月　日　時

子二　金着　合成

女一　適潘

永塈字永明　即果珍公次子　生光緒卅一年乙巳十月二十日戌時

娶林氏養娘　生光緒卅三年丁未九月十二日申時

子二　金桔　鍾嶽

女一

永親　即述公長子　生光緒卅三年丁未十月廿九日酉時

永尚　即述公三子　生民國十二年癸亥五月初三日申時

如陵派

木盆公諱伐　即籐公長子

生同治九年庚午十月十三日卯時
卒光緒二十年甲午九月初二未時　止

永灶公　即籐公次子

生同治十三年甲戌十月二十日子時
卒民國十二年癸亥七月三十日巳時

娶黃氏晟娘

生光緒十一年乙酉十月初一午時
卒民國六年丁巳二月初三日酉時

子　蹣

女三

永拚　即籐公四子

生光緒十三年丁亥十一月廿六日辰時

娶黃氏桂娘

生光緒廿六年庚子　月　日　時
卒民國六年丁巳七月廿三日未時

子一　金

尚春公諱分　即景公長子

生咸豐十年庚申十一月十二日丑時
卒光緒四年戊寅十一月初十日酉時

娶黃氏援娘　招偶

生同治元年壬戌八月十七日未時
卒民國七年戊午七月十五日未時

續子五　胚　梳　坎　締出嗣秝公　米兼永滚公

永滚公　即景公次子

生同治五年丙寅七月廿五日辰時
卒民國九年庚申二月廿八日寅時

續子　胚　梳　坎　締　米

永請公　即景公養三子

生同治七年戊辰十月十一日丑時
往外而卒

娶黃氏擔娘

生光緒三年丁丑四月十四日戌時
卒光緒廿七年辛丑八月十八未時

子二　慶　儆

進美公諱妙字永贊　即志輝公長子

[illegible]山[illegible]氏族譜　卷三

公
娶潘氏招娘號順受
子三　錐　仁　銘　似次子巢
女一適蘇

生咸豐七年丁巳十月十三日亥時
卒民國二年癸丑十月初二日戌時
生咸豐九年己未九月廿九日未時
卒民國八年己未十月十一日戌時

永海諱淮　即志輝公次子

生同治六年丁卯七月初九日丑時

娶黃氏顏娘號和靜

生同治七年戊辰四月初一日午時
卒民國九年庚申十一月十九酉時

子三　賒　乞　瓦
女四　長三適潘　次四適黃

永春公　即志忠公養傻子

生咸豐四年甲寅九月初九日巳時
卒民國六年丁巳十二月初六亥時

娶曾氏喜娘　生同治二年癸亥二月廿二日寅時
卒民國元年壬子十一月十八巳時
子二　執　箱
女四　適林　適潘　適施　適賴
全孝公　即似煌公長子　生同治十三年甲戌十二月十五午時
卒光緒廿三年丁酉三月廿三日午時
娶陳氏富娘　招偶　生光緒四年戊寅十二月初六亥時
卒民國七年戊午九月初四日戌時
續子三　欽　鑨　順
女一　適林
永昂公　即似煌公嗣次子　生光緒五年己卯九月廿二日子時
卒缺　往番邦不歸
娶黃氏世娘　生光緒十三年丁亥二月廿九日酉時
卒失

永根　即似煌公三子
生光緒六年庚辰三月初六日巳時

續子三　欽　盤　順

賞公字永玩　即西涼公長子
生同治九年庚午十月廿九日午時
卒民國三年甲寅七月二十日子時

娶黃氏面娘
生同治十三年甲戌五月初十日卯時
卒光緒廿九年癸卯九月十六日子時

繼娶賴氏梅娘
生同治十三年甲戌十一月廿三日卯時

子三　恬黃出　鑨出嗣吩公　婆兼承沉香

永吩公　即西涼公養次子
生同治十二年癸酉二月十五日寅時
卒光緒二十年甲午六月初七日申時

娶黃氏賀娘
生光緒三年丁丑正月廿一日子時
卒光緒廿八年壬寅三月十六未時

嗣子三　畫　盤　乖

高陞公諱金連字承捷　即西涼公三子

生光緒八年壬午三月十三日卯時

娶陳氏梅娘

生光緒八年壬午六月初十日巳時

子五　漢成　取興　讄池出嗣吩公　宋郊　軒轅

女一

承獺　即西涼公四子

生光緒十一年乙酉十一月廿一日巳時

娶陳氏雪娘

生光緒十三年丁亥十月廿六日子時

子二　乘出嗣吩公　虔兼承差

女五　長次適林　三適潘　四適黃

勳德公諱鎮　即如江公長子

生同治九年庚午八月初十日酉時
卒民國七年戊午七月初八日午時

娶潘氏衫娘號豐慈

生同治十年辛未五月十三日午時
卒光緒十五年己丑十二月十五日

繼娶陳氏新娘

生光緒三年丁丑十一月初十日未時

子三　正　寬俱陳出

女二　俱適潘

勳元公諱沉香字永深　即如江公次子

公

生光緒十年甲申十二月十二日寅時
卒民國十四年乙丑十一月廿四辰時

娶黃氏秝娘

生光緒十一年乙酉八月十一日巳時

子二　濶　婆兩承

女一　適潘

生同治三年甲子八月十八日寅時
卒民國八年己未十二月十七辰時

得公字永業　即朝陽公長子

娶黃氏蜜娘

生同治六年丁卯七月廿二日戌時
卒民國十七年戊辰正月初五酉時

養子一　等

永泰公　即朝陽公次子

生同治七年戊辰四月十八日寅時
卒民國元年壬子正月初二日午時

娶林氏遷娘

生同治十三年甲戌五月十四日子時

子一　磚（兼永情）　女一　適潘

生光緒二年丙子七月廿五日申時

永糾　即朝陽公三子

生光緒十四年戊子七月廿三日　時
卒民國十二年癸亥正月二十日巳時

娶黃氏唖娘

子一　德　　生光緒八年壬午正月初一日寅時

女一適黃

永情　即朝陽公四子

兩嗣子一　磚

永丁公　即朝陽公五子　　生光緒十一年乙酉四月十三子時　卒民國五年丙辰七月二十日　時

永寶　即以能公養長子　　生同治十年辛未十月十八日午時

娶黃氏耳娘　　生光緒元年乙亥六月廿三日辰時

子四　冰　躍　汝　清

女一適林

承糧公　即以能公次子
生光緒三年丁丑十一月十二巳時
卒宣統二年庚戌十月初一日酉時

娶王氏買娘
生光緒三年丁丑八月廿六日巳時

子二　杯來兼承承茂　挖來出嗣承鑣公

承鑣公　即以能公養三子
生光緒十二年丙戌六月初一辰時
卒宣統二年庚戌十月廿八日巳時

嗣子一　挖

承茂　即朝偉公長子
生同治九年庚午八月廿八日未時

娶黃氏信娘
生光緒十四年戊子正月初四日申時

兩嗣子一　杯來

承峻公　即榮成公長子
生同治六年丁卯九月二十日午時
卒失

永祿公　即榮成公次子

生同治九年庚午九月初一日寅時
卒失

永塗公　即榮成公三子

嗣子一　締

生光緒二年丙子六月初二日寅時
卒民國十九年庚午　月　日時

克勤派

如倉公諱廩　即如愿公隻子

生道光廿八年戊申九月廿七日午時
卒光緒十二年丙戌八月十七日巳時　止

永佳　即綿美公隻子

生同治二年癸亥正月初六日申時
往番邦不知存殁

永閩　即颮公養長子

生同治三年甲子二月十一日子時

娶黄氏輕娘

生同治九年庚午九月廿五日申時

子三　云　絨　瀨

女三　長適潘　次三黃

永尾　即彪公養次子

生光緒五年己卯十一月十三日子時

娶黃氏顛娘

生光緒十二年丙戌二月十七日酉時

子一　綸祥

女三

成多公諱徹　即逢祥公長子

生道光廿六年丙午六月十一申時

卒光緒十年甲申二月二十日卯時

永進公　即逢祥公四子

生咸豐七年丁巳四月十三日辰時

卒光緒廿七年辛丑九月廿九卯時

子一　慶兼承折公

生枝公諱折　即似水公嗣隻子

生道光廿九年己酉九月廿九日巳時

卒民國十六年丁卯十一月十九戌時

兩嗣子一　慶

生道光三十年庚戌四月初八日戌時
卒光緒十八年壬辰五月二十日未時

永貽公　即單公養長子

娶陳氏

生失
卒　年五月二十日午時　止

女一適潘

永公　即單公次子

生光緒四年戊寅十一月二十日丑時
卒民國十二年癸亥六月廿八日未時

娶賴氏改適　止

永賜公　即籓公養隻子

生同治八年己巳三月初五日未時
卒民國四年乙卯十二月廿一申時

娶曾氏錯娘

生光緒元年乙亥十月二十日酉時
卒民國十九年庚午二月初八未時

子三　淺養　尚務　生財

永興　即仕公養長子　生　年　月　日　時

永堦　即成田公長子　生光緒十四年戊子九月初七日亥時

娶江氏米娘　生光緒十四年戊子十一月十四日申時

子五　增　塔　淹　碟　雀

女二長適黃

永擔公　即成田公養次子　生光緒廿一年乙未正月十六日　時

卒民國十七年戊辰十月十九日戌時

娶賴氏棗娘　生光緒卅二年丙午六月廿九日午時

子二　得成　仁

女一

臣孝公諱忠　即侯伯公長子　生咸豐五年乙卯正月廿四日丑時　卒光緒三十年甲辰八月十八午時

子一　福仁養

永鑾　即侯伯公次子　生同治九年庚午九月廿九日寅時

娶鄭氏苞娘　生光緒九年癸未十二月十二日亥時

忠成公諱詮　即絲絹公長子　生同治元年壬戌二月初十日巳時　卒光緒卅二年丙午七月初五巳時

子二　啖　執

兩嗣子一　桂林

永欲公　即奕世公嗣長子　生同治十二年癸酉九月二十日未時　卒失　往東邦而歿　止

永燕公　即鄉基公嗣長子　生同治四年乙丑七月十三日未時　卒民國四年乙卯十月廿八日酉時

娶黃氏彷娘　生光緒九年癸未二月初五日寅時

子一　桂林兼承忠成公

永迓　即德明公長子　生同治四年乙丑四月十二日巳時

娶陳氏蟳娘　生同治七年戊辰九月二十日酉時

子三　儒　眼　宣

女二　適林　適黃

永董　即德明公次子　生光緒三年丁丑正月十九日辰時　徃東不知存歿

永恒　即日公嗣長子　生光緒十年甲申二月廿二日酉時

娶徐氏蔭娘　生光緒十三年丁亥二月初九日申時

子三　趁　教　洞

女一適黃

永錢　即牽公養長子　生光緒二十年甲午二月初二日丑時

娶黃氏好娘　生光緒廿二年丙午正月十四日酉時

子二　甚　並

如邦派

永呈公　即後素公嗣子　生同治五年丙寅　月　日　時　卒民國十七年戊辰二月十二日　時

娶潘氏春娘　生同治　年　月　卒鈌

子二　合　慶出嗣福地

女二適林

永案仌　即一善公長子　生同治四年乙丑八月廿二日亥時　卒宣統三年辛亥六月十二日未時

娶黃氏沸娘　生同治三年甲子十月廿九日卯時

子二　膽　沙兼承波公

女一　適潘

永蔴　即一善公次子　生同治六年丁卯十二月初十日丑時

娶謝氏摘娘　生同治六年丁卯十月初五日酉時　卒民國十九年庚午八月二十巳時

子二　秧兼承波公　明

女二　俱適黃

如浪公諱波　即一善公三子

兩嗣子三　秧　沙　葵

如安公諱鎮　即一善公四子

娶賴氏鸞娘

兩嗣子一　冰

如心公諱郡　即一善公五子

娶黃氏媛娘

子三　葵出承波　堯兼嗣麟　冰兼嗣鎮

永隨公　即來陟公長子

生同治九年庚午二月廿九日　時
卒光緒八年壬午七月十三日　時

生同治十二年癸酉十一月十一酉時
卒光緒廿四年戊戌五月廿二日午時

生光緒元年乙亥四月十五日未時
卒光緒廿七年辛丑三月廿一卯時

生光緒三年丁丑十二月十一月酉時
卒民國十四年乙丑十月十五日酉時

生光緒七年辛巳八月十四日寅時

生同治五年丙寅十月十七日亥時
卒光緒三十年甲辰十月廿七申時　止

永麟公　即采陟公次子　生同治九年庚午九月廿八日戌時　卒民國五年丙辰七月廿七日丑時

娶黃氏月娘　生同治十一年壬申三月初六日未時

兩嗣子一　堯

釐公　即采陟公三子　生光緒七年辛巳正月廿一日亥時　卒失

烈忠　即舉業公嗣長子　生咸豐七年丁巳二月初六日辰時

娶黃氏密娘　生同治二年癸亥五月初三日酉時　卒民國十一年壬戌八月十八日巳時

子三　叅　氣葬墳　喊

女一　適黃

壇公　即舉業公次子　生同治八年己巳六月廿一日子時　卒民國五年丙辰正月廿四日巳時

娶黃氏葉娘

生同治十一年壬申四月初四日丑時
卒民國五年丙辰十一月十九日丑時

子三　文　柿　品兼承堦公

女三　適潘　適黃

永堦公　即舉業公養三子

生光緒十七年辛卯三月初一日辰時
卒光緒廿九年癸卯六月初三日巳時

兩嗣子二　氣　品

永庚公　即道生公長子

生同治十三年甲戌六月初二午時
卒民國二年癸丑正月廿九日巳時

止

永墨　即道生公次子

生光緒七年辛巳六月廿九日巳時

娶黃氏成娘

生光緒十九年癸巳十二月十一日卯時
卒失

永敦公　即蜚聲公次子

生同治三年甲子十二月十四日未時
卒光緒廿九年癸卯四月十一日未時

娶黃氏痛娘號慈愛　生同治五年丙寅　月　日　時　卒光緒十三年丁亥十月十五日　時

嗣子二　賜春　抵兩承

永芋　即蜚聲公三子　生同治八年己巳八月初二日戌時

娶黃氏香娘　生光緒四年戊寅十一月初七日戌時

子一　南山

女五　長次四適黃　三適賴　五適潘

永親　即蜚聲公四子　生同治十一年壬申六月十九日戌時

娶黃氏借娘　生光緒十一年乙酉　月　日　時　卒光緒廿九年癸卯五月廿九日亥時

繼娶黃氏莉娘　生光緒七年辛巳九月初二日戌時

子三　摃（兼承敦公）　奢（兼承忠公）　熟（俱後娶出）

女二　俱適黄（後娶出）

篤信公諱忠字永平　即好智公嗣長

生同治元年壬戌十二月初十日戌時

卒光緒廿六年庚子八月十四日未時

公

娶杜氏灑娘號勤腆

生咸豐九年己未十月廿二日辰時

卒光緒廿六年庚子十月廿三寅時

子三　件宗　賜春（出嗣敦公）　奢（兩嗣）

女三　長三適黄　次適頼

作添公諱樣　即德賢公長子

生光緒十五年己丑八月初十日巳時

卒光緒廿九年癸卯五月初十日亥時

嗣子一　撑來

永慈　即德贊公次子　生光緒二十年甲午八月廿六日戌時

娶黃氏周娘　生光緒廿七年辛丑四月十九日亥時

子二　搶（出嗣作添公）　臊

女一

永垾　即題名公長子　生同治八年己巳九月廿七日午時

娶黃氏鑾娘　生同治十年辛未十月十七日寅時　卒民國十二年癸亥九月十八未時

子四　儺　紅　田　江

女四適黃

永聰　即題名公次子　生同治十三年甲戌七月初二日戌時

承攑　即題名公三子　生光緒三年丁丑十月初三日子時

娶曾氏吟娘　生光緒四年戊寅十二月三十日酉時

子二　對　莊

女五長次適黃

承齊　即題名公四子　生光緒十六年庚寅三月初六日辰時

娶黃氏圭娘　生光緒廿九年癸卯八月初二日卯時

子二　良信

女一

糾公　即麟勝公嗣子兼承欲桂公　生同治十三年甲戌八月初八日巳時　卒失

有章　即麟勝公嗣子

生民國四年乙卯五月十四日寅時

比南公諱壽山　即合傒公長子

生光緒九年癸未六月三十日寅時

卒光緒卅二年丙午七月十七巳時

娶黃氏改適

兩嗣子　禮

得送公諱芳　即合傒公次子

生光緒十七年辛卯二月廿七日寅時

卒民國十一年壬戌十一月初二未時

娶黃氏改適

子一　炷

女二　適黃

得軒諱昂　即合傒公三子

生光緒廿二年丙申十月廿一日辰時

娶李氏剪娘　生光緒廿五年己亥七月初五日寅時

子一　禮兼承比南

進寶諱有財　即振興長子　生光緒十五年己丑七月廿六日戌時

娶邱氏殺娘　生光緒廿四年戊戌正月十六日　時

子一　良超

女二

長安諱有用　即振興三子　生光緒卅一年乙巳九月初七日寅時

娶黃氏量娘　生宣統元年己酉十月廿四日丑時

子二　金珠　金釵出嗣泰安公

泰安公諱有土　即儀齋公嗣長子
生光緒二十年甲午二月廿一日巳時
卒民國十二年癸亥十二月十三巳時

娶黃氏改適

嗣子　金欽

玉泉諱嫖　即忠思長子
生光緒廿四年戊戌九月廿三日子時

娶潘氏劉娘
生光緒廿五年己亥二月十三日午時

女五　三適潘

泉興公諱欽祥　即長香公嗣子
生光緒廿四年戊戌十二月初十寅時
卒民國二十年辛未八月初十日辰時

禠公　即淵源公養長子
生咸豐九年己未二月十五日午時
卒民國三年甲寅九月廿四日　時

娶鄭氏棗娘
生光緒元年乙亥　月　　日　時
卒光緒廿八年壬寅三月廿二日巳時

子三　創業　分收　揀出嗣如山公

如山公諱海　即淵源公次子

生同治七年戊辰二月廿三日巳時

卒民國四年乙卯九月廿九日寅時

娶黃氏恩娘

生光緒四年戊寅二月廿六日未時

嗣子一　揀　陵賢似子

篤厚公諱讚來　即榮富公長子

生同治十二年癸酉六月初六日申時

卒民國十九年庚午十月廿九日酉時

娶黃氏慈娘號謙恭

生光緒十年甲申三月十七日寅時

卒光緒廿八年壬寅七月十九日未時

繼娶潘氏粑娘號謙淑

生光緒十四年戊子正月廿九日戌時

子三　乾養　俊傑　莫

女五　長次適潘

如林公諱廉　即數歲公嗣侄子

生同治十二年癸酉正月初五日酉時
卒民國十八年己巳十一月十八未時

娶郭氏每娘

生光緒八年壬午九月初二日巳時
卒光緒卅三年丁未十一月初四未時

繼娶黃氏夏娘

生光緒六年庚辰四月初八日午時

子一　財養

勤敏公諱反回　即來献公長子

生道光廿七年丁未七月十五日申時
卒光緒廿六年庚子十月初九日戌時

娶賴氏銶娘

生咸豐八年戊午十二月廿九日戌時
卒民國十九年庚午正月十七日丑時

子二　角　炣

女二　適黃　適潘

公塋本鄉曾宅埔田后坐　向

勤順公諱和字永柔　即來獻公次子

公　生道光三十年庚戌二月廿四亥時　卒民國九年庚申九月廿一日巳時

娶黃氏李娘　生同治四年乙丑七月二十日酉時

嗣子一　爽

女一適黃

剛克公諱油字永潛　即來獻公三子

公　生咸豐二年壬子正月初十日辰時　卒民國四年乙卯十二月初七辰時

葬本厝后西蚮壠朶深田后　坐　向

子一　金鑾養

公自成丁後能爲嚴父代理家務及長勤儉粒積創業垂統建築華厦以燕詒裕後堪稱克家之令子耳在家順以事親悌以事長爲昆弟謀完娶書云惟孝友于兄弟者以此生平酷嗜書香延師課子以期上進成名其嚴氣正性和睦宗族鄉有不平之事善爲婉轉化導人皆服從不啻有魯仲連之遺風焉

樸實公諱瑞　即來獻公四子　生咸豐五年乙卯二月初八日丑時　卒民國十三年甲子正月初三巳時

子　選　養

勤忠公諱納字永福　即來献公五子

公　生咸豐九年己未四月廿八日戌時　卒民國八年己未十一月十六辰時

娶黃氏晟娘　生同治七年戊辰七月十六日申時

嗣子一　建

女四俱適黃

欣字永然　即來獻公六子　生同治五年丙寅正月十七日亥時

娶黃氏鵲娘　生同治十三年甲戌十二月十六日寅時

子四　號養　謗州　建出嗣勤忠公　金炎

傑忠公諱俊字永傑　即來獻公七子

公　生同治八年己巳四月十二日寅時　卒民國七年戊午十二月初十日辰時

娶吳氏梅娘 生光緒四年戊寅三月十九日酉時

子三 栽培 饌 坫

女三適黃

永桶 即來猷公八子 生同治十三年甲戌八月初三日巳時

娶黃氏合娘號益陽 生光緒七年辛巳十月十八日午時
卒宣統三年辛亥三月初七日未時

繼娶黃氏鶴娘 生光緒十年甲申四月初一日亥時

子三 爽出嗣勤順公 戇 鴻塔

女一適黃

德厚諱福地 即國朝公長子 生光緒元年乙亥八月十一日酉時

娶徐氏幼娘號仁情
生光緒六年庚辰九月十一日巳時
卒民國四年乙卯二月廿二日辰時

繼娶潘氏蓮娘號順静
生光緒十一年乙酉六月十六日亥時
卒民國十五年丙寅十一月初四子時

子二　慶嗣子　昆養

情地公　即國朝公次子
生光緒七年辛巳六月十九日辰時
卒民國十六年丁卯三月十九辰時

先娶陳氏蔭娘
生光緒十年甲申五月廿六日寅時
卒光緒廿八年壬寅六月初一申時

繼娶林氏緬娘
生光緒十五年己丑八月十一戌時
卒民國元年壬子七月十四日午時

三娶陳氏好娘
生光緒十四年戊子九月廿三申時
卒民國四年乙卯八月廿九日申時

四娶潘氏隴娘
生光緒七年辛巳十一月初六日辰時

子二　儼養　婆潘出

睦仁　即富以公之子　生光緒十四年戊子四月二十日酉時

娶王氏于娘　生光緒十年甲申　月　日　時

子三　長胡　次㬎　三熊

女一　適林

則齋派

乞公　即捕斯公長子　生同治十年辛未十二月廿一日辰時　卒民國十八年己巳三月十七日午時

娶黃氏徙娘　生光緒十三年丁亥十二月十二日戌時

子　斟烏

女三　長適賴　次三適黃

永蠏　即能公長子　生同治十二年癸酉四月十五日卯時

娶鄭氏杏娘　生光緒九年癸未四月廿二日申時

子一　自

女二俱適黃

積公　即能公三子　生光緒七年辛巳正月初七日寅時　卒民國七年戊午二月初九日申時

娶黃氏秧娘　招偶　生光緒十二年丙戌十月初六日子時

子一　同　養兼承進生

女一適黃

進生公　即能公佩三子　生卒失

兩嗣子　同

傑作公諱翕　即頭公嗣子

生光緒二年丙子七月十三日申時
卒民國五年丙辰十月初二日申時

娶黃氏禭娘號勤儉

生光緒二年丙子十月廿六日辰時
卒光緒三十年甲辰七月二十巳時

子二　爽　逐　昆

女一　適黃

承恩　即嶺公次子

生光緒十八年壬辰八月廿四日酉時

娶黃氏熾娘

生光緒十九年癸巳十一月廿一日子時

子四　冰　甘　墨　筆

女二　適黃

承粲公　即敏公養長子

生咸豐四年甲寅五月廿六日丑時
卒民國十六年丁卯五月初二巳時

娶黃氏綏娘號周儉

生咸豐六年丙辰九月廿五日申時
卒民國六年丁巳十月廿七日未時

子一　蚌兼承協公看公

同心公諱協　即敏公養次子

生咸豐四年甲寅六月廿二日　時
卒光緒廿二年丙申二月初八申時

雙承子　蚌

同馨公諱看　即敏公養三子

生同治元年壬戌七月初四日午時
卒光緒十六年庚寅正月十五酉時

娶黃氏焉娘

生同治六年丁卯九月十二日未時

雙承子　蚌

承鶴公　即回公養長子

生咸豐五年乙卯二月初七日子時
卒民國十年辛酉五月廿一日酉時

娶賴氏早娘

生咸豐七年丁巳十一月廿六日戌時

卒民國十三年甲子十一月廿五戌時

子二　玉　基

永壹公　即回公養次子　生卒失止

永樓公　即進現公養長子

生同治七年戊辰四月初四日子時

卒民國二十年辛未正月初九酉時

娶徐氏忍娘

生同治十二年癸酉六月初二日　時

子二　受　本

永愛公　即進明公長子

生同治元年壬戌五月十九日申時

卒民國十八年己巳十月廿二申時

子一　乳養為池似長子

永池　即進明公次子

生同治九年庚午六月初二日午時

娶陳氏扳娘

生光緒十一年乙酉十一月初三日未時

子二　學　敬德　乳似長子

女二　適黃　適曾

金寶公字永善　即進與公養長子

生同治七年戊辰十月初九日酉時
卒民國十二年癸亥十一月廿九亥時

娶蘇氏東岐

生同治十二年癸酉十月廿七日丑時
卒光緒卅二年丙午七月廿九日寅時

繼娶陳氏猛娘

生同治十二年癸酉十二月廿二日戌時

子三　鵝　柯　加陞養

永拚公　即進奕公養長子

生同治元年壬戌十一月廿六日午時
卒民國四年乙卯十一月十一日申時

娶陳氏把娘

生光緒十一年乙酉　月　日　時
卒光緒卅三年丁未九月初九日戌時

子一　現

永匹　即進奕公次子

生同治九年庚午七月廿九日午時

娶張氏鶯娘

生同治五年丙寅九月初九日辰時
卒民國十八年己巳十一月初八申時

嗣子二　高　郁

永夘　即進奕公三子

生同治十一年壬申　月　日　時

韜公　即進奕公四子

生光緒二年丙子九月十五日午時
卒民國九年庚申二月初八日未時

永特　即活源公長子

生同治七年戊辰十月初九日亥時
卒民國十六年丁卯六月　日時

公往夷邦

娶黃氏貝娘

生同治七年戊辰八月廿九日巳時
卒光緒十八年壬辰二月十六酉時

女一　適黃
生同治十一年壬申九月十九日戌時

永保　即活源公三子
幼娶陳氏苞娘
生光緒元年乙亥十二月廿九　時
卒光緒十年甲申十月廿五日　時
繼娶林氏且娘
生光緒六年庚辰正月十一日辰時
子一　鮑來林出　尊似長子

永湜　即出公嗣長子
生同治九年庚午十二月廿五日酉時
娶潘氏啞娘
生同治十二年癸酉十二月廿四日申時
子四　疊　深　桑林　桔林
女三　適林　適潘　適黃

永鎖　即出公次子
生光緒十三年丁亥閏四月初六日丑時
娶林氏垵娘
生光緒十二年丙戌十月三十日子時
子三　祥　興　班超

永行　即木長子
生光緒二年丙子七月十五日子時
娶洪氏柳娘
生光緒六年庚辰九月十一日戌時
子三　追　河　鞏

永銀　即木次子
生光緒六年庚辰十一月初六日巳時
娶陳氏惜娘
生光緒十五年己丑八月十六申時
卒民國三年甲寅四月初六日巳時

永志　即木三子
生光緒十四年戊子十一月十八日戌時

永奇　即祖公長子　生光緒元年乙亥十一月初十未時　卒民國二年癸丑九月廿六日酉時

娶蘇氏蓁娘　生光緒七年辛巳十二月十八日亥時

子一　振興　養

永龍　即祖公次子　生光緒六年庚辰九月初十日酉時　卒民國十九年庚午　月　日時

公往番邦而歿

永藩　即祖公三子　生光緒九年癸未九月廿五日丑時

娶潘氏勸娘　生光緒十八年壬辰十二月廿二寅時　卒民國十七年戊辰三月初一日子時

子一　伙　兼承發公

女二　長適潘

發公　即祖公四子　生光緒十二年丙戌九月十八午時　卒民國元年壬子正月廿三日辰時

兩承子二　伙

胡公　即祖公五子　生光緒十四年戊子十一月初一未時　卒民國元年壬子十月十六日寅時

兩承子一　玖

永讀　即祖公六子　生光緒十九年癸巳十一月廿五日亥時

娶　氏笑娘　生缺　卒民國十四年乙丑九月廿一日未時

子一　玖（兼承胡公）

諸侯　即祖公七子　生光緒廿五年己亥正月初十日寅時

如芳公諱禘　即如麟公嗣長子兼承周全

公　生咸豐十年庚申十一月十一日申時

娶曾氏時娘號鐘聲　卒民國六年丁巳閏二月廿一日午時

子三　灘（出嗣隨公）　火　嗹　生同治五年丙寅四月十八日辰時　卒光緒卅二年丙午七月廿六未時

女三　長適林　次三適黃　生同治六年丁卯九月初一日亥時　卒光緒八年壬午九月初六日子時

則美公諱隨　即如麟公嗣次子

嗣子一　灘　分（似子）

永省　即如麟公嗣三子兼承周全　生光緒二年丙子正月初六日子時

娶蘇氏罕娘　生光緒五年己卯四月初一日辰時　卒民國十二年癸亥六月十五申時

子三　芽　旺　乾

女二俱適潘

與琳公諱球 即作規公長子

生同治十年辛未八月十三日亥時
卒光緒廿三年丁酉十二月十二酉時

很公 即緒業公次子

生同治十年辛未四月初十日申時
卒民國四年乙卯十一月十七辰時

娶賴氏片娘

生光緒九年癸未九月二十日巳時

子三 牙 針 婆

柴公 即緒業公四子

生光緒九年癸未十月三十日酉時
卒民國十五年丙寅十月初九未時

娶黃氏佔娘

生光緒廿一年乙未七月初五日卯時

子 淵源

修齊派

永準　即再發公隻子　生光緒七年辛巳二月廿六日巳時

娶尤氏春娘　生光緒　年　月　日　時

子二　長興　旺

父子俱往臺灣

清甘公諱井字永田　即秉諒公長子　生咸豐四年甲寅五月十八日午時

公　卒宣統二年庚戌四月廿六日巳時

娶林氏晦娘號德敏　生咸豐七年丁巳九月廿三日戌時　卒民國十年辛酉七月廿八日寅時

子三　開　王（出嗣克禮）　古

女三　長次適黃

到興公　即秉諒公次子

娶陳氏改適

子一　鏗

女二俱適黃

生咸豐九年己未八月初一日巳時
卒民國五年丙辰十月二十日寅時

克禮公諱服衣　即秉諒公三子

娶黃氏改適

嗣子一　王

生同治元年壬戌正月初一日酉時
卒光緒廿五年己亥十一月初四未時

鎮公　即秉諒公五子

娶潘氏麵娘

生同治十二年癸酉十月十三巳時
卒民國五年丙辰九月十四日午時

生光緒五年己卯十月初二日卯時

子一　舉　闡

露白諱霜字永雪　即銀梧公嗣子　生同治二年癸亥十一月初三日辰時

娶黄氏尾娘號艮儉　生光緒二年丙子　月　日時

卒民國元年壬子十二月十七巳時

繼娶陳氏夘娘　生光緒八年壬午正月初五日午時

子二　贊黄出　民養

女二　艮適黄陳出

永和　即德成公嗣子　生光緒十七年辛夘十月初六日午時

娶黄氏早娘　生光緒廿六年庚子二月初四日夘時

子二　準　樟成

女五　長次適黄

胖態公諱體　即成信公長子　生同治七年戊辰九月初六日巳時　卒光緒十七年辛卯十月十一卯時

子一　佑養

永寫　即成信公次子　生同治十年辛未十二月初八日午時

娶賴氏馨娘　生光緒元年乙亥七月初八日巳時　卒宣統三年辛亥二月廿九日寅時

繼娶黄氏夕娘　生光緒十六年庚寅七月廿八日巳時

子二　德　酒研

女二　俱適黄

成吉公諱坂　即生義公長子　生同治九年庚午十一月十九日未時　卒光緒十四年戊子正月十九日未時

麵公　即生義公嗣次子

生光緒二年丙子三月初二日丑時

卒民國十三年甲子十二月廿六酉時

娶黃氏養娘

生光緒七年辛巳二月十九日卯時

卒民國十四年乙丑八月廿七亥時

子一　隨殤

貽公　即明旦公養長子

生光緒十五年己丑六月十七日丑時

卒民國十八年己巳二月初七日辰時

娶謝氏葉娘

生光緒十九年癸巳十二月十七日午時

子二　溜　田土

承碧　即原公嗣子

生光緒四年戊寅五月二十日寅時

娶陳氏美娘

生光緒十二年丙戌七月初十日未時

子二　仙　令

女二長適黃

永示　即勤仁公兩嗣子生卒外詳

兩嗣子一　羽

永悄　即招心公長子兼承泡公　生同治十三年甲戌三月廿一日申時

娶黃氏衍娘　生光緒四年戊寅六月廿八日戌時

子三　盤　水　叁出嗣泡公爲孫

女三　俱適黃

壬癸　即兒公長子　生光緒十六年庚寅十二月二十日子時

娶黃氏片娘號慈金　生光緒二十年甲午八月廿二未時　卒民國八年己未三月十八日卯時

繼娶黃氏建娘　生光緒十六年庚寅六月十四日丑時

子三　開發　太山出嗣菊月公　和順

進榮公諱菊月　即兒公次子　生光緒二十年甲午七月三十日寅時　卒民國十六年丁卯八月十二日巳時

嗣子一　太山

心公　即寢熾公嗣子　生光緒四年戊寅五月廿四日辰時　卒民國六年丁巳八月初二日辰時

娶黃氏淣娘　生光緒十三年丁亥十二月廿七日戌時

子三　因　炭　兩

女三　長適潘　次適阮

永眈　即含宏公長子兼承僻公　生光緒十二年丙戌十二月初三日戌時

娶黃氏座娘　生光緒十九年癸巳八月初四日巳時

子二　青　俟卡

永籠　即含宏公次子兼嗣僻公　生光緒廿六年庚子十月十四日申時

娶潘氏洗娘　生光緒廿六年庚子四月十九日亥時

女二

銀水　即甲公養長子　生光緒卅二年丙午十二月初七日戌時

忠慶泒

永看公　即撒公隻子兼承垻公　生同治四年乙丑二月十八日巳時　卒　年　月　日　時

娶潘氏肅娘　生光緒二年丙子八月廿六日亥時　卒民國六年丁巳十月廿三日　時

好公　即康公隻子　生同治二年癸亥六月十四日酉時
卒
娶賴氏蓮娘　生光緒三年丁丑　月　日　時
子一　超群
範疇公　即文繡公長子　生光緒廿四年戊戌六月十二日戌時　止
卒失
捷公　即斟粥公長子　生道光廿八年戊申十二月初十申時
卒光緒二十年甲午九月十七日巳時
謳公　即斟粥公次子　生同治三年甲子四月初八日申時
卒民國十四年乙丑十一月廿八卯時
娶林氏螄娘　生光緒六年庚辰十二月初二卯時
卒光緒三十年甲辰六月廿三巳時
繼娶姚氏綏娘　生　年十月初九日午時
子三　暢出嗣騰　粶兼承　炎兼承

永瞈　即成雪公隻子
嗣子一　暢
生咸豐五年乙卯十一月初九日巳時

永益　即泰公長子
生光緒元年乙亥十月十八日午時
娶黃氏佔娘
生光緒十二年丙戌八月初一日丑時
子三　魁（出嗣水）　開　蟳

永銀　即泰公次子
生光緒四年戊寅十月十一日未時
卒民國六年丁巳二月十二日子時

水公　即泰公三子
生光緒七年辛巳十月十一日辰時
卒光緒廿二年丙申十月十二酉時
嗣子一　魁

永湖　即泰公四子
生光緒十年甲申五月初七日寅時

娶黃氏乖娘　生光緒廿四年戊戌十月廿六日酉時

子三　堉　丹　聚

大焉公諱簡　即好吉公嗣侄子　生同治三年甲子六月廿九日戌時　卒民國四年乙卯二月十一日丑時

娶潘氏滿娘　生同治四年乙丑十月廿一日亥時

子五　春木　春保　春梅　筐　羽兼承示

其興公諱新　即完美公次子　生同治六年丁卯九月廿九日戌時　卒民國十五年丙寅十二月廿六寅時

娶黃氏奎娘　生同治十一年壬申五月初九日巳時

子二　挽　坑

女一

其所公諱示　即完美公三子兼承勤仁公

公　生同治八年己巳七月初五日卯時　卒光緒十八年壬辰二月二十戌時

兩嗣子一　羽

俊公　即塤公長子　生同治七年戊辰十二月十一亥時　卒民國三年甲寅五月廿七日酉時

娶黃氏駹娘　生同治十年辛未十一月廿六酉時　卒宣統二年庚戌八月初四日午時

子三　丁　忝殤　嫡

如能公諱勸　即塤公次子　生同治九年庚午正月十一日未時　卒光緒十八年壬辰九月廿一未時

錐字永錫　即楊舞公長子　生同治十年辛未十月初八日寅時

娶黃氏氣娘　生光緒五年己卯二月廿一日午時

子　智　鄭兼承煥公　苂　生光緒六年庚辰九月廿六日子時

永邊　即楊舞公次子

娶黃氏吻娘　生光緒十八年壬辰十月廿八日子時

女一

煥公　即楊舞公三子　生光緒十五年己丑五月初九日寅時　卒宣統元年己酉十一月初十日亥時

兩嗣子一　鄭

永撥　即楝公養長子　生光緒十六年庚寅十二月廿三日寅時

娶潘氏辣娘　生光緒二十年甲午四月十三日未時

子　反　箕與

女二　生光緒十八年壬辰五月初　日　時

鴻儒　即楝公饗次子

德齋公鳳吟四吉派

準公字永則　即佰公長子　生　年　月　日　時　卒　年十一月初二日　時

娶黃氏坪娘　生　年　月　日　時　卒　年四月十二日巳時

子二　周明　盛廣出嗣冬月公為孫

女一適黃

審問公　即佰公三子　生卒失

勤義公諱燮　即郄公嗣傁子　生乾隆五十二年丁未九月初九日　時　卒道光十四年甲午五月初十日　時

娶黃氏三娘號如明　生嘉慶六年辛酉十一月廿四日酉時　卒嘉慶廿三年戊寅十一月初一寅時

繼娶黃氏翕娘號勤讓　生乾隆五十八年癸丑十二月初六寅時　卒道光十四年甲午五月初十日　時

子一　椅英

彩雲公　即克政公長子生卒失

姪孫　賞英

慶雲公　即克政公次子生卒失

姪孫　賞英

以柱公字永直　即克明公嗣子　生嘉慶十年乙丑十月十七日卯時　卒道光元年辛巳八月十九日未時

永甑公　即克食公長子　生嘉慶六年辛酉三月十一日巳時　卒嘉慶二十年乙亥二月十五寅時

勤直公諱府　即克食公次子　生嘉慶十六年辛未四月十二日時　卒同治十年辛未八月十四日卯時

娶黃氏不娘號成義　生嘉慶十九年甲戌二月初十巳時　卒咸豐二年壬子十月十九日卯時

繼娶侯氏傚娘號成績　生嘉慶十六年辛未十一月初九巳時　卒光緒二十年甲午九月十一日午時

子二　罕來黃出　紅姑侯出

擇信公諱獺　即克有公養長子　生嘉慶　年六月廿四日丑時　卒道光　年十一月十二寅時

武深公諱文淺　即克有公養次子　生道光十年庚寅十月初一日丑時　卒光緒廿七年辛丑六月初六日時

習公　即克和公隻子　生卒缺

抱來公　即柔明公隻子　卒卒失

慊來公　即克順公之子　生卒失

明受公諱蹇來字永　即成真公長子
生道光十年庚寅十二月十九日午時
卒光緒十九年癸巳九月十七日戌時

公

娶黃氏匣娘
生道光十八年戊戌八月十三日卯時
卒光緒廿八年壬寅正月十七日未時

子六　欽　茎　叠　祥出嗣草來　掛出嗣草來

澤水出嗣草來

女一適黃

碧綠公諱草來字永爲　即成真公次子
生道光十五年乙未七月二十日申時
卒光緒廿五年己亥十月廿一日巳時

公

嗣子三　祥　掛　澤水

純陽公諱郡來字永祥　即佳靜公長子

生嘉慶六年辛酉正月廿三日丑時
卒道光廿七年丁未二月二十丑時

公

娶陳氏八娘號守靜

生嘉慶六年辛酉二月廿三日辰時
卒同治九年庚午十二月初九子時

考妣合塟仙邑仁德里土名海山尾坐　向

子一　火來

女一　適吳

地來公　即守過公長子

生嘉慶十一年丙寅三月十八日午時
卒道光十五年乙未正月十六日戌時

娶　氏改適

女一　適林

春安公　即守過公次子

生嘉慶廿五年庚辰十月初四子時
卒咸豐元年辛亥九月十六日巳時

娶邱氏名大洋

生道光四年甲申十二月十九日申時
卒光緒廿三年丁酉八月初九日未時

子一　瞈英

端正公諱探郎　即守過公三子

生道光八年戊子正月十八日辰時
卒道光三十年庚戌十月十八卯時

成家公諱贊來　即佳致公長子

生嘉慶十五年庚午八月廿九日辰時
卒咸豐三年癸丑十二月十三日　時

生長公諱元春字永發　即佳致公次子

公

生道光七年丁亥十二月廿九日丑時
卒光緒卅四年戊申六月初七日未時

娶蘇氏號守情

生道光六年丙戌　月　日　時
卒咸豐五年乙卯六月廿四日辰時

子二　旗　柴

女二　適潘　適陳

永勇　即樸實公長子　生卒失

永農　即樸實公次子　生卒失

明輔　即樸實公三子　生卒失

永敏　即樸實公四子　生卒失

永興公諱旺來　卽雲總公嗣子

生嘉慶九年甲子十月廿九日午時
卒道光二十年庚子二月二十戌時

娶黃氏號閨範

生嘉慶十二年丁卯六月二十日卯時
卒道光二十年庚子十一月初三巳時

子一　銀和

牒來公　即遠實公長子

生嘉慶十八年癸酉九月廿五日子時
卒道光廿六年丙午八月初九日　時

笑容公諱吻來　即道實公次子

生嘉慶廿一年丙子六月廿一日時
卒光緒十年甲申正月十七日巳時

娶俞氏寘娘號宜儉

生道光十六年丙申三月初九日午時
卒光緒十九年癸巳十二月初六卯時

子二　㑀丁養　森英

居敬公諱簡　即誠道公隻子

生道光八年戊子七月初七日酉時
卒光緒七年辛巳十一月十九酉時

永清公諱錢郎　即佳色公長子

生嘉慶十八年癸酉七月十二寅時
卒咸豐三年癸丑正月初十日亥時

娶劉氏號閨静

生　年　月　日　時
卒　年正月初三日　時

長清公諱烏丁字永添　即佳色公次子

公

生道光八年戊子七月廿一日子時
卒同治十一年壬申九月初八未時

娶林氏儼娘號彼有

生道光七年丁亥九月十四日巳時
卒光緒廿三年丁酉三月初四未時

子二　撻養　彬

志郎公　即瑶琨公長子　生卒鈌

養子一　成發

拜旦公諱惠　即瑶琨公養次子　生道光十九年己亥十二月廿五丑時　卒光緒九年癸未六月十三日申時

嗣子一　左利

伯宜公諱庚　即瑤琨公養三子　生道光廿三年癸卯五月十九日巳時　卒光緒十三年丁亥四月十四日亥時

娶杜氏莧娘　生道光廿一年辛丑五月十七日寅時　卒光緒卅二年丙午六月廿九日午時

子五　左利出嗣拜旦　開華　崇因　親郎

引郎

女一適黃

國學生宣郁公諱候謁字承進官章陞朝　即淵源公長子

生道光十年庚寅九月十一日酉時
卒光緒十七年辛卯正月初四巳時

公

娶黃氏積娘號餘慶

生道光十一年辛卯三月十五日巳時
卒光緒廿五年己亥八月十九日酉時

子三　寅　欉　檜

女三　長次適黃　三適杜

邑庠生繼繩公諱繞字承繚官章見龍　即淵源公次子於厲

生道光十七年丁酉九月廿四日戌時
卒同治十一年壬申三月初六日亥時

學院取進晋江縣學

娶黃氏未娘號餘儉

生道光二十年庚子三月初四日酉時
卒光緒廿七年辛丑十月廿六日丑時

側室黃氏欽姐　生道光三十年庚戌十一月廿六日寅時

公塟本鄉后宵坐壬向丙

子二　鏘姑養　稽庶出

安仁公諱欒字永焉　即淵源公三子享年七十二　生道光廿三年癸卯八月十七日酉時　卒民國三年甲寅十二月初七日辰時

公

娶黃氏讓舍號餘謙享年八十二　生道光廿六年丙午十月廿六日酉時　卒民國十六年丁卯正月十六日丑時

妣

子七　嵋　門　拚　加鏟　加珠　麗水

加六

女一

勝任公諱重字永莊　即淵源公四子

生道光廿八年戊申正月初七日戌時

卒民國五年丙辰十一月十九日寅時

公

娶潘氏鶴舍號餘飛

生道光廿七年丁未九月十四日卯時

子三　繇麟蚤　純士　傅士

女一　適潘

其數公諱伍字永参　即淵源公五子

生咸豐元年辛亥六月十五日申時

卒光緒廿七年辛丑十月廿四寅時

公

娶黄氏蕉舍號餘勤

生道光三十年庚戌四月十九日寅時

卒光緒廿九年癸卯八月廿八日辰時

子四　座　側　嘉澤　蝦似三子

女一

郡庠生觀德公諱科治字永舉官章化鵬又號廷標

生道光十二年壬辰六月初七亥時
卒光緒十年甲申五月十二日寅時

即香泉公長子

娶黃氏次舍號適容

生道光十四年甲午十月十九巳時
卒民國三年甲寅正月十七日寅時

子五　鏗士　悻光　濬川　膽斯　搜斯

女一適黃

公於同治甲戌科受知於光邁馮宗師取進府學第一名蓋

公之爲人也嚴厲存心詩書奮志笑言不苟舉動有方筆鋒

橫掃千八名字直魁五邑其壘戰棘闈得而復失不得已退
而課督兒子以接書香詎意天不假以數年使公長爲溫清
父母栽培子孫是亦公之不能無憾者是亦我輩之大有不
幸也

邑庠生公大節公諱奪字永元官章錦標　即香泉公次子
生道光十七年丁酉正月初七日辰時
卒光緒十七年辛卯八月十五日未時
公

娶杜氏約舍號適寬
生道光十六年丙申十一月初七丑時
卒光緒三十年甲辰五月初九日酉時

子二　詩禮養　奏姑

女二俱適黃

公少年入泮長時明理其鄉里鄉黨中事無大小情無親疏毅然以公道爲斷吾鄉聚峰宮幾於廢墜而公則率諸其鄉而重建之華美之是公之大有功於社稷也公竊謂社稷置矣而宗廟又不可以不修於焉會同族長出爲身倡奈土木之工伊始而壽元之日竟終也惜哉

明珠公諱珍字永寶　即晉泉公三子

生道光廿一年辛丑五月廿九日酉時
卒光緒十八年壬辰九月初四日寅時

公

娶潘氏外娘號適柔

生道光廿二年壬寅十一月初二寅時
卒民國七年戊午六月十五日寅時

子二　棣姑　樫姑

女一　適潘

歸奇公諱抃字永策　即香泉公四子

生咸豐三年癸丑八月十六日辰時
卒光緒十四年戊子二月十七申時

公

娶黃氏衛娘號適勤

生咸豐二年壬子十月十四日丑時
卒光緒十年甲申十一月三十酉時

繼娶黃氏錦娘號適華

生咸豐十一年辛酉十月十三日[illegible]

子四　匣姑　旂稟　旗腆先妣出　旗鑾次妣出

餘香公諱翰墨　即鼎新公長子

生道光七年丁亥八月廿七日辰時
卒咸豐二年壬子九月十七日未時

娶黃氏勸娘號儉慈

生道光六年丙戌十月初七日亥時
卒咸豐元年辛亥閏八月初三辰時

考妣合葬本鄉土名土地仔隔坐　向

兩嗣子　簪歸

餘裕公諱璧治字永玉　即鼎新公次子

生道光十二年壬辰二月初四日戌時

卒同治五年丙寅十一月初十月卯時

公

娶　氏改適

葬本鄉土名下院坐壬向丙兼子午

嗣子一　銀珠

志寬公諱專心字永志　即鼎新公三子

生道光十四年甲午九月廿八酉時

卒光緒三年丁丑五月廿五日午時

公

娶尤氏永娘

生道光十九年己亥四月十二日午時

卒光緒廿七年辛丑二月十三日　時

子一　簪規兼承餘香公

貞吉公諱拔萃字永茹　卽鼎新次四子　生道光十九年己亥六月廿七日辰時　卒光緒廿八年壬寅二月十四日辰時

公

娶黃氏族娘號承慈　生道光廿三年癸卯九月廿九日巳時　卒光緒廿九年癸卯八月廿一日午時

子五　銀珠出嗣餘裕公　命珠　銃珠　鎜珠　欣

以三子鐳

女一適黃

光華公諱廷燦字永明　卽文林公長子　生道光五年乙酉五月初六日辰時　卒光緒十一年乙酉四月三十日丑時

公

娶黃氏捐娘號克儉
生道光四年甲申四月廿八日寅時
卒光緒十九年癸巳十月十四亥時

子三　錦　巷養　樑

女一　適黃

勳方公諱擲來　即中立公嗣長子
生道光廿一年辛丑六月十二寅時
卒宣統元年己酉七月十二日卯時

娶黃氏縣娘號儉城
生道光廿一年辛丑十一月十四申時
卒光緒廿二年丙申正月十九日寅時

嗣子一　洋英

端木公諱貢治　即中立公次子
生道光廿三年癸卯閏七月十七申時
卒光緒卅三年丁未四月十四日辰時

娶黃氏趨娘號翼如
生道光廿八年戊申十月十五日酉時
卒光緒十四年戊子正月廿七日辰時

子　乃　洋出嗣擲來公

剛義公諱情郎　即中立公三子

生道光廿八年戊申三月初三戌時

卒宣統三年辛亥八月廿五日亥時

娶黃氏愛娘號儉仁

生道光三十年庚戌四月初三日寅時

卒光緒廿九年癸卯正月初一日辰時

子二　鄒　灘

克勝公諱兼文　即中立公四子

生道光三十年庚戌十二月初四巳時

卒民國三年甲寅正月十六日戌時

娶黃氏諒娘號慈遜

生咸豐八年戊午二月廿九日未時

卒光緒十六年庚寅九月二十卯時

子一　講英

道姑　即中立公五子

生咸豐七年丁巳八月三十日未時

娶黃氏報娘號勤意

生同治二年癸亥二月初五日戌時

卒民國十五年丙寅二月初四未時

子二　悅　宗來俱登

其旎公諱俔郎字承旎 即中立公六子

公 生同治二年癸亥五月十六日亥時
卒宣統二年庚戌十二月廿四未時

娶黃氏晟娘號至美 生同治五年丙寅正月初九日辰時
卒民國十一年壬戌七月十六丑時

子一 諸成

富有公諱榮來字承華 即中立公養七子

公 生 八月十二日酉時
卒宣統三年辛亥九月初三日卯時

娶黃氏弓娘 生 年正月十五日午時
卒光緒廿五年己亥八月十七日酉時

子三 扳 徃 投

女一

福揚公字永膺　即克慷公養長子
生道光廿六年丙午六月廿二日未時
卒光緒卅三年丁未三月廿七日辰時

娶黄氏陳娘
生咸豐元年辛亥九月廿九日辰時
卒民國十年辛酉九月廿三日申時

子二　腱　柳

太學生敦化諱崇姑字永禮官章鶴翔　即克慷公次子
生咸豐八年戊午正月初一日戌時

娶黄氏胵娘號以德
生咸豐九年己未十一月十五辰時
卒民國九年庚申七月初八日酉時

子三　鏊　當　亹殤

女三俱適黄

君業儒素守仁義也克儉克勤得守成之道肯堂肯構有創

業之嶶民國辛未年重修族譜僉舉較對兼任譜局庶務雖
年七十有四勞瘁弗辭其熱心公益有如是者
前清附貢生安溪易道歆撰

藩姑字永屏　即克慷公三子
生咸豐十一年辛酉二月十一日戌時
娶黃氏蠅娘
生同治六年丁卯十二月廿七日寅時
子五　薑　芋　瓜　掇　忧
女一　適黃

有司公諱邉只字永豆　即克慷公四子
生同治九年庚午正月初十日巳時
卒民國六年丁巳二月十二日丑時

公

娶黃氏拈娘　生同治十三年甲戌四月初十日辰時

子　介尚　嬪

女二　適黃

洗耳公諱面只字永目　即克慷公五子　生同治十二年癸酉八月十二日巳時　卒民國十四年乙丑八月廿九日辰時

公

娶黃氏祥娘　生光緒四年戊寅五月初三日辰時

子二　草養　金蘭

女二　適黃

祥福公諱經旋字永吉　即壽雨公長子

公

娶林氏顏娘號儉益

生嘉慶廿五年庚辰十二月廿九未時
卒光緒二年丙子九月初十日卯時

子三　錫祚　權出嗣福童公　斗

生道光二年壬午九月廿八日辰時
卒光緒廿七年辛丑正月十九辰時

女二俱適黃

成德公諱經監字永心　即霽雨公次子

生道光四年甲申六月十一日辰時
卒同治九年庚午十一月廿八子時

公

娶黃氏亭舍

生道光三年癸未十月十九日巳時
卒光緒廿七年辛丑七月十七戌時

子五　徹然　愰然出嗣福童公　擔　卓　坑嗣子

女一適黃

福童諱新禧　即霽雨公三子
生道光十六年丙申十一月初一酉時
卒道光廿五年乙巳七月廿六日巳時　殀

嗣子二　權　愰

千祥公諱百來　即霽雨公養四子
生咸豐六年丙辰十月十六日亥時
卒民國十年辛酉七月廿四日戌時

娶黃氏靜娘
生同治二年癸亥五月廿七日卯時

承繼孫　蓋頂

處士與鄰公諱乞治字永成　即潤澤公長子

公
生道光三年癸未八月十六日亥時
卒道光廿六年丙午正月廿二子時

娶黃氏妹舍號節容
生道光二年壬午九月十三日巳時
卒宣統三年辛亥八月初一日申時

子二　尚群　養　緒續

郡庠生翼輝公諱貽謀字永燕官章吉八　即潤澤公次子

公　生道光八年戊子九月十一日卯時　卒光緒廿二年丙申十一月初八申時

先娶黃氏每娘號純性　生道光八年戊子十月廿九日卯時　卒同治七年戊辰三月廿七日巳時

繼娶傅氏箱娘號貞性　生道光十九年己亥六月十七巳時　卒同治九年庚午十月廿九日寅時

三娶黃氏漢娘號存性　生道光九年己丑十二月初九日戌時　卒光緒卅一年乙巳十二月三十丑時

先妣黃氏與冢男嘉德同塋本鄉土名城隍池坐乾向巽兼亥巳

次妣傅氏與次男守式合塋本鄉土名大墓尾坐甲向庚兼卯酉

子五　食祿　弄　舄　程　静俱先妣出

女二　適黄　次適楊俱先妣出

公柔克成性温和存心守爲人侮不敢侮人其鄉鄰中有口

角者有力較者恨力不能止有能止之者則愛之慕之推其

心則多事不如無事也至若斯文一途重如珍珠即命第四

兒以入大學無如天不降福少年即世不克如己之身遊泮

宫以耀門閭也惜哉

例授貢生熈寧公諱黨評字永論官章司直　即潤澤公三子

公生道光十年庚寅八月廿五日戌時卒光緒廿四年戊戌九月廿一亥時

娶太安八黄氏棗娘號成林　生道光十一年辛卯七月廿一日亥時　卒光緒十八年壬辰六月初二日戌時

子一　耀英

女三俱適黄

例授直隸州携取公諱珪璋字永秉官章呈芳　即潤澤公四子　生道光十四年甲午三月初七日亥時　卒光緒十八年壬辰閏六月初二巳時

公

娶黄氏星娘號儉德　生道光十六年丙申正月初四子時　卒同治六年丁卯五月十六日未時

子四　越　魯　齊　俊似長子

女一適李

國學生順道公諱鈎深又名黄字永達官章聯標　即潤澤公

五子　生道光十五年乙未十二月廿二亥時　卒宣統三年辛亥二月十七日卯時

先娶潘氏二娘號積儉　生道光十五年乙未五月十五午時　卒同治二年癸亥八月初三日酉時

繼娶陳氏絹娘號成錦　生道光十八年戊戌十二月初三丑時　卒宣統二年庚戌五月十九日卯時

子五　紅潘出　株　棚　梯　木俱陳出

女一　適黃潘氏出

公之爲人也崇樸黜華公之治家也克勤且儉公之處世也堅强不屈慷慨敢言而其偕兄弟以築室敦孝友貽燕翼尤其顯焉者

邑庠生昇平公諱綴衣字丞掌官章垂治　即潤澤公六子

公　生道光十八年戊戌閏四月十八戌時　卒宣統三年辛亥九月廿五日辰時

娶黃氏問娘號成恬　生道光十七年丁酉二月十九未時　卒民國元年壬子七月初二日子時

考妣合塋在本鄉廣橋對面土名掘樹垵坐庚向甲兼寅申

子五　盍　閣　答　塔　猴似四子

女一適黃

公少年入泮無驕矜氣老大治家有儉樸風

文繡公諱絨字永絲　即秉直公長子

公　生嘉慶廿一年丙子六月初五時午時　卒光緒七年辛巳十一月十三日午時

娶黃氏言娘號雅恬　生嘉慶廿一年丙子六月十五日午時　卒光緒十六年庚寅九月廿四日戌時

子一　推許

修德公諱成業　即秉直公次子

生道光五年乙酉九月廿八日戌時
卒同治十一年壬申十一月十八巳時

娶黃氏颬娘號純巽

生道光十一年辛卯六月初一辰時
卒咸豐九年己未五月初九日未時

子一　央姑

鵬程公諱萬里　即維園公長子

生嘉慶廿五年庚辰二月初一日寅時
卒咸豐二年壬子正月十四日巳時

娶　氏改適

文億公諱萬選　即維園公次子

生道光四年甲申七月廿八日丑時
卒道光十九年己亥三月廿七卯時　殀

樸玉公諱黨林　即宏實公養長子

生嘉慶十九年甲戌九月初七巳時
卒咸豐七年丁巳二月十九日辰時

娶杜氏菈娘號克儉

生嘉慶廿五年庚辰二月十四日　時
卒光緒十三年丁亥二月初二日卯時

公塋本鄉土名土地嶺隔后寮仔地埔坐庚甲申寅

子三　興　傳世　叠

啓廸公諱開成　即周正公長子

生道光廿一年辛丑三月十九寅時　止
卒同治三年甲子九月初十日戌時

塋本鄉土名社仔壬丙亥巳

寄任公諱托成字永佑　即周正公次子

公

生道光廿六年丙午六月十四日子時
卒民國十一年壬戌五月初六日寅時

娶陳氏擔娘號情勤

生道光三十年庚戌五月二十日午時
卒光緒九年癸未十二月初一日未時

子二　居　呱

女一　適黃

望香公諱係郎　即佳譽公隻子

生道光五年乙酉
卒光緒十一年乙酉正月二十日酉時

娶黃氏四娘號温柔

生道光十年庚寅十一月廿八日亥時　止
卒同治元年壬戌十一月二十日巳時

有一公諱集興　即順德公養子

生道光廿四年甲辰八月初八日丑時

娶黃氏草娘號待春

生道光廿四年甲辰八月廿三日酉時

子三　書　鰲　生

女一適黃

引來公諱到興　即舉直公長子

生道光廿一年辛丑十月十四辰時
卒光緒八年壬午五月廿七日巳時　止

如智公諱臣興　即舉直公次子

生道光廿四年甲辰六月廿七日戌時
卒光緒八年壬午十二月初八日辰時　止

嘉毅公諱佳興　即舉直公三子

生道光廿八年戊申　月　日　時　止
卒光緒廿一年乙未四月二十日午時

傚興公　即舉直公四子　生咸豐元年辛亥　月　日　時

成德公諱長成　即經直公長子　生道光十八年戊戌十月十六日丑時　卒光緒十八年壬辰七月廿五日戌時

嗣子一　彪

周德公諱最成　即經直公次子　生道光二十年庚子九月十七巳時　卒光緒十四年戊子三月初四戌時

娶黃氏妹娘號意儉　生道光廿七年丁未二月十八日　時　卒光緒十二年丙戌三月廿八日卯時

子三　流　彪出嗣成德公　任

周食公諱接成　即經直公三子　生咸豐元年辛亥九月廿九日巳時　卒光緒廿二年丁酉六月初二亥時

娶黃氏配娘　生道光廿七年丁未七月十四日寅時

光輝公　即貞直公之子在建寧府不知存歿生失

宣經公諱懺興　即成圜公長子

生道光廿一年辛丑十一月十八卯時

卒光緒廿一年乙未正月十三日酉時

娶潘氏富娘號慈貴

生道光廿四年甲辰七月廿八日未時

卒光緒十四年戊子八月初七日寅時

子一　水

女一　適陳

南興公字永西　即成圜公嗣次子

生咸豐十年庚申正月十六日卯時

照臨公諱耀　即萬鐘公長子

生咸豐六年丙辰十一月十九日戌時

卒光緒廿一年乙未十月初六日巳時

甲興公　即萬鐘公三子

生同治二年癸亥七月廿六日辰時

麒麟公　即萬鐘公四子

生同治五年丙午四月廿六日午時

看興公　即成億公長子

生咸豐六年丙辰七月十六日子時

卒

娶黃氏甘娘 生咸豐九年己未五月十三日午時 卒

子三 穉 鳳 順風

成美公諱芸興字永植 即處寂公養長子 生道光九年己丑三月十八日寅時 卒光緒四年戊寅十一月初六卯時

公

娶林氏宣娘號柔節 生道光十九年己亥四月初二卯時 卒宣統二年庚戌正月十四日辰時

子二 捷 卑

女二俱適黃

太學生順存公諱廷賴字永篤官章肇祥 即處寂公嗣次子 生咸豐五年乙卯十一月廿一亥時 卒民國六年丁巳二月廿六日卯時

公

娶黃氏須娘號希儉　生同治十三年甲戌五月廿五日午時

子三　聰恭出嗣順美公　愽厚　萬

女二俱適黃

順得公諱廷勳字永伯　即處直公長子

公

生咸豐元年辛亥六月廿六日子時
卒宣統三年辛亥九月廿二日巳時

娶黃氏輕娘號煖體　生同治九年庚午四月初九日未時

子三　保德出嗣順美公　任德　蟾蜍

女二均適黃

順美公諱廷鍊　即處直公次子　生咸豐四年甲寅七月廿六日申時
卒光緒九年癸未四月初八日卯時

嗣子二　保德　聰恭

順明公諱廷朗字永清　即處直公四子

生咸豐十一年辛酉二月初二日卯時
卒民國十九年庚午三月廿一日巳時

公

先娶黃氏滿娘號希盈

生光緒二年丙子二月初二日卯時
卒光緒廿七年辛丑七月十三寅時

繼娶黃氏棲娘

生光緒九年癸未十二月三十日卯時

子五　高養　詩　自成　世成　爲成俱後娶出

女五　長次適黄　三適潘

翰惟公諱瓊琚　即處成公養長子

生咸豐六年丙辰三月初二日寅時
卒光緒十年甲申十一月十九卯時

嗣子一　乞英

順潔公諱皎月　即處成公嗣次子

生同治三年甲子五月廿四日卯時
卒光緒卅三年丁未十二月廿八巳時

娶黃氏佔娘號勤梅

生光緒二年丙子四月十八日午時
卒光緒廿九年癸卯七月初七巳時

子一　往來養

女一　適黃

望興公諱來成　即遂艮公長子

生道光十二年壬辰十二月十七酉時
卒同治元年壬戌七月初七日卯時

先娶潘氏于娘號勤念

生道光十二年壬辰七月十七日未時
卒道光廿九年己酉八月十六日戌時

繼娶林氏丁娘號億後

生道光十五年乙未九月十八午時
卒咸豐十年庚申正月十八日卯時

國基公諱創成　即遂艮公嗣次子

生咸豐三年癸丑六月廿四日巳時
卒宣統二年庚戌十一月初三丑時

堅確公諱石光字永金　即遂稱公長子

公

生道光三十年庚戌四月十四日戌時
卒民國十一年壬戌正月十九日子時

娶黃氏且娘號美具

生道光三十年庚戌十月十二日亥時
卒民國十七年戊辰十二月三十申時

子二　英　鐵出爲貞吉公似子

興福公諱禎成字永祥　即遂稱公三子

公

生咸豐八年戊午七月廿五日戌時
卒
往夷邦不知存殁

剛毅公諱豬來字永妻　即遂有公隻子

生咸豐九年己未

方見公　即遂玉公養長子不知何往

福圓公諱團月字永國　即遂玉公次子

公

生道光廿二年壬寅二月廿九日辰時
卒同治九年庚午六月廿三日午時

娶黃氏隔娘號庇男　生道光廿四年甲辰十一月廿六午時　卒光緒七年辛巳五月廿三日亥時

子二　炮昌　聚守

益後公諱偶成　即遂美公長子　生道光十七年丁酉正月初一日　時　卒光緒十九年癸巳六月十五日巳時

娶黃氏聽娘號思聰　生道光十七年丁酉八月十六日酉時　卒光緒廿九年癸卯十一月十四戌時

子二　蠍　教

女一　適黃

益仁公諱奮成　即遂美公次子　生道光廿九年己酉九月初一日戌

往東不知如何

益深公諱河成　即遂美公三子　生咸豐四年甲寅六月十八日辰時　卒光緒廿九年癸卯八月初五寅時

以樂公諱甘棠 即遂廟公長子

生道光廿七年丁未五月廿五日亥時

卒同治十三年甲戌五月十二日 時

娶黃氏碟娘號意儉 招偶

生道光廿九年己酉十一月十四日丑時

卒民國十一年壬戌十二月廿四日申時

續子三 加民 清水 清香

女二俱適黃

以沂公諱雨 即遂廟公養次子

生道光二十年庚子七月初三日辰時

卒光緒十三年丁亥十二月初二辰時

續子二 加民 清水

以和諱瓢郎 即遂廟公養三子

生道光廿九年己酉七月初三日寅時

續子一 清香

以固公諱有光　即遂廟公四子
生同治二年癸亥二月十七日巳時
卒民國二十年辛未八月十七戌時

先娶潘氏奚娘號希周
生光緒四年戊寅　月　日　時
卒光緒廿二年丙申三月廿四未時

繼娶黃氏隻娘
生光緒十四年戊子五月十四日午時

子二　成祖　雙淵兼承渭川公　俱後娶出

女四　長次適黃　三適陳　俱黃出

胸中公諱渭川　即遂廟公五子
生同治八年己巳十一月廿五日巳時
卒光緒十二年丙戌二月十八日戌時

兩嗣子　雙淵

不日公諱廷堅字永宜　即遂興公養長子
生道光五年乙酉五月廿六日丑時
卒光緒廿二年丙申四月初五巳時

公

娶張氏膽娘號勤心　生道光十一年辛卯二月廿一日寅時

子二　克昌　鍼昌出嗣福後公

鳴謦公諱圭光字汞起　即遂興公次子

公　生道光　年　月　日　時

娶　氏生卒缺

子三　汝養　衍　題

福後公諱閣　即遂興公三子　生道光廿三年癸卯七月十二巳時　卒咸豐八年戊午八月初十日巳時

嗣子　鍼昌

俾爾公諱熾光　即遂儉公長子　生道光廿三年癸卯十二月十八戌時　卒光緒廿三年丁酉四月廿九日卯時

娶黃氏謹娘　生道光三十年庚戌十一月廿四日寅時

子二　肥　會

真光　即遂儉公次子　生卒失

假光　即遂儉公三子外出無回　生卒失

典光　即遂篤公隻子　生卒失

旦光　即遂仲公嗣長子　生同治元年壬戌七月初四日辰時　卒失

金成　即遂仲公次子　生同治八年己巳十一月初十日子丑時　卒失

恪齋派

榜英　即勤樸公隻子　生卒失　止

雩來　即院月公隻子　生咸豐八年戊午三月初三日寅時

引英　即月喜公長子不知何往

柿英　即成直公隻子生卒缺

養子一　波

踏宗　即廣裕公之子

娶黄氏木娘分居仙邑中埔

廷英

敬英

川英

標英

此四子俱與文篆往南邑潘厝

存德公諱蘇　即懷靜公之子

生道光十三年癸巳十一月三十子時
卒民國九年庚申九月廿一日戌時

娶廖氏韮娘

生道光廿三年癸卯九月十九酉時
卒宣統元年己酉正月廿九日巳時

子一　攀

志齊公諱萬　即敦厚公長子

生道光十年庚寅九月廿三日午時
卒同治十一年壬申四月初三午時

塟本都豬仔廣橋壠脚

娶杜氏企娘號如承

生道光八年戊子七月廿三日午時
卒光緒二十年甲午八月初七卯時

子一　領

允德公諱純熙　即敦厚公次子
生道光十八年戊戌八月廿七日辰時
卒光緒廿七年辛丑九月十九日巳時

娶黃氏量娘
生道光廿六年丙午六月初五日午時
卒民國四年乙卯十二月初五日寅時

子三　本　情　瑤　成似長子

女二　俱適黃

掃淨公諱洗　即敦厚公嗣三子
生道光廿五年乙巳十一月廿二卯時
卒光緒十七年辛卯六月廿五日申時

養子一　標

勸樸公諱桐　即敦厚公四子
生道光廿一年辛丑十月十九日丑時
卒光緒廿二年丙申十一月初五子時

娶黃氏信娘號儉勤
生咸豐元年辛亥十二月十七戌時
卒光緒六年庚辰六月十八日亥時

繼娶　氏粒娘
生咸豐六年丙辰十一月十八日戌時

子三　榜養　莉　潤

女一　適黄倶後娶出

聳照公諱拱成　即敦厚公五子

生道光廿八年戊申二月初八亥時
卒民國元年壬子正月廿五日寅時

娶黄氏香娘號謹恬

生咸豐六年丙辰四月十六日戌時
卒光緒十一年乙酉十二月初三戌時

繼娶黄氏産娘號素恬

生咸豐五年乙卯十二月十八日寅時
卒光緒二十年甲午二月十二日未時

娶黄氏改適

子一　當三妣出兼承嘉素公

女一　適黄

含宏公諱含　即玄德公長子

生道光十年庚寅十月十四日戌時
卒宣統元年己酉十二月廿二辰時

娶陳氏妹娘號意恬　生道光十七年丁酉四月初四巳時　卒民國三年甲寅九月廿二日卯時

子四　烏　味　金外亡　桶

永分公　即玄德公次子往外而卒止

永芽公　即達公長子生卒失止

永看公　即篤實公嗣隻子生卒失止

永祿公　即應公長子　生　年三月初八日　時　卒　年十二月廿三　時止

永索公　即應公次子外亡生卒缺

永着公　即麟公次子　生咸豐三年癸丑四月初九日　時　卒失

嗣子一　進成

古來公諱稀　即尊德公嗣隻子　生道光廿五年乙巳十一月廿二時 卒道緒十年甲申七月十六日酉時

娶陳氏取娘　生道光廿五年乙巳三月廿一日巳時 卒光緒十二年丙戌七月十五日丑時

子五　厲（出嗣亨公爲孫）　跳　車　籌　斗

女二　適黃　適鄭

遶來公諱舉　即懷安公長子　生道光十三年癸巳八月初八日子時 卒光緒廿二年丙申十一月廿九午時

娶黃氏轉娘　生道光十五年乙未六月初七日戌時 卒失

子一　段

順引公諱赤　即懷安公次子　生道光十六年丙申九月初九日子時 卒光緒三十年甲辰正月三十日未時

娶黃氏黨娘號勤義　生道光十七年丁酉十月初八日戌時 卒光緒十八年壬辰八月廿一日亥時

子二　落（出嗣超公）　螽

遠引公諱超　即懷安公三子
生道光廿二年壬寅正月十五丑時
卒同治四年乙丑七月十九日未時

嗣子一　落

丞烝公　即懷德公長子
生道光廿一年辛丑七月十三日巳時
卒失

子　進成（養）

丞摘公　即懷德公次子
生道光廿八年戊申
卒光緒廿二年丙申十月二十日巳時　止

勤發公諱煥宗　即厚德公長子
生道光十一年辛卯十月廿三戌時
卒光緒十年甲申四月初四日午時

兩承子　德裕

順財公諱誥宗　即厚德公次子
生道光十七年丁酉十月初九日子時
卒光緒三十年甲辰十二月初九辰時

娶林氏員娘

生道光廿九年己酉五月十八日　時
卒光緒廿八年壬寅五月廿五日卯時

子一　德裕 兼承勤發公

女一　適黃

君英公　即正實公養子兼承如郁公　外出

生道光廿一年辛丑二月十一戌時
卒民國三年甲寅六月廿二日辰時

德齋公諱嘉猷　即福祥公長子

娶黃氏理娘號靜勤

生道光廿二年壬寅五月廿八酉時
卒光緒七年辛巳三月廿八日申時

子五　姜　㨗　瓦　鷄　築

嘉肆公　即福祥公次子

生道光廿六年丙午七月二十日寅時
卒民國十二年癸亥九月廿一日未時

娶黃氏却娘

生道光廿七年丁未五月初五日午時

子巖　挑

女一適黃

成齋公諱嘉箕　即福祥公三子

生道光廿九年己酉四月廿六日午時
卒民國十五年丙寅四月廿四日辰時

娶黃氏蜂娘號守惠

生咸豐二年壬子二月初三日寅時
卒民國十九年庚午二月十六午時

子四　測　作　軫　塗

女五俱適黃

敦慎公諱嘉種　即福澤公長子

生道光廿四年甲辰正月十三申時
卒同治九年庚午二月十五日申時

娶黃氏改適

嗣子二　鋒　梗殤

嘉力公　即福澤公次子　生咸豐元年辛亥二月十六日亥時
卒民國六年丁巳三月初九日申時

娶黃氏月娘　生咸豐九年己未十月廿四日酉時

子三　鋒過嗣嘉種　繭　梗殤

女五長次四五俱適黃三適陳

泰謹公諱嘉筆　即福澤公三子　生咸豐六年丙辰十一月初六日辰時
卒光緒廿八年壬寅四月十四日　時

公往坻無回

娶黃氏悴娘號勤儉　生咸豐十年庚申十月初六日卯時
卒光緒十五年己丑二月初五巳時

子四　宋朝兼承樸篤公　柳條　溪水嗣子　坪來似三子

樸篤公諱嘉象　即福澤公四子　生咸豐十年庚申九月廿七日巳時
卒同治八年己巳十月初一日丑時

嗣子　宋朝

永引公諱嘉祉　即樸明公長子

生道光廿四年甲辰十一月廿六午時

卒民國九年庚申七月廿九日午時

娶黃氏號順慈

生道光廿四年甲辰十月初四子時

卒同治十年辛未七月初五日未時

繼娶黃氏錦娘

生道光廿七年丁未十一月十八日辰時

卒缺

子二　乾　飛先妣出

女一適黃後妣出

克儉公諱嘉揚　即樸明公次子

生咸豐元年辛亥八月廿二日卯時

卒光緒二年丙子九月十六日午時

娶黃氏昏娘　招偶

生咸豐三年癸丑六月初五日午時

卒光緒卅四年戊申十月廿二申時

續子三　卓兼承滿香　砵　贊出嗣欽

嘉鰲　即樸明公三子
生咸豐十一年辛酉四月初七日申時
卒民國二十年辛未五月初四日寅時

娶黄氏香娘號恬慈
生同治元年壬戌十一月二十日未時
卒光緒卅一年乙巳二月二十日卯時

葬廣橋半嶺員通坐丙向壬兼午子

子四　切　遠　仟　倚

滿香公　即樸明公似次子
生道光廿九年己酉六月十二日未時
卒光緒廿七年辛丑十一月十六酉時

續子二　卓　砵

德成公諱嘉染字永作　即遜志公長子
生道光廿九年己酉九月十九日戌時
卒光緒十四年戊子十月廿九日巳時

公

娶　氏案娘改適

子三　坊　搭　浮出嗣款公

女三　俱適黃

德義公諱嘉積字永蓄　即遜志公次子

生咸豐六年丙辰七月廿四日戌時
卒失

公

德元公諱嘉成字永申　即遜志公三子

生咸豐八年戊午十月初八日寅時
卒光緒廿三年丁酉四月十二午時

公

嘉素字永平　即遜志公四子

生同治七年戊辰四月廿七日丑時

娶黃氏旺娘

生光緒三年丁丑七月十九日戌時
卒民國十八年己巳八月初四辰時

兩嗣子一　當

承欽公　即敦樸公子　生道光三十年庚戌四月初四日寅時　外出卒失

嗣子　贊殤

承桂公　即勤達公長子　生失　卒　年九月廿八日時　歿

方良公諱買　即勤達公三子　生同治十三年甲戌十一月初四亥時　卒民國元年壬子四月廿六日　時

任夷而歿

娶黃氏改適

嗣子一　春成

承麗公　即恒達公嗣長子　生卒失

純樸公諱張　即有德公長子　生咸豐七年丁巳正月初十日子時　卒民國十年辛酉十一月廿二戌時

娶黃氏蔭娘號儉慈　生咸豐八年戊午十二月十一日巳時　卒民國十一年壬戌十二月初三未時

子一　拿

女一　適黃

長明公諱扇　即有德公次子　生咸豐八年戊午十一月三十日子時　卒光緒廿八年壬寅十一月三十子時

娶黃氏乜娘號慈德　生咸豐十年庚申三月初八日未時　止　卒光緒十二年丙戌五月初二申時

永與公　即有德公三子　生同治三年甲子三月初二日酉時　卒民國六年丁巳七月初五日酉時

娶黃氏成娘　生光緒四年戊寅五月十二日辰時

子一　海

女一　適黃

永謨公　即有德公四子

生同治五年丙寅七月十八日丑時
卒民國十三年甲子五月廿九申時

娶黃氏勸娘

生光緒二年丙子五月廿七日丑時

嗣子一　遣

永雙　即有德五子

生同治七年戊辰十月初三日子時

往坭里蠟不知存殁

永耽公　即有德公六子

生光緒六年庚辰十一月二十子時
卒民國五年丙辰二月十六日巳時

娶黃氏對娘

生光緒九年癸未五月廿五日巳時

子二　董　牆

女二　適黃

永汀公　即有餘公長子

生咸豐七年丁巳正月初四日卯時
卒民國六年丁巳十二月廿八巳時

娶黃氏昔娘

生咸豐十年庚申三月廿二日申時
卒光緒卅二年丙午二月廿七亥時

子二　栫　飯出嗣炭公

女二適潘

貧樸公諱炭　即有餘公次子

生同治六年丁卯二月二十日戌時
卒光緒十六年庚寅十月十四酉時

嗣子一　飯

永丕公　即有餘公三子

生同治十年辛未九月廿一日午時

外出不知存歿止

永塔公　即有餘公四子

生光緒二年丙子三月初六日寅時

往外不知如何

娶黃氏廉娘　生光緒五年己卯七月十四日卯時　卒光緒二十年甲午八月十九申時　止

一永吝公　即有成公長子　生咸豐八年戊午九月廿八日亥時　卒宣統二年庚戌九月初四日辰時

娶黃氏妙娘　生咸豐八年戊午十一月廿九日戌時

子五　樓　搶　修　伋　頤出爲癸公似子

女一　適黃

一永敦　即有成公次子　生同治十二年癸酉十一月廿一日　時

娶黃氏須娘　生光緒四年戊寅十二月廿五日亥時

子七　孟　自　臨　極出嗣永謀　智出　啓　康

女一適黃

永樓公　即有成公三子　生光緒二年丙子十月廿二日巳時　卒光緒廿五年己亥十一月十四時

娶黃氏萬娘　招偶　生光緒五年己卯二月十八日亥時　卒宣統三年辛亥閏六月初七申時

續子一　扶

嘉與　即有成公仈三子　生光緒三年丁丑九月十八日卯時

娶王氏群娘　生光緒十五年己丑十月十一日寅時

續子一　扶

篤良公諱偉字永俊　即有基公長子　生同治四年乙丑十一月初十子時　卒民國十年辛酉六月初五日卯時

公

瘗本都廣橋鄉土名小汾田后坐乾向巽兼亥巳

娶黃氏僊娘　生同治七年戊辰八月初五日未時

子三　坐　長　窄

女一　適黃

永瀑　即有基公次子　生同治九年庚午正月廿六日子時

娶黃氏烈娘　生同治十三年甲戌九月十九日巳時

子三　鎖　間　門

郡武生諱猷諱驅字永謀　即有基公三子　生同治十三年甲戌四月初九日子時　卒民國　年十一月十二日子時

公

娶黄氏啞娘　生光緒四年戊寅四月十五日午時

子二　赫　極嗣子

女一適黄

篤誠公諱粒　即有基公四子　生光緒三年丁丑三月廿三日午時　卒民國十五年丙寅十二月初五辰時

娶黄氏閃娘　生光緒七年辛巳十一月初三日申時

子二　明養　金土

女二長適黄

篤樸公諱密　即有基公五子　生光緒五年己卯九月十四日寅時　卒民國二年癸丑十一月廿三戌時

娶黄氏聚娘　生光緒七年辛巳十月十三日午時

子二　亥　巳

女一適黃

永審　即有基公六子

生光緒七年辛巳十二月十六日卯時

娶黃氏咋娘

生光緒九年癸未十二月十一日酉時

子一　仁倉養

女三長適杜　次三適黃

勤謹公諱椿　即方茂公長子

生道光二十年庚子十一月廿二日戌時

卒同治十一年壬申十二月十四日辰時

娶黃氏獺娘號純儉

生道光廿九年己酉五月廿五日申時　止

卒同治十二年癸酉十二月十四辰時

誠安公諱贌　即誠實公嗣長子

生道光廿四年甲辰二月初五辰時

卒光緒十年甲申九月初四日未時

娶黃氏居娘　生道光廿七年丁未十月廿三日辰時
卒光緒卅三年丁未四月初七日卯時

子一　嘆

永井公　即誠實公養次子　生道光廿六年丙午六月初一日　曉止
卒光緒廿九年癸卯三月初四日　時

分平公諱均　即誠實公三子　生咸豐五年乙卯正月十三日亥時
卒　年正月初七日未時

娶黃氏六娘　生同治五年丙寅四月廿四日辰時

兩嗣子一　德成

永彩公　即秉正公嗣隻子　生道光廿二年壬寅八月廿二日午時
卒失

娶黃氏璉娘　生道光廿七年丁未九月初九日申時
卒失

子一　參

女一適黃

生同治元年壬戌八月初八日午時

卒宣統元年己酉十一月初九巳時

庭宗公　即發公隻子

娶鄭氏延娘

生同治十一年壬申十一月十九辰時

卒宣統二年庚戌八月廿四日未時

子二　愁　恥

秉直公諱寮來　即清積公嗣隻子

生同治三年甲子正月十二日戌時　止

卒光緒九年癸未四月初七日辰時

永突公　即鶯遷公次子

生同治十一年壬申六月十三日丑時

卒民國十五年丙寅七月十七日未時

養子二　德成兼承均公　侃子　碩兼承各公

文逵公諱林郎　即殼碩公隻子

生嘉慶廿四年己卯十月十六戌時

卒咸豐四年甲寅正月十九日酉時

娶黃氏且娘號勤慈

生道光五年乙酉八月十九日亥時

卒光緒十九年癸巳十月廿六申時

子二　長帛　長畝

友直公諱長江　即華明公長子

生道光廿八年戊申六月初三日亥時
卒光緒十二年丙戌四月初十日辰時

娶黃氏歇娘

生道光三十年庚戌九月初四日酉時
卒光緒卅一年乙巳七月初六日丑時

子三　梭　珠　鑾

儉直公諱長棗　即華明公次子

生咸豐七年丁巳正月初九日酉時
卒光緒十五年己丑十二月初六未時

娶潘氏懇娘　招偶

生同治三年甲子八月十一日未時
卒民國十八年己巳十二月初五申時

子　川　續子　係　秋　緞

女二　適黃　適潘

勤直公諱長鎮　即華明公三子

生咸豐十年庚申正月初七日子時
卒光緒廿八年壬寅九月初四午時

娶黃氏稿娘　生同治二年癸亥十一月廿五日丑時

子一　齊

忠直公諱差中　即華明公四子　生同治元年壬戌閏八月二十日酉時　卒民國四年乙卯十二月廿二日亥時

娶黃氏密娘　生同治二年癸亥二月十二日申時　卒民國廿九年　二月十四日未時

子三　禱　斜　坤

女三俱適黃

信直公諱湖只　即華明公五子　生同治五年丙寅五月十九日卯時　卒民國十三年甲子十二月初七巳時

娶黃氏領娘　生同治七年戊辰三月二十日寅時　卒民國三十八年己丑五月初三日寅時

子四　宜　雅　蕃　桂

女三俱適黃

長能　即華明仈次子
生咸豐九年己未七月十三日酉時

續子三　係　秋　綴

宣耀公　即正直公長子
生咸豐八年戊午十二月廿一日午時
卒缺

娶黃氏報娘
生咸豐十一年辛酉三月廿五日寅時
卒失

子二　眼成　梅成　似長子　迎成

女四　長次四適黃

移暢公兼宣茂　即正直公次子
生同治二年癸亥二月初八日未時
卒光緒卅三年丁未四月十八巳時

娶黃氏閃娘
生同治六年丁卯十二月初八日戌時

子五　晟成　㙚成　菩成出嗣移修公　拳成　抒成

宣浪　即正直公三子　生同治五年丙寅五月廿六日寅時

娶黃氏窗娘　生同治九年庚午十月廿七日卯時　卒民國十七年戊辰二月十五巳時

塟本鄉土名漈頭后坐巽向乾兼辰戌

子一　金使

女三俱適潘

宣硯　即正直公四子　生同治八年己巳五月十五日丑時

娶黃氏錐娘　生光緒三年丁丑八月十三日未時

子四　果成　姜成　杞土　培基

女一適潘

移修公諱宣壘　即正直公五子

生同治十一年壬申五月廿二日午時
卒光緒十八年壬辰三月初四日申時

嗣子一　菩成

順興公諱節　即全成公長子

生道光五年乙酉十月十一日寅時
卒道光廿二年壬寅八月十五子時

剛克公諱燕春字永翼　即全成公次子

生道光十六年丙申十月廿八寅時
卒民國五年丙辰八月初四日酉時

公

娶黃氏乖娘號端淑

生道光廿二年壬寅五月廿八亥時
卒民國九年庚申七月二十日寅時

子二　韮　頭

兩德公諱榮　即明德公長子

生道光十四年甲午十一月廿九時
卒同治七年戊辰三月初六日巳時

娶林氏鍊娘　招偶

生道光廿九年己酉二月廿九日戌時
卒失

續子三　鐵　朝出嗣待客　聚金出嗣丞尋

待客公諱款　即明德公之子

生道光廿一年辛丑七月廿九日辰時
卒光緒廿三年丁酉外亡

嗣子二　朝　浮

丞尋公　即純情公嗣隻子後出爲明德似長子

生道光廿一年辛丑十一月廿七亥時
卒民國十六年丁卯十一月十七日巳時

公

娶黃氏族娘號順德

生道光廿二年壬寅十月三十日　時
卒同治七年戊辰八月十三日戌時

續子二　鐵　聚金

佳情公諱東南　即如哉長子

生嘉慶十八年癸酉九月廿九日　時
卒道光十六年丙申六月初九日巳時　止

存厚公諱東圯　即如哉次子

生道光十年庚寅四月十四日巳時

卒光緒十年甲申十月十二日巳時

娶黃氏參娘

生道光廿五年乙巳二月十九日亥時

卒光緒廿四年戊戌二月廿五日未時

子三　滚　窖　儒

樸質公諱東來　即慎樸公長子

生嘉慶廿二年丁丑十月廿八申時

卒咸豐三年癸丑十月廿一日戌時

娶杜氏敬娘號正德　招偶

生道光十年庚寅十二月十五日亥時

卒光緒廿三年丁酉正月廿九日巳時

續子三　泉　苟　晦

德全公諱東印　即慎樸公次子

生道光六年丙戌六月廿五日子時

卒光緒十八年壬辰十二月廿三申時

娶黃氏須娘號誠懿

生道光二十年庚子二月十二日時

卒光緒八年壬午四月初一日午時

子四　曰　月　爽　窗

德順公諱東漢　即愼樸公似長子
生道光二年壬午十月初七日未時
卒光緒十一年乙酉十一月廿九丑時

續子三　泉　茍　蝞

順曆公諱夘　即厚樸公長子
生道光十一年辛夘二月初八日巳時
卒光緒十七年辛夘四月廿四日巳時

明德公諱脛　即厚樸公次子
生道光十七年丁酉九月　時
卒同治五年丙寅六月十二日　時

葉向公　即其德公隻子
生道光廿五年乙巳十一月十一日夘時
卒光緒廿七年辛丑十一月廿八日未時

娶林氏哖娘
生咸豐七年丁巳七月十七日辰時
卒民國九年庚申五月十八日子時

子一　樹

女三長次適黃

儉勤公諱東蘊　即樸實公嗣隻子
生道光十一年辛夘四月十五日酉時
卒光緒二十年甲午六月初七日午時

娶林氏郄娘號勤慈　生道光十九年己亥正月廿七子時　卒光緒九年癸未五月廿六日丑時

子三　昌　葵　七

女二俱適黃

順福公諱建里　即如邦公長子　生道光三年癸未九月廿九日辰時　卒同治五年丙寅二月廿七日亥時

娶黃氏質娘號謹慎　生道光八年戊子七月初二日申時　卒光緒十九年癸巳十二月十二酉時

子　礫　近出嗣九里公

誠篤公諱九里　即如邦公次子　生道光八年戊子十月十八日丑時　卒光緒十七年辛卯正月廿六辰時

嗣子一　近

利貞公諱元亨　即靜發公侄子

公

樸篤公諱影　即信齋公之子

嗣子一　地長

其篤公諱聽　即順成公長子

娶黃氏撙娘號順節

繼娶黃氏勑娘

子三　送養　地長出嗣樸篤公

女二　適潘　適黃

悻光　即思靜公長子

生道光廿一年辛丑十月十七日酉時　比

卒光緒廿四年戊戌六月廿九日午時

生咸豐六年丙辰五月十七日未時

卒光緒五年己卯三月廿一日亥時

生道光廿七年丁未九月初二日巳時

卒民國八年己未十一月廿九日辰時

生咸豐九年己未二月廿二日卯時

卒光緒五年己卯七月初四日申時

生咸豐九年己未十一月初四日午時

迎成出爲繼公似子　俱後娶出

生道光廿九年己酉十月初二日未時

卒光緒廿二年丙申八月十一日酉時

娶黃氏桃娘　生咸豐三年癸丑八月十三日卯時

子四　汝　贊　垗出嗣虔公　徃出嗣妓公

女一　適黃

禮樂公諱亞　即思靜公次子　生咸豐四年乙卯九月初四日卯時　卒民國十三年甲子十二月二十丑時

娶黃氏店娘號儉德　生咸豐十年庚申十二月廿六日酉時　卒民國十四年乙丑二月廿六日申時

子三　囉　酒　定

女一

永旗公　即思日公養長子　生咸豐七年丁巳三月廿二日寅時　卒缺

娶蔡氏豬娘　生同治三年甲子五月廿一日子時　止　卒失

女一

永禨公　即思日公次子

永紡　即圖公次子

娶李氏　娘

便宗　即勸公隻子

通元　即富成公隻子

永樞　即志有公嗣隻子

勤職公諱進興　即高敏公長子

娶潘氏比舍號節孝

生同治六年丁卯十二月初七子時

卒光緒九年癸未十月十九日卯時　止

生光緒三年丁丑三月初二日未時

卒失

生光緒十六年庚寅十二月十七日　時

卒失

生道光廿六年丙午八月十四日未時

卒失

生咸豐四年甲寅八月十九日巳時

卒失

生同治六年丁卯九月十四日亥時

卒

生嘉慶廿二年丁丑十一月十一卯時

卒道光廿七年丁未六月十四日申時

生嘉慶廿二年丁丑七月十一卯時

卒同治十年辛未九月廿八日申時

子四 瓊簪 牙簪養 光猜養 光別養

盈兩公諱錫類 即高敏公嗣次子

生道光廿一年辛丑七月十一日 時

卒光緒十五年己丑十二月十四辰時

娶潘氏飛娘號靜慈

生道光廿三年癸卯十月初四丑時

卒光緒九年己未八月廿五日戌時

子二 宜 再兼承智公

寬敏公諱秉均 即樸素公長子

生道光十六年丙申六月廿八酉時

卒光緒四年戊寅五月十三日巳時

娶蘇氏改適

子二 紫 魯

順德公諱智 即樸素公三子

生道光廿三年癸卯十一月廿二寅時

卒光緒十二年丙戌 月 日 時

兩嗣子一 再

誠樸公諱莆田　即忠厚公長子　生道光十一年辛卯八月廿一日未時　卒道光廿二年壬寅八月廿七日辰時

塟本鄉土名徐壠坐丙向壬兼午子　其祭祀與忠厚公

作四桂輪當

質樸公諱爲田　即忠厚公次子　生道光十四年甲午五月初十申時　卒同治四年乙丑七月廿二日酉時

先娶黃氏銀娘號信節　生道光十六年丙申三月十一日未時　卒道光廿九年己酉七月廿一日午時

繼娶黃氏喻娘號順節　生道光十五年乙未十月初九日　時　卒民國七年戊午六月初一日巳時

公塟本鄉土名拋龍山坐　向

子一　曜

太學生敦樸公諱在田字永友官章正中　即忠厚公三子

公
娶黃氏返娘號儉讓
子三　清華　清洲　清妹
女三　長適潘　次三適黃

生道光十七年丁酉三月初七日丑時
卒民國二年癸丑十一月十三日未時
生道光十七年丁酉七月十六日　時
卒光緒廿二年丙申十一月初一未時
考妣合葬溪尾后虎班嶺坐辛向乙兼酉卯

純樸公諱芸田　即忠厚公四子
生道光二十年庚子二月廿七戌時
卒民國三年甲寅三月十六日午時

娶杜氏棗娘號恬順
生道光廿一年辛丑五月初十巳時
卒同治九年庚午九月初三日卯時

繼娶黃氏益娘號柔順
生道光廿一年辛丑七月初八日寅時
卒光緒六年庚辰十二月十五日寅時

三娶林氏晟娘號慈順
生道光廿九年己酉二月十八日卯時
卒光緒廿二年丙申正月十一日辰時

子一　勛林氏出

女二　長適黃　次適鄭黃氏出

厚樸公諱新田　即忠厚公五子　生道光廿三年癸卯十一月初三戌時　卒民國六年丁巳十二月初八日午時

娶黃氏㜺娘號儉勤　生道光廿五年乙巳六月十六卯時　卒民國五年丙辰七月廿二日午時

子二　廉嗣子　武養

邑庠生存誠公諱定祥字承成官章聯登　即志直公長子　生道光十九年己亥二月廿九日午時　卒光緒十七年辛卯六月初六日酉時

公

娶謝氏甜娘號靜慈　生道光廿一年辛丑三月廿六子時　卒民國五年丙辰九月初十日戌時

子四　柔　溜　熌　廉出嗣新田

女一適黃

禎誠公諱佳祥　即志直公次子　生道光廿六年丙午八月廿三日卯時　往東殁

娶黃氏密娘號靜勤　生道光廿八年戊申十一月十九申時　卒民國九年庚申十二月十一日寅時

子二　徙　財

女二俱適黃

例授直隸州存德公諱報祿字永爵官章日陞　即樸實公長子　生道光十二年壬辰正月初七日辰時　卒光緒廿四年戊戌八月廿一日申時

公

娶黃氏綽娘號柔順　生道光十四年甲午正月二十日戌時　卒道光廿六年丙午七月初三日巳時

繼娶黃氏四娘號厚順　生道光十四年甲午九月十九日申時　卒光緒廿九年癸卯七月廿四日辰時

子二　深淵　瑛琪（兼承存厚公）　俱後妣出

女二適黄

處士存厚公諱開統字永重　即樸實公次子

生道光十三年癸巳六月初八酉時
卒咸豐四年甲寅九月廿五日戌時

公

娶杜氏里舍號貞節

生道光十七年丁酉五月初十日丑時
卒光緒廿六年庚子十月初八日未時

公塟本都本鄉土名后宵坐　向

子三　神助養　神富養　瑛琪兩承

女一適黄

公勤讀詩書日夜無閑方期奎璧生輝雲程直步時年二十

二娶同邑鳳棲坑生員杜逢春之女孫訓導杜彥俊之長女

而欽點翰林籤分督糧道特受御史職杜彥士之胞姪女也
億自迎歸以來僅有六月之夫妻則好學云亡永作終身之
寡婦而錦衿獨旦矣又幸有懷胎冀其熊羆兆瑞無如弄璋
之句無可歌弄瓦之章旋即咏則所謂婦人三從伊何在也
青鬢無依真可憐也然天之玉成於人必先苦其心志而人
之安受天命行拂亂其所爲則甘心守節玉潔冰清步不出
閨門言不出閫外惟以苦節自貞祗期同穴乃於中坡過繼
一子名曰神助守規循矩能盡孝道足以歡心終年逾五十
孫支毓茂有五人焉特未有其人請　旨褒封奬錫嘉名深

以爲恨第以譜存萬世而節婦之名亦與之俱存豈不懿哉

存義公諱吹壎字永伯　即勤樸公長子

生道光十六年丙申十一月十六巳時
卒光緒十七年辛卯二月廿九日　時

公

娶黃氏戀娘號勤淑

生道光十九年己亥十二月初六午時
卒光緒廿四年戊戌正月十四日子時

子三　攀龍　左　艮

女一適黃

存禮公諱砌字永禮　即勤樸公次子

公

生道光廿二年壬寅四月初二子時
卒宣統元年己酉八月廿九日戌時

娶潘氏店娘號守靜

生道光廿二年壬寅八月初八日辰時
卒光緒廿五年己亥五月初三日未時

子二　孫鍾　孫杖
女二適黄
存性公諱埼　即勤樸公三子兼承樸實公
生道光廿五年乙巳九月十五日巳時
卒光緒廿九年癸卯八月初七日申時
娶黄氏帶娘號守恬
生道光廿四年甲辰八月廿三日丑時
卒光緒廿七年辛丑十二月十三丑時
嗣孫　錢孫
女三　長三適黄　次適賴
敦樸公諱讓　即勤樸公四子
生咸豐二年壬子九月廿五日　時　止
卒同治八年己巳九月初四日未時
質達公諱顯宗　即勤直公長子
生道光十六年丙申二月廿五日卯時
卒同治十二年癸酉六月十九日戌時

先娶潘氏銀娘號慈懿　生道光十七年丁酉六月十五午時　卒同治十年辛未四月初七日巳時

繼娶黃氏改適

合塟南邑土名山中厝后坐　向

子三　挨　更川俱潘氏出　登黃出

女一　適林

以時公諱聘恩字永朝　即勤直公次子

公　生道光廿五年乙巳八月初二亥時　卒宣統二年庚戌五月廿二日酉時

娶黃氏慶娘　生道光廿七年丁未七月二十日戌時　卒光緒卅二年丙午四月十六日寅時

子二　清泉　艾嗣乙

女一適杜

以聲公諱唱恩字永音　即勤直公三子

生道光廿七年丁未十一月初七申時

卒光緒廿二年丙申　月　日　時

公

生道光廿九年己酉九月廿九日戌時

娶黃氏等娘

子三　愛　髻　艾出嗣聘恩

女二俱適黃

父子分支福清縣居住

正圓公諱團書　即百忍公長子

生道光廿八年戊申正月十二日子時

卒光緒廿九年癸卯八月十二日卯時

娶黃氏莉娘號靜儉

生道光廿八年戊申五月十三日戌時

卒光緒廿七年辛丑十二月初七巳時

子一　串珠　生道光廿四年甲辰六月廿七日卯時　卒光緒廿八年壬寅五月初十日巳時

承緒公　即寬樸公養隻子

嗣子一　澗鮭

邑武生一勤公諱承基字承丕官章開春　即純質公養隻子

公　生道光廿四年甲辰六月三十戌時　卒民國二年癸丑八月廿四日戌時

娶黃氏泡娘號志儉　生道光廿五年乙巳八月十八日戌時　卒光緒廿九年癸卯八月初七日申時

子五　腰　確　鮭出嗣緒公　樵　簡

女二俱適黃

卷十二終

重修虹山彭氏族譜世紀卷十三

三十三世承字行

希文派

六光公　即亮公養子生卒失

子一　兵養

州同長青公諱萬紀官章浮華

公　即克明公長子

生道光八年戊子正月二十日丑時
卒光緒元年乙亥十一月廿六日酉時

娶黃氏晟娘號柔懿

生道光九年己丑　月　日　時
卒民國二年癸丑正月廿五日午時

子四　鈞　顏　若　猴

女一適潘

太學生羞拙公幼名捷字永精官章毓書享壽八十八　即克明

生道光十六年丙申五月三十日辰時
卒民國十二年癸亥正月廿六日子時

公次子

娶黃氏錬娘號慈裕享壽七十八

生道光十五年乙未六月廿三午時
卒民國元年壬子六月初四日亥時

公葬東坂宮路后癸丁子午

子五　榮昌　榮池　榮堯　榮突　榮凸

淑惠公諱文答字永對　即克明公三子

生道光廿四年甲辰七月初十未時
卒民國七年戊午八月初四日寅時

公

娶杜氏治娘

生道光廿三年癸卯十一月初四日　時

子二　拋養　堦

女一　適潘

有道公諱教　即好秦公長子

生道光二十年庚子十一月初十未時
卒光緒廿九年癸卯六月初三日午時

娶黃氏案娘號慈慎

生道光十五年乙未八月十一日巳時
卒光緒廿二年丙申八月十八日亥時

子四　情　温出嗣足容公　婿　揪

足容公諱寬柔　即才禮公嗣子

生咸豐七年丁巳十月廿六日寅時
卒光緒六年庚辰二月十九日丑時

嗣子一　温

守芳公諱掇　即順碧公長子

生道光十六年丙申正月廿四日辰時
卒民國五年丙辰十二月初十日辰時

嗣子一　舌

永撙公　即順碧公次子生卒缺

存仁公諱愛　即順直公養長子　生失　卒己巳年八月廿九日午時　止

永髻公　即順直公養次子生卒失止

徙來公　即全棋公次子　生失　卒　年四月十二日申時

娶杜氏金娘　生道光三十年庚戌十一月廿一日巳時　卒光緒廿九年癸卯閏五月廿九日巳時

子一　塲

秋林公　即全棋公三子　生咸豐二年壬子　月　日　時　卒民國十四年乙丑十月二十日巳時

娶黃氏朱娘　生咸豐三年癸丑　卒民國十七年戊辰九月廿一日辰時

两嗣子　葵高

積倉公諱耀來字永羅　即守義公嗣子
生道光廿五年乙巳十一月三十巳時
卒光緒八年壬午十月初三日辰時

公

娶賴氏美娘號守貞
生道光廿三年癸卯閏七月十二日丑時
卒光緒二十年甲午十一月初九日子時

子五　榮業　思　响　庄　摘

永土　即貞公長子　生失

存誠派

純時公諱雌來　即敬賜公長子
生道光四年甲申正月廿六日戌時
卒光緒二年丙子三月十二日午時

嗣子一　順英

順呈公諱戴來　即敬賜公次子
生道光七年丁亥十月十一日辰時
卒同治十二年癸酉九月初七辰時

娶黃氏雪娘 生卒失

子二　皆得　順英 出嗣純時公

任來公　即敬賜公三子 生卒失 止

永先公　即向賜公長子 生卒失 止

永所公　即向賜公次子 生卒缺 止

聖贊公　即蠟賜公長子 生卒缺 止

佳德公諱知來　即純得公長子 生道光五年乙酉十二月廿八日卯時 卒光緒十三年丁亥二月初四日巳時

娶尤氏允娘號順懿 生道光五年乙酉 卒同治元年壬戌七月初五日巳時

子二　書禮　好禮

而信公諱謹來　即純得公次子享年七十六
生道光八年戊子十月初三日丑時
卒光緒廿九年癸卯九月三十卯時
公
娶陳氏恊娘號謹順
生道光十四年甲午十一月十四巳時
卒光緒廿八年壬寅七月十五日子時
子二　飛　溪水出嗣正思公

克齋公諱返來　即純得三子
生道光十二年壬辰正月廿三日丑時
卒光緒十二年丙戌四月廿六日寅時
娶黃氏濺娘
生道光廿一年辛丑十月十五日申時
卒失

直方公諱尋來　即純得四子
生道光十五年乙未正月初七丑時
卒光緒二年丙子六月廿六日辰時
兩嗣子一　糠

順德公諱正思　即純顯公嗣子
生道光十二年壬辰正月十七日午時
卒光緒廿四年戊戌七月廿二日未時

嗣子一 溪水

永炳公 即接香公長子 生卒缺止

永炮公 即接香公次子 生卒失止

永赫公 即耆元公養長子 生卒失止

永苟公 即耆元公養次子 生卒失

接禮公諱恩來 即者公養長子

生咸豐二年壬子五月初六日辰時

卒民國十一年壬戌六月初四辰時

嗣子一 青

貨殖公諱賜來 即兩公養長子

生道光廿七年丁未十月初七日巳時

卒光緒廿九年癸卯五月十八日午時

娶黃氏瑾娘

生咸豐十一年辛酉八月初十日 時

子三 冬 青出嗣恩來 糠兼承尋來

化成公諱世脫字永德 即素德公長子

公

生道光三十年庚戌二月初九日亥時
卒民國二年癸丑十一月十六日寅時

娶黃氏號順鎰

生咸豐元年辛亥十月初十日未時
卒光緒二年丙子九月初四日寅時

子二 守余兼承世讓 復兩承

世讓公 即素德公次子

生咸豐二年壬子十一月十六日丑時
卒民國十四年乙丑五月十二日午時

娶黃氏稅娘

生咸豐六年丙辰十一月初七日 時
卒民國十二年癸亥四月十六日午時

子一 復兼承世脫 暡似長子

妙推公諱世晏 即素德公三子

生咸豐十一年辛酉六月十六亥時
卒民國二年癸丑二月廿四日 時

娶黃氏氊娘號善化　生同治四年乙丑三月廿三日戌時　卒民國十二年癸亥二月十五子時

子二　醮明　葵高兼承秋林

世察公　即素德公四子往夷而歿生卒失　止

情興公　即萬公長子　生道光廿一年辛丑四月廿七日　時　卒光緒十七年辛卯正月十五日辰時

新興公　即萬公次子　生道光廿六年丙午閏五月十二申時　止　卒光緒十八年壬辰正月廿七日　時

茂德公諱謙　即順發公三子止　生咸豐三年癸丑七月初一日巳時　卒宣統元年己酉十月初五日子時

娶杜氏富娘　生失　卒民國十八年己巳二月初一日午時

子四　淺　坪出為嘉箏似三子　泄　因

永佛公　即順發公四子　生咸豐十年庚申三月十七日戌時　止　卒光緒六年庚辰五月十九日　時

書與公　即德裕公嗣子　生卒失企

永鶴公　即晏公長子　生卒缺

永沐公　即晏公次子　生卒缺

娶黃氏蜂娘號莊恬　生同治二年癸亥二月二十日卯時　卒光緒廿九年癸卯六月初三巳時

子一　碻

飛騰諱升廩字永堦　即敦裕公長子　生咸豐二年壬子九月初四日子時

娶黃氏列娘號明德　生咸豐六年丙辰六月十六日卯時　卒宣統二年庚戌二月十二日辰時

子三　壹　坑　進

百來　即後位公之子兩承霽雨公生卒俱載詳霽雨派下

立志公諱幼爾　即順草公長子

生咸豐九年己未九月初九日亥時
卒光緒廿五年己亥十月廿七寅時

娶黃氏春娘　招偶

生光緒六年庚辰三月廿九日子時
卒民國七年戊午八月十八日[illegible]

子一　千　續子二　寬　傳

永援　即順草公似子

生同治十二年癸酉十二月廿一日卯時

續子　寬　傳

興仁公諱落海　即順只公長子

生咸豐七年丁巳八月廿七日酉時
卒光緒十年甲申十月初九日寅時　止

興進公諱沉郎　即順只公次子

生同治元年壬戌三月廿九日辰時
卒光緒三年丁酉二月二十日未時

娶阮氏走娘　招偶

生光緒元年乙亥

子一　吻　續子楓林

登士公　即順只公似次子　生同治十二年癸酉十月十五酉時　卒民國十年辛酉十月初三日亥時

續子　楓　林

承尚　即順只公三子　生光緒十三[illegible]丁亥二月十九日酉時

娶鄧氏夜娘　生　年　月　日　時

子一

興義公諱順跧　即自達公長子　生咸豐七年丁巳二月初四日亥時　卒光緒卅一年乙巳二月十一辰時

娶黃氏慈娘　招偶　生同治九年庚午　月　日　時　卒民國五年丙辰十二月廿五日時

續子二　赫（兼承旺）　曹

興詩公諱旺　即自達公次子
娶黃氏爲娘號節成
兩嗣子　赫

生咸豐十年庚申六月三十日酉時
卒光緒廿六年庚子六月初一酉時
生光緒五年己卯三月廿一日辰時
卒光緒廿四年戊戌閏三月初十　酉時

興順公諱鄹郎　即自達公三子
娶賴氏蚌娘　招偶
續子一　擔

生同治七年戊辰二月十五日丑時
卒光緒　年七月初三日巳時
生光緒十年甲申六月三十日酉時
卒光緒十二年癸亥三月十八申時

群公　即自達公似長子
子二　赫　曹

生光緒四年戊寅三月十四日巳時
卒缺

承仲公　即富榮公長子

生同治二年癸亥　月　日　時　止
卒宣統三年辛亥六月十一日巳時

永勑公　即富榮公次子
娶黃氏改適
子一　鎣養
生同治七年戊辰　月　日　時
卒失

司存公諱邊　即所陞公長子
娶黃氏晉娘
子二　砸　碧兼承輕公
生同治八年己巳十月廿一日巳時
卒民國七年戊午十月十七日申時
生光緒十年甲申十一月初五日巳時

順成公諱輕　即所陞公次子
兩嗣子一　碧
生同治十二年癸酉十一月初九巳時
卒宣統元年己酉三月十四日辰時

永高　即所陞公三子
生光緒十五年己丑六月廿六日午時

娶黃氏密娘　生光緒十七年辛卯二月初二日巳時

子三　樹　雙　欽

永摘公　即正直公長子生卒失止

每公　即會同公養長子生卒失止

恭儉公諱壬癸　即懿德公長子　生同治六年丁卯七月初一日亥時　卒光緒廿五年己亥九月十七申時

娶黃氏堅娘　招偶　生

續子二　獅　銀

文金　懿德公次子　生

壬蘭公　即懿德公似長子生卒失

續子　獅　銀

進益公諱出　即雖則公長子
生咸豐四年甲寅閏六月初六日巳時
卒光緒廿三年丁酉八月廿六日戌時

娶黃氏尾娘號孝劍
生咸豐四年甲寅
卒同治七年戊辰四月十五日申時

子一　泉出為如臨似長子

永為公　即雖則公次子
生失
卒　年正月十四日申時　止

永買　即如彌公長子
生咸豐十年庚申十一月初一日丑時

娶賴氏偷娘號歸厚
生光緒三年丁丑　月　日　時
卒宣統元年己酉六月初六日午時

子一　参

如臨公諱吉　即協恭公長子
生道光廿八年戊申正月廿五日寅時
卒光緒廿七年辛丑七月初七日巳時

娶王氏硯娘

子　百　瞈出爲世讓似長子　泉似長子

博泉公諱淵　即鈎公長子

如溪公　即鈎公次子

娶黄氏四娘　招偶

續子　愆

振與公諱旺　卽桂陞公長子

娶黄氏殘娘孝節

子　尊　祥两承　續子　愆

生咸豐二年壬子

卒光緒廿七年辛丑五月十七日未時

生咸豐八年戊午八月廿二日　時

卒光緒廿三年丁酉七月廿七午時

卒光緒三年丁丑八月初九日　時

卒宣統元年己酉四月廿八日　時

生光緒十一年乙酉正月十二日戌時

生同治三年甲子十一月初五日　時

卒民國八年己未三月初八日辰時

生光緒元年乙亥三月廿二日巳時

卒光緒三十年甲辰九月十九巳時

振發公諱𠯈　即桂陞公子

娶黃氏乃娘　招偶

子三　祥（兼承振興公）　續子　佔　姣

女二適潘

永禮　即桂陞公似次子兼嗣國正

續子二　佔　姣

正中公諱斗　即雄俊公長子

恒豐公諱蘊　即御前公嗣子

娶黃氏蕨娘

生同治十三年甲戌八月初四未時

卒宣統三年辛亥三月十一日申時

生光緒九年癸未十二月初八日巳時

生光緒十一年乙酉六月廿七日丑時

生失　年八月廿二日　時

卒　止

生光緒三年丁丑三月初六日未時

卒民國七年戊午二月初七日丑時

生光緒八年壬午十一月初七日巳時

子三　灶　從養　田

女一　適黃

長地公諱土　即養成公嗣子　生同治十二年癸酉八月初二日亥時　卒民國二十年辛未四月廿七日酉時

娶黃氏蜜娘　生光緒七年辛巳六月初三日戌時

子四　才　塗　來叠　澤

永佳　即絲綸公之子　生光緒三年丁丑九月十八日　時

娶王氏群娘　生光緒十五年己丑十月十一日寅時

子一　扶

明時名清　即金聯公長子　生同治九年庚午四月廿一日亥時

娶陳氏營娘 生光緒七年辛巳十一月初四日寅時

子二 揚 紫兼承安公

女二俱適黃

如福公諱安 即金聯公次子

生同治十二年癸酉十一月廿五卯時

卒宣統元年己酉八月十七日寅時

娶黃氏改適

子二 學養 紫兩承

源流公諱夏 即金聯公四子

生光緒六年丙辰六月初七日亥時

卒民國五年庚辰十二月初六午時

娶杜氏類娘 招偶

生光緒十七年辛卯二月廿七日午時

子三 明 壁續 笑續

永晦 即金聯公似四子

續子 璧 笑

厚德公諱志高 即君成公長子

娶黄氏委娘 招偶

子 丙丁殤 續子 著

永有 即君成公似長子

續子 著

木德公諱欉 即義明公之子

娶王氏晦娘

生 年 月 日 時

生同治三年甲子五月廿八日辰時

卒光緒廿五年己亥十二月廿八巳時

生光緒六年庚辰五月十八日午時

生光緒五年己卯十月十三日卯時

生同治九年庚午十一月初五寅時

卒民國九年庚申六月廿三日卯時

生光緒七年辛巳十月廿八日亥時

子三　兩殤　默（兼承且）　栽

女五　長五適潘　次三適黃

壹德公諱且　即君盛公嗣子

生同治十三年甲戌六月十六日亥時
卒光緒廿三年丁酉五月廿七日辰時

兩嗣子　默

明篆　即闕世嗣子

生道光十一年辛卯四月十二日　時
卒　年正月廿四日　時

承儉　即冰壺公養長子

生光緒十九年癸巳正月廿九日辰時

娶曾氏蝐娘

生光緒廿五年己亥十二月廿九日午時

子四　海水（出嗣秋水爲孫）　雙　未成　法成

女一

一標公長房藩琇派

永陽公　即陳公長子　生光緒四年戊寅六月廿七日　時

往夷不知存歿

永樹　即陳公三子　生光緒十四年戊子四月二十日申時

娶王氏鉗娘　生光緒十七年辛卯十二月廿三日酉時

子一　送

永蓮公　即水公養子　生咸豐元年辛亥二月廿二日　時止
卒失

永根　即香公長子　生光緒四年戊寅八月十八日卯時

先娶黃氏謹娘　生光緒七年辛巳正月十一日酉時
卒光緒廿八年壬寅十一月初二寅時

繼娶黃氏慈娘 生光緒十六年庚寅十月二十日辰時

子五 丙 籃 丑 滿水 金山 俱後出

女二長適黃

永情 即香公次子兼嗣春公 生光緒七年辛巳正月十六日酉時

娶黃氏哼娘 生光緒十年甲申正月十一日子時

子六 晃 輝 田 朝 樹 册誠

女二長黃適

永包公 即香公三子 生光緒十一年乙酉十月十一辰時 卒宣統二年庚戌八月初二日亥時

永和 即香公四子 生光緒十七年辛卯十月初六日午時

娶黃氏早娘　生光緒廿五年己亥二月初四日卯時

子二　準　樟

女四　長次適黃

永有公　即團公嗣子兼承季摺　生光緒廿一年乙未十一月十五酉時　卒民國十四年乙丑四月十八日丑時

永夔　即德忠公嗣次子　生光緒九年癸未十二月廿九日辰時

娶黃氏偷娘　生光緒十八年壬辰九月初五日丑時

子四　潤水　⿰米閏水　珍水　澤水

女三長適黃

永黍　即梓公四子　生光緒廿九年癸卯二月十二日巳時

娶潘氏差娘　生宣統元年己酉十月十三日酉時

女一

永榮　即梓公五子　生光緒卅二年丙午十月廿五日戌時

娶黃氏椗娘　生民國三年甲寅十一月十九日辰時

永閒　即吟公嗣子　生光緒六年庚辰八月十七日巳時

先娶黃氏糧娘號花意　生光緒五年己卯十一月初十日卯時、卒光緒廿四年戊戌三月初六日午時

繼娶陳氏利娘　生光緒十二年丙戌十一月初六日午時

子三　海　郁　涼陳出

女二長適黃

永言　即永公嗣長子　生光緒廿六年庚子五月十九日辰時

娶黃氏店娘　生光緒卅一年乙巳十一月廿一日酉時

子二　金田　由成

女一

永律公　即成山公長子　生光緒八年壬午八月初六日辰時　卒光緒廿四年戊戌五月初七未時

兩承子一　玉成

永云公　即成山公次子　生光緒十一年乙酉十月二十日時　卒民國元年壬子七月十二日未時

兩承子一　來成

永星　即成山公三子　生光緒十八年壬辰二月十五日丑時

娶黃氏瓏娘　生　年　月　日　時　卒民國十三年甲子五月廿七日巳時

承脫公　即成山公四子　生光緒二十年甲午八月十八酉時　卒民國十年辛酉二月初十日辰時

娶黃氏侃娘　招偶　生光緒廿五年己亥十月初六日午時

子一　來成兼承云公　續子　池　玉成兼承德

承冬　即成山公似四子兼承高　生光緒廿四年戊戌七月初六日申時

續子　池　玉成

承証公　即其蓍公長子　生同治四年乙丑三月十四日亥時　卒民國十七年戊辰七月十二辰時

娶黃氏月娘號夜明　生同治十一年壬申十月初八日　時　卒光緒廿三年丁酉二月廿二日未時

子一　建泉兼承傑

永雨公　即其善公次子

生同治八年己巳正月十三日子時　卒光緒廿二年丙申六月十三午時　止

永傑　即其善公三子

生同治十一年壬申七月十一日酉時

兩嗣子一　建泉

永尺公　即成率公長子

生同治十一年壬申六月廿四日亥時　卒失　往東歿　止

永竣　即成率公次子

生光緒二年丙子十二月初一日寅時　卒在外訣　止

一標公二房蓄琇派

永有公　即季摺嗣長子兼承團公

生光緒廿一年乙未十一月十五酉時　卒民國十四年乙丑四月十八日丑時

娶林氏判娘

生光緒十九年癸巳正月廿七日辰時

越子一　建磁

永趁　即季圭公長子　生光緒九年癸未二月十八日未時

兩嗣子一　河南

永蚌　即季圭公次子　生光緒二十年甲午十一月廿九日寅時

娶賴氏巠娘　生光緒三十年甲辰八月二十日戌時

子一　河南兼承永趁

女三

一標公三房荃琇派

永参公　即季棗公長子　生同治十三年甲戌四月廿七酉時　卒民國二年癸丑正月初七日　時　止

永企　即季棗公四子　生光緒十三年丁亥十一月初十日午時

先娶黃氏螢娘　生光緒十九年癸巳十一月初七酉時　卒民國十三年甲子四月廿四日巳時

繼娶黃氏梅娘　生光緒廿六年庚子

女一　罕治

永等　即季抱長子　生光緒廿二年丙申十月廿三日午時　卒民國十三年甲子八月十六日戌時

娶賴氏秃娘　生光緒廿四年戊戌九月初九日申時

子三　錦　財　紅

女二

永煖　即季抱次子　生宣統二年庚戌三月初九日寅時

東長房長次篇派

永賒　即以節公長子

生同治八年己巳

徃夷不知存歿

呈韻公諱廣　即以樂公長子

生同治八年己巳七月十六日辰時

卒民國十一年壬戌七月十七日時

娶林氏號德慈

生光緒七年辛巳七月初三日未時

卒宣統元年己酉十一月廿二巳時

子一　衆

永撼　即以樂公次子

生光緒二年丙子三月　日　時

徃夷不知存歿

呈采公諱溥　即以樂三子

生光緒三年丁丑十二月初六日辰時

卒民國十一年壬戌二月初五日戌時

公塋在坑仔頭大凹碣坐東向西

先娶林氏惜娘號敬慈　生光緒八年壬午　月　日　時　卒光緒卅二年丙午十一月十二戌時

繼娶黃氏租娘　招偶　生光緒廿三年丁酉正月廿三日辰時

子一　欠黃出　續子　天貴

女一

承瓊　即以樂四子兼承以節　生光緒六年庚辰九月廿三日酉時

續子　天貴

呈顏公諱等　即以言公長子兼承以善公

公　生光緒二十年甲午二月初九午時　止　卒民國四年乙卯八月廿三日午時

呈粟公諱飯　即以言公次子　生光緒廿六年庚子九月十二日辰時　卒民國十八年己巳二月廿七日亥時

娶賴氏改適

永華　即以言公三子兼嗣以善公
生宣統二年庚戌十一月初五日辰時

娶連氏洴娘
生民國六年丁巳正月廿四日寅時

永昆　即以伯公長子
生光緒廿三年丁酉　月　日　時
徙漳州

永裕　即以氐公次子
生民國元年壬子二月初七日亥時

孫發　卽以土公養長子
生民國十九年庚午十月初九日　時

永成　即海嗣子
生宣統二年庚戌二月廿五日辰時

娶黃氏言娘
生民國四年乙卯二月廿三日巳時

永魚　即摘長子　生民國十五年丙寅四月初四日辰時

永洿　即摘次子　生民國二十年辛未六月廿六日寅時

永箭　即買公長子　生宣統元年己酉四月廿四日未時

永勇　即買公次子　生民國六年丁巳三月廿二日寅時

永蠟　即買公三子　生民國十三年甲子八月十一日辰時

金土　即買公四子　生民國十八年己巳二月十六日丑時

永火　即季著公長子　生光緒廿八年壬寅正月廿九日辰時

永艮　即季著公次子　生光緒卅四年戊申二月廿四日寅時

永乞公　即宜田公長子　生光緒七年辛巳十二月廿二日　時
卒民國十一年壬戌十一月二十巳時

娶陳氏珍娘　招乖偶　生光緒十八年壬辰四月十一日丑時

子　逢出嗣　興　助續　得山續

女一

永降公　即宜田公次子　生光緒十二年丙戌八月十七日午時　卒民國十一年壬戌三月廿三日　時

嗣子　逢

永詩　即伯峰公次子　生光緒十一年乙酉四月初四日寅時

娶黃氏勸娘　生光緒十一年乙酉十二月十八日巳時

子　木殤　樹兼承　逐兼承

永綴公　即伯峰公三子　生光緒十八年壬辰十月初六日辰時　卒民國七年戊午　在外亡

娶黃氏改適　生光緒廿一年乙未四月十二日酉時

永巨　即伯峰公四子

娶謝氏任娘　生光緒廿九年癸卯

子　陳　諒

永紫公　即伯同公嗣長子　生同治十三年甲戌六月十五日未時　卒光緒廿三年丁酉六月十三日卯時

兩嗣子　樹　逐　生光緒十年甲申正月初六日午時

壽山　即伯同公嗣次子

娶黃氏堄娘　生光緒十四年戊子七月廿一日卯時　卒民國十二年癸亥十二月初六丑時

子　硆殤　石　硯

女一　適黃

永潛公　即伯同公嗣三子　生光緒廿七年辛丑十一月十五申時　卒民國九年庚申正月廿八日　時

闢恩　即伯訓公次子　生光緒廿二年丙申三月十九日戌時

永强　即伯潮公長子　生光緒廿三年丁酉十一月十一日

娶莊氏　生光緒廿六年庚子七月十三日申時

予　倉養

永耕　即伯潮公三子　生光緒卅二年丙午九月初三日子時

娶黃氏雙娘　生民國四年乙卯四月廿四日午時

永跳　即義春公嗣孫　生光緒十年甲申九月初五日　時

娶黄氏星娘　生光緒十三年丁亥五月初七日戌時

子纏　根　民　示　房

女四

永咱　即伯祿公隻子　生光緒四年戊寅六月十九日午時

娶黄氏發娘　生光緒十四年戊子十月廿三丑時　卒民國八年己未七月初三日巳時

子座　箕

女一適黄

永葵公　即伯金公長子　生光緒十九年癸巳四月十八日巳時　卒民國二十年辛未七月廿五日巳時

娶黄氏妹娘　生光緒廿七年辛丑十二月初二日午時

子一　簪

永任　即伯金公次子　生光緒廿八年壬寅二月初八日巳時

娶番女

永田　即伯金公三子　生光緒卅一年乙巳正月廿九日亥時

娶黃氏付娘　生光緒卅四年戊申五月初四日　時

子　取殤

水龍　即伯金公四子　生宣統三年辛亥七月十三日酉時

永貯　即伯勇公長子　生光緒廿二年丙申二月初三日申時

永醋公　即伯勇公次子　生光緒廿六年庚子八月二十日寅時

卒民國十八年己巳九月廿九日卯時

娶陳氏改適

子　追

永樟　即伯清長子　生光緒廿九年癸卯七月廿二日辰時

娶黃氏甚娘　生光緒卅四年戊申四月二十日　時

子　艮奕　艮喬

得成　即伯清次子　生宣統二年庚戌正月十六日子時

基成　即伯清四子　生民國五年丙辰正月廿三日寅時

永首　即伯招公長子　生光緒十年甲申閏五月十三日巳時

娶林氏實娘　生光緒廿七年辛丑九月十六日卯時

子 全金 朱盤 呵賊

永後 即伯招公次子 生光緒十三年丁亥十二月十八日 時

娶陳氏肖娘 生光緒十九年癸巳十月初十日寅時

子 蘇興

永罔公 即伯枝公長子 生光緒三十年甲辰五月初七日寅時 卒民國五年丙寅十一月十九日申時

永眉 即伯枝公次子 生光緒卅二年丙午正月十二日午時

娶黃氏雙娘 生民國元年壬子十一月廿一日寅時

永疆 即伯枝公三子 生宣統元年己酉十月初八日酉時

永四 即伯枝公四子 生民國元年壬子十二月十三日午時

永振　即伯枝公六子　生民國九年庚申十一月廿二日午時

永孔　即伯枝公八子　生民國十四年乙丑十一月初一日辰時

永虎　即國林長子　生民國九年庚申八月十六日酉時

永熊　即國林次子　生民國十六年丁卯十二月初一日寅時

超群　即國林三子　生民國十八年己巳九月十三日戌時

永着　即季脩公長子　生光緒十六年庚寅六月初四日卯　卒光緒廿八年壬寅七月十一日　時

永徠　即季備公三子　生光緒三十年甲辰十一月廿六日寅時

永反　即季接公叟子　生宣統三年辛亥十月初九日酉時

敬忠　即季情長子　生光緒十六年庚寅八月初三日午時

娶黃氏織娘號奕慈　生光緒廿八年壬寅六月廿四午時　卒民國十年辛酉五月十二日未時

繼娶黃氏銖娘　生光緒廿八年壬寅八月二十日酉時

永綏　即季情次子　生光緒十八年壬辰十二月廿四日申時

娶黃氏傚娘　生宣統三年辛亥九月初三日午時

子　水知

仁義公　即季情三子　生光緒廿一年乙未十一月廿四巳時　卒民國五年丙辰四月廿五日辰時

太平　即伯水公長子　生宣統二年庚戌九月十四日戌時

永用　即伯水公次子　生民國二年癸丑七月十六日戌時

密郎　即伯發公嗣子　生光緒廿四年戊戌三月十四日酉時

娶潘氏吻娘　生民國二年癸丑三月十七日巳時

鷓鴣　即伯玉公嗣子　生光緒廿八年壬寅六月初五日酉時

娶黃氏蚵娘　生民國四年乙卯十月初三日卯時

永乾　即季城公長子　生民國元年壬子正月初六日酉時

永崇　即季城公次子　生民國十六年丁卯十二月初九日亥時

朝基　即季捷長子　生民國十五年丙寅十一月十七日未時

金鑾　即季昌長子　生民國九年庚申十月十五日戌時

榮華　即季纂長子　生民國六年丁巳十月十一日辰時

丕承　即季纂次子　生民國十八年己巳十一月初四日午時

永義　即季㤞長子

生民國十一年壬戌十二月廿四日酉時

永宗　即季添次子

生民國十四年乙丑六月初一日戌時

其文公諱汲　即伯彔公長子

生光緒二年丙子十月初二日巳時

卒光緒卅二年丙午六月二十寅時

娶黃氏節娘　招偶

生光緒十一年乙酉五月初六日午時

續子　助　純　翁

永土　即伯彔公次子

生光緒九年癸未十月初三日戌時

續子　助　純　翁

永欺　即伯彔公三子

生光緒十六年庚寅正月初七日酉時

娶黃氏先娘號懿慈

生光緒廿四年戊戌正月初三日寅時

卒民國七年戊午十二月初三日未時

繼娶黄氏雙娘　生光緒廿四年戊戌九月初十日辰時

子　建

其洋公諱坂　即伯杲公四子　生光緒十八年壬辰十二月三十申時　卒民國十八年己巳五月二十日酉時

娶潘氏審娘　生光緒廿九年癸卯四月廿四日巳時

子　肯英

其真公諱寿　即伯弓公長子　生光緒十年甲申十二月十六子時　卒民國五年丙辰十月十一日巳時

娶黄氏洗娘　招偶　生光緒十九年癸巳十二月初七日卯時

續子　國　錆

永頼　即伯弓公次子　生光緒十四年戊子十月廿五日卯時

娶黃氏恨娘

生光緒廿四年戊戌十一月廿四寅時
卒民國八年己未六月初十日未時

兩承子　國　錆

承培　即伯弓公三子

生光緒廿四年戊戌三月十四日亥時

娶潘氏粕娘

生光緒廿九年癸卯十一月廿二日酉時

子　婆養　挑

承粥　即伯暫公雙子

生光緒七年辛巳正月初三日　時
徃外夷亡

娶陳氏改適

子　趣　鉗

貽謀　即季麥長子

生光緒三十年甲辰四月廿五日辰時
卒民國十九年庚午三月初十日申時

娶林氏改適

永獅　即伯源公嗣子　生光緒卅四年戊申九月廿五日戌時

娶林氏蝭娘　生民國二年癸丑八月初五日亥時

燕翼　即伯海公嗣子　生宣統三年辛亥四月十六日寅時

永緜　即伯東次子　生民國四年乙卯三月十五日寅時

煙山　即伯東三子　生民國十年辛酉十月廿三日辰時

永秉　即季冬長子　生民國七年戊午八月廿四日辰時

永求　即季冬三子　生民國十三年甲子十一月二十日亥時

永登名塔　即伯木公長子　生光緒十六年庚寅九月十五日寅時

娶黃氏業娘 生光緒十八年壬辰八月廿五日卯時

子 好興

永文 即伯木公三子 生光緒卅三年丁未四月廿七日卯時

娶黃氏擂娘 生民國元年壬子二月初十日辰時

永軟 即伯田公嗣子 生光緒廿九年癸卯九月十七日辰時

娶黃氏釣娘 生光緒卅三年丁未九月十二日未時

子 天機

永針 即季擔長子 生民國七年戊午五月廿二日巳時

金器 即季擔次子 生民國十一年壬戌正月初二日寅時

兩水　即季皎長子　生民國十三年甲子十月十八日子時

金安　即季皎次子　生民國十五年丙寅七月初五日酉時

永段　即季皎三子　生民國十九年庚午七月初六日午時

金桔　即季鏗長子　生民國九年庚申十二月廿二日未時

金成　即季炰長子　生民國九年庚申正月二十日亥時

永走　即季炰次子　生民國十一年壬戌十月廿六日戌時

在位　即季降長子　生民國五年丙辰二月廿九日巳時

娶林氏于娘　生民國五年丙辰四月初四日　時

泉隆　即季降次子　生民國十五年丙寅七月十八日　時

永耀　即季開長子　生民國十四年乙丑十一月廿二日午時

永焜　即季開次子　生民國十九年庚午十二月十五日寅時

永自　即季唱長子　生民國十三年甲子五月初六日申時

度利　即雲梯長子　生民國十五年丙寅六月初五日亥時

永　即雲梯次子　生

永遠　即季桶隻子　生光緒十五年己丑六月廿一日　時

娶潘氏足娘　生光緒廿四年戊戌十一月十九日亥時

子　由　茶

永思　即季影長子　生民國十七年戊辰十月十五日申時

永通　即季惟長子　生民國元年壬子六月初九日丑時

金祥　即季惟次子　生民國十五年丙寅九月廿一日辰時

金情　即季惟三子　生民國二十年辛未三月十六日子時

自來　即季參長子　生民國十八年己巳十一月十四日戌時

兩水　即季溪長子　生民國十八年己巳十二月初八日巳時

奏成　即季深長子　生民國十七年戊辰十二月十四日未時

有用　即定贊公長子　生民國三年甲寅五月初一日申時

水龍　即定贊公次子　生民國八年己未五月初十日寅時

金水　即季却長子　生民國十九年庚午十月初四日未時

永守　創季山公隻子　生宣統二年庚戌三月廿六日丑時

永命　即季捉長子　生光緒卅一年乙巳四月初一日申時

娶黃氏絲娘　生民國元年壬子五月十七日寅時

永良　即季捉次子　生宣統三年辛亥八月十九日未時

永來　即季捉三子　生民國七年戊午四月初九日午時

文輝　即季線公長子　生民國四年乙卯十月十一日卯時

文超　即季線公次子　生民國十一年壬戌十一月初八日巳時

文初　即季西長子　生民國八年己未三月十九日戌時

金珠　即季西次子　生民國十四年乙丑十二月十六日未時

土乾　即季蟬長子　生民國十二年癸亥二月廿三日寅時

東來　即季蟬次子　生民國十九年庚午八月初八日亥時

永新　即季想長子　生民國七年戊午十一月二十日辰時

永春　即季想次子　生民國九年庚申十二月廿七日戌時

永木　即季出長子　生民國十六年丁卯十一月十二日巳時

永順　即季約嗣子　生光緒卅二年丙午八月二十日寅時

娶潘氏完娘　生民國五年丙辰八月初七日丑時

超成　即季教三子　生民國元年壬子十一月初五日丑時

永侯　即季述長子　生宣統元年己酉十月廿九日申時

娶潘氏螺娘　生光緒卅一年乙巳十二月十二日丑時

金成　即季述次子　生民國七年戊午正月十四日辰時

金火　即季述三子　生民國十二年癸亥六月十二日未時

永評　即季極長子　生民國二年癸丑六月初二日巳時

芽興　即叔心之孫　生民國十一年壬戌六月初六日丑時

二房長派

永見　即季額長子　生光緒廿三年丁酉四月十六日未時

永景　即季額次子　生
卒

永閣　即和盛公長子　生光緒十六年庚寅十二月十五辰時
卒民國十九年庚午六月十八日辰時

娶黃氏改適

子　成業

和白　即和盛公次子

娶黃氏五娘

子　新才　泮水

永隴　即和盛公三子

永鑽　即和盛公四子

永猛　即季祿公隻子

娶楊氏每娘

生光緒廿三年丁酉七月初三日戌時

生光緒卅三年丁未五月初三日寅時

生光緒廿六年庚子十月初五日子時

卒民國十五年丙寅七月十八日辰時

生民國二年癸丑三月初四日子時

生光緒卅三年丁未五月廿六日酉時

生光緒卅四年戊申十月十七日巳時

子

玉成 即季鉚養長子 生民國十八年己巳五月廿三日巳時

承年 即季鉚次子 生

承忠 即季饒長子 生民國十七年戊辰正月十二日酉時

承叨 即季寶子 生民國十四年乙丑三月十九日午時

承諒 即季文長子 生光緒廿一年乙未十一月廿一日未時

娶黃氏 生光緒卅一年乙巳六月十八日酉時

子 添 女一

苟完 即季文次子 生光緒廿五年己亥四月十三日午時

鍾藻　即錦堂公長子　生民國五年丙辰十一月十二日巳時

鍾椹　即錦堂公次子　生民國十年辛酉十一月廿三日亥時

鍾珍　即錦堂公三子　生民國十六年丁卯九月廿二日申時

永深　即文質公長子　生民國三年甲寅二月初二日子時

娶黃氏慶娘　生民國二年癸丑八月初二日辰時

永遠　即文質公次子　生民國五年丙辰八月廿七日卯時

娶黃氏趁娘　生民國七年戊午十二月二十日辰時

永超　即季近嗣長子　生民國十五年丙寅二月廿二日　時

永友　即季于長子　生民國七年戊午六月十二日卯時

一國　即季于次子　生民國八年己未五月初七日巳時

金火　即季于三子　生民國十三年甲子七月十一日卯時

赤萊　即季于四子　生民國十七年戊辰七月十五日未時

西寶　即季榮長子　生光緒卅一年乙巳十月廿九日巳時

娶黃氏懇娘　生民國元年壬子二月十六日丑時

承智　即季榮次子　生民國二年癸丑六月十九日寅時

娶黃氏蜂娘　生民國四年乙卯十一月十九日戌時

國星　即季榮三子　生民國十年辛酉十一月初八日卯時

幼娶陳氏拈娘　生民國十年辛酉八月廿一日巳時

作賦　即季榮四子　生民國十六年丁卯七月廿四日子時

鑽木　即季榮五子　生民國十九年庚午七月十四日子時

永蟾　即秀春長子　生民國二年癸丑四月三十日　時

娶黃氏先娘　生民國二年癸丑六月初六日戌時

子一　祖蔭

永擔　即秀春次子　生民國三年甲寅十一月廿六日寅時

娶潘氏名娘　生民國二年癸丑二月十一日巳時

永泰　即秀春三子　生民國十一年壬戌十一月廿四日子時

幼娶戴氏美鑾　生民國十年辛酉七月十四日申時

永昌　即秀春四子　生民國十一年壬戌十二月廿六日子時

聰慧　即秀春五子　生民國十二年癸亥六月十三日午時

永綏　即秀春六子　生民國十四年乙丑十二月廿六日亥時

聰敏　即秀春七子　生民國十七年戊辰八月十二日未時

聰懷　即秀春八子　生民國十七年戊辰九月十六日未時

聰明（詩安）　即秀春九子　生民國二十年辛未八月

永碹　即季川隻子　生民國十一年壬戌四月十二日辰時

火石　即季程長子　生光緒廿八年壬寅四月初一日巳時

娶黃氏案娘　生宣統二年庚戌九月十五日巳時

子　合成　白蓮　　生光緒三十年甲辰十二月十六日酉時

永包　即季程次子　　生宣統三年辛亥七月初七日卯時

娶黃氏須娘　　生宣統元年己酉二月十五日午時

永瑛　即季程三子　　生宣統二年庚戌五月廿七日寅時

娶林氏報娘　　生民國十年辛酉五月廿八日巳時

永尸　即季程五子　　生民國三年甲寅七月初六日巳時

永蟬　即雙田公嗣子　　生民國四年乙卯九月十六日亥時

娶黃氏反娘

贊才　即季興長子　　生民國十年辛酉八月初六日　時

承喜　即季岸長子　生民國十七年戊辰二月初十日亥時

承性　即季砌長子　生光緒十九年癸巳二月廿二子時　卒民國四年乙卯四月二十日未時

承本　即季砌次子　生光緒廿七年辛丑八月初九日寅時

娶黃氏㚥娘　生光緒三十年甲辰十一月十五日未時

子　春城

承善　即季砌三子　生光緒三十年甲辰四月十三日申時

娶黃氏卵娘　生宣統二年庚戌正月十六日子時　卒民國十六年丁卯九月初七辰時

繼娶黃氏銶娘　生民國三年甲寅十二月十八日申時

承夢　即季賀長子　生民國三年甲寅八月初二日巳時

娶黃氏

永辰　即季賀次子　生民國六年丁巳五月初二日亥時

永返　即顏珍公長子　生光緒十年甲申九月初九日巳時

娶黃氏嚮娘　生光緒十六年庚寅五月十四日卯時

子　賴撥

女二　長適黃

永江　即顏珍公次子　生光緒廿三年丁酉七月廿七日巳時

一

娶黃氏挑娘　生光緒廿六年庚子正月十五日戌時

永揪　即玉珍長子　生光緒廿六年庚子閏八月廿三日巳時

娶黄氏碖娘　生光緒三十年甲辰四月廿九日午時

子　彩成　職成

永不　即玉珍次子　生光緒卅三年丁未九月十一日戌時

娶黄氏付娘　生民國二年癸丑四月初六日申時

子　珪誠　養

永騰　即季丕長子　生光緒三十年甲辰十一月初八日子時

娶賴氏富娘　生宣統二年庚戌正月初九日　時

子　徃成　來成

永歲　即季丕次子　生宣統三年辛亥五月廿七日子時

娶黃氏草娘　生民國四年乙卯十一月初十日卯時

永水　即季清公長子　生光緒廿八年壬寅九月十七日寅時

卒民國二十年辛未五月十五日酉時

永垻　即季清公次子　生民國三年甲寅九月十四日　時

永樹　即季治長子　生光緒卅四年戊申五月廿六日寅時

娶黃氏塤娘　生民國元年壬子八月初十日子時

脫來　即季治次子　生民國九年庚申六月初九日巳時

永趁　即季治三子　生民國十七年戊辰十一月十一日丑時

永差　即永安公長子　生光緒廿五年己亥九月初四日辰時

娶黃氏尽娘　生光緒卅四年戊申正月初八日酉時

子 慶誠嗣 專誠

永瓢 即永安公次子
生光緒三十年甲辰十一月廿一日時
卒民國十六年丁卯六月廿三日酉時

洋水 即季勛長子
生民國九年庚申九月十二日巳時

啓成 即季勛三子
生民國十八年己巳十二月初七日卯時

永莧 即季厰長子
生光緒卅一年乙巳十二月十一日未時

娶黃氏
生宣統三年辛亥五月廿九日卯時

子 源泉

倚溪 即季厰次子
生民國十一年壬戌七月廿四日戌時

娶陳氏菊娘
生民國十年辛酉十二月初四日辰時

泰山　即季敞三子　生民國十五年丙寅十一月廿六日子時

娶黃氏冷娘　生民國十四年乙丑十一月廿九日巳時

永平　即季親長子　生光緒三十年甲辰七月廿七日巳時

娶黃氏懿娘　生宣統二年庚戌十月十九日辰時

子　展英

女一

永梗　即季敬隻子　生民國四年乙卯十二月初五日卯時

永珍　即季田長子　生民國十六年丁卯三月十九日未時

永榮　即季田次子　生民國十九年庚午三月初十日戌時

永撑 即博奕嗣子 生宣統三年辛亥六月廿六日戌時

娶黃氏象娘 生民國四年乙卯十一月廿九日 時

子 惟德養

永灶 即季力長子 生宣統元年己酉六月初十日申時

永順 即季力三子 生民國十三年甲子十月廿五日亥時

永盤 即季諸公嗣子 生宣統三年辛亥七月廿七日亥時

烏菜 即季徇長子 生民國元年壬子七月初一日未時

永徵 即季尚次子 生民國 年 六月廿六日辰時

永典 即季閩嗣子 生民國十九年庚午九月十七日巳時

肴來　即添坪公長子　生民國四年乙卯三月十二日寅時

永捧　即添坪公次子　生民國十五年丙寅九月廿二日寅時

永欠　即添坪公三子　生民國十七年戊辰十二月初三日酉時

五履公派

永餘　即慎顛公長子　生光緒四年戊寅九月廿六日辰時

娶黃氏炭娘　生光緒八年壬午七月廿七日申時

子　棟　異養殤

永絨　即慎顛公次子　生光緒九年癸未十二月十九日午時　卒光緒廿九年癸卯八月十六日巳時

嗣子　錸　殤

永濟　即慎顛三子　生光緒十六年庚寅八月十三日戌時

娶黃氏姜娘　生光緒十七年辛卯正月十一日辰時

子　瞞　鍊出嗣　測　纂

女二

永標　即慎顛公四子　生光緒二十年甲午三月十六日未時

娶黃氏雩娘　生光緒廿七年辛丑

子　火

永來　即慎然公長子　生光緒十九年癸巳十一月廿九日寅時

娶黃氏樵娘　生光緒廿二年丙申十月三十日卯時

子　定養

永葉　即慎然公次子　生光緒廿九年癸卯六月初十日卯時

娶黃氏搴娘　生民國二年癸丑十一月十三日申時

永護　即慎然公三子　生宣統元年己酉二月初三日丑時

永添　即季奇長子　生光緒三十年甲辰四月十二日　時

娶杜氏徙娘　生光緒廿八年壬寅八月初十日巳時

永牒　即季奇次子　生民國八年己未十月十二日酉時

永崇　即季祿長子　生光緒廿四年戊戌七月初七戌時

卒民國十年辛酉三月廿九日寅時

永進　即季祿次子　生光緒卅四年戊申五月廿五日　時

娶賴氏葉娘　生宣統三年辛亥九月十五日戌時

子　樹籐

永水　即季祿三子　生光緒卅四年戊申七月十七日申時

娶黃氏垙娘　生宣統二年庚戌正月初四日巳時

女一

永企　即季祿六子　生民國八年己未十一月初六日戌時

永出　即季祿七子　生民國十四年乙丑八月廿八日酉時

永益　即闕世之子　生光緒三十年甲辰六月廿四日未時　卒民國十五年丙寅十月初一日丑時

娶黃氏歲娘　招偶　生光緒卅四年戊申正月廿八日辰時

永蟳　即闕世似子　生光緒廿三年丁酉十月十七日酉時

永熙　即季邊長子　生　卒

娶賴氏錸娘　生　卒

繼娶黄氏改適

子　長殤　次殤　三出

女一適潘

永貓　即季邊次子　生

娶黄氏趙娘　生

子　賞　班　鈺出嗣

永聘　即季送長子
生光緒八年壬午七月初八日巳時
卒民國十六年丁卯五月十四日卯時
娶林氏改適
女一適潘

永俟　即季送次子
生光緒十二年丙戌十一月十四日午時

永連　即季送三子
生光緒廿六年庚子八月廿五日子時
娶　氏惜娘
生光緒廿八年壬寅四月初四日　時

永僕　即季送四子
生光緒卅三年丁未九月廿三日午時

永載　即季送五子
生民國四年乙卯九月廿九日寅時

永炳　即季院長子
生光緒十九年癸巳二月十五日巳時
卒民國十一年壬戌九月廿八日卯時

娶黄氏晟娘　生光緒廿一年乙未九月初一日申時

子　肯

女一

永台　即季院次子　生光緒廿一年乙未三月十五日戌時

娶黄氏應娘　生光緒廿八年壬寅十月初五日卯時

子　鱷魚　思

永扭　即季院三子　生光緒卅二年丙午十一月廿五日卯時

永拔　即季院四子　生宣統元年己酉五月初七日未時

永執　即季院五子　生民國二年癸丑五月初二日未時

永沙　即季温隻子
生光緒廿三年丁酉三月廿六日卯時
卒民國十二年癸亥五月初八日辰時

娶黃氏媞娘　招偶
生光緒廿八年壬寅十二月廿二日酉時

子　哆　復續

永睒　即季温似子
生光緒廿一年乙未九月廿一日未時

續子　復

永蓼　即季側長子
生光緒二十年甲午十一月廿七日丑時

娶林氏好娘
生光緒廿八年壬寅二月十四日　時

子　瘦

女

永吩　即達成公長子　生光緒卅四年戊申正月廿五日卯時

娶黃氏緬娘　生民國四年乙卯六月初九日辰時

永田　即達成公次子　生民國四年乙卯十月初九日未時

永謙　即季慶長子　生光緒廿六年庚子三月初十酉時　卒民國元年壬子八月廿九日辰時

永蓮　即季慶次子　生光緒廿八年壬寅正月初六日丑時

娶黃氏砂娘　生光緒卅四年戊申正月廿七日午時

永座　即季慶三子　生光緒卅二年丙午正月廿九日子時　卒民國十八年己巳十一月十五日時

永唬　即季侃長子　生光緒廿二年丙申六月初三日午時

娶黃氏蝗娘　生光緒三十年甲辰十一月十三日寅時

永爺　即季侃次子
永霹　即季侃三子
娶黃氏梅娘
永誇　即諸方公長子
娶賴氏湏娘
永蛤　即諸方公次子
永德　即俊陪長子
娶黃氏摳娘號惜意
繼娶黃氏智娘號柔意

生光緒廿五年己亥十一月初十戌時
卒民國八年己未二月初九日申時
生光緒卅二年丙午正月初三日丑時
卒民國二年癸丑十一月十六日辰時
生光緒廿二年丙申七月初四日戌時
生宣統二年庚戌
生光緒廿七年辛丑九月初二日　時
生光緒十二年丙戌十二月十四日子時
生光緒十九年癸巳五月初三午時
卒民國二年癸丑二月初五日午時
生光緒廿五年己亥十月廿三日辰時
卒民國八年己未十一月十三日酉時

三娶黃氏莉娘　生光緒廿四年戊戌七月廿九日午時

子　金鳳

永鏘　即俊陪次子　生光緒十五年己丑九月十一日辰時

娶黃氏丑娘　生光緒廿四年戊戌十一月十六日丑時

子　鈺嗣　規矩　天池

永創　即俊陪三子　生光緒廿六年庚子正月廿九日申時

娶黃氏雙娘　生宣統三年辛亥十一月廿一日戌時

永桑　即俊陪四子　生光緒三十年甲辰十二月十七日卯時

娶黃氏緞娘　生民國三年甲寅八月十一日巳時

永蔭　即俊秀長子
娶潘氏八娘
生光緒廿五年己亥十一月初二日巳時
生宣統二年庚戌十一月廿九日　時

永歲　即俊秀次子
娶黃氏淑娘
生光緒廿九年癸卯五月初三日戌時
生民國三年甲寅六月

永並　即俊秀三子
生光緒卅二年丙午十一月十三日寅時

永便　即俊秀四子
生民國六年丁巳二月初三日辰時

永瓞　即俊烈長子後出爲季温似子
娶黃氏喃娘
生光緒廿七年辛丑六月十九日　時
卒民國十一年壬戌七月二十日酉時

永煦　即俊烈次子
生光緒廿三年丁酉十一月廿六寅時
卒宣統元年己酉四月初十日午時

永香　即俊烈三子　生光緒廿七年辛丑二月初五日寅時

娶黃氏錐娘　生宣統二年庚戌六月初七日戌時

永聰　即俊德三子　生民國三年甲寅十二月十二日申時

聘黃氏綢娘　生民國

永謟　即俊傑長子　生光緒廿八年壬寅九月廿三日申時

娶黃氏　生民國二年癸丑

永包　即俊傑次子　生光緒卅一年乙巳十一月初九日未時

永交　即俊傑三子　生光緒卅四年戊申十月二十日未時

永榮　即俊傑四子　生民國六年丁巳七月初八日戌時

承錢　即季淑長子　生光緒　年　正月十一日巳時

承纏　即季淑次子　生民國元年壬子正月十八日寅時

承婆　即季孫長子　生光緒廿四年戊戌正月十六日亥時

娶黃氏檜娘　生光緒卅三年丁未正月初九日亥時

承簡　即季孫次子　生光緒廿七年辛丑四月十六日戌時

娶黃氏類娘　生宣統元年己酉二月廿五日亥時

承和　即季孫三子　生光緒三十年甲辰八月廿一日未時

聘陸氏嶺娘　生民國三年甲寅五月初七日卯時　卒民國二十年辛未四月廿三丑時

承蔡　即祿魯長子　生民國元年壬子七月十五日辰時

聘黃氏企娘　生民國八年己未十月廿四日卯時

永瞈　即祿善次子　生民國四年乙卯五月初九日未時

永瓶　即季江長子　生民國十五年丙寅七月十七日未時

永計　即季竹長子　生光緒廿五年己亥九月十一日巳時

永柴　即季竹次子　生光緒廿八年壬寅七月廿九日　時

永捄　即季竹三子　生光緒卅一年乙巳
卒民國七年戊午四月十八日申時

永明　即季聚長子　生民國三年甲寅九月廿四日酉時

永建　即季雀長子　生光緒廿七年辛丑四月十六日未時

娶黃氏篠娘　生光緒卅三年丁未十月廿三日丑時
卒民國　年　五月十九日戌時

永章　即季雀次子　生光緒卅四年戊申四月初三日巳時

娶黄氏蝭娘　生民國五年丙辰七月十七日巳時

天才　即季秩長子　生民國十一年壬戌正月廿九日子時

聘黄氏覓娘　生民國十一年壬戌十月十九日酉時

永鉗　即敬齋長子　生光緒廿五年己亥十一月廿七亥時

卒民國三年甲寅十月廿二日亥時

永泉　即敬齋次子　生光緒廿七年辛丑八月十一日午時

娶黄氏粧娘　生光緒廿三年丁酉七月廿九子時

卒民國九年庚申五月初五日寅時

繼娶黄氏嬌娘　生宣統元年己酉五月廿二日未時

永酬　即敬齋三子　生光緒卅二年丙午七月初一日子時

永靠　即敬齋四子　生宣統二年庚戌八月十一日亥時

永品　即季搴長子　生光緒三十年甲辰九月初五日戌時

娶李氏銑娘　生民國三年甲寅五月十五日午時

永用　即季搴次子　生民國七年戊午三月十七日申時

生財　即季店長子　生民國二年癸丑二月初四日未時

聘盧氏一娘　生民國七年戊午二月廿二日巳時

集來　即季店次子　生民國十六年丁卯六月廿八日辰時

永伏　即季酐長子　生民國十三年甲子三月十三日申時

永快　即季酐次子　生民國十六年丁卯七月十三日丑時

永盤　即季酴三子　生民國十八年己巳十一月廿五日卯時

永任　即季賜長子　生宣統二年庚戌十一月三十日申時　卒民國十五年丙寅六月初四日申時

永錦　即季賜次子　生民國二年癸丑八月初九日申時

永吉　即季賜三子　生民國九年庚申六月十七日亥時

永教　即季賜五子　生民國二十年辛未八月初八日亥時

永閩　即季忠長子　生民國六年丁巳八月廿八日戌時

永叶　即季體長子　生民國九年庚申九月二十日申時

木水　即季體三子　生民國十七年戊辰四月廿一日寅時

永近　即季祥嗣子　生民國十八年己巳七月廿一日亥時

永堦　即季鑾長子　生民國十五年丙寅六月廿二日卯時

永幸　即季雄長子　生民國十六年丁卯六月初六日　時

永抺　即季雄次子　生民國十八年己巳十二月初二日酉時

永羅　即季偏長子　生民國十年辛酉十一月廿八日寅時

永位　即季偏次子　生民國十六年丁卯十月初六日午時

帝典　即季琴長子　生民國十九年庚午三月三十日辰時

永乾　即季諒長子　生民國十四年乙丑五月初十日申時

永蟾　即季諒次子　生民國十七年戊辰正月初一日辰時

永掟　即季原長子　生民國二年癸丑七月廿四日辰時

東二房長純庵派

永賞　即樸績長子　生民國十年辛酉十月初十日戌時

永猛　即樸績三子　生民國二十年辛未九月初三日辰時

永走　即季坑次子　生民國十年辛酉十一月初三日子時

永財　即季坑三子　生民國十八年己巳十月廿三日卯時

永針　即季夘長子　生民國十九年庚午七月十二日丑時

培玉　即季掘次子　生民國十九年庚午閏六月初六日巳時

靈水　即樸索嗣子　生民國十六年丁卯九月廿四日戌時

金龍　即季鉗長子　生民國十八年己巳三月十九日戌時

永裕　即季寅三子　生民國八年己未十一月廿一日亥時

永嘆　即季寅四子　生民國十四年乙丑六月廿四日子時

永宗　即季寅五子　生民國十七年戊辰二月初八日卯時

錦亭派

永啓　即季占長子　生民國十四年乙丑六月二十日子時

永冬　即季揪長子　生民國三年癸丑十二月十八日巳時

娶林氏恩娘　生民國五年丙辰九月十四日午時

鴛鴦　即季揪次子　生民國十七年戊辰五月十二日辰時

永好　即季捶長子　生光緒卅一年乙巳八月初二寅時　卒民國八年己未七月廿三日巳時

永戶　即季拖次子　生宣統二年庚戌十二月廿三日戌時

娶黃氏延娘　生

永强　即季拖三子　生民國六年丁巳三月廿五日巳時

金初　即季紂長子　生民國十八年己巳八月十五日卯時

錦衣　即季須長子　生民國二十年辛未二月初三日寅時

永翰　即來成隻子　生宣統三年辛亥閏六月初六日辰時　卒民國十九年庚午八月初三日巳時

娶黃氏叟娘　生

永徙　即季郝長子　生民國四年乙卯正月廿八日卯時

開諒　即季郝次子　生民國十年辛酉九月十七日卯時

海水　即季郄三子　生民國十六年丁卯六月廿二日卯時

永昌　即季監次子　生民國二十年辛未三月初三日戌時

來發　即季額長子　生民國十三年甲子十一月初一日未時

永佑　即季懇長子　生民國四年乙卯九月初七日亥時

永底　即季懇次子　生民國八年己未五月初五日酉時

永才　即季謙長子　生民國十九年庚午五月十三日戌時

永齊　即寶壽長子　生光緒十八年壬辰正月初十日亥時

娶黃氏紅娘　生光緒三十年甲辰十月初一日午時

子　文回　文士

永雙　即寶善次子

生光緒廿五年己亥八月初五申時

卒宣統元年己酉九月三十日辰時

永耀　即寶善三子

生光緒[illegible]年乙巳十月廿八日辰時

永明　即季[illegible]傁子

生光緒十七年辛卯二月廿二午時

卒民國六年丁巳二月十二日戌時　止

永賽　即季助長子

生光緒十四年戊子八月初十日未時

卒光緒廿七年辛丑三月初五日午時　止

開仁　即季朕傁子

生民國九年庚申正月十五日午時

永囷　即季顏長子

生光緒廿六年庚子十月十三巳時

卒民國十年辛酉九月十六日申時

永候　即季顏次子

生民國四年乙卯七月廿八日子時

永璽　即季噉長子

生民國十四年乙丑十一月廿一日戌時

永放　即季亥長子

生民國十六年丁卯四月十二日寅時

永甫　即季亥次子　生民國二十年辛未三月十五日午時

永油　即福來長子　生民國八年己未六月十五日戌時

永順　即季圀次子　生民國十四年乙丑八月初七日酉時

永碩　即季圀三子　生民國二十年辛未七月廿三日申時

永畏　即季蹣長子　生民國十三年甲子十月二十日戌時

永祥　即季吞長子　生民國九年庚申八月廿四日戌時

永水　即季濃長子　生民國十七年戊辰三月初六日巳時

永祿　即季寒長子　生民國十六年丁卯八月十六日亥時

永全　即季珍隻子　生民國十二年癸亥六月廿一日卯時

永土　即季閩長子　生民國十二年癸亥九月初一日卯時

永掩　即季報次子　生民國元年壬子十一月初五日未時　卒民國廿八年己巳七月二十日巳時

永走　即季報三子　生民國八年己未四月初五日寅時

予艮　即季報四子　生民國十六年丁卯五月廿二日丑時

永聰　即季秉長子　生宣統二年庚戌二月二十日　時

永美　即季懋長子　生民國十九年庚午八月廿二日子時

永培　即季志次子　生民國元年壬子八月十五日子時

連絡　即季志四子　生民國十四年乙丑十一月廿七日巳時

永懿　即季志五子

文章　即季瀧長子　生民國十六年丁卯七月初一日巳時

永口　即季庇隻子　生民國元年壬子六月廿八日巳時

娶黃氏賞娘　生民國五年丙辰十月廿六日辰時

永練　即季班長子　生民國七年戊午二月十五日寅時

永潤　即季班次子　生民國十年辛酉七月初五日寅時

永泮　即季班三子　生民國十九年庚午四月初八日辰時

永桂　即季樀次子　生民國十九年庚午四月初八日辰時

永友　即季摸長子　生民國十二年癸亥九月初十日辰時

永濟　即璔林長子　生民國十七年戊辰正月廿一日子時

永耀　即季朝長子　生宣統元年己酉十二月十五日戌時

永圳　即季抗長子　生民國　五年丙寅七月十八日辰時

東二房二

永科　即季澗雙祧長子　生光緒卅二年丙午三月廿二日亥時

娶黃氏垂娘　生宣統三年辛亥二月二十日酉時

女一

永溪　即季澗次子　生民國六年丁巳八月初五日辰時

聘黃氏珍娘　生民國十二年癸亥五月十八日亥時

永沈　即季篙長子　生民國六年丁巳十二月十九日申時

永查　即季篙次子　生民國十三年甲子十一月廿九日寅時

永教　即季篙三子　生民國十七年戊辰十月初十日辰時

自盛　即季月長子　生民國九年庚申三月十五日戌時

永箬　即季唱長子　生民國十九年庚午十一月十九日辰時

永濚　即季碧長子　生光緒廿八年壬寅九月初八日亥時　卒民國十七年戊辰七月廿二日申時

娶賴氏佃娘　生光緒卅一年乙巳八月十四日巳時　卒民國十四年乙丑四月初二日辰時

繼娶鄭氏昆娘　招偶　生光緒廿七年辛丑八月十五日巳時

子　起法兩承　德興續

女二

永燕　即季碧三子　　生宣統二年庚戌十一月十二日寅時
娶黃氏　　生民[redacted]四年乙卯二月廿三日子時
世順　即季碧似長子　　生光[redacted]一年乙未九月廿五日申時
隨來子　起法
永糧　即植枚公之孫　　生
永團　即季籃長子　　生宣統二年庚戌七月十三日申時
永傳　即季籃次子　　生民國八年己未十一月廿三日子時
永添　即季羌長子　　生民國元年壬子十月廿九日未時
聘黃氏　　生民國九年庚申

永明　即季羌次子　生民國六年丁巳三月十五日未時

永吸　即季羌三子　生民國十五年丙寅八月初十日辰時

永養　即季羌四子　生民國十九年庚午十一月廿二日丑時

渫洄　即季在嗣子　生光緒十年甲申二月十八日未時

娶周氏所娘　生光緒十二年丙戌　卒民國三年甲寅十月初九日申時

繼娶潘氏甜娘　生光緒十七年辛卯二月初十日午時

女一

永甘　即虔誠子幼殤生卒不錄

嗣子　其山

元沙公諱叅　即艮成長子
生光緒十九年癸巳十一月
卒民國十三年甲子正月廿二日巳時

娶侯氏伴娘
生宣統元年己酉七月初八日辰時

丞三　即季有三子
生宣統二年庚戌十二月十一日戌時

深淵　即季有四子
生民國四年乙卯八月初八日巳時

丞扐　即季日長子
生光緒卅一年乙巳十月廿二日午時

娶潘氏省娘
生光緒卅二年丙午二月十九日寅時

丞扭　即季日次子
生民國元年壬子八月廿七日　時

丞元　即季秧長子
生光緒廿四年戊戌正月十四日巳時

娶黄氏泰娘
生光緒卅一年乙巳七月十六日午時

永典　即季秧次子　生光緒卅三年丁未五月廿三日寅時

永經　即季清之子　生宣統二年庚戌

永謙　即季完子雙承　生光緒三十年甲辰十一月廿八日巳時

娶黃氏創娘生庚書在芳川派

子　茨　麒麟出嗣芳川爲孫

永級　即季砌隻子　生民國四年乙卯五月廿五日巳時

聘黃氏葉娘　生民國八年己未九月初五日　時

再興　即季挺長子　生民國十五年丙寅十月廿七日酉時

壽興　即季挺次子　生民國十七年戊辰十二月廿二日子時

性興公諱服　即必言長子兼爲駢邑嗣孫後出爲必曳似子
生[redacted]八年己未七月十二日午時
卒民國[redacted]年乙卯正月廿三日申時

公

娶黃氏
生光緒十三年丁亥
卒光[redacted]年癸卯九月十二日卯時

續子　簡

性正公諱嘘　即必言次子
生光緒元年乙亥正月初一日戌時　止
卒光緒廿三年丁酉十月十八日時

永逐　即必言三子
生光緒六年庚辰九月廿三日戌時
卒民國十八年己巳正月二十日寅時

性忠公諱晋　即必曳次子
生同治九年庚午八月廿一日未時
卒光緒卅二年丙午五月廿五巳時

娶黃氏葉娘　招偶
生同治十一年壬申三月廿一日寅時

子　拋　簡續

女四　適潘　適賴　適黃

生光緒元年乙亥十二月初十日寅時

永田　即必曳三子

生光緒十一年乙酉六月初四日申時

娶黃氏奎娘

子　近養　瑞養　福成養　江南

女二　長適潘

永省　即必曳四子

生光緒五年己卯五月十七日卯時

娶黃氏覓娘

生光緒十四年戊子十一月廿九日午時

子　援殤　端養　箕興　其山出嗣季甘

女三　適黃　適潘

永蘊　即必曳五子
生光緒十年甲申四月廿九日戌時

娶賴氏洗娘
生光[redacted]七年辛卯八月十六日　時

繼娶黃氏冷娘
卒光緒卅二年丙午五月廿一日申時

子　罕黃出　銀勝養
生[redacted]九年癸巳七月十一日辰時

永益　即必曳六子
生光緒十三年丁亥二月初十日卯時

娶黃氏配娘
生光緒十八年壬辰八月初十日巳時

子　嚳養　談殤　攀桂　強山

女一

永宇　即必齊次子
卒
生光緒十九年癸巳七月廿一日酉時

性德公諱明　即必齋長子

生同治六年丁卯十二月初九日亥時
卒光緒廿四年戊戌三月廿二日巳時

娶黄氏當娘　招偶

生光緒四年戊寅十二月十二日　時

續子　東　屋

女一　適黄

永賜　即必齋似子

生同治十年辛未十月初二日　時
卒民國四年乙卯十月廿二日申時

續子　東　屋

永踏　即必莊次子

生光緒四年戊寅八月初四日酉時

娶賴氏鈸娘

生光緒十七年辛卯五月初六日丑時

子　諷兼承永慮

女二長適黃

承慮　即必莊三子

娶賴氏哖娘號啰綢

兩承子　諷

文鏡　即必忠次子

聘黃氏啞娘

娶黃氏院娘

子　媄　活　朝殤

女二

生光緒[redacted]年丙戌十二月十六日申時

生光[redacted]十年甲午十一月十九巳時

卒民[redacted]年戊午十一月[illegible]五日亥時

生光緒二十年甲午四月廿六日卯時

生光緒廿二年丙申八月初一日　時

卒宣統三年辛亥十二月廿六日　時

生光緒廿二年丙申八月廿二日寅時

性栣公諱注　即季梅長子

生光緒十二年丙戌九月廿八日午時

卒宣統三年辛亥十一月廿一日酉時

子　遠來養

永殊　即季梅次子

生光緒十六年庚寅正月十二日亥時

娶黃氏千娘

生光緒廿一年乙未十月十一日未時

子　蕉來

永守　即季梅三子

生光緒三十一年乙巳

卒民國十七年戊辰正月廿三日子時

聘黃氏纏娘

繼聘陳氏麵娘止

永籃　即必敬長子

生光緒十二年丙戌

卒民國元年壬子五月初五日酉時

娶黃氏搢娘　招偶
生光緒十五年己丑三月十九日子時

子　評養

永祀　即必敬似子
生光緒十一年乙酉五月初四日酉時

永獺　即必進便子
生同治三年甲子
卒光緒十六年庚寅十一月十七日　時

永尭　即必銘長子
生同治十二年癸酉十一月十七寅時
卒光緒卅一年乙巳五月廿九日卯時

永等　即必銘次子
生光緒二年丙子三月廿一日未時
卒光緒廿六年庚子十一月初二寅時

永弄　即必銘三子
生光緒七年辛巳正月廿五日巳時

永鐙　即必銘五子
生光緒十二年丙戌六月初四日丑時

永德　即必銘六子
生光緒十九年癸巳六月十六日丑時

娶潘氏詛娘　生光緒廿四年戊戌六月十三日申時

側室林氏　生光緒廿八年壬寅

子　煥

永碑　即必書長子　生光緒九年癸未六月廿三日巳時

娶雷氏洒娘　生光緒廿二年丙申十二月初九日時　卒民國[illegible]三年甲子七月廿七日未時

繼娶陳氏舍娘　[illegible]宣統三年辛亥

永暢　即必書次子　生光[illegible]一年乙未六月[illegible]一日午時　卒光緒[illegible]二年丙午七月初二日酉時

永蝭　即季檀次子　生光緒廿[illegible]年丁酉六月初七日酉時　卒民國[illegible]三年甲寅

娶潘氏嗣娘　招偶　生光緒廿六年庚子七月十一日　時

續子　見竹

生宣[illegible]二年庚戌七月十一日酉時

承鍊　即季檀三子

承梓　即季檀似次子

生光[illegible]年癸未九月三十日申時

卒[illegible]九年庚午閏六月初九日

續子　見竹

承點　即其成僊子

生光緒九年癸未六月二十日巳時

娶潘氏錠娘

生光緒十一年乙酉十月初五日寅時

子　文殤　膽

女一　適黃

承木　即季撇艮子

生光緒廿九年癸卯八月初六日子時

卒民國十九年庚午二月初七日卯時

娶林氏耆娘　生光緒卅四年戊申十一月十九日寅時

永顯　即季桐長子　生宣統三年辛亥九月初三日亥時

娶黃氏兆娘　生民國五年丙辰十二月廿五日寅時

流傳　即季桐五子　生民國十八年己巳十月十一日戌時

鎮成　即季陸次子　生民國十六年丁卯十二月初三日午時

啓明　即煙景之子　[redacted]民國十一年壬[redacted]月廿四日巳時

永獅　即季雙長子　生民[redacted]年　三月十八日巳時

永園　即季雙次子　生民國十二[redacted]亥二月十八日卯時

春生　即順美長子　生光緒十年甲申四月初五日辰時　卒光緒廿四年戊戌十二月廿七酉時

嗣子　由

永發　即順美次子

娶賴氏改適

生[illegible]緒廿六年庚子十一月廿日時

卒民國[illegible]年己巳十一月廿二午時

永寶　即順美三子

生光緒廿八年壬寅七月初十日寅時

娶陳氏詩娘

生光緒廿九年癸卯十一月廿九日丑時

子　權

永戶　即順美四子

生宣統二年庚戌八月廿二日

娶黃氏草娘

生宣統元年己酉七月十九日辰時

永信　即順和長子

生光緒十七年辛卯七月廿三日亥時

娶盧氏　生光緒廿一年乙未　卒光緒卅二年丙午

一繼娶賴氏恕娘　生光緒十八年壬辰五月二十日巳時

子　田出嗣秦生　祿　願

女二

永玉　即順和次子　生宣統二年庚戌三月初一日辰時

娶潘氏放娘　生宣統三年辛亥七月初二日寅時

子　深

永龍　即順和三子　生民國五年丙辰七月初八日亥時

永才　即季王長子　生光緒廿五年己亥三月初五日酉時

娶黃氏偏娘　生光緒廿八年壬寅正月十三日寅時

子　成　摘殤

女三

永葵　即季王次子　生光緒卅四年戊申六月初五日酉時

娶林氏煉娘　生民國二年癸丑八月十七日卯時

子　軋殤

永顯　即季罕長子　生光緒十五年己丑七月十四日寅時

永海　即季罕次子　生光緒廿二年丙申十月廿七日酉時

娶黃氏惜娘　生光緒卅四年戊申八月十六日丑時　卒民國十五年丙寅六月廿二日未時

繼娶黃氏𥻘娘　生光緒卅三年丁未十月初一日辰時

女一

永由　即季珍長子　生光緒廿三年丁酉十月初九日巳時
卒民國十四年乙丑八月廿八日酉時

娶劉氏綿娘　招偶　生光緒廿五年己亥九月十四日巳時

子　朝成養

永撥　即季珍似子　[redacted]緒廿[redacted]年己亥九月初一日亥時

永𧒷　即季孔贊子　生光[redacted]丙午三月二十日寅時

娶陳氏喃娘　生民國三[redacted]甲寅四月十七日巳時

子、振與

永坑　即季標長子　生民國二年癸丑十一月廿八日辰時

娶黃氏戍娘　生民國五年丙辰十月初九日酉時

永香　即季標次子　生民國三年甲寅十一月初十日寅時

娶黃氏椿娘　生民國八年乙未二月廿七日寅時

朝基　即純三長子　生光緒卅二年丙午二月三十日未時　卒民國十七年戊辰十月初六日戌時

烏墨　即純三次子　生光緒卅三年丁未九月廿八日巳時

娶黃氏定娘　生民國元年壬子正月廿九日巳時

永坂　即純色嗣子　生民國元年壬子五月廿九日丑時

娶黃氏慶娘　生民國四年乙卯十二月廿二日　時

有利　即季泰長子　生民國十六年丁卯十一月初三日辰時

幼娶黃氏㛃娘　生民國十四年乙丑十月二十日亥時

湖利　即季泰次子　生民國二十年辛未九月廿七日寅時

永灶　即季舉隻子　生宣統二年庚戌六月十五日午時

娶盧氏　生民國三年甲寅十二月初四日亥時

永謙　即芳川雙祧子生庚書在季[illegible]派

娶黃氏創娘　生光[illegible]年戊申四月十九日巳時

子　茨爲季兜孫　麒麟

永落　即季仕雙承長子生庚書在季色派

娶黃氏元娘

永寅　即季仕兩承次子生庚書在季身派

娶林氏

永忠　即季仕三子

九十　即季仕四子

永輝　即修來叟子

聘尤氏笱娘

娶黃氏巠娘

子　添　建成養

生民國二年甲寅六月初四日寅時

[redacted]乙卯八月初八日寅時

[redacted]丙寅九月廿九日申時

生民國二十年辛未正月初三日丑時

生光緒二十年甲午正月廿二日申時

生光緒廿三年丁酉

卒光緒卅二年丙午四月廿八日　時

生光緒廿七年辛丑十一月十六日申時

永善　即季爐長子　生光緒廿六年庚子八月廿二日酉時

娶黃氏伴娘　生宣統二年庚戌四月廿九日午時

女一

永浪　即季爐次子　生宣統元年己酉四月廿五日酉時

聘黃氏　生民國七年戊午

永堦　即季委長子　[redacted]四年戊申十一月十三日酉時

娶黃氏寶娘　生[redacted]年乙卯四月廿六日亥時

永樓　即季委次子　生民國[redacted]壬子九月廿九日亥時

資民[redacted]三年甲子正月初五酉時

永城　即季從之子　生宣統三年辛亥二月初五日酉時

永栽　即季士長子　生民國三年甲寅七月廿二日亥時

永水　即季萬長子　生民[redacted]年丁卯七月初六日未時

永順　即季萬次子　生民國二十[redacted]未二月初一日子時

永嘔　即源泉長子　[redacted]緒十年甲申六月十四日酉時

娶賴氏晏娘　生光緒十六年庚寅十一月十六日辰時

子　胡殤　順興　堉殤

女三　適黄二

永志　即好度長子　生同治八年己巳九月初一日辰時　卒光緒二十年甲午五月廿三日時

永坤　即好度次子　生同治十二年癸酉十一月十五日午時

娶黃氏霏娘　生光緒十三年丁亥二月十五日酉時

子　陣來　奇門　深出嗣

女四　適黃二　適潘一

永鑾　即生財嗣子　生光緒七年辛巳八月十六日午時　卒民國六年丁巳五月十九日寅時

娶賴氏改適

嗣子　深

女二俱適潘

永騫　即河浚公長子　生光緒十五年己丑九月初八日寅時　卒光緒廿八年壬寅六月廿七日未時

永套　即河浚三子　生光緒廿四年戊戌十月初六日卯時

娶黃氏管娘
生光緒廿九年癸卯五月廿二日午時

子 在昧　明德

永婆　即河浚七子
生宣統三[redacted]十一月廿一日子時
卒[redacted]壬戌八月廿一日巳時

鎖金　即河浚八子
生[redacted]國五年甲寅六月十一日酉時

娶黃氏窗娘
生民國六年丁巳十月初八日申時

永相　即降來長子
生光[redacted]二年丙申九月初四日寅時
卒民國十六年丁卯十二月十一卯時

永丕　即坪來次子
生民國二年癸丑二月初六日酉時

艮才　即季澤長子
生光緒廿六年庚子五月初十日午時

娶黃氏石娘
生光緒卅四年戊申七月十二日戌時

子　泮水

女三

永墻　即季統嗣子

娶林氏忝娘

隨興　即基恭長子

永洒　即文國長子

永斜　即文國次子

溥泉公諱淵　即有元倳子

娶賴氏卯娘

生民國二年癸丑七月十九日巳時

生民國七年戊午六月十六日申時

生民國十六年丁卯正月廿四日丑時

[redacted]五年己卯五月初六日午時

[redacted]二十年甲午二月十八辰時

卒民[redacted]丙辰六月初九日辰時

生同治[redacted]未八月十一日戌時

卒民國九年庚申十二月十三未時

生光緒十二年丙戌十月初二日巳時

子絮　賽　前　尚

女一　適潘

永顯　即季飛隻子　生光緒[redacted]丙戌六月初十日亥時

永品　即季鄭嗣子　[redacted]緒二十年甲午二月十八日巳時

娶黃氏喜娘　生光緒卅一年乙巳七月初五日辰時

永聰　即悅康長子　生光緒卅三年丁未十月初八日未時

娶黃氏爻娘　生宣統三年辛亥五月十八日巳時

永樹　即悅康次子　生民國六年丁巳九月初六日巳時

永妙　即悅康三子　生民國九年庚申十月十八日戌時

永約　即悅康四子
生民國十五年丙寅九月廿八日申時

益智公諱膽　即季森長子
生光緒廿五年己亥三月廿四酉時
卒民國八年己未八月十四日申時

永曜　即季森次子
生光緒廿九年癸卯二月初一子時

娶李氏妹娘
生民國三年甲寅八月初六日辰時

永魯　即季森四子
生民國二年癸丑十二月廿六日巳時

永廖　即成意長子
生民國二年癸丑正月廿四日卯時
民國十五年丙寅六月初四申時

侄才　即成意次子
生[illegible]辛酉九月廿八日戌時

永籠　即成馴隻子
生光緒[illegible]壬寅九月廿八日戌時

永翰　即季豫長子
生宣統二年庚戌十月十五日巳時

聘林氏誰娘　生民國九年庚申六月初六日未時

永椒　即季豫次子　生[redacted]六年丁巳五月廿八日未時

永言　即季立長子　生光緒十[redacted]癸巳正月廿三日丑時
卒民[redacted]外十一月

永梓　即季立次子

娶陳氏歲娘　生

永嘗　即季立似次子　生

永瓦　即福軒之子　生光緒二十年甲午正月初六日辰時

論廻　即福堂長子　生光緒八年壬午五月初九日午時

娶黃氏石娘　生光緒十九年癸巳三月初七日寅時

子　新德　建德　鞠德　　生光緒十三年丁亥七月初四日午時

女一

穎廻　即福堂次子

娶黃氏禝娘　　生光緒廿五年己亥十一月十七日寅時

子　維金養　維般養

永安　即福信長子　　[redacted]三年丁[redacted]八月初六日酉時

娶黃氏旦娘　　生[redacted]年辛丑五月廿八日巳時

子　謹春

永徠　即福意嗣子　　生光緒廿八年壬寅八月廿六日巳時

娶黃氏洴娘　生光緒廿四年戊戌二月十五日寅時

子　盛發養　金情養

永纓　即回堂長子　生光緒[illegible]亥四月十二日寅時

永仙　即回堂三子　生

永堅　即夷澤嗣子　生

永良　即福相之子　生光緒卅一年乙巳十一月十九日巳時

娶林氏花娘　生民國元年壬子九月初九日子時

女一

永膽　即維聲長子　生民國十三年甲子十一月初五日子時

永美　即吉維長子　生民國八年己未十一月廿七日酉時

永紅　即吉維次子　生民國十年辛酉十一月廿九日寅時

永冊　即福封長子　生光緒十九年癸巳正月廿九日戌時

娶黃氏錐娘　生光緒廿三年丁酉十月廿七日酉時

子井瑞

永謗　即福封次子　生[redacted]緒二十年甲午九月十八亥時

[redacted]緒二年庚戌十月廿六日酉時

永欠　即曾崴隻子　[redacted]年乙未三月三十日戌時

娶吳氏鑾娘　生[redacted]年辛亥四月初三日巳時

子　金箕養

永百　即思義長子　生光緒卅一年乙巳十二月初九日酉時

娶林氏宣娘　生民國元年壬子正月十七日寅時

永芬　即思義次子　生光緒卅[illegible]戊申十二月十八日辰時

子　錦昌　養　卒民[illegible]年辛未五月十七日亥時

其土　即思義三子　生民國元年壬子正月十八日卯時

德年　即季谿長子　生民國十三年甲子十二月廿六日丑時

聘黃氏咬娘　生民國十四年乙丑十一月廿七日　時

永年　即季谿次子　生民國十七年戊辰九月十五日酉時

逢年　即季谿三子　生民國二十年辛未五月十一日寅時

永海　即季研長子　生光緒十五年己丑八月十七日未時

卒民國十一年壬戌十月初二日亥時

娶黃氏籠娘　招偶　生光緒廿七年辛丑八月初五日巳時

卒民國十八年己巳八月廿一日巳時

續子　走來

永日　即季研四子　生光緒廿四年戊戌十月十九日戌時

卒民國十六年丁卯四月十六日申時

續子　走來

永普　即季研六子　[illegible]生[illegible]年癸丑二月廿二日巳時

永葛　即季真嗣子　生光[illegible]年癸卯五月初十日辰時

娶黃氏慶娘　生[illegible]年癸丑十月初八日辰時

永壇　即開枝長子　生光緒十年甲申十一月十八日辰時

娶黃氏錸娘

生光緒十一年乙酉十月十三日午時

子　丕　丑　麐

永甫　即開枝次子

生光緒[illegible]年庚子二月十五日　時

娶黃氏六娘

[illegible]年辛丑十二月十八日寅時

[illegible]八年己巳十二月十三日丑時

繼娶林氏齊娘

生光緒三十年甲辰九月初八日子時

子　茂養

女二黃出

永灘　即季池長子

生光緒十三年丁亥九月廿二日巳時

卒民國十八年己巳二月十三日　時

娶黃氏鑨娘

生光緒廿二年丙申十一月初八　時

卒民國十二年癸亥五月初一日　時

繼娶黃氏文娘　生光緒廿六年庚子　卒民國十四年乙丑二月廿一日卯時

女一

永闖　即季池次子　生光緒十七年辛卯十二月十一日亥時

娶鄭氏髻娘　生光緒廿七年辛丑七月廿六日　時　卒民國十四年乙丑正月廿七日申時

繼娶賴氏喑娘　生光緒卅一年乙巳十一月廿六日巳時

予　宋

永快　即季池三子　生光緒[illegible]年丙申三月廿九日亥時

娶陳氏梅娘　生光緒廿八年壬寅十二月初四日寅時

永芋　即季池四子　生宣統二年庚戌六月初十日亥時

娶黃氏擔娘　生宣統二年庚戌九月廿一日巳時

永班　即李儒嗣子　生光緒二十年甲午六月十五日巳時　卒民國[redacted]戊辰十月初七日　時

娶黃氏樵娘　生光[redacted]巳五月廿一日　時　止　卒民國[redacted]年癸亥四月初九日辰時

永起　即宏基嗣子　[redacted]乙未八月十二日巳時

聘黃氏柑娘　生失　卒[redacted]五月十三日　時

繼娶黃氏敏娘　生光緒卅二年丙午十二月十五日寅時

子　格

永朝　即季硃長子　生民國十四年乙丑九月十二日寅時

創來　即文碅長子　生民國十六年丁卯瓜月初七日辰時

徙來　即文⿰石區次子　生民國十六年丁卯八月

太山　即季苟長子　生民國元年壬子十二月三十日亥時

籐枝　即季切嗣子　生民國六年丁巳七月廿六日亥時

永乜　即季俊長子　生光緒廿七年辛丑五月廿九日巳時

娶黃氏怉娘　生宣[illegible]二年庚戌十一月廿九日卯時

女一

永碩　即季俊次子　生[illegible]統元年己酉正月廿三日卯時

永揪　即泮水長子　生光[illegible]九年癸卯五月二十日巳時

娶黃氏香娘　生宣統三年辛亥七月十二日巳時

永係　即泮水次子　生民國六年丁巳正月初八日辰時

永語　即季𤋮叟子　生光緒三十年甲辰十月初三日午時

娶黃氏縣娘　生宣[illegible]年庚戌二月初九日辰時

子　執養

永振　即成齋長子　生　卒

永旦　即成齋次子　生光緒[illegible]一年乙酉八月初八日戌時

娶黃氏桃娘　生光緒十六年庚寅八月初六日子時

子　贊直

永賞　即季興嗣子　生民國元年壬子正月初一日巳時

永落　即季錫次子兼承季仕　生宣統元年己酉八月廿九日申時

娶黃氏生庚書在季仕派

永寅　即瑞思長子兼承季仕　生民國四年乙卯十一月廿一日酉時

娶林氏生庚在季仕派

永塔　即瑞思次子　生民國十年辛酉九月廿五日辰時

進德公諱得　即廸吉長子　生同治十二年癸酉十一月初五酉時

卒光緒卅一年乙巳四月廿二日午時

娶黃氏蘊娘　招偶　生光緒六年庚辰九月初一日辰時

子　夢續

女四　適黃二　適滘一

永合　即廸吉三子　生光緒八年壬午二月十五日亥時

娶潘氏扭娘　生光緒十年甲申九月初八日未時

子上

女二　長適林

永塤　即廸吉四子後出嗣

續子夢

祿兼字永才　即可器長子　生光緒十五年己丑九月十八日巳時

娶鄭氏膝娘　生光緒廿八年壬寅十月十一日亥時

子生養　客生

女一

文頓字永首　即吉成次子

生光緒廿六年庚子七月廿六日寅時

娶黃氏便娘

生光緒卅三年丁未十月廿四日酉時

子　汲水　樹林殤

永城　即吉成三子

生光緒卅一年乙巳十月初二日巳時

卒民國十四年乙丑十一月十八日時

趙州　即季淨長子

生光緒卅一年乙巳七月初八日子時

娶劉氏金枝

生民國元年壬子正月十五日申時

漳州　即季淨次子

生民國元年壬子三月廿七日戌時

杏林　即季淨四子

生民國十六年丁卯九月十九日辰時

玉金　即季讓嗣子

生民國六年丁巳三月十九日巳時

聘傑氏緞娘

生民國十年辛酉十月廿五日巳時

晏水　即季友長子

生光緒[redacted]年丙[redacted]月廿二日巳時

卒民[redacted]七年戊辰十二月初十日時

岸直　即季友次子

[redacted]民國三年甲寅九月廿四日辰時

娶林氏草娘

生民國六年丙辰五月廿五日子時

丁財　即季光長子

生光緒[redacted]十年甲辰十月初一日申時

娶尤氏放娘

生光緒廿九年癸卯二月二十日子時

子　樹哖　樹蓮

丁平　即季光三子

生民國十二年癸亥七月廿五日子時

永喜　即通來長子　生光緒卅二年丙午正月廿五日申時

娶黃氏粲娘　生民國二年癸丑九月初一日寅時

永聖　即通來次子　生宣統元年己酉二月十二日子時

娶　氏　生民國五年丙辰

達枝　即進來隻子　生宣統三年辛亥七月十一日辰時

澎水　即思木公長子　生光緒廿四年戊戌十月初八日卯時

娶黃氏棟娘　生宣統元年己酉四月廿四日戌時

子　送來

井水　即思木公次子　生光緒卅二年丙午閏四月廿四日戌時

娶顏氏　生民國七年戊午四月十八日申時

潑水　即省恭長子　生光緒廿五年己亥九月初一日亥時

娶陳氏流娘　生光緒[redacted]年[redacted]一月廿九酉時
卒民[redacted]年己未九月[redacted]一日未時

永二　即省恭公次子　生光緒卅四年戊申十月十一日未時

娶黃氏綢娘　生民國三年甲寅二月廿八日巳時
卒民國二十年辛未四月十八子時

永水　即省恭四子　生民國二年癸丑七月廿四日酉時

永景　即告答嗣長子　生光緒卅四年戊申十月初一日巳時

娶黃氏綴娘　生民國二年癸丑正月廿八日寅時

永溜　即告答嗣次子　生宣統三年辛亥九月初三日戌時

永暗字永湯　即緜盛公之子

娶黃氏鶯娘

子　相英　雲蘭

生光緒九年癸未十月初四日　時

生光緒十二年丙戌九月初四日寅時

永依　即緜絮公長子

生光緒三十年甲辰正月十四日丑時
卒民國七年戊午十二月初四日丑時

永命　即緜絮公次子

娶黃氏冉娘

生宣統元年己酉正月初五日卯時

生民國二年癸丑三月廿七日　時

永沙　即緜江長子

娶陳[illegible]最娘　招偶

生光緒廿三年丁酉五月十六日巳時
卒民國[illegible]七年戊辰正月初四日子時

生光[illegible]年乙巳二月廿五日寅時

永越　即緜江次子

生光緒三十年甲辰八月廿二日巳時

丞揪　即季木長子
生光緒三十年甲辰正月廿四日丑時
卒民國十九年庚午十月十四日[illegible]時

丞言　即季木次子
生光緒卅二年丙午十月初十日時
卒民國[illegible]年辛酉六月初五日辰時

扯來　即雙路長子
生光緒[illegible]四年戊戌三月二十日申時
娶黃氏叓娘
生宣統元年己酉四月廿一日巳時
予
女二

蝦水　即雙路次子
生光緒三十年甲辰五月初六日丑時

推來　即雙路三子
生宣統二年庚戌三月十七日丑時
娶賴氏水娘
生宣統三年辛亥十二月廿八日巳時

續來　即雙路四子　生民國四年乙卯五月廿四日酉時

進存公諱兵　即廸吉公次子　生光緒二年丙子二月初三日子時　卒在外失稽

永塡　即廸吉公四子　生光緒十三年丁亥閏四月十八日戌時

娶陳氏晟娘　生光緒廿二年丙申十一月十七日子時

子　贊養

杏元　即季鏘長子　生民國十二年癸亥二月十五日戌時

忠信　即季華長子　生

茂郎字永德　即季岱長子　生光[illegible]九年癸巳七月十九日巳時

娶吳氏　生光緒廿四年戊戌正月廿五日酉時

子欣

女二

金鳳字永瑞　即任華嗣子　生光[illegible]四年戊戌三月十四日午時

娶林氏　卒光緒卅三年丁未六月十七日巳時

子淦

清水字永泉　即李明之子生

娶　氏生

子一

女三

永芹　即季耀長子生

永坤　即季耀次子生

正錦　即季耀三子生

永壘　即季殷長子生

永桂　即季殷次子生

永麟　即季清長子生

永聚　即季清次子生

永坤　即季清三子生

開發　即季采之子生

錦祥　即季修長子　生民國四年乙卯六月廿六日亥時

娶程氏　生民國九年庚申八月廿八日

錦冰　即季修次子　生[redacted]七年戊午正月廿九日亥時

錦孝　即季修三子　生民國十五年丙寅三月廿二日巳時

永水　即有慶長子

秀春　即季豐之子　生民國十七年戊辰十二月初二日午時

玉輝　即季鳳之子　生

忠發　即季煌之子　生民國十七年戊辰八月初二日　時

永勳　即季蓁長子　生民國二年癸丑三月廿八日酉時

文池　即季蓁次子　生民國四年乙卯二月初四日未時

永啓　即正身長子　生卒缺

永長　即正身次子　生卒缺

娶黄氏號德意　生卒失

繼娶潘氏雪娘　生卒失

子　全

重慎公諱權　即正身三子　生同治九年庚午　卒光緒廿八年壬寅二月廿九日

娶潘氏救娘　生同治十二年癸酉　卒民國十五年丙寅九月十一日卯時

子　龎兼為壽福公嗣孫

才俊公諱達　即正身四子　生光緒四年戊寅　卒光緒卅三年丁未三月初三日卯時

娶黃氏蜂娘生卒失

永樹　即正身五子生

慶兒　即壽福接代子

雙承子　麗

意來　即季述長子　生民國元年壬子七月十八日　卒民國十四年乙丑七月三十日

助成　即季述四子　生民國十四年乙丑四月初七日辰時

聘潘氏英娘　生民國十四年乙丑八月廿四日巳時

永粱　即苟美長子　生光緒廿六年庚子四月廿二　卒民國十七年戊辰七月初三

娶黃氏守娘
生光緒廿八年壬寅四月初五月時
卒民國十一年壬戌六月初十日辰時

永蚵　即苟美次子
生光緒卅三年丁未八月廿六日戌時

聘黃氏愛娘
生民國元年壬子十月廿一日午時

永府　即苟美三子
生民國三年甲寅三月十九日巳時
卒民國十二年癸亥八月十四戌時

卷十三終

国家出版基金项目
NATIONAL PUBLICATION FOUNDATION

海上絲綢之路文獻集成

總主編　陳支平　陳春聲

民間譜牒編 59

主編　林楓

海峽出版發行集團
THE STRAITS PUBLISHING & DISTRIBUTING GROUP
福建人民出版社

本册目次

［福建晋江］重修虹山彭氏族譜二十二卷首一卷（世紀卷一四至世紀卷一八）

彭季榮等纂修

重修虹山彭氏族譜世紀卷十四

三十四世 建字行

東長房長

萃琇派

建浮　即獺公長子　生光緒十七年辛卯九月十五日巳時

建祿　即獺公次子　生光緒二十年甲午七月初四日卯時

燒公　即獺公三子　生光緒廿七年辛丑四月十五日午時　卒民國十九年庚午八月初四日　時

建配　即獺公四子　生光緒三十年甲辰十二月廿二日辰時

恂謹派

順陽　即三評公長子　生同治七年戊辰八月十三日亥時

娶戴氏乜娘　生光緒十年甲申四月初二日巳時

子二　金　篤出嗣正公

女四　長次適黃

如玉公諱正陽　即三評公次子　生光緒元年乙亥三月初九日申時　卒光緒廿四年戊戌十二月廿四辰時

嗣子一　篤

春陽字建輝　即三評公三子　生光緒十年甲申三月廿八日申時

娶黃氏不娘號守儉　生光緒十八年壬辰七月二十午時　卒民國四年乙卯九月十三日申時

繼娶黃氏鶯娘　生光緒二十年甲午十二月廿七日申時

子二　坐山　鐵卿俱繼娶出

女三　長適潘　次適黃先妣出

建銘　即福元長子　生宣統二年庚戌九月初六日寅時

木林　即智附公長子　生光緒卅二年丙午十二月初四日申時

娶黃氏初娘　生民國元年壬子正月十九日午時

子一　雪

建宣　即智附公次子兼承秩　生宣統二年庚戌正月十二日酉時

娶黃氏須娘　生民國三年甲寅四月廿三日　時

建籃　即智附公三子兼承思忠爲孫　生民國元年壬子十一月廿三亥時

得勝字建勳　即積玉公長子　生光緒廿八年壬寅九月初一日卯時
娶黃氏椰娘　生光緒卅二年丙午六月廿三日未時
子一　錦
女一
紾字建銀　即積玉公次子　生光緒卅一年乙巳九月十四日巳時
娶黃氏艮娘　生民國二年癸丑五月初九日辰時
得芳字建菲　即静朋公長子　生光緒三十年甲辰十一月廿八日酉時
娶黃氏𡎺娘　生光緒卅四年戊申八月初八日巳時
子　吉

女一

墻公　即靜川公次子

生光緒卅三年丁未十二月初四日辰時
卒民國十九年庚午十一月廿六日　時

建門　即靜川公三子

生民國元年壬子二月初六日酉時

建鵾　即靜川公四子

生民國三年甲寅九月十三日子時

建琴　即靜川公五子

生民國六年丁巳五月廿九日亥時

建喬　即靜川公六子

生民國九年庚申五月廿一日戌時

建乞　即瑶公長子

生光緒廿三年丁酉九月十九日辰時
徃仙遊坑內

建治　即潑公長子兼嗣帳公

生光緒十八年壬辰十月初一日寅時

鑽公　即酟公長子

生光緒十五年己丑六月初四日巳時
卒民國元年壬子正月初九日申時

娶黃氏改適　生光緒十九年癸巳二月廿四日酉時

建鏘　即祀公次子　生光緒廿三年丁酉八月十五日未時

娶黃氏不娘

子　徒成養

女一

建弄　即恩輝公長子　生光緒二十年甲午十二月初七日午時

娶黃氏小娘　生光緒廿五年己亥四月十二日未時

子一　江水

女一

盼公　即文答公次子兼承喬金公　生光緒廿五年己亥九月十一日辰時　卒民國十五年丙寅十二月十四日酉時

娶林氏晃娘　招乖偶　生光緒卅一年乙巳三月十八日申時

子一　近來

女一

世金　即文答公三子　生光緒三十年甲辰三月廿三日辰時

娶黃氏衛娘　生光緒廿九年癸卯五月十二日寅時

子一　河南

女三

建教　即告子長子　生光緒廿六年庚子十二月初五日子時

建雙　即告子次子　生宣統二年庚戌三月十三日辰時

建桂　即告子三子　生民國元年壬子二月廿二日寅時

才土　即告子四子　生民國四年乙卯八月廿七日卯時

建旺　即告子五子　生民國七年戊午六月十六日寅時

建棻　即告子六子　生民國十三年甲子七月十七日丑時

建火　即塗長子　生民國十一年壬戌二月十三日丑時

典來　即蔭長子　生民國八年己未正月十六日午時

棟樑　即純緒公長子　生民國七年戊午八月十三日午時

娶潘氏賞娘　生民國十一年壬戌十月十二日寅時

來水　即純緒公次子　生民國十六年丁卯五月廿六日辰時

纂德派

建城　即金義公嗣長子　生光緒廿四年戊戌九月初九日子時

娶黃氏亩娘　生光緒卅一年乙巳八月二十日巳時

建鏘　即雪來嗣子　生民國元年壬子六月初五日辰時

娶林氏吻娘　生民國六年丁巳十月十九日辰時

榮火字建華　即永逆長子　生光緒廿八年壬寅十月十三日子時

娶黃氏報娘　生光緒卅二年丙午十月二十日酉時

子一　淵泉

女一

固公字建堅　即如吾公長子　生同治五年丙寅八月十三日酉時　卒光緒卅三年丁未十月十一未時

娶徐氏溪門娘　生光緒九年癸未正月廿七日辰時

子三　言詳　淡　僅

如員公諱角　即如吾公三子　生同治十一年壬申十二月初三寅時　卒光緒廿一年乙未十月三十日丑時

建帶公　即如川公嗣子　生同治七年戊辰八月十三日戌時　卒失

建錄公　即衫公爲嗣孫　生光緒五年己卯八月初六日未時　卒失

創公字建業　即如洷公長子　生光緒九年癸未十一月十八日辰時　卒民國十九年庚午八月三十日酉時

娶陳氏拼娘　生光緒十二年丙戌八月十二日巳時

子五　瓦　月　鐵　在　署

女二　適潘　適林

生光緒十三年丁亥七月十三日丑時

建開諱吩　即如躍公嗣子

生光緒廿一年乙未六月初九日辰時

娶黃氏箱娘

子四　箕　水龍　海塩　此

生光緒廿八年壬寅十二月廿七日　時

得時　即愛河長子

生光緒三十年甲辰十二月廿二日　時

建提　即愛河次子

福壽公諱萬字建鎰　即成發公長子

生同治八年己巳八月廿九日酉時

公

卒民國十四年乙丑九月十八辰時

娶黃氏圭娘　生光緒二年丙子正月十一日未時

子四　等　建　親　鍌

女六　長至四適黃　五適潘

以時公諱農字建士　即成發公嗣次子

公　生光緒八年壬午七月十九日寅時　卒民國二十年辛未四月二十未時

娶陳氏何娘號慈儉　生光緒十五年己丑二月初八未時　卒民國七年戊午二月十二日　時

繼娶黃氏端娘　生光緒十八年壬辰九月十二日酉時

子二　田陳出　偉黃出

女一黃出

三多公諱仟字建百　卽盈發公長子
生同治九年庚午八月十五日辰時
娶黃氏絹娘號純緜
生同治九年庚午十月廿九日子時
子三　汫　添財出嗣盤　坤兼承伍厚公
女二俱適黃

深厚公諱廣字建大　卽盈發公次子
生同治十二年癸酉九月廿四日寅時
娶黃氏貢娘號則儉
生光緒六年庚辰十月初七日未時
卒宣統元年己酉十一月廿六丑時
繼娶尤氏加摘娘
生失
卒民國三年甲寅十月十三日申時

黃氏塋本鄉土名洪墓頭坐壬向丙

子一　鑾黃出

女

如修公諱整　即盈發公三子　生光緒二年丙子五月十六日巳時　卒光緒廿五年己亥四月初九戌時

嗣子一　添財

成周公諱武字建文　即盈發公四子　生光緒五年己卯六月初六日申時

娶黃氏乖娘號純儉　生光緒十五年己丑二月三十日子時　卒民國十五年丙寅八月十七日午時

黃氏塋本鄉土名水口尾坐庚向甲兼酉卯

子三　獅　周　會山

女一適黄

杕助公諱扶字建持　即喬移公長子

生咸豐八年戊午十二月初二日寅時
卒民國十九年庚午三月廿四日亥時

公

娶黄氏酧娘

生咸豐十年庚申十二月廿四日申時

子一　憣

女四　長次三俱適黄

崇山公諱垙　即喬移公次子　孪生

生同治二年癸亥三月十七日辰時
往夷邦卒失

娶黄氏出娘號則悌

生同治六年丁卯十二月廿九日戌時
卒光緒十二年丙戌八月初一日戌時

繼娶黄氏勸娘　招偶

生光緒二年丙子八月初三日　時

子一　波水　續子　昭　三槐

女一　適黄

生同治六年丁卯七月初一日子時

建接　即喬移公四子

娶賴氏啞娘號則兑

生同治八年己巳六月初三日卯時

卒光緒十六年庚寅閏二月十一寅時

續子二　昭　三槐

女三　長適黄　次適潘

建德公諱祖　即喬金公長子

生咸豐九年己未二月十七日戌時

卒宣統元年己酉廿月初六日辰時

娶黄氏挪娘

生咸豐十一年辛酉十二月初一辰時

卒光緒卅二年丁未七月十九日亥時

嗣子二　瓊

女四　長叫適黃　次三適林

建忠公諱孝　即喬金公次子兩承連敬公爲嗣孫
生同治十二年癸亥十二月廿九午時
卒民國元年壬子七月十一日　時

公

娶黃氏紅娘號時節
生同治十二年癸亥七月十一日丑時
卒民國十九年庚午六月初三日午時

子三　貞出嗣從公　給　瓊出嗣祖公

女二俱適黃

純如公諱從　即喬金公三子
生同治七年戊辰九月初十日辰時
卒民國十五年丙寅七月初八丑時

嗣子　貞

伍厚諱陸　即喬金公四子　生同治十三年甲戌十一月初八日巳時

娶黄氏鳳娘號淑成　生光緒十二年丙戌正月十一日亥時　卒民國十五年丙寅六月廿一日未時

嗣子一　坤兩承

克己諱禮字建復　即喬金公五子　生光緒五年己卯二月十六日午時

三鯉公諱趨字建庭　即如朋公養長子　生咸豐七年丁巳六月廿二日辰時　卒民國五年丙辰十二月廿一酉時

娶杜氏讓娘　生同治五年丙寅八月初九日寅時

子四　溪出嗣正中公　坑　營　鍋

女一適潘

正中公諱斗　即如朋公嗣次子李生
生同治二年癸亥三月十七日辰時
卒光緒四年戊寅正月廿二日　時

嗣子一　溪

建壇　即如朋嗣三子
生光緒二年丙子六月十二日戌時

娶黃氏莧娘
生光緒三年丁丑十二月二十日申時

子六　財　好出嗣惟修公　貴　伍出嗣其展　乳
深淵

女一適黃

建蘊　即似垂公長子
生同治六年丁卯十二月十五日戌時
卒光緒卅一年乙巳三月廿二日子時

娶黃氏越娘
生同治九年庚午二月二十日辰時
卒民國元年壬子七月初五日巳時

子一　緬

女三俱適黃

惟修公諱壹　即似垂公次子

生同治九年庚午十一月十三日巳時
卒光緒廿八年壬寅九月廿二日未時

嗣子一　好

生光緒二年丙子七月廿七日未時
卒民國十九年庚午九月初一巳時

於義公諱信　即玉云公長子

生光緒六年庚辰十一月初四日　時
卒光緒廿七年辛丑八月初五日　時

娶黃氏賞娘

又娶黃氏藥娘

生光緒十一年乙酉六月初一日辰時

子一　民養

女一　適黃

建劉　即玉寧公之子　生光緒十九年癸巳三月廿一日巳時
娶潘氏丁娘　生光緒廿一年乙未六月廿二日申時
子二　旋養　乖
女一　適黃

建引　即桂有公長子　生光緒二年丙子十月十二日亥時
娶黃氏客娘　生光緒九年癸未　月　日　時
子六　繳　顛殤　羅　基　耀殤　鬱殤

建轉　即桂有公次子　生光緒十一年乙酉二月二十日巳時
娶杜氏粉娘　生光緒十八年壬辰正月初五日巳時

子二　金水　錦堂

女二俱適林

建隱　即桂有公三子　生光緒十二年丙戌八月廿三亥時
卒民國二年癸丑五月初四日巳時

建烝　即桂有公四子　生光緒十四年戊子三月十九日酉時

娶黃氏搜娘　生光緒十六年庚寅七月十五日午時

子二　乃　及

女二適黃

建蕉　即桂有公五子　生光緒十六年庚寅八月十七日申時

娶黃氏淦娘　生光緒廿七年辛丑　月　日　時

建勑公　即桂有公六子

生光緒二十年甲午五月廿七巳時
卒民國八年己未六月廿四日未時

建繆　即呈輝公長子

生光緒十五年己丑九月十八日戌時

梅己公諱建守　即呈輝公次子

生光緒十九年癸巳五月二十寅時
卒民國四年乙卯八月初一日午時

嗣子一　籠

建堆　即呈輝公三子

生光緒廿三年丁酉正月初七日巳時

娶黃氏鄒娘

生光緒廿八年壬寅四月十七日　時

子二　箸出嗣梅己公　柿

女一

招進公諱謙　即仕禮公長子

生光緒十三年丁亥五月初二日申時
卒民國十八年己巳十二月初十戌時

娶黃氏系娘　生光緒十七年辛卯九月廿六日寅時

子三　捻　榮發　清映出嗣筍

女四　長次三適黃

建度　即仕禮公三子　生光緒廿五年己亥九月二十日亥時

娶林氏語娘　生光緒卅一年乙巳二月十九日未時

女三

筍字建竹　即仕禮公四子　生光緒廿八年壬寅二月十二日辰時

娶林氏桑娘　生光緒卅三年丁未七月十四日亥時

嗣子一　清映

招送公諱鴝　即永套嗣子　生光緒二十年甲午九月廿二日丑時　卒民國十六年丁卯八月初八日　時

娶黃氏謂娘　生光緒二十年甲午九月二十日亥時

子一　専

建乾　即命衣公長子　生民國四年乙卯三月初一日卯時

建膝　即如坐公長子　生光緒廿一年乙未五月十五日巳時

娶潘氏員娘　生光緒三十年甲辰十一月十四日辰時

子二　戸良　朝思

建垵　即永貫長子　生民國十五年丙寅六月廿三日戌時

頎泉　即永政公長子　生光緒十八年壬辰正月初五日午時

娶黃氏礱娘　生光緒廿四年戊戌四月廿二日午時

子三　順興　彩興　燒成

女二

蓮公　即綠祿公長子　生光緒廿二年丙申正月十六日戌時　卒民國十七年戊辰三月十四日未時

建喜　即綠策公長子　生光緒廿一年乙未三月十九日未時

娶潘氏蔚娘　生光緒廿九年癸卯五月十四日　時

子二　快　玉麟

女一

建惠　即綠策公次子　生光緒廿三年丁酉三月十九日丑時

娶李氏啞娘　生光緒卅三年丁未四月十六日巳時

建崇　即進高公長子　李生　生光緒十二年丙戌五月廿三日午時

松栢　即進高公次子　李生　生光緒十二年丙戌五月廿三日午時

娶楊氏明娘　生光緒卅三年丁未

子二　贊成　復成

建仙　即進高公三子　生光緒廿六年庚子二月廿二日巳時

樸憐公諱彝　即恭慧公長子　生光緒十九年癸巳七月廿九日辰時　卒光緒卅四年戊申九月廿九日戌時

建瀾　即恭慧公次子　生光緒廿六年庚子三月初八日亥時

娶黃氏挺娘　生光緒卅三年丁未十二月十六日巳時

建儀　即恭慧公三子　生光緒廿九年癸卯六月廿九日巳時

娶黄氏問娘　生民國三年甲寅八月　日　時

金蓮　即恭慧公五子　生民國三年甲寅七月十九日亥時

建木　即勤香公嗣子　生宣統元年己酉六月三十日亥時

娶黄氏帶娘　生宣統三年辛亥閏六月廿一日酉時

性公　即永梭公長子　生光緒廿一年乙未八月初三寅時　卒民國七年戊午三月廿二日未時

兩嗣子　金用

深池　即永梭公三子　生宣統二年庚戌四月廿三日亥時

乾隆　即如水公嗣子　生光緒廿五年己亥四月初一日未時

娶黃氏响娘　生民國元年壬子五月初六日辰時

子一　金用　兼承性公

篇公　即承講公長子　生光緒三十年甲午六月廿二日丑時　卒民國廿一年壬戌　月　日　時

建遣　即承講公次子兩承模公　生光緒廿一年乙未八月廿六日辰時

汪公　即承講公三子　生光緒廿七年辛丑　月　日　時　卒民國十三年甲子四月二十日午時

金蓍　即承磨長子　生民國十一年壬戌八月初十日丑時

合成　即承磨次子　生民國十四年乙丑十二月初四日卯時

金桔　即承塹長子　生民國十五年丙寅六月初三日未時

鐘嶽　即承塹次子　生民國十九年庚午十一月廿五日巳時

如陵派　生光緒廿九年癸卯五月廿九日申時

建璊　即永灶公長子　生光緒卅三年丁未　月　日　時

娶賴氏蟻娘　卒民國六年丁巳七月廿四日未時

繼娶黃氏寅娘　生宣統二年庚戌二月初五日卯時

建金　即永拼長子　生民國七年戊午五月初六日卯時

娶黃氏養娘　生民國十年辛酉四月十二日酉時

肧公　即尚春公長子　生光緒十五年己丑正月廿九日申時

卒民國十四年乙丑四月初九日卯時

娶黃氏楚娘　生光緒廿三年丁酉　月　日　時

子三　朧出嗣梳　其清　煉出嗣坎公

樵公　即尚春公次子　生光緒十八年壬辰六月初十辰時　卒民國四年乙卯五月初六日午時

嗣子一　隴

坎公　即尚春公三子　生光緒廿四年戊戌正月十七日辰時　卒民國十七年戊辰正月初二日寅時

嗣子一　煉

建米　即尚春公五子　生光緒卅二年丙午六月初八日戌時

建慶　即請公長子　生光緒廿四年戊戌正月初八日酉時

娶潘氏秀娘　生光緒卅三年丁未二月初七日卯時

子一　送來

建儀　即請公次子　生光緒廿五年己亥十一月廿七日丑時

建錐　即進美公長子　生光緒四年戊寅九月廿三日丑時

娶黃氏營娘　生光緒三年丁丑七月廿七日酉時

子二　詛嗣子　耀來

女四　長三適黃　次適潘　四適蘇

有智公諱仁　即進美公次子　生光緒八年壬午八月初六日酉時　卒民國二年癸丑六月十五日未時

娶邱氏返娘　招偶　生光緒十一年乙酉二月十九日寅時

雙承子一　濬

建銘　即進美公三子　生光緒十六年庚寅二月十六日未時

先娶蘇氏益娘號懿範　生光緒十七年辛卯十二月十九日寅時　卒民國十三年甲子十二月廿八日酉時

繼娶周氏絹娘　生光緒十八年壬辰十月二十日辰時

子一　團　蘇出

有爲公諱業　即進美公似次子　生同治八年己巳十月廿六日丑時　卒民國十一年壬戌十一月初二丑時

子一　潛　兼承仁公隨父而來

賒來　即永海長子　生光緒十七年辛卯十月廿二日亥時

娶陳氏㫰娘　生光緒十七年辛卯十月十三日申時

子五　砵　拿　圖　君　懈

女一　適潘

建乞　即永海次子　生光緒二十年甲午二月十七日未時

先娶黃氏見娘　生光緒廿七年辛丑十二月廿三午時
卒民國十五年丙寅七月廿二日未時

繼娶潘氏輕娘　生光緒廿六年庚子八月十二日酉時

建瓦　即永海三子　生光緒卅一年乙巳十一月初十日未時

娶黃氏富娘　生光緒卅三年丁未二月初七日戌時

建執　即永春公長子　生光緒十六年庚寅二月十二日午時

娶潘氏宣娘　生光緒十九年癸巳七月十二日酉時

建箱　即永春公次子　生光緒廿五年己亥十月三十日申時

娶黃氏燕娘　生宣統二年庚戌十一月二十日巳時

建欽　即全公長子　生光緒廿七年辛丑三月廿三午時
卒民國五年丙辰四月廿五日巳時

建鑵　即全公次子　生光緒卅三年丁未三月廿五日未時

先娶潘氏恨娘　生光緒廿九年癸卯五月廿五日酉時　卒民國十五年丙寅八月二十日巳時

繼娶氏哓娘　生民國三年甲寅　月　日　時　卒民國二十年辛未七月廿六日　時

建順　即全公三子　生民國二年癸丑十二月十一日寅時

恬靜　即賞公長子　生光緒廿四年戊戌二月十五日寅時

娶黃氏挑娘　生光緒三十年甲辰　月　日　時

子二　聚財　密來

建婆　即賞公三子兼承沉香　生民國三年甲寅十二月初一日子時

讄池　即吻公嗣長子　生宣統二年庚戌九月廿七日戌時

建盤　即吩公嗣次子

娶潘氏孌娘

子一　龍

建乘　即吩嗣三子

漢成　即永提長子

娶潘氏烝娘

子一　貽興

取興　即永提次子

娶潘氏苐娘

生光緒卅四年戊申十二月廿五日辰時

生宣統二年庚戌五月初五日酉時

生民國八年己未六月廿七日亥時

生光緒廿七年辛丑正月十三日亥時

生光緒卅三年丁未十月十一日酉時

生光緒卅二年丙午十一月廿三日子時

生民國二年癸丑七月廿九日辰時

朱郊　即永提四子　生民國二年癸丑十一月十七日丑時

軒轅　即永提五子　生民國七年戊午二月十二日丑時

建虔　即獺次子　生民國十年辛酉十二月廿五日丑時

順興公諱正　即勤德公長子　生光緒廿一年乙未六月十一日寅時　卒民國十一年壬戌三月廿一日亥時

娶黃氏香娘號成金　生光緒廿一年乙未八月廿六亥時　卒宣統二年庚戌九月初三日卯時

繼娶鄭氏冬娘號萬性　生光緒廿五年己亥七月十六日巳時　卒民國十一年壬戌十二月十八午時

建寬　即勤德公次子　生光緒卅一年乙巳十月廿九日巳時

娶曾氏謹娘　生宣統元年己酉九月二十日午時

建澗　即勤元公長子　生光緒卅一年乙巳十二月廿九日戌時

娶蘇氏兩娘　生宣統二年庚戌十一月十七日酉時

子一　快春

建等公　即得公養長子　生光緒十八年壬辰九月十一午時
卒宣統元年己酉十月廿六日未時

子一　竹養

建磚　即泰公長子　生宣統二年庚戌七月初七日戌時

娶陳氏切娘　生民國八年己未　月　日　時

建德　即永糾長子　生民國元年壬子正月廿五日寅時

娶賴氏先娘　生民國十年辛酉九月廿五日酉時

建冰　即永寶長子　生光緒二十年甲午十二月初二巳時
卒民國五年丙辰八月廿三日戌時

建躍公　即永寶次子
生光緒廿六年庚子七月廿一辰時
卒民國七年戊午四月廿三日酉時

建汝　即永寶三子
生光緒卅二年丙午八月初五日戌時

娶潘氏養娘
生宣統三年辛亥四月廿七日寅時

建清　即永寶四子
生光緒卅四年戊申九月十九日午時
卒民國十九年庚午十一月十七子時

杯來　即糧公長子兼承茂
生光緒廿四年戊戌正月廿二日申時

先娶林氏妹娘
生光緒廿四年戊戌　月　日　時
卒民國六年丁巳正月廿九日　時

又娶盧氏甘娘
生光緒卅二年丙午十二月十一日卯時

子二　田　飛

挓來　即遵公嗣子
生宣統元年己酉十二月三十日酉時

建締　即永祿公嗣予生
克勤派
生光緒十六年庚寅閏二月十八日子時
徃夷不知存殁
建云　即永閩長子
生光緒廿一年乙未正月十四日子時
建絨　即永閩次子
娶黃氏密娘
生光緒卅一年乙巳九月初五日辰時
子一　花
女一
建瀨　即永閩三子
生宣統二年庚戌十一月三十日卯時
聘黃氏　娘
生民國五年丙辰五月廿八日巳時

綸祥　即永尾長子　生民國十九年庚午十二月十二未時

建慶　即永進之子　生光緒廿三年丁酉三月十五日戌時

娶黃氏蝶娘　生光緒廿五年己亥四月廿七日寅時

子一　獻彩

女二

建淺　即瞈公養長子　生光緒十六年庚寅六月初二日巳時

娶林氏鳳娘　生光緒十七年辛卯五月初十日酉時

子一　宇

生財　即瞈公次子　父子俱在廈門山塲

娶林氏很娘
子二　廷春　秀春
建壻　即楷長子
娶黃氏瞞娘
建塔　即楷次子
建淹　即楷三子
建磔　即楷四子
雀水　即楷五子

生光緒廿七年辛丑二月廿五日戌時
生光緒三十年甲辰十月初九日　時
生宣統二年庚戌十一月廿九日亥時
生民國六年丁巳八月十三日申時
生民國元年壬子十月十七日辰時
生民國六年丁巳十月廿三日寅時
生民國十年辛酉正月初一日辰時
生民國二十年辛未二月初六日未時

得成　即永擔公長子　生民國十五年丙寅正月初十日子時

建仁　即永擔公次子　生民國十八年己巳正月初八日巳時

福仁公　即臣孝公養長子　生光緒十九年癸巳十二月廿四寅時　卒宣統二年庚戌六月初二日未時　止

建啖公　即夔公長子　生光緒卅二年丙午十一月廿六日卯時　卒民國十七年戊辰十一月十五日酉時

建執　即夔公次子　生宣統元年己酉九月十二日寅時

桂林　即燕公長子兼承忠成　生光緒廿六年庚子九月廿二日午時

娶林氏蝇娘　生光緒廿八年壬寅十二月廿三日酉時

子二　兩　典

建儒　即迸長子　生光緒廿一年乙未九月廿二日卯時

娶黃氏貢娘　　生光緒廿二年丙申　月　日時

子一　圈財

女二　適潘　適黃

建眼　即逕次子　　生光緒廿九年癸卯四月十九日卯時

娶黃氏要娘　　生光緒卅四年戊申十二月初二日丑時

建宣　即逕三子　　生民國三年甲寅十二月初三日辰時

聘姚氏蓮娘　　生民國十一年壬戌五月十四日辰時

建趁　即永恒長子　　生宣統二年庚戌九月初七日辰時

建教　即永恒次子　　生民國二年癸丑八月初二日午時

娶盧氏用娘　生民國六年丁巳十月廿六日酉時

建洞　即永恒三子　生民國七年戊午十一月十二日未時

建甚　即永錶長子　生民國十五年丙寅十月十一日辰時

娶潘氏温娘　生民國十五年丙寅八月十八日午時

並字建　即永錶次子　生民國十九年庚午十月十三日丑時

如邦派

合公　即呈公長子　生光緒　年　月　日　時　止
卒失

好心公諱膽　即晏公長子　生光緒十三年丁亥正月十三日子時
卒光緒廿九年癸卯七月初五日未時

建沙　即晏公次子兼嗣波　生光緒二十年甲午九月十五日亥時

娶黃氏壙娘　生光緒三十年甲辰三月十八日未時

女一　適黃

建秩　即永蘇長子兼嗣波公　生光緒十八年壬辰六月十五日亥時

娶黃氏奉娘　生光緒二十年甲午正月十七日亥時　卒民國七年戊午十一月十二日申時

建明　即永蘇次子　生光緒卅二年丙午九月廿九日戌時

娶黃氏糊娘　生民國四年乙卯十一月十七日酉時

向日公諱葵　即如心公長子兼承波公

公　生宣統三年辛亥正月初二日巳時　卒民國十八年己巳正月廿一辰時

建堯　即如心公次子兼承麟公　生民國三年甲寅四月初六日巳時

建冰　即如心公三子兼承鎮公　生民國十年辛酉十月廿九日戌時

建忝　即烈忠長子　生光緒八年壬午七月初九日戌時　卒民國十五年丙寅正月廿七卯時

娶鄭氏迎娘　生光緒二十年甲午十二月廿九日酉時

子一　把

建氣　即烈忠次子兼承堦公　生光緒廿二年丙申七月廿五日亥時

娶林氏過娘　生光緒三十年甲辰七月廿九日午時

子二　水　阜　梓

建喊　即烈忠三子　生光緒廿六年庚子九月廿六日子時

建文　即壇公長子　生光緒十八年壬辰閏六月初十日辰時

娶黃氏發娘　生光緒二十年甲午八月初三酉時

子四　溪水　澤水　汜水　春水

女一　適林

建柹　即壇公次子　生光緒二十年甲午十二月初三日丑時

娶黃氏韮娘　生光緒二十年甲午二月初五日巳時

子三　金蓮　福馨　德馨

女二　長適黃

士品　即壇公三子兼承增公　生光緒卅一年乙巳二月十五日申時

娶黃氏雙娘　生宣統二年庚戌正月初七日　時

子一　安

女一

賜春公　即敦公嗣長子　生光緒十四年戊子正月廿七日戌時　卒缺

南山　即芋長子　生民國七年戊午四月初三日戌時

娶林氏温娘　生民國六年丁巳十月廿四日　時

建抗　即親長子兼承敦公　生光緒三十年甲辰七月初六日亥時

娶黃氏偷娘　生民國三年甲寅十二月十七日戌時

建奢　即親次子兩承敦公　生民國三年甲寅二月二十日亥時

建熟　即親三子　生民國十年辛酉二月二十日戌時

件宗公　即篤信公長子
生光緒十一年乙酉正月初二日子時
卒光緒廿七年辛丑八月十七日午時

掙來　即作添公嗣子
生民國七年戊午九月二十日子時

建臊　即永慈次子
生民國十四年乙丑八月廿六日戌時

建儺　即永擧長子
生光緒十七年辛卯三月廿五日申時

娶林氏棗娘
生光緒三十年甲辰正月十一日酉時

子二　仕基　銀興
生光緒廿七年辛丑正月初五日巳時

建紅　即永擧次子
生光緒三十年甲辰十一月初六日巳時

娶黃氏能娘

建田公　即永擧三子
生宣統元年己酉二月廿六日未時
卒民國十一年壬戌十一月廿二卯時

江水　即永挙四子　生民國三年甲寅十月十八日戌時

娶黃氏清娘　生民國五年丙辰六月廿七日戌時

建對　即永攑長子　生光緒廿七年辛丑九月廿六日卯時

娶黃氏唬娘　生光緒卅四年戊申八月十一日卯時

子一　乃與

建莊　即永攑次子　生民國元年壬子十一月十六日未時

娶潘氏次娘　生民國五年丙辰三月廿四日午時

良信　即永齊長子　生民國十一年壬戌六月二十日戌時

烓香　即得送公長子　生民國九年庚申十二月十五日丑時

娶陳氏來娘　生民國九年庚申四月廿一日寅時

金禮　卽得軒長子兼承比南公　生民國十七年戊辰四月廿六日酉時

艮超　即進寶長子　生民國十一年壬戌二月初二日申時

金珠　即長安長子　生民國十七年戊辰十月廿六日未時

金欽　即泰安公嗣子　生民國二十年辛未正月初十日戌時

創業　即褫公長子　生光緒二十年甲午七月十八日酉時

娶賴氏糖娘　生光緒廿五年己亥十二月初六日午時

子二　全成養　進池

分牧　即褫公次子　生光緒廿三年丁酉三月廿五日卯時

娶林氏腰娘
生民國元年壬子五月初一申時

建揀公　卽如山公嗣子

先娶黄氏緗娘
生光緒廿七年辛丑八月二十日丑時
卒民國十九年庚午三月廿六日辰時

繼娶盛氏英娘　招偶
生宣統二年庚戌十一月十七日寅時
卒民國十七年戊辰五月初九日巳時
生宣統元年己酉三月初五日辰時

子一　賞養

陵贊　卽如山公似子
生光緒三十年甲辰　月　日　時

建乾　卽篤厚公養長子
生光緒卅二年丙午七月十七日戌時

娶林氏新娘
生宣統二年庚戌十月十九日辰時

子一　秀麗

俊傑　即篤厚公次子　生宣統三年辛亥六月廿四日亥時

娶潘氏奢娘　生民國五年丙辰正月廿五日巳時

建莫　即篤厚公三子　生民國七年戊午八月十九日巳時

建財　即如林公養長子　生光緒廿七年辛丑八月十五日酉時

娶李氏梅妃　生宣統元年己酉正月十八日酉時

子一　開池

建角　即勤敏公長子　生光緒六年庚辰九月廿六日子時

娶黃氏若娘　生光緒九年癸未三月十五日未時

子二　丕顯養　金錠

建炣　即勤敏公次子　生光緒十四年戊子十一月十三日戌時

娶黃氏越娘　生光緒十九年癸巳十一月初九日申時

子四　雁水　領水　茂昭　裕興

女四　長四適黄

建爽　即勤順公嗣長子　生光緒廿八年壬寅六月廿二日酉時

娶黃氏完娘　生光緒卅三年丁未十一月　日酉時

子一　麗水

女一

金鑾字建鏘　即剛克公養長子　生光緒二十年甲午四月十七日亥時

娶杜氏勸娘　生光緒廿三年丁酉三月十二日午時
子三　衍基　魯生　開基
女三
建選　即樸實公養長子　生光緒十九年癸巳正月廿三日寅時
娶潘氏孝娘　生光緒廿二年丙申八月十五日戌時
子二　金龍　金挺
女二　長適黃
建
即勤忠公嗣長子　生宣統元年己酉閏二月十六日午時
生民國二年癸丑八月廿九日巳時
娶黃氏反娘號淑悔　卒民國十九年庚午正月廿三申時

建號　即欣公養長子

生光緒廿一年乙未閏五月初八日亥時

娶黃氏㤉娘

生光緒廿三年丁酉四月十九日酉時

子一　填與

謗州　即欣公次子

生光緒卅二年丙午五月初二日酉時

娶黃氏近娘

生光緒卅三年丁未十二月廿八日卯時

金炎　即欣公四子

生宣統三年辛亥十月廿七日戌時

娶黃氏揶娘

生民國三年甲寅二月廿二日　時

栽培　即傑忠公長子

生光緒廿九年癸卯五月初四日卯時

娶黃氏岸娘

生光緒卅三年丁未十一月十八日亥時

子一　淮水

女一

建饌　即傑忠公次子　生光緒卅三年丁未十二月廿三日巳時

娶黄氏斜娘　生宣統元年己酉　月　日　時

藏修公諱𣳾　即傑忠公三子　生宣統二年庚戌八月廿七日申時　卒民國十九年庚午閏六月初七巳時

建懃　即桶次子　生光緒卅一年乙巳二月十九日酉時

娶黄氏慶娘　生宣統二年庚戌十月十二日酉時

子一　奕昌

鴻塔　即桶三子　生民國十年辛酉二月初二日辰時

建慶　即福地嗣長子
生光緒廿九年癸卯十一月廿四日辰時
娶黃氏嫩娘
生光緒卅三年丁未二月初十日酉時
卒民國十九年庚午正月初二日子時

建昆　即福地養次子
生宣統三年辛亥十一月初七日子時

建儆　即情地公養長子
生宣統元年己酉十二月廿二日丑時
先娶陳氏謹娘
生民國元年壬子七月初一日申時
卒民國十五年丙寅十月十一子時
繼娶潘氏攔娘
生民國七年戊午八月廿七日丑時

建娑　即情地公次子
生民國十二年癸亥三月初七日卯時

建胡　即睦仁長子
生民國二年癸丑十月廿五日午時

建㬎　即睦仁次子
生民國九年庚申九月十一日辰時

建熊　即睦仁三子　生民國十六年丁卯　月　日　時

則齋派

建斟　即乞公長子　生民國八年己未十月初十日亥時

建烏　即乞公次子　生民國十二年甲子正月初十日寅時

建自　即蠏長子　生光緒三十年甲辰十二月十六日寅時

娶黃氏腰娘　生宣統元年己酉十二月初七申時

建同　即積公養長子兼承進生　生民國六年丁巳十一月十八日申時

建爽　即傑作公長子　生光緒二十年甲午四月十二日丑時

娶黃氏門娘　生光緒廿四年戊戌十月初八日申時

子三　全　楓　鳳城

女二

建邃　即傑作公次子　生光緒廿五年己亥二月十九日戌時

娶潘氏雪娘　生光緒廿九年癸卯七月初七日巳時

子一　壬癸

昆公　即傑作公三子　生光緒廿七年辛丑五月廿八日申時　卒民國十二年癸亥七月初八日　時

冰水　即恩長子　生民國四年乙卯九月廿六日未時

甘火　即恩次子　生民國七年戊午二月廿一日午時

墨金　即恩三子　生民國十六年丁卯四月初八日卯時

筆　即恩四子　生民國十九年庚午八月十一日未時

建蚌　即奚公長子兼承恊公肴公　生光緒十三年丁亥九月廿四日丑時

娶潘氏雪娘　生光緒廿三年丁酉十二月初二日未時

子二　撓　達

建玉公　即鶴公長子　生光緒十八年壬辰正月十四日巳時　卒民國十九年庚午六月初五日巳時

娶林氏送娘　生光緒廿四年戊戌四月廿九日戌時

子二　獅　合出嗣基公

建基公　即鶴公次子　生光緒二十年甲午四月十七日亥時　卒民國十四年乙丑六月初七日卯時

嗣子一　合

生光緒十八年壬辰九月初十日子時

建受　即樓公長子

娶黃氏涼娘

生光緒十七年辛卯五月十九日午時

子一　金

女一適黃

建本　即樓公次子

生光緒廿四年戊戌二月十二日辰時

娶潘氏巧娘

生光緒卅二年丙午四月十五日辰時

子一　瑞氣

建學公　即池長子

生光緒廿七年辛丑四月十九日午時

卒民國十五年丙寅正月廿二日未時

娶徐氏香娘　招偶　生光緒廿八年壬寅十一月初四日未時

續予一　直立 兼承乳

敬德　即池次子　生宣統元年己酉八月廿三日寅時

娶潘氏掬娘　生民國元年壬子二月廿三日卯時

建乳　即池似長子　生光緒卅四年戊申四月十五日丑時

續予一　直立 两嗣

建鴉　即金寶公長子　生光緒十五年己丑五月初一日丑時

娶陳氏染娘　生光緒廿二年丙申五月十五日丑時　卒民國十六年丁卯十二月十四辰時

尹顔利

建柯 即金寶公次子

生光緒廿六年庚子九月十三日申時

娶黃氏趕娘

生宣統二年庚戌二月十九日巳時

加陞公 即金寶養三子

生光緒廿六年庚子十二月十三午時

卒民國十一年壬戌二月初七日子時

建現 即拚長子

生光緒廿五年己亥十一月廿三日卯時

子一 準養

建高公 即四嗣長子

生光緒十五年己丑十一月初六巳時

卒民國九年庚申正月十四日寅時

娶楊氏黎娘

生光緒廿四年戊戌二月十三寅時

卒民國九年庚申四月初三日未時

子一 只

建郁 即四嗣次子

生民國元年壬子九月二十日寅時

娶潘氏煎娘　生民國三年甲寅七月三十日申時

鮑來公　即保長子　生光緒廿四年戊戌二月初三日子時　卒民國十九年庚午五月十三日午時

娶潘氏欠娘　招偶　生光緒卅二年丙午九月廿九日酉時

子一　金蘭

建尊　即保似長子　生光緒廿五年己亥八月三十日丑時

建疊　即趕長子　生光緒廿一年乙未正月初二日亥時

娶黃氏窗娘　生光緒廿四年戊戌五月初十日卯時

子一　稽養

建架　即提次子　生光緒卅三年丁未七月廿七日未時

娶鄭氏利娘　生宣統三年辛亥五月初八日寅時

燊林　即趕三子　生民國元年壬子十月初八日寅時

桔林　即趕四子　生民國五年丙辰十月初六日亥時

建祥　即鎖長子　生光緒卅二年丙午六月十六日午時

娶潘氏祿娘　生宣統二年庚戌七月十三日酉時

子一　沙養

建興　即鎖次子　生民國三年甲寅閏五月廿八日寅時

娶陳氏蠓娘　生民國二年癸丑六月二十日申時

班超　即鎖三子　生民國六年丁巳八月十四日巳時

建追　即行長子　生光緒廿八年壬寅九月十九日巳時

先娶李氏煉娘　生宣統二年庚戌二月初五日午時

卒民國十七年戊辰四月廿一酉時

繼娶林氏帶娘　生光緒卅二年丙午十月十四日寅時

建河　即行次子　生宣統元年己酉二月廿七日卯時

建輦　即行三子　生民國九年庚申十月廿一日寅時

振興　即奇公養長子　生光緒廿八年壬寅　月　日　時

娶黃氏侃娘　生光緒卅一年乙巳　月　日　時

子一　懷

建伙　即藩長子兩承發公　生民國二年癸丑七月廿五日未時

建玖　即讀長子兩承胡公
生民國五年丙辰十二月十一日巳時

建火　即如芳公次子
生光緒十七年辛卯三月十九日寅時

娶黃氏近娘
生光緒廿四年戊戌二月初三日戌時

建睡　即如芳公三子
生光緒二十年甲午五月十五日巳時
往夷邦

灘公　即則美公嗣子
生光緒十四年戊子七月廿六日寅時
卒民國六年丁巳閏二月廿八日巳時

娶黃氏粉娘　招偶
生光緒十四年戊子七月廿六日　時
卒民國十九年庚午八月廿八日巳時

子一　墻　續子　堅

建分　即則美公似子
生光緒七年辛巳　月　日　時

續子一　堅

建茅公　即省長子
生光緒廿三年丁酉七月初三日巳時
卒民國五年丙辰十二月初七日未時

嗣子一　温
生民國元年壬子七月初十日亥時

建旺　即省次子
娶林氏巧娘
生宣統二年庚戌八月初三日巳時

子一　温出嗣茅公

建乾　即省三子
生民國四年乙卯十月初十日巳時

牙公　即很公長子
生光緒廿六年庚子十一月十三戌時
卒民國三年甲寅正月十七日寅時

建針　即很公次子
生民國元年壬子四月初一日寅時

建婆　即很公三子
生民國三年甲寅十一月十三日未時

淵源　即柴公長子　生民國八年己未三月初九日戌時

修齊派

長興　即準長子生

旺字建　即準次子生

父子俱往臺灣

福生公諱開　即清甘公長子　生光緒十六年庚寅八月初五日酉時　卒民國十五年丙寅二月初三日申時

娶黃氏趨娘　生光緒二十年甲午十一月十四日寅時

子二　早　起

女五　長次三適黃　四適潘

建古　即清甘公三子　生光緒廿一年乙未九月初七日未時

娶黃氏甜娘　生光緒廿九年癸卯五月廿七日子時

子二　沛　束

建鏗　即釗興公長子　生光緒廿九年癸卯五月初七日未時

建王　即克禮公嗣子　生光緒十九年癸巳三月三十日酉時

娶林氏錫娘　生光緒廿六年庚子十二月初五日寅時

子一　雙

女二

建舉　即鎮公長子　生光緒廿七年辛丑八月初九日卯時

建闌　即鎮公次子　生民國五年丙辰二月初十日酉時

建贊　即永雪長子　生光緒廿八年壬寅七月廿九日辰時

娶潘氏貌娘　生光緒廿九年癸卯十月十六日寅時

子　票　黨

建民　即永雪養次子　生宣統三年辛亥正月初二日辰時

建準　即和長子　生民國六年丁巳四月初六日未時

樟成　即和次子　生民國十七年戊辰九月廿九日戌時

建佑　即體公長子　生光緒卅三年丁未三月廿二日酉時

建德　即寫公長子　生宣統二年庚戌正月廿二日巳時

酒矸　即寫公次子　生民國十五年丙寅八月十二日亥時

建溜　即貽公長子　生民國四年乙卯十二月廿九日丑時

田土　即貽公次子　生民國十三年甲子十一月十九日酉時

建仙公　即碧公長子　生宣統元年己己十月十一日丑時　卒民國十六年丁卯七月初五酉時

建介　即碧公次子　生民國七年戊午八月初六日巳時

建羽　即示公嗣子　生民國元年壬子十二月初八日亥時

建盤　即悄長子　生光緒廿七年辛丑六月十四日酉時

建水　即悄次子　生民國四年乙卯八月廿二日巳時

建叁　即悄三子出嗣泡公爲孫　生民國八年己未十一月十六日申時

開發　即壬癸長子　生民國十一年壬戌四月十六日酉時

和順　即壬癸三子　生民國十五年丙寅八月初一日卯時

太山　即進榮公嗣子　生民國十二年癸亥十一月十一日亥時

因公　即心公長子　生光緒廿九年癸卯九月廿五日丑時　卒民國十九年庚午七月廿六日戌時

娶黃氏變娘　生光緒卅一年乙巳二月廿三日卯時

子二　考　獅

建炭　即心公次子　生民國三年甲寅七月二十日亥時

建兩　即心公三子　生民國十五年丙寅五月十二日巳時

建青　即聰長子　生民國三年甲寅六月初五日辰時

侯卡　即耽次子　生民國十二年癸亥六月初二日丑時

忠慶派

超群　即好公長子　生光緒廿四年戊戌五月廿九日亥時

建檢　即謳公次子　生光緒廿八年壬寅五月廿八日午時

建炎　即謳公三子　生光緒廿九年癸卯八月廿四日酉時

娶黃氏慈娘　生　年十二月十一日巳時

建暢　即瞞嗣子　生光緒廿五年己亥八月廿二日酉時

娶王氏于娘　生光緒廿九年癸卯十月初三日未時

子二　彥　萬

建開　即益次子　生民國九年庚申十一月十九日丑時

建蟳　即益三子　生民國十二年癸亥九月二十日申時

建魁　即水公嗣子　生光緒卅二年丙午九月廿四日巳時

娶潘氏謂娘　生民國元年壬子十一月十六日亥時

建堉　即湖長子　生民國九年庚申十一月十九日戌時

建丹　即湖次子　生民國十一年壬戌九月十八日巳時

建聚　即湖三子　生民國十三年甲子十一月廿一日子時

春木　即大焉公長子　生光緒十八年壬辰正月十一日子時

娶黃氏朝娘號慎慈　生光緒廿三年丁酉五月廿九日寅時　卒民國十三年甲子九月初五日辰時

子二　爲成　徵成兼承萱公

春保　即大焉公次子　生光緒廿一年乙未十月初八日酉時
娶黃氏鹹娘　生宣統元年己酉二月廿四日亥時
女一
春梅　即大焉公三子　生光緒廿九年癸卯十一月十九日申時
娶黃氏偷娘　生民國二年癸丑五月十九日申時
建筲公　即大焉公四子　生宣統元年己酉六月初七日酉時　卒民國十八年己巳正月十五寅時
嗣子一　微成兩承
建羽　即大焉公五子　生民國元年壬子十二月初八日亥時
建挽　即其與公長子　生光緒卅四年戊申六月廿一日巳時

建坑　即其興公次子　生民國四年乙卯四月廿二日亥時

建丁公　即俊公長子　生光緒十五年己丑六月初五日丑時　卒　年　五月十七日　時

娶黃氏改適

子一　君成

女一

建嬌　即俊公次子　生光緒廿五年己亥十一月初八日亥時

娶黃氏石娘　生光緒廿六年庚子二月初二日酉時

子二　烏菜　灶

女二

建智　即錐長子　生光緒廿二年丙申正月廿四日午時
　娶黃氏耍娘　生光緒廿七年辛丑七月初十日午時
　子三　冰　南　飛
　女一
建鄭　即錐次子兩承煥公　生光緒廿七年辛丑十一月初三日巳時
　娶林氏玉壽娘　生光緒卅二年丙午八月十九日寅時
建荧　即錐三子　生民國五年丙辰二月廿二日亥時
建反　即撥長子　生民國五年丙辰三月二十日卯時
建興　即撥次子　生民國十九年庚午三月十二日戌時

德齋派

新發公諱周明　即準公長子　生嘉慶二十年乙亥十一月十九寅時　卒咸豐元年辛亥十月廿三日巳時

娶王氏韮娘號順義享年八十二

妣　生道光七年丁亥十月初十日丑時　卒光緒卅四年戊申十二月十八申時

養子一　朱玉

自明公諱盛廣　即準公次子出嗣冬月爲孫

公　生道光七年丁亥七月廿三日亥時　卒光緒八年壬午正月初三日未時

養子一　八奇

椅公　即勤義公之子享壽七十一

公　生道光七年丁亥十一月廿一日寅時　卒光緒廿三年丁酉十二月初二酉時

娶黃氏允娘　生道光十七年丁酉十月初四日辰時

子一　火炎

女一適黃

賞公　鄭彩雲公慶雲公之姪孫生卒莫稽

司存公諱罕來　即勤直公長子　生道光十五年乙未五月三十日午時　卒光緒十八年壬辰正月廿四日辰時

娶黃氏看娘號見義　生道光十七年丁酉十二月初七未時　卒民國元年壬子五月初七日寅時

子四　担　禮　物　庚出嗣萬紫公

女一適黃

萬桊公諱紅姑字建千　即勤直公次子

生咸豐四年甲寅八月廿三日巳時
卒宣統三年辛亥正月廿二日辰時

公

嗣子一　庚英

歸來公諱鋏郎字建刀　即明受公長子

生咸豐七年丁巳十一月廿六午時
卒宣統三年辛亥正月初二日戌時

公

先娶吳氏信娘號文慈

生同治七年戊辰九月十六日酉時
卒光緒十九年癸巳十一月廿五寅時

繼娶黃氏改適

子二　喜南　袍

逢春公諱苣郎字建山　即明受公次子

公

娶潘氏爾娘號卓懷

子一　樹林兼承棚公

女二　適黃

萬重公諱疊來字建　即明受公三子

公

娶黃氏改適

吉慶公諱祥　即碧錄公嗣長子

娶潘氏改適

生咸豐十年庚申三月十二日亥時
卒光緒卅四年戊申二月廿二卯時

生同治七年戊辰九月初二日酉時
卒民國十七年戊辰三月　日　時

生同治元年壬戌十二月初六戌時
卒民國五年丙辰五月十三日巳時

生同治八年己巳二月三十日酉時
卒民國四年乙卯十一月初六辰時

子一　艮

酌觴公諱斟字建酌　即碧綠公嗣次子

生光緒元年乙亥十一月廿九日戌時
卒光緒三十年甲辰六月十三日巳時

公

娶林氏改適

子一　思品

懷深公諱澤水　即碧綠公嗣三子

生光緒五年己卯正月廿一日亥時
卒民國十八年己巳十月初十亥時

娶潘氏勸娘號奬勤

生光緒九年癸未　月廿八日巳時

子一　金獅

文炳公諱火來字建水　即純陽公長子

公　生嘉慶廿五年庚辰十一月廿一日丑時
卒同治十二年癸酉十一月廿二日未時

娶王氏號意順　生道光七年丁亥九月初三日丑時
卒光緒八年壬午二月初六日酉時

子二　燕郎　興富

女一適林

望隆公諱曦來字建存　即春安公長子
生咸豐二年壬子三月廿八日戌時
卒光緒三十年甲辰四月十三日丑時

先娶黃氏綢娘號如絲　生咸豐三年癸丑十月廿五日子時
卒同治九年庚午九月初九日未時

繼娶黃氏擔娘號意慈　生咸豐九年己未十一月廿六日戌時
卒光緒八年壬午七月廿七日丑時

子二　恩出嗣　壇兼承衫公

女一適黃

鳴盛公諱麒字建鳳　即生長公長子

公

生咸豐七年丁巳九月廿五日申時

卒　年正月十五日寅時

娶林氏元娘號亨勤

生同治四年乙丑六月初七日申時

卒光緒八年壬午九月廿六日未時

嗣孫　燊林両承

茂林公諱柴光字建智　即生長公次子

公

生咸豐十一年辛酉六月十七日子時

卒光緒卅四年戊申七月初六日申時

娶王氏蔡娘號山節

生同治六年丁卯十二月初九日申時

卒

子二　得時　于時幼殤

女二

錠順公諱銀知　即永興公叟子
生道光六年丙戌七月初七日午時
卒光緒廿一年乙未九月初五子時

娶林氏貴娘號慈德
生道光十年庚寅四月廿三日未時
卒光緒八年壬午十月二十日戌時

子二　鼇養　祿似子

年添公諱侯丁　即笑容公養長子
生道光十四年甲午正月初一寅時
卒同治六年丁卯九月廿九日酉時

娶　氏改適

羅萬公諱森字建高　即笑容公次子
生咸豐十一年辛酉四月十七日酉時

娶林氏東娘號處約
生同治元年壬戌二月廿五日午時

子三　星　晏　鈿

女一

聯標公　諱捷　即長清公養長子

生咸豐九年己未二月十六日丑時
卒光緒九年癸未十二月二十戌時

嗣子一　成才

忠質公　諱彬郎　字建文　即長清公次子

生同治四年乙丑二月廿二日巳時
卒民國十二年癸亥三月初五寅時

公

娶林氏賽娘號報慈

生同治十一年壬申七月初八日酉時

子四　管來　成才出嗣捷公　連絞　瓦水

女一　適潘

成發公　即志郎公養子
生道光十五年乙未三月初六辰時
卒同治十年辛未十月廿四日酉時

鄰右諱左利　即拜旦公嗣子
生同治五年丙寅十一月初七日申時

嗣子　滴水

結實諱開華　即伯宜公次子
生同治八年己巳十一月十六日子時

娶黃氏粉娘
生光緒七年辛巳十二月初一日寅時

子三　金掌　金水　滴水出嗣左利

敦戚諱崇因　即伯宜公三子
生光緒元年乙亥十二月初七日丑時

娶徐氏衍娘
生光緒十六年庚寅正月十四日亥時
卒民國十年辛酉十一月三十日亥時

繼娶黃氏泡娘
生光緒十六年庚寅四月初八日午時

子一　奇先黄出

女一　適潘

敦族公諱親郎　即伯宜公四子

生光緒五年己卯四月初二日巳時
卒民國十三年甲子十二月十六寅時

娶林氏柔娘

生光緒十一年乙酉正月廿六寅時
卒民國二年癸丑十月初八日酉時

子一　見成

敦達公諱引郎　即伯宜公五子

生光緒七年辛巳十二月廿八日戌時
卒民國十三年甲子十二月初七辰時

娶林氏鳳崗

生光緒廿三年丁酉五月廿二日未時
卒民國十三年甲子十二月初七申時

子一　繼臨

維青公諱寅字建夏　即宣郁公長子

生咸豐四年甲寅三月初六日辰時
卒光緒十六年庚寅五月廿九巳時

娶杜氏帶舍號勤儉　生咸豐三年癸丑十二月初四日巳時　卒光緒十九年癸巳八月廿四日亥時

子四　財　涼　省　珙

維明公諱欃姑　即宣郁公次子　生咸豐七年丁巳二月十七日戌時

娶杜氏坑娘號勤順　生同治三年甲子七月十九日申時

子一　卓

建檜公　即宣郁公三子　生同治六年丁卯七月廿八日戌時　卒民國十三年甲子九月十三　時

娶林氏乾娘號勤道　生光緒二年丙子二月初九日卯時　卒光緒廿五年己亥九月初七辰時

嗣子　銀石

八鸞公諱鏘姑字建淮　即繼繩公養長子

公

娶黃氏秤娘號勤節

生同治元年壬戌十月初七日午時
卒民國八年己未四月初四日寅時

生光緒三年丁丑五月廿四日亥時

公塟本鄉下院隔后坐丁向癸

子三　瑛　祥福　完成

女

建稽公　即繼綳公次子

生同治九年庚午九月初十日未時
卒民國七年戊午正月十四日酉時

娶潘氏檳娘

生光緒七年辛巳正月十五日酉時

子一　金城

女二俱適黃

幼懷公諱嵋姑　即安仁公長子

生同治四年乙丑九月十二日亥時
卒光緒七年辛巳正月廿一日巳時

侃直公諱閂　即安仁公次子

生同治六年丁卯九月廿二日卯時
卒光緒廿四年戊戌十二月初九亥時

娶　氏改適

子一　齊

建拚公　即安仁公三子

生同治十二年癸酉九月十一日未時
卒失在石叻亡

娶黃氏改適

加錐　即安仁公四子

生光緒元年乙亥十二月初四日戌時

娶黃氏井娘

生光緒廿二年丙申七月十七日酉時

子三　珍　有成　志賢

女二　適黃

珠清　即安仁公五子　生光緒三年丁丑十二月初八日亥時　往石叻不知存歿

麗水　即安仁公六子　生光緒九年癸未七月初七日辰時　外出

加六　即安仁公七子　生光緒十六年庚寅八月廿一日戌時

養子二　土　致　俱兼承謝公

慈麟　即勝任公養長子　生同治七年戊辰九月初四日辰時

娶王氏改適

子二　輝成　炒成

純士字建清　即勝任公次子　生光緒四年戊寅四月初四日巳時

先娶黃氏王娘號新成　生光緒五年己卯七月十六日巳時
卒光緒廿三年丁酉五月廿七未時

繼娶潘氏片娘　生光緒七年辛巳七月廿三日巳時

子二　選　呼俱潘出

女三　長適潘　次三適黃

傳士　朗勝任公三子　生光緒十二年丙戌十二月初六日卯時

娶黃氏見娘　生光緒二十年甲午六月初五日丑時
卒民國十年辛酉七月初二日未時

繼娶黃氏倣娘　生光緒廿六年庚子二月初三日酉時

子一　追成後娶出

女一　適潘先妣出

尚賓公諱座姑字建業　即其數公長子

公

生同治十年辛未八月廿二日寅時

卒光緒廿九年癸卯三月十八亥時

娶杜氏真娘

生同治十年辛未三月初七日辰時

卒光緒廿九年癸卯十月十一辰時

子一　及矑

女二俱適黃

建測　即其數公次子

生光緒四年戊寅十月初七日戌時

娶黃氏合娘

生光緒十七年辛卯三月十五日寅時

女三

嘉澤公　即其數公三子

生光緒十四年戊子八月十九巳時

卒民國八年己未九月初七日　時

娶黃氏箬娘　招偶

生光緒廿一年乙未十一月初四日丑時

續子二　果來　兩全

建蝦　即其數公似三子兩承謝公

生光緒廿三年丁酉十二月廿六日辰時

續子　果來　兩全

處士餘音公諱鏗士字建聲　即觀德公長子

公

生咸豐三年癸丑正月初四日午時

卒光緒廿七年辛丑正月廿九　時

娶潘氏香娘號肅靜

生咸豐四年甲寅五月廿四日酉時

卒光緒廿九年癸卯三月初七午時

子三　德爽　德確　德肴

女二　適黃　適潘

餘直公諱悻光字建欣　即觀德公次子

生咸豐八年戊午二月初七日午時
卒光緒廿七年辛丑正月十一　時

公

娶黃氏宛娘

生同治元年壬戌八月初三日　時
卒民國十七年戊辰二月十五亥時

子三　德意　德丙　德栢出嗣搜弟

女二俱適黃

聰明公諱濬川字建水　即觀德公三子

生咸豐十一年辛酉六月十一日巳時
卒光緒三十年甲辰五月廿三日辰時

公

娶黃氏寶娘

生同治二年癸亥四月十五日未時

子六　德望　德貌　德顯　德恒　德宜出嗣

德存

女一適黃

處士守氣公諱膽思字建豪別號猶慚　即觀德公四子

生同治四年乙丑正月初二日丑時
卒光緒廿九年癸卯八月廿一未時

公

生同治八年己巳八月十九日子時
卒民國二十年辛未

娶黃氏基娘

子一　德緜

女二　適黃　適潘

搜斯字建釋　即觀德公五子

生同治八年己巳十二月十七日寅時

娶黃氏的娘　生同治十二年癸酉五月廿七日午時　卒民國十七年戊辰正月初四日未時

子二　德栢嗣子　德書養

成立公諱詩禮　即大節公養長子　生道光三十年庚戌五月廿八日　時　卒光緒廿五年己亥正月二十日巳時

娶黃氏巧娘號好善　生咸豐七年丁巳三月十二日酉時

子三　經出嗣奏姑　式　叁

成律公諱奏姑字建樂　即大節公次子　生同治二年癸亥八月廿七日巳時　卒光緒三十年甲辰五月十五辰時

公

娶黃氏盡娘號慈性　生同治三年甲子七月十六日午時　卒光緒三十年甲辰五月二十卯時

子三　經嗣子　林泉養　本漣

女二　長適黃

忠勤公諱棟姑字建宅　即明珠公長子

生同治元年壬戌六月廿七日子時
卒民國十四年乙丑十二月十三戌時

公

娶黃氏泚娘

生同治六年丁卯十一月初十　時
卒宣統元年己酉正月十九日酉時

繼娶潘氏蔭娘

生光緒四年戊寅五月初一日卯時

子二　生財養　進成嗣子

女一　適潘

賢基公諱樫姑字建美　即明珠公次子

生同治三年甲子十月初二日寅時
卒光緒三十年甲辰十一月廿六卯時

公

娶黃氏粧娘號色宜　生同治六年丁卯五月廿六日寅時

子三　沙成　進成出嗣棟姑　球成

女二俱適潘

帷燈公諱亜姑　即歸奇公長子　生光緒元年乙亥正月十一日卯時
卒民國七年戊午十一月十一辰時

先娶黃氏親娘號宣仁　生光緒三年丁丑正月初五日寅時
卒光緒廿二年丙申十二月十五　時

繼娶黃氏成娘號宣義　生光緒九年癸未六月十二日酉時
卒　年五月十四日酉時

三娶黃氏很娘　生光緒十三年丁亥七月十四日　時

子二　端成　從愿俱次妣出　文體

帷明公諱旂稟　即歸奇公次子　生光緒四年戊寅五月初八日巳時
卒民國十九年庚午正月十六酉時

先娶黃氏正娘號宣忠　生光緒六年庚辰　月　日　時卒

繼娶黃氏前娘　生光緒十六年庚寅二月十二日寅時

子三　朱啓　柴胡　添文

旗䐈　即歸奇公三子　生光緒七年辛巳十月初三日寅時

娶黃氏八娘　生光緒十九年癸巳五月廿八日午時

子三　五生褒　守成　保元

女一

旗鑾　即歸奇公四子　生光緒十四年戊子三月初三日子時

娶黃氏眼娘　生光緒廿一年乙未九月初九日寅時

子一　春棻養

女一

銀珠　即餘裕公嗣子　生同治四年乙丑七月十一日子時

娶黃氏岸娘　生光緒五年己卯七月初一日酉時

子三　鍾英　育秀　啓成

女一

躋規公　即志寬公隻子　生咸豐十年辛酉十一月廿二日酉時

卒光緒卅二年丙午九月初九日辰時

娶黃氏車娘號輪轉　生同治十二年癸酉十月廿六日卯時

卒光緒　年十月初三日巳時

金性公諱命珠　即拔芽公次子　生光緒三年丁丑十二月十三寅時

卒民國五年丙辰二月初七日　時

先娶黃氏千娘號承箬 生卒 生光緒丁亥年七月初五日 時 卒光緒乙巳年六月廿七日 时

繼娶黃氏密娘 生光緒十五年己丑十月初五日卯時

子三 志成 恊成 明郎 俱後娶出

女一適黃

金溪公諱銃珠 即拔茅公三子 生光緒七年辛巳五月十一日卯時 卒

娶林氏淲娘 招偶 生光緒十四年戊子七月初十日午時

子 金康 繼子 秧 江水 出嗣欣成 田 文海

女一

盤珠 即拔茅公四子 生光緒九年癸未十月初七日子時

娶黃氏唾娘　生光緒十五年己丑二月初十日申時

子二　買　從

女二

欣成　即拔茅公五子　生光緒十四年戊子十二月初三日辰時

娶黃氏應娘　生光緒　年　月　日　時

嗣子一　江水

鑑成　即拔茅公似三子　生光緒十四年戊子十二月初七日酉時

續子　秧　田　文海

金綢公諱錦姑字建繡　即光華公長子

泓
生道光廿六年丙午三月十七日午時
卒光緒廿九年癸卯十二月十九酉時

娶黃氏返娘號來勤
生道光廿九年己酉十月初十日申時
卒光緒廿七年辛丑三月初四日巳時

子三　歡養　趖　琶　條似三子

女一適謝

稱賢公諱巷字建遇　即光華公養次子
生道光廿七年丁未十一月初五日午時
卒光緒十二年丙戌十二月廿九日丑時

公

娶林氏不娘號堅節
生咸豐九年己未四月十九日丑時
卒光緒十七年辛卯正月十四　時

子一　呼

成宇公諱樑姑　即光華公三子
生咸豐六年丙辰九月廿三日酉時
卒民國六年丁巳五月廿七日未時

娶杜氏申娘號餘容
生同治三年甲子三月二十日辰時
卒光緒廿五年己亥九月初九亥時

子三　壙　礪　水出嗣鄉姑

女二　適黃

思樂公諱泮郎　即擲來嗣子
生同治十三年甲戌六月初十日卯時
卒失

國才公諱乃姑　即貢治公長子
生同治七年戊辰七月二十日卯時
卒宣統二年庚戌十月廿九日　時

娶黃氏來娘
生同治八年己巳五月廿六日酉時
卒民國二十年辛未七月廿五酉時

子二　蒞　青
生光緒二年丙子六月廿三日申時

建鄉　即情郎長子

娶陳氏放娘
生光緒九年癸未四月廿八日寅時

子三　得時　論　水似長子

生光緒五年己卯九月三十日戌時

女一

娶潘氏聘娘

生光緒十四年戊子十一月廿七日辰時

建灘　即情郎次子

子二　戆　㩳　女五

生光緒元年乙亥九月廿三日巳時

卒民國十八年己巳九月十八未時

申明公諱講生　即兼文公長子

生光緒十六年庚寅六月初一　時

卒民國元年壬子二月初二日巳時

娶黃氏揚娘

娶黃氏禁娘

生光緒十七年辛卯九月初七日午時

子二　連　添財

女一
生宣統二年庚戌四月廿四日辰時
徃番邦不知如何

建悅　即道姑養長子

宗來　即道姑養次子
生光緒廿三年丁酉十月廿七日巳時

娶潘氏不娘
生光緒卅三年丁未七月廿一日申時

子　垂興

女

諸成　即倪姑長子
生光緒卅一年乙巳五月廿四日巳時

扳英公　即榮來公長子
生咸豐七年丁巳三月初八日巳時
卒同治六年丁卯十月初三日午時

徃英公　即榮來公次子
生咸豐十一年辛酉十一月十六巳時
卒光緒廿八年壬寅四月十五日午時

娶黃氏判娘　生光緒二年丙子五月廿四日子時

子一　逐

建授　即榮來公三子　生同治九年庚午九月初八日子時

娶黃氏迎娘號有送　生光緒六年庚辰八月十五日午時　卒民國八年己未五月二十日未時

子一　于時

女二俱適黃

腱姑公字建心　即福揚公長子　生光緒二年丙子六月廿八日卯時　卒民國六年丁巳七月廿一日戌時

娶黃氏看娘　生光緒六年庚辰十二月初二日午時

予二　柯來　賞

女三俱適黃

楙英字建春 即福揚公次子 生光緒十五年己丑九月初四日午時

娶黃氏秀娘 生光緒十六庚寅年九月廿七日亥時

子二 墻 生民国十一年壬戌十月十二日丑时

戌 生民国十二年十二月十五日子时 卒民国卅[illegible]10[illegible]酉时

建整 即永禮長子 生光緒十八年壬辰七月十五日申時

娶黃氏莧娘 生光緒十六年庚寅十一月廿八日酉時 卒民國十一年壬戌十一月十一日辰時

繼娶黃氏魚娘 生光緒廿一年乙未閏五月初十日未時

子三 吉先妣出 培先妣出 通後娶出

女一後娶出

當來　即永禮次子　生光緒廿四年戊戌三月廿二日亥時

娶黃氏晃娘　生光緒廿六年庚子三月初四日巳時

子　察言

女二

建董　即藩姑長子　生光緒十二年丙戌六月廿一日午時

娶黃氏景娘　生光緒十六年庚寅七月十六日辰時

子二　金童　金土

芋英公　即藩姑次子　生光緒十五年己丑四月初五日丑時　卒民國七年戊午十二月初一日酉時

瓜成　即藩姑三子　生光緒廿二年丙申正月十九日巳時

娶黄氏眈娘　生光緒廿八年壬寅八月初八日巳時

子二　金泉　金剪

女一

建掇　即藩姑四子　生光緒廿五年己亥正月廿九日亥時

娶黄氏徙娘　生光緒卅二年丙午五月廿五日寅時

子二　金府　金縣

建忧　即藩姑五子　生光緒廿八年壬寅十一月初九日戌時

娶黄氏閃娘　生光緒卅一年乙巳八月十一日酉時

女一

佘治公　即邊只公長子

生光緒廿四年戊戌十二月十三申時（旁注：三　丁酉）
卒民國二[illegible]年甲寅九月二十日卯時（旁注：癸丑）

和尚　即邊只公次子

生光緒廿七年辛丑七月十二日辰時
卒民國二十年辛未九月初九日未時

娶黃氏瑍娘

生民國二年癸丑七月十九日辰時

嬪生　即邊只公三子

生光緒卅二年丙午十月初二日寅時

草木　即面只養子

生民國元年壬子十二月十九日　時

金蘭　即面只次子

生民國八年己未十二月十三日巳時

錫祚公字建桓　即祥福公長子

生道光廿二年壬寅十一月初二戌時
卒民國十二年癸亥六月廿九日未時

娶黃氏粑娘號貽慈

生道光廿三年癸卯三月二十日申時
卒光緒廿五年己丑四月十九日辰時

子二　財　翁

女一適潘

處士斗量公字建玉　即祥福公三子

生咸豐七年丁巳八月十二日丑時
卒民國六年丁巳九月十一日酉時

娶黃氏聘娘

生咸豐八年戊午九月十六日申時
卒光緒廿九年癸卯八月廿九酉時

子一　蓋鼎兩承百來公爲孫

女三　長次俱適黃

彼桑公諱徹然字建清　即成德公長子

生道光廿八年戊申十一月初五辰時
卒光緒十七年辛卯二月初五日申時

公

娶　氏改適

女二俱適黃

正童公諱擔　即成德公三子

生咸豐四年甲寅八月十三日亥時　止
卒同治八年己巳七月十七日未時

欲從公諱卓　即成德公四子

生同治六年丁卯九月廿六日辰時
卒光緒十七年辛卯八月十六丑時

建坑　即成德公嗣五子生

輕重諱權衡字建正　即福童公嗣長子

生道光廿七年丁未六月十四日戌時

先娶曾氏進娘號得望

生道光廿九年己酉六月廿一日辰時
卒同治九年庚午十二月初三日未時

繼娶謝氏喜娘號勤發

生咸豐三年癸丑九月初二日戌時
卒光緒十七年辛卯正月初九未時

三娶莊氏菊娘號秋月

生道光十九年己亥　月　日　時
卒光緒廿九年癸卯九月廿三日丑時

子一　快英謝出

女一適黃謝出

懷利公諱愰然　即福童公嗣次子　生咸豐元年辛亥六月二十日酉時　卒光緒九年癸未十月廿一日午時

娶黃氏坤娘號儉室　生道光三十年庚戌十一月十九酉時　卒同治九年庚午七月十六日午時

拔萃公諱尚群字建超　即與鄰公養長子　生道光十五年乙未十一月廿一日酉時　卒光緒三十年甲辰十二月廿一日巳時

公

娶黃氏晏娘號勤存　生道光十九年己亥九月廿五日戌時　卒民國十三年甲子十二月廿一巳時

子二　郭　澗

女一適黃

繼善公諱緒續字建居　即與鄰公遺腹子君生平樸實勤儉治

家好爲善舉即斯譜之修亦與有力焉

公

生道光廿六年丙午四月十三日酉時
卒宣統二年庚戌十二月初二日寅時

娶潘氏佃娘號貞勤

生道光廿九年己酉十二月廿五酉時
卒民國九年庚申十月二十日丑時

子二　書養　貼

嘉德公諱食祿　即翼輝公長子

生道光廿九年己酉三月初六寅時
卒光緒八年壬午四月初五日子時

娶黃氏挑舍號懿德

生道光廿八年戊申七月廿六日巳時
卒光緒廿七年辛丑十一月十二日寅時

子二　秫　尺

成真公諱弄姑　即翼輝公次子

生咸豐二年壬子十月十二日亥時
卒民國九年庚申十月廿一日巳時

娶杜氏莧娘號生園

生咸豐二年壬子四月初六日巳時
卒光緒廿九年癸卯八月初五子時

子一　爾成

籌德公諱烏生　即翼輝公三子

生咸豐五年乙卯九月初二日子時
卒光緒廿七年辛丑九月廿五酉時

娶黃氏見娘號順寬

生同治九年庚午五月廿一日申時
卒光緒廿七年辛丑八月廿二酉時

承繼曾孫　候英

女一適黃

守式公諱程　即翼輝公四子

生咸豐十年庚申正月十七日巳時
卒光緒四年戊寅十月廿二日寅時

處恬公諱靜思　即翼輝公五子

生同治五年丙寅七月初七日戌時
卒光緒十四年戊子四月三十戌時

曲遏公諱羅字建耀　即熙年公長子

公

生咸豐九年己未七月十六日巳時
卒光緒二十年甲午正月十八日未時

娶黃氏碖娘　生咸豐七年丁巳七月初九日巳時
卒民国戊寅年正月十九日寅时

養子二　謙　糠

越來公　即携取公長子　生咸豐七年丁巳四月廿二日卯時
卒光緒卅四年戊申十二廿二巳時

娶潘氏當娘　招偶　生同治六年丁卯三月十八日酉時

子一　成氣

女一　適劉

魯使　即携取公次子　生同治二年癸亥八月　日　時
往南邑留居

齊國　即携取公三子　生同治五年丙寅五月十四日　時
往南邑留居

倓使　即携取公似長子　生同治七年戊辰四月十五日未時

子一　乞來隨父而來

紅郎公字建花　即鈞深公長子
生咸豐五年乙卯九月十九日巳時
卒民國三年甲寅十月廿二日辰時

娶黃氏磚娘號善慈
生咸豐五年乙卯十二月十三卯時
卒光緒二十年甲午九月廿六亥時

子二　樟　儒出嗣株林

湖海公諱株林　即鈞深公次子
生同治五年丙寅六月廿三日巳時
卒光緒十九年癸巳六月初三　時

往夷無回

娶黃氏修娘
生同治六年丁卯九月廿三日午時

嗣子一　儒英

棚林公　即鈞深公三子
生同治七年戊辰五月初十日寅時
卒民國二十年辛未二月廿九巳時

娶黃氏爾娘　生同治八年己巳八月廿二日申時　卒光緒廿八年壬寅四月廿九午時

子二　綵染　樹林兩嗣子出白逢春

女二

梯林　即鈞深公四子　生同治十二年癸酉四月初三日卯時

娶黃氏糜娘　生光緒元年乙亥十一月十六日午時

子　任英

女五　長次三適黃　四五適潘

木林　即鈞深公五子　生同治十三年甲戌十月初十日辰時

娶林氏仁娘　生光緒七年辛巳八月十三日卯時

子五　位　智　篙　邛　瀅

女三　長次適黃

忠正公諱盍郎　即綴衣公長子

生咸豐十年庚申八月初四日寅時

卒民國十五年丙寅七月廿九巳時

娶黃氏兼娘

生咸豐十年庚申九月二十日戌時

子二　惧出嗣畬公　雲

女二　長適黃　次適林

處士克繩公諱闓郎字建坤　即綴衣公次子

公

生同治二年癸亥三月十三日卯時

娶黃氏晟娘

生同治五年丙寅十二月初九日酉時

子四　曹出嗣答公　趙國　思國　玉樹

女二俱適黄

有私公諱答　即綴衣公三子　生同治五年丙寅六月廿六日子時　卒光緒七年辛巳十月初三日酉時

嗣子二　曹國　懊

題名公諱塔　即綴衣公四子　生同治七年戊辰八月十五日未時　卒光緒十八年壬辰六月三十申時

娶黄氏趧娘號疾行　招偶　生同治九年庚午十二月三十日戌時　卒民國元年壬子十二月廿六日寅時

續子　鑽

建猴　即綴衣公似四子生

續子　鑽

惟成公諱推許字建　朗文繡公長子

公

生道光廿六年丙午七月初九日午時
卒光緒卅三年丁未十月十九日未時

先娶吳氏尾娘號慈祥

生道光三十年庚戌十月初八日卯時
卒同治十二年癸酉三月十八日巳時

繼娶杜氏穆娘號慈綱

生咸豐七年丁巳三月十七日酉時
卒光緒　年九月廿三日　時

嗣子　刋英

央郎公　即修德公隻子

生咸豐三年癸丑八月廿七日申時
卒民國五年丙辰十一月初三　時

娶黃氏坤娘

生光緒　年　月　日　時
卒民國七年戊午正月初十日　時

嗣子一　好生

於詩公諱興字建昌　即樸玉公長子

公　生道光廿四年甲辰正月初七日辰時
卒光緒廿五年己亥正月廿八日酉時

娶黄氏旺娘號温慈　生道光廿八年戊申八月初七日辰時
卒民國十八年己巳九月十一日巳時

子三　勤書　降書　朝書

女五俱適黄

致省公諱傳世　即樸玉公次子　生道光廿八年戊申三月廿五日卯時
卒光緒卅二年丙午五月廿四日　時

娶黄氏聰娘號慈裕　生同治元年壬戌八月十二日戌時
卒光緒十二年丙戌二月初二辰時

淵叠公　即樸玉公三子　生咸豐二年壬子六月初八日辰時
卒民國十三年甲子　月　日　時

娶黄氏恩娘號慈愛　生同治七年戊辰二月初九日卯時
卒光緒廿四年戊戌六月初六巳時

子一　煖

建居公　即托成公長子　生同治十三年甲戌七月十二未時
卒民國八年己未八月初六日酉時
娶黃氏扳娘　生光緒八年壬午十二月十六日　時
子二　勸　他
女一　適黃

呱郎　即托成公次子　生光緒六年庚辰三月十八日午時
娶黃氏梭娘　生光緒八年壬午　月　日　時　卒
繼娶黃氏吱娘　生光緒十九年癸巳十月十四日寅時
子三　好生出嗣央郎　很來　文彩
女二

泮林公諱書　即集興公長子

生同治七年戊辰六月廿二日申時　止

卒光緒十七年辛卯二月初八辰時

如魚公諱蕃　即集興公次子

生同治十年辛未八月廿二日酉時

卒光緒十八年壬辰七月十一　時

任番邦無回

建生　即集興公三子

生光緒十年甲申正月初七日巳時

娶蘇氏晟娘

生光緒十五年己丑十月廿四日未時

建彪　即長成公嗣子

生光緒元年乙亥八月初二日巳時

娶　氏樹娘

生光緒八年壬午十二月十八日寅時　止

正德公諱流　即最成公長子

生同治十年辛未四月十九日辰時　止

卒光緒廿一年乙未五月初二卯時

建任　即最成公三子

生光緒五年己卯三月廿六日巳時　止

建水　即宣經公隻子　生光緒五年己卯四月廿八日未時　往東

建穉　即盾興公長子　生光緒七年辛巳四月廿八日未時

建鳳　即盾興公次子　生光緒十五年己丑三月初九日酉時

順風　即盾興公三子　生光緒十九年癸巳五月廿七戌時

娶黄氏碚娘　生光緒廿四戊戌年四月初五日辰時

捷郎公　即成美公長子　生咸豐十年庚申七月初六日辰時　卒光緒廿八年壬寅正月廿七　時

娶黄氏改適

子一　及時養

女一

建卑公　即成美公次子

生同治七年戊辰八月二十日亥時
卒民國二年癸丑八月初二日卯時

娶黃氏貴娘

生光緒十年甲申二月初一日辰時
卒　　年正月初二日巳時

慱厚公　即順存公次子

生光緒卅三年丁未九月十三午時
卒民國七年戊午六月十一日午時

萬生　即順存公三子

生民國四年乙卯四月廿三日卯時

娶黃氏富娘

生民國四年乙卯九月十五日　時

任德公　即廷勳公次子

生光緒十六年庚寅七月初六日午時
卒民國十二年癸亥十二月廿七卯時

娶黃氏改適

蟾蜍　即廷勳公三子

生光緒卅四年戊申六月初十日申時

保德　即順美公嗣長子

生光緒十四年戊子正月初五日丑時
往坭邦

娶番女馬沓　生光緒廿四年戊戌四月初六日巳時

子一　阜養

女一

聰恭　即順美公嗣次子　生光緒廿三年丁酉正月初六日未時

先娶黃氏嫫娘克儉　生光緒廿四年戊戌正月廿五戌時　卒民國八年己未七月十八日未時

繼娶黃氏寶娘　生光緒廿二年丙申十一月初四日丑時

側室蔡氏套娘　生光緒卅一年乙巳十月廿九日寅時

子二　孫養　添富繼室出

女二　繼室出一　側室出一

高成　即順明公養長子　生光緒廿八年壬寅九月十五日卯時

娶黄氏灑娘　生宣統三年辛亥四月初五日巳時

詩成公　即順明公次子　生光緒卅三年丁未四月十四未時
卒民國七年戊午六月十一日午時

自成公　即順明公三子　生宣統二年庚戌二月初六日巳時
卒民國七年戊午六月十一日午時

世成　即順明公四子　生民國元年壬子十二月廿七日未時

娶黄氏蝭娘　生民國五年丙辰五月初四日午時

爲成　即順明公五子　生民國十六年丁卯八月初三日丑時

乞來　即翰維公嗣子　生光緒十四年戊子　月　日　時

往來　即皎月養長子　生光緒二十年甲午十月二十日午時

成才公諱鶯來　即石光長子
生光緒六年庚辰十月廿九日辰時
卒民國四年乙卯十月廿二日申時

娶黃氏改適

子　欽水

炮昌　即福圓公長子
生同治二年癸亥十一月初六日丑時
移居福清一都

娶黃氏八娘
生同治九年庚午十月初七日寅時
卒光緒三十年甲辰六月初一寅時

子一　覊成

女二

同居公諱聚守　即福圓公次子
生同治七年戊辰十月廿九日亥時
卒光緒廿四年戊戌十二月廿七巳時

往番邦無回

娶黃氏改適

生同治二年癸亥三月十三日子時

卒光緒十七年辛卯六月初七 時

異邦公諱蟻　即益後公長子

往夷邦無回

生同治六年丁卯六月十二日辰時

教郎　即益後公次子

往夷邦不知存歿

生光緒九年癸未六月初二日辰時

卒光緒廿九年癸卯七月廿三卯時

嘉民公　即以樂公長子

嗣子一　開圍

清水公　即以樂公次子

生光緒十二年丙戌四月十七丑時

卒宣統元年己酉七月十七日未時

清香　即以樂公三子

生光緒十九年癸巳四月初十日戌時

娶黃氏楝娘　生光緒廿六年庚子正月十四日辰時

子一　開園　出嗣嘉民公　生光緒卅一年乙巳七月初六日寅時　卒民國十八年己巳八月初六日　時

成祖公　即有光長子

娶黃氏輕娘　生宣統二年庚戌十二月初九日丑時

女一

雙淵　即有光次子兼承渭川公　生民國十一年壬戌十月廿八日子時

克昌　即不日公長子　生咸豐六年丙辰六月廿九日丑時

娶黃氏簪娘　生同治五年丙寅四月十五日寅時

子一　多祥

建汝　即圭公養長子　生

衍郎公　即圭公次子　生卒失止

建題公　即圭公三子　生卒失止

鋮昌　即福後公嗣子　生同治元年壬戌六月初六日巳時

肥馬字建富　即俾爾公長子　生同治十二年癸酉五月十六日午時　卒

建曾公　即俾爾公次子　生光緒三年丁丑八月初四日戌時　卒光緒十七年辛卯十一月初九酉時

恪齋派

建波　即柿公養子　生光緒十五年己丑正月十五日辰時

娶黃氏吻娘　生光緒十六年庚寅十二月廿六日辰時

子二 金城 蟬廣

女一

建攀公 即蘇公隻子
生咸豐九年己未六月十五日未時 止
卒光緒九年癸未八月廿七日寅時

建領公 即志齊公隻子
生同治十年辛未六月十二日未時
卒 年 月 日 時

娶黃氏寅娘
生同治十年辛未三月十二日寅時
卒光緒廿六年庚子十月十五 時

子一 殊

女二

處士克篤公諱本字建邦 即純熙公長子
生同治元年壬戌六月初八日午時
卒光緒十年甲申十一月初二酉時

公

虹山彭氏族譜 卷一四 卅四世建字行東長房長恪齋派 三 民國辛未重修

娶黃氏後娘　招偶
生同治四年乙丑二月十七日申時

續子三　查　爪　反

建情　即純熈公次子
生光緒七年辛巳六月廿八日辰時

娶潘氏改適

子一　横

瑶成公　即純熈公仈長子
生咸豐十年庚申三月十六日午時
卒宣統元年己酉九月十五日申時

續子　查　爪　反

建標公　即掃淨公養隻子
生光緒　年　月　日　時
卒民國　年　月　日　時

娶黃氏改適

子二　綢　放

建榜公　即勤樸公長子

娶黃氏侊娘

子　鐸　賑

女一適黃

建莉公　即勤樸公次子

娶黃氏甘娘

子三　回　貨　合

建澗　即勤樸公三子

生同治七年戊辰十二月初六日寅時
卒民國十二年癸亥十月二十日巳時

生光緒九年癸未五月十四日申時
卒民國二年癸丑二月廿六日卯時

生光緒十七年辛卯七月十四日戌時
卒民國十四年乙丑三月十三日午時

生光緒十七年辛卯三月初九日午時

生光緒二十年甲午十二月十四日寅時

娶黃氏敏娘　生光緒三十年甲辰七月初二日酉時

子一　田

建當　即聳照公長子　生光緒廿七年辛丑八月十五日辰時

娶潘氏賢娘　生光緒三十年甲辰七月廿七日　時

子二　欽養　金挺

建烏公　即含宏公長子　生咸豐九年己未十二月二十日卯時

卒　年　月　日　時

克成公諱味　即含宏公次子　生同治四年乙丑七月廿八日未時

卒民國十四年乙丑六月初六巳時

娶鄭氏晟娘號貞儉　生光緒三年丁丑六月初二日卯時

卒民國十年辛酉六月初六日巳時

子四　座　鉗　廣　約殤

女二適黃

建金公　即含宏公三子
生同治八年己巳十月廿九日子時
卒失外出歿

建桶　即含宏公四子
生同治十二年癸酉十月十二日戌時
外出不知存歿

進成公　即着公隻子
生光緒廿一年乙未七月廿五日午時
卒失往夷歿

建跳公　即古來公次子　生失　卒失　止

建車公　即古來公三子　生失　卒失　止

建簪公　即古來公四子　生失　卒失　止

建斗公　即古來公五子
生光緒六年庚辰五月廿三日辰時
卒民國十八年己巳十二月廿八日卯時

娶黃氏螺娘
生光緒十一年乙酉八月廿二日申時

子二　豪（兼承厲公）　傳（出嗣卓公）

女三俱適黃

建厲公　即季亨公嗣孫　生卒失

雙承子　豪

純謹公諱段　即達能公長子　生咸豐九年己未三月十五日午時　卒光緒十三年丁亥八月十四酉時

娶黃氏改適

子一　坑

建盞公　即赤公次子　生同治五年丙寅十一月初一日卯時　止　卒光緒廿二年丙申九月廿一日戌時

建落公　即超公嗣隻子　生同治二年癸亥九月廿五日亥時　卒民國十四年乙丑閏四月廿三戌時

娶黃氏嬌娘 生光緒元年乙亥八月廿七日巳時 卒民國十年辛酉五月初五日戌時

子一 顏

進成 即忍公隻子 生同治十三年甲戌十一月廿六日亥時

娶黃氏包娘 生光緒二年丙子十月十二日寅時

德裕 即諧宗公長子 生同治十年辛未三月初二日巳時

娶黃氏情娘號情儉 生同治十三年甲戌九月初七日卯時 卒光緒 年十一月廿二日未時

繼娶黃氏 生光緒十年甲申二月初八日巳時 卒民國五年丙辰十二月十三辰時

三娶黃氏芹娘 生同治六年丁卯二月十四日酉時

子七 硘 彬 明兼承配公 盛 摯出嗣挑公

虹山彭氏族譜 卷五 東長房長恪齋派 民國辛未重修

考出承挑公俱先妣出　旭次妣出

成謹公諱羌　即嘉猷公長子

生同治元年壬戌閏八月十五日子時

卒光緒廿二年丙申七月廿一日亥時

娶黃氏省娘

生同治二年癸亥三月十四日卯時

子五　丁　秋兼承捷公　度　僭　氣兼承勤謹公

女二　適黃

順謹公諱捷　即嘉猷公次子

生同治五年丙寅十月廿一日酉時

卒光緒十三年丁亥六月十四午時

侄夷邦殁

兩嗣子一　秋月

勤謹公諱瓦　即嘉猷公三子

生同治十一年壬申八月廿四日子時

卒光緒十六年庚寅正月初五日戌時

兩承子　氣　生光緒元年乙亥七月廿四日寅時

建鶴　即嘉猷公四子

養子三　愛兼承克謹公　劉　尾

克謹公諱築　即嘉猷公五子　生光緒四年戊寅十一月初十日寅時　卒光緒廿六年庚子十二月三十寅時

兩承子　愛

誠允公諱嚴　即嘉肆公長子　生同治十三年甲戌正月廿三日寅時　卒光緒十七年辛卯十一月初七戌時

兩嗣子　考

建挑公　即嘉肆公次子　生光緒六年庚辰二月廿一日子時　卒民國七年戊午十月十二日酉時

娶黃氏淑娘　生光緒九年癸未八月初八日酉時

嗣子二　學　考兼承誠允公

建測　即嘉箕公長子　生同治十一年壬申十月十三日辰時

娶黄氏稿娘　生同治十三年甲戌六月廿三日巳時

子一　等

女二俱適黄

建作公　即嘉箕公次子　生光緒元年乙亥九月十一日午時　卒民國十八年己巳四月廿八辰時

娶黄氏係娘　生光緒十五年己丑十一月初四日辰時

子三　肯　尚　金嗣子

女一適黄

建軫　即嘉箕公三子

生光緒十年甲申正月十三日子時

娶黃氏昭娘

生光緒廿七年辛丑十月初二日酉時

子二　炮　東元

建塗　即嘉箕公四子

生光緒十三年丁亥十月廿四日午時

娶潘氏喃娘

生光緒廿八年壬寅十二月二十日未時

側室湯氏

生　年　月　日　時

子四　貝嗣子　炱　榮　金出嗣作俱湯出

勤不公諱夆　即敦慎公嗣長子

生光緒七年辛巳十月初十日戌時

辛民國九年庚申正月十七日　時

娶黃氏猛娘號孟靜

生光緒十二年丙戌十二月初六亥時

卒民國十二年癸亥三月十八日丑時

子二　貢　珍

女一適黃

建藹公　即嘉力公次子

生光緒十一年乙酉正月初八卯時
卒民國五年丙辰三月十二日申時

娶黃氏鶴娘

生光緒十五年己丑三月十一子時
卒民國十年辛酉正月初二日卯時

子一　秧

女二俱黃適

宋朝公　即嘉肇公長子

生光緒六年庚辰正月廿四日戌時
卒民國十六年丁卯十一月二十巳時

娶黃氏靳娘

生光緒十二年丙戌九月十六日戌時

子三　海棠　楓養　鳳兼承柳公

女二俱適黃

柳條公　即嘉筆公次子　生光緒八年壬午五月廿五日戌時　卒　年十一月二十日　時　往石叻殁

兩嗣子　鳳

溪水公　即嘉筆公嗣三子　生光緒十三年丁亥四月廿八日巳時　卒民國元年壬子九月十五日　時　往石叻殁

娶黃氏腰娘　招偶　生光緒二十年甲午二月二十日卯時

續子二　膾　賒

女

坪來　即嘉筆公似三子　生光緒十三年丁亥三月初八日未時

續子二　膾　賒

隆成公諱乾　即嘉祉公長子　生同治三年甲子八月十六日午時　卒民國十一年壬戌二月初五戌時

娶黃氏嚨娘號信恭　生同治七年戊辰八月十九日辰時　卒光緒廿九年癸卯八月廿二戌時

繼娶黃氏妹娘　生咸豐九年己未十一月初八日辰時　卒民國二十年辛未八月初二日酉時

子二　坂　此兼承飛公俱先妣出

女一適潘

建飛公　即嘉祉公次子　生同治九年庚午六月十六日子時　卒民國七年戊午十二月廿八卯時

娶黃氏節娘　生光緒四年戊寅二月初二日戌時

子二　初　此承　柴似長子

親厚公諱卓　即克儉公長子　生光緒五年己卯正月十七日亥時　卒民國十八年己巳二月三十卯時

娶黃氏首娘 生光緒十三年丁亥四月廿一日寅時

嗣子二 傳 順成

建砵公 即克儉公次子 生光緒十八年壬辰十月初八日巳時 卒光緒三十年甲辰八月十八日卯時

謹要公諱切 即嘉鰲長子 生光緒七年辛巳二月初八日子時 卒民國九年庚申八月二十日 時 往石叻歿

娶黃氏鎮娘 生光緒十四年戊子正月初一日巳時 卒光緒廿一年乙巳十一月十五申時 止

建逵 即嘉鰲次子 生光緒九年癸未五月初十日午時

娶黃氏笑娘 生光緒十六年庚寅十月 日 時

子一 轉養

女一 適黃

建仟公　即嘉鰲三子
生光緒十三年丁亥八月廿二辰時
卒民國五年丙辰十月初九日　時　往石叻歿

娶黃氏改適

建倚　即嘉鰲四子
生光緒廿四年戊戌閏三月廿一日寅時

娶潘氏綢娘號周慈
生光緒廿九年癸卯二月初五日　時
卒民國十四年乙丑六月廿三日戌時

繼娶曾氏的娘
生光緒卅四年戊申十一月十一日亥時

女一　潘出

建坊　即德成公長子
生同治十二年癸酉十月廿五日巳時
往臺灣

建搭　即德成公次子
生光緒五年己卯十二月廿四日申時
往臺

春成公　即買公嗣隻子
生宣統三年辛亥正月廿八日巳時　止
卒民國十九年庚午八月十四巳時

建拿　即張公長子　生光緒二十年甲午十月初十日巳時

娶黃氏粉娘　生光緒廿四年戊戌八月廿九日酉時

子二　來　金珠

建海　即與公長子　生光緒卅四年戊申五月十一日申時

建遣　即模公嗣使子　生光緒廿一年乙未八月廿六日辰時

娶黃氏孚娘　生光緒廿三年丁酉五月初十日辰時

子三　蚵　闖　涼

女

建董　即耽公長子　生光緒廿六年庚子九月十八日申時

建牆　即耽公次子　生民國二年癸丑十二月廿一日卯時

建薦　即汀公長子　生光緒十一年乙酉五月十三日午時

娶潘氏滕娘　生光緒十八年壬辰二月二十日卯時

子一　和

女二　俱適黃

建飯　即質樸公嗣子　生光緒十四年戊子八月二十日酉時

建樓公　即各公長子　生光緒五年己卯閏三月初四日申時　卒民國十五年丙寅三月十五日辰時

娶黃氏飛娘　生光緒七年辛巳三月廿二日丑時

子二　增　拐

女三　長次適黃
生光緒十四年戊子六月十五日寅時

建搶　即吝公次子
娶陳氏蔡娘
生光緒十八年壬辰五月初四日丑時

子　汾

女三　長適黃　次適徐

建修　即吝公三子
生光緒十九年癸巳正月初三日卯時

娶林氏徙娘
生光緒廿六年庚子三月十八日戌時
卒民國十二年癸亥三月廿三日巳時

繼娶甘氏民娘
生光緒廿九年癸卯九月初四日辰時

子　招甘出

建汲公　即畬公四子
生光緒廿一年乙未四月十五日辰時
卒民國十三年甲子四月初一日巳時

建孟公　即敦公長子
娶陳氏改適
生光緒廿四年戊戌九月初九日午時
卒民國十六年丁卯四月初九日亥時　往石叻歿

建自　即敦公次子
生光緒廿九年癸卯十一月廿二日戌時

建臨公　即敦公三子
生光緒卅四年戊申十月十五日酉時
卒民國十九年庚午閏六月初十亥時

建啓　即敦公六子
生民國六年丁巳十二月十六日寅時

建康　即敦公七子
生民國九年庚申十月十五日午時

建扶公　即樓公長子
娶黃氏密娘
生光緒卅一年乙巳七月廿一日酉時
卒民國二十年辛未二月十九日申時
生民國元年壬子二月十一日亥時

建坐　即偉公長子　生光緒十五年己丑八月初一日酉時

娶黃氏綏娘　生光緒十七年辛卯三月初五日亥時

子四　烈火　連水　淡水出　敎永

女四

建長　即偉公次子　生光緒廿七年辛丑四月廿一日辰時

娶黃氏喜娘　生光緒卅一年乙巳六月十九日寅時

子　走

女

建宮　即偉公三子　生光緒廿九年癸卯四月廿三日戌時

娶黃氏明娘　生光緒卅三年丁未十二月初三日　時

建鎖　即瀑公長子　生光緒卅一年乙巳九月廿五日午時

娶黃氏泮娘　生民國三年甲寅正月初九日　時

建閑　即瀑公次子　生光緒卅四年戊申三月初五日辰時

娶黃氏吉娘　生民國四年乙卯　月　日　時

建門　即瀑公三子　生宣統三年辛亥正月廿三日辰時

娶　氏生

畢業生學會公諱赫字建喧　即永謀公長子　生光緒廿四年戊戌十二月十三　時

公　卒民國十年辛酉六月初五日卯時

娶黃氏錸娘　生光緒廿六年庚子七月廿三日巳時

養子一　贊來

女一

公以高等小學畢業繼昇中學肄業遭茲世亂中途輟學後彼北軍炮傷殞命惜哉修短有數不能繼父之職命娶金谿黃氏錸娘能盡婦道彼時夫君棄世僅有八載之夫妻唯生一女而已翁父早年見背只與慈母甘苦同心共守閨門天不加公數年之壽而猶與氏五月之孕本冀熊羆兆瑞旋慶弄璋奈昊天不恤未甫週歲即殤所謂婦人三從伊何在也

青鬢無依真可憐也彼亦安受天命甘心守節玉潔冰清祇期同穴特未知天之玉成於人將來螟蛉後嗣如何耳

建極　即永謀公嗣次子　生宣統三年辛亥二月初二日午時

建明　即粒公養長子　生光緒卅四年戊申四月初十日辰時

金土　即粒公次子　生民國元年壬子九月十七日申時

建亥　即蜜公長子　生光緒三十年甲辰八月十六日亥時

娶黃氏慈娘　生民國二年癸丑十二月廿九日亥時

建巳　即蜜公次子　生光緒卅三年丁未十一月廿二日子時

仁倉　即永審養長子　生民國元年壬子六月廿八日巳時

娶黃氏煉娘　生民國四年乙卯十一月初五日亥時

建嘆公　即蹼公長子　生光緒六年庚辰正月初四日酉時　卒民國元年壬子五月廿六日　時　往東邦歿

娶黃氏胚娘　招乖偶　生光緒十六年庚寅二月初七日酉時

子實　炎　越子欺　款成

建参　即彩公長子　生卒鈌　歿在東邦　生光緒二十年甲午四月廿四日辰時

建愁　即庭宗公長子　生光緒廿五年己亥二月初二日酉時

娶黃氏桃娘

子二　網　雙養

建耻　即庭宗公次子　生光緒廿八年壬寅二月初六日未時

娶黃氏量娘　生光緒三十年甲辰十月十六日丑時

德成公　即哭公養長子　生失 卒

娶黃氏柿娘　招偶　生光緒廿三年丁酉正月十九日　時

子　蓮　續子 ⿰意頁　皆　治

建頤　即哭公似子兩嗣客公　生光緒廿五年己亥六月初四日辰時

續子　⿰意頁　皆　治

益美公諱艮帛　即文達公長子　生道光廿四年甲辰八月初八日戌時　卒光緒十三年丁亥九月十三日丑時

娶黃氏里娘號勤儉　生咸豐元年辛亥閏八月廿二亥時　卒光緒九年癸未九月十二日酉時

子三　笑　牆　戶

女一適黃

田真公諱艮畝　即文適公次子

生咸豐元年辛亥十月初一日丑時
卒光緒卅一年乙巳十一月廿九戌時

娶黃氏畏娘號勤順

生咸豐十年庚申四月初六日巳時
卒光緒廿二年丙申六月初二巳時

子慮　國

女二俱適黃

建梭　即友直公長子

生光緒元年乙亥十月初四日子時

娶黃氏磚娘

生光緒六年庚辰二月廿二日卯時

子二　自成兼承珠公　旭來出嗣鶯公

女五　長次三適黃

儉樸公諱珠　即友直公次子

兩承子　自成

建鸞　即友直公三子

娶黃氏銀娘號順安

嗣子一　旭來

建川公　即儉直公長子

嗣子二　翰兩承　肥

建係　即儉直公次子

娶黃氏坪娘

生光緒六年庚辰三月十三日卯時

卒宣統三年辛亥八月初六日丑時

生光緒十一年乙酉正月十七日寅時

生光緒廿二年丙申　月　日　時

卒民國元年壬子六月廿一日卯時

生光緒十一年乙酉八月初一日丑時

卒光緒廿六年庚子三月廿四日　時

生光緒十九年癸巳十一月初五日酉時

生光緒廿二年丙申十二月三十日辰時

子三　翰兼承川公　田　園

女一

建秋　即儉直公三子　生光緒廿六年庚子八月十三日辰時

娶黃氏貸娘　生光緒卅一年乙巳八月廿七日辰時　卒民國十九年庚午六月十三日酉時

子二　肥出嗣川公　鏞

女一

建緞　即儉直公四子　生光緒廿九年癸卯正月十七日寅時

娶潘氏賀娘　生宣統二年庚戌六月初二日酉時

女一

建齊　即長鎮公長子　生光緒十一年乙酉十月初五日亥時

娶黃氏遠娘　生光緒十五年己丑五月初十日辰時　卒失

繼娶黃氏進娘　生光緒十八年壬辰閏六月廿七日子時

子二　等　贊

女一　適潘

愼樸公諱禱　即忠直公長子　生光緒九年癸未十月初六日亥時　卒民國十年辛酉四月十八日巳時

娶黃氏巧娘　生光緒十二年丙戌二月廿五日戌時

子一　育

女四　長次三俱適黃

裕儉公諱斜 即忠直公次子 生光緒二十年甲午正月初五丑時 卒宣統二年庚戌七月十七日午時

嗣子一 爆成

建坤 即忠直公三子 生光緒廿五年己亥十月十三日酉時

娶黃氏看娘 生光緒廿七年辛丑八月廿六日戌時

子 爆成出嗣斜公

女一

建宜公 即信直公長子 生光緒十六年庚寅五月廿八日未時 卒民國二年癸丑十一月十一日未時

娶黃氏晟娘生卒鈌

兩嗣子一 帶成

建推　即信直公次子　生光緒二十年甲午二月初八日午時

娶黃氏涺娘　生光緒廿八年壬寅二月十五戌時　卒民國九年庚申二月初一日巳時

繼娶黃氏圭娘　生光緒廿二年丙申正月初七日申時

子二　買來　天成俱後妣出出嗣蓍公

建蓍公　即信直公三子　生光緒廿八年壬寅十月十二日亥時　卒民國十八年己巳十二月廿一戌時

娶黃氏改適

嗣子一　天成

女一

建柱　即信直公四子　生宣統二年庚戌二月十三日寅時

娶黄氏進娘　　生宣統三年辛亥十月十二日辰時

子一　帶成兼承宜公

眼成公　即宣羅公長子　　生光緒十二年丙戌十二月初二酉時　卒民國四年乙卯十二月十二日申時

娶黄氏邊娘　　生光緒十二年丙戌正月初七日　時　卒光緒卅三年丁未三月廿九日辰時

繼娶黄氏氣娘　招偶　　生光緒十九年癸巳六月初九日戌時

子　庚續子　白　先　章

女四　長適黄

梅成　即宣羅公次子　　生光緒廿一年乙未八月廿五日未時

娶潘氏改適

迎成　即宣耀公似長子　生光緒廿二年丙申十一月十七日丑時

續子三　白　先　章

晟成　即宣茂公長子　生光緒十三年丁亥正月廿八日申時

娶黃氏撒娘　生光緒十四年戊子正月廿四日未時

子二　連　親

肇成公　即宣茂公次子　生光緒十五年己丑六月初六日辰時

卒民國十四年乙丑九月廿六日巳時

娶黃氏參娘　生光緒十五年己丑八月　日　時

子二　貴士　金洋

女三俱適黃

拳成　即宣茂公四子
生光緒二十年甲午七月初九日辰時

抨成　即宣茂公五子
生光緒廿三年丁酉八月二十日丑時

金使　即宣浪長子
生光緒廿二年丙申六月廿八日巳時

娶黃氏意娘
生光緒二十年甲午三月初六日戌時

子三　柏　守財　從

女二

建果　即宣硯長子
生光緒廿五年己亥十二月初九日戌時

娶黃氏花娘
生光緒卅一年乙巳十月十九日卯時

子二　金煉　居財

女一

建姜　即宣硯次子　生光緒卅三年丁未四月初三日酉時

娶黃氏鏗娘　生民國四年乙卯二月初九日子時

杞土　即宣硯三子　生民國元年壬子十二月初五日丑時

培基　即宣硯四子　生民國六年丁巳十二月廿一日子時

善成　即宣墨嗣子　生光緒十八年壬辰二月廿九日巳時

娶黃氏歲娘　生光緒廿六年庚子　月　日　時　卒民國八年己未八月初八日午時

繼娶霧氏足娘　生光緒廿七年辛丑　月　日　時

子一　有爲

建韮　即剛克公長子　生咸豐九年己未十月十四日申時

娶黃氏寶娘　生同治六年丁卯七月廿二日　時

子一　鄭忠

女四　長三適黃

建頭　即剛克公次子　生同治六年丁卯四月廿二日午時

娶黃氏蛋娘　生光緒三年丁丑十一月十一日　時

子一　沙金　似子偏

建鐵　即兩德公長子　生同治十三年甲戌四月廿一日巳時

娶黃氏滿娘　生光緒八年壬午二月十二日　時

子四　逢　雙　康　云
生光緒三年丁丑正月廿八日寅時

女三　適黃

建朝　即待客公嗣長子

娶黃氏晟娘
生光緒十二年丙戌　月　日　時
卒民國十七年戊辰四月初十日午時

子二　金石　成艮

女一　適黃

建淨公　即待客公嗣次子
生光緒十五年己丑正月十二日　時
卒失外出存

聚金　即尋公嗣子
生光緒十八年壬辰二月廿五日子時

娶黃氏越娘號敏意
生光緒二十年甲午九月廿五巳時
卒宣統二年庚戌八月廿七日酉時

繼娶黃氏梅娘　生光緒廿三年丁酉　月　日　時

子一　輝煌

女二　長適黃

建滾　即存厚公長子　生同治五年丙寅五月十四日午時

娶陳氏園娘　生光緒七年辛巳十二月廿六日巳時　卒民國十年辛酉十二月廿六日巳時

子三　偏出爲頭似子　惵　闈

女一　適黃

建窖　即存厚公次子　生同治十年辛未十二月十九日辰時　外出不知存殁

建儒　即存厚公三子　生光緒六年庚辰八月初二日亥時　止　卒　年九月十九日　時

源遠公諱泉　即樸質公長子

生咸豐六年丙辰二月初一日子時
卒光緒卅三年丁未七月十五卯時

娶黃氏配娘號恭儉

生同治十年辛未十一月廿六日辰時
卒光緒廿八年壬寅十月廿九日午時

子三　福　夔　祿

合美公諱茍　即樸質公次子

生咸豐八年戊午六月初八日子時
卒民國三年甲寅九月廿七日戌時

娶劉氏忡娘號德孝

生同治十三年甲戌八月初十日巳時
卒光緒十九年癸巳九月廿八日午時

子一　富

盛事公諱蝻　即樸質公三子兼嗣德順公

生同治四年乙丑十一月十九日丑時
卒　年九月十七日　時

娶潘氏樟娘

生光緒五年己卯正月初六日子時

子一　變

女一

如鏡公諱日　即德全公長子　生同治五年丙寅二月廿四日巳時　卒光緒廿九年癸卯十二月十六辰時

兩嗣子　春水

又新公諱日　即德全公次子　生同治七年戊辰十月廿三日巳時止　卒光緒十八年壬辰三月廿七申時

清朗公諱爽　即德全公三子　生同治十一年壬申六月十六日子時　卒光緒廿九年癸卯五月廿四日辰時

娶黃氏連娘號儉勤　生光緒十年甲申正月初三日卯時　卒民國十四年乙丑八月十九卯時

兩嗣子　太平

建窗　即德全公四子　生光緒五年己卯七月初六日子時

娶張氏寶娘　生光緒十七年辛卯二月十六日未時

子四　春水兩承如鏡公　信　老備　太平兩承清朗公

女三俱適黃

建樹　即葉向公長子　生光緒八年壬午九月初三日辰時

娶黃氏倩娘　生光緒十一年乙酉　月　日　時

子二　傳養　悅

建昌　即儉勤公長子　生同治四年乙丑十一月廿三日辰時

娶黃氏富娘號恭容　生光緒五年己卯三月十八日卯時　卒光緒卅四年戊申十月廿二戌時

繼娶邱氏寮娘　生同治十二年癸酉十二月廿五日未時

子二 洗 分 俱黃出

女一

建葵公 即儉勤公次子 生同治十一年壬申正月廿一日巳時 卒失 往東邦殁 止

建七 即儉勤公三子 生光緒三年丁丑三月初五日亥時 往東不知存殁

建碟 即順福公長子 生咸豐十一年辛酉三月廿六日辰時

娶黃氏判娘 生同治六年丁卯十二月十三日辰時

子四 池養 文 貞 瓦

女一 適黃

登逭公 諱近 即誠篤公嗣侄子 生同治元年壬戌閏八月十三日巳時 卒光緒卅三年丁未十月二十日午時

娶蕭氏改適
子二　順殤　品殤
生光緒十八年壬辰三月初二日子時
地長　即樸篤公嗣隻子
生光緒廿六年庚子十月三十日卯時
娶黃氏孰娘
卒民國十四年乙丑四月初四日戌時
繼娶林氏謙娘
生光緒卅三年丁未八月十三日卯時
子一　金洞林出
女一黃出
生光緒十三年丁亥十二月初六日申時
建送　即聽公養長子
娶黃氏吆娘
生光緒廿三年丁酉十月十一日未時

子一 帕養

女三 長適黃

建汝公 即悻公長子

生同治十三年甲戌三月初七日酉時 止
卒缺外出亡

建贊公 即悻公次子

生光緒六年庚辰八月十五日戌時 止
卒失外出亡

擇非公諱囉 即亞公長子

娶黃氏改適

養子一 開成

女一

生光緒十年甲申九月初六日寅時
卒民國十七年戊辰二月初三午時

建酒 即亞公次子

生光緒十五年己丑十二月初六日酉時

娶黃氏莉娘　生光緒廿六年庚子七月十七日未時

建定　即亞公三子　生光緒三十年甲辰十月廿五日丑時

娶黃氏靳娘　生宣統元年己酉二月十九日卯時

子一　後成

建兜　即虔公嗣孫　生光緒九年癸未正月初九日未時

瓊膋公　即勤職公長子　生卒缺

牙膋公　即勤職公次子　生卒缺　止

成其公諱光猜　即勤職公三子　生道光廿五年乙巳八月初六子時　卒同治四年乙丑六月廿七日申時

神主在仙邑中埔

明恭公諱光別　即勤職公四子
生道光廿九年己酉七月十五日子時
卒失

娶潘氏痛娘號順懿
生咸豐　年　月　日　時
卒宣統二年庚戌十一月十一日酉時

子二　育　兌　住居仙邑中埔

育公　即盈兩公長子
生同治十一年壬申　月　日　時
卒光緒五年己卯八月　日　時

建再　即盈兩公次子兼承智
生光緒四年戊寅十二月初四日午時

娶簡氏罔娘
生光緒八年壬午十月十五日寅時

子二　金木　團成養

紫公　即寬敏公長子
生咸豐　年　月　日　時止
卒失

會公　即寬敏公次子
生同治　年　月　日　時止
卒光緒廿四年戊戌三月初八日午時

曜公　即質樸公叟子　　生咸豐八年戊午十二月廿九辰時　卒民國六年丁巳二月十六日未時

先娶杜氏號温柔　　生　年　月　日　時　卒　年　月　日　時

繼娶黃氏玉娘　　生咸豐十一年辛酉正月初三午時　卒民國八年己未三月初二日戌時

子五　乞　儍　挖（出嗣建榮）　坎　誇

女一適黃

瓊[illegible]學拙公諱清華字建榮　即丞文公長子

公　　生咸豐九年己未八月廿八日辰時　卒民國十五年丙寅六月初七子時

娶黃氏縣娘號貞静　　生咸豐十年庚申十月初五日亥時　卒光緒廿九年癸卯八月初五午時

繼娶黃氏撮娘號順静　　生同治十年辛未三月廿四日巳時　卒民國十三年甲子正月十四卯時

子三 挖嗣子 婆前妣出 取義後妣出

女二俱適黃前妣出

純勳公諱清洲 即承文公次子

生同治元年壬戌七月初一日巳時
卒民國十年辛酉六月初五日辰時

娶黃氏卜娘號謹恬

生同治二年癸亥十月廿四日丑時
卒民國七年戊午九月廿一日辰時

子三 敲 琵 捋

純德公諱妹 即承文公三子有孝行誠實人也舉動不苟與人無忤而壽竟短豈不惜哉

生光緒二年丙子五月廿六日申時
卒光緒十六年庚寅五月初九未時

勵公 即芸田公之子

生光緒十二年丙戌五月廿一日酉時
卒光緒廿八年壬寅五月十五日午時

養子一 偉

建廉　即新田公嗣長子　生同治十三年甲戌十二月初九日未時

先娶黃氏默娘號順性　生光緒二年丙子正月三十日辰時　卒民國三年甲寅七月十六日申時

繼娶黃氏金娘　生同治二年癸亥六月廿七日酉時　卒民國十四年乙丑二月十六巳時

嗣子一　燊　續子有

[illegible]公諱穟又名武　即新田公養次子　生光緒四年戊寅十月廿七日亥時　卒光緒廿五年己亥十月廿四卯時

璒[illegible]公

娶黃氏晚娘號順孝　招偶　生光緒九年癸未十一月廿五酉時　卒宣統元年己酉六月廿九日卯時

同塟本鄉土名正石鼓尖路脚坐甲向庚兼寅申

續子一　有

女一適黃

懷遠公諱柔 即存誠公長子 生同治元年壬戌七月十二日午時 卒民國十二年癸亥二月廿九未時

[illegible]氏正娘號慈敏 生同治元年壬戌十一月初九日巳時 卒民國十一年壬戌十月初一日午時

[illegible]四 丕來 掰來 于來 京來

[illegible]二 長適黃

勳賓公諱溜 即存誠公次子 生同治四年乙丑二月十三日戌時 卒光緒十三年丁亥五月廿六酉時

娶戴氏的娘 招偶 生同治六年丁卯十月初七日丑時 卒光緒卅二年丙午閏四月十九辰時

續子三 濕兼承欄 及 鰲出嗣廉 女一適潘

建欄 即存誠三子 生同治九年庚午十月十九日寅時

娶黃氏雙娘　生咸豐八年戊午八月十五日辰時

續子三　濕　及　蓁

女二俱適黃

崇德公諱徙　即禎誠公長子　生光緒十一年乙酉九月初七日寅時　卒民國九年庚申十二月廿二日未時

即禎誠公次子　生光緒十四年戊子九月十八日辰時

瓊[illegible]公諱深淵　即存德公長子　生咸豐六年丙辰六月廿九日寅時　卒光緒廿九年癸卯八月廿二酉時

娶黃氏梭娘號寬意　生同治二年癸亥十一月十三日子時　卒光緒廿七年辛丑二月十三日酉時

子二　作　漸

女一適

瑛琪　卽存德公次子

生[illegible]庚申四月初十日亥時

神助公　卽存厚公長子

生咸豐元年辛亥九月十九日卯時
卒民國十五年丙寅九月初四午時

[illegible]氏椒娘號寬靜

生咸豐四年甲寅六月廿二日申時
卒光緒廿九年癸卯二月十二午時

子五　湧源出嗣勤敏公　資源　錢出嗣存性公爲嗣孫

傳盤

女一　適

勤敏公諱神富　卽存厚公次子

生咸豐六年丙辰八月十八日亥時
卒同治九年庚午七月十三日巳時

嗣子一　湧源

扳龍公　卽存義公長子

生同治五年丙寅三月初四日子時止
卒失

建左公　即存義公次子

生同治十一年壬申正月十四日卯時　止

卒失

建艮公　即存義公三子

生光緒二年丙子閏五月初一日　時

卒　年四月廿七日午時

娶黃氏鑨娘

生光緒十一年乙酉

子一　獅

[redacted]二　適潘　適林

瓊[illegible]公　諱孫鍾　即存禮公長子

生同治六年丁卯十二月十一日辰時

卒光緒廿一年乙未八月初四日子時

徑番邦亡

生光緒四年戊寅十二月初六日午時

建枚　即存禮公次子

生光緒十二年丙戌十月廿六日子時

卒光緒[illegible]癸卯八月初八日卯時

娶黃氏瞞娘號順艮

繼娶黃氏塊娘　步　丑[illegible]十六日酉時

子二　麗水兼承潤[illegible]　山水

[illegible]

[illegible]諱挨　即貿達公長子　生咸豐八年戊午八月二十日午時　卒缺　往宋邦亡

[illegible]潘氏案娘號勤慈　生咸豐七年丁巳十一月十七日申時　卒　年　月　日　時

子一　雪

誠篤公諱更川　即貿達公次子　生同治二年癸亥九月廿二日卯時　卒光緒　年　月　日　時

往呂宋身亡

兩嗣子一　塤

建登　即質達公三子　生同治十一年壬申十二月廿四日辰時

娶潘氏隔娘　生光緒十六年庚寅十一月十二日亥時

子四　佛然　雨秀　留養　有

女二

[illegible]公諱泉　即以時公長子　生同治十三年甲戌十二月廿七申時　卒民國十六年丁卯十月十九日　時

瓊[illegible]潘氏富娘　生光緒三年丁丑正月初三日戌時

二　澤　垻兼承誠篤公

女一　適黃

建艾　即以時公嗣次子　生光緒十年甲申正月十六日辰時

娶番女　氏

子一　失名

生光緒二年丙子六月初七日子時
卒失　移居福清

八[illegible]　即以聲公長子

程氏叩宋娘

生光緒三年丁丑十二月二十日寅時

子　金水

生光緒　年　月　日　時

建髻一　即以聲公次子

兄弟分支福清縣居住

生光緒元年乙亥九月十六日未時
卒宣統元年己酉六月十四日亥時

串珠公　即正圓公長子

娶黃氏滾娘

生光緒二年丙子五月十四日未時
卒光緒廿七年辛丑十一月廿二巳時

子三　淡水　燒姑　兩姑出嗣確

女一適潘

潤鮭公　即緒公嗣子

生光緒五年己卯三月十六日巳時

卒光緒廿六年庚子十一月廿四寅時

兩嗣子一　麗水

[redacted]即承基公長子

生同治十年辛未十一月十七日未時

卒　年　月　日　時

瓊[redacted]黃氏莧娘號順情

生光緒二年丙子五月　日　時

卒光緒廿九年癸卯八月初六酉時

二　水

建確　即承基公次子

生光緒二年丙子閏五月初一戌時

娶黃氏寶娘號寬靜

生光緒十三年丁亥　月　日　時

卒□月初八日巳時

嗣子一　两姑

勤順公諱[redacted]　即承基公[redacted]子

即承基公五子

生[redacted]年甲[redacted]一日酉時

卒光緒廿九年癸卯八月十七卯時

生光緒十五年己丑正月十九日寅時

卒民國十五年丙寅　月　日　時

卷十四終

重修虹山彭氏族譜世紀卷十五

三十四世 建字行

希文派

兵公　即六光公養子 生卒缺止

鈎公　即萬紀公長子 生卒失止

顏公　即萬紀公次子 生咸豐八年戊午七月十八日未時 卒民國二年癸丑二月初二日辰時

若公　即萬紀公三子 生同治元年壬戌十月 卒失徑奥歿

猴公　即萬紀公四子 生同治九年庚午三月初十日酉時 卒民國八年己未正月初九日戌時

娶潘氏度娘 生光緒七年辛巳七月初八日戌時 卒失

子一　基

女一適黃

榮昌公　即羞拙公長子

生咸豐三年癸丑十二月初一日丑時

卒光緒廿六年庚子三月二十日丑時

娶黃氏氣娘

生咸豐三年癸丑正月廿八日巳時

卒民國二年癸丑八月廿三日戌時

子四　泽　瓦　娥　佃嗣子

女一適黃

榮池　即羞拙公次子

生咸豐七年丁巳九月十六日辰時

娶黃氏譽娘

生咸豐十年庚申六月廿九日酉時

卒光緒廿九年癸卯六月初三丑時

子五　賴　乖　講　殿　拐

女三　長三適黃　次適賴

自治畢業生愼齋公諱榮堯字建章官章澤　即羞拙公三子

公　生同治四年乙丑九月十五日巳時　卒民國七年戊午十一月十六申時

娶黃氏勤娘　生同治十二年癸酉八月十五日酉時

子五　燕　鶯　鶚　鈴　熊

女一適黃

公見義勇爲兼善文章清季學制更新公即在鄉倡設虹山兩等小學校並任校長教育無數子弟又以其餘暇赴仙邑入官立自治學校專研究法律迨畢業名列前茅蒙贈權參

民政四字匾額且公又精歧黃術每年活人無數惜享壽僅
五十有四可痛也夫

榮哭公 即羞拙公四子 生同治七年戊辰正月十三日子時 卒

娶黃氏伴娘 生光緒九年癸未十一月十九日酉時

子四 雀 炎 鎗 格

女一 適潘

榮凸 即羞拙公五子 生光緒元年乙亥十二月十二日亥時

先娶黃氏富娘 生光緒元年乙亥二月初五日申時 卒光緒廿一年乙未十一月初二未時

繼娶黃氏斷娘 生光緒十二年丙戌 卒民國十八年己巳正月廿五日酉時

子四 門 佃出嗣榮昌 獅 拔成

生同治八年己巳二月十五日丑時

女一

建拋 即文答公養長子

先娶黃氏門娘號端恬

生同治十年辛未六月十六日辰時

卒光緒二十年甲午十二月初一辰時

繼娶黃氏篇娘號端正

生光緒五年己卯四月二十日卯時

卒光緒廿四年戊戌九月初五午時

三娶黃氏艾娘

生同治七年戊辰四月十八日戌時

子 胥兼承汝公 付兼嗣

女二 適黃 適潘

堦姑 即文答公次子

生光緒七年辛巳十一月初十日丑時

先娶杜氏嫌娘　生光緒十年甲申五月十五日　時
卒光緒廿七年辛丑十月初三卯時
繼娶黃氏須娘　生光緒十六年庚寅二月十五日　時
子四　稿　軟　潤　第
女三　長適潘
情姑　即有道公長子　生卒失
娶黃氏改適
子一　河　殤出嗣媚公　止
媚姑　即有道公三子　生光緒四年戊寅三月廿四日辰時
卒光緒廿七年辛丑十一月初六卯時
嗣子一　河　殤　止

揪姑　即有道公四子
生卒鈌往夷而殁止

和厚公諱温　剆足容公嗣子
生同治十一年壬申七月十一日辰時
卒民國五年丙辰十二月初四日酉時

娶黄氏惜娘　招偶
生光緒十一年乙酉十月廿六日寅時

子三　益春　籃　續子山

女四　長適謝　次適黄

建舌　即守芳公嗣長子
生光緒十九年癸巳五月廿七日寅時

續子一　山

築圃公諱塲　即徙來長子
生同治九年庚午正月廿四日辰時
卒光緒廿四年戊戌閏三月十八寅時　止

宏基公諱榮業　即耀來公長子
生同治二年癸亥十月十三日戌時
卒光緒廿九年癸卯九月初十卯時

娶杜氏綱娘號安劍　生同治五年丙寅五月十一日未時　卒光緒廿七年辛丑八月初三寅時

子一　奕水　殤

聰慧公諱思　即耀來公次子　生同治十一年壬申六月廿七日午時　卒光緒十一年乙酉六月廿二日巳時　止

鐘聲公諱响　即耀來公三子　生光緒三年丁丑八月廿六日未時　卒光緒二十年甲午八月廿九申時

嗣子一　招

庄姑　即耀來公四子　生卒失　止

摘姑　即耀來公五子　生卒失　止

仕進派

順公　即純時公嗣子　生卒失　止

皆得公　即順亭公長子生卒失　止

書禮公　即佳德公長子生卒失

娶黃氏巧娘生卒失

子三　經　式　叁

存盛公諱好禮　即佳德公次子
生咸豐十年庚申三月廿三日酉時
卒光緒元年癸未八月廿一日巳時

飛來　即而信公長子
生同治二年癸亥九月十八日午時

娶吳氏妹娘號勤呈
生同治九年庚午九月廿七日申時
卒民國三年甲寅八月廿六日午時

子二　帕　電

溪水　即順德公嗣長子
生同治六年丁卯五月十四日亥時

娶吳氏煉娘　生光緒三年丁丑正月初二日酉時

子丢　李成　隴成似長子

順力公諱青　即恩來公嗣子　生光緒十二年丙戌八月廿六日子時　卒民國十一年壬戌正月廿八日卯時

娶黃氏担娘　招偶　生光緒廿一年乙未十一月廿一日子時

子一　神　續子三　于　興　首出嗣糠

女一

建冬　即貨殖公長子　生光緒十年甲申六月初八日亥時

娶賴氏下娘　生光緒二十年甲午十一月初六巳時　卒民國十年辛酉三月十八日戌時

子三　金　抹　興續子

建糠　即貨殖公三子
生光緒廿三年丁酉五月初一日午時

娶黃氏贊娘
生光緒廿六年庚子四月廿一日辰時

嗣子一　首

正童公諱守余　即化成公長子
生同治十年辛未五月十三日戌時
卒宣統元年己酉正月初二日　時

兩嗣子一　王梨

復公　即世讓公長子
生光緒四年戊寅正月初八日酉時
卒民國六年丁巳八月十一日申時

娶黃氏萈娘　招偶
生光緒十七年辛卯九月初十日午時

子二　王梨兼承守余公　續子　忠誠

建瞼　即世讓公似長子
生光緒十九年癸巳七月初四日午時

續子　忠誠

光輝公諱醮明　即妙推公長子　生光緒十年甲申十月二十日戌時　卒民國四年乙卯五月十三日巳時

嗣子一　皇恭

葵高　即妙推公次子兼承秋林公　生光緒廿三年丁酉九月初一日申時

娶賴氏喃娘　生光緒卅二年丙午正月廿四日巳時

子二　軋成　皇恭出嗣醮明

慎齋公諱淺　即茂德公長子　生光緒七年辛巳閏七月初四日巳時　卒光緒卅一年乙巳八月初二日辰時

建泄　即茂德公三子生止

建因　即茂德公四子　生光緒二十年甲午二月初六日亥時

娶賴氏越娘　生光緒廿七年辛丑六月十七日未時

子二　開文　自成

女一

建䂻　即沐公長子　生光緒三年丁丑六月初十日午時

建壹　即升廩長子

娶黃氏鶴娘　生光緒七年辛巳　月　日　時

子二　成　銀　女一

建坑　即升廩公次子　生光緒十二年丙戌六月初二日丑時

娶黃氏近娘　生光緒廿一年乙未六月廿一日卯時

子一　橡

女四　長次適黃

建進　即升爌公三子　生光緒十七年辛卯五月初四日亥時

娶黃氏任娘　生光緒廿二年丙申五月十八日巳時

子二　金鑾　淵源

建千公　即立志公長子　生光緒廿五年己亥九月初四寅時　止

卒宣統三年辛亥二月十二日未時

建寬　即立志公次子　生光緒廿八年壬寅五月十四日巳時

建傳　即立志公三子　生民國二年癸丑二月初十日未時

建吻　即興進公長子　生光緒十九年癸巳八月初十日午時

娶阮氏柿娘　生光緒廿九年癸卯六月廿三日午時

子二　强　雨

建楓　即興進公次子　生宣統三年辛亥六月廿六日丑時

娶黃氏片娘　生宣統三年辛亥　月　日　時

子：

女二

建林　即興進公三子　生民國五年丙辰十一月初一日子時

建蒜　即興義公長子　生光緒廿七年辛丑　月　日　時

建曹　即興義公次子　生

建擔　即郡郎之子　生民國五年丙辰九月廿五日午時

建藎　即勅公養長子　生光緒卅一年乙巳六月十六日午時

娶黃氏姑娘　生宣統三年辛亥十一月初五日未時

建[石區]　即司存公長子　生光緒三十年甲辰十月初九日未時

娶潘氏利娘　生光緒卅三年丁未五月初八日辰時

子二　惜　失諱

建碧　即司存公次子　生宣統元年己酉七月初九日巳時

娶黃氏勸娘　生民國三年甲寅四月初八日　時

子一　火

建樹　即高長子　生民國七年戊午九月初二日辰時

娶黃氏冊娘　生民國十年辛酉七月初八日　時

建雙　即高次子　生民國十一年壬戌八月十八日卯時

建欽　即高三子　生民國十三年甲子十二月廿三日未時

建獅　即恭儉公長子　生光緒三十年甲辰二月初六日未時

娶邱氏鑾娘　生　年七月廿七日巳時

建銀　即恭儉公次子　生民國十三年甲子八月十五日丑時

石珍派　生光緒廿四年戊戌閏三月十九卯時

建参公　即買長子　卒民國十九年庚午六月廿八日未時

娶黃氏朕娘　生光緒三十年甲辰二月初八日卯時

子二　路養　得

建百公　即如臨公長子　生光緒三年丁丑正月廿八日　時　卒宣統二年庚戌二月初十日未時

娶黃氏棗娘號順儉　招偶　生光緒十一年乙酉七月十七日　時　卒民國十一年壬戌八月十一日酉時

子　顏　續子　墻基　坑

女一適黃

建泉　即如臨公似長子　生光緒三年丁丑九月初二日卯時

續子二　墻基　坑

建𢛆　即溪之子　生宣統三年辛亥八月十九日未時

娶黃氏韮娘　生民國三年甲寅五月十六日辰時

建尊　即振興公長子　生光緒廿一年乙未三月廿五日巳時

娶黃氏拿娘　生光緒卅四年戊申五月廿二日卯時

子一　垻

建祥　即振發公長子　生光緒卅二年丙午閏四月十二日酉時

娶黃氏擔娘　生光緒三十年甲辰二月十五日亥時

建佑　即振發公次子　生民國元年壬子三月初六日酉時

建妓　即振發公三子　生民國八年己未七月十八日子時

建灶　即恒豐公長子　生光緒廿八年壬寅十一月廿九日亥時

娶黃氏梅娘 生民國元年壬子正月十一月卯時

側室張氏馨娘 生宣統二年庚戌 月 日 時

子三 鳳城 銀 完城俱養

建從 即恒豐公養次子 生光緒卅三年丁未四月 日 時

建田 即恒豐公三子 生民國三年甲寅正月廿九日亥時

娶黃氏粘娘 生民國四年乙卯五月十七日巳時

建才公 即長地公長子 生光緒廿六年庚子十月十三日卯時 卒民國十六年丁卯四月初二日亥時

建塗公 即長地公次子 生光緒廿九年癸卯十一月十二卯時 卒民國十二年癸亥五月初二日午時

建來 即長地公養三子 生光緒卅四年戊申九月廿五日申時

娶黃氏冬娘　生民國元年壬子正月十五日戌時

建澤　即長地公四子　生宣統二年庚戌正月廿八日卯時

娶黃氏梅娘　生宣統三年辛亥十二月廿八日卯時

女一

建扶　即佳長子　生光緒卅一年乙巳七月廿二日酉時　卒民國二十年辛未二月十九日申時

娶黃氏密娘　生民國元年壬子二月十一日亥時

建揚　即清長子　生光緒卅四年戊申正月十九日巳時

娶黃氏姑娘　生光緒卅四年戊申七月廿七日巳時

女一

建紫　即清次子兼承安公　生宣統二年庚戌十二月初十日亥時

娶黃氏香娘　生宣統二年庚戌十二月廿九日卯時

建學　即如福公養長子　生光緒卅一年乙巳正月十三日酉時

娶黃氏蝭娘　生民國二年癸丑十二月三十日寅時

女二　長適黃　次適潘

建明　即源流公長子　生宣統元年己酉三月初九日寅時

娶黃氏唾娘　生民國元年壬子五月初六日亥時

建璧　即源流公次子　生民國十五年丙寅六月廿二日辰時

建笑　即源流公三子　生民國十七年戊辰十月十六日丑時

建蓍　即志高之子　生光緒廿八年壬寅十二月初九日辰時
娶黄氏盞娘　生宣統三年辛亥九月十七日未時
子一　科先
建默　即欉次子兩承且公　生光緒卅二年丙午十月三十日寅時
建茂　即欉三子　生民國三年甲寅十一月初六日辰時
建雙　即儉次子　生民國八年己未七月廿七日辰時
未成　即儉三子　生民國十四年乙丑十一月初十日申時
法成　即儉四子　生民國十七年戊辰八月廿四日申時
海水　即秋水公嗣孫　生民國五年丙辰五月廿九日巳時

一標公長房藩琇派

建送　即永樹長子　生民國四年乙卯二月十九日　時

建丙　即永根長子　生民國二年癸丑六月十二日丑時

建籃　即永根次子　生民國四年乙卯十二月廿二日寅時

丁丑　即永根三子　生民國十年辛酉四月廿八日子時

滿水　即永根四子　生民國十四年乙丑四月廿一日午時

金山　即永根五子　生民國十六年丁卯八月十三日丑時

建晃　即永情長子　生光緒廿九年癸卯二月廿九日亥時

娶黃氏昆娘　生民國二年癸丑十月廿九日　時

建輝　即永情次子　生光緒卅一年乙巳十月廿三日丑時

娶黃氏喃娘　生民國三年甲寅十月初一日　時

建田　即永情三子　生光緒卅四年戊申四月廿七日戌時

朝金　即永情四子　生民國三年甲寅七月廿八日亥時

建樹　即永情五子　生民國五年丙辰十一月初一日戌時

丹成　即永情六子　生民國十一年壬戌七月初七日亥時

準成　即永和長子　生民國八年己未四月初六日未時

建樟　即永和次子　生民國十七年戊辰九月廿九日戌時

潤水　即永變長子　生宣統二年庚戌四月十三日申時

娶黃氏寶娘　生民國四年乙卯六月初一日寅時

潤水　即永變次子　生民國七年戊午二月初二日亥時

珍水　即永變三子　生民國十四年乙丑四月初四日辰時

澤水　即永變四子　生民國十九年庚午七月初十日亥時

建海　即永閒長子　生光緒廿二年丙午四月初五日戌時

娶黃氏石娘　生民國三年甲寅正月十三日　時

建郁　即永閒次子　生民國元年壬子九月二十日寅時

建涼　即永閒三子　生民國八年己未四月十二日寅時

金田　即永言長子　生民國十三年甲子正月初一日申時

由成　即永言次子　生民國二十年辛未二月十三日巳時

來成　即脫公長子兼承云公　生民國七年戊午四月十一日卯時

建池　即脫公次子　生民國十五年丙寅六月廿七日戌時

玉成　即脫公三子　生民國十八年己巳五月廿九日戌時

建泉　即証公長子兼承傑　生光緒十八年壬辰正月初五日午時

娶黃氏龐娘　生光緒廿四年戊戌四月廿二日午時

子三　順興　彩興　燒成

二標公二房著琇派

建樾　即永有公長子　生民國十九年庚午九月十五日丑時

河南　即永蚌長子兼承趁　生民國十六年丁卯十月十三日子時

一標公三房荃琇派

建錦公　即永等公長子　生民國五年丙辰三月十三日寅時　卒民國十五年丙寅三月廿一亥時止

建財　即永等公次子　生民國八年己未三月初一日寅時

建紅　即永等公三子　生民國十三年甲子八月十七日亥時

次簡公派

建罘　即呈韻公長子　生宣統元年己酉正月初七日亥時

建欠　即呈采公長子　生民國八年己未閏七月十三日戌時

天貴　即呈采公次子　生民國十九年庚午三月十六日丑時

建興　即永乞次子　生民國二年癸丑十一月初十日未時

建助　即永乞三子　生民國十六年丁卯十二月十四日辰時

得山　即永乞四子　生民國十九年庚午六月初二日酉時

建逢　即永降嗣子　生宣統三年辛亥九月十九日亥時　卒民國十五年丙寅十一月初二巳時

建樹　即永詩次子　生民國八年己未五月初八日辰時

建逐　即永詩三子　生民國十年辛酉三月廿三日寅時

建陳　即永巨長子　生民國十年辛酉三月廿三日寅時

建諒　即永巨次子　生民國十九年庚午九月廿三日寅時

建石　即壽山次子　生民國三年甲寅四月廿九日辰時

聘黃氏

建硯　即壽山三子　生民國五年丙辰十月廿三日丑時

建倉　即永强長子　生民國十二年癸亥

建經　即永跳長子　生光緒卅二年丙午十二月十一申時　卒民國九年庚申六月廿九日寅時

建根　即永跳次子　生宣統元年己酉閏二月初二日寅時

聘黃氏

建民　永跳三子　生民國元年壬子十一月廿六日亥時

建示　即永跳四子　生民國四年乙卯八月初三日巳時

建房　即永跳五子　生民國十一年壬戌四月十二日辰時

建座　即承咱長子　生光緒卅三年丁未九月廿二日午時

建箕　即承咱次子　生宣統二年庚戌十一月廿三日巳時

建簪　即承葵長子　生民國十八年己巳二月廿九日巳時

建追　即承醋隻子　生民國十六年丁卯八月二十日寅時

良冀　即承樟長子　生民國十六年丁卯二月初四日巳時

良喬　即承樟次子　生民國十八年己巳九月初二日酉時

全金　即承首長子　生民國九年庚申十月廿五日寅時

东盤　即承首次子　生民國十一年壬戌三月廿四日子時

呵賊　即承首三子　生民國十四年乙丑十一月十七日酉時

蘇興　即永後長子　生民國十五年丙寅六月初八日申時

水知　即永綏長子　生民國十九年庚午四月初八日酉時

建助　即其文長子　生宣統三年辛亥十一月廿一日戌時

娶黃氏朕娘　生光緒卅三年丁未四月廿八日寅時

建純　即其文次子　生民國七年戊午二月初九日酉時

建翁　即其文三子　生民國十六年丁卯十月廿五日酉時

建見　即永欺長子　生民國十三年甲子十月十八日午時

建肯　即其洋隻子　生民國十五年丙寅十二月十四日戌時

建國　即其真長子　生民國九年庚申十一月十二日巳時

建錆　即其真次子　生民國十六年丁卯四月廿四日申時

建鋆　即永培長子　生民國十七年戊辰十一月二十日辰時

建挑　即永培次子　生民國十九年庚午四月初八日巳時

建趣　即永粥長子　生光緒三十年甲辰十一月二十日子時

娶蔡氏款娘　生光緒廿八年壬寅五月初八日

建鉗　即永粥次子　生光緒卅四年戊申九月初八日丑時

好興　即永登長子　生民國四年乙卯五月廿八日亥時

天機　即永軟長子　生民國七年戊午十二月廿三日丑時

建由　即永達長子　生民國十五年丙寅正月十五日亥時

建棻　即永遠次子　生民國二十年辛未正月廿三日亥時

東二房派

成業　即永閣隻子　生民國十八年己巳六月初八日戌時

新才　即和自長子　生民國十七年戊辰六月初三日丑時

泮水　即和自次子　生民國十九年庚午閏六月廿三日子時

添水　即永諒長子　生民國十八年己巳七月十四日卯時

祖蔭　即永蟾長子　生民國二十年辛未二月十九日寅時

成合　即火石長子　生民國十七年戊辰四月十四日卯時

白蓮　即火石次子　生民國十九年庚午十二月初二日寅時

春城　即永本長子　生民國十四年乙丑二月初三日丑時

建賴　即永返長子　生光緒卅四年戊申十一月初七日巳時

聘黃氏賞娘號義直　生民國三年甲寅八月初二日寅時　卒民國十三年甲子八月月十八酉時

娶林氏好娘　生民國二年癸丑十月十二日未時

建撥　即永返次子　生民國三年甲寅十二月初三日申時

彩成　即永揪長子　生民國十六年丁卯十月十二日戌時

職成　即永揪次子　生民國二十年辛未三月初八日巳時

珪誠　即永不養長子　生民國十五年丙寅九月十三日未時

往成　即永騰長子　生民國十七年戊辰七月初四日亥時

來成　生民國二十年辛未十月廿九日辰時

虔誠　即承差嗣長子　生民國十年辛酉十二月廿五日

專誠　即承差次子　生民國二十年辛未九月廿五日卯時

源泉　即承蒐長子　生民國十七年戊辰十二月二十日亥時

建展　即承平長子　生民國十七年戊辰二月十二日亥時

惟德　即承撙養長子　生民國十八年己巳五月廿四日吉時

五履派

建棟　即承餘長子　生光緒卅一年乙巳十二月廿九日丑時

娶黃氏報娘　生民國二年癸丑二月十一日卯時

建瞞　即永潛長子　生民國元年壬子七月初八日子時　卒民國十三年甲子六月廿八午時

建測　即永潛三子　生民國六年丁巳四月廿七日申時

建纂　即永潛四子　生民國十三年甲子六月初十日巳時

建火　即永標長子　生民國十年辛酉四月初三日酉時

建定　即永來長子　生民國八年己未十月二十日申時

樹籐　即永進長子　生民國十九年庚午正月十八日酉時

建淨　即永𧉮長子　生民國二十年辛未九月二十日巳時

建賞　即永貓長子　生

建班　即永貓次子　生

建肖　即永炳長子　生民國八年己未正月廿一日酉時

鱷魚　即永臺長子　生民國十四年乙丑四月廿三日巳時

建恩　即永臺次子　生民國十八年己巳十月初十日子時

建哆　即永沙長子　生民國九年庚申十二月初四日子時

建復　即永沙次子　生民國十五年丙寅二月十八日午時

建瘦　即永蓼長子　生民國八年己未八月三十日

金鳳　即永德長子　生民國十六年丁卯八月十九日亥時

建鈺　即永鏘嗣長子　生民國四年乙卯

規矩　即永鏘次子　生民國十二年癸亥十二月十五日午時

天池　即永鏘三子　生民國十五年丙寅十二月初七日未時

文回　即永齊長子　生民國十八年己巳二月廿五日寅時

文士　即永齊次子　生民國二十年辛未九月十五日辰時

起法　即永溧長子　生民國十七年戊辰三月十四日巳時

德與　即永溧次子

其山　即永甘嗣子　生

生民國十七年戊辰三月初五日巳時

建茨　即永謙長子　生光緒十七年辛卯三月十六日戌時

建拋　即性忠長子　生光緒廿五年己亥八月二十日寅時

娶黃氏做娘號色儉　卒民國十五年丙寅正月初一日戌時

繼娶曾氏徙娘　生光緒廿九年癸卯十月十七日卯時

女二

建簡　即性忠次子　生宣統三年辛亥七月廿八日子時

建近　即永田長子　生光緒三十年甲辰七月廿一日未時

娶黃氏梭娘　生光緒卅二年丙午六月十一日巳時

側室陳氏蜜娘　生

子　金取　勤書養　金盾　金鉞

建瑞　即永田次子　生宣統二年庚戌九月廿一日申時

娶黃氏名娘　生宣統三年辛亥二月十八日酉時

福成　即永田三子　生民國五年丙辰十一月十一日午時

江南　即永田四子　生民國十六年丁卯十月十五日未時

建端　即永省次子　生民國元年壬子二月十四日午時　卒民國十五年丙寅七月廿九亥時

箕與　即永省三子　生民國七年戊午五月十三日辰時

聘賴氏好娘　生民國六年丁巳八月十二日丑時

建罕　即永蘊長子　生民國元年壬子六月初二日未時

娶黃氏卷娘　生民國元年壬子三月廿八日卯時

銀勝　即永蘊次子　生民國十一年壬戌十二月廿九日申時

建靡　即永益長子　生宣統三年辛亥十一月十三日申時

娶黃氏片娘　生民國元年壬子十一月十四日酉時

扱桂　即永益三子　生民國十五年丙寅十一月十六日戌時

强山　即永益四子　生民國十八年己巳十一月十七日亥時

建東　即性德長子　生光緒卅二年丙午十一月初十日午時

娶黃氏溜娘　生民國三年甲寅十一月初十日

建屋　即性德次子　生民國元年壬子三月十二日巳時

建諷　即永蹈長子　生民國三年甲寅六月十八日巳時

聘黃氏叟娘　生民國七年戊午

建妓　即文鏡長子　生民國三年甲寅六月初六日巳時
卒民國二十年辛未四月廿七戌時

建活　即文鏡次子　生民國七年戊午二月初七日未時

建逵　即性桂長子　生民國三年甲寅九月十八日寅時

聘黄氏不娘　生民國六年丁巳

建蕉　即永殊長子　生民國六年丁巳十一月十九日亥時
卒民國十八年己巳九月十三日未時

建評　即永籃長子　生光緒廿三年丁酉十月十五日

娶潘氏君娘　生光緒卅三年丁未十二月十九日酉時

子　盤書

建煥　即永德長子　生民國二十年辛未四月二十日辰時

建竹　即永蝗長子　生民國十一年壬戌九月初一日申時

建膽　即永點次子　生民國八年己未七月廿五日丑時

聘黃氏甚娘　生民國六年丁巳九月初三日未時

建田　即春生嗣子　生民國三年甲寅九月十八日寅時

建權　即永實長子　生民國十四年乙丑十一月十九日丑時

幼娶黃氏偷娘　生民國十四年乙丑五月廿五日酉時

建祥　即永信次子　生民國七年戊午六月廿六日丑時

建願　即永信三子　生民國十年辛酉八月廿八日午時

建深　即永玉長子　生民國十九年庚午八月三十日巳時

建成　即永才長子　生民國十五年丙寅十月初七日酉時

朝成　即丞由長子　生民國七年戊午二月初三日午時

幼娶潘氏寬娘　生民國九年庚申八月廿九日巳時

振興　即丞蟳長子　生民國二十年辛未六月廿七日午時

麒麟　即丞謙次子　生民國十九年庚午十一月十三日亥時

建添　即丞輝長子　生民國八年己未九月十四日巳時

聘潘氏欣娘　生民國十三年甲子五月十四日午時

見成　即丞輝次子　生民國九年庚申八月初十日未時

順興　即丞嘔次子　生民國七年戊午十月廿一日辰時

陣來　即丞坤長子　生光緒廿九年癸卯十一月初七日巳時

娶林氏耽娘　生民國元年壬子十月二十日辰時

建奇　即永坤次子　生宣統三年辛亥閏六月廿二日寅時

娶黃氏賞娘　生民國七年戊午正月廿三日卯時

建門　即永坤三子　生民國六年丁巳二月初八日辰時

建深　即永鑾嗣子　生民國十五年丙寅十一月初一日寅時

在昧　即永套長子　生民國十六年丁卯二月廿五日午時

明德　即永套次子　生民國十九年庚午六月廿二日午時

泮水　即艮才長子　生民國十四年乙丑八月廿五日午時

建察　即溥泉長子　生光緒卅一年乙巳七月初十日戌時

娶黃氏成珠　生民國四年乙卯四月廿二日卯時

建賽　溥泉次子　生光緒卅四年戊申八月初九日卯時

聘黃氏富娘　生民國七年戊午四月廿六日申時

建前　溥泉三子　生民國七年戊午四月初六日亥時

建尚　溥泉四子　生民國九年庚申五月十二日辰時

新德　論廻長子　生民國五年丙辰六月初三日未時

娶潘氏歡娘　生民國六年丁巳十二月初五日亥時

建德　論廻次子　生民國十三年甲子五月十一日辰時

鞠德　論廻三子　生民國十八年己巳六月初十日戌時

維金　穎廻長子　生民國十五年丙寅二月廿五日未時

維般　穎廻次子　生民國十九年庚午五月十八日寅時

謹春　即永安長子　生民國二年癸丑二月廿七日午時

盛發　即永徠長子　生民國十年辛酉九月十七日丑時

聘黃氏常娘　生民國九年庚申十月十四日未時

金情　即永徠次子　生民國十八年己巳五月十三日丑時

建井　即永丹長子　生民國八年己未五月十九日寅時

建瑞　即永丹次子　生民國十六年丁卯十月十六日亥時

金筫　即永欠長子　生民國十二年癸亥正月廿七日寅時

錦昌　即永莽隻子　生民國十八年己巳八月初四日辰時

走來　即永海長子　生民國十四年乙丑十二月初九日戌時

建天　永壇長子　生光緒卅一年乙巳二月十六日巳時

娶黃氏唓娘　生民國二年癸丑八月初二日亥時

子　熾昌

建丑　永壇次子　生民國二年癸丑二月廿三日寅時

建磨　永壇三子　生民國五年丙辰十一月十一日未時

建茂　永甫長子　生民國九年庚申八月十八日酉時

建宋　永闖長子　生民國十七年戊辰八月廿七日辰時

建格　永起長子　生民國十七年戊辰四月初三日巳時

建執　永語長子　生民國十八年己巳十一月十三日酉時

賢直　永旦長子　生光緒卅三年丁未九月十二日丑時

娶蘇氏叅娘　生光緒卅二年丙午十月初四日

建夢　進德長子　生民國三年甲寅四月廿一日午時

娶黃氏須娘　生民國二年癸丑八月廿四日

建上　永合長子　生民國十四年乙丑二月初十日辰時

生來　祿兼長子　生宣統三年辛亥六月十五日

娶黃氏瓶娘　生民國三年甲寅五月廿七日巳時

吝生　祿兼次子　生民國十九年庚午九月十四日巳時

汲水　文頤長子　生民國十六年丁卯九月廿七日巳時

樹哖　丁財長子　生民國十四年乙丑五月初一日午時

樹璉　丁財次子　生民國十七年戊辰八月廿八日申時

送來　澎水長子　生民國二十年辛未三月初六日未時

建相　永喑長子　生民國二年癸丑六月初六日卯時

聘潘氏京娘　生民國三年甲寅二月廿九日

雲蘭　永喑次子　生民國十二年癸亥八月十二日丑時

建贊　永塤長子　生民國三年甲寅十月十九日丑時

建欣　茂郎長子
生民國八年己未九月初五日巳時

建淦　金鳳長子
生民國十四年乙丑十一月初十日亥時

建全　永長隻子
生光緒廿四年戊戌八月廿六日巳時
卒民國十八年己巳八月十二日巳時

娶黃氏伴娘
生光緒廿五年己亥
卒民國十八年己巳三月初一日

建麗　重慎隻子
生光緒三十年甲辰十一月廿二日卯時

卷十五終

重修虹山彭氏族譜世紀卷十六

三十五世　乃字行

恂謹派

乃金　即順陽長子　生光緒廿九年癸卯正月廿八日巳時

娶賴氏綢娘　生民國三年甲寅十月廿二日子時

乃篤　即如玉公嗣子　生民國二年癸丑十月十八日巳時

坐山　即春陽長子　生民國十一年壬戌六月初二日丑時

鐵卿　即春陽次子　生民國十六年丁卯四月初五日辰時

乃雪　即木林長子　生民國十七年戊辰五月十九日亥時

乃錦　即得勝長子　生民國十四年乙丑五月十九日巳時

乃吉　即得芳長子　生民國十五年丙寅十月十九日亥時

徙成　即鏘養子　生民國十七年戊辰二月　日　時

江水　即弄長子　生民國十九年庚午七月廿五日寅時

近來　即盻公長子　生民國十五年丙寅三月廿八日卯時

河南　即世金長子　生民國十九年庚午九月廿四日辰時

慕德派

淵泉　即榮火長子　生民國十九年庚午七月廿九日寅時

言詳公　即固公長子　生光緒三十年甲辰四月初十日未時　卒民國十三年甲子四月十五日未時

乃談　即固公次子　生光緒卅三年丁未九月初三日申時

僅公　即固公三子　生宣統元年己酉十一月十三日申時　卒民國十八年己巳八月十九日申時

乃瓦　即創公長子　生宣統二年庚戌七月初六日丑時

乃月　即創公次子　生民國七年戊午十一月初二日申時

乃鐵　即創公三子　生民國九年庚申五月十二日酉時

乃在　即創公四子　生民國十六年丁卯四月初一日寅時

乃署　即創公五子　生民國十九年庚午二月十八日巳時

乃箕　即吩長子　生民國三年甲寅十一月初四日午時

水龍　即吩次子　生民國七年戊午四月廿一日午時

海塩　即吩三子　生民國十四年乙丑八月廿九日寅時

乃此　即吩四子　生民國十七年戊辰五月廿二日寅時

乃級名等　即福壽公長子　生光緒廿一年乙未四月初六日酉時

娶黄氏髻娘　生光緒廿七年辛丑十二月十九日寅時

女二

乃立名建　即福壽公次子　生光緒廿四年戊戌十月廿八日酉時

娶黄氏妹娘　生光緒廿九年癸卯十二月廿八日酉時

女二

乃仁名親　即福壽公三子　生光緒卅一年乙巳九月廿九日酉時

娶黃氏面娘　生民國元年壬子十月二十日酉時

乃盞　即福壽公四子　生民國四年乙卯十月十四日戌時

乃田　卽農公長子　生民國二年癸丑七月十一日丑時

乃偉　即農公次子　生民國十四年乙丑八月廿八日卯時

乃渫名洪　卽仟長子　生光緒十九年癸巳七月廿六日未時

娶黃氏號節治　生光緒廿七年辛丑三月十一酉時　卒民國七年戊午十月十二日未時

兩嗣子　舉奕

乃坤　即仟三子兼承伍厚公　生光緒卅三年丁未十二月廿二日丑時

娶賴氏硯娘　生光緒卅四年戊申四月三十日辰時

子二　遂達　舉奕兼承洲

鎣字乃金　即廣長子　生光緒廿六年庚子十一月廿四日子時

娶潘氏姜娘　生光緒廿六年庚子二月十九日卯時

子一　水來

女二

添財字乃進　即如修公嗣子　生光緒卅一年乙巳五月廿六日酉時

娶陳氏快娘　生宣統三年辛亥十月十七日亥時

獅字乃象　即武長子　生宣統元年己酉五月初十日巳時

娶黃氏軋娘　生宣統二年庚戌四月　日午時

乃周　即武次子

生民國七年戊午十月初八日子時

會山　即武三子

生民國十三年甲子八月十四日巳時

乃懾公　即杖助公長子

生光緒廿三年丁酉七月三十巳時
卒民國七年戊午五月廿七日巳時

波水　即崇山公長子

生光緒廿三年丁酉八月十七日戌時

昭君　即崇山次子

生民國二年癸丑十月十六日未時

三槐　即崇山三子

生民國七年戊午六月廿四日亥時

乃瓊　即祖公嗣子

生光緒廿四年戊戌四月十七日卯時

飴字乃恊　即孝公次子

生光緒廿一年乙未六月廿一日亥時

娶林氏梭娘

生光緒卅一年乙巳十月十九日亥時

子一　銀水　　生光緒十五年己丑二月初七日丑時

貞字乃元　即純如公嗣子

娶潘氏慈娘　　生光緒廿六年庚子六月十一日辰時

子一　薄枝

乃坑公　即三鯉公次子　　生光緒十四年戊子五月初五戌時

卒民國四年乙卯正月十一日申時

營字乃盤　即三鯉公三子　　生光緒二十年甲午七月初八日卯時

娶林氏草娘　　生光緒三十年甲辰六月廿九日辰時

子一　速來

女二長適吳

鍋字乃甕　即三鯉公四子　生光緒廿三年丁酉七月初十日戌時

娶黄氏愛娘　生光緒廿六年庚子正月十一日辰時

子二　炎　砵

女二長適黄

溪字乃漢　即正中公嗣子　生光緒十二年丙戌正月二十日卯時

娶黄氏寛娘　生光緒十七年辛卯九月初七日辰時

子二　振興　逢春

女二俱適黄

財字乃珍　即壇長子　生光緒廿二年丙午閏四月初六日辰時

娶賴氏巠娘　生宣統元年己酉　月　日　時

子二　晁　鍾

貴字乃富　即壇三子　生宣統二年庚戌八月廿九日巳時

乃乳　即壇五子　生民國六年丁巳正月二十日辰時

深淵　即壇六子　生民國八年己未七月初十日寅時

乃緬　即蘊公長子　生光緒十七年辛卯十一月初五日子時

娶黄氏弄娘　生光緒十八年壬辰七月二十日寅時

子三　富　拱　文淵

好字乃和　即惟修公嗣子　生光緒卅四年戊申七月廿八日申時

娶黃氏歲娘　生宣統三年辛亥二月初十日巳時

子一　培

乃民　即於義公養長子　生光緒廿九年癸卯九月初七日午時

先娶黃氏洗娘　生光緒廿九年癸卯十月初七日午時　卒民國十六年丁卯四月十二日酉時

繼娶賴氏好娘　生宣統元年己酉正月十八日午時

子一　立成 賴出

乃旋　即劉養長子　生民國八年己未五月初一日亥時

乃垂　即劉次子　生民國十五年丙寅二月廿二日辰時

乃繖　即引長子　生光緒廿六年庚子二月廿二日戌時

娶黃氏磚娘　生宣統二年庚戌六月十四日午時

乃耀　即引三子　生民國二年癸丑七月廿四日巳時

乃基　即引四子　生民國四年乙卯八月十八日巳時

金水　即轉長子　生民國八年己未四月廿六日申時

錦堂　即轉次子　生民國十六年丁卯八月初八日子時

乃廼　即燾長子　生民國九年庚申四月廿三日午時

乃及　即燾次子　生民國十二年癸亥八月廿二日酉時

乃簪　即梅己公嗣子　生民國十五年丙寅十二月廿五日寅時

乃柿　即堆次子　生民國十九年庚午二月十四日午時

乃捻　即招進公長子
生民國七年戊午二月廿八日丑時

榮發　即招進公次子
生民國十一年壬戌七月十二日丑時

清映　即笱嗣子
生民國十六年丁卯四月初四日午時

乃專　即招送公長子
生民國十年辛酉正月十九日未時

戸艮　即膵長子
生民國十四年乙丑六月初六日寅時

娶黃氏報娘
生民國十六年丁卯十一月初七日午時

朝思　即膵次子
生民國十八年己巳九月廿二日亥時

順興　即頓泉長子
生民國十二年癸亥正月初三日卯時

彩興　即頓泉次子
生民國十四年乙丑十一月初四日辰時

燒成　即頤泉三子　生民國十七年戊辰八月廿五日辰時
乃快　即喜長子　生民國十三年甲子三月十四日巳時
玉麟　即喜次子　生民國十八年己巳十二月十一日寅時
贊成　即松栢長子　生民國十六年丁卯十一月十五日寅時
復成　即松栢次子　生民國十八年己巳八月廿四日寅時
金用　即乾隆長子兼承性公　生民國十六年丁卯十二月廿一日亥時
如陵派
其清　即脛公次子兼承崇　生民國九年庚申正月初九日午時
乃隴　即櫎公嗣子　生民國六年丁巳二月十三日午時

乃煉　即坎公嗣子　生民國十二年癸亥十一月廿八日戌時

送來　即慶長子　生民國十七年戊辰六月十八日未時

以業公諱詛　即錐嗣長子　生光緒廿五年己亥二月初八日酉時　卒民國十八年己巳十月初五日巳時

娶蘇氏蜂娘　生光緒廿五年己亥二月廿五日酉時

子二　番忠　濟忠

耀來　即錐次子　生光緒卅一年乙巳七月初二日酉時

先娶潘氏彌娘號允宿　生宣統元年己酉二月十四日亥時　卒民國十七年戊辰五月初九未時

繼娶黃氏閑娘　生民國元年壬子八月十八日未時

乃潛　即仁公兩嗣子　生光緒廿九年癸卯十月初八日丑時

娶黃氏隻娘　生民國三年甲寅十二月廿五日　時

乃圍　即銘長子　生民國元年壬子十月初七日卯時

娶潘氏朱娘號惜玉　生民國元年壬子十月十一日辰時
卒民國十四年乙丑二月初八卯時

乃潽　即巢公之子兼承仁公生內詳

娶黃氏隻娘生內詳

乃砵　即賒長子　生民國二年癸丑四月初三日亥時

娶黃氏謹娘　生民國三年甲寅五月廿五日　時

乃拿　即賒次子　生民國七年戊午五月廿七日未時

娶姚氏搜娘　生民國十二年癸亥十月　日　時

乃圖　即賒三子　生民國九年庚申十二月初七日丑時

乃君　即賒四子　生民國十三年甲子二月初六日未時

乃懈　即賒五子　生民國十五年丙寅正月十四日酉時

幼娶林氏粬娘　生民國十九年庚午正月廿六日酉時

聚財　即恬長子　生民國十三年甲子五月十八日卯時

密來　即恬次子　生民國十七年戊辰十二月初四日亥時

乃龍　即盤長子　生民國十六年丁卯十二月廿七日未時

貽興　即漢成長子　生民國十七年戊辰二月廿八日辰時

快春　即澗長子　生民國十八年己巳十二月廿四日亥時

乃佇　即等養長子　生光緒卅二年丙午閏四月十七日　時

乃田　即杯長子　生民國十七年戊辰七月初六日寅時

乃飛　即杯次子　生民國十九年庚午七月廿一巳時

克勤派

乃花　即絨長子　生民國十四年乙丑七月十六日未時

猷彩　即慶長子　生民國十九年庚午五月初二日巳時

乃宇　即淺長子　生民國五年丙辰八月初五日未時

廷春　即生財長子　生民國十一年壬戌八月廿八日未時

兄弟隨父生財俱在廈門山塲

秀春　即生財次子　生民國十八年己巳十一月　日　時

乃兩　即桂林長子　生民國十二年癸亥六月廿八日巳時

乃典　即桂林次子　生民國十六年丁卯六月初三日巳時

圈財　即儒長子　生民國十二年癸亥十一月初七日酉時

如邦派

乃把　即叅公長子　生民國九年庚申十二月初九日酉時

乃水　即氣長子　生民國十四年乙丑九月十八日午時

乃阜　即氣次子　生民國十七年戊辰四月初八日丑時

乃梓　即氣三子　生民國二十年辛未四月廿一日午時

溪水　即文長子　生民國三年甲寅五月初四日寅時

澤水　即文次子　生民國十二年癸亥十一月十五日寅時

汜水　即文三子　生民國十六年丁卯正月十三日午時

春水　即文四子　生民國二十年辛未二月初一日卯時

金蓮　即柿長子　生民國八年己未八月三十日卯時

福馨　即柿次子　生民國十一年壬戌七月十二日酉時

德馨　即柿三子　生民國十四年乙丑十二月初八日酉時

乃安　即士品長子　生民國十六年丁卯四月初一日申時

仕基　即儺長子　生民國十一年壬戌十二月十六日未時

銀興　即儺次子　生民國十八年己巳三月十七日寅時

乃興　即對長子　生民國十九年庚午七月十三日未時

全成　即創業養長子　生民國十三年甲子九月初四日酉時

進池　即創業次子　生民國十七年戊辰四月初九日申時

乃賞　即揀公養長子　生民國十一年壬戌二月廿二日卯時

秀麗　即乾長子　生民國十九年庚午十月十五日戌時

開池　即財長子　生民國十九年庚午八月廿四日申時

丕顯　即角養長子　生光緒廿七年辛丑二月十九日酉時

娶黃氏判娘　生宣統三年辛亥七月十四日巳時

金錠　即角次子
生民國四年乙卯六月初九日巳時

雁水　即炣長子
生民國五年丙辰七月十九日子時

領水　即炣次子
生民國八年己未二月初六日辰時

茂昭　即炣三子
生民國十年辛酉八月廿五日亥時

裕興　即炣四子
生民國十三年甲子五月十七日寅時

麗水　即爽長子
生民國十四年乙丑十一月十二日子時

衍基　即金鑾長子
生民國四年乙卯三月十七日寅時

娶陳氏追娘
生民國八年己未五月廿一日辰時

魯生　即金鑾次子
生民國七年戊午十月初四日巳時

開基　即金鑾三子　生民國二十年辛未六月初五日辰時

金龍　即選長子　生民國十一年壬戌閏五月十五日丑時

金挺　即選次子　生民國十八年己巳六月初八日未時

填興　即號長子　生民國八年己未十一月廿二日亥時

幼娶黃氏雖娘　生民國　年　月　日　時

淮水　即栽培長子　生民國十五年丙寅十一月十九日申時

奕昌　即懿長子　生民國十八年己巳十一月初十日　時

則齋派

乃全　即爽長子　生民國十四年乙丑四月廿二日亥時

乃楓　即爽次子　生民國十七年戊辰二月初三日丑時

鳳城　即爽三子　生民國十九年庚午十二月初一日酉時

壬癸　即遜長子　生民國十七年戊辰九月廿三日丑時

乃撓　即蚌長子　生民國十四年乙丑四月廿六日未時

乃遠　即蚌次子　生民國十九年庚午八月廿七日未時

乃獅　即玉公長子　生民國八年己未十月廿六日午時

幼娶潘氏飛娘　生民國六年丁巳三月初七日巳時

乃合　即基公嗣長子　生民國十五年丙寅十一月廿八日未時

乃金　即受長子　生民國二年癸丑二月初七日丑時

娶潘氏爽娘　生民國六年丁巳正月廿一日寅時

瑞氣　即本長子　生民國二十年辛未六月十五日未時

直立　即學公長子兼承乳　生民國十八年己巳七月廿五日戌時

乃顔　即鵝長子　生民國八年己未正月十二日午時

乃利　即鵝次子　生民國十五年丙寅九月初七日寅時

乃準　即現養子　生民國十一年壬戌十一月十八日戌時

乃只　即高公長子　生民國八年己未十一月廿一日戌時

娶曾氏語娘　生民國五年丙辰十月初四日　時

金蘭　即鮑來公長子　生民國十五年丙寅七月廿三日寅時

乃稽　即疊養長子　生民國十年辛酉　月　日　時

乃沙　即祥養長子　生民國十八年己巳八月初二日未時

乃懷　即振興長子　生民國十九年庚午四月十四日辰時

乃墻　即灘公長子　生民國元年壬子三月十九日未時

乃堅　即灘公次子　生民國十六年丁卯二月廿八日巳時

乃溫　即芽公嗣子　生民國十八年己巳十月廿五日戌時

修齊派

乃早　即福生公長子　生民國五年丙辰三月廿五日寅時

乃起　即福生公次子　生民國十四年乙丑十一月廿八日未時

乃沛　即古長子　生民國十三年甲子正月十六日酉時

乃東　即古次子　生民國十九年庚午三月十二日酉時

乃雙　即王長子　生民國十四年乙丑十二月廿二日亥時

乃票　即贊長子　生民國十三年甲子六月二十日未時

乃黨　即贊次子　生民國十八年己巳三月廿三日寅時

乃荖　即因公長子　生民國十三年甲子三月初三日申時

乃獅　即因公次子　生民國十六年丁卯五月廿五日卯時

忠慶派

乃彥　即暢長子　生民國十三年甲子三月十八日申時

乃萬　即暢次子　生民國二十年辛未三月十七日午時

爲成　即春木長子　生民國十年辛酉七月十三日巳時

徵成　即春木次子兼承宜公　生民國十三年甲子三月初八日寅時

君成　即丁公長子　生民國六年丁巳十一月初四日未時

烏棻　即嬌長子　生民國十一年壬戌十二月十一日巳時

乃灶　即嬌次子　生民國十九年庚午正月初九日巳時

乃冰　即智長子　生民國七年戊午九月二十日辰時

乃南　即智次子　生民國九年庚申十月廿七日卯時

乃飛　即智三子　生民國二十年辛未二月初十日申時

德齋公鳳吟四吉派

金石公諱珠玉　即新發公養子

生道光廿九年己酉五月初五日午時
卒光緒卅二年丙午三月三十日酉時

娶黃氏梅娘號隨柳

生咸豐四年甲寅二月初六日亥時
卒光緒卅四年戊申八月初九丑時

子一　滙英

女二　長適黃

俊傑公諱八奇　即自明公養子

生同治元年壬戌閏八月初十亥時
卒民國六年丁巳八月廿七日酉時

娶黃氏蘊娘

生同治八年己巳十二月廿九日子時
卒光緒卅四年戊申九月十五日辰時

子四　客　門　蓮　網

女一　適黃

火炎公　即椅公長子

生同治　正月十八日辰時

卒光緒十九年癸巳七月廿六日丑時

幼星公諱担　司存公長子

生同治二年癸亥正月初八日辰時

卒光緒八年壬午八月十九日辰時

禮郎　即司存公次子

生同治六年丁卯十二月初五日卯時

娶陳氏盆娘

生光緒五年己卯八月廿六日卯時

卒民國十一年壬戌九月十九亥時

子四　意成　在親　柏英殤　邓興殤

嘉旨公諱物　即司存公三子

生同治十年辛未十二月三十寅時

卒光緒九年癸未六月廿六日申時

乃庚　即萬紫公嗣子

生光緒六年庚辰八月二十日申時

娶黃氏錐娘

生光緒十一年乙酉四月廿三日丑時

子三　木蓝　溪水　茂林

自北公諱喜南　即歸來長子
生光緒廿二年丙申八月初九辰時
卒民國五年丙辰九月十七日午時

玉泉諱袍　即歸來公次子
生光緒廿九年癸卯十二月十二日卯時

世泉名樹林　即逢春公長子兼承棚公
生光緒卅二年丙午十一月廿八日　時

流泉名艮　即吉慶公長子
生光緒廿九年癸卯正月初一日酉時

娶楊氏送娘
生民國元年壬子二月廿六日亥時

芳林名思品　即酌觴公長子
生光緒廿八年壬寅八月廿八日子時

娶吳氏寶娘
生光緒卅三年丁未十月十六日卯時

志菲名金獅　即懷深公長子
生光緒卅二年丙午十二月廿六日巳時

娶黃氏樫娘號玉英　生民國元年壬子十二月廿八日酉時

名譽公諱燕字乃喜　即文炳公長子

公　生道光廿六年丙午七月廿九亥時　卒民國七年戊午七月十八日卯時

娶林氏完娘　生道光廿八年戊申十一月初三辰時　卒民國六年丁巳六月十五日申時

子五　暖　田土　挑水　買業　天寶

女一適林

興富公　即文炳公次子　生咸豐六年丙辰二月廿六日亥時　卒光緒九年癸未十二月初五申時

壇英公　即瞈來公次子　生光緒七年辛巳十月十五日午時　卒民國十七年戊辰十一月十三酉時

子　田美養

得時公 即柴公長子

生光緒二十年甲午四月廿四日子時
卒民國十一年壬戌正月初十日卯時

娶林氏黴娘

生光緒廿一年乙未九月初八日午時

子二 桑林（兼承鳴盛公為孫） 飛龍

女二 適林 適黃

億兆公諱厘字乃分 郎錠公養長子

生道光廿九年己酉正月十八日辰時
卒同治十三年甲戌正月十五日申時

公

娶潘氏冷娘號勤扯 招偶

生咸豐六年丙辰八月十四日卯時
卒民國六年丁巳八月廿一日子時

子一 坑英 續子 魚 清 繼

得福公諱祿字乃福 即錠順公似子

公　生道光廿五年乙巳十二月廿八寅時
卒民國二年癸丑十二月初九日丑時

續子　魚　清　繼

星英公　即森郎公長子　生光緒九年癸未三月初三日申時
卒缺

娶潘氏改適

晏英公　即森郎公次子　生光緒十三年丁亥六月十一日申時
卒失

鉗才　即森郎公三子　生光緒廿一年乙未十二月初三日酉時

成才　即聯標公嗣子　生光緒廿一年乙未十一月初四日子時

娶林氏贊娘　生宣統元年己酉二月廿七日未時

子一　池

管來　即彬郎長子　生光緒十九年癸巳五月十九日丑時

娶吳氏嗷娘　生光緒廿九年癸卯八月十九日巳時

子二　通　姜出嗣連紋

連紋　即彬郎三子　生光緒廿六年庚子二月廿六日辰時

嗣子　姜

瓦水　即彬郎四子　生光緒廿八年壬寅十月十一日丑時

滴水　即鄰右公嗣子　生民國五年丙辰八月廿二日未時

金掌　即結實公長子　生光緒廿八年壬寅五月十五日亥時

娶李氏性娘　生宣統元年己酉二月初一日申時

子　太山

金水　即結實公次子　生民國三年甲寅三月初六日未時

奇先　即崇因長子　生民國十五年丙寅十二月十二日申時

見成　即敦族公長子　生民國六年丁巳八月二十日酉時

繼臨　即敦達公長子　生民國九年庚申十一月十八日未時

貯姑　即維青公長子　生光緒三年丁丑正月廿八日戌時

先娶黃氏粉娘　生光緒十二年丙戌九月十九日　時
卒光緒三十年甲辰九月初六日戌時

繼娶黃氏時娘　生光緒十三年丁亥　月　日　時
卒光緒卅一年乙巳四月初八日卯時

三娶朱氏富娘　生光緒十九年癸巳十一月十四日巳時

子二　五成　文成

女一

涼姑　即維青公次子
生光緒七年辛巳八月廿二日亥時
往東邦

省姑公　即維青公三子
生光緒十三年丁亥三月初十巳時
卒宣統三年辛亥十月初六日　時

璞姑公　即維青公四子
生光緒十六年庚寅八月二十日午時
卒民國十二年癸亥四月初四日亥時

篤姑　即欉姑長子
生光緒十五年己丑二月廿九日亥時

銀石　即檜公嗣子
生光緒廿二年丙午五月廿四日酉時

堧英字乃輿　即鏘姑長子
生光緒二十年甲午四月二十日未時

娶黃氏篠娘
生光緒卅三年丁未三月初七日未時

子　嘉慶　生光緒廿六年庚子正月初十日寅時

女二　次適黃

祥福　即鏘姑次子　生光緒卅四年戊申十月初六日巳時

娶黃氏養娘

女一

完成　即鏘姑三子　生光緒卅二年丙午十一月初四日申時

娶黃氏粧娘　生宣統三年辛亥十一月廿六日丑時

女一

金城　即稽長子　生光緒廿九年癸卯七月十二日巳時

先娶黃氏鰲娘　生民國三年甲寅六月十五日酉時
卒民國十九年庚午二月二十午時

繼娶謝氏灑娘　生民國元年壬子十月十二日巳時

齊英　郎侃直公長子　生光緒十九年癸巳十二月二十日巳時
往東卒缺

乃珍　即加錐長子　生民國三年甲寅四月十九日卯時

娶林氏尧娘生

有成　即加錐次子　生民國五年丙辰十月初一日丑時

志贊　郎加錐三子　生民國十八年己巳六月初一日巳時

乃土　即加六長子　生光緒廿一年乙巳五月十三日未時

娶黃氏也娘　生宣統三年辛亥六月初九日申時

子　泠水

乃致　即加六次子　生民國二年癸丑九月廿二日戌時

聘黃氏籃娘　生民國七年戊午正月廿二日辰時

輝成　即慈麟長子　生光緒廿九年癸卯十一月十四日午時

娶黃氏菜娘　生光緒卅一年乙巳十一月廿四日巳時

炒成　即慈麟次子　生光緒卅三年丁未八月廿四日辰時

聘黃氏坑娘　生民國五年丙辰　月　日　時

乃選　即純士長子　生光緒廿九年癸卯十二月二十日卯時

娶黃氏扆娘　生宣統二年庚戌九月十六日卯時

子一 達水

女一

乃呼 即純士次子 生光緒卅一年乙巳九月二十日丑時

娶黃氏沂娘 生民國四年乙卯六月廿四日巳時

追成 即博士長子 生民國十七年戊辰四月初十日申時

及時 即座姑之子 生光緒十七年辛卯正月初九日巳時 不知往何方

果來 即澤長子 生民國十四年乙丑十一月廿二日未時

兩全 即澤次子 生民國二十年辛未二月初六日亥時

清朗公 諱德爽 即鏗士長子 生光緒元年乙亥九月十二日午時 卒光緒卅二年丙午二月初八申時

先娶黃氏貝娘　生光緒五年己卯十二月廿九日卯時　卒失

繼娶黃氏定娘　生光緒四年戊寅　月　日　時　卒宣統三年辛亥六月廿九日　時

子二　裕後　光前殤

德確　即鏗士次子　生光緒七年辛巳十一月十五日申時

娶黃氏執娘　生光緒廿二年丙申　月　日　時

德育公　即鏗士三子　生光緒十一年乙酉三月廿四日戌時　卒宣統三年辛亥九月初三日辰時

德意公　即悻光長子　生光緒九年癸未三月十四日戌時　卒民國十八年己巳正月初六卯時

娶黃氏鏡娘　生光緒十六年庚寅十一月十七日　時

子二　旺成　煥文

女一

德丙　即悻光次子　生光緒十七年辛卯九月二十日子時

娶黃氏晏娘　生光緒三十年甲辰八月二十日　時

德望公　即濬川長子　生光緒八年壬午五月初五日酉時

卒光緒卅三年丁未十月二十日時

嗣子　土塔　立功　瓠兩承

德貌　即濬川次子　生光緒十二年丙戌四月十五日寅時

娶黃氏薄娘　生光緒十九年癸巳　月　日　時

子四　土塔出嗣德望　首出　金水　銀水

德顯　即濬川三子　生光緒十四年戊子十一月初十日子時

娶黃氏笑娘　生光緒廿一年乙未六月初二日辰時

子三　立功出嗣德望　恕成　瓠成兼承德望

德恒公　即濬川四子　生光緒廿一年乙未十月二十日卯時　卒民國五年丙辰十二月初二日寅時

嗣子　柔金

德存　即濬川六子　生光緒廿九年癸卯五月廿九日申時

娶潘氏初娘　生光緒廿七年辛丑九月初一日寅時

子二　柔金出嗣德恒　烏姑

德緜字乃厥　即建豪長子　生光緒十八年壬辰八月初三日申時

娶黃氏鉛娘號順懿　生光緒廿五年己亥十月初四日巳時

子　文秀　生光緒廿一年乙未十月初五日子時

女三

德栢　即搜斯嗣長子　生光緒廿六年庚子十月　日　時

娶黃氏色娘

子二　文錶　贊兵

德書　即搜斯養次子　生宣統元年己酉十二月廿一日子時

娶黃氏吻娘　生民國三年甲寅

德式公　即斯禮公次子　生光緒九年癸未正月十三日酉時　卒

爵一公諱德三　即斯禮公三子　生光緒十三年丁亥六月廿七日亥時　卒

德經　即奏姑嗣長子　生光緒五年己卯四月十一日子時　徃東邦

娶黃氏放娘　生

源順公　諱林泉　即奏姑養次子　生光緒十四年戊子十月初一日寅時　卒光緒三十年甲辰五月廿二日巳時

本漣公　即奏姑三子　生光緒廿五年己亥正月十七日戌時　卒民國十九年庚午六月初二日申時

娶黃氏晏娘　生

生財公　即棟姑養長子　生卒佚

進成　字乃興　即棟姑嗣次子　生光緒二十年甲午正月十一日亥時

娶林氏蕊娘　號存範　生光緒廿四年戊戌二月廿四日子時

子四　文竹　文炳　文彬　文献

女一

沙成公　即樫姑長子
生光緒十三年丁亥正月初三日亥時
卒民國十九年庚午十一月廿三午時

娶黃氏寬娘
生光緒十八年壬辰六月初三日午時

子四　條根　仲啓　仲貴　月傳

女一

球成　即樫姑三子
生光緒廿八年壬寅十月二十日辰時

娶黃氏謹娘
生宣統三年辛亥

端成　即匣姑長子
生光緒廿九年癸卯五月廿三日午時

娶陳氏綏娘
生光緒卅三年丁未正月初六日卯時

子二　法春出嗣文体　慶春

生宣統三年辛亥八月十四日戌時

養女一

從愿　即匣姑次子

娶黃氏勤娘

生民國五年丙辰二月廿一日卯時

文體公　即匣姑三子

生民國四年乙卯九月初六日巳時

卒民國十七年戊辰四月十四巳時

嗣子　法春

朱唇　即旂禀公長子

生宣統元年己酉十月初九日　時

卒民國二十年辛未九月廿二申時

先娶黃氏怨娘

生民國二年癸丑四月初二日　時

卒民國十九年庚午六月廿五酉時

繼娶黃氏契娘

生民國二年癸丑　月　日　時

柴胡　即旗稟公次子　生民國元年壬子十二月初九日辰時

添文　即旗稟公三子　生民國十七年戊辰十月初三日寅時

五生　即旗腆養長子　生民國三年甲寅九月廿七日辰時

娶黃氏迷娘　生民國三年甲寅十一月初五日酉時

保元　即旗腆次子　生民國十五年丙寅五月初二日辰時

守成　即旗腆三子　生民國十八年己巳四月十三日未時

春棻　即旗鑾養長子　生民國十年辛酉四月二十日巳時

鍾英　即銀珠長子　生光緒廿六年庚子十一月初十日巳時

娶黃氏腰娘　生宣統二年庚戌五月初七日卯時

子一　樹林

育秀　即銀珠次子　生光緒廿八年壬寅十一月初十日巳時

娶潘氏八娘　生民國四年乙卯十一月初五日卯時

啓成　即銀珠三子　生宣統三年辛亥四月初五日亥時

聘黃氏烏蠟娘　生民國　年　月　日　時

志成　即金性公長子　生宣統元年己酉十一月十八日申時

娶黃氏笑娘　生民國二年癸丑正月十三日子時

恊成　即金性公次子　生民國元年壬子十月十七日亥時

明郎　即金性公三子　生民國四年乙卯八月十一日戌時

金康　即金溪公長子　生光緒卅四年戊申二月廿一日辰時

娶林氏素芳娘　生宣統三年辛亥正月初五日酉時

秋郎　即金溪公次子　生民國三年甲寅四月廿九日午時　卒民國十九年庚午十二月廿五寅時

乃田　即金溪公四子兼嗣雝成　生民國十年辛酉二月廿四日未時

文海　即金溪公五子兼嗣雝成　生民國十六年丁卯正月十四日子時

乃買　即盤珠長子　生　往夷邦

乃從　即盤珠次子生　生民國六年丁巳十月初五日申時

江水　即欣成嗣子

聘黃氏對娘　生民國九年庚申正月廿九日未時

歡生公　即錦姑養長子　生同治九年庚午五月廿四日夘時　卒在叓邦

娶黃氏包娘　生同治十一年壬申九月廿三日　時　卒失

子一　濫英殤

趑生公　即錦姑次子　生光緒七年辛巳十一月初十巳時　卒宣統二年庚戌十月初九日　時

娶黃氏改適

子一　元和

琶生公　即錦姑三子　生光緒十年甲申三月初六日夘時　卒民國六年丁巳四月十七日未時

娶黃氏輕娘　招偶　生光緒十三年丁亥十月初十日戌時

子　孔方　續子　文陣　文春　泉水

女二長適黃

條生　即錦姑仭三子　生光緒十四年戊子六月十二日　時

續子　文陣　文春　泉水

呼生公　即稱贊公長子　生光緒七年辛巳三月廿四日辰時　卒

壙生　即樑姑長子　生光緒十年甲申十一月十三日卯時

礪生　即樑姑次子　生光緒十八年壬辰八月三十日戌時

娶黃氏醬娘　生光緒十九年癸巳　月　日　時

子三　馱　焉　默

蓝花　即廼公長子　生光緒十五年己丑十二月十四日寅時

娶黃氏漸娘　生光緒廿八年壬寅十一月廿六日酉時

子二　好來　吸水

青山　即廼公次子　生光緒廿七年辛丑二月初七日亥時

娶鄭氏盡娘　生光緒卅三年丁未四月二十日申時

子一　見成

得[illegible]　即鄒姑養長子　生光緒廿七年辛丑

卒民國十年辛酉三月初五日亥時

娶黃氏信娘　招偶　生光緒卅二年丙午十月初八日巳時

續子　崑山　明月

女一

乃論　即鄒姑次子　生民國六年丁巳十一月初九日亥時

乃水　即鄒姑似長子生

續子　崑山　明月

乃懃　即灘郎長子　生光緒卅四年戊申六月廿三日辰時

娶黃氏生

乃[豕生]　即灘郎次子　生民國十年辛酉六月初四日丑時

連發　即講公長子　生民國四年乙卯三月十一日丑時

添財　即講公次子　生民國十三年甲子五月二十日戌時

乖興　即宗來長子　生民國十八年己巳二月初一日酉時

逐來　即往公養長子　生光緒卅一年乙巳

娶賴氏淺娘號未深　生宣統三年辛亥五月初五日酉時　卒民國二十年辛未三月廿四申時

于時　即投廣長子　生宣統二年庚戌十月廿一日酉時

先聘黃氏磚娘　生宣統二年庚戌　月　日　時　卒

繼娶黃氏轉娘　生宣統三年辛亥　月　日　時

柯來　即腱姑長子　生光緒廿五年己亥三月初二日丑時

娶黃氏送娘　生光緒三十年甲辰十月廿三日辰時

子二　篇　藝

乃賞公　即腱姑次子　生光緒卅一年乙巳十二月二十未時　卒民國十九年庚午三月廿一日未時

乃墻　即柳長子生

乃戌　即柳次子生

吉來　即整姑長子　生民國元年壬子四月十四日巳時

娶黃氏照娘　生民國二年癸丑　月　日　時

培英　即整姑次子　生民國六年丁巳十二月十一日巳時

通英　即整姑三子　生民國十三年甲子十二月初三日戌時

察言　即當來長子　生民國十七年戊辰五月廿四日亥時

金童　即薑姑長子　生民國四年乙卯三月初二日巳時

金土　即薑姑次子　生民國十一年壬戌十一月十三日卯時

金泉　即瓜成長子　生民國十二年癸亥四月十八日亥時

金剪　即瓜成次子　生民國十九年庚午六月十七日巳時

金府　即掇長子　生民國十三年甲子五月初二日辰時

金縣　即掇次子　生民國二十年辛未二月初四日　時

大道公諱財　即錫祚公長子　生同治四年乙丑十月十三日亥時　卒光緒廿三年丁酉十月廿八戌時

娶黄氏鎮娘　生同治七年戊辰三月二十日酉時

子五　暖　瓶俱出嗣神童　貎　放　慶成似三子

女二

神童公諱翁　即錫祚公次子　生同治九年庚午二月初四日申時　卒光緒七年辛巳十月二十日辰時

嗣子二　暖　瓶

蓋頂　即建玉長子兼承百來爲孫　生光緒七年辛巳十二月十九日辰時

先娶黃氏綴娘　生光緒十七年辛卯三月廿二日丑時　卒民國十一年壬戌十月十九日巳時

繼娶蘇氏選娘　生光緒廿九年癸卯三月十四日酉時

子三　店　帶俱黃出　伴蘇出

女四　長次三適黃俱黃出　四後娶出

快郎　即權衡長子　生光緒二年丙子五月十四日子時

先娶潘氏涅娘號微雨　生光緒六年庚辰二月初二日酉時　卒民國十一年壬戌三月廿五辰時

繼娶黃氏奚娘　生光緒十九年癸巳十一月廿三日亥時

子四　文朝　必成　金壘俱養　金水黃氏出

女三　長次適黃潘氏出　三後出

郭姑　即尚群長子

生同治元年壬戌閏八月十七日亥時

娶黃氏險娘號順成

生同治五年丙寅十一月十四日寅時
卒民國十八年己巳二月十一日巳時

子一　聰明養

成志公諱潤蛙　即尚群次子

生同治十三年甲戌六月十五日午時
卒民國十四年乙丑六月廿二日午時

娶林氏物娘號順儉

生光緒二年丙子十一月初六日酉時
卒民國十五年丙寅三月二十日巳時

子三　莊周　庚　潘

晝郎　即緒續養長子

生同治九年庚午六月初七日辰時

娶黃氏摳娘　生同治十三年甲戌二月十三日未時

子二　丹　春水

貼郎　即緒續次子　生光緒四年戊寅八月初二日寅時

娶黃氏徙娘　生光緒七年辛巳十一月初四日未時

子二　雨水　抵

明賢公諱秫郎　即嘉德公長子　生同治七年戊辰十二月廿四辰時　卒宣統二年庚戌八月十五日戌時

娶黃氏蝭娘號賢慈　生同治十一年壬申五月廿五日巳時　卒光緒廿七年辛丑十月初四日午時

子三　川出嗣尺公　山　訨

岑童公諱尺　即嘉德公次子　生同治九年庚午十一月初二午時　卒光緒六年庚辰正月十二日巳時

嗣子一　川

生光緒十四年戊子十一月十六午時
卒民國十一年壬戌正月十九日寅時

兩成公　即弄姑長子

娶黃氏蜜娘號美姿

生光緒十四年戊子五月初八亥時
卒民國九年庚申十月初六日未時

子二　金信　丁丑

女二　俱適黃

以福公諱謙　即曲過公養長子

生光緒廿二年丙申正月廿九日亥時
卒民國十九年庚午七月廿四日未時

娶黃氏惟娘

生光緒廿四年戊戌八月十六日午時

子一　頁養

乃糠公　即曲過公養次子

生光緒廿四年戊戌十一月二十申時
卒民國十四年乙丑五月初四日卯時

娶黃氏改適　生光緒十九年癸巳三月十二日辰時　卒民國二十年辛未六月二十日寅時

成氣公　即越來長子　生光緒三十年甲辰三月　日　時

乞來　即俊之子

娶劉氏秉娘　生光緒卅二年丙午二月十八日卯時

女一

樹海公諱樟　即紅郎長子　生光緒三年丁丑九月廿七日寅時　卒宣統元年己酉十月初七日未時

娶黃氏四娘　生光緒十年甲申正月初十日　時　卒光緒三十年甲辰二月十二丑時

子二　連類　雖嗣子

乃儒　即株林公嗣子　生光緒八年壬午七月廿九日亥時

娶黃氏慶娘　生光緒二十年甲午正月廿九日子時

子三　雖出嗣樟公　犁　富

女三

絲染公　即棚林長子　生光緒十四年戊子正月初九日辰時　卒民國七年戊午正月二十日巳時　止

樹林　即棚林兩嗣子出自逢春公　生光緒卅二年丙午十一月廿八日　時

娶黃氏爻娘　生宣統三年辛亥　月　日　時

子一　烏田

任郎　即梯林長子　生光緒廿二年丙申九月廿四日　時

先娶潘氏物娘 生光緒廿五年己亥二月廿四日亥時 卒民國十五年丙寅七月初二日午時

繼娶黃氏刋娘 生光緒卅三年丁未十一月初十日酉時

子一 法 潘出

女一

位郎 即木林長子 生光緒廿七年辛丑十月初十日亥時

娶潘氏變娘 生光緒廿八年壬寅八月十三日亥時

子一 金蓮養

智郎公 即木林次子 生光緒卅一年乙巳三月十五日寅時 卒民國十四年乙丑七月十一日巳時

篙郎 即木林三子 生宣統二年庚戌十月初七日卯時

娶黄氏暹娘　生民國二年癸丑七月廿九日巳時

女一

印郎　即不林四子　生民國三年甲寅十二月初八日巳時

娶黄氏柑娘　生民國五年丙辰二月廿九日巳時

營郎　即木林五子　生民國十一年壬戌七月初五日未時

雲英　即盍郎次子　生光緒廿二年丙申十月廿七日午時

娶黄氏綢娘　生光緒廿八年壬寅四月廿四日酉時

予一　欠

女二

趙國　即闔郎三子

生光緒廿三年丁酉二月二十日寅時

先娶黃氏根娘

生光緒廿七年辛丑十月初九酉時

卒民國十年辛酉三月初七日申時

繼娶黃氏居娘

生光緒卅二年丙午正月初四日戌時

卒民國十六年丁卯七月十三日未時

三娶林氏在娘

生光緒廿四年戊戌十月廿三日戌時

子三　快　兎　俱繼妣出　金　林出

思國公　即闔郎四子

生光緒卅一年乙巳十二月廿七酉時

卒民國十八年己巳三月廿七日辰時

娶林氏寬娘　招偶

生宣統二年庚戌九月初七日申時

續子一　維熊

玉樹　即闔郎五子

生宣統二年庚戌九月十七日申時

續子　維熊

生光緒十五年己丑十一月十六日巳時

曹國　即有私公嗣長子

娶黃氏髓娘

生光緒十四年戊子十二月初四日辰時

子　英才養

倎英公　即有私公嗣次子

生光緒十六年庚寅八月廿六日午時

卒光緒卅四年戊戌十二月廿二日時

鑽郎公　即題名公隻子

生光緒廿六年庚子十一月廿五巳時　止

卒民國十七年戊辰正月初四日卯時

刋郎公　即推許嗣長子

生光緒十六年庚寅四月初一日巳時

卒光緒卅三年丁未八月廿九日申時

好生　即央郎嗣子

生宣統三年辛亥九月十四日子時

勤書　即於詩公長子

生同治十年辛未正月十九日巳時

娶黃氏對娘 生光緒七年辛巳六月三十日丑時

子六 樹林出嗣降書 蔭林 竹林 錢林 桊林

成林

女一 適黃

爾福公諱降書 即於詩公次子 生光緒元年乙亥四月初八日未時 卒光緒廿七年辛丑九月廿二日時

娶黃氏改適

嗣子二 樹林 祚榮

朝書 即於詩公三子 生光緒六年庚辰五月初九日申時

娶黃氏敏娘 生光緒十年甲申四月廿一日午時

子五　祚榮出嗣降書　田華　佑高　封侯　得才

女四　長適黃　次三適潘

煖成　即淵叠長子　生光緒十七年辛夘十二月初十日丑時

乃勸　即居姑長子　生光緒十九年癸夘閏五月初五日申時

娶黃氏象娘　生宣統元年己酉正月初八日酉時

子一　進來

他生　即居姑次子　生宣統二年庚戌正月初五日夘時

很來　即哇姑次子　生民國十三年甲子四月初二日酉時

文彩　即哇姑三子　生民國十六年丁夘十月十五日亥時

及時　即提郎養長子　生光緒廿二年丙申十二月初十日巳時　不知何往

乃皇　即保德養長子　生民國七年戊午九月二十日巳時

先幼娶黄氏紅娘　生民國五年丙辰十二月十九日巳時　卒民國十九年庚午十一月初五巳時

繼娶黄氏密娘　生民國十四年乙丑十二月十九日申時

乃孫　即聰恭養長子　生民國十年辛酉十二月廿九日巳時

添富　即聰恭次子　生民國十三年甲子九月廿三日巳時

欽水　即成才公長子　生民國四年乙卯七月十六日未時

羆成　即炮昌長子　生光緒十六年庚寅十月十五日亥時

娶黄氏嘖娘　生光緒十九年癸巳正月初五日午時

父子俱移居福清

開圜　即嘉民公嗣子

生民國十二年癸亥正月初二日申時

多祥公　即克昌公長子

生光緒廿五年己亥正月廿二日巳時　卒失　止

恪齋派

生民國四年乙卯九月初十日巳時

金城　即建波長子

生民國十一年壬戌十二月十二日酉時

娶黃氏剌娘

生民國十五年丙寅正月十二日戌時

蟬廣　即建波次子

生光緒廿四年戊戌十一月初十日　時

乃殊　即領治公長子

生光緒　年　月　日　時

娶黃氏揚娘

子一　逢珠

生光緒十三年丁亥十月二十日丑時
卒民國二十年辛未二月十五日午時

乃查公　即克篤公長子

娶陳氏塽娘

生光緒十六年庚寅五月初七日　時

子一　針成

女一　適黃

乃氐公　即克篤公次子兼嗣瑶成

公

生光緒二十年甲午九月初十日卯時
卒光緒卅一年乙巳十二月初五日時　止

乃反　即克篤公三子兼嗣瑶成

生光緒卅一年乙巳十一月十五日亥時

娶黃氏弄娘

生民國三年甲寅七月廿三日丑時

乃横　即情長子　生光緒廿八年壬寅七月初一日辰時

娶黄氏片娘　生宣統二年庚戌正月十五日戌時

乃綢　即標公長子　生民國　年　月　日　時

娶黄氏刋娘　生民國三年甲寅十二月十九日　時

乃放　即標公次子　生民國　年　月　日　時

乃鐸　即榜公長子　生光緒廿六年庚子十二月十三日午時

娶黄氏娘生

乃脤公　即榜公次子　生光緒廿九年癸卯十二月十三亥時　卒民國十七年戊辰二月二十日卯時

乃回　即莉公長子　生民國元年壬子正月廿八日亥時

娶黃氏生

乃貨公　即莉公次子　生民國四年乙卯二月廿七日寅時　卒民國十五年丙寅　月　日　時

乃合　即莉公三子　生民國六年丁巳十一月十五日亥時

乃田　即潤長子　生民國十六年丁卯正月十三日戌時

乃欽　即當養長子　生民國九年庚申九月十六日戌時

金挺　即當次子　生民國十九年庚午七月廿六日子時

乃座　即味公長子　生光緒廿七年辛丑五月廿二日酉時

娶　氏生

乃錯　即味公次子　生光緒三十年甲辰十二月十一日酉時

娶石氏鳳娘生

乃廣　即味公三子

生民國三年甲寅二月十八日未時

乃參　即斗公長子兼嗣勵公

生光緒廿九年癸卯十月十九日酉時

娶黃氏尋娘

生光緒卅一年乙巳七月初四日巳時

乃坑　即純謹公長子

生光緒十二年丙戌六月廿四日午時

乃顏　即落公長子

生光緒卅二年丙午七月十三日申時

乃碅公　即德裕長子

生光緒十八年壬辰十二月十八未時　止

卒民國六年丁巳正月十三日申時

乃彬公　即德裕次子

生光緒廿一年乙未閏五月十六卯時　止

卒民國十三年甲子八月十九日辰時

乃明　即德裕三子兼嗣配公

生光緒廿三年丁酉十月廿六日巳時

乃盛公　即德裕四子
生光緒廿六年庚子九月廿七日午時
卒民國十七年戊辰七月三十日亥時　止

乃旭　即德裕七子
生民國三年甲寅八月初九日丑時

乃丁　即成謹公長子
生光緒七年辛巳九月初二日戌時
養子一　璇璣

秋月　即成謹公次子兼嗣順謹公
生光緒九年癸未十一月初二日酉時
娶黃氏蝻娘
生光緒十八年壬辰四月十四未時
卒民國七年戊午四月二十日卯時

乃度　即成謹公三子
生光緒十三年丁亥六月廿二日戌時
娶黃氏燃娘
生光緒廿二年丙申七月初七日申時

子　緜圃養

乃暬公　即成謹公四子　生光緒二十年甲午四月初三日亥時
卒光緒卅二年丙午閏四月十六辰時　止

乃氣　即成謹公五子兼嗣勤謹公　生光緒廿二年丙申七月初九日酉時

娶黃氏早娘　生光緒三十年甲辰正月初九日巳時

子三　金水　清標　清源

女一

乃愛　即鵨養長子兼嗣克謹公　生光緒廿七年辛丑四月初一日未時

娶黃氏生

乃劉　即鵨養次子　生光緒卅一年乙巳九月十五日戌時

乃尾 即錫養三子
生光緒卅四年戊申正月廿四日午時 止
卒民國十二年癸亥四月廿九日巳時

乃挈 即挑公嗣長子
生光緒廿九年癸卯九月十六日亥時

娶黃氏叚娘
生光緒廿七年辛丑十月初十日未時

子四 真珠 强 扳桂 和引

乃考 即挑公次子兼嗣誠允公
生光緒卅二年丙午正月十二日寅時

娶黃氏歲娘
生宣統二年庚戌二月廿一日申時

乃等 即側長子
生光緒廿八年壬寅七月廿六日未時

娶黃氏眈娘
生光緒卅一年乙巳三月十五日亥時

子一 南良養

乃肯　即作公長子　生宣統元年己酉七月十一日巳時

娶黄氏來娘　生宣統三年辛亥二月十六日申時

乃尚　即作公次子　生民國元年壬子十月廿一日寅時

乃金　即作公嗣三子　生民國十四年乙丑九月十三日寅時

乃炮　即軫長子　生民國十八年己巳九月十六日卯時

東元　即軫次子

乃貝　即塗嗣長子　生民國十年辛酉八月初九日丑時

乃叟　即塗次子　生

乃榮　即塗三子　生

乃貢　即彝公長子　生光緒三十年甲辰九月十二日午時

娶黃氏院娘　生光緒廿九年癸卯五月十八日卯時

乃珍　即彝公次子　生宣統三年辛亥七月十三日丑時

聘黃氏末娘　生民國六年丁巳正月初四日午時

乃秧　即藹公長子　生民國五年丙辰七月初六日巳時

娶黃氏盡娘　生民國五年丙辰八月初一日卯時

海棠　即宋朝公長子　生宣統元年己酉十二月初九日辰時

先娶黃氏謹娘　生民國元年壬子二月二十日午時　卒民國十一年壬戌八月十一卯時

繼娶黃氏良娘　生民國元年壬子二月廿五日丑時

乃楓　宋朝公養次子　生民國九年庚申十二月廿六日丑時

乃鳳　即宋朝公三子兼嗣柳條公　生民國十四年乙丑八月十七日酉時

乃膽　即溪水公長子兼嗣坪來　生民國三年甲寅十二月十一日申時

娶　氏生

乃賒　即溪水公次子兼承坪來　生民國九年庚申九月十五日巳時

乃坂　即乾公長子号如平公　生光緒廿一年乙未四月十二日寅時

卒民国卅七年戊子五月十一日卯時

娶黃氏愛娘　生光緒廿四年戊戌十一月廿九日時

卒民國十一年壬戌七月初六日申時

繼娶黃氏壽娘　生光緒廿九年癸卯正月廿五日亥時

子　琴先妣出

信雄公諱此公　即乾公次子兼承飛公　生光緒廿五年己亥十二月廿一子時　卒民國十九年庚午十月十四日巳時

情幼公諱初　即飛公長子　生光緒廿二年丙申九月廿四日午時　卒民國十五年丙寅四月廿七日午時

娶黃氏珍娘　招偶　生光緒卅三年丁未十二月十一日卯時

乃柴　即飛公似子　生光緒廿九年癸卯十一月廿二日寅時

乃傳　即卓公嗣長子　生光緒卅四年戊申四月初四日申時

娶黃氏迁娘　生宣統二年庚戌二月初四日酉時

順成　即卓公嗣次子　生民國十二年癸亥十一月廿三日午時

乃轉　即遠養子　生民國九年庚申八月十三日　時

乃來　即身長子
生民國七年戊午正月廿四日亥時

金珠　即身次子
生民國十七年戊辰二月初六日巳時

乃蚵　即遣長子
生民國三年甲寅四月廿七日寅時

乃闟　即遣次子
生民國五年丙辰七月廿八日午時

乃涼　即遣三子
生民國九年庚申三月廿六日酉時

乃和　即薦長子
生民國十三年甲子十一月十四日酉時

乃增公　即樓公長子
生宣統二年庚戌七月十三日巳時
卒民國十七年戊辰九月廿二卯時

乃拐　即樓公次子
生民國八年己未二月廿三日戌時

乃汾　即擔長子
生民國十六年丁卯七月初二日辰時

乃招　即修長子　生民國十三年甲子二月初八日戌時

烈火　即坐長子　生民國三年甲寅九月廿一日戌時

連水　即坐次子　生民國十二年癸亥四月十一日巳時

淡水　即坐三子　生民國　年　月　日　時

教永　即坐四子　生民國十七年戊辰五月初八日戌時

乃走　即長長子　生民國十一年壬戌二月廿六日亥時

贊來　即赫公養子　生民國十一年壬戌四月初六日酉時

娶杜氏信娘　生民國十一年壬戌十二月十七日丑時

乃實　即嘆公長子　生民國元年壬子七月廿六日未時

乃燚公　即嘆公次子　生民國七年戊午八月初三日巳時　卒民國十六年丁卯十月十六申時

乃欺　即嘆公三子　生民國十三年甲子十一月廿六日卯時

款成　即嘆公四子　生民國十六年丁卯十一月十八日酉時

乃綱　即愁長子　生民國六年丁巳六月十九日亥時

娶黃氏生

乃雙　即愁養次子　生民國八年己未十一月十三日酉時

娶黃氏喃娘　生民國九年庚申正月初二日酉時

乃蓮　即德成長子　生民國四年乙卯十月十七日申時

娶黃氏兼娘　生民國五年丙辰　月　日時

乃戇 即德成次子兼承頤
生民國十一年壬戌二月初五日丑時

乃皆 即德成三子兼承頤
生民國十六年丁卯八月十九日巳時

乃治 即德成四子兼承頤
生民國十九年庚午正月十七日子時

志德公諱笑 即益美公長子
生同治十一年壬申七月廿七日午時
卒光緒廿一年乙未六月廿九日卯時

嗣子一 呼

乃牆公 即益美公次子
生同治十三年甲戌七月十二日戌時
往臺灣歿 止

乃戶 即益美公三子
生光緒六年庚辰十一月初六日辰時

娶黃氏趕娘
生光緒十五年己丑十一月初一日卯時

子三 租 呼(出嗣笑) 楓

女三　長次俱適黃　生光緒六年庚辰十月初七日寅時
卒失

乃慮公　即艮畝公長子　生光緒十三年丁亥正月初四日辰時
娶黃氏存娘　卒光緒廿九年癸卯九月廿一日卯時

乃國公　即艮畝公次子　生光緒十五年己丑十一月初七日巳時　止
卒民國十九年庚午十二月十九日寅時

自成　即梭長子兼承珠公　生光緒卅二年丙午二月初二日卯時

娶黃氏螺娘　生民國三年甲寅二月廿七日　時

旭來　即鴛嗣隻子　生民國十年辛酉五月十一日巳時

乃肥　即川公嗣子　生民國十三年甲子二月廿一日巳時

乃翰　即係長子兼承川公　生民國十二年癸亥十一月初五日酉時

乃田　即係次子　生民國十六年丁卯正月初九日午時

乃圓　即係三子　生民國十八年己巳五月初五日未時

乃鑨　即秋次子　生民國十八年己巳九月十七日戌時

乃等　即齊長子　生民國十二年癸亥三月初八日亥時

幼娶黃氏執娘　生民國十一年壬戌二月廿九日午時

乃贊　即齊次子　生民國十九年庚午七月十二日未時

乃育　即禱公長子　生光緒三十年甲辰十月初九日酉時

娶黃氏春娘　生光緒卅三年丁未十二月十七日卯時

女二

爆成　即斜公嗣子　生民九年庚申十一月十九日未時

買來　即雅長子　生民國十一年壬戌十月廿一日午時

天成　即著公嗣長子　生民國十七年戊辰十月初七日寅時

帶成　即桯長子兼承宜公　生民國十八年己巳九月廿六日寅時

乃庚　即眼成長子　生宣統二年庚戌　月　日　時

娶朱氏樣娘　生民國四年乙卯　月　日　時

乃白　即眼成次子兼嗣迎成　生民國八年己未三月廿六日辰時

乃先　即眼成三子兼嗣迎成　生民國九年庚申十月初二日辰時

乃章　即眼成四子　生民國二十年辛未四月初四日卯時

乃連　即晟成長子　生民國元年壬子六月十六日酉時

乃親　即晟成次子　生民國七年戊午五月十三日寅時

貴士　即捍成長子　生民國五年丙辰十一月十一日丑時

金泮　即捍成次子　生民國八年己未閏七月二十日子時

乃柏　即金使長子　生民國二年癸丑四月十二日巳時

娶黃氏詩娘　生民國三年甲寅八月初三日申時

守財　即金使次子　生民國十三年甲子正月廿九日寅時

乃從　即金使三子　生民國十六年丁卯正月十一日戌時

金煉　即果長子　生民國十二年癸亥十一月廿五日辰時

居財　即果次子　生民國十九年庚午正月十三日巳時

有爲　即善成長子　生民國十二年癸亥四月廿八日辰時

鄭忠公　即韮公長子　生光緒十一年乙酉十一月初三午時
卒光緒廿六年庚子九月廿五日　時

聘黃氏未娶而歿

沙金公　即頭長子　生光緒廿三年丁酉三月十二日巳時
卒民國九年庚申十二月十七日巳時

娶黃氏類娘　招偶　生光緒卅二年丙午九月廿八日辰時

續子　留情

乃偏　即頭似長子　生光緒廿八年壬寅十月廿三日戌時

續子　留情

逢春　即鐵長子　生宣統二年庚戌九月十五日酉時

聘黃氏對娘　生民國六年丁巳三月初七日申時

成雙　即鐵次子　生民國五年丙辰十二月廿五日辰時

成康　即鐵三子　生民國十二年癸亥正月初六日戌時

乃云　即鐵四子　生民國十五年丙寅十月初一日申時

金石　即朝郎長子　生宣統二年庚戌七月十六日申時

成艮　即朝郎次子　生民國九年庚申九月廿七日申時

輝煌　即騤金長子　生民國七年戊午八月初四日酉時

乃[illegible]　即滾次子　生光緒卅四年戊申十一月初二日戌時

娶黃氏氣娘　生民國二年癸丑　月　日　時

乃闓　即滚三子　生民國二年癸丑四月廿五日酉時

娶黃氏篤娘　生民國三年甲寅　月　日　時

勇順公諱福　即泉公長子　生光緒十六年庚寅五月十八未時　卒民國五年丙辰十月十七日巳時

娶黃氏炒娘號節儉　生光緒十九年癸巳五月十二日時　卒宣統三年辛亥七月初六日辰時

嗣子一　成業

乃變　即泉公次子　生光緒十八年壬辰九月初三日午時

娶鄭氏春娘　生光緒廿八年壬寅十一月十五日辰時

子二　顯祖養　顯玖

女二

乃祿　即泉公三子　生光緒廿五年己亥十一月初一日戌時

娶潘氏秀娘　生光緒廿七年辛丑六月廿一日卯時

子三　成業出嗣福公　成祖　金拔

女二長適黃

乃富　即合美公長子　生光緒十七年辛卯六月十一日戌時

娶潘氏乜娘　生光緒卅三年丁未二月廿九日巳時

女三　適黃

乃變　即盛專公長子　生光緒廿六年庚子七月廿四日未時

娶黃氏參娘　生民國二年癸丑二月初一日寅時

子　出與

春水　即建窗長子兼承如鏡公　生宣統元年己酉二月初九日丑時

乃信　即建窗次子　生民國四年乙卯正月初十日酉時

老備　即建窗三子　生民國六年丁巳九月十二日子時

太平　即建窗四子兼承清朗公　生民國九年庚申九月初二日亥時

乃傳　即樹養長子　生光緒廿六年庚子七月初八日午時

娶黃氏喃娘　生光緒廿九年癸卯十月十五日戌時

女三　次適黃

乃悅　即樹次子　生民國六年丁巳三月十四日戌時

乃洗　即建昌長子　生光緒廿五年己亥四月十五日亥時

娶黃氏干娘　生宣統三年辛亥十二月初七日酉時

乃分　即建昌次子　生光緒三十年甲辰十月廿二日亥時

娶黃氏甘娘　生民國四年乙卯九月初十日巳時

鳳陽公諱池　即礫養長子　生光緒六年庚辰十一月十一寅時　卒民國元年壬子五月十四日未時

娶黃氏改適

子一　煤

乃文　即礫養次子　生光緒廿一年乙未六月十八日辰時

娶黃氏貯娘　生光緒廿八年壬寅四月十五日　時

女二

乃貞　即碟三子　生光緒三十年甲辰二月十八日未時

娶潘氏賞娘　生宣統二年庚戌八月十二日巳時

女一

乃瓦　即碟四子　生光緒卅四年戊申三月十八日戌時

娶黃氏核娘　生民國元年壬子六月二十日巳時

金洞　即地長之長子　生民國十七年戊辰十一月十二日辰時

乃帕　即送養長子　生民國十七年戊辰八月初六日申時

開成　即囉養長子
生民國八年己未八月十四日巳時

後成　即定長子
生民國十九年庚午十月十二日巳時

乃育公　即光別公長子　生卒失

乃兌　即光別公次子
生光緒十七年辛卯九月廿九日丑時

娶陳氏麵娘
生光緒廿七年辛丑十月初十日午時

子二　松枝嗣子　玉

女一
生宣統二年庚戌十二月廿七日午時

金木　即再養長子

娶黄氏草娘
生民國二年癸丑二月十八日酉時

並娶臺灣林氏悅娘　生宣統三年辛亥六月二十日亥時

養子一　有德

生民國二年癸丑五月初九日辰時

團成　即再養次子

娶林氏萊娘　生民國三年甲寅二月初十日子時

乃乞　即曜公長子　生光緒十一年乙酉十月十六日戌時

勸動公諱億　即曜公次子　生光緒十三年丁亥八月二十巳時　卒宣統二年庚戌五月初十日辰時

兩嗣子　趙

乃坎　即曜公四子　生光緒廿二年丙申九月初一日寅時

兩嗣子　泉水

乃謗　即曜公五子 生失 往石叻埠
生光緒十七年辛卯十一月初三日丑時

乃挖　即建榮公嗣長子
生光緒廿二年丙申五月初五日酉時

娶黃氏綢娘

子一　萊根

女三

思直幼名婆字乃心名雲程　即建榮公次子
生光緒十八年壬辰八月十七日子時

先聘黃氏㕷娘號負義未娶而歿
生光緒廿二年丙申十二月初四日　時
卒宣統二年庚戌十二月初三日　時

繼娶潘氏京娘　生光緒廿三年丁酉十一月廿五日巳時

子四　樹木　華成　國甫　秋萬

女二

取義　即建榮公三子　生宣統元年己酉五月廿七日卯時

娶黃氏擂娘　生宣統三年辛亥六月十七日午時

子四　楾木　金成　大目　紅岭

敏毅公諱敲　即清洲公長子　生光緒九年癸未九月十八日辰時　卒光緒卅四年戊申十月初六亥時

娶黃氏改適　止

女一　適杜

乃琶　即清洲公次子　生光緒十二年丙戌八月初四日辰時

先娶黃氏暢娘號勤德　生光緒十七年辛卯十月廿二日巳時　卒光緒卅四年戊申九月廿三日亥時

繼娶黃氏偷娘　生光緒十七年辛卯七月廿六日　時

子二　來　行

女一適黃

乃捋　即清洲公三子　生光緒十七年辛卯十月初八日子時

娶黃氏蝭娘　生光緒廿七年辛丑五月初十日巳時

子二　皆成　代成

乃偉　即勉養子　生光緒十八年壬辰正月初二日丑時

先娶黃氏侊娘号靜恭　生光緒十四年戊子正月十一日午時　卒光緒三十一年乙巳十月十九日午時

繼娶黃氏莉娘號詩敏　生光緒十八年壬辰四月初六日辰時

卒民國弍拾壹年壬申十二月十九日丑時

子二　淵　趙（兼承偉公）

乃鰲　即廉嗣長子　生光緒卅一年乙巳十月初二日戌時

娶黃氏恨娘　生宣統元年己酉十二月十二日戌時

嗣子一　成水

乃有　即武之子　生光緒廿八年壬寅正月十六日辰時

娶黃氏照娘　生光緒卅二年丙午四月十四日巳時

子一　復承

女一

謹慎公諱不來　即汞長子

生光緒八年壬午十一月廿八未時
卒民國五年丙辰八月十四日酉時

娶黃氏勸娘　招偶

生光緒十九年癸巳八月廿六日卯時

續子二　悅興　鎮成

女一　適黃

挪來　即汞次子

生光緒十一年乙酉六月廿七日巳時

娶黃氏邪娘

生光緒廿四年戊戌八月十三日未時
卒公曆一九四九八月初四日　八

子三　王梨　香楊　成水出嗣叢

女三　長適黃

于來公　即汞三子

生光緒十八年壬辰十二月廿三日辰時
卒缺

止

京來　即景四子　生光緒廿三年丁酉十二月二十日寅時

續子二　悅興　鎮成

乃濕　即勤質公長子兼承橌　生光緒十六年庚寅九月十一日巳時

娶黄氏閃娘　生光緒廿五年己亥正月十一日辰時

子二　火炎　贊成

乃及公　即勤質公次子　生光緒廿九年癸卯　月　日　時　卒民國十年辛酉十一月廿五日申時

友直公諱乃作　即深淵公長子　生光緒十四年戊子十月十八日戌時　卒光緒廿九年癸卯八月初四日亥時

乃漸公　即深淵公次子　生光緒二十年甲午九月初六日子時　卒失

娶黄氏鶯娘　生光緒十九年癸巳十一月初五午時　卒民國二十年辛未六月廿三日巳時

子一　泉水 兼衆坎

潤澤公 諱資源　即神助次子

生光緒五年己卯四月廿一日酉時
卒民國九年庚申十二月廿五巳時

娶張氏蝡娘 號慈慎

生光緒十八年壬辰　月　日　時
卒民國五年丙辰七月初四日申時

子一　發

女一　適黃

乃俊公　即神助四子

生光緒十二年丙戌十月三十日子時
卒失

乃盤公　即神助五子

生光緒十五年己丑十月初二日卯時
卒失

泉來公 諱湧源　即勤敏公嗣隻子

生光緒元年乙亥十一月初五日辰時
卒民國十五年丙寅二月廿二日卯時

公

娶潘氏問娘　生光緒十六年庚寅五月十一日午時
子二　象　轉來
女四長三適黄　次適潘
乃獅　即艮之子　生光緒三十年甲辰二月初六日　時
娶邱氏鑾娘　生宣統元年己酉　月　日　時
子二　玻　秋
麗水　即杖長子兼嗣凋鮭　生光緒卅三年丁未十二月十九日巳時
山水　即杖次子　生民國八年己未閏七月初八日寅時
友諒公諱錢　即存性公繼孫　生光緒八年壬午三月十七日亥時　止
卒宣統二年庚戌十月十四日巳時

乃雪公　即克儉公隻子

佛然　即登長子

两秀　即登次子

乃留　即登養三子

乃有　士祥　即登四子

乃澤公　即泉長子

乃垻　即泉次子兼承篤公

乃成　即乃垻之子兼承勤[illegible]公

金水　即士愛公養長子

娶張氏梅娘

生光緒六年庚辰九月十五日寅時　[illegible]

卒失

生光緒廿六年庚子十二月廿八日寅時

卒民国[illegible]年[illegible]十一月初一日亥时

生光緒卅三年丁未二月十八日　時

生民國元年壬子三月　初[illegible]日[illegible]時

生民國十三年甲子十一月廿三日丑時

生光緒廿五年己亥七月初八巳時

卒民國九年庚申八月廿三日卯時

生民國二年癸丑十一月二十日午時

生民國七年　[illegible]　日　時

生宣統二年庚戌九月廿一日戌時

生民國二年癸丑八月初三日未時

往福清居住

淡水　即串珠長子　生光緒廿一年乙未九月初七日巳時

往夷亡

娶黃氏改適

子一　字

燒姑公　即串珠次子　生光緒廿四年戊戌八月廿九日辰時　止
卒民國十八年己巳四月十八日酉時

乃水　即腰長子　生宣統元年己酉二月廿七日巳時

两姑　即確嗣長子　生宣統元年己酉三月十四日未時

聘潘氏援娘　生民國二年癸丑　月　日　時

希文派

乃基　即猴公長子
生民國三年甲寅七月廿六日卯時

泽水公　即榮昌公長子
卒光緒五年己卯正月初六日亥時　止
生光緒十五年己丑八月十五巳時

瓦姑　即榮昌公次子
生光緒九年癸未正月初六日巳時　止
卒民國十七年戊辰九月廿一巳時

乃娥公　即榮昌公三子止
生光緒十五年己丑六月初一日酉時
公歿在番邦
失

乃佃　即榮昌公嗣四子
生宣統三年辛亥六月廿六日戌時

乃賴　即榮池長子
生光緒八年壬午三月廿一日丑時
娶黃氏香娘
生光緒十四年戊子十一月十九日　時

子三　文明　碩　老成

女三長適黃

乖姑　即榮池次子　生光緒十一年乙酉正月初三日辰時

娶黃氏寅娘　生光緒二十年甲午正月十四日寅時

子一　挪成

乃講　即榮池三子　生光緒十三年丁亥五月初十日辰時

娶黃氏片娘　生光緒廿二年丙申五月初七日未時

乃殿　即榮池四子　生光緒十七年辛卯十一月廿二日丑時

娶黃氏肆娘　生光緒卅二年丙午

乃拐　即榮池五子

生光緒廿八年壬寅五月廿八日亥時

金燕字乃飛　即慎齋公長子

生光緒廿一年乙未十二月初一日午時

娶謝氏浮娘

生光緒卅三年丁未十月初二日辰時

子二　安成　金錢

女一

中學畢業生雲摶諱金鶯字乃揚　即慎齋公次子

生光緒廿五年乙亥十月十七日子時

先娶黃氏切娘

生光緒廿九年癸卯十一月初四日申時

卒民國十二年癸亥正月十四日未時

繼娶潘氏詩娘

生光緒卅二年丙午四月廿四日卯時

子二　傳芳　順元俱養

金鶚　即慎齋公三子　生宣統元年己酉正月初四日酉時

金鈴　即慎齋公四子　生民國元年壬子十月初六日巳時

金熊　即慎齋公五子　生民國四年乙卯十一月十八日巳時

金雀　即榮突公長子　生光緒廿七年辛丑八月十八日子時

娶黃氏鏗娘　生光緒卅四年戊申七月廿七日申時

金炎公　即榮突公次子　生光緒三十年甲辰十月廿四日丑時　卒民國　年　月　日　時

金鎗　即榮突公三子　生光緒卅三年丁未二月十一日子時

娶黃氏添娘　生宣統三年辛亥六月廿五日午時

金格　即榮巭公四子　生民國四年乙卯十二月初五日戌時

金門　即榮凸長子　生光緒卅一年乙巳三月廿三日巳時

金獅　即榮凸三子　生民國二年癸丑八月廿四日亥時

按成　即榮凸四子　生民國十三年甲子十二月初七日寅時

習來　即拋兩承子　生光緒十八年壬辰六月初四日酉時

娶黃氏快娘　生光緒廿七年辛丑八月十四日酉時

子一　坤水

女一　適潘

乃付公　即拋兩嗣次子　生光緒廿四年戊戌十月十九寅時　卒民國四年乙卯三月十九日辰時

乃稿　即堦長子　生宣統三年辛亥十二月廿四日寅時

娶黃氏變娘　生民國四年乙卯四月十七日辰時

乃軟　即堦次子　生民國三年甲寅五月初七日卯時

乃潤　即堦三子　生民國九年庚申十一月廿九日丑時

乃第　即堦四子　生民國十二年癸亥四月初九日巳時

益春　即和厚公長子　生光緒卅四年戊申正月十八日子時

娶潘氏程娘　生民國元年壬子十一月十一日酉時

乃籃　即和厚公次子　生民國四年乙卯正月廿二日卯時

乃山　即和厚三子　生民國十二年癸亥正月十三日子時

乃昭 即响公嗣子生

仕進公派

乃經 即書禮公長子生

娶黃氏奉娘生

予 閣 欽 焉

俱往夷邦

乃弍 即書禮公次子生

乃叄 即書禮公三子生

乃帕 即飛來長子

生光緒十四年戊子九月廿九日酉時

先娶黃氏雪娘

生光緒十六年庚寅二月初九日寅時

繼娶黃氏蔭娘

卒光緒三十年甲辰六月廿六日寅時

生光緒十七年辛卯八月初二日酉時

子三　川　發　園

女三

乃電　即飛來次子

生光緒十九年癸巳七月初二日寅時

先娶黃氏莉娘號節儉

生光緒廿三年丁酉二月初六日巳時

卒民國十七年戊辰閏二月初十巳時

繼娶潘氏輕娘

生光緒廿四年戊戌八月初八日辰時

子三　莊　真　示

乃丟公　即溪水長子

生光緒廿一年乙未十二月十八未時

卒民國八年己未十二月初八日辰時

娶阮氏吻娘 招偶 生光緒廿六年庚子正月十四日子時

子 土殤 續子 参 嗹

李成 即溪水次子 生民國二年癸丑三月廿三日未時

娶黃氏緞娘 生民國四年乙卯四月十四日子時

隴成 即溪水似長子 生光緒十九年癸巳六月初十日丑時

續子 参 嗹

乃神 即順力公長子 生民國十一年壬戌八月廿八日巳時

乃于 即順力公次子 生民國十三年甲子九月廿八日亥時

乃與 即順力三子 生民國十七年戊辰七月初九日未時

乃金　即冬長子　生宣統二年庚戌十月十五日巳時

娶黃氏抱娘　生民國三年甲寅正月廿一日　時

乃抹　即冬次子　生民國六年丁巳二月十五日辰時

乃首　即糠嗣子　生民國十九年庚午五月廿七日亥時

王梨　即復公長子兼承正童公賸　生民國四年乙卯十一月十一日辰時

忠誠　即復公次子兼承賸　生民國九年庚申八月廿二日戌時

皇恭　即醮明嗣子　生民國十七年戊辰十二月十九日丑時

軋成　即葵高長子　生民國十五年丙寅三月十九日酉時

開文　即因長子　生民國十一年壬戌九月十八日亥時

自成　即因次子　生民國十三年甲子十月初二日申時

乃成　即壹長子　生民國四年乙卯六月初六日寅時

娶黃氏靳娘　生民國五年丙辰　月　日　時

乃銀　即壹次子　生民國八年己未九月廿八日酉時

乃橡　即坑長子　生民國元年壬子十二月十九日午時

娶黃氏鏗娘　生民國五年丙辰四月初九日戌時

金鑾　即進長子　生民國十六年丁卯十二月初五日　時

淵源　即進次子　生民國十七年戊辰四月初四日辰時

乃強　即吻長子　生

乃雨　即吻次子　生

生民國十四年乙丑五月廿三日巳時

乃惜　即碣長子

生民國十九年庚午二月三十日申時

乃火　即碧長子

石珍派

乃路　即參養長子

生民國十二年癸亥正月十二日未時

乃得　即參次子

生民國十四年乙丑九月廿三日巳時

乃顏公　即百公長子

生光緒卅四年戊申五月十五日丑時

卒民國十二年癸亥十一月初四戌時

墧基　即百公次子兼承泉

生民國元年壬子十月十六日卯時

娶黃氏樟娘

生民國三年甲寅八月十五日卯時

乃坑　即百公三子兼承泉　生民國七年戊午正月十八日寅時

乃塤　即尊長子　生民國十六年丁卯三月十六日戌時

鳳城　即灶養長子　生民國十六年丁卯五月廿一日酉時

乃銀　即灶養次子　生民國十九年庚午六月廿三日　時

完城　即灶養三子　生民國二十年辛未二月初七日丑時

科先　即蓍長子　生民國十八年己巳七月初五日未時

藩琇派

順興　即建泉長子　生民國十二年癸亥正月初三日卯時

彩興　即建泉次子　生民國十四年乙丑十一月初四日辰時

燒成　即建泉三子　生民國十七年戊辰八月廿五日巳時

金取　即建近長子　生民國十四年乙丑四月廿二日戌時

勤書　即建近次子　生民國十六年丁卯六月初一日戌時

金盾　即建近三子　生民國十六年丁卯七月十九日寅時

金鈸　即建近四子　生民國十八年己巳十月初四日巳時

盤書　即建評長子　生民國十六年丁卯九月初九日辰時

熾昌　即建天長子　生民國二十年辛未五月十四日午時

卷十六終

重修虹山彭氏族譜世紀卷十七

三十六世 嘉字行

愧斯公纂德派

遂達　即坤長子　生民國十八年己巳三月廿六日亥時

舉奕　即坤次子兼承洴　生民國十九年庚午十月廿八日申時

水來　即鑾長子　生民國十五年丙寅五月廿五日子時

銀水　即銘長子　生民國十六年丁卯六月初三日亥時

薄枝　即貞長子　生民國九年庚申二月廿七日巳時

速來　即營長子　生民國十二年癸亥七月初七日丑時

火炎　即鍋長子　生民國七年戊午十一月初八日子時
嘉砵　即鍋次子　生民國十四年乙丑十一月廿八日亥時
振興　即溪長子　生民國四年乙卯十二月初八日丑時
逢春　即溪次子　生民國七年戊午九月十八日卯時
娶賴氏炒娘　生民國十二年癸亥七月廿六日巳時
嘉晁　即財長子　生民國十六年丁卯六月廿九日寅時
嘉鍾　即財次子　生民國十八年己巳五月廿四日辰時
嘉富　即緬長子　生宣統三年辛亥十二月初八日辰時
娶潘氏稿娘　生民國三年甲寅十月十二日辰時

嘉拱　即緬次子　生民國三年甲寅六月十五日子時

娶黃氏晏娘　生民國四年乙卯三月三十日未時

文淵　即緬三子　生民國十年辛酉十一月二十日亥時

嘉培　即好長子　生民國十九年庚午三月十一日酉時

立成　即民長子　生民國十九年庚午九月廿五日子時

如陵派

番忠　即詛公長子　生民國十三年甲子正月廿二日亥時

犄忠　即詛公次子　生民國十八年己巳八月廿七日亥時

鳳吟呾吉派

嘉滙 即珠玉公長子 生光緒十三年丁亥七月初三日辰時

娶黄氏春娘 生光緒十九年癸巳三月十一日 時
卒民國七年戊午十二月三十日巳時

子一 金錠

嘉客 即八奇公長子 生光緒十九年癸巳八月初五日子時

娶黄氏新娘 生光緒廿三年丁酉十一月十九日 時

子二 團輝 衍慶

女

嘉門 即八奇公次子 生光緒廿三年丁酉二月初十日申時

娶黄氏盡娘 生光緒廿四年戊戌八月初五日 時

子一　象賢養

嘉遴　即八奇公三子　生光緒廿七年辛丑九月十七日巳時

娶黃氏劉娘　生民國元年壬子正月廿四日亥時

女一

嘉綢　即八奇公四子　生光緒卅一年乙巳二月十五日卯時

娶黃氏氣娘　生光緒卅三年丁未五月初八日巳時

子　繼賢

女一

意成　即禮郎長子　生光緒廿四年戊戌十月初三日寅時

娶陳氏眼娘　生光緒三十年甲辰十二月初一日申時

子一　朝火

在親　即禮郎次子　生光緒卅一年乙巳三月十九日辰時

娶徐氏差娘　生光緒三十年甲辰

子　長流

木蓝　即庚郎長子　生光緒卅二年丙午二月三十日亥時

娶黃氏筵娘　生宣統元年己酉七月十三日辰時

溪水公　即庚郎次子　生宣統二年庚戌九月初五日辰時　卒民國十四年乙丑三月初三辰時

茂林　即庚郎三子　生民國二年癸丑九月廿三日酉時

旭日公諱暖　即名譽公長子　生同治十二年癸酉二月廿二日亥時
卒光緒廿二年丙申八月初九日亥時

田土字嘉禾　即名譽公次子　生光緒二年丙子閏五月廿四日子時

娶徐氏變娘　生光緒九年癸未十二月十七日丑時

子三　金所出嗣買公　泉水　文水殤

挑水　即名譽公三子　生光緒五年己卯八月廿七日申時

娶林氏壽娘　生光緒十四年戊子十一月十五日寅時

子二　培　箕

買業公　即名譽公四子　生光緒九年癸未七月廿六日申時
卒宣統元年己酉八月廿四日巳時

娶陳氏改適

嗣子一　金所

天寶公　即名譽公五子

生光緒十六年庚寅正月二十未時

卒宣統元年己酉八月十八日卯時

田美公　即壇公長子

生宣統三年辛亥十二月十一日酉時

卒民國二十年辛未正月十六日亥時

桑林　即得時長子兼承鳴盛爲孫

生民國二年癸丑九月初五日卯時

飛龍　即得時次子

生民國十年辛酉五月初三日卯時

坑郎　即億兆公長子

生同治十三年甲戌正月十七日未時

娶林氏運娘

生光緒十年甲申十一月十八日申時

嗣子　四成

嘉魚　即億兆公次子兼承得福　生光緒二年丙子十二月初八日未時

先娶林氏寶娘　生失　卒光緒廿四年戊戌十一月廿一日巳時

繼娶林氏寬娘　生光緒十三年丁亥五月初八日巳時

子二　温艮　四成出嗣坑

嘉清　即億兆三子兼承得福　生光緒十年甲申閏五月初六日未時

娶徐氏蓮娘　生光緒十八年壬辰五月廿八日午時　卒民國十六年丁卯八月十七日亥時

子一　佑英

女一　適林

嘉繼　即億兆四子兼承得福　生光緒十五年己丑九月初八日亥時　卒民國十九年庚午九月初五日酉時

先娶黃氏時娘　生光緒廿二年丙申八月十一日子時　卒民國七年戊午十一月十六日午時

繼娶黃氏鉛娘　生光緒十九年癸巳九月初二日酉時

子二　興先妣出　淵水後娶出

女三長適林

嘉池　即成才嗣長子　生民國十五年丙寅五月廿一日亥時

嘉通　即晉來長子　生民國十四年乙丑八月初一日酉時

嘉姜　即連紋嗣長子　生民國十八年己巳十二月十一日戌時

太山　即金掌長子　生民國十九年庚午六月廿五日辰時

瓦成　即貯長子　生民國十六年丁卯十一月廿一日酉時

文成　即貯次子　生民國十九年庚午二月初八日子時

嘉慶　即堧長子　生民國十九年庚午九月十九日卯時

冷水　即土長子　生民國十九年庚午七月廿二日巳時

達水　即選長子　生民國二十年辛未四月初二日巳時

裕後公　即德爽公長子　生光緒廿八年壬寅　卒民國十六年丁卯十二月廿一日酉時

旺成　即德意養長子　生民國四年乙卯三月廿三日未時

煥文　即德意次子　生民國十年辛酉二月廿五日戌時

土塔　即德望嗣長子　生民國二年癸丑二月廿四日申時

立功　即德望公嗣次子　生民國九年庚申正月廿七日亥時

首出　即德貌次子　生民國六年丁巳九月廿八日戌時

金水　即德貌三子　生民國十五年丙寅六月初七日未時

銀水　即德貌四子　生民國十九年庚午閏六月廿八日未時

怨成　即德顯次子　生民國十五年丙寅二月十九日巳時

瓠成　即德顯三子兼承德望　生民國十八年己巳六月廿一日丑時

彔金　即德恒嗣子　生民國十一年壬戌六月廿六日戌時

烏姑　即德存次子　生民國十六年丁卯五月初九日午時

文秀　即德縣長子　生民國六年丁巳八月十八日戌時

文銭　即德百長子　生民國十四年乙丑十一月十三日辰時

贇兵　即德百次子　生民國十七年戊辰十月廿八日午時

文竹　即進成長子　生民國十一年壬戌八月十一日戌時

文炳　即進成次子　生民國十四年乙丑十月二十日亥時

文彬　即進成三子　生民國十六年丁卯十月初一日亥時

文献　即進成四子　生民國十九年庚午五月十七日辰時

條根　即沙成公長子　生宣統三年辛亥九月廿二日辰時

娶黃氏紅絹娘　生民國二年癸丑六月廿四日巳時

子一　來水

仲啓　即沙成公次子　生民國四年乙卯正月初五日寅時

月傳　即沙成四子　生民國十七年戊辰二月初七日酉時

慶春　即端成次子　生民國十九年庚午九月十三日子時

法春　即文體嗣子　生民國十七年戊辰二月十七日戌時

樹林　即鍾英長子　生民國二十年辛未二月十一日辰時

元和公　即趖公長子　生光緒卅一年乙巳九月初一日辰時　卒民國二十年辛未正月廿八日巳時

娶黃氏案娘　生民國四年乙卯九月十六日亥時

孔方　即琶公長子　生光緒卅四年戊申十二月初六日午時

文陣　即琶公次子　生民國十年辛酉五月廿三日巳時

文春　即琶公三子兼承條　生民國十三年甲子十一月廿一日戌時

泉水　即琶公四子兼承條　生民國十九年庚午六月廿三日亥時

嘉瓞　即礪光長子　生民國三年甲寅十二月初七日丑時

嘉焉　即礪光次子　生民國八年己未四月初八日未時

嘉默　即礪光三子　生民國十年辛酉五月十九日辰時

好來　即菈花長子　生民國九年庚申四月初九日戌時

吸水　即蕊花次子　生民國十六年丁卯四月廿一日申時

見成　即青長子　生民國十七年戊辰閏二月廿二日寅時

崑山　即得時長子兼承水　生民國十五年丙寅二月廿一日辰時

明月　即得時次子　生民國十七年戊辰四月初四日辰時

嘉篇　即柯來長子　生民國十五年丙寅正月廿二日戌時

嘉藝　即柯來次子　生民國十八年己巳八月廿八日辰時

嘉貌公　即大道公三子　生光緒廿一年乙未五月廿四日未時　卒民國十八年己巳四月十九日午時

娶黃氏出娘　招偶　生光緒廿一年乙未二月十七日巳時

女二

嘉放　即大道公四子　生光緒卅三年丁未四月二十日辰時

娶黃氏早娘　生民國三年甲寅八月廿八日午時

慶成　即大道公似三子　生光緒二十年甲午六月十一日未時

嘉暖　即神童公嗣長子　生光緒十三年丁亥十月廿二日辰時　卒光緒卅一年乙巳六月十九日酉時

娶黃氏改適

嘉瓶公　即神童公嗣次子

生光緒十六年庚寅九月初三日巳時
卒失

嘉店　即蓋頂長子

生宣統元年己酉十月十六日卯時

娶黃氏梯娘

生宣統二年庚戌十二月十六日午時

嘉帶　即蓋頂次子

生民國十一年壬戌十月十九日卯時

娶黃氏抱娘

生民國十二年癸亥二月初十日辰時

嘉伴　即蓋頂三子

生民國十六年丁卯九月廿二日酉時

文朝　即快長子

生光緒廿五年己亥十月廿六日巳時

娶黃氏執娘

生光緒卅二年丙午十一月十二日巳時

女一

必成　即快次子　生光緒卅二年丙午十月十三日巳時

娶陳氏涇娘　生宣統二年庚戌十一月十九日亥時

金墨　即快三子　生民國三年甲寅正月廿四日子時

娶黃氏追娘　生民國七年戊午四月初十日　時

金水　即快四子　生民國十四年乙丑十二月廿六日寅時

聘黃氏劉娘　生民國十三年甲子三月初九日卯時

聰明　即郭姑養長子　生光緒十五年己丑六月十八日寅時

娶尤氏喃娘　生光緒廿二年丙申五月二十日辰時

子三　借養　討攔

女三

莊周公　即澗蛙長子　生光緒廿三年丁酉正月廿二未時　卒民國十年辛酉五月廿九日辰時

嘉庚　即澗蛙次子　生光緒卅二年丙午五月三十日時　卒民國七年戊午八月初四日未時

嘉潘　即澗蛙三子　生民國三年甲寅五月十七日丑時

嘉冊　即畫姑長子　生光緒廿七年辛丑四月初二日戌時

娶黃氏冬娘　生光緒卅二年丙午十二月初五日酉時

子一　扭明養

春水　即畫姑次子　生民國四年乙卯十一月廿三日丑時

娶黃氏担娘　生民國七年戊午十一月廿六日寅時

雨水　即貼郎長子　生光緒卅三年丁未四月十四日丑時

娶黃氏梭娘　生民國元年壬子十月初九日卯時

抵水　即貼郎次子　生民國元年壬子五月初一日寅時

娶黃氏勸娘　生民國元年壬子八月初八日辰時

嘉山　即秣姑次子　生光緒十九年癸巳八月初三日寅時

續子　元

嘉訛　即秣姑三子　生光緒廿四年戊戌二月初八日巳時

娶林氏勸娘　生光緒卅三年丁未十月初五日酉時

子二　等　候出繼善德公爲曾孫

嘉川公　即岑童公嗣子　生光緒十六年庚寅正月廿一卯時　卒民國八年己未五月十一日辰時

娶黃氏辣娘　生光緒廿二年丙申十月初八日戌時

子一　深

金信　即兩成長子　生民國元年壬子三月廿六日寅時

娶黃氏欽娘　生宣統三年辛亥十月初五日卯時

子　瓦水

丁丑　即兩成次子　生民國三年甲寅十月十八日午時

嘉貢　即謙公養子　生民國十二年癸亥十一月廿六日辰時

連類公　即樟姑長子　生光緒三十年甲辰二月十一日亥時　卒民國十六年丁卯八月初六日未時

雖郎　即樟姑公嗣子　生民國三年甲寅正月十八日辰時

嘉犂　即乃儒次子　生民國九年庚申四月十九日辰時

富郎　即乃儒三子　生民國十二年癸亥十月十四日寅時

烏田　即樹林長子　生民國十六年丁卯

法郎　即任長子　生民國十二年癸亥四月十三日未時

金蓮　即位郎養長子　生民國十四年乙丑十月初三日寅時

嘉欠　即乃雲長子　生民國十八年己巳五月廿二日未時

嘉快　即趙國長子　生民國十三年甲子十月廿一日戌時

嘉克　即趙國次子　生民國十六年丁卯三月初七日卯時

金英　即趙國三子　生民國十七年戊辰五月初四日巳時

維熊　即思國之子兼承玉樹　生民國十九年庚午十月廿一日子時

英才　即曹國養長子　生民國三年甲寅十一月十八日巳時

娶潘氏玷娘　生民國五年丙辰十一月廿八日巳時

蔭林　即勤書次子　生宣統二年庚戌正月初六日戌時

娶黃氏柑娘　生宣統二年庚戌八月初十日酉時

竹林　即勤書三子　生民國元年壬子十二月初八日亥時

錢林　即勤書四子　生民國四年乙卯八月十一日辰時

茶林　即勤書五子　生民國七年戊午四月十八日亥時

成林　即勤書六子　生民國十一年壬戌六月廿六日寅時

樹林　即降書公嗣長子　生光緒廿四年戊戌十月初六日亥時

娶黃氏綢娘　生光緒卅二年丙午十月初六日酉時

予二　秋蘭　秋忠

祚榮　即降書嗣次子　生光緒廿八年壬寅十二月廿一日亥時

娶黃氏錐娘　生光緒三十年甲辰八月十四日酉時

子二　漢水　載明

大學畢業生田華字嘉龍　即朝書次子

生光緒卅三年丁未十一月廿二日午時

娶黃氏敬娘　生宣統二年庚戌八月十九日午時

佑高　即朝書三子　生民國六年丁巳六月十八日丑時

娶黃氏富娘　生民國八年己未十一月初三日亥時

封侯　即朝書四子　生民國十年辛酉十月廿六日午時

得才　即朝書五子　生民國十四年乙丑正月初十日酉時

進來　即勸長子　生民國十九年庚午七月十一日未時

恪齋派

逢珠　即殊長子　生民國十六年丁卯二月十四日卯時

針成　即查長子　生光緒廿四年戊申九月廿四日辰時

娶黃氏鑾娘　生民國四年乙卯二月初七日亥時

璇璣　即丁養長子　生民國十七年戊辰八月初二日未時

緜圃　即度養長子　生民國六年丁巳正月廿四日巳時

娶黃氏改娘　生民國五年丙辰正月初三日申時

金水　即氣長子　生民國十三年甲子六月初六日辰時

清標　即氣次子　生民國十七年戊辰八月十二日辰時

清源　即氣三子　生民國十九年庚午八月十三日辰時

真珠　即挈長子　生民國十年辛酉八月十五日丑時

嘉强　即掔次子　生民國十三年甲子七月十九日酉時

扳桂　即望三子　生民國十六年丁卯四月十五日辰時

和引　即掔四子　生民國十九年庚午正月初五日午時

南良　即等養長子　生民國十七年戊辰十二月三十日巳時

嘉琴　即坂長子　生民國八年己未正月十四日酉時

娶黃氏扐娘　生民國六年丁巳三月十四日寅時

嘉呼　即笑嗣長子　生民國十三年甲子六月廿二日戌時

嘉祖　即戶長子　生民國四年乙卯十月初七日巳時

嘉滋　即戶次子　生民國十三年甲子六月廿二日戌時

嘉楓　即戶三子　生民國十六年丁卯十一月十一日戌時

留情　即沙金公長子　生民國十五年丙寅十一月初九日酉時

成業　即勇順嗣長子　生民國十一年壬戌四月初五日卯時

娶黃氏寬娘　生民國九年庚申

顯祖　即變養長子　生民國十年辛酉

懿玖　即變次子　生民國十五年丙寅五月初六日午時

成祖　即祿次子　生民國十六年丁卯正月二十日午時

金拔　即祿三子　生民國十八年己巳正月初三日卯時

出與　即变長子　生民國十九年庚午正月廿九日酉時

嘉煤　即鳳陽公長子　生民國元年壬子正月初二日亥時

娶黃氏惜娘
生民國二年癸丑十二月十九日　時

松枝　即兌嗣長子
生民國九年庚申七月廿六日丑時

嘉玉　即兌次子
生民國十七年戊辰十月廿三日丑時

有德　即金木養長子
生民國十五年丙寅十月初八日辰時

菜根　即挖長子
生民國十一年壬戌六月初七日寅時

樹木官章喬松　即乃心長子
生民國六年丁巳七月十九日戌時

草成　即乃心次子
生民國十七年戊辰八月十二日丑時

國南官章端明即乃心三子
生民國廿四年乙亥二月初一卯時

秋菊官章錘陽即乃心四子
生民國卅年辛巳年九月初九[illegible]寅時

嘉來　即琶長子
生民國十三年甲子十一月初一日　時

聘陳氏眼娘
生民國十三年甲子

嘉行　即琶次子　生民國十七年戊辰六月十六日未時

皆成　即拵長子　生民國十年辛酉十一月初一日亥時

代成　即拵次子　生民國十五年丙寅十二月初三日戌時

嘉淵　即偉長子　生民國元年壬子十一月廿七日辰時

聘黃氏　娘　生民國四年乙卯十一月廿六日午時

嘉趙　即偉次子兼承億公　生民國四年乙卯十一月初七日丑時

成水　即藹嗣長子　生民國十九年庚午十一月初五日辰時

復承　即有長子　生民國十九年庚午二月初二日卯時

悅興　即不來公長子　生民國十三年甲子正月十二日戌時

鎮成　即不來公次子　生民國十八年己巳十月三十日戌時

王梨　即挪來長子　生民國十四年乙丑四月廿二日寅時

香楊　即挪來次子　生民國十八年己巳正月十九日辰時

火災　即濕長子　生民國十一年壬戌七月廿九日亥時

泉水　即漸長子　生民國七年戊午四月初八日巳時

嘉發　即資源長子　生宣統三年辛亥七月廿一日酉時

嘉象　即湧源長子　生民國元年壬子三月初八日酉時

轉來　即湧源次子　生民國十年辛酉七月十六日寅時

即獅之子　生

嘉宇　即淡水長子　生民國六年丁巳八月十二日

希文派

文明公　即賴長子　生宣統二年庚戌十一月初三日戌時　卒民國十一年壬戌九月廿二日未時

文碩　即賴次子　生民國二年癸丑十一月初六日亥時

老成　即賴三子　生民國七年戊午十月初三日辰時

挪成　即乖長子　生民國十六年丁卯十月廿七日辰時

安成　即金燕長子　生民國十五年丙寅四月廿五日寅時

金錢　即金燕次子　生民國十七年戊辰六月初五日卯時

傳芳　即金鶯養長子　生民國十年辛酉七月十一日戌時

順元 即金鶯養次子 生民國十五年丙寅七月廿五日申時
坤水 即習長子 生民國十年辛酉十二月廿九日丑時

仕進派

嘉閣 即經長子生
嘉欽 即經次子生
嘉焉 即經三子生
以上三名俱在夷邦
嘉川 即帕長子 生民國三年甲寅三月初一日酉時
嘉發 即帕次子 生民國十年辛酉七月初六日亥時

嘉圍　即帕三子　生民國十二年癸亥十一月初九日夕

嘉莊　即電長子　生民國六年丁巳三月廿九日午時

娶黃氏京娘　生民國五年丙辰十二月初九日午時

嘉真　即電次子　生民國十三年甲子十月十一日戌時

嘉示　即電三子　生民國十七年戊辰二月廿八日寅時

嘉参　即丟公長子　生民國十一年壬戌三月廿二日子時

嘉嗹　即丟公次子　生民國十二年癸亥十一月初二日亥時

三十七世 芳字行

鳳吟四吉派

金錠 即漚長子 生民國六年丁巳閏二月 日 時

團輝 即客長子 生民國七年戊午九月初九日申時

衍慶 即客次子 生民國十七年戊辰七月廿九日未時

象贊 即門長子 生民國十五年丙寅十月初五日寅時

繼贊 即綢長子 生民國二十年辛未七月十七日酉時

朝火 即意長子 生民國十七年戊辰十一月廿四日丑時

長流 即在親長子 生民國二十年辛未四月十六日酉時

泉水　即田土次子　生民國三年甲寅二月十八日卯時

芳培　即挑水長子　生民國二年癸丑十一月十一日寅時

芳算　即挑水次子　生民國十七年戊辰八月初一日子時

金所　即買業公嗣長子　生光緒卅一年乙巳十一月廿三日巳時

娶吳氏綏娘　生光緒卅四年戊申七月十八日酉時

女一

吲成　即坑嗣長子　生民國四年乙卯八月十二日亥時

娶林氏裕娘　生民國九年庚申七月廿五日[illegible]時

温良　即魚長子　生宣統元年己酉九月初六日未時

娶林氏盈娘　生宣統二年庚戌五月廿五日戌時

女一

芳佔　即清長子　生宣統元年己酉八月初一日卯時

娶陳氏煤娘　生宣統三年辛亥十一月廿五日　時

子一　遷

芳興　即嘉繼長子　生民國七年戊午正月廿九日　時

淵水　即嘉繼次子　生民國十五年丙寅三月廿三日酉時

來水　即條根長子　生民國十九年庚午十二月　日　時

芳借　即聰明養長子　生民國十三年甲子十二月十六日丑時

芳討　即聰明次子　生民國十七年戊辰閏二月初七日卯時

芳攔　即聰明三子　生民國二十年辛未正月十一日午時

扭明　即丹養長子　生民國十八年己巳十月廿二日午時

芳元　即山之子　生民國十年辛酉四月十四日午時

芳等　即詤長子　生民國十六年丁卯十一月初五日亥時

芳候　即詤次子出嗣焉德公爲曾孫　生民國十九年庚午八月二十日丑時

芳深　即川長子　生民國七年戊午二月初八日戌時

瓦水　即金信長子　生民國二十年辛未六月初四日未時

秋蘭　即樹林養長子　生民國十八年己巳八月廿八日酉時

秋忠　即樹林次子　生民國十九年庚午十二月廿二日未時

漢水　即祚榮長子　生民國十五年丙寅六月十八日未時

載明　即祚榮次子　生民國十八年己巳八月十五日辰時

恪齋派

明福　即華成長子也

生一九五一年　辛卯七月初八日卯時

三十八世詩字行

鳳吟派

詩遷　即芳佔長子

生民國十九年庚午閏六月初八日寅時

重修虹山彭氏族譜世紀遺闕卷十八

下彭嶺祖宇開閱神主不知何派何世姑錄之

考念樸公
生康熙四十一年壬午五月廿三日戌時
卒乾隆廿九年甲申十一月廿三日亥時

妣王氏號端慈
生康熙五十二年癸巳三月十四日寅時
卒乾隆四十四年乙酉九月廿四日酉時

子二　時　照

考仁第蒲
生康熙四十二年癸未五月十六酉時
卒雍正九年辛亥四月廿五日申時

妣潘氏號勤慎
生康熙五十一年壬辰五月初一巳時
卒乾隆七年壬戌十月廿八日寅時

子一　璣

考時傑公
生康熙六十年壬寅六月廿九日巳時
卒乾隆五十四年己酉五月初七寅時

妣洪氏號以順　生雍正十三年乙卯九月十三日戌時　卒嘉慶十四年己巳十月十七日亥時

子一　添

考當進公　生乾隆四年己未二月初七日寅時　卒乾隆五十九年甲寅十二月三十日寅時

妣黃氏號柔順　生乾隆十二年丁卯四月初八日卯時　卒道光元年辛巳十一月十六日辰時

子二　午　仁

考進先公　生乾隆九年甲子　卒道光五年乙酉七月廿四日酉時

妣謝氏號順德　生乾隆廿九年甲申七月初三日辰時　卒乾隆六十年乙卯五月廿七日酉時

子一　見

考寶義公　生乾隆十四年己巳　卒乾隆五十九年甲寅十月十一日巳時

妣黃氏號儉束　生乾隆十四年己巳九月　日卯時　卒乾隆五十八年癸丑十二月

子一　言

考昭勤公　生乾隆廿四年己卯八月廿四日辰時　卒乾隆五十三年戊申六月十三丑時

子一　復

考思齋公　生乾隆四十九年甲辰十月廿四酉時　卒嘉慶　年四月初九日卯時

妣廖氏號言謹　生失　卒嘉慶　年十月十四日戌時

考書禮公　生乾隆五十四年己酉九月廿七日　卒道光十五年乙未七月初一巳時

妣黃氏號勤義　生乾隆五十八年癸丑七月廿四日　卒道光十年庚寅十一月十四丑時

考文國公　生卒缺

妣黃氏號勤儉生卒失

子二　士　宜

時公　即念樸公長子

照公　即念樸公次子

璣公　即潘氏勤慎之子

添公　即時傑公之子

見公　即進先公之子

言公　即實義公之子

復公　即昭勤公之子

士公　即文國公長子

宜公　即文國公次子

午公　即常進公長子

仁公　即常進公次子

山頭派

遺失木主不知何房之八姑闕之以俟後查詳改正

季澄　生乾隆廿七年壬午月　日　時
卒失

親海　生道光元年辛巳十一月初二午時
卒嘉慶四年己未七月十八日午時

同勒公　生道光十二年壬辰七月廿二日酉時
卒咸豐三年癸丑十二月廿二日巳時

先室杜氏號順懿
生嘉慶十年乙丑五月廿六日申時
卒道光廿九年己酉九月廿九子時

順靜公
生道光十八年戊戌四月十二日寅時
卒光緒十四年戊子七月十二日寅時

子　再英

知振公
生道光三年癸未十二月十三日子時
卒同治十三年甲戌八月廿一日亥時

南陽諱倪
生乾隆卅八年癸巳九月廿三日　時
卒嘉慶十四年己巳五月初三日申時

吉士公諱根
生乾隆四十一年丙申十二月初九丑時
卒嘉慶元年丙辰六月十三日未時

妣黃氏柹娘號珠理
生嘉慶十二年丁卯七月初四日　時
卒道光八年戊子九月廿三日　時

再公　即順靜公之子

東長房二

振先公埔後派錄列神主

宜博公 生 卒年五月三十日

娶黃氏 生卒失

順積公 生卒失

娶陳氏 生 卒八月十三日

和齋公 生 卒二月廿二日

娶潘氏 生卒失

順美公 生 卒六月十五日

學新公 生 卒四月十四日

娶黃氏生卒缺

側室黃氏春姊生　卒九月廿六

維賢公生　卒五月廿四日

娶黃氏生　卒六月十四日

居伯公生卒失

隱公生卒失

維鳳公生　卒正月廿八日

娶曾氏生　卒七月十一日

宗澤公生　卒七月初九日

永安公 生 卒 正月廿四日

娶黃氏 生 卒 六月廿八日

宗食公 生 卒 年十二月廿七日

存福公 生 卒 三月廿三日

存瑶公 生 卒 五月廿四日

娶林氏 生 卒 五月十五日

子 品英 生 卒 失

存壽公 生 卒 十一月廿二日

邑英公 生 卒 失

共英公生卒失

故考失諱生　卒十二月初九日

故考失諱生　卒十二月二十日

宗明公生　卒九月廿一日

娶黃氏生　卒三月初一日

順德公生　卒十二月初三日

娶陳氏生　卒五月十一日

亥伯公生卒失

耀南公生　卒九月初八日

娶張氏 生 四月十五日 卒

雖首公 生 五月十六日 卒

存深公 生 四月十四日申時 卒

娶葉氏 生 十二月廿六日申時 卒

子 金騰

可金騰 即存深公之子 生 十一月廿三日 卒

子一 仲平養

生咸豐十年庚申六月二十日丑時

仲平 即金騰養子

娶黃氏救娘

生同治十一年壬申十二月　日　時
卒光緒卅四年戊申正月廿七日卯時

子一　江水
生光緒廿三年丁酉七月十七日酉時
叔江水　即仲平之子
父子俱出居候安嶺田岑厝
蓋有公生卒缺
娶賴氏生卒缺
仲來春
娶陳氏罕娘
子　叔讀　侄劉林
趑公生卒失

續子　萬金　文銀

許公

丁埔暮厝甫公派下二十六世起至三十二世止細查探

訪只有所知名數開列於左

業德公

妣　氏金娘

順公

娶　氏

親公

香公
添財公
仟財公
娶黃氏勸娘
進財公
丁公
娶鄧氏乙娘
丁埔暮厝吉公派下至三十一世就神主牌錄列於左
維素公

宗興公
娶劉氏
永御公
娶李氏
萬公
鎮公
成朝公
娶　氏與娘
得來公

其民公

大三房

廿二世

不知是公是妣神主開閱失慎僅存生卒不得輯貫成行姑

錄之以待後查添紀

生萬曆四十四年丙申十二月十八日寅時

卒　年壬寅八月十七日未時

生康熙四十三年甲申八月初七戌時

卒乾隆十三年戊辰七月初七日寅時

生　乙亥二月十五日丑時

卒　己丑六月初四日酉時

楚南徐甲庚

生 己酉四月初五日酉時
卒 乙未三月廿八日戌時

生 己未十一月初五日戌時
卒 甲戌十二月十八日酉時

某公不知何公之子
生康熙四十六年丁亥七月十二日 時
卒乾隆廿三年戊寅七月十二日巳時

娶黃氏
生雍正三年乙巳十月 日 時
卒乾隆 年 十月初九日丑時

某公不知何公之子
生康熙五十年辛卯十月十一日酉時
卒乾隆廿二年丁丑五月十九日酉時

娶 氏
生康熙五十年辛卯六月廿八日 時
卒乾隆 年 二月十六日 時

某公不知何公之子
生康熙五十四年乙未
卒乾隆十八年癸酉四月十八日酉時

廿五世

于昭德公不知何公之子
生康熙四十年辛巳正月初六日 時
卒乾隆十七年壬申十月十七日 時

赫予公　不知何公之子

生康熙四十一年癸未

卒乾隆十三年戊辰八月廿八日　時

廿六世

箬碩公不知何公之子僅知其世神主上又無名字孝男可稽姑

闕之

生康熙四十四年乙酉七月初三日亥時

卒乾隆四十九年甲辰四月廿九日亥時

娶賴氏號勤慎

生康熙四十五年丙戌二月初三子時

卒雍正十三年乙卯四月廿八日巳時

繼娶潘氏

卒康熙五十一年壬辰十一月廿一　時

卒乾隆八年辛酉八月十四日酉時

三娶柯氏號守儉

生康熙四十八年己丑十一月廿八戌時

卒乾隆四十一年丙申正月初七日酉時

賴埜本鄉土名蘇山丑未

箬與公　不知何公之子

生康熙五十三年甲午十一月十三日戌時

卒乾隆卅七年壬辰十二月初七日巳時

娶黄氏號温慈
生　己丑七月十三日未時
卒乾隆四十九年甲辰十一月廿五日辰時
子三　熊　皆　額
以下七名由神主輯錄不知配何公
妣楊氏
生　乙丑年三月初六日未時
卒　壬午年六月十六日巳時
塟本鄉大路内辰戌巽乾
妣　氏號淑
生康熙五年丙午二月廿二日酉時
卒雍正十年壬子正月廿五日未時
妣黄氏號勤慈
生康熙廿四年乙丑十二月十一寅時
卒乾隆八年癸亥二月二十日寅時
子三　扳　絅　婆
妣　氏
生康熙四十五年丙戌十月十六未時
卒雍正七年己酉十一月初一日寅時

妣黃氏號樸勤　生乾隆卅二年丁亥　卒乾隆五十二年丁未九月初一日寅時

子二　玉潤　暨和

妣黃氏　生乾隆卅四年己丑七月十七日酉時　卒道光十八年戊戌五月十四日申時

子一　釵

妣黃氏號莊靜　生嘉慶元年丙辰八月初八日酉時　卒道光六年丙戌四月初七日辰時

子一　士來

廿七世

熊公　即詹與公長子　生乾隆十六年辛未三月十一日巳時　卒乾隆五十一年丙午正月廿四申時

孫皆公　即詹與公次子　生卒佚

孫額公　即善與公三子　生卒失

以下俱就神主錄列故不知何公之子

遵岸公　生雍正四年丙午四月廿二日未時　卒乾隆五十三年戊申三月廿六申時

娶陳氏號柔順　生乾隆四年己未五月廿七日子時　卒乾隆五十年乙巳七月廿七戌時

周正公諱經　生雍正九年辛亥十一月廿二日寅時　卒乾隆四十一年丙申三月初四丑時

娶潘氏號慈愛　生乾隆二年丁巳二月廿六日巳時　卒乾隆五十八年癸丑十一月十一辰時

存仁公諱焱　生雍正十年壬子十一月廿七日寅時　卒乾隆四十三年戊戌十一月廿五寅時

[illegible]娶鄭氏號謹樸　生乾隆元年丙辰正月十九日卯時　卒嘉慶七年壬戌十一月初二未時

云爾公諱默　生雍正十一年癸丑十月十四丑時　卒嘉慶元年丙辰十月廿七日申時

娶林氏號貞愼
生雍正八年庚戌四月初九日寅時
卒嘉慶三年戊午六月三十日申時

德畏公
生雍正十二年甲寅十二月廿一日未時
卒乾隆四十一年丙申十二月廿八子時

孫錦公
生乾隆五年庚申七月十二日午時
卒道光十五年乙未九月廿二酉時

應禮公諱妙
生乾隆六年辛酉十月十三日未時
卒乾隆六十年乙卯五月十八巳時

娶杜氏號順孝
生乾隆十八年癸酉十二月廿七辰時
卒嘉慶元年丙辰正月初七日寅時

素剛公諱遺
生乾隆六年辛酉十月廿六日卯時
卒嘉慶四年己未十二月初五辰時

娶黃氏號儉慈
生乾隆十三年戊辰十月十五午時
卒嘉慶五年庚申七月廿二日卯時

子四　樵　丑　屠　告

大居公
生乾隆十一年丙寅四月初七日戌時
卒嘉慶廿五年庚辰十月廿五日戌時

嗣子一　立

天詮公諱體

娶陳氏回娘號恬順

孫玉公

娶黃氏

孫樹公

高飛公

娶陳氏號克發

盈伸公

生鉄

卒嘉慶十三年戊辰四月初五日寅時

生乾隆十二年丁卯七月十五日　時

卒道光十一年辛卯七月廿五日　時

生乾隆十八年癸酉十二月初五酉時

卒嘉慶廿三年戊寅五月十七日巳時

生乾隆卅五年庚寅十二月初八丑時

卒嘉慶廿一年丙子八月十五日寅時

生乾隆廿七年壬午三月三十日卯時

卒道光十三年癸巳七月十九日寅時

生乾隆四十五年庚子七月三十戌時

卒道光三年癸未五月初五日子時

生乾隆　　年四月十一日

卒　　年八月廿六日

生乾隆四十六年辛丑八月　日　時

卒道光十五年乙未十月初七日巳時

娶　氏號惟順

生乾隆五十九年甲寅十二月廿四時
卒道光十八年戊戌三月十七日巳時

進成公名禓

生嘉慶十五年庚午十一月廿二丑時
卒同治四年乙丑九月廿一日卯時

子一　瓊

某公

生乾隆廿三年戊寅七月廿八日寅時
卒嘉慶十九年甲戌二月廿五日卯時

娶　氏

生乾隆卅六年辛卯六月廿五酉時
卒道光五年乙酉四月初七日卯時

子云　恥

某公

生乾隆卅一年乙酉十月廿四日戌時
卒乾隆四十五年庚子二月初三戌時

葬飛雲鄉苦池崙坐東向西

孫扳公　即黃氏勤慈長子

孫絪公　即黃氏勤慈次子

孫婆公　即黃氏勤慈三子

玉潤公　即黃氏樸勤長子

暨和公　即黃氏樸勤次子

孫欽公　即黃氏長子

士來公　即黃氏莊靜長子

廿八世

爲樵公　即遺公長子

爲丑公　即遺公次子

爲尾公　即遺公三子

爲告　即遺公四子

爲豆公　即大居公嗣子

爲瓊公　即禓公之子

爲云公　不知何公之子

爲恥公　不知何公之子

厚齋公諱山

生乾隆廿三年戊寅八月十三日申時
卒嘉慶十三年戊辰三月廿八日亥時

娶王氏林氏李氏

生乾隆卅三年戊子十一月廿七巳時
卒嘉慶十二年丁卯正月廿八日　時

子二　思皇　建

圓端公諱輗
生乾隆廿五年庚辰九月初五未時
卒道光二年壬午十月廿二日酉時

君名公
生乾隆三十年乙酉正月初十日寅時
卒道光四年甲申十二月初四日辰時

娶朱氏號端和
生乾隆卅一年丙戌十二月廿五日寅時
卒失

厚德公諱確
生乾隆三十年乙酉十一月初三日午時
卒道光十一年辛卯十一月廿七日午時

娶陳氏號柔惠
生乾隆卅二年丁亥四月初五日辰時
卒道光四十二年丁酉五月十五巳時

子一　招

書禮公諱讀
生乾隆卅三年戊子五月廿五日戌時
卒道光十三年癸巳十一月十一午時

惠德公諱益元字爲謙
生乾隆卅五年庚寅正月十六日寅時
卒嘉慶廿五年庚辰九月廿七日巳時

娶賴氏號儉節
生乾隆卅六年辛卯十二月廿八卯時
卒嘉慶十年乙丑八月十七日丑時

溪來公諱成河　生嘉慶十一年丙寅　卒同治十三年甲戌五月廿三日酉時

予一　姻

成贊公諱見　生缺　卒　年　六月廿九日　時

娶林氏樣娘號勤德　生失　卒　年十一月十一日　時

爲哈公生卒失

娶　氏生卒失

以上十一名俱不知何公之予因神主失真故不得聯絡一

貫

此四名就考之名下孝男輯錄不知生卒

廿九世

思皇公　即山公長子

生順治十六年己亥三月初六日　時

卒康熙五十九年庚子二月十八丑時

可建公　即山公次子

生康熙二年癸卯十月初九日午時

卒乾隆卅四年己丑七月廿一午時

可招公　即厚德公之子

可姻公　即溪來公之子

候查篇翔先公派下

妣謝氏號恭慎

如玉公

生康熙卅二年癸酉五月十一日寅時

卒康熙五十八年己亥九月十四辰時

妣潘氏

妣尤氏
生康熙四十四年乙酉十一月廿六辰時
卒乾隆卅八年癸巳九月十四日辰時

妣朱氏
生雍正元年癸卯四月十八日午時
卒乾隆廿六年辛巳六月初六子時

子灣　澄　漕

妣　氏
生雍正七年己酉二月初四日戌時
卒乾隆十五年庚午十月廿六辰時

一祖伯
生雍正八年庚戌十月二十日卯時
卒乾隆　　十月廿五日

一祖伯
生雍正十年壬子六月廿一日丑時
卒乾隆十八年癸酉五月初八巳時

素謁公
生乾隆五年庚申三月初六日辰時
卒嘉慶十五年庚午九月二十午時

娶謝氏號勤忍
生乾隆十三年戊辰五月廿八日辰時
卒乾隆四十年乙未十月十七日寅時

維成公
生乾隆十三年戊辰閏七月廿六日寅時
卒乾隆四十八年癸卯五月廿八日

妣尤氏號儉懿
生乾隆廿九年甲申五月初五日辰時
卒乾隆四十五年庚子七月十七日

祖叔失諱
生乾隆十七年壬申八月十四寅時
卒道光三年癸未十月初八日酉時

娶　氏
生乾隆廿四年己卯五月廿三申時
卒嘉慶二年丁巳八月二十日子時

高花公
生乾隆十八年癸酉正月廿一日午時
卒乾隆五十三年戊申正月廿六日

維爾公
生乾隆廿一年丙子五月十六寅時
卒道光八年戊子八月初七日丑時

克家公
生乾隆廿一年丙子八月初二日申時
卒乾隆四十七年壬寅八月十四巳時

祖叔失諱
生乾隆廿二年己丑六月十三日亥時
卒道光七年丁亥十一月廿六日卯時

娶　氏
生乾隆三十年乙酉九月廿五日午時
卒道光十一年辛卯十一月初三巳時

妣杜氏號恬順
生乾隆三十年乙酉閏二月十二日　時
卒乾隆五十七年壬子十一月廿一未時

英節公
生乾隆卅四年己丑三月廿五日酉時
卒嘉慶三年戊午十一月十三日寅時

厚積公
生乾隆卅八年癸巳五月初五日申時
卒嘉慶十九年甲戌八月初一日丑時

娶辨娘
生乾隆四十八年癸卯十一月初七日
卒道光三十年庚戌四月廿三日未時

合葬后霄坑口乾巽亥巳

祖叔失諱
生乾隆四十年乙未七月十九日亥時
卒道光十七年丁酉四月十九日戌時

教山公
生乾隆四十四年己亥正月初一日辰時
卒道光廿三年癸卯十一月廿一日巳時

厚若公
生乾隆五十年乙巳八月初十日戌時
卒嘉慶廿五年庚辰十月十二日申時

妣黃氏號慈懿
生乾隆五十三年戊申六月初十日時
卒乾隆廿八年癸未八月三十日丑時

五履公派下

妣黃氏執娘號柔美　生嘉慶十九年甲戌九月廿一日子時　卒道光十七年丁酉六月初八日午時

子　鯉英

妣吳氏怨娘號柔惠　生嘉慶廿三年戊寅五月十七日午時　卒道光十八年戊戌二月十二日午時

妣黃氏草娘號柔意　生道光二年壬午九月初一日　時　卒道光廿三年癸卯五月初八午時

東二房二前坂大厝主位列下

愧宜公　生康熙四十二年癸未正月二十卯時　卒乾隆十年乙丑正月初七日午時

娶黃氏號純節　生康熙五十年辛卯十一月廿四未時　卒乾隆十九年甲戌五月三十日未時

子　絨　貓

質直公　生康熙四十五年庚子十月初五日午時　卒乾隆五十五年庚戌八月十一日巳時

質截公　生康熙四十八年己丑十二月初九丑時
卒乾隆十八年癸酉十月十九日申時

子　閔

語辭公　生康熙四十九年庚寅二月初六日寅時
卒乾隆五十三年戊申九月十七日戌時

娶潘氏號寬慎　生康熙五十年辛卯二月十四日卯時
卒乾隆卅六年辛卯十二月廿九辰時

子　宰宗　許　愽

瑞文公　生康熙五十二年癸巳十一月廿九申時
卒乾隆卅八年癸巳九月初二日午時

娶黃氏號儉素　生康熙五十八年己亥八月廿四卯時
卒乾隆十八年癸酉五月初一日戌時

子　暢　蜜

娶潘氏號順德　生康熙五十三年甲午六月十八日午時
卒乾隆卅九年甲午十一月初八日卯時

子　標　棍

尚得公　生康熙五十四年乙未六月廿三日寅時　卒乾隆四年乙未十一月初九日寅時

娶劍氏號順慈生卒失

繼娶林氏號順信生卒失

信直公　生康熙五十五年丙申二月十二午時　卒乾隆廿九年甲申七月廿八日子時

子四　浹　泮　挑　能

添公生　卒正月十四日

變叔　生康熙五十七年戊戌九月廿六日時　卒雍正十三年乙卯十月廿五日寅時

志明公　生康熙六十一年壬寅七月十六午時　卒乾隆卅四年己丑正月初九日申時

一主不知男女
生康熙六十一年壬寅八月廿五日辰時
卒乾隆廿一年丙子十二月初六日申時

妣杜氏號恬素
生雍正二年甲辰七月十一日戌時
卒乾隆五十五年庚戌正月初八巳時

嗣孫　天送

如環公諱失
生雍正二年甲辰十一月廿四日寅時
卒乾隆四十七年壬寅八月廿四戌時

娶黃氏號柔順
生雍正五年丁未正月廿五日申時
卒乾隆廿二年丁丑八月廿八戌時

繼潘娶氏號愛物
生雍正四年丙午六月廿九日戌時
卒乾隆卅六年辛卯閏五月二十申時

合葬本鄉蝦蟆蛹壬丙亥巳

子瓚　歐

如絲公諱失
生雍正三年乙巳正月廿三日辰時
卒乾隆四十一年丙申八月廿六午時

娶　氏　生雍正十二年甲寅六月初九辰時　卒道光四年甲申九月廿三日辰時

子山　趙臘語

純爲公　生雍正六年戊申七月十四日戌時　卒乾隆廿三年戊寅七月初一子時

娶吳氏　生　卒　五月十九日

繼娶潘氏　生　卒　七月初一日

同塟補鼎墓

和平公諱守宗　生雍正十年癸丑正月廿八日戌時　卒嘉慶九年甲子五月廿一日申時

娶黃氏緘娘　生乾隆五年庚申十二月初八日巳時　卒嘉慶十八年癸酉八月十九日卯時

子二　粘祖　柯英

德明公
生雍正七年己酉閏七月廿六巳時
卒嘉慶二年丁巳九月初三日子時

娶杜氏號志化
生雍正十二年甲寅七月初九日戌時
卒失

子 雙 挑 孰

王季公
生雍正十三年乙卯七月廿三日巳時
卒嘉慶十九年甲戌十一月初九酉時

娶杜氏
生乾隆十一年丙寅九月廿四日巳時
卒乾隆四十九年甲辰四月初六卯時

子 管 萬

延壽公
生乾隆二年丁巳十一月廿九日巳時
卒乾隆六十年乙卯正月初二日午時

遊晏公
生乾隆三年戊午二月廿五日午時
卒乾隆五十一年丙午十二月廿八寅時

娶黃氏號敬思
生乾隆五年庚申五月十九日亥時
卒嘉慶八年癸亥七月廿九日午時

子　天寶　啓明

生乾隆六年辛酉二月廿七日申時
卒乾隆四十九年甲辰閏三月初九午時

恭公

生乾隆六年辛酉十月三十日　時
卒乾隆四十七年壬寅正月廿四酉時

爲仲公

生乾隆六年辛酉六月十七日　時
卒乾隆四十七年壬寅十二月十四申時

娶潘氏

子　圭　寵　榮

此金公諱貓

生乾隆七年壬戌三月十一日午時
卒嘉慶廿五年庚辰八月廿二辰時

娶杜氏忍娘號順意　生
卒　十一月廿四日

子　柑

妥議公

生乾隆七年壬戌十月廿二日寅時
卒嘉慶九年甲子九月廿一日未時

娶　氏
生乾隆十六年辛未十月十一日申時
卒乾隆四十九年甲辰三月十八酉時

純直公
生乾隆九年甲子五月二十日巳時
卒乾隆五十六年辛亥正月廿八亥時

娶杜氏號温柔
生乾隆十一年丙寅九月十八日辰時
卒嘉慶十三年戊辰閏五月廿九巳時

子鎮　貼

如玉公
生乾隆十年乙丑十二月初八日午時
卒乾隆五十三年戊申五月初四辰時

娶黃氏號回心
生乾隆十一年丙寅十二月廿六卯時
卒嘉慶九年甲子三月初四日子時

子總　性

木茂公
生乾隆十一年丙寅十一月十六日申時
卒嘉慶廿一年丙子三月初二日巳時

子兩　美

姚林氏號儉順

生乾隆十二年丁卯十二月十二巳時

卒乾隆四十年乙未十月廿三日午時

盛軒公諱池字爲齊

生乾隆十三年戊辰十月十二日酉時

卒乾隆五十八年癸丑十月十四酉時

子　帮

觀公

生乾隆十五年庚午五月十三日午時

卒乾隆四十九年甲辰四月初四酉時

忠信公

生乾隆十七年壬申二月十六日未時

卒嘉慶十八年癸酉八月初七日丑時

娶黃氏號純省

生乾隆廿四年己卯十二月初六酉時

卒嘉慶廿四年己卯二月廿五日巳時

子三　清　穀　晏

公失諱

生乾隆十八年癸酉二月二十日丑時

卒道光十七年丁酉六月初四日巳時

一木主

生乾隆二十年乙亥十一月廿三日時

卒乾隆卅七年壬辰四月十五日申時

如金公諱謳
生乾隆廿二年丁丑十二月十六申時
卒嘉慶十八年癸酉七月廿三日巳時

娶黃氏號守慎
生乾隆卅四年己丑十月初八日酉時
卒乾隆五十六年辛亥五月初四辰時

繼娶黃氏號續慎
生乾隆卅一年丙戌正月廿四日卯時
卒道光十年庚寅閏四月十一日巳時

子　渠　坪

西柄公
生乾隆廿五年庚辰三月十八日戌時
卒乾隆四十七年壬寅十一月廿二卯時

明仕公諱粘祖字可潔
生乾隆廿五年庚辰五月廿六寅時
卒道光元年辛巳十月初六日子時

娶陳氏族娘號勤順
生乾隆卅五年庚寅四月十六寅時
卒道光六年丙戌正月廿七月巳時

子　衢　等　半

易直公
生乾隆廿六年辛巳十一月十二日　時
卒嘉慶十三年戊辰十一月廿三日未時

通公
生乾隆三十年乙酉六月廿二日　時
卒乾隆五十三年戊申四月初六申時

妣黃氏
生乾隆三十年乙酉十月十五日未時
卒嘉慶十八年癸酉九月初一日午時

子　此願

成宗公
生乾隆卅一年丙戌二月十六日　時
卒道光十二年壬辰九月初五日巳時

娶黃氏號重成
生乾隆卅八年癸巳十二月廿五日時
卒道光十一年辛卯十月初一日辰時

子　庇　兵

滾公
生乾隆卅一年丙戌九月廿四日午時
卒乾隆六十年乙卯九月廿四日酉時

陶公
生乾隆卅三年戊子十月初四日
卒乾隆四十九年甲辰三月十七

榮澗公諱考
生乾隆卅五年庚寅十月十二子時
卒嘉慶四年己未三月廿一日午時

連珠公諱奎字可璧
娶潘氏滿娘號守志
子　心知
送公
事問公
娶許氏
子
厚公
娶朱氏

生乾隆卅五年庚寅十一月十六日時
卒道光十七年丁酉五月初九日申時
生乾隆四十年乙未二月初八日辰時
卒道光十五年甲午七月廿二日辰時
生乾隆卅六年辛卯六月初六午時
卒道光　年十一月十四日巳時
生乾隆卅七年壬辰十一月初一日寅時
卒道光十二年壬辰十一月廿一日卯時
生乾隆四十六年辛丑十月初四日子時
卒道光十二年壬辰十一月十一日亥時
生乾隆卅八年癸巳二月二十日丑時
卒道光十七年丁酉六月初四日巳時
生乾隆五十五年庚戌七月初四巳時
卒咸豐十一年辛酉八月十六日申時

葬謝厝田亥巳乾巽

妣丁氏

生乾隆四十年乙未
卒嘉慶九年甲子四月十九日未時

子　新

旋公

生乾隆四十年乙未四月十三日　時
卒嘉慶二十年乙亥四月十四日　時

赫聲公諱顯

生乾隆四十一年丙申十月廿二子時
卒道光七年丁亥四月廿七日午時

嗣子　井

己職公諱總字攝仲

生乾隆四十一年丙申十二月初八日酉時
卒缺

娶黃氏案娘號晨緩

生乾隆四十六年辛丑十一月初六戌時
卒道光十年庚寅八月十二日未時

子　祈禱　神祈

仁和公

獻壽公諱山字可奠

娶杜氏號順淑

塟粽葉林厝後乾巽亥巳

子三　諒

生乾隆四十二年丁酉十月廿四巳時
卒道光十八年戊戌正月初五日酉時

生乾隆四十九年甲辰十一月初八巳時
卒道光十七年丁酉六月廿四日申時

生乾隆五十六年辛亥三月廿七戌時
卒道光五年乙酉十一月十二日丑時

澄明公諱清　即忠信公長子

生乾隆五十三年戊申十二月初十卯時
卒道光十三年癸巳六月初七日巳時

御冬公諱毅　即忠信次子

生乾隆五十六年辛亥三月十八亥時
卒道光十五年乙未五月十六日寅時

清與毅合主　子　唇　庚未詳清公子抑毅公子

妣　氏

生乾隆五十五年庚戌七月初四巳時
卒道光廿一年辛丑八月十六日申時

干陟公　生丁卯年十月廿八日辰時　卒丁卯年正月廿二日辰時

妣黃氏號節儉　生戊辰年七月初二日亥時　卒甲戌年八月廿四日丑時

嗣子　進暉

琬亭公　生失　卒丙午年正月廿八日

娶賴氏　生庚午年二月初八日巳時　卒己未年正月初一日寅時

自達公　生失　卒嘉慶十八年癸酉八月十二日

格公　生　卒　五月初五日

一木主內

埜根竹畚　生戊申年十月十二日丑時　卒癸亥年十二月十四寅時

妣賴氏號順慈生卒失

妣謝氏生卒失

琢公

一木王內

妣鄭氏號純謹

子

祖

妣李氏號德貞

嗣子

魯泮公諱鄒

生　壬申年七月十九日午時
卒　甲申年十一月初二辰時

生　甲子年十二月十二日時
卒　戊寅年五月十九日酉時

生　癸酉年六月初四日子時
卒　乙亥年正月十三日卯時

生　壬辰年七月廿二日寅時
卒　戊子年八月廿四日未時

生　丙辰年四月初四日戌時
卒　癸亥年十一月廿六午時

妣謝氏號勤淑　生丁卯年十月十三日午時　卒戊午年九月十三日酉時

子緝等

碧齋公　生己巳年十一月二十丑時　卒壬戌年二月十四日午時

自養公行二　生嘉慶八年癸亥正月廿七日丑時　卒道光十七年丁酉正月十八酉時

娶黃氏號折離　生嘉慶十五年庚午八月十四日巳時　卒道光十三年癸巳二月十四日午時

子稟

況聲公諱於行三　生嘉慶八年癸亥二月初七日未時　卒道光十年庚寅六月初一日辰時

從直公諱坪　即如金公次子　生嘉慶八年癸亥四月十三日巳時　卒道光七年丁亥十月初十日亥時

美公　即木茂公次子　生嘉慶八年癸亥六月初六日戌時　卒道光九年己丑二月廿五日酉時

子上公 諱其祖 即三吾派

生嘉慶十二年丁卯六月二十卯時
卒咸豐九年己未三月十五日亥時

娶黄氏號儉慈

生道光四年甲申二月十二日　時
卒光緒二年丙子七月十八日酉時

子　溪來

神祈公　即己職公次子

生嘉慶二十年乙亥四月廿六日辰時
卒同治十年辛未十一月十八日巳時

學貫派

妣陳氏號淡素

生康熙四十九年庚寅八月初五日午時
卒乾隆十八年癸酉六月初七日未時

隱石公

生雍正十年壬子閏五月十七日寅時
卒嘉慶五年庚申二月十九日巳時

娶王氏號儉信

生乾隆二年丁巳五月初一日寅時
卒乾隆四十七年壬寅二月十九午時

子　虎　两

周士公諱伯達字爲元

生乾隆十二年丁卯六月初三申時
卒嘉慶六年辛酉三月廿八日卯時

娶潘氏蟻娘號勤敏

生乾隆廿五年庚辰三月初五日酉時
卒道光十一年辛卯六月廿七日子時

子　壹英

善道公諱藝

生乾隆十四年己巳二月十九戌時
卒嘉慶八年癸亥五月初五日子時

娶杜氏炎娘號柔敏

生乾隆十五年庚午六月初七辰時
卒嘉慶十年乙丑十月廿六日丑時

子　天香

族公

九齡公諱天香　即善道之子

生乾隆卅一年丙戌正月廿五日寅時
卒乾隆五十三年戊申八月十五未時

子　恬　來養

生乾隆卅四年己丑七月廿九未時
卒道光十年庚寅八月十二日巳時

德道公諱福祐
生乾隆四十一年丙申十一月二十卯時
卒乾隆六十年乙卯九月十六日卯時

敦惠公諱吼
生乾隆五十年乙巳八月初二日午時
卒道光廿二年壬寅十二月廿七丑時

子　蔭

而十公諱一　即周士叟子
生乾隆五十五年庚戌五月廿五辰時
卒道光十八年戊戌三月廿九日戌時

子　毙　兕

盈兩公派下尾林系

娶黃氏把娘號德安
生乾隆卅年乙酉

山仔祖厝

知幾公
生乾隆三年戊午正月初五日亥時
卒嘉慶九年甲子八月廿八日丑時

娶黃氏號信慈　生乾隆五年庚申十月廿九日辰時　卒乾隆卅二年丁亥六月十二酉時

繼娶　氏　生乾隆二年丁巳十月十五日午時　卒嘉慶七年壬戌正月廿七日戌時

子　益

祖伯　生乾隆五年庚申閏六月十二日巳時　卒乾隆卅二年丁亥十一月初三寅時

則賢公　生乾隆五年庚申九月十八日申時　卒乾隆五十九年甲寅十月十八巳時

娶謝氏　生乾隆十一年丙寅四月初七日辰時　卒乾隆五十年乙巳十一月十二丑時

繼娶林氏　生乾隆十二年乙丑正月初一辰時　卒嘉慶九年甲子六月十七日酉時

子出入宋

一木主　生乾隆八年癸亥六月初三日酉時　卒嘉慶十年乙丑七月初一日申時

塋崙頭辛乙酉夘

祖伯　生乾隆八年癸亥九月初九日午時　卒嘉慶廿二年丁丑正月廿三申時

娶謝氏　生乾隆　二月十二日　卒乾隆　三月廿五日

子患

安定公　生乾隆十一年丙寅十月初三日酉時　卒乾隆四十六年辛丑正月廿二夘時

娶黃氏號勤淑　生乾隆十九年甲戌二月廿九酉時　卒嘉慶十年乙丑七月廿七日夘時

子政君

日進公　生乾隆廿一年丙子五月十三日午時　卒嘉慶十九年甲戌七月初八日午時

娶　氏舉娘號則勸　生乾隆廿九年甲申十一月十九日　卒嘉慶四年己未五月廿九日辰時

予序

雲霞公諱出字可海　即則贊公長子

生乾隆卅六年辛卯八月二十日午時
卒嘉慶十九年甲戌九月十八日戌時

公

娶潘氏

生乾隆卅九年甲午正月十五日辰時
卒嘉慶十一年丙寅十月初八日未時

子　爰義　壬午　發來

定坐公諱入字可云　即則贊公次子

生乾隆卅九年甲午六月十八日巳時
卒道光十九年己亥正月廿二日戌時

公

娶黃氏躍娘號隱性

生乾隆四十六年辛丑九月初九未時
卒嘉慶廿一年丙子六月初二日午時

子　呌來

宋公　即則賢公三子 生卒缺

生乾隆四十五年庚子四月廿二巳時

卒嘉慶十四年己巳六月十六日戌時

衛君公 諱奚先

承繼子　喝

生乾隆五十八年癸丑十月初六辰時

卒道光廿五年乙巳九月初一日寅時

和信公

娶黃氏

生嘉慶四年己未二月三十日午時

卒同治四年乙丑三月十二日卯時

子　謂　葉　品　欽

志成公

生乾隆

卒道光　十一月十八日丑時

連癸公

生嘉慶三年戊午

卒道光十四年甲午十月廿二日巳時

承繼子　謂

春興諱連

彩色公諱有

文采公

子　思未詳

成孔公諱澁

一木主

朝申公

叅公　即知幾公之子

患公　即祖伯之子

生嘉慶五年庚申正月廿五日　時
卒道光　五月初七日巳時

生嘉慶七年壬戌三月二十日酉時
卒嘉慶廿三年戊寅十月初二未時

生嘉慶十四年己巳十月廿三日　時
卒咸豐元年辛亥閏八月廿三日巳時

生失
卒　十二月廿二日

生嘉慶廿四年己卯十一月初二日
卒咸豐四年甲寅九月廿六日　時

生道光十年庚寅九月廿八日午時
卒咸豐五年乙卯七月初六日戌時

政公　即安定公長子
居公　即安定公次子
庨公　即日進公之子
爰義公　即出公長子
壬午公　即出公次子
發來公　即出公三子
呌來公　即入公之子
喝公　即衛君公嗣子
謂公

葉公　即和信公次子

品公　即和信公三子

欽公　即和信公四子

盈兩公派下尾林厝系

難平公失諱　生乾隆廿一年丙子六月十四日午時　卒乾隆五十四年己酉閏五月初七申時

娶黃氏把娘號德安　生乾隆三十年乙酉八月廿三日申時　卒乾隆五十三年戊申八月廿九日未時

子　舍章　譭養

難箕公失諱　生乾隆廿九年甲申四月三十日午時　卒乾隆五十四年己酉閏五月廿九未時

縋摘公失諱　生乾隆廿六年辛巳九月廿八日巳時　卒道光十一年辛卯十月十五巳時

娶黃氏號貞懿　生乾隆卅三年戊子四月初三日寅時　卒嘉慶二十年乙亥三月十二日未時

子　丕　敬　鳩出嗣

永世公失諱　生乾隆卅三年戊子三月十九日　時　卒乾隆四十四年己亥八月十九巳時

而後公失諱　生乾隆卅三年戊子十月初九日午時　卒嘉慶十七年壬申正月初六日寅時

娶黃氏號柔懷　生乾隆卅九年甲午五月初二日巳時　卒失

子　夢

昭聲公失諱　生乾隆四十年乙未十月廿八日　卒嘉慶七年壬戌九月初一寅時

嗣子　尊

即戎公　生乾隆四十一年丙申正月廿四日　時　卒嘉慶十九年甲戌八月十酉日午時

娶黃氏號儉素

則民公諱宗

予任

佳景公生卒缺

恊德公生卒失

則吾公生卒失

娶黃氏號懿德生卒失

同類公

本元公失諱

生乾隆四十三年戊戌正月廿三亥時
卒道光十六年丙申七月廿一日戌時

生乾隆四十八年癸卯二月十七時
卒咸豐二年壬子六月初九日巳時

生乾隆五十七年壬子五月廿九卯時
卒道光六年丙戌正月十九日未時

生嘉慶元年丙辰五月十九日寅時
卒咸豐四年甲寅五月廿二日巳時

娶黃氏號懿順
生嘉慶元年丙辰五月十九日寅時
卒嘉慶廿一年丙子九月初七午時

繼娶林氏
生失
卒咸豐四年甲寅十二月廿九日寅時

子　佳

武成公諱丕仲字行
生嘉慶元年丙辰八月初五日辰時
卒道光二十年庚子九月初九子時

娶　氏生卒佚

子　海　嘆出嗣

則禮公
生嘉慶元年丙辰八月廿二日丑時
卒咸豐元年辛亥十月二十日酉時

娶潘氏號憐順
生嘉慶五年庚申四月十六日
卒咸豐三年癸丑四月廿六未時

子　槐

十七

而信公諱敬　生嘉慶三年戊午正月十九日時　卒道光廿二年壬寅五月廿三申時

茹雲公　生嘉慶七年壬戌十月廿七日卯時　卒道光十六年丙申八月初五未時

性章公諱裁　生嘉慶十二年丁卯正月初七日丑時　卒道光廿二年壬寅六月十八日未時

娶賴氏　生嘉慶廿三年戊寅十二月十七未時

子狎　卒同治九年庚午十一月十九日戌時

振益公生卒失

東聲公生卒失

如徹公生卒失

其祥公生卒失

而會公生卒失

式祥公生卒缺

娶楊氏號順德生卒缺

坐立公生卒失

仲任公　即則民公隻子

生道光八年戊子七月初八日戌時

卒咸豐三年癸丑二月廿五日申時

叔槐　即則禮之子生卒缺

叔佳　即本元之子生卒缺

車堂公諱軌

生道光六年丙戌二月二十日丑時

卒咸豐三年癸丑七月初九日酉時

一法公諱拙

生道光八年戊子正月十四日亥時

卒咸豐三年癸丑五月廿七日巳時

所生公諱否　生道光九年己丑十二月廿三日　卒咸豐三年癸丑四月廿四未時

而耕公諱偶　生道光十二年壬辰五月十五卯時　卒咸豐六年丙辰九月十三日　時

自生公諱拔　生道光三年癸未八月初三日　時　卒光緒七年辛巳八月初六日亥時

娶黄氏號慈順　生　十二月廿五日　卒光緒七年辛巳六月三十午時

子慶嗣　法

貴玉公諱拋　生道光廿九年己酉九月十九日亥時　卒同治十一年壬申三月廿二日巳時

滿聲公諱美　生咸豐三年癸丑正月十七日未時　卒同治九年庚午八月十四日申時

淑狎公　即性章公之子生卒佚

車圯公諱海　生道光十七年丁酉六月十九巳時　卒光緒十年甲申正月廿六日巳時

娶黃氏螺娘生卒失

雙承子　清

碩庸公失諱生卒失

文貴公失諱生卒失

滿園公失諱生卒失

如成公失諱生卒缺

承思公失諱生卒失

瑞氣公諱譪生卒缺

叔秋公生卒失

如惠公失諱生卒失

八和公失諱生卒缺

娶林氏生卒缺

雋公生卒失

況聲公生卒缺

情公生卒缺

胚公生卒失

德林公生卒缺

當山公生卒失

徙公 生卒失

卷十八終

国家出版基金项目
NATIONAL PUBLICATION FOUNDATION

海上絲綢之路文獻集成

總主編　陳支平　陳春聲

民間譜牒編　60

主編　林楓

海峽出版發行集團
THE STRAITS PUBLISHING & DISTRIBUTING GROUP
福建人民出版社

本册目次

〔福建安溪〕丹山黄氏族譜九卷（卷一至卷四）

唐欽侯　黄進禮等纂修

［福建安溪］《丹山黄氏族譜》九卷，唐欽侯、黄進禮等纂修。丹山黄氏尊道隆爲入閩始祖，以守恭爲肇基祖，以守恭三子綱爲安溪三房本派之祖。該支由參洋入科名，居於榮美，再聚於丹山。卷一載歷次修譜序言、本宗傳（含母系）及凡例。卷二世系圖詳列每房分派，具見親疏等第。卷三以下世狀録敘及姓字、生卒及妻室等。多有族人出洋記載，如廿一世家雜譜記「在番邦卒」，家褅、家務皆記「在外洋卒」，所記在外洋卒者甚多，蓋皆一去未返，後世修譜時據長輩或同出外洋者傳聞所記。據民國二十一年（一九三二）抄本影印。

丹山黃氏族譜

卷首　世系圖

四安黃氏族譜原序

始祖道隆公光州固始人也為東部會稽市令東漢劉黑闥之亂延於建康諸郡家園不寧棄官入閩居仙遊大尖山小尖山之陽後改遷於桐城之西闕爰留作室貽厥孫謀於是瓜瓞綿綿瓞昌瓞熾為四安開基之著名云

祖守恭公為唐居士長者出自道隆公居桐城西關垂拱二年有僧匡護求地築刹公曰待我桑樹生蓮花乃可忽見千手千眼菩薩騰空而上不數日桑樹盡生蓮花神仙之境菩薩之靈紫雲地點公有所感即捨宅為寺諸匡護守之開元間賜額開元寺因建祠祀公為檀樾公有丈夫子四問匡護求地安居匡護曰公欲子孫驟富貴乎抑令世世

安居勿絶乎公曰亦令其世世安樂耳於是為公擇地分四子往四安居馬南安惠安安溪同安所謂四安分居始祖經紀綱綸是也

明嘉靖間倭寇為亂朝庭興師南征吾泉開元寺寓兵檀樾祠住硝户不祀者久之萬曆二十四年綸公之裔孫布衣文炲公力請於巡道楊公際會郡守程公朝京驅倭寇重建祠於檀樾之東令其子孫昌盛簪纓有人俱以歲祀群來下拜公祠合族睦宗之意油然生矣于是何喬遠為之記曰黃、之子孫所以有今日之盛者不過守恭公一念之捨宅耳昔者堯舜捨天下夷齊季札之倫捨其國薛包孟嘗之輩捨其家疏氏廣受陶潛之儔捨其官守恭公捨宅造寺其心莫貪其心莫欺其心莫妬其心莫羡人心之欺妬羡其原皆起於貪而不捨故佛以為首戒一去其貪天下為輕萬物為小虛空靈臺空淨無比此其進道也為大覺而受其福也取盈夫貪其口者必有厭飽之傷貪其視聽者必有聾瞶之患斯其不貪取盈之義也故天之於予人也大者榮之以名次者厚之以福堯舜夷齊而下諸君子皆以不貪名者也則公之捨宅為寺豈徒如世俗福田利益之云乎以是知佛之為戒未始不可通於聖人之教也

萬曆三十五年臘月穀旦　賜進士出身禮部儀制積善司郎中何喬遷頓首拜撰

檀樾祀田記

唐
垂拱二年黄氏始祖守恭公以桑樹生蓮花之異
捨宅為寺德公立檀樾祠以誌不朽萬曆甲午年
燬於火裔孫大參政肖源公者改葺一新肖堂
肖構而群子姓以歲祀拜公祠下木本水源春秋
享祀翼翼如蠲如世世勿輟閱之人士莫不贊嘆曰
黄氏其有後乎一布施而食報千萬年天之報施
福田蓋如此也大參弟以理學名文炳公者毅然
會族衆而謀曰不奉先胡孝不置田胡奉乃釀金
買田千頃而予門人戶部尚書郎梦松囑余為記
憂松亦凡大參知公者也噫黄氏其有後乎佛悲
慳吝孔仁施濟一道也祖德孫謀一氣也而當時
守恭公捨宅為寺何知所謂菩薩何知所謂因果

何知所謂千百世後猶俎豆不泯然而賢子賢孫振振繩繩如川方至如日方升一念之善與福為緣積於陰者報亦不顯言於室者應在四方留此心田以當金粟祖孫精氣相往來而已然祖德可恃孫謀宜大夫仁人孝子可以享吾親者惟此春秋祭享而所需者又惟此田壤豈共置之而不圖所以守之乎為文學所請而知守恭公貽謀之善與子若孫不匱之思真有可得而觀之矣文學君夙負奇犖而尚書公孝友端亮居官以清白聞易云積善之家必有餘慶繼此以往苟文子文孫置身通顯高步青雲者因而擴之否則敦詩書知禮義三物自持者相與守之其跅弛不羈蕩滅茲業者則有 祖宗之靈與伯叔兄弟之公論在即官

司亦得而繩之斯舉也妥先灵聯宗誼遂果既且
以風天下之為人後者
賜進士出身奉直大夫左春坊諭德兼翰林院侍讀經
筵講官纂脩兩朝寔錄起居注誥勅撰文前監事
署國子監司春坊左中允古越姜逢元頓首拜撰

四安黃氏重脩族譜序

國有史而家有乘，均所以繫人心、立教化也。故史不核則紀綱壞，乘不脩則倫敘斁。其始一人之身也，後愈蕃盛，不綜其原而別其流，幾何不至於秦越相視耶？四安黃氏，清溪望族也，世朝世唯世賞三子分派居在后山梓里。弱冠以來受業於予，二仲父及予弟子位，蓋亦有年，俱恂謹有禮，不忘師資所自。予亦嘗過其家，頗稔黃氏系世，乃是三子持譜錄揖余而言曰：家世譜牒自唐開元守恭公四子分居，綱公派分安溪，參內又四分居，數世傳至覺才公，始入龍興科名。時有上下科名之別，而我祖金彥公則居下科名之榮美也。舊譜系世已垂不刊，皆前朝龍會、龍觀二叔祖權與其間，距今今百有餘歲，雖自觀會以前，燦若列星而自觀會以後日昌日熾派別支分不無散亂之憂小子等忘其固陋爰與族叔公器章珠族兄世重等不憚因舊譜而覼縷其世次經兩載而成敢仗老先生言以弁其首余誼不容辞乃拜手言曰如三子者可謂仁人孝子也閲觀前譜黄氏之家世當日縉紳先生已發明之矣則今日之脩不过序後起之族属世次使昭穆不淆尊卑有統不惟禮行於入廟而識尊尊親親之義即家庭坐立邂逅相遇之間咸知有長幼上下伯叔兄弟昆季秩然不可越者譬之老樹不培雖一時茂美究底凋零茲之脩是譜者固所以沃枝葉寔所以培本根賢者知此理而能行不賢者聞此義而知畏家傳禮讓之風戶敦孝友之化夫孝能孝友族皆禮讓未有不更盛大而益光榮

者若所謂倫天爵而人爵從之其理不可信歟敦本立教莫切於此士君子有心世道必自家始吾固知諸子之思之也深而遠之也遠事雖為述而功則倍作後之子姓兄弟人文彬彬炳蔚其將由此而興乎嘗以余言為券是為序

乾隆甲戌年臘月吉旦

賜進士出身奉直大夫廣西西隆州知州署泗城府知府丹谷唐桂生盥手敬撰

後序

余觀上世宗法之傳而知其倫之倫也曰尊尊則人知祖焉曰親親則人知禰焉本本原原仁孝著矣篤本支之義崇敦睦之風溯往先之緒傳來裔

之規教化宏矣此法廢天下無世家即縉紳之裔
率忘其所自燕翼貽謀之道罔有徵焉故有數傳
之後而子孫若不相識況能述其祖先之事與其
道藝行業也哉吾考春秋列國卿大夫以會盟聘
問之間敘其先德祖職至於所守宗器歷可歷紀
非譜牒明而文献足證歟漢唐以來學士家間有
意合族乃始為譜以維之然其弊也至於競矜族
氏徒使人閥閱相高鮮寔誠惻怛之意而顧欲比
隆於上世乎黃祖軒轅系遠矣其由光州入清源
則自守恭公始今之開元禪寺獨非居跡耶舉四
子分四安居至今市衢村落人人能言之其分派
流入清溪之參山而轉入科名榮美則自六五公
居士始際君昆季獨非裔孫也余忝姻戚也請予

為序予謝不敏雖然敢無一言以述梗概遂載筆書曰開元有古跡泉之勝概余謂黃之先寔兆開元古跡也開元有祥瑞余謂黃之後寔應開元祥瑞也東西二塔開元中古跡祥瑞之最傑者而榮美六五居士為下科名始祖源遠流長意者其有興乎右門巨宗班班濟濟名高紫雲光賁禅刹豈其地靈即其人傑耶靈芝有根醴泉有源故國必有喬木元宗必有世德此譜之所以立也夫樹國者積百年而後興樹德者積百年而後發祖宗以積德為良田子孫以經術為鎡基耕菑播穫是誠祖宗長久之規而子孫世守之效也黃之先載厥德田肥且厚矣繼以 科翁之荒似 際君二昆玉之菑畬其滋培灌溉深矣諸子姓族屬振振然粗仁

耰義其鑑基利矣指日齊其聲價為南宮魁壘以焜耀於譜牒者蓋與國家同陵昌熾之運駸駸其方旭也即開元之古跡祥瑞如故予視之益加芳爲翔其序世次據故寔繼先志仁孝尊親之遐思且悢然象外而永垂來禩也歟哉是為序

鄉進士南直隸鳳陽府潁州知州

眷生林學閔謹序

重脩丹山黃氏族譜序

凡譜之脩所以合源本別支派明昭穆而聯族屬蓋族屬雖有陳戚其初皆起於一人所以不可解也故喜必慶憂必弔患難必相拯恤疾病必相扶持不可以途人相視明其為一本也然皆脩譜得之而惟孝子慈孫知之丹山黃氏其先祖守恭公義舉厥後科甲蟬聯鵲起與夫由參洋而入科名而居榮美由榮美而聚丹山譜中言之詳矣無容贅茲即其聚丹山重脩言之歲道光辛巳嘉平既望黃君基度基養懷刺到茅揖余言曰寒家族譜乾隆甲戌君之功伯費寶先生脩成而西隆公老先生為之序迄今六十餘年族姓衆多生齒日繁不可不再為之脩焉敢煩先生燕許鉅手為之筆

削予曰脩譜之事與脩史同非識之精才之贍學之博具此三長不足以肩斯任予不敏敢辭二君固請曰前譜之脩小子之先人倡之先生之先人成之小子不敢忘先人之義舉先生詎忘先人之手澤乎兩家世好相繩其荣施光寵豈獨在寒族哉予聞言瞿然起曰真孝子慈孫之言也用是諾之蓋族之有譜猶郡縣之有誌國之有史必别善悪寓褒貶然惟賢人君子敢於其善者為之傳贊以褒之於其悪者為之懲戒以貶之予小子何人亦惟謹守先聖之無毀無譽以明師承之有自而於其生娶卒葬必公其心以一之小其心以誌之删其繁增其簡務使一族長幼知本源之有自出支派之所由分昭穆之所由明族属之所由聯喜

則相慶憂則相弔患難則相拯恤疾病則相扶持
斯不至以途人相視焉耳雖其間生娶卒葬未詳
莫考紛紛不一要皆子孫式微或移居外地文獻無
徵故耳與採輯者無與也脩譜既藏爰書數言以
誌君家之孝子慈孫能繼志述事亦以見吾家之
手未泯先後重光也

道光三年歲次癸未歲進士候選儒學年姻家弟春
筤唐震頓首拜撰并書

本支族譜序

天地者萬物之父母也子孫者祖宗之枝葉也天地
愛其所生祖宗喜其所出不易之道也黃氏自陸
終而蔓延於四方考之圖記西漢則有黃霸東

漢則有黃憲黃瓊黃漢去古雖遠流傳如昨典午
南渡八姓入閩黃其一也然自中州入閩者舊矣
吾祖守恭公唐武后垂拱二年始著名於泉州乃
晋江西隅之民籍也桑樹生蓮捐地奉佛至元宗賜
名開元寺遂為開元之黃馬子孫分居四安各務
本業自開元而來者安溪派今長泰里參內及龍
興里科名鄉是也蘇子云凡弟者始於一人之身
視吾譜孝弟之心可油然生矣堯允恭克讓親睦
九族舜克諧以孝慎徽五典其道在乎愛敬而已愛
敬立則親親長長相傳弗替樂俞親賢祖德難沒是
敦本厚寔之道也我子姓其克念之
賜進士出身觀察政工部員外郎署郎中事進階中
憲大夫權戶部主事裔孫撓峰森頓首拜序

凡例

始祖六五居士稱號自二宗以下俱舉字何也族浩大而子孫蕃衍名號參差舉字以便覽也

五世一提頭而子孫系其下相聯相綴之義也每房分一派而由派以生系親疎遞及而環以相生也各派歸一房而房房合一大派由源達委從流溯源其親疎不紊而領袖可觀也夫世遠則繁繁則亂譜以合而分之分之正所以合之葛藟庇其本根所以勸親親也

考諸徵賢存乎傳夫知而不揚過也揚善而溢之亦過也吾祖自二宗而下蓋世濟其美者於是作為宗傳以無忘祖德云

周自姜源歷太姒太任閫職弗脩故周用以興内德

之關於家蓋匪細也吾宗之婦敬共勞瘁克相
其家代不乏人故次及內傳然而譜不及女子者
何女子以嫁爲歸其子孫當有譜之者矣胡贅焉

本宗傳

始
祖金彥公名昌胤字景璞别號六五性古樸無町
畦豐額隆準丰姿魁然喜博涉群史見古人行事
有會心輒沈吟不置年二十贅連家與劉家安治
同襟劉即初荒進士名獨 震諱御公安生弟二人
同襟歡然相得後劉徙桐城祖屋基及厝賣公公
乃構新二宅居二子爲黃家吏始當是時科名祿
閥閱者連劉二家自劉棄遷而後公經營拮据
家業漸盈行年五十栖遲偃仰娛情於山水漁獵

間枕石漱泉肆志於風月煙雲外或邀朋飲酒或尋僧談佛具有俊雅不羈之概非嗜音而絲竹亦時有悅耳之御無厚施而往來不慳於緩急之需其自號為六五居士公之深意自有在非後人所得而淺測者矣享年七十有九舉男子二嗟乎公詩書之胄中葉式微覊他鄉迹其流離瑣尾之艱紀其創業貽謀之大哉禁美不祧之祖於公其首推者乎

二世祖名允照字爾寅號興治别號六九居士昌胤公之長子也為人敦重少文遇事決斷與人交明白坦易不設疑詐中外有構一言立解在庭幃悪聲不至犬馬事父母膝下承歡時時有加豆家人父子之樂一團和氣自適其天倫焉尤善治産種

樹畜養亞旅疆以相與務力課督而成有慶則封牲炊黍具一大宴會笑曰田舍翁生斯長斯聚國族於斯是亦筐籠稻蟹睹太平之一大快事也年七十嬉遊閭里角巾野服方履長裾鄉人莫不加敬老謝塵事酷好沙門陶情山水耽樂絲絃有父風飄於世外者嘗自嘲曰吾身有六又九不能離側因號六九道人以自寄傲蓋深有味乎其言云耳享年七十有五子曰宏大公之凡弟二人於爾家公雖分居內外厝而乾餱不致愆有酒為我湑怡怡然忘其為爾我矣父於鯉魚矣母於龜形俱公之善為兄以經營亦猶爾家公之善為弟以共成斯時也工科名雖曰始祖徙居遺址而此地江山自立風土人物亦無相猜嫌云

內傳

始

祖母連氏其先世家科名席蔭業儒善風鑑一見公即有女兒相託之意因招之以為婿祖母性婉順治家斟酌盈虛截然有經公無廑於內顧歲時享祀蔬體散核飭治以進衣裳紉綴浣濯如新與配劉之姐相附相親顧盼綢繆舉二子訓以義方絕無姑息之意及姐遷桐城僕使往來慰問慇懃雖地各一方而諸姑伯姊之念每動情於夙夜問饋贈荅之間時加意而不衰凡其與公晨夕拮据構成二宅而業著用以纍纍使百世後知有我祖而貽以安者皆祖母内助之力也年八十一而終葬庵兜龜形山明水秀有一梘科名勝概者矣

後修宗譜初稿

黃氏之先肇自軒轅由來久矣歷周而下戰國春申西漢黃霸後漢黃祖皆犖犖迭起者洎李唐我祖守恭公於垂拱二年世稱長者捨宅為寺四子分居四安初分之始僧匡護袈裟一幅登載湛恩之普另遺鐃鈸四面奉公四子各收執為記使後知聖僧之遺器也又卜公壽域於潘山即翠屏山與僧墓同區休馬源源委委尋其所自吾綱公為安溪始祖的派諱善感其來安溪原居下尾巷葛盤頭至商楫公遺水而移居參內時有讖語云興起紫雲新雨露綿洄參嶺舊山川公憶其語遂居參山至覺才公從居依仁里青林岩山下廬墓遺址猶有存者後洪武初從上科名黃柏宅其從下科

名而來居榮美者則自六五居士始也夫禮有禘有祧有百世五世別子為祖又曰王者分封從其始封之君雖本則同而揚宗功者紀其近頌祖德者紀其烈亦君子類族辨物居方之意耳故由公而上雖有貴位賢聲而紀系不真不敢忘及公兄弟四人長金童次金章三金意四金彥皆覺才公所出有代公之孫公行居四贊連家與劉家為襟兄弟生二子長爾寅次爾案構二宅長居外厝次居內厝公始基於榮美號為六五居士所由來也龍門子曰三世不脩譜牒比之不孝予為是滋懼乃綴先志之未已者述往事摭故實舉纖揭微俾離析渙散之餘稍有條貫一時草就疊成帙數帖名曰宗譜初稿自今而後凡我子姓兄弟緒續源

源即當為之特書附書令其開卷目睹而孝弟之心油然生矣苟是之不立則族不合族不合則親離親離則禮廢至於生不慶死不弔則途之人已矣吾族衣冠之冑可若是偷耶若夫斌潤詞章定為不刊之典則俟諸後世之子若孫焉

萬曆三十三年歲次乙卯秋八月裔孫龍會龍觀仝誌

重脩丹山黄氏宗譜序

族之有譜防遺失也大畧三十年一脩以耳目較近老者不至荒耄幼者初逮强壯覯面一堂可考而知且可以講禮讓敦孝友也典二里丹山黄氏自資成公榮美分派以來歷傳數百餘年譜系代有脩明淵自光緒乙未重脩而後于今三十八寒暑賢裔禮誠概然傳漢則時心奕傳截賓奕羣奕諸位長老等竊恐閱時已久不勝眷注集議續脩幸而族衆懽迎遂以是春開譜其纂脩之役欲假手於余〻愧胸無点墨恐難當是任概然傳漢二老伯意誠至切義不容辭遂於春初造府採訪各派幸幾週詳越四月間入詞騰正爲録其舊而續其新生卒葬娶一一脩誌間有缺畧不及致詳者倣史闕文意也有生卒葬處俱書者昭紀寔也余與副筆

進禮允殚精竭慮六閱月而譜告成幸也世次井然條目不紊燦然可觀較諸舊譜世增而事寔彌詳派衍而卷帙倍多繁爾　賢昆覽斯譜牒便知昭穆有序長幼有倫從此家敦禮讓斯譜長存顯榮昌熾和睦弟昆是則某之餘光也是為序

旹民國廿一年歲次壬申葭月吉日穀旦

通家弟唐欽偉拜誌

副筆宗裔進禮拜書

同脩譜序

閱舊譜皆名家手筆祖德宗功原委昭穆彬彬乎有文彩風流之盛者也 珠 等思古人於敦本睦族之誼以譜牒三世不脩比之不孝豈非以崑崙之水灌溉萬里無使忘其所自乎我祖自觀會二叔祖纂脩以迄於今歷年二百有奇日蕃日盛舊牒幾殘際此寔有不能已之事且有不敢安之意以廸諸心同間者茲世重任扳為共勷厥事遂相與遠稽近考以集大成或派系未詳則仍舊闕疑或行次互異則考世森列二百餘年之渙散不登者自此一舉將見譜牒之上奕奕可觀累葉而下昭昭可繼因序此以紀其盛若夫後之賢子能孫有起而光大之 珠 等不勝企望之殷焉

裔孫章珠卿章崇仝謹誌

續脩譜序

譜之由來詳於前賢之敘述譜之明脩起於後人之纂脩夫莫為之前雖美不彰莫為之後雖盛不傳此見知聞知絕續之際賴以不墜吾宗自觀會二叔祖為家乘之脩而未付之梓閱世於今一十餘幾於治絲而棼矣先子諧亭公有志未遂重披閱儆心不敢按圖索驥亦不敢附會臆説蓋有其難其慎之思而後為此脩講續不苟之事夫閥閱之家自長者公著名於四安知識之倫皆能言之縉紳先生紀牒為鋪厲揚休代不乏人何待余贅而脩殘補缺則有體前人意而使之彰明較著稽寔考據則有為後人思而使之目睹心豁故前有所

閒後有所見續前乘之脩不辭勞瘁源有自開委
有攸繼録枝葉之茂不致紛紜蓋率祖率親古人
有上治旁治下治之義斯舉也豈龍門子所云予
小子敢辭責乎無亦倣而為之不至世次莫稽後
之孫于自今而上鼻祖之功德可思自今而下苗
裔之昌熾可紀則親親之道無違上治旁治下治
之義云爾

乾隆拾捌年癸酉　裔孫華生誌

同脩族譜序

族之有譜非獨紀其數所以聯其宗也非獨其宗所
以厚其本也人之一身分為千萬人之身惟有本
者如是耳知所以本之則知所以聯之矣吾宗自

紫雲分派以來年代湮遠幾無考據前此幸有龍會觀兄弟二叔祖不憚仔肩斯任為之權輿其間嗣是而子姓蕃衍派別支分不無族大戚單之患夫一二賢豪者流雖赫當時勲名竹帛而未暇為合族睦宗之舉不幾於秦越相視乎 朝兄弟誠知為今日之急務爰與世重兄尋源溯委考其世次為之指畫燦列覼縷而又出自一手繕為定本若合符節蓋必如是庶可以告無罪於我祖亦必如是庶可以垂譜牒於不替也至於登諸剞劂則姑以俟之將來云

乾隆十八年癸酉　裔孫華君懋仝謹誌

同修譜序

譜之為言公也同也有共條而共貫有碁置而不紛前之述備矣又何贅焉但以尊祖愛親之心發而為聯情合

誼之舉有不得不然不忍不然者故派在當敘則敘之功在可錄則錄之秉筆有人參稽有人存舊取新有人蓋有定之又定者唯等不勝踴躍而幸斯舉也夫載筆之下可以垂諸不朽後有起而續脩之者閱斯譜而念奕葉之繩繩不已得毋於諸譜而嘆其大有人乎是為序

裔孫 世唯 元德 達夫 通德 仝拜誌

續脩丹山本支族譜序

脩譜之事其凡例與脩史同而定有稍異史直言無隱事迹可據善惡昭然使人觸目警心從其善而懲其惡可為千秋龜鑑譜脩載家傳善從長而惡從短揚盛德而掩醜行俾後人因其事而源其心可為後人楷模雖寓懲勸之意惟明哲者能領會其微而深探其旨抑潛

德於生前發幽光於身後惟冀後人能敬承而恪守所以篤宗盟而尚親親可以與世長垂於不朽也已

裔孫基養棵基輝世詩脫淑孟仝誌

續脩丹山本支族譜序

夫萬物本乎天人本乎祖天以一元迭運而歲功成人以一氣分形而宗派盛人受天地之中以生故敘曰天敘秩曰天秩爵曰天爵天之所賦理無不備人能知此理之當然惻憫慈愛油然而生孝弟仁讓由此而篤也我祖先世由桐城肇基葛盤由葛盤而參山由參山而芼嶺由芼嶺而村名肇基崇美燕翼詒謀祖功宗德不忘所自由來詳矣迨其後派衍支分而

我
祖資成公由科名卜築丹山麓之聚族而居積厚
流光遺澤孔長繼繼繩繩多歷年所前朝覲會二
叔祖纂脩譜牒紀載詳明國朝世重等重脩條分
綫晰嗣後春官唐老先生名　震續脩手澤猶存越
至於今四十有餘年從前所紀毋庸多贅昔人有
言三十年不脩譜比於不孝懼其湮沒難稽也昭
穆不詳懼其長幼失序也慶弔不與懼其途人相
視也詳其世次奠其昭穆別其親踈先此賢歐蘇
所以始造譜牒以睦宗族也以正倫常為後則傚
也是年春癸亥叔　養基閱舊譜而嘆曰我　資成
公派譜牒之脩已久不可當吾世而廢其事爰與
族中諸董事鳩集相議乃命族侄丕　新採輯命僕
抄謄至冬抄完竣此其大畧也若夫脩飾而潤色

之必須請縉紳先生董成其事而族人多費維艱竟以草譜作正譜僕不敢當固辭叔對僕而言曰褒貶賢愚非吾輩所能僅紀其生娶卒娶葬詳明而已於是矣公矣慎爲之騰抄共間有缺失不詳或因老成凋謝或因外出莫稽均與採騰無干脩錄謹識俾後人不致數典而忘祖覽陰陽而知太極觀清濁而知水源人知禮讓道尚親親患難與共憂樂與同而尊祖敬宗之道除上可以承先下可以啟後庶可相延於勿替也

同治三年甲子孟冬陽月穀旦

續脩丹山譜牒裔孫梓芳拜誌

紀世寔錄

按舊譜道隆公至守恭公世稱長者四安著名祠堂額曰　世受天恩公之獲眷於天而及其苗裔有自來矣賢宦蔚起舉不可勝数謹按其四安始祖寔錄經公居南安鷹洋及蘆埔等處妣陳氏紀公居惠安錦田因唐昭宗間閩王審知聘毅裕之女為妃後子延均稱帝追崇其母為后到惠安拜外祖故號其地曰錦田綱公居安溪參山及科名等處公字質夫號幽軒妣吳氏王氏合葬縣東門外美山峯即鳳山下綸公同安金柄等處此四子之分居四安班班可考也他不及詳我安溪科名派始自綱公諱晨年月莫考子孫縉紳代不乏人属在子姓俱我一脉為紀其瓜瓞綿綿之盛以為繼

序不忘云
我
榮美下科名前乎此者諱行字行俱有或同或異
昭穆似乎參錯但先人既如此立神主亦如是紀
載不便擅易至乾隆十六年方查定諱行行次自
今以後行次既定昭穆可得而序矣

諱行次第
文
章華國詩禮傳家希宗前哲克紹紫震維天是眷
慈裔多嘉復有祖澤宜昌蘭芽

字行次第
俟
夫世德基芳丕濟美純脩繩武發長祥保佑雲礎培
植榦楨光遠自耀慶餘必亨

開元四安通同昭穆行次
先人貽禮則奕世種書田文章昭國瑞忠孝本家
傳行達明新學脩藏德性堅安分躋仁壽謙衷樂
太平多福其自取丕承乃後賢以斯善繼述振繩
億萬年
嘉慶十七年壬申吉旦裔孫大齡立

資成公育明公傳

嘗讀詩至高山天作未嘗不歎太王當日啟之闢之攘之剔之荒之之難也迨本拔道通而後而周室寖昌矣我資成公玄宗公第三子也小負不羈之才雖承榮美六五公舊業而思有以張大其規模顧瞻真人峯中正特達山高而脈長泉甘而

土厚爰卜宅於塗厝窟而居焉至育明公始構丹山之屋而與其二子奇峰公伯與公聚國族於斯迄今士食舊德農服先疇以生以育俾熾俾昌夫然後嘆公之卓識爰於此丹山之屋為始祖廟歲時享祀勿替焉栖因道光二年壬午族衆延師脩譜黍與其事譜成之日為撰數語以誌公之創垂亦撰數語以誌奇峰公柏與公之創垂焉

裔孫詩栖謹誌

奇峰公柏與公兄弟合傳

奇峰公柏與公同胞兄弟育明公之二子也隨父來闢丹山聚族於此讀禮有曰君子將營宫室宗廟為先念父既為吾兄弟肯堂肯構吾兄弟即以此堂構為廟奉公而兄弟一室 於廟之右畔弟築

一室於廟下左畔以朝夕奉公香火亦猶生前追隨膝下不離左右之義云爾後遂以頂厝為奇峰公小宗下厝為柏與小宗

裔孫　詩栖　誌

時穆公寔錄 并附申忠公永忠公寔錄

公奇峰公第三子祖則育明公也自育明公建下祖厝奇峰公居長又自建上祖厝緒業用以昌熾至公之世多所創垂創一門彬濟起人愛慕郡荐鄉大賓享年七旬餘今觀其遺像魁梧之貌鬚眉皓秀儼然長者風度予人可觀者猶然在也公二子長申忠公有幹蠱之才時祖山被朱朝化献泉城蔡衙公出控在獄二載外乃鳩集族人九分出銀向蔡衙贖回今所繳山契自皇君火起以至四

園等處山界昭然塋科下帖可存守者皆公之力居多衆以公有功抽在近之山土名羊皮墘以報公勳今楊公及我族裔鵠公所葬之坟有認山批在焉次子永忠公傳三世亮卿公入武庠生其時公兄弟和睦患難安樂皆所共賞今孫子席其前業皆我祖之流澤孔長也

裔孫　華生　誌

茂垣公寔錄

公出自輔公派德忠公之長孫而元興公子也性温朴與世無爭佐德忠公及元明元藻公仝建尾崙厝為小宗以貽孫謀其志遠哉成胞弟黔卿公讀書雖未展一籌以報成功而黔卿處鄉當門戶子孫可無虞者皆公善成之力也敦勗兒子以義方

而侯儀侯佩公承先啟後各有建立昭昭可指又無非公為人積誠之報君等雖弗睹其盛事而歷歷可徵者如此爰仝筆謹誌

四世孫天君章茂仝謹誌

侯居公寔錄

公係本邑武庠生亮卿公第五子元瑩公之孫也幼失怙恃賴曾祖母楊氏撫養叔祖姿卿公提攜成童之時志氣昂然值兵燹流落在外每有義舉之事輙欣然向前武藝見長視取功名若拾芥後志不遂始歸家務本業年近四旬娶祖母陳育一子名光字格夫是也自公流落祖業幾盡洗矣經營拮据而後贖回今新築住居即公贖回中前為亮卿書齋名曰樓仔者也跡其生平前志遠大不以

細務為事後銖達乃以業統創垂燕子翼孫歷歷足述者如此

曾孫國甫誌

侯蘭公寔錄

公名瑞碧號爾玉侯蘭其字建卿公第三子也生平睚眦不作大本克敦篤寔誠怛之意見者無不傾心以故閭里推重而邑侯邱公儒學陳公舉為鄉飲賓屢贈藝德兼優蓋就其為人而矜式之非溢美也尤所留心者詩書一脉期二子以遠大之業每歲延師課督喜納談道論文之益其天性好學如此今長子達夫雖未獲寸售而文壇中屈指及之莫不羨為公之好學一驗也若夫燕詒之謀築書齋構居屋雖多費貲絕無慳吝之意至於謹小

慎微愛其身以敬親不致小忿取咎故公生平足不履公庭身不羅凶闆盜以見其為人之可愛可頌而宜獲安樂壽考者矣

姪孫　華生　謹誌

秀俊公寔錄

按公生平去今未遠操履間可以銘人眉宇若赫赫前日事雁行有五而公居長謀事決疑必與凡弟參行其意故自長至老家人賴之宗族重之嗜學延師課督長子世畊次子世學俱有敬恭其師友不衰者中年以來家計無缺大義樂從所以創置樂坵不惜重貲所建立陽居居多為碁置今其孫子席前美而恢後緒公之詒謀以安而為可繼皆嘖嘖無間於宗黨云

姪華生　誌

秀峯公傳

康侯松柏挺秀三冬陶令黃花舒英九日古嘗以此稱君子亦嘗以此寫天懷若洞翁姻學凡其合而一之也哉　翁小負不羈之才篤志芸窗奈數奇不偶屢試輒北遂慨然曰士君子處世不能爭名於朝自宜為政於家乃本其脩身立行之寔以課督兒孫耕者犁雲鋤雨讀者雪按螢窓孔友弟恭入孝出弟以故

邑侯聞而獎賞以鄉飲賓錫匾曰鄉閭碩望而享年八十有二四世一堂芝蘭玉甃簇簇庭階　貺因道光壬午為盛族脩譜聞　翁碩德爰書數語以傳之

年姻家弟唐　震　拜撰

諧亭公寔錄

公係珍公之長子安卿公之長孫少失怙恃祖母
陳氏撫養三子公時方十歲餘安卿公器之祖兼
父道課督維嚴公亦遵祖訓從師就學筆墨之外
無他時事弱冠以來為文人推許受知於曾邑侯
取列第三榜名貴際是也功名念切幾於鉄硯磨
穿雖屢試困於塲屋戰未嘗鼓衰最難忘者越冠
二年舉不才 生 六歲就學追隨不離風雨晦明寒
灯晤對蓋自弗輟於學因以弗輟其學於 生 母李
氏出自翰龍李先生堂姑業儒周覽胞胑一門書
香頗知嗜學然生無分愛毋不免以督責相嚴為
慮公直以愛而 勿勞為憂蓋欲成 功名於其身因
欲成 功名於 生 大概如是所難者家清淡舌耕所

遺一二金之数遇考試費盡無餘文壇戰罷而後已焉生平不喜諧俗遇子弟有孟浪者直言而斥中年以來閭里徑途崎嶇必諄諄然鳩衆劚其可行此雖小節然、猶見公之志在遠大行存端方矩細不苟也已

男　華生　拜誌

諧亭黃、先生跋

先生於量里閈相望結契情深昔延為西席令兒子凌雲叨從黌序之列是深昔日問字之喜為之跋曰喬松蒼鬱望佳氣者知有人先生其選哉雖流水不逢知音之奏而抱璞不減荆山之色今其人往矣典型猶在沐乎其門者後先出藍莫不溯其淵源有自觀寔錄云志在遠大行存端其大概先

生之素歟古 有頌曰先生之風山高水長量敬以此爲先生䟦

姻家姪葉元量 頓首拜

理夫公寔録

公侯賴公子錦卿公之孫兩世零丁生未彌月即失怙特侯資公視姪猶子維持保護以至成立公亦事叔如父生事葬祭一一盡禮三十餘歲娶李恢復祖業構屋築齋督習兒曹令孫支林立振振繩繩皆祖德之有餘慶云

男華盛 謹述

太姻母許孺人内傳

旺夫公太姻翁享年三十二時其子呱呱在抱妣許孺人柏舟自矢氷操不移惟惓惓撫養其子妣

長即令下帷攻苦和丸畫荻七十年來常如一日今其子克自成立諸孫競秀此亦足以慰旺夫公之志於地下而報先人之德於未艾也

文學嫻家侄唐賡寶拜題

郡夫公黃姻學叔臺傳

郡夫號秀慧侯佩公四子也少失恃與父共甘苦弱冠侯佩公其幹濟之才可晛一二因輟學業中年以來經營拮据縱心義舉鳩置祀業聿新祖宇兢兢然以祀先為急務處鄉閭排難解紛推心置腹敬宗睦族之道洵足為中流砥柱者晚來家計粗盈更注意於詩書於是就大坪營立宫室時加課讀嘗督二子世賞世敘等俾得成立過當世有道之士無不下榻相迎盡歡永日噫

邑侯之推薦鄉飲而額贈以雅度高風公其無愧矣乎

文學姻家學姪唐夔寶拜譔

賢夫公實錄

人生在世世有立德立功之異而究其攸歸皆本一心之不甘為人下考公事蹟與其乃父侯寵公殷侯德公俱以本計為務孜孜然南畝有事而已詎知功名必爭之地有毅然不可奪者如祖山乃先人所詒葬樵之所奚有王家起衅相爭公獨肩其事二三載在縣控告靡有寧日後以公親勸處依舊經管始休兵焉茲非其不甘為人下而立功之一証歟他素行其可為子孫式者尚多特表此一節以見功名成敗之際不可依違觀望而不赴事也因敘此以

為後勸

姪華生拜述

守恭公祠祭墓祭輪年記

四安祭祀四年一週安溪分為四房亦四年一週以本房之四年一週與四安相輪計其當祭每有十六年一祭本房上科名應十六年一到歷次承當以展孝思無有失者亦本無與於上科名也因癸酉年二月十八日長者公諱晨上科名叔凡弟侄哭欲争祭於上年立冬日潘山祭公墓之時接簿角競紛争南安房貴池惠安房稷山灑水河于長壽諸鄉紳與祭勸以木本水源之思諭以情理可行之意處為合祭其祀祖公派祀費公出永以為例繼而族中有一二難之幾乎衅争幸姻親唐

老先生名桂生屬其堂弟費賓念姻戚敦友誼特為上下科名贊成合祭俾子姓得以和氣相將彬濟濟於祠中者皆唐老先生之力也不忘所自爰誌其事以摧不朽謹將公約抄垂於左

公約字

南安裔孫江南貴池縣　良慶號

惠安房裔孫山西稷山縣　士鉉號

浙江灑水縣　文脩號

直隸河干縣為漢號

四川長壽縣朝陽號

因乾隆癸酉年

四安公祖祠係安溪房科名值祭於壬申年立冬日上下科名齊到接簿族衆公處將簿交上科名

收執癸酉年廟祭墓祭公訂上下科名協心同辦
所有祀業同分使費同出不得臨時紛更有傷和
氣以後照例辦理公字付下科名為炤
乾隆十七年十月　日公約南安房廩生弍九書覑

參內大厝兜祠堂歷年春秋二祭祀田記

竊惟祖宇以妥先靈祀田以展孝思此立廟萃渙
之義也派別分居以來春秋駢集雖無或缺然近
者忽之遠者難之當祭者有東道之費殊非所以為久
長之計也爰会族議於康熙五十五年十一月龜頭
洋侯源等山頭派群夫等坪尾派啓祿等鳩衆出
銀就參內買祀田壹拾伍坵歷年付近附首人收
租為祀費且為與祭遠涉往來餐宿之資其祀田
契付龜頭洋侯源收貯仍立入祠祀田契付參內

公收謹將祖契文抄白於左并入祠契文亦抄白於左

立祠契裔孫下科名仲卿等有承買得佃租卅壹拾伍秤叁斗貫在長泰里參內洋土名盡尾及溪墘門口下埔溪內石碎員潭等處因開元祠分派安溪參內

祖綱公祠宇年節朔望香灼輪祀仲卿等分居在科名下洋等處路途遠涉難以接續今將祖送入祠宇內付與諸房附近者每次值祀首人收用輪流代奉　祖先永為祀業祖先佑啟我後遠近咸均一體同視福祚無疆謹立契為炤

康熙五十五年十一月　日立祀契下科名仲卿

書裔孫舜夫

知見裔孫章果

一契吳載生共佃租拾桃叁斗田弍段

一土名盡尾共伍坵佃租柒桃叁斗佃人賴燈有德興

一契黃嘉謨正契乙桃大糞土弍桃土名叁內門口下埔

謨官自耕

一契高爆顯民租弍桃大配民米弍升田叁段

一土名溪內園租壹桃佃黃喜使

一土名石碎租叁斗大佃黃尾興

一土名員潭租叁斗大佃謝研官

以上契叁帋在龜頭洋侯源收貯

丹山黃氏歷世譜圖卷首

入閩始祖道隆公　避劉羆閩亂從光州固始建居仙遊大尖山小尖山之陽後改遷桐城即今泉城開元寺

肇基四安守恭公　妣司馬氏合葬潘山公諱辰二月十八日墓祭定每年立冬日俱四安輪祭子四分四居四安

經公　居南安呂洋

紀公　居惠安錦田

綱公　居安溪葛盤

綸公　居同安金柄

安溪三房本派

綱公系　配王又吳三配柯合葬縣居美女峰即鳳山

良謀　配王子二　公妣合葬在坊山陽外深內大路下

廷璋　配王子二　葬失

廷業

金郎　配謝子二　葬佚

玉郎　失攷

元良　配殷子一

元善　失錄

元良系 子一 正春 紹興七年登進士 子二

朝用 子一 學貞

朝貴 登進士 子一 學優 登進士 第子 文範 肖楠 紹定五年登進士 第官順昌知縣 配孫氏 子三 移參山

文範系 子三 孟仁 庠生 居參洋 配殷合葵埔 任御史橋 子一 仲春 子一 季成 子一 復端 子四

孟義 庠生 移居建寧

孟信 庠生 移居漳州

復端系 子四 國佐 子一 覺禮 居參洋 原祖宇名大厝 兜即外厝

國輔 子一 覺廉 居參內厝

有年 子一 覺智 內外厝分 居大羅溪

有代 子一 覺才 從父移居依仁里 城鄉后從子移居龍興里上科 名黃柏宅 配朱氏 子四

金童 號臻峰 居上科 名黃柏宅 葬真武踏龜 配盧氏 子一

進治 配盧氏 子 原住上科名

金章　居依仁里芘嶺腳潤水葵本山　子一

史治　配李　移居南安六都仁宅鄉即上宅

金意　在承巷白岩化為黃公祖師

金彥　諱昌亂字景朴號六五　洪武初由上科名場中徙居下科名榮美　葬鯉魚山丙壬向　配連　葬庵兜邑形丙壬向　又配刘　葬公墓右畔　子二

爾寅　名允照號興治　配賴氏　號六九道人　全葬龜山荷塵形壬丙向　子一

爾宷　名允升號邦治　別號存耕逸叟　配刘氏　子三

以上自綱公而來，世代綿遠，不無殘缺失次。我祖金彥公自上科名徙居下科名榮美，自為一派。派別支分，從其所親，祖功祖宗德在所不祧。公之振興榮美從此起。

一世祖金彦公 子二

二世祖爾賓公 居榮美外厝爲長房

爾案公 居榮美内厝爲二房

長房本派

二世 爾賓系 子一

三世 宏大 葬長圻子午向配連葬衣蔴辛山向子二

四世 仁用 配朱倉葬南寺后辛山向

五世 長梓 葬大坂尾坤艮配余葬三跳圻乾巽子六

六世 玄宗 住菜園厝配蘇南境塋巽乾亥子六

伯宗 无傳

得宗 分居磜内及湖市子三

檪宗 居龜頭洋配藴合葬龜山楓基子二

淑宗 分居湖頭傳厝

玄宗系

六世

七世
資崇　承資第
資潤
資成　移居山頭潤壽窟葬狗尖甲庚卯酉配莊葬同天雞岩配子六第三出繼

八世
育清　配陳仝葬龍虎壬丙子二
育舉

九世
積美　配洪子一
積宣　葬祈頂辛乙配陳葬井尾坪子四

十世
時福　配洪子一
時祐　配氏子一
時嘉　葬赤崗尾大坽乾巽配莊子三
時化　无出
時貴　无出

仁和　與姪仝葬天坂尾无配氏又與余氏姪姊仝葬三跳祈子三惟有一子名良生五子不敘缺缺

進宗　无出

育仁

育清

育明　閩建舟山祖宇配林合葬大園后角卯子二

積榮　另奇峰自建上祖宅娶蘇合葬前湖園头坂巽乾子三

時澄　號輔田配林合葬烏石尾田中乾巽戊辰又配陳失攷

時茂　號琴柏配周合葬烏石墘田中亥巳子一

時穗　號柏峰配楊合葬井尾坪乾巽又娶葬九福尾墘高子三

積傳　號柏興葬坪头茶林尾庚甲又陳葬際仔內又高葬新園茶林尾又連未詳土自建下厝祖宇

時俊　號東園配朱合葬湖內坤艮子二

育浴

育盛　无出葬楓仔林

資得 居坪尾派

資層

資敏

十世　十一世　十二世　十三世　十四世

時福系 —— 克忠 號耀宇 配洪氏 —— 元昇 子一 —— 進卿

時祐系 子一 —— 憲忠 无出

時嘉系 子三 —— 發忠 子三 葬名仔磚壟 洪葬湖内乾巽向

—— 元英

—— 元承 葬湖内乾巽 配張葬湖内坐 —— 詩卿 葬名仮 配張葬江后 子二 —— 侯大 配吳 子三

—— 侯恭 葬感化太山大按口丁癸 配陳 子五

—— 享使

—— 夘郎

—— 子卿 葬灶坑大牛坪 崙寅申甲庚 章 子五 —— 侯德 无出

時澄公　子三

德忠　號心田葬丙山大草腹庚丁配姚仝葬又林葬大岡右又陳葬補笑蓎丁癸午子又利葬大岡后土唐

元興　號仰同葬下坂田申壬丙亥巳配陳配葬湖丙丙卯庚甲子四

馥卿　號茂恒葬坪头未丑丁癸配朱葬灶坑大坊山辛辰戌子三

以上資榮之派

祥忠　配郭无出

瑞忠　夭

元明　无出

第英　往廣東

侯祥　葬大牛坪子午癸丁配余王

侯儀　葬下坂辛乙配陳葬坪头大崙丙卯庚申子六

侯佩　号瑞璉葬崙尾坤艮配周葬烏君坑仔戌辰子五

侯脩　无出

侯雙　无出

侯鬥　承繼子一

侯義　號有方葬丙壬坑未丑配鄭葬灶坑鑄鬥崙巽乾子三

嵐庚申 子三

裕忠 葬大罔后祖墓左畔辛山 配余葬魁梅兜酉卯 又林与公仝葬 子四

元揚 葬大罔后壬丙 配林子二

元昌 葬灶坑土寨兜大圳下山辛 配陳子二

元明 葬崎路内卯 配林子三

齡卿 與毋合葬 配林子一

宏卿 葬下坂丑未兼丁 配葉葬九崙内崙未丑 又林葬路流 子一

芬卿

顯卿 葬灶坑赤竹坊崙尾酉卯 配陳子一

芳卿 无出

圖卿 葬補笈鑑 配陳子三

軸卿 配胡 子三

挾娘 无出

侯周 葬灶坑酉卯辛乙 配唐葬崙尾壬丙乙未 葬潤内辛乙 承繼子一

瑞宇 葬東孫崙尾

瑞初 子二 住溫州

瑞顯 子二 住溫州

瑞聖 住溫州橋墩門

侯麗 无出

侯貞 子一

侯寶

元寶　父子俱溺　北葬赤嶺　卿洗江潭上

元貞　配魏　子二

元蘂　葬下坂壬丙　配林葬尾埒　大坪戌辰　子三

豫卿　葬新園嵩　中崙　配陳　子二

賢卿　无出

秀卿　配葉　子一

莊卿　配錢

有卿　葬九枕尾　巳亥下酉卯　配陳葬西　母坑乾巽　子一

標卿　葬赤路乾　乾巽　配陳　鄭葬下坂　亥巳　又鄭葬　湖头佛仔格　芳坑头丁癸　子二

侯騰　配蕭合葬新　園嵩丙壬　子一

侯寬　配林住江西　壬山洋相便

侯墜　配林繼　子一

侯起　葬旂尾大　路下辛山　配　傅与公合葬

侯兼　葬湖头下　陣嶺兜水　尾艮坤　配鄭　葬缚牛坂路　下酉卯　子一

侯藝　葬灶坑大坋　厝角亥巳　配林葬東　磜寮辰戌　子二

天相　葬竹兜乾巽　配傅　葬大园辰戌辰　子二

元章　配李　仝葬山坪尾　葬乾又林葬尾崙兜　䃥仔四中　子二

奕卿　配楊又　葬子一

侯象　配王子　二夫

旋卿　葬下坂　葵丁　配鄭　葵九福尾　靴閗　中丑未　子五

侯珠　葬鉄灶坑丙　壬配魏　葬洋坑甲庚子　一

侯旗　配葉　死出

怫英　夭

侯鍾　葬官倉面大嶺邊末　丑配鄭　葬下坂甲庚

侯畫　葬皇君火大　菜林甲庚

元懿　配魏　子二

節卿　葬宗善里上壬　癸丁　配魏　葬尾崙兜田中　子一

侯執　配陳　仝葬魁梢兜石古仔戌辰　子四

廷榆　移常山

祐卿

以上為奇峰長房時澄之派

時茂系 子一

全忠 配吳全奠 田尾洋乾巽子四

元熙 配余全葵 鐵灶坑酉卯子二

元任 配趙 子二

元𢡟 配謝 子四

元楬 配林 子三

用卿 配郭 子二

鄕卿 癸崎路石 字乾巽配 伓癸后堂 田中巳亥子一

碩卿 无出

至卿 无出

茂卿 无出

濟卿 无出

木卿 配傅 子一

樹卿 癸灶坑長 埕頭坤艮子一

藩卿 无出

廷枳 配王 子一

廷樫 无出

侯錫 无出

侯吉 配林 子二

侯苑 癸山坪田中 丙卯配余氏 癸九埕田中 乾巽子一

瑞敬 往台

侯箕 配朱子 一殤

侯來 配楊子三 一出繼華

以上奇峰二房時茂之派

時穆系 子二

甫忠 配利仝葬碌内長春崙俗呼萬谷墓乾巽 子四

元起 業儒卿賓 配葉仝葬科名翁厝后壬丙 子二

元睛 葬赤路墘巽 配陳葬鉄灶坑未丑坤艮 子三

元晋 葬洋仔坪辛乙 配鄭 子三

安卿 配葉仝葬居宅溫厝坤癸丁 子三

喬卿 配王仝葬前淵嶺后崎仔尾焉 子二

長卿 配余葬庵頭格丙壬 子二

廷櫶 住常山

惺卿 配楊 子一

夏卿 葬戲仔里虎岫前山林丁癸 配瓶 子一

侯珍 配陳仝葬前淵嶺后壬丙 子三

侯璞 葬前淵嶺后壬丙 配洪 子三

侯羨 仝葬山坪崙田下未丑向

侯錦 配胡在台 子三

侯汝 葬羊皮墘乾巽 配王 子二

侯初 子失孜孫名欽在貴州

侯輯 葬西廻柳樹坪 配鄭 子一

侯碧 葬大牛坪壬丙向 配王葬尾墘田中壬丙 子三

永忠
配胡仝葬來
蘊里山門深
埈壬丙子二

元電
葬鐵灶坑田上
酉卯配氏子一
失

元瑩
葬鐵灶坑內宝
配楊葬竹兜乎
山子二

元著
配葉仝葬
竹兜山茶芘
下辛乙酉卯乎
四

巖卿
无出葬赤
路乾田角
癸丁

鬸卿
葬大茶林
申寅配顏
子一

亮卿
武庠生葬大
坑葬水埕下酉
卯配鄭又李
与姑仝葬厝
壙仔丁癸子一

位卿
配廖子一

姿卿
葬洋坑九福
崙酉卯配楊子
一

震卿
葬松樹下辛
乙配許葬后
尾路邊酉卯又
李与公仝葬土

培卿
葬坪头辛
乙配氏子一

斗卿
葬后田尾

建卿
配刘仝葬赤
路墘田中乾
巽戌辰子三

侯祿
葬赤路乾田
申壬丙配陳
葬工菴丁癸
子一

侯居
葬大茶林
庚甲配陳
葬鳥石田中
壬丙子一

顯英

侯幣
葬石字戌辰
配楊子一

侯黴
葬灶坑五層
崙配翁子一

侯雅
配楊子三
一出繼

侯寔
葬尾崙夫
埔配子一

侯誥
葬灶坑行前
酉卯娶葉葬
新尾壬丙亥巳子五

侯立
葬崎石甲庚配楊
葬西垵乾巽
子五一繼出

侯蘭
葬灶坑五厝
崙甲庚配葉
子二長子承

以上奇峰三房時穆之派

時俊系

徽忠
葬山坪庚甲
配陳葬周衛
乾巽子四

元柱
葬西宅水埕下
庚甲配胡与公仝
葬又趙葬鵰鴣
石崙庚甲子三

錦卿
配楊仝葬九福
尾坑仔子一

侯頼
葬皇君火
壬丙子一

與卿
葬山坪大埕角
走配蘇葬
大牛坪癸丁子二

侯資
葬大崙内巳
亥配徐葬大
牛坪癸丁子一

侯益
葬西母塊
乾巽无出

翔卿
与侯資仝
葬无出

元積
配朱
子二

搏卿
配鄭
子一

侯玄
无出

轉卿
无出

元齊
葬祈尾乾巽
配楊葬山坪崙
仔壬丙子一

待卿
葬羊皮墩
辛山配廖
葬補寮磨
巽乾子五

侯慶
葬坪头厝扣配
楊葬坪头厝地
外丑未唐葬坪头

侯奕
葬牛祈尾丑
未配鮑葬祈
尾戌辰子二

侯應
配利子一

進忠 配林子四

元級 配陳子四 移常山

元善 配陳 移常山

元篤 配胡 子二

偶卿 配林 无出

元時 配鄭子三 移常三

明卿 配林 无出

賢忠 配廖 子二

元佩 配鄭 无出

元取 葬祈尾園岺 卯酉配葉葬大囷居辛乙 子四

戴卿 葬九福蛇仔崙 丁癸配陳子三

來卿

都卿

恂卿 俱无出

侯薰 葬牛糊崙丁癸 配廖子三

侯仰 葬山坪水埕上 酉卯配林葬灶坑石圭丙壬 子六

侯恩 配宋子四

侯矩 配陳子五

進業 往江西

元景 配陳又奐 又娶子三

時卿 配林 子二

錫卿 配楊 子一

全卿 配刘 子三

侯龍 配魏 子三

侯德 配陳又王 子七

侯仁 配胡 子一

侯萃 配唐繼 子一

侯敬 配陳子二

侯肅 配林子四

以上柏與公時俊單房之派

十四世　十五世　十六世　十七世　十八世

侯大系 子三

章輝

章旺

章鎮

侯恭系 子五
章鑽 配王 子一
華禎
章習 配柯全王 子二
華進
華保
章祿 配陳 子二
天生 配氏 子二
國戊
國亥
天隨
章秀
章全 配沈
侯昂系 繼子一
章珪
侯義系
章祖 配廖 子五
華治 配廖 子一
國嘆 配王
華務 配林 子一
國劃 配林
華內

章詞 往台

華巷 配林 子二

國娞

國箚

華麥 配李 子一

國蚌

以上資榮之派

侯祥系

高夫 无出

侯儀系 子五

善夫 配楊 子二

世晡 配楊 子三

元德 配柯 子六

基水 配蘇 子六 一繼基岍

基岍 配唐 子一 繼

基酒 配柯 子三

基生 配廖 子一

基汝 配李 子二

基汪 子一 夭

世學 配李子四

茅德 配庚文炳 子三

美德 配楊子 六一出繼

珪德 配王子四

方德 配鄭子 三

詩科 配廖 子三

詩顯 夭

詩昂 配高 子二

詩遵 配朱子三 長三夭

詩望 配林子二

詩明 養子一

詩偉 配陳子四 長殀

詩起 配朱子三 養子一

詩芹 配胡子一

詩廷 配許子一

詩皆

詩芸 養子一

詩鵬 配林子一

訂夫 配莊 子二

世家 配唐 子四

種德 配許 子五 一出繼

肱德 配楊 子四

著德 配李 子五

詩景 配蘊 子一

詩貢 配刘 子一

詩訪 配林 子四

詩接

詩賜 配李又李

詩潛 配謝 子一

五美 配謝善 子一

詩柖

詩才

詩亘

詩蛙 配馬 子一

新助 配葉 子三

詩㮔

世唯 配張 子三

艷德 配林 子一
親德 配唐 子一
松德 配溫 子一
從德 配陳 子一
霽德 配葉 子四
溥德 配王 子五

詩鄒 養子一
詩作
詩藻 配林 子三
詩蛟 配朱 子五
詩時 配蘇 子二
詩栩 配王又蘇 子四
詩椆 配陳 子一
詩椿 邑庠生 配葉 子兩
詩楫 配葉 子兩
詩杏 配楊 子三
詩應 配葉 子二
詩楮 無出
詩杯 無出

- 詩柄 配許 子四
- 詩果 配許 无出

- 臧夫 配陳 子四
  - 世敏 配林 子一
    - 奕德 配葉 子二
      - 詩多 无傳
      - 詩伋 配葉 往台
      - 詩黨 无傳
  - 世俸 配葉又吳 子一
    - 魚德 配王 子四
      - 新興 配鄭 子三
      - 詩怡 配王 子二
      - 詩耽 配吳 子五 一出繼
      - 詩荐 配陳 繼 子一
  - 世桂
  - 世聰 配葉 子三
    - 類德 配溫 子三
      - 崇宗 殤
      - 詩權 配蕭 子五
      - 詩荼 配唐 子三

旺夫 配許 子一

世朝 配鄭又吳 子四

美德 配林子五

温德 配葉 子二

梧德 配唐 子五

賢德 配胡 子四 次天

詩元 配林子四 一出繼

詩虎 配葉子二

詩蓮 无傳

詩根 繼子一

詩社 子一

詩喜 配廖 子三

詩腆 配葉子五

詩盼 配廖子一

詩献 承繼孫一

詩持 配唐子一

詩復 配王子一

詩盛 承繼孫一

詩甘 配楊子二

堯夫 配李 子一

世胄 養子

主德 配吳 子二

詩翰

詩鳳 俱无傳

以上侯儀之派

畊德 配許 子二

詩暢 夭

詩培 配馬 子四

聰德 配鄭 子五

詩班 繼子一

詩貞

詩旂

詩遥 配李 子三 一繼出

詩川 殤

詩都 俱无出

詩柱

侯佩系 子五

嘉夫 配唐又王 子七

世興 配楊 子一

世義 配唐徐 子三

世望 配張 子五

國用

脩德 配李 子三

銘德 配陳 子三

志德 配李 子二

昭德 配盧 子五

詩勵 配陳 子一

詩璣

詩楚

詩柔 配廖 子三

詩永 配趙 子三

詩夏 配廖 繼 子一

詩程 配李 子四 繼出一

詩偈 配王 子五 一繼出

詩多 配林 子三

詩扶 配王 子三 繼出一

詩兩 配李 子二

詩運

詩區　配盧子二　一出繼

驥德　配李子二
- 詩佩　配吳繼子一
- 詩㓹　配陳子二

國鳳

星德　配陳子二
- 詩投　配李子四　一出繼
- 詩憂　配陳子二

架德　配王子三
- 詩湊　配胡子二
- 詩炭　移居泉城
- 新諭　繼子一

世海　配陳又廖子四
- 鏡德　配陳子四
  - 詩教　配王子三
  - 詩午　配廖子三　一出繼
  - 詩目　配陳子二
  - 詩錦　殀
- 尊德　配陳子六
  - 詩紫　配胡子一

華及

世厚 配李 子四

顯德 配葉 子三

偶德 配唐 子二 一出繼

文德 配周 子三

詩林 配李 子三 一出繼

詩坂 配林 子二 一出繼

詩悻 配陳 別

詩隈 配陳 子二

詩到 配傅 子三

詩玉 夭

詩樹 配廖 子三

詩喬 配葉 子四

詩對 往台

詩禮 配王 子一

詩廣 配李 子五

論景 配葉 子二

爾夫 嗣子一

愷夫 配鄭 子二

郡夫 配朱 子四

世深

華監

華于 配王 子一

華宰

世賞 配劉 子三

攑德 配廖 子二

國燦

國成

國田

毓德 配謝 子七

梅窗 配胡

詩鄰

詩按 养子一

詩郁 配唐 子一

詩續 配柯又蔡 子一

詩招 配鄭 子三

詩円 配胡

世儔 配廖文洪 又胡 子三

世選 配蔡 子三

世欽 配楊 子二

國瑾 夭

歸德 子三

馨德 配陳 子一

爵德 配陳 子一

攄德 配林 子一

變德 配林 子一

頊德 配陳

数德 配周 子三

詩奪 配裘

詩文 養子一 配錢

福英

詩芳

詩欸 配蔡 子一

詩葵 養子一

詩琛 配陳 子二

詩洽

詩蘇 配王 子一

詩丑 夭

詩滿 養子一

章受

安德 配余 子一
- 詩全
- 詩元
- 詩長

以上侯佩之派

侯周系 子二

端夫 配刘 子五

世榯 配陳 一

夏德 配王 子四
- 詩理
- 詩採
- 詩宗
- 詩德 配陳 養子一

世植 配楊 子三

兩德 配楊 子三
- 詩誥 配馬 子一 夭
- 詩聽
- 詩通

世杏 配蔡 子三

麗德 配許 子一

詩塊 配沈 子二

同德 配唐 子三

詩杜 配林 子二 一出繼

詩禾

詩閣 繼子一

峻德 配陳 子四 一出繼

詩昂 养子一

詩瀨 夭

詩旺

楚德 配陳又謝 子二

詩晏 养子一

詩龍 承繼撿弟

世樹 配陳 子一

貞德 配唐 子三

詩意 养子一

詩雎

詩居

華桃

瑞宇系 — 政夫 配王子一 — 世行 配王子一 — 國恩

以上侯周之派

侯貞系 子二 — 奎夫 配馬子一 — 世珠 配馬子二 — 國達、國哭

侯騰系 子一 — 命夫 配楊子一 — 世達 配葉子三一出繼 — 國春

侯寬系 子三 — 尚夫 配李子三 — 世榮 配林子六一出繼 — 峻德 子二 — 詩偕、詩惠

明德 配林子四 — 詩玖、詩文、詩綸 配子一

懿夫 子五

安侯 繼子一

世興 配鄭子六 一出繼

國登

如德 子三

超德 子三

懷德 配陳 子三

輝德 配徐 子三

詩選

詩南

詩比

詩誥 配洪子三

詩恩 配周子三

詩欽 配李子一

詩朝 配鄭子三

詩範 配何 子四

詩太 配張 子五

詩念

詩壬 配姚子五

詩庚

世文　配林　子三

世先　配吳繼　子一

喜德　配陳　子六

仁德　配徐　子一

能德　配王　子一

敬德　配陳　子二

有德　配鄭　子三

聖德　配王　子四

詩進　配王

詩化　配林　子三

詩席　配楊　子三

詩登　配歐陽　子二

詩年　配鄭　子三

詩璞　配鄭　子一

詩敏　配吳

詩鏗　配[illegible]　子四

詩圭

詩倫

詩亮

詩貴

詩滿　配陳　子二

世發 配王 子二

安高 配鄭 子二

上德 繼子一

光德 配吳 子一

國所

國順

國仲 配陳 子四

詩遠

詩忠

詩有

詩究

詩子 出繼

詩子 配陳 子一

詩振

詩盛

詩行

詩元

詩佳

信夫（配魏　子三　長夫）
華板
華添
國清
詩川

以上江西侯覺之派

侯陞系（繼子一）
繼夫（配楊）
侯起系（子三）
章仕（配李　子一）
楚夫（配陳　子三　一出繼）
岳春
岳金（配葉　子四）
國恩（配廖　子三）
國懇（配陳　子一）
國朝
詩衢
詩敲
詩不
詩臣（殀）

侯兼系 子二

肅夫 配陳 子二
章宣 配李 子二

世英 配周 子四
世寬 配李 子一
世權 配莊 子一
華保
華孔

國廷 俱往臺
維德 配周 子二
代德 配楊 子一
實德 配楊 子三
國訖
藉德 配陳 子二
國孺 子一

詩潘 配鄭 子二
詩覺 殀
詩品
詩荐 繼子一
詩賴 繼子一
詩飽 配楊 子三 往台
詩偶
詩巧 配陳荸 子一
詩綏

侯藝系 子三

潤夫 配胡 子四

世能 配宋 子四

- 揚德 配鄭 子四
  - 詩體 配周 子五
  - 詩盪 配苏 子二
  - 詩規 配廖 子一 往台
  - 詩駝 配王 子一 往台
- 潤德 配林 子三
  - 詩岌 配廖 子三
  - 詩粧 夭
  - 詩村 往台
- 航德 配廖 子四
  - 詩筤 往台
  - 詩挾 夭
  - 詩祿 夭
  - 詩棹
- 壽德 配林 子三
  - 詩圓 配廖
  - 詩圃

世勝　配李　子四

世統　配謝　子三

禮德　配胡　子二

巾德　配苏　子二

易德　配謝　子一

國冬　養子

安德　配朱　子一

習德　配裴　子五

詩頂

詩孛　配陳子一

詩康　配吳　子四

詩詹　子一　夭

詩桄　継子一

詩走

詩琳　往臺

詩血　配吳又林　子四

詩耦　配裴子五　一出継

詩國　配王子二

詩儒　配李子四

詩勅　配陳子四

- 世脩 配李 子三
  - 厚德 配周 子四
    - 詩機 配李 子八 第四夭
    - 詩珠 配林 又配氏 子四
    - 詩萍 配朱 子四
    - 詩畫 配廖 子五
    - 鳶飛 配李 子七
  - 原德 配唐 子六
    - 詩瑙 配廖
    - 詩休 繼子一
    - 詩鬱
    - 詩牆
    - 詩賞 配廖 子二
    - 詩述
  - 國百 繼子一
    - 詩琚
  - 毛德 配陳 子五
    - 詩壁 配廖 子三

治夫　配張又錢　子二
- 亞聞　配王　子一
  - 知德　配林　子三
    - 詩嫣　繼子一
    - 詩返　繼子一
    - 詩魯
    - 詩敦　配李子五　長四出繼
    - 詩專　配唐子三　次出繼
    - 詩籃　配廖子四　二三四出繼
    - 詩桐　繼子一
- 亞人　配錢　子二
  - 國真
  - 國待

位夫　配朱　子六
- 亞是　配余　子一
  - 江明　配唐
- 亞揆　配林又陳　子一
  - 國扇　配陳　繼子一
    - 詩許　配氏　子四
  - 國千
  - 國琴

國縣

國絹

世章　配廖　子二

國畝

國制

華頫　往台

華典

世美　配陳氏　蘓子三

國汀　仝

國餘　俱夭

國粮　配謝

以上侯藝之派

侯鍾系 子一

貫未 配陳 子六

世獻 配陳 子三

世明 配楊 子五

世彩 配陳 子六

國尤

國氏 配宋 子一

國斗

國角

國房

國尾

國金 配李 子二

國胃 俱往台

貺德 配陳 子二

庠德 配陳又張 繼子一

淑德 配陳子二 一出繼

玉德 配羅 子三

詩潘

詩元 配周又蕭 子二

詩式 配廖子一

詩才 配林子一

詩順 配陳子一

詩賞

世熙 配吳 子三

月德 配林 子三
魯德 配盧 子一
烜德 配趙 子四
珠德 配楊 子五

詩捌
詩係 俱往台
詩奕 配曾 子一
詩深
詩省
詩袍 配胡 子二
詩樊
詩替 配林 养子一
詩能 夭
詩艮 夭
詩閩 配李 子五 二出繼
詩項 配李 子二
詩南 繼子一

成德 配陳氏 王子四

詩答 夭

詩次 夭

詩吳 配王子二

詩齊 配李 子一

詩趙 配李子一

詩鄭 配王子二

西綱 配葉 子一

國伏

西德 配謝 子二

國偉

國柳

以上侯鍾質夫派

侯執系 子四

- 惇夫 配謝 子二
  - 世合 配謝 子一
    - 國策
  - 世治 配陳 子二
    - 愛德 養子一
      - 詩占 養子一
    - 宜德 養子一
      - 詩伴 配姚 子一
      - 殀
- 舒夫 配王 子三
  - 華玉 子二
    - 國作
    - 國 失名
  - 華親
  - 華進
- 章川 配謝 子二
  - 華絅
  - 華
- 章絅

以上侯執之派

以上奇峰長房時澄之派

侯吉系 子二

章貢

義夫 配陳 繼子一

華繼

侯苑系 子一

俊夫 配胡 子三 一出繼

世宗 配王 子四

國訓 配江 子三 一出繼

詩同

詩成

國德

國默

國賴 配胡 子一

詩淡

華荷 子二

國慶

國餘

侯來系 子二

章載 嗣子一

耳英

章旺

以上奇峰二房時茂之派

侯珍承 子三

舜夫 配李 子一 業儒

世重 配陳 子三 業儒

全德 配張 子一

詩孟 配唐 子一

陶德

韜德 配李

奏夫 配唐 子一

世成 配刘 子四

國建 配柯 子二

詩大 養子一

詩顕 殀

國研

國兹 配馬 子一

詩静 殀

國端

龍夫 配錢 子一

世徽 配林 又羅

冉德 配林 子二

詩出 配鄭 子一 殀

詩護

曜德 配唐 养子一

詩入 配馬 子四

侯璞原 子三

鵬夫 配許 子一
世青 配王 子三
義德 配楊 子二
詩海
詩江
推德 配張 子一
詩遠 夭
合德 配洪 子三 一出繼
詩堯
詩晏

梅夫 配李 子三
世足 配王 子一
國新
華乾
華旗

佰夫 配許 子三
世昇 配蔡 子一
國倡
世昂
華升

侯錦系 子三 — 章均
　　　　　　— 雲夫 配林 子一 — 華爵
　　　　　　— 謀夫

侯汝系 子二 — 玉夫 配[illegible] 子二 — 華柱 養子一 — 國力

侯輯系 子一 — 和夫 配朱

侯碧系 子二 — 成夫 配陳 子四 — 世祥
　　　　　　　　　　　　　　　 — 世多 配吳 子一 — 國忍
　　　　　　　　　　　　　　　 — 世張 係名長 子一 — 國桃
　　　　　　　　　　　　　　　 — 華烈 繼子一 — 國遷
　　　　　　— 崇夫 配楊 子三 — 華通

侯祿系 子二

相夫 配陳 子四

世賡 配陳 子五　世榮　華琴　華對

華開 配朱

華貞 住溫州

國恩 子三　國科　國淡　國都　國五

詩岱 養子一

詩影

詩乞 配林 子一

- 侯居系 子二
  - 格夫 配陳 子三
    - 岳本 配錢 子六
      - 近德 配胡 子二
        - 詩粒 配陳子三 次出繼
        - 詩細
      - 持德 配林 子三
        - 詩雨 夭
        - 詩粮 配傅又陳 繼子一
        - 詩質 配吳子一
      - 柔德 配王 子二
        - 詩炎 配唐子一
        - 詩便 配葉子二
      - 哻德 配陳 子一
        - 詩尋 配林又葉 子四
      - 省德
      - 集德 配朱 子四
        - 詩躋
        - 詩主
        - 詩坦

華潚

世衣 配李子一

國扶 往臺

詩繼

侯幣系 子一

章京

侯儼系 子一

章罕 配李 子四

華存 配盧

華安 配吳

華吉 偕往台

華

侯寶系 子一

道夫 配陳 子二

華慕

華報

侯誥系 子五

懿夫 配葉 子二
烈夫 配李 養子一
美夫 配陳又顏 子二

世仁 配郭
華體 子未詳傳一 孫名
華最 養子一
世寔 配楊 養子一
世錫 配李 子五 一出繼

○
國祚 配余 子一
國傳 配陳 養子一
寶德 配陳又李 子二
及德 配王 子三 一出繼
印德 配魏 子四 三出繼
國明 繼子一

詩房 配陳
詩棲
梅英
詩璇
詩匹 配唐
詩述 殀
詩胞
詩胄 夭
詩謙
詩鉄
詩宅 殀

繍夫　配葉　子二

世時　配周又陳　子二

契得　養子十

詩撫　夭

國孝　嗣子半

詩惕

世直　配李　子二

佐德　配唐　子四　次出繼

詩龍　配廖

詩蝪

詩惕

國宣　繼子一

詩活　配胡

才夫　配陳　子一

華珩

兲立系　子四

德夫　配楊　子二

岙千　配陳　子五　一出繼

熾德　配胡　子三

詩荷　配唐又葉　子一

詩網　配吳　繼子

詩節　配李　繼子

犤德　配秉　子五　四出繼

詩答　子一

詩熫　配李　子三　一出繼

岳謇 配李 子二

武德 配張 子二

錦德 配劉 子五

肅德 配劉 子二

都德 配李 子三

詩蒲

詩守

詩賜 配陳子二

詩賓

詩駱

詩軋 配李子二

詩摘 配唐子二

朝美

詩寬 配余子一

詩士 配周子二 出繼 行二

詩篆 配陳子一 行一

詩取 配鄭又林 子二

陽春

猶夫 配蔣子二

華札 子一

國耽 配楊子二

文義

詩昧 繼子一

元夫 配刘

秉夫 配楊子一

華瑯 子一

國求

侯蘭系 子二

達夫 配陳 子五

世知 配陳子六

朝成

逵德 配陳又林 子二

詩壬 夭

詩桃

國藝 殀

國相 配胡子一

詩脫 配李子二

創德 配王子 五

詩攝 繼子一

詩邊

詩嚴 配鄭

世豐 配葉 子三
國奥 繼子一 — 詩欝
國石 配李子二 一出繼 — 詩長 夭；詩喜 配楊又林 子三
詩殿 夭

世賓 配楊 子六
國穴 配陳 繼子一 — 詩道 夭
國德 配楊 子三 出繼 — 詩講 配唐 子二
國點 繼子一 — 詩梁 配葉
國造
國囂
國夭

世輔 配王 子三
國跳 繼子一 — 詩丑 配唐
國剡 配楊 子一 — 詩連
國葛 子一 — 詩葵

- 世樸 配林 子六
  - 國虎 配林 子六
    - 選德 繼子一
      - 詩交
    - 紗德 繼子一
      - 詩頭 夭
    - 廸德 繼子一
      - 詩衍
    - 範德 子二
      - 詩接 配許 子一
      - 詩集 配余 子三
    - 構德 子二
      - 詩寸 配陳
      - 詩千 配周又林 子一
      - 詩宗 配葉又朱 子四 長次夭
      - 詩百
      - 詩寸 出洋
      - 詩榮 養

- 居夫 配王 子三
  - 華杲 夭
  - 世興 配陳 子二
    - 佳音 夭
    - 國俸

世肇 配陳 子二
國恬
介德 養子一
成功

以上奇峰公三房時穆公之派

柏興公派

侯賴家 子一
理夫 配李 子二
世大 配李 子四
熙德 配李 子一
詩愷 配廖 子四
廣德 配曾 子五
詩敲 夭
詩牙 夭
詩團 配陳 子一
詩芮
詩托 夭
獻德 配楊 又許 子二
詩燕 配楊 李 溫

垂受 配張 子四

遂德 配李 子三
顏德 配倪 子四
萬德 配潘 子三
濟德 配刘 子一
觀德 配洪 子一

詩意 繼子一 在臺
詩澄 配李 子五 次出繼
詩皎 配王 子三
詩比
詩哲 配唐
詩論
詩坤 三人俱夭
詩且
詩寬 配陳 子二 次出繼
詩泱
詩通 繼子一
詩波 配王 子一
詩串 配張

- 侯慶系 子三
  - 廸夫 配廖 子四
    - 世培 配林子三
      - 才德 配楊子五 四五世繼
        - 詩鴉
        - 詩尼 配李子三
        - 詩竜
      - 弾德 配唐又唐 子二
        - 詩水 配林子一
        - 詩圓
    - 世白 配謝子四 三四出繼
      - 緩德 配曾子二 出繼
        - 詩陳 配林子六 出繼
      - 踐德 配林 繼子一
        - 詩樹 夭
    - 世偶 配唐子三
      - 國伴
      - 國川 繼子一
        - 詩貫
      - 國衣
    - 華解 配楊又劉 繼子一
      - 國曉 繼子一
        - 詩榜 往白
      - 國覺 配林子三
        - 詩籃 配唐子四

章賜

護夫 配廖 子五

世敬 配林 子三

國雍

國永

國圻 繼子一

詩㧺

華挽 繼子一

國告 繼子一

詩穏 繼子一

華抱 配馬 子一

國石 配許 子一

詩清

世列 配王 子一

國煥

世術 配朱 子五 三出繼

心德 配廖 子四 次三四出繼

詩核

國鮮 繼子一

詩蚋

詩飫 配刘又林

詩讓 配胡

侯維系 子三

勵夫 配陳 子一
興夫 配王 子一

世潛 配陳 子三
世念 配刘 子四
世润 配刘 子一
世崇 配王氏 卸 子三

餘德 配陳 子一
質德 配鄭 子四 三出繼
序德 配王 子一
國强 配刘 子一
國正 配刘 子一
國柄 配朱氏 蔡 子一
國僊
國常 繼子一
遷德 配王氏 林 子四

詩琶 配林 子三
詩銅 往台
詩錢 配廖 子一
詩針 往台
詩玉 配王 子二 次出繼
詩協 配吳 子三
詩姜 配何 子七 六七出繼
詩才
延平 配陳 子一
詩董 配傅 子六
詩芬 配林 子二

侯應系 子一
焜夫 配李 子二
華輝
華所

侯薰系 子二
章雖 子一
華戚 子二
元興 子一
詩
元喜

章煖 子一
華

迎德 配廖 子四
詩蕭 配林 子二 次出繼
詩蘭 配廖 繼子一
詩薛
詩艾 配馬又李 子三 养
詩蔚 配朱又朱
詩蒧 配唐 子二 長養

鸞德 配葉 子二
詩羅 配楊 子二
詩銀 配唐 繼子一

侯薰派住臺未詳

- 侯仰泉 子六
  - 粹夫 配胡子二
    - 世言 配陳 子三
      - 咏德 配李子三 一出繼
        - 詩劍 配李文林 子一
        - 詩溪 配藍子一
      - 國叩
    - 世勤 配陳子三
      - 迅德 子一
        - 詩蕙 配陳子一
      - 科德 配陳子三
        - 詩賽 娶李六唐 子一
        - 詩探 繼子一
        - 詩妟 配廖子三 一出繼
      - 微德 配李子二
        - 詩看 配王子一
        - 詩切 配李子四
  - 循夫 配周子六
    - 世慈 配林子二
      - 國蹐 配陳 子一
        - 詩貫
    - 世孺 配吳 子二
      - 降德 配周 繼 子三
        - 詩叙 子一

謙夫 配林 子二

世節 子二

華我 往台

華云 配胡 子五 三四出繼

華閏 繼子一

世富 配李 子七

說德 繼子一

國肯

國待

侍德 配張 子二

模德 配林 子一

織德 繼子一

內德

端德 配莊又陳 子五 三出繼 五夭

詩法

詩課 配陳 子二 次繼出

詩賀 配廖 子一

詩錠 配李 子四

詩彭 配裴 子二

詩胆

詩秀

詩鈐

詩咱

多夫 配廖 子四

華享 配林

世立 配裴子一

蕲德 配呆 子一

飛德 繼子一

燕德 配吳子 二長夭

來德 配唐又唐 子四次四出繼

友德 配李繼 子一

懽德 配唐子四 長三夭

棬德 配陳子三 三出繼

詩碇

詩真 繼子一

詩訓 配林子一

詩在

詩性 配李

詩從 配廖子一

詩令 配李

詩甘 配廖子二

詩霞 配廖 养子一

詩袳 配朱子二

詩諰 配唐子四 次出繼

詩鄉 殤

華宿 子六三殀 四五出繼

則德 配謝繼 子一

雄德 配李子四 次三出繼

詩火 配廖

詩黌

詩盒 又名慨 配李子一

近夫 配刘又潘子四

華繞

華總

華闢

華梭 配王又葉 子二

國挽 子

詩

國富

華獅

華象

祥夫 配裘 子二

世業 配陳子四

茂德 配鄭子五 三彩繼

詩最 配廖 子二

詩蘿 夭

詩塔 配王 繼子一

侯恩系 子五

會夫 配氏 子二
訓夫 配高 子三

華志
華及 配陳
華榮 配梁 子二
華閑 配林繼 子一

允愛
承順 配陳 子一
國汀
國蚊 夭
國信 夭
國都 配李 子三

詩市
詩樹 夭
詩磚 配吳繼 子一
詩柱 配李
詩合 配李 子三 次三出繼
詩起 配氏 子二

華顯 配李 子二
作德 配陳 子二
詩泉
詩巷
下德 配王
華萱 配鄭 子一
國思 配吳 子一
詩治
彩夫 配李 子三
世鄰 配陳 子一
仕德
世敦 配蔡 子七 惟可者傳
知德 配陳 子一
光致
世善 配李 子一
青德
科夫 配劉 子一
華怡 配李 子一
國從
章奠 配蔣 子三
華燕
華

侯矩系 子四
立夫 配王 子三
世命 配楊 子三
就德 配吳 子六
詩浹 配王 子四
詩荇

及夫

凝夫 配鄭 子三 次出繼

章袍 繼子一

華楼

世班 配陳繼 子一

世業 配楊 子二

世員 配鄭 子二

詩康 配王又陳 子一

度德 配李繼 子一

讀德 配鄭 子一

華頂 夭

新德

國奉

國康 繼子二

國脊

詩近 配李 子一

詩分 往台

詩渣 子三

詩楼 配廖 子一

詩界 配廖 子五

詩碧 配鄭 子一

詩宣 往台

侯寵系 子三

賚夫 配胡 子五

世武 配林文胡 子三

國萬 配楊 子五

詩詠 配陳子二

詩座 配廖子二

詩意 配唐子五 三五出繼

詩件 配廖子四 長三出繼

詩楓 往台

仁德 配陳子二

詩溫 配吳子二

詩敷 配廖子四

世定 配唐子五 四出繼

純德 配劉子二 次出繼

詩諒 往台

國千

國地

國在 往台

世懷 配鄭子六

國情 殤

國理 配陳 往台

國尺 配温 子一
詩綿 配吳 子二

國术 子三
詩䶂
詩珠
詩安

國海

國存 配刘 子二
詩貨 配王 子二
詩啟 配林又氏 子一

世帥 繼十二
國千
忠德 配謝 子二
詩驢 配王又配陳 子二
詩牛 配唐 子二

世氏 配胡 子三
神德 配李 子一
詩朕
國藝
國秋 繼十二
詩載

洛夫 配魏 子四

世表 配王 子五

世冋 配林 子四

琴德 配魏 子三 一出継

响德 配廖 継子一

素德 配李 子三 出継

國迎 継子二

靦德 配李文陳 子三

暴德 配廖 子二

渊德 配胡 子三

詩桒

詩甲

詩傳 継子一

詩递 往台

詩托 配王 子四 一出継

詩丹 継子一

詩君 配李文陳 子二

詩鎮 配陳 継子二

詩蘊 配唐 子五 次出継

詩問 配利 子四 次出継

詩再 配廖

詩潭

詩鵚 配苏文王 子一往台

世臣 配周子三

能德 配吳 子四

執德 配廖繼 子一

蕙德 配廖繼 子四

探德 配葉子四 長次承

詩萬 配朱子一

詩監 配王 又子三

瑶池 配吳子五

他年 配吳子三 次出繼

詩寡 配鄭子一

詩追 配李子一

詩丙 配廖

詩井 配廖子二

詩滂 配林子一

詩閣 配李子一

詩斗 配王子四 四出繼

詩伋 配朱

詩傺

世顯 配胡又林 子五

國宜

必德 配廖 子四 四出繼

詩茶 配葉 子三 次出繼

詩沛 子一

詩記 繼子一

詩業

詩毛 繼子一

合德 配廖 子三

詩受

詩類

國律

國委

哲夫 配林 子二

世持 配陳 子五 一出繼

國蔭 夭

然德 配陳 子三

詩速 配唐又李 子四

詩椎 配廖 繼子二

侯德系 子八

清夫 配杞子四 三夫

世前 配李子三
世信 配王子 二
華請 継子一
世栄 配廖子二

敏德 配葉 子二
象德 配楊子一
國白 配劉 承繼孫一
國邦 承繼孫一
國註 配胡子一
創德 配葉子二
添泉
國親 配周子
國族 継子一
國漢

詩樵 配廖子四
詩遇 配吳往台
看衣 配王往台
詩環 配劉子一
○
○
詩炳 配王子三 次三出継
詩彭 配余子一
詩求
詩
詩華

- 恬夫 配陳 子二
  - 升堂 配吳 子二
    - 國復 繼子二
      - 詩綴 夭
      - 詩撥 繼子一
      - 詩顏 配王 子二
    - 國裕 繼子一
  - 緝熙 配劉 子五 五出繼
    - 國巧 配劉 子一
      - 詩鏡 配唐
    - 國均
    - 國先
    - 國陳 配劉 子一
      - 詩雍
- 世芮 配王 子四 四出繼
  - 國宅
  - 國鸞 配林 子二
    - 詩
    - 詩滿
- 國閑 配楊 子三
  - 詩若 配廖 子四
  - 詩潤 配張 子一
  - 詩檐

胄夫 配陳子二
華水 繼子二
國隊
國魏

華古 配林子四 四出繼
國隊
國魏 復出繼
國腆

覺夫 配徐子八 五出繼七夫
世省 配楊
世致 配李子一
國蛙
華音
華遜
華老

章啓 繼子一
華亥

紳夫 配林子三
世章 配胡 子一
國炮 配李
世降 配李子四 三四出繼
國斟 配李

侯仁 系子一

章天

章荐

專夫 配葉 子四

世渥 配陳 子二

國祖

國雩 配葉 子二 長出繼

詩便

國額 繼子一

詩寸

世偕 配吳 子三 三出繼

國吉

國集 配氏 往台

世有 配胡 子四 三出繼

國盛

國益

國塢

世元 繼子一

國選 配李

世逞 配林 繼子一

國珍 配林 子一

詩排 配陳

侯萃系 繼子一
章宗

侯敬系 子二
章為 配林 子二
華軒
華自
章來

侯肅系 子四
章對 繼子一
華且
雅夫 配葉 子三
華察 配唐 子一
國羅
華京
華卦
章勇 配鄭 繼子一
華有 配謝
章賀

以上侯賴至此俱係伯與之派

丹山黄氏族譜

卷弍　世系圖

清溪榮美分派丹山黄氏歴世譜圖卷之弍

十八世　十九世　二十世　廿一世　廿二世

詩淨 子五

禮莘 配魏 子六 三夭五出繼

傳碧 配王 子四

心德 配廖

家味 配葉 子一

家城 配唐 子四

家尾 配蘇 子二

傳進 配刘 子四

家聰 配謝 子四

希漾　希子　希稚　源泉　良明　其英　希鰍　希刺　希閃　希轉　秋吉 继家教

三敬 配葉 子二

永正

希江

家贊 繼子一

家恩 配林又朱 子一

希雪 配廖 子二

家教 繼子一

秋吉 配朱

傳慶 配楊 子五 四五繼出

家平 配胡 子三 出繼

希獺 配唐 出半

希計 配廖

希宅 繼拿耐

丙

在 配林又陳 子六

家板 繼子半

希獺

家路 繼子半

希計

家冬 配王 子一

希建 配李

家泉 天子 半

希啟

家蔭 配鄭 子一 出半

希啟

家拄 夭

家逵 夭

家工 配刘 子一

僂才

禮廣 子嗣半

傳謀

禮知 配林 子二 次出継

傳燦

傳謀 配張又廖 子二

拿耐 配唐 子嗣一

希宅

生傳

禮本 配唐 子二 長出継

傳宇 配唐 子三

如松 配李又葉 子四

希檥 归同原籍

希梃 配唐 養

希簽 配葉

希枝 配朱 俱養

如淵 配陳 子二

希臨

禮品 一 繼子

成家 配林 又王 子四

如蘭 夭

長庚 配葉 又李 子六

希田 俱夭

簪纓 夭

江水 夭

希河 配朱 子三

希愚 配周 子七

清風 配朱 子二

福海 配廖 子五

再興 往番 邪

三第 嗣子半

福海

糾文 配唐 子一

希悦 殤

詩汀　系　子一
禮賓　配林　子一
傳醒　配林　子三
家萛　配李　子一
希聲　夭
家登　配廖　子一
希排　夭
家梭　子一
希樂　夭

詩泮　系　子一
禮欽　繼子一
傳潭　配劉　子四　出　出　出
家麵　子半
希田
家蝕
家圈
家番　配張　子
希超

禮然　配楊　子五
傳石　子一
家縛
傳田　配唐　子一
家裁　子一
希節　夭
傳岸
傳綿　配唐　子四　長承
家弓
家成
家府

家亭

傳拱

禮魚 配林 子一

傳智 配刘 子半

家畨

希田 似半

希超

詩浩系 子一

禮宗 配楊 子三

傳向 配鄭

傳任 配唐 子一

家隨

傳譖 配燕 子一

邦枝 往台

詩漢系

禮辨

禮歎

詩波系 子一

禮慈

詩科系
禮志 住順昌
禮安
禮錦

詩駒系 子三
禮諧 子一 配楊
傳叟 配王
禮長 子五 配周
傳作
傳苗
見智
淡梭 住台
萬鎰 子一 配胡
傳榜 无出

詩遵系 子三
禮祥 殀
成祖 子一
傳棘 繼子一
家縹

禮兜 夭

詩望系 子三

禮記 配唐 子五

傳礴 子四 配唐

家忍 配陳 子一

希狗

家鑁 子四 配葉

希孔 配葉

希于 継出

希旺

希煉 出継家樓

光義 配楊 子四

光齊 配朱

希馬 配林

希末

希頍 出半

家樓 配唐 子嗣

希煉

傳文 配林 子四

家瞞 住台 子半

希頍

家曰 繼出

家求 繼傳倖

新龍 繼傳倖

傳旁 配朱子二 次出繼

家山

家繰

傳係 配陳 子一

家得

傳倖 嗣子二

家求

新龍

禮來 配楊 子一

傳節

詩明 承 子之

禮洗 子一 往台

得勝 往台

詩偉系子四

禮坤　夭

禮葉

禮鈎　配張　子二

傳華　住台上淡水

傳炎

詩起系子四

禮托　繼子一　双元

双源

禮力　在石碼

禮剪　配陳住石碼　蔡家子一河氏改適

禮抗　出繼　天

詩芹系子一

禮旁　配周子一

傳鉗　住台

詩廷系子一

禮閩

詩芸系子一

禮辿

詩鵬 承 子一
- 禮問 夭

詩景 承 子一
- 禮剖 配魏 子一
  - 傳象 夭

詩貢 承 子二
- 禮佛 配馬 子一
  - 傳炳 配林 子三
    - 家蕙 夭
    - 家榮
    - 家菊 孀出
- 禮月 配葉 子一
  - 傳涼

詩訪 承 子四
- 禮鑠
- 禮岳
- 禮羨 俱夭
- 禮榴

詩潛系 子一

禮佩 配唐 子三

傳榴 配林 子三

傳潘 住台

傳指

家級 繼子一

家崙 配陳 子二 次出繼

家鶯

桂開 鬻出

水冷 出

五美系 子三

禮想 養子二

傳與 配李 子一

家貪

傳塢 配唐 子二

大金

家參 鬻出

禮御 配李 子一

傳平 子一 養

福春 配胡 子四

希傳

希吟

德勝

詩才承 子一

禮迎 夭

詩豆承 子一

禮頭

詩蛙承 子三

禮部 配馬 子一

傳格 配林 養子一

家錐 配楊

禮錸 配葉 子二

傳牛

傳投

朝吉

以上侯儀善夫長房派

新助承 子三

禮範

禮江

禮變

詩郇承 廿七

禮泰 養子一

新春

詩藻承 子三

禮黎 配杞 子三

傳就

傳東

傳藏 配蘇 子一

杉桂

禮全 子一

傳軫

禮規 配陳 子五

傳利 子嗣二

家滿 子嗣一

龍提

家駿 配陳 子二

龍提 出繼

顏冷 殤

傳迠 配陳 子五

家平 配林 子一

呈善

家彩 配林 子一

希劍

家粉 配朱 子一

希紫

其昌 配唐

自來 配西陳 子二
希成
希

傳掌 配唐 子一
家頭 配唐 子一
玉盞 配葉

傳俊 配胡 子一
家樟

傳火 夭

詩蛟
承 子五
禮顏 夭

禮直 配胡 子三
傳金 配胡 子三
家煌 子半
天紋

家孟 配李 子一
天紋 出半

家開 出半 三李
天紋

傳壯 配廖 繼子半
家炣

傳仲 配余 子二
家朝

家炣 子二
全成

禮外 配林 子三

傳訪 配朱 子二

家池

春益 配朱

傳倍 子一

家寐 子半

希江

金生 繼山坪尾

傳唱 配唐 子二

家同 配朱半承 朱子二次繼 朱承

春益 又承

希江 出半

希怨 承朱祀

禮靳 配朱繼 子二

傳分 配朱 子三

高升 配林 子二

福志 殤

春秋 子半

定國

福仁

高連

高明

傳種 配周子 四

家王 配李

希泉

希梛 配唐
希山
希令 出繼
希波
家日 配朱氏 傳子嗣一
希令
家送 配朱氏唐 子三
希蘊
龍水
良進
家林 配陳氏胡 子一
金得
禮試 配唐 子三
傳賀 配唐 子一
元浪 改名得孔 配朱氏唐
安邦
定國 出半
南方

傳我 配廖 子半二
得札 子三
安邦
定國
南方
家桂

傳藝 配葉 子二
家樹 配詹 子三
真珠
希分 出継
士才
家桂 子嗣一
希分 殤

詩時 系 子二
禮楼 配莊 入胡
禮衆

詩栩 系 子四
禮灶 配胡 子二
傳撥 継子一
家興 配王 養子一
越水
傳坪 配王 子四
家鎮 配葉 子二
希杏
長泰 双承
家興 出継

禮壽 配王 子六
- 傳區 配王 子二
  - 家述
  - 家郎 繼出
  - 家判 在台
- 傳撥
- 傳澍 配胡
- 傳溪 夭
- 傳乞 出繼
- 傳涀 配王

禮爆 配柯 子一
- 傳彪

家用 配陳 子二
- 春信
- 淵源

家堯 配朱 子二
- 希盛
- 長泰 出半

禮煅 配楊氏 子二
傳乞
傳抱 借

詩絧承 子一
禮曄 配林
傳壬
傳茁

真岩承 子四
禮欣 配葉 子一
傳普

禮攸 配陳 子二
傳軟
傳婢

禮贍 配胡 子五
傳錠 配唐 子一
家〻合 子一
汪水
傳鎖
傳錞
傳鐸 子嗣半
春秋 子半
定國

朞用柔 子四

禮周
傳鏡 継礼靳

禮炮 一 养子
傳構

禮推 配胡 养子一
傳讀

禮瓆 配余 子一
傳抱 配藏 子一
和尚

禮謨 配朱 子五
傳奪 配林 子四
家森
光定 配潘
家和
家

傳籃 夭

傳筬 継礼康

傳迦 配林 子养一
家熟

傳兑 子三

家枝 贅出

家員 配朱 子二

再来

再生

家教 子一

再生

以上侯儀訂夫二房派

詩杏系 子三

禮弼 配柯 子一

傳樞 子二

家鰲

伏到

禮閣

禮康 繼子

傳筬

詩應系 子二

禮瞻

禮錐 配陳 子一

傳果

詩楉系

詩杯系

詩栖系 子三

禮鍡 配林繼 子一 傳便

禮鉝

禮鑾 子一 傳肘

詩果系

以上亦係侯儀訂夫二派

詩伋系 子一 禮斗

新興系 子三
天敘 配鄭 子二
傳養
傳洞
禮律 配陳 子一
傳螲

詩怡系 子二
禮緘 配唐 子一
傳令
禮挽 配廖 子一
傳豆

詩耽系 子二
禮能 配葉 子二
傳拈
傳酣
禮寬 配姚 子五
傳元
傳富
傳英
傳仁

禮課 養子一

傳鳳

傳鈔 配陳 子二

家酙 配楊 養子二

希狗

希枝

禮旦 配胡 子三

傳掟

傳扯

傳章 俱夭

詩厲 系子一

禮欽 配胡 子二

傳學 配陳 子二

家春 配剢 子三

希土

希勅 配陳

希鐫 配胡

衩元 出継

傳友 双孫半

○

希土

詩權 系 子四

禮載 子三

傳納 夭

傳乚

傳在

禮灌 養子一

傳俟

禮萬 配楊又葉 又章 子三

傳水 配楊 子二

家八 子半

永世

家宣 配廖 子二 养

永世 出半

傳吝 配唐 子四

家廷

家雨

家網 子一

朝養

家性 鬻出

禮巢 配苏 子一

傳梅 配胡 子四

家坑

家鰲 半承 傳櫃

傳棟 殤

詩茶 系子三
- 禮氷 配楊 又王
- 禮冬
- 禮潤 配王

詩元 系子四
- 禮奚 配廖 子一
  - 傳院
- 禮干 配王 子三 一出繼
  - 萬居
  - 貫信
  - 貫德
- 禮廟 子四
  - 傳新
  - 傳秋
  - 文義

家到 繼傳梃

家令

傳圭

禮默 配詹 子三

春來

傳水

贊成

詩根 繼子一

禮默

詩虎系 子二

禮才 繼子一

萬居

禮致

詩社系 子一

禮稟

詩喜系 子三

禮豁 配葉

禮塔 出繼

禮扇

詩腆系子五

禮印配陳子四又李

傳驕配李子二

家佑配陳子嗣一

連坋

家再子二配唐

仙奇

連徘

傳歆配李子二

家蕃配陳子二

海水

頻法

家蚋配朱又林子二

火炎

希成

傳謹配唐子一

家乇配楊子五

海針

雙海

發成

成金

金潔鷺出

禮答配唐子一

傳鏈殤

傳昉殀

禮取 配傅

禮象 配鄭氏 房子二

傳非 配胡氏 陳子一

家岸 配唐 子一

淡潤

天送 殤

禮棹

以上侯儀臧夫三房派

詩盼系 子一

禮兆 配胡 子一

傳訓 子二

家輝

家

詩献系 嗣孫

傳瓏

詩持系 子一

禮麟 配葉 子四

傳朮 配唐 子三

家怎

家咧

傳餘 配朱 子二
家道
家樑
春華

傳正

傳瓏 出繼詩猷 詩盛為孫

詩服 系子一
禮星 住台

詩盛 系 嗣孫
○
傳瓏

詩班 系子一
禮嶺 繼子一
傳洛 配王 子一
家蔴 子一
布本

詩遥 系子一
禮段

詩培 系子四
禮潄 配氏 子一
傳福

禮哂

禮潑 子一 傳道

禮治 配朱 子一 傳枝

以上侯儀旺夫四房派

詩勵承 子一 禮帝 養子一 傳鋪 配陳 子二 家總

家哆

家良 出継

詩柔承 子三 夫德 配朱又唐 子四 傳炎

傳垻 配唐又陳 子二 家閬

傳愁 配胡 子四 俱夭

傳炒

侯笑 配唐 子四

傳祛

傳御 配廖 子一

家法

傳見 繼出 后格

傳緦 殤

禮點

詩永永 子三

禮情 配謝 子四

傳部

傳渺 配李 子二

家樹

家扦 配廖

傳伭 配廖 子二

家泉 夭

家女

傳戲 配謝 子一

家恩

雙喜 配朱 子二

傳侯 配葉 子二

家音

家寮

傳旺 十一

家我 贅在湖

禮暖

詩夏系 子一

禮揣 配李又余 子四

雉步 配廖又葉 子二

家雁

家蔬 出半

傳罙 繼子半

家蔬 承半

傳肘 出繼

傳每

詩程系 子三

禮咸 配廖 子一

傳助

禮汃 配廖 子五

傳岩 配吳 子二

家佞 配廖 子三

金鳳

希篤

傳足 配廖又魏 子七 六廿紀

家嗹 継傳 沁

家鳳 配廖 子三

家劄 配廖 子一

家絿 配刘 子五

家畽 配余 子嗣一

希持

希佳

希雄 出芊

希唫

希惆 殤

希先

希紋 出継

希貢 出芊

希再

希梓 出継

希紋

家圖 配林 子五

希侯 配廖
希㩲 配廖 出半
希屋 配刘
希西
希添

家僎 出繼傳菽

丙丁 配陳氏 子三

希貢
希㰎
希雄

傳沁 繼子

配唐

家嗹 配李 子二

希意 配唐
希巷 兼承家迭

傳雍

傳趨 配吴氏 謝 子四

家悚

詩唱系 子四

禮緩 配廖 子二
傳恭 繼子一
家饌 配葉 子一
希評
傳訪 配吳 子一
家安 配李 子一
希盛

家抽 配廖 子半
希雱
家軟 配蘇 子一
希勸
家鮑 配陳 子一
希雱 出半

禮榻 配廖 子一
傳述 配王 子二
家共 殤
家閬 配唐 子二
希友
希梓 未继

禮勇 子一
傳花 配陳 子一
家總 配林 子二
希蜘
希

禮火 配林 子三
傳提
傳耀

- 禮年 繼子一
  - 傳肘
- 傳崇

- 詩多系 子二
  - 禮吉
  - 禮乞 配李 子六
    - 傳譜 配李 子三
      - 家璥 配王又唐 子嗣一
        - 希院
      - 家百 配廖 子三
        - 希旺
        - 希院 繼出
        - 希爍 出半
    - 傳汝 繼子三
      - 家聽 配刘 子一
        - 山珍 夭
      - 家萬 子半
        - 希刷
      - 家然
      - 家瞳

傳硯 配余 子三 一繼傳次
家旦 子三
希俐 出半
希禹
希儒

品桂 配謝 繼子一
家迹 配王 子二
希董 夭
希賊

三傳 配刘 子二 俱出半
家然 配廖
永梨 配謝

連朝 配吴 子一
家暉 配李 子一
有福

禮華 配吴 子三

傳仍 配廖 子三
家艮 配李 子一
希場
家柑 繼傳口
家錫 出半 及承孫
○

傳口 繼子一
家柑 一 及承孫
○

傳蕋 夭
傳幼 嗣子半
家錫

詩符 系 子三
禮擅 配陳 子一
傳榜 配鄭
禮迮 養子
傳念

詩宇 系 子三
禮前
禮就

詩區 系 子一
禮罕 配廖 子一
傳紉 配李

詩佩 系 子一
禮珪

詩捌 系 子三
禮抹 配廖 子二
傳瀛
傳灘 配利 子二
家治 配廖 子二
佳水
牙英

家霸 配李 子四
希炳
希論 配廖
牙英 出半
希舞 配廖

禮欽 子二
傳瀨 配王 子一
家亮
傳任 繼子半
家亮

詩投系 子三
禮媚 配廖 子二
傳立 配林 子二
家項 繼半 子二
良水
水雲
家平 配唐 子二 傾出半
良水 配李
水雲
傳捴 配唐 子一
家外 配陳 出半

禮遁 配廖 子一
傳讀 子半
水犁

禮杖（嗣子）
傳粜（子半）
家外

詩𡨥系（子三）
禮迦（配李 子六 五六出繼）
傳窓
傳叟
傳誉（養子 再半）
家覺（子半）
希鑠
傳忍

禮灤（繼子 二）
傳翁
傳留（繼子 半）
家覺（子半）
希鑠

禮乃

湊補系（子二）
禮龍（繼子二）
傳添（配李 子七）
家美（夭）
家著（夭）
家沓（繼出）
家抱（夭）

傳義 配廖 子三

家陽 夭

家分 子半

希固 出半

家簿 子半

希固

家棠 配李 子四

希泮 配李

希漳 出半 配刘

希淵 配廖

希儆

家簡 繼子一

希漳 承半

家勳 配廖 子半

希淵

禮琨

新裕 子一

禮梓 子一

傳陽

詩教 子三

禮波 配呂 子一

傳作

禮溪

秋月

詩午系 子二

禮植 配胡 子四

傳妍 配佘 子四

家漂 配謝 子三

希銓 配陳

希新 配李

希印 配高

家榜 配刘 子嗣一

希泉

傳歡 配廖 子二

家霍 配李 子四

泉生 配李又陳

進長 配李

希寶 配廖 出半

希墻 配廖

家筧 配刘 子三

希奇 夭

希宙

詩爾京 子三

禮東 配廖 子三
禮香 配宋 子三

傳篠 配廖 子一
家鯀 繼子半
希麥
希麥 出半

吉創 子二
家送 不知高
家敝

傳鑫 配廖 入分子一
家久 配陳子三 長子出繼
炎炎
希明
開水

傳頻 配林 子一
家醮

傳類 配胡 子一
振法 子嗣一
春燕

傳挺 配王 子三
家侍 配鄭 子二
興隆
希陸 出半
家堅 子半
希宝 双承

傳湖 出繼

傳菴 配胡 子五 長出繼
家要 配秉 子一

禮碑 繼子二

傳湖 嗣子二

家迭 配葉

家窓 配朱 子四

家禍 子半

家邊 子半

家陸 配葉 廖君要

希思 配廖

希亮 出半

希藍

希黨

希堯

希陸

霜雪

自然

詩紫系 子一

禮園 子二

傳容

詩林系 子三

禮賢

禮林 出繼

禮經 配余 子二

傳穎 配廖

傳盤 配王
傳協 配陳

詩坂系 子一
禮煥 配王 子二
傳圓
傳萬 俱夭

詩㟥系 子二
禮别
禮儉

詩到系 子三
禮侶
禮榔 配李 子二
傳梯
傳蝕
禮從

詩樹系 子二
禮檜 配葉 子二
傳株 配林 子二長養
家潭 配林 子三
希轉 配唐
希賞 繼李活為孫
希器
家坑 配李 子三長養
希用
希判 繼所為孫
希秤
傳廳 承繼孫一
○
希判
禮芽
禮寢 繼子一
傳廳 承孫一
○
希判

詩喬系 子四
禮瓦 配朱 子三
傳謹 配葉 子一半
家却 子嗣一
希卿
傳邱 配葉 子一
家水
禮見 繼子一
傳乗 配陳 子一
家却 出半 子嗣
希卿
禮院 嗣子一
傳千 子一
家新

詩禮系（子一）— 禮溪 — 禮玲（配周 子一）— 傳壬（出半 子一）— 家新

詩廣系（子四）— 桃宗（子二）— 傳歡、傳錦

禮恐（嗣子一）— 傳於（子三）— 家騰（承子二）— 希是、希掣；家漂（出繼）；家倒（出繼）

禮樂（配林 子二）— 傳濡（配林 子四）— 家粘（配廖 又江 行次）、家孔（夭 行一）、家見、家配（出繼）

禮遲 配施 子二

傳爺 配林 子二

傳謳 配陳 子五

傳濯 配廖 子四

家尚 配陳 子二

家流 子半

家火

家對 夭

家弃

家高 繼傳柄

家酬 配吳 子一

家頒 半繼柄 子四

家旋 配廖 子二

希攺 配林

希潔 出半

希潔 承半

會春

希琴

希堯

希蟬 夭

希知

希真 出半

論景系 子三

禮鑠 子一

傳柄 早 子二

家賔 子早

希眞

希余

家敎

家高

家頫 子

希堯

希知

禮丹 配唐 子二

傳闕 配林 子八

家漱 子早

光明

家淡 配李 子一

希應 出早

家揩 繼出

家𧊒 早 繼傳湉

家祿 出繼

家休 配鄭 子二

光明 入章 出早 配陳

禮寅 子嗣二

傳湉 繼子二

家芑 子半

希裕 出半

希應

家栜 子半

希裕

家祿 嗣子一

希云

家蟳 配王 子四

引生 配陳

希云 出繼

希佑

詩桉系 子一

禮起

詩郁系 子一

禮軫 夭

詩續系 子一

禮斜 配胡 子一

傳南

詩招系 子三

禮川 配李 子四

傳旬 子嗣二

家瑶 配陳 子五

希魁

傳業 配胡 子四

傳于 配李 子四

家舉 配張

家揖 夭

家煋 夭

家雜

家禘

家亘 配朱 出羊

家肥 夭

家法 夭

家務

布竹

布高

布帝 殤

東坡

潘安 出繼

禮石

禮提 配廖 子四

傳謂 配陳 子一
家冬

傳性 配胡 子一
家元

傳供 子半
家不

傳趨 繼子一
家本 子
希貫

水能

傳鈋 配廖 子三
家本 半承趨猴
希貫

家污 子半
水能

家不 子半
希貫

詩文系子一 禮信配廖子一 傳懷子一 家悔

詩福系子二 禮梓配謝子三 傳請夭
傳猴三承子 家本
傳棭
禮掇子一 傳泄

詩欸系子一 以成

詩葵系養子一 朝有

詩琛系子二 禮淌配柯又[illegible]子二 傳刁
傳尊俱住漳州
禮從配胡氏子二 傳刁夭

詩蘓系子一禮雹

傳癡

詩滿系子一禮助

以上俱係侯佩之派

詩德系子一禮贈出

詩誥系子一禮贈

詩塊系子二禮生

禮貽

詩杜系子一禮宅配唐子二

傳亥配陳子二

家福夭

家海

傳矝（字）子二

顏冷

詩閣系繼子一 禮休繼子半 傳駁子一 顏冷

詩茆系子一 成基配馬子一 傳徵

詩旺系子三 禮簡 禮鏡 禮崴

新良系繼孫 ○ 傳彥

詩意系子一 朝成

詩居系子一 禮檬

詩惠系子三 禮喜 禮収

以上候周之派

禮全
詩綸系子一　禮壇
詩誥系子三　禮發
禮才
禮祿
詩恩系子三　禮地
禮雲
詩欽系子一　禮興
詩朝系子三　禮旺
禮佳
禮元
詩範系子四　禮尊
禮敬配周子一　傳開

禮義

禮閏

詩太
系 子三
禮仁

禮譜
配黎
子三
傳生

傳未

傳昌

禮乾

詩壬
系 子五
禮福
子二
傳渠

傳道

禮壽

禮程

禮監

禮蔭

詩庚系子一禮棨
詩滿系子二禮超
禮拔
詩亮系子三禮麒
禮权
禮全
詩綸系子一禮喜
詩圭系子一禮麟
詩鏗系子四禮岳
禮殿
禮茂
禮慶
詩璞系子二禮春

詩年系子三
- 禮轍 配陳
- 禮環
- 禮彰

詩登系子二
- 禮禎
- 禮祥

詩席系子五
- 禮蛟
- 禮龍
- 禮雲

詩化系子三
- 禮祿
- 禮義
- 禮智

詩子系子一
- 禮旺

自禮喜至此為江西侯寬之派

詩潘 系子三

禮邁 配林 子三

傳串 配廖 子三

家帳 夭

家逆

家絨 配李 子二

希興 夭

希烈

傳䲶 配廖 子一

家相 配吳 子一

希坦

傳裁 配陳 子三

家喃 配廖氏 余子一

江水

家祜 配吳 子四

希犖

希袞

頂上 配廖

希體

家能 配朱 子一

添水 配楊

禮鵠

詩薦 系 子一 禮郭 子二
傳逆
傳倞 子一
家午 配林生光緒辛卯三月廿五酉時午生光緒癸未八月十三日巳時子一
希居

基萬 系 子一 禮水

詩飽 系 子三
禮惹
禮烟
禮霞 俱住台

詩巧 系 子一 禮送 住陽溪

詩體 系 子五
禮集
禮閭 配廖
禮惠 配吳
禮銅
禮燃

詩溫 承子一

禮漫 配蘸 子五

禮甸 配余 子七 長承

傳向 夭

傳招 配李 子一

傳婆

傳盤

傳闕 繼出橫洋

傳酥 配李 子四

家沓 配李 子三 出半

家掬 配李 子半

家抱 夭

家良 夭

家瑞 又名吉 配廖 子二

家堅 配詹 子一

刊來 配唐

紳士

紳壬

振益

振益 出半

振丁

適明

傳舜 配廖 子一
家乞 子三
振丁
有利

傳暖 配李子 恭
家柿 配廖 子四
旺梨
希山
有利
希時

傳久 配詹 子三
家灣 配廖 子一
希莊
家郁 配廖 子一
新安 出半
家常 配官

傳丢 配唐 子六
漢水
源美 子二
希玉
振成 出半
家丹 子半
振成
家力 子一
希才

家喜

再添

傳鍊 配廖 子二

家味 子半

新安

家常 承祧

傳帕 配李 子半

宗郁

基成承 子一

禮炮

基必承 子二

禮烘

詩岌承 子三

禮用

禮爲 子二

傳南

禮瀫 子二

傳秤

詩忖承

詩篕系

詩祿系

詩棹系

詩圓系

詩圍系

詩頂系

詩孶系 子一 禮審

詩康系 子四

禮威 配蘇 子一 傳英

禮張 子一 傳烟

禮櫌 子 傳紫

傳亦 子二 家八

禮賫 子三 傳同

傳叱

傳六 出繼礼樓

詩奢系 子一 禮頓

詩桃系 子一 禮堤 子四

傳知

傳論

蛟龍

傳捧 父子與侄永安

詩走系

詩林系

詩血系 子四 禮書 子四

傳沙

傳曹

傳秋

傳猷 繼礼甸為長子

禮岸 子三
　傳微
　三事

詩偶系 子四
　禮頤 配李 子一
　　傳用
　禮甲
　禮貫
　禮充
　禮徙 繼勉梅 未往

詩國系 子二
　禮箱 配 子二
　　傳参
　　傳府 承
　禮言
　禮郎 配鄭 子二
　　傳波 配廖
　　傳府 出半

詩孺系 子十四

禮壬

禮帶 繼子半

傳邉

禮宗

禮曲 配李 子二

跟究 子半

有田

詩勅系 子四

禮菩

禮厚 子一

傳覺

禮舌

禮簿

詩璣系 子八

禮往 配周 子三

傳覫 配余 子一

家狂 配廖又余 子二

希杉 配廖

希枪 养

傳辣 配朱 子三

家華 配李 子一

孔崔

銀來 配楊

禮攺　配吳　子三　出繼三

傳論　配陳　子二

家根

家等　出半

傳山　配李　子四

家頒

家樟　配李　子一

希盖　出半

家薆

有田　配陳　出半

西川　子半

希蓋

傳富　配李　子一

家珍　配李　子四

戊巳

双稟

兜茶

閃過

傳俊　繼出

禮斛　配廖　子三

傳粒　配李　子二

家瓦

禮岀 夭

禮弦 配陳 子一

禮沕 配廖 子一

禮樾 配廖 子三

水狗

傳齊 夭

秦楚 子半

傳連 配李 子三

傳蓼 子半

傳邊 配宋氏 弟子三

家求 权承

家等

家隱 配廖

再求 出半

再來

家行

信典

家麗

家衍 偕出半

禮前 配李 子三
傳桂 子半 — 信典
傳丹 子半 — 家麗
傳經 子一半 — 家記
傳㮋 子一 — 家記 出半
傳正

成珠 — 永 子四 — 禮坤 配李 子五
傳丙 配李 子三 — 家長 夭
家秋 配李 子一 — 金水 出半
三 継出
傳贊 配刘 子三 — 家有 子半 — 金水
家求 夭
石生 殤
家溪

禮鑨 配晏又林又楊 子五

傳概 配李 子二
連易 配盧又葉 子一
陰海
因蘓 配廖 子一
治國 出半
春園 子一
和忠 殤
傳餈
傳九 配王 子三
家圮 配王又李 子二
希比 配廖
希池
家日 配李 子二
坑泉 出半
金榜
家粮 配李 子二
希池
坑泉
傳騎 夭
蓮尺 配刘 子五 俱夭存
家情 配廖 子一
希雷
輔世 配廖 子二
家香 配廖

禮程（配廖 子四）

西姑（配李 子二 次出繼）
傳貌（子嗣一）
玉樹（配李 子一）
叹全（配李 子丁四）

家灼（大）
家午（子善 半）
家來（子盖一）
家月（承繼）
家理
家昍（配廖 子六）
家𥹥（出繼）
家蛟（嗣子二）

登山
金枝
金春
春風（出半）
春火
春城
孟子
六國
春風

禮鄉 配余 子三

傳虎 夭

傳薦 配李 子二

家總 配周 出半

家扁

傳潘 配余 子半

家總

聞興 嗣子一

家燦 配朱 子一

清客

家福 配余 子一

敬年 出半

敬年

萍上系 子四

禮閣 配廖 弟子二

傳端 配朱 子三

家升 配廖

家佛

家垂

禮城 孝一

傳堯 子一

家揩

禮道 配廖 子二

傳豆 配朱 子三

鴻蔡 配楊 子二

文明 承

連福

東坡 配廖 子一

結來

潘安 配李 子一

露水

傳降 配李 子二

家雪 入名再生 配廖

德發

禮宰 配廖 子四

長春

傳廣 配李文 廖

傳藻 配廖又陳 子一

家臭

孫彪

洋畫承 子五

禮妙 配蔡 子一 次丙承　傳權 配葉 子一　家楓 表 配李

朝吉 以承 子一　家楓

禮莉 配李 子五　傳眼 配李 子二　家春 出革

採地

東水

揖讓

傳陰 夭

猪截 子半　家春

禮團 配李 子二　傳菊 夭

朝吉 子一 出半　家楓

禮蘭 配陳 子一　行義

禮惟 配陳 子四

委飽 配林氏 子一
建成 养

春綢 夭

得已 配吳 子一
家炮

致首

基作 系子七

禮銅

禮葳

禮確

禮涵

禮阮

禮題 夭

禮保 配吳 子一
傳瑞

詩休 系 繼子

禮龖

詩想系　子三

禮月　配吳　二半　繼子

傳通

傳臨

禮钀　出繼

禮赧　出繼

詩壁系　子二

禮奏　配林　子一

傳愚　配廖　十四

家榔

春亶　配廖　子一

顏良

善書

再發

禮蔭　配林　子二

傳通　出半　子

發興

詩返系　子一

禮分　配廖

詩敦系　子四
- 禮繞
- 禮知　繼出
- 禮梨　配吳氏　子一
  - 傳臨　子半　出半
    - 志水
  - 差來　配吳　子一
    - 志水　出半
- 禮益

詩專系　子三
- 禮履
- 禮押
- 禮曹

詩籃系　子四
- 禮淡
- 禮抱　出繼
- 禮分　出繼
- 禮流

詩繼　系子四
　禮東兵　配吳　又勝
　禮係
　禮亢
　禮忖　配葉

詩元　系子二
　禮石
　禮棲　子一
　　傳佛

詩弍　系子一
　禮泉　夭

詩才　系子一
　禮若　夭

詩順　系子一
　禮龍　配王　子一
　　傳遠

詩奕　系子一
　禮是　配鄭　子一
　　傳根　配陳

詩袍　系子三
　禮浮　子二
　　傳乃
　　傳兩　出繼
　禮銅

詩蕃 系 子一

禮珠 子一

傳熊 隨母在廖家

詩陶 系 子三

禮配 配林 子三

傳詞 配陳 子一

家準 配李 子三

麗水

泮水 繼傳埕為孫

清水

傳廟 繼子一

聞興

傳埕 出繼孔敏 少嗣孫半

○

泮水

禮擬

禮敏 繼子二

傳超

傳埕 嗣孫半

○

泮水

詩卷 系 子二

禮近 土

詩南 系 子一

禮情 配蘇𡊨 子三

傳雄 配詹

傳耀 子嗣半

家江

傳道

詩趙系子一　禮萌配唐子二　傳同子一

傳翷子一　家良夭

詩占系子一　禮企

詩伴系子一　禮才夭

蘭馨系子二　禮榫

禮藉

詩孟系子一　禮福子一　傳練

詩文系子一　禮田外出

詩入系子四　禮琯配林子五　傳念配傅子三　家饒子善平配李　布因配朱

家娟

以上奇峰長房時澄公派

禮
琟 子永二

傳猛 配陳子四
家棒 配唐子二
明鳳 配林
家捧 承半
明鳳
家庵 出継
家獅 配唐子一
金沙
家袪 継陳家

傳措 嗣子半
家辣 配李子一
懐山

傳低 嗣子二
家庵 配林子二
潤澤
傾氣 出半

傳堅 子半
家井 子半
傾氣

傳堅 子半
家井

傳邑 孝行長

禮璉 配唐 子一 — 傳詰 夭

禮瑾 配陳 繼子一 — 傳低 繼子一 — 家庵 配林 子 — 順氣

詩粒 系 子三 次出繼 — 禮溪 配唐 子二 次出繼 — 傳撊 配宋 子一 — 家另

傳莘 子二 — 家

家

禮鑽 配胡 子 — 傳昴 繼子 — 家鷥

詩細 系 子一 — 禮糾 繼子一 — 傳澳 配鄭 子一 — 家鎗 配吳又林 子四 — 朕對 配陳

朝枝

春發

能角

詩粮 系 子一 — 禮琴 配陳 子三 — 傳総 配陳 子一 — 家行

- 詩質系 子一
  - 禮貌（配黃氏又林 又裴 子三）
    - 傳彭（配鄭 子三）
      - 新盛 夭
      - 家田（配鄭 子半）
        - 希東
      - 家鸞（子三）
        - 希東（配林 出半）
        - 希建（配林）
        - 希勇
    - 傳仰（繼子一）
      - 新盛 夭
    - 傳秋
    - 傳買
    - 傳妥
- 詩炎系 子一
  - 禮衷
- 詩便系 子三
  - 禮信（配王 子二）
    - 傳闖（配林又王又魏又劉 子二）
      - 家隨
      - 家仁（出繼）
    - 傳傢（配唐 子二）
      - 家控（往台）

禮榻 配唐 子四

鳳儀 配朱 子三

家曲

家叮

家孔 在台

家峰 繼出

萬年 配謝 又王

家高 配鄭 子一

希談 配李

傳喃 配林 子二

家草 夭

家吟

傳蹽 配唐 子五

家斤

家侶 配謝

家辣 配李 出半 子一

懷山

家井 出半 子一

順氣

詩尋汞 子四

新立 配周 子二

傳銚

傳漸

詩賜系 子二
- 禮燕
- 禮呈 配鄭

詩賔系 子一
- 禮縹

詩軏系 子二
- 禮海 配江氏 刘子三
  - 新春 配刘 子二
    - 寳來 出継
    - 家老
  - 傳彌 配唐氏 嗣一
    - 寳來
  - 圭田
- 禮潮 配廖氏 謝子五
  - 傳錦 配李氏 葉子嗣
    - 溪水 配廖
  - 傳樸 配陳氏 嗣一
    - 財富
  - 傳譜 配廖 子三
    - 周清 配廖
    - 溪水 配廖 出継
    - 再添
  - 山林 配李 子二 長出継
    - 潤陳 出半
  - 傳盟 子半
    - 潤陳 承半

詩摘 系子三
禮日 配朱 子四
水浪 配李 子一　家送 出半
傳泛 子一　朝根
傳潘 子半　家送
晢然 配李 子一　田泉 出半
禮在 配唐 繼 子二
傳深
晢然 子一　田泉

詩衙 系子二
禮締 繼子一
傳嗛 配黄 子一　振寶
禮斷 配廖 子一
傳帕

詩煅 系子一
禮漢

詩士 系子一
貴吉 子一
傳旺

詩取系　子一　禮迦

詩昧系　子一　禮茹

文義系　子一　光領

詩脱系　子二

禮午　配朱又余　子三一出繼

傳新　配朱　子二

家良　配唐　子三

火性

桂德

天才

家通　配袁　子一

文事

傳載　配陳　子三

瑞發　配陳

水發　配陳

朝發

禮草　嗣子半

傳截　子

水發

朝發

- 詩攡　系　子一
  - 禮蟳
- 詩喜　系　子二
  - 禮賤
  - 禮棹
- 詩講　系　子二
  - 禮兜
  - 禮眷
- 詩接　系　子一
  - 禮抵
- 詩集　系　子三
  - 禮廪　配林子二
    - 傳陂　配朱又唐子一
      - 水雲
    - 傳鑛　養子一
      - 家奎
  - 禮作　夭
  - 禮尚　配陳子二
    - 傳安　子半
      - 家育
    - 傳服　配楊子三
      - 家育　配葉子一出半
        - 火鉄
      - 家橡　配胡

端水

詩千系
子二
禮潘
配陳
子一
才力

詩紫系
子三
禮熾
禮篤

詩百系
子一
禮求

以上奇峰三房時穆之派

柏與長子東園公長應懷公派

詩愷　系　子四

禮棣　配朱　子一　　傳柿

禮盞　配林

禮逆　子二　　金壽

禮相　往順昌

詩團　系　子二

禮郭　配陳又唐　子三

傳談　配廖　子五

竹林　配李　子嗣一　　希回

家科　子半　　希良

家愚　配李　子五

希章

希禮　出繼

希回　出繼

希猷

希良　出半

家順 出繼半 子嗣一
希禮

家於 繼陳家

傳纓 子半
家順 子嗣一
希禮

詩意系 子一
禮斂

詩澄系 子四
禮謳
禮飲
禮歛
禮斗

詩皎系 子三
禮翕
禮顗
禮奎

詩比　系子三　禮惹　配葉　子三　傳槁

傳豹

傳秦　嗣子半　家逞

禮搭　配林氏　李子一　傳桑

詩寬　系子一　禮紬

詩通　系子一　禮綿

詩波　系子一　禮飛

詩尼　系子三　禮齊

禮報

禮桂　殤

詩水　系子一　禮達

詩陳系 子六

禮沙 配楊又朱 子三
禮牽 出繼
禮等
禮海 夭

傳忠 配王 子二
傳汭 配朱 子三
傳三 配朱 子二

家業 配朱 子三
家民 配楊 出半主一
光炎 夭
家德 殤
家炣 不承 子一
家㐂 不承
玉狗 配朱

希旺 配朱
希兵 配唐
金水
賢法
添法
金生
添法

禮鉄

禮曰 繼出

詩樹 系 繼子一

禮牽

詩籃 系 子三

禮弁 配朱又林 又李子二

傳漢 配朱 子三

源河 配朱

家鍪 殤

瑶池

傳蕹 配朱 子二

家美

金全

禮別 配朱 子三

傳搆 配唐又胡 子三

分珍 子一

木生

成珍 養出繼

傳判 子養一

成珍

傳景 殤

禮緞

詩隱系 子一 禮自 配葉 子一 傳劍 配朱 子一 銀山

詩琶系 子三 禮雪　禮霜　禮徙

天殿系 子一 禮筍 子一 轉來 子二 德水　開元 廖家 双承

天其系 子一 伯芽

詩協系 子三 禮瀾　禮元　禮晚

詩姜系 子七

禮安

禮報 大

禮布 夭

禮着

禮秀

禮晩

禮樓 子一

庠來 鬻出

延平系 子二

禮竹 配梵人 許

詩董系 子四

禮梭

禮儒 出半

禮鈷 惹 俱出繼

禮魏

詩芬系 子一

禮粽

詩薊系 子三

禮数 配林継 子半

傳樹 配李 子二

雨水 配陳

家赤

禮麵 子半

傳犯

詩藹系 子一

禮儒 承継

詩艾系 子四

禮真 継子一

金發

禮璉

禮満

詩蒇系 子二

禮猴 配唐攺

禮廞

詩蘿系 子二 禮沁

禮繒 配陳

詩銀系 嗣子 禮此 往順昌

詩劍系 子一 禮居 継子半 傳潤

基水系 子一 禮崇 配李 子一 傳潤 配王

井子系 子一 禮悅 継子一 傳蝌 配唐 子四

水仙 配胡

福成 配廖

緣泉 配葉

清凍

基芨系 子一 禮習 子五 傳鰻 配李 子三

原來 夭

家苑

詩探系 嗣子一
禮通 配廖氏

基徹系 子三
禮通 出繼
禮朝 配李
禮鐺 配廖 子一
傳劉 配李

傳蝌 繼礼悦
家意

傳鰍 配廖 子半二
家勇 配葉 子一
西美
有四 配廖

傳蚼 配李 子一
水金

傳蝫 子半
清陳

詩看 系 子二

禮帳 配廖 子二

正順 配廖 子一

勸和 配葉

春陳 配陳

禮色 配廖又葉 子二

清良 夭

傳亨 配廖

承家 養

詩切 系 子四

禮保

禮量 配陳 子二

傳情

傳華 以承

禮遂 配廖 子二

傳發

傳秋

禮懷 配廖

詩欽系　子二
禮春
禮雲

詩課系　子一
禮要

詩賀系　子一
禮軟

基鑄系　子四
禮夠　配陳　子一
傳亨　出芈
禮爲　配　子芈
傳登　配廖
禮鑫
禮炎　繼出

基賢系　子二
禮揚　配廖又林　子二
傳晏　配吴　子二
瑞昌
水福
傳來　鸞出
禮拙　配廖　子一
傳華

詩鏻 系子一 禮炷 配吳 子一 傳淌

詩真 系子一 禮煎

詩從 系子一 禮三 配李 子一 護爐

詩甘 系子一 禮孔 配宋 子三 傳默 配廖 子一 三奇

傳登 出半

鷴寶 配楊 子

禮想 配廖

詩霞 系子一 禮發

基表 系子二 禮科

禮棉

基舌 系子二 禮鵬 配高 子二 春水

春興 出半

禮向 子半 春興

詩火系 子二
禮義 配李 子一 — 加益
禮猫 出半

詩概系 子二
禮貓 子半 — 圭水
開美 配王 子一 — 圭水 出半
開子 即貓名 — 天寶

長成系 子二
禮理 配唐氏 廖 子半 — 傳寬 子半 配李 — 家勇 子一 出半 — 丙美
禮雜 配唐 子三 — 傳寬 出半 子二 — 家勇 子一 — 丙美
　　有四 殁
水晶 配張氏 子一 — 金枝 抱養
丙旺 夭

詩塔系 子二
禮簡 配王 子三 — 正潤 殤
傳智 配廖 出半
傳獺

基三 系子一 禮納 子半 傳智

基迴 系子二 秋水

禮泳

基紅 系子一 禮廷

基洽 系子三 由連

禮考

禮鉄

禮捲 之父在台

隆遠 系子一 禮沲 繼子一 傳朗 配王 子二 家圍 配廖 子二 希益

山河 出繼

萬水 配胡 希飛

基繼 系子一 禮尊 子一 傳丹 子嗣半 家垠 子一 賜義

基世系 子五

禮朝 配李氏王 子五

傳隳 配林 子六　傳冊 配鄭氏 子一　傳博 配王 子七

家泉　家曉 子半　家坡 配林 出半 子一　家資　水狗　清源 配廖 子二　家錐 配廖 子三　家慶 配利 子二　家欉 配廖 子一

賜義　賜義　柳樹　文質　火丙 配陳　希雙　薄意　冉山 配陳　開芳 出半　希玉

- 禮岱 配余 子二
  - 傳猴 夭
  - 傳朗 半承 沈子三
    - 家仕 配廖 子一
      - 瑞義
    - 家區 配王 子十
      - 山河
    - 而來
    - 家園 子十
      - 希益
  - 傳物 配李 子一
    - 家櫞
  - 傳器
- 禮岳 夭
- 禮雅 夭
- 禮標 配吳 子四
  - 傳厚 子半
    - 福源
  - 轉來 半承礼管 配廖文孫 子三
    - 永嘉 贅子 居次
    - 德水 居長
    - 開元 奴承

基成 系 子一
禮合

傳賓 配刘 子一 养一
福源 配鐘 出半

文地

以上應懷公派

正言 系 子二

禮仰 配李 子一
傳晲 子一
家中 配唐 子一 嗣一
年春

傳祼 子一
生枝 配廖 子四 次出継
福春 配廖
正春
甘泉

禮次 継子二

傳帽 配李 子二
家模 配廖 子一
希柱 配廖

傳咪 配唐 子二
家永 子半
順意

家智 配廖 半承 行為孫 子三
火鍊 半承孔全 為四代孫
奢來

順意 出半

正層系 子二

禮欽 配廖 子五

傳昆 二 配廖 子

家真

家合 出半

傳葵 夭

傳所 夭

傳太 配高 子一

家騎

傳山 嗣子半

家合

禮璋 配林 子一

傳毅

正心系 子三

禮豹 配李 子六

傳溜 配廖 子六

家赫 配李 又娶 子一

忠義 出半 配李

秦宜 出半 配李 子一

內進

家澍 配李 子二

希交

傳奮 配李 子三

家改 配楊氏 子二半

宙水 配王氏 双承子二

家同 配李 子二

家慶 配余氏 廖 子二

建浩 配廖 子三

皆冉 出半

忠義

東春

四進

皆冉

財登

財登 出半

東春 出半

希雨 配廖

連來

福美

文明

連

肇來 配蔡 子一
　在興

傳喬 繼出

傳揀 鸞出

禮食 配王 子一
　傳江 嗣子半
　　家澍

禮畎 配廖 子一半
　傳閃 子四半
　　秦宜 子
　　　囟進
　　家度 子
　　　連來
　　良水 子
　　　順利
　　家妹 子
　　　萬發

正條承 子二
　禮悴 子二
　　泳公
　　徹公
　　二人行次失当
　禮恁

淑知系子三

禮龍配李子三

傳驕配葉子四

家朝配廖子一

流水

家賜

家潤繼傳准

家令

傳零夭

傳准配廖子二

忠清

家潤承繼

禮縷配李子四

傳統配吳改子一

家佳配河子三

庚申

猴鼓三

希癸二

傳棕繼子半

家佳子丙誌

傳唖繼礼溪

前來

淑布彔　子三

禮芽　配廖氏　鄧　子四

傳心　夭

傳云

傳員　配李氏　朱　子三

家淡

家根

財源

傳富

禮河　二　配廖　子

清開　養子半

家蛙　係廖家來養半子

傳稿　出半

禮溪　子嗣

傳唖　配李出

傳稿　承半

詩綿系 子三
禮廷
禮粽 往臺

正殖系 子二
禮車
禮領 配鄭攺 嗣子一
傳柔 配洪 子嗣 半
九如 子半
勇基

淑開系 子一
禮竊

正美系 子二
禮谷
禮盍

正有系 子二
禮詹 子一
秦楚 往臺
禮濫

正琴系 子二
禮從 配李 子二
傳定 配陳 子一
延提 配廖攺 子一
希喜
理問 配李 子一
乜來
禮喬 夭

詩傳系 繼子
禮才 配廖 子一
傳强 配廖 子半
萬成

- 基徽 系 子四 出繼
  - 禮杉 配廖 子一
    - 傳鶴 子 嗣半
      - 家象
  - 禮涼 配陳 子一
    - 傳種 出半 配鐘 子三
      - 水進
      - 萬成 出半
  - 禮萃 嗣子半
    - 傳種 子
      - 水進
- 詩丹 系 子一
  - 禮佔
- 基臣 系 子二
  - 禮路 子一
    - 傳交 夭
  - 禮目 配廖 子二
    - 傳書 夭
    - 傳巷 配唐
- 正藩 系 繼子二
  - 禮育 配唐 子二
    - 傳羅 配廖 子三
      - 家鉄
      - 家葉
      - 仕奇 出繼
    - 奇英 配唐 出半 子二
      - 海水

禮龕 配林 子四

傳隻 子半　福來

樹春

傳臨 配楊 子二

福來 出半

刊來 出半

傳飄 子半　刊來

傳帝 尚俱鸞出

淑藏承 子五

禮有 配姚 子一　傳伍 子嗣　仕奇

禮肯 繼正藩

禮兜

禮達 繼 子半　奇英 配唐 子　海水

禮宅 任臺

淑孟系　子四
禮遷　繼子一　配王
　清水　配官
禮龕　出繼　正落
禮敏　配宋　繼子一
　傳杯
禮以　配刘　子三
　傳匝
　清水　出繼
　傳杯　繼禮敏

詩鴉系　子一
禮引　配魏　子一
　傳流

淑佳系　子一
壽叱　配李

淑天系　子三
禮稽
禮禱
禮借　子一　配楊改
　傳山

淑亭系　子四
禮恁　配廖　子一
　儼然　配陳
禮謬

禮盼

禮橈 配廖

正石系 子二 禮佃

禮字

淑人系 子一 禮猷

詩追系 子一 禮持

詩井系 子一 禮田 配廖

淑章系 子一 禮致

淑鳳系 子一 禮泉

基壯系 子一 禮令

詩毛系 繼子 禮輕 配章

詩茶系 子三 禮成 四 配葉 子一 傳㫰 配王 子一 榮生

長水 夭 子半 玉麟

禮冬　繼詩記

禮燦

詩沛系　子一
禮愿　夭

詩記系　嗣子一
禮冬　配唐　子三

淑帶系　子三
禮掖　繼子二

禮性　配李　子四

傳敲　子養一
玉麟　出半

傳夘

傳抱　養殤

開珍　配廖

日來

傳簡　配胡

傳春　配廖　子二

家陸　配余　子一
水仙

家滔　配廖　子一
再興

傳簡　出繼

禮周 配鄭又唐 又刘 子六

- 傳明
- 傳魚
- 傳岳
- 傳品 配唐 子一 出半
  - 家滔 配廖 子一
    - 再興
- 傳春 出継
- 傳奎 夭
- 傳檀 配周
- 傳在
- 傳泙

淑眾承 子三

- 禮融
- 禮做 配蔡 子三
  - 傳狠 配廖 子二
    - 家留 出半子 嗣出半
      - 再生
    - 家象 子半
      - 再生
  - 傳自 配朱 子一
    - 家應 出半 配李 子三
      - 生財

基彩系 子二

禮呂

禮清 配廖 子二

禮欽 配廖又廖 子一

禮來 繼子一

傳讓 二 又承子

傳釭 配廖 子二

傳桼 出半 嗣孫半

傳甚 嗣孫半

傳熊

家刊 配廖

家恐

家留 子

家應 子

家潤 配吳 子二

九如 出半配李 子一

再生 出繼

金樹

再生

金樹

柳枝 兼承傳甚爲孫

養枝 兼承傳桼爲孫

雲水

養枝

柳枝

禮楂 配李 子二

傳程 配溪 子二

家於

家

傳熊 出繼

詩環 系 子一

禮㮄

禮猜 子一

傳德 子半

田忠

禮枹 子一

傳興 子二

水忠

振寶

淑如 系 子三

禮鐃 配胡 子三

傳慶

傳遠 出繼

傳鉗 配葉 子三

金華

金科

添木

禮猜 配陳　丰承 周白為孫 子一　傳德 子半　田忠

禮狗 合葬 配李 子二 承周邦為孫　傳興 配唐 子四　家觀　田忠 承　水忠　振寶

基品系 子一　禮酥 配余

淑恍系 子四　禮窓 子一　傳條 配王

禮潮

禮直 子一　傳蟯 配劉

禮平

基澤系 子二　禮儀 配廖 子一　傳蛉

禮芽 承繼半 子四　傳心 夭

傳云

傳員 子二

家振

財源

傳富

詩撥承 繼子

禮寸 嗣子半

鵲寶 係承石橋 礼孔子双承

詩顏承 子二

禮行 配李双 承孫半

○

家智 子一

火鍊

禮金 配李 承四 世孫半

○

○

火煉

以上俱係柏與公派

廿二世　廿三世　廿四世　廿五世　廿六世

良明系 子二
　連塗 出丰
　連岸

其英系 子二
　進發 出丰 源泉
　有順

希刺系 子一
　順發

希轉系 子一
　鍪英 配陳又苿 子三
　　閔過
　　種譯
　　海水

三敬系 子三
- 宗美
- 發隂 出丰
- 運遠

希雪系 子三
- 鴻畧
- 考宣 夭

秋吉系 子三
- 宗補 配唐
- 宗杏 配唐
- 宗梓 配魏

希計系 子三
- 文鳳 養
- 仙芳

希啓系子一
蓁水

希宅系子半
進發

希挺系子四
宗告 配蘇
宗尚 繼苦梨溪
宗蔡
宗養

希蒼系子一
宗盤 半承苦梨溪

希枝系子三
丙丁 半承如淵為孫
戊己

三年

丙丁 嗣孫芋

希河承 子四

鳴龍 配楊 子三

紫龍 配姚 子三

元龍 配陳 子二

水池

水泉

火順

壬癸

春水

朝來 養

朝木

希愚系 子六
金龍 配唐 子二
烈火
土猪
宗崇 配王
廷雲 配葉
丁財
五龍
六發

清風系 子二
新入 配葉
石龍 夭

福海系 子五
步雲 配葉 子一
順來
玉龍 配陳

水龍

金星

火水

希狗系 子半

避吉

希孔系 配葉 子二

宗避 出半

求來

先齊系 子二

宗雙

宗生 出半

希傳系 子三

仙景

通仙

再金

希吟　系子二　養成　養

德勝　系子二　金昌

希天　紋系子二　雲龍　雲清

以上侯儀善夫公長房

以上俟儀訂夫二房

希土承子二

宗俊

宗揚

以上俟儀旺夫三房

土寨派

金鳳承 子一

榮興

希篤承

希持承 子一

宗寅

希佳承 子二

進曾

金辰 出繼

希雄承 子嗣

金辰

希唫承 子一

宗苑 配唐

希先系子一　宗棹

希紋系子一　献忠

希勸系子半　振興

希旁系子一　振興出半

丁財系子一　宗

希塌系子二　青山兼承家錫為孫
　　　　　　財源兼承家柑為孫

○系嗣孫半　青山

系嗣孫半　財源

希論系子一　宗建

牙英系子養一　東海

希洋系子半　皆再

希漳系子二　皆再

自在　俱出半

希淵系十一　宗力

希儆系子半——自在

泉生系子一——宗垂

進長系子三——宗門（配廖）、宗北（配廖）、宗河

希寶系子二

希牆系子四——愛玉

宗起

正庠

順水

希宙系 子一 宗甲

希思系 子一 崇昌

希用系 子三 護來

水令 出半

萬裘

希秤系 子半 水令

希聊系 子嗣一 —— 求來

希攺系 子三 —— 宗石 配李

宗彤

宗共

希應系 子半 —— 宗欽

光明系 子二 —— 棟樑

宗參

希裕系　子一　宗欽

希云系　子二　宗月　承
萬得

希引系　子二　宗雷
宗月　出半

東坡系　子二　結來
元來

以上侯佩之派

菜園派

希烈系子半——宗孟

希坦系子二——宗多、宗孟出半

江水系子一——宗來配彩

添水系子二——勇才、火爐

希比承 子二
盍安
宗綿 出半

希池承 子半
宗綿

麒麟承 子四
宗全 配吳
連成
梛樹

以上奇峰長房時澄之派

奇峰公三房時穏之派

希因　系子三　登山　地林

明風　系子一

懷山　系子一　水木

潤澤　系子一　進分　配楊

希東　系子二　兩全　其美　長出半

希勇系子丰丙全

希談系子一猛春

以上奇峰三房時穆之派

柏興公子東園公長應懷公派

希兵系子一宗音

賜義系子一建旺

再山系子一文友兼承春水爲孫

柏與公子東園公三應瑞公派

希柱系子二順祥

以上俱係柏與公派

丹山黃氏族譜

卷叁　世狀錄卷叁

黃氏世系來歷紀　卷之叁

黃帝之後 始製衣冠

顓帝曾孫

太始祖陸終公封姓于黃郡出江夏歷代相傳由来

尚矣乃娶鬼方氏生子一　淵公

淵公娶姬氏生子一　倚公

倚公娶湯氏生子一　脩公

脩公娶徐氏生子一　敬公

敬公娶江氏 戰國時登首相秦王無道往蓬萊山千年不朽之藥服之長生不老生子一歇公

歇公 輔考烈王為丞相敕葬江夏縣黃鶴鄉仁義村離城三十里乾山巽向娶李氏葬戊山辰向塚前石獅石象石墓碑松柏茂盛生子十三女一名貴娘

長尚公 封成侯

次長公 封兵部

三輝公　封刺史
四霸公　封左僕佐漢功臣
五强公　入山修道
六召公　封尚書
七迎公　封河東太守
八常公　封南昌太守生峭公
九平公　封舒州刺史
十義公　封盧陵太守
十一榮公　封永州太守
十二述公　封撫州刺史
十三遠公　封鎮南節度使
霸公　行四佐漢高帝與楚爭奪平定天下孝友無双
娶田氏生子一　廣明公

廣明公　未幾時北番作乱勢强莫敵公姑貴娘夜讀兵書智勇双全戰敗北番勦滅醜類勅封司馬烈女

娶張氏生子一　稽發公

稽發公娶夏氏生子　正公

正公娶劉氏　生子　琳公

琳公娶苗氏　生子　貞公

貞公娶曹氏　生子二　長由公　次香公

由公娶馬氏生子

香公　行二精經史天性至孝登誌史丹二十四孝內童而能孝壯而克忠江夏黄香天下無双流芳衍慶忠孝之門也

娶李氏生子　瓚公

瓚公　守世英練達官曹論事朝廷勅賜御葬安陸縣

娶李氏生子　浩公

浩公娶李氏生子　琓公

琬公封為泉鄉侯

娶衛氏生子二　蓋義公

惠三公

惠三公娶周氏生子　道隆公

道隆公光州固始人也為東郡會稽市令東漢劉黑闥之亂棄官入閩初居仙遊大尖山小尖山之陽後改遷於桐城子孫又自桐城復歸固始

娶莊氏生子　元方公

元方公晋五湖乱華又與七姓衣冠共入閩仕晋為晋安太守居福州候官縣黃巷

娶秦氏生子　慶宣公

慶宣公娶戴氏生子　皓公

皓公娶錢氏生子　政公

政公娶姜氏生子　韜公

韜公仕晋安司法參軍　娶張氏生子　沖公

冲公隱德不仕

娶蘇氏生子二　長岸公字宗桂唐天寶癸巳進士官桂州刺史

次崖公

岸公娶高氏

林氏生子由候官入莆田縣涵頭延壽里名其村曰黃巷

守寬住興化移金墩泉郡為三黃繼派之始祖

崖公娶廉氏生子二長守恭由候官入泉州唐封長者住開元寺

次守美居漳州龍溪漳浦諸邑

四安丹山黃氏族譜

守恭公配妣司馬氏合葬翠屏山即潘山在城西郊

白塔左今有墓菴在公諱辰二月十八日四安輪祭

祭墓定每年立冬日亦四安輪祭生子四分居四安

經公居南安呂洋

紀公居惠安錦田

綱公居安溪葛盤

綸公居同安金柄

安溪三房本派

祖守恭公第三子綱公名善感字質夫號幽軒有武
畧唐封車騎將軍道隆公之苗裔也妣柯氏謚貞德
夫人又吳氏繼妣王氏俱合葬在縣東門外美女峰
即鳳山下生子一　良謀

綱公之子名良謀妣王氏葬安溪上場外深内光緒壬午裔孫狀元諱培松監碑勒石與妣王氏合葬
生子二　長廷璋　次廷業

良謀公長子名廷璋妣王氏
子二　金郎　玉郎

良謀公次子名廷業公

子

廷璋公長子名金郎妣謝氏

生子二　元良　元善

廷璋公次子名玉郎

金郎公長子名元良娶殷氏

子一　正春

金郎公次子名元善

元良公之子名正春登宋紹興二年進士出財倡造

縣西之榏門

生子二　長朝用　次朝貴

正春公長子名朝用

生子一　學貞

正春公次子名朝貴登進士

生子一　學優

朝用公之子名學貞

朝貴公之子名學優登進士第

生子一　文範

學優公子名文範公諱商楫紹定五年進士官順昌

知縣慶元五年邑侯趙師戩建造龍津橋公銀千

兩鎔爲一塊遂題銀厓塊邑侯怒其溝陰令造橋

尖射其屋宇子孫必受洪水之災後方移居參山

居移　娶孫氏

子三　孟仁　孟義　孟信

文範公長子名孟仁廩生居參洋妣殷氏合葬永安

里埔任御史橋

子一　仲春

文範公次子　孟義公庠生移居建寧
文範公三子　孟信公庠生移居漳州
孟仁公之子　仲春公
子一　季成
仲春公之子　季成公按古譜兵燹之後越有二代
方至履端公今莫可考
履端公諱翁宣配蔡莫考
子四　長國佐　國輔　有年　有代
履端公長子　國佐公　妣　氏
子一　覺禮
履端公次子　國輔公　妣　氏
子一　覺廉
履端公三子　有年公　妣　氏

子一覺智

履端公四子名　有代　妣　氏

子一　覺才

國佐公子　覺禮字廣興號大逸溪居參洋原祖字

名大厝兜即外厝

國輔公子　覺廉字功興居參洋內厝

有年公子　覺智自外厝移居大羅溪

有代公子　覺才公妣朱氏繼妣王氏按古譜合葬

永安埔任鄉公從父自參外厝移居依仁里科坂

鄉後從子從居上科名黃柏宅（公係葬上科名霧山亀仔山居兎形俗呼吊肉墓）

子四　金童　金章　金意　金彥

覺才公長子　金童公號珠峰妣盧氏居上科名黃

柏宅葬真武踏亀

子一　進治　居上科名始祖

覺才公次子　金章公居依仁里葬芑嶺脚

子一　史治　此派今分在南安仁宅

覺才公三子　金意公在永春白巖化佛是爲黄公祖師

覺才公四子　金房公號六五居士自上科名分居下科名肇基始祖住榮美

一世

開基榮美始祖金房公名昌胤字景璞别號六五公居士娶連氏繼妣劉氏洪武初由上科名徙居下科名榮美公葬鯉魚山坐丙向壬　連妣葬庵兜龜形坐丙向壬　劉妣葬公墓畔

子二　爾賓　爾家

二世

爾賓公我長房開基祖也名允熙號興治別號六九道人居榮美外厝妣賴氏與公仝葬龜山崙頭虎形坐壬向丙

子一　宏大

祖叔爾家公名允升號邦治別號存耕逸叟居榮美內厝　妣劉氏

子三　宏海　宏祿　宏舉

三世

爾賓公子名宏大　妣連氏公葬長祈坐子向午

妣葬向天鑼對面爪藤穴坐辛向乙

子二　仁用　仁和

四世

宏大公長子名仁用　妣朱氏葬南寺后坐辛向乙

子一長梓

宏大公次子名仁和　妣　氏子三

長冲居次貴崇俱无傳惟良生有五子不敍此係闕疑

五世

仁用公之子名長梓　妣余氏與仁和仝葬大坂尾

坐坤向艮余妣與仁和妣合葬三跳旂坐乾巽

子六　玄宗　伯宗　得宗　榮宗　淑宗　進宗

玄宗派原住坪尾菜園及山頭

伯宗无傳

得宗派分居磜内及湖市宮嶺

子二　資茂　資顯

榮宗派住龜頭洋

淑宗派居湖內傳厝

進宗派莫攷

以上金房長房爾寘公派

六世分支為榮美長房長玄宗公派

長梓公長子　玄宗公妣　氏原住崇美萊園厝葬

南墘垵坐巽向乾十一月廿七日忌辰

子六　資崇　資潤　資成　資得　資曆　資敏

七世　玄宗公派

玄宗公長子　資崇公生　娶卒葬未詳

子一　育清資成三子繼

玄宗公三子　資成公由崇美菜園間基山頭始祖

湖内塗厝窟二月十一忌辰葬九福狗頭崙坐甲

向庚　妣莊氏葬向天羅坐巽向乾

子七　育英　育舉　育清出繼資榮　育仁

育明　育容　育盛

得宗次子名資顯子一　育平

八世

資榮公繼子名育清　妣陳氏仝葬龍虎山大崙中

坐壬向丙兼亥巳

子二　積美　積宣

資成公五子　育明公始開丹山祖宇

妣林氏與公仝葬本處大園后坐酉向卯公忌辰

二月十五

子二　積榮　積傳

九世　資榮公派

育清公長子　積美公　妣洪氏

子一　時福

育清公次子　積宣公　妣陳氏葬旂頂圓山仔坐

辛向乙　妣葬井尾坪

子四　時祐　時嘉　時代　時貴

資成公派

育明公長子　字積榮號奇峰公肉建上祖宇

妣蘊氏謚孝慈與公仝葬本里前淵園頭坂坐巽

向乾兼辰戌公十一月廿五日忌辰

子三時澄　時茂　時穩

育明公次子　柏與公字積傳自建下祖宇名前厝

生二月十三卒九月十四葬山頭坪頭茶林尾坐

庚向甲　妣陳氏又娶高氏三娶

連氏陳妣葬山頭際仔内高妣卒二月初四葬山

頭新園茶林尾連妣卒葬未詳

子一　時俊

十世　資崇公派

積美公子　時福公　妣陳氏

子一　克忠

積宣公長子　時祐公妣　氏

子一　思忠无傳

積宣公次子　時嘉公　妣莊氏葬赤嶺尾大坋坐乾

向巽兼亥巳

子三　發忠　祥忠　瑞忠

奇峰公長時澄公派

奇峰公長子　輔用公字時澄卒十二月初二

妣林氏卒元月初二合葬本處烏石坐乾巽兼戌

辰　繼妣陳氏生卒葬未詳

子三　天賜　天居　天相

奇峰公二時茂公派

奇峰公次名文秀字時茂號翠柏生嘉靖癸未年四

月十七日丑時卒萬曆丙申年六月初二巳時

娶周氏謚肅懿生嘉靖戊子年又十月初十戌時

卒嘉靖四十三年八月十六巳時仝葬本處烏石

坐亥巳兼乾巽

子一　全忠

奇峯公三時穗公派

奇峯公三子字時穗號碧峰鄉歆賓卒三月二十日

妣楊氏卒三月廿三仝葬九福井尾坐乾向巽

繼室張氏葬九福格仔坐壬向丙兼亥巳

子二　長祐　次祈

柏興公派

柏興公子名鸞字時俊號東園生萬歷庚寅年十月

十四亥時卒八月十一辰時葬山頭湖內坐坤向

艮　妣朱氏生萬曆壬辰年十二月初八申時卒

四月十四日與公仝葬

子三　應懷　應科　應瑞

十一世　資榮公派

時福公子　克忠號耀宇妣洪氏

子一　元昇失傳

時嘉公長子　發忠公妣朱氏公葬石仔碎龜形妣

葬湖內坐乾向巽

子三　元英　元承　元明

時嘉公次子　祥忠公妣郭氏失傳

時嘉公三子　瑞忠公佚

奇峰公長時澄公派

輔田公長子名天賜字德忠號心田生嘉靖庚子年

九月十三日未時卒萬曆戊子年正月初六申時

享年七十又九葬本处獅邊大草腹坐癸向丁

妣姚氏生嘉靖甲辰年卒萬曆甲申年與公仝葬

生子二　曰燦　曰煒

繼妣林氏生卒未詳葬大園后生子一　曰新

又妣陳氏生卒未詳葬本山補笈麗坐丁癸兼午

子　四娶劉氏生嘉靖壬子年九月十一未時卒

萬曆丙辰年八月廿四日酉時葬大園后塗厝窟

坐庚向甲兼

子三　元興　元揚（妣姚氏出）　元鳴（林氏出）

輔

田公次子名天居字裕忠號棲田生嘉靖壬寅年

十二月初一戌時卒萬曆癸丑六月初七申時年

七十又二葬山頭大園后辛乙戌辰

妣余氏六月初八日忌辰葬魁梅兜蛇形酉卯辛

乙向　繼妣林氏生嘉慶乙卯年六月十二卯時

卒萬歷癸丑年四月廿二日申時享年五十八與
公仝葬大園后
子四　元明　元寔　元貞　元藻
輔田公三子名天相　號振南公吏員生嘉靖丙辰
年十一月十一日卒萬曆丁酉年四月廿五申時
葬本處竹兜乾巽向　妣傅氏卒萬曆廿五年
四月廿五申時葬大園后戌辰乾巽
子二　元章　元懿
奇峰公二時茂公派
翠伯公子名天祐字全忠號振雲生嘉靖庚戌年二
月初五丑時卒崇禎戊辰年十月十四巳時
娶吳氏生卒无攷與公仝葬本里田尾洋坐乾向
巽兼戌辰

子四　元熙　元任　元𧩙　元揭

碧峰公長子名祜字申忠號仰峰七月二十忌辰
奇峰公三子時穆公派
妣劉氏十月廿五忌辰葬本里𨼆内鄉長泰畬人
呼萬谷墓坐乾向巽
子四　元起　元曙　元晋　元電

碧峰公次子名祈字永忠號振岩生隆慶庚午四月
初七日丑時卒萬曆甲申年十月初四日未時
妣胡氏生萬曆癸酉年十月初四酉時卒順治壬
辰年十一月初十合葬來蘇里山門深垵崙尾坐
壬向丙
子二　元瑩　元著

東園公長應懷公派

東園公長子名應懷字徵忠號仰園生萬曆辛酉年
五月三十日亥時卒甲辰年又九月廿四卯時葬
山頭山坪田角坐庚甲 查公生嘉靖辛酉
娶陳氏生萬曆癸亥年五月初十日辰時卒崇禎
丙子年十二月初八申時葬陳厝前周墩田中坐
乾巽兼戌辰
子四　元柱　元積　元齊　元敢

東園公二應科公派

東園公次子名應科字進忠號斗峰　妣林氏生卒
俱失攷葬在崎壠仔
公葬山頭下菴田中
子四　元級　元善　元時　元篤

東園公三應瑞公派

東園公三子名應瑞號仰台公六月廿七忌辰葬山
頭大園後坐辛乙兼戌辰
娶廖氏辛十二月十九與公仝葬
子二　元佩　元警

十二世　資榮公派

發忠公長子名元英无傳
發忠公次子名元承公九月初二忌辰妣八月初四
忌辰俱葬山頭湖內坐乾向巽
子五　詩卿　享使　卯郎　丑英　弟英往廣東
發忠公三子　元明公　妣林氏无傳

奇峰公長時澄公派

心田公長子名日爍字元興號仰田公九月十九忌辰葬下坂田中坐壬丙兼亥巳

妣陳氏生卒莫考葬湖内坐酉卯兼庚甲

子四　馥卿　齡卿　宏卿　芬卿

心田公次子名日煒字元揚號明宇　妣林氏生卒莫考葬大園後

子一　顯卿

心田公三子名日新字元禺號乾所妣陳氏生卒莫考葬灶坑土寨大圳下坐乙辛兼辰戌

子二　芳卿　圓卿

棲田公長子名元明　妣林氏生卒莫考公葬本山崎路酉卯辛乙向妣葬未詳

子三　軸卿　豫卿　賢卿

棲田公次子名元寔父子俱毒魚溺死二月初一忌
辰葬赤嶺洗脚潭大路上妣林氏生卒莫攷
棲田公三子名元貞　妣魏氏生卒葬俱失攷
子二　秀卿　莊卿
棲田公四子名鵬池字元藻生萬曆戊子年十一月
廿六卒順治辛卯年七月初四巳時葬山頭下坂
坐壬丙兼子午　妣林氏十一月十九忌辰葬在
山頭尾坋大坪戌辰乾巽向
子三　有卿　標卿　奕卿
振南公長子名日焕字元章號文宇卒八月初二日
妣李氏卒十一月廿一仝葬本山山坪尾坐巽乾
兼巳亥　繼妣林氏生卒莫攷葬本處尾崙
墘磜仔内田中

子二　旋卿　節卿

振南公次子名同炯字元懿號立宇　妣魏氏生卒

莫孜

子二　廷榆　祐卿

奇峰公二時茂公派

振雲公長子名日焜字元熙號敬所生甲戌年八月

十九日午時卒酉年十月初四日寅時　妣余氏

仝葬本處土名鉄灶坑坐酉向卯

子二　用卿　弼卿

振雲公次子名日煊字元任號烱冲

妣趙氏生卒未詳

子二　碩卿　魚卿俱无出

振雲公三子　黎三公字元嚖　妣謝氏生卒葬佚

子四　茂卿　濟卿　木卿　樹卿
根雲公四子名日掀字元揭號肩兩公
妣林氏生卒葬佚
子三　藩卿无出　廷枳　廷樫无出
奇峰公三時穏公派
仰峰公長子名日煖字元起號東陽業儒生萬曆丁
丑年十二月初十子時卒崇禎己巳年十月十八
丑時　妣葉氏生十月初十日申時卒丁亥年九
月三十日仝葬科名翁厝后坐壬向丙
子二　安卿　喬卿
仰
峰公次子名日烜字元曙號耀斗生萬曆甲申年
三月初三日卒天啓五年乙丑十二月廿一日葬本
處赤路墘坐丑向未

妣陳氏生卒未詳葬鉄灶坑坐未丑兼坤艮
子三　長卿　建檻　惺卿
仰峰公三子名曰炤字元晋號三陽生萬歷乙酉年
十月十九未時卒崇禎庚午年四月廿六寅時葬
本處洋仔坪坐辛乙
妣鄭氏生卒葬未詳
子三　夏卿　徽卿　韞卿
仰峰公四子名曰煒字元電號輝斗生卒娶未詳葬
鉄灶坑田上酉卯庚甲
振巖公長子名曰燝字元瑩號毓崑生萬曆辛卯年
九月初四午時卒正月初六葬本處鉄灶坑丙壬
向子向　娶楊氏生萬曆癸巳年六月卒十二月
十六日與長姉鄭氏仝葬竹兜崙中辛乙戌辰

子三　亮卿　位卿　姿卿長孫名仁与祖仝葬

振巖公次子名日灼字元著號耀崑生萬曆癸巳年
八月廿七未時卒康熙庚戌年十一月廿五寅時
年七又八葬竹兜山茶花下辛乙酉卯向
妣葉氏卒八月初八日與公仝葬
子四　宸卿　培卿　汁卿　建卿

柏興公子東園公長應懷公派

仰園公長子名一棟字元柱號景倉生萬歷甲申年
八月十九子時　娶胡氏生萬曆甲申年正月十
一日卒天啓辛酉年八月十五日與公仝葬
繼娶趙氏卒十二月初一日葬本山鷓鴣石崙寅
申甲庚公卒崇禎癸未年九月廿二葬西宅水堤

下坐庚甲兼酉卯 胡妣仝穴

子三 錦卿 興卿 翔卿

仰圜公次子名元積號肖圜 妣朱氏生卒葬俱佚

子二 搏卿 轉卿

仰圜公三子名約字字元齊生萬曆丙申年正月廿五巳時卒順治癸巳年十二月初七酉時葬本山牛旂前坐乾向巽娶 楊氏生萬曆辛丑年二月初九日卒順治乙未年正月十六辰時葬山坪崙仔坐壬向丙

子一 待卿

仰圜公四子名村字元敢號援五生萬曆辛丑年七月初十午時卒康熙戊申年五月廿一葬旂尾員山仔坐卯酉兼乙辛 娶葉氏生萬歷辛丑年八

月初一日卒崇禎癸未年六月十二日未時葬在
大圓后坐辛向乙
子四　戴卿　來卿　都卿　恂卿
柏與公子東園公二應科公派
斗峰公長子名元級號廷賓妣陳氏住常山
斗峰公次子名元善號尚廷妣陳氏住常山
斗峰公三子名元時　妣鄭氏常山住　子三
斗峰公四子名元萬號輝庭妣胡氏葬崙仔尾
子二　偶卿　明卿
柏與公子東園公三應瑞公派
仰台公長子名珍我字元佩妣鄭氏葬崙仔尾宮仔
上卒二月廿四日无傳
仰臺公次子名新我字元警生萬曆癸丑年二月十

四日戌時卒康熙庚午年正月初七日未時葬山頭坪頭厝地外坐壬向丙兼子午　娶陳氏生卒佚又娶吳氏生莫攷卒六月初六日葬山頭新園水井口大坵下坐巽向乾兼辰戌　三娶裴氏生萬曆戊午年十二月二十日卒崇禎壬申年七月初十日卯時

子三　喬鴛陳出　喬鳶　喬思俱吳氏出

十三世　資榮公派

元承公長子名詩卿生萬曆己未年九月廿七未時卒康熙丁卯年九月初一未時葬石仅

妣張氏卒十一月廿六日葬在江後

子二　侯大　侯恭

元承公次三子享使卯郎　前譜失誌今稽莫攷

元承公四子名丑字子卿號原紫生萬曆己卯年十
月初四丑時卒康熙乙亥年七月廿三酉時葬灶
坑大牛坪崙中坐寅申兼甲庚
娶章氏生萬曆丁丑年十月十八日申時卒萬曆
乙巳年六月十九巳時葬莫攷
子四　義方　帶　業　連　侯義

奇峰公長時澄公派

仰田公長子名廷桂字馥卿號茂垣卒六月廿九日
葬本處坪頭坐未丑兼丁癸　妣余氏卒三月廿
八日葬大坋連榜尾乙辛辰戌向
子三　侯祥　侯儀　侯佩
仰田公次子名廷椿字齡卿號振庭生卒未詳與母
仝葬妣林氏生卒葬莫攷

子一揆娘无出

仰田公三子名廷模字宏卿號範吾卒六月廿五葬

本處土名下坂丑未丁癸向　妣葉氏生卒未詳

葬本處大崙内崙未丑丁癸

繼娶林氏葬赤路墘田中

子一　候周

仰田公四子名芬卿妣林氏无出生卒葬佚

明宇公子名顯卿諱廷標號耀奇生卒未詳葬灶炕

赤竹崙尾酉卯向娶陳氏生卒葬莫攷

子一　瑞禹

乾所公長子字芳卿生卒佚葬獅巃壬丙子午

乾所公次子名圖卿又廷杞號花最生卒未詳葬本

山補筊簾午子向　妣朱氏生卒未詳
子三　瑞初　瑞顯　瑞聖兄弟俱移温州橋墩門居住
元明公長子　軸卿公妣胡氏生卒葬莫考
子三　侯麗　侯貞　侯寶
元明公次子　豫卿妣陳氏生卒未詳葬山頭新園
崙中坐申寅兼坤艮
子二　侯騰　侯寬
元明公三子　賢卿公生卒葬莫考
元貞公長子名秀卿　妣葉氏生卒葬俱失考
子一　侯陞
元貞公次子名莊卿生卒葬佚子一隨母出嫁
鵬池公長子名仁山字有卿卒七月十九日葬山頭
九枕尾石皮下酉卯庚甲　妣陳氏生卒莫考葬

獅母墘坐乾向巽兼亥巳

子一　侯起

鵬池公次子名景山字標卿卒三月二十葬山頭赤路崁坐乾巽兼戌辰　娶鄭氏謚慈惠生康熙乙丑年七月初六巳時卒康熙戊午年七月廿九日巳時葬山頭下坂坐亥巳兼壬丙　繼娶前淵鄭氏卒九月廿九葬在湖頭佛仔格苦坑頭坐丁癸兼午子

子二　侯兼　侯藝

鵬池公三子名奕卿妣楊氏繼娶董氏生卒葬俱佚

子一　侯象

文宇公長子名廷樞字旋卿號毓圯生萬曆丙申年二月廿五日卒順治丁亥年十二月廿一卯時葬

下坂癸丁向　妣鄭氏生萬曆庚子年八月初八巳時卒順治壬辰年五月初三辰時葬九福尾墘園乙丑未艮坤

子五　侯珠　侯祈　悌英夭　侯鐘　盡英

文宇公次子名廷拱字節卿號柱斗生萬曆丙辰年十二月廿七日卒順治庚寅年七月初一午時葬崇善里工碒坐癸向丁　妣魏氏生卒葬佚

子一　瑞鯉

立宇公長子名廷榆生卒葬莫攷移住常山

立宇公次子名祐卿生卒佚娶胡氏改適

奇峰公二時茂公派

敬所公長子名廷棫字用卿號還質　妣郭氏生卒葬俱失攷

子二　侯錫　侯吉

敬所公次子名廷相字猶卿號參襄生萬歷乙巳年

十二月廿二日卒順治丙戌年九月初八日卯時

葬本山崎路石字坐乾巽兼戌辰

妣余氏生萬曆甲寅年正月初七酉時卒辛亥年

八月十五申時葬本鄉土名后塘田中坐巳向亥

子一　侯苑

烱沖公長子名碩卿生娶卒葬莫考

烱沖公次子名至卿生娶卒葬莫考

黎三公長子名茂卿生娶卒葬莫考

黎三公次子名濟卿生娶卒葬莫考

黎三公三子名根南字木卿妣傅氏生卒葬佚

子一　瑞敬往臺

黎三公四子名樹卿生天啓丁卯年二月廿二日卒
康熙庚戌年三月廿四日葬佐坑長埕頭坐坤向
艮娶失攷
子一　　俟基即瑞也
肩兩公長子名藩卿生娶卒葬未詳
肩兩公次子名廷枳妣王氏生卒葬未詳
子一　　俟來
奇峯公三時穆公派
東陽公長子名廷榴字安卿號騫德生萬曆壬子年
五月廿五申時卒康熙戊辰年十二月十八酉時
享年七十又七　娶葉氏生萬曆壬子年十二月
十八未時卒順治癸巳年又六月初一仝葬后宅
溫厝壠坐癸向丁兼丑未

子三　侯珍　侯璞　侯羑

東陽公次子名廷櫝字喬卿號仰宇生天啓丁卯年九月十五酉時卒康熙三十三年十月廿一卯時娶王氏生崇禎甲戌年正月三十日戌時卒康熙辛卯年三月初八辰時合葬嶺后崎仔尾坐壬丙兼亥巳

子二　侯錦　侯汝

耀斗公長子名廷榊字長卿號耀久生萬歷丁未年八月十一日卒崇禎十四年九月十二日妣余氏生卒未詳仝葬本山土名菴頭格壬丙向

子一　初英

耀斗公次子名廷樴公自少移常山

耀斗公三子　東敬公字惺卿妣楊氏生卒葬佚

癸丑年十二月初一巳時卒順治己丑年正月十
八日葬本山大坑頭水埕下酉卯辛乙
妣鄭氏生萬曆辛亥年卒順治戊子年十一月廿
八日繼妣李氏生萬歷癸丑年三月二十日與姑
合葬磨壢仔坐丁癸兼午子
子一　侯居
毓崑公次子名廷權字位卿卒六月十六日妣廖氏
卒四月廿八日葬下坂田申辛乙戌辰
子一顯英遭乱被害
毓崑公三子名廷枌字姿卿號賡明生天啓甲子年
二月初六日卒順治己丑年二月初六日葬洋坑
九福崙田下與經叔合葬酉卯向
妣陳氏生卒葬佚

子一　俟幣

耀崑公長子　宸卿公名廷楓生萬曆乙卯年七月
初九未時卒康熙丙寅年六月初五午時享年七
十一葬本處松樹下坐辛乙兼戌辰
娶許氏生泰昌庚申年三月初四辰時卒順治十
六年五月廿八亥時葬本處尾路迴酉卯向
繼妣李氏生崇禎壬戌年二月廿一巳時卒康熙
丙子年正月初十辰時享年七十六與公合葬按
古譜與主腹不和未知孰是

子二　俟儼　俟雅

耀崑公次子名廷植字培卿號養槐生天啓壬戌年
卒康熙戊戌年三月初十卯時葬坪尾坑崙辛乙
酉卯娶未詳

子一　侯寔

耀崑公三子名廷楊字斗卿玄福生天啓丁卯年十月十八辰時卒順治壬辰年十月初一葬後田尾

配未詳

耀崑公四子名廷極字建卿號擎皇生崇禎己巳年十月廿六戌時卒康熙丁亥年三月二十亥時年七旬九妣劉氏卒六月初十仝葬赤路墘乾巽兼

子三　侯誥　侯立　侯蘭

栢與公子東園公長應懷公派

景倉公長子名鳳字錦卿三月十二忌辰葬九福尾壠橫路上午子丁癸妣楊氏卒十二月十三與公仝葬

子一　侯頼

景倉公次子名侹字興卿六月廿七忌辰葬山頭山
坪大坵角田角未丑坤艮
娶燕氏五月初九忌辰葬大牛坪癸丁丑未
子二　侯資　侯益
景倉公三子名鶴字翔卿卒六月十八葬山大崙內
巳亥丙壬
肖園公長子　摶卿公名鵬妣鄭氏
子一　侯絃失傳
肖園公次子　轉卿公失傳
約宇公長子名復字待卿號喬鶴生萬曆癸丑年七
月十一酉時卒康熙癸未年十二月初一日酉時
葬羊皮墘辛乙戌辰　娶廖氏生崇禎丁丑年六
月十一戌時卒康熙乙丑年十月廿八日戌時葬

補笈歷坐巽向乾
子五　侯慶　侯維　侯應　侯薰　侯仰
拔五公長子名琥盈僭字戴卿生萬曆辛丑年八月
廿一辰時卒康熙壬戌年五月廿三未時葬九福
蛇仔崙坐乙向辛　妣陳氏卒十月初一葬獅毋
壠崙頭坐丁癸兼午子
子三　侯恩　侯矩　文右
拔五公次子來卿公失傳
拔五公三子都卿公失傳
拔五公四子恂卿公失傳
栢與公子東園公二應科公派
輝廷公長子名如瑟字偶卿妣林氏葬新園失傳
輝廷公次子名如琴字明卿妣林氏住常山

以上東園公二應科公派至此而止
柏興公子東園公三應瑞公派
新我公長子名進字時卿號喬鳶又號玉茂生崇禎
乙亥年九月初五丑時卒康熙辛卯年九月廿三
葬灶坑石寨坐巽向乾　妣林氏生崇禎丁丑年
正月十七亥時卒康熙壬辰年十二月廿四寅時
葬大牛坪坐艮坤兼丑未
子二　文魁　文龍
新我公子次名殿字錫卿號喬鳶生崇禎癸未年二
月廿五午時卒十一月十一日葬佐坑石寨石鼓
工妣楊氏卒六月十六日葬灶坑東際仔田上
子一　候仁
新我公三子名美字全卿號喬恩生順治壬辰年正

月初二戌時卒雍正甲辰年閏四月十七子時葬獅毋壠大埈崙壬丙亥巳　妣劉氏生康熙壬寅年四月初十日酉時卒乾隆辛酉年二月十五卯時葬獅毋壠壬丙子午

子三　侯掇　啓篤　啓泰恭

十四世資榮公派

詩卿公長子　侯大公生順治庚子年正月廿六日巳時卒康熙辛卯年七月廿八日妣吳氏生康熙甲寅年七月廿七日卒雍正八年四月初二

子三　輝　旺　鎮俱无傳

詩卿公次子　侯恭公生康熙元年九月十六寅時卒康熙五十八年正月十一戌時葬感化里太山

大垵口坐丁向癸妣陳氏葬山頭湖內
子五　鑽　習　祿　壽　全
帶伯　業伯　連伯　俱原紫公子凡弟三人无傳
原紫公子　有方公名寶字俟義卒三月初八日葬
獅母壠未丑丁癸　妣鄭氏謚順孝生乾隆戊午
年六月十六八日戌時葬灶坑鑄鼎巽乾向
子三　祖　圭　詞
奇峰公長時澄公派
茂垣公長子　俟祥公妣余氏生卒佚葬大牛坂子
午癸丁向
子一　章寅
茂垣公次子名七官字俟儀號瑞鳳別號來庭生崇
禎壬申年二月廿五卯時卒康熙庚辰年正月廿

七辰時享年六十九葬下坂辛山戌辰

娶高肥山陳氏山娘生崇禎己卯年十二月初二未時卒康熙丁丑年七月廿七日寅時享年五旬九葬坪頭大崙酉卯庚甲向

子六　章瑯　章考　章吉　章發　章信　章業名紐侯周

茂垣公三子名九官字侯佩號瑞語卒元月初一葬本山旂尾坤艮未丑　妣周氏生崇禎壬午年九月初四卯時卒康熙庚午年十月十七寅時葬烏墩戌辰乾巽

子五　章平　章卯　章轉　章智　章受

範吾公子名雜官字侯周號鳴岐生崇禎甲戌年十月十三亥時卒康熙甲午年十一月十五未時卒年八十一葬灶坑存前營林墘田中酉卯辛山向

妣唐氏謚成德生崇禎丙子年十月初二日寅時
卒康熙甲午年九月十八子時葬赤嶺尾大坋田
中壬丙亥巳无出繼室朱氏謚慈懿生崇禎乙亥年
九月十五寅時卒康熙辛丑年正月初九未時葬
湖內辛乙酉卯无出

子一係侯儀第六子名章業

耀奇公子名瑞宇生崇禎己卯年正月十五寅時卒
康熙丙寅年八月初七巳時葬東磜崙尾坐　向
娶楊氏生順治己亥年六月廿五午時卒康
熙甲午年十月廿二葬灶坑山坪上申寅坤艮向
子一章果

花最公長子名瑞初子二失名
花最公次子名瑞顯公子三失孜

花最公三子名瑞聖公兄弟俱移温州橋墩門住

軸卿公長子名侯麗生卒葬娶失攷

軸卿公次子名侯貞公生卒葬失攷

子一　章協

軸卿公三子　侯寶公生卒葬佚

豫卿公長子　起宗公字侯騰生天啓甲子年十一月十九寅時卒康熙甲寅年十一月十三辰時

妣蕪氏生天啓甲子年九月初九戌時卒康熙三十七年八月廿五戌時仝葬新圍崙丙壬午子

子一　章昇

豫卿公　次子　侯寬公　妣林氏

子三　章睿　章菊　章守

秀卿公子　侯陞公妣林氏生卒葬失攷

子一　章垂

仁山公子　向高公　字倓起生康熙乙卯年七月初

八巳時卒康熙丙戌年葬旂尾大路下山辛向公卒

六月初一辰時　妣傅氏生　丁丑年十二月

初四丑時卒　丙戌年八月初六巳時享年七

旬與公仝葬

子三　章士　章安　章在

景山公長子名文冀字倓兼生卒佚葬湖頭下鎮巔

兜水尾艮坤丑未妣鄭氏生卒佚葬縛牛坪路下

坐酉卯兼庚甲

子一　章宣

景山公次子名文求字倓藝號從政生康熙丙午年

五月廿三日卒康熙己亥年五月初四午時葬灶

坑大坋厝角亥巳向兼乾巽　娶林氏謚慈儉生
康熙乙丑年卒乾隆丙子年正月十七享年七旬
有二葬東礤寨長戌巽乾
子三　章房　章佐　章卿

奕卿公子　侯象公妣王氏生卒未詳子二俱殤

毓比公長子侯珠公生崇禎卒四月十三葬鉄灶坑
丙壬午子　妣魏氏生卒佚葬本處洋坑坐甲向
庚兼卯酉
子一　概英入海

毓比公次子　侯旗公娶葉氏生卒葬莫攷

毓比公三子　悌英幼殤

毓比公四子名文鄉字侯鐘號振伯生崇禎壬申年
正月初二子時卒康熙癸亥年十二月廿六寅時

葬官倉廟邊未丑坤艮　娶鄭氏生崇禎壬申年
十二月初五巳時卒康熙癸亥年十二月十七亥
時葬下坂庚甲申寅
子一　章龍
毓圯公五子　侯盡公生崇禎甲戌年卒順治甲申
年十二月十六寅時葬皇君火大茶林申寅向
柱斗公子名聘三又名瑞鯉公字侯執生卒佚
妣陳氏生卒佚葬魁梅兜石鼓仔戌辰乾巽
子四　章典　章泰　章川　章絹
奇峰公二時茂公派
還質公長子　侯錫公生卒葬娶俱失攷
還質公次子　侯吉公名文甫　妣林氏生卒葬佚
子二　章貢　章宜

叅寰公子候苑公名文登生卒失考葬山坪田中坐
酉向卯兼辛乙
妣余氏生卒佚葬九埕田中乾巽戌辰
子一　章賢
楊南公子　瑞敬公往臺灣生卒葬未詳
樹卿公子　候基公名文山妣朱氏生卒葬佚子一殤
廷枳公子名文快字候來生康熙辛亥年十一月十
九午時卒乾隆丁巳年八月廿四寅時葬本處棟
兜頭坐庚甲兼申寅　妣楊氏生康熙癸亥年二
月初二酉時卒乾隆己未年九月初五日酉時葬
在
子三　章載　章旺　章宗出繼候基
奇峰公三時穆公派

騫德公長子名文璵字俟珍號邦鎮生崇禎壬申年
十一月十三辰時卒康熙乙未年二月廿九子時
妣陳氏謚節惠生崇禎辛巳年六月廿二巳時卒
雍正丙午年八月初三日仝葬前淵嶺后坐壬向
丙兼亥巳
子三　舜夫　奏夫　龍夫
騫德公次子名文玠字俟璞號瑞璞生卒佚葬前淵
嶺后壬丙向　妣洪氏生順治甲申年十二月廿
三申時卒康熙己亥年十月十五申時葬在山坪
田申坐辛向乙
子三　章程　章衷　章書
騫德公三子　俟羹公妣　氏生卒佚葬山坪崙仔
田下坐未丑兼丁癸

喬卿公長子名文瑗字俟錦妣胡氏在臺生卒葬佚

子三　章均　雲夫　諫夫

喬卿公次子名文臨字俟汝生卒佚葬牛皮墘坐乾

巽兼戌辰妣王氏生卒葬佚

子一　麟英

耀久公長子俟初公在西山仝母舅余費鐘住土樓

被火又不降賊一族俱亡孫欽英移貴州

秉敬公子　俟輯公名瑞郎妣鄭氏生卒佚葬本處

獅邊柳樹坪

子一　連春

榮三公子名文景字俟碧生卒佚葬大牛坪坐壬丙

妣王氏生庚辰年八月十七巳時卒壬申年十二

月初一辰時葬尾坋田中坐壬丙兼子午

子二　章節　章富

為成公子名文福字候祿生順治丁酉年九月十八巳時卒乾隆辛酉年正月廿八辰時葬赤路墘田中坐壬丙兼亥巳妣陳氏生卒佚葬上庵丁癸向

子一　章旺

臺日公子名文燕字候居號瑞鄉生崇禎己卯年八月初七酉時卒康熙乙亥年十二月廿二日未時葬皇君火大茶林庚甲申寅　妣陳氏生順治戊子年十二月初一亥時卒二月初八日葬烏石田中坐壬丙兼亥巳

子一　章光

位卿公子　候顯公被乱為賊所害

賡明公子　候儕公名文荐生卒佚葬崎巃頭石字

路下坐戌向辰　妣楊氏生卒失攷
子一　章京
宸卿公長子名文寧字侯儼生卒佚葬灶坑吳厝崙
妣翁氏生卒葬失攷
子一　章罕
宸卿公次子　侯雅公名文瓘妣楊氏生卒葬佚
子二　章輝　次子出繼侯璧
養槐公子　侯寔公名文情生卒佚葬竹兜尾崙埔
配失攷
子一　章全
擎皇公長子名文申字侯詰號瑞瑶生順治甲午年
九月廿九申時卒康熙乙未年九月廿九酉時葬
灶坑岩前坐酉向卯娶葉氏生順治庚子年六月

十三卒雍正己酉年閏七月初五未時葬祈尾園
山仔坐壬向丙兼亥巳
子五　章欣　章捷　章餶　章滾　章熏
擎皇公次子名文紀字侯立號正齋生順治己亥年
正月初七日卒康熙辛丑年九月廿三日葬灶坑
崎石坐甲庚兼卯酉　娶楊氏生康熙丙午年十
一月廿五辰時卒二月廿六日葬獅母壠坐乾向
巽兼亥巳
子五　章利　章聽　章茂出繼侯蘭　章老　章構
擎皇公三子名文袁字侯蘭號爾玉鄉賓生康熙壬
子年九月初四午時卒乾隆甲子年八月初四未
時葬灶坑土寨土名石獅中崙甲庚卯酉向
娶葉氏謚慈儉生康熙乙卯年八月廿三日丑時卒

十月廿四葬本處
子二　章茂（係立之三子繼）　雙爵

栢興公子東園公長應懷公派
錦卿公長子　俟賴公卒九月二十日葬山頭大茶
林壬丙向　妣謝氏敗節
子一　章贊

興卿公長子　俟資公卒十月初七葬山頭大崙內
坐巳亥兼丙壬　妣徐氏葬大坪癸丁丑未
子一　章滿失傳

興卿公次子　俟益公卒七月十一葬獅母壠乾巽向（失傳）
喬鶴公長子名文俊字慶俟（係俟慶）生順治己亥六月
十一申時卒康熙己亥年六月十一申時葬山頭

坪頭坐酉向卯兼庚甲　娶楊氏生順治乙酉年
十二月初六日戌時卒康熙庚寅年十二月十八日
酉時葬坪頭厝地外丁癸未丑向　繼妣唐氏生
康熙甲寅年八月廿二日巳時卒康熙戊申年六
月初七午時葬坪頭厝地後
子三　章簡　章賜夭　章衛
喬鶴公次子字侯維名文炳生康熙丙午年十月十
四亥時卒康熙壬寅年七月十六酉時葬山頭牛
祈尾坐丑未兼癸丁　娶鮑氏生康熙癸丑年十
一月初九日子時卒雍正己酉年二月廿九酉時
葬山頭祈尾戌辰乾巽向
子二　章裁　章參
喬鶴公三子字侯應生卒葬佚　妣劉氏

子一　章要

喬鵠公四子字侯薰、妣廖氏生卒俱失攷

子二　章雒　章暖

喬鵠公五子　景行公名啓山字侯仰生康熙戊午年四月初五亥時卒乾隆乙酉年三月廿一丑時葬山頭山坪水堀上坐酉卯兼庚甲娶林氏生康熙壬申年十月廿四寅時卒乾隆辛卯年七月廿七申時葬灶坑石雞中心崙丙壬字與兄侯維仝建陶卿厝

子六　章妙　章因　章驕　章姤　章相　章福

戴卿公長子　侯恩名儒生順治十四年八月十四巳時往同安卒康熙四十六年四月初十巳時葬同安十三都浦尾　妣宋氏生康熙壬寅年五月

十八日丑時卒康熙庚戌年三月十六日寅時與
公全葬
子五　章齊　章道　章煥　章塢　章徙
載卿次子宜永公名左字侯矩生順治十七年庚子
八月十九寅時卒雍正二年閏四月十八日寅時
葬大牛坪壬丙亥巳向　娶陳氏生康熙三十年
甲辰十月初九日卯時卒雍正十三年十一月十
二寅時葬灶坑宅仔頭田中子午壬丙
子五　章居　章該　章柱　章袍　章傳
戴卿公三子　進業公名文右往江西
柏與公于東園公三應瑞公派
五茂公長子名文魁字侯寵生康熙戊申年二月初

二巳時卒康熙壬辰年五月初四日子時葬灶坑
大圳後坐巽向乾　妣魏氏生康熙壬戌年十月
廿六戌時卒乾隆四月二十日申時葬灶坑宮前
墘坐未向丑兼丁癸公号多士
子三　章漸　章圖　章謀
玉茂公次子名龍字候德號文御生康熙丙辰年十
月廿二申時乾隆甲戌年
皇恩賞老人頂帶榮身享年七旬一卒乾隆辛巳年
十月十六日戌時葬灶坑五層崙頭巽乾辰戌向
娶陳氏生康熙甲子年九月初四巳時卒乾隆丁
卯年五月初七未時葬灶坑大牛坪崙尾坐甲庚
兼卯酉　繼室王氏生康熙辛亥年六月十四辰
時卒乾隆己丑年十一月十三日戌時葬佐卿長墘

仔坡頭戌辰辛乙

子八　章廉承繼　章慶　章謁　章勳　章啓

章笏　章任　章荷存

喬鳶公子　侯仁公名文恕生佚卒七月十二葬新

園尾　妣胡氏卒六月廿六葬上菴園中

子一　章天

喬思公長子字侯振名文萃生康熙戊辰年八月十

八寅時卒葬佚　娶唐氏生康熙丙子年七月十

四未時卒佚葬松柏腳坐

子嗣一　承宗

喬思公次子　侯敬公名啓篤生康熙乙亥年十二

月廿六戌時卒乾隆乙酉年六月廿八丑時葬新

園崙坐乾巽兼亥巳

娶陳氏生康熙癸未年十月廿四卯時卒九月初六未時葬仙踏石坐庚甲兼申寅

子二　章為　章來

裔思公三子名文恭字侯肅號敦文生康熙丙戌年十月初五酉時卒乾隆甲辰年十月十六申時葬山頭崙仔尾厝下園角乾巽戌辰

妣林氏生康熙丁酉年七月二十午時卒乾隆癸未年正月初七未時葬新園崙坐乾巽兼戌辰

子四　章對　章會　章勇　章賀

十五世　資榮公派

侯恭公長子名鑽字剛夫號志研妣王氏

子一　華禎无傳

侯恭公次子名習字學夫妣柯氏無出又娶王氏

子二　華進　華保俱无傳

侯恭公三子名章禄字授夫妣陳氏

子二　天生　天隨隨母出嫁

壽公无傳

侯恭公五子名章全公妣沈氏

子一　天送往廣江

有方公長子名章祖字述夫號宗秉生雍正丙午年

閏四月廿一卯時卒乾隆乙巳年十二月廿四酉

時葬灶坑嶺仔邊丙壬午子

娶廖氏生雍正乙卯年十月三十日巳時卒嘉慶
甲戌年八月廿九酉時
子五　治　務　内　卷　麥
有方公次子　章圭公
嗣子一　華長往臺
有方公三子　章詞公往臺失考

十五世　奇峰公派長時澄公派
侯祥公子名章寅字高夫配謝氏生卒葬莫考
瑞鳳公長子名章鄉字善夫號秀俊生康熙甲辰年
五月廿八寅時卒康熙辛丑年六月廿七戌時葬
吉春獅母頭中心崙坐丁癸兼未丑娶楊氏生康
熙丙午年十一月二十日酉時葬獅巄巽乾巳亥

卒乾隆壬戌年十一月初二酉時

子三　華揚　華傳　華衆失考

瑞鳳公次子名章考字訂夫號參亭別號參才生康熙丁未年八月廿三辰時卒乾隆丁巳年七月廿四辰時享年七十一葬洋坑九福崙尾酉卯庚甲

娶莊氏名集娘謚慈淑生康熙甲寅年十一月廿六巳時卒乾隆辛酉年十月十一丑時享年六十又六葬灶坑四堀觀音崙一名烏石崙巽乾巳亥號醉翁倚屏形乾隆癸未年八月十八重新修整廿一卯時豎碑廿三巳時告成

子二　華國　華貫

瑞鳳公三子名章吉字臧夫號秀允生康熙癸丑年三月初十午時卒乾隆戊辰年十二月初二未時

葬灶坑大岸林乾巽戌辰　妣陳氏號柔順生康
熙庚申年十月廿五日辰時卒乾隆壬午年八月
十五午時葬灶坑大岸林子午向
子四　華惠　華祿　華振　華眼

瑞
鳳公四子名章發字旺夫號大國生康熙丙辰年
二月二十未時卒康熙丁亥年四月初一辰時年
三十又二葬縛牛坂犁壁金形乾巽亥巳
妣許氏生康熙癸亥年十二月十四酉時公歿時
育一男氷霜矢志敬事舅姑載在縣誌享年七十
二卒乾隆乙亥年十一月廿七辰時葬本山中心
崙虎形壬字穴辛乙戌辰越庚寅八月廿一抔葬
丙酉卯外戌辰
子一　華君

瑞鳳公五子名章信字堯夫號秀寔生康熙己未年
四月初二日卒康熙己亥年七月廿九巳時娶李
氏生康熙甲子年正月十七辰時卒乾隆壬申年
九月初八酉時仝葬洋坑磜仔路邊巽乾辰戌向
子一　華甲

瑞語公長子名章平字嘉夫號秀美生順治辛丑年
六月初四丑時卒雍正戊申年十一月初一申時
葬灶坑大坋亥巳乾巽　娶唐氏謚淑慎生康熙
癸卯年十月初十戌時卒雍正壬子年四月廿九
未時葬灶坑和尚崙頭大砂內壬丙亥巳
子七　華長　華尚　華登　華高　華及　華地　華極庶母生
又娶庶母王氏生康熙甲申年正月初七辰時卒
乾隆丙戌年八月三十日卯時葬本山湖坵內子

午癸丁公移居灶坑斗寮

子一　華極

瑞語公次子　爾夫公名章卯生佚卒乾隆十一年二月十二丑時葬山頭香炉墘中崙坐坤艮申寅

子一　華監

瑞語公三子字愷夫名章轉妣鄭氏生卒葬佚

子二　華千　華宰

瑞語公四子名章智字群郡夫號秀慧鄉飲賓贈扁雅度高風生康熙丁巳年五月二十日子時卒乾隆庚午年五月廿一亥時享年七十又四葬灶坑鑄鼎崙巽乾巳亥　妣朱氏生康熙甲子年六月廿六辰時卒乾隆己卯年五月十八巳時葬灶坑平石辛乙酉卯

子四　華懋　華摩　華澤　華恍

瑞語公五子名章受生康熙辛酉年正月二十辰時
卒辛巳年十月初八酉時與周妣合葬烏石墘仔

鳴岐公子章甫公名章業字端夫卒八月十六葬員
竹林頭后折葬崎石坑坐巽乾兼巳亥　娶劉氏
謚慈懿生康熙壬戌年十月初九戌時卒乾隆乙
丑年十二月初二日寅時葬本山大崙外坐庚甲
兼酉卯
子五　華榛　華槐　華柳　華桑　華桃

瑞宇公子　為大公名章果字政夫生康熙戊申年
二月十五申時卒雍正己酉年四月初九巳時葬
灶坑山坪上申寅庚甲　妣王氏生康熙庚午年
五月廿一亥時卒雍正辛亥年八月十二日戌時葬

灶坑倉前壠脚仔尾

子一　　華陣

秀末公生康熙己未年二月十五未時卒康熙庚辰七月十四葬灶坑赤竹坋瓦棺、按末公不知上世祖何名舊譜所誌不得漸依例而書

侯貞公子名至夫字章協生康熙丁未年卒康熙甲申年二月初八日丑時葬大園后三坵田角丁癸向娶馬氏生康熙癸亥六月廿三寅時卒乾隆壬子年十二月廿八子時葬湖赤頭路末丑向

子一　　華瑶

侯騰公子　命夫公名章昇妣楊氏生卒葬佚

子一　　華主

侯寬公長子名章睿號尚夫妣李氏生卒葬未詳

子二　　世榮　　世侯

侯寬公次子　懿夫公名章楔生卒葬俱失攷
子五　華業　世先　華理　世發　華老
侯寬公三子　信夫名章守興妣魏氏生卒葬俱佚
子二　華振　華添
尚夫至此往江西廣信府玉山縣三十六都
侯唑公子　繼夫公名章垂妣楊氏生卒葬佚
向高公長子名章士生康熙辛丑年十一月廿四巳
時卒乾隆辛卯年正月廿三午時葬大山後甲庚
向　娶李氏生卒葬未詳
子一　華長
向高公次子　秀珩公名章安字楚夫生康熙丁未
年正月十九丑時卒康熙辛丑年正月十四丑時
葬大牛坂大路邊卯酉山辛　娶陳氏謚淑慎生

康熙己未年七月廿三辰時卒康熙丁亥年十一月十六午時葬大牛坂丁癸向兼丙壬
子三　華榜　華雄　華兼出繼僕德
向高公三子　肅夫公名章在生卒俟葬山頭尾園酉卯辛乙向　娶陳氏生卒葬俱失考
子二　華嚴　華立
僕兼公子　章宣公卒正月廿九葬灶坑大壠圳上巳亥巽乾　娶李氏生卒葬莫考
子三　華保　華孔
從政公長子　秀峯公名章房字洞夫生康熙癸未九月廿八亥時卒乾隆甲辰年七月十六申時卒年八十二娶胡氏謚柔順生康熙戊子年十一月初九寅時卒乾隆壬寅年五月廿六巳時年七十五

五仝葬祈尾崙脊丙壬巳亥

子四　華讓　華愈　華篡　華撰

從政公次子名章佐字治夫號秀邦生康熙辛亥年

按公生于辛亥十二月十九卒乾隆庚午年十一

月廿一卯時葬灶坑後坑仔卯酉乙辛　娶張氏

謚慈順卒九月初八葬大牛坂丑未癸丁向

繼娶錢氏謚孝順生雍正癸卯年十一月廿一寅

時卒乾隆戊申年九月廿四酉時葬灶坑半山舊

瓦窯上坐艮坤兼寅申

子二　華聘　華環抱養

從政公三子名章卿字位夫號秀中生康熙丙申六

月廿二未時卒乾隆庚戌年十二月初九丑時葬

灶坑石梯仔大圳上坐艮坤兼寅申

妣朱氏謚順孝生康熙辛丑年二月初四寅時卒
乾隆辛巳年五月初三丑時葬山頭營口酉卯辛
子六　華乚　華道　華陸　華頤　華典　華楯

振伯公子名章文字質夫號仰彬生順治丁酉年十
二月初八申時卒康熙戊戌年十月十七申時年
六十又二葬本里龟脰坑酉巽乾辰戌
娶陳氏號慈慎生順治丁酉年六月十九巳時卒
雍正辛亥年十一月廿六酉時葬仙踏石脚形坐
庚甲兼申寅
子六　華琯　華壯　華袁　華渾　華常　華陞

聘三公長子名章典字惇夫號仰謨生卒葬崇善里
上壬　妣謝氏生卒佚葬洋坑九福
子二　華倫　華語

聘三公次子名章泰字舒夫號安舒生康熙壬子年十一月十二巳時卒乾隆乙丑年十二月廿二辰時骸在小坑未歸妣王氏生康熙癸亥年八月十九辰時卒乾隆壬申年五月十九午時骸亦在小坑

子三　華玉　華親　華進

聘三公三子名章川娶謝氏生卒葬俱佚

子二　華綢　華失名

聘三公四子名章絹娶林氏移溫州今已同卒葬佚

奇峰公二時茂公派

侯吉公長子　章貢公生娶卒葬俱失考

侯吉公次子　義夫公名章宜妣陳氏生卒葬佚

嗣子一　華繼

侯苑公子　俊夫公名章賢娶胡氏生卒葬佚

子三　華宗　華荷　華盤出繼爾夫

侯來公長子　秀浮公名章載生康熙己丑年八月

十三卒乾隆正月十八與奇典公仝葬山坪

承繼子一　耳英

侯來公次子　章旺公生卒葬失攷

奇峰公三時穆公派

邦鎮公長子名章禮字舜夫號諧亭業儒生康熙戊

申年十一月初六巳時卒雍正乙卯年三月十四

未時葬獅母壠按酉卯向　娶李氏生卒失攷葬

洋仔坪鴨大坤艮申寅向

子一　華生

邦鎮公次子名章樂字奏夫號和亭生康熙壬子年

二月初二酉時卒雍正辛亥年六月廿二午時享

年七旬葬山坪崙仔田丙壬午子向
娶唐氏生康熙丙辰年二月廿五未時卒乾隆戊
辰年二月十五午時葬九福崙中申寅坤艮
子一　華密
邦
鎮公三子　章御字龍夫生康熙戊午年三月十
六未時卒乾隆庚申年九月初四酉時享年六十
又三葬灶坑大壠辰戌乙辛向　娶錢氏生康熙
丙寅年又四月初八酉時卒康熙庚寅年六月十
八巳時葬尾坋田中坐癸丁兼丑未
子一　華墨
侯
璞公長子名章程字鵬夫生康熙辛丑年十二月
廿二未時卒康熙癸酉年十二月十五丑時葬官
垻頭田中壬丙亥巳向　妣許氏生卒佚葬灶坑平

石坐丙向壬
子一　華廣
侯璞公次子　梅夫公名章夷　娶李氏生卒佚合
葬仙踏石崙坐丁向癸
子三　華仰　華乾　華旂
侯璞公三子　伯夫公名章書生乾隆辛酉年二月
初九寅時卒丁酉年十二月初三辰時瓦棺葬新
園崙丁癸未丑向　娶許氏生卒佚與公仝葬
子三　華超　華輿　華弁
侯錦公長子　章均公生卒娶葬俱失攷
侯錦公次子　雲夫公名章礽生卒莫攷葬在仙踏
石酉卯向　娶林氏生卒失攷
子一　華爵

俟錦公三子　諜夫公生卒失攷與雲夫公合葬

俟汝公子　玉夫公名章麟娶蘇氏生卒莫攷合葬本處上庵丑未癸丁向

子二　華汪　華桂

俟輯公子　和夫公名連春生卒莫攷葬本處土樓上子午壬丙妣朱氏生卒葬莫攷

俟碧公子名章節字成夫號制亭生康熙辛亥年六月初十未時卒雍正丁未年八月十七申時葬尾坋崙　娶陳氏生卒葬失攷

子四　華旋　華然　華添　華烈

俟碧公次子名章富字崇夫　娶楊氏生卒葬失攷或云葬鉄灶坑

子三　華適　華閒　華貞

侯祿公子名章旺字相夫生卒葬佚　娶陳氏生康熙庚辰年八月廿六巳時卒乾隆庚申年七月初一未時葬失攷

子四　華起　華榮　華琴　華對

瑞卿公子名章光字格夫號篤寔生康熙癸丑年八月十一寅時卒癸巳年四月廿七寅時葬山坪崙中大坵角庚甲酉卯　娶陳氏生丙辰年三月初二寅時卒十一月二十丑時葬鉄灶坑深内庚甲向

子三　華淵　華錦　華蒲

侯儆公子　章京公生卒葬娶未詳

侯嶶公子　章巺公娶李氏子四移居臺湾

侯雅公子　章輝公生卒葬娶未詳

侯寔公子　字道夫名章全娶陳氏生卒葬俱失攷

子二　華慕　華報

瑞瑶公長子名章欣懿夫公生卒葬俱失考
娶葉氏生卒葬失考
子二　華當　華體

瑞瑶公次子名章捷字烈夫卒二月廿四日葬坪頭
坐辛向乙　娶李氏生卒失考
子一　華最养

瑞瑶公三子名章皓字美夫號榮山生康熙丙寅年
四月十二子時卒乾隆壬辰年九月十九辰時享
年八十有四葬新園大坵下丁癸未丑向
娶陳氏號惠儉生康熙丙子年十一月十七子時
卒乾隆戊午年十一月初九辰時葬本處路兜戌
辰乾巽　繼室顔氏八月十八忌辰葬真人尖

子二　華康　華三
瑞瑤公四子名章袞字繡夫號補亭生康熙乙亥年
三月初五酉時卒乾隆丙戌年十一月初四丑時
葬灶坑宮前壠庚申申寅向　娶葉氏生康熙甲
申年四月十八午時卒乾隆庚子年十月十一寅
時葬崎壠仔辛乙向
子二　華忠　華準
瑞瑤公五子名章兼字才夫號金山生康熙丙戌年
二月十八辰時卒乾隆己丑年十一月十九寅時
葬未詳　娶陳氏生康熙辛卯年七月十六日卒
乾隆壬寅年七月十五未時葬
子一　華珩
正齋公長子名章利字德夫號義亭生康熙癸亥年

九月廿九酉時卒乾隆戊午八月初八未時葬皇
君火坐甲庚兼卯酉　娶楊氏號慈懿生康熙壬
申年六月十二辰時卒乾隆甲辰年十一月廿九日
葬灶坑大垵口卯酉乚辛
子二　華重　華萼
正齋公次子名章聽字猶夫號思亭卒二月二十與
義亭公仝葬娶蔣氏生卒葬佚
子一　華札
正齋公三子名章老卒二月廿三妣劉氏先出改適
公葬洋仔坪田申丙壬巳亥
正齋公四子名章構字秉夫娶楊氏生子一華瑯移
居臺灣上淡水葬半山田上坐申寅兼坤艮
爾玉公繼長子名茂林字達夫號對亭生康熙丁丑

年二月初十未時卒乾隆辛卯年四月十六巳時
享年七旬有五葬獅毋壠乾巽亥巳向
娶陳氏號儉慈生康熙丁丑年七月廿七丑時卒
乾隆庚子又五月十九未時享年八十有五葬在
坪頭辛山酉卯向
子五　華攀　華泰　華玉　華及　華敦

爾

玉公次子名雙簡字居夫號仰安生康熙癸巳年
九月十七亥時卒乾隆乙亥年九月廿六葬灶坑
土寨石獅崙尾坐　向　娶王氏生康熙甲午年
四月十三午時卒乾隆丁未年六月廿九巳時享
年七旬有四葬
子三　華朶夭　先祖養　瑞鳳

栢與公子東園公長應懷公派

侯賴公子名章贊字理夫生康熙戊申年九月初二丑時卒雍正壬子年三月十五午時葬皇君火坐坤向艮　娶李氏生康熙戊申年八月初四辰時卒乾隆壬午年正月初八巳時葬龍虎埈坐巽乾

子二　華盛　華報

侯資公子　承列公名章晚卒五月廿四往臺

侯慶公子　名章簡號順吉字廸夫生康熙戊寅年七月初七日戌時卒乾隆壬午七月初六日巳時葬　娶廖氏生康熙癸未年四月廿八日丑時卒乾隆乙未年八月十四午時葬在山坪大坵角巳亥巽乾

子四　華插　華攘　華合　華解

侯慶公次子名章賜幼殀　葬坪頭厝地外

侯慶公三子　順裕公名章衛字護夫生康熙己丑年十一月十七巳時卒康熙甲戌年二月十三午時葬　娶廖氏生康熙庚寅年十一月二十丑時卒康熙壬子三月廿七日酉時

子五　華撻　華挽　華抱　華排　華拔

侯維公長子　順章公名章截字厲夫生康熙辛未年五月十四巳時卒康熙壬寅年八月十三未時葬皇君火格邊甲庚卯酉　娶陳氏號閨範生佚卒五月十四葬山狗壠崙乾巽亥巳

子三　華玩　華偲　華沙

侯維公次子　順寅公名章参字興夫生康熙癸未年正月廿五寅時卒乾隆丁未年正月十五辰時

葬新圍田中坐申寅兼坤艮　娶王氏號勤慈生
康熙壬子年二月十七卯時卒乾隆戊申年七月
十五午時葬灶坑大壠松樹坐甲庚兼卯酉
子一　華概
侯應公子　焜夫公名章耀妣朱氏生卒葬佚
子二　華輝　華所
侯薰公長子名章錐生卒葬娶失攷在台　子一　華威
侯薰公次子名章暖生卒葬娶失攷在台　子一　華
景行公長子　順道公名章妙字粹夫生康熙己丑
六月十二巳時卒乾隆辛未年四月廿二未時葬
灶坑連宅烏石崙巽乾辰戌　娶胡氏生康熙己
亥年八月十一午時卒乾隆壬申年正月初十辰
時葬灶坑連宅田中

子二　華交　華脩

景行公次子　順鏈公名章冈字循夫生康熙甲午年十二月初七申時卒嘉慶庚申年又四月十九午時葬　娶周氏生康熙戊戌年十二月十七子時卒乾隆辛卯年五月十一酉時葬灶坑尾圳中心崙田中乾巽戌辰

子六　華衆　華禎　華八　華我　華云　華闖

景行公三子　順泰公名章矯字謙夫生康熙丁酉年六月初三巳時卒乾隆辛巳年正月十三辰時葬灶坑岕前田中坐艮坤兼寅申　娶林氏號節儉生雍正癸卯年八月十六戌時卒嘉慶己未年二月初九子時葬灶坑猫兒嶺坐乙向辛

子二　華興　華捐

景行公四子名章姤字多夫號順財生康熙壬寅年
七月十三辰時卒乾隆癸丑年四月廿五未時
娶廖氏生雍正戊申年四月廿五辰時卒乾隆甲
寅三月初四辰時
子四　華享　華縮　華繞　華總
景行公五子名章相字迎夫號順蘭生雍正乙巳年
五月十三酉時卒嘉慶丁巳年五月廿三辰時葬
灶坑陳人深坐　向　娶劉氏生雍正壬子年
二月十八申時卒乾隆辛未年二月十八辰時葬
灶坑大牛坪甲庚兼卯酉　又娶潘氏生雍正己
酉年九月十三戌時卒乾隆丁酉年十一月初五
寅時葬灶坑石寨中心崙辰戌乙辛
子四　華闢　華梭　華獅　華象

景行公六子名章福字祥夫號順祿生雍正庚戌十月初六亥時卒乾隆己亥年十月十八巳時卒在台娶裴氏生乾隆丙辰年八月初五戌時卒嘉慶甲戌年二月廿九丑時與媽仝葬蓮宅尾巽乾巳亥

子三　華矩　華閫　華唇殀

偀恩公長子　章齊字會夫妣陳氏住同安生卒葬莫孜

子二　華志　華及失傳

偀恩公次子名章道字訓夫生康熙癸亥年九月廿三酉時卒乾隆丁亥年七月廿二戌時葬同安十三都東浦巷邊坐北向南　娶高氏生康熙戊寅年八月廿六亥時卒乾隆甲辰年四月初七午時葬同安十三都東浦坐東向西

子三　榮宗　顯祖　三臺
侯恩公三子　彩夫子公名章煥生康熙己巳年五月
廿九辰時卒乾隆己卯六月初三辰時葬同安十
三都東浦月圓邊己亥巽乾　娶李氏生康熙戊
寅年五月十五午時卒乾隆丁亥年六月十七寅
時與公仝葬
子三　華見　華助　華福
侯恩公四子　科夫公名章塌生康熙乙亥年四月
十五午時卒雍正乙卯年二月廿六未時葬同安
十三都東浦塔邊坐丁向癸　娶劉氏生康熙壬
午年十月初十午時卒佚
子一　華帷
侯恩公五子　章從公　妣蔣氏

子二　華燕　華失名

宜永公長子　中仁公名章居字立夫生佚卒二月
初十葬灶坑宅仔頭圳上午子丙壬　娶王氏生
康熙乙亥年十月十九辰時卒乾隆庚辰十二月
初五寅時葬灶坑長壠仔丑未艮坤
子三　華誥　華樓　華瑞

宜永公次子　及夫公名章該卒二月初十葬灶坑
大牛坪壬丙子午失傳

宜永公三子　集成公名章聚字迎夫生康熙辛未
年八月初四巳時卒乾隆十五年正月初二未時
葬灶坑東磜丁癸午子向娶鄭氏生康熙丙戌年
二月初二辰時卒乾隆丙午　月廿九辰時葬在
圻尾卯酉甲庚

子三　華桂　華梨（出繼章袍）　華提

宜永公四子　章袍公生康熙七月廿五子時卒乾隆乙酉年三月吉日吉時

子嗣一華梨（係聚之次子繼）　孫國聳（失傳）

宜永公五子　章傳公卒正月初二日（无傳）

栒興公子東園公三應瑞公派

多士公長子名新吉公諱章漸字賢夫生康熙甲申年七月初二卯時卒乾隆乙未年十一月廿二丑時葬灶坑石獅崙坐乙辛兼辰戌娶胡氏生康熙癸未年十一月初九日辰時卒乾隆癸巳年九月初二巳時葬灶坑宅仔頭卯酉甲庚

子五　華鑽　華堅　華榮　華奪　華慥

多士公次子名章圖字洛夫號新書生康熙戊子年四月初四巳時卒乾隆辛丑年六月廿四辰時葬灶坑石寨四桯巽乾巳亥　娶魏氏謚孝慈生康熙壬辰年十一月初十未時卒乾隆戊子年三月初六辰時葬山頭大園后庚甲酉卯

子四　華法　華岩　華僚　華丕

多士公三子　章謀公字哲夫號新肅公生康熙庚寅年十一月十三辰時卒乾隆癸巳年二月廿三申時葬灶坑宅仔頭甲庚卯酉　娶林氏謚純懿生康熙甲午年二月廿四日卯時卒乾隆乙卯年九月廿九卯時葬灶坑宮前壠坐巳亥兼丙壬

子三　華拱　華向　華尹

文御公繼子名章廉字清夫號吉昌生康熙丁亥年

十一月十四未時卒乾隆辛丑年七月三十日辰
時葬灶坑嶺仔邊菜園厝對面丙壬午子
娶紀氏生康熙戊寅年十二月十五辰時卒乾隆
辛亥年三月廿五未時
子四　華請　華學　華篤　華堯
文御公次子名章慶字括夫號譽吉生康熙壬寅年
十月十三丑時卒嘉慶丙辰年三月初七戌時葬
灶坑岩厝坂田中　娶陳氏生雍正癸丑年八月
廿八寅時卒乾隆庚寅年十月十八日未時葬灶坑宮前
壠尾未丑丁癸
子三　升堂　入室无攷　緝熙
文御公三子名章謁字典夫號仰彬生雍正甲辰年
十二月初六亥時卒嘉慶丙辰年十二月十三未時

娶陳氏生雍正癸丑年十二月廿四丑時卒道光
辛巳年九月初十戌時葬
子二　華水　華古

文御公四子名章勳字覺夫號容貌生雍正丙午年十一
月十二巳時卒嘉慶乙丑二月廿九戌時葬灶坑山
狗巃亥巳乾巽　娶徐氏生乾隆己未九月十七卯
時卒嘉慶己卯二月三十日亥時
子八　華猛　華標　華音　華亥（出繼章啓）　華姜（出繼章旁）
華遜　七殀　華老

文御公五子名章啓號序齋生雍正戊申八月廿二卯
時卒乾隆丁未年十二月廿三辰時葬灶坑吳厝崙
田中坐
嗣子一　華亥

文
御公六子名章笏字紳夫號對命生雍正辛亥年
六月廿八午時卒乾隆乙卯年五月初一吉時葬
灶坑和尚崙未丑坤艮　娶林氏生乾隆辛癸亥年
七月初五酉時卒葬佚
子三　華姜承繼　華殊　華者

文
御公七子名章任字專夫號道遠生雍正甲寅年
四月廿二戌時卒乾隆戊申年四月廿六辰時葬
灶坑山面工坐丙向壬　娶葉氏生乾隆戊午九
月初七寅時卒乾隆乙卯六月初四辰時葬灶坑
長壠坡下厝下
子四　華時　華這　華典　華快

文
御公八子　章薦无傳

俟仁公子名章天生康熙戊子十一月十八寅時卒乾

隆癸未九月十五子時葬灶坑東際寨内崙尾无傳
侯莘公繼子　章宗生乙巳五月廿八寅時往臺失故
侯敬公長子名　章為生雍正戊申年三月廿六寅時
卒乾隆乙巳年正月初四未時葬山頭新園崙未
丑丁癸向　娶林氏生雍正甲寅九月十三寅時
卒乾隆乙巳年七月初四酉時與公仝葬
子二　華軒　華良
侯肅公長子名　章對生乾隆丙辰年八月廿六巳時
卒乾隆乙酉年正月初二卯時葬山頭尾坋深内
田中卯酉甲庚
子一　華且
侯肅公次子名　章會字雅夫號如林生乾隆甲子六
月廿三酉時卒嘉慶癸酉四月廿九酉時葬坪頭厝地

外丁癸午子娶葉氏生乾隆戊寅年三月十九戌
時卒未詳
子三　華察　華經　華卦
侯肅公三子　章勇生乾隆丁卯十一月初五亥時
妣鄭氏生乾隆庚寅十二月廿九日戌時卒葬俱失攷
子一　華有
侯肅公四子名　章賀生乾隆辛未六月廿八亥時卒乾
隆己丑五月十二日申時葬山頭大崙西宅水埕下
丁癸午子向无傳

十六世　資崇公派
授夫公子名　天生　娶　氏
子二　國戍　國亥乏嗣

宗榮公　長子經國公名華治字世宏生乾隆癸酉年六月十四未時卒乾隆癸丑年十二月廿五酉時娶廖氏生乾隆乙巳年八月廿三亥時卒嘉慶壬申十一月初十未時

子一　國歎

宗榮公次子　華務字世引號經本生乾隆丙子二月初八日酉時卒乾隆乙卯五月十一酉時娶林氏生乾隆甲申年六月初三亥時卒嘉慶戊寅六月初四未時

子一　國劄

宗榮公三子名華巷字世斟號經在生乾隆戊子年三月廿二寅時卒佚娶林氏生乾隆乙未又十月二十丑時卒葬俱失考

子二　國按　國筍
宗榮公四子名華麥字世語號經泰生乾隆庚寅年
九月廿一卯時娶李氏生乾隆戊戌六月廿七吉時
卒葬俱失攷
子二　國蚌　國箱

奇峰公長時澄公派
秀俊公長子名華揚字世眪號龍猶生康熙丁卯年
九月初九辰時卒乾隆癸酉年二月初十巳時享
年六十有七葬本處土名坪頭坐辛向乙兼戌辰
娶楊氏金娘生康熙甲戌年七月廿一酉時卒乾
隆丁亥年九月廿六午時年七十又四葬本處土
名崇軒金角坐坤艮兼申寅

子三　國葢解　國連　國珍
秀俊公次子名華博字世學號致道生康熙乙酉年
閏四月初午時卒乾隆庚子年十一月初六未時年
七旬有五葬本處周墘頭酉卯辛乙　娶李氏謚
慈慎生康熙乙酉年十一月初六亥時卒乾隆癸
巳十二月初六午時年六十又九葬灶坑仙鼓堋
觀音崙卯酉甲庚
子四　國璋　國鎮　國標　國首
參亭公長子名華國字世家號純齋生康熙壬午年
二月初四戌時卒乾隆辛酉十一月廿八申時壽四
旬葬大中坂癸丁子午　娶唐氏謚慈儉生康熙
乙酉年七月十三申時卒乾隆丙戌年七月十五未
時年六十有一葬獅母巄坐丁癸兼午子

子四　奇芽　奇菊　奇藹　奇菁

參亭公次子名華貫字世唯號融齋別號豁然業儒生康熙乙酉年七月廿四辰時卒乾隆庚寅五月初六子時年六旬有六葬本处烏石墩戌辰乾巽娶張氏綿娘謚慈懿生康熙庚寅年四月十九辰時卒乾隆戊戌年三月十五辰時年六十又九葬本處烏石坪壬丙亥巳嘉慶乙丑十二月初四扦過長一尺餘高二尺

子三　奇雲　奇露　奇霂

皇清待贈顯考融齋黄公墓誌銘

公名　貫字世唯融齋其別號也秀丰容潔衣冠文義精通書数語熟幼時受業於名師課文聯句思深想奥同輩屈服下風咸以髫齡破的期奈何数奇不遇

屢試輒蹶晚乃營齋構屋延名師督兒孫友至香茶
熱酒毫無吝費文會對壘雖風瀟雨晦爭辯逐銳蓋
一種書淫到老彌堅其賦性然也事二人克順克謹
处宗族至忠至厚家計席豐未嘗驕人人亦快然如坐
春風如飲醇醪殆所稱汪汪千頃其人與其先由泉
郡縈雲胥宇科名下洋至二世育明公始居后山山
頭丁財昌熾而公為參亭公元配莊孺人次郎生三
子皆岐嶷克自成立獨季能讀父書甚熾文壇異日
飛騰萬里其可量乎適來涉山涉水卜吉本山真麓
土名烏石墩坐戌向辰兼乾巽分金庚戌庚辰以乾
隆丙申年九月廿六申時奉公柩往葬焉生康熙乙
酉年七月廿四辰時卒乾隆庚寅年五月初六子時
享年六十有六元配邑內西衙名士圖公女戊子科

武舉人名　瑞荃胞姑男三長奇雲次奇露三奇霦奇
雲娶还一里烏畬鄉陳名衍觀女奇露娶本里嶺埔
鄉邑庠生葉名天成公女孫邑庠生名日新君長女
奇霦娶常樂里由義鄉王名　畝觀女女二長適本里
洋内葉名賴覌次適來蘇里虞都許名明覌長郎麟
住男孫四自雲出者一名栩生娶由義王名本官長
女自露出者三長稠生聘興一里尤俊陳名圭官長
女次椿生三桶生俱未聘女孫七自雲出者四長適
本里后宅葉名初官長男補生次配興一里尤俊社
太學生陳名　官長孫三配本里陳僭前名範官次郎
炎生四未配自露出者一未配自霦出者二長
未配次配還一里下磜鄉張名吉官次男餘繩繩未
艾銘曰

鳥田産田　氣鍾牛眠　真人佩後　吉峰拱前

廼穸廼窆　百世弗遷　俾爾孫子　福禄綿綿

會弟葉凌雲頓首拜譔

秀允公長子名華惠字世敏號恩人生康熙壬午二月初五午時卒乾隆辛丑六月初九戌時葬本山崎路坐辛山兼酉卯

妣林氏謚淑慎生康熙丙戌年八月初四酉時卒乾隆正月廿一巳時葬本山仙踏石向天獅形坐山辛兼辰戌

子一　國綿

秀允公次子名華禄字世俸號榮壽生康熙己丑年

八月初七辰時卒乾隆乙卯年五月廿九未時壽
八旬有七葬本處土名地後庚甲酉卯
娶葉氏生康熙庚寅年閏七月二十辰時卒雍正
癸丑六月十七戌時葬本山石字頭戌辰辛乙
又娶吳氏謚懿慈生康熙戊戌九月十九未時卒
乾隆癸未六月廿九酉時葬獅母攏亥巳乾巽
子一　國昆

秀允公三子名華攀字世桂生康熙壬辰年十二月
十三寅時卒乾隆己未三月初六日酉時葬崎路大
崙辛乙酉卯娶林氏生卒佚葬灶坑大牛坪甲庚寅申

秀允公四子名華眼字世聰生雍正乙巳年九月二十
酉時卒嘉慶戊午年八月十六酉時壽七十又三葬
本山烏石尾乾巽戌辰　娶葉氏謚儉順生雍正

戊申年十月十九日酉時卒嘉慶乙丑年二月初七辰時
壽七十又八葬在土地公龕坐乾巽兼戌辰
子三　克昌　國補　國裕
大國公子名華君字世朝號子軒又號泰然業儒生
康熙甲申年十二月初八日亥時享年八十　皇恩
頂帶榮身卒乾隆四十八年癸卯正月廿三寅時葬
本山尾崙頭交杯石形坐亥巳兼壬丙
娶鄭氏營娘號柔順生康熙丁亥二月初五未時卒
乾隆己巳七月廿六卯時附葬祖妣許氏合葬本山
中心崙王字穴虎形坐辛乙兼戌辰
繼娶吳氏宜娘號淑慎生康熙壬辰年六月初三
辰時卒乾隆辛丑七月初六午時葬下坂艮坤寅申
子四　國魁　國啓　國曆　國誇

秀寔公子名華甲字世胄號成文生康熙甲午二月
初二亥時卒乾隆庚戌年六月廿八申時葬坪頭
坐酉向卯至咸豐二年裔姪詩培禮遷禮佩邀集
四房衆等買田卜葬坪頭坐庚向甲兼申寅
養子一　國敬
秀美公長子名華長字世興號達興生康熙癸亥二
月卒康熙乙亥年八月廿六日申時娶楊氏生卒佚
子一　國用 葬大牛坡丑未艮坤
秀美公次子名華尚字世義號達忠生康熙丙寅八
月十九亥時卒雍正乙卯九月十三未時　娶唐
氏謚孝順生康熙戊寅年十一月十九未時卒雍
正己酉十月初九寅時　繼娶陳氏謚慈惠懿生
康熙戊寅七月廿八巳時卒乾隆己亥十一月十六

未時公妣合葬崎石中崙卯酉甲庚　陳妣葬旂尾
田龍顧坐丁癸兼午子
子三　國進　國盤俱唐氏出　國顧陳氏出
秀美公三子名達先公諱華登字世坐生康熙己巳
年十一月廿一日辰時卒乾隆己卯二月十四巳時
年十又一葬灶坑坪上坤艮未丑　娶張氏謚慈孝
生康熙丁丑十二月初九巳時卒乾隆辛丑年十月
十四午時年八十有四葬灶坑古厝崙頭内坐寅向
申卯艮坤
子五　國光　國馬　國鳳　國焴　國棟
秀美公四子達夫夭公名華高字世海生康熙壬申七
月廿七巳時卒乾隆癸未年十月十八日巳時葬本山旂
尾未丑坤艮　娶陳氏號芳勤生康熙庚辰年

九月初三寅時卒乾隆九月廿六葬宮前壠庚甲
酉卯　又娶廖氏生佚卒乾隆正月廿四葬本處
墓頭垵仔内
子四　國間　國泰　國由　國两俱陳氏出
秀美公五子名華及生卒葬佚
秀美公六子　達科公名華地字世厚生康熙壬午
閏六月廿六未時卒乾隆丁丑二月廿七寅時葬
湖坵崙未丑坤艮　娶李氏謚勤慈生康熙丁亥
年十一月初七丑時卒乾隆丁卯三月廿七子時
葬在
子四　國彩　國伯　國燦　國成
秀美公七子　達士公名華極字世深生雍正丁未
年十月初八日亥時卒乾隆五十六年十一月十三日未時

葬灶坑寮后坐乙辛兼辰戌娶周氏生佚卒十月
廿三與貴奴妣仝葬湖坵内
爾夫公子　華監生卒葬俱失考
愷夫公長子　世用公名華于生卒佚配王氏
子一　　國田父子俱往台
愷夫公次子名華寧生卒葬佚
秀慧公長子名華懋字世賞號德功生康熙戊子四
月廿七丑時卒乾隆戊戌年七月廿九午時葬科
名下洋高坑崙坐午向子兼丁癸　娶劉氏號蕊
儉生康熙丁亥年五月十八寅時卒乾隆辛卯九月
初八子時與嬸楊氏合葬大坪厝外崙癸丁丑未
子二　國瑛　國瑾
秀慧公次子名華犀字世儔生康熙癸巳五月十四日

丑時卒乾隆辛丑年十一月廿五日酉時葬横路仔上
坐乾巽兼戌辰娶廖氏生卒佚又娶洪氏生佚卒
十月初二葬香炉墩坐　三娶胡氏生康熙己
亥三月十一卯時卒乾隆丙申八月初七卯時葬
土楼邊壬丙亥巳公殁起紙
子三　國格廖氏出　國蘭洪氏出　國尊胡氏出
秀慧公三子名華擇字世選殁仁山生康熙戊戌年
七月初一丑時卒乾隆乙酉年正月廿四巳時葬
本處磜仔巳亥巽乾　娶蔡氏生康熙癸卯七月
二十寅時卒乾隆丁酉十月廿三未時葬本山横
路仔坐
子三　國筦　國琓　國義
秀慧公四子名華悦字世欽殁寔成業儒生康熙辛

丑正月初九酉時卒乾隆癸卯十一月十七巳時
葬尾圻厝角小畔癸丁兼子午　娶楊氏生雍正
癸卯年八月二十辰時卒乾隆戊戌八月初九酉
時葬太平厝外崙與劉妣合葬
子二　國卜養　國老

章甫公長子　華榛字世梓號心栗生康熙乙酉年
二月十一子時卒乾隆丙辰十二月十六酉時葬
獅母壠坐甲庚兼寅申　娶陳氏生康熙甲申年
十月十七未時卒乾隆己酉年八月初八申時
子一　國瑚

章甫公次子名華槐字世植號心德生康熙乙酉年
三月初九寅時卒乾隆癸巳年十二月廿八辰時
葬大園后未丑兼坤艮

娶楊氏生康熙辛卯年三月廿二丑時卒乾隆戊
子八月十三寅時葬長崙田中酉卯庚甲
子二　國沛　國珠
章甫公三子　華柳公字世杏號心禎生康熙壬辰
十一月初九辰時卒乾隆己亥年十一月十八子時
葬衙尾中心崙辰戌乙辛　娶蔡氏謚淑德生康
熙癸巳年二月十九辰時卒乾隆癸卯五月三十日
辰時葬後壠仔戌辰辛乙
子三　國沈　國春　國秀
章甫公四子　華桑字世樹號心杞生康熙戊戌四
月十三午時卒乾隆癸亥年正月廿一日巳時與心栗
公仝葬　娶陳氏無出改適
子一　國固抱養

章甫公五子　華桃號玉園生雍正乙巳年十一月十六辰時卒雍正甲寅九月初七辰時與父仝葬

為大公子　世行名華陣生康熙庚寅十二月初九未時卒乾隆甲子年正月初九戌時葬許壠嶺仔迫壬丙亥巳娶王氏生卒佚葬灶坑社壇仔艮坤向

子一　國恩

至夫公子　世珠名華瑤娶馬氏生卒葬俱失攷

子二　國達　國哭

命夫公子　世遠公名華主　娶葉氏生卒葬佚

子二　國春　國祐出繼華保

尚夫公長子　世榮公名華琳往江西生卒葬失攷

娶林氏生卒佚

子六　國降　國美　國寶繼世係　國登　國基　國管

尚夫公子　字世侯生卒葬失攷

嗣子一　國寶

懿夫公長子字世興名華業葬上饒七十都土名鹿家塢娶鄭氏葬玉山縣三十四都土名鄭厝前山

子五　國彩　國彭　國彥繼世先　國意　國憲

懿夫公次子　世先名華從娶吳氏

嗣子一　國彥

懿夫公三子　世文公名華理娶林氏仝葬王家塢

子三　國新　國高　國明

懿夫公四子　世發公娶王氏仝葬西家塚

子二　國所　國順

懿夫公五子　世高公名華老妣鄭氏合葬山頭坂蓮尾

子二　國仲　國清
信夫公長子　華扳生卒葬俱失攷
信夫公次子　華添生卒葬娶俱佚
以上自世榮至此係江西派
章士公子　世春公名華長生卒葬佚
秀珩公長子名華榜字世金生康熙戊寅十月十五日
卯時卒乾隆壬午四月初三巳時葬大坋圳尾坐
壬向丙兼子午娶葉氏生康熙甲申年三月初一
日戌時卒佚葬大山后丑未癸丁
子四　國恩　國懇　國朝　國庭
秀珩公次子名華雄字世英號豪士生康熙庚辰年
十二月廿九午時卒乾隆丙寅年三月廿六未時葬
灶坑糞箕窩坐　向

娶周氏謚勤慈生康熙丙戌年正月初九戌時卒
乾隆庚戌年十一月初七午時享年八十又五葬
獅壠乾巽亥巳
子四　國分　國憤　國佳　國訖
肅夫公長子名華岩字世寬號豪維生康熙癸未年
十一月十七寅時卒乾隆癸未年七月初九寅時
享年六十又一葬本處
娶李氏生康熙甲午年十一月十一亥時卒乾隆
辛亥九月十五酉時葬尾厝赤頭路
子一　國助
肅夫公次子名華立字世權號豪如生康熙甲午八
月十二寅時卒乾隆辛巳九月十五日酉時葬大坑
頭水堤下　娶莊氏生卒失考

子一　國孺

章宣公長子　華保生佚卒八月二十與候兼仝穴

章宣公次子　華孔生卒葬佚

秀峰公長子名華讓字世能號義慎生雍正丙午七月十七日辰時卒乾隆甲寅年五月十六日午時年六十又九葬灶坑新田畬巽乾巳亥

娶朱氏謚勤順生雍正辛亥年七月初二日辰時卒嘉慶辛酉十二月廿九日寅時享年七十又一葬在灶坑新九壠畬大路上艮坤寅申

子四　國褒　國富　國梯　國楷

秀峰公次子　華愈字世勝號篤慎生雍正辛亥九月十一日亥時卒乾隆癸丑年三月十九日巳時葬水棋脚畬坐巽乾兼辰戌　娶李氏謚莊儉生乾隆丙

辰三月廿三日戌時卒乾隆甲辰年八月廿八巳時葬

水槻崙巽乾辰戌

子四　國文　國綦　國施　國冬

秀峰公三子名華篡字世統號天與生乾隆丁巳三

月廿七日寅時卒嘉慶壬戌年四月十八日寅時享年六

十有六葬水槻脚坐巽乾兼辰戌

娶謝氏擬娘生乾隆丁丑五月初一日辰時卒道光

壬辰年八月廿七日午時葬在新狗壠坐壬向丙

子三　國靜　國抄　國珉

秀峰公四子名華撰字世修號天佑生乾隆壬戌年十

二月二十日寅時卒道光甲申三月十二日巳時

娶李氏廿娘謚心順生乾隆戊辰年八月廿一日亥

時卒道光癸未年八月十七日未時葬土名新狗壠

酉卯兼庚甲

子三　國渾　國百　國鳳

秀邦公長子名華聘字世問號瑞珪生乾隆庚申年十一月初七酉時卒乾隆乙卯年四月廿五日寅時葬灶坑施飯後坐乙辛兼卯酉　娶王氏謚淑謙生乾隆丁卯年八月廿四日丑時卒乾隆辛亥年十一月初五日申時與公仝葬

子一　知德

秀邦公次子名華環字世人生乾隆戊辰年又七月十二日辰時卒乾隆乙卯年三月十四日　妣錢氏生乾隆癸未年十一月初三日戌時移居永安

子二　國真　國侍

秀中公長子名華壹字世是號華身生乾隆庚申年

五月十八巳時卒乾隆乙卯年四月十四申時葬
灶坑菜園后坐乙向辛係辛乙 娶余氏生乾隆甲戌
年五月十八日未時卒乾隆癸卯年五月十四日酉時葬
東際仔坐巳向亥
子一　江明
秀中公次子名華道字世揆號華敏生乾隆癸亥年
十二月初九日丑時卒道光己丑八月十三日申時
娶林氏要娘生乾隆丙戌年
十月十七日子時卒嘉慶壬申年五月艽辰時葬坑
仔頭大圳上艮坤丑未
子五　國扇　國千　國琴　國縣　國絹
秀中公三子名華陸字世章號華誠生乾隆丁卯三
月初四日子時卒嘉慶慶庚申十二月十二巳時葬灶坑

仙鼓堋厝地右畔丁癸向　娶廖氏生乾隆甲申
十一月十三辰時卒葬佚
子二　國畝　國制
秀中公四子　華頻往臺生卒莫攷
秀中公五子　華典生卒佚葬獅毋壠尾乾巽亥巳
秀中公六子　華栖字世美號華尾生乾隆己卯五
月初四子時卒佚　娶陳氏謚敬順生乾隆己丑
二月初七午時卒嘉慶乙丑十一月初七日辰時又
娶藴氏生乾隆壬辰年五月初一日未時卒
子三　國汀　國餘陳氏出　粮英藴氏帶來
仰彬公長子名華琯字世猷號士烈生康熙戊午九
月十六日丑時卒雍正癸卯三月廿八日戌時　娶陳氏
生康熙壬戌年六月廿八日辰時卒康熙辛丑年正月十

四酉時合葬旂畚上丙壬向

子三　國元　國氏　國斗

仰

彬公次子名華壯字世明號士道生卒佚妣楊氏

生卒失攷

子五　國角　國房　國尾　國金　國由兄弟俱住臺

仰

彬公三子名華素字世彩號士華生康熙癸亥五

月廿七戌時卒乾隆戊子年八月十七日子時年八十

又六葬尾坋田中癸丁子午　娶陳氏生康熙乙

丑年二月十二日丑時卒乾隆丁卯年九月初一日丑時葬

在坡頭橫路下

子六　國心　國豹　國女　國壁　國畢　國參

仰

彬公四子名華渾字世熙號士鈗生康熙辛未年

九月初二日寅時卒乾隆丙寅年十一月初六子時葬

九福尾墘園上坐癸丁兼丑未　娶吳氏生康熙甲戌年九月廿三日寅時卒乾隆丁丑年七月廿六未時葬東際顧外崙卯酉乙辛

子三　國日　國娄　國井

仰彬公五子名華常字世綱號士常生卒葬佚上庵厝地大路邊坐丑向未　娶葉氏敗節

子一　國伏

仰彬公六子名華陸字世德號士嚴生卒葬佚

配謝氏生卒佚

子二　國偉　國柳父子俱在臺

仰謨公長子名華綸字世合號綱常生佚卒二月十一葬山坪崙仔艮坤寅申　配謝氏敗節

子一　國策

仰謨公次子名華語字世治號于言生康熙丙申年九月十二日卯時卒乾隆辛亥年十一月十六寅時年七十六葬　娶陳氏生乾隆辛酉年三月初五日辰時卒嘉慶乙亥年八月十四日午時年七十有五葬欽灶坑辛乙戌辰

子二　國仁　國義

安爵公長子名華玉號潤園生康熙己丑年二月初四日巳時卒乾隆丙戌年正月初十日寅時骸在小坑未歸娶　氏生康熙丙申年十一月十七日酉時卒乾隆五十年十一月廿八日卯時未歸葬

子二　國作　次失名

安爵公次子名華親號修為生雍正乙巳年正月廿一日戌時卒乾隆辛丑年五月十四日子時骸在小坑未回

諧亭公子名華生字世重號國祇業儒生卒失考葬大
山坪田上卯酉向　娶陳氏葬皇君火格邊坐甲向庚
子三　國東　國喜　國焴
和亭公子名華密字世成號宏規生康熙丁丑年又三
月十六日申時卒乾隆壬辰年十一月十一日酉時葬山坪
崙后壬丙亥巳　娶劉氏生康熙癸未年四月初二日
酉時卒乾隆丙申年十月十八日申時葬李山格脰
坐辛乙
子四　國建　國研　國滋　國端
龍夫公子名華墨字世徵號國柔生康熙壬午年十二
月初二日卒乾隆庚寅又五月十六日酉時年六十又
九葬灶坑內大壠巳亥巽乾　娶林氏生康熙庚寅
年閏七月廿八日酉時卒乾隆癸丑年六月初七日未時

葬羊皮墘坐癸向丁　繼娶劉氏生雍正壬子年
卒乾隆丙申年九月初七日申時葬灶坑内東磜仔
坐巽向乾无出
子二國求　國朗俱林氏出
鵬
夫公子名華廣字世青生康熙癸亥年三月十七戌
時卒乾隆戊申年四月初二日午時葬錦厝后溝戌辰
乾巽娶王氏生卒佚葬本處西邊
子三　國取　國恕　國宏
梅夫公長子名華仰字世足配王氏生卒佚葬赤路
墘田角艮坤寅申
子一　國紳
梅夫公次子名華乾生卒佚葬西墓外坐戌向辰
梅夫公三子名華旂生卒葬俱失攷

伯夫公長子　世昇公名華超配蔡氏生卒葬佚
子一　國偈
伯夫公次子　世昂公名華興配王氏生卒葬佚
伯夫公三子　華弁生卒葬失攷
雲夫公子　華爵葬旂尾路邊卯酉向
玉夫公長子名華汪生卒佚葬崎壠仔田中申寅坤艮
玉夫公次子名華桂字世丹號蘭亭生雍正癸丑年十
月三十日寅時卒乾隆己卯年五月初七日午時葬崎
壠仔
子一　國力
成夫公長子名華旋字世祥娶陳氏生卒佚惟古譜
有載葬鐵灶坑之墓未知是否
成夫公次子名華然字世多生卒佚　娶吳氏號勤慈

生康熙辛卯年二月十九日辰時卒乾隆庚申年八月
十七日申時葬洋仔坪田中辛乚向
子一　國忍
成夫公三子名華添字世長妣張氏生卒葬失攷
子二　國桃　國遷出繼華烈
成夫公四子名　華烈生娶卒葬失攷
承繼子一　國遷
崇夫公長子名　華通生娶卒葬俱佚
崇夫公次子名　華開娶李氏生卒葬俱佚
崇夫公三子名　華貞往溫卅
相夫公長子名　華起字世賡娶陳氏移居臺之上
淡水舊社庄
子五　國恩　國科　國淡　國都　國五

相夫公次子名華榮字世亨娶林氏生卒俱佚
相夫公三子名華琴生娶卒葬俱佚
相夫公四子名華對生娶卒葬俱發
篤寔公長子名華淵字世本號士靜生康熙丙子二
月初三日午時卒乾隆丁丑年正月廿七酉時葬竹
兜尾壬丙亥巳娶錢氏生康熙庚辰年十一月十四日
辰時卒乾隆乙未年六月十五日辰時葬九福大壠坑
坐乾巽兼戌辰
子六　國切　國磋　國赫　國甫　國儉　國湊
篤寔公次子名華錦字世衣　妣李氏移居臺灣生
卒未詳　妣葬大園後未丑向
子一　國扶
篤寔公三子名華蒲生康熙癸未年二月初一日卯時

卒十一月十七日葬崎壠頭乾巽向
章罕公長子名華存往臺生卒佚娶盧氏
子一失名
章罕公次子名華安娶吳氏生卒葬佚
章罕公三子名華吉配柯氏生卒葬俱佚餘子一亦失
攷以上兄弟三人俱往臺存疑
道夫公長子名華慕生卒葬失攷
道夫公次子名華報生卒葬失攷
懿夫公長子名華當字世仁生卒失攷葬員山仔 妣郭
氏隨前人子嫣助往上淡水
懿夫公次子名華體往臺上淡水葬三張犁山
子一名未詳 傳孫一名詩房
烈夫公子名華最生卒葬失攷

養子一　國祐

榮山公長子　號順齋名華康字世定生康熙己亥年六月初三日亥時卒乾隆甲子年八月廿五日寅時

妣楊氏改適　　子一　國傳養

榮山公次子　號命齋名華三字世錫耆老頂帶鄉賓生康熙乙己年八月廿九日巳時卒嘉慶辛酉年十二月初十日未時葬后田山茶花下園中辛乙戌辰

娶李氏號慈儉生雍正己酉年十二月初一日午時卒乾隆辛亥年十一月初十日午時葬鉄灶坑癸丁丑未

子五　廷樹　國蒂　國昔　國明　國梅出繼

補亭公長子　華長忠字世時號守義生雍正己酉年四月初三日戌時卒乾隆癸卯年二月初五日寅時

妣周氏生乾隆庚申年十月十三日未時卒乾隆癸酉年

月廿九日辰時葬獅壠壬丙亥巳无出　繼娶陳氏生乾

隆丙辰年十月廿四日辰時卒乾隆戊戌年十月十四日未

時葬

子二　　國得　　國孝

補亭公次子名華準字世直號守平生雍正癸丑年二月

初七日卒乾隆壬子年十二月二十日丑時年六旬葬竹𫂢

田邊未丑坤艮　　娶李氏生乾隆辛未年五月十八日

申時卒嘉慶戊辰年八月初十日酉時葬在大園壬丙兼

子午

子二　　國諒　　國宣

才夫公子名華衍生乾隆己未年十二月十六日未時卒乾

隆辛丑年三月廿四日申時　葬赤塗路

義亭公子名華重字世千號萬崇生康熙丙申年九月

初六日辰時卒乾隆壬子年九月初八日丑時享年七
十有七葬獅壠戌辰辛乚　娶陳氏謚懿範生雍
正癸卯年八月初二日辰時卒嘉慶戊辰年十一月十一辰
時享年八十又二葬灶坑崎石乾巽亥巳
子五　國昌　國疊　國市　國雍　五出繼
義亭公次子名華謌字世謇生康熙壬寅年十月廿
二日巳時卒嘉慶辛酉年七月十六日巳時享年八旬
葬石寨田尾巽乾巳亥　娶李氏謚孝順生乾隆己
未年七月初七日丑時卒乾隆辛卯年四月廿七酉時
葬旂尾格坤艮申寅
子二　國滔　國修
思亭公子名華札號軒定葬上淡水下崁　娶　氏
生卒俱失攷

子一　國眈住上淡水下抉

柔夫公子名華瑯生卒失考　妣　氏亦失考

子一　國求

對亭公長子名華攀字世知號登選生康熙辛丑年

四月廿五日巳時卒乾隆辛丑年八月十二日戌時年六十

又一與妣陳氏仝葬坪頭坐　向

娶陳氏號慈順生康熙壬寅年九月十六日卯時卒乾

隆辛丑年十月初十日午時葬獅母壠坡尾壬丙子午

子六　國朝　國章　國藝　國相　國統　國輿

對亭公次子名華泰字世豊號尚義生雍正癸卯年七

月初七日亥時卒乾隆戊子年六月廿四日辰時葬灶

坑石獅崙　娶葉氏生雍正己酉年十月廿五日丑時

卒乾隆己丑年十二月十七日酉時葬灶坑梧興巷

子三　國石　國和　國穴

對亭公三子名華玉字世賓號克用生雍正丙午年二月廿九日申時卒乾隆辛丑年七月廿六日午時葬在坪上　娶楊氏謚嗣徽生雍正甲寅年十一月廿九日申時卒乾隆辛亥年七月二十日未時葬在坪上札内

子六　國約　國點　國造　國買　國天　國跳

對亭公四子名華及字世輔號尚朋生雍正癸丑年四月十二日寅時卒乾隆辛丑年八月初四日巳時葬刈牛仔坑崙上坐辛乙兼酉卯　娶王氏生乾隆癸亥年八月十七日申時卒失考葬仁淡水土名和尾

子二　國烈　國葛

對亭公五子名華敦字世朴號加厚生乾隆丁巳年六

月廿八日戌時卒嘉慶戊辰年三月十一日丑時年七
十有二葬尾坋田中癸丁子午　娶林氏謚柔順惠
生乾隆壬戌年五月初三日酉時卒嘉慶庚辰年三月廿
六日午時享年七十又九葬本處秧㙺仔田中坐癸向丁
兼子午
子六　國庇　國銓　國絨　國前　國區　國六又名肖

仰安公長子名華朶幼殁

仰安公次子名先祖字世興生乾隆丙辰年八月廿一辰
時卒嘉慶十一月初一日辰時葬本山格脰坐艮坤
兼丑未　娶陳氏生卒佚葬祈埔崙坐
子二　佳音殀　國悻

仰安公三子名瑞鳳字世輦號鰲山生乾隆己巳年八
月十二日寅時卒乾隆乙巳年二月十七日卯時葬大

亥兼丙壬

子四　國挺　國益　國涉　國詩

順吉公長子名華捕字世培生雍正丙午年二月初五

日午時卒乾隆辛丑年十月初二日巳時葬

娶林氏生雍正壬子年十月廿三日辰時卒乾隆甲辰

年七月十九日辰時

子二　國圭　國冉

順吉公次子名華攘字世白號國然生雍正庚戌年

九月十三日寅時卒乾隆戊午年三月十九日辰時葬

獅毋壠坐未丑坤艮　娶謝氏生乾隆庚申十一月廿

八日亥時卒嘉慶丁丑年四月初五日午時葬在山坪

田中坐坤艮兼未丑

子四　國泄　國沓　國曉　國覺三四俱繼胞弟華解

順
吉公三子名華合字世偶號保和生乾隆丙辰年
三月廿七日子時卒乾隆乙卯年五月廿五巳時葬山
坪垵仔　娶唐氏生乾隆己巳年十月十四日酉時卒
道光壬午年六月廿七日巳時
子三　國伴　國川　國依

順
吉公四子名華觧生乾隆甲子年六月十六日巳時卒
未詳三月初一日在臺娶楊氏生乾隆甲戌年十一月
廿七日酉時卒乾隆乙亥年又三月初三日戌時葬
又娶劉氏生乾隆辛丑年二月廿七日戌時卒乾隆庚
子十一月十三日酉時葬山坪崙仔　又娶高氏
嗣子二　國曉　國覺

順
裕公長子名華捷字世敬生雍正戊申年七月廿四日
卯時卒乾隆戊申年六月初三日卯時　娶林氏生乾隆

己未十月十四日酉時卒乾隆丁酉年十月初一日申時
子三　國雍　國永　國坫
順
裕公次子名華挽字世引號觀慶生雍正甲寅年
八月廿七日酉時卒乾隆乙卯年五月初六日未時
承繼子一　國過
順
裕公三子名華抱字世璞生乾隆己未年四月十六日
戌時卒失考　娶馬氏
子二　國執未詳　國石往台
順
裕公四子名華排字世烈生乾隆壬戌年八月初三日
申時卒乾隆壬子年又四月初五日未時妣王氏生乾
隆甲申年二月初二日卒嘉慶七月廿二日酉時
子一　國煥
順
裕公五子名華拔字世術號觀水生乾隆甲子年十

二月廿六日午時卒乾隆甲辰年二月十七日辰時葬山坪
坑仔頭癸丁向　娶朱氏生乾隆庚午年九月初五
日寅時卒
子五　國悄　國鮮　國過繼華挽　國汝夭　國長夭
順
章公長子名華玩字世潛號金然生康熙乙未年
三月十八日酉時卒乾隆乙卯年九月廿九日丑時葬崎
石田中艮坤丑未向　娶陳氏謚慈順卒三月廿六日
葬山坪田角酉卯向　又娶陳氏謚懿惠生雍正
甲辰年十月初一日酉時卒乾隆乙卯年十月十五日酉時
葬赤竹坋田中寅申艮坤
子三　國鵲　國鶴　國雁
順
章公次子名華傯字世念號錫然生康熙丁酉年四
月初七日寅時卒乾隆甲寅年八月初十日　娶劉氏生

雍正十月十六日酉時卒乾隆二月初五日葬山坪田
中坐　向
子四　國強　國正　國柄　國雙
順
章公三子名華沙字世陶生失攷卒乾隆正月十
四日葬皇君火尖　娶劉氏生佚卒嘉慶十月十
二日葬山頭祖厝后横路上坐
子一　國魯
順
寅公子名華概字世衆號秉煞生乾隆丁巳年十
一月廿六日子時卒嘉慶丙辰年十月初　日子時葬
下菴崙仔戌辰乾巽　娶王氏謚慈順生乾隆卯戊
午年正月廿九日寅時卒乾隆丙戌年七月初四日辰
時葬祈尾巽乾辰戌　又娶鄒氏謚節儉生乾隆丙
寅年六月初七日未時卒道光辛巳年十一月初五日未時

子三　國橋　國梅　國榴俱王氏出

焜夫公長子名華輝生娶卒葬失攷

焜夫公次子名華所生娶卒葬失攷

章雖公子名華咸往臺生娶卒葬失攷

子三　元興　元喜　國失名

章暖公子名華　往臺生卒娶俱失攷

順道公長子名華交字世言號財然生乾隆甲子年
十月初二日辰時卒乾隆癸丑年十月十三日辰時葬灶
坑崩山　娶陳氏生乾隆乙亥年十二月廿六日丑時卒
嘉慶十月初一日丑時葬

子二　國吟　國叩

順道公次子名華脩字世勤號星業生乾隆戊辰年九
月十六日寅時卒道光丙申年四月初五日酉時葬倒

林田中寅申甲庚　娶陳氏足娘謚儉順生乾隆
庚午年十一月十六日寅時卒乾隆庚戌年十二月廿三日戌
時葬連宅田中坐
子三　國雷　國活　國略

順
鏵公長子名華衆字世慈號舉然生乾隆戊午年
七月十七日酉時卒乾隆癸丑年七月廿九日申時
娶林氏生乾隆甲子年元月初二日申時卒乾隆辛
亥年十月十五日巳時
子二　國躋　國別殤

順
鏵公次子名華禎字世瓀號子然生乾隆辛酉年十
二月十八日辰時卒乾隆甲寅年十二月廿三日酉時
娶裴氏生乾隆戊午年十一月廿一日寅時卒乾隆甲
寅年十月初十日酉時

子二　國種　國講

順鏜公三子名華八字世節號舞然生乾隆丙寅年

正月十四日未時卒乾隆壬子年六月初四日寅時

娶裴氏改適

子二　國肯　國待俱無傳

順鏜公四子名華我生乾隆甲戌年正月十八日辰時卒

乾隆癸丑年八月初八日巳時往臺

順鏜公五子名華云號詩然生乾隆己卯年又六月十五

日巳時卒嘉慶丁丑年八月十六日未時

娶胡氏生乾隆丁亥年九月初八日辰時卒嘉慶癸

酉年正月初九日未時

子五　國欵　國樣　國蕉出繼　國外出繼閩　國郎

順鏜公六子名華閣生乾隆癸未年四月初七日酉時

卒嘉慶丙辰年九月初七日戌時　娶陳氏改節

承繼子一　國外

順

泰公長子名華與字世富號炳周生乾隆辛未年十二月十五日卯時卒道光丙申年二月廿五日丑時葬本鄉土名糞箕柯坐　向　娶李氏八娘生乾隆庚辰年七月十八日寅時卒道光庚寅年九月廿九日未時葬本鄉土名山行前

子七　國造　國錯　國鴛　國鴦　國雖

國于　國欣

順

泰公次子名華㭢字世立號炳進生乾隆己卯年二月初八日巳時卒嘉慶壬戌年十二月廿五日巳時葬灶坑石墩仔坐　向　娶裴氏謚惠慈生乾隆癸未年二月廿九日酉時卒嘉慶庚　又月廿四二日寅時葬灶

娶陳氏吉娘生乾隆己卯年閏六月廿七日卯時卒
道光癸未年二月廿一日巳時葬在蓮宅上山辛卯酉
子四　國暢　國蛟　國信夭　國都

順祿公次子名華陶號范禮生乾隆癸未年三月初
四日戌時卒嘉慶戊辰年十一月初十日子時
娶林氏生乾隆丙戌年二月初八日亥時无出改節
嗣子一　國汀夭

會夫公長子名華志生卒娶葬无攷

會夫公次子名華及生卒佚配陳氏

訓夫公長子名宗榮字世招生雍正乙巳年二月廿四日
卒乾隆癸卯年六月廿四日葬同安十三都東浦山坪頂
坐北向南　娶梁氏生雍正己酉年卒乾隆戊申年
三月十六日辰時葬灶坑五厝崙坐東向西

子二　光愛　永順
訓夫公次子名顯祖字世足生雍正庚戌年正月十五日
卒乾隆戊申年正月十六日卯時葬在同安十三都東
浦山坪頂坐東向西　娶李氏生乾隆丁酉年卒乾
隆癸卯年十月十二日午時葬同安十三都東浦巷邊
南北向
子二　國為　國正
訓夫公三子名三台字世成生乾隆丙辰年八月十三日
卒嘉慶九月十三日　妣鄭氏生卒佚
子一　國恩
彩夫公長子名華見字世都生康熙辛丑年又六月初
八日午時卒乾隆戊戌年十月廿二日巳時葬台湾快
官九栗林坑坐乾向巽　娶陳氏生乾隆戊午年六

月初二日卒乾隆丁未年五月初六日巳時葬同安十
三都東浦山頂頭南北向
嗣子一　國周
彩夫公次子名華助字世敦生雍正甲寅年六月初七
日卒乾隆癸丑年三月廿二日午時葬在台湾官埔丁
癸未丑　娶蔡氏
子七　惟有第五子　國可　餘俱歿
彩夫公三子名華福字世善生乾隆辛酉年卒乾隆
戊申年六月十二日申時葬同安十三都東浦山頂頭
南北向娶李氏改節
子一　國甫
科夫公子名華維生三月初二日卒九月初二日葬同
安十三都東浦湖頂東西向　娶李氏卒四月初一

日葬同安十三都東浦巷頂南北向

子一　國從

中仁公長子名華諧字世命號訓亭生康熙乙未八月十六日午時卒乾隆甲午年八月初六日未時葬灶坑宮前壠圳下庚甲酉卯向　娶楊氏謚儉順生康熙壬寅年二月十三日辰時卒嘉慶壬戌年三月初四日未時葬在

子三　國伍　國權　國勤

中仁公次子名樓華字靜亭生雍正甲辰年八月初四日未時卒乾隆甲午年十二月十二日卯時娶　氏政節

中仁公三子名瑞字世班號諫亭生雍正甲寅年十月十一日酉時卒嘉慶丁巳年八月十五日卯時　娶陳氏

生乾隆癸亥年五月廿三日卯時卒佚
嗣子一　國頂
集成公長子名華桂字世葉號順和生雍正戊申年十二
月初三日卯時卒乾隆五十三年三月初六日葬灶坑石
觀音山壬丙亥巳娶楊氏改適
子二　國紀承繼　國奉夭
集成公次子名華提字世員號順招生乾隆庚午年六
月廿三日子時卒嘉慶丙辰年十二月廿一日未時葬在
石獅崙卯酉甲庚　娶鄭氏生乾隆戊寅年十月初四
日午時卒乾隆戊申年五月十六日寅時葬灶坑崩山
坐子午兼壬丙
子一　國庚
章袍公繼子名華梨字世康生乾隆己丑年十二月初七日

申時卒乾隆五十三年三月十七日娶王氏生佚卒
乾隆戊戌年三月廿六日未時與公仝葬所在及坐
向未詳　又娶陳氏改適
子一　國篤无傳
栢
栢與公子東園公三應瑞公派
新吉公長子名華鑽字世武號繼成生康熙庚子年
十二月初五日卯時卒乾隆癸卯年十二月十四日申時
葬灶坑和尚崙頭申寅坤艮　娶林氏生雍正庚
年十一月初五日辰時卒乾隆辛巳年正月初九日卯時
葬在新田崙坐巽乾兼辰戌　繼娶胡氏生康熙
甲辰年正月十九日未時卒嘉慶丁巳年六月十二日申
時葬在灶坑大林石崠窑壬丙亥巳向

子二　國萬祀林母　國肖祀胡母

新吉公次子名華堅字世定號志成生雍正丙午年八月廿二日亥時卒乾隆壬子年十一月廿四日丑時葬灶坑和尚崙庚甲申寅，娶唐氏生雍正甲寅年七月廿六日亥時卒乾隆己丑年七月廿二日酉時葬大圳後石邊卯酉乚辛

子五　國祐　國千　國地　國位出繼華棄　國在

新吉公三子名華崇字世懷號遠成生雍正辛亥年六月廿七日丑時卒乾隆乚卯年六月初二日辰時葬灶坑梨頭腳庚甲酉卯　娶鄭氏生乾隆己未年五月廿九日卯時卒乾隆乚巳年十二月初五日亥時葬真人尖坐乚向辛

子六　國情殤　國里　國赤　國朮　國海　國存

新吉公四子名華奪字世帥號節成生雍正乙卯年五月十六日卯時卒乾隆甲申年又六月十八日酉時葬大牛坂大坡頭甲庚卯酉

嗣子二　國千夭　國位

新吉公五子名華慥字世民號則成生乾隆戊午年六月廿二日辰時卒嘉慶甲子年十二月廿五日辰時葬大林田中坐丙亥巳　娶胡氏生乾隆乙丑年二月十七日寅時卒丁亥年正月十六日丑時葬

子三　國星　國藝　國秩

新書公長子名華發字世表號山成生乾隆庚申年十月初六日寅時卒嘉慶丙辰年正月十二日未時葬灶坑長壠仔癸丁向　娶王氏謚徽柔生乾隆乙丑年六月廿八日巳時卒嘉慶壬申年十月初四日辰時葬

子四　國運　國銑　國規　國迎

新書公次子名華岩字世阿號維成生乾隆丙寅年十月廿四日戌時卒道光壬午年六月十九日戌時娶林氏生乾隆己巳年十月初三日亥時卒嘉慶己卯年七月初八日午時

子四　國西　國虎　國獺　國味

新書公三子名華僚字世臣號條成生乾隆庚午年正月初三日午時卒乾隆辛亥年九月廿三日申時葬仙狗隴大路上乾巽戌辰　娶周氏謚溫惠生乾隆甲戌年五月十一日巳時卒乾隆戊申年五月十三日戌時葬在

子三　國邊　國蓮　國討

新書公四子名華丕字世顯號謨成生乾隆癸酉年

正月廿一日酉時卒嘉慶庚辰年十二月廿八日寅時葬
在本鄉土名　娶胡氏謚淑慎
生乾隆甲戌年十月廿七日寅時卒乾隆壬子年九月
廿四日未時葬東磜畔丙壬午子　繼娶林氏生乾
隆丁丑年十月初二日辰時卒　年　月　日　時
葬本處土名
子五　國宜　國祥　國蔞　國律　國委
新肅公長子名華拱字世持號立成生雍正乙卯年
八月二十日辰時卒道光己丑年六月十五日吉時葬本
鄉土名宅仔頭圳下坐　向
娶陳氏謚爾懿生乾隆己未年十二月初四日戌時卒道
光壬午年五月初四日午時葬灶坑宮前壠庚甲申寅
子五　國蔭　國倩　國窓　國歷　國深出繼

新肅公次子名華向字世前號歸成生乾隆癸亥年十月十四日巳時卒乾隆甲寅年九月廿四日丑時葬在灶坑坪石田中坐　向　娶李氏謚孝順生乾隆丁卯年十月初一日辰時卒乾隆壬子年正月十二日辰時葬在宮前櫳嶺仔坐　向

子三　國白　國邦　國注

新肅公三子名華尹字世信號陽成生乾隆庚寅年十二月初七日辰時卒嘉慶丁巳年八月初九日申時葬大林石竦空坐　向　娶王氏生乾隆辛未年七月初五日辰時卒

子二　國隨　國泉

清夫公長子名華請號孟輝生雍正己酉年十月十七日酉時卒乾隆乙卯年五月十四日亥時

子一　國親 往臺

清夫公次子名華學字世受號孟程生雍正壬子年十二月十二日戌時卒嘉慶壬戌年六月廿一日申時葬在本鄉土名石古坡坐子向午

娶廖氏炎娘生乾隆壬戌年八月三十日寅時卒乾隆壬戌年八月三十日 查戊戌四月廿八巳時

子三　國族　國漢　國閣

清夫公三子名華堯字世芮號孟東生乾隆庚午年六月十五日酉時卒佚　娶王氏乃娘生乾隆辛未年五月二十日丑時卒嘉慶辛酉年十月初九日午時

子四　國鸞　國宅　國親 承繼華諧　國揆 出繼往臺

恬夫公長子名升堂字世齊號孟攜生乾隆癸酉年八月初一日巳時卒乾隆巳酉年十一月廿八日寅時葬宮前

隴坐乾向巽兼戌辰　娶吳氏報娘改適

子二　國復　國裕

恬夫公次子名緝熙字世咸生乾隆己卯年六月廿三日申時卒嘉慶丙寅年九月二十日戌時葬在宮前壠酉卯庚甲　娶劉氏適娘生乾隆丁亥年七月廿一日辰時卒道光辛丑年又三月廿五日辰時

子五　國巧　國均　國先　國陳　國燕出繼

典夫公長子名華水號孟月生乾隆丁丑年四月初九日寅時卒嘉慶戊辰年正月初八日辰時

承繼子二　瑩公　國魏

典夫公次子名華古字世訓號孟欲生乾隆甲申年七月廿八日戌時卒佚　娶林氏蜂娘生乾隆壬辰年十月十四日辰時卒佚

子四　國隊　國魏（假繼華水）　國鏆　國珍（出繼華快）

覺夫公長子名華猛字世省號孟將生乾隆戊寅年八月廿九日申時卒嘉慶乙丑年十月十一日未時娶楊氏生乾隆壬辰年十二月廿九日午時卒嘉慶丙辰年十一月初九日午時葬无傳

覺夫公次子名華標字世致號孟流生乾隆辛亥年四月初　日午時卒乾隆乙卯年八月初十日戌時葬東磜坐　向　娶李氏改節

子一　國蛙

覺夫公三子名華音　號孟樂生乾隆癸未年七月初九日午時卒乾隆戊申年九月十七日子時葬灶坑兵營酉卯庚甲无嗣

覺夫公四子名華遜生乾隆丙申年十月初十日未時卒侠

覺夫公五子名華老生乾隆辛丑年五月廿二日午時卒
嘉慶庚午年七月廿六日戌時无嗣
章蓋公繼子名華亥號孟卯生乾隆戊子年九月二十日
亥時卒嘉慶丙寅年四月十四日午時往臺
紳夫公繼子名華姜字世章號孟及生乾隆庚寅年
十月初九日子時卒道光己丑年八月廿二日午時
娶胡氏金娘生乾隆丁酉年五月十一日卯時卒道
光甲辰年十月廿六日寅時葬
子二　國炮　國寅往臺
紳夫公次子名華珠字世降號孟爾生乾隆乙未年
正月初三日子時卒道光六月初六日未時
娶李氏喜娘生乾隆乙亥年十二月二十日申時卒道
光辛丑年正月初一日未時

子四　國斟　國租　國婶出繼　國衍出繼
紳夫公三子名華耆字世湮號孟壽生乾隆丙午年二
月初五日酉時卒道光丁未年八月初六日辰時
娶陳氏歲娘生嘉慶丁巳年十二月廿一日寅時卒佚
子四　國雲　國砵出繼　國顏出繼　國頖
專夫公長子名華時字世偕號孟節生乾隆壬午年六
月初八日酉時卒佚　娶吳氏柭娘改節
子三　國集　國吉　國有出繼
專夫公次子名華這字世有號孟至生乾隆乙酉年
八月初六日申時卒道光戊子年十月初三日辰時
娶胡氏好娘生乾隆戊子年五月初五日寅時卒葬佚
子四　國性　國盞　國諧出繼　國場
專夫公三子名華興字世元號孟起生乾隆甲午年四

月廿六日巳時卒道光辛丑年四月廿二日吉時
嗣子一　國選
專夫公四子名華快字世逞號孟足生乾隆丁酉年十
月初　日酉時卒道光丁未年十月初一日午時葬本鄉
坪上
娶林氏寬娘謚承順生乾隆乙巳年九月初二日酉
時卒道光甲申年二月初七日戌時葬在山坪坪上
坐　向
嗣子一　國珍
章為公子名華軒生乾隆壬辰年正月十八日巳時卒
道光元年八月初七日卯時在台
章為公次子名華自生乾隆甲午年七月廿三日酉時往台
章對公繼子名華且生乾隆甲午年七月初四日辰時

如林公長子名華察字世安生乾隆癸卯年五月廿七
日丑時卒葬失攷
娶唐氏生嘉慶己未年十一月廿七日丑時卒
年　月
子一　國羅
如林公次子名華經生乾隆辛亥年八月十三日午時
如林公三子名華卦生嘉慶丙辰年六月廿四日酉時
章勇公繼子名華有生嘉慶丙辰年四月十八日酉時卒
年　月
娶謝氏生嘉慶丙辰年十月初五日吉時卒葬失攷

丹山黄氏族譜

世狀録 卷四

清溪榮美分派丹山黃氏族譜歷世紀寔卷之四

十七世　資崇公派

經國公名國歎字嵋德生乾隆己酉年閏五月廿七日
酉時卒

配王氏生嘉慶丙寅年四月廿七日丑時卒

經本公子名國割字細德生乾隆己酉年二月初五日
卯時卒

配林氏生嘉慶甲子年二月十二日辰時卒

經在公長子名國坡生乾隆乙卯年二月三十日戌時
卒　年

經在公次子名國翦生嘉慶壬戌年三月初三日未時
卒

經泰公長子名國蚌生嘉慶丁巳年十二月廿七日

戌時卒
經泰公次子名國箱生卒失攷

奇峰公長　時澄公派
龍猶公長子名國解字元德業儒號長善生康熙己
亥年三月初十日巳時卒乾隆己卯年六月十二日巳時
享年七十有八葬本處土名洋仔坪坐壬向丙兼
亥巳　娶胡氏冷娘生康熙己亥年八月十五日戌
時卒嘉慶丙辰年七月十四日戌時葬洋仔坪蹽仔
內坐辛向乙兼戌辰
子六　詩澤　詩汀　詩洋　詩浩　詩漢　詩波
龍猶公次子名國連字茅德號國拔生雍正丁未年六
月十九日辰時卒乾隆丁酉年三月廿一日寅時葬在

獅母壠坐丁癸兼未丑　娶唐氏生雍正癸丑正
月二十午時卒乾隆己巳年十月初三日巳時　葬在
本處土名高坑坐
繼娶胡氏生雍正乙卯年二月十五丑時卒嘉慶
辛酉年五月初九巳時葬洋江墓艮坤寅申
子三　詩科　詩顯　詩咒係美德第四子繼
龍猶公三子名國珍字美德號人爲生乾隆丙辰年
九月廿四日午時卒乾隆庚戌年三月十九日未時
葬洋江墓畬中坤艮申寅　娶楊氏香娘生乾隆
戊午年五月初四日午時卒乾隆戊申年九月初一日
酉時葬洋江墓坐丁向癸
子六　詩遒　詩望　詩明　詩咒繼國連爲三子　詩委　詩起
致道公長子名國璋字珪德號特人生雍正壬寅年

六月十四日巳時卒乾隆庚寅年六月廿六午時
葬大園后坐申寅兼庚甲
娶王氏生謚懿生雍正癸卯年四月十二子時卒乾
隆乙未年七月廿五日午時葬新園水堤尾壬丙子午向
子四　詩芹　詩廷　詩皆　詩芸
致道公次子名國鎮字方德號莫人生雍正乙巳年
四月初二未時卒乾隆乙酉年五月十八日卯時在
廣西平樂府平樂縣歿無回　娶鄭氏謚柔慎生
雍正丙午年六月廿三日午時卒乾隆癸卯年十二月
廿八日辰時葬尾園辛乙戌辰
子三　詩鵬　詩景　詩貢
致道公三子名國標字著德生號立表生雍正丁未五
月初二日申時卒乾隆壬寅年十月初九日未時葬湖

内中心崙酉卯庚甲　娶李氏謚莊儉生雍正壬子正月廿六日卒嘉慶乙亥年十月廿三日酉時享年八十有四葬在

子五　詩訪　詩接　詩昔　詩潛　詩美

致道公四子名國苜字肱德號熙人生雍正己酉年十月初五日寅時卒乾隆乙卯年七月初十日未時葬大園後亥巳壬丙　娶楊氏謚純懿生雍正甲寅六月廿四日未時卒乾隆戊申八月十一日未時葬在新園崙辛乙戌辰

子四　詩昭　詩才　詩豆　詩蛙

純齋公長子名奇芽字種德號芹圃生雍正甲辰年二月十一日戌時卒乾隆戊申年三月十二日未時享年六旬有五葬延平府南平縣西芹墓坪

娶許氏謚儉順生雍正戊甲年九月廿八日亥時卒乾
隆甲辰十月初七酉時葬大圓後癸丁丑未
子五　新助　詩榁　詩郃　詩作　騰蛟出繼奇藹
純齋公次子名奇菊字艷德號秋圃生雍正丙午年
九月十二日巳時卒乾隆戊申九月十四午時享年
六十有三葬洋仔坂壬丙亥巳
娶林氏謚勤慈生雍正庚戌年七月十二寅時卒乾
隆丁酉年八月月初一日午時葬高坑圍中丁癸未丑
子一　詩藻
純齋公三子名奇藹字親德號士圃生雍正己酉年五
月十七日卯時卒乾隆丁未年六月初九卯時葬在大
園后坐　向　娶唐氏謚勤儉生乾隆癸亥五月
初十辰時卒嘉慶丁巳六月二十日巳時

嗣子一　騰蛟繼係奇茅之子

純齋公四子名奇菁字松德號梅圃生乾隆丁巳年
八月廿六日巳時卒嘉慶丁巳年正月十四日寅時年七
十又一葬崎龍頭辛乙酉卯　娶温氏謚順孝生乾隆
庚午年五月廿三日卒嘉慶丙子年八月二十日巳時葬
在

子一　詩時

融齋公長子名奇雲字從德號政龍生雍正庚戌五
月初八戌時卒嘉慶己未年十二月廿五日寅時年
七旬葬
娶陳氏爽娘謚孝順生雍正癸丑十月初一亥時
卒嘉慶丁巳二月十九日辰時年六十有五葬后塘
獅山中心崙巳亥丙壬

子一　詩棡

融齋公次子名奇露字齊德號珠圃一名如珠耆老

生乾隆辛酉年二月十一日戌時卒道光壬午五月

十二酉時葬赤嶺腳橋頭坂壬丙子午向

娶葉氏忍娘號溫惠生乾隆癸亥年二月十四酉時

卒嘉慶庚辰年八月初一日午時壽七十有八葬灶坑

東磜崙田尾坐丁向癸兼未丑公壽八十有二

子四　詩稠　大椿　詩楫　詩杏

珠圃公行寔

人有洒然拔俗恒存雅度小功伯珠圃公為融齋公仲子身務力田承先人遺訓其於書香一脈有酷嗜而深慕焉文人學士有造廬而晋謁者盡致其欵洽溫文命仲子出就外傳甫及壯年而名登膠庠滿

眼見孫四代一堂齊眉舉案誠足樂也秉性亢直不與世苟合而儒雅可風有非流俗所能及者爰書數行以誌於後其人傳其行亦因以傳矣

小功姪基養　謹誌

融齋公三子名奇深字溥德號政益別號潤園生乾隆丁未年三月廿七子時業儒卒嘉慶庚午年十二月初十巳時年六十葬湖內田中未丑坤艮後杆過長三尺高三尺餘坤艮未丑

娶王氏笑娘生乾隆癸酉年十月廿三日午時卒道光庚寅年六月初八日寅時享年七十葬

子五　詩應　詩楮　詩杯　詩栖　詩栗

恩人公子名國綿字奕德生雍正甲辰年二月廿六日
寅時卒乾隆甲午年十一月初六酉時葬皇君火坐
甲庚兼寅申
妣葉氏生雍正戊申年十月初六寅時卒乾隆甲
辰正月廿八日丑時葬在補笈磨巳亥丙壬
子三　詩多　詩伋　詩黨
榮壽公子名國昆字魚德號論益生乾隆辛酉年八
月初九日丑時卒道光丙戌年八月初二日未時享年
八十有五葬在周墩坐　向
娶王氏玉娘謚順孝生乾隆癸丑年十月初七丑時
卒嘉慶甲子年十月初三酉時葬周墩壬丙子午
子四　新興　詩怡　詩眈　詩荐
世聰公長子名兗昌字類德號長益生乾隆戊辰年

十二月初五日辰時卒嘉慶甲戌年七月初七酉時葬
在後深坐庚甲兼酉卯
娶温氏準娘生乾隆丁丑年六月廿五日辰時卒道
光癸未年七月初二日午時葬
子三　詩崇　詩權　詩荼　詩腆出繼國裕
世聰公次子名國補字羨德號箴益生乾隆甲戌年七
月初四日酉時卒道光辛巳年五月廿三日申時葬在土
寨兜坐　向
娶林氏法娘生乾隆辛巳年十一月廿九日午時卒
道光庚寅年十二月十四日戌時葬
子五　詩元　詩虎　詩蓮　詩根　詩社
世聰公三子名國裕字温德號柔益生乾隆丁丑年十
月十一日酉時卒嘉慶丙子年十月廿一日酉時葬赤爐

墩坐　向　　娶葉氏蔭娘生乾
隆癸未年十二月廿八日寅時卒道光癸巳年十一月初五
日巳時葬
子二　　詩喜抱養　詩腆承繼
子軒公長子名國魁字梧德號多士生雍正癸丑年三
月初四日酉時卒乾隆乙卯年六月十四日未時葬在坪
頭垵仔坐辛乙兼戌辰
娶唐氏懋娘謚儉順生雍正乙卯年十二月十五日亥
時卒嘉慶庚辰年六月廿七日子時葬香爐墩坤艮未丑
子五　詩盼　詩献　詩持　詩復　詩盛
子軒公次子名國啟字賢德號敬承生乾隆丙辰年十
一月十一日丑時卒嘉慶丁巳五月十四日辰時葬
娶胡氏完娘謚德惠生乾隆己未

四月初五未時卒嘉慶癸亥年十月初八日寅時仝葬
本山坊仔田頂崙脊壬丙亥巳
子四　詩廿　詩和　讃都　詩柱
子軒公三子名國曆字聰德號聖智生乾隆壬戌年八
月廿六日酉時卒乾隆癸丑年二月十四日酉時
往臺娶鄭氏賢娘號慈順生乾隆丁卯年三月十八日
戌時卒嘉慶己巳年十月十四日酉時葬烏石水辨下
癸丁丑未
子五　詩班　詩貞　詩旗　詩遙　詩川殀一
子軒公四子名國誇字毗德號進脩生乾隆辛未年
八月廿九日辰時卒道光辛卯年八月廿八日寅時享年
八十有一葬在水辨下艮坤寅申
娶許氏爰娘謚德慎生乾隆乙亥年六月初一日午時

卒嘉慶戊寅年七月初六日戌時享年四十又四矣

畲後尾角艮坤寅申向

子二　詩暢夫　詩培

進脩公行寔

祖叔進脩公承先人遺訓知子弟宜澤以詩書乃化其頑梗而歸於醇厚故力耕自給不辭艱辛而尊師重傳未嘗不致其慇懃也迨其後家事清淡奔走風塵千里間関兜子獨自來往至江西外省遂以弛志於功名鞠育諸子得以成人皆由祖叔嗜學之力也紀其行事於生前而寔行亦因以傳於後世矣

姪孫梓芳謹誌

成文公名國敬字主德生乾隆丙子十二月廿九日申時卒嘉慶庚申年正月二十日酉時姪孫禮贍將骸

葬在獅母隴坐甲向庚
娶吴氏改節
子二　詩翰卒在台　詩鳳殀
達興公子名國用生娶卒葬失考
達忠公長子名國進字脩德號奇寶生康熙乙未六
月初八日申時卒乾隆丁酉年九月十六日未時
娶李氏謚孝順生康熙丙申年
八月廿二日酉時卒乾隆丁丑年八月初五日午時葬
在
子三　詩勵　詩機　詩楚
達忠公次子名國盤字銘德號奇新生雍正乙巳年七
月二十日辰時卒乾隆丙申年五月十六日辰時葬
灶坑宅仔頭大圳工癸丁丑未

七月十三日未時仝葬灶坑六埕庚甲酉卯
子五　詩多　詩扶　詩羽　詩運　詩邑
達先公次子名國馬字驥德號奇馴生康熙己亥年
十二月十八日辰時卒嘉慶庚申年二月廿六日辰時年
八十有二葬灶坑苦厝壠丑未兼丁癸
娶李氏生乾隆丙辰年五月初九日巳時卒嘉慶癸
亥年十月二十日未時葬灶坑土寨兜辰戌巽乾
子二　詩佩　詩捌
達先公三子名國鳳生雍正丁未年三月十一日戌時卒
道光　年
達先公四子名國焇字星德號奇煙生雍正庚戌年
二月十九日戌時卒嘉慶癸酉年四月十七日酉時葬灶
坑嶺仔邊坐丑未兼艮坤

七月十三日未時全葬灶坑六埕庚甲酉卯

子五　詩多　詩扶　詩羽　詩運　詩區

達先公次子名國馬字龔德號奇剸生康熙己亥年十二月十八日辰時卒嘉慶庚申年二月廿六日辰時年八十有二葬灶坑苦厝壠丑未兼丁癸

娶李氏生乾隆丙辰年五月初九日巳時卒嘉慶癸亥年十月二十日未時葬灶坑土寨兜辰戌巽乾

子二　詩佩　詩捌

達先公三子名國鳳生雍正丁未年三月十一日戌時卒道光　年

達先公四子名國焴字星德號奇煙生雍正庚戌年二月十九日戌時卒嘉慶癸酉年四月十七日酉時葬灶坑嶺仔邊坐丑未兼艮坤

妣陳氏謚勤義生乾隆己未年十月初八日寅時卒

嘉慶丁丑年三月廿一日戌時葬

子二　詩投　詩憂

達先公五子名國棟字槷德號奇標生雍正癸丑年

九月初五日巳時卒乾隆丁未年十二月廿一日寅時葬

灶坑垵仔崙巽乾辰戌

娶王氏謚儉順生乾隆辛酉年九月十五日午時卒

乾隆戊申年三月十三日午時葬灶坑深坑崙乾巽戌辰

子三　詩湊　詩炭　新諭

達天公長子名國閒字鏡德號奇應生康熙己亥年九

月廿五日午時卒乾隆甲寅年九月廿九日寅時葬宮前

隴寅申甲庚　娶陳氏生雍正乙巳年

十一月廿二日寅時卒嘉慶庚申年二月初八日戌時

葬在湖坵中心崙乙辛卯酉向
子四　詩教　詩午　詩爾　詩錦殀附葬陳母
達天公次子名國泰字尊德號奇俊生雍正癸卯年
三月二十日午時卒乾隆戊申年六月初一日申時葬
四堤田中巳亥巽乾
妣陳氏生雍正戊申年七月初七日午時卒嘉慶乙丑
年十月廿七日午時葬岸頭尾田中壬丙子午
子六　詩縈　詩臨　詩坂　詩悻
詩隈　詩到
達
天公三子名國由字顯德號奇拔太學生生雍正
丙午年二月廿五日戌時卒乾隆甲午年又十月十三日
葬在湖坵中心崙乙辛卯酉
娶葉氏謚勤慈生雍正戊申年十月廿四日午時卒乾

隆庚戌年五月初六日子時葬湖坵中心崙乚辛卯酉

子三　詩玉夭　詩樹　詩橋

達天公四子名國雨字偶德　妣唐氏

子三　詩對　詩令出繼垂叔　詩禮父子俱移上淡水六張犁住

達科公長子名國彩字文德號奇華生雍正丙午年八月初四日卯時卒嘉慶戊午年二月廿五日午時

娶周氏生雍正戊申年正月十一日巳時卒乾隆庚戌年正月初四日寅時仝葬牛椆崙乚辛辰戌

子三　詩廣　詩景　詩畜

達科公次子名國伯字勳德生雍正辛亥年二月初三日卯時卒乾隆辛卯年七月廿六日寅時

娶廖氏生乾隆丙辰年七月初五日巳時卒乾隆庚子年五月廿三日酉時

子二　詩鄭　詩案

達科公三子名國燦生乾隆二月十四卒乾隆辛未
七月十三日葬在九福鄉

達科公四子名國成生乾隆丁卯年三月廿六日酉時　移
臺卒葬未詳

世用公子名國田生卒失攷

德功公子名國瑛字毓德號奇才生雍正己酉年十一月
廿七日酉時卒乾隆甲戌年十月初五日申時葬九枕
尾戌辰乾巽
娶謝氏生雍正己酉年二月廿五日未時卒乾隆庚
庚寅年正月十二日寅時葬獅毋壠巽乾己亥

子七　詩郁　詩續　詩招　詩細
詩奮　詩文　詩福

德功公次子名國瑾殤　葬大園后

超然公長子名國格字歸德號心一生雍正甲寅年四月初十日寅時卒乾隆戊申年正月初二日辰時葬土楼内坐　向

娶朱氏謚恒慎生乾隆辛酉年五月初八日卯時卒嘉慶庚申年四月廿七日申時葬横路仔亥巳壬丙

子三　詩芳　詩敗　詩葵

超然公次子名國蘭字馨德號蕙圃生乾隆戊辰年四月初九日未時卒嘉慶己巳年十二月廿一日巳時葬在大坪崙壬丙亥巳

娶陳氏謚慈儉生乾隆辛未七月初十日子時卒嘉慶丙子七月廿六日辰時葬崎隴仔辛乚戌辰

子一　詩琛

起然公三子名國尊字爵德號心達生乾隆癸酉年四月初六日丑時卒嘉慶丁巳年六月初五日申時

娶陳氏生乾隆甲申年卒乾隆庚戌年正月初七日卯時

子一　詩洽

仁山公長子名國麓字塤德號吹塤生乾隆戊辰四月廿一日卒葬失攷　娶林氏生乾隆己巳年二月初三日戌時卒嘉慶丁丑年十月初四日申時

子一　詩蘇

仁山公次子名國遠字燮德生乾隆辛未年正月初九日卯時卒嘉慶戊午年七月十七日卯時葬在湖內水埕上坐　向

娶林氏生卒佚卒乾隆乙卯年四月初十日未時

子一　詩丑夭

仁山公三子名國義字頌德生乾隆乙亥年七月十二日
寅時往臺卒葬佚
娶陳氏生乾隆癸未年二月十七日寅時

寔成公長子名國卜字數德號龜峰生乾隆辛未年四
月十六日辰時卒乾隆癸卯年二月初十日申時葬在坪
頭丁癸向
娶周氏
子三　詩滿　詩金　詩元

寔成公次子名國老字安德生乾隆己卯年十二月十
四日寅時卒葬佚　娶李氏生乾隆癸巳
年卒嘉慶壬戌年四月廿四日酉時
子一　詩長

心果公子名國瑚字夏德號商璉生乾隆丁巳年九月
廿七日辰時卒乾隆庚戌年十二月初七日申時葬格
尾田内山溝過大坵後坤艮未丑
子四　詩理　詩探夭　詩宗夭　詩德

心德公長子名國沛字雨德生雍正庚戌年七月廿二
日戌時卒乾隆三十一年七月初四日葬大崙内丙
壬午子
娶楊氏生雍正癸丑年六月初九日酉時卒乾隆己
丑五月廿二日辰時葬大園后土厝窟田角丁癸午子
子三　詩諧　詩聽　詩通

心德公次子名國珠字驪德號媚川生雍正癸丑年九
月廿九五日酉時卒乾隆三十二年八月廿三日葬崎石
坑中崙坐巽乾兼辰戌

娶許氏生佚正月十七日忌辰葬湖内宮仔乾巽戌辰

子一　詩塊

心禎公長子名國沈字同德號如會生雍正乙卯年十二月十一日卯時卒乾隆四十七年八月廿三日丑時葬在西邊柳仔邊下坋田中壬丙子午

娶唐氏生乾隆辛酉年八月十六日卯時卒乾隆丙午年七月廿二日巳時葬湖内坤艮申寅

子三　詩杜　詩禾　詩閣

心禎公次子名國春字峻德號芳林生乾隆癸亥年十二月廿一日丑時卒乾隆乙卯年六月初九日辰時葬獅邊柳仔邊下坋田中内壬丙亥巳外面亥巳壬丙

娶陳氏生乾隆辛未年四月十二日辰時卒

子四　詩昴　詩頼　詩旺　詩于出繼國仁

心禎公三子名國秀字楚德號芳祿生乾隆丁卯年二月十九日子時卒乾隆乙卯年四月初六日卯時葬土厝窟坤艮未丑

娶陳氏生佚卒八月初八日

又娶謝氏生乾隆丙子年三月十一日酉時卒嘉慶甲戌年十月十八日酉時

子二　詩晏隨母帶來　詩良

心杞公子名國周字貞德號是鎰生乾隆癸亥年四月初四日辰時卒嘉慶庚辰年四月初三日丑時葬獅母隴坐寅向申

娶唐氏謚柔順生乾隆壬申年九月廿三日午時卒嘉慶丁巳四月初四日申時葬竹兜田中癸丁子午

子三　詩意　詩雕　詩居

世行公子名國思生卒娶失攷葬苦厝隴崙仔
世珠公長子名國達字通德生卒失攷葬
世珠公次子名國哭生卒失攷葬格脰壬丙向
世遠公子名國春生卒葬失攷
世榮公長子名國降字峻德生康熙庚子年十一月廿
五日寅時卒葬失攷
娶　氏康熙辛酉年十二月廿三日戌時卒葬佚
子二　詩偕　詩惠
世榮公次子名國美字明德生雍正癸卯年正月十一日
丑時卒葬佚　娶林氏生卒俱失攷
子四　詩玖　詩文　詩綸　詩選
世榮公三子名國登生卒失攷
世榮公四子名國基字如德生乾隆丙辰年四月廿六日

子時卒葬娶失攷

子三　詩南　詩比　詩誥

世榮公五子名國管字超德生乾隆戊午年八月初五日辰時卒葬娶失攷

子三　詩恩　詩欽　詩朝

世侯公子名國寶字懷德生雍正甲辰年十月十二日辰時卒

娶陳氏生雍正乙巳年十一月初四日卯時卒葬佚

子三　詩範　詩太　詩念

世興公子名國彩字輝德　娶徐氏生卒葬俱佚

子三　詩壬　詩庚　詩滿

世興公次子名國彭字聖德生卒葬俱失攷

娶王氏仝葬在毛村王

子四　詩貴　詩亮　詩倫　詩圭
世興公三子名國章字有德生卒佚葬在鄭椎堠口
娶鄭氏生卒葬失攷
子三　詩鏗　詩敏　詩璞
世興公四子名國意字敬德生卒失攷葬大圜後山
娶陳氏生卒葬失攷
子二　詩連　詩登
世興公五子名國悪字能德生卒失攷葬後山邊
娶王氏生卒未詳
子一　詩席
世先公嗣子名國彦字仁德生卒佚葬破塘塢
娶徐氏生卒俱失攷
子一　詩化

世文公長子名國新字喜德　娶陳氏生卒葬俱佚

子五　詩進　詩遠　詩忠　詩有　詩究　詩子出繼國高

世文公次子名國高字上德　娶繆氏生卒葬佚

承繼子一　詩子

世文公三子名國明字光德娶吳氏生卒葬失攷

子一　詩振

世發公長子名國所生卒娶失攷

世發公次子名國順生卒娶失攷

世高公長子名國仲字貴德　娶陳氏生卒失攷

子四　詩盛　詩行　詩元　詩佳

世高公次子名國清生卒失攷

子一　詩川

自峻德公至此係江西派

世金公長子名國恩生卒佚葬東磔仔溪邊艮坤寅申
娶廖氏生卒失考葬東磔寨崙大路外
子三　詩衢　詩敲　詩不
世金公次子名國懇生卒佚　娶陳氏生子詩臣殤公
移居臺灣陳氏骸已同葬
世金公三子名國朝往臺生卒葬无考
世金公四子名國廷往臺生卒葬无考
豪士公長子名國分字維德號奇才生雍正甲寅年
十二月初十日巳時卒嘉慶丙子年二月初十日巳時葬
仙狗壠坐　向
娶周氏生雍正丁巳年十二月廿九日卯時卒嘉慶壬
申年七月十八日寅時葬岺前頭坐　向
子二　詩潘　詩覺

豪士公次子名國憤字代德生乾隆戊午年九月廿七日巳時卒乾隆乙卯年十一月
娶楊氏生乾隆辛酉年十二月廿三日酉時卒乾隆癸丑年十月初七日辰時葬東際崙外巽乾辰戌
子一　詩品父子往臺

豪士公三子名國佳字賓德號作仁生乾隆辛酉十月十五日卯時卒嘉慶丁巳年四月十四日酉時葬獅母壠辛乙戌辰　娶楊氏
謚懿勤生乾隆甲戌年四月初一日申時卒嘉慶甲戌年九月十三日巳時葬
子三　詩荐　詩賴　詩飽

豪士公四子名國訖生乾隆甲子年九月十一日巳時卒乾隆丁未年骸在臺

豪維公子名國助字藉德生乾隆壬戌年正月初八日丑
時卒嘉慶庚申年十二月初八日卯時
娶陳氏生乾隆癸酉年五月初九日午時卒嘉慶辛
未年九月廿六日酉時葬沙縣陽溪馬蓮橋艮坤寅申
子二　詩偶　詩巧
豪如公子名國儁生乾隆辛未年六月十四日未時卒
嘉慶丁巳年五月初十日午時葬蔴尾畬丙壬午子
子一　詩綬
義慎公長子名國褒字揚德號登雲生乾隆辛未年九
月初二日午時卒嘉慶乙亥年五月廿三日戌時葬新田
崙巽乾巳亥　娶鄭氏謚順儉生乾隆戊
寅年十二月十一日寅時卒嘉慶丙子年正月初八日
巳時葬大坋庚甲申寅後扦葬瓦碇頭癸丁丑未

子四　詩體　詩溫　詩規　詩駝

義慎公次子名國富字潤德號貴雲生乾隆丙子年九月廿七日未時卒嘉慶丁丑年八月廿八日辰時

娶林氏謚純儉生乾隆甲申年正月初六日酉時卒嘉慶丙子年九月初十日巳時

子三　詩岌　詩粧殀　詩忖

義慎公三子名國梯字航德號慶雲生乾隆壬午年五月初七日辰時卒嘉慶己巳年正月廿七日戌時

娶廖氏生乾隆辛卯年九月十二日辰時卒嘉慶甲戌年十二月初二日辰時

子三　詩篕往台　詩祿夭　詩榫

義慎公四子名國楷字壽德生乾隆己丑年十月初八日申時卒道光壬午年

娶李氏生乾隆己亥年八月初二日酉時卒乾隆甲
寅年四月初五日辰時葬水槐鄉山辛卯酉
又娶林氏生乾隆丁酉年十二月初四日酉時卒
子三　詩圖　詩圃　詩頂
篤慎公長子名國間字禮德生乾隆辛巳年三月廿
四日申時號行喜卒
娶胡氏號　儉生乾隆丙戌年四月十四日巳時卒
乾隆壬子年四月十七日酉時葬東際崙巽乾辰戌
子二　詩尋　詩匡
篤慎公次子名國綦字巾德生乾隆甲申年十一月廿二日
寅時卒道光壬午年八月初三日申時號行新
娶蕭氏謚慈儉生乾隆甲午年十
月十九日卯時卒嘉慶乙丑年九月三十日酉時葬水

棋脚崙艮坤寅申

子二　詩畬　詩桃

篤慎公三子名國詩字易德號行惠生乾隆辛卯年三月廿一日寅時卒嘉慶丙寅年四月廿二日吉時

娶謝氏謚恭儉生乾隆癸巳年二月廿二日巳時卒嘉慶甲戌年又二月初八日午時葬仙古坪大路上坐乙向辛兼卯酉

子一　詩走

篤慎公四子名國冬生乾隆甲午年十二月十三酉時卒

年　月

養子一　詩琳往台

天與公子名國靜字安德號肅雲生乾隆戊子年十三月初六日寅時卒嘉慶丁丑年正月初六日戌時葬新

娶周氏初娘號懿恭生乾隆丁未年四月廿一日卯時卒道光丙戌年五月廿六子時葬在本處大圳尾甲庚卯酉

子四　成珠　萍上　泮畫　鳶飛

天佑公長子名國渾字元德號登泉生乾隆丁酉年五月十九日丑時卒道光庚子年六月廿一日酉時

娶唐氏石娘生乾隆庚子年七月初七日午時卒道光癸卯年五月初九日卯時葬

子七　詩瑙　詩休　詩琚出繼國百　詩欝　詩牆

詩賞　詩述

天佑公次子名國百生乾隆辛丑年五月初一日午時往臺卒葬佚

嗣子一　詩琚

天佑公三子名國鳳字毛德號彩雲生乾隆辛亥四月十一日寅時卒道光戊戌年九月初八日卯時葬在本鄉土名大厝門口壬丙亥巳

娶陳氏汁娘生乾隆辛亥年四月廿一日申時卒年　月　日

子八　詩碧　詩嫣　詩寸（出繼）　詩返　詩魯

詩郭（出繼）　詩敦　詩埕（出繼）

瑞珪公子名國且字知德號讀雲生乾隆丁酉年七月十一日申時卒道光己酉年七月十四日巳時（查庚寅年）

娶林氏米娘生乾隆丁酉十月十一日酉時卒同治壬戌年十二月十七日戌時享年八十有五

子三　詩專　詩籃　詩相

世人公長子名國真生乾隆辛卯

世人公次子名國待生乾隆壬子年

世是公子名江明生乾隆庚子年十一月三十日申時

卒佚　娶唐氏生卒癸

失孜　又娶連氏改節

世揆公子名國扇生乾隆丁未年八月十七亥時卒

道光戊申年五月二十日吉時

娶陳氏慊娘生乾隆乙卯年六月廿一日申時卒

年月

嗣子一　詩計

世揆公次子名國千生乾隆庚戌十二月十五日未時往台

世揆公三子名國岑生嘉慶丁巳十月廿三日寅時往台

世撰公四子名國縣生嘉慶己未年十月初七日寅時
往臺
世撰公五子名國絹生嘉慶癸亥年三月初十日巳時卒
二月十七日无傳
華識公長子名國畝生乾隆己酉年正月初六日酉時
華識公次子名國制生乾隆癸丑年二月初七日辰時
世美公長子名國汀生乾隆己酉年十二月初九日丑時
卒乾隆壬子年五月葬施飯後丙壬午子
世美公次子名國餘生乾隆壬子年五月十七未時卒
嘉慶丁丑年二月廿八日寅時葬大山後丙壬向
世美公三子名國粮生嘉慶癸亥年十月十八日
娶謝氏色娘生嘉慶戊辰年二月初三日卒葬俱佚
世烈公長子名國亢生娶卒葬佚

士烈公次子名國氏字耀德娶朱氏生卒佚
子一　詩潘
士烈公三子名國斗兄弟俱往臺
士道公長子名國角　娶朱氏无出
士道公次子名國房
士道公三子名國尾
士道公四子名國金　娶李氏子二失名
士道公五子名國胃　兄弟俱往臺
士華公長子名國心字觥德號奇脩生康熙丙戌年七
月初十日丑時卒乾隆庚辰年十二月十一日午時葬在
員山仔坐　　娶陳氏謚勤儉生康熙癸巳
年正月初七日辰時卒乾隆癸卯年五月廿六日午時葬
灶坑尾厝角坐　向

子二　詩元　詩式
士華公次子名國豹字庠德生卒失考葬羊皮墘坐
向　　妣陳氏无出　繼娶張氏葬橫路仔
承繼子一　詩才
士華公三子名國女字淑德號奇客生康熙癸巳年八
月二十日未時卒乾隆丙申年二月廿四日子時葬大坪
崙坐　　娶陳氏謚敬慈生康熙庚
戌年二月廿九日子時卒乾隆乙未年十月十六日卯時
葬東礤仔腳坐　向
子二　詩順　詩才繼國豹
士華公四子名國璧字玉德生雍正　年卒乾隆
乙未七月十三日酉時葬在上庵大路邊坐　向
娶羅氏號敬慎生雍正乙巳年二月廿七日卯時卒二月

十九日巳時葬九福美
子三　詩想　詩捌　詩係
士華公五子名國畢字月德號奇初生雍正　年
八月十九日亥時卒乾隆甲辰年三月初十日酉時葬皇
君火甲庚寅申
娶林氏謚懿德生乾隆丙辰年十一月廿四日巳時卒加
慶丙辰年二月初三日卯時葬在皇君火山辛卯酉
子三　詩奕　詩深　詩省
士華公六子名國參字魯德號奇脩生雍正丙午年卒
乾隆甲午年十月初二日葬崎隴仔
娶盧氏改適
子一　詩袍
士
銑長子名國日字炬德號奇賔生康熙乙未年七

月廿七日巳時卒乾隆戊子年正月初一日巳時葬横
路頂坐壬向丙　娶趙氏號慈順生雍
正辛亥年正月初十日寅時卒乾隆乙卯年八月廿
二日葬銀塘
子四　詩樊　詩簪　詩能夭　詩良夭
士躭公次子名國婪字珠德號奇書生康熙壬寅年
十月廿七日亥時卒乾隆五十二年四月初五日辰時
葬洋仔坪坐　向　娶楊氏謚孝順生雍正
辛亥年六月初一日巳時卒乾隆乙未閏十月十九日戌
時葬灶坑路兜坐壬向丙兼亥巳
子五　詩陶　詩頂　詩南　詩答夭　詩次夭
士躭公三子名國井字成德號奇藻生雍正丁未年
四月初六日巳時卒乾隆五十二年十二月廿四日丑時

娶陳氏諡儉順生雍正辛亥年四月初三日巳時卒
乾隆乙未又十月初十日辰時仝葬旂眷上巳亥丙壬
繼娶王氏生卒失考葬馬頭顧内崙圳卯酉乙辛
子四　詩吳　詩齊　詩趙　詩鄭

士常公子名國伏生娶卒葬佚
士嚴公長子名國偉生卒葬娶失考
士嚴公次子名國榔兄弟俱往臺莫考
綱常公子名國策生娶卒葬未詳
于言公長子名國仁字愛德諡慈祥生乾隆戊寅年
七月十七日午時卒乾隆乙卯年四月三十日寅時
葬在新園
娶陳氏无出改適
養子一　詩占

于言公次子名國義字宜德生乾隆辛巳年十月十七日寅時卒葬失攷

養子一　詩伴

潤園公子名國作號振起生乾隆戊午年七月初九日酉時卒乾隆乙酉年七月廿七日戌時骸在小坑

潤園公次子名國　未詳

奇峰公二時茂公派

安宗公長子名國訓字謨德號奇典生康熙己丑年二月初四日辰時卒乾隆丙戌年六月十三日未時與叔華載仝葬山坪酉卯辛乙　娶江氏生卒葬佚

子三　詩同　詩成　詩月出繼　二房詩月最末後族弟詩杏憐其枯骨無收葬赤嶺尾田中坤艮未丑

世宗公次子名國德生卒葬娶失攷

世宗公三子名國默生卒葬娶失攷

世宗公四子名國賴生卒葬俱失攷

娶胡氏改節

子一　詩淡

奇峰公三時穆公派

國斌公長子名國東字令德號司直生卒佚葬庵頭

格崙壬丙亥巳　娶張氏

子一　詩孟與母仝往上淡水舊社居住

國斌公次子名國喜字閏德號司洋往上淡水

國斌公三子名國焴字韞德號司署往上淡水

娶李氏葬皇君火坐申向寅

宏規公長子名國建號朝性生雍正癸丑年二月廿九日
未時卒乾隆甲辰年五月十六日未時葬無尾崙
娶柯氏生乾隆癸酉年二月初二日丑時卒
乾隆甲辰年四月初七日辰時葬山坪崙仔未丑坤艮
子二　詩大　詩顯
宏規公次子名國研號朝南生乾隆丁巳年四月初八日
子時卒乾隆甲辰年六月十八日寅時葬皇君火辛山向
宏規公三子名國茲號朝在生乾隆庚申年四月廿三
日午時卒乾隆乙卯年三月十二日午時
娶馬氏生乾隆丁卯年七月初五日酉時卒乾隆甲午
年正月廿八日午時仝葬赤路墘
子一　詩靜夭
宏規公四子名國端號朝章生乾隆壬戌年十二月初

九日酉時卒嘉慶辛酉年二月初二日未時葬皇居火

國柔公長子名國求字冉德號從高生雍正癸丑九

月廿七日亥時卒乾隆丙午年七月十六日卯時葬東

嶸崙　　娶林氏生乾隆己未年二月十三日寅

時卒乾隆壬寅年正月初七日寅時葬本山石壁鷓鴣

石甲庚寅申

子二　　詩出　　詩護

國柔公次子名國朗字曜德號仰高生乾隆辛酉年

七月廿七日卒乾隆丁亥年四月初四日葬崎朧仔乾

巽向　娶唐氏號淑慎生乾隆戊辰年四月廿二日午

時卒嘉慶庚午年十二月二十日戌時葬大朧田中坐

山向辛

嗣子一　　詩入

世青公子名國取字義德葬新園崙　妣楊氏

子二　詩海　詩江

世青公次子名國恕字推德與兄仝葬　妣張氏

子一　詩遠夭

世青公三子名國宏字含德生乾隆乙卯年四月初

一日巳時葬新園崙

娶洪氏葬在皇君火

子三　詩堯　詩晏　延平出繼下厝

世足公子名國新未詳

世昇公子名國倡未詳

蘭亭公子名國力生乾隆己亥年九月十九日寅時卒佚

世多公子名國忍未詳

世長公子名國桃未詳

華烈公子名國遷未詳

世賡公長子名國恩字波德

世賡公次子名國科子三　詩岱　詩影　詩乞

世賡公三子名國淡

世賡公四子名國都

世賡公五子名國伍　兄弟俱往臺上淡水旧社后庄

世靜公長子名國切字近德號偲美生康熙庚子年三月初一日午時卒乾隆丙午年二月初七酉時葬鉄灶坑後坐壬丙兼子午

娶胡氏生雍正庚戌年十二月廿二日午時卒乾隆癸未年十月十五日戌時葬大坑頭水埕上辛乙戌辰

子二　詩粒　詩細

士靜公次子名國嗟字持德號志美生雍正癸卯年正

月十五日寅時卒乾隆庚戌年十二月初一日寅時葬水口
磜大坋田中巳亥丙壬　娶林氏謚恒慎生雍
正壬子年七月十三日子時卒乾隆辛亥年正月廿
一日申時
子三　詩雨　詩粮　詩質
士靜公三子名國赫字汞德號著美生雍正乙巳年九
月十五日丑時卒乾隆戊戌年九月廿五日辰時葬寨
仔甲庚寅申　娶王氏生
雍正乙卯年十一月十四日寅時卒乾隆甲午年七月初
十日午時葬在山坪崙壬丙亥巳
子二　詩炎　詩便
士靜公四子名國甫字㝵德號章美生雍正戊申年
四月三十日卒乾隆庚寅六月廿八日巳時

娶陳氏霞娘生乾隆庚申年
六月十七日巳時卒道光庚寅年八月十三日未時葬
在
子一　詩季
士靜公五子名國儉字省德號讓美生雍正庚戌年十
一月十一日丑時卒乾隆甲午年五月廿三日酉時至道
光己丑年十二月廿五日子時扦葬烏石畲後田中
壬丙子午　娶林氏卒乾隆庚
辰十一月初七日葬士靜公左畔
士靜公六子名國湊字集德號齊美生乾隆丙辰正
月廿七日寅時卒乾隆甲辰年六月初八日未時葬鉄
灶坑田中未丑坤艮　娶朱氏謚懿德生乾隆
辛酉年十月十二日酉時卒嘉慶癸亥年九月廿五日辰

時葵石墻脚甲寅坤艮

子四　詩躋　詩主　詩坦　詩繼

世衣公子名國扶往臺未詳

華最公子名國祐生乾隆甲子年十一月十二日酉時

卒乾隆辛亥年九月初七日未時

娶余氏改節

子一　詩棲住延平府西芹街墓坪

順齋公子名國傳卒八月二十日

娶陳氏改節

子一　梅英抱養

俞齋公長子名廷樹字寶德號森亭生乾隆庚午年

六月初三日亥時卒乾隆壬子年七月十九日酉時葵

灶坑坐　向　　娶陳氏八月廿九日忌辰

繼娶李氏諡勤慈生乾隆丙子年九月廿九日申時

卒嘉慶癸酉年五月廿六日戌時葬新園

子二　詩旋　詩匹

命齋公次子名國蒂字及德生乾隆丁丑年三月十三

日卯時卒嘉慶丁巳年八月初九日卯時葬在新園崙

　娶王氏諡儉慈生乾隆乙

酉年十月初六日未時卒嘉慶丙子年正月初八日

葬在

子三　詩述　庚英出繼胞弟梅英　詩包

命齋公三子名國苕字帀德生乾隆壬午年二月二十

日未時卒嘉慶乙丑年六月廿八日未時

　娶魏氏生乾隆己丑年十二

月十二日酉時卒嘉慶壬戌年十一月十七日巳時葬在
鈇灶坑
子四　詩胄天　詩謙　詩宅出國明　詩鈇
命齋公四子名國明號月隆生乾隆乙酉年又二月十
三日亥時卒乾隆乙卯年六月十二日酉時葬在中心崙
嗣子一　詩宅
守義公長子名國得字契德生乾隆庚寅年八月初八
日卒嘉慶癸酉年三月十三日寅時
子一　詩撫抱養
守義公次子名國孝生乾隆癸巳年二月初九日酉時卒
嘉慶庚辰年七月初八日申時　嗣子一　詩惕
守平公長子名國諒字佐德號貞明生乾隆庚寅年
八月廿九日辰時卒道光丙戌年四月初二日巳時葬

崩岸邊　娶唐氏詩娘生乾隆丁酉年三
月初三日辰時卒道光庚戌年十一月十六日未時與公仝葬
子四　詩靛　詩代出繼　詩暢　詩惕出繼

守平公次子名國宣號熙明生乾隆癸巳年八月廿四
日巳時卒道光壬午年九月初六日酉時葬本鄉土
名尾坋田中
承繼子一　詩活

萬紫公長子名國昌字熾德號奇臧生乾隆甲戌年
六月初九日未時卒十月三十日酉時葬
娶胡氏八娘生乾隆己酉年
九月廿六日酉時卒嘉慶
子三　詩荷　詩網　詩節

萬紫公次子名國蝶字飛德號奇相生乾隆丁丑年

正月十七日申時卒三月十七日酉時葬在五厝崙頭
娶葉氏艮娘生乾隆戊子年
二月初七日辰時卒道光　年正月十六日午時
葬在大山后壬丙亥巳
子五　詩答　詩彪　詩蒲　詩託出繼　詩守
萬紫公三子名國市字都德生乾隆己卯年九月廿四
日子時卒道光　年七月十八日未時
娶李氏鸞娘生乾隆丁亥年五月
廿七日申時卒嘉慶己卯年七月十六日未時葬在
本山
子三　詩賜　詩賓　詩豁
萬紫公四子名國雍字肅德號　生乾隆壬午年十
二月初九日丑時卒道光庚寅年九月廿四日亥時

葬浮桐樹坐丙壬兼午子
娶劉氏坦娘謚敬盛生乾隆甲午年六月十四日
亥時卒道光庚子年九月初七日辰時葬在本鄉
名双垻坐山向辛兼卯酉
子二　詩乹　詩摛
世謇公長子名國韜字武德號奇畧生乾隆己卯年
十二月十一日未時卒嘉慶丁卯年二月初七日辰時
葬在獅毋壠坐　向　娶裴氏二娘謚敬恬
生乾隆庚寅年十二月初一日辰時卒嘉慶己巳年三
月十六日未時葬牛桐崙坐丙向壬
子二　朝美　詩寬
世謇公次子名國修字錦德號奇足生乾隆丙戌年
正月初六日丑時卒道光辛卯年九月二十日丑時葬

在獅母隴坐壬丙兼亥巳
娶劉氏火娘生乾隆甲午年十一月初十日申時卒
道光戊子年八月三十日戌時葬石寨湖坐
子　詩篆　詩士　詩取　陽春　詩味
軒定公子名國眈卒正月初四日　娶楊氏
子一　文義在臺
華瑯公子名國求往臺　子一未詳
登選公長子名朝成殤葬獅母隴垵辛凵戌辰
登選公次子名國覃又名章字達德號崇源生乾隆
戊辰年五月廿一日酉時卒乾隆戊申年三月三十日辰時
葬獅母壠坐子向午
娶陳氏謚順慈生乾隆辛巳年十一月二十日戌時卒
乾隆丙午年八月初四日丑時葬在大牛坪坐　向

公新採譜草誌與毋陳氏仝葬坪頭
子二　詩壬　詩挑抱養
登選公三子名國藝殤
登選公四子名國相字扶德號崇邦別號榮南生乾
隆乙亥年五月初七日申時卒嘉慶乙丑年十一月初
四日丑時葬本處土名尾坋壬丙子午
娶胡氏招娘生乾隆丙戌年五月初八日寅時卒道
光壬午年七月初二日寅時葬本處土名九福庚甲酉卯
子一　詩脫
登選公五子名國統字創德號崇諸生乾隆戊寅年
十一月十七日寅時卒道光甲申年十二月初七日丑時葬
本處土名坪頭庚甲酉卯與弟國輿仝葬
配王氏末娘生乾隆壬辰年七月十二日酉時卒咸豐

辛亥年九月十六日未時葬坪頭庚甲酉卯

子五　詩攝　詩邊　詩贊繼國輿　詩巖　詩殿

登選公六子名國輿號盈南生乾隆壬午年正月廿五

日午時卒嘉慶戊午年八月初八日丑時與尤仝葬坪頭

承繼子一　詩贊

尚義公長子名國石號道南生乾隆丙寅年十一月十三

日戌時卒乾隆辛卯年七月十四日寅時

尚義公次子名國和字漏德號致祥生乾隆丙子年

七月廿二日丑時卒嘉慶戊午年十一月初五日酉時葬深

坑內坐　向　娶李氏葉娘生乾隆戊子

年九月十六日酉時卒道光丁亥年十一月廿五日寅時

葬

子三　詩長　詩喜　詩道出繼國穴

尚義公三子名國穴號敬丹生乾隆癸未年八月十七
日辰時卒嘉慶癸亥年九月初六日戌時
配陳氏生乾隆乙酉年五月
十三日午時卒乾隆癸丑年正月廿七日午時
嗣子一　詩道
克用公長子名國約字東德號正神生乾隆辛未年
又五月十三日戌時卒失攷
娶楊氏地娘生乾隆甲申年二月初五日寅時卒葬
无攷
子三　詩講　詩梁繼國點　詩丑繼國跳
克用公次子名國點生乾隆甲戌年六月廿五日戌時
卒乾隆辛丑年十月十七日葬大牛坪
嗣子一　詩梁

克用公三子名國造生乾隆戊寅年正月廿二日戌時卒
十月初三日午時葬半山尾
克用公四子名國覺生乾隆丙戌年十二月初六日巳
時卒嘉慶丁卯年十二月初九日卯時葬東際崙
克用公五子名國天生乾隆丙戌庚寅年閏五月十九日辰時
卒嘉慶丁巳年十月初六日未時葬秧墘仔
克用公六子名國跳生乾隆甲午年八月廿三日午時卒
道光壬午年七月
承繼子一　詩丑
尚朋公長子名國剡生乾隆戊子年六月十一日辰時
卒葬无攷　娶楊氏
子一　詩連往臺
尚明公次子名國葛生乾隆癸巳閏三月初六日午時

卒葬失考　娶　氏失考

子二　詩葵　詩交在台

加厚公長子名國庇字蔭德號崇本生乾隆己卯年十一月十二日辰時卒嘉慶甲戌年九月初七日午時葬本鄉坪上坤艮申寅　娶林氏改節

子三　詩頭　詩衍养　詩接养

加厚公次子名國銓字選德號自新生乾隆壬午年六月廿八日辰時卒道光壬午年八月初一日午時葬本處土名灶坑仔邊申寅坤艮

承繼子一　詩集

加厚公三子名國絨字紗德號觀上生乾隆甲申年十二月廿八日丑時卒嘉慶庚辰年八月廿二日巳時葬本處土名尾坋田中坐子午兼壬丙

嗣子半　詩寸（係肯長子來双承）

加厚公四子名國前字廸德號迎賞生乾隆庚寅年九月初五日酉時卒道光庚子年四月十四日寅時葬崎隴仔戌辰辛乙

嗣子一　詩千

加厚公五子名國驅字範德號進尺生乾隆戊戌年四月廿八日戌時卒道光壬寅年十一月初三日巳時葬本鄉土名旂尾員山仔寅申甲庚

娶李氏臣娘生乾隆戊申年十二月十五日辰時卒道光甲寅年六月初八日丑時葬本處新厝角

子四　詩集（繼國銓）　詩棨　詩千（繼國前）　詩百

加厚公六子名國肯字構德號升堂生乾隆辛丑年十一月初二日辰時卒道光辛丑年十一月初五日丑時

葬在尾圻　　　　　娶林氏蕙娘生乾
隆甲寅年十一月廿八日酉時卒咸豐己未年十一月廿
二日未時
子二　詩寸半承國戎　詩榮抱養
世興公長子名佳音生乾隆庚寅葬柝尾崙
世興公次子名國悻生乾隆乙未年五月十五日巳時
卒嘉慶　年七月三十日被水漂流屍莫尋
鰲山公長子名國恬殤
鰲山公次子名國社字介德生乾隆辛丑年五月廿三
日午時卒无放
子一　成功抱養

柏興公子東園公長應懷公派

沛然公長子名國純字熙德生雍正辛亥年正月廿八日申時卒乾隆甲午年八月廿八日丑時葬營口崙坐庚甲兼酉卯　娶李氏生雍正甲寅年正月廿二日巳時卒乾隆甲午年十月初一日巳時與公仝葬

子一　詩愷

沛然公次子名國旺字廣德號敦厚生乾隆丙辰五月初五日子時卒乾隆庚子年六月十二日未時葬旂尾路上辛山酉卯　娶曾氏生乾隆戊午年四月初十日辰時卒葬佚

子四　詩敲　詩團　詩芮　詩托殤

沛然公三子名國聘字獻德號來朝生乾隆庚申閏六月廿二日未時卒嘉慶庚午年二月十四日戌時葬福

帽深格崙頭坐巽向乾

娶楊氏生乾隆甲子年五月廿七日酉時卒乾隆丁酉年十月十三日巳時葬山坪大坪畲角

又娶許氏改節

子二　詩燕　詩意

沛然公四子名國育字遂德號來年生乾隆癸亥年三月初六日申時卒嘉慶癸酉年六月初二日未時葬東磜坐巽向乾　娶李氏生乾隆丁卯年二月初七日亥時卒乾隆戊申年三月十六日未時葬縛牛坪腳未丑坤艮

子四　詩澄　詩皎　三殀　詩比

直然公長子名國逞字顏德號怡紫生雍正庚戌年十月廿五日辰時卒嘉慶戊辰年十一月十六日戌時

娶倪氏生雍正癸丑五月

廿二日辰時卒乾隆乙未年十月二十日寅時

子四　詩哲　論　詩坤　詩且

直然公次子名國益字萬德號萬紫生雍正乙卯年十

月初七日戌時卒乾隆戊申年四月十三日辰時葬

在福帽梘仔內坐乙辛兼卯酉

娶潘氏生乾隆辛酉年二月廿五日酉時卒嘉慶丁

丑年十二月十五日申時

子三　詩寬　詩決　詩通

直然公三子名國涉字濟德號厲紫生乾隆丙寅年七

月初十日未時卒嘉慶丁丑年七月廿三日未時

娶劉氏生乾隆庚辰年正月初八日

子時卒乾隆戊申年五月廿一日酉時

子一　詩波

直然公四子名國詩字觀德號百紫生乾隆辛未年四月初三日巳時卒道光　年五月廿一日吉時

娶洪氏生乾隆丙戌年正月初八日卒乾隆乙卯年九月十八日丑時葬在尾崙門口坐乾巽兼亥巳

子一　詩串

世培公長子名國圭字寸德生乾隆辛巳年二月十四日卯時卒道光辛巳年八月初七日辰時葬洋坑水埕下

娶楊氏水娘生乾隆甲午年十二月廿六日未時卒道光庚子年九月初十日丑時葬在獅毋隴坐

子五　詩鴇　詩尼　詩毫　詩水繼國冉　詩買繼國川

垚培公次子名國冉字弹德號仰柔生乾隆癸巳年
十月初六日巳時卒嘉慶癸酉年八月十六日申時葬
在貟山仔坐　向　娶唐氏撮娘生乾隆
丁未年六月廿九日卒嘉慶癸酉年八月十六日申時
繼室唐氏慘娘生乾隆壬寅年十月初三日卒道光
壬辰年正月初七日酉時
子二　詩水承繼　詩圓
世白公長子名國泄字緩德號仰派生乾隆己卯年十
一月初六日午時卒道光壬辰年十二月廿五日亥時
葬在湖内巽乾巳亥　娶曾氏財娘生佚
卒嘉慶甲戌年六月初四日巳時
子二　詩陳　詩埜出繼國踏
世白公次子名國踏字践德號仰趾生乾隆丙戌年

二月初五日卒道光庚寅年五月十二日巳時葬新園坐
丙壬兼午子
娶林氏斤娘生乾隆甲午年十一月十五日寅時卒嘉慶
乙丑年正月初一日丑時葬在山坪
承繼子　詩樹
世偶公長子名國伴生乾隆甲午年十一月十五日寅時卒
嘉慶戊　年正月十七日午時失傳
世偶公次子名國川生乾隆戊戌年正月廿五日巳時卒
道光甲午年六月十六日亥時
承繼子一　詩買
世偶公三子名國衣生乾隆辛丑年十二月初五日卯
時卒嘉慶癸酉年八月十四日巳時失傳
華觧公長子名國曉生乾隆戊戌年六月十六日寅時

卒嘉慶己巳年三月十八日亥時
子一　詩榜養
華鮮公次子名國覺字運德號仰厚生乾隆庚子年
七月初十日未時卒咸豐己未年十二月初九日午時
娶林氏草娘生乾隆己酉
年二月廿五日巳時卒同治壬戌年九月初八日巳時
子四　詩籃　詩籠夭　詩厭　詩讓
世敬公長子名國雍生乾隆戊寅年二月初十日巳時
卒乾隆乙卯年七月初七日辰時无傳
世敬公次子名國永生佚卒十二月初七日无傳
世敬公三子名國坫生乾隆庚寅年十一月十二日巳時
卒道光　年二月初九日寅時
承繼子一　詩抵

華挽公子名國告生乾隆丙申年五月十五日子時卒
嘉慶丙子年十一月初五日午時
承繼子一　詩稔
華抱公子名國石生乾隆庚子年娶許氏生卒俱佚
子一　詩清
世烈公名國煥生乾隆辛亥年十二月初一日子時卒佚
世術公長子名國惝字心德生乾隆己丑年六月十
九日子時卒道光　年九月初十日亥時葬在山坪
娶廖氏新娘生庚乾隆庚子二月
初八日辰時卒道光　年八月初八日酉時
子四　詩核　詩蚋出繼國鮮　詩隐出繼國告　詩柢出繼國拈
世術公次子名國鮮生乾隆壬辰年十二月初三日丑時
卒道光　年

承繼子一　詩蚋

世潛公長子名國鵲字餘德號裕亭生乾隆辛未年正月十六日酉時卒嘉慶己卯年六月廿五日酉時葬祈尾崙路下坐　向　娶陳氏生乾隆壬申年七月廿三日卒嘉慶己卯年正月初十日戌時葬仙狗壠崙上坐　向

子一　詩琶

世潛公次子名國鶴字寅德號發亭生乾隆癸未年六月廿二日酉時卒道光壬午年十一月廿九日辰時　娶鄭氏生乾隆甲申年十一月初七日酉時卒未詳

子四　詩銅　詩錢　詩銀出繼　金針

世潛公三子名國准字序德號輝亭生乾隆乙酉年

十一月十九日酉時卒嘉慶己未年三月廿二日酉時
葬在　　　娶王氏生乾隆丙戌
年九月十八日巳時卒
子一　詩玉
世念公長子名國强字善德生乾隆辛未年八月十五日
寅時卒嘉慶丁丑年十一月十二日巳時
　　娶劉氏成娘生乾隆辛巳年十
一月十二日丑時卒道光癸巳年正月廿九日酉時葬本
處土名返山尾大圳
子一　詩恊
世念公次子名國正字厚德號位亭生乾隆丙子年八
月十五日寅時卒乾隆丙寅年二月十九日未時葬本
石碑　　娶劉氏改節

子一　詩姜

世愈公三子名國炳字建德生乾隆癸未年四月初一日卒嘉慶丁卯年十月廿三日

娶朱氏秋娘生乾隆辛卯年卒乾隆戊申年

又娶蔡氏改節

子一　詩才

世愈公四子名國僾號對亭生乾隆丁亥年十月十九日酉時卒嘉慶庚辰年六月十九日未時

娶陳氏改節

世閩公子名國礐字星德生佚卒乾隆丙申年十一月初五日

娶劉氏改節

承繼子一　延平

世崇公長子名國喬字遷德號高堃生乾隆丁丑年
八月十七日卯時卒嘉慶丁卯年二月二十日酉時葬
山頭新園田中
娶王氏生乾隆戊寅年八月十三日未時卒嘉慶丙
辰年二月初九日戌時葬新園尾申寅坤艮
繼娶林氏生乾隆丁丑年八月廿四日丑時卒嘉慶癸
酉十二月十六日巳時葬在灶坑仙狗隴田中
子四　詩董　詩芬　詩肅　詩藺
世崇公次子名國梅字迎德號應堃生乾隆庚辰年十
一月廿一日午時卒道光癸未年九月二十日寅時享年
六十有四葬在湖内坤艮未丑
娶廖氏妹娘生乾隆辛巳年十二月初二日巳時卒道
光戊戌年七月初一日未時享年七十有八葬在土名

湖内

子四　詩薛　詩艾　詩蔚　詩蔗

世崇公三子名國榴字騫德號石堂生乾隆癸未年七月十一日戌時卒道光　年葬新園田中

娶葉氏說娘生乾隆丙戌年四月初二日子時卒葬俱失攷

子二　詩蘿抱養　詩銀承繼

華咸公長子名元興

華咸公次子名元喜

華咸公三子名國

世言公長子名國吟字咏德生乾隆戊戌年四月十合長時卒道光癸亥年十一月初五日戌時葬在崩山坐壬丙兼亥巳　娶李氏聽娘號從姿生乾

隆庚戌年九月十三日卯時卒道光庚戌年閏八月初
四日辰時葬本鄉土名石觀音山辛辰戌
子三　詩劍　詩賀出繼國講　詩溪
世言公次子名國卯生乾隆辛丑年七月十一日申時卒
佚娶王氏往臺生卒失攷
世勤公長子名國雷字迅德號永雨生乾隆癸巳十
月十二日寅時卒嘉慶乙丑年十二月初八日酉時葬
本鄉岸前　娶白氏改適
子一　詩兼
世勤公次子名國活字科德號永水生乾隆壬寅年
十一月廿六日酉時卒道光甲申年二月廿三日子時葬
本鄉內山岸刀穴酉卯庚甲
娶陳氏郡娘生乾隆甲辰年二月十二日亥時卒

年　月

子三　詩賽　詩探　詩妥

世勤公三子名國略字微德號永同生乾隆丁未年三
月十八日子時卒道光戊子年十一月初六日巳時葬在
土名蓮宅乚辛辰戌
娶李氏早娘生嘉慶壬戌年五月廿五日未時卒同
治壬申年十二月初五日未時

子二　詩肴　詩切

世慈公子名國濟往臺生卒佚配陳氏

子一　詩貫

世儒公長子名國種字降德號嘉成生乾隆甲午年
十一月初六日亥時卒道光戊申年十二月初八日未時葬
本鄉大湖

娶周氏妹娘生乾隆己亥年十月初一日戌時卒道光
甲午年十月十五日寅時
叶娶李氏爐娘生嘉慶丙辰年九月廿四日酉時卒
年　月

子三　金欽　詩法　詩詒

世儒公次子名國講字説德號仁意生乾隆己亥年八
月初三日午時卒道光戊戌年八月十三日酉時葬在本
處陳隴深
承繼子一　詩賀

華云公長子名國欵字待德號春風生乾隆戊申年
四月十二日亥時卒道光癸卯年七月十三日酉時葬
本鄉覆船後　娶張氏愍娘生
嘉慶庚甲申年七月初五日午時號求資卒道光庚寅

年閏四月初一日酉時葬本鄉蓮宅
子二　詩錠　詩彭
華云公次子名國樣字模德生乾隆辛亥年六月廿二日
卯時卒咸豐辛酉年六月初一日丑時
娶林氏鸞娘生嘉慶丁卯年
四月廿九日亥時卒道光丁亥年六月廿六日丑時葬本鄉尾
圳坐　向
子一　詩胆
華云公三子名國郎字職德號春牛生嘉慶乙丑年
正月十五日寅時卒咸豐戊午年十一月廿二日巳時
承繼子一　詩壽
華閩公子名國外字內德號春義生嘉慶乙丑年正月
十五日寅時卒道光戊戌年八月十三日丑時失傳

世富公長子名國造字端德號正林生乾隆庚子三月十二日辰時卒道光丙申年十一月十三日巳時葬本鄉土名崩山坐　向

娶莊氏配娘生乾隆己亥年十一月十一日巳時卒嘉慶丙辰年八月廿九日巳時葬本鄉陳隴深後溝巽乾兼巳亥　又娶陳氏周娘生乾隆甲寅年十二月十九日辰時卒道光壬辰年六月十一日酉時葬在本鄉土名蓮宅坐巽乾兼巳亥

子五　詩誇　詩咱　詩訓出繼因篤　詩蕖夭　詩碇

世富公次子名國錯字薪德生乾隆丁未年正月廿三日寅時卒同治壬戌年十二月初三日午時

娶楊氏生嘉慶丙辰年七月廿三日辰時卒道光庚戌年三月廿九日戌時葬本鄉東磜

子一　詩真

世富公三子名國鴛字飛德號良樸生乾隆庚戌年十一月初九日寅時卒道光乙巳年十月初十日巳時葬在冷水坑

承繼子　詩訓

世富公双胎四子名國鴦字燕德生乾隆庚戌年十二月初九日寅時卒咸豐戊午年五月初七日戌時

娶吳氏蕉娘生嘉慶甲子年十二月廿九日酉時卒咸豐戊午年八月廿八日戌時

子二　詩泉夭　詩在

世富公五子名國綏字來德號正冋生乾隆甲寅年正月初七日戌時卒咸豐乙卯年十月十二日戌時

娶唐氏註娘生嘉慶戊辰年

六月廿七日丑時卒道光甲申年十一月十四日巳時
葬本鄉赤竹坋　　又娶唐氏對娘生
嘉慶戊辰年十一月廿八日申時卒
子五　詩子无攷　詩性　詩杉夭　詩從　詩晃夭
世富公六子名國于字友德號温柔生乾隆戊午年九
月初五日卯時卒道光丁酉年五月初十日寅時葬本
處大林　　娶李氏斷娘生嘉慶
壬戌年正月初十日午時卒
承繼子一　詩令
世富公七子名國欣字權德號正然生嘉慶壬戌年
三月廿四日午時卒光緒甲申年十二月二十日辰時葬
藕兜嶺坐乙辛兼辰戌
娶唐氏壁娘生嘉慶甲戌年十月廿七日酉時卒光

緒庚寅年十二月初九日戌時
子四　詩籌夭　詩廿　詩紅夭　詩霞
世立公子名國杯字棬德號伯信生乾隆辛丑年六月
初九日酉時卒嘉慶甲戌年十二月十七日未時葬本處
符前坐　向　　娶陳氏絹娘生乾隆癸卯
年三月廿六日巳時卒
子三　詩衿　詩認　詩璧出繼
華宿公長子名國典字則德號型亭生乾隆己酉正
月廿六日丑時卒光緒乙酉年五月初四日巳時
娶謝氏好娘謚言慈生嘉慶己
未年七月廿四日酉時卒光緒癸未年七月初二日酉
時葬
承繼子一　詩火

華宿公次子名國英字雄德號慎亭生嘉慶乙丑年
五月二十日巳時卒道光丙午年五月初七日巳
時葬本鄉蓮宅尘山向辛　娶李氏昧娘號明慈生
道光甲申年三月廿五日辰時卒光緒庚寅年二月廿九
日辰時與父仝葬內山大坋田坤艮申寅
子四　詩火出繼國典　詩黌　詩灶出繼　詩盒又名概
華梭公長子名國挽往臺未詳
華梭公次子名國富生嘉慶乙丑年未詳
世業公長子名國暢字茂德號盛隆生乾隆丁未年五
月初九日未時卒同治乙丑年二月十四日戌時葬在間
仔后吳乾巳亥　娶鄭氏罕娘號貞正生嘉慶丙
辰年十二月初八日酉時卒同治辛未年十二月初五日酉
時葬貓兒嶺大湖

子五　詩最　詩羅夭　詩塔承繼　詩合　詩超

世業公次子名國蚊生乾隆辛亥殤

世業公三子名國信生乾隆乙卯殤

世業公四子名國都字邱德號盛建生嘉慶壬戌年

三月廿二日申時卒道光壬寅年十一月初三日未時葬在崩

山崩符邊　娶李氏錯娘號儉

葱生嘉慶乙丑年十月廿二日申時卒同治　年

八月初九日午時

子三　詩澍　詩磚　詩柱

華陶公繼子名國汀生嘉慶壬戌年十二月廿三日辰時

卒嘉慶癸酉年六月初一日巳時无傳

世昭公長子名光燮无傳

世招公次子名永順生乾隆丙戌年八月廿三日寅時

娶陳氏生乾隆丁酉年七月初一日寅時卒佚
子一　詩市
世足公長子名國為字作德生乾隆丁亥年十月廿一日
申時卒佚　娶陳氏生卒无攷
子二　詩泉　詩巻
世足公次子名國正字下德生乾隆十月十六日寅時
卒佚娶王氏生卒无攷
世成公子名國思字孝德生乾隆丁亥年十月十六日
未時卒佚　娶吳氏生卒无攷
子一　詩治
世都公嗣子名國周字仕德號有亭生乾隆乙巳年六
月廿五日亥時卒佚
世敦公子名國可字知德號禮亭生乾隆甲午六月

初一日卒嘉慶戊寅年五月十九日葬同安東浦加老坵
巽乾辰戌　娶陳氏生乾隆乙巳六
月十三日卒
子一　光致
世善公子名國甫字青德號詩亭生乾隆已亥年未詳
華維公子名國從无攷
世命公子名國伍字就德號庚明生乾隆丁丑年九
月初七日巳時卒道光辛巳年十一月廿一日申時葬在
本鄉土名爐口　娶吳氏二娘生乾隆
戊子年二月十九日酉時卒道光壬午年九月廿一日子
時葬
子六　詩淡　詩荇　詩近　詩芬
詩查　詩兒

世命公次子名國權字度德號後明生乾隆庚辰年六月廿三日丑時卒道光癸巳年十月廿六日酉時

娶李氏改節

承繼子一　詩接

世命公三子名國勤字讀德號諸明生乾隆丙戌年四月十六日寅時卒咸豐辛亥年五月初九日午時享年八十有六葬咸豐丙辰年三月初七日丑時瓦棺葬在本處土名產狗壠辛山酉卯分金丁酉丁卯

娶鄭氏珠娘號塞淵生乾隆戊戌年十月初七日寅時卒道光癸卯年二月初七日子時年六十有六葬咸豐甲寅年十月十二日子時金葬在本鄉土名石墩墘坐辛兼辰戌分金辛卯辛酉

子一　詩界

世業公長子名國紀字新德生乾隆庚子年八月二十
日丑時往臺未詳
世業公次子名國奉夭
世員公子名國庚號財明生乾隆壬寅年八月廿一日
丑時卒道光丁未年三月初五日戌時葬在社壇仔
嗣子二　詩碧　詩宣往台

柏與公子東園公三應瑞公派
世武公長子名國萬字積德號戶明生乾隆辛未年
七月初七日巳時卒嘉慶壬申年七月十二日酉時葬在
本鄉大林御史石寅申甲庚　娶楊氏敬娘號
生乾隆壬申年十一月廿九日寅時卒嘉慶癸酉年四月
初一日巳時葬本鄉松柏崙嶺仔邊坐甲庚兼寅申

子五　詩詠　詩座　詩意　詩件　詩楓往台

世武公次子名國肖字人德號宗明生乾隆丁亥八月廿七日寅時卒道光戊戌年九月廿三日子時葬在仙狗隴庚甲酉卯　娶陳氏粉娘生乾隆庚寅年七月廿七日申時卒道光辛丑年三月十九日亥時葬

子二　詩温　詩敷

世定公長子名國祐字純德號我明生乾隆庚午年十二月廿八日巳時卒在臺未詳

娶劉氏堯娘生乾隆戊寅年二月初七日卯時卒

年　月

子二　詩諒往台　詩孝出繼

世定公次子名國千生卒娶前譜失登

世定公三子名國地號克明生乾隆癸未年三月廿三日
未時卒嘉慶庚申年三月十九日
世定公四子名國在字陳德號玆明 生乾隆戊子年
二月十六日巳時往臺
世懷公長子名國里生乾隆乙酉年三月廿六日巳時
娶陳氏諡娘往臺生卒俱失考
世懷公次子名國尺字滿德號保明生乾隆己丑年
三月十二日子時卒道光癸未年三月廿四日寅時
娶温氏生卒失考
子一　詩綿
世懷公三子名國朮字上德號英明生乾隆辛卯年
九月廿三日申時　娶　氏
子三　詩貌　成珠　詩接

世懷公四子名國海生乾隆癸巳十二月廿五日丑時
往臺
世懷公五子名國存字心德號心明生乾隆丙申九
月廿七日亥時卒咸豐壬子年正月廿七日未時
娶劉氏偶娘生乾隆乙巳年八
月十四日酉時卒咸豐己未年八月廿六日酉時
子二　詩貨　詩啓
世帥公嗣子名國位字忠德號俊明生乾隆乙酉年
六月十六日丑時卒三月十五日辰時
娶吳氏生乾隆丁亥年八月十一日巳
時卒乾隆己酉年十一月十一日丑時葬星斗隴埈
外畔癸丁丑未向　又娶謝氏春娘生乾隆丙
戌年五月二十日酉時卒道光己亥年六月十二日

午時

子二　詩驢　詩牛

世民公長子，名國星字禪德號廣明生乾隆甲申年五月初九日戌時卒道光辛丑年五月十四日巳時葬在牛欄口坐巽乾兼巳亥　娶李氏送娘生乾隆癸巳年八月廿六日辰時卒道光丙戌年五月十七日丑時葬在深坑崙尾辛乙戌辰

子一　詩朕

世民公次子名國藝生乾隆丙戌年十一月廿一日申時往台

世民公三子名國秩生乾隆戊戌年正月初六日未時往台

承繼子一　詩載

世表公長子名國韵字琴德號琴明生乾隆丁亥十月十六日卯時卒失考　娶魏氏生乾隆辛卯年九

月十二日申時卒道光庚戌年四月十二日巳時

子三　詩寀　詩甲　詩丹出繼

世表公次子名國銃字响德號响明生乾隆癸巳年七月初五日吉時卒嘉慶乙丑年四月初五日巳時葬在　娶廖氏敗節

承繼子一　詩傳

世表公三子名國現字素德號雲彩生乾隆丁酉年十二月廿五日巳時卒道光癸巳年五月十一日未時葬在　娶李氏芹娘生乾隆戊申年九月十六日午時卒同治辛未年十月初四日吉時葬

子三　詩遜　詩托　詩君出繼

世表公四子名國迎號集明生乾隆辛丑年二月廿二日

午時卒嘉慶庚午年正月廿二日戌時葬
承繼子二　詩丹　詩君
世岡公長子名國西字靦德號東明生乾隆壬辰年
八月廿五日寅時卒道光癸卯年六月廿四日申時葬
在本處土名嶺邊巽乾亥巳　娶李氏米娘謚柔
姿生乾隆丙申年十月十四日亥時卒嘉慶甲戌年十
月三十日辰時葬仙狗壠辛乙戌辰　又娶陳氏氣
娘號柔順生乾隆丁酉年十月二十日辰時卒
年　月
子三　詩鎮　詩蘊　詩問
世岡公次子名國虎字暴德號河明生乾隆丙申年七
月十一日辰時卒道光辛卯年十月廿一日酉時
娶廖氏別娘生乾隆癸卯二

月初五日巳時卒道光壬辰年九月初八日午時葬
在
子二　詩再　詩潭
世阿公三子名國瀕字淵德號淵明生乾隆乙巳年八
月初三日寅時卒咸豐甲寅年九月廿一日寅時葬東
磜寨丙壬午子　娶胡氏城娘生乾隆壬子年五月
初五日寅時卒道光辛丑年十月初四日酉時葬
子三　詩鵠　詩篇　詩監
世阿公三子名國味字明德號事明生乾隆己酉年
三月初九日戌時卒道光壬寅年十二月廿六日酉時葬
在柳樹脚辛乙戌辰　娶吳氏取娘生嘉慶戊午
年七月十四日酉時卒咸豐癸丑年七月十一日寅時葬
在宮仔下酉卯辛乙

子四　瑶池　他年　璞玉出繼　詩房

世臣公長子名國鞭字執德號士明生乾隆乙未年五

月廿二日寅時卒道光丙申年四月初三日巳時

娶廖氏密娘謚寬柔生乾隆戊

戌年十月十八日未時卒道光壬午年四月初一日戌時

葬

子一　詩追抱養

世臣公次子名國蓮字蕙德生乾隆戊戌年六月廿八日

午時卒同治癸亥年七月初六日戌時

娶廖氏愛娘生乾隆己酉年十

一月二十日亥時卒咸豐庚申年十二月十一日酉時

嗣子四　詩丙　詩井　詩滂　詩閣

世臣公三子名國討字探德號其明生乾隆壬寅年三

月十四日卯時卒咸豐己未年七月初八日申時
娶葉氏攀娘號順慈生嘉慶
己未年二月廿二日酉時卒道光辛卯年九月卅四日辰
時葬在　又娶李氏梅娘生嘉
慶戊午年二月十九日子時卒咸豐己未年四月初三
日卯時
子四　詩斗承繼　詩豫承繼　詩伋　詩毛
世顯公長子名國宜字惟德號加瑞生乾隆己亥年正
月十八日卯時卒嘉慶甲子年五月廿六日未時
世顯公次子名國祥字必德號瑞明生乾隆辛丑年十
月廿四日戌時卒道光戊戌年十月二十日戌時
娶廖氏認娘生嘉慶丁巳
年正月廿八日申時卒佚葬在模乳巷壬丙子午

子四　詩荼　詩沛　詩記　詩業出繼

世顯公三子名國蔞字合德號合明生乾隆癸卯六月十一日子時卒道光甲申年七月十二日未時

娶廖氏政節

子二　詩受　詩類

世顯公四子名國律號叶明生乾隆乙巳年七月初三日寅時卒嘉慶丙子年正月初七日丑時

世顯公五子名國委生卒前譜失登

世持公長子名國蔭號沙明生乾隆戊寅年七月初七日午時卒乾隆壬子年閏四月廿六日未時葬在宮前龍坐　向

世持公次子名國倩字然德號昭明生乾隆乙酉年七月十三日亥時卒道光己亥年八月廿六日寅時葬

前隴圳下坐坤向艮　娶陳氏旋娘生乾隆甲
申年三月十九日未時卒道光戊戌年二月初一日子時
葬在
子三　詩速　詩推　詩樵
世持公三子名國聰字敏德生乾隆戊子年五月十九日
亥時卒道光癸巳年九月十五日　娶葉氏生乾隆
己亥九月初七日辰時往臺
子二　詩遇　着衣
世持公四子名國歷字象德生乾隆辛卯年六月廿五
日辰時卒道光戊申年十二月廿一日辰時
娶楊氏生乾隆壬辰年正月廿四日酉時卒道光甲午
年六月廿四日申時
子一　詩環

世前公長子名國白號黑明生乾隆己丑年二月二十日
卒嘉慶庚申年四月初四日酉時　娶劉氏攺節
承繼孫　禮猜
世前公次子名國邦號幾明生乾隆癸巳年十二月廿
九日往臺
承繼孫　禮抱
世前公三子名國從號冉明生乾隆癸卯年二月初二日
公又名國註卒咸豐戊午年五月十二日卯時　娶胡氏生
乾隆乙卯年正月十三日未時卒道光丙戌年十二月十七日
酉時　又娶林氏生卒佚
子一　詩炳
世信公長子名國垂字創德號統明生乾隆丁酉年十
一月初九日寅時卒道光辛丑年九月廿三日午時葬本

山土名將軍山

娶葉氏生嘉慶丁巳年七月十一日辰時卒道光己

酉年九月初四日子時

子三　詩彭　詩求　詩周出繼

世信公次子名國泉生乾隆戊申年六月廿八日在臺

華請公繼子名國親字禮仲生乾隆丙午年十月廿一

日寅時在臺

世受公長子名國族字宗仲生乾隆庚辰年十月十五

日申時卒嘉慶戊辰年正月廿五日亥時

承繼子一　詩華

世受公次子名國漢生乾隆丁亥年七月三十日辰時

卒嘉慶辛酉年十月初四日巳時在臺无攷

世受公三子名國閑字施仲生乾隆庚寅年十月初八日

亥時卒道光癸卯年十二月十二日丑時葬仙狗隴

娶楊氏熟娘號生姿生乾隆乙

未年六月十三日辰時卒咸豐己未年九月三十日戌

時葬

子三　詩若　詩潤　詩擔

世芮公長子名國鸞字鳳仲生乾隆丁酉年八月初

三日寅時　娶林氏

子二　詩　詩滿

世芮公次子名國宅生乾隆庚寅年五月初七日往臺

世齊公長子名國復字衣仲號致美生乾隆癸卯年十

一月廿一日午時卒道光壬辰年十月初三日辰時葬大

林水蝀後圻葬宮仔后坐辛乙兼戌辰

子二　詩綴殀　詩撥俱承繼

世齊公次子名國裕號如明生乾隆庚戌年九月三十日

辰時卒咸豊甲寅年六月廿五日酉時

承繼子一　詩顔

世咸公長子名國巧號明舉生乾隆丙午年九月廿九日

卯時卒道光辛丑年五月十七日未時

娶劉氏鈎娘生嘉慶丁卯改節

子一　詩鏡

世咸公次子名國均字可德號明祿生乾隆甲寅七

月二十日亥時卒道光辛丑年又三月初三日午時无傳

世咸公三子名國先字知仲號明其生嘉慶庚申年又

四月初三日未時卒咸豊己未年正月初九日辰時无傳

世咸公四子名國陳字臻仲生嘉慶甲子年四月初二

日丑時卒佚娶劉氏勸娘生道光丙戌年十月初一

丑時卒咸豐丁巳年九月廿六日未時
子一　　詩雍
華水公長子名國隊生嘉慶庚申年三月三十日巳時往
臺生娶卒无攷
華水公次子名國魏生嘉慶壬戌年十二月十六日戌時
卒葬无攷
華古公長子名國鋷生嘉慶丙寅年正月廿四日巳時卒佚
華標公子名國蛙生乾隆癸丑年十月廿三日卒嘉慶甲
戌年九月廿三日酉時
世章公子名國炮生嘉慶甲子年七月初一日未時卒
道光癸卯年三月廿五日申時
娶李氏郡娘生嘉慶乙亥年九月廿七日寅時卒道
光　年十二月十八日午時

世章公次子名國宙往臺生卒无攷

世降公長子名國斟生嘉慶癸亥年十月十七日子時卒葬无攷　娶李氏改節

世降公次子名國祖生嘉慶戊辰年十月廿八日酉時卒咸豐辛酉年正月廿一日酉時

世渥公長子名國雲字運仲生嘉慶丁丑年八月廿五日酉時卒葬无攷　娶葉氏養娘生道光己丑十月廿七日辰時卒佚

子二　詩寸出繼胞弟　詩便

世渥公次子名國頷生道光乙未年十二月廿三日子時卒葬佚

嗣子一　詩寸

世偕公長子名國集生乾隆辛亥年五月初七日午時卒葬在臺　娶　氏在臺未詳

世偕公次子名國吉在臺未詳

世有公長子名國盛生嘉慶辛酉年十月十八日戌時在臺未詳

世有公次子名國盞生嘉慶甲子年七月十九日辰時卒道光戊戌年八月十七日辰時

世有公三子名國塓生嘉慶庚午年七月初七日寅時在臺未詳

世元公繼子名國選生嘉慶己巳年二月初二日亥時娶李氏蔭娘生卒未詳

世逞公繼子名國珍字待仲號采庸生嘉慶辛未年六月初六日寅時卒道光戊戌年八月十七日辰時

娶林氏慶娘生嘉慶己卯年十二月十一日未時
卒光緒己丑年十月十四日未時葬
子一　詩排

世安公子名國羅生嘉慶丙子年十月廿四日酉時在
臺卒娶葬失攷

国家出版基金项目
NATIONAL PUBLICATION FOUNDATION

海上絲綢之路文獻集成

總主編 陳支平 陳春聲

民間譜牒編 61

主編 林楓

海峡出版發行集團
THE STRAITS PUBLISHING & DISTRIBUTING GROUP
福建人民出版社

本册目次

〔福建安溪〕丹山黄氏族譜九卷（卷五至卷七）

唐欽侯　黄進禮等纂修

丹山黄氏族譜

卷伍　世狀錄

清溪榮美分派丹山黃氏族譜歷世紀寔卷之伍

十八世 詩字行

奇峰公長　時澄公派

元德公長子名詩澤字基水號洪大生乾隆戊午年九月廿二日午時卒嘉慶癸亥年二月十七日子時葬本山仙踏石中心畬坐辛乙兼辰戌

娶蘇氏謹娘生乾隆庚申年又六月十六日亥時卒嘉慶戊寅年十二月初二日戌時葬本處土名後壠仔坐辛乙兼戌辰

子六　禮萃　禮賓繼詩汀　禮廣　禮知

禮本　禮品

元德公次子名詩汀字基岓業儒號　生乾隆甲子年正月十二日巳時卒乾隆甲申年四月十五日巳時

葬在本處後壠仔坐辛向乙兼戌辰
娶唐氏無出　改適
嗣子一　禮賓係澤之次子繼
元德公三子名詩泮字基酒號釆藻生乾隆丙寅年
八月十九日巳時卒乾隆乙卯年五月初七日辰時葬
在崎石坑中心崙坐乙辛兼辰戌
娶柯氏對娘號應順生乾隆丁丑年七月十五日亥
時卒道光戊申年五月十一日申時葬草埔尾坐乙辛
子三　禮欽　禮然　禮魚
元德公四子名詩浩字基生號毅然生乾隆己巳年
八月初六日寅時卒嘉慶己未年九月十九日丑時葬
在獅母壠坡頭坐亥巳兼丙壬
娶廖氏坵娘號緇順生乾隆辛巳年十一月初六日

日申時卒道光丁亥年十二月初五日午時

子一　禮宗抱养

元德公五子名詩漢字基汝號有光生乾隆甲戌年

四月初五日辰時卒乾隆癸丑年十月十八日申時葬

本山祈尾員山仔坐

娶李氏差娘生乾隆乙酉年十二月廿七日亥時卒佚

子二　禮辦　禮歎

元德公六子名詩波字基汪號　生乾隆丙子年

十月廿五日亥時卒嘉慶己未年十一月初一日卯時

葬在　娶林氏慷娘改節

子一　禮蕊夭

國拔公長子名詩科字基盈號　生乾隆甲戌年

三月廿六日午時往沙縣洋溪卒失攷

娶廖氏　娘生乾隆甲申年五月十一日酉時在順昌
卒失攷
子三　禮志　禮安　禮錦
國振公次子名詩顯幼殤葬大園後園中
國振公三子名詩昂字基玉號進利生乾隆壬辰年五
月初三日午時卒道光癸巳年正月初四日辰時葬
在獅母壠坐　向
娶高氏士娘生乾隆己亥年三月三十日巳時卒
道光甲申年五月十七日酉時葬高坑
又娶劉氏芸娘生未詳卒咸豐丙辰年十二月十八
日丑時
子三　禮諧　禮長俱養　萬鎰
美德公長子名詩遵字基道生乾隆丙子年十二月

初六日未時卒嘉慶丙寅年六月初九日午時

娶朱氏神娘生乾隆甲申年十一月初十日辰時卒嘉慶辛酉年二月廿六日亥時葬

子一　成祖

美德公次子名詩望字基儀號正體生乾隆己卯年八月初四日午時卒道光戊子年十一月十三日酉時葬在湖内寨

娶林氏筵娘生乾隆己丑年五月十四日巳時卒道光戊戌年五月初十日吉時葬在湖内寨

子二　禮記　禮來俱養

美德公三子名詩明字基朗號正容生乾隆戊子年九月初十日辰時卒道光壬午年四月初十日巳時葬

在

嗣子一　禮洗

美德公四子名詩偉字基雄號季瑞生乾隆甲午年

九月初一日亥時卒道光乙未年十月十五日吉時

娶陳氏姜娘生乾隆丙

午年五月初十日午時隨子往臺卒同治壬戌年

四月初十日未時

子四　禮坤夭　禮葉　禮鈎　禮洗繼詩明往台

美德公五子名詩起字基商號正義生乾隆戊戌年

九月廿二日辰時卒道光乙巳年七月初三日辰時

葬在本處鄭宅厝角坐坤艮兼未丑

娶朱氏每娘號勤事生乾隆乙卯年三月十四日酉

時卒咸豐己未年八月廿八日辰時

子四　禮托养　禮力　禮剪　禮坑出繼詩墉

珪德公長子名詩芹字基掇號振香生乾隆丙寅年又三月廿三日酉時卒乾隆乙卯年三月廿六日巳時

娶胡氏生乾隆庚辰年十一月廿六日未時卒乾隆乙巳年十一月十六日巳時葬在

又娶張氏改節

子一　禮房

珪德公次子名詩廷字基爵生乾隆甲戌年二月十九日酉時卒乾隆甲寅年八月初六日亥時葬赤塗路

子一　禮閩

娶許氏改適

珪德公三子名詩階字基席生乾隆戊寅年三月廿二日酉時卒乾隆乙卯年四月十九日吉時

娶廖氏改節

珪德公四子名詩芸字基枚生乾隆癸未年四月初三
日酉時卒道光　年七月月初三日吉明
養子一　禮迦
方德公長子名詩鵬字基萬號萬里生乾隆戊辰年
九月初一日丑時卒嘉慶甲子年九月十四日吉時
娶林氏號儉孝生乾隆
癸酉年十二月廿六日酉時卒乾隆甲辰年五月廿
八日丑時葬在大園后坐
子一　禮問
方德公次子名詩景字基丕號新佳生乾隆壬申年
正月廿七日辰時卒嘉慶己巳年十二月十二日未
時葬在高坑坐乾巽兼亥巳
娶藕氏號貞惠生乾隆乙亥年二月廿二日巳時卒乾

隆乙卯年六月廿八日午時葬尾崙厝後坐未丑兼
坤艮
子一　禮剖
方德公三子名詩貢字基歲號以政生乾隆乙亥年
十二月初三日未時卒嘉慶元年六月初二日未時
葬在新園坐辛乙兼戌辰　娶劉氏圭娘生乾
隆甲申年十月初三日辰時卒道光壬辰年正月十五
日與公仝葬
子二　禮佛　禮月
著德公長子名詩訪字基詠號依進生乾隆辛未年
十月初十日未時卒乾隆己未年十月十六日戌時
葬在　娶林氏生乾隆乙
亥年十二月廿四日酉時卒嘉慶庚午年十二月十九

九日酉時

子四　禮鑠　禮岳　禮羨　禮榴俱夭

著德公次子名詩接生乾隆乙亥年六月廿八日吉時卒

失攷葬在新園崙坐坤艮兼

著德公三子名詩昔字基寵號日進生乾隆辛巳四

月十二日辰時卒嘉慶庚申年十二月初八日辰時葬

皇君火坐酉卯兼辛乙

娶李氏寬娘生乾隆壬午年二月十五日午時卒葬

失攷　又娶李氏三娘生乾隆癸巳年卒嘉慶己

未年十月初三日巳時俱无出　與公仝葬

著德公四子名詩潛字基岑號純進生乾隆丁亥年

三月十一日丑時卒咸豐乙卯年十月十八日寅時葬在

本山土名獅母巃尾坐壬丙兼子午

娶謝氏引娘生乾隆丁亥年五月十八日卯時卒咸
豐癸丑年七月廿四日未時葬在本山土名坪頭坐酉
向卯兼庚甲

子一　禮佩

著德公五子名詩五美字基在號中進生乾隆己酉
丑年九月初四日酉時卒道光辛卯年二月初九日申
時葬在新園尾瓦窑口坐丁癸兼午子
娶謝氏爰娘生乾隆戊戌年六月十二日酉時卒咸
豐甲寅年十月初二日午時

養子二　禮想　禮御

肱德公長子名詩昭生乾隆癸酉年十二月十五日子
時卒乾隆庚寅年八月廿八日巳時葬在新園崙坐
巳亥兼壬丙

肱德公次子名詩才字基能生乾隆丁丑年二月廿三日亥時卒乾隆甲辰年七月初三日未時葬在獅母隴午運窟邊坐艮坤　娶葉氏死出改節

養子一　禮迎殀

肱德公三子名詩豆字基事生乾隆庚辰年六月廿六日亥時卒嘉慶丁巳年九月廿六日亥時葬獅母壠坐壬丙兼子午　娶劉氏改適

子一　禮頭

肱德公四子名詩蛙字基奏號成進生乾隆丁亥年十二月十九日寅時卒道光甲申年二月初七日未時葬在獅母隴坐壬向丙

娶馬氏腰娘生乾隆丁酉年七月初六日酉時卒道光乙未年三月廿八日巳時葬本處庵頭坑艮坤向

子二　禮部　禮鍊
種德公長子名新助字基正號邁長生乾隆乙丑年九
月十五日巳時卒乾隆己酉年十一月十三日吉時
　娶葉氏生乾隆甲戌年二月初
三日未時卒乾隆甲寅年十月初八日子時與公仝葬
南平縣西芹墓坪坐　向
子三　禮範　禮江　禮變
種德公次子名詩握字基運號邁澤生乾隆癸酉年
五月廿一日酉時卒十月廿四日吉時葬沙縣洋溪
種德公三子名詩鄒字基魯號魯邦生乾隆戊寅年
五月初二日酉時卒六月廿四日葬沙縣浮口田坑
養子一　禮泰
種德公四子名詩作字基述號邁佳生乾隆癸未八

月廿九日未時卒伕

艷德公子名詩藻字基蒲號高翔生乾隆壬申年九月廿三日午時卒道光乙酉年五月初一日酉時葬在洋江基坐庚向甲兼申寅

娶林氏號懿恭生乾隆辛巳年三月初七日卯時卒嘉慶己卯年十月初六日寅時葬大園後坐庚甲兼申寅

子四　禮黎　禮全　禮規

親德公子名詩蛟字基舞號如龍生乾隆己丑年三月初一日辰時卒　年六月初三日葬在湖內寨坐

娶朱氏賽娘生乾隆壬寅年四月廿二日午時卒　年四月廿六日葬在崎壠仔頭坐辛乙兼酉卯

子五　禮顏　禮直　禮外　禮靳　禮試
松德公子名詩時字基言號邁邦生乾隆庚寅年七月廿八日戌時卒嘉慶癸酉年十月初一日戌時
娶蕉氏招娘生乾隆甲辰年正月十五日午時卒咸豐己未年八月廿九日午時葬在
子二　禮樓　禮衆
從德公子名詩栩字基苞號成杞生乾隆戊寅年正月廿三日午時卒道光丙申年八月初十日酉時享年七旬有九葬高坑後頭深坐
娶王氏初娘號徽柔生乾隆丙子年十一月初一日辰時卒嘉慶丙寅年三月廿九日未時葬鳥石坪坐壬向丙兼子午
又娶蕉氏柔娘號徽順生乾隆

癸未年九月初四日申時卒嘉慶己卯年又四月十九日
丑時
子四　禮灶　禮壽　禮爆　禮煅 俱王氏出
齊德公長子名詩綱字基謀號宏猷生乾隆甲申年
七月廿六日子時卒道光丙戌年十二月十七日未時葬獅
母壠坐　向
娶陳氏報娘生乾隆乙酉年六月初五日辰時卒道
光辛卯年十月初九日子時葬本山大崙內坐
子一　禮燁 係瞱
齊德公次子名大椿字基莊號真君邑庠生 生乾隆
丁亥年三月十二日未時卒道光辛巳年三月十六日
午時至道光己丑年十二月廿五日子時葬本處土名鳥
石畬后田中坐　向

娶葉氏畝娘生乾隆庚寅年十二月初十日丑時卒道
光戊辰戌年三月十二日酉時葬獅母隴坐艮坤兼
寅甲
子四　禮斥　禮跣　禮贍　禮周
邑庠生真岩公行寔
人生斯世如白駒過隙其可長存此世者惟立身大
節以及生平行事耳小功凡真岩公為珠圃公仲子
少而穎異好學不倦涵養功深課題文藝早為師傅
推許迨及壯年歲試受知於　大宗師名念喬鄭老
夫子選進安溪學迨其後樹幟文壇社里中亦著其
聲譽家無儋石之蓄處之泰然遇大比之年念切功
名不以盤費短少而挫其志雖鶚荐未售竟爾數奇
而其志氣不稍屈也湛深經史慎重寡言臨事不苟

偶爾塩事　邑令駕臨猝然遇之以一身肩其任免致父母兄弟受辱於公庭而族人亦賴之以安菽水承歡書田教子老而不倦友于兄弟和睦宗族親而不疎至於營建母坟不以已貲而弛其事其子克承家訓能讀父書其行三亦見知於司衡授業生徒以實學為惕厲惟賢惟德可以服人此特畧舉生平之大節因可想見其為人而低徊不置也

小功弟　基養謹誌

齊德公三子名詩楫字基用號汝濟生乾隆壬辰年八月十一日丑時卒道光戊戌年又四月初三日未時葬在　　娶葉氏烈娘生乾隆甲午年五月十一日午時卒道光戊戌年又四月二十日午時葬

子四　禮炮　禮推　禮瓊　禮謨

齊德公四子名詩吝字基壇號衍心生乾隆甲辰年九月十二日寅時卒道光戊戌年正月十五日辰時葬在　娶楊氏點娘生乾隆壬子年八月十四日申時卒道光戊戌年二月初七日辰時葬魁梅鄉員山仔水埕下坐癸丁兼丑未

子三　禮鄉　禮閩　禮廉

溥德公長子名詩應字基響號鍾美生乾隆丁酉年三月初一日午時卒嘉慶乙丑年六月初十日辰時葬在　娶葉氏政節

子二　禮瞻　禮雖

溥德公次子名詩楷字淑梭生乾隆己亥年十月初五日寅時卒道光丁酉年十一月初七日巳時

溥德公三子名詩杯字淑堂生乾隆乙巳年三月十三日
午時卒道光戊戌年二月廿八日寅時
溥德公四子名詩栖字碁碧又字淑身號桐美生乾
隆戊申年五月初四日戌時卒道光乙巳年五月廿
六日午時葬獅母壠坐癸丁兼丑未
娶許氏改節
子三　禮鏝　禮鉉　禮鸞四繼出
溥德公五子名詩栗字碁穎又字淑加生乾隆壬子
年十一月廿一日卯時卒道光戊戌年三月十一日吉時
骨在臺灣社后　娶許氏楓娘生嘉慶丁卯
年六月十六日卯時卒道光戊子年五月初一日
未時无傳
奕德公長子名詩多生乾隆戊辰年九月廿三日酉時

卒乾隆癸巳年五月初四日午時

奕德公次子名詩伋字基孔生乾隆壬申年七月初十日子時往臺卒无攷　娶葉氏　娘生乾隆壬午年又五月初四日午時卒乾隆辛丑年又五月十六日午時

父子俱往上淡水北港

子一　禮斗

奕德公三子名詩黨字基佩生乾隆丁亥年十月初十日申時卒嘉慶癸亥年十二月廿一日巳時无傳

魚德公長子名新興字基民號隆盛生乾隆丙戌年三月廿三日寅時卒嘉慶甲戌年十月十四日丑時　娶鄭氏生乾隆庚寅二月初六日辰時卒嘉慶戊寅年三月三十日巳時

子三　天敘　禮律　禮榛

魚德公次子名詩怡字基然號和悅生乾隆己丑年
正月十九日亥時卒嘉慶庚辰年十月廿二日卯時
　　娶王氏法娘生乾隆乙未年
八月二十日申時卒道光癸未年七月二十日酉時葬
在
　子二　禮緘　禮挽
魚德公三子名詩眈字基垂號容和生乾隆癸巳年
二月十二日寅時卒道光壬寅年二月廿二日申時
葬在高坑長埕坐丁癸兼午子
娶在吳氏昔娘生乾隆丙申年十月初二日午時卒
咸豐甲寅年九月廿二日丑時葬高坑長埕
　子五　禮能　禮霓　禮課　禮敘繼詩恭　禮旦
魚德公四子名揚褒瑒與人恩公妣林氏合葬仙

踏石

魚德公五子名詩荐字基食號配上生乾隆辛丑年十月初六日丑時卒嘉慶丁丑年十月初七日未時葬仙踏石坐壬丙兼子午

娶陳氏生乾隆辛丑年十一月初十日辰時卒嘉慶己巳年三月廿九日未時葬龍虎埈坐午子兼丙壬

嗣子一　禮欽

類德公長子名詩榮宗生乾隆丁酉年九月初五日戌時卒乾隆辛丑年八月廿二日子時與林妣仝葬在踏石

類德公次子名詩權字基建號威得生乾隆庚子年十二月初六日辰時卒道光庚戌年七月初三日未時葬在仙踏石

娶蘇氏猜娘生乾隆乙巳年九月廿六日卯時卒咸豐

辛酉年七月廿一日未時

子五　禮力　禮裁　禮權　禮萬　禮巢

類德公三子名詩茶字基花號瑞卓生乾隆乙巳年

十月廿三日丑時卒道光甲申年九月廿三日申時

娶唐氏座娘生乾隆己酉年

十二月初一日亥時卒道光甲辰年十月廿二日巳時

子三　禮冰　禮冰　禮冬夭　禮潤

羨德公長子名詩亢字基康生乾隆壬寅年十一月初

七日寅時隨子往臺卒佚

娶李氏寬娘生乾隆丙午年四月十一日未時卒咸

豐甲寅年正月十八日未時

子四　禮眞　禮干　禮廟　禮默半承時根

羨德公次子名詩虎字基桓號丈炳生乾隆丙午年

四月廿六日丑時卒道光　年二月廿九日吉時

娶葉氏配娘生嘉慶辛酉年十

二月二十日子時卒佚

子二　禮才　禮致

羨德公三子名詩蓮生乾隆辛亥年六月初五日巳時

在漳州卒无攷

羨德公四子名詩振號淵德生乾隆乙卯年十二月廿

二日未時卒道光丁酉年九月十九日吉時

承繼子一　禮默

羨德公五子名詩社號禘嘗生嘉慶庚申年十一月

初五日巳時卒道光壬寅年十一月十一日辰時

娶劉氏梅娘改節

子一　禮藁

温德公長子名詩喜字基和號　生乾隆辛丑年十一月廿三日午時卒道光己亥年六月初一日午時　娶廖氏都娘生乾隆丙午年六月廿六日申時卒道光甲辰年正月十九日巳時葬在

子三　禮豁　禮塔　禮扇

温德公繼次子名詩腆字基厚號儀奉生乾隆癸丑年二月十七日未時卒道光乙巳年二月初五日酉時葬赤路乾坐　向　娶葉氏竹娘生嘉慶丁巳年五月十九日辰時卒道光甲午年六月十五日酉時

子五　禮印　禮詹　禮取　禮象　禮棹

梧德公長子名詩盼字基倩號美質生乾隆甲戌年

十二月初三日子時卒嘉慶戊寅年九月十五日辰
時　娶廖氏惜娘生乾隆乙亥年十二月十一日寅時
殁儉順卒乾隆癸丑五月十六日未時與公合葬
大坑頭坐辛乙兼戌辰
子一　禮洮
梧德公次子名詩献生乾隆己卯年正月初二日午時
卒乾隆丙午年十月廿四日辰時葬新圍崙坐辛
向乙
嗣孫半　傳瓏承礼麟第四子繼為孫
梧德公三子名詩持字基執殁時聘生乾隆辛巳年
六月十八日卯時卒道光壬寅年六月十三日卯時葬
草坡未詳　娶唐氏間娘生乾隆甲午年六月
十五日午時卒咸豐壬子年八月十五日午時葬竿口磜

礪內坐辛向乚

子一　　禮麟

梧德公四子名詩復生乾隆庚寅年六月十一日吉時

往臺工淡水康誥坑居住卒佚　　娶王氏生卒佚

子一　　禮星

梧德公五子名詩盛字基輕生乾隆丙申年十二月初六

日酉時卒道光壬寅年十一月廿九日申時

嗣孫半　　傳瓏係麟四子双承

賢德公長子名詩廿字基肥生乾隆己卯年又六月

廿五日午時卒嘉慶丁巳年十二月十二日吉時

娶楊氏雅娘改節

子二　　禮仙夭　　禮邦往台殀

賢德公次子名詩都生乾隆戊子年十月初六日吉時

卒嘉慶辛酉年十二月初四日吉時
賢德公三子名詩柱字基類生乾隆己亥年正月初
三日子時卒不知何方
聰德公長子名詩班字基白生乾隆乙酉年正月初
九日酉時卒道光戊戌年六月十九日寅時
嗣子一　禮巔
聰德公次子名詩貞生乾隆戊子年二月十四日卯時
卒乾隆乙丑年二月廿四日酉時葬在烏石水辦下
坐壬丙兼子午
聰德公三子名詩旗生乾隆乙未年二月廿九日亥時
卒道光己丑年八月十二日丑時
聰德公四子名詩遇字淑及生乾隆戊戌年正月初
二日寅時卒道光辛丑年四月廿六日午時

娶李氏晏娘生嘉慶戊午年四月廿六日午時卒佚

子二　禮巔継詩班　禮䟦

毗德公長子名詩暢生乾隆辛丑二月十九日巳時殤

毗德公次子名詩培字基養又字淑卿號滋潤業儒

生乾隆乙巳年九月三十日申時卒同治　年

月　日　娶馬氏金娘生嘉慶壬戌年九月

初八日未時卒失攷

子四　禮澈　禮哂　禮潑　禮治

主德公長子名詩翰字基音生乾隆庚戌年七月廿

二日未時卒在臺无攷

主德公次子名双鳳生佚卒六月廿七日巳時

脩德公長子名詩勵字基勉號君聽生乾隆丙辰年

二月初三日未時卒嘉慶乙丑年十月廿七日巳時

娶陳氏生失考卒十月初二日子時
子一　禮庠
脩德公次子名詩機生卒失考
脩德公三子名詩楚生乾隆壬戌年正月廿七日丑時
卒嘉慶丙寅年九月初一日卯時
銘德公長子名詩來字基美號若繹生乾隆辛未年
五月初二日未時卒道光庚寅年九月廿九日酉時葬
本鄉石獅坐乙辛兼辰戌
娶廖氏來娘號勤慈生乾隆癸酉年五月初八日卯
時卒道光乙未年七月初七日未時
子三　天德　候笑　禮點夭
銘德公次子名詩永字基長號若言生乾隆己卯年
十月初一日子時卒嘉慶辛未年二月廿二日午時

葬在宮前壠坐　向
娶趙氏才娘生乾隆甲申年三月初三日酉時卒道
光癸巳年八月廿四日酉時葬崎石坑
子三　禮情承　雙喜　禮暖
銘德公三子名詩夏字基有號若禹生乾隆庚寅年
五月十一日未時卒道光甲辰年十一月廿六日子時
葬本山大牛坪坐艮坤兼寅申
娶廖氏
嗣子一　禮揣
志德公長子名詩程字基聖號若灝生乾隆乙酉年
四月十七日辰時卒道光甲午年十月廿三日巳時
葬本處在通收坐乙向辛兼辰戌
娶李氏收娘生乾隆戊子年七月二十日未時卒

道光戊戌年正月十二日辰時葬
子四　禮咸　禮汃　禮緩　禮簿繼出
志德公次子名詩倡字基臚號若和生乾隆甲午年
二月廿二日寅時卒道光甲辰年十一月廿八日酉時
娶李氏生卒未詳又
娶王氏哲娘生乾隆戊戌年正月廿八日午時卒咸豐
己未年十二月初四日卯時
子五　禮榻　禮養　禮揣出繼詩夏　禮火　禮主
昭德公長子名詩多字基暈號若閒生乾隆壬戌年
正月二十日辰時卒嘉慶乙亥年二月初六日酉時
娶林氏配娘號勤順生乾隆
丙子年四月二十日丑時卒道光丙申年三月初六日巳
時葬在五厝崙尾

子三　禮吉　禮乞（係坂次子承）　禮華
昭
德公次子名詩符字基節號若合生乾隆庚午年
二月初五日丑時卒嘉慶乚丑年六月十三日卯時葬
灶坑窑工坐辛乚兼酉卯
娶王氏宜娘生乾隆甲申年十一月十七日午時卒道
光甲辰年十月十九日巳時
子三　禮壇　禮凱　禮捊（出繼新裕）
昭
德公三子名詩雨字基雪號若春生乾隆癸酉年
九月十七日午時卒嘉慶壬戌（丁丑）年四月十九日申時
娶李氏號恭慈生乾隆癸
未年正月初九日辰時卒嘉慶壬戌年六月廿四
日酉時葬蓮宅田中坐卯酉兼甲庚
子二　禮前　禮就

昭德公四子名詩匾字基類號若池生乾隆壬午年
四月初二日午時卒嘉慶癸酉年九月十三日丑時
娶盧氏器娘生乾隆丁
酉年七月廿九日戌時卒嘉慶丁丑年十月十五日未
時葬
子二　禮罕　禮珪出繼詩佩
驥德公長子名詩佩字基璲號若士生乾隆甲戌年
三月初十日戌時卒道光癸巳年十一月十二日卯時
娶吳氏　娘生乾隆癸
未年七月十七日吉時卒乾隆辛亥年三月十八日卯
時葬在
承繼子一　禮珪
驥德公次子名詩捌字基廷號若佰生乾隆丙戌年

四月十六日亥時卒道光丙申年十一月廿五日卯時葬深坑崙　娶陳氏淑娘生乾隆庚寅年九月初二日酉時卒咸豐辛酉年正月二十日戌時

子二　禮林（係詩林次子繼）　禮斂（承繼）

星德公長子名詩梭字基瑶號若桃生乾隆癸未年十月十七日未時卒道光　年七月十七日吉時　娶李氏篤娘號和順生乾隆癸巳年八月初二日子時卒道光庚戌年五月二十日巳時

子四　禮娟　禮頎　禮杖　禮歛（出繼詩捌）

星德公次子名詩扆字基玉號若金生乾隆庚子年十一月十一日卯時卒咸豐丁巳年九月初九日辰時

娶陳氏白娘號慎慈生乾
隆丙午年四月初四日寅時卒道光己丑年十
一月初一日寅時
子三　禮迦　禮濼　禮乃
架德公長子名詩湊字基足號若顯生乾隆甲申年
八月十二日辰時卒嘉慶庚申年三月十六日辰時
葬石觀音坐坤艮兼未丑
娶胡氏生乾隆丁亥年八月十一日子時卒嘉慶壬
戌年六月初一日寅時葬在苦厝壠坐亥向巳兼
乾巽
子二　禮錠　禮璣
架德公次子名詩炭移居泉城生卒未詳
架德公三子名新諭字基曉號若容生乾隆戊戌年

四月吉日吉時卒嘉慶丙寅年五月十一日卯時
葬在
承繼子一　　禮攢
鏡德公長子名詩教字基勸號若訓生乾隆甲子年
五月初一日未時卒嘉慶癸酉年十二月廿二日亥時骸
在壟　娶王氏生乾隆乙丑年九月十四日酉時
卒嘉慶甲子年十月初八日未時
子三　禮波　禮漢　秋月
鏡德公次子名詩午字基富號若豪生乾隆乙亥年
正月廿五日亥時卒道光　年二月初五日吉時
娶廖氏生乾隆戊寅年十二月
廿九日辰時卒道光　年正月初一日吉時葬在
本處土名墓頭中心崙

子三　禮石　禮香　禮情繼基長

鏡德公三子名詩爾字基誨生乾隆己卯年十月廿九日亥時卒道光壬午年六月廿一日未時

娶陳氏艮娘生乾隆甲申年五月廿三日午時卒道光辛卯年九月廿二日酉時葬在

子二　禮魚　禮碑

尊德公長子名詩紫字基霞生乾隆丙寅年十二月十二日子時卒道光辛巳年吉月吉日時葬工淡水頭重溪狼山坑　娶胡氏

子一　禮圍

尊德公次子名詩林字基竹號若山生乾隆癸酉年十二月十五日未時卒道光辛巳年五月廿四日之寺

娶李氏生乾隆乙亥年
七月廿九日酉時卒失攷
子三　禮賢　禮抹繼基量　禮經
尊德公三子名詩坂字基蒲生乾隆丁丑年二月初
二日寅時卒失攷葬上淡水六張犁向天羅形
娶林氏生乾隆丁丑年四月廿一日未時卒佚
子二　禮煥　禮乞繼基量
尊德公四子名詩悻字基直號君然生乾隆己卯年
十月初六日亥時卒乾隆庚戌年三月二十日未時
葬灶坑埈仔内　娶陳氏攺節
尊德公五子名詩隁字基畏號君美生乾隆壬午年
八月初九日午時卒嘉慶甲子年二月十二日申時
葬湖坵内　娶陳氏攺適

子二　禮別　禮儉
尊德公六子名詩到字基妙號　生乾隆庚寅年四月廿七日辰時卒道光丁酉年十二月十二日吉時
娶傅氏生乾隆甲午年三月廿五日酉時卒嘉慶癸酉年七月三十日未時

子三　禮侶　禮柳　禮從
顯德公長子名詩荳字基立號若坐生乾隆癸酉年
時卒嘉慶庚午年七月初十日卯時
娶李氏生乾隆丙子年五月十六日酉時卒道光　年

子三　禮檜　禮茅　禮寢
顯德公次子名詩喬字基錯號若乘生乾隆己卯年六月十九日寅時卒道光癸未年正月初五日未時卒

葬土名減坑坐寅申兼艮坤

娶葉氏生乾隆壬午年三月初一日未時卒嘉慶癸

酉年七月廿四日午時葬在本山龍邊坐壬丙兼子午

子四　禮瓦卷　禮見　禮院　禮玲

偶德公長子名詩對生失孜往上淡水六張犁

偶德公次子名詩禮字基樂娶王氏俱失孜

子一　漢泉

文德公長子名詩廣字基大號君適生乾隆癸酉年

十二月初九日子時卒嘉慶辛酉年七月廿七日卯時

葬在土寨　娶李氏妬娘號慈懿生

乾隆丁丑年六月二十日丑時卒道光庚子年九

月十九日未時

子五　桃宗　禮恐　禮樂　禮遲　禮礫

文德公次子名詩景字基色號若待生乾隆庚辰年九月初五日戌時卒道光丁未年正月三十日酉時

娶葉氏然娘號蔥儉生乾隆乙酉年十月廿三日未時卒嘉慶辛酉年九月初五日卯時

子二　禮丑　禮寅

文德公三子名梅蕃字基寔號若有生乾隆丁亥年閏七月二十日寅時卒乾隆辛亥年六月初九日午時奚

娶胡氏攺節

勳德公長子名詩鄰生乾隆辛巳年七月卒乾隆四十六年八月廿七日辰時

勳德公次子名詩桉字基脉號若子生乾隆辛卯年八月初六日未時卒道光甲午年五月十八日巳時[illegible]

養子一　禮起

毓德公長子名詩郁字基煥號振文生乾隆己巳年九月初六日寅時卒乾隆己亥年五月廿二日辰時葬朝吉厝后　娶唐氏生失考卒乾隆　年十月廿二日吉時葬本山格脰

子一　禮軫夭

毓德公次子名詩續字基妙號振武生乾隆壬申年十二月廿四日子時卒嘉慶壬戌年十二月二十日丑時葬在深坑崙　娶柯氏生乾隆戊戌年卒乾隆　年正月初二日葬獅母隴　又娶蔡氏生乾隆壬申年五月十三日未時卒乾隆辛巳年十二月十三日申時葬在新田

子一　禮斜

毓德公三子名詩招字基卬號振連生乾隆甲戌年
十二月初七日申時卒嘉慶辛酉年三月十七日丑
時葬在平石坐酉卯兼庚甲
娶鄭氏成娘生乾隆甲戌年正月初一日酉時卒道光
壬辰年十二月廿八日寅時
子三　禮川　禮石　禮捷
毓德公四子名詩騮字基點號振梅生乾隆丁丑年
六月廿七日未時在臺卒　娶胡氏改節
毓德公五子名詩奪字基先號振志生乾隆庚辰年
四月十四日戌時卒嘉慶丙辰年七月十六日寅時
葬東磜垵　娶張氏改適
毓德公六子名詩文字基輝號振耀生乾隆甲申年
四月初十日未時卒嘉慶戊寅年十月初五日未時

娶錢氏生乾隆乙未年四月初二日亥時卒道光辛
丑年九月二十日寅時
養子一　禮信
毓德公七子名詩福字基照號板吉生乾隆丁亥年
八月廿九日寅時卒道光癸巳年十二月十七日寅時
娶陳氏生乾隆己亥年九月十八日酉時卒咸豐癸
丑年五月廿四日卯時
子二　禮[illegible]　禮掇
歸德公長子名詩芳生乾隆戊子年五月十八日丑時
在順昌卒失攷
歸德公次子名詩欽生乾隆辛卯年四月廿八日辰時
卒道光　年正月廿五日寅時
娶蔡氏生乾隆年間卒嘉慶丙子年十二月廿五寅時

子一　以成

歸德公三子名詩葵生乾隆丙午年七月廿三日吉時

卒道光辛丑年三月廿五日申時

養子一　朝香无攷

馨德公子名詩琛字基寶號士順生乾隆己亥年七

月廿七日卯時卒道光庚戌年二月初七日巳時享年

七十有二矣　娶陳氏聽娘生

乾隆戊申年十二月十四日申時卒道光癸卯年二

月廿二日未時享年五十有六

子二　禮端　禮從

爵德公子名詩洽生乾隆丁未年二月廿五日亥時在

順昌卒失攷

壎德公子名詩蘇生乾隆甲午年三月十一日巳時卒

失攷　娶王氏 生乾隆癸巳年三月廿八日子時卒
失攷
子一　禮霓
變德公子名詩丑生乾隆己亥年八月廿六日卒失攷
數德公長子名詩滿生乾隆庚午年往順昌卒未詳
葬在順昌縣上溪廼大石脚　子一　禮助
數德公次子名詩金生乾隆癸巳年十二月廿四日卯時
卒道光乙未年五月廿六日巳時
數德公三子名詩亢生卒失攷
安德公子名詩長生嘉慶丁巳年正月廿五日丑時卒
道光癸巳年十二月廿八日未時
夏德公子名詩理字基美生乾隆庚辰年正月初四日
寅時卒失攷

夏德公次子名詩探殤

夏德公三子名詩宗生卒佚葬在牛運窟邊坐亥巳

兼乾巽

夏德公四子名詩德字基政生乾隆乙巳年十月三

十日戌時移居沙縣布袋洋卒道光乙巳年九月

娶陳氏生卒俱未詳

養子一　禮出

兩德公長子名詩詰字基贈生佚卒嘉慶壬戌年十

月二十日吉時葬在格脰　娶馬氏生卒失考

葬新園崙　子一　禮贈

兩德公次子名詩聽生卒失考葬新園崙

兩德公三子名詩通生卒失考葬新園崙

麗德公子名　詩塊生乾隆乙酉年三月初六日卯時

卒嘉慶丙寅年七月十二日辰時
娶沈氏改節
子二　禮生　禮帖
同德公長子名詩杜字荃根號工徹生乾隆辛巳年
十月初四日戌時卒嘉慶庚辰年六月廿九日未時葬
在長崙田中坐坤艮兼未丑
娶林氏改節
子二　禮宅　禮休繼詩閣
同德公次子名詩禾生卒失考葬後壠仔坐乾巽兼
戌辰
同德公三子名詩閣號工瑩生乾隆壬辰年十二月初
七日吉時卒咸豐己未年十二月初一日亥時
嗣子一　禮休

峻德公子名詩昂字基冑號惟參生乾隆辛卯年十
月廿三日午時卒嘉慶庚辰年十二月十二日卯時葬
在新圍崙
養子　成基
峻德公次子名詩獺殤
峻德公三子名詩旺字基夏號上興生乾隆壬寅年
十月十六日丑時卒道光丙申年十月初三日寅時葬
在丙邊半月
娶林氏金娘生嘉慶丙辰年九月廿六日寅時卒
年　月　日
子三　禮簡　禮鏡　禮箴
楚德公長子名詩晏生乾隆己亥年十一月廿七日寅時
卒咸豐丁巳年十二月十二日亥時

養子　禮靴 殤

楚德公次子名新良生乾隆己酉年二月十一日辰時

卒咸豐庚申年十一月十七日辰時

嗣孫半　傳亥 係宅子 双承

貞德公長子名詩意生乾隆癸巳年八月廿三日丑時

卒失孜

養子　朝成

貞德公次子名詩雕 殤 與母合葬竹兜

貞德公三子名詩居生乾隆甲辰年三月十六日卯時

卒失孜　娶陳氏乚娘生卒失孜

子一　禮櫞

國降長子名詩皆生卒失孜

國降次子名詩惠生卒失孜　娶王氏

子三　禮喜　禮双　禮全

明德公長子名詩玖生乾隆癸酉年九月十九日丑時

卒无歿

明德公次子名詩文生乾隆丁丑年五月廿六日未時

卒无歿

明德公三子名詩綸生卒失歿

子一　禮壇

明德公四子名詩選生乾隆庚寅年九月十一日辰時

卒失歿

如德公長子名詩南生乾隆庚辰年十月初十日卯時

卒失歿

如德公次子名詩圯生乾隆庚寅年正月十四日戌時

卒失歿

如德公三子名詩誥生乾隆癸巳年六月十八日戌時
卒葬失攷　娶洪氏生乾隆辛亥年十二月十
六日巳時卒葬失攷
子三　禮發　禮才　禮祿
超德公長子名詩恩生乾隆辛巳年十月廿七日申時
卒佚　娶周氏
子二　禮地　禮雲
超德公次子名詩欽生乾隆庚寅年七月十三日酉時
卒失攷　娶李氏
子一　禮興
超德公三子名詩輞生卒失攷
娶鄭氏
子三　禮旺　禮星　禮元

懷德公長子名詩範生乾隆癸亥年八月初十日卯時

卒失攷　娶何氏

子四　禮尊　禮敬　禮義　禮閏

懷德公次子名詩太生乾隆辛未年八月廿九日子

時卒失攷

娶張氏生乾隆戊寅年十二月十四日巳時卒佚

子三　禮仁　禮譜　禮乾

懷德公三子名詩僉生乾隆乙亥年七月初五日午時

卒失攷

輝德公長子名詩壬字基茂　娶姚氏

子五　禮福　禮壽　禮程　禮鑑　禮蔭

輝德公次子名詩庚字基盛　娶蘇氏

子一　禮榮

輝德公三子名詩滿字基平　娶陳氏

子二　禮超　禮振

聖德公長子名詩貴

聖德公次子名詩亮字基明

娶王氏

子四　禮麒　禮麟繼基昌　禮双　禮全

聖德公三子名詩倫字基榮

娶楊氏

子一　禮喜

聖德公四子名詩圭字基昌

嗣子一　禮麟

有德公長子名詩鏗字基玉

娶王氏

子四　禮岳　禮殿　禮茂　禮慶

有德公次子名詩敏字基富

娶吴氏

有德公三子名詩璞字基泉

娶鄭氏

子一　禮春

敬德公長子名詩年字基晝

娶鄭氏

子三　禮徹　禮環　禮章

敬德公次子名詩登字基岸

娶歐陽氏

子二　禮禎　禮祥

能德公子名詩席字基宗

娶楊氏
子三　禮蛟　禮龍　禮雲
仁德公子名詩化字基順
娶林氏
子三　禮祿　禮義　禮智
喜德公長子名詩進
娶王氏
喜德公次子名詩遠
喜德公三子名詩忠
喜德公四子名詩有
喜德公五子名詩究
上德公子　名　詩子
娶陳氏

子一　禮旺

光德公子名詩振

貴德公長子名詩盛

貴德公次子名詩行

貴德公三子名詩元

貴德公四子名詩佳

朝德公之子名詩川

自禮喜至此爲江西侯寬之派

國恩公長子名詩衢

國恩公次子名詩敲

國恩公三子名詩不

以上兄弟生卒俱失攷

維德公長子名詩潘字基岳號若萬生乾隆丁丑年
六月廿八日寅時卒道光壬午年八月初六日辰時
葬本處土名大山後坐
娶鄭氏茹娘號德順生乾隆丙戌年十二月十二日卯
時卒嘉慶丁卯年九月初十日酉時葬在宮前隴坐
亥巳兼壬丙
子二　禮邁　禮鷗
維德公次子名詩覺生卒失攷
代德公子名詩品生乾隆甲午年三月廿二日亥時在
臺卒二月二十日吉時
賓德公長子名詩薦字基賢生乾隆己亥年十月十
四日亥時卒道光　年五月廿九日吉時
承繼子一　禮郭

賓德公次子名詩賴字基篤生乾隆壬寅年十一月
廿八日午時卒失攷
嗣子一
禮水殀

賓德公三子名詩飽字基飫生乾隆戊申年十一月
十七日卯時卒失攷
娶楊氏盼娘生乾隆己未年十二月初七日卯時
卒葬失攷
子三　禮慈　禮惆　禮霞往臺

稽德公長子名詩耦生乾隆丙午年十一月廿九日酉
時卒嘉慶癸亥年六月初六日酉時

稽德公次子名詩巧生乾隆癸丑年五月廿四日寅時
卒葬失攷
娶張氏生嘉慶辛未年七月廿九日丑時卒失攷

養子一　禮送

國擕公子名禮綏生乾隆壬子年正月十四日丑時與

藉德公全葬稜居沙縣上洋溪長圳

揚德公長子名詩體字基仁號長仁生乾隆戊戌年

八月初七日亥時卒道光壬辰年七月十六日巳時葬在

娶周氏曲娘生乾隆壬寅

年五月初五日丑時卒道光　年二月廿八日巳時

葬

子五　禮集　禮閭　禮惠　禮餉　禮燃

揚德公次子名詩盪字基善號長齋生乾隆壬寅年

六月廿七日亥時卒咸豐癸丑年十月廿四日巳時葬

在本處桐仔腳坐甲庚兼寅申后村葬石梯仔圳上坐巽乾辰戌

娶蘇氏就娘生乾隆癸丑年十一月十五日未時卒

同治己巳年三月廿五日巳時葬在本山半林宫外
新墓崙坐甲庚兼寅申
子二　禮漫　禮甸
揚德公三子名詩規字基繩生乾隆辛亥年五月廿
二日寅時卒三月十二日葬
娶廖氏叩娘號孝順生嘉慶庚申年正月十四日戌
時卒道光　年三月十二日吉時葬在半林宫水
尾坐丁癸兼午子
子一　禮炮父子相隨往台
揚德公四子名詩駝字基必又字淑將生嘉慶丙辰
年十一月廿二日未時卒佚
娶王氏徙娘生嘉慶甲子年八月十一日丑時往臺
子一　禮烘

潤德公長子名詩岌字基語號成熙生乾隆辛亥年
十一月初一日辰時卒咸豐辛酉年七月初五日戌時
娶廖氏為娘號拔順生嘉慶癸亥年五月二十日午
時卒咸豐辛酉年十一月初五日巳時
子三　禮用　禮為　為禮澉
潤德公次子名詩忖生嘉慶丁卯年三月廿六日巳時
往臺卒失攷
航德公長子名詩篕生乾隆乙卯年四月初三日巳時
往臺卒失攷
航德公次子名詩祿生嘉慶丙寅年九月十九日吉時
卒嘉慶庚辰年九月廿九日辰時葬水椇脚
航德公三子名詩榑生嘉慶己巳年十月初十日卯
時往臺卒失攷

壽德公長子名詩圓生嘉慶戊午年正月初六日寅時
卒道光己亥年十月十六日吉時
娶廖氏草娘改節
壽德公次子名詩圃生嘉慶己巳年三月廿七日未時
卒道光丙午年十一月吉日吉時
壽德公三子名詩項生嘉慶癸酉年二月廿七日子時
往臺卒失攷
禮德公長子名詩尋字基培號芳齋生乾隆丙午年
正月廿六日未時卒咸豐癸丑年十二月初十日辰時
娶陳氏配娘號慈懿生嘉慶戊午年十月初四日寅
時卒道光辛巳年三月初九日巳時
子一　禮審
禮德公次子名詩康字基泰號諧齋生乾隆甲寅年

十二月十八日酉時卒光緒丙子年九月廿一日未時
娶吳氏鴉娘生嘉慶
丙寅年七月初十日午時卒同治壬申年五月十七
日未時
子四　禮威　禮張　禮擾　禮賁
巾
德公長子名詩奢字基及生嘉慶丁巳年四月初
十日酉時在臺卒五月十二日吉時
娶朱氏柔娘生嘉慶乙丑年九月十三日辰時卒道
光　年八月初七日巳時
子一　禮頼殤
巾
德公次子名詩桃號斗齋生嘉慶庚申年四月初
七日午時卒咸豐庚申年十二月廿四日酉時
承繼子一　禮埕

易德公子名詩走號和齋生嘉慶丙辰年九月十一日亥時卒道光戊申年十一月廿八日申時葬在本處深坑垵

國冬之子名詩琳往臺

安德公之子名詩血字基和號致心生乾隆己酉年四月十七日亥時卒道光甲辰年五月十二日吉時

娶吳氏要娘生乾隆辛亥年三月初八日酉時卒嘉慶辛未年七月初六日卯時葬在仙鼓崙坐午子兼丁癸

又娶林氏什娘生乾隆辛亥年十二月十六日卯時卒道光乙巳年十二月初二日

子四　禮書　禮岸　禮買　禮甲

習德公長子名詩耦字基沮號長齋生嘉慶癸亥年

十二月廿八日酉時卒同治癸亥年二月十六日巳時
娶裴氏子娘生嘉慶乙丑
年六月十七日戌時卒
子五 禮顒 禮冲 禮言 禮汀 一出繼
習德公次子名詩國字基序號輔齋生嘉慶己巳年
正月十三日巳時卒道光庚戌年七月廿七日未時
葬本處土名中圳垈乙辛兼辰戌
子二 禮籍 禮即
習德公三子名詩儒字基純號有齋生嘉慶壬申年
三月十一日未時卒同治庚午年閏十月十五日戌時
娶李氏室娘生嘉慶戊寅年二月十六日未時卒
光緒癸巳年五月初九日酉時
子四 禮壬 禮帯 禮宗 禮曲

習德公四子名詩敕字基雅號如齋生嘉慶甲戌年
九月二十日亥時卒同治辛未年十月十九日未時
娶陳氏梅娘生嘉慶丁丑
年十月十七日卯時卒光緒己卯年六月廿三日吉時
葬
子四　禮善　禮厚　禮舌　禮簿殤

習德公五子名詩機字淑鴻號謂齋生嘉慶戊寅年
十一月廿三日未時卒光緒庚子年十二月十一日午時
葬在本山外大坋
娶李氏親娘生嘉慶己卯年三月廿八日午時卒光
緒丁未年九月初三日酉時
子八　禮往　禮攺　禮斜　禮虫　禮賢
禮沔　禮檻　禮前

厚德公長子名成珠字基輝號玉齋太學生生嘉慶
庚午年十月初十日午時卒光緒壬辰年十二月初
二日子時葬獅母攏仙古崙坐丙壬兼午子
娶大埯林氏葩娘號食姿生嘉慶辛未年二月十
七日辰時卒同治乙丑年六月廿九日亥時葬太公塓
坐乾巽兼戌辰
又娶李氏草娘號食青生道光丁亥年十二月廿五
日卯時卒光緒乙未年十月初十日酉時
子四　禮坤　禮鑨　禮程　禮鉚
厚德公次子名萍工字基合號水齋生嘉慶乙亥年七
月廿八日辰時卒咸豐戊午年八月廿八日午時
娶朱氏乃娘生嘉慶乙亥年
三月十一日丑時卒光緒辛卯年十月廿六日丑時

時葬在

子四　禮闓　禮城　禮道　禮宰

厚德公三子名詩盡字基侯號明宗生嘉慶己卯年三月十八日酉時卒光緒壬寅年七月廿三日巳時葬在本山坂尾

娶廖氏攆娘號高山生道光辛巳年正月十二辰時卒光緒乙巳年十一月初四日亥時

子五　禮妙　禮莉　禮園　金蘭　禮維

厚德公四子名鳶飛字基作號庚齋生道光癸未年十一月初二日午時卒光緒戊子年十月初四日亥時

娶李氏素娘生道光丁亥年三月十八日酉時卒

年　月

子七　禮銄　禮蔽　禮礶　禮談　禮阮

禮題夭　禮保

原德公長子名詩瑙生嘉慶癸亥年二月十二日未時

娶廖氏改節往臺

原德公次子名詩休生嘉慶乙丑年八月十八日午時

卒道光　年四月十七日吉時

嗣子一　禮龝

原德公三子名詩蒔生嘉慶己巳年八月廿九日酉時

卒葵佚

原德公四子名詩牆生嘉慶壬申年正月初三日丑時

卒道光　年二月十五日酉時

原德公五子名詩賞生嘉慶甲戌年十二月廿六日巳

時在劉坡瓦墘坡卒咸豐辛酉年四月初四日申時

娶廖氏梭娘生道光丙戌年六月十九日巳時卒失攷

子三　禮月　禮瓏継詩休　禮赧継出
原德公六子名詩述生嘉慶庚辰年九月廿二日巳時
往臺
國百公繼子名詩琚生嘉慶丁卯九月十一日巳時卒佚
毛德公長子名詩壁字基連號行齋生嘉慶癸酉年
七月廿九日辰時卒光緒癸未年十一月廿七日辰時
葬在　娶廖氏悄娘生道光
年十一月廿九日寅時卒光緒辛卯年十一月初
一日午時
子三　禮奏　禮蔭　三継出
毛德公次子名詩嫣生嘉慶乙亥年十月廿九日卯時
在臺卒失攷
毛德公三子名詩返生嘉慶己卯年七月十四日辰時

嗣子一　禮分

毛德公四子名詩魯生道光癸未年五月廿九日寅時

往沙縣卒同治癸亥年三月十二日吉時

毛德公五子名詩敦字基崇號純齋生道光己丑年

五月初四日申時卒光緒丙午年八月初六日申時

葬在　　娶李氏笑娘生

道光癸巳年三月初八日午時卒同治癸酉年二月

初五日寅時葬大扮門口坐壬丙兼亥巳

子五　禮繞　禮知繼詩埕　禮梨　禮園繼出　禮盞

知德公長子名詩專字基心號正政生嘉慶己未年

四月廿五日午時卒咸豐己未年十月十一日酉時

娶唐氏正娘生嘉慶甲戌年二月初八日卯時卒咸

豐丙辰年七月十五日吉時

子三　禮履　禮押 繼詩相　禮曹

知禮公次子名詩籃字基鈎號正神生嘉慶壬戌年

十月廿三日丑時卒道光乙巳年十月初一日未時

娶廖氏柿娘生嘉慶丙子年十二月十四日辰時卒

年　月

子四　禮淡　禮抱 出繼　禮分 繼詩返　禮流 繼無

知禮公三子名詩相號賢才生嘉慶壬申年四月十

六日巳時卒道光丙午年正月十九日午時

嗣子一　禮押 係藍次子繼

耀德公子名詩潘生卒失稽 此名查無履歷再查宜書詩元內行

國扇公子名詩計號玉成生道光戊戌年六月十二日

寅時卒光緒甲午年正月廿九日辰時

娶吳氏次娘生道光辛丑年

十二月廿九日未時卒光緒甲午年九月初八日寅時
葬
子四　東兵　禮係　禮元　禮忖
貺
德公長子名詩元號爲邦生雍正癸丑年十月廿
二日巳時卒乾隆乙卯年五月廿八日辰時
娶周氏號儉順生乾隆乙丑年九
月初三日酉時卒乾隆丙午年十一月十六日辰時
又娶蕭氏生乾隆癸亥年二月
十九日吉時卒嘉慶　年九月十七日子時
子二　禮石　禮棲
貺
德公次子名詩二號震安生乾隆丁卯年七月廿
一日申時卒嘉慶辛酉年四月二十日酉時

娶廖氏號慈順生乾隆甲戌
年四月十六日未時卒乾隆甲辰年五月廿七日寅
時葬在
子一　禮泉夭
犀德公子名詩才號震藝生乾隆庚辰年二月初三日
巳時卒乾隆乙卯年九月初三日巳時葬在銀塘水
井口坐　向
娶林氏敗節
子一　禮若夭
淑德公子名詩順字基存號震治生乾隆乙亥年六
月初八日申時卒嘉慶己卯年四月十四日卯時
娶陳氏號淑慎生乾隆己丑年
八月十六日亥時卒嘉慶丙辰年十月廿四日未時葬
在羊皮墘

子一　　禮寵

玉德公長子名詩賞生乾隆甲戌年十二月初六日丑時往台

玉德公次子名詩捌號震節生乾隆戊寅年二月二十日

午時卒嘉慶丙寅年三月十一日巳時在臺

玉德公三子名詩係號震仲生乾隆甲申年四月初

四日酉時卒嘉慶甲子年八月十三日申時往臺

月德公長子名詩奕字基壯號萬彝生乾隆甲戌年

十一月初四日辰時卒道光壬午年十月初五日酉時

配曾氏

子一　　禮是

月德公次子名詩深生乾隆壬午年六月廿七日亥時

卒乾隆辛丑年九月廿五日戌時與父仝葬

月德公三子名詩省生乾隆壬辰年七月廿四日子時卒

乾隆己酉年十一月初五日巳時
魯德公子名詩袍字基椂生乾隆辛卯年十月初二戌時
卒道光己酉年四月十六日卯時
娶胡氏賤娘生乾隆癸巳年五月初十日
辰時卒道光己酉年閏四月十一日午時
子二　禮浮　禮銅
烜德公長子名詩震字基際號震區生乾隆己巳年
十月十六日午時卒乾隆壬寅年正月初三日丑時葬
銀塘松荎腳　娶　氏改節
烜德公次子名詩簪字基四號震纓生乾隆乙亥年正
月初七日巳時卒嘉慶丁巳年六月廿八日吉時葬上庵
大路邊　娶林氏生乾隆己卯年二月廿
一日未時卒乙巳年八月初五日申時

養子一　禮殊

烜德公三子名詩能夭

烜德公四子名詩良夭

珠德公長子名詩陶字基化號震龍生乾隆癸酉年十
二月廿五日寅時卒嘉慶癸酉年十一月廿六日辰時葬
銀塘水井上坐乾巽兼亥巳
娶李氏號端莊生乾隆壬午年十二月十五日辰時卒
嘉慶辛酉年八月廿六日巳時葬真人尖格仔后
子五　禮配　禮擬　禮情繼詩南　禮敏　禮猜无孜

珠德公次子名詩項字基領號震忠生乾隆庚辰年
十二月初三日酉時卒嘉慶丙子年又四月初四日未時
娶李氏生乾隆乙未年三
月十七日辰時卒道光庚寅年二月二十日酉時

時奐
子二　禮近　禮土
珠德公三子名詩南字基立號震西生乾隆甲申年
十一月十三日戌時卒嘉慶辛未年二月十三日巳時
葬本處尾坋深坐辛乙兼戌辰
嗣子一　禮情
珠德公四子名詩咨殤
珠德公五子名詩次殀
成德公長子名詩奐字基越號若椒生乾隆丙子年
又九月初八日戌時卒道光丁酉年七月十五日未時
葬在千紫宅厝角　娶王氏食娘生乾隆
甲戌年八月初二日辰時號慈順卒道光乙酉年正
月初五日巳時葬本鄉土名路兜溪邊石

子二　禮康　禮棗

成德公次子名詩齊字基集號若一生乾隆己卯年八月十一日丑時卒道光壬寅年八月廿一日未時葬在本鄉灶仔墘　娶李氏鶯娘號勤儉生乾隆癸未年三月廿一日子時卒道光乙酉年十二月二十日子時葬本鄉路兜大路邊下　又娶王氏號淑儉生失考卒十一月廿五日吉時葬東際

子一　禮箕

成德公三子名詩趙字基綿號若雲生乾隆壬午年九月廿二日丑時卒道光庚子年十一月初二日丑時葬本處草埔中坐丑未兼艮坤

娶李氏眼娘號懿懿生乾隆癸未年十一月廿一日

日寅時卒嘉慶癸亥年七月廿六日酉時葬在本處
大尖后坐癸向丁兼丑未
子一　禮苗
成德公四子名詩鄭字基根號蘭馨生乾隆壬辰年
正月十二日亥時卒嘉慶十九年十月十六日巳時葬
本山土名東際坑溝外
娶王氏猛娘生乾隆戊戌年八月初八日寅時卒
嘉慶十二年三月廿八日丑時
子二　禮樟　禮葳夭
愛德公子名詩占生乾隆丙午年又七月廿五日亥時
卒葬失攷
養子一　禮企
宜德公養子名詩伴生嘉慶丁卯年八月十三日辰時

娶姚氏謹娘仝往順昌水南卒失攷

子一　禮才殤

奇峰公二時茂公派

國訓公長子名詩同

國訓公次子名詩成往台

國賴公　子名詩談

奇峰公三時穩公派

令德公之子名詩孟往臺　娶唐氏攺適

子一　禮福

國建公長子名詩大字基文生乾隆癸巳年九月廿

三日未時卒道光丁酉年十二月初八日巳時葬羊皮

墘坐

養子一　禮因外出

國建公次子名詩顕生乾隆庚子年三月初六日殞與父

仝葬在無尾崙

國茲公之子名詩靜殞葬山坪崙後宏規公墓右畔

手砂尾

冉德公長子名詩出字基度生乾隆丙戌年八月十

三日丑時卒道光壬午年七月十九日亥時葬湖寮

路上娶鄭氏生卒失攷葬在上庵

養子一　禮擯外出

冉德公次子名詩護生乾隆甲午年四月十六日寅時

卒嘉慶壬戌年十月廿三日辰時葬在半山水埕上石

皮邊坐癸向丁

曜德公之子名詩入字基納魏顧學生乾隆丙戌年
六月十二日戌時卒道光庚子年十二月十四日未時葬
本山員山仔中崙坐酉向卯兼庚甲
娶馬氏鵲娘生乾隆乙未年三月初六日午時卒嘉
慶丙子年十二月廿九日未時葬本處蕉腳坐癸向丁
子四　禮琯　禮追　禮璉　禮瑾

義德公長子名詩江
義德公次子名詩海生失考卒八月十五日午時葬在
新嶺頭垵
含德公長子名詩堯
含德公次子名詩晏生乾隆丙戌年正月初九日午時
卒嘉慶丁丑年十月初九日吉時葬新園崙
國恩公長子名詩岱生卒失考

養子一　禮

國恩公次子名詩影生卒失攷

國恩公三子名詩乞生卒佚娶林氏生卒佚

近德公長子名詩粒字基乃號作人生乾隆戊辰正

月廿二日寅時卒嘉慶丁丑年十二月十六日酉時

娶陳氏生乾隆丁丑年十

月初初二日酉時卒道光戊子年七月廿六日戌時葬在

本山

子三　禮溪　禮糾繼詩細　禮纘

近德公次子名詩細字基條號光倫生乾隆丙子年

五月十三日子時卒乾隆壬子年十一月初一日未時

嗣子　禮糾

持德公長子名詩雨號洪大生乾隆甲戌年九月十

五日戌時卒乾隆辛卯年七月十五日寅時葬菴頭
坑見龍厝内頭坐癸丁兼子午

持德公次子名詩粮字基耩號洪田生乾隆丁亥年四
月十五日亥時卒道光壬寅年五月廿二日巳時
娶傅氏謹娘號端莊生乾隆甲午年六月十四日午
時卒乾隆甲寅年十月初一日午時葬崎巃仔崙中坐
乾巽兼戌辰　又娶陳氏號柔順生乾隆丙戌年六
月十五日酉時卒嘉慶戊辰年七月廿一日申時葬在本
處竹塊牛條溝上
公葬本山大山坪下大垢脚戌辰乾巽
承繼子一　禮琴

持德公三子名詩質字基引號洪大生乾隆庚寅年八
月十四日午時卒嘉慶乙亥年六月廿四日酉時

娶吳氏春娘生乾隆丙申年五月初三日戌時卒道
光丙午年八月初八日辰時
子一　禮貌
柔德公長子名詩炎字基火號光輝生乾隆乙亥年
十一月十一日寅時卒嘉慶丙寅年三月十七日酉時葬
在本處邪鬼空坐　向
娶唐氏生乾隆甲申年十一月二十日未時卒嘉慶
辛未年二月廿七日寅時葬在本鄉崎仔壠垵尾
子一　禮東
柔德公次子名詩便字基别號眾理生乾隆癸未年
六月廿八日辰時卒道光丙申年八月廿九日申時葬
在本處尾坋深　娶葉氏品娘生乾
隆戊子年七月初三日辰時卒嘉慶甲戌年十月廿

五日子時葬山坪大坵角
子二　禮信養　禮榻
𠯿德公子名詩尋字基尺號子正生乾隆庚辰年十一
月初五日卯時卒道光甲午年三月十二日寅時
娶林氏生乾隆辛卯年二月初
八日巳時卒嘉慶辛酉年七月初九日未時葬在湖内田
中坐辛山兼酉卯　繼娶葉氏生乾隆庚午年正月
初五日巳時卒道光庚戌年五月二十日戌時
子四　新立養　禮返　禮他　禮賽
集德公長子名詩濟號光明生乾隆庚辰年四月初
四日丑時卒嘉慶辛酉年六月初五日寅時葬在营
口大坵上
集德公次子名詩主字基専號光寅生乾隆癸未年

十月十一日辰時卒嘉慶庚辰年六月初十日酉時

集德公三子名詩坦號履道生乾隆戊子年三月初七日

寅時卒道光年間

集德公四子名詩纘字基晉號善述生乾隆戊戌年

六月十六日寅時卒嘉慶丙子年十月十四日卯時

華體公孫名詩房生卒失考　娶陳氏生卒佚往台

國祐公子名詩樓生乾隆丙午年七月廿一日戌時卒

失考

國傳公子名梅英號有條生乾隆丁亥年十二月十一日戌

時卒乾隆庚戌年九月十一日未時

嗣子一　庚生

寶德公子名詩璇生乾隆己亥年七月十九日巳時卒

葬失考

寳德公次子名詩匹字基帛生乾隆己酉年十一月初
五日寅時卒失攷
娶唐氏改節
及德公子名詩述殤
及德公子名詩包生乾隆卒失攷
師德公長子名詩胄生乾隆己酉年卒嘉慶丙辰年
師德公次子名詩謙生乾隆辛亥年八月初六日丑時
卒咸豐辛亥年正月吉日未時
承繼子一　禮坑
師德公三子名詩鉄生乾隆庚申年七月二十日午時
卒嘉慶癸亥年十二月初七日申時
國明公子名詩宅生乾隆甲寅年四月卒嘉慶甲子
年十二月初七日未時

契德公之子名詩撫生嘉慶戊辰年七月初九日酉
時卒道光壬午年七月十八日寅時
娶楊氏生嘉慶庚午年九月初三日午時卒佚
佐德公長子名詩靛生嘉慶辛酉年六月初三日午時
娶廖氏改節
佐德公次子名詩暢生嘉慶庚午年三月廿五日巳時
卒道光己酉年四月十六日未時
佐德公三子名詩惕兼承國孝生嘉慶戊寅年七月
廿四日辰時在順昌水冬卒九月廿四日
國宣繼子名詩活生嘉慶丙寅年四月廿三日酉時卒佚
娶胡氏乚娘改節
國梅繼子名詩庚生卒失攷在臺北構尾鄉
按上世譜稽無國梅之子名庚姑特誌之

熾德公長子名詩荷字基篠生乾隆乙巳年四月十八日
戌時卒十月十一日吉時殯玉葉卒係道光己亥
娶唐氏生乾隆甲寅年十一月初二日辰時卒嘉慶己
巳年五月初十日巳時葬在仙鼓尾坐乾巽兼戌辰
繼娶葉氏醒娘生嘉慶乙丑年正月十八日申時卒道光
戊子年四月十九日吉時
子一　禮鈸半承詩網
熾德公次子名詩網字基視殯是在生乾隆己酉年
四月初四日巳時卒道光　年正月初一日未時
娶吳氏奓娘生嘉慶癸亥年八月廿九日亥時卒　道
光　年八月十三日子時
子　禮沙殤　禮暉夭　禮鈸双承　禮歲半節子半
熾德公三子名詩節字基廉殯是和生嘉慶己未年

四月十五日午時卒道光　年五月初九日未時

娶李氏復娘生嘉慶癸酉年六月十九日酉時卒道光　年六月廿四日丑時

子二　禮不夭　禮崴出乎

飛德公長子名詩答號是有生乾隆戊申年十二月廿九日卒嘉慶癸酉年十月十三日未時

嗣子一　禮陋

飛德公次子名詩彪字基炳號是沙生乾隆壬子九月十三日辰時卒咸豐辛酉年十二月初一日辰時

娶李氏䙰娘生嘉慶庚申年二月廿一日丑時卒道光己亥年十月廿八日卯時葬東磜寨坐癸丁兼子午

子二　禮穴又名炟　禮恓出繼

飛德公三子名詩蒲生嘉慶丙寅年四月初四日未時

道光　年二月廿七日未時

飛德公四子名詩守生嘉慶癸酉年九月初八日丑時卒

葬失攷

都德公長子名詩賜字基受號是其生嘉慶丁巳年

四月廿六日亥時卒道光乙巳年三月廿三日辰時

娶陳氏勤娘攷適

子二　禮燕殤　禮呈

都德公次子名詩賔號是深生嘉慶癸亥年十一月

初三日亥時卒道光乙巳年二月初十日申時

娶吳氏攷節

子一　禮縹

都德公三子名詩豁生嘉慶壬申年四月初八日寅時

卒葬失攷

肅德長子名詩軋字基輪號若璣生嘉慶壬戌年二月二十日亥時卒同治辛未年正月初十日戌時葬在本處

娶李氏欽娘生嘉慶乙亥年十二月十七日子時卒同治壬戌年二月廿七日未時號順諸葬在本鄉赤竹坋坐乙辛兼卯酉

子二　禮海　禮潮

肅德次子名詩摛字基惧號若來生嘉慶戊辰閏五月廿四日寅時卒光緒乙未年二月廿二日申時葬在山頭鉄灶坑　娶唐氏未娘生道光甲申年又七月二十日未時卒光緒丁亥年十月十二日丑時葬在本處石寨坐

子二　禮曰　禮在抱養

武德長子名朝美生乾隆年間在台

武德公次子名詩寬字基宋號觀員生嘉慶丁巳年正月十四日午時卒道光乙巳年十二月十七日申時

娶余氏滿娘生嘉慶辛酉年正月二十日巳時卒道光乙巳年五月廿九日未時

子二　禮締养　禮斷

錦德長子名詩纂字基利號文詞生乾隆乙卯年十一月三十日酉時卒道光庚戌年十月十五日巳時

娶陳氏雅娘生嘉慶壬戌年四月初十日亥時卒道光　年七月十九日吉時

又娶蘇氏讚娘生嘉慶戊午年九月初八日未時卒咸豐甲寅年四月初八日寅時

子一　禮漢

錦德次子名詩士字基宏號文富生嘉慶丁巳年七月初五日巳時卒咸豐乙卯年十一月初六日寅時

娶周氏春娘生嘉慶辛酉年十月廿二日午時卒失攷

子二　禮吉　禮茹繼詩脉

錦德公三子名詩取字基可生嘉慶丁卯年十一月初二日酉時卒失攷

娶鄭氏錯娘生嘉慶乙亥年九月初八日酉時卒道光乙巳年五月十三日申時

又娶林氏担娘生道光甲申年七月初三日午時卒失攷

子二　禮敏殤　禮迦

錦德公四子名朝陽生嘉慶壬申年二月初三日丑時在台

卒葬失攷

錦德公五子名詩昧生嘉慶甲戌年六月廿六日巳時

卒道光乙巳年五月廿一日未時

承繼子一　禮茹

國耽之子名文義字基取生嘉慶　年　月

時卒失攷　娶王氏生嘉慶年間卒失攷

子一　光頎

達德公長子名詩壬殤

達德公次子名詩桃號期捷生乾隆辛亥年正月十一

日申時卒道光乙巳年五月廿六日巳時葬在洋坑坐壬

丙兼子午

扶德公子名詩脱字基顯號奇落生嘉慶丙辰年五

月廿九日酉時卒光緒丙戌年九月初三日午時

娶李氏静娘號安順生嘉慶庚申年二月初八日寅時
卒同治壬戌年七月廿七日午時葬在梘兜坐坤艮兼
未丑
子二　禮午　禮草
創德公長子名詩攝號期生生乾隆壬子年十月廿
四日寅時卒咸豐辛亥年九月十七日戌時
承繼子　禮蟳
創德公次子名詩邊號奇豆生嘉慶丁巳年四月十八
日午時卒同治戊辰年九月十八日吉時
創德公三子名詩嚴號期謹生嘉慶丁卯年七月初五
日卯時卒咸豐丙辰年十二月十八日巳時
娶鄭氏趣娘生嘉慶戊辰年
正月初八日午時卒同治丁卯年六月初五日吉時

創德公四子名詩殿生嘉慶辛未年十月廿三日戌時
號　卒嘉慶己卯年八月廿三日戌時
國興公嗣子名詩欝號期益生嘉慶癸亥年十二月廿
四日戌時卒道光己丑年十月廿四日戌時
國和公長子名詩長生乾隆己酉年十一月初三日寅時
卒嘉慶庚辰年十月初一日酉時
國和公次子名詩喜生乾隆壬子年四月初七日卯時
卒咸豐乙卯年正月初六日未時元配　氏生卒佚
又娶楊氏淡娘生嘉慶丁巳年七月初九日午時卒
道光壬寅年十二月廿三日戌時
又娶林氏滿娘生嘉慶戊辰年十一月十二日午時
卒失攷
子三　禮悉抱養殀　禮賤承繼　禮梓承繼

國穴公嗣子名詩道殤
東德公子名詩講字基論生乾隆丁未年六月初十日
午時卒佚　娶唐氏初娘生嘉慶甲子年十月初
十日未時卒佚　子二　禮兜　禮省
國點公嗣子名詩梁號從善生乾隆壬子十月廿一日
未時卒佚　娶葉氏攺節
國跳之子名詩丑生嘉慶辛酉年六月初五日丑時卒佚
娶唐氏攺節
國涮之子名詩連往臺生卒失攷
國葛長子名詩葵生嘉慶年間
國葛次子名詩突生嘉慶年間往臺
國氐長子名詩顯號望月生嘉慶甲子年三月十二日
辰時卒嘉慶甲戌年七月廿二日午時葬在鉄灶坑

坐癸丁兼丑未

國庇次子名詩衍生嘉慶庚申年六月十四日巳時卒

失攷

國庇三子名詩接生字基恭號望星生嘉慶乙丑年十

二月初八日辰時卒咸豐甲寅年九月初二日戌時葬

在坪頭田中　娶許氏廿娘生道光癸未年十

一月初八日酉時卒道光壬寅年正月初五日寅時

葬在本處中路仔頭

又娶王氏攷節

子一　禮抵

選德嗣子名詩集字基翔號望福生嘉慶己巳年正

月初二日巳時卒咸豐丙辰年五月廿四日申時葬在

尾坋生癸丁兼　娶余氏却娘生嘉慶辛

未年十一月十一日酉時卒光緒乙未年五月初六日
卯時
子三　禮稟　禮作殤　禮尚
紗德嗣子名詩才生嘉慶癸酉年九月廿四日未時卒
同治癸酉年十二月廿一日卯時
娶陳氏生嘉慶甲戌年九月十五日未時卒同治辛未
年九月十九日丑時
廸德嗣子名詩千字基秋號　生道光乙酉年十月
初二日巳時卒光緒乙酉年十二月初五日丑時
娶胡氏女娘號其心生道光
丁亥年二月二十日丑時卒道光乙巳年十一月廿三
日卯時葬在本處九福路邊坐巳亥兼壬丙
又娶周氏奢娘生道光乙未年十一月十一日辰時卒

咸豐丁巳年正月初五日巳時
又娶林氏鸞娘生道光庚寅年八月初八日午時卒
年　月
子一　禮潘
範德公長子名詩紫字基山號望祿生嘉慶乙亥年
十二月廿四日戌時卒咸豐己未年十月二十日未時
葬在本鄉烏石　娶葉氏網娘號儉順生
嘉慶戊寅年八月十八日亥時卒道光乙巳年十二月
十一日丑時葬在本鄉土名九福
又娶林氏業娘生道光乙酉年十二月十一日丑時
卒
子四　禮心夭　惻隱夭　禮熾抱养　禮篤
範德次子名詩百字基作號　生道光庚寅年五月

十八日未時卒同治壬申年十二月十八日丑時
娶姚（李）氏扁（冥）娘殀又娶林氏認娘生道光戊戌年九
月初五日申時卒同治　年
承繼子一　禮求
國背長子名詩寸兼承紗德生娶內敘
國背養次子名詩榮生卒前譜失登
介德子名成功生嘉慶己卯年四月初九日戌時卒
葬失攷

以上俱係奇峰公派

柏興公子東園公長應懷公派

熙德公子名詩愷字基齋號仰靜生乾隆丁亥年十月廿八日卯時卒嘉慶己卯年正月廿六日寅時

娶廖氏花娘生乾隆庚寅年八月十二日巳時卒嘉慶己卯年二月初二日辰時葬在下庵坑頭坐艮坤兼丑未

子四　禮標　禮益　禮逆　禮相

廣德公長子名詩啟生乾隆庚寅年十二月廿八日葬大路頭坐癸向丁

廣德公次子名詩團字基零號心正生乾隆丁亥年十月廿五日辰時卒嘉慶戊辰年四月十三日巳時葬在獅母壠崙坐　向

娶林氏好娘改節

子一　禮郭

廣德三子名詩芮生乾隆癸巳年二月十四日申時卒

嘉慶癸酉年十一月十一日巳時與詩敵仝葬

廣德公四子名詩訖殤

猷德公長子名詩燕字基宅生乾隆壬午年八月廿五亥

時卒嘉慶丙辰年十二月初二日丑時

娶楊氏生乾隆丙戌年三月廿

九日寅時卒失攷又娶李氏生乾隆己丑年十一

月初八日巳時卒嘉慶丁卯年正月十二日卯時

三娶温氏改節

猷德公次子名詩意號懇志生乾隆辛卯年九月初六

日戌時卒乾隆乙卯年四月十五日巳時

承繼子一　禮敞往台

遂德公長子名詩澄字基綠生乾隆乙酉年六月廿三日
午時卒道光癸未年十二月廿九日丑時葬湖寨内坐庚
向甲　娶李氏梅娘生乾隆壬辰年八月廿五日子時
卒咸豐丁未年七月十一日午時
子五　禮歐　禮歙繼詩意　禮歛　禮斂　禮斗

遂德公次子名詩皎字基茴號秋向生乾隆庚寅正
月初六日戌時卒道光戊子年六月十八日葬福帽坑
娶王氏熟娘生乾隆甲午卒道光辛
卯年五月十八日巳時
子三　禮翕　禮顯　禮奁

遂德三子名詩圯字基節號秋方生乾隆癸卯年十月
初十日未時卒道光丁酉年五月廿六日未時葬在尾
崙間口　娶吳氏腰娘生乾隆甲寅

年二月初三日丑時卒嘉慶乙亥年七月初七日丑時葬
在新圍　　又娶胡氏執娘生乾隆甲寅年
四月廿一日卯時卒道光己亥年二月二十日申時葬在
尾崙閘口厝后坐辛乙兼酉卯
子二　禮惹承繼　禮搭抱養
顏德長子名詩哲字基淑生乾隆辛未年八月廿八日
酉時卒嘉慶癸酉年十一月初一日酉時
娶唐氏生乾隆甲申年四月廿九日卯時卒乾隆戊
申年十壹月初二日允傳
顏德次子名詩論生乾隆乙亥年九月十五日吉時卒
葬失攷
顏德三子名詩坤生乾隆戊寅年十二月十七日吉時
卒失攷

顏德四子名詩且生乾隆戊子年七月初九日吉時在
臺卒无攷 兄弟俱无傳
萬德長子名詩寬字基居號柔亭生乾隆戊子年二月
十七日戌時卒道光辛卯年九月十二日吉時葬在福
帽坑田角坐癸向丁
娶陳氏改娘生乾隆甲午年十一月十六日寅時卒
道光　年六月十二日吉時
子二　禮紬　禮締 出繼詩通
萬德次子名詩決生乾隆甲午年六月十八日卯時在
臺卒无攷
萬德公三子名詩通生乾隆庚子年正月十三日辰時
在臺卒无攷
嗣子一　禮締

濟德子名詩波字基申生乾隆乙巳年六月十二日酉時卒道光辛卯年十一月初八日酉時葬在大茶林坐癸向丁娶王氏朕娘改節

子一　禮飛

觀德子名詩串生乾隆辛亥年九月初三日未時卒道光吉年七月廿七日巳時

娶張氏存娘改節

寸德長子名詩鴉生嘉慶丙辰年三月初九日亥時卒道光　年正月十六日酉時死傳

寸德次子名詩尼生嘉慶庚申年三月十八日辰時卒咸豐辛亥年六月初八日酉時

娶李氏咱娘改節

子三　禮齊　禮報　禮桂殤

寸德三子名詩亳生嘉慶丙寅年十一月廿九日丑時
卒道光甲午年三月初一日戌時
弹德継長子名詩水生嘉慶庚午年十月初五日寅時
號成本卒光緒癸未年八月初八日未時
娶林氏歸娘生嘉慶丁丑年七月十三日酉時卒道
光己酉年八月十四日酉時
子一　禮達
弹德次子名詩圓生嘉慶壬申年十月初六日亥時
卒道光辛　年六月初一日未時
緩德子名詩陳字基列號文蔚生乾隆己卯年十二月
十五日辰時卒同治壬申年十二月廿九日巳時
娶陳氏盡娘生嘉慶庚申年
二月初二日巳時卒同治己巳年十二月初十日巳時

子六　禮沙　禮庠繼詩樹　禮等抱养　禮海殀

禮鉄　禮曰繼出

踐德繼子名詩楚生嘉慶癸亥年二月二十日辰時卒嘉

慶乙亥年九月廿六日申時

嗣子一　禮庠

國川嗣子名詩買生嘉慶乙亥年十一月十三日戌時

卒失攷

國曉養子名詩榜生嘉慶乙丑年往臺卒无攷

國覺長子名詩籃字基田號成林生嘉慶丁卯年十二

月十一日未時卒光緒己卯年正月十三日酉時

娶周氏曲娘生嘉慶乙亥年

三月初七日亥時卒光緒戊子年四月廿七日寅時

葬在

子四　禮乒　禮別　禮緞　禮咱 繼詩隱

國覺次子名詩猒字基饗兟成有生道光辛巳年正月初九日卯時卒同治己巳年六月二十日未時

　　娶劉氏粘娘生佚卒道光年十月初九日酉時

又娶林氏髓娘生道光乙酉年六月初九日戌時卒宣統己酉年九月二十日吉時

國覺三子名詩讓字基仁生道光丁亥年正月初六日寅時卒同治壬戌年正月十五日子時妻胡氏敗節

國坫繼子名詩㧡生道光甲申年九月十七日寅時卒失攷

國告嗣子名詩隱兟成謝生嘉慶癸酉年六月十四日

未時卒同治丁卯年五月十一日未時
嗣子一　禮咱
國石之子名詩清生卒无攷
心德長子名詩核生嘉慶辛酉年三月十九日寅時卒
道光甲午年七月廿四日酉時
國解嗣子名詩蚋生嘉慶乙丑年五月十八日巳時在
臺卒失攷
餘德公子名詩琶字基湖生乾隆辛丑年四月廿四日
辰時卒嘉慶庚辰年二月十九日未時　娶林氏生乾
隆辛亥年七月十六日亥時往台
子三　禮霜　禮雪　禮倭
箕德公長子名詩銅字基房生乾隆丁未年十二月初
七日寅時在台卒失攷

奠德次子名詩錢字基鈔號天殿生乾隆庚戌年十
二月十三日戌時卒道光丙午年八月十四日寅時葬
在本處内山大湖
娶廖氏香娘生嘉慶丁卯年二月十一日吉時卒咸豐乙
卯年二月廿三日卯時
子一　禮笋
奠德三子名金針字基珠號　　生嘉慶癸亥年四月
十二日戌時在臺
序德子名詩玉字基璞號天麒生乾隆甲寅年十月
初五日未時卒道光丙午年二月十三日子時葬在本
處内山大湖
娶王氏廿娘生嘉慶甲戌年五月廿六日亥時卒道光
己酉年十一月廿一日午時

子二　禮茅　禮其繼出

善德子名詩協字基賓號榮金生乾隆甲寅年七月

十四日卯時卒道光壬辰年十二月初九日申時葬在

本處土名石碑

娶吴氏改節

子三　禮潮　禮元抱养　禮晚係姜六子繼

厚德公子名詩姜字基神號天食生乾隆辛亥年四月

初六日辰時卒咸豐戊午年四月十七日卯時

娶何氏早娘生嘉慶己巳年

正月十一日丑時卒

子七　禮安　禮報　禮布　禮着

禮秀　禮晚繼詩協　禮楼出繼

建德公子名詩才生乾隆丙戌

國曾子名延平字基太生乾隆庚寅年正月十八日卯
時卒乾隆乙丑年十二月十八日卯時
娶陳氏母娘改節
承繼子　禮竹
遷德長子名詩董字基成號天承生乾隆壬寅年正月
廿一日卯時卒道光壬辰年十月十九日丑時葬在本
山土名內山潑陽中心崙坐　向
元配　氏東娘又娶傅氏芸娘生乾隆辛亥年六月
廿二日巳時卒
子七　禮梭　禮儒繼詩蔚　禮鈷　禮惹與繼釗
　　　禮紅　禮魏　禮晉
遷德次子名詩芬字基惠號荣齋生乾隆甲辰年十月
二十子時卒道光　年十二月十八日吉時

娶林氏註娘生嘉慶庚申年十月十八日辰時卒葬
失攷
子二　禮棕　禮此繼詩佷
遷德三子名詩蕭字基兩號天化生乾隆丁未年九
月初三日卯時卒道光戊戌年四月初四日午時葬
本處土名蓮坂尾田中坐艮坤兼寅申
娶林氏玉娘生嘉慶己未年七月初五日巳時卒同
治乙丑年二月初一日辰時
子二　禮數　禮麵
遷德四子名詩蔺字基奉號崇天生乾隆辛亥年八月
初五日辰時卒嘉慶庚辰年九月廿三日卯時葬在本
處土名仙狗壠田中
娶廖氏敗節

嗣子一　禮儒係董孕子繼

迎德長子名詩薛生乾隆癸卯年八月廿九日酉時卒

道光戊申年正月十四日寅時

迎德次子名詩艾字基美一字淑夜號天求生乾隆

丙午年十月十四日酉時卒咸豐壬子年五月廿四

日子時葬　　娶馬氏春娘生

嘉慶甲子年正月初九日辰時卒咸豐壬子年五

月廿四日午時

子三　禮真　禮璉　禮滿

迎德三子名詩蔚生乾隆壬子年二月十四日午時卒

失考　娶朱氏法娘生嘉慶甲子年八月初八

日酉時卒嘉慶己卯年十月十九日酉時

又娶朱氏改節

廸德四子名詩蔑字基叅號天美生嘉慶庚申年四月
十七日午時卒同治癸亥年正月十八日丑時
娶唐氏爲娘生嘉慶丁丑年
八月廿二日卯時卒光緒丁亥年十二月廿二日吉時
子二　禮猴养　禮厥
騫德長子名詩蘿字基松號天福生乾隆庚戌年正
月初六日丑時卒佚　娶楊氏欣娘生乾隆己卯
年七月初十日丑時往順昌卒佚
子二　禮沁　禮曾
騫德次子名詩銀字基煙生嘉慶丙辰年十月初六
日未時在順昌卒未詳娶唐氏滿娘敗節
嗣子一　禮此
咏德長子名詩劇號佩服生嘉慶己巳年八月廿八日酉

時卒道光庚戌年九月三十日未時葬本處土名
虎碇坐巽向乾兼巳亥　娶廖氏求娘生道光
辛巳年六月廿二日卯時卒失攷
又娶林氏傾娘生嘉慶丁丑年正月初八日辰時卒
道光戊申年十二月初一日未時
子一　禮居
咏德次子名詩漢字基水號正清生道光丙戌年四月
十五日午時卒光緒丁丑年九月十二日午時
娶藍氏變娘生道光庚寅年六月初二日未時卒
年　月　日
子一　禮榮
迅德公子名詩兼字基該號并子生嘉慶壬戌年十
月廿六日巳時卒道光庚寅係甲辰年九月十二日丑時

葬本處深礶仔　娶陳氏楓娘生佚卒九月十三

日卯時葬在倒林坐癸丁兼子午

子一　禮悦

科德長子名詩賽字基炭號齊成生嘉慶丙寅年三

月初三日寅時卒同治庚午年二月二十日亥時

娶李氏筵娘生嘉慶戊辰年

十月初六日巳時卒道光己丑年十月初五日葬在本

處蓮宅大圳上坐乙辛兼卯酉

又娶唐氏石娘生嘉慶乙丑年九月三十日卯時

卒同治壬申年七月十一日酉時

子一　禮習

科德次子名詩採生嘉慶戊寅年七月廿一日酉時卒

同治壬戌年六月初九日辰時

嗣子一　禮通係晏長子承繼

科德三子名詩晏字基徹生嘉慶庚辰年十一月廿五

日戌時卒

娶廖氏梅娘生道光壬辰年二月初四日子時卒

年　月

子三　禮通繼詩採　禮朝　禮淀鑑　女一

徹德長子名詩肴字基　號正花生道光甲申年五月

二十日酉時卒光緒戊寅年正月廿七日未時

娶王氏廿娘生道光戊戌年九月廿八日未時卒同治

庚午年九月十三日辰時葬在虎硿坐巽乾兼辰戌

子二　禮帳　禮色　女一

徹德次子名詩切字基礎生道光庚子年四月廿七日

巳時卒　年　月　日

娶李氏七娘生道光戊申年正月十四日酉時卒
年　月
子四　禮保　禮量　禮遜　禮懷　女三
國躋子名詩賈生卒失攷
降德長子名詩欽生嘉慶庚辰年十月十五日寅時在
台卒
子二　禮春　禮雲
降德次子名詩法生卒失攷
降德三子名詩課字基琢生嘉慶癸酉年九月廿四日
午時卒失攷　娶陳氏玉娘生道光丁亥年二月
十六日未時卒失攷
子二　禮要　禮歡（繼九福詩哮）
說德嗣子名詩賀生嘉慶丁丑年八月十七日酉時卒佚

娶廖氏滿娘生嘉慶丁丑年八月十七日酉時卒咸豐丁巳年七月十三日酉時葬本處石獅

子一　禮軟

侍德長子名詩鋌字基鑄號正石生嘉慶戊寅年七月十九日未時卒同治壬申年正月十六日午時

娶李氏眉娘生道光丁亥年五月廿七日酉時卒

子四　禮鈞　禮函　禮蠡　禮炎繼出　女二

侍德次子名詩彭字基賢號正盛生道光丁亥十二月廿九日亥時卒光緒丁丑年二月初九日申時

娶裴氏寶娘生道光己丑四月十六日巳時卒光緒辛卯年十一月十九日亥時葬內山大坋田坐庚甲兼申寅

子二　禮揚　禮拙　女四

模德子名詩胆生道光癸巳年五月初一日午時卒佚

織德子名詩秀生道光己亥年四月廿六日辰時卒佚

端德長子名詩銙號閒成生嘉慶丙子年四月廿四日

酉時卒光緒己卯年十一月廿六日未時

子一　禮灶

端德次子名詩咱生嘉慶己卯年三月初二日申時卒佚

端德三子名詩礶生道光庚寅年二月初三辰時卒佚

薪德子名詩真生嘉慶戊寅年十二月十三日戌時在台

卒失攷

嗣子一　詩萸

飛德嗣子名詩訓字基貽生道光乙酉年三月廿一日

戌時卒失攷　娶林氏忍娘生道光己丑六

月十八日卒葬俱失攷

子一　禮煎、半繼詩真

燕德子名詩在生道光甲午年七月廿三日辰時卒失攷

來德長子名詩性生道光丙戌年十一月廿九日丑時

卒失攷　娶李氏法娘生道光戊戌年十一月初

五日卯時卒咸豐戊午年六月廿五日未時

來德次子名詩從生道光辛丑年十二月初一日午時

卒光緒甲申年十月廿八日未時娶鄭氏馬娘夭

又娶廖氏青娘生咸豐辛亥年六月初五日午時

卒

子二　禮三　禮奠夭

友德嗣子名詩令字基美又字基望號積善生道光

壬辰年十月廿九日寅時卒同治辛未年正月十一日子

娶李氏改節

日子時

嗣子半　禮想係承廿次子双承

懽德長子名詩廿字基脂生道光戊戌年六月廿三日亥

時卒

娶廖氏文娘生道光丙申年九月初三日申時卒光

緒丁丑年七月十七日酉時

子二　禮孔　禮想半繼詩從

懽德次子名詩紅生道光甲辰年五月卅四日辰時卒佚

懽德三子名詩霞生道光己酉年十月初九日子時卒

年　月

娶廖氏百娘生咸豐丙辰年十一月十二日辰時

卒

子一　來發养　女一

棬德長子名詩袗字基表生嘉慶癸亥年四月初一日申
時卒在臺失歿　娶朱氏轂娘生嘉慶丁卯年十二
月十六日巳時卒道光丙申年十月廿二日酉時
子二　禮科　禮棉
棬德次子名詩認字基舌號正言生嘉慶戊辰年正月
廿九日丑時卒未詳
娶唐氏兑娘生道光甲申年三月初八日酉時卒光緒
壬辰年七月十四日辰時
子四　禮聘　禮益繼出　禮向　禮申殤
棬德三子名詩鄒殤
則德之子名詩火字基生號木成生道光辛丑年六月
初六日戌時卒同治乙丑年九月十九日巳時
娶廖氏親娘生道光丙午年五月初七日巳時卒

年　月

子二　禮義抱养　禮蕃係慨子双承

雄德長子名詩黨號雅成生道光甲辰年三月十六日

午時卒同治甲戌年八月廿四日巳時

雄德次子名詩慨字基慷生咸豐辛酉年九月初三

日丑時卒民國丁巳年二月十九日卯時

娶李氏朱娘生同治辛未年八月十一日酉時

子三　禮蕃出半　開美　開子

茂德長子名詩最字基久號長成生嘉慶壬申年十一

月十一日寅時卒同治壬戌年正月初九日申時葬土

名蓮宅尾圳上坐丙壬兼亥巳

娶廖氏盡娘生嘉慶丙子年五月初一日卯時號職

儉生卒光緒甲午年九月初四日辰時葬本處王

厝門口溪邊坐乙辛兼卯酉

子二　禮理　禮雜

茂德次子名詩羅生嘉慶丙子年正月初四日未時

卒嘉慶戊寅年十一月初六日巳時殤

茂德繼三子名詩塔號　生嘉慶庚午年七月廿三

日午時卒同治乙丑年十月初五日辰時

娶王氏懸娘生嘉慶癸酉年六月廿四日酉時卒光

緒庚寅年三月十二日巳時

嗣子一　禮簡

茂德四子名詩合字基三號美成生道光辛卯正月

十四日亥時卒同治己巳年九月廿二日戌時

娶林氏格娘生道光庚寅年

七月廿九日午時卒同治乙丑年十一月十一日未

未時

子三　禮納　禮會繼詩培　禮秋繼詩超入名買

茂德五子名詩超字基迴號協成生道光乙未年九月

廿二日亥時卒光緒丙申年九月初三日辰時

娶劉氏初娘號蔥懿生道光

癸巳年七月廿九日辰時卒咸豐丙辰年四月十四辰

時葬猫兒嶺大湖坐

子三　禮買係合三子共承　禮泳半繼礼啐

國都長子名詩澍生道光丁亥年十一月初三日未時卒

道光庚子年五月廿六日午時

國都次子名詩磚字基紅號端成生道光己亥年五

月廿二日巳時在上府浮口卒光緒

娶吳氏燕娘生道光庚子年十一月二十日酉時卒

失攷

子一　禮庭

國都三子名詩柱生道光癸卯年六月初八日未時

卒葬佚　娶李氏武娘生道光丁未年六月廿八日

辰時卒佚

永順之子名詩市生嘉慶己未年十一月初三日亥時

字基時卒失攷

作德長子名詩泉字基泱生嘉慶辛酉年二月初五

日卯時卒失攷

作德次子名詩巷字基火生嘉慶甲子年十一月十五

日寅時卒失攷

孝德之子名詩治字基修生嘉慶失攷

知德之子名光致生卒前譜失登

就德長子名詩浹字基洽生乾隆戊申年十月十五日
寅時在臺卒失考娶王氏㛃娘生嘉慶戊午年五
月初七日丑時卒道光甲辰年六月初三日未時
子四　禮連　禮考　禮鉄　禮總
就德次子名詩近字基觀號隆遠生乾隆戊午年三
月十六日巳時卒道光庚子年十一月廿九日寅時
娶李氏錦娘改節
子一　禮沲
就德三子名詩芬字基曉生嘉慶庚申年十二月廿三日
戌時往臺卒失考
就德四子名詩渣字基澤生嘉慶壬申年五月十三日
丑時娶　氏生卒俱失考
子三　允楷

度德子名詩接字基繼號　生嘉慶壬戌年六月十
八日丑時卒咸豐戊午年八月初十日未時
娶廖氏幼娘生嘉慶戊辰年四
月初四日丑時卒光緒辛巳年三月廿四日吉時
葬在
子一　禮尊
讀德之子名詩界字基世號清齋生加嘉丙寅年十
月十六日午時卒同治丙寅年十月十八日丑時葬在本
處尾圳坐辛乙兼酉卯
娶廖氏情娘生嘉慶辛未年四月廿二日寅時卒同
治庚午年八月初四日亥時葬在旗尾
子五　禮朝　禮岱　禮岳夭　禮雅夭　禮標
國庚嗣子名詩壢字基成生嘉慶甲戌年正月十八日

日酉時在臺卒失攷娶鄭氏有娘失攷
子一　禮合
國庚嗣次子名詩宣生嘉慶戊寅年七月廿九日未時往台

柏興公子東園公三應瑞公派
國萬長子名詩詠字基謳號正言生乾隆壬辰年四月
廿二日巳時卒嘉慶乙亥年又四月廿三日酉時葬在
石曆崙辛乙戌辰向
娶陳氏兜娘號儀徽生乾隆丁酉年四月初五日酉時
卒嘉慶癸酉年九月廿八日酉時
子二　禮仰　禮次
國萬次子名詩座字淑椅號正曆生乾隆壬寅年八
月十九日辰時卒咸豐丁巳年八月初九日未時葬在

本山大林上坐癸丁兼子午
娶廖氏湊娘生嘉慶己未年五月初九日酉時卒
同治庚午年四月二十日辰時
子二　禮欽　禮璋
國萬三子名詩意字淑雅號正心生乾隆丁未年十
一月十五日酉時卒咸豐丙辰年四月廿五日未時葬在
本處八堤坐甲庚兼寅申　娶唐氏庶娘生嘉慶
辛酉年十月初十日辰時號柔姿卒道光辛丑年二月
廿六日辰時葬本山大林石𧊅空坐壬丙兼亥巳
子五　禮豹　禮食　禮闊（出繼）　禮畎　禮挨（繼出）
國萬四子名詩件字淑目號正條生乾隆辛亥年八月
十九日辰時卒道光戊戌年三月廿一日辰時葬在本
處仙狗巃坐庚甲兼申寅

娶廖氏勅娘生嘉慶庚午年五月十三日午時卒同
治壬申年八月廿二日酉時
子四　禮後繼出　禮啐　禮物繼出　禮愢
國萬五子名詩楓生乾隆甲寅年九月廿八日亥時
娶　氏任薹生卒失考
仁德長子名詩温字淑知號正季生嘉慶庚申五月
廿七日午時卒
娶吴氏勸娘生嘉慶丙寅年九月廿五日酉時卒道
光乙巳年二月初七日卯時
子二　禮籠　禮縷
仁德次子名敷字淑布號正田生嘉慶戊辰年二月
初六日卯時卒同治己巳年九月廿二日卯時
娶廖氏鉗娘生嘉慶壬申十

二月廿四日申時卒同治辛未年十月十五日戌時葬
在
子四　禮鰍殤　禮芽　禮河　禮溪
純德公子名詩諒字淑行生乾隆乙巳年八月十六
日酉時往臺娶　氏在台
滿德子名詩綿生嘉慶丁巳年十二月初八日丑時卒
年　月
娶吳氏革娘生嘉慶甲戌年二月廿九日午時卒佚
子二　禮廷　禮粽往台
心德長子名詩貨字淑財號正殖生嘉慶甲戌年二月
廿九日午時卒道光戊戌年八月十七日辰時
娶王氏寶娘生嘉慶丙子年七月初八日酉時卒道

光癸卯年五月十五日巳時
子二　禮嶺　禮車
心德次子名詩啓字淑開號心明生嘉慶己卯年三
月初一日申時卒
娶林氏滿娘生道光癸巳年七月十五日辰時卒同
治甲子年正月初七日未時　又娶廖氏山娘生道光
甲午年正月廿三日申時卒失攷
承繼子一　禮竊
忠德長子名詩驢字淑耀號正美生嘉慶己未年二
月廿一日辰時卒道光壬寅年十月初一日酉時
娶王氏汀娘生嘉慶丙寅年三月初九日辰時卒道光
己丑年十二月十二日酉時
又娶陳氏収娘改節

子二 禮谷 禮壺

忠德次子名詩牛字淑冉號正有生嘉慶甲子年三月初九日辰時卒道光戊申年七月初二日申時

娶唐氏桃娘生嘉慶己巳年十一月十七日巳時卒道光癸巳年十月廿四日未時葬

子二 禮簪 禮濫

禪德之子名詩朕字淑弦號正琴生嘉慶甲子年十月十一日巳時卒咸豐乙卯年正月十五日丑時

娶李氏岑娘生嘉慶己巳年五月十五日申時卒同治乙丑年六月初七日未時葬牛欄口壬丙亥巳

承繼子二 禮從 禮喬

國秩嗣子名詩載生卒前譜失登

琴德長子名詩案生嘉慶辛酉年七月廿八日未時卒
道光庚寅年十二月廿八日未時
琴德次子名詩甲生嘉慶甲子年三月廿二日寅時卒咸
豐癸丑年九月三十日吉時
徇德繼子名詩傳生嘉慶癸亥年六月十一日午時卒道
光庚子年六月廿一日酉時
嗣子一　禮才係徽三子繼
素德長子名詩迹生嘉慶丁卯年五月初二日午時卒咸
豐庚申年三月初二日午時往臺
素德次子名詩託字基徽號正忠生嘉慶丙子八月
廿三日子時卒光緒戊子年十一月十六日卯時
娶王氏完娘生道光丙
戌年四月初四日未時卒光緒丁酉年六月廿九日

時
子四　禮杉　禮淙　禮才繼詩傳　禮莘
國迎嗣長子名詩丹號正誠生嘉慶己巳年十月十
九日午時卒道光庚寅年七月初七日未時
承繼子一　禮佔
國迎嗣次子名詩君字基臣號正禮生嘉慶己卯年
七月十一日亥時卒光緒丁亥年十月初一日巳時
娶李氏須娘生道光
乙未年正月初五日亥時卒同治癸亥年三月初一日
辰時　又娶陳氏于娘休出
三娶廖氏挺娘生嘉慶己卯年九月初三日寅時卒
光緒庚寅年六月十一日申時
子二　禮路　禮目

靦德長子名詩鎮字淑安號正藩生嘉慶丙寅十月
初三日巳時卒道光戊戌年八月十七日辰時
娶陳氏改節
嗣子二　禮肯　禮龕
靦德次子名詩蘊字淑藏號正美生嘉慶己巳年九月
二十日酉時卒同治壬申年六月廿九日申時
娶唐氏榮娘生嘉慶丙子
閏六月十六日未時卒
子五　禮有　禮肯繼叔安　禮兜　禮達　禮宅
靦德三子名詩問字淑孟號正子生嘉慶壬申年十
月十一日戌時卒光緒乙未年九月二十日丑時
娶劉氏好娘號慈愛生道
光辛巳年三月初三日午時卒光緒乙酉年二月廿三

未時

子四　禮遷　禮龕繼淑安　禮敏　禮以　女二

暴德長子名詩再字基可號正斯生嘉慶辛未年八

月廿一日酉時卒光緒丙子年四月二十日申時

娶廖氏改節

暴德次子名詩澤字基海號正溪生嘉慶乙亥年九

月初四日酉時卒道光戊戌年八月十七日辰時

淵德長子名詩鴉生嘉慶辛未年又三月廿六日巳時

卒在臺　娶蘇氏盡娘生嘉慶乙亥年八月初四日

辰時卒道光庚子年正月初七日吉時

又娶王氏參娘生卒在台未詳

子一　禮引

淵德次子名詩篇字淑佳生道光壬午年二月十三日

寅時卒先考娶朱氏懸娘生道光辛卯年二月二十
日寅時往臺
子一　禮叱
淵
德三子名詩監字淑天號正恩生道光戊子年八
月廿五日未時卒同治癸酉年二月廿五日丑時
娶王氏尾娘生道光辛卯年
二月十四日未時卒同治七年又四月二十日申時葬
在　又娶謝氏繁娘
生道光己丑年十二月廿七日酉時卒宣統庚戌年五
月廿九日寅時
子四　禮蕃　禮構　禮禱　禮借　女二
國
味長子名詩池字淑亭號正塘生嘉慶丁丑年八月
初七日申時往上府上卒先考

娶吴氏石娘生道光辛巳年五月廿八日戌時卒同
治戊辰年三月初四日酉時葬宫仔下坐乾巽亥巳
子五　禮憁　禮謬　禮盼　禮橈　禮惆繼出

國
味公次子名詩佗字荃山號正石生嘉慶庚辰年
正月初一日午時卒咸豐戊午年七月初十日卯時
　娶吴氏挑娘生道光丁
亥年二月二十日卯時卒同治己巳年九月初八日
申時
子三　禮佃　禮元繼出　禮字

國
味公三子名詩寡字淑人號正悔生道光庚寅九
月廿五日巳時卒咸豐戊午年十二月初五日寅時
　娶鄭氏梅娘改節
子一　禮鰍

執德嗣子名詩追字淑芳生嘉慶辛未年七月初二日
午時卒在沙縣洋溪娶李氏改節
子一　禮持
蕙德繼長子名詩丙生道光辛巳年三月十七日巳時
卒道光乙巳年四月二十日酉時
娶廖氏甚娘改節
蕙德次子名詩井生道光甲申年六月十一日未時卒
咸豐己未年四月廿八日寅時
娶廖氏曈娘改節
子一　禮田
蕙德三子名詩滂字淑章生道光辛卯年五月十五
日寅時娶林氏雨娘生道光辛丑年八月初八日子
時卒葬失攷

子一　禮致

蕙德四子名詩閣字淑鳳生道光乙未年六月初一日

申時娶李氏壽娘生道光甲辰年十一月初十日辰

時卒葬俱失攷

子一　禮泉

探德長子名詩斗字基圯號正南生道光壬午年四

月廿五日巳時卒咸豐己未年三月廿一日酉時

娶王氏益娘生道光乙酉年七月十六日未時卒民

國甲寅年五月廿九日午時

子四　禮今　禮葵　禮輕（繼詩乇）　禮酣（出繼胞弟）

探德次子名詩伋字基商生道光戊子年五月初八日卯

時卒咸豐庚申年正月二十日申時

娶朱氏改節

探德三子名詩條號正全生道光丙申年正月十二日寅時卒咸豐己未年四月十一日巳時

探德四子名詩毛生道光癸卯年二月十四日酉時卒在上府浮口未詳

嗣子一　禮輕係平三子繼

必德長子名詩茶字淑明號正種生嘉慶戊寅年十一月初十日巳時卒同治壬戌年十一月初五日寅時杆葬在本處坂尾坐山辛兼辰戌

娶葉氏銀娘生道光戊子年九月十三日申時卒光緒戊申年十一月廿一日申時

子三　禮成半承詩沛　禮冬繼詩記　禮燥秩

必德次子名詩沛號正然生嘉慶庚辰年九月十六日辰時卒光緒庚辰年四月二十日丑時葬本處大牛

坪坐艮向坤兼丑未

子二　禮憓　禮成乏承

必德三子名詩記號正為生道光丙戌年十二月初十日申時卒同治壬戌年正月初七日戌時與脆兄詩茶仝葬在坂尾

嗣子一　禮冬

必德四子名詩業生道光丙申年正月初四日亥時卒咸豐庚申年十月十七日辰時

合德長子名詩受生嘉慶己卯年四月十九日巳時卒咸豐甲寅年十月初八日酉時

合德次子名詩類生道光壬午年正月十八日卯時在唐

然德長子名詩連字淑帶號正帶生乾隆戊申年十一月廿一日寅時卒光緒丙子年九月初一日亥時葬坪

石生乾巽兼戌辰
娶唐氏滿娘生嘉慶己未年七月廿六日亥時卒道
光乙未年二月初五日午時
繼娶李氏動娘生嘉慶癸亥年十二月廿五日卯時卒
同治庚午年正月初九日辰時
子四　禮擭　禮鉒繼子　禮周　禮蝕
然德子名詩照生嘉慶丁巳年八月廿四日寅時殤
然德次子名詩推字淑衆生號正義生嘉慶壬戌年
十一月十九日戌時卒同治己巳年九月初六日戌時葬
在本鄉蓮宅坐乙辛兼辰戌　娶廖氏前娘號文慎
生嘉慶辛未年又三月初九日酉時卒同治壬戌年九月
廿一日申時葬本處平石坐辛乙兼戌辰
子二　禮做抱養　禮呂承繼

然德三子名詩樵字基彩業儒號正悴生嘉慶丙寅年十一月初九日寅時卒同治戊辰年八月十二日巳時葬

娶廖氏全娘生嘉慶癸酉年十二月廿三日寅時卒年十二月廿二日

子四　禮清　禮欽　禮來　禮植　女二

敏德長子名詩遇生嘉慶甲子年十一月廿三日子時卒失攷往臺　娶吳氏玫節

敏德次子名着衣生道光辛巳年十一月廿九日丑時

娶王氏返娘生卒俱失攷

象德子名詩環字淑釧號正手生嘉慶己未年八月廿五日酉時卒道光辛卯年二月初八日酉時

娶劉氏生嘉慶乙丑年七月廿五日戌時卒未詳

子一　禮榜

國註之子名詩炳字淑如　生嘉慶乙亥年正月
初八日辰時卒光緒丁亥年三月十五日巳時
娶王氏糖娘生道光辛巳
年三月十四日寅時卒光緒癸未年四月十七日
未時

子三　禮鐃　禮猜繼国白為孫　禮袍繼國邦為孫

創德長子名詩彭字基品生嘉慶丙子年九月廿九
日辰時卒未詳　娶余氏欉娘生嘉慶辛未年八
月十四日卯時卒同治二年十二月廿六日午時

子一　禮酢

創德次子名詩求生嘉慶庚辰年二月十一日戌時卒佚

國族子名詩華生卒失攷

國閑長子名詩若字淑恍號正順生嘉慶壬戌年十
月初六日辰時卒同治壬戌年五月十七日戌時
娶廖氏險娘生嘉慶庚午年八月初三日午時卒葬
失攷
子四　禮窓　禮潮　禮直　禮平
國閑次子名詩澤字基潤號正滋生嘉慶戊辰年二
月初一日辰時卒道光丙午年六月十二日吉時葬在台
娶張氏網娘生嘉慶甲戌年二月初八日寅時卒同
治己巳年九月初二日酉時
子二　禮儀　禮芽半承正田公
國閑三子名詩檐生卒失攷
國復嗣子名詩撥號正恩生道光癸未年四月初六日
辰時卒光緒壬辰年正月初十日辰時

國
承繼子一　禮寸
裕之子名詩顏字基親號正容生道光戊子年九月
十日辰時卒光緒壬辰七月十四日巳時
娶王氏添娘生道光丙申
十一月十二日未時卒光緒丙午年正月十五日寅時
葬在
子二　禮行　禮金

國
巧之子名詩鏡字基明生道光丙戌年八月廿五日
寅時卒佚
娶唐氏配娘生道光壬寅年四月十一日辰時卒
年月

國
陳之子名詩雍生咸豐壬子年三月初十日巳時
卒　年十月

國雲之子名詩便生咸豐丙辰年四月廿八日巳時贅
在上坑卒失攷
國額之子名詩寸生卒失攷
國珍之子名詩排字淑解生道光戊戌年七月廿三日
戌時卒佚
娶陳氏撤娘生道光甲辰年四月廿八日申時卒光
緒丙戌年正月廿六日巳時葬本鄉双坑口辛乙戌辰向
子二　文理　密察良大　女五
女子鶯娘生道光緒丁丑八月十二日未時卒光緒乙
乙未年九月廿四日申時
幼娣陳氏草娘生同治乙丑年吉月吉日吉時卒
光緒丁丑十二月三十日吉時
以上俱係伯興公派

丹山黄氏族譜

世狀錄

卷陸

清溪榮美分派丹山黃氏族譜歷世紀寔卷之陸

十九世禮字行

奇峰公長　時澄公派

詩泽長子名禮華字拔芳號類心生乾隆辛巳年正月初五日丑時卒道光乙酉年五月初一日巳時葬在本鄉菴頭坑坐子向午兼壬丙

娶魏氏千娘號柔順生乾隆壬辰年八月廿八日未時卒咸豐乙卯年十月十四日巳時葬在本鄉坪頭坐酉向卯兼庚甲

子六長次俱殤　傳碧　傳進　傳慶　四在

詩泽次子名禮廣號體心生乾隆丁亥年正月二十日寅時卒乾隆壬子年十二月初六日巳時葬本處新岡崙坐　向

嗣子一　傳諒係知次子繼

詩淥三子名禮知字震芳號存心生乾隆庚寅年閏五月二十日酉時卒嘉慶癸酉年八月廿五日巳時享年五旬葬在本處鄭宅坐坤艮兼未丑

娶林氏晏娘號蕙儉生乾隆丁酉年三月初七日巳時卒道光丁亥年十二月十七日卯時葬在本鄉土名梘兜坐

子二　傳燦殤　傳謀出繼礼廣

詩淥四子名禮本字專芳號性心生乾隆甲午年七月初六日巳時卒道光壬午年十月廿三日亥時葬在赤路墘石路迎

娶唐氏伴娘號節儉生乾隆庚戌年五月十四日寅時卒道光戊戌年九月十九日寅時葬在本鄉高

坑乾巽亥巳

子二　成家出繼孔品　傳宇

詩洚五子名禮品號倫心生乾隆癸卯年二月十九日

卯時卒嘉慶癸亥年十月十六日卯時葬在本處洋

仔坪蓀仔尾坐辛乙兼戌辰

嗣子一　成家

詩汀嗣子名禮賓字初芳號文質生乾隆甲申年五

月十三日午時卒嘉慶庚辰年二月十九日辰時葬在

獅母壠坐巳向亥兼丙壬

娶林氏劉娘生乾隆庚寅年九月廿四日酉時卒嘉

慶己巳年八月初五日午時葬在本處草埔后坐癸

向丁

子一　傳醒

詩泮長子名禮欽字爭芳號　生乾隆辛丑年五月
三十日卯時卒咸豐壬子年六月初七日未時葬在
本山大崙坐未丑兼坤艮
嗣子一　傳潭係魚長子繼
詩泮次子名禮然字天芳號淳心生乾隆乙巳年十
一月十七日酉巳時卒咸豐丙辰年十月初八日酉時
葬在　娶楊氏寶娘號
珠順生嘉慶癸亥年又二月十二日未時卒光緒乙
亥年四月十六日巳時葬
子五　傳石　傳田　傳岸　傳綿　傳拱
詩泮三子名禮魚字書芳號　生乾隆癸丑年五月
十一日寅時卒同治己巳年二月三十日午時
娶林氏帖娘生嘉慶丁

年十一月廿四日未時卒同治戊辰年六月初八日
巳時
子二　傳澤繼孔欽　傳智
詩浩養子名朝宗字于芳號　生乾隆壬寅年十
一月十三日午時卒道光乙巳年十二月初九日巳時
葬在獅仔墓坐　向　娶楊氏姜娘生乾隆
壬寅年九月廿四日未時卒道光戊戌年八月十
六日申時葬
子三　傳向　傳任　傳譜
詩漢長子名禮辨生乾隆乙巳年二月十七日亥時卒
嘉慶戊午年七月十九日酉時无傳
詩漢次子名禮歡字孫越生乾隆辛亥年四月初一日
戌時卒道光丙申年十一月初九日辰時葬在本鄉土

名竹林坐

詩波之子名禮慈生卒失攷

詩科長子名禮志生乾隆癸卯年六月初七日卯時往

順昌水南卒失攷

詩科次子名禮安生乾隆甲寅年十二月十三日巳時

往順昌卒失攷

詩科三子名禮錦生嘉慶戊辰年二月初八日寅時在

順昌卒失攷

詩舄長子名禮諧生嘉慶丁卯年十一月十六日酉時

卒道光甲辰年七月初七日巳時葬湖內

娶楊氏粉娘政節

子一　傳叟隨帶撫養

詩舄次子名禮長字徐芳生嘉慶癸酉年十月十五

未時卒失孜娶周氏凑娘生嘉慶丁丑年六月廿八日
申時卒失孜
子五　傳作　傳苗　見智　淡俊（一出繼胡家住白）
詩昂三子名萬鎰字十芳生嘉慶庚辰年三月廿六日
亥時卒失孜　娶胡氏改節
子一　傳榜（无出）
詩遵長子名禮祖號善繼生乾隆辛亥年七月十七日
寅時卒咸豐戊午年七月十七日辰時
子一　傳辣養
詩望養長子名禮記字曰芳號善言生乾隆壬子年
九月十一日子時卒同治壬戌年十月十六日未時葬
娶唐氏数娘生嘉
慶癸亥年二月廿二日申時卒光緒乙酉年十一月十

二日卯時

子五　傳磚　傳文　傳旁　傳係　傳悻

詩望次子名禮來生嘉慶甲子年十月廿二日巳時

卒道光　年三月廿九日亥時　娶楊氏政節

子一　傳節

詩明嗣子名禮洸字心芳生道光辛巳年九月初九

日丑時往臺卒佚　娶楊氏利娘生道光癸卯年二月

十三日戌時卒失攷

子一　傳勝往臺

詩偉長子名禮坤生嘉慶癸酉年五月初八日辰時殀

詩偉次子名禮葉生嘉慶乙亥年十二月二十日辰時卒

道光癸巳年六月初十日未時

詩偉三子名禮鈞字純芳生嘉慶戊寅年六月二十日

日戌時卒失攷娶張氏東娘生道光庚寅年十二
月三十日辰時在台卒失攷
子二　傳華住滬水　傳炎
詩起養長子名禮托字言芳號　生嘉慶庚辰年四
月十八日寅時卒光緒　年　月　時娶　氏
娘生卒失攷
子一　双元善
詩起次子名禮力生道光乙酉年九月十九日辰時卒
失攷
詩起三子名禮剪生道光己丑年七月十五日寅時
娶陳氏住石碼生卒俱失攷
詩芹之子名禮嵜字燭芳生乾隆庚戌年十二月廿六
日戌時卒道光壬子年十一月十七日亥時

娶周氏省娘生嘉慶甲子年七月廿一日子時卒道光
年間二月初八日子時
子二　傳札殀　傳鉗
詩廷之子名禮闖生卒失攷
詩芸養子名禮迦生嘉慶癸酉年五月廿九日未時卒
失攷
詩鵬之子名禮閏幼殤
詩景之子名禮剖字辰芳生乾隆己亥年十二月初六日
寅時卒在臺佚娶魏氏墶娘生卒佚
子三　傳象殀　傳寶失攷　傳玉失攷
詩貢長子名禮佛字仙芳號雨水生乾隆丙午年七月
廿二日丑時卒道光戊戌年六月初四日未時
娶馬氏員娘生嘉慶辛酉

年六月廿三日未時卒
子一　傳炳抱养
詩貢次子名禮月號　生乾隆癸丑年八月廿六日
亥時卒道光戊戌年八月十七日吉時
娶葉氏賽娘生嘉慶辛未年
十一月十二日寅時卒同治丁卯年十二月十一日酉
時
子一　傳凉养
詩訪四子名禮榴生乾隆庚戌年正月廿八日酉時卒
道光乙未年七月初六日吉時
養子　傳創殤
詩潛之子名禮侃字剛苦號如直生嘉慶壬戌年十
月初五日巳時卒咸豐乙卯年五月初二日午時葬

在半山田中坐寅向申兼艮坤
娶唐氏侯娘生嘉慶甲子年十一月十一日丑時卒光緒
庚寅年正月十二日酉時
子三　傳楫　傳潘　傳指
五美養子名禮想字厚芳號如思生嘉慶己未年九
月十六日申時卒咸豐辛酉年八月廿三日丑時
　娶李氏隨娘生嘉慶丁卯
年五月廿二日巳時卒失攷
養子二　傳興　傳場
五美次子名禮御生嘉慶壬申年十一月十五日午時
卒在順昌未詳
娶李氏改節
子一　傳平

詩蛙長子名禮部字六芳號　生嘉慶己巳年二月十二日丑時卒光緒庚寅年十二月二十日寅時
娶馬氏巧娘改節
子一　傳格
詩蛙次子名禮鉢字佩芳號金玉生嘉慶丙子年十二月廿四日未時卒咸豐戊午年正月十八日丑時
娶葉氏梅娘生道光壬午年五月十四日酉時卒光緒十六年二月初十日卯時葬在
子二　傳牛　傳桵
以上侯儀善夫長房派
新助長子名禮範生乾隆壬辰年十一月廿三日酉時移

居延平府南平縣西芹墓坪

新助次子名禮江字山芳

新助三子名禮变兄弟移居延平府

詩植之子名禮泰字運芳號儒士生乾隆辛亥年正

月十四日丑時卒　　年十月初四日吉時葬在獅母

壠坐　向　　娶鍾氏生嘉慶丙子年十二

月初一日辰時卒　　年十月初四日吉時在沙縣

養子一　新春

詩藻長子名禮黎字醇芳一字孫韓生乾隆甲辰年

六月廿七日卯時卒道光壬寅年二月廿五日巳時葬

在洋仔坪坐　向　　娶杞氏生乾隆丁未年七月

十七日巳時卒道光壬寅年二月十八日寅時葬山仔

子三　傳就　傳東　傳藏

詩藻次子名禮全字茲芳一字孫在號體仁生乾隆庚戌年七月廿四日寅時卒道光辛丑年十月十九日未時葬在洋仔坪

娶唐氏謂娘生嘉慶乙亥年二月初三日寅時卒咸豐辛亥年十二月初五日丑時

養子一　傳軫

詩藻三子名禮規字矩芳一字孫器鄉賓名宗矩別號成仁生乾隆癸丑年六月十九日寅時卒同治辛未年三月十四日未時葬在本鄉後田尾坐庚甲兼申寅　娶陳氏請娘號益順生嘉慶辛未年五月十五日寅時卒光緒丙戌年十二月初九日子時葬在本處土名下菴坐癸丁兼子午

子五　傳利　傳造　傳掌　傳俊　傳火殤

詩蛟長子名禮顏生嘉慶戊午年四月廿五日寅時卒
嘉慶壬申年三月二十日巳時葬在九福
詩蛟次子名禮直字靖芳號克正生嘉慶辛酉年四
月十五日寅時卒道光庚戌年九月初一日巳時扦葬
在本鄉土名皇厝火牛調滿尾
娶胡氏坦娘生嘉慶丙子年五月十九日亥時卒光
緒丙申年九月廿四日酉時葬在樹林后壁
子三　傳金　傳壯　傳仲
詩蛟三子名禮外字肅芳號克內生嘉慶己巳年十
二月初三日子時卒光緒乙未年五月十九日酉時　娶林氏面娘生道
光癸未年五月初　日巳時卒光緒丙戌年正月十
六日寅時葬

子三　傳訪　傳倍　傳唱

詩蛟四子名禮蘄字裁芳號克道生嘉慶癸酉年二月
廿三日子時卒同治己巳年四月廿七日午時葬本山
土名尾坋坐癸丁兼子午
娶朱氏枣娘生道光乙酉年三月十四日寅時卒光
緒辛巳年三月二十日寅時葬在本山虎脚坐坤向
艮兼申寅

子二　傳分抱养　傳種係承贍五子繼

詩蛟五子名禮試字汝芳號克昌生嘉慶己卯年五
月十九日卯時卒光緒癸巳年十月廿一日未時
娶唐氏遠娘生道
光甲申年十一月十八日卯時卒光緒甲申年四月廿
八日未時葬

子三　傳賀　傳我　傳藝

詩時長子名禮摟𣨛地下生嘉慶壬戌年六月廿五日
申時卒咸豐庚申年正月初五日巳時
娶莊氏杳娘生卒失考又娶胡氏不娘生嘉慶己
卯年九月初一日酉時卒失考

詩時次子名禮衆𣨛人松生嘉慶乙丑年正月初四日
酉時卒同治壬戌年十二月初九日子時

詩栩長子名禮灶字陘芳𣨛崇祀生乾隆己酉年十
月十五日辰時卒道光辛巳九月廿六日卯時
娶胡氏靜娘改節
子二　傳撥係壽次子繼　傳坪善

詩栩次子名禮壽字萬芳𣨛崇仁生乾隆壬子年十
月十五日未時卒失考　娶王氏变娘生嘉慶己

己未年九月三十日巳時卒佚

子六　傳滙　傳撥繼灶　傳澍　傳溪夭　傳乞繼礼鍛　傳滉

詩栩三子名禮爆字尚芳業儒號崇聲生乾隆乙卯年八月十九日酉時卒道光丁亥年四月十六日申時葬湖内坐坤艮兼未丑　娶柯氏鵝娘生嘉慶歲年十二月初三日寅時卒失攷

子一　傳彪

詩栩四子名禮鍛字礪芳號崇敢生嘉慶戊午年十二月初二日戌時卒失攷　娶楊氏好娘號淑慎生嘉慶辛酉年十月十六日未時卒道光乙巳年四月初九日亥時又　娶　氏在台

子二　傳乞承繼　傳抱

詩綱之子名禮曄字電芳號震嘉嘉慶甲辰年十月

初八日辰時卒道光己丑年十一月初八日吉時葬獅
母壠坐癸向丁兼丑未　娶林氏凑娘生乾隆丁
未年三月廿四日巳時卒道光壬辰年又九月廿四日巳
時與堂弟婦陳氏差娘全葬湖内寨坐甲庚兼酉卯

子二　傳壬殤　傳茁

真巖公長子名禮辰字子芳業儒號田文生嘉慶丙
辰年九月二十日戌時卒同治壬申年九月十八日午
時葬獅母壠坐壬丙兼亥巳
娶葉氏匡娘生嘉慶乙丑年十二月初六日酉時卒
同治丁卯年正月廿五日卯時葬桐杉仔崙坐壬丙
兼子午

子一　傳普

真巖公次子名禮睦字姫芳號自　生嘉慶丙辰年

九月二十日戌時卒道光戊戌年三月廿三日酉時
娶陳氏爰娘生嘉慶甲子
年十一月初六日丑時卒道光戊戌年二月十八日子時
與堂兄嫂林氏湊娘仝葬向詳他紀錄
子二 傳軟皆繼父而亡 傳婶

真巖公三子名禮贍字韻芳一字貽雅邑庠生名宗
禮號華文生嘉慶壬戌年四月初一日戌時卒同治
癸亥年十二月十三日酉時葬在湖内坣庚甲兼申寅
娶胡氏妙娘生嘉慶丁丑年八月初一日寅時卒光
緒甲午年九月十一日午時葬湖内坣辛乙兼戌辰
子五 傳錠 傳鑽 傳錞 傳鐸 傳鏡繼礼靳

華文公行實
凡人不可無志有志事竟成姪華文幼頗廢學迨

年二八始知讀書為天下第一等事奮然從父攻書晨夕不倦二三年始成篇章人鬼關未造其域憂覺關已探其微而父已捐館辞世朝不保暮居間務自刻苦附近賢師益友皆親炙以成一己之脩為而且孝友克篤汲回伯父骸骨於墓地然後回家婚娶兒子咏咏不以困窮而墜青雲之志身中坎坷抱痛應試是年辛亥受知於　大宗師桐莘農黄老父子取進入安溪學家無財產東奔西走而子弟師香莫能繼述續誠可浩歎也已

服叔基養誌

真岩公四子名禮周字德芳生嘉慶乙丑年二月初九日午時卒道光八年四月廿五日午時葬在竹兜坐申寅兼坤艮

猶子　傳婢　傳普　傳錠

基用長子名禮炮字烈芳號由年生嘉慶丁巳年七
月十七日卯時卒咸豐戊午年六月二十日午時

養子　傳構

基用次子名禮推字測芳號由盛生嘉慶辛酉年十一月
初九日未時卒道光戊戌年四月初三日午時

娶胡氏改節

養子一　傳讀

基用三子名禮瓊字捷芳號瑶昆生嘉慶庚午年正月
二十日寅時卒光緒戊寅年八月十二日午時

娶余氏錦娘生嘉慶戊
寅年四月十六日酉時卒光緒戊寅年八月廿四日
巳時

子二　光劍殤　傳抱養

基用四子名禮謨字典芳號列昆生嘉慶戊寅年六月二十日辰時卒光緒甲午年十一月初一日巳時　娶朱氏篙娘生道光癸未年四月初四日申時卒　年　月日　時

子五　傳奪　傳監夭　傳箴繼孔康　傳迦　傳兑

詩杏長子名禮鄉字富芳號銀道生嘉慶甲戌年五月廿二日寅時卒同治乙丑年八月十八日子時　娶李氏休出又娶柯氏絹娘生嘉慶戊寅年正月廿七日戌時卒咸豐丁巳年十一月初四日辰時再娶胡氏警娘生卒失攷

子一　傳樞

詩杏次子名禮閭字坤芳號乾道生道光壬午年十二月初六日卯時卒咸豐庚申年正月十七日寅時在沙縣洋溪洋後

詩杏三子名禮廉字巨芳號　生道光己丑年三月初八日未時卒同治己巳年五月初二日午時

嗣子一　傳箴係謨三子繼

詩應長子名禮瞻字仰芳號澳水生嘉慶庚申年七月初七日未時卒道光癸巳年三月十六日巳時

詩應次子名禮雖字鐵芳號　生嘉慶乙丑年五月十五日午時卒失考　娶陳氏好娘生嘉慶庚辰年五月十五日午時卒咸豐己未年九月十三日酉時

子一　傳粟抱養

詩栖長子名禮鍍字雕芳號其壽生道光丙戌年九月

月十二日丑時卒光緒甲午年正月初四日丑時

娶林氏看娘生道光壬辰

年九月初五日巳時卒

嗣子一　傳扁又名便

詩栖次子名禮鉉生道光甲午年九月廿九日酉時卒咸

豐癸丑年八月十一日巳時

詩栖三子名禮鑾字鳴芳號其玉生道光戊戌年八月

二十日寅時卒光緒辛巳年六月廿二日吉時娶　氏失攷

子一　傳肘

以上侯儀　訂夫二房派

詩伋之子名禮斗生乾隆庚子年四月廿六日戌時卒在

臺未詳

新興長子名天叙字官芳號瑞福生乾隆壬子年五

月廿六日巳時卒道光丙午年八月二十日巳時
娶鄭氏皆娘生嘉慶癸亥
年二月十四日辰時卒道光丙午年十一月廿三辰時
子二　傳養　傳洞殤
新興次子名禮律字呂芳號調陽生嘉慶丁巳年五
月十四日亥時卒在大海之中娶陳氏滲娘改節
子一　傳蟶往台
新興三子名禮捺字桉芳號往福生嘉慶己巳年六月
十一日酉時卒道光丁未年八月初九日未時
娶周氏金娘生道光癸未年三月十五日辰時卒道
光乙巳年三月初五日子時又娶林氏雅娘生嘉慶
未詳卒道光丙午年六月初七日辰時
詩怡長子名禮緘字供芳號言及生嘉慶壬戌年五

月初九日戌時卒道光乙酉年五月廿一日巳時
娶唐氏來娘改節
子一　傳令養
詩怡次子名禮挽字回芳號言順生嘉慶辛未年二
月十一日子時卒同治甲子年五月初十日酉時
　　　　娶廖氏受娘生嘉慶己卯
年十二月初五日丑時卒光緒丙戌年十二月初三日未
時
子一　傳豆
詩眈長子名禮能字席芳號温厚生乾隆乙卯年四月
廿一日未時卒咸豐癸丑年十一月十五日辰時葬西母
壠坐壬丙兼子午娶葉氏忖娘生嘉慶壬戌年十
二月十一日卯時卒光緒庚辰年八月十八日辰時

葬在

子二　傳拈　傳酣

詩眈次子名禮寬字轅芳號溫中生嘉慶己未年六月廿九日午時卒同治甲子年十二月初七日未時

娶姚氏趙娘生嘉慶乙亥年十月十一日子時卒光緒辛卯年五月廿一日亥時

葬

子五　傳元　傳富　傳英夭　傳仁　傳奉

詩眈三子名禮課字程芳號溫恭生嘉慶辛酉年九月初二日寅時卒咸豐丁巳年六月十一日未時

子一　傳鈔養

詩眈四子名禮旦字營芳號溫良生嘉慶甲戌年十二月十一日辰時卒咸豐丁巳年又五月初八日午時

娶胡氏執娘生嘉慶
丁丑年七月初九日未時卒佚
子三　傳捷　傳扯　傳章俱夭

詩荐之子名禮釵字簇芳號温芳生嘉慶己巳年十
一月廿八日申時卒同治丁卯年九月十七日未時
娶林氏胡娘生嘉慶己卯
年六月十二日酉時卒佚
子二　傳學　傳友

詩權長子名禮栽字並芳號　生嘉慶辛未年四
月十二日亥時卒光緒乙亥年三月十八日子時
娶楊氏祇娘生嘉慶癸
酉年十二月二十日卯時卒
子三　傳納夭　傳乙　傳在

詩權次子名禮灌號膏梁生嘉慶甲戌年正月十四日
卯時卒道光乙未年三月十九日未時
子一　傳侯養
詩權三子名禮萬字千芳生嘉慶己卯年二月廿九日午
時卒　娶楊氏參娘生卒
失考　又娶葉氏迎娘生道光辛巳年十月二十日巳
時卒咸豐癸丑年三月二十日吉時
三娶鍾氏生嘉慶甲戌年正月廿四日寅時卒光緒
甲申年九月初二日亥時
子三　傳水　傳吝　傳捷
詩權四子名禮巢號　生道光乙酉年四月初三
日戌時卒光緒戊寅年九月十二日巳時
娶蘇氏網娘生道光辛卯

年十二月十一日寅時卒
子一　傳梅
詩荼長子名禮氷生嘉慶庚午年十一月十六日午時卒
同治戊辰年十月廿四日亥時
娶楊氏坦娘生嘉慶庚辰年二月初九日辰時卒佚
又娶王氏改節
詩荼次子名禮冬生嘉慶甲戌年二月廿四日戌時卒
失攷
詩荼三子名禮潤字澤芳生嘉慶丙子年九月十二日
寅時卒　年三月初八日戌時娶王氏粉娘改適
詩元長子名禮奚字政芳號　生嘉慶己巳年六
月初七日午時卒咸豐辛酉年十二月十九日巳時在臺
娶廖氏益娘生嘉慶壬戌年十二月十一日午時卒光

緒甲午年五月廿二日午時

子一　傳眈院

詩亢次子名禮干字漸芳生嘉慶壬申年十月初九日

申時娶王氏生道光戊子年十二月十三日卯時住台

子三　萬居繼礼才　貴信　貴德

詩亢三子名禮廟字翼芳生嘉慶庚辰年十一月初四

日申時娶李氏生道光戊子年八月十一日子時住台

子四　傳新　金秋　文義　傳圭俱住台

詩虎之子禮才字美芳生道光乙酉年三月　時

卒

嗣子一　萬居

詩虎次子名禮致生卒失攷

詩根子名禮默字道光芳生道光甲申年七月廿一日寅

時　娶詹氏生道光辛卯年二月初六日子時往台
子四　春來　傳水　傳贊　傳
詩社之子名禮彙生道光辛卯年十月初一日申時往台
詩喜長子名禮鉻字高芳生嘉慶丙寅年七月廿一日
巳時卒咸豐乙卯年三月十一日酉時娶　氏格娘生卒佚
娶葉氏改適
詩喜次子名禮塔生嘉慶庚午年七月廿三日未時出繼同暢
詩喜三子名禮扇生嘉慶丙子年八月廿八日子時卒咸
豐甲寅年十二月十八日巳時
詩腆長子名禮印字綬芳號尭綬生嘉慶己卯年二月
初三日亥時卒光緒庚辰年二月初二日亥時葬槐兜
坐申寅兼庚甲　娶陳氏千娘夭又娶李氏文娘生
道光乙酉年十二月初九日午時卒同治戊辰年十一

月廿八日辰時葬在大坵脚坐辛向乙兼戌辰又娶
廖氏生卒佚
子三　傳驕　傳歆　傳謹　傳鏈
詩腆次子名禮荅生道光辛巳年三月初四日辰時卒
同治庚午年十二月初三日未時
娶唐氏萵娘生道光癸巳年三月十四日辰時卒宣
統辛亥年六月廿六日吉時
子一　傳訪夭
詩腆三子名禮取生道光甲申年三月初八日申時卒
道光戊申年八月廿一日寅時
娶傅氏庚娘改節
詩腆四子名禮象號堯卦生道光丁亥年正月十八日辰
時卒同治甲戌年六月十五日未時

娶高氏出娘又娶鄭氏禾娘生道光戊子年八月初
三日未時卒咸豐庚申年七月廿五日亥時又娶廖氏
李娘改節
子二　傳非　天送
詩腆五子名禮梓生道光己丑年六月廿四日子時卒
光緒戊子年九月十二日酉時
以上僕儀臧夫三房派
詩盼之子名禮兆字為芳生乾隆庚戌年十二月廿二日
卒道光丁未年八月初一日卯時
娶胡氏逆娘改節
子二　傳訓　傳吟繼出溪頭人
詩持之子名禮麟字趾芳生嘉慶丁巳年七月初三日
未時卒佚　娶葉氏修娘生嘉慶己巳年十二月十

四日巳時卒失攷
子四　傳朮　傳餘　傳正　傳瓏
詩服之子名禮星父子在台未知世系
詩班繼子名禮巔生道光癸未年十二月廿三日午時卒
年　月
子一　傳洛抱養
詩瑤之子名禮段生道光丁亥年三月十三日丑時卒光
緒　年
詩培養長子名禮激字諧芳生道光甲申年四月廿四
日午時卒光緒　年
娶廖氏水娘生道光丁亥年五月十三日酉時卒咸
豐丁巳八月初八日未時
承繼子一　傳福

詩培養次子名禮哂生道光丁亥年正月十六日子時
卒未詳字笑芳
詩培養三子名禮潑字圓芳生道光壬辰年八月十
二日午時卒失攷
子一　傳道
詩培養四子名禮治字近芳生道光甲辰年四月廿
日酉時卒失攷　娶朱氏賞娘生道光辛丑年正
月廿九日午時
子一　傳枝
以上侯儀旺夫四房派
詩勵之子名禮庠字曰芳號見琵生乾隆丙申年十
一月初十日丑時卒道光辛丑年六月十三日未時
子一　傳舖

詩柔長子名天德字正芳號見用生乾隆戊戌年十一月初五日酉時卒道光戊申年十月初八日辰時葬在本鄉四埕後坐寅向申兼艮坤娶陳氏完娘號溫淑生乾隆丁未年二月初六日辰時卒嘉慶己巳年九月初六日申時葬在本鄉赤竹坋尾坐巽乾兼巳亥　又娶唐氏冬娘生嘉慶戊午年五月廿三日巳時卒同治丁卯年十月廿九日巳時葬

子五　傳炎　傳埧　傳愁　傳炒　傳泰繼孔緩

詩柔次子名禮笑字魏芳號聲音生乾隆壬寅年七月廿九日午時卒道光壬辰年三月廿一日酉時娶唐氏拖娘改節

子四　傳祛　傳御　傳見繼石格　傳鍥殤

詩柔三子名禮點號 生乾隆乙巳年十一月初六日
酉時卒乾隆戊申年正月廿八日辰時葬府前未
丑坤艮向

詩永長子名禮情字其芳一字孫理生乾隆庚戌年
十二月十七日卯時卒咸豐壬子年七月初十日子
時葬在石獅坐乙向辛兼辰戌
娶謝氏雪娘生嘉慶庚申年九月廿五日辰時卒光
緒庚辰年十二月十三日辰時
子三 傳淼 傳低 傳戲

詩永次子名奴喜字合芳生嘉慶丙辰年七月十五
日寅時卒佚娶李氏程娘生嘉慶丙寅年八月十四
日卯時卒失攷
子二 傳俟券 傳旺

詩永三子名禮暖生嘉慶甲子年二月廿三日子時往
淡水卒佚

詩夏長子名禮揣字玩芳號景川生嘉慶辛未年十二
月初五日辰時卒光緒辛巳年七月十五日未時
娶李氏春娘生嘉慶己
卯年十一月十五日巳時卒道光己亥年四月初一日
巳時葬在崩山坐　向　又娶余氏宝娘生嘉慶
丙子年九月廿四日未時卒同治己巳年七月初四日
午時
子四　矩步　傳哭　傳肘繼孔玉　傳每

詩程長子名禮成字孫元號景貞生乾隆庚戌年八
月十七日亥時卒道光癸巳年二月初八日未時葬在真
人尖鄉坐壬向丙兼子午　娶廖氏葵娘生嘉慶

壬戌年九月廿六日巳時卒道光丙午年四月初九
日戌時葬仙壠坑坐丁向癸兼午子
子一　傳助
詩程次子名禮汃字攀芳號景閶生嘉慶丙辰年九
月十四日丑時卒光緒己卯年正月十五日卯時
葬在山頭犁壁金下坐乾巽兼戌辰
娶廖氏珍娘生嘉慶珍丙寅年十月初六日亥時
卒同治庚午年十月廿九日未時
子六　傳岩　傳足　傳沁　傳漏繼廖家　傳雍　傳趨
詩程三子名禮緩字流芳號景利生嘉慶庚申年十
月廿一日丑時卒咸豐甲寅年五月初一日酉時
娶廖氏起娘生嘉慶辛未
年三月初三日午時卒

子二　傳恭係天德子繼　傳訪

詩唱長子名禮楇字徐芳號景浮生嘉慶庚申年二

月廿五日巳時卒咸豐庚申年六月初六日未時

娶廖氏伴娘生嘉慶庚

申年七月初七日寅時卒咸豐庚申年八月廿九日巳

時葬

子一　傳逕

詩唱次子名禮勇字智芳號景仁生嘉慶乙丑年四

月二十日寅時卒同治甲戌年二月廿八日未時

娶朱氏雖娘生嘉慶

戊辰年九月十五日卯時卒光緒甲申年三月十一日

未時

子二　傳花　傳泉夭　女一

詩唱三子名禮火字金芳甥景合生嘉慶甲戌年三月
二十日寅時卒同治丙寅年九月初九日辰時
娶林氏月娘生道光丙
戌年十一月十五日辰時在浮口卒
子三　傳提　傳鑼　傳崇俱先傳
詩唱四子名禮主字忠芳甥景孟生嘉慶丙子年六
月廿三日寅時卒同治乙丑年四月初九日丑時
嗣子一　傳肘在臺不知存亡
詩多長子名禮吉生乾隆戊戌年十月廿七日丑時卒
乾隆庚戌年八月十八日酉時葬在大埕尾後坐庚甲
兼申寅
詩多次子名禮乞字他芳甥取文生乾隆癸卯年九月
初五日辰時卒道光丙午年十月十五日卯時葬在東

邊墘坐乚辛兼辰戌
娶李氏姜娘生嘉慶己未年二月初八日辰時卒同
治癸亥年十二月初一日辰時葬在倒林坐乚辛兼卯
酉
子六　傳譜　傳汝　傳硯　品桂　三傳　連朝

詩多三子名禮華字嶽芳號寔文生乾隆癸丑年五
月十五日辰時卒道光癸卯年五月初二日子時
娶吳氏連娘生嘉慶丁卯年十一月十二日亥時卒光
緒乚酉年八月初四日子時公與孔取文公仝葬
子五　傳仍　傳口　傳惹(大)　傳賣(繼公康家)　傳幼

詩符長子名禮壇字墠芳號貴文生乾隆戊申年四月
廿七日卯時卒道光戊申年九月十三日未時
娶陳氏報娘生乾隆乚卯年七月廿二日巳時卒佚

養子二　傳榜　傳釐殤
詩符次子名禮戲號力文生嘉慶庚申年五月初六
日卯時卒道光丙午年七月廿六日辰時
娶陳氏蔭娘號蕊容生嘉
慶丁卯年　月　日　時卒道光己酉年十一月
初十日辰時
子一　傳念養
詩兩長子名禮前字後芳生乾隆乙巳年十一月初一日
午時往臺卒失孜
詩兩次子名禮就號親文生乾隆甲寅年九月初八日
申時卒嘉慶己卯年八月十一日辰時
詩區之子名禮罕字雅芳生嘉慶丙寅年十一月廿一日丑
時卒失孜娶廖氏利娘生嘉慶辛未年十一月廿五日

日丑時卒失攷

子一　傳級

詩佩繼子名禮珪生嘉慶庚午年四月初五日戌時卒失攷

詩捌嗣子名禮林字啓芳生乾隆辛亥年五月二十日寅時往臺娶廖氏籠娘生乾隆乙卯年五月十一日寅時卒俱未詳

子二　傳瀛　傳灘

詩捌次子名禮歛號力聚生嘉慶丙寅年十一月二十日未時卒道光辛丑年八月十七日吉時

娶王氏改節

子二　傳瀨　傳任

詩投長子名禮媚字輿芳號志明生乾隆乙卯年九月

十九日亥時卒道光戊申年十一月十九日酉時葬在本
處觀音頭坐乾巽兼亥巳
娶廖氏臏娘生嘉慶丁卯年十一月初八日辰時卒
光緒乙亥年七月廿二日未時
子三　傳立　傳揔　傳奚繼礼杖

詩授次子名禮通號志仰生嘉慶戊午年八月廿一日
寅時卒道光戊申年十二月廿九日巳時
娶廖氏員娘生嘉慶甲
戌年十二月十八日酉時卒光緒癸巳年九月十七日
午時
子一　傳讀

詩授三子名禮杖號志任生嘉慶癸亥年五月初一日
午時卒道光戊申年七月十三日巳時

嗣子一　傳奚係礼媢三子繼

詩憂長子名禮迦字佳芳號力逾生嘉慶戊辰年六月

三十日寅時卒咸豐辛亥年七月十六日丑時葬在

本處埕尾坐丁癸兼午子

娶李氏衛娘生嘉慶壬申年七月十三日亥時卒同

治甲戌年九月二十日子時

子六　傳窓　傳叟夭　傳譽　傳忍繼出　傳汪繼礼濼　傳留繼礼濼

詩憂次子名禮濼字昆芳號力璜生嘉慶丙子年正月

初九日未時卒同治壬戌年三月十七日未時

嗣子二　傳汪　傳留俱迦子繼

詩憂三子名禮乃號力敬生道光癸未年三月十七日

丑時卒同治戊辰年十二月初五日寅時

若顯長子名禮龍字堅芳號力軒生乾隆庚戌年二月

初二日巳時卒咸豐甲寅年四月十二日子時葬在五
厝崙坐乙辛兼辰戌　娶余氏快娘生嘉慶己未
年三月廿二日亥時卒道光戊子年四月廿八日酉時葬
在本處石觀音坐辛乙兼酉卯
又娶林氏酉娘生嘉慶己未年三月十二日巳時卒
道光丁未年六月初九日卯時葬在赤竹圳坐寅申
兼艮坤　三娶王氏茅娘生嘉慶庚申年七月初
一日酉時卒光緒乙酉年十月初九日卯時葬在本處
觀音山坐巳向亥　嗣子二　傳添　傳義
若顯次子名禮瑶生乾隆辛亥年十月廿二日申時卒佚
新裕嗣子名禮梓生嘉慶乙丑年十一月在臺卒道光
　年正月初七日吉時
嗣子　陽係派子從行次失考

詩教長子名禮波字千芳號思澤生乾隆丙戌年十二
月十八日辰時卒嘉慶丁丑年六月廿九日午時娶呂氏
生佚卒嘉慶丙辰年十二月十二日戌時
子一　傳作
詩教次子名禮溪殤
詩教三子名秋月生乾隆壬寅年二月廿二日未時卒
嘉慶丙子年十二月廿七日辰時在台六張犁
詩午長子名禮植字連芳號見峰生乾隆壬寅年九
月十一日戌時卒咸豐己未年二月廿五日戌時
娶胡氏文娘生乾隆壬
子年十月廿九日辰時卒咸豐癸丑年二月廿一日申時
子五　傳妍　傳歡　傳篠　吉創　傳田殤
詩午次子名禮香字廷芳號見吉生乾隆丁未年二

承繼子一　傳湖係魚子繼

詩棨之子名禮圍生乾隆辛卯年二月二十日子時娶張
氏卒上淡水北港
子一　傳容養

詩林長子名禮賢字任芳生乾隆丁酉年七月十六
日辰時往臺卒失攷

詩林次子名禮經字省芳生乾隆乙卯又二月初九日
寅時卒道光　年八月十五日沈海娶余氏生
嘉慶乙丑年七月廿三日申時卒咸豐辛酉年十月初
三日酉時
子四　傳瓶　傳盤　傳協　傳圓殤

詩坂之子名禮煥生乾隆戊戌年七月廿七日丑時娶王
氏生卒俱佚

子三　傳萬　次　三 失名住自上淡猴山坑

詩喂長子名禮別生乾隆癸丑年五月十三日吉時卒嘉
慶丙子骸在上淡水頭重溪

詩喂次子名禮儉生嘉慶丙辰年七月廿五日午時娶
高氏月娘生嘉慶丙寅、　卒在上淡水六張犁土地嶺

詩到長子名禮侶生嘉慶己未年十二月二十日巳時卒
嘉慶甲戌年十二月廿一日丑時　双承子　傳蝕

詩到次子名禮柳生嘉慶癸亥年八月初九日巳時卒
道光己巳年二月初七日卯時
娶余氏
改節

子二　傳梯　傳蝕 礼侶
 并承

詩到三子名禮從生嘉慶丁卯年八月十四日巳時卒加
慶癸酉年七月十七日寅時

詩樹長子名禮檜字如芳號　生乾隆甲辰年九
月初八日寅時卒道光乙巳年十月初四日丑時葬
在石獅坐　向　娶葉氏取娘生乾隆甲
寅年正月初四日酉時卒同治丁卯年五月初三日卯
時
子二　傳株　傳廳繼礼㝗
詩樹次子名禮茅生乾隆庚戌年三月卒佚
詩樹三子名禮㝗生嘉慶壬戌年六月十九日未時卒
失攷
嗣子一　傳廳係檜子繼
詩喬養長子名禮瓦字桷芳號見墻生乾隆辛丑年
閏五月廿五日寅時卒道光乙巳年三月廿一日申時
葬在　娶朱氏生嘉慶

己未年三月初二日申時卒道光甲辰年正月　五

日酉時葬在石硿坐　向

子三　傳謹　傳乘繼孔兒　傳邱

詩喬次子名禮兒生乾隆庚戌年四月初六日寅時卒

嘉慶癸酉年七月十五日午時

嗣子一　傳乘

詩喬三子名禮院生嘉慶戊午年十二月十四日申時卒

嘉慶癸酉年七月十三日未時

嗣子半　傳王係孔玲子双承

詩喬四子名禮玲生嘉慶壬戌年三月十六日巳時卒

道光癸卯年十二月廿四日寅時　娶周氏生嘉慶

己巳年二月十六日巳時卒佚

子一　傳王半承礼院

詩禮之子名溪泉生嘉慶未詳卒失考

詩廣長子名桃宗生乾隆丙申年四月廿一日卯時卒

在臺失考娶　氏未詳

子二　傳歡　傳錦

詩廣次子名禮恐號遠山生乾隆丁酉年十一月初九日

未時卒嘉慶壬戌年二月十七日子時

嗣子一　傳於係樂次子入繼

詩廣三子名禮樂字俠芳號晏山生乾隆庚子年二

月初八日亥時卒道光壬辰年十一月二十日丑時葬牛

角壠坐甲庚兼卯酉　娶林氏變娘生乾

隆壬子年四月廿七日辰時卒道光己酉年八月初

七日申時

子五　傳濡　傳於繼禮恐　傳爺　傳為夭　傳石夭

詩廣四子名禮暹字曰芳號力山生乾隆庚戌年四月
廿五日亥時卒道光辛丑年三月初四日辰時葬崎石厝
圳下坐艮向坤兼丑未
娶施氏信娘生嘉慶辛酉年十二月初五日寅時卒
同治辛未年七月十一日巳時
子四　傳謳　傳柄繼孔鑠　傳濯　傳曾夭
詩廣五子名禮鑠號我山生乾隆壬子年九月十四日
未時卒嘉慶甲戌年閏三月廿八日辰時
嗣子一　傳柄係暹次子繼
詩景長子名禮丑字闢芳號建山生乾隆甲辰年二月
十六日亥時卒道光癸未年七月二十日巳時
娶唐氏錯娘生乾隆辛亥年七
月初八日申時卒失攷

子二　傳闕　傳湉出繼

詩景次子名禮寅生乾隆戊申年十月廿八日辰時卒

同治壬戌年六月十三日酉時

嗣子一　傳湉

詩按之子名禮起生嘉慶己未年十一月初七日午時

卒失考

詩續之子名禮斜生乾隆己酉年十二月廿七日未時

卒在沙縣洋溪娶胡氏改節

子一　傳南

詩招之子名禮川字孫洲號敬心生乾隆戊戌年七

月初五日辰時卒咸豐壬子年十二月廿四日酉時葬

本處坪厝兜坐巽向乾兼亥巳

娶李氏時娘生嘉慶庚申年十一月初八日戌時卒同治

壬申年二月廿八日辰時

子四　傳勻　傳業　傳干係提子徙　傳謂

詩招次子名禮石生乾隆壬申年十月初四日巳時卒

失攷

詩招三子名禮提字報芳生乾隆癸丑年十月二十日

辰時卒　年十二月初四日卯時　娶廖氏哂娘

生嘉慶己巳年八月廿五日子時卒　年四月廿

四日丑時

子六　傳衛夭　傳性　傳干繼礼川　傳供　傳趣　傳銚

詩文子名禮信生嘉慶乙丑年十二月十九日巳時卒

失攷　娶廖氏攺節

子一　傳懷隨帶撫養

詩福長子名禮拃字孫扳生嘉慶乙丑年十月初五日巳

時卒光緒丁亥年十月廿七日子時

　　娶謝氏早娘生嘉慶庚辰年正月十一日午時卒光緒壬辰年十月初八日丑時葬

子三　傳請夭　傳猴　傳攀繼業爲子

詩福次子名禮掇生嘉慶辛未年三月廿九日酉時卒在沙縣未詳娶廖氏改節

子一　傳泄繼出廖家

詩欽養子名以成生嘉慶辛酉年四月廿七日吉時卒失攷

詩琛長子名禮湍字水芳生嘉慶戊辰年又五月廿三日巳時卒失攷　娶盧氏揆娘生嘉慶庚辰八月廿三日戌時卒道光戊戌年四月廿二日未時

子二　傳长　傳䔥俱往漳卅

詩琛次子名禮從生嘉慶辛未年六月初八日巳時卒

咸豊丁巳年九月初八日酉時

娶胡氏改節

子二　傳才　傳癡

詩蘇之子名禮雹生卒失孜

詩滿之子名禮助生卒失孜

以上俱係侯佩之派

詩德養子名禮出生佚卒道光戊申年十二月廿八日

辰時

詩語之子名禮贈生卒失孜

詩塊長子名禮生生嘉慶己未年四月廿九日午時卒

道光　年十月廿三日午時　娶胡氏改節

詩塊次子名禮貼生嘉慶壬戌年七月廿九日寅時卒
道光　年八月初一日吉時
詩杜之子名禮宅生嘉慶戊午年三月廿八日午時卒
失攷娶唐氏檜娘生嘉慶癸酉年正月初八日卯時卒
咸豐戊午年八月初七日丑時葬在本鄉下坂蛇仔墓
邊坐壬丙兼子午
子二　傳亥　傳駁半繼孔休
詩閣繼子名禮休生嘉慶庚申年十二月初八日未時
卒道光　年十月十三日吉時
嗣子半　傳駁
詩昴養子名成基生嘉慶丙寅年五月十二日戌時卒
咸豐丁巳年四月廿六日巳時
娶馬氏謂娘生嘉慶癸酉年八月十六日巳時卒道

光乙巳年十二月十六日申時

子一　傳徵

詩旺長子名禮簡字閱芳生嘉慶丙子年三月初五日丑時卒咸豐癸丑年八月十一日巳時葬中路坐　向

娶林氏六娘生道光辛巳年十一月十二日辰時卒道光乙巳年十二月十二日巳時

詩旺次子名禮鏡生道光乙酉年三月十五日巳時卒同治壬戌年四月廿五日未時

詩旺三子名禮箴生卒前譜失登

詩意養子名朝成生嘉慶乙丑年正月廿九日辰時卒佚

詩居之子名朝椽生道光丙戌年六月十五日卯時卒光緒乙酉年十二月廿五日吉時

以上係周之派

詩惠長子名禮喜生乾隆甲寅年十月十二日寅時卒佚
詩惠次子名禮双生嘉慶乙丑年七月廿五日亥時卒佚
詩惠三子名禮全生嘉慶辛未年十二月廿八日巳時卒佚
詩綸之子名禮壇生乾隆癸丑年八月十五日吉時卒
佚娶周氏生卒无考
詩誥長子名禮發生嘉慶丁卯年十二月初九日辰時
詩誥次子名禮才生嘉慶壬申年十一月初八日亥時卒佚
詩誥三子名禮祿生嘉慶丙子年十二月十七日寅時卒佚
詩思長子名禮地
詩思次子名禮雲
詩欽之子名禮興
詩朝長子名禮旺
詩朝次子名禮生

詩朝三子名禮元
詩範長子名禮尊
詩範次子名禮敬生乾隆辛卯年九月廿五日寅時
娶周氏生乾隆戊申年八月初五日巳時
子一　傳開
詩範三子名禮義生乾隆戊戌年十月十五日丑時卒佚
詩範四子名禮閏生乾隆辛丑年十月廿五日亥時卒佚
詩太長子名禮仁生　年九月十九日亥時卒佚
詩太次子名禮譜生乾隆庚子年四月初五日巳時娶
黎氏生乾隆乙卯年十月廿一日申時卒葬俱无攷
子三　傳生　傳來　傳昌
詩太三子名禮乾生乾隆辛亥年六月十八日午時卒佚
詩壬長子名禮福　娶　氏

子二　傳渠　傳道

詩壬次子名禮壽

詩壬三子名禮程

詩壬四子名禮甘

詩壬五子名禮蔭

詩庚之子名禮榮

詩滿長子名禮振行二

詩滿次子名禮超行一

詩滿亮長子名禮麒

詩亮次子名禮双

詩亮三子名禮泉

詩倫之子名禮喜

詩圭之子名禮麟

詩鏗長子名禮樂

詩鏗次子名禮殿

詩鏗三子名禮茂

詩鏗四子名禮慶

詩璞之子名禮春

詩年長子名禮轍配陳氏

詩年次子名禮環

詩年三子名禮彰

詩登長子名禮禎

詩登次子名禮祥

詩席長子名禮蛟

詩席次子名禮龍

詩化長子名禮祿

詩化次子名禮義
詩化三子名禮智
詩子之子名禮旺
自禮喜至此爲江西侯寬之派生娶卒葬俱佚
詩潘長子名禮邁字孫超號見執生乾隆癸丑年十月
初九日酉時卒同治己巳年七月初一日申時
娶林氏好娘生嘉慶癸亥年
四月初八日未時卒光緒辛卯年八月初七日酉時
葬在
子四　傳蚵夭　傳串　傳⿰魚氏　傳戠
詩潘次子名礼鶻號回執生嘉慶戊午年正月十九日
寅時卒同治甲子年七月十三日吉時

詩薦之子名禮郭字城芳生道光乙酉年吉月吉日時
卒失考娶李氏湯娘改節
子二　傳逆　傳傢在上坑牛林山
詩賴繼子名礼水生卒失考
詩飽長子名禮蕙生卒失考
詩飽次子名禮惆生卒失考
詩飽三子名禮霞生卒失考兄弟俱在台
詩巧之子名禮送在洋溪
詩體長子名禮集生嘉慶戊辰年四月廿八日午時替
詩體次子名禮閣生嘉慶辛未年十二月十四日寅時
娶廖氏啗娘生卒失考
詩體三子名禮惠字恩芳生嘉慶乙亥年十月初二
日卯時卒光緒甲申年十二月十四日戌時娶吳氏改節

詩體四子名禮銁生嘉慶庚辰年十一月十七日亥時往臺
卒失攷
詩體五子名禮燃往臺　生卒失攷
詩盪長子名禮漫字密芳號蘭亭生嘉慶己卯年又
四月十九日辰時卒光緒庚寅年十月初九日午時
葬　　　　娶蘇氏差娘生道光
甲申年十一月初八日酉時卒光緒癸未年十一月
初十日未時
子五　傳向夭　傳掐　傳婆　傳盤　傳闕繼名橫洋
詩盪次子名禮甸字耕芳號柱圃公生平為人勤儉
樸素白手成家自建魁榜厝全座坐　　向　　兼
舉男子七名自長大成人孫子林立誠吾族中
所傑出者生道光丁亥年二月廿一日寅時卒光緒

丙申年七月廿九日酉時葬在本山土名半林宮上坐
甲庚兼寅申
娶余氏秀娘謚清德生道光庚寅年二月十六日未時
辛光緒壬辰年八月十一日午時
子七　傳猷承繼　傳舜　傳暖　傳久
傳香　傳鍊　傳帕　女二
基繩之子名禮炮往台生卒未詳
基必之子名禮烘往台生卒未詳
詩岌長子名禮用生道光壬午年三月初三日辰時卒佚
詩岌次子名禮為生道光甲午年六月廿二日酉時卒佚
配劉氏茶娘改節
子一　傳南在黃柏
詩岌三子名禮藏生道光庚子年十二月初六日卯時卒

在上府失攷娶林氏滿娘攷節

子一　傳秤

詩彝之子名禮審生嘉慶己卯年正月十六日戌時卒佚

詩康長子名禮威字儀芳生道光壬寅年三月廿七日

辰時卒光緒丙子年七月十二日吉時　娶蘇氏箴

娘生道光乙未年九月初五日辰時卒　年二

月初八日吉時

子嗣半　傳英

詩康次子名禮張字委芳生道光乙未年七月二十日

亥時卒　年正月十三日吉時

娶廖氏富娘攷節

子一　傳惆

詩康三子名禮攖字拂芳生道光戊戌年九月十八

長時卒在上府
嗣子二　傳紫承　傳六継半
詩康四子名禮賣字買芳親　生道光庚戌年八月
十九日未時卒民國辛酉年四月廿七日巳時
娶李氏掷娘生咸豐戊
午年正月初六日未時卒光緒戊申年九月十七日吉
時
子五　傳呼夭　傳回　傳叱　傳六継半　傳英半承禮咸　女二
詩奢之子名禮賴生卒佚
詩桄継子名禮堤字正芳生道光辛卯年六月二十日
巳時娶余氏罕娘生道光戊戌年五月初六日酉時
移居上府永安新橋卒葬俱佚
子四　傳知　傳論　蛟龍　傳捧

詩血長子名禮書字孫博號成一生嘉慶戊辰年八
月廿二日亥時卒道光甲辰年五月廿九日吉時
　　娶林氏彥娘生道光甲申年
十月廿四日巳時卒同治壬戌年七月初十日寅時葬
在
子四　傳沙　傳書　傳秋繼　傳獻繼孔甸
詩血次子名禮岸字孫登號合成生嘉慶乙亥年二
月十三日午時卒年六月初三日巳時
娶余氏香娘改節
子二　傳徵　三事
詩血三子名禮買號賣成生道光壬午年卒道光己
酉年正月廿九日巳時
詩血四子名禮甲號出成生道光丁亥年正月初九日

寅時卒道光甲辰年五月十七日吉時

詩耦長子名禮顒字孫治生道光丁卯年七月廿一日巳時卒　　年　月

娶李氏看娘生道光丁酉年五月初六日辰時卒同治壬申年八月十八日酉時

又娶李氏謹娘生道光庚寅年二月十八日寅時卒

子一　傳用

詩耦次子名禮冲生道光壬辰年十一月廿六日寅時卒佚

詩耦三子名禮言生道光壬寅年九月廿七日午時卒佚在臺

詩國長子名禮箱字倉芳號　生道光甲午年十一月初二日申時卒光緒己丑年八月十一日亥時

娶葉氏差娘改節

子二　傳參　傳府係即之子承

詩國次子名礼即字文芳號　生道光丁酉年十月十九日戌時卒光緒己卯年六月廿六日卯時

娶鄭氏通娘生道光丁未年五月初七日申時卒光緒庚寅年十二月十六日辰時

子二　傳波　傳府出半

詩儒長子名禮壬字丙芳號如酉生道光己亥年六月十二日亥時卒光緒甲申年六月初六日辰時

詩儒次子名禮帶字節芳生道光戊申年五月三十日丑時出家為僧圓寂光緒甲辰年十二月廿五日丑時

嗣子半　傳邊係禮子承

詩儒三子名禮宗號如族生咸豐壬子年八月廿二日戌時卒光緒癸巳年八月二十日申時

詩儒四子名禮曲字直芳生咸豐乙卯年六月廿一日丑時在外洋卒光緒己亥年十二月廿三日

娶李氏作娘生咸豐庚申年九月十七日酉時卒光緒辛巳年七月廿三日巳時

又娶廖氏興娘生同治戊辰年十一月初二日亥時

子一　跟究殤

詩勅之子名禮善號　生道光丙申年二月十九日巳時卒咸豐己未年十月廿九日辰時

詩勅次子名禮厚生道光甲辰年八月十五日午時卒在外洋失考　娶胡氏改節

子一　傳覺
詩敕三子名禮舌生道光丁未年十一月十三日辰時
卒佚
詩敕四子名禮籌殤
詩機長子名禮往號如征生道光乙未年又六月廿一
日午時卒光緒丁丑年十一月初四日丑時
娶周氏對娘生道光癸
卯年六月初二日未時卒民國己未年正月廿八日
辰時
子四　傳貌　傳辣　傳論　四繼出　女三
詩機次子名禮攺字孫德號如松生道光戊戌年四
月初十日辰時卒光緒丁酉年十月初九日申時
娶福林吳氏寵娘生道

光乚巳年六月初六日子時
子三　傳乚　傳富　傳俊繼出　女三
詩機三子名禮釬字孫璜生道光壬寅年十月廿四日
寅時歿如正卒光緒戊申年十二月初三日丑時
娶廖氏香娘生咸豐
甲寅年九月廿二日亥時卒民國乚丑年八月廿九日
丑時卒係初五日午時
子三　傳粒　水狗　傳齊夭
詩機四子名禮弦字貽五生道光丁未年八月廿九日
丑時歿　卒
娶陳氏寵娘生同治癸酉年六月廿五日午時卒
年　月
子二　秦楚　傳厚夭　女一

詩機五子名禮沕字貽福號如成生咸豊辛亥年六月初八日丑時卒民國壬戌年七月十一日子時

娶廖氏所娘生同治壬戌年四月十五日丑時卒光緒乙巳年十月初五日辰時葬

子一　傳連（改名勤）

詩機六子名禮檻字貽春號　生咸豊甲寅年七月廿八日巳時卒　年五月初五

娶廖氏滿娘生同治甲子年八月廿四日午時卒民國庚午年又六月初九日寅時葬

子四　傳蓼　傳邊（更名礼蒂）　傳桂　傳丹

詩機七子名禮前字貽光號　生咸豊戊午年五

月三十日在厦卒

娶李氏升娘生同治甲子

年三月廿一日未時卒　年　月

日　時

子三　傳經　傳鉉　傳正鸞出

成珠長子名禮坤字乾芳號宇然生道光己丑年十

二月十五日巳時卒光緒丁亥年四月初八日丑時葬

在本處九堤坐乙辛兼酉卯

娶李氏腰娘生道光己丑年五月二十日亥時卒光

緒丁未年八月廿八日

子五　傳丙　傳贊　傳概　春園　傳奪　女二

成珠次子名禮鑯字桃芳生道光壬辰年九月廿一日

未時號　卒

娶吳氏蓋娘號花事生
道光壬辰年二月初八日未時卒同治庚午年十月
初二日巳時葬
又娶林氏崇娘生道光甲午年十月初二日寅時卒
光緒甲申年六月初一日卯時
三娶楊氏富娘生道光丙
申年十月初六日午時卒
子五　傳九　傳騎　蓮只　輔世　丙姑俱吳氏生
傳
成
珠三子名禮程字南芳號　生道光戊戌年三
月廿八日卯時卒光緒癸卯年十月廿三日丑時葬在
本鄉土名漈址坐巽乾兼巳亥
娶廖氏美娘生道光己亥年四月廿六日酉時卒民國

癸亥年四月初二日午時

子四　玉樹　双全　春雨夭　開興　女三

成珠四子名禮鄧字　芳生道光庚子年十二月初九

日辰時卒在廈　年五月初五日未時

娶余氏尚娘生道光乙巳年二月十七日亥時在廈

卒

子三　傳虎夭　傳薦养　傳潘　女六

萍上長子名禮閱字笑芳號　生道光癸巳年六

月十七日辰時卒光緒癸卯年九月初五日午時

娶廖氏銀娘生道光壬

寅年五月初六日寅時卒光緒辛卯年六月廿六日

午時葬

子一　傳痴抱養

萍上次子名禮城字山芳號府然生道光乙未年九月廿七日卯時卒光緒甲辰年十二月廿五日午時

娶吳氏店娘生道光丁未年十二月十四日寅時卒光緒庚寅年六月初五日巳時

子一　傳堯

萍上三子名禮道字中芳號正言生道光戊戌年五月十七日酉時卒光緒壬辰年八月廿八日申時

娶廖氏新娘生道光丁未年十月初三日戌時卒　年　月　日時葬

子二　傳豆　傳降係抱養

萍上四子名禮寧字主芳號　生道光辛丑年五

月十四日卯時卒民國癸丑年十一月廿三日辰時

　娶廖氏在娘生咸豐

壬子年七月初八日酉時卒民國甲寅年十月初六

日吉時

子四　長春　傳廣　傳藻　孫彪　女五

泮蕋長子名禮妙字宗芳號直正生道光庚子年正

月十四日辰時卒光緒己卯年五月初九日申時

　娶廖氏康娘生道光辛

丑年八月十二日辰時卒　年　月　日

時

子二　傳權半承礼園　朝吉双承

泮蕋次子名禮莉字孫香號寅徵生道光乙巳年三

月十二日午時卒民國甲寅年六月初六日辰時葬

大山后坐甲庚兼卯酉　娶李氏進娘生道
光丙午年六月十九日巳時卒民國壬戌年四月十二
日未時
子五　傳眼　東水　揖讓　傳壁夭　豬藏
詩畫次子名禮團字孫圖生咸豐癸丑年五月初三
日辰時卒民國丁卯年十二月廿六日卯時
娶李氏印娘生咸豐
丁巳年六月廿一日酉時卒　年八月　日
時
子二　傳菊夭　朝吉半承礼妙
詩畫三子名金蘭字玉芳號　生咸豐丙辰年九
月十九日戌時卒　年二月廿八日巳時
娶陳氏鸞娘生咸豐辛酉

年十月十六日巳時卒　　年九月初九日
時葬
子一　行義
詩盡五子名禮維字孫經號　生咸豐庚申年十一
月十四日寅時卒　年十一月初四日亥時葬在
本處路兜　娶陳氏姜娘生
同治甲子年三月初九日寅時卒　年六月
初六日寅時葬在本處瓦窑頭
子四　娶鮑　春綢夫　得已　致首嚮出
基作長子名禮餉號章峰生道光乙巳年十一月初七
日辰時卒同治戊辰年四月二十日亥時
基作次子名禮蔵號　生道光丁未年十月廿二日
子時卒光緒壬辰年十二月十一日巳時

基作三子名禮礭字芳殘　生咸豐癸丑年十二
月十一日戌時卒夭故
基作四子名禮湮字芳生咸豐己未年十一月二十
日戌時卒佚
基作五子名禮阮字芳生同治壬戌年六月廿九日
巳時在外卒佚
基作六子名禮題殤
基作七子名禮保字貽元生同治丁卯年四月十四
日巳時
娶吳氏彭娘生同治癸酉年三月十八日未時卒光
緒乙未年閏五月廿七日寅時
子一　傳瑞
詩休之子名禮鑣字　生咸豐壬子年七月初九日

申時卒

詩想長子名禮月殤正心生道光戊申年十一月廿二日丑時卒　年五月廿九日卯時

娶吳氏淀娘生道光丁未年八月廿一日酉時卒　年　月　日時葬

双承子二　傳通係蔭子双承　傳臨係礼犁子双承

詩想三子名禮赧生卒失考

詩壁長子名禮奏殤正言生道光庚子年十月十一日巳時卒同治己巳年十月十四日吉時

娶林氏螺娘生道光丁未年八月二十日酉時卒

子一　傳愚　女一

詩璧次子名禮蔭字貽升生道光甲辰年八月十四日

巳時　娶林氏香娘生同治戊辰

年十月二十日未時卒　年　月　日

時

子二　傳適半承礼月登興　女一

詩返繼子名禮分號　生道光己酉年二月十一日

未時卒

娶廖氏昭娘生咸豐辛亥年　月　日　時卒

年　月　日　時

詩敦長子名禮繞號　生咸豐癸丑年二月十八

日辰時卒

詩敦次子名禮知繼出免書
詩敦三子名禮梨字貽柑生咸豐丁巳年十一月廿一日子時
娶吳氏柿娘生同治六年丁卯四月廿七日亥時
子三　傳臨兼承礼月　傳垣殤　差來
詩敦四子名禮盞號　生同治己巳年十一月初十日酉時卒光緒甲午年九月廿二日申時
詩專長子名禮履號　生道光甲午年二月廿三日亥時卒
詩專次子名禮押繼詩相書在外
詩專三子名禮曹繼正神公繼出宜書他行次

詩籃長子名禮淡號　生道光己亥年八月廿九日

亥時卒失攷

詩籃次子名禮抱繼出

詩籃三子名禮分繼詩返

詩籃四子名禮流繼出

詩繼長子名東兵號　生咸豐辛酉年九月初一日

辰時卒

娶吳氏生同治癸亥年六月初十日辰時卒失攷葬

在

又娶廖氏潘娘生光緒三年丁丑十月三十日辰

時

子一　傳菜

詩繼次子名禮係號　生同治乙丑年三月十六日

亥時在外卒

詩繼三子名禮元號　生同治甲戌年五月二十日酉時在外卒

娶葉氏慎娘生光緒十四年戊子年十一月初八日卯時

子一　傳芳

詩繼四子名禮忖號　生光緒戊寅年十一月廿三日丑時卒民國丙辰年八月十六日卯時

娶唐氏好娘

子一　逢清

詩元長子名禮石生乾隆丙申年卒无攷

詩元次子名禮樓生乾隆甲辰年三月廿六日午時卒无攷

子一　傳佛
詩二之子名禮泉號景然生乾隆己亥年卒在順昌
詩才之子名禮若生卒失攷
詩順之子名禮寵字孫寧生乾隆庚戌年二月廿二日
未時卒在順昌娶王氏改節
子一　傳遠
詩奕之子名禮是字孫謂生乾隆辛亥年七月廿九日
未時卒在順昌　娶鄭氏三娘生嘉慶丙辰年七
月初六日子時卒无攷
子一　傳根
詩袍長子名禮浮字成芳生嘉慶丙寅年七月十九日
辰時卒咸豐丁巳年吉月吉日吉時
娶唐氏改適

子二　傳乃　傳丙繼出科名

詩袍次子名禮銅字點芳生嘉慶戊辰年二月初一日辰時卒咸豐癸丑年九月十三日巳時

娶胡氏欽娘生失考卒道光　年十一月十五日申時

詩簪之子名禮殊生乾隆己酉年正月十七日申時卒道光甲辰年十一月廿九日戌時

娶李氏醒娘改節

子一　傳熊隨母在廖家

詩陶長子名禮配字秉芳號景福生乾隆丁未年七月廿六日巳時卒道光甲辰年十月初六日巳時葬本鄉土名坋仔坐壬丙兼亥巳

娶林氏未娘生嘉慶戊午年正月十五日寅時卒

道光乙巳年四月十一日午時葬在科名仙壠坑坐
向
子三　傳詞　傳廟　傳埕繼孔敏
詩陶次子名禮擬生乾隆己酉年六月廿四日辰時夭
詩陶三子名禮敏號景淵生嘉慶丁巳年八月十七日寅
時卒道光甲申年八月十二日寅時葬在順昌
子嗣二　傳超　傳埕
詩項長子名禮近生嘉慶乙丑年正月十九日寅時卒
道光辛卯年六月三十日吉時骸在沙坑
詩項次子名禮土生嘉慶壬申年五月初四日午時卒
失攷
詩南繼子名禮情字寔芳號景求生乾隆甲寅年十
二月廿一日酉時卒咸豐乙卯年十月十一日未時

娶蕭氏罕娘生乾隆己卯年七月十七日申時歿孝
淑卒道光癸卯年十月廿六日午時
又娶王氏改適
子三　傳雄　傳耀　傳道

詩
吳長子名禮廩字人芳歿景東生乾隆庚戌年七
月廿二日酉時卒道光辛卯年三月廿九日亥時葬本處
土名崩岕頭坐　向
娶陳氏最娘生嘉慶己未年七月十六日酉時卒光
緒庚辰年十月初一日辰時
子三　傳蹇　傳善繼鶴芳　傳寸

詩
吳次子名禮棗字嗜芳歿景　生乾隆癸丑年十六
月廿二日寅時卒道光丁酉年八月十一日卯時葬本
處土名仙鼓坪坐　向　　娶高氏改節

又娶蘇氏扁娘生嘉慶丁卯年正月廿五日巳時卒
失攷
承繼子　傳煥
詩齊公子名禮箕字鶴芳號景齡生嘉慶己未年四
月十六日未時卒道光癸卯年二月十三日未時葬
本處土名路兜坐亥巳兼乾巽
娶李氏起娘生嘉慶癸亥年二月十九日辰時卒同
治丁卯年五月十六日未時
子三　傳善承　傳蹈　傳志
詩趙公子名禮苗字助芳生嘉慶戊午年十月初四日
巳時卒同治丙寅年十一月廿二日未時葬在厝角坐
乾巽兼亥巳
娶唐氏法娘生嘉慶癸亥年二月十九日亥時卒同

治壬申年四月廿四日戌時葬在石古尾坐壬丙
兼子午
子二　傳同　傳斛
詩占繼子名禮企生卒在順昌未詳宜書處之外行
詩伴之子名禮才殤
詩鄭公長子名禮樟號景杉生嘉慶辛酉年九月廿九日　酉時卒道光丁亥年十二月二十日巳時
詩鄭公次子名禮藉夭
以上奇峰公長房時澄之派
奇峰公二房外出無考在家者至此而止

奇峰公三房時穆公派

詩孟公子名禮福往臺生卒失考

子　傳練

詩入公長子名禮瑄字孫獻號政成生乾隆甲寅年七月廿三日未時卒咸豐己未年四月初一日卯時葬本鄉土名崎路坐乾向巽兼亥巳

娶林氏便娘生嘉慶丙辰年七月十九日酉時卒道光癸卯年二月十九日酉時葬本處土名羊皮壠坐亥巳兼壬丙

子六　傳念　傳邑繼礼追　傳猛　傳措　傳低兼承礼瑾　傳墜兼承礼追

詩入次子名禮瑝字言芳號政遠生嘉慶戊午年五月廿四日巳時卒道光丁亥年正月十八日酉時葬山坪崙仔坐壬丙　娶楊氏帖娘改節

嗣子二　傳邑　傳堅改承

詩入公三子名禮璉字篤芳號政商生嘉慶戊辰年

三月十七日丑時卒道光乙巳年五月初三日酉時

娶唐氏改適

子一　傳詰夭

詩入公四子名禮瑾字瑜芳號政朝業儒生嘉慶壬

申年十月十五日寅時卒道光乙巳年五月十四日未

時葬本鄉土名下庵坐　向

娶陳氏取娘改適

嗣子半　傳低

詩粒公長子名禮溪字孫磻號瓊尹生乾隆癸巳年

四月廿六日午時卒咸豐己未年六月十三日申時

娶唐氏幼娘生乾隆癸丑年正月初八日午時卒

失攷

子三　傳撋　傳澳繼礼糾　傳荸往台

詩粒公三子名禮纘字載芳號瓚載生嘉慶丁巳年十二月十八日酉時卒咸豐己未年四月廿八日巳時葬在從邊　娶胡氏來娘生嘉慶壬申年十一月十九日亥時卒道光丙午年三月十四日丑時

子一　傳昂

詩絪繼子名禮糾號瓊瑤生乾隆丁未年七月十四日卯時卒道光庚寅年十月十四日巳時

子嗣一　傳澳係礼溪子承

詩粮繼子名禮琴字朕芳號和鳴生嘉慶壬戌年十一月十五日丑時卒咸豐癸丑年六月廿一日申時

娶陳氏七娘生嘉慶辛未年
十一月初一日午時卒吉年三月十九日未時葬在從邊
坐壬丙兼亥巳
子三　傳總養　傳彭　傳仰夭
詩質之子名禮貌子容芳貌動美生嘉慶丙寅年六
月初八日卯時卒咸豐戊午年五月廿九日巳時與賽
叔仝葬從邊坐壬向丙
娶葉氏冬娘生嘉慶己巳年十一月廿三日子時卒
道光吉年三月十四日亥時
又娶林氏茂娘生嘉慶庚午年十二月二十日丑時
卒道光甲辰年八月二十日丑時
又娶裴氏悶娘改節
子三　傳秋抱養被火燒　傳買　傳安

詩炎之子名禮衷號和忠生嘉慶戊午年十一月廿二日

巳時卒道光壬寅年正月十五日巳時

娶胡氏進娘改節

詩便繼長子名禮信字成芳號有孚生乾隆癸丑年

十二月廿一日酉時卒道光丙戌年正月十七日申時

葬本處土名鉄灶坑深坐申寅兼庚甲

娶王氏廿娘生嘉慶戊午年四月廿九日辰時卒同治

癸亥年三月二十日未時

子三　傳闖　傳倞　傳耒殀

詩便次子名禮榻字雁芳號有凰生嘉慶丁巳年四

月十七日巳時卒嘉慶丁丑年四月十七日巳時

娶唐氏賤娘生嘉慶庚申

年又四月初九日申時卒光緒辛巳年九月初二日

寅時葬在從邊坐壬丙兼亥巳
子四　鳳儀　萬年　傳喃　傳蹤
詩舉繼長子名新立字建芳號　生乾隆辛亥年
五月十三日巳時卒道光年間
娶周氏生嘉慶丁巳年七月十二日巳時卒
年　月
子二　傳銚　傳漸夭
詩舉次子名禮返生嘉慶乙丑年三月十四日巳時卒
道光甲午年二月十九日吉時
娶王氏腰娘改適
嗣子一　傳哭
詩舉三子名禮他字玉芳業儒生嘉慶戊辰年十二
月初四日辰時在臺卒光緒年間

娶胡氏滿娘生嘉慶甲戌年正月廿六日寅時卒道
光戊申年五月初九日戌時
又娶陳氏耀娘隨夫往臺生卒失玫
子二　傳艮　傳迎俍往台
詩尋四子名禮賽字樂芳生嘉慶辛未年七月廿七日
戌時卒咸豐辛酉年九月廿三日丑時
娶唐氏汝娘生嘉慶庚辰年
正月初六日卯時卒咸豐壬子年五月廿二日酉時與
禮賽合葬從邊
子一　傳哭半承礼延
詩梅之名庚生生卒失玫
詩謙繼子名禮坑生卒失玫
詩荷公子名禮鈸兼承詩綱生道光戊子年三月廿

一日戌時卒光緒壬辰年十一月十四日戌時

詩綱公子名禮歲兼承詩節生道光己亥年八月初五日未時卒

娶李氏成娘生道光甲辰年二月初二日巳時卒光緒癸巳年十二月廿七日巳時

詩荅公繼子名禮陋生道光戊子年三月廿六日未時卒同治癸酉年五月十三日戌時

娶王氏月娘又娶兩李氏敗節

子一　傳八

詩彪子名禮穴又名炯生嘉慶庚辰年五月初四日巳時卒光緒戊寅年二月十七日卯時

娶廖氏珠娘生嘉慶己卯年十一月廿七日未時

卒无考

承繼子一　傳買

詩賜長子名禮燕殤

詩賜次子名禮豆號　生道光乙亥年四月初六

日午時卒光緒甲午年六月廿二日酉時

娶鄭氏秀娘生卒佚

詩賔之子名禮綵生道光壬寅年十月初二日未時卒

二月初三日　嗣子半　傳沃

詩乾長子名禮海字北芳號見福生道光庚子年五

月十九日丑時卒民國乙卯年二月初四日

娶江氏成娘號美慈生道光

壬寅年十一月廿一日辰時卒同治庚午年又十月

月初二日戌時葬本鄉土名浮桐樹坐丙壬午子
又娶鄭氏香娘生道光甲辰年五月十九日申時卒
光緒丁未年十二月十三日子時
子三　新春　傳彌　圭田　女二
詩軋次子名心潮字潔芳號見水生道光丙午年五
月十四日巳時卒民國丙辰年正月二十日未時
元配廖氏為娘夭　又娶
謝氏衍娘生咸豐乙卯年四月初四日辰時卒佚
三娶劉氏壹娘生咸豐乙卯年八月初十日亥時
卒民國己巳年九月初四日丑時
子五　傳錦　傳欉　傳譜　山林　傳盟　女二
詩摘養子名禮曰字孫發生道光壬寅年十月廿一日
丑時號見賢卒光緒丁未年十月初二日戌時

娶朱氏店娘生咸豐

辛亥年四月十四日亥時卒民國丙辰年六月十九

日辰時

子四　水浪　傳沃(半承礼綵)　傳香　皆然(出繼)

詩摘養次子名禮在號其益生咸豐甲寅年十月初

二日辰時卒民國壬戌年七月初二日亥時

娶唐氏愿娘生同治乙

丑年閏五月初八日辰時卒光緒己丑年二月廿一日

子時

嗣子半　傳深(居改名服)　皆然

詩銜長子名禘締生道光庚寅年吉月卒光緒甲午

年正月初九日午時

子嗣半　傳嗛(承午三子四承)

詩衕次子名禮斷號　生道光丙午年五月初四日
酉時卒
娶廖氏匹娘生道光年間卒光緒甲申年正月十
九日卯時葬大愚坪坐　向　兼
子一　傳帕
詩煅之子名禮漢生道光辛卯年九月廿七日酉時
卒失攷
詩士長子名貴吉號　生道光丁亥年十二月廿
八日亥時卒
娶胡氏遠娘生道光戊戌年二月十一日丑時卒失
攷
子一　傳旺
詩取之子名禮迦生咸豐乙卯年五月初九日辰時

卒无攷

詩昧繼子名禮茹生卒失攷

詩脫養子名禮午字酉芳號全根生道光乙未年二月十五日未時卒同治壬申年六月初五日巳時

幼娶朱氏撥娘夭又娶余氏乘娘生道光辛丑年五月廿六日卯時卒宣統辛亥年八月初九日卯時

子三　傳新　傳截出繼礼草　傳嗛出繼礼締

詩脫次子名禮草字木芳生道光庚子年正月三十日寅時號全春卒光緒戊申年四月二十日午時

娶陳氏妙娘號宗順生道光乙巳年三月初五日巳時卒同治辛未年正月十六日巳時

嗣子一　傳截
詩欇繼子名禮蟳生道光乙未年九月初五日未時
卒失攷
詩喜長子名禮賤生卒失攷
詩喜次子名禮棹生道光壬寅年六月初一日酉時
卒失攷
詩講長子名禮兜生嘉慶庚辰年十一月廿三日亥時
卒失攷
詩講次子名禮肴生卒失攷
詩接之子名禮抵生道光己酉年四月十九日子時
卒失攷
詩集長子名禮麇字酌芳號受益生道光癸巳年正
月初六日未時卒光緒庚寅年四月十八日巳時葬在

本處鴨帶坐庚甲兼酉卯　娶林氏文娘生道
光戊戌年十月十七日未時卒　年　月
日　時
子二　傳改養　傳鑛　女二
詩集次子名禮作生道光庚子年七月初一日卯時至
五歲而殤
詩集三子名禮尚字志芳號丞益生道光己酉年閏
月廿二日丑時卒光緒庚寅年八月初二日申時葬
在本處鴨帶坐辛乙兼酉卯
娶陳氏儉娘生咸豐丙辰年四月十七日巳時卒
民國乙丑年七月初八日丑時
子三　傳安　傳深改名服兼承礼在
詩紫長子名禮熾生咸豐丙辰年十二月十八日卯時

卒佚

詩柒次子名禮篤生咸豐丁巳年九月廿五日子時卒

失攷

詩千之子名禮潘（宜書礼熾行旧錯）生咸豐甲寅年十二月初十日

辰時卒在外洋

娶林氏來娘生同治　年　月　日　時卒

在外洋

子一　才力

詩百繼子名禮求生同治甲子年六月廿一日辰時

卒光緒丙申年九月

娶廖氏柞娘生同治壬戌年十月廿三日辰時

以上奇峰公時穆之派

栢與公子東園公長應懷公派

詩愷長子名禮揉字孫作生乾隆辛亥年三月十八日辰時娶朱氏賞娘生乾隆甲寅年八月初九日酉時夫婦俱往順昌花橋俱失攷

子一　傳柿

詩愷次子名禮盞生嘉慶己未年二月十四日子時在順昌大部卒娶林氏圭娘生卒失攷

詩愷三子名禮逆生嘉慶壬戌年四月初十日寅時卒在順昌大部

子一　金壽

詩愷四子名禮相生嘉慶丁卯年六月廿二日未時卒在順昌

詩團之子名禮郭字儀芳號完固生嘉慶丙寅年七月廿二日巳時卒光緒戊寅年五月初九日申時

葬在大坑頭中崙坐乾巽兼亥巳
娶陳氏華娘號文儉生嘉慶戊寅年四月廿一日卯
時卒咸豐甲寅年三月十四日申時葬在皇君火大
茶林坐壬丙兼子午
又娶唐氏牽娘號刻慎生嘉慶戊午年九月十四
日午時卒同治戊辰年六月十七日未時葬在大坑
頭中崙仔坐辛向乙
子二　傳談　傳纓
詩意繼子名禮斂生嘉慶癸亥年六月廿二日卯時
卒在臺未詳
詩澄長子名禮謳號正陽生嘉慶丁巳年八月十七
日子時卒咸豐丁巳年五月在順昌
詩澄次子名禮飲生嘉慶戊辰年二月十八日辰時

卒在順昌未詳
詩澄三子名禮鏦生嘉慶壬申年正月廿一日亥時卒
失攷
詩澄四子名禮斗生嘉慶乙亥年四月十五日申時卒
同治壬戌年十二月在漳州被火燒
詩皎長子名禮翕生嘉慶戊午年五月初十日午時
卒道光庚寅年二月廿九日午時
娶劉氏恩娘生嘉慶戊
寅年卒道光己丑年
詩皎次子名禮顒生嘉慶丁卯年十月十九日辰時
卒道光丙午年正月初九日卯時
詩皎三子名禮套生嘉慶癸酉年五月廿二日巳時
在順昌大部卒咸豐年間

詩〻繼子名禮蕋號正心生嘉慶己卯年九月十三
日午時卒咸豐甲寅年二月十三日卯時葬在皇君
火尖前乾巽亥巳　娶葉氏面娘號顏順
生嘉慶己卯年八月初五日申時卒光緒丙子年七
月初二日卯時

子三　傳稿　傳豹　傳秦

詩〻養次子名禮搭號　生道光乙酉年四月廿
四日戌時卒咸豐乙卯年五月十九日辰時
娶林氏兔娘夭
又娶李氏萬娘改節

子一　傳桑

詩寬之子名禮籀生嘉慶壬申年十月初六日丑時
卒道光庚子年六月廿六日寅時

詩通繼子名禮締生嘉慶乙亥年十月十八日戌時卒
光緒年間
詩波之子名禮飛生道光乙酉年七月十一日丑時卒
咸豐戊午年吉月廿五日在漳州
詩尼長子名禮齊
詩尼次子名禮報
詩尼三子名禮桂兄弟生卒俱失攷
詩水之子名禮達生失攷卒四月初五日吉時
詩陳長子名禮沙字披芳號金玉生嘉慶丙子年十
月廿五日丑時卒光緒己卯年七月初八日寅時葬在
本處土名埁仔大坵角坐壬丙兼亥巳
娶楊氏謹娘生道光辛巳年二月廿八日丑時卒佚
又娶朱氏箱娘生道光丙戌年五月廿七日亥時卒

光緒甲午年十一月初四日未時
子三　傳忠　傳汭　傳三　女二
詩陳次子名禮庠出繼詩梅
詩陳三子名禮等生卒失攷
詩陳四子名禮鈇生道光癸巳年九月廿四日卯時
卒咸豐庚申年五月廿八日巳時
詩陳子名禮海殤
詩陳六子名禮曰繼出
詩樹繼子名禮庠生道光癸未年三月十三日辰時
卒道光丙午年十一月初十日未時
詩籃長子名禮兵字匹芳號金品生道光壬寅年正
月十二日子時卒光緒壬寅年九月十三日未時葬
巨娶周氏瀨娘夭又娶林氏子娘生卒失攷

三娶李氏難娘生咸豐辛亥年七月初十日辰時
卒民國乙丑年八月二十日卯時
子二　傳漢　傳莚　女四
詩藍次子名禮別字分芳號　生道光丙午年三
月廿五日卯時卒民國壬子年四月十二日　時
娶宋氏鶴娘生咸豐丙
辰年十一月廿二日巳時卒民國戊辰年七月十一日午
時
子三　傳[illegible]　傳判　傳景　女一
詩藍三子名禮綴生道光己酉年十一月十五日子時
卒咸豐己未年七月廿四日戌時
詩隱繼子名禮咱生咸豐癸丑年四月十六日午時
卒宣統庚戌年五月廿二日吉時

娶葉氏成娘生同治乙丑年　月　日　時卒在
尤俊
子一　傳劍
詩琶長子名禮霜生嘉慶丁丑年四月廿八日巳時卒
道光丁亥年十月初一日酉時
詩琶次子名禮雪生嘉慶丁丑年四月廿八日巳時卒
同治壬戌年十一月十七日酉時
詩琶三子名禮佞生嘉慶庚辰年六月廿五日申時往
臺卒失攷
天殿公子名禮笋號　生道光辛卯年二月廿一日
未時卒　年十月廿九日未時
娶朱氏逆娘生咸豐　年二月廿二日巳時卒
年

子嗣半　轉來係標次子以承

天麒公子名禮芽

詩協公長子名禮潮

詩協公次子名禮元

詩協公繼三子名禮晚生道光辛丑年　月　日

時往南洋死歿

詩姜公長子名禮安生道光丁亥年卒咸豐癸丑年

八月十五日巳時

詩姜公次子名禮報夭

詩姜公三子名禮布夭

詩姜公四子名禮肴生道光癸巳年　月　日　時

卒光緒壬辰年正月初六日卯時

詩姜公五子名禮秀

詩姜公六子名禮晚出繼榮金

詩姜公七子名禮楼生道光丁未年五月初九日丑

時卒

嗣子一　庠來鬻出

延平公繼子名禮竹生嘉慶己未年二月十三日丑時

卒咸豐乙卯年五月廿三日卯時

娶林氏所娘生嘉慶年間

卒道光乙未年十一月初五日辰時
又娶許氏于娘生嘉慶庚午年八月十四日巳時卒
咸豐乙卯年五月廿三日卯時

詩董公長子名禮梭生嘉慶庚午年七月初三日午
時往臺卒娶失攷

詩董公次子名禮儒號温義生嘉慶乙亥年三月廿七日
未時卒道光癸巳年十一月廿三日丑時半繼詩藹

詩董公三四子禮鈷慈俱繼子

詩董公五子名禮紅生卒失攷

詩董公六子名禮魏生卒失攷

詩董公七子名禮厝殤

詩芬長子名禮棕生道光癸未年六月廿八日未時
卒未詳
詩芬次子名禮此繼詩豚
詩蕭長子名禮数字平芳號　　生道光丁亥年八
月十七日午時卒
娶林氏構娘生道光丁酉年七月廿八日申時卒同治
癸亥年十二月初九日酉時
又娶林氏彩娘生道光癸巳年十一月初三日酉時
卒光緒甲午年十月十一日子時
収承子一　　傳樹
詩蕭次子名禮麵生道光丙午年十月廿三日辰時卒
光緒癸未年四月初四日辰時
嗣子半　　傳貌

詩藹繼子名禮儒生卒載内

詩艾長子名禮真生咸豐辛亥年正月廿一日亥時卒

光緒年間查真生非辛亥舊譜有錯

娶江氏庚娘生失攷卒咸豐乙卯年四月十七日

酉時

子養一　金發

詩艾次子名禮璉生道光辛巳年十一月廿三日辰時

卒失攷　娶王氏仁娘改節

詩艾三子名禮滿生道光甲申年三月廿三日子時在

順昌卒失攷

詩嶢長子名禮猴生道光乙巳年　月　日　卒佚

娶唐氏碟娘生道光乙酉年七月廿二日寅時卒失

攷

詩廣次子名禮厥生咸豐甲寅年十月廿九日寅時
卒
詩蘿長子名禮沁生嘉慶丙子年正月廿九日酉時卒
失攷
詩蘿次子名禮繒生道光壬午年二月初五日戌時娶
陳氏城娘俱仝卒在順昌
詩銀繼子名禮此往順昌生卒失攷
詩劍公名禮居生道光戊申年七月十五日午時卒光
緒　年五月十六日
嗣子半　傳潤係宋子双承
基水公子名禮榮字　芳生咸豐庚申年五月廿一日
卯時卒
娶李氏圭娘生同治戊辰年十月十六日寅時逃出

年兜尾卒未詳

子一　傳潤半承礼居

斉子公子名禮悅生道光壬辰年五月十一日申時卒

失攷

嗣子一　傳蝋係承習子繼

基岌公子名禮習字成芳號　　生道光戊子年五

月初一日卯時卒光緒丙子年十二月十一日酉時

娶唐氏生娘生道光

乙未年三月十三日卯時卒光緒丙戌年七月十三

日戌時號慈畜

子五　傳鰻　傳蝋繼礼悅　傳鰍　傳蚼　傳褉

詩探繼子名禮通生咸豐丁巳年七月十三日寅時

卒　年　月

娶廖氏改適

基徹次子名禮朝號正攺生咸豐辛酉年八月初三日戌時卒光緒己丑年七月廿五日丑時

娶李氏滿娘號儉足生同治庚午年正月十九日丑時卒光緒甲申年三月初二日寅時

基徹三子名禮鏗號　生同治戊辰年十二月初三日未時卒民國癸亥年九月十六日

娶廖氏志娘生同治癸酉年正月十二日辰時卒　年　月　日　時

葬

子一　傳劉　女二

詩眘長子名禮帳字孫甲生咸豐己未年十一月廿

二日午時卒
娶廖氏甚娘生同治丙寅年正月廿七日寅時卒
年　月
子二　正順　春陳
詩肴次子名禮色字孫顏號　生同治丁卯年五
月初三日午時卒民國己未年十二月廿三日酉時
葬在
又娶葉氏井娘生光緒五年己卯二月廿二日辰
時
子二　清良夭　傳亨係石橋納子以承
詩切長子名禮保生同治戊辰年十月初九日酉時卒
光緒辛卯年正月廿二日亥時
詩切次子名禮量字權芳生同治辛未年十月十七

日子時
娶陳氏甜娘生光緒壬午年六月　日酉時卒
年　月
子二　傳情　傳華双承
詩切三子名禮進字　芳生同治甲戌年三月廿七日
辰時
娶廖氏免娘生於光緒八年壬午年七月廿八日酉
時卒
子二　傳發　傳秋
詩切四子名禮懷字　芳生光緒己卯年七月十七
日丑時卒在外
娶廖氏粉娘生

詩欽之子名禮春生道光乙巳年九月十六日巳時
卒同治年間
詩欽次子名禮雲前譜失登
基琢之子名禮要生道光戊申年二月廿五日未時
卒失攷
詩賀之子名禮軟生咸豐戊午年十一月十九日寅時
往臺卒失攷
基鑄長子名禮鈞生道光己酉年二月廿六日午時
卒　年十一月十二日巳時
娶陳氏愷娘生同治甲戌年十二月十三日亥時卒
年　月
子一　傳亨兼承礼色
基鑄次子名禮⿱穴綿號　生咸豐壬子年八月十四日

長時卒佚

子嗣半　傳登係孔之子双承

基鑄三子名禮蠢生咸豐己未年三月初五日亥時卒

光緒丙子年七月初一日巳時

基鑄四子名禮炎繼出

基賢長子名禮揚字褒芳號　生道光己酉年十

二月初三日巳時卒

娶胡氏知娘生咸豐庚申年五月初五日未時卒

七月廿九日

又娶顏氏碧娘生咸豐辛酉年正月十七日酉時

卒失考

又娶廖氏淡娘生咸豐庚申年四月廿三日戌時

卒光緒癸未年十月十八日丑時

又娶林氏得娘生道光己酉年七月初八日辰時
卒
子二　傳晏　傳來鸞出
基賢次子名禮拙字巧芳號　生同治乙丑年又
五月十二日戌時卒
娶廖氏火娘生同治壬申
年四月初十日未時卒　年　月　日
時
子一　傳華半承礼諒
詩銙之子名禮灶字君芳生道光己酉年四月初四日
卯時卒光緒癸卯年七月初七日寅時
娶吳氏花娘生咸豐己
未年二月初九日丑時

子一　傅湍

詩真繼子名禮莧生道光丁未年九月廿八日未時

在湖頭雲嶺卒

詩從之子名禮三字　生光緒乙亥年六月初三

日巳時

娶李氏書娘生光緒乙酉年四月三十日巳時卒

年　月

子一　護炉

詩廿長子名禮孔號懷齋生咸豐己未年五月十五日

巳時卒光緒乙酉年正月廿一日寅時

娶朱氏由娘生咸豐辛

酉年七月廿六日未時卒民國己巳年十一月初七

日戌時

子三　傳默　傳登（半承孔窩）　鵲寶（半承孔寸）

詩廿次子名禮想字心芳兼承詩令生同治丁卯年

四月十九日辰時卒

娶廖氏端娘生光緒戊

寅年五月十七日未時卒

詩霞之子名來發生光緒辛卯年五月十二日寅時

卒　　年

娶李氏葱娘未笄而公卒

基表長子名禮科生道光壬辰年十月初九日午時卒

咸豐丙辰年正月廿五日申時

基表次子名禮棉生道光丙午年十月十三日丑時

卒失攷兄弟俱无傳
基舌長子名禮聘號　生道光己酉年四月初三
日申時卒光緒甲午年五月十四日辰時
娶高氏尾娘生咸豐辛
酉年七月十二日丑時往上府卒失攷
子二　春水　春興兼承礼向
基舌次子名禮向生咸豐戊午年正月初三日丑時
卒无攷
承子半　春興
詩火養子名禮義係承王家兩承生光緒乙亥年十
一月十八日寅時卒
娶李氏乾娘生　年
子一　家益

詩慨長子名禮貓又名開子兼承詩大生光緒甲午年七月
十九日午時卒
子嗣半　壬水
詩慨次子名開美生光緒甲辰年三月十五日午時
娶王氏周娘生宣統己酉年十二月初一日寅時
子二　壬水出半　天寶
長成公長子名禮理號正道生道光庚子年七月初四日
未時卒光緒乙亥年十二月初四日丑時葬本处大
帽頭橫崙尾對面坐乾向巽　娶唐氏免娘生道
光癸卯年二月廿一日寅時卒道光乙巳年五月廿八日
子嗣半　傳寬
長成公次子名禮雜字貽曰號正壹生咸豐癸丑年十
一月廿七日巳時卒民國壬申年七月初五日午時

娶唐氏節娘生咸豐甲
寅年四月十六日寅時卒民國甲寅年又五月廿一日
日卯時
子三　傳寬出丰　水晶承房家　兩旺夭　女一
詩塔嗣子名禮會又名簡生咸豐丁巳年十二月初二
日寅時卒光緒戊戌年九月廿八日
娶王氏鍊娘生同治庚午
年五月初四日辰時卒　年十一月廿七日
時
子三　正潤養殤　傳智兼承禮納　傳獺
基三公子名禮納生咸豐癸丑年八月廿七日丑時卒
光緒乙酉年八月廿一日酉時
以承子一　傳智

基迴繼長子名秋水又名賢生咸豐庚申年二月廿九日
辰時夭
基迴次子名禮泳生同治己巳年二月廿四日寅時
在外卒失攷
基紅之子名禮庭生同治癸亥年十二月廿六日卯時
在加隆坡卒光緒庚寅年三月廿四日酉時
基洽長子名田連生嘉慶戊寅年十月初九日辰時卒
失攷
基洽次子名禮考往臺生卒失攷
基洽三子名禮鉄往臺生卒失攷父子兄弟俱往台
隆遠公名　禮沌字水芳生道光年間卒光緒甲午
年正月十一日巳時
娶廖氏生佚卒同治　年十一月初四日吉時

嗣子一　傳渡又名朗係朝五子承

基繼之子名禮尊生道光庚寅年閏四月廿二日丑
時卒
娶廖氏益娘生道光年間卒佚
子一　傳丑

基世長子名禮朝字刻芳號正梁生嘉慶壬申年三
月十四日午時卒同治壬申年十二九月十九日丑時
娶李氏足娘號懿蕙
生道光甲申年九月十八日丑時卒道光庚戌年
三月十二日卯時葬在社壇仔坐
又娶王氏樓娘生道光己丑年十二月初六日午時
卒　年正月初七日葬在新田
子五　傳滕　傳冊　傳博　傳猴夭　傳渡半承礼沛

基世次子名禮岱字宗芳號正成生道光庚寅年七月初五日未時卒咸豐甲寅年正月廿九日辰時年二十五葬

娶余氏幼娘生道光戊子年十月十八日戌時卒年

子二　傳物　傳器俱在上府

基世三子名禮岳生道光己丑年十一月廿八日戌時卒癸巳五月初五日巳時五歲殤

基世四子名禮岳生道光癸巳年六月廿三日戌時卒甲午八月初六日辰時二歲殤

基世五子名禮標字名芳號正金生道光乙巳年五月十一日子時卒光緒己丑年十月初二日酉時葬在李處松柏尾坐乾巽兼戌辰

娶吳氏定娘生道光乙巳年十一月十七日寅時卒
年正月初九日申時葬在本處赤水崙坐
向
兼
子四　傳厚　轉來出承礼節　傳賓　文地　女三

基成公子名禮合往臺失攷

柏與公子東園公三應瑞公派

正言公長子名禮仰字孫高號淵源生嘉慶壬戌年
二月十七日卯時卒同治己巳年十月十二日戌時葬
在真人尖　娶余氏外娘
號內信生嘉慶辛未年十一月十三日酉時卒光緒癸
未年二月十一日巳時
子四　傳衙　傳帽繼礼次　傳裸　傳咪繼礼次

正言公次子名禮次字孫中號見聞生嘉慶乙丑年

正月十五日卯時卒同治甲子年正月初一日午時
葬在
嗣子二　傳帽　傳唻
正曆公長子名禮欽字孫皆號懷源生道光丁亥年
九月廿八日亥時
娶廖氏⿰石區娘生道光丁亥年十二月廿九日卯時卒
同治丁卯年九月初三日卯時
又娶陳氏春娘生道光癸巳年三月初十日子時卒
光緒　年
子五　傳昆　葵夭　所夭　傳太　傳山
正曆公次子名禮璋字孫珪號如元生道光己亥年
九月廿二日寅時卒同治丁卯年十二月十三日亥時
娶林氏安娘生道光

壬寅年正月十三日午時卒同治丙寅年正月廿八日戌時

子一　傳竅

正心公長子名禮豹字孫居號宸源生道光辛巳年五月廿八日亥時卒光緒丁亥年二月初八日申時

娶李氏桐娘生道光甲申年七月二十日亥時卒民國癸丑年正月十九日卯時

子六　傳溜　傳奋　傳閃（殀　繼孔）　傳挠

傳裔（繼出）　傳揀（繼出）

正心公次子名禮食字孫語號積源生道光丁亥年五月初四日巳時卒咸豐己未年十一月初九日子時

娶王氏嵗娘改節

子一　傳江

正心公三子名禮甿字孫從生道光癸巳年八月十六日巳時卒失攷

娶廖氏親娘生道光辛丑年十月初五午時卒同治壬戌年十月十六日巳時

嗣子一　傳閃係豹子一繼

正條公長子名禮啐生道光乙未年十一月初九日亥時卒民國辛未年五月初二日

娶李氏蟶娘生道光戊申年七月十四日午時卒无攷

又娶　氏生道光

双承二　泳係詩趣子半　家徽永傳帽子一　二人行次无當

正條公次子名禮僡字孫阮號有源生道光甲辰十

一月十五日亥時卒光緒己卯年又三月初十日辰時
葬在
淑知長子名禮龍字孫花生道光甲申年七月十九日
酉時卒
娶李氏吉娘生道光丙戌年正月廿五日卯時卒
光緒乙未年七月十四日巳時
子三　傳驕　傳雲夭　傳準　女二
淑知次子名禮縷字孫征殁美源生道光丁酉年十
月初七日午時卒庚寅年四月初八日吉時
娶李氏免娘生道光壬
寅年十月初十日午時卒民國辛酉年十一月十八
日申時
子四　傳統　傳椋夭　傳唓繼溪　前來　女一

淑布長子名禮茅字孫旁生道光乙未年六月十九日
于時兼承基澤卒
元配廖氏祛娘生卒失考
又娶鄭氏次娘生道光壬寅年十二月十二日午時
卒
子四　傳心夭　傳云　傳員　傳富
淑布次子名禮河字孫江號流源生道光己亥年四月
十二日巳時卒光緒壬辰年六月廿九日申時
娶廖氏善娘生道光己
酉年六月初八日寅時卒民國辛酉年二月初六日
時
子二　清閒　傳稿半承礼溪　女一
淑布三子名禮溪號清源生道光壬寅年九月廿四日

辰時卒光緒辛巳年四月十三日吉時
嗣子二　傳唪承礼綏三子一　傳稿及承
正殖公長子名禮頒字敬芳生道光丙申年六月初
五日午時在外洋卒
娶鄭氏改節
嗣子一　傳柔係礼清子繼
正殖公次子名禮車生道光庚子年十月初九日戌時夭
淑閒養子名禮竊生道光丙午年十月初一日申時
在外卒
正美公長子名禮谷生道光年間卒佚
正美公次子名禮盍生道光甲午年十月初四日丑時
卒无攷
正有公長子名禮蟾生道光己丑年八月初十日午時

與妻姚氏仝往臺生卒失考

子一　秦楚往台

正有公次子名禮濫生道光癸巳年十月十七日辰

時卒失考

正琴公繼長子名禮徙字居芳號移源生道光己亥

年二月十五日卯時卒光緒乙未年四月十一日申時

葬　娶李氏腰娘生道

光己酉年五月十五日巳時卒民國乙丑年十月

廿一日申時

子二　傳定　瑞理　女一

正琴公繼次子禮喬生道光甲辰年六月廿九日辰

時卒失考

詩傳繼子名禮財字貽招生咸豐癸丑年五月初二日

亥時卒宣統己酉年三月廿七日午時

元配廖氏六娘生咸豐丁巳年七月廿五日寅時卒　年　月日　時

又娶廖氏近娘生同治壬戌年八月十九日巳時卒民國壬申年二月十三日戌時

子一　傳强

基微長子名禮杉字貽竹生道光乙巳年九月廿三日亥時在外洋卒

娶廖氏奩娘生咸豐丙辰年五月廿七日寅時卒光緒乙酉年四月十七日巳時

子一　傳鶴

基微次子名禮凉字貽高生道光庚戌年六月十九日

亥時卒民國戊午年十二月十七日戌時

娶陳氏髓娘生道光庚

戌年正月初三日未時卒民國庚午年七月初四

日巳時

子一　傳種半承禮華

基微三子名禮華字貽振生咸豐丙辰年四月十五日

丑時在臺卒失考

嗣子半　傳種

詩丹繼子名禮佔號元良生道光癸巳年八月十三日

酉時卒光緒壬午年八月廿九日巳時

基臣長子名禮路號元吉生咸豐乙卯年正月廿二日

申時卒光緒辛巳年四月十六日卯時

娶廖氏改節

子一　傳交夭　女一

基臣次子名禮目字貽和生咸豐己未年十月二十日

酉時卒民國戊午年

娶廖氏錦娘生同治戊辰年十一月初一日亥時卒

年

子二　傳書夭　傳卷　女一

正藩公繼長子名禮肯字堂芳生道光壬寅年五月

廿四日卯時卒民國己未年十一月廿七日未時

娶唐氏帖娘生道光

己酉年十月初五日午時卒民國戊午年十月廿

七日寅時

子二　傳糴　奇英半承礼達

正藩公繼次子名禮寵字歎芳生道光甲辰年四月

十六日申時卒宣統辛亥年二月初一日卯時

娶林氏物娘生咸豐

壬子年六月初七日戌時卒光緒辛卯年七月十一

日子時

子五　傳使　傳臨　傳天　傳帝鬻出　傳尚鬻出

淑藏長子名禮有字平芳號朋源生道光己亥年二

月廿九日申時卒光緒己卯年八月初八日午時

娶姚氏僅娘生道光丙

午年　月　日　時卒

子一　傳任

淑藏公次子名禮肯出繼正藩公

淑藏公三子名禮兜生道光丁未年八月初七日亥時

卒

淑藏四子名禮達生咸豐甲寅年正月初五日子時
卒
嗣子半　奇英係旨子权承
淑藏五子名禮宅生咸豐丁巳年正月廿五寅時　在
臺
淑孟長子名禮遷字性芳號言元生道光庚子年八
月廿八日寅時卒光緒庚寅年十二月初八日申時
葬
娶吳氏生咸豐辛亥年七月初六日戌時卒光緒
丙申年八月廿三日戌時
嗣子　清水係礼以次子承
淑孟次子名禮龕繼正藩公
淑孟三子名禮敏號元樹生道光丁未年四月廿四日

日巳時卒光緒己丑年三月廿五日午時

娶朱氏愿娘生同治癸

亥年八月廿一日寅時卒光緒癸未年十一月初五日

辰時

嗣子一　傳杯係以三子承

淑孟四子名禮以字用芳生道光庚戌年七月十三日

丑時卒光緒癸卯年五月十九日酉時

娶劉氏斷娘生咸豐庚

申年八月初四日午時

子三　傳匝　清水継礼遷　傳杯継礼敏　女二

詩鵠之子名禮引生道光己亥年五月初二日酉時

卒孩

娶魏氏春娘生道光丁酉年十月　日　卒

年　月　日

子一　傳流

淑佳之子名壽比生咸豐壬子年十月十八日亥時娶

李氏孌娘生咸豐庚申年九月十九日酉時夫婦仝

往臺卒葬俱失攷

淑天長子名禮葙字貽迎生咸豐乙卯年八月初二日

未時卒民國丙辰年八月廿八日卯時

娶陳氏棠娘改適

淑天次子名禮禱生咸豐己未年十月廿十日子時

卒佚

淑天三子名禮借生同治庚午年十二月廿六日巳時

卒

娶楊氏櫳娘改適

子一　傳山
淑亭公長子名禮𢙫字貽心生道光甲辰年九月廿
七日申時卒
娶李氏泙娘生咸豐壬子年十月初十日未時卒
在大田失攷
子一　儼后改名閔娘
淑亭公次子名禮謬生道光戊申年六月十五日午時
卒无攷
淑亭公三子名禮盼生道光庚戌年十月初五日酉
時卒同治庚午年八月十六日戌時
淑亭公四子名禮橈字貽語生咸豐戊午年九月廿三
日巳時卒失攷
娶廖氏于娘改節

正石公長子名禮佃生道光己酉年九月十七日午時卒同治癸酉年五月廿七日亥時

正石公次子名禮宇生咸豐丙辰年六月十二日午時外出未詳

淑人公子名禮歟生咸豐戊午年七月十六日酉時卒光緒戊子年八月十三日午時

詩追之子名禮持生卒失考

詩丹之子名禮田生咸豐乙卯年十一月初十日未時卒光緒乙巳年正月十一日未時

娶廖氏舵娘生光緒庚辰年七月廿五日申時卒光緒壬寅年三月初七日卯時

淑章之子名禮致生卒失考

淑鳳之子名禮泉生同治壬戌年七月初七日卯時
往臺
基圯長子名禮令生道光庚戌年三月廿五日巳時卒
失考
基圯次子名禮葵生卒失考
基圯三子名禮輕繼詩毛
基圯四子名禮酣未詳
詩毛繼子名禮輕字貽煙生咸豐戊午年四月初十
日辰時卒光緒癸卯年九月廿六日申時
娶章氏嬈娘改適
詩茶長子名禮成字貽業號　翁性率直志切祖
宗倡脩兩次宗譜是亦有功於祖之萬一也生咸
豐乙卯年三月初六日酉時兼祀詩沛

娶葉氏聲娘生咸豐辛酉年十月十七日酉時係申時卒民國己巳年六月初三日戌時

子四　傳㹗　長水　傳敲　傳卯　女

詩沛繼子名禮愿生同治甲子年六月初二日寅時卒失攷

詩記繼子名禮冬字貽可生咸豐庚申年十二月十三日寅時

娶温泉唐氏文娘生光緒乙亥年十月十六日申時

子三　傳抱養殤　開珍　日來

淑帶繼長子名禮㩆生失攷卒道光戊子年九月廿三日酉時

嗣子二　傳簡（又名安）　傳春（係礼周子承）

淑帶繼次子名禮鉒字頊芳生道光壬午年六月初九日未時卒

娶李氏逆娘生道光辛卯年十一月十四日子時卒

年　月

子四　傳簡（継礼[illegible]）　傳明　傳魚　傳岳

淑帶繼三子名禮周字官芳號元邑生道光癸巳年二月十九日寅時卒光緒丁亥年十一月十一日寅時葬

娶鄭氏敏娘生道光戊戌年十月廿九日酉時卒同治癸亥年九月初二日辰時

又娶唐氏曰娘生道光庚寅年八月廿一日酉時卒同治辛未年十一月廿五日吉時

三娶劉氏茶娘生失考卒光緒壬辰年五月十七日
卯時
子六　傳品　傳春繼礼拔　傳奎夭　傳權　傳在夭　傳泙
淑眾帶繼四子名禮蝕外出生卒未詳
淑眾繼長子名禮做字　芳生道光丁亥年二月初八
日午時卒民國甲寅年正月初一日午時
娶蘇氏潛娘生道光甲午
年九月初一日辰時卒光緒丙午年正月廿三日
午時
子三　傳狠　傳白　傳讓　女四
淑眾次子名禮呂生道光甲辰年二月初一日戌時
卒失考
基彩長子名禮清字灯芳娶正紅生道光壬辰閏九

月十一日寅時卒同治癸亥年八月十八日未時

娶廖氏鑾娘生道光壬

寅年八月初九日未時卒民國戊午年六月廿二日

酉時

子二　傳釭　傳汞養継礼順　女

基彩次子名禮歆字食芳生道光丁酉年正月初八

日寅時卒

娶廖氏參娘生道光癸卯年七月初五日申時卒

同治丙寅年三月十四日巳時

入娶廖氏成娘生道光甲辰年五月十六日丑時

卒

子一　傳甚　女

基彩三子名禮來生道光丙午年正月初四日酉時

卒光緒壬午年
娶李氏改節
嗣子一　傳熊 係楂次子承
基彩四子名禮楂號　生咸豐壬子年十月十四
日寅時卒光緒甲午年四月廿六日酉時
　娶李氏格娘 生咸豐戊午
年十一月十三日未時卒　年　月　日
時
子二　傳程　傳熊 繼礼來
詩環之子名禮榜生卒失攷
淑如長子名禮鐃號　生道光壬寅年九月初十
日午時在南洋卒民國丁巳年十二月初十日辰時
娶胡氏下娘生道光三十年庚戌十月初七日申

時

子三　傳慶　傳達鬻出　傳鈿

淑如次子名禮猜繼國向為孫生咸豐癸丑年七月

廿九日丑時卒

娶陳氏法娘改節

子一　傳德　女

淑如三子名抱又名狗繼國邦為孫生咸豐辛酉年二

月廿八日丑時卒民國丙寅年二月十八日巳時葬

在　娶李氏衛娘生同

治戊辰年五月初一日寅時卒光緒乙巳年五月

初七日辰時

子一　傳興

基品之子名禮酙生道光己酉年六月廿六日亥時在

上府卒失攷
娶余氏生失攷卒同治癸亥年十二月廿六日午
時
淑恍長子名禮窓號東方生道光壬辰年二月十四
日未時卒咸豐壬子年十二月十二日酉時
子一　傳條養
淑恍次子名禮潮號韓芳生道光乙未年正月十九日
酉時卒咸豐癸丑年正月二十日未時
淑恍三子名禮直生道光戊戌年九月十四日午時
卒失攷
娶蕉氏沁娘改適
子一　傳蟯
淑恍四子名禮平生咸豐壬子年六月十三日子時卒

同治癸亥年八月十七日亥時

基澤之子名禮倦字孫安號典成生道光丙申年五
月初四日申時卒同治癸亥年八月廿二日申時
　　娶廖氏韙娘生道光甲
申辰年五月十一日寅時卒光緒壬午年十月十二日
寅時
子一　傳蛉

詩澤丙承子名禮芽生庚誌在正田公内
子四　傳云夭　傳心　傳員　傳富

詩撥繼子名禮寸生咸豊辛亥年十月廿一日亥時卒
　　年　月
嗣子半　鵲寶係承名橋礼孔子双承

詩顏長子名禮行字貽亥生同治乙丑年七月十六日亥時卒民國癸亥年十月十一日卯時

娶李氏桃娘生同治辛未年二月初八日未時

双孫承半　家智係傳味子双承

詩顏次子名禮金字貽玉生同治辛未年七月三十日寅時卒　年二月十六日卯時

娶李氏送娘改適

双承四世孫半　火鍊係家智子双承

以上俱係伯興公派

丹山黄氏族譜

世狀録
卷柒

清溪榮美分派丹山黃氏族譜歷世紀實卷之柒

廿十世傳行

奇峰公長時澄公派

拔芳長子名傳碧字丕桃號良玉生嘉慶甲子年正月二十日巳時卒咸豐丙辰年十二月十四日戌時葬

娶王氏送娘生嘉慶庚辰年十月初十日酉時卒光緒庚寅年九月十六日戌時葬

子四　心德　家昧　家城　家尾

拔芳次子名傳進字丕德號脩業鄉賓自建中泉居全座坐辛乙兼酉卯生平為人向手成家創業垂統中全厝向未詳所誌有錯又建井泉居坐辛乙兼酉卯生嘉慶丁卯年七月初九日亥時卒光緒乙酉年九月三十日午時

娶劉氏芘娘生嘉慶庚
辰年十月初七日卯時卒光緒丁丑年五月初四日
酉時葬在本處坪頭頂坐坤艮兼申寅
子四　家聰　家贊　家恩　家教
拔芳三子名傳慶字丕賀號　生嘉慶庚午年正
月廿三日酉時卒同治　年四月十五日吉時葬
在大坑頭石古腳坐庚甲兼申寅　娶楊氏緞
娘生道光壬午年八月廿三日申時卒光緒癸巳
年五月廿五日巳時
子五　家玉養　家振　家路　家滿繼丕貞　家斜繼丕潤
拔芳四子名四在字丕同號長業生嘉慶癸酉年三
月廿五日酉時卒光緒壬辰年五月十五日未時
葬在本山土名虎腰坐乾巽兼亥巳

娶林氏綢娘生道光丁亥年七月初一日酉時卒道
光癸卯年十一月廿八日戌時葬在本鄉土名尾崙
門口坐坤艮兼未丑
又娶陳氏約娘生道光癸未年二月初一日申時卒
光緒癸卯年五月初五日戌時
子六　家冬　家泉　家蔭　家柱夭
家遠夭　家上
禮知之子名傳諒字丕新兼承禮廣生嘉慶戊辰年
四月廿二日未時卒光緒丁亥年二月初八日午時
娶張氏執娘生嘉慶
庚午年二月十九日巳時卒道光己丑年十一月初三
日卯時葬本鄉土名安頭坑坐艮坤兼寅申
又娶廖氏蓮娘生嘉慶戊寅年八月三十日巳時卒

同治甲戌年十月十八日申時

子二　拿耐　生傳

禮本次子名傳宇字丕震號國區生嘉慶乙亥年六
月廿五日子時卒光緒乙酉年七月初七日巳時葬
在庵頭坑坐癸向丁　娶唐氏免娘生道
光甲申年二月廿二日巳時卒光緒丙申年四月
初八日巳時葬在補筊簏坐申向寅

子三　如松　如淵　如蘭

禮品嗣子名成家字丕開號國用業儒生嘉慶壬申
年二月初八日申時葬本處土名桐杉脚坐丁癸
兼未丑　娶林氏銀娘夭又娶王氏定娘號能靜
生嘉慶己卯年十一月十九日寅時卒同治乙丑年
九月初九日卯時葬本山土名長崙庚甲酉卯

子四　長庚　載興　三第　斜紋係丕賀五子承

禮賔公子名傳醒字丕日號　生嘉慶戊午年三月十六日寅時卒同治丙寅年四月初十日吉時

娶林氏順娘生嘉慶戊辰年五月廿四日戌時卒光緒癸巳年四月初一日子時

子三　家箕　家登　家梭大

禮欽嗣子名傳潭號延佑生道光丁亥年又五月初三日寅時卒光緒癸未年

配劉氏箱娘生道光戊子年八月十七日酉時卒光緒甲午年三月十五日巳時

子四　家麵　家蝕　家團　家番半承傳智

禮然長子名傳石字丕沙號　生道光甲申年七

月初九日亥時卒同治乙丑年正月十二日寅時
娶王氏法娘改適
子一　家繻
禮然次子名傳田字丕業生道光壬辰年五月初一
日未時卒同治辛未年正月初八日辰時
娶唐氏宣娘改節
子一　家戡
禮然三子名傳岸字丕立生道光乙未年九月初十
日寅時卒光緒辛卯年十月十三日酉時
禮然四子名傳綿字丕長生道光戊戌年八月十五日
酉時卒光緒甲辰年八月初二日酉時
娶唐氏碟娘生道光己酉
年七月廿三日子時卒　年二月　日

日　時葬
子四　家弓　家成　家府　家厚
禮然五子名傳拱字丕禮生道光辛丑年八月十一日
子時卒光緒乙酉年七月二十日吉時

禮魚養子名傳智字丕和生道光　年二月
日　時卒
娶劉氏卒娘生道光戊戌年九月廿六日子時卒
葬失攷
子嗣半　家畨（係潭四子双承）

禮宗長子名傳向字丕位生嘉慶甲子年二月廿二日
辰時卒道光甲辰年正月初五日辰時與父仝葬
獅仔墓坐

娶鄭氏歡娘改適

禮宗次子名傳任字丕遠生道光乙亥年九月初二日寅時查乙亥加慶旧誤謬也

娶唐氏油娘生道光壬午年八月二十日未時卒　年　月　日

子一　跟隨

禮宗三子名傳譜字丕滋生道光甲申年四月十三日辰時卒咸豐辛酉年三月十八日丑時

娶蘇氏歎娘改適

子一　邦基以上兄弟三人俱往台

禮諧子名傳曳生道光壬辰年五月廿八日丑時娶王氏札娘生道光癸卯年七月廿三日寅時隨母帶在西坪卒俱失攷

禮長子名傳作號　生道光癸卯年四月初二日
戌時卒
娶胡氏善娘生道光戊戌年八月廿三日亥時卒俱
失攷
禮長次子名傳苗生道光乙巳年九月廿七日戌時
卒失攷
禮長三子名見智生道光戊申年九月廿二日酉時无
攷
禮長四子名淡俊生咸豐甲寅年十一月廿六日戌時往台
萬鎰之子傳榜生道光辛丑年正月十四日辰時卒
失攷
成祖之子名傳辣生咸豐丁巳年正月廿七日酉時
卒

嗣子一　家繰係旁次子繼

禮記長子名傳磚號國方字丕授生道光辛巳十二月

初八日子時卒同治乙丑年四月初九日丑時葬

在竹兜坐北向南

娶唐氏文娘生道光己丑年八月十四日辰時卒

光緒丁酉年二月十九日申時葬在本處土名湖內寨

坐

子四　家社　家鑣　光義　家縷

禮記次子名傳文號　生道光乙酉年十二月初

七日亥時卒　年二月廿七日

娶林氏縣娘生道光戊子年四月吉日吉時卒失

孜

子四　家瞞在台　家自出繼　家求繼傳悖　新籠繼傳悖

禮

記三子名傳旁字丕通號　生道光丁亥年十

一月廿八日巳時卒同治丁卯年八月十五日吉時

娶朱氏鶴娘生道光

丁亥年十月十六日酉時卒光緒　年　月

日　時

子二　家山　家縹継傳辣

禮

記公四子名傳係字丕是生道光辛卯年三月廿五日

申時卒

娶陳氏檢娘生道光壬寅年六月初十日子時卒

失攷

子一　家得

禮

記五子名傳悻字丕然生道光壬辰年六月廿六日

午時卒在臺失攷

嗣子二　家求　新龍

禮來之子名傳節字丕用生道光丙申年九月十三日

申贅在魁梅卒佚

禮洸之子名德勝生咸豐庚申年十二月廿一日未時

往臺失攷

禮鈎之子名傳華生咸豐辛亥年十二月廿三日巳時

往上淡水卒無攷

娶鍾氏石娘生咸豐丙辰年十二月初五日子時卒

失攷

禮鈎次名傳炎生咸豐己未年八月十五日子時外出

卒無攷

禮託養子名双元生卒無攷

幼娶　氏錢娘生卒無攷

禮旁子名傳鉗生道光癸巳年五月初一日吉時往台
卒失攷
禮剖之子名傳象殤
禮剖次子名傳寶
禮剖三子名傳玉生卒前譜失攷
禮佛之子名傳炳字丕文生道光己丑年十月十四
日卯時在冋汀卒
娶林氏川娘生道光壬辰年九月十一日酉時卒同
治甲子年正月初四日酉時
又娶林氏　生卒失攷
子三　家蕙　家棠　家菊繼出
禮月繼子名傳凉生道光戊戌年十二月十三日寅時
卒失攷

禮侃長子名傳揖字丕迎號德承生道光戊子年三月十七日子時卒光緒庚辰年三月十五日申時葬在新周尾横山坑坤艮申寅　娶林氏澤娘生道光己丑年五月十二日午時卒同治丁卯年七月十五日酉時葬新周尾蕉林内辛山戌辰

子三　家級　家崙　家鶯

禮侃次子名傳潘字丕縣生道光甲午年正月十一日巳時往臺

娶葉氏善娘改節

禮侃三子名傳指生道光甲辰年八月十七日子時卒同治吉年閏六月二十日未時

禮想養子名傳興字丕篤生道光戊子年九月廿八日戌時卒失攷

娶李氏熟娘生道光辛卯年七月十四日戌時　移居
湖頭卒佚
子一　家貧
禮想養次子名傳場字丕最生道光乙未年十二月
廿六日申時在外洋卒失攷
娶唐氏双娘生道光己亥年七月廿四日丑時卒
失攷
子二　天生　家參
禮御子名傳平生道光癸卯年七月廿七日子時卒
民國乙卯年三月十七日巳時
子一　福春養
禮部子名傳格字丕物號　生道光癸巳年七月
初十日酉時卒光緒庚寅年十二月十二日午時

娶林氏富娘生道光丙
申年二月廿四日午時卒失攷
子一　家錐養
禮錬長子名傳牛字丕羊生道光庚戌年七月十八
日辰時南洋住卒失攷
禮錬次子名傳投字丕我生咸豐癸丑年十二月初
十日辰時在南洋卒失攷
娶　氏改節

以上侯儀善夫長房派

禮泰子名新春生卒佚
禮黎子名傳就生卒失攷
禮黎次子名禮東號西圮生嘉慶戊寅年十二月初

七日寅時卒道光壬寅年正月十三日巳時葬在本
處仙仔路腳坐
禮黎三子名傳藏字丕脩生道光辛巳年十月初八
日酉時娶蘇氏巧娘生道光丙申年八月廿四日
酉時在臺卒葬俱佚
子一　杉桂
禮全子名傳軫字丕象號振真生道光丁亥年十一
月廿八日戌時卒咸豐壬子年三月廿八日亥時葬在
樹林邊坐
禮規長子名傳利字丕貞號文元生道光庚寅年二
月初八日申時卒宣統己酉年二月初十日
娶胡氏法娘生道光
壬辰年十二月初三日戌時卒　年　月

日時
嗣子二　家滿　家圯
禮規次子名傳迨號文晉字丕雨生道光庚子年十
二月十四日戌時卒光緒丁酉年七月廿五日寅時
葬在大坪崙頭坐壬丙兼
娶陳氏胎娘生道光壬寅年九月初十日丑時卒民
國戊午年十二月廿五日卯時
子子五　家亞　家彩　家粉　其昌　自來　女三
禮規三子名傳掌字丕上號文龍生道光癸卯年七月
廿三日巳時卒光緒乙酉年正月廿四日未時葬在崎
壠仔頭真人山坐戌辰兼乾巽
娶唐氏先娘改節
子二　家音夭　家頭

禮規四子名傳俊字丕彥號文明生道光丙午年三
月初二日丑時卒光緒丁丑年八月初二日酉時
娶胡氏換娘改適
子一　家樟
禮規五子名傳火生咸豐壬子年十月廿六日戌時卒
甲寅年三月廿二日戌時三歲殤
禮直長子名傳金號　字丕鹿生道光癸巳年正
月廿二日卯時卒光緒戊子年十月廿七日巳時
娶胡氏桃娘生道
光丁酉年十一月廿一日巳時卒光緒庚子年四月十
六日申時
子三　家煌　家孟　家閑半承傳廟
禮直次子名傳壯字丕居生道光丁酉年八月二十日

寅時卒光緒戊子年五月初十日巳時

娶廖氏報娘生道光丁未年九月十一日寅時卒光緒辛巳年九月初八日未時

嗣子半　家炯

禮直三子名傳仲字丕成生道光癸卯年十月廿九日午時卒光緒丁未年二月初七日亥時與妣合葬在本鄉篠仔崙坐甲庚兼卯酉

娶余氏兔娘生道光戊申年十一月廿二日未時卒光緒丁未年八月廿三日申時與公仝葬

子二　家朝　家炯出半

禮外長子名傳訪字丕問生道光甲辰年八月廿一日未時卒光緒乙巳年三月初七日亥時葬在本處新

園坐
娶朱氏蟶鋥娘生咸豐四年甲寅五月十九日酉時
子二　家池　春益出半
禮外次子名傳倍字丕士生咸豐辛亥年六月初五日
丑時卒光緒吉年三月初三日
娶林氏足娘生咸豐己未年十二月廿一日戌時卒
光緒戊寅年七月十五日巳時
又娶王氏改節
子二　家寢　春益双承
禮外三子名傳唱字丕曲生咸豐己未年六月初九
日寅時卒宣統亥辛亥年正月廿一日戌時
娶楊氏出又娶唐氏寬娘

生同治丁卯年九月廿六日巳時

子三　家同半承福帽朱家　春秋半承傳鐸　第三鬻出朱家

禮靳長子名傳海幼殤

禮靳次子名傳分字丕曉號　生道光庚戌年三

月廿四日申時卒光緒癸卯年十月初八日未時

娶朱氏育娘生咸豐乙

卯年三月吉日吉時卒光緒甲午年九月初六日

酉時葬

子三　高升　高連　高明

禮靳繼三子名傳種字丕鈞號元權生咸豐丁巳年

四月廿四日亥時卒民國甲寅年十二月初九日申時

葬在本處赤路墘坐乾巽兼亥巳

娶周氏守娘生咸豐戊午年四月廿二日子時卒

民國丁巳年十二月初一日子時葬

子四　家玉　家日　家送　家林

禮試長子名傳賀字燕禮覌　生咸豐辛亥年十

一月十五日卯時卒光緒癸卯年正月初三日酉時

娶唐氏有娘生咸豐

戊午年四月廿六日申時卒民國甲子年七月十五

日午時

子一　元浪改名得札半承　傳義

禮試次子名傳我字對禮覌　生咸豐甲寅年九

月初十日未時卒　年正月廿五日

娶廖氏曾娘生同治丙

寅年十二月廿八日辰時卒民國戊辰年八月十四

日巳時葬在本山新園崙瓦窑口坐巽向乾

子三　家芸殤　得札（双承）　家桂（双承）

禮試三子名傳藝號元機字造禮生咸豐丁巳年九月十一日丑時卒光緒辛丑年十一月二十日未時

娶葉氏閨娘生同治乙丑年閏五月初五日申時卒民國己巳年正月二十日巳時

子二　家樹　家桂（兼承傳我　傳城）

禮灶公長子名傳撥字丕霧號春開生道光壬午年六月十二日未時卒咸豐丁巳年六月廿一日午時

娶唐氏成娘改節

嗣子一　家興（承丕坦次子一）

禮灶公次子名傳坪字丕坦號春福生道光壬午年

八月廿七日未時卒光緒癸巳年十一月廿五日辰時
葬在本處官口坐庚甲兼酉卯
娶王氏倩娘生道光丙申年二月十七日巳時卒光
緒甲辰年十月十五日未時
子四　家鎮　家興繼傳搭　家用　家堯

禮壽長子名傳匾字丕題生嘉慶己卯年九月十八日
卯時在臺卒失攷
娶王氏盡娘生道光丙戌年六月廿一日未時卒失
攷
子三　家述　家郎繼梅兜　家判

禮壽次子名傳澍字丕甘號　生道光丙戌年十
月十八日寅時　娶胡氏再娘生道光戊戌年正
月初九日寅時在臺卒葬俱失攷

禮壽三子名傳溪甦春水生道光己丑年九月初五日
寅時卒道光乙巳年四月初九日丑時
禮壽四子名傳滉生道光庚子年十月初三日寅時
娶王氏致娘生道光戊戌年十月十八日午時卒癸
失攷
禮爆公子名傳彪字丕苗甦春業生道光丙戌年四月
十九日巳時卒吉年九月初三日申時
娶傅氏攷節
禮鍛繼長子名傳乞生道光乙未年三月十一日酉時
往臺卒失攷
禮鍛次子名傳抱生道光庚戌年八月廿二日午時
卒在臺
禮曄長子名傳壬生嘉慶庚午年十一月十九日吉時

卒嘉慶丙子年七月葬洋坑九福崙坐辛兼戌辰
禮曄次子名傳茁生嘉慶丙子年六月初一日亥時卒
道光癸卯年五月初五日午時葬在沙邑浮口鄉
禮𠂢之子名傳普字丕題號書魯生道光丁酉年八
月十二日午時卒同治辛未年九月初六日巳時
禮胠長子名傳軟生道光甲申年三月十六日戌時卒
道光戊戌年三月廿四日寅時葬在來蘇里田城
垻口溪埔
禮胠次子名傳婢字丕以號敦厚生道光甲午年十
月廿七日亥時卒光緒己卯年八月初八日寅時
禮贍長子名傳錠字丕銀生道光戊戌年八月廿二日
未時卒　　年十二月廿二日
娶唐氏究娘生道光戊申

年十月初五日巳時卒　　年二月初二日
時葬
子二　家合　家化繼出
禮贍次子名傳鎖字丕鑰號金玉生道光丙午年五
月廿三日寅時卒光緒丁亥年八月十一日吉時
禮贍三子名傳錞生道光己酉年五月廿六日巳時卒
在臺失孜
禮贍四子名傳鐸生咸豐壬子年十一月十九日巳時
子嗣半係傳唱次子双承名春秋
禮贍五子名傳種繼戴芳
禮炮養子名傳構字丕造生道光戊子年七月初五日
辰時卒同治癸亥年八月廿四日吉時

娶周氏八娘生道光戊戌年二月十九日巳時卒
咸豐丙辰年十一月十七日未時
禮推之子名傳讀生失考卒光緒　年七月十四日
吉時
禮璦之養子名傳抱字丕　生道光丙午年五月二十
日酉時卒光緒丙申年五月廿六日午時
娶胡氏明娘夭又娶
蘇氏富娘生咸豐壬子年九月初六日午時卒光
緒丙申年四月初五日卯時
子一　和尚
禮謨長子名傳奪字丕元軍功六品頂戴生道光癸
卯年二月初八日辰時在陽溪卒失考
娶林氏敏娘生咸豐丁

巳年三月初四日卯時卒

繼室　氏　娘生　年　月　日　時卒

年　月

子四　家森　光定　家和　家

禮謨次子名傳筬兼承禮廉生咸豐壬子年十二月

初九日午時卒光緒甲午年三月廿三日吉時

禮謨三子名傳迦生咸豐丁巳年十一月十三日申時

卒光緒甲午年六月十六日午時

娶林氏專娘生同治壬戌

年四月廿五日丑時卒光緒癸巳年六月卄四日吉

時

子一　家熟養

禮謨四子名傳兑璣　生同治乙丑年六月十一日

巳時在南洋卒
娶葉氏亮娘生同治甲戌年五月初三日午時在
外洋卒
又娶林氏店娘生　　年　月　日　時
卒　年　月　日　時
子三　家枝養繼出　家員　家教
禮弼之子名傳樞字丕杻生咸豊壬子年三月十四
日辰時在洋溪卒失攷
娶顏氏密娘生同治丙寅年八月十三日吉時卒光
緒己丑年六月十五日酉時
嗣子二　家鰲衆　伏到
禮康繼子名傳箴生叙在內
禮錐養子名傳粟生卒失攷

禮鎪繼子名傳便生光緒癸未年九月廿九日未時

在外洋卒失攷

禮鑾之子名傳肘生同治庚午年四月十六日亥時

在外洋卒失攷

以上侯儀訂夫二房

天敘長子名傳養生道光甲申年七月十二日酉時

卒咸豐己未年十一月廿三日卯時

天敘次子名傳洞生道光癸卯年四月十六日辰時

卒失攷

禮律子名傳蠷生失攷卒同治五年丙寅五月廿五日

吉時

禮緘之子名傳令生失孜卒光緒癸未年六月初七日寅時

禮挽之子名傳豆生道光戊戌年十一月初八日辰時卒光緒甲午年十月廿七日酉時

禮能長子名傳拈字丕笑生道光癸巳年九月廿二日午時卒民國壬子年七月廿八日寅時

娶胡氏彥娘夭

禮能次子名傳酣字丕郎號元陸生道光丁酉年三月十五日酉時卒光緒乙未年十二月初三日未時

娶鄭氏餐娘生佚卒光緒戊戌年正月二十日時

禮霓長子名傳亢生道光丙申年正月十五日寅時卒咸豐丁巳年六月廿三日未時

娶胡氏謹娘大

禮寬次子名傳富生道光庚子年十二月廿八日未時

卒在臺失攷

禮寬三子名傳仁生道光丙午年九月十六日丑時

卒失攷

禮寬四子名傳鳳生道光庚戌年二月廿二日酉時

卒民國戊午年七月廿一日卯時

禮課養子名傳鈔字丕錢號成玉生道光甲午年三月

二十日卯時卒光緒壬寅年十二月初二日午時葬在

本鄉后壠仔

娶陳氏蒼娘生道光辛丑年十一月廿二日巳時卒民

國己未年十二月初二日卯時

子一　家酥

禮旦長子名傳捷生道光乙巳年九月廿六日丑時
卒咸豐戊午年十一月廿六日子時
禮旦次子名傳扯生道光己酉年正月初四日巳時卒
咸豐丁巳年又五月廿三日辰時
娶陳氏對娘生道光庚戌年八
月初四日申時卒咸豐丁巳年又五月二十日巳時
禮敘長子名傳學字丕習號良禮生道光壬寅年十
月廿二日子時卒光緒庚子年十一月廿三日午時
葬在本鄉洋坑礤仔崙坐巳亥兼巽乾
娶陳氏滿娘生道光壬寅年九月二十日卯時卒
同治戊辰年三月初九日未時葬在高坑厝脚坐
坤向艮兼申寅
子二　家春　双元出繼礼杞

禮欽次子名傳友字丕朋號　　生咸豐丁巳年三月二十日申時卒光緒己卯年七月廿五日巳時

娶楊氏改節

双承孫一　　希土

禮栽長子名傳納生咸豐辛亥年十二月廿八日酉時

卒咸豐辛酉年七月十一日酉時

幼娶陳氏涗娘夭

禮栽次子名傳乚生咸豐丙辰年九月廿九日戌時卒

年　月　日

禮栽三子名傳在生同治癸亥年正月初一日巳時

外出卒失攷

禮藿養子名傳侯生　卒前譜失攷

禮萬養長子名傳水生道光戊戌年正月十六日寅時

娶楊氏碟娘生咸豐丁巳年六月廿六日申時卒民
國戊辰年七月十七日巳時
子二　家八　家宣　女一
禮萬次子名傳杏生道光己酉年九月初五日寅時卒
光緒乙亥年七月初六日子時
娶唐氏去娘生咸豐戊午年十月十二日未時卒
年五月十三日
子四　家廷　家丙　家網　家性鸞出
禮萬三子名傳捷殤
禮巢之子名傳梅生同治丙寅年九月十二日亥時卒
光緒甲申年七月廿六日卯時
娶胡氏用娘生咸豐辛酉年三月十一日酉時仝夫
及子往揚溪卒失攷

子四　家坑　家鰲出承傳祖　家到出繼傳祖　家令　女一

禮奚之子名傳院生道光丁酉年四月廿五日巳時卒
光緒丙申年正月十六日巳時

禮干長子名萬居兼承禮才生咸豐甲寅年七月廿
一日辰時外出卒无攷

禮干次子名貴信生咸豐丁巳年十二月廿一日亥時
往臺卒无攷

禮干三子名貴德生同治癸亥年七月初一日未時
在臺卒失攷

禮廟長子名傳新生咸豐辛亥年正月十七日寅時
娶葉氏說娘在臺生卒俱失攷

禮廟次子名金秋生咸豐乙卯年九月十六日未時在台失攷

禮廟三子名文義生咸豐戊午年二月初九日寅時在臺失攷

禮廟四子名傳圭生咸豐庚申年十二月十三日丑時
往臺卒失考
禮默長子名春來生咸豐戊午年二月初九日寅時
卒在臺　娶　氏　在臺失考
禮默次子名傳水生咸豐己未年正月十四日巳時
娶　氏在臺生卒失考
禮默三子名贊成生咸豐辛酉年　月　日　時
娶　氏在臺生卒失考
禮默四子名傳
禮而長子名傳驕字姿禮生道光己酉年六月十二
日酉時殁文富卒光緒丙午年五月十七日巳時
娶高燕氏湿娘俱夭　又娶
李氏胎娘生咸豐辛酉年六月初七日巳時卒民

國丙辰年九月二十日卯時

子二　家佔　家再（改名溪水）　女三

禮帀次子名傳歆字饌禮號　生咸豐壬子年四月

二十日未時卒光緒甲辰年十一月廿七日未時

娶李氏差娘生同治乙

丑年七月初七日酉時卒　年　月

日　時

子二　家蓨　家蚋

禮帀三子名傳謹字信禮號　生咸豐己未年三

月十一日酉時卒光緒壬寅年正月廿七日

娶唐氏銀娘生同治庚午年

六月廿八日戌時卒光緒乙未年七月廿五日未時

葬

子一　家彪

禮帀四子名鏈殤

禮荅之子名傳昉殤

禮象長子名傳，排字丕是，號　生咸豐丁巳年八月廿七日酉時，卒民國庚午年十月廿三日巳時。娶胡氏圭娘，生卒失攷。又娶陳氏青娘，生光緒丁丑年十一月初五日辰時，卒光緒丁未年九月十四日辰時。

子一　家岸

禮象次子名天送，生同治壬戌年二月十三日戌時，殤。

以上俟儀臧夫三房

禮沘之子名傳訓生道光丙戌年二月初二日巳時
卒失攷
子二　家輝　家
禮麟長子名傳术字丕白生道光丙戌年六月廿一
日丑時卒同治年間
娶唐氏良娘生道光己丑年三月廿一日亥時卒光
緒年間
子三　家恁　家唎　家道
禮麟次子名傳餘字丕事生道光壬辰年十二月初十
日辰時卒失攷
娶朱氏寔娘生道光庚子年八月初一日未時卒
葬失攷
子二　家檄　春華

禮麟三子名傳正生道光乙巳年九月廿一日辰時卒

未詳

禮麟四子名傳瓏生咸豐辛亥年又八月廿七日巳時

繼出胞伯叔詩獻盛為孫

禮巔養子名傳洛生道光丁未年十月初七日未時卒

光緒年間

娶王氏　娘生卒失考

子一　家蔴

禮潡繼子名傳福生道光甲辰年七月廿六日午時

卒失考

禮潑之子名傳道生卒失考

禮治之子名傳枝生卒失考

以上侯儀旺夫四派

禮常公子名傳鋪字丕東生嘉慶癸酉年五月二十
日未時卒同治乙丑年七月廿八日吉時
娶陳氏哅娘生道光丁
亥年又五月廿四日卯時卒光緒丁丑年八月廿六
日寅時
子三　家總　家哆俱往臺　家良繼傳翮
天德長子名傳炎號維興生嘉慶己卯年正月初一
日子時卒道光己巳年三月廿一日酉時葬本鄉土名
五盾崙坐丁癸兼未丑
天德次子名傳垻字丕作生道光壬午年正月初四
日亥時卒
娶唐氏定娘生道光戊戌年四月廿二日卯時卒同
治庚午年九月廿二日巳時

又娶陳氏拈娘生道光己丑年七月廿八日巳時卒
光緒戊寅年六月廿七日巳時
子一　家閱
天德三子名傳愁生道光乙酉年正月初七日酉時卒
光緒戊寅年三月二十日酉時　娶胡氏生道光戊
戌年　月　日　時卒佚
子四　俱夭
天德四子名傳炒生道光壬辰年正月十三日未時卒
光緒己卯年十一月廿二日巳時
禮笑長子名傳祛生嘉慶乙亥年二月廿一日申時卒
道光乙未年六月廿五日未時
禮笑次子名傳御生嘉慶己卯年四月初七日戌時卒
光緒癸巳年正月十二日卯時

娶廖氏難娘生佚卒

子一　家法

禮笑三子名傳見継后格

禮笑四子名傳鏤殤

禮情長子名傳部生卒失攷

禮情次子名傳渺字丕縹號懷美生道光辛巳年九月初八日寅時卒咸豊己未年二月廿八日辰時

娶李氏好娘生道光乙酉年七月十二日丑時卒光緒己丑年十月初五日辰時

子二　家樹　家杆

禮情三子名傳佽字丕向生道光戊子年五月初四日子時卒光緒丙申年七月十九日寅時

娶廖氏蔭娘生道光丙申年五月十一日卯時卒
年　月　日
子二　家泉夭　家女
禮情四子名傳戲號懷暘生道光甲午年九月初一日
寅時卒同治丙寅年八月十三日丑時
娶謝之氏淡娘生道光壬寅年四月初四日未時卒光緒
丁丑年五月十三日午時
子一　家恩
雙喜長子名傳俟號　生道光壬辰年十月廿四日
卯時卒光緒辛卯年九月初三日卯時
娶葉氏城娘生道光庚子
年十月十五日寅時卒光緒庚辰年六月廿五日巳
時葬在

子二　家音　家察

雙喜次子名傳旺生道光壬寅年二月十二日未時卒

吉年九月初四日吉時

子一　家我贅在湖头

禮揣長子名矩步字丕引生道光壬寅年四月十五日

酉時卒

娶廖氏糠娘生道光庚戌

年六月廿八日辰時卒同治辛未年八月初四日未

時

又娶葉氏愿娘生道光己亥年三月十八日辰時卒

光緒壬辰年正月廿五日酉時

子二　家雁　家蔬継傳哭　女一

禮揣次子名傳哭號懷仲生道光乙巳年正月十三日

丑時卒光緒甲申年十月廿二日酉時

嗣子半　家蓋

禮揣三子名傳肘繼礼主

禮揣四子名傳每號懷事生咸豐癸丑年六月初五
日辰時卒光緒吉年十一月二十日吉時

禮咸之子名傳助字丕吾號　生道光甲申年五
月十六日未時卒光緒甲申年又五月初一日申
時　娶廖氏改適

禮沁長子名傳巖字丕端號維石生道光乙酉年六
月十六日未時卒光緒壬辰年九月初五日辰時
娶吳氏瑞娘生道光乙
未年十一月十八日卯時卒　年十月廿三日
時

子二　家佞　家嗹繼傳沁　女二

禮沁次子名傳足字丕食號維福生道光丁亥年九月二十日辰時卒光緒癸巳年八月十九日子時在本處大坪畲田角坐巽乾兼巳亥

娶廖氏梅娘生道光己亥年九月三十日巳時卒光緒庚辰年十月初一日卯時葬在本鄉豎石貢坐艮坤兼丑未

又娶魏氏多娘生道光辛丑年五月十三日吉時卒光緒乙未年四月二十日卯時

子七　家風　家劃　家妹　家瞳

家圖　家饌兼傳蔭丙丁　女一配朱歇官

禮沁三子名傳沁字丕可號維審生道光癸巳年六月十九日午時卒光緒甲申年七月初九日午時

娶唐氏粂娘生道光甲
辰年五月十五日午時卒同治甲子年九月十二日
巳時
嗣子一　家健係丕端次子一
禮汃四子名傳雍生道光壬寅年三月廿六日未時
卒道光乙巳年五月廿八日未時
禮汃五子名傳趨字丕玉號維進生道光乙巳正月
廿一日未時卒民國癸亥年四月廿二日辰時葬在本
處真人尖埁坐子午兼癸丁
娶吳氏佔娘生道光丙午年六月初一日辰時卒光
緒辛巳年二月十三日午時葬在山頭大坑中心窩
坐庚甲兼申寅　又娶謝氏鵗娘生道光
戊申年九月初九日辰時卒光緒甲辰年五月十

六日亥時葬在山尖土名龍虎坡坐午子兼丁癸
子四　家棟養　家柚　家軟　家鮑俱吳氏出
禮緩繼長子名傳恭字丕敬生道光乙未年九月十二
日丑時卒光緒己亥年九月十七日卯時
嗣子一　家饌係丕食六子繼
禮緩次子名傳訪號　生道光庚戌年二月廿四日
辰時在外卒光緒丙申年十月初四日未時
娶吳典娘生道光丙午年九月吉日吉時卒民國
甲寅年三月十七日未時
子二　家安　家榜前入子
禮榻之子名傳逬字丕奉號維敬生道光丁亥年二月
廿三日寅時卒光緒庚寅年十二月廿一日酉時
娶連氏改娘生道光丁酉

年三月十八日寅時卒　　年八月初四日

時葬

子二　家共殤　家闌

禮勇之子名傳花字丕紅生道光戊子年八月初九

日未時卒同治丙寅年十月十九日申時

娶陳氏僚娘改節

子一　家緦

禮火長子名傳提生道光甲辰年十二月十五日酉時

卒失攷

禮火次子名傳鑼生道光丁未年十一月初二日丑時

卒失攷

禮火三子名傳崇生同治壬戌年正月十九日亥時在

臺卒失攷

禮主繼子名傳肘生道光丁未年十一月廿三日寅時

往臺卒失攷

禮乙長子名傳譖字丕仁號正遠生嘉慶丙子年六

月十七日午時卒光緒甲午年五月初八日申時

娶李氏鉛娘生嘉慶庚

辰年八月廿八日寅時卒光緒甲午年正月初五日亥

時葬

子三　家撖　家百　家聽　女一

禮乙次子名傳汝號有為生道光癸未年三月廿七日

辰時卒道光癸卯年九月初五日申時葬在垵仔

崙坐乙辛兼辰戌

嗣子三　家萬　家然係連朝子以承　家畽以承

禮乙三子名傳硯字丕墨號正心生道光辛卯年三月

十二日酉時卒光緒辛巳年三月初七日亥時葬

在五厝崙丙壬巳亥向　娶余氏鍊娘生道

光癸巳年正月十四日辰時卒光緒丙午年十月

廿七日申時

子三　家萬出繼　家旦　家迦繼品桂　女一

禮乞四子名品桂字丕富號　生道光丙申年四

月十三日未時卒宣統庚戌年九月廿七日

娶謝氏咱娘生道光甲

辰年七月十四日未時卒民國丙辰年六月十五

日戌時

子嗣一　家迦

禮乞五子名三傳字丕者號　生道光戊戌年五

月廿二日酉時卒光緒丙申年十一月初二日丑時

子二　家然出繼傳汝　水梨半承傳讀　女三

禮乞六子名連朝字丕道號　生咸豐辛亥年七月十九日卯時卒光緒　年三月廿五日午時查公生

道光庚子年九月廿三日戌時

娶吳氏棗娘生咸豐辛亥年七月十九日卯時卒光緒丙申年正月十三日巳時

子一　家畽半承傳汝　女三

禮華長子名傳仍字丕周號正周生道光甲申年八月廿八日辰時卒光緒癸卯年十一月初十日午時

娶廖氏漂娘生道光乙未年二月廿三日子時卒宣統庚戌年七月廿八日未時

子三　家艮　家柑繼傳口　家錫半繼傳幼

禮華次子名傳口字丕誦號正言生道光戊子年四月二十日酉時卒光緒丙戌年十二月廿九日戌時葬在

嗣子二　家蔣　家柑

禮華三子名傳幼字丕求號正庇生道光庚子年五月十八日寅時卒光緒壬辰年十二月初一日寅時

子嗣半　家錫係仍三子双承

禮壇之子名傳榜號　生道光壬午年六月十二日辰時卒

娶鄭氏于娘生道光辛丑年九月廿二日寅時卒　年　月

禮勳養子名傳念生道光壬寅年四月十四日未時卒

失攷

禮罕子名傳級生道光壬辰年四月三十日亥時卒失
歿
娶李氏象娘生道光辛丑年三月廿四日申時卒
失歿
禮林長子名傳瀛生嘉慶戊寅年六月十六日午時
往臺卒失歿
禮林次子名傳灘字丕河號正嘉生嘉慶庚辰年九
月初九日丑時卒光緒甲午年七月三十日辰時
娶劉氏註娘生道光壬
辰年九月初四日申時卒光緒丁丑年十月廿六
日寅時
子二　家治　家霸
禮斂長子名傳瀨字丕江生道光甲午年二月初十

酉時卒光緒壬辰年二月初二日巳時

娶王氏午娘生道光癸卯年三月十二日午時卒民國丙辰年十月二十日吉時

子一　家亮半承傳任

禮歛次子名傳任生道光丁酉年五月初七日辰時卒　年十月廿四日巳時

嗣子半　家亮

禮媢長子名傳立字丕忠生道光丙戌年五月廿九日申時卒

娶林氏腰娘生道光己丑年正月初九日午時卒同治壬戌年十一月初六日酉時

子二　家項　家正

禮娼次子名傳摠字丕　生道光壬寅年六月十二日
酉時卒
娶唐氏不娘生道光戊申年九月三十日未時卒
年　月　日
又娶李氏子娘生咸豐丁巳年十一月廿七日寅時
卒光緒丙申年九月廿六日申時
子一　家外（傳奚半承）
禮道之子名傳讀生道光辛丑年三月廿七日午時卒
失放　娶高氏七娘夭
双承子一　水犁（係三傳次子半）
禮杖繼子名傳奚生道光丙午年年四月廿四日戌時卒
年
双承子一　家外

禮迦長子名傳窓號正宣生道光己丑年十月初九日
辰時卒同治戊辰年十月十九日寅時
禮迦次子名傳鑾號正懷生道光庚子年七月十六
日亥時卒光緒戊寅年三月廿六日戌時
禮迦三子名傳忍號正和生道光癸卯年正月十一日
亥時卒光緒丙戌年正月廿九日吉時
養子一　家覺半承傳淄
禮濼繼長子名傳翁生道光丙午年三月初一日戌時
贅在福林卒失攷
禮濼次子名傳留生道光己酉年二月廿三日亥時卒
年六月十九日未時
嗣子半　家覺
禮龍長子名傳添字丕壽號正長生道光甲申年三

月廿七日亥時卒同治己巳年八月廿二日未時葬在
赤竹坋坐巽乾兼亥巳
娶李氏獺娘生道光丁亥年十月廿六日子時卒同
治辛未年正月十六日酉時與公仝葬
子七　家美夭　家薯夭　家畨繼出　家抱夭
家陽繼禮桴　家分　家簿
禮龍次子名傳義字丕禮殁正忠生道光乙酉年十
一月初二日酉時卒光緒己卯年又三月廿五日丑時
娶廖氏好娘生道光
丙戌年九月初一日午時卒光緒丁未年正月廿七
日戌時葬
子三　家愛　家簡　家勳
禮桴嗣子名傳陽行次失考

禮波之子名傳作

禮植長子名傳妍字丕嬌號見艷生嘉慶甲戌年八月
十八日亥時在臺卒光緒辛巳年五月十四日未時葬
羅溪尾坐丙壬兼巳亥
娶余氏米娘謚耆勤生嘉慶甲戌年八月初十日
酉時卒同治乙丑年正月十一日辰時
子二　家漂　家榜

禮植次子名傳歡字丕樂號來喜生嘉慶戊寅年十
月十四日寅時卒咸豐己未年十一月初二日酉時葬
娶廖氏坦娘生卒失考
又娶李氏耳娘生道光甲申年四月廿三日未時卒
光緒戊申年六月
子二　家霍　家覚

禮植三子名傳篠字丕叔生道光壬午年三月十四日
巳時卒　年十一月十七日
娶廖氏宜娘生道光丙戌年六月初七日寅時卒光
緒癸巳年十月初二日戌時
子一　家鮘　女三
禮植四子名吉劇字丕垂號來垂生道光戊子年十
月十五日酉時卒光緒己卯年正月初九日戌時
子二　家送不知去向　家敞
禮香長子名傳鑫字丕僅號來振生嘉慶己卯年七
月初九日子時卒光緒乙未年七月廿二日午時
娶劉氏香娘生道光丁
亥年九月十三日寅時卒　年五月廿九
日時

子一　家久

禮香次子名傳頍字丕壯生道光壬午年八月初四

日申時卒光緒壬辰年七月初三日巳時

娶林氏寂娘生道光甲午年九月　日　時卒

光緒庚寅年九月初三日申時

子一　家醮

禮香三子名傳類字丕音號賜捐生道光乙酉年九

月廿九日子時卒光緒丁亥年正月廿一日酉時

娶胡氏令娘生道光戊

戌年十二月初五日吉時卒　年八月十六日

吉時

子一　振法　女三

禮魚長子名傳挺字丕尊生號正閣生道光壬午年六

月十二日亥時卒光緒丙子年十月廿一日巳時

娶王氏蹸娘生道光丁

亥年六月初三日酉時卒同治丁卯年六月初三日

午時

又娶謝氏豆娘生道光己丑年十二月廿九日酉　時

卒光緒丙子年九月廿一日丑時

子三　家侍　家堅　家邊繼傳湖

禮魚次子名傳益字丕萬號　生道光庚寅年十

月三十日卯時卒光緒癸卯年九月廿八日卯時

葬在　娶胡氏再娘生道光

甲辰年二月初二日申時卒光緒丙午年四月初

六日未時

子五　家要繼傳湖　家迭　家窓　家潤繼出　家福

禮碑繼子名傳湖號士璉生道光丁亥正月廿二寅
時卒咸豐辛酉年七月廿九未時
娶李氏改節
禮團之子名傳容生卒失考
嗣子二　家邊　家要
禮經長子名傳瓶生道光丙戌年八月初六日酉時卒
失考
娶廖氏改節
禮經次子名傳盤生道光辛卯年九月十六日巳時
卒莫佚　娶王氏改適
禮經三子名傳協生道光甲午年七月十二日卯時卒
失考　娶陳氏欣娘生道光壬寅年正月十五日吉
時卒失考

禮梛長子名傳梯生道光丁酉年二月十八日卯時卒
光緒癸巳年八月十九日辰時
禮侶繼子名傳蝕係傳梯次子两承生道光丁未年
九月十五日午時在上府浮口
禮檜長子名傳株字丕基生道光丁亥年十一月十
五日巳時卒光緒庚子年十月十五日午時
娶林氏梅娘生道光甲申
年八月十二日未時卒光緒丙午年八月廿七　時
葬在
子二　家潭養　家坑
禮寢繼子名傳廳生道光己丑年十二月十七日辰時
卒咸豐甲寅年十月初三日辰時
禮瓦長子名傳謹字丕權生嘉慶乙亥年七月廿九

午時卒道光乙巳年四月十五日申時

娶葉氏濺娘生嘉慶庚辰年

十月初八日辰時卒道光乙巳年四月初二日未

時葬

子嗣半　家郜

禮瓦三子名傳邱字丕陵號懷鳴生道光己丑年五

月廿一日午時卒同治壬申年六月初十日午時

娶葉氏里娘生道光壬

寅年六月廿五日巳時卒民國乙丑年十一月廿七日

時

子一　家水

禮見繼子名傳乘字丕動號利成生嘉慶戊寅年五

月二十日巳時卒光緒甲申年五月初十日辰時

娶陳氏格娘生道光丁
亥年七月初四日午時卒光緒　年正月初一
日　時
子一　家部半承傳譜
禮院繼子名傳王生道光戊戌年正月初二日亥時在
外洋卒
娶　氏烈娘休出
子一　家新
禮玲之子名傳王兼承禮院內敘
桃宗長子名傳歡生卒失攷
桃宗次子名傳錦生卒失攷
禮恐繼子名傳於字丕依號維泉生道光辛巳年正
月十五九日寅時卒咸豐戊午年八月初七日卯時

娶　氏改適

子三　家聘　家漂出繼礼歆　家倒繼出

禮樂長子名傳濡字丕愈號維裕生嘉慶乙亥年九月廿七日巳時卒同治乙丑年七月廿二日丑時

娶林氏邛娘生嘉慶戊寅年十月初五日寅時卒光緒辛卯年二月廿三日寅時

子三　孔沃夭　家粘　家見　家配繼出

禮樂次子名傳爺字丕老號太成生道光甲申年二月初二日亥時卒光緒辛卯年十一月初八日未時

娶林氏鵪娘生道光己丑年十二月廿四日申時卒光緒甲辰年正月廿七日卯時

子二　家尚　家流

禮暹長子名傳謳字丕良號維蛟生道光壬午年八月初四日午時卒同治戊辰年八月十一日申時

娶陳氏化娘生道光壬午年六月初五日午時卒光緒壬午年十二月廿五日子時葬在本處五層崙坐乙辛兼辰戌

子五　家卜　家對夭　家弄　家高出繼　家酬

禮暹三子名傳濯字丕纓維宗生道光庚寅年七月廿一日寅時卒光緒丁未年七月十七日未時

娶廖氏鑫娘號儉順

生道光乙未年七月初七日子時卒光緒乙未年七月初七日子時查廖氏生六月初一日寅時

子四　家額養繼傳柄　家旋　家實養　家教

禮鑠嗣子名傳柄字丕斗號維北生道光乙酉年八
月十七日未時卒道光戊申年九月廿二日辰時
娶林氏夭又娶陳氏双娘改節
嗣子二　家高　家穎

禮丑長子名傳闕字丕黨號維昌生嘉慶戊寅年四
月初三日辰時卒光緒丙子年十二月十五日丑時
娶林氏員娘生道光丙
戌年九月初九日亥時卒光緒丁丑年十二月廿一日
卯時
子八　家漱　家淡　家祿繼傳湉　家揩繼出
家蟳繼傳湉　家休　家琶　家柿

禮寅繼子名傳湉字丕推號維木生嘉慶庚辰年正
月十七日寅時卒咸豐丁巳年十一月十二日寅時

娶吳氏得娘改節
嗣子二　家祿　家蟳
禮斜子傳南生卒前譜失登
禮川長子名傳勺生道光甲申年正月廿七日子時
卒道光庚子年八月十七日午時
嗣子二　家瑶　家舉
禮川次子名傳業字丕鴻生嘉慶丁丑年三月初九日
戌時卒吉年七月十九日丑時
娶胡氏腰娘生道光丙
戌年十一月十一日卯時卒光緒丙午年　月　日
時
子四　家楫　家蟶侯夭　家雜　家板承礼拚三子繼
禮川三子名傳千字丕玉生道光丙申年十月廿五

寅時卒同治壬申年四月廿四日卯時

　娶李氏淨娘生道光甲午

年十二月廿三日未時卒民國戊午年十月二十日

時

子四　家禘　家豆出繼忠芳　家肥法夭　家務　女一

禮川養四子名傳謂字丕孫生道光丙戌年正月十

五日酉時卒失考

娶陳氏芸娘生道光甲辰年七月初十日未時卒

年　月　日　時

子一　家冬

禮提長子名傳性字丕切生道光丁亥年十二月十

二日卯時卒光緒吉年正月十六日辰時

　娶吳氏好娘生道光

己亥年五月廿九日辰時卒咸豐己未年五月十
六日子時
又娶林氏鶯娘生道光丙申年十一月十二日寅時
卒光緒吉年五月十四日吉時
子一　家元
禮振次子名傳供字丕勸生道光己亥年七月初六
日辰時卒　年十一月十八日　時
娶廖氏來娘生道光乙巳年六月十三日午時卒
同治甲子年五月十四日酉時
子嗣半　家不
禮
振三子名傳趨生道光辛丑年六月廿五日辰時
卒光緒吉年六月初四日巳時
娶鄭氏生失考卒五月初七日辰時

三承子　家本 係猴子承

禮捉四子名傳銚字丕鉄生道光己酉年五月初六
日丑時卒民國丙辰年三月十二日午時
娶廖氏酔娘生咸豐甲
寅年十月廿一日辰時卒民國庚申年七月初七日
卯時
子三　家本 兼承傳趙 傳猴　家汚　家不　女一

禮信子名傳懷生道光庚子年七月廿二日子時贅
在龍智卒失攷
子　家悔

禮撑次子名傳猴生咸豐壬子年正月十七日申時
卒　年六月初四日申時
三承子　家本

禮掇之子名傳泄兼承廖家

禮揣長子名傳才生道光甲辰年五月廿六日卯時卒

光緒年間在漳州失攷

禮湍次子名傳夢生咸豐丙辰年四月廿八日申時

往漳州

禮從長子名傳卜生道光癸卯年十一月十三日午時

卒失攷

禮從次子名傳癡生卒失攷

以上侯佩之派

禮宅長子名傳亥兼承新良為孫生道光乙未年二

月二十日申時卒

娶唐氏益娘生道光丁酉年三月廿五日申時卒咸
豐壬子年三月十三日吉時葬西邊柳仔邊
又娶陳氏抵娘生道光
乙未年四月初十日丑時卒　　年　月
日　時
子二　家福　家海俟夫
禮休繼子名傳敎號名西生咸豐壬子年六月廿八日
申時卒光緒辛卯年六月廿四日寅時係丕貞子丙承
娶陳氏知娘生同治丁卯年十一月十五日巳時
卒　　年
子一　顔冷
成基之子名傳微生道光丙申年十月廿四日卯時
卒同治年間

以上侯周之派

禮邁長子名傳串字丕金號仁吉生道光丙戌年三
月十五日巳時卒光緒癸未年七月廿三日卯時
　　娶廖氏箴娘生道光甲
午年六月初三日未時卒光緒丁酉年正月十七日
戌時
子四　家帳夭　家逆归回礼郭　家絨　家穴夭

禮邁次子名傳紙字丕鮎生道光戊子年十月廿五
日酉時卒光緒辛丑年九月十七日申時
　　娶廖氏女娘生道光
庚子年二月十一日辰時卒光緒乙巳年二月初四
日未時

子一　家相養

禮邁三子名傳裁字丕尊號成章生道光己亥年八月初二日辰時卒光緒丁未年八月初三日寅時

娶陳氏茁娘生道光辛丑年九月廿八日申時卒光緒壬午年六月初一日酉時葬

子三　家喃　家祐　家能　女四

公第四女名楚娘生光緒己卯年七月廿七日卯時卒光緒壬辰年九月廿七日未時

禮郭長子名傳逆生失攷卒光緒甲申年正月初三日子時　娶唐氏改節

禮郭次子名傳傢生咸豐壬子年三月廿五日酉時在上坑牛林山

禮漫長子名傳招字集禮號　生道光庚戌年五
月廿三日申時卒民國丙辰年　月初四日亥時葬
在本山半山格坐巽乾兼巳亥　娶李氏寬娘生
咸豐甲寅年十二月初二日丑時卒光緒丁亥年十二
月十七日酉時
子一　家啓　女一
禮漫次子名傳嫈生咸豐癸丑年正月初四日丑時
卒民國丁巳年十一月十九日酉時
禮漫三子名傳盤生咸豐丙辰年三月初二日酉時卒
年四月初八日寅時
禮旬繼長子名傳猷字宣禮生咸豐癸丑年六月初
二日亥時號義山卒民國丙寅年八月十五日巳時葬
在本山透天格后坐酉卯兼庚甲

娶李氏春娘生咸豐甲寅年十二月十八日寅時卒
光緒己亥年三月三十日戌時
又娶林氏宜娘生於咸豐辛酉年五月初一日申
時
子五　家捔夭　家抱　家良夭　家瓊改名吉　家堅
禮佃次子名傳舜字堯禮號　生咸豐丙辰年正
月十八日寅時卒
娶室廖氏雪娘生於咸豐十年庚申八月初七日
未時
子一　家乞
禮佃三子名傳暖字和禮號　生咸豐己未年四
月初七日巳時卒　年六月廿五日
娶李氏梅娘生同治

丙寅年十月初六日午時卒民國　　年七月十
七日未時
子一　家柿養　女一
禮甸四子名傳久字永禮業儒號　生同治壬戌
年七月十五日午時卒民國辛酉年十二月十九日
酉時
娶詹氏熾娘生同治己巳年十一月十二日午時
子三　家灣　家郁出半　家常半承傳鍊　女二
禮甸五子名傳丢字還禮號　生同治乙丑年七
月初九日未時卒民國丁卯年九月十五日午時
娶唐氏不娘生同治
甲戌年十一月初十日酉時
子六　漢水　德水改名源美　家丹　家力

家喜　再添

禮甸六子名傳鍊字訓禮號　生同治戊辰三月十一日辰時

娶室廖氏粮娘生光緒丁丑年正月初二日卯時

子二　家味　家常双承

禮甸七子名傳帕字棌禮號　生同治甲戌年三月廿八日巳時卒光緒己亥五月初四日

娶李氏免娘改節

子嗣半　宗郁

禮為之子名傳南生咸豐庚申年九月初八日巳時卒在黃柏失攷

禮澈之子名傳秤生同治壬戌年二月廿三日巳時卒

失歿
禮張之子名傳惆未詳
禮擾之子名傳紫未詳查往順昌卒失歿
禮擾繼次子名傳六係禮賣子兩承生光緒戊子年九月廿九日亥時
娶楊氏緣娘生於光緒十五年己丑八月廿一日未時
子一　家八
禮賣長子名傳同生光緒己卯年十月十六日寅時
往上府卒失歿
禮賣次子名傳叱生光緒壬午年九月十九日丑時
在外卒失歿
禮賣三子名傳六兼承禮擾生娶內載

子一　家八

禮堤長子名傳知生咸豊乙卯年十二月十一日亥
時

禮堤次子名傳論生咸豊庚申年十一月廿七日寅
時

禮堤三子名蛟龍

禮堤四子名傳帆

以上父子俱往永安卒失攷

禮書長子名傳沙生道光壬辰年七月　日吉時
卒失攷

禮書次子名傳曹號仁和生道光戊戌年五月廿
一日巳時卒同治壬戌年七月十五日寅時

禮書三子名傳秋生卒失攷

禮書四子名傳獻出繼礼甸
禮岸長子名傳徽生道光壬寅年　月　日　時
卒無攷
禮次子名三事未詳
禮顒之子名傳用生咸豐庚申年七月十七日酉
時在外洋卒
禮箱長子名傳用參生同治庚午年十一月廿四日亥
時卒光緒乙酉年十一月廿六日寅時
禮箱次承子名傳府生同治甲戌年六月初三日未時
在外卒未詳
禮即長子名傳波字餘禮生同治庚午年二月十一日寅
時在外卒未詳
娶室廖氏去娘生於光緒戊寅年十一月初八日

申時卒

禮即次子名傳府兼承禮籍生叙在内

禮帶叔承子名傳邊生光緒乙酉年九月廿九日酉時

禮曲長子名跟究生光緒乙未年正月十五日未時夭葬在

子嗣半　有田

禮厚之子名傳覺生光緒乙亥年七月初二日午時在外洋卒失攷

禮往長子名傳貌字容禮生同治辛未年八月廿一日丑時

娶室余氏棗娘生於光緒丁丑年十月初八日卯時

子一　家旺

禮往次子名傳辣字　禮號清有生光緒乙亥年六

月十三日丑時卒民國乙丑年二月廿九日丑時

娶朱氏奁娘生光緒壬

午年五月廿二日巳時

子三　家華　銀來　家根

禮往三子名傳論字　禮生光緒丁丑年十一月廿

四日寅時

娶室陳氏銅娘生光緒戊子年十一月十二日寅時

子二　家等半承秦楚　家頌

禮攺長子名傳乙字精禮號清道生同治己巳年

五月初九日辰時卒民國辛未年六月初六日酉時

娶李氏葦娘生光緒
乙亥年四月初三日卯時卒民國庚申年二月廿六
日戌時
子四　家樟　家芨　有田半承跟究　西川
禮攺次子名傳富字貴禮生同治壬申年二月十七日
未時
娶李氏眷娘生光緒丁丑年十二月廿九日子時卒
民國丙寅年三月初五日巳時
子一　家珍
禮斜長子名傳粒字　禮生同治壬申年七月廿八
日酉時
娶室李氏朕娘生於光緒辛巳年正月十九日午
時

子二　家瓦　再求 仅承

禮斜次子名水狗字　生光緒戊寅年四月十七日

寅時在外洋卒

禮弦長子名秦楚生光緒乙未年正月十一日辰時卒

年

子嗣半　家等

禮弦次子名傳厚年十六而夭

禮沕長子名傳連改名勤生光緒丙戌年二月十四日未

時卒民國丙寅年二月廿八日亥時

娶室李氏寬娘生於光緒己丑年十月十九日申

時

子三　家隱　再求半承 傳粒　再來　女成娘未笄 而歿

禮檻長子名傳蓼生光緒癸未年六月初一日午時

在南洋卒
子嗣半　家衍
禮檻次子名傳邊兼承禮帶生光緒乙酉年九月廿九
日酉時
娶室朱氏准娘生光緒二十年甲午正月初二日
寅時
子三　信典桂半承　家麗丹半承　家衍蓼半承
禮檻三子名傳桂生光緒己丑年十二月初二日申時
在外卒
子嗣半　信典
禮檻四子名傳丹生光緒庚子年　月　日　時
在外卒
子嗣半　家麗

禮前長子名傳經生光緒丁亥年十月十一日未時卒
民國庚午年六月十五日
禮前次子名傳菘生光緒壬辰年又六月初六日巳時
娶室徐氏好娘生於光緒丁酉年　月　日
時
子一　家記
禮坤長子名傳兩字丕权號瑞意生咸豐甲寅年十
月廿一日寅時卒光緒壬辰年九月初一日未時
娶李氏見娘生咸豐
丁巳年二月廿九日巳時
子三　家長夭　家秋　三繼出　女一
禮坤次子名傳贊字丕稱號　生咸豐己未年四

月廿五日辰時卒　年十月廿三日辰時
娶劉氏不娘生同治甲子年正月初五日辰時卒
年五月二十日辰時
子三　家有　家求夭　家石殤　家溪　女三
禮坤三子名傳慨字丕慷號瑞樂翁性和厚而心
純良勤儉治家教子有方生同治壬戌年八月初
三日亥時
娶室李氏從娘生同治八年己巳六月廿四日寅
時　卜壽域在
本鄉土名金在壠坐辛向乙
子二　連易　田蘇
禮坤四子名春園號　生同治庚午年四月十七
日酉時在外洋卒光緒乙未年五月初八日未時

娶廖氏帕娘改適

子一　和忠

禮坤五子名傳夽號　字丕通生同治癸酉年五

月廿六日亥時卒

禮鑨長子名傳九字丕馨號　生咸豐壬子年八

月廿六日酉時卒光緒甲午年二月初七日酉時

娶王氏湍娘生咸豐乙

卯年十二月初十日午時宣卒宣統庚戌年二月

廿一日酉時

子三　家圮　家日　家粮　女三

禮鑨次子名蓮只號　生咸豐辛酉年八月廿四日

戌時卒　年四月

娶劉氏志娘生同治乙丑年正月十八日寅時卒

光緒甲辰年四月十八日
又娶陳氏救娘生同治癸酉年　月　日　時卒
年五月
子一　家情
禮鑨三子名輔世號　生同治甲子年十一月十一
日寅時卒光緒甲午年十月初六日寅時
娶廖氏巡娘生同治乙
丑年五月十九日巳時卒　年　月　日
時
子三　家香　家灼　家午
禮鑨四子名西姑號　生同治己巳年十二月十八
日丑時在南洋卒
娶室李氏氣娘生於同治壬申年正月十五日申

時
子　家皮　家月出繼
禮　程長子名玉樹字椿禮號　生同治甲子年正
月初五日巳時卒在外洋
娶室李氏閏娘生於同治乙丑年正月初七日子
時
子一　家理
禮　程次子名叔全字完禮號　生同治丁卯年二月
十二日辰時卒民國乙丑年正月廿三日巳時
娶李氏有娘生同治庚
午年九月初九日酉時卒　年　月　日

時
又娶林氏欃娘生同治癸亥年五月廿一日卯時卒民
國丙寅年十一月廿四日
子四　家貽　家瞼出繼聞興　家蛟　家福
禮程三子名聞興字化禮生同治癸酉年七月廿八
日子時在外洋卒
繼子一　家瞼
禮鄉長子名傳薦字克禮號　生同治甲戌年三月
廿四日巳時卒民國壬申年七月初三日亥時
娶室李氏法娘生光緒丙子年十一月十八日亥時
子二　家總出承傳潘　家扁
禮鄉次子名傳潘字嗣禮號　生光緒戊寅年三

月十九日未時卒　　年十月十六日申時
娶余氏力娘改節
子嗣丰　家總
禮閔養子名傳痴號妍園生道光己酉年三月二十日
巳時卒光緒庚寅年四月廿六日酉時
娶朱氏絪娘生咸豐己
未年四月廿九日巳時卒光緒乙巳年六月初二
日申時
子三　高升　家佛　家垂
禮城養子名傳堯往上府生卒失弦
子一　家早原名搭
城女子名案娘卒光緒甲午年七月廿九日午時
禮道繼長子名傳豆字妲禮生咸豐己未年八月十

八日寅時殁箕山卒光緒癸卯年又五月十九日辰時
娶朱氏淨娘生同治戊辰年九月初八日午時卒民
國乙卯年九月十四日丑時
子三　鴻葵　東坡　潘安　女一

禮道養次子名傳降字心禮生同治庚午年四月十
四日午時卒光緒庚子年八月三十日未時
娶室李氏緞娘生同治癸酉年十一月廿九日未
時
子　家雪改名再生　德發

禮宰長子名長春號景新生同治辛未年十二月廿八
日酉時卒光緒甲午年五月廿八日午時
娶廖氏改節

禮宰次子名傳廣號　生光緒癸未年十月初一日
酉時在外卒民國戊午年二月廿八日吉時
娶李氏角娘生光緒丙戌年八月十二日酉時卒
年　月
又娶廖氏权娘改節
禮宰三子名傳藥生光緒乙酉年十二月初六日卯
時
娶廖氏玉娘生光緒壬辰年三月廿一日午時卒民
國壬戌年四月初六日午時
又娶陳氏望娘生於光緒戊子年三月廿七日　時
子一　家臭
禮宰四子名孫彪生光緒庚寅年八月廿三日午　時

在外卒民國庚申年　月

禮妙長子名傳權字讙禮兼承禮團生同治甲戌年
五月廿三日巳時在厦卒民國庚午年三月二十日
寅時　娶葉氏甜娘生光緒
丁丑年二月十九日辰時在厦卒民國乙卯年十一
月十三日　時
子一　家衷

禮妙次承子名朝吉生叙在外
子一　家楓

禮莉長子名傳眼字椰禮生同治丁卯年十二月十八
日辰時卒民國辛酉年五月十七日酉時
娶室李氏焉娘生光緒四年戊寅正月初九日寅

時

子二　家春（出半 猪截）　採地（出半 東水）

禮莉次子名東水字秀禮生同治己巳年九月廿八日

申時　子嗣半 採地（係眼次子繼）

禮莉三子名揖讓字接禮號　生同治壬申年二

月二十日申時卒在外

禮莉四子名猪截字園禮生光緒癸未年十一月十

五日辰時卒光緒乙巳年三月初一日辰時

子嗣半　家春

禮團子名朝吉號　兼承禮妙生光緒庚寅年十

一月十二日寅時卒民國癸亥年正月初六日子時

娶李氏纓娘生光緒乙未年三月十一日未時卒民

國乙丑年六月初三日巳時

子一　家楓

禮蘭之子名行義生光緒丙戌年正月初十日亥時

卒光緒乙巳年五月廿九日　時

禮惟長子名委鮑字　生光緒甲申年十二月初十

日丑時

娶林氏雅娘生光緒甲午年八月十七日申時卒

年三月十一日亥時

又娶李氏閨娘生於光緒己丑年九月初八日酉

時

子一　建成養

禮惟次子名春絧生光緒丁亥年六月十九日巳時卒

辛卯正月初四日戌時殤

禮惟三子名得己生光緒壬辰年二月十四日丑時字

禮

娶室吳氏鑑娘生於光緒丁酉年三月十一日寅

時

子一　家炮

禮保長子名傳瑞生光緒癸巳年三月十二日巳時

卒

禮奏之子名傳愚魏　字智禮生同治丁卯七月

十一日戌時卒

娶廖氏絲娘生光緒乙亥年九月十八日卯時卒

年　月　日　時

又娶李氏善娘生　年　月　日　時
卒
子　家柳　春宣　善書　再發
禮蔭之子名傳通兼承禮月生光緒丁亥年十二月
廿一日寅時
娶廖氏蟶娘生
子
禮蔭次子名傳興生光緒乙未年九月初五日巳時
外出未詳
禮犁長子名傳臨兼承禮月生光緒己丑年八月初
六日辰時卒

娶廖氏葱娘改節

子嗣半　忘水

禮梨次子名差來字　禮生光緒辛丑年六月廿三

日巳時

娶室吳氏陳娘生於宣統己酉年十二月初三日

卯時

子一　忘水出半

東兵之子名傳來生　年　月　日　時

年　月卒未詳

禮元長子名傳芳字　生民國甲寅年十二月二十

日子時兼承深確礼程煙祀

禮忖之子名逢清字　生光緒丙午年

禮棲之子名傳佛生卒失攷

禮寵之子名傳遠生卒失攷

禮是之子名傳根生卒失攷

娶陳氏　娘　生卒失攷

禮浮長子名傳乃生卒失攷

禮浮次子名傳兩生卒失攷

禮殊之子名傳熊生道光乙卯年五月廿二日丑時隨母在廖家卒葬失攷（查乙卯咸丰五年旧譜書錯）

禮配長子名傳詞字丕畫生道光辛卯年九月初八日卯時卒光緒壬寅年九月廿六日午時

娶陳氏脫娘生道光癸巳年八月十五日酉時卒

失致
子一　家準養
禮配次子名傳廟字丕宗生道光乙未年十月廿九
日辰時卒
嗣子一　聞興傳金子承
禮敏嗣子名傳超號玉然生道光癸巳年六月初十
日辰時卒道光乙巳年五月十五日酉時
禮敏叔承次子名傳堤字丕水號玉田係配三子承
生道光壬寅年正月初一日寅時卒光緒庚寅八
月廿二日酉時
嗣孫半　洋水係家準次子承半
禮情長子名傳雄字丕英生道光丙戌年正月廿一日
戌時卒光緒丁亥年正月廿五日未時

娶唐氏甚娘生道光癸巳年七月初八日未時卒
同治庚午年十月十八日亥時
禮情次子名傳耀字丕自生道光辛卯年五月十九日
辰時在外洋卒失攷
子嗣半　家江
禮情三子名傳道生道光庚子年十一月十四日子時
卒失攷
禮廩長子名傳蹇字丕保號新孝生嘉慶乙亥年八月
廿二日巳時卒咸豐庚申年八月初二日子時
娶蘇氏網娘改適
禮廩次子名傳寸生道光己丑年八月初八日子時夭
禮棗嗣子名傳煥生道光辛卯年五月十六日卯時卒
光緒乙酉年六月初十日辰時

禮箕長子名傳善字丕言號本記生道光辛巳年九月十九日申時卒光緒辛卯年四月十三日卯時

娶周氏姜娘生道光乙酉年十二月十八日酉時卒光緒癸巳年四月初六日卯時

子二　家秋卒昔竹林　家桃在下門　女三

禮箕次子名傳踏字丕哉生道光戊子年六月初八日辰時卒　　年正月初六日

娶余氏菰娘生道光乙未年三月十二日申時卒光緒癸巳年十二月廿五日申時

子三　家伸夭　忠和　朝根

禮箕三子名傳志字丕承生道光丙申年二月初一日酉時卒光緒丁丑年正月初六日吉時

娶周氏午娘攺節

子一　家抵被虎咬去

禮苗長子名傳同生道光乙酉年四月初四日酉時

在后格

禮苗次子名傳胼字丕騰生道光丁亥年又五月初七日未時卒光緒癸巳年六月初七日巳時

娶陳氏拈娘攺節

子一　家良養夭

以上奇峰公長房時澄之派

奇峯公三房時穆公派

禮福之子名傳練生卒失攷

禮琯長子名傳念字丕政號升聖生道光癸未年三
月三十日卯時卒光緒癸巳年九月十二日戌時 葬在
本處員山仔坐庚甲兼酉卯
娶傅氏憐娘生道光癸未年三月廿七日酉時卒光緒
丙申年十一月十五日子時
子三　家饒　家媚　家捧繼傳猛　女一

禮琯次子名傳猛字丕省生道光己丑年五月十三
日巳時往臺未詳
娶陳氏瀨娘生道光壬辰年四月十四日寅時卒光
緒丙申年五月廿五日午時
子四　家捧繼　家庵繼傳抵　家獅　家祛繼出陳家　女一

禮琯三子名傳措字丕能號升諸生道光癸巳二月

初八日寅時卒光緒辛巳年十二月十八日亥時葬
在
双承子　家辣係承隊三子半
禮瑄四子名傳依兼承禮瑾生道光丙申年八月初
七日酉時卒光緒戊戌年四月初二日辰時
嗣子一　家庵
禮琯五子名傳堅字丕心生道光庚子年八月初六
日巳時兼承禮追卒民國戊午年二月初五日巳時
双承子　家井係承隊四子半
禮追養子名傳邑號弁讓生道光丙戌年八月初七
日辰時在嘪叻坡卒佚
禮璉之子名傳詰生道光甲辰年五月十二日丑時卒
同治丙寅年二月初七日亥時在石叻坡

禮溪長子名傳擱字丕莎號連布生嘉慶庚辰年十月

廿八日辰時卒咸豐二年六月初七日辰時

娶朱氏改節

子一　家勇

禮漢三子名傳莩字丕一生道光甲午年二月十三

日辰時在臺卒失孜

娶王氏粉娘生道光乙巳年十二月吉時亥往臺

子二

禮纘之子名傳昂生道光辛丑年十一月初五日巳時

卒光緒辛卯年正月初九日吉時

嗣子半　家鶩係彭之子收承

禮糾繼子名傳澳字丕福生道光丁亥年二月十八

亥時卒失攷
娶蕭氏寶娘生道光癸巳年十二月十七日午時
卒失攷
子一　家鎗
禮琴養子名傳總生道光癸未年二月二十日辰時
卒失攷　娶陳氏兵娘生道光癸巳年十二月廿
五日辰時卒失攷
子一　家行
禮琴次子名傳彭字丕載生道光戊戌年十月三十日
戌時卒光緒庚寅年二月二十日戌時殯吾湖
娶裴氏氣娘夭又娶鄭
氏腰娘生道光壬寅年九月初一日午時卒宣統己
酉年三月初五日吉時

子三　新盛夭　家田　家鷺丰承傳昂　女三
禮琴三子名傳仰號向高生道光癸卯年正月十八日
亥時卒道光庚戌年十月廿八日卯時葬在龍虎
坡坐
嗣子一　新盛夭
禮貌長子名傳秋生卒失攷
禮貌次子名傳買生卒失攷
禮貌三子名傳晏生失攷卒光緒辛卯年十二月初
四日子時
禮信長子名傳闊字丕陣生嘉慶丁丑年四月廿七
日巳時卒光緒吉年十一月十八日吉時
娶林氏金娘生嘉慶
己卯年九月初九日巳時卒失攷

又娶王氏瑾娘生嘉慶甲戌年十一月廿八日寅時
卒道光癸巳年七月十九日未時
三娶魏氏桃娘生道光丁亥年九月初四日酉時
卒咸豐辛亥年十一月十四日寅時葬在蛇仔崙墓
下坐丙壬兼午子
四娶劉氏忍娘生道光甲申年二月初二日巳時卒
同治丁卯年三月十四日巳時
子二　家嶞　家仁継礼康

禮信次子名傳倧字丕捷生嘉慶庚辰年三月十二
日申時卒同治癸亥年八月廿五日午時
娶唐氏日娘改適
子二　家控　家峯継出

禮榻長子名鳳儀生嘉慶己卯年十二月廿二日丑時卒

同治甲子年十月十三日卯時
娶朱氏却娘夭　又娶胡氏完娘改適
子三　家曲　家叮　家孔在台
禮榻次子名萬年生道光壬午年六月廿六日丑時卒
光緒庚辰年八月十五日午時
娶謝氏好娘夭　又娶王氏必娘生道光丁亥四月
初六日巳時卒咸豐丙辰年九月十三日酉時
子一　家高
禮榻三子名傳喃生道光甲申年七月十七日辰時卒
同治乙丑年四月十八日吉時
娶林氏免娘改適
子二　家草夭　家吟
禮榻四子名傳䟿號鳴三生道光己丑年十二月廿

六日辰時卒同治辛未年十一月十三日午時

娶唐氏桑娘生道光己亥年十二月廿八日酉時

葬

子四　家斤　家佀　家辣世承傳措　家井世承傳堅　女三

新立長子名傳銚生道光壬午年十一月初三日未時

卒失攷

禮賽之子名傳哭兼承禮返生道光辛丑年十二月

廿八日亥時卒　年四月十　日　時

禮他長子名傳艮生道光丁亥年十二月十四日子時

在臺

禮他次子名傳迎生道光壬辰年二月十七日丑時

在臺卒失攷

禮陋之子名傳八生咸豐庚申年七月十九日未時

卒失攷
禮炣之子名傳買生道光乙巳年二月十三日寅時
卒同治丙寅年八月吉日吉時
子二　家荣　家汝
禮海長子名新春字迎禮生同治甲子年九月廿一日
巳時
娶劉氏程娘生於光緒三年丙子十二月廿九日子
時
子二　寶來出繼彌　家老
禮海次子名傳彌號金味生同治戊辰年又四月
廿八日酉時卒光緒戊申年又五月廿五日戌時
娶唐氏糠娘生光緒壬午
年六月初四日卯時未笄而殁

嗣子一　寳來

禮海三子名圭田

禮潮長子名傳錦號金上生同治壬申年七月三十
日未時卒光緒癸卯年十月二十日戌時
娶李氏累娘生同治癸
酉年七月十二日巳時卒光緒戊子年九月十八日
未時葬
又娶葉氏喜娘改節

子嗣一　溪水

禮潮次子名傳樸號金發生光緒乙亥年五月初三
丑時卒宣統己酉年三月十六日亥時
娶陳氏改節

子嗣一　財富

禮潮三子名傳譜號金談生光緒戊寅年正月廿八

日午時卒民國己巳年七月初十日戌時字禮潤葬

娶廖氏侃娘生光緒丙

戌年五月十七日酉時

子三　周清　溪水出繼　再添

禮潮四子名山林字詩禮生光緒庚寅年十一月二

十日亥時

娶室李氏時娘生於光緒丁酉年二月十五日巳

時

子二　財富出繼　潤陳半承傳平

禮潮五子名傳盟號金安生光緒癸巳年六月初十

日寅時卒民國乙卯年四月十九日酉時

子嗣半　潤陳

禮日長子名水浪號　生光緒乙亥年三月廿四日

亥時在外未詳
娶室李氏簡娘生光緒六年庚辰二月十四日辰
時
子一　家送半承傳番
禮曰次子名傳沃兼承禮縹生光緒壬午年八月廿
三日亥時
娶朱氏有娘生光緒庚寅年正月廿三日戌時卒
民國癸丑年十月廿六日寅時
子一　朝根
禮曰三子名傳番生光緒丙戌年二月廿九日戌時
號金盛在外洋卒　五月
子嗣半　家送
禮曰四子名皆然兼承禮在生光緒甲午年二月二

十日丑時
娶李氏截娘生光緒辛卯年
子一　田泉半承傳耆
禮締兩承子名傳謙生光緒己卯年又三月十二日午
時
娶葉氏高娘生光緒庚寅年十二月初十日丑時
子一　振宝
禮斷之子名傳帕號金鑼生光緒丙子年二月初
二日辰時卒
貴吉之子名傳旺號　生咸豊庚申年九月初三
日辰時卒失玫
禮午長子名傳申號其命生同治甲子年二月廿八日卯
時卒民國甲子年三月初十日巳時

娶周氏勸娘出又娶朱氏于娘生同治戊辰年七
月初十日午時
子二　家良　家通
禮草嗣子名傳截字　生同治癸酉年又六月十
四日午時
娶室吳氏藿娘生光緒七年辛巳六月初一日辰
時
子三　瑞發　永發　朝發
禮廪繼子名傳攺號　字化禮生咸豐辛酉年十
一月十九日巳時在外卒
娶朱氏對娘生同治庚午年十月廿八日丑時卒光緒
乙未年七月初六日午時
又娶唐氏柗娘生同治戊辰年四月十八日未時

子二　長天　水雲

禮稟次子名傳鑛字金禮號玉池業儒生同治丁卯年十一月初二日亥時卒光緒庚寅年九月廿七日巳時葬

娶朱氏出又娶　氏改適

子一　家奎養

禮尚長子名傳安號　在外卒光緒乙巳年三月廿七日未時查光緒辛巳年十一月廿五日丑時葬

在外　娶朱糧娘改適

子嗣半　家育

禮尚次子名傳深改名服兼承禮在生光緒甲申正月廿七日卯時

娶室楊氏判娘生光緒十三年丁亥七月初五日

午時
子三　家育半承傳安　家樣　端水
禮潘長子名才力生光緒丙申年九月初六日午時
卒未知
以上奇峰三房時穆之派
栒與公子東園公長應懷公派
禮棣之子名傳柿生嘉慶戊寅年三月十一日丑時卒
道光乙巳年十二月初十日吉時在順昌花橋
禮逆之子名金壽生卒失攷
禮郭長子名傳談字丕論號言成生道光己亥年五月
初五日酉時卒光緒甲申年七月十三日寅時

娶廖氏節娘夫　又娶林氏却娘生道光己亥十一
月初八日吉時卒民國乙卯年八月初十日午時
子五　竹林　家科　家愚　家順繼丕譽　家於繼陳梁

禮郭次子名傳纓字丕耆號奕成生道光甲辰年
六月初五日辰時卒光緒乙亥年十二月十四日午時
葬在崎壠仔坐壬向丙
娶余氏球娘改適
以承子　家順係丕論四子承丰

禮蒽長子名傳稿生卒失攷

禮蒽次子名傳豹生咸豐辛亥年九月十四日未時
在巨卒民國辛酉十一月初四日巳時

禮蒽三子名傳秦生咸豐辛酉年七月十八日午時

卒光緒丙申年六月初四日午時　子半　家逞殤

禮塔之子名傳桑生咸豐癸丑年五月十九日卯時

隨母出无孜

禮沙長子名傳忠字孝禮生咸豐辛亥年十一月廿七日未時卒光緒戊申年二月初八日辰時

娶王氏笑娘生咸豐庚申年六月廿二日酉時卒光緒壬辰年又六月十八日酉時

子二　家業　家民半承傳三

禮沙次子名傳汭字協禮生咸豐戊午年十一月初五日酉時號茂隆卒宣統辛亥年十二月廿六日巳時葬在

幼娶朱氏不娘幼殤又娶朱氏祛娘生同治丁卯

年五月十一日寅時
子三　光炎殤　家德養殤　家阿係中楼傳座之子双承　女一
禮沙三子名傳三號茂林生同治甲子年十月十六日
亥時卒光緒庚子年十二月廿五日卯時
娶朱氏漫娘生同治壬
申年五月廿九日子時
子二　家民双承　土狗
禮兵長子名傳漢字　生光緒乙亥年三月十八
日寅時
娶魁梅朱氏妹娘生光緒乙未年八月初三日未
時
子三　源河　家鑾殤　瑤池
禮兵次子名傳蓮號　生光緒乙酉年正月初七

酉時卒民國丙寅年九月廿五日午時
娶室朱氏棟娘生於光緒丁亥年六月初二日申
時
子二　家美　金全
禮別長子名傳搆號　生光緒己卯年二月初四
日亥時卒民國庚午年十月十九日亥時
元配唐氏鍊娘生光緒己
丑年八月二十日丑時卒民國壬子年十月初四日
丑時
又娶胡氏劉娘生於光緒丁亥年九月廿三日寅
時
子二　分珍　成珍
禮別次子名傳判生光緒辛卯年四月廿八日未時

卒光緒戊申年五月初一日未時

禮別三子名傳景生光緒甲午年十二月初十日卯
時殤

禮咱之子名傳劍字　生光緒庚寅年十月十九
日午時
娶室朱氏楓娘生光緒辛丑年　月　日
時
子　銀山

禮笋叔承子名轉來生娶叔在外
子　德水　開元係承廖家收承

禮數兩承子名傳樹生咸豐戊午年六月十九日未
時卒
娶李氏免娘生同治丙寅年九月初七日巳時

年　月

子二　雨水　家赤

禮麵兩承子名傳貌生同治辛未年十一月十九日子

時

禮真養子名金發生光緒丙子年七月初七日申時

未詳

禮居双承子名傳潤生載在外

禮崇長子名傳撋兼承禮居生光緒甲午年十二月

廿八日寅時卒

娶王氏　子娘　生卒佚

禮悅繼子名傳蝉號　生咸豐己未年九月初

十日丑時卒光緒庚子年五月廿五日未時

娶室唐氏端娘生同治十一年壬申正月廿七日未
時
子四　水仙原名玉　福成　緣泉半承上科名　清陳半承傳銀
禮習長子名傳鰻號　生咸豐壬子年三月初
三日巳時卒
娶高氏朱氏俱夭又娶李氏双娘生同治癸亥年十一
月初六日卯時
子三　原來夭　家苑　家意
禮習三子名傳鰍號　生同治壬戌年九月廿三日
子時在外洋卒光緒甲辰年八月十八日
娶尚卿廖氏輕娘生光緒丙子年二月廿九日卯
時
嗣子半二　家勇係寬子双承　有四半承傳寬

禮習四子名傳蚼生同治乙丑年九月初一日卯時
卒　年四月初七日
娶室李氏成娘生同治十三年甲戌正月初九日
丑時
子　水金
禮習五子名傳蜋生同治戊辰年八月初十日丑時卒
年　月
子嗣半　清陳
禮鎰之子名傳劉字　生光緒己亥年八月十七
日亥時
娶室李氏听娘生於光緒丁未年七月廿八日巳時
禮帳長子名正順字　生光緒癸未年十二月初六

日巳時
娶廖氏峰娘生光緒戊子年正月初六日丑時
卒民國甲寅年三月初二日寅時
子一　勸和
禮帳次子名春陳生光緒丙戌年二月廿六日寅時
在外卒失考
娶陳氏葉娘生光緒甲午年五月廿一日辰時卒
民國丙寅年六月廿二日
禮色養長子名清良生光緒戊戌年九月初八日卯時
卒民國丙辰年三月十七日巳時夭
禮色繼半子名傳亨係石橋禮鈞子收承生光緒辛
丑年正月十五日酉時卒民國戊辰年五月十六日未時
娶室廖氏配娘生光緒乙巳年五月十一日午時

禮量之子名傳情生

娶　氏　娘生

禮量双承子名傳華生庚敘在外

禮遴長子名傳芨生

禮遴次子名傳秋生

禮厨之子名傳享兼承禮色生娶內詳

禮𥨪双承子名傳覴　生光緒甲申年七月十

四日卯時卒　年五月廿一日

娶廖氏審娘生光緒壬辰年十月初十日巳時往角

尾未詳

禮揚長子名傳晏生光緒辛巳年十一月初三日丑時

外出未詳

娶吳氏粲娘生光緒戊子年正月十九日申時

子二　瑞昌　水福

禮揚两承子名傳來鸞出兑書

禮拙子名傳華兼承禮量生

娶　氏

子

禮灶之子名傳淌生光緒己卯年五月初四日丑時

在外卒

娶吳氏改適

禮三子名護爐字　　生民國壬子年　月

時卒民國辛未年十二月

禮孔長子名傳默生光緒辛巳年十二月廿六日未時

卒民國

娶廖氏鸞娘生

子一　　三奇

禮孔次子名傳登兼承禮𥨊生庚內啟
禮孔三子名鵲寶兼承禮寸生光緒辛卯年四月廿
六日戌時
娶楊氏籐娘生
子
禮聘長子名春水生光緒辛巳年十二月十五日寅
時往上府卒失孜
禮聘次子名春興兼承禮向生光緒己丑年四月初
十日午時往上府未詳
禮義之子名家益生民國　年

禮雜長子名傳寬字柔禮兼承禮理生光緒己卯年

九月十四日巳時卒民國癸亥年五月廿八日午時葬在

娶李氏從娘出又娶王氏絃娘生　年卒

民國壬午年月　日　時卒民國壬子年十二月廿四日

子二　家勇半承傳歟　有四係歟次子以承

禮雜次子名水昌係承廖家來兩承生光緒丁亥年

三月廿一日酉時

娶張氏新娘生於光緒丁亥年十一月十八日寅時

子

禮簡養長子名正潤生光緒己丑年三月初十日辰

時殤

禮簡次子名傳智兼承禮納生光緒丙申年二月廿一
日卯時
娶廖氏審娘生　　年　　時俱在漳州

禮簡三子名傳懶字　　生　　年　　月　　日
時在外
禮沌兩承子名傳朗號元暉生咸豐庚申年十一月
初二日酉時卒光緒丙申年六月初四日吉時葬在
南洋　娶王氏呈娘生光緒乙亥年七月廿四日
寅時卒
子二　家圖繼　萬水
禮尊子名傳丑生同治乙丑年三月初六日丑時卒光
緒己丑年三月初四日吉時葬在加良坡

双承子　家坡

禮朝繼長子名傳賧字丕登號元珠業儒　生道光癸卯年又七月初一日午時卒光緒丁未年十月廿二日

時葬在灶坑赤谷坋尾

娶林氏期娘生咸豐辛亥年又八月廿九日未時卒宣統己酉年四月十四日　時葬在本處祭脚坐艮坤兼丑未

子六　家泉　家曉　家楊出半又名岥　家資

水狗　家栩改名清元

禮朝次子名傳丹號　生道光戊申年六月十四日子時卒　年十月廿四日　娶鄭氏鑾娘改適

子一　家雖

禮朝三子名傳愽字納禮號潥淵生咸豐壬子年七
月初九日巳時卒民國丁巳年正月十六日巳時葬
在本鄉洋坑
娶王氏點娘生咸豐甲寅年二月十一日卯時卒民
國庚午年十月十三日戌時
子八　家慶　家欉　家仕　春水
家團（繼傳郎）　家匾　田來　田水　女三
禮朝五子名傳朗兼承禮沌敘在內
禮岱長子名傳物字丕育生道光辛丑年又七月十五
日未時卒佚
娶李氏問娘生道光辛丑年八月十九日申時卒失
致
子一　家椽

禮岱次子名傳器生道光丁未年十一月初九日巳時
卒失攷　　以上兄弟俱往上府

禮標長子名傳厚生同治丙寅年三月廿九日酉時卒
失攷
娶廖氏香娘夭　又娶蔡氏吻娘改適
子嗣半　　福源

禮標次子名轉來兼承禮笋生同治己巳年七月初
七日亥時
娶廖氏炭娘生同治甲戌年十月十八日寅時卒
年二月十三日
又娶徐氏緣娘生於光緒己卯年五月十八日卯
時

子三　德水　水嘉贅子　開元承廖家以承

禮標三子名傳賓字　生同治壬申年三月十三日酉時

娶室劉氏蜍娘生於光緒癸未年六月十五日未時

子二　家皆殤　福源養出半

禮標四子名文地生光緒癸未年四月十四日酉時卒光緒乙未年入五月初十日丑時

柏興公子東園公三應瑞公派

禮仰長子名傳脕字丕視號法德生道光癸巳年五月十一日未時卒同治辛未年八月初一日卯時

娶吳氏改節　子一　家仲

禮仰三子名傳裸字丕程號戒德生道光癸卯年正
月廿二日丑時卒光緒庚辰年十一月初一日寅時葬在
本處長壠仔垵坐庚甲酉卯
子一　生枝
禮次繼長子名傳帽字丕左號右德生道光己亥年
十一月初四日亥時卒　年十二月十六日
辰時　娶李氏珍娘生道
光丙午年五月廿五日申時卒光緒丙子年四月廿
三日卯時　又娶葉氏
差娘生佚卒　年正月十五日
子一　家模
禮次繼次子名傳咪字丕　號修德生道光丁未

年四月廿八日申時卒光緒己亥年十二月廿一日寅
時與孟攡公仝葬在金前壠乾巽戌辰
娶室唐氏蜂娘生於咸豐辛酉年八月十九日辰
時
子二　家永　家智兼承家行為孫　女四
禮欽長子名傳昆號叱德生咸豐甲寅年三月廿四
日丑時卒光緒乙未年九月廿八日辰時
娶廖氏却娘生同治壬戌年四月初九日巳時卒
年　月
子二　家真　家合出承傳山
禮欽次子名傳葵生咸豐甲寅年十月廿四日巳時夭
禮欽三子名傳所生咸豐乙卯年七月十七日午時夭
禮欽四子名傳太字協禮生同治癸亥年二月十一日

日丑時在南洋卒
娶高氏磚娘生光緒丁丑年八月初八日卯時卒民
國丁卯年九月初三日丑時
子一　家騎
禮欽双胎五子名傳山號崇德生同治癸亥年二月
十一日丑時卒光緒丙戌年十一月二十日辰時
双承子　家合係承傳昆次子半
禮璋之子名傳叡號平德生同治甲子年四月廿二日
申時卒光緒己丑年八月十九日寅時
禮豹長子名傳溜字丕涌生道光丙午年五月廿二日
酉時號明德卒民國丙辰年九月廿一日酉時
娶廖氏足
娘生道光己酉年八月初四日午時卒光緒己亥

年九月初十日辰時

子六　家赫　秦宜繼傳閃　家澍半承傳江　家改

宙水　家同　女一

禮豹次子名傳蚕字丕桑生咸豐壬子年二月十八日亥時卒民國甲子年七月初十日申時

娶李氏汝娘生於同治二年癸亥五月三十日辰時

子三　家度半承礼閃　元芳改名廷浩　家仁　女一

禮豹三子名傳閃字丕走號子德生咸豐乙卯年二月初五日辰時卒光緒戊寅年三月初四日巳時

双承子四　秦宜　家度　良水　家資改名妹

禮豹四子名傳梲字丕迎生咸豐丁巳年八月廿三日

戌

時卒光緒辛丑年九月廿三日戌時號子幼

娶室廖氏泯娘生同治二年癸亥十二月廿九日未

時

子三　家潘夭　良水　家貿各事紳傳內　肇來

禮豹五子名傳插黌出免書

禮食之子名傳江號龍德生咸豐丁巳年六月初七

日亥時卒民國己未年十月廿七日申時

嗣子半　家澍係承溷子半

禮畎繼子名傳閃字丕走生叙在內

子嗣半名叙在內

禮啐双承子名詠係承詩超子半行次失考生同治己巳年

二月廿四日寅時未詳查卒佚

禮啐嗣次子名家徵行次无当生同治癸酉年又六月十七日巳時卒係傳帽子承半

娶廖氏灣娘生光緒辛巳年二月廿八日寅時卒

年　月

禮龍長子名傳驕字丕高生道光己酉年五月廿八日巳時卒　年十二月十五日

娶葉氏分娘生咸豐丙辰年五月廿七日酉時卒

年正月十七日

子四　家朝　家賜　家潤繼傳準　家兮　女三

禮龍次子名傳雯生咸豐甲寅年夭

禮龍三子名傳準字丕舉號純德生咸豐丁巳年十二月廿一日戌時卒光緒癸未年十二月初九日酉時

娶廖氏縣娘　生同治壬
戌年四月廿五日巳時卒光緒壬午年十月廿五日
寅時
子二　忠清　家潤承繼三子以承
禮綏長子名傳統字緒禮號業德生同治壬戌年八
月廿五日巳時卒光緒癸巳年二月十五日戌時
娶吳氏改適
子一　家住出半
禮綏次子名傳粽號達德生同治乙丑年九月初十
日巳時卒光緒癸未年三月初十日子時
嗣子半　家住
禮綏三子名傳唖繼禮溪載在外
禮綏四子名前來生光緒己卯年正月廿七日巳時卒

民國癸亥年五月二十日未時

禮芽長子名傳心夭

禮芽次子名傳云生同治丁卯年十月十二日丑時卒

光緒癸巳年十二月吉日吉時

禮芽三子名傳員生同治甲戌年三月廿八日寅時往

角尾未詳

元配李氏錠娘生卒佚

又娶朱氏竹娘生

子三　家淡　家振　財源

禮芽四子名傳富生光緒己卯年十二月初九日丑

時卒光緒甲辰年

禮河長子名清閒生同治癸酉年四月廿二日寅時
卒民國辛未年五月十一日巳時
養子半　家蛙係承廖家叔承
禮河次子名傳稿兼承禮溪生光緒壬午年十一月廿
五日寅時在外洋卒

禮溪繼長子名傳㖸字　生同治甲戌年七月二
十日戌時
娶李氏玩娘出

禮領嗣子名傳柔生光緒辛巳年十月初四日亥時
在外卒佚
娶洪氏悔娘生卒佚
嗣子半　九如係鈕子叔承
嗣孫半　勇基係家論子叔承

禮蟾子名秦楚往台前譜失登生卒无攷
禮徒長子名傳定字向禮生同治戊辰年四月初六
日未時在外洋卒民國壬子年正月廿一日辰時
娶室陳氏睡娘生同治己巳年十二月初四日未
時
子一　家廷提
禮徒次子名瑞里字齊禮生光緒丙子年九月初四
日巳時卒民國戊午年六月廿一日辰時
娶室李氏梅娘生光緒七年辛巳八月十三日辰
時
子一　乞來
禮財之子名傳強生光緒甲申年八月十五日子時卒
光緒乙巳年五月廿三日酉時

娶廖氏再娘未笄而公殁

子嗣半　萬成

禮杉之子名傳鶴字枚禮生同治甲戌年十二月初七

日寅時卒民國戊午年四月廿三日戌時

子嗣半　家象傳粉子來承半

禮涼之子名傳種兼承禮苹生光緒乙酉年正月初

六日戌時

娶室鍾氏住娘生光緒戊子年七月十三日寅時

子二　水進　萬成半承傳強

禮司之子名傳巷生光緒己丑年十二月十九日辰時

在廈卒

娶唐氏娘

禮肯長子名傳羅字閑禮生同治癸酉年十二月十六日午時卒

娶廖氏极娘生光緒庚辰年十二月初二日午時卒

子三　家鉄　家葉　仕奇出継礼有

禮肯次子名奇英兼承禮達生光緒丙子年十二月初八日午時字俊禮卒民國庚申年二月十九日午時

娶唐氏錬娘生光緒十一年乙酉二月廿五日巳時

子二　海水　樹春

禮龕長子名傳隻生光緒戊寅年十月廿二日卯時卒光緒壬寅年十月廿二日卯時

子半　福來

禮龕次子名傳臨生光緒辛巳年七月廿六日申時

字

娶室楊氏垂娘生光緒辛卯年七月廿六日申時

子二　福來出半　家刋來半承傳天

禮龕三子名傳天生光緒甲申年四月二十日酉時

卒光緒壬寅年六月十六日午時

子嗣半　刋來係臨養次子双承

禮有之子名傳任生同治丁卯年六月二十日寅時卒

民國庚午年六月初一日　娶李氏改節

子嗣一　仕奇

禮達兩承子名奇英生叙在內

子二　海水　樹春

禮遷嗣子名清水生光緒己丑年七月初一日酉時
卒民國壬申年五月
娶官氏愛娘生光緒三十四年戊申九月廿一日辰時

禮敏嗣子名傳杯生光緒廿一年乙未五月初八日卯時

禮以長子名傳匜字　　生光緒丙戌年四月十一日亥時

禮引之子名傳流生咸豐丙辰年九月初二日寅時
卒失攷

禮借之子名傳山字　生光緒乙巳年　月
日時

禮憁長子名儼然生光緒乙亥年十一月十七日子時
往大田未詳
娶陳氏綢娘生光緒甲申年十二月二十日子時卒
失攷

禮成長子名傳㬵生光緒壬午年十月初一日巳時
字金禮
娶王氏哉娘光光緒己丑年

子一　榮珍又名崇生

禮成次子名長水號德源生光緒乙酉年六月初五
日巳時卒光緒戊申年三月廿五日午時
嗣子半　玉麟
禮成三子名傳敲字　禮生光緒戊子年正月初九
日午時
子養一　玉麟
禮成四子名傳卯字辛禮生光緒丙申年正月廿五
日午時
娶李氏
禮冬養子名傳抱殤
禮冬長子名開珍字　生光緒癸卯年十二月十

九日巳時
娶廖氏摺娘生光緒三十三年丁未二月廿七日
酉時

禮冬次子名日來字　　生光緒丁未年正月初四
日午時
娶室廖氏勅娘生宣統三年辛亥九月初九日申
時

禮援嗣子名傳簡號金德生咸豐丙辰年十一月廿三
日酉時卒光緒壬辰年四月初二日戌時葬本處土
名半山坐申寅兼
娶胡氏改節

禮搜繼次子名傳春號　生同治壬戌年五月十一日辰時卒光緒戊子年八月十七日卯時

娶廖氏歎娘生於同治二年癸亥七月廿三日申時

子二　家淌係五長子双承　家陸

禮銈長子名傳簡出繼礼搜

禮銈次子名傳明字克端禮生咸豐己未年十二月廿八日戌時卒民國辛未年十月十一日辰時

禮銈三子名傳魚號龍德生同治丁卯年十二月十七日申時卒光緒甲午年九月二十日未時

禮銈四子名傳岳號峙德生同治壬申年六月二十日午時卒光緒壬辰年九月廿九日辰時

禮周長子名傳品字吉禮生咸豐戊午年十二月初九日辰時卒民國戊辰年十二月十八日未時

娶唐氏蕉娘生咸豐戊午年六月廿四日卯時卒光緒丁未年十月廿三日寅時

子一　家滔半承傳春

禮周次子名傳春継礼椄

禮周三子名傳欉生同治癸酉年七月十五日辰時卒光緒癸巳年四月十五日吉時

娶周氏改節

禮周四子名傳泙生光緒戊寅年三月廿七日戌時在外卒无攷

禮傚長子名傳狠字欵禮生咸豊庚申年二月廿八日
戌時卒光緒丁酉年十月廿七日申時
娶室廖氏壽娘生同治十三年甲戌九月十六日
戌時
子二　家留出承傳讓　家哲又名象
禮傚次子名傳自字立禮生同治癸亥年九月十五
日寅時
娶朱氏配娘生光緒丙子年十二月初八日酉時卒
民國丁巳年九月二十日午時
子三　家應出承傳讓　家刊　家恐
禮傚三子名傳讓字揖禮號　生同治己巳年十
月廿四日酉時卒光緒壬辰年八月初十日午時
双承子二　家留　家應

禮清長子名傳釭字光禮生同治壬戌年七月初一日亥時卒民國壬申年正月十二日酉時

娶廖氏甜娘生同治十一年壬申五月初二日寅時

子二　家潤　九如半承傳柔

禮清次子名傳柔兼承禮領生卒娶俱在內

禮欽之子名傳甚字章禮生光緒乙亥年十二月十九日未時在外卒未詳

嗣孫串　榔　枝係家闌長子双承

禮來繼子名傳態字　生光緒辛卯年六月初一日未時

禮楂長子名傳程生光緒癸未年五月十一日卯時在
同安卒民國辛未年六月十八日申時
娶吳氏月娘生光緒丙申年十月廿三日午時
子二　家於　家
禮楂次子名傳熊繼元來
禮鐃長子名傳慶字　生同治壬戌年三月二十日
辰時卒光緒己丑年十月初四日酉時
禮鐃三子名傳鉗生光緒乙酉年三月十三日未時
字
娶葉氏慎娘生於光緒十八年癸巳六月廿七日戌
時

子三　金華　金科　添木

禮猜長子名傳德號　生光緒丙戌年十二月廿三日午時卒民國丁卯年十二月初十日戌時

子嗣半　田忠

禮抱長子名傳興字讓禮　生光緒辛卯年四月初七日辰時

娶唐氏草娘生光緒廿一年乙未又五月初二日卯時

子四　家觀　田忠出半　水忠　振寶

禮窓之子名傳倸字　生同治乙丑年四月初四日申時不知贅在何方

娶王氏貫娘生同治壬申年十二月吉日吉時卒失攷

禮直之子名傳蟯字　生同治癸酉年七月十五日寅時娶劉氏鶴娘生光緒甲申年九月初一日午時俱未詳

禮芽長子名傳云生同治丁卯年十月十二日丑時夭

禮芽次子名傳心號思德生同治辛未年三月十七日丑時卒光緒庚寅年八月十五日午時

禮芽三子名傳員生卒娶俱敘在內

子三　家淡　家振　財源

禮芽四子名傳富生卒敘在內

以上傳云兄弟俱誌在內正田公行下

禮寸半嗣子名鵲寶係石橋禮孔子又承生娶內誌

子

以上俱係伯與公派

国家出版基金项目
NATIONAL PUBLICATION FOUNDATION

海上絲綢之路文獻集成

總主编　陳支平　陳春聲

民間譜牒編

62

主編　林　楓

海峽出版發行集團
THE STRAITS PUBLISHING & DISTRIBUTING GROUP
福建人民出版社

本册目次

〔福建安溪〕丹山黄氏族譜九卷（卷八至卷九）

唐欽侯　黄進禮等纂修

丹山黄氏族譜

世狀錄
卷捌

清溪榮美分派丹山黃氏族譜歷世紀㝎卷之捌

廿一世 字行則

奇峰公長時澄公派

傳碧長子名心德字意濟號意誠生道光庚子年三月廿二日巳時卒光緒乙酉年十二月初六日寅時

娶王氏送娘夭 又

娶廖氏休娘生道光甲辰年二月初二日申時卒光緒壬午年十一月廿九日戌時

子三 希漾 希子 希弓出繼傳綿

傳碧次子名家昧號 生道光戊申年十月廿七日酉時卒光緒

娶葉氏政節

子一 希稚

傳碧三子名家城字則池號　生咸豐辛亥年十月
初四日丑時在外洋卒
娶唐氏帶娘生同治丙寅年五月初四日戌時卒
光緒甲辰年六月初三日吉時
子五　源泉　良明　其英　現梃繼魁梅　希鰍五夭　女一
傳碧四子名家尾號　生咸豐丁巳年正月十一日
卯時卒民國乙丑年正月十一日卯時
娶室蘇氏攢娘生於同治甲戌年八月初二日戌時
子二　希剌　希閃
傳進長子名家聰字思濟號光明生道光戊戌年十
一月初九日酉時卒光緒甲申年三月十六日巳時
娶謝氏縣娘生道光辛

丑年十一月十三日午時卒光緒癸未年十一月十
九日未時
子四　希轉　秋吉養繼家教　三敬　永正
傳進次子名家贊字美濟號襄佐生道光癸卯年十
月十九日酉時卒同治甲子年十月十三日辰時
娶林氏改節
子一　希江抱養
傳進三子名家恩字光濟號光寵生道光丙午年正月
初六日子時卒光緒乙未年十一月十九日丑時
娶林氏冷娘生道光
己酉年二月初七日戌時卒光緒乙亥年二月初一日
辰時　又娶朱氏寸娘
生道光丙申年八月廿二日寅時卒光緒壬辰年七

月初二日未時

子一　希雪 林氏出　　女一

傳進四子名家教字學濟又字則化生咸豐癸丑年三月初五日寅時卒同治癸酉年九月十一日卯時

娶葉氏改節

子一　秋吉 係家聰養子繼

傳慶養子名家玉號　生道光丙午年九月初十日寅時卒

娶胡氏彥娘生同治壬戌年六月初八日戌時卒　年　月

子三　希獺 半承家板　希計 半承家路　希宅 出繼封耐　女二

傳慶次子名家板號　生道光己酉年四月初三日卯時卒光緒丁丑年六月廿七日寅時

子嗣半　希獺

傳慶三子名家路號　生咸豐癸丑年三月廿五日

酉時卒光緒丁丑年六月廿六日午時

子嗣半　希計

四在長子名家冬家字春濟號西園生道光丁未三月

廿一日申時卒光緒丙申年三月廿五日丑時

娶王氏程娘生咸豐

乙卯年十一月初九日申時卒民國甲寅年八月十

五日戌時

子一　希建　女一

四在次子名家泉生道光己酉年六月十九日巳時卒

同治戊辰年十月十五日丑時葬在本處坪頭堎仔

坐癸向丁

子嗣半　希啓

四在三子名家蔭生咸豐壬子年二月初五日寅時在淡水卒佚

娶鄭氏趙娘生咸豐丙辰年十一月十四日酉時卒光緒辛巳年七月十六日巳時

子一　希啓半承家泉

四在四子名家柱生咸豐丁巳年五月十一日巳時夭

四在五子名家遠生同治癸亥年六月十八日丑時夭

四在六子名家上號　生同治丙寅年十一月廿八日戌時卒民國壬申年正月初六日子時

娶室劉氏者娘生光緒四年戊寅十二月十一日戌時

子一　双才

傳謀長子名拿耐號　生道光己酉年十一月初三日戌時卒

娶唐氏璉娘生同治癸亥年十月十八日卯時卒光緒丙戌年十一月十八日午時

子嗣一　希宅係家玉子承

傳謀次子名生傳生咸豐乙卯年九月初一日辰時卒光緒丁丑年七月初二日巳時

傳宇長子名如松字則連生道光戊申年六月廿七日酉時

娶李氏杭娘生同治癸亥年六月廿七日巳時卒光緒壬辰年七月廿六日未時

又娶葉氏來娘生咸豐庚申年八月初七日子時卒

民國戊辰年二月十四日辰時

子四　希欉養子居歸原籍　希挺養　希簽養　希枝養　女二

傳字次子名如淵字則清號　生咸豐丁巳年又

五月廿九日巳時在南洋卒

娶陳氏担娘生同治乙丑年正月廿九日酉時卒光

緒甲午年十一月廿四日午時

子二　希臨　希田俱夭

傳字三子名如蘭生同治癸亥年十一月廿五日戌

時夭

成家長子名長庚字西濟太學生號星輝生道光癸

卯年三月二十日卯時卒光緒丁未年正月十五

日寅時葬在本山坪頭后壁

娶葉氏吻娘號合順生道光乙巳年正月十九日

寅時卒同治癸酉年五月廿八日巳時葬李處士名
石壁美女現花崙坐乙辛兼辰戌
又娶李氏柑娘生道光壬寅年十月十四日子時卒
光緒甲辰年七月十三日未時
子六　簪纓夭　江水殀　希河　希愚俱葉氏出
清風　福海以上李氏出半水三第　女一

星輝賢侄實錄

大抵人必有出乎其類拔乎其萃然後可以焜耀譜牒流芳奕禩若　賢侄其人者差堪以當此當大父仙逝之日適弱冠以外之年維時家業粗盈人口尚少迨乎壯年而後經經營營勤勤儉儉積銖累寸遂成富厚之家右有左宜不減陶倚之望誠吾族中所卑卑而出人頭地者況乎治家訓子

各務本業耕讀兩課耕者犁雲鋤雨不憚拮据之勞讀者雪案螢窗不辭乾惕之苦恢ヒ乎家人父子一團和氣尤足令人矜式焉所難者開拓鴻基寬展地步自建新室名曰福星居坐壬向丙兼亥巳上光於前下垂於後誠有無僾福地者焉爰贈數語以示來茲

光緒二十二年丙申陽月吉旦　宗叔廷玉撰

成家次子名載興字詩濟生道光己酉年六月廿七日辰時在南洋卒失攷

娶葉氏改適

成家三子名三弟生咸豐甲寅年八月初七日亥時卒光緒丙子年十月吉日吉時

子嗣半　福海

成家嗣四子名家斜生咸豐己未年四月廿七日亥時

在加蔭坡卒民國　年

子一　希悦六歲殤

傳醒長子名家萁字鶴濟生道光己丑年十二月初九

日午時卒同治庚午年正月初一日辰時

娶李氏改節

子一　希聲夭

傳醒次子名家登字高濟生道光甲午年十月初八日

未時卒光緒乙酉年四月十四日酉時

娶廖氏巧娘生道光乙未年正月初二日辰時卒

年　月

子一　希排夭　女一

傳醒三子名家梭生道光丁未年十二月初九日巳時
卒同治壬申年十月初七日子時
子嗣　希樂三歲殤
傳潭長子名家麵生咸豐癸丑年四月廿二日巳時在
上坑尾橋溺水而亡　双承子　希田
傳潭次子名家蝕生咸豐乙卯年六月廿五日巳時在
上府卒　年十月二十日
傳潭三子名家圈生同治甲子年八月十一日辰時在
廈卒　年　月
傳潭四子名家耆字則通號　兼承傳智生同治
庚午年八月十七日子時在廈門卒光緒丙午年
八月初六日酉時

娶室張氏寛娘生光緒庚辰年又六月廿五日申
時
子二　希田半承家麵　希超
傳石之子名家𦁨生同治壬戌年閏八月初五日子時
往臺未詳
傳田之子名家義生同治癸亥年十月廿三日丑時卒
宣統辛亥年正月廿一日
娶　氏改節
子一　希節四歲殤
傳綿長子名家弓生光緒丙子年五月廿五日巳時卒
年二月十三日
娶蕪氏袪娘改節

傳綿次子名家成字則　生光緒戊寅年七月十九
日酉時

傳綿三子名家府生光緒甲申年六月廿一日酉時卒
在外洋民國甲寅年六月初六日吉時

傳綿四子名家亭字則　生光緒丁亥年四月十六
日巳時
娶唐氏休出

傳智叔承子名家畨生娶內叙
子二　希田　希趙

傳任之子名跟隨生同治壬戌年五月初十日巳時
往臺未詳

傳譜之子名邦基生咸豐庚申年十一月初十日寅時

任臺

傳辣嗣子名家綶生咸豐丁巳年正月廿七日酉時

卒失攷

傳磚長子名家忍字則和生咸豐壬子年四月十五

日申時卒光緒丙申年三月初三日申時

娶陳氏改適

子一　希狗

傳磚次子名家鑲字則　生咸豐乙卯年九月廿五

丑時

娶室葉氏知娘生於同治壬申年八月廿二日未時

子四　希孔　希予繼出　希旺　希煉出繼家縷

傳磚三子名光義字則　生咸豐戊午年十一月二十

日申時

娶楊氏哆娘生同治十三年甲戌二月三十日丑時

子四　先齊　希禹　希未　希頤半承家瞞

傳磚四子名家縷號　生同治壬戌年五月初九

日巳時卒民國庚午年二月廿七日子時

娶唐氏戀娘生光緒

壬午年五月廿五日寅時卒光緒癸卯年五月初

三日吉時

子嗣一　希煉

傳文長子名家瞞生咸豐甲寅年五月初十日午時

往臺卒失攷

子嗣半　希頊

傳文次子名家自繼出

傳旁長子名家山生咸豐甲寅年九月十二日酉時卒

光緒辛卯年十月廿一日辰時

娶劉氏改節

傳旁次子名家縹生卒未詳

傳係之子名家得生同治癸酉年四月十四日丑時

贅在蓬萊卒未詳

傳悻継長子名家承生咸豐己未年十月初十日辰時

在外卒失攷

傳悻繼次子名新籠生同治甲子年六月十七日午時

在淡水卒失攷

傳炳長子名家榮生咸豐戊午年八月廿一日子時贅
在科名卒失攷
傳炳次子名家菊鬻出免書
傳榴長子名家級生道光庚戌年六月三十日未時
卒光緒
傳榴次子名家崙生咸豐戊午年三月初十日巳時
贅在后格卒失攷
娶陳氏送娘出
子二　桂開　水冷
傳榴三子名家鶯生咸豐辛酉年十二月十七日酉時
在南洋卒
傳興之子名家賓仝父往湖生卒未詳

傳場之子名天生咸豐己未年六月初十日戌時在
湖頭卒失玫
傳場次子名家參鬻出免書
傳平養子名家福春字則壽生光緒甲申年八月初
九日酉時
娶上地胡氏雪娘生光緒丁亥年三月十三日辰時
子四　希傳　希吟　德勝　朝吉養
傳格養子名家雖生同治丁卯年十月十六日辰時在
南洋卒佚
娶楊氏瑞娘改節

以上侯儀善夫公長房派

傳藏之子名杉桂在臺 生卒未詳

傳利嗣長子名家漏字聲濟號名聲生咸豐丁巳年

九月廿三日卯時卒光緒戊寅年十二月廿二日巳時

葬洋仔坪

子嗣一　龍提

傳利嗣次子名家駮號名西生咸豐壬子年六月廿

八日申時卒光緒庚寅年八月廿四日卯時

娶陳氏知娘生同治丁卯年十一月十五日巳時卒

年　月　日

子二　龍提繼　顏冷殤　女一

傳近長子名家亜字元濟生同治壬戌年八月初二

日申時卒光緒己亥年七月十六日吉時

娶林氏炮娘改節

子一　至善

傳迨次子名家彩字明濟號芹聲生同治丁卯年十二月十九日丑時卒光緒癸巳年十一月初八日巳時葬在　　娶林氏鏡娘改節

子一　希創　女一

傳迨三子名家粉字則紅生同治庚午年正月廿六日酉時

娶室朱氏吻娘生光緒元年乙亥十月十六日丑時

子一　希棕

傳迨四子名其昌字克濟生光緒戊寅年六月廿六日酉時在南洋卒民國己巳年正月十三日吉時

娶溫泉唐氏鑾娘生光緒癸未年十一月十七日

時

傳迮五子名自來字則迎生光緒乙酉年五月廿一

日丑時

娶陳氏春娘生光緒戊子年八月廿六日午時未笄

而歿　又娶陳氏富娘生光緒壬辰年十一月十一日

寅時

子二　希成　希

傳掌長子名家音殤葬在狗殘尾坐戌辰兼乾巽

傳掌次子名家頭字則洲號明韓生光緒壬午年九

月廿四日吉時卒民國辛未年七月初十日午時

葬在本處土名

娶唐氏掬娘生光緒十四年戊子七月廿二日申
時
子三　希蘭殤　玉盞　希烈　女二
傳俊之子名家樟號　生光緒丙子年正月三十
日未時卒　年十月十一日
傳金長子名家煌號名帝生同治癸亥年三月三十
日丑時卒光緒辛卯年八月十五日丑時
子半　天紋
傳金次子名家孟號孟盛生同治丁卯年九月廿七日
辰時在陰林卒民國癸丑年八月十九日申時
娶李氏不娘生光緒元年乙亥十二月廿七日卯時
子一　天紋半承家煌　家閏

傳金三子名家閒兼承傳廟生光緒戊寅年四月廿八日酉時在巨卒民國癸丑年九月初十日吉時

三承子　天紋

傳壯兩承子名家炯生庚叙在外

傳仲長子名家朝號名服生同治辛未年正月十一日亥時在巨卒光緒庚子年三月十八日戌時

傳仲次子名家炯兼承傳壯生光緒辛巳年四月十一日亥時

娶溫泉唐氏帕娘生光緒己丑年九月初五日午時

子二　金成　金生繼山坪尾

傳訪長子名家池字則　生同治甲戌年九月初八日戌時

傳訪次子名春益兼承傳培生光緒癸巳年七月十二日辰時

娶朱氏香娘生光緒三十二年丙午九月十三日酉時

傳倍長子名家寢生光緒甲申年五月廿八日午時

在南洋卒未詳

双承子　希江

傳唱長子名家同兼承福帽朱家生光緒戊子年正月初三日巳時

幼娶林氏于娘出又娶朱氏緣娘生光緒己亥年
八月十一日酉時
子三　接枝殤　希江出半　希怨承朱家
傳唱次子名春秋兼承傳獨生光緒癸巳年五月十六
日未時
子嗣半　定國
傳分長子名高升號　生同治甲戌年十二月初
五日子時在南洋卒
娶林氏玲娘生同治甲戌年八月廿四日辰時卒
民國辛酉年五月廿五日卯時
子二　福志　福仁
傳分次子名高連生光緒戊寅年六月初四日巳時在
巨卒民國癸亥年　月

娶李氏蘊娘未笄而出

傳分三子名高明生光緒丙戌年三月十五日寅時殤

傳種長子名家王字則君生光緒丙子年八月廿一
日酉時
娶李氏雚娘生於光緒癸未年十一月十四日申
時
子五　希泉　希柳　希山　希令出繼家日
希波

傳種次子名家日字則時生光緒辛巳年五月十九
日卯時君性樂善是年族衆修造譜牒慷慨投資
得以襄成美事

幼娶朱氏雪娘未笄而殁　又娶朱氏格娘生光緒
乙酉年十一月廿二日寅時卒光緒丁未年五月廿
八日丑時葬在本處新園申寅庚申與子希狗仝葬
三娶傅氏快娘生光緒十年甲申十二月廿四日子
時
子三　希狗殤　希令承繼　接承殤
傳種三子名家送字則門生光緒丁亥年正月初五
日寅時
娶朱氏元娘生光緒壬辰年七月初九日未時卒
光緒戊申年十二月初一日寅時
又娶温泉唐氏店娘生光緒丙申年九月十九日申
時
子三　希蘊　龍水　良進

傳種四子名家林字則樹生光緒癸巳年五月初十日巳時

娶陳氏足娘生光緒丁酉年正月十四日辰時卒民國戊午年正月初三日酉時

又娶胡氏員娘生光緒辛丑年五月初五日午時

子一　金得

傳賀之子名得札兼承傳我生光緒甲申年十月十三日酉時

娶朱氏出娘生光緒丙戌年六月十五日辰時未婚而卒光緒癸卯年六月十一日未時

又娶唐氏紋娘生光緒己丑年十月十五日未時未過門而卒　年五月十七日午時

三娶唐氏畽娘生於光緒癸巳年八月十八日寅時

子三　安邦　定國半承春秋　南才

傳藝長子名家樹生光緒戊子年三月十七日寅時

字則

娶室唐氏涼娘生於光緒庚寅年九月十一日酉

時

子三　真珠　希分出繼　玉才

傳藝次子名家桂兼承傳我及坪尾傳城生光緒甲

午年十月十二日丑時

子嗣一　希分

傳撥繼子名家興字則養生同治甲子年十一月十四

日寅時卒民國壬子年八月初四日卯時

娶王氏寬娘生於光緒三年丁丑十月十八日戌時

子一　越水養

傳坪長子名家鎮字則協生咸豐辛酉年五月初五日辰時卒光緒乙巳年十二月十四日未時

娶葉氏柬娘生光緒丙子年十一月初四日子時

卒光緒癸巳年六月初二日辰時

子二　希杏　長泰双承

傳坪次子名家興繼傳撥

傳坪三子名家用字則節生同治庚午年二月初九日寅時卒民國壬申年十月十三日

娶室陳氏快娘生光緒九年癸未七月廿五日丑時

子二　春信　淵源

傳坪三子名家堯字則舜號禹村生光緒庚辰年正月初一日子時為人謙恭處世和平協理譜牒繼述能明卒民國壬申年十月初五日未時　娶魁梅朱氏蟳娘生光緒庚寅年十月初六日寅時公葬湖內崙仔庚甲酉卯

子二　希盛　長泰半承家鎮

傳扁長子名家述生道光丁未年五月廿九日申時卒在臺失攷

傳扁次子名家郎繼魁梅

傳扁三子名家判生同治癸亥年六月廿二日辰時在臺

傳錠長子名家合生光緒丙子年八月初九日酉時在唉叻卒

娶　氏員娘生　年　月　時卒

年十月十七日

子一　江水
傳鐸双承子名春秋生誌在内
双承子　定國
傳抱之子名和尚生光緒丙戌年五月廿五日未時外
出未詳
傳奪長子名家森生光緒癸未年十一月十九日　時
在外卒失攷
娶朱氏前娘生光緒丙戌年十一月十五日辰時
未笄而卒
傳奪次子名光定生光緒乙酉年十一月初三日酉時
字則
娶潘氏蜜娘生

傳奪三子名家和生光緒己丑年　月　日　時
在洋溪未詳
傳奪四子名家　生光緒丙申年　月　日　時在
洋溪未詳
傳迦養子名家熟生光緒己丑年　月　日　時
在洋溪未詳
傳兑養子名家枝生光緒乙未年二月初八日寅時
在洋溪未詳係賁出
傳兑次子名家員字則　生光緒戊戌年六月十三日
時

娶室朱氏肯娘生於光緒己亥年五月初九日午時

子二　再求　再生

傳光三子名家教號生佚李　年九月廿三日吉時

子嗣半　再生

傳樞繼子名家鰲生光緒戊子年六月廿九日丑時在洋溪失放

傳樞次子名伏到生光緒壬辰年五月十四日　時俱在洋溪失放

以上侯儀訂夫二房派

傳鈔之子名家酔字則崇生同治乙丑年正月初四日未時卒民國丙寅年二月初三日戌時

娶室楊氏珠娘生光緒二年丙子二月十七日子時

子二　希狗　希枝俱養

傳學長子名家春字則青號光賢生同治丙寅年八月初六日戌時卒民國壬子年七月廿七日午時年四十有六葬在本鄉路兜坐乾向巽兼戌辰

娶劉氏彩娘生同治九年庚午十一月十四日子時

子三　希土出半　希敕　希鏘

傳水長子名家八號　生光緒壬午年七月初四

卯時在外洋卒　　年四月廿五日

子嗣半　永世

傳水次子名家宣生光緒庚寅年正月十七日亥時

卒　　年十二月廿六日

娶尚卿廖氏捌娘生光緒乙未年　月　日

時

子一　永世養半承家八

傳吝長子名家廷字則朝生光緒乙亥年十一月三

十日子時外出未詳

娶朱氏出

傳吝次子名家丙生光緒己卯年二月廿九日巳時

卒

傳吝三子名家網生光緒甲申年五月十六日辰時

卒
娶林氏定娘出
子一　朝養
傳杏四子名家性鸞出免書
傳梅長子名家坑生光緒壬午年七月二十日寅時往
洋溪失攷
傳梅次子名家鰲繼半傳樞内敘
傳梅三子名家到繼傳樞敘在内
傳梅四子名家令生光緒乙未年七月初六日申時往
洋溪未詳
傳驕長子名家佔生光緒丁亥年六月廿六日戌時
卒　年
娶陳氏本娘生光緒辛卯年八月廿七日午時殤

子一　連份承繼

傳驕次子名溪水原名再　生光緒癸巳年五月廿七日未

時

娶温泉唐氏熟娘生光緒戊戌年九月初十日午

時

子三　仙奇　連坋繼出　連徘

傳歆長子名家貓字則　生光緒丁亥年十一月初

九日亥時

娶陳氏泛娘生光緒辛卯年十月十五日寅時卒

民國乙卯年正月初九日　時

子二　海水　頻法

傳歆養次子名家蚋字則　生光緒乙未年七月廿

二日寅時

娶朱氏肖娘生光緒癸卯年　月　日　時在
外卒民國丁卯年
又娶林氏燕雪娘生光緒戊申年十一月初四日亥時
子二　火炎　希亢成
傳謹之子名家毯字則思　生光緒丁亥年七月廿
七日巳時
娶楊氏和娘生光緒十七年辛卯年四月十一日申
時
側室林氏蕉娘生光緒丁未年七月十六日子時
子五　海針　双海　發成　成金　金潔
傳排之子名家岸字則奠生光緒己亥年二月十一

丑時

娶温泉唐氏攁娘生光緒癸卯年八月初六日子時

子一　淡潤

以上侯儀藏夫三房派

傳訓之子名家輝生同治癸亥年二月初五日巳時

外出未詳

傳訓次子名家　生同治辛未年三月初四日巳時

娶　氏　娘生光緒辛巳年十月廿二日寅時夫婦

外出俱无攷

傳朮之子名家恴生道光庚戌年十二月初二日巳時

外出无攷

傳术次子名家喇生咸豐丙辰年三月廿一日丑時外

出无攷

傳术三子名家適生同治壬戌年五月廿三日丑時

外出无攷

傳餘長子名家檄生咸豐辛酉年六月十九日巳時外

出无攷

傳餘次子名春華生同治甲子年八月三十日午時

无攷

傳洛之子名家蔴生光緒丁亥年正月廿四日子時

卒

娶陳氏𩙪娘改適　　子一

以上侯儀旺夫四房派

傳鋪長子名家總生道光庚戌年十一月十八日午時
往臺死歿
傳鋪次子名家哆生咸豐乙卯年七月十五日辰時
往臺死歿
傳鋪三子名家良繼出以上兄弟俱往臺
傳垻之子名家閱字則國生同治乙丑年四月初七
日卯時在外未詳
幼娶廖氏省娘生光緒癸未年十一月十七日辰時爲配何
人未詳
傳御子名家法生卒未詳
傳渺長子名家樹生咸豐辛亥年十二月三十日辰時
卒光緒丙申年八月廿三日子時
傳渺次子名家扞生咸豐丙辰年二月廿一日酉時卒

年　　娶廖氏未娘生
咸豐元年辛亥九月十二日亥時卒
傳低次子名家女生同治壬戌年十一月初十日寅時
卒光緒庚寅年八月廿一日寅時
傳戲之子名家恩生咸豐庚申年八月十五日巳時卒
年　月　日
傳俟長子名家音生未詳卒光緒庚寅年二月廿六日
丑時
傳俟次子名家察生在番邦卒未詳
傳旺之子名家我生同治己巳年吉月吉日吉時贅在
湖頭卒失攷
傳步長子名家雁生光緒丁丑年十二月十九日午時
在外卒未詳

傳步次子名家蕋兼承傳哭生光緒辛巳年三月廿八日
寅時

傳嚴長子名家佞字用濟號　生咸豐庚申年八月十
五日巳時卒民國丙寅年五月初八日辰時
娶廖邑娘生同治戊辰
年三月廿五日申時卒　年九月初九日　時
葬
子三　金鳳　希篤　希意出繼嗹

傳足長子名家風字雨濟號　生咸豐庚申年正
月十一日亥時卒民國戊午年六月廿四日卯時
娶廖氏悻娘生同治
甲子年五月十二日辰時卒民國辛未年十一月初

八日亥時

子三　希持　希佳　希雄　女二

傳足次子名家劉字采濟號　生同治壬戌年

九月初九日未時卒光緒丁未年十月廿七日子時

娶廖氏甲娘生同治

乙丑年又五月初五日未時卒光緒己亥年五月

廿五日未時

子一　希唫　女一

傳足三子名家綵字衣濟號　生同治乙丑年八

月初九日寅時卒民國壬申年正月廿二日卯時

娶劉氏点娘生同治十一年壬申九月初九日卯

時

子五　悃殤　希先又名掛　希紋出繼　希貢　希再　希梓闌出繼

傳足四子名家畽字町濟號　生同治戊辰年五月
廿三日酉時卒宣統庚戌年十二月初二日申時
娶余氏蕩娘生光緒丙
子年十一月十三日吉時卒光緒庚子年八月初
三日午時
又娶葉氏不娘生光緒十年甲申十月十一日巳
時
子嗣一　希紋
傳足五子名家圖字則良祿號源壽生光緒乙亥年
九月初十日亥時
娶室林氏笑娘生光緒七年辛巳五月初五日午
時
翁為人忠直純樸勤儉經營妣和順柔婉宗族咸

稱丙寅年自建中美居全座坐甲庚兼卯酉

子五　希侯　希巖出洋　希屋　希酉

希添　女

傳足六子名家鏌繼傳恭

傳足七子名丙丁甦　生光緒庚辰年七月廿四

日巳時在洋失船而卒光緒甲辰年七月廿七日午

時娶陳氏寬娘改適

以承子三　希貢綵之子以承　希蕆周之次子以承　希雄鳳之三子以承

傳沁嗣子名家嗹生同治乙丑年六月十三日戌時卒

在南洋宣統三年三月廿八日午時

娶李氏傳娘生光緒戊寅年二月初十日丑時卒

民國己未年七月廿三日申時

子二　希意承繼　希巷

傳趨長子名家棟號　　生同治戊辰年二月廿八日
未時在巨卒

傳趨次子名家柚字則旋號元金生同治辛未年十
二月十三日申時被水飄流卒光緒己亥年四月廿
五日申時葬在本處內堪坐乙辛兼卯酉
娶廖氏施娘改節
子嗣半　　希旁

傳趨三子名家軟號元成生同治甲戌年正月十二日
未時在南洋卒光緒甲辰年八月十五日吉時
娶蘇氏改節
子一　　希勸

傳趨四子名家能字則通號元明生光緒丙子年九月

十八日亥時卒民國戊午年十一月初五日巳時

娶陳氏唖娘生光

緒丁丑年正月十一日辰時卒民國乙卯年六月十

七日寅時

子一　希旁半承家抽

傳恭繼子名家饌字則盛號元南生光緒戊寅年四

月初一日辰時卒光緒乙巳年十二月廿一日巳時

娶葉氏未笄而公歿

子一　希評

傳訪之子名家安字則　生光緒甲申年二月廿七

日丑時娶李氏粟娘生光緒己丑年十一月二十日

丑時

子一　希盛

傳訪前人子名家榜生光緒戊寅年八月初九日午時

卒光緒癸巳年七月十九日午時

傳廷長子名家共生同治癸亥年十一月廿八日寅時殤

傳廷次子名家闡魏足兵生同治丁卯年十月初九

日午時卒民國丙寅年四月廿二日辰時

娶唐氏循娘生光緒十一年乙酉十月初八日申時

子二　希友

希梓承繼

傳花之子名家彎生同治癸亥年三月廿一日巳時在

外洋卒

娶室林氏冷娘生於光緒丁丑年六月初一日巳時

子二　希蜘

希

傳譜三子名家聽字則 生咸豐辛酉年十一月廿三

日丑時

娶劉氏尾娘生同治乙丑年六月十二日申時在洋卒

民國 年

子二 山珍 丁財

傳汝嗣子名家萬生咸豐丁巳年五月初十日巳時卒光

緒辛卯年八月三十日辰時

子嗣半 希劍旦之子汝承

傳汝丙承子名家然生叙在外

傳汝丙承三子名家睡叙在外

傳硯子名家旦字星濟生同治乙丑年二月十五日未

時卒民國己未年十二月十七日戌時

三傳次子名水梨兼承傳讀生光緒庚辰年九月廿
九日辰時外出未詳
娶謝氏极娘改節

連朝長子名家暉兼承傳汝生同治甲戌年四月初
八日酉時在外未詳
娶李氏春娘生於光緒十年甲申五月廿一日申
時

子一　有福

傳仍長子名家艮貌　生咸豐甲寅年七月初四
日巳時卒民國甲子年八月初八日午時
娶室李氏進娘生於同治乙丑年九月初二日酉
時

子一　希揚

傳仍次子名家柑繼傳口

傳仍三子名家錫兼承傳幼生同治甲戌年八月廿

二日時卒在南洋光緒丙申年六月初五日吉時

双承孫一　財源係揚次子双承

傳口長子名家蔣生失攷卒　年四月廿七卯時

號

傳口繼次子家柑號　生咸豐庚申年八月廿九日子

時在南洋卒

双承孫一　青山係揚長子双承

傳幼双承子名家錫生欽在內

傳灘長子名家治生咸豐甲寅年九月十一日酉時卒

光緒乙未年十月廿三日吉時號明濟葬在恵

娶廖氏揲娘生咸豐己未年七月廿二日巳時卒民
國辛酉年六月初三日辰時
子二　生水　牙英承繼
禮灘次子名家霸號　生咸豐戊午年三月初三
日午時
娶李氏成娘生同治丁卯年二月十五日卯時卒
民國戊午年七月廿五日戌時
子四　希炳　希論　牙英出半　希舞　女二
傳瀨之子名家亮生同治癸酉年九月十八日辰時
兼承傳任贅在上坑坝頭
傳立長子名家項生道光己酉年三月廿八日吉時卒
同治壬申年五月廿五日戌時
双承子二　良水　水雲

傳立次子名家正字心濟生咸豐甲寅年七月初七日
未時在南洋卒
娶唐氏不娘生咸豐丁巳年八月十七日寅時卒在
外洋
子二　良水　水雲俱半承家頃
傳揔之子名家外甥　兼承傳奕生光緒丁丑年
十二月初八日巳時卒　年十二月二十日
時奕　娶陳氏軟娘出
傳饗養子名家覺兼承傳留生　年　月
時在南洋卒
嗣子半　布鑠係承百三子承
傳添長子名家番鸞出免書

傳添次子名家分號明山生咸豐己未年四月二十
日丑時卒光緒壬午年十月十九日酉時
娶廖氏改節
子一　希固半承家簿
傳添三子名家簿號　生同治癸亥年二月初二日
寅時卒民國庚申年十一月初四日午時
子嗣半　希固
傳義長子名家愛字則尊號　生咸豐辛亥年九
月十六日巳時卒宣統辛亥年十月廿八日丑時
娶室李氏喇娘生咸豐九年己未九月廿八日巳
時
子四　希泮　希漳半承家簡　希渊半承家動　希儆
傳義次子名家簡字則提號　生同治甲子年十

月十七日巳時在外洋卒
娶柯氏玉娘生同治己巳年十月十七日辰時卒光
緒丁亥年二月廿一日申時殁維來葬
子嗣半　希漳
傳義三子名家動字則靜生同治丁卯年二月十三日
酉時卒　年七月廿七日未時
娶廖氏閏娘改適
子嗣半　希淵
傳妍長子名家漂生道光戊戌年又四月十九日亥時
卒在上府
娶謝氏滂娘生道光乙巳年三月十六日午時卒光
緒癸未年正月十九日酉時葬沙邑宝山寨公山乙辛
卯酉　子三　希銓　希新　希帀

傳妍次子名家榜生咸豐丙辰年六月十九日巳時在
上府卒佚
娶劉氏蜂娘生光緒己卯年十月十三日申時在上
府未詳
嗣子一　希泉
傳歡長子名家霍甦　生道光戊申年二月初三
日申時卒民國癸丑年十二月十三日
娶李氏香娘生咸豐戊午年十月十三日申時卒民
國辛未年十一月初六日卯時
子四　泉生　進長　希宝半承家壁　希墻　女二
傳歡次子名家覚　生咸豐辛亥年正月初一日卯時卒
年五月初七日巳時
娶劉氏認娘生咸豐己未年十二月廿九日酉時卒

民國已巳年九月十二日卯時
子三　希奇天　希寅　希麥半承家魫
傳篠子名家魫號　生咸豐丙辰年二月初五未
時卒在廈門　年正月廿一日
子嗣半　希麥
吉創之子名家敞生光緒丙子年十二月廿八日卯時
在南洋卒
傳鑫之子名家久號　生咸豐丁巳年四月初七
日子時卒民國乙卯年十一月廿四　時
娶陳氏井娘生同治丙
寅年十月十二日午時卒　年二月初八日
時

子五　希俊(天)　火炎　希明　開水　春燕(出繼)

傳頻之子名家熊生同治己巳年五月初一日午時卒光緒丙申年

傳類之子名振法生同治甲子年七月廿九日未時字則

子嗣一　春燕

傳挺長子名家待生咸豐乙卯年六月十八日未時在外洋卒　年十月初十日

娶鄭氏楓娘生同治戊辰年四月廿二日未時卒光緒　年　月

子二　興隆　希陸(半承家邊)

傳挺次子名家堅生咸豐丁巳年九月十九日酉時在

工府卒

子嗣半　希宝係權子兼承

傳益長子名家要繼傳湖

傳益次子名家迭字則欣生同治辛未年九月十二日戌時

娶葉氏厥娘生光緒辛巳年五月十六日巳時卒光緒丁未年五月十八日辰時

傳益三子名家窓字則臨生同治癸酉年十月廿八日午時

娶朱氏軟娘生光緒乙酉年十二月廿七日寅時卒民國戊辰年五月十七日丑時

子四　希思　希堯兼承家福　希籃　希黨

傳益五子名家福字則春生光緒壬午年四月廿九日
丑時號　在外洋卒
子嗣半　希堯
傳湖嗣長子名家邊號　生同治壬戌年又八月
初七日酉時在外洋卒
子嗣半　希陸
傳湖嗣次子名家要字則會號　生同治戊辰年
八月初六日丑時卒在南洋
娶葉氏井娘生光緒丙子年九月廿七日卯時卒在
南洋　年十月初十日午時
子二　霜雪　自然
傳株養子名家潭字敷禮號　生道光己酉年四
月初十日午時卒民國癸丑年正月十四日子時

娶室林氏溜娘生咸豐庚申年十一月初二日申時
公葬本处冷水坑坐癸丁兼子午
子三　希轉　希賞出繼李法為孫　希器　女四
傳株次子名家坑字源禮生咸豐辛酉年九月廿九
日卯時卒民國丙寅年十二月十二日午時
娶李氏位娘生同治乙丑年九月廿六日子時卒
民國甲寅年正月廿八日午時
子三　希用養　希判出繼傳所為孫　希秤　女一
傳謹次子名家部生咸豐癸丑年十月十七日卯時
字則　未詳在外行
子嗣一　希鄉
傳所子名家水生佚早殀
傳乘之子名家部兼承傳謹生咸豐癸丑年十月

十月十七日卯時卒民國乙卯年八月初七日未時
葬在
子嗣一　希聊係根次子繼
傳王之子名家新生同治辛未年　月　日　時
在外洋卒
傳於之子名家聘字珍濟生道光丁未年十月十五
日寅時在草洋卒失攷
双承子二　希是　希掣
傳濡長子名家粘號生道光乙巳年三月廿九日
丑時卒光緒甲午年正月十三日未時
娶廖氏招娘夫又娶
江氏兮娘夫又娶廖氏着娘生道光壬寅年十二
月十五日寅時卒

傳濡次子名家見生道光己酉年十一月廿八日子時
卒光緒癸巳年十一月廿二日丑時

傳爺長子名家尚魏　　生道光己酉年七月十四
日未時卒光緒戊戌年十二月廿一日巳時
娶陳氏蠷娘生咸豐壬子年三月廿七日吉時卒
年　月
子二　希攺　希潔半承流

傳爺次子名家流生咸豐乙卯年正月初一日寅時
卒光緒戊寅年十一月廿三日丑時
子嗣半　希吉

傳謳長子名家卜生道光庚子年十二月十四日子時
卒吉年十二月十八日吉時

娶吳氏改適

傳謳次子名家弄生咸豐辛亥年七月十九日巳時卒

光緒戊子年七月廿七日寅時

娶林氏改節

傳謳三子名家高號寔生公生咸豐己未年十二月廿

九日卯時卒光緒癸巳年八月初三日巳時

娶廖氏棠娘改節

傳謳四子名家酹號　　生同治甲子年十一月十八

日卯時卒在外

娶吳氏牽娘生光緒戊寅年十一月十九日辰時卒

在外洋

子一　會春

傳濯長子名家頻字密濟生咸豐癸丑年四月初四

午時卒光緒己亥年二月廿七日未時
娶廖氏亨娘甥克順生咸豐辛酉年五月廿二日寅
時卒光緒辛卯年六月十七日亥時
又娶廖晏娘生咸豐庚申年十一月十五日酉時
繼傳柄
子四　希琴　希堯　蟬前廖出夫　希知后廖出　女一
傳濯次子名家掟甥寔赫生咸豐己未年五月初二
日申時卒光緒庚辰年十一月廿九日午時
娶室廖氏眈娘生於同治壬申年九月初八日辰
時
子二　希真出半　希余夭　女四
傳濯養子名家賔生道光己酉年五月廿九日亥時
卒民國己巳年十月初五日子時

子嗣半　希真

傳濯四子名家教號寔情生同治七年七月初六日未時卒光緒丙子年七月十二日辰時葬在本處土名牛角壠坐乙辛兼辰戌

傳柄承長子名家高生叙在內

傳柄承次子名家頗生叙在內

子四　內詳

傳闞長子名家漱號興鋪生道光癸卯年三月初一晝時卒光緒乙亥年六月廿三日戌時

双承子　光明

傳闞次子名家談號興志生道光丙午年三月初八日午時卒　年正月十四日

娶李氏郡娘生同治癸亥年二月初十日卯時卒

年十二月初十日

子一　希應出半

傳闕三子名家祿繼傳活

傳闕四子名家蟳繼傳活

傳闕六子名家休號興嘉生同治癸亥年十二月初

一日戌時卒宣統己酉年五月十一日未時

娶鄭氏卯娘生同治

丙寅年九月初七日酉時

子二　光明半承家溦　希裕半承家柿

傳闕七子名家琶號興琵生同治丁卯年五月初三

日午時卒光緒丙戌年十二月初八日辰時

权承子　希應係孫子承

傳闕八子名家柿生同治庚午年十月十三日寅時

號興茂卒　年七月初四日
子嗣半　希裕
傳厥女生咸豐丁巳年九月廿三日申時卒未詳
傳湉繼長子名家禄號興壽生道光戊申年六月初
九日未時卒光緒乙未年八月初五日巳時
嗣子一　希云
傳湉次子名家蟳生咸豐庚申年九月初八日未時號
興江卒民國庚午年十二月初七日未時
娶王氏蝶娘生同治癸
酉年九月初十日寅時卒　年十月初五
日亥時葬在本處雞心石坐
子四　引生　希云出繼　希教　希佔
傳勺繼長子名家瑶生道光庚子年十二月初一日吉

時卒民國丙寅年十二月初七日巳時
娶陳氏萬娘生道光丁未年四月初三日酉時卒民
國甲子年三月
子五　希魁　希竹　希高　希帝　水能篆　女四
傳勺繼次子名家舉號　生道光丁未年十月廿
七日吉時卒　年九月廿二日未時
娶裴氏羔娘改節
傳業長次子名家揖蛏俱夭
傳業三子名家雜生同治丁卯年十月初九日卯時
在番邦卒吉年四月廿四日吉時
傳干長子名家禘生咸豐丙辰年四月初五日卯時
在外洋卒

傳千次子名家豆兼承忠芳生咸豐己未年八月十八日卯時卒　年五月廿六日

娶朱氏浮娘生　年　月　日　時卒　年　月

子三　鴻葵行次失考祀別支　東坡　潘安出繼

傳千三子名家肥生同治壬戌年十月十三日子時殀

傳千四子名家法殀

傳千五子名家務蹏　生同治壬申年十一月十四日卯時在外卒失考

傳謂之子名家冬生道光丁未年八月十六日卯時卒失考

傳性之子名家元生咸豐庚申年九月初六日子時在上府浮口未詳

傳銚長子名家本兼承傳趨傳猴生光緒丙子年
三月初一日申時在外洋卒民國戊午年二月
娶胡氏冬娘生光緒己丑年八月初八
日辰時
子　希買（半承家不）　玉鄰　水能
傳銚次子名家污生光緒己卯年十月廿一日申時在
外洋卒民國
三承子
傳銚三子名家不生光緒丙戌年五月初三日巳時卒
民國甲寅年八月十五日酉時
子嗣半　希買
傳懷之子名家悔生卒佚　娶　氏
以上侯佩之派

傳亥長子名家福生咸豐戊午年六月十七日午時殤

傳亥次子名家海生同治癸亥年二月初二日辰時殤

傳駮之子名顏冷生光緒辛卯年五月初一日午時未詳

以上侯周之派

傳串嗣長子名家逆生咸豐丁巳年十一月初十日未時卒光緒甲申年正月初三日子時

娶唐氏改適

傳串次子名家絨字則纓生同治丙寅年八月初一日巳時卒民國丁卯年十二月十三日

娶李氏鍊娘生同治己巳年十二月十二日未時卒光緒丁酉年七月十五日巳時

子二　希興夭　希烈　女一

傳魠養子名家相生同治乙丑年四月十八日戌時在

外卒

娶吳氏示娘政節

子一　希坦　女一

傳戩長子名家喃字則新生同治壬戌年正月二十

日巳時

元配廖氏倩娘生同治庚午年十月初八日申時卒

光緒乙酉年六月廿七日寅時

又娶余氏論娘生同治戊辰年七月十五日巳時

卒光緒癸巳年七月廿三日戌時

三娶廖氏桼娘生同治辛未年　月　日　時卒

光緒乙巳年正月廿六日巳時

子一　江水

傳栽次子名家拈字則春號　生同治丁卯年正
月十二日辰時在外卒民國辛酉年十一月十二日
丑時
娶吳氏珠娘生光緒丙子年三月廿三日酉時卒
宣統辛亥年十一月初四日寅時

子四　希肇　希泰　頂上　希體

傳栽三子名家能字則才生同治癸酉年十月廿六
日寅時卒　年三月十四日申時
娶朱氏完娘　生光緒丙
子年九月廿五日亥時卒光緒丁未年正月初四
日申時

子一　添水

傳裁四女名楚娘生光緒己卯年七月廿七日卯時

卒光緒壬辰年九月廿七日未時

傳倧子名家年生娶及子誌在支圖子一　希居

傳招長子名家峇兼承傳婆生光緒丙戌年六月廿

七日子時

娶李氏英娘生於光緒十七年辛卯二月三十日

申時

子三　刋來養　紳士　紳壬

傳猷長子名家檈字則育號　生光緒乙亥年

五月初四日戌時被水漂流卒光緒己亥年五月

初四日戌時葬李山水留池　娶李氏兮娘改適

子嗣半　振益

傳猷次子名家艳號同龍生光緒戊寅年十月廿七

寅時卒光緒癸巳年三月初五日未時葬在大林后
磨石坑丙壬巳亥
傳猷三子名家良七歲殤
傳猷四子名家瑞改名吉生光緒癸巳年七月初一
日子時
娶廖氏西娘生光緒廿一年乙未十二月十三日
未時
子二　振益出半　振丁
傳猷五子名家堅字則　生光緒甲辰年正月廿
一日巳時卒民國丙寅年八月十三日午時
娶詹氏改節
子一　通明
傳舜子名家乞號　生光緒壬午年五月廿五日午

時被水漂流而卒光緒己亥年五月初四日戌時

娶李氏早娘未笄而出

傳暖養子名家柹生光緒己丑年十一月二十日戌

時字則

娶廖氏求娘生光緒癸巳年正月初五日辰時卒

民國丁卯年十二月初八日辰時

子四　旺梨　希山　有利　希時

傳久長子名家湾字則　生光緒己丑年四月二十

日寅時

娶廖氏位娘生光緒廿六年庚子八月十七日丑

時

子一　希莊

傳久次子名家郁兼承傳帕字則　生光緒丙申五
月廿八日申時
娶廖氏毯娘生於光緒癸卯年十一月初六日卯
時
子一　新安出承家咪

傳久三子名家常兼承傳鍊字則　生光緒丁未
年十月十三日寅時
娶室官氏親娘生民國二年癸丑二月初四日巳
時

傳呑長子名漢水號　生光緒癸巳年十一月廿
二日酉時卒　年十月廿七日子時

傳岳次子名源美字則　生光緒丙申年十月十一
日申時娶廖論娘生光緒戊申年七月廿二日丑時
子二　希玉　振成出半
傳岳三子名家丹魏　生光緒庚子年二月廿三
日未時卒民國戊辰年二月廿二日未時
子嗣半　振成
傳岳四子名家力字則　生光緒癸卯年九月初七
日子時
娶　氏
子一　希才
傳岳五子名家喜字則　生光緒丙午年七月廿九

申時

傳岳六子名再添生民國癸丑年六月初六日寅時

字則

傳錬之子名家味生光緒己亥年四月初三巳時

卒民國戊辰年二月廿九日辰時

子嗣半　新安

傳六之子名家八字　生民國壬子年七月十一

日巳時

容禮長子名家旺字則　生光緒丁酉年四月初四

日巳時

娶廖氏廿娘生光緒戊戌年九月十五日丑時卒民國
辛未年九月三十日酉時
又娶余氏妹娘生於光緒丁未年十一月廿一日
卯時
子三　希杉　希枹抱養
傳辣長子名家華字則榮生光緒辛丑年九月廿八
日辰時
娶李氏蓮娘生光緒三十四年戊申二月初九日
辰時
子一　孔雀
傳辣次子名銀來字則玉生光緒丁未年二月初一日
寅時娶楊氏酉娘生民國壬子年十一月廿二日
酉時

傳辣三子名家根字則生生民國甲寅年三月二十日亥時

傳論長子名家箒字則　生民國癸丑年八月初六日戌時

傳論次子名家頒字則　生民國庚申年五月初十日丑時

傳乙長子名家樟字則文生光緒乙未年八月十九日子時

娶室李氏喜娘生於光緒丙申年九月廿五日巳

時

子一　　希蓋半承西川

傳乚次子名家發字則　生光緒戊戌年正月十八

日戌時在外卒民國乙卯年十二月三十日

傳乚三子名有田字則諸兼承跟究生光緒庚子年

八月廿六日辰時

娶陳氏梓娘生光緒三十四年戊申正月廿六日丑

時

傳乚四子名西川號　　生光緒甲辰年正月廿九

日戌時卒民國壬戌年十一月十三日未時

子嗣半　希蓋

傳富之子名家珍字則藏生光緒癸卯年二月十九
日巳時娶李氏肯娘生光緒癸卯年五月十四日申
時
子四　戊巳　双禀　兜茶　閃過

傳粒之子名家瓦　生光緒己亥年九月廿四日
丑時在外洋卒民國己巳年七月廿九日子時

傳勤長子名家隱字則　生宣統己酉年九月初五
日子時娶廖氏柀娘生宣統辛亥年五月初六日
巳時

傳勤次子名再求兼承傳粒生民國丙辰年六月廿
四日巳時
娶室廖氏先娘生民國九年庚申九月廿三日巳

時

傳勤三子名再來字　生民國己未年十二月廿

三日未時

傳勤女名成娘生民國壬子年四月初五日寅時卒

民國己巳年六月十二日酉時

傳邊長子名信興兼承傳桂生民國己未年八月廿五

日子時幼娶陳氏是娘生民國乙卯年二月十九日

申時

傳邊次子名家麗兼承傳丹生民國乙丑年正月十

四日寅時

傳邊三子名家衍兼承傳蓼生民國丁卯年四月廿
九日未時

傳茲之子名家記字　生民國丙辰年七月

傳丙之子名家秋字則冬生光緒辛巳年七月初九
日未時
娶李氏早出
子一　金水出半

傳贊長子名家有號　生光緒丁亥年三月廿七日
巳時卒　年五月初九日午時
娶李氏庚娘改適
嗣子半　金水

傳贊次子名家石生光緒乙未年正月初八日未時殤

傳贊三子名家溪生光緒癸卯年　月　日　時卒

民國己巳年

傳慨然長子名連奕字則書生光緒己亥年七月初

七日未時

元配盧氏志娘生光緒壬寅年未笄而歿

又娶葉氏楚娘生光緒三十年甲辰正月初五日

丑時

子一　陰海

慨然次子名田蕪字則民生光緒壬寅年三月廿三

日未時娶廖氏于娘生光緒三十二年丙午六月初

子一　治國半承家漢

春國長子名和忠生光緒甲午年八月初七日寅時
殤

傳九長子名家北字則艮生光緒乙亥年二月十八日
寅時

娶王氏語娘生光緒庚辰年四月十七日未時卒光
緒辛丑年二月廿三日卯時

又娶李氏送娘生光緒丙子年五月十二日亥時卒
光緒丁未年七月十一日亥時

子二　希比　希池半承家粮

傳九次子名家日字則金生光緒乙酉年九月廿五
日戌時

娶李氏桂娘生光緒甲午年九月廿一日寅時殤

又娶唐氏好娘生光緒戊子年八月廿二日午時

子二　坑泉出半　金榜

傳九三子名家粮號　生光緒己丑年二月初

三日寅時在外洋卒

仪承子二　希池　坑泉

連只之子名家情字則　生光緒庚子年二月廿五

日亥時

娶廖氏篤娘生光緒乙巳年五月初三日辰時

卒民國己巳年五月廿八日未時

子一　希雷

輔世長子名家香號　生光緒己丑年八月廿一日未

時卒民國己未年五月初五日戌時

娶廖氏倪娘生光緒庚子年　月　時卒民
國壬戌年八月十八日辰時

輔世次子名家灼生光緒丙申年二月廿二日寅時
殤

輔世三子名家午生光緒庚子年四月初一日丑時
娶朱氏石娘生光緒丙午年　月　日　時卒民
國甲子年八月十六日辰時
子養丰　登山係龍居林家來

西姑之子名家皮號　生光緒庚寅年九月初三日
午時卒民國丙寅年十二月十六日辰時
娶廖氏盾娘改節　子養一　金枝

傳貌之子名家月半承廖家煙祀生光緒壬寅年十

一月初一日寅時娶王氏完娘生光緒丁未年九月十四日酉時

玉樹之子名家理字則生光緒辛卯年正月十一日寅時

雙全長子名家詒字則　生光緒辛卯年十月十六日亥時

娶廖氏員娘生光緒廿二年丙申八月十二日戌時

子六　金春　春風出繼家交　春火　春誠

孟子　六國

雙全次子名家蛟號　生光緒戊戌年八月初二日

寅時卒民國己未年十月廿一日卯時
嗣子二　春風　敬年雙承
雙全三子名家福字則　生光緒癸卯年四月廿四
日寅時娶余氏錬娘　生光緒戊申年四月廿六日
丑時
子一　敬年出半
閒興嗣子名家撿字則　生光緒乙未年十月初二
日寅時
娶室朱氏政娘　生光緒廿五年己亥七月初四日戌
時
子一　清客
傳薦長子名家總秉承傳潘　生光緒乙巳年四月二十
日卯時配周氏光娘生光緒丙午年正月初六日寅

時

傳荐次子名家扁生宣統庚戌年三月十六日辰時

卒民國十五年九月十六日辰時

傳媸長子名家升生光緒辛巳年六月廿六日巳時在

外未詳

娶廖氏糠娘生光緒己丑年八月廿六日子時未

笄而歿

傳媸次子名家佛生光緒甲申年十月廿九日巳時在

外卒　四月

傳媸三子名家垂生光緒壬辰年六月十一日酉時

在外未詳

禮城之孫名家昇生光緒癸巳年十月十五日巳時

未詳

傳亘長子名鴻葵生光緒丙戌年八月廿九日未時

娶楊氏覲娘生光緒癸巳年八月廿一日子時卒民

國已未年十二月初二日子時

子二　文明彔　連福彔

傳亘次子名東坡生光緒己丑年十二月初六日巳時

娶李氏八娘生光緒戊戌年十月十五日寅時卒

民國

又娶廖氏楫娘生

子一　結來

傳豆三子名潘安字則　生光緒庚子年三月廿五日

戌時娶李氏桃娘生光緒乙巳年十一月廿七日酉

時

子一　露水

傳降長子名家雪改名再生殘　生光緒乙未年四月初

九日申時卒民國丁巳年七月十二日

娶廖氏淡娘生光緒丁酉年

八月初三日酉時

子

傳降次子名德發殘　生光緒庚子年十月十三日

申時卒民國乙卯年六月初四日吉時

傳降

傳藻之子名家臭字則　生民國丙寅年八月初二日子時

傳權之子名家衷字則　生光緒庚子年十一月廿三日卯時娶李氏錢娘　生宣統庚戌年十一月廿三日卯時

傳眼長子名家春兼承傳猪　生光緒乙巳年十月初

二日酉時娶李氏摺娘生宣統辛亥年十二月廿六
日酉時
子一
傳眼次子名採地生光緒丁未年十一月廿三日寅時
娶廖氏樂娘生民國二年癸丑七月十四日辰時
朝吉之子名家楓字則　生民國丙辰年　月
日　時
委鮑抱養子名建成生民國甲寅年十二月初五日
寅時

得已養子名家炮生民國丁卯年十二月初八日未時

傳愚長子名家柳生光緒甲午年十一月十五日寅

時外出未詳

傳愚次子名春宣號　生　年　月

時卒

娶廖氏改節

子一　顔良

傳愚三子名善書生　年　月　時卒

年　月

傳愚四子名再發生

傳通之子名

傳詞養子名家準字則繩生咸豐癸丑年五月十三日酉
時卒
娶李氏綢娘生同治元年壬戌十二月十三日申時
卒
子三　麗水　泮水繼傳埕為孫　清水

傳廟繼子名家閒生叙在內

傳善長子名秋來生道光丙午年八月十六日未時卒在苦竹頭未詳

娶楊氏快娘生咸豐辛亥年六月廿九日卯時卒失攷

傳善次子名家桃生道光戊申年十月初五日辰時在廈門卒同治癸亥年八月十九日酉時

傳蹈長子名忠和生咸豐乙卯年五月廿二日丑時卒同治己巳年三月十九日未時

傳蹈次子名朝根生咸豐甲寅年十二月十二日酉時卒光緒丁亥年十二月初六日未時

娶胡氏寬娘生同治癸亥年十一月十三日丑時卒
民國甲寅年二月十六日
子三　麒麟　希卿繼三房家卿　土獺　女四
傳志子名家抵生咸豐庚申年七月廿二日亥時卒在
虎肚
傳鬬子名家良生咸豐庚申年五月初三日午時殤
以上菜園
奇峰長房時澄之派
奇峰公三房時穆公派
傳念之子名家饒字則裕生咸豐戊午年六月廿九
日卯時
娶李氏唻娘生同治己巳年五月初五日卯時卒光緒
甲午七月廿七日寅時

子養半　希因係承唐家養半
傳念次子名家媚號金於生咸豐庚申年七月廿六日
辰時卒光緒戊子年十一月廿五日丑時葬在本處仙
踏石腳坐坤艮兼未丑

丕省嗣子名家捧字則玉生同治乙丑年二月十三日
亥時在寔叻卒佚
娶唐氏月娘生光緒丙子年十一月初二日子時在外
卒光緒己亥年十二月十五日申時
子一　明風
丕省次子名家獅字則　生同治戊辰年十月初二
日戌時
娶室唐氏禁娘生於光緒癸未年八月廿五日戌時

子一　金沙

傳措丙承子名家辣生同治庚午年十二月廿七日戌時在南洋卒民國丁卯年十月初一日卯時

娶李氏桂娘生光緒十一年乙酉正月初八日卯時

子一　懷山

傳低嗣子名家庵字則良生同治丙寅年二月初三日酉時

娶室林氏見娘生光緒八年壬午六月十二日酉時

子二　潤澤　順氣半承家井

傳堅丙承子名家井生光緒辛巳年十月十六日酉

時

嗣子半　順氣

傳撋之子名家豸生咸豐壬子年　月　日　時卒

失攷

傳昂双承子名家鶩生庚誌外

傳澳之子名家鎗生同治甲子年八月十二日申時

在外洋卒民國丙辰年六月初三日午時

娶室林氏等娘生光緒丙子年八月初一日巳時卒民國

戊辰年十一月十四日子時

元配吳氏惜娘

子四　聯對　朝枝　春發　能角

傳聰之子名家行生咸豐丙辰年十一月初七日子時卒失攷

傳彭長子名新盛生咸豐庚申年九月十六日辰時

天

傳彭次子名家田字則　生同治己巳年二月初一日

亥時

娶鄭氏仁娘　生光緒丙子年九月初一日午時　卒

光緒己亥年三月初五日吉時

子嗣半　希東

傳彭三子名家鶯號　生同治癸酉年九月十七

日寅時兼承傳昂卒民國戊辰年七月廿四日寅時

娶王氏唖娘　生光緒壬午年四月十九日寅時

子三　希東舉　希建　希勇

傳闖長子名家燧　生咸豐戊午年六月初五日酉時

卒失攷

傳闊次子名家仁繼礼廩

傳倧長子名家控生咸豐癸丑年四月十五日申時

往臺失攷

傳倧次子名家峯繼出

鳳儀長子名家曲生卒失攷

鳳儀次子名家吖生咸豐辛亥年八月十六日申時卒

咸豐己未年七月十六日未時

鳳儀三子名家孔生咸豐庚申年八月初六日申時

在臺未詳

萬年之子名家高生咸豐辛亥年九月廿六日未時

號　與妻仝葬在赤竹崙頂坋田申丙壬午子

公卒民國癸亥年二月廿三日未時

娶鄭氏送娘生同治　年　月　日　時卒民

國癸亥年二月廿三日未時興公仝穴

十一　希談係九福未內承

傳喃長子名家草生咸豐丙辰年四月十一日酉時殀

傳喃次子名家吟生同治甲子年十一月吉日吉時

卒光緒庚辰年二月十四日吉時

傳蹄長子名家斤生咸豐戊午年九月廿七日戌時

未詳

傳蹄次子名家佀生同治丁卯年三月十三日巳時在

加隆坡卒

娶謝氏愛娘改適

子

傳蹄三子名家辣兼承傳措生同治庚午年十二月

廿七日戌時在占碑卒
娶李氏桂娘生
子一　懷山
傳跡四子名家井兼承傳堅生叙在內
子一　順氣
傳買長子名家榮生同治戊辰年十月十六日子時
外出未詳
傳買次子名家汝生同治辛未年五月廿二日卯時外
出未詳
新春長子名家老生民國丁巳年十二月初七日寅
時

傳彌嗣子名寶來字則玉生宣統己酉年十二月十三日巳時

傳錦嗣子名溪水字則安生宣統辛亥年九月十七日寅時

娶廖氏縣娘生民國丁巳年十月廿八日卯時

傳欉嗣子名財富生民國乙卯年四月十三日未時

傳譜長子名周清字則綉生宣統己酉年正月初一日寅時

娶廖氏軟娘生光緒丙午年十月廿三日午時

傳譜次子名再添字則　生民國庚申年二月廿三日巳時

山林之子名潤陳兼承傳盟生民國癸亥年十二月廿七日子時

水浪之子名家送字則　生光緒丁未年二月十三日巳時

傳沃長子名朝根生宣統庚戌年八月初三日未時

皆然之子名田泉兼承傳番生民國丙寅年七月十九日辰時

傳嗛之子名振寶生民國甲子年十一月初二日巳
時

傳申長子名家良字則　生光緒庚子年二月廿八日
寅時娶唐氏敏娘生光緒甲辰年十月初九日巳
時

子三　火性　桂德　天才

傳申次子名家通號　生光緒辛丑年八月十六日
卯時卒民國庚午年十二月十二日巳時
娶朱氏葱娘改適

子一　文事

傳截長子名瑞發字則祥生宣統己酉年九月初三

寅時忠勤正直而性純良
娶室陳氏做娘生宣統二年庚戌十一月十六日
酉時

傳截次子名永發字則　生民國戊午年十二月十
七日辰時娶陳氏註娘生民國戊午年四月初五
日酉時

傳截三子名朝發生民國壬戌年八月十六日午時

傳攷長子名水雲字則　生光緒丙申年八月初七
日巳時

傳鑌養子名家奎生光緒戊子年十月初九日戌
時在外洋卒

傳育長子名家育字則生兼承傳安生光緒丙午年
二月廿三日卯時
娶后宅葉氏次娘生光緒甲辰年七月十四日子
時
子一　火鉄

傳服次子名家橡生民國九年庚申十月初五日寅
時幼娶胡氏省娘生民國癸亥年七月初四日戌
時

傳服三子名端水生民國十四年乙丑七月廿二日酉
時

以上奇峰三房時穩公派

柏與公子東園公長應懷公派

傳談之長子名竹林祿號業茂生同治壬戌年五月初十日亥時娶李氏青娘生光緒壬午年六月廿四日申時在外洋卒宣統己酉年三月十六日酉時

嗣子一　希周

傳談次子名家科號　生同治乙丑年十月廿四日卯時卒光緒丙申年五月十九日辰時

嗣子半　希辰

傳談三子名家愚字則賢號　生同治戊辰年七月十五日丑時卒民國乙卯年三月廿二日寅時　葬

在
娶翰苑李氏賢娘生光緒丙子年八月初一日巳
時
子五　希章　希禮出繼　希固出繼　希獻　希良出華
傳談四子名家順號　兼承傳纓生光緒己亥年
四月廿四日酉時在外卒光緒己亥年二月初九日
亥時
娶唐氏　娘生光緒年間未笄而夭歿
嗣子一　希禮
傳秦叔承子名家逞生光緒癸巳年五月初九日辰時歿
傳忠長子名家業字則　生光緒癸未年正月廿二日
辰時

娶朱氏返娘生光緒十三年丁亥二月初九日酉時

子三　希旺　希兵　金水

傳忠次子名家民兼承傳三生光緒乙酉年十二月廿二日巳時

娶室楊氏懲娘生光緒廿一年乙未二月廿六日卯時

子二　賢法　添法

傳納長子名光炎生光緒癸巳年五月廿一日丑時殤

傳納双承子名家阿生娶來內敘

子一　全生

傳三之子名土狗字則　生光緒壬寅年十一月十六日丑時　娶朱氏蠷娘生光緒丁未年十一月初十

日卯時

傳漢長子名源河字則　生民國丁巳年六月初九日
未時娶朱氏冬娘生民國十年辛酉三月廿七日
酉時

傳漢次子名瑶池字則　生民國壬戌年十月初六
日未時

傳蕥長子名家美字則　生宣統庚戌年十月初六
日巳時

傳蕥次子名金全字則　生民國戊午年六月初三
日亥時

傳構之子名分珍字則　生光緒甲辰年七月十四
日亥時娶楊氏赤娘生光緒丁未年二月初十日
酉時
子一　木生
傳判養子名成珍生民國庚申年十二月初六日申時
傳劍之子名銀山生民國辛未年二月十一日丑時
傳樹之子名雨水號　生光緒丁亥年九月廿四
日辰時在外洋卒
娶陳氏臣娘未笄而出
傳樹次子名家赤生光緒

傳蠏長子名青玉改名水仙　生光緒甲午年十二月廿二
日未時
娶胡氏腰娘生光緒己亥年六月廿七日卯時卒民
國辛未年十月廿七日巳時

傳蠏次子名福成字則　生光緒癸卯年七月十六
日巳時娶廖氏玉英娘生宣統庚戌年正月十五日
辰時

傳蠏三子名緣泉兼承上科名生光緒戊申年九月
廿三日丑時娶葉氏揶娘生民國壬子年十一月廿
三日未時

傳蠏四子名清陳兼承傳鋃生民國甲寅年正月初七日亥時

傳鰻次子名家苑生

娶　氏

子

傳鰻次子名家意

傳鰍双承長子名家勇生光緒己亥年二月廿三日巳時娶葉氏笑娘生光緒廿五年己亥五月廿一日

辰時
子一　丙美
傳鰍次子名有四兼承傳寬生民國壬子年十月初
五日亥時娶廖氏梭娘生民國丁巳年二月十二
日辰時

傳蚼之子名水金生

正順之子名勤和生宣統己酉年九月十二日辰
時娶葉氏蔭娘生光緒丙午年四月十四日午
時

子一　萬成殤

傳棠之子名瑞昌字則　生宣統己酉年七月初三日亥時

傳棠次子名水福生民國己未年十月十二日辰時

傳默之子名三奇生光緒丙午年四月初十日午時

傳寬長子名家勇兼承傳鰍生娶內叙

子一　西美

傳寬双承次子名有四係鰍子承生叙在內

水晶之養子名金枝生民國辛未年八月初九日
戌時

傳朗継子名家團號　生光緒甲申年十二月廿
八日酉時在外洋卒
娶廖氏咩娘生
子二　希益　山河出継家愊

傳朗次子名萬水生光緒丙申年十月廿九日卯時
娶胡氏蓮娘生宣統辛亥年九月十七日午時
子一　希飛

傳丑丙承子名家楊生娶叔在外

子一　賜義

丕登長子名家泉字則淵生同治辛未年三月廿八日寅時卒民國辛酉年十月初十日卯時號亨澄

丕登次子名家曉字則明號　生同治癸酉年十二月初六日亥時在外洋卒

子嗣半　賜義

丕登三子名家楊又名坡字則全號亨謚兼承傳丑生光緒丁丑年四月十四日酉時卒民國壬戌年八月初十日卯時

娶林氏匆娘生　年　月　日　時卒民國壬戌年七月十五日酉時

子一　賜義出半

丕登四子名家資字則閏生光緒己卯年八月十八
日寅時在外卒民國戊午年　月　日　時葬
在居鑾公塚
丕登五子名水狗號　生光緒壬午年四月廿五
日寅時卒民國乙卯年十一月廿八日戌時
仅承子一　椰樹
丕登六子名家桐居改清涼字則逵生光緒丙戌年八月
初八日戌時
娶室廖氏醒娘生光緒甲午年正月十九日寅
時
子二　椰樹出半　文志
傳冊長子名家錐號　生同治庚午年正月初四
日酉時卒民國己未年五月廿三日卯時

娶廖氏炮娘生光緒乙亥年九月十八日子時卒

民國癸亥年八月廿七日酉時

子三 火丙 希雙 溥意

傳惇長子名家慶號 生同治辛未年十二月十

一日申時卒民國辛未年十一月三十日巳時

娶劉氏涼娘生光緒庚

辰年十一月廿一日卒民國己未年六月廿六日

巳時

子二 冉山 開芳半承春水 女子淺娘生卒失考

傳博次子名家檨字則 生同治甲戌年二月廿二日

巳時

娶廖氏雪娘生光緒十四年戊子 月 日

時

子一　希玉

傳博三子名家仕字則　生光緒丙子年七月廿三日戌時

娶廖氏軟娘生光緒乙酉年十一月十一日酉時卒宣統辛亥年六月初一日巳時

子一　瑞義

傳博四子名春水生光緒癸未年二月初四日亥時卒

娶楊氏改節

双承子二　閒芳　欣來　双承孫文友係希山之子承

傳博五子名家團繼傳朗

傳博六子名家邑號　生光緒庚寅年五月廿五日午時卒民國丙寅年十月

娶王氏盡娘生光緒　年　月　日　時卒

民國　年　月　日　時

子一　山河

傳博七子名同來生光緒壬辰年九月廿一日巳時

傳博八子名田水號　生光緒丙申年　月

時卒民國丁巳年正月廿五日

娶劉氏鱳娘生光緒廿三年丁酉七月初一日

午時

子一　斥來　半承　春水

媳娣劉氏賤娘生民國丙辰年四月十二日卯時

卒民國壬申年三月廿三日巳時

傳物之子名家椽生　年　月　日　時

卒於加陰坡光緒甲午年三月廿四日吉時

轉來長子名德水號　生光緒丙申年五月廿一

日酉時卒民國丙寅年三月十三日巳時

娶廖氏齊娘生光緒廿七年辛丑正月十三日丑

時

轉來贅次子名水嘉生光緒丙申年十月三十日

時卒民國辛未年六月廿九日酉時

轉來双承三子名開元生宣統己酉年六月十七日

戌時娶李氏篤娘生民國三年甲寅十二月十五

日丑時

傳賓養子名福元兼承家學生民國辛酉年十月廿一日辰時

娶鐘氏巧娘生民國庚申年十二月初一日申時

柏與子東園公三應瑞公派

傳晚長子名家仲字則冬生同治癸亥年六月十六日午時卒於南洋民國辛酉年三月十五日　時

娶溫泉唐氏截娘生同治壬申年五月廿六日丑時

子嗣一　　年春

傳祼之子名生枝　生光緒庚辰年二月初五日寅時娶室廖氏初娘生光緒辛卯年二月廿七日戌

時
子四　禍春　年春出繼　正春　甘泉
傳帽之子名家摸字　生同治丙寅年二月十一日
戌時　娶廖氏桂娘生光緒已卯年六月十八日丑
時公卒民國壬申年九月初十日申時妣卒戊辰年七月十五巳時
子一　希柱
傳咪之子名家永生光緒癸未年八月廿六日酉時
卒光緒乙巳年十月十六日　時
子嗣半　順意
傳咪次子名家智字則信兼承家行爲孫生光緒
乙酉年十一月廿五日申時
娶廖氏悻娘生光緒十七年辛卯三月十九丑
時

子三　火鍊半承祀全為四代孫　奢來　順意出半

傳昆長子名家真生光緒壬午年八月十二日酉時卒

傳昆次子名家合兼承傳山生光緒庚寅年五月初四日戌時卒民國丙辰年九月廿五日午時

傳太之子名家騎號　生光緒庚子年九月初六日吉時卒民國庚午年五月廿四日辰時

娶李氏伸娘生宣統己酉年

傳淄長子名家赫字則顯生同治辛未年九月十七日辰時

娶李氏易娘生光緒戊寅年二月廿九日未時卒
光緒丙午年八月廿一日酉時
又娶吳氏不娘生同治十年辛未十一月十四日
未時
子一　忠義　家改　半承
傳溜次子名秦宜字則弟號立生兼承傳閃生光緒
丙子年四月廿九日戌時卒民國丁卯年十月十三
日辰時
娶李氏金娘生光緒己卯年二月十五日午時卒民
國庚申年五月初六日午時
子一　四進　宙水　半承
傳溜三子名家澍兼承傳江生光緒辛巳年三月初
六日辰時卒民國己巳年正月初六日亥時

娶李氏鳳娘生光緒十二年丙戌五月廿七日申時

子二　希交　皆再 半承宙水

傳溜四子名家改號善生生光緒癸未年十一月廿九日丑時卒民國丙辰年四月廿八日子時

娶楊氏改適

双承子二　忠義　東春

傳溜五子名宙水號宇生生光緒丁亥年二月初十日午時卒民國壬子年二月廿二日申時

娶王氏改適

双承子三　四進　皆再　財登

傳溜六子名家同字則　生光緒己丑年七月十八日丑時

娶李氏絹娘生光緒二十年甲午四月十四日巳

時

子二　財登（半承宙水）　東春（兼承家畋）

傳蚕之子名家度兼承傳閔生光緒甲申年八月三

十日申時

娶余氏千娘出又娶廖氏豆娘生光緒　年　月

日　時

子二　希雨　連來

傳蚕次子名元芳（改名廷滄）秩　生光緒戊子年六月初

四日戌時卒民國癸亥年十月十九日午時

娶廖氏春娘生光緒廿二年丙申四月十三日卯

時

子三　福美　文明（半承鴻奭）　連福（半承鴻葵）

傳蚕三子名家仁字則　生光緒癸卯年正月初十日寅時娶葉氏盡娘生民國乙卯年六月廿三日寅時

傳閃叔承長子名秦宣生叙在内

子一　四進出半

傳閃叔承次子名家度生叙在内

子二　希雨　連來

傳栳長子名良水兼承傳閃生光緒庚寅年五月廿九日辰時

娶室廖氏寄娘生光緒乙酉年十一月廿九日未時

卒光緒丙午年十一月廿九日未時

又娶李氏蚶娘生光緒廿二年丙申二月廿一日
午時
子四　春生　益美　宗成　泉成　順利
傳栳次子名家資妹改名兼承傳閃生光緒癸巳年十
二月十四日卯時
娶廖氏先娘生光緒壬寅年二月廿二日子時
子二　生財　萬發
傳栳三子名肇來字　生光緒庚子年正月十三日
巳時娶蔡氏桂枝娘生宣統己酉年十月初五日
卯時
子一　在興
傳驕長子名家朝字　生光緒癸未年四月初五

日未時娶廖氏湏娘生光緒甲申年六月廿五日丑
時
子一　流水

傳驕次子名家賜字則　生光緒乙酉年十一月廿四
日巳時

傳驕三子名家潤繼傳準

傳驕四子名家兮字　生光緒戊戌年四月初四
日巳時

傳準長子名忠清號　生光緒壬午年十月廿五
日丑時辛　年五月三十日巳時

傳準嗣次子名家潤字　生光緒癸巳年十二月

初二日丑時

傳統之子名家住兼承傳粽生光緒己丑年十一月

廿三日寅時

娶河氏姜娘生

子三　庚申　猴鼓　希

傳員長子名家談生

傳員次子名家振生　年　月　日　時

卒

傳員三子名財源字則 生光緒戊申年十一月
日

清閒養奴承子名家娃生光緒丁未年二月二十日時
娶李氏志娘生民國庚申年五月十七日酉時

傳柔奴承子名九如生娶叔在外

傳定之子名延提生光緒乙未年六月廿七日辰時卒
民國己巳年正月十五日巳時
娶廖氏摺娘改適
子一 希喜

瑞里之子名乞來字則 生民國丙辰年十月初

日亥時

傳鶴兩承子名家象生卒誌在外

傳種長子名水進字則　生光緒戊申年五月十六

日申時卒民國辛未年四月廿四日戌時

傳種次子名萬成兼承傳强生民國甲寅年三月廿

一日子時

傳羅之子名家鉄號　　生　　年　　月

時卒

傳羅三子名仕奇出繼傳任

奇英長子名海水字　生民國乙卯年九月廿二日未時娶廖氏奎娘生民國戊午年四月十四日午時

奇英養次子名樹春生民國辛未年正月初一日時

傳臨之子名福來字則　生民國辛酉年正月十四日寅時兼承傳隻

傳臨次子名刊來兼承傳天生民國戊辰年十一月十二日寅時

傳任嗣子名仕奇生

傳焜養子名崇珍字則　生民國丁巳年九月二十
日丑時又名崇生
傳敲養子名玉麟兼承長水生民國己未年二月十一日
寅時
傳春双承長子名家淵生娶外叙
傳春次子名家陸字則　生光緒己丑年十二月初五
日亥時娶余氏宜娘生光緒戊戌年十一月廿八日午
時查己亥年
子一　水仙
傳品長子名家淵兼承傳春生光緒辛巳年六月初
八日辰時卒宣統庚戌年十一月廿四日吉時
娶廖氏炭娘生光緒十五年己丑十一月廿九日

未時
子一　再興
傳狠長子名家留兼承傳讓生光緒癸巳年九月初
十日卯時卒民國庚申年二月十二日巳時
子嗣一　再生係應之子繼兼承家彖
傳狠次子名家彖號　生光緒乙未年八月初五
日戌時卒民國丙寅年二月廿八日申時
双承子　再生
傳自長子名家應字則運兼承傳讓生光緒乙未年
九月初九日申時
娶李氏佑娘生
子三　生財　再生出繼　金樹

卯時卒民國庚午年正月初五日巳時

娶吳氏圻娘生光緒甲午年四月初七日　時卒民國壬申年正月廿四日午時

子二　榔枝（半承傳甚為孫）　養枝（半承傳柔為孫）

傳釭次子名九如兼承傳柔生光緒乙巳年十月初十日未時娶李氏全娘生宣統己酉年三月十六日丑時

子一　雲水

傳程長子名家於字　生民國丙辰年十二月十七日未時

傳程次子名　生民國

傳自次子名家刋號　生光緒戊戌年十月廿四

日子時在外卒民國　年

幼娶廖氏宣娘生光緒丁未年正月十八日巳時卒

民國庚申年

傳自三子名家恐生光緒辛丑年十二月廿七日子時

卒民國癸亥年九月十八日申時

傳讓兩承長子名家留生庚叙在內

子嗣一　再生

傳讓兩承次子名家應生叙在內

傳釭長子名家潤號　生光緒乙未年八月廿七

傳鉗長子名金華字　生民國丙辰年七月十一日戌時

傳鉗次子名金科字　生民國辛酉年八月十三日戌時

傳鉗三子名添木字　生民國庚午年九月初二日亥時

傳興長子名家觀字　生民國乙卯年四月十七日丑時

傳興次子名田忠兼承傳德　生民國辛酉年七月廿四日未時

傳興三子名水忠字　生民國丁卯年正月初九日亥時

傳興四子名振寶字　生民國辛未年七月初十日子時

禮行次承孫名家智　生娶內叙

子　火煉

以上俱係伯與公派

丹山黄氏族譜

卷玖　世状録

清溪榮美分派丹山黄氏族譜歷世紀寔卷之玖

廿二世奕字行

奇峰公長時澄公派

心德長子名希漾生佚卒　年七月十九日

時

心德次子名希子生佚卒　年八月十四日

時粦在外洋

心德三子名希弓繼傳鄉

家昧之子名希稚生光緒　年

家城長子名源泉字　　生光緒丙戌年二月初三日
卯時
雙承子一　連塗
家城次子名良明字　奕生光緒己丑年二月初一日
酉時娶魁梅朱氏涉娘生
子二　連塗出半　連岸
家城三子名其英　奕生光緒辛卯年九月廿二日
卯時
娶　氏
子二　進發兼承希宅　有順
家城四子名希鍬字　奕生　年　月
時娶廖氏

家尾長子名希刺字　奕生光緒癸巳年正月廿六日丑時

娶温泉唐氏春娘生光緒戊戌年八月初九日亥時

子一　順發

家尾次子名希閃字　奕生光緒丙申年二月初六日酉時娶唐氏粟娘生光緒丁未年三月廿八日卯時

家聰長子名希轉字典奕號婉玉生同治癸亥年正月十四日巳時卒光緒辛卯年十月十七日午時

娶廖氏改節

子一　鐙英

家聰三子名三敬字　奕生光緒丙子年十月初八日

子時娶葉氏配娘生光緒辛卯年五月初六日申

時

子三　宗美　發蔭半承永正　連達

家聰四子名永正生光緒己卯年四月十四日未時在外

卒

子嗣半　發蔭

家贊養子名希江生咸豐戊午年七月初一日申時

卒

娶陳氏水娘生同治壬戌年二月初七日酉時卒光

緒庚辰年三月十一日午時

家恩長子名希雪字梅奕生同治戊辰年十一月十七

日卯時外出未詳

娶廖氏娩娘生同治壬申年七月初十日辰時卒

年　月

子二　鴻畧　考宣夭　女一

家教嗣子名秋吉字夏奕生同治壬申年四月廿七日

辰時在外洋卒民國丁巳年十二月十四日巳時

娶室朱氏鑫娘生同治十三年甲戌十一月十九日寅時

子三　宗補　宗吝　宗梓

家玉長子名希獺猊　兼承家板生光緒甲申年七

月十三日辰時卒

娶唐氏佔娘生光緒癸巳年五月初六日子時未笄

而殁

家玉次子名希計兼承家路生光緒丁亥年四月初

六日　丑時娶廖氏炭娘生光緒戊戌年　月

時

子二　双鳳養　仙芳

家玉三子名希宅號　生光緒己丑年十二月過年

日辰時卒宣統庚戌年十一月廿一日吉時出繼對耐

宜書在外

家冬之子名希建字業奕號　生同治甲戌年十月廿

八日卯時卒宣統庚戌年正月十五日戌時

娶李氏蓮娘改適

家蔭之子名希啓兼承家泉生光緒辛巳年正月廿

六日寅時卒民國庚申年　月

娶王氏柑娘生光緒甲午年八月十六日午時卒
年　月
子一　蓁水
家上之子名雙才字則　生光緒戊申年七月十三
日寅時
拿耐嗣子名希宅號　生光緒己丑年十二月廿九
日辰時卒宣統庚戌年十月廿一日辰時
娶室劉氏博娘生光緒十八年壬辰十二月初六日
寅時
子一　進發
家松養子名希欉及妻朱氏芓娘歸同泉籍
家松養長子名希挺字通奕生同治丁卯年二月初十日

巳時卒民國丙寅年十一月初六日亥時
娶唐氏碟娘生光緒壬午年八月廿五日子時卒民
國丁巳卯年二月廿六日亥時
子五　宗狗殤　宗告　宗尚繼吾烈溪　宗蔡　宗養
家松養次子名希養號　生同治庚午年五月廿
二日子時卒民國辛未年十二月初六日亥時
娶室葉氏笑娘生光緒甲申年十月廿三日未時
子一　宗盤半出吾烈溪
家松養三子名希枝字茂奕生光緒已亥年正月初四
日申時娶朱氏辦娘生光緒辛丑年十月　七日亥
時
子三　丙丁半承如淵為孫　戊巳　三年

長庚長次子名藹纓江水俱殤

長庚三子名希河號　字淮奕生同治己巳年正月初九日子時在南洋卒民國庚申年六月十二日寅時

娶朱氏益娘生同治戊辰年四月初五日酉時卒光緒戊申年正月初七日寅時

子四　烏龍　紫龍　燦爛夭　元龍

長庚四子名希愚字怡奕兼承再興生同治辛未年五月十二日亥時

娶周氏妹娘生同治十二年癸酉八月十六日酉時

子七　金龍　甘露殤　宗崇　廷雲　丁財　五龍　六發

長庚五子名清風字明奕業儒生光緒丁丑年二月
廿三日巳時卒民國己未年九月初八日戌時
娶朱氏免娘生光緒丙子年五月廿一日亥時卒
年十一月
子二　新入养　石龍
長庚六子名福海字東奕兼承及第業儒生光緒
己卯年十月廿四日亥時在南洋卒民國壬戌年
四月二十日辰時　娶廖氏瑞娘生光緒庚
辰年九月初八日戌時
子五　步雲　玉龍　水龍　金星　火水
家番長子名希因字　奕兼承家麵生光緒甲辰正
月初二日午時

家番次子名希超字群奕生光緒丙午年十月廿三日
亥時娶南斗陳氏𡡉娘生民國乙卯年四月十四
午時

家戩之子名希節殤

家忍之子名希狗號 生光緒壬辰年十二月廿五
日巳時卒民國丙辰年十二月二十日辰時
子嗣半 避吉

家鑱長子名希孔字昭奕生光緒己丑年十一月廿五
日辰時娶葉氏揭娘生光緒己亥年七月二十日
辰時

子二　宗避（卒卒 希狗）　水來

家鑨次子名希旺字　生光緒己亥年六月初六
日亥時

光義長子名先齊字　生光緒甲午年八月二十
日未時娶朱氏玉娘生光緒丙申年三月十八日午
時

子二　宗雙　宗生

光義次子名希禹字　生光緒癸卯年九月初三
日辰時娶林氏富娘生民國甲寅年　月　日
時

光義三子名希木字　生光緒戊申年十一月十

五日辰時

光義四子名希頎兼承家瞞生民國丙辰年十月二十日未時

家縷嗣子名希錬生宣統三年辛亥四月十六日亥時

家崙長子名桂閒鸞出居格

家崙次子名水冷生光緒庚寅年十月十八日子時亦住居格未詳

家福春長子名希傳字　生光緒乙巳年五月初三日

戌時　娶劉氏隨娘生光緒丙午年五月十四日寅時卒

民國乙丑年二月初三日子時　又娶陳氏允娘生宣統

庚戌年六月廿四日午時

子三　仙景養　通仙　再金　金

家福次子名希吟字　奕生宣統己酉年九月初八

日子時娶蘇氏要娘生民國癸丑年七月十三酉

時　子一　養成養

家福三子名德勝字　奕生民國癸丑年正月十六

日卯時娶陳氏安娘生民國癸丑年七月二十日時

子一　金昌養

家福養四子名朝吉生民國戊午年二月十六日卯時

以上侯儀善夫公長房

家滿嗣子名龍捷字　奕生光緒丁亥年十二月十八日寅時

家敞之子名顏冷生光緒辛卯年五月初一日午時殤

家亞長子名亞善字　奕生光緒甲午年八月廿七日卯時

家彩養子名希創號　生光緒庚子年正月廿八日戌時在南洋卒

娶　氏

家粉之子名希紫字　奕生光緒丁酉年十月廿九日辰時

自來長子名希成字　奕生民國丙辰年七月十五日酉時

自來次子名

家頭長子希蘭 三子希烈俱殤仝葬在御母壠頭

生壬丙兼子午

家頭次子名玉盞字奕生光緒丁未年十二月初

七日午時娶葉氏盡娘生光緒丁未年十一月十

十七日寅時

家孟長子名天紋兼承家煌家閑生光緒己亥年十一

月十二日辰時娶葉氏縣娘生光緒癸卯年十一

月十九日未時

子一　雲龍

家炣長子名全成字　奕生民國戊午年四月二十日酉時

家同長子希江兼承家寢生民國甲子年十二月廿五日卯時

家同次子名希恩字　奕生民國庚午年三月十八日辰時

春秋双承子名定國生誌在外

高升長子名福志生光緒乙未年十二月初十日子時殤

高升次子名福仁生光緒壬寅年四月十六日午時
卒民國乙丑年　月
家主長子名希泉生光緒乙未年十一月初九日子時　娶胡氏出
家王長子名希柳字　奕生光緒癸卯年十二月廿
九日子時娶唐氏巾娘生民國壬子年十月廿一日
子時
家王三子名希山字　奕生光緒丁未年四月十二
日戌時
家王四子名希坡字　奕生民國丁巳年八月十七
日申時

家日繼子名希合字　奕生宣統庚戌年正月廿四日寅時娶朱氏燕娘生民國丁巳年十二月初五日子時

家送長子名希蘊字　奕生民國辛酉年八月二十日酉時

家送次子名龍水字　奕生民國己巳年正月廿六日酉時

家送三子名良進字　奕生民國壬申年六月廿二日酉時

家林長子名金得生民國十四年乙丑九月十七日辰時

得札双胎長子名安邦生民國戊辰年十一月十五日
午時
得札双胎次子名定國兼承春秋生民國戊辰年十
一月十五日午時
得札三子名南方生民國辛未年十月初三日亥時
家樹長子名真珠字　英生民國甲寅年正月初六
日寅時
家樹次子名玉才生民國辛未年三月十九日酉時
家桂嗣子名希分生民國戊辰年正月十四日寅時
殤

家興養子名越水字　奕生光緒丙午年六月十四日亥時

家鎮之子名希吝生光緒壬寅年十月初九日巳時
外出无攷

家用長子名春信字　奕生民國庚申年十月初九日寅時
初娶王氏長娘生民國戊午年二月二十日卯時

家用次子名渊源字　奕生民國丁卯年八月初二日丑時

家堯長子名希盛字　奕生民國甲寅年八月廿八

亥時

家堯次子名長鎮泰兼承家鎮生民國丙寅年五月廿九日卯時

家合之子名江水字奕生光緒癸卯年三月初八日辰時

家員長子名再求生民國辛酉年八月廿七日辰時

家員次子名再生兼承家教生民國丙寅年四月廿四三日巳時

以上係儀訂夫二房

家酥長子名希狗字禮奕生光緒癸巳年十月初十
日辰時娶楊氏茳娘生光緒乙未年九月　日
時

家酥養次子名希枝生光緒丙午年九月廿七日戌
時

家春長子名希亨賓奕兼承傳友為孫生光緒辛卯
年十二月初三日戌時君性豪爽而心公平慎修
譜牒深為閭里所崇重
娶項寨林氏茶娘生光緒辛丑年五月十三日午
時
幼婦陳氏鶯娘生民國辛未年二月廿二日寅時
子二　宗俊　宗揚

家春次子名希勅字　奕生光緒甲午年正月初一
日巳時　娶陳氏外娘生宣統辛亥年七月初四日
巳時

家春三子名希鵬字　奕生光緒乙未年十一月廿
一日寅時娶胡氏閨娘生宣統辛亥年九月十一日
午時

家宣養子名永世兼承家八生民國甲寅年八月十
三日寅時娶陳氏桃娘生民國甲寅年　月
日　時

家綱之子名朝養字　奕生民國丁巳年　月　日

日　時

家佑嗣子名連坋字　奕生民國甲子年正月初八日申時

溪水長子名仙奇　生民國辛酉年九月廿九日丑時

溪水次子名連徘生民國辛未年十一月初五日酉時

家藴長子名海水字　奕生光緒戊申年　月日　時　娶　氏

家貓次子名頻法生

家蚋長子名火炎生民國癸亥年三月廿四日辰時

家蚋　子名元成生民國乙丑年六月十二日申時

家毬長子名海針生民國乙卯年九月廿六日卯時

娶室陳氏晏娘生民國丙辰年十一月十三日丑時

家毬次子名双海字奕生民國庚申年五月十六日

日戌時娶朱氏玉娘生民國辛酉年正月初十日
申時

家毯三子名發成字　奕生民國癸亥年六月十三日
卯時

家毯四子名成金生民國乙丑年九月初二日亥時

家毯五子名金潔生民國己巳年十二月初一日寅
時

家岸之子名淡潤字　奕生民國辛未年二月廿三
日丑時

以上侯儀藏夫三房

家蔴之子名希　生民國辛酉年

以上侯儀旺夫四房派

土寨派

家侯長子名金鳳生光緒丁亥年六月廿三日辰時

在外洋

子一　榮興

家侯次子名希篤魏　生光緒乙未年六月初二

日戌時卒

娶李氏及娘改適

子

家風嗣長子名希持字志奕生光緒辛卯年二月初
二日午時娶廖氏蕉娘生光緒壬辰年七月初十
日辰時
子一　宗寅
家風次子名希佳字仁奕生光緒壬辰年十二月廿
五日戌時娶廖氏瞯娘生光緒乙未年四月十五
日巳時
子二　進曾　金展出繼
家風三子名希雄字世奕兼承丙丁生光緒丙午年
八月十一日寅時
子嗣一　金展
家劉之子名希喰號　生光緒甲申年又五月廿

二日巳時卒

幼娶唐氏貴娘生光緒甲午年十二月十八日卯時

殤又娶葉氏紀娘生光緒癸未年七月二十日戌

時

子一　宗苑

家妹長子名希悃生光緒癸巳八月廿六日午時殀

家妹次子名希掛又名仙奕生光緒乙未年五月廿八日巳

時娶李氏側娘生宣統元年己酉十月廿一日辰

時

子一　宗棹

家妹三子名希貢兼承丙丁生光緒庚子年十一月

十七日午時娶李氏便娘生民國甲寅年十月初

七日未時

家絿四子名希再字奕生光緒丁未年十一月廿
九日申時娶廖氏娘生

家畽嗣子名希紋字奕生光緒戊戌年六月初十
日戌時
娶廖氏奕娘生光緒己亥年二月廿四日寅時卒民
國辛未年正月二十日辰時
子一 猷忠

家圖長子名希侯字諧奕生光緒己亥年九月十五
日巳時娶廖氏芽娘生光緒戊申年十二月初八日
辰時

家圖次子名希㮾字心奕兼承丙丁生光緒壬寅年

二月十六日申時君起家艱辛志圖遠大弱冠以後治家立業建築華廈皆出自勤儉粒積有以致之是年壬申春尤以報本為念集眾重脩譜牒幸得老成慎重共商贊許得以襄成盛事

娶尚鄉廖氏麥娘生民國元年壬子三月初九日巳時

家圖三子名希屋字潤奕生光緒甲辰年十一月初一日申時娶劉氏遠娘生民國壬子年五月初三日寅時

家圖四子名希西字園奕生宣統辛亥年五月廿五日寅時

家圖五子名希添字進奕生民國戊午年十二月十三日卯時

家嗹嗣長子名希意生　年　月　時贇

在漳州礦口石圃

家嗹次子名希卷字奕生民國壬子年三月十五日寅時　娶唐氏賜娘生民國丙辰年四月初四日寅時兼承家㯖

家軟之子名希勸號　生光緒甲辰年九月十九日申時卒民國辛未年正月初二日亥時

子嗣半　振興

家鮑之子名希㝗兼承家抽生光緒庚子年九月初

九日申時娶詹氏尾娘生光緒丁未年七月初三
日子時
子一　根興半承希劝
家饌嗣子名希評生民國甲寅年
家安之子名希盛字奕生宣統辛亥年十二月廿
九日卯時
家闌長子名希友字松奕生光緒丁未年八月十四
日未時娶唐氏緩娘生民國壬子年七月十三日
辰時
家闌次子名希梓字桑奕生民國壬子年九月廿九日
辰時

家縛長子名希蜘字　奕生光緒戊戌年　月

日　時娶

家縛次子名

家墩之子名希院生光緒丁亥年正月初一日丑時

在外未詳

家百長子名希旺生光緒甲申年四月廿一日申時

卒

娶李氏陳娘改節

家百次子名希阮繼家墩
家百三子名希鑠兼承家覺生光緒壬辰年七月
廿一日丑時
家聽長子名山珍天
家聽次子名丁財字奕生　年　月
時娶李氏　娘生
子一　宗
家旦長子名希刷瑒
家旦次子名希馬字金奕生光緒乙未年九月初五
日未時卒在南洋民國丙寅年四月初七日午時
娶李氏錦娘生光緒庚子年六月廿四日午時卒

民國庚申年六月初七日未時

家旦三子名希儒字化奕生光緒甲辰年六月初十日巳時娶廖氏飼娘生光緒乙巳年三月初五日辰時

家迦長子名希董生佚夭

家迦次子名希賊生

家暉之子名有福生民國甲子年十二月廿二日卯時

家良之子名希埸字科奕生光緒丙申年十一月廿

五日午時娶廖氏呈娘生光緒辛丑年五月初七日
申時
子二　青山　財源出承家錫為孫
家治長子名生水生光緒戊子年六月十七日丑時在
夷卒未詳
家治兩承次子名才英字　奕生光緒丙申年五月
十八日寅時
子一　東海抱養
家霸長子名希琍字　奕生光緒己丑年十月廿九日
丑時
家霸次子名希論字　奕生光緒壬辰年二月二十日
酉時娶廖氏次娘生光緒庚子年五月十七日

未時

子一　宗建

家霸三子名才英兼承家治內叙

家霸四子名希舜字　奕生光緒戊申年十月廿七

日卯時娶廖氏酉娘生宣統辛亥年五月十二日

辰時

家正長子名良水兼承家頂生光緒丙戌年十月十

八日丑時卒民國辛酉年九月廿三日

娶李氏旺娘生

年　月　日　時卒民國己未年三月初

九日酉時

家正次子名水雲兼承家項生光緒乙未年十月初
八日丑時在南洋卒

家覺丙承子名希鑠生誌在內

家分之子名希固兼承家簿生光緒己卯年正月十
八日戌時在外洋卒
娶吳氏肇娘改適

家愛長子名希洋號　生光緒辛巳年八月初二日
午時在外卒光緒壬寅年九月十六日
娶李氏花娘改適

子嗣半　皆再

家愛次子名希漳兼承家簡生光緒戊子年二月十
三日子時
娶陳氏富娘出又娶劉氏遊娘生光緒己丑年十
月十七日辰時
子二　皆再出半　自在出半

家愛三子名希淵號　兼承家勤生光緒庚寅年正
月廿六日辰時卒民國丙辰年五月初七日丑時
娶廖氏接娘改適
子一　宗力

家愛四子名家徽號　生光緒庚子年五月廿九
日丑時卒民國甲寅年五月廿三日丑時
子嗣半　自在

家潭（漂）長子名希銓號　生同治壬戌年十二月初
六日巳時卒光緒戊子年十月二十日酉時
娶陳氏桃娘生同治辛未年十一月初九日酉時
往上府卒失考

家漂次子名希新生同治癸酉年四月初四日子時
往上府卒失考
娶李氏清娘生光緒壬午年八月廿一日酉時仝夫
往上府未詳

家漂三子名希帀生光緒己卯年五月十三日卯時在
上府未詳　娶沙邑高氏銀娘生光緒壬午年
月　時亦在上府失考

家撈嗣子名希泉生光緒壬辰年六月十七日吉時往
上府未詳
家霍長子名泉生號　生光緒戊寅年八月廿一
日丑時卒民國丙寅年二月初六日午時
娶李氏桃娘夭又娶陳氏腰娘生光緒壬午年十
月廿八日酉時
子一　宗垂
家霍次子名進長字奕生光緒庚辰年十一月十九
日巳時娶李氏招娘生光緒丁亥年十月十九日
卯時
子三　宗們殀胎　宗圯殀胎　宗河
家霍三子名希寶兼承家壁生光緒甲申年十月十

四日酉時在外洋卒
娶室廖氏笑娘生
子三
家寉四子名希墻生光緒十九年癸巳二月十二日亥
時娶廖氏傚娘生光緒乙未年又五月廿六日寅時
子四　愛玉　養　土起　正庠　順水
家覓長子名希甯璣　生光緒壬午年九月初二
日丑時卒光緒丁未年正月十三日
娶温泉唐氏珠娘生光緒辛巳年六月初一日申
時
子一　宗甲

家寬次子名希娶蕭承家氏生光緒戊子年七月廿五日丑時卒民國己未年十一月廿三日巳時

家久次子長名火炎號　生光緒辛卯年五月初五日寅時卒宣統辛亥年二月初二日巳時

家久次子名希明字　奕　生光緒戊戌年十二月十八日卯時娶廖氏寬娘生民國乙卯年六月十三日卯時

家久三子名開水字　奕　生光緒乙巳年二月廿三日卯時

振法嗣子名春燕字　奕生光緒丁未年七月初十
日丑時

家待長子名興陰生光緒丙戌年四月初八日子時
卒　年三月廿五日

家待次子名希陸兼承家邊生光緒甲午年八月十
三日申時卒民國辛未年三月廿三日卯時

家堅兩承子名希寶生敘在內

家窓長子名希思想字忠奕生光緒丙午年十月初三日
未時娶廖氏機娘生民國癸丑年二月十四日申
時　子一　榮昌星

家窓次子名希堯兼承家福生宣統己酉年二月初三日酉時

家窓三子名希藍字　奕生民國壬子年二月初五日申時

家窓四子名希黨字　奕生民國甲寅年九月初六日辰時

家要長子名霜雪生光緒丙申年六月初二日酉時在外洋卒

家要次子名自然字　奕生民國丙辰年正月十三日戌時

家潭長子名希轉號生光緒癸未年十一月廿一日
寅時在外洋卒民國癸丑年三月
娶唐氏春娘生光緒癸巳年七月二十日未時卒
民國丙辰年七月廿八日未時葬在壁石貢甲庚卯酉
子一　因蕪殤
家潭次子名希賞出繼李法爲孫生光緒丙戌年二
月廿四日亥時卒宣統辛亥年十月廿六日亥時
家潭三子名希器字何奕生光緒己亥年六月初三
日戌時娶廖氏好娘生民國癸丑年五月初十日
午時

家坑養長子名希用生光緒癸未年　月　日　時

在外洋卒

娶李氏善娘生光緒辛卯年七月廿七日寅時

子三　護來　水令半承希秤　萬裘

家坑嗣次子名希判兼承傳廳為孫生光緒戊子年

十二月十三日申時卒民國乙丑年四月初一日卯

時

娶唐氏竹娘生光緒乙未年　月　日　時卒民

國　年二月初三日酉時

家坑三子名希秤號　生光緒壬寅年八月初四日

未時卒民國丙寅年二月初六日辰時

子嗣半　水令

家都嗣子名希卿生光緒丁酉年九月初一日丑時卒

民國丙寅年九月十二日寅時

子嗣一　求來

家聘養長子名希是生同治癸酉年十月十三日戌時

在草洋

家聘次子名希掣生光緒丙戌年二月初八日巳時

在草洋

以上兄弟俱无孜

家尚長子名希孜生光緒乙亥年九月廿五日酉時卒

民國丁卯年五月初一日卯時

娶林氏孜娘生於光緒三年丁丑正月廿二日卯時

子三　宗石　宗彤　宗共

家流丙承子名希吉字奕生光緒辛巳年七月十

五日酉時

家酵之子名會春生光緒己亥年

家頞長子名希琴生光緒己卯年七月廿八日丑時

在外夷卒

家頞次子名希堯生光緒甲申年九月廿二日卯時

在外未詳

家頞三子名希蟬夭

家頻四子名希知生光緒癸巳年十二月初六日酉
時在外洋卒

家旋長子名希真兼承家賡生光緒癸未年二月廿
九日卯時
娶吳氏説娘生光緒戊子年五月廿二日亥時卒
民國壬戌年六月廿三日辰時
又娶唐氏勸娘生光緒廿一年乙未正月廿七日寅時
子

家淡之子名希應號文運兼承家琶生光緒癸未
年五月十五日未時卒民國　　年正月廿六日　時
娶唐氏粧娘改適

子嗣半　宗欽
家休長子名光明字成奕兼承家潡光緒庚寅年
三月十六日辰時
娶陳氏饌娘生光緒庚子年四月廿八日卯時卒民
國戊辰年七月廿六日未時
又娶章氏菊娘生光緒壬寅年十一月初三日卯時

子二　棟樑　宗參
家休次子名希裕兼承家柿生光緒庚子年九月初
四日未時娶廖氏蕆娘生光緒丙午年十月廿八
日辰時

子一　宗欽半承家應
家祿嗣子名希云號文瀕生光緒乙未年八月廿八

日亥時卒民國戊辰年八月初四日巳時
娶溫泉唐氏桂娘生光緒甲辰年七月廿四日丑
時
子二　宗月叔承　萬得
家蟳長子名引生於光緒十八年壬辰九月初七日
寅時娶陳氏纖娘生光緒戊戌年六月初一日
寅時
子二　宗雷　宗月出半
家蟳三子名希佐字奕生民國甲寅年九月初九
日戌時娶李氏要娘生民國甲寅年正月廿三日
酉時

家瑶長子名溪峻生同治辛未年六月初十日寅時

卒民國丙寅年九月廿七日未時

家瑶次子名希竹生光緒丙子年四月初七日辰時

在南洋卒民國　年

家瑶三子名希高生光緒辛巳年四月初九日卯時

卒　年四月十四日酉時

娶徐氏箴娘改節

子一　宗教殤

家瑶四子名希帝生光緒丙戌年正月初七日戌時殤

家豆之子名東坡字奕生光緒己丑年十二月初
六日辰時
娶李氏八娘生光緒戊戌年十月十五日寅時卒
民國戊辰年二月初六日　時
又娶廖氏招娘生於光緒辛卯年
子二　結來出半　元來
家本長子名希賢兼承家丕生宣統己酉年十月
廿二日寅時娶楊氏妹娘生民國庚申年二月
十六日未時

家李次子名水能兼承家瑶家污生民國丁卯年

二月二十日寅時

以上侯佩之派

菜園派

家絨之子名希烈生光緒癸卯年八月廿四日亥時
卒民國乙丑年三月廿三日戌時
子嗣半　宗孟

家相之子名希坦號　　生光緒乙酉年正月初
六日辰時卒
娶室廖氏淀娘生光緒八年壬午十一月十八日卯
時
子二　宗多　宗孟半承希烈

家喃之子名江水字　奕生光緒己丑年六月初四
日未時元配葉氏佔娘生　年　月吉日
時未笄而卒
又娶余氏逸娘生光緒己亥年十一月十三日

卯時

子一　宗來

家祐長子名希輩字　奕生光緒癸巳年六月初三

日巳時

家祐次子名希康號　生光緒戊戌年二月初一日

寅時卒佚

家祐三子名頂上字　奕生光緒庚子年又八月初

七日酉時　娶廖氏金娘生民國壬子年八月廿

六日巳時

家祐四子名希體字　奕生光緒乙巳年三月初

八日申時

家能之子名添水字　奕生光緒壬寅年八月廿二日未時娶楊氏端娘生光緒庚子年十月初九日辰時

子二　勇才　火炉

家午之子名希居生民國己巳年九月十六日巳時

家砻養長子名列來字　奕生民國壬子十月十四日辰時娶唐氏湛娘生民國甲寅年　月　日　時

家砻次子名紳士字　奕生民國丁巳年二月二十日亥時

家砻三子名紳壬字　奕生民國己未年八月廿六日亥時

家吉長子名振益兼承家拥生民國丙辰年二月廿九日辰時

家吉次子名振丁字奕生民國壬戌年九月廿二日戌時兼承家乞

家堅之子名通明字奕生民國丁卯年正月初四日酉時

家柿長子名旺梨字奕生宣統辛亥年正月廿八日寅時

家柿次子名希山生民國甲寅年十月初五日丑時

家柿三子名有利字　奕生民國丁巳三月初一日
卯時兼承家乞
家柿四子名希時生民國己未年十二月初二日寅
時

家湾之子名希莊字　奕生民國甲子年三月十二
日申時幼娶李氏香娘生民國丁卯年六月十六
日寅時

家郁之子名新安兼承家咪生民國辛酉年四月初
六日未時

源美長子名希玉字　奕生民國丁卯年七月廿二日酉時
源美次子名振成兼承家丹生民國壬申年二月十八日未時
家力之子名希才生民國己巳年六月廿一日寅時
家旺長子名希杉字　奕生民國庚申年六月十七日寅時娶廖氏梅娘生民國庚申年八月十七日巳時
家旺養次子名希艳字　奕生民國己巳年五月初五日卯時

家華之子名孔雀字　奕生民國壬申年三月十八日寅時

家樟之子名希蓋兼承西川生民國丙寅年九月十三日辰時

家珍長子名戊己字　奕生民國庚申年十月初一日卯時

家珍次子名双稟字　奕生民國癸亥年正月初八日丑時

家珍三子名兜茶生民國丙寅年正月廿六日寅時

家珍四子名閃過生民國辛未年十二月十七日卯時

家秋之子名金水兼承家有生宣統辛亥年五月廿
三日午時

連奕長子名隆海生民國甲子年三月初九日酉時

田蘇長子名治國兼承家溪生民國己巳年六月十
三日亥時

家北長子名希比生光緒癸卯年十一月廿三日未時
娶廖氏東娘生於光緒戊申年九月十四日未
時

子二　益安　宗綿兼承希池

家圯次子名希池字　奕兼承家粮生光緒丙

午年九月初五日戌時

子嗣半　宗綿

家日長子名坑泉兼承家粮生民國丁巳年六月

十九日辰時

家日次子名金榜生民國乙丑年正月廿八日申時

家情之子名希雷字　奕生民國丙寅年六月廿

六日辰時

家午養半子名登山生民國辛未年正月廿一日戌時

家皮之子名金枝生民國癸亥年十二月十五日卯時

家昭長子名金春生民國丙辰年正三月廿四日酉時

家昭次子名春風兼承家交生民國庚申年三月十五日巳時

家昭三子名春火生民國癸亥年十二月十七日巳時

家昭四子名春城生民國丙寅年十二月廿一日子時

家昭五子名孟丁生民國己巳年三月初二日辰時

家昭六子名六國生民國辛未年九月初七日亥時

家福之子名敬年兼承家蛟生民國

家蛟之子名清客生民國丁巳年正月十四日丑時

鴻葵叔承子名文明生民國癸亥年四月初一日

鴻葵次子名連福生民國丙寅年十一月初三日酉時

東坡子名結來

潘安之子名露水

再生之子

春宣之子名顏良生民國甲子年八月初九日寅時

家準長子名麗水生光緒戊子年七月十八日未時

家準次子名泮水繼傳堤為孫生光緒癸巳年六月
初三日巳時

家準三子名清水生光緒廿一年乙未六月二十日

未時

以上兄弟俱在尤俊謝家

朝根長子名麒麟字奕生光緒壬午年六月初六日申時娶陳氏尾娘生光緒己丑年十一月廿五日申時

子四　宗金　連成　求來出繼　柳樹

朝根次子名帝卿繼三房家卿

朝根三子名土獺生宣統三年辛亥七月初三日未時往角尾

以上奇峰長房時澄之派

奇峰公三房時穏公派

家鏡養半子名希周字　奕生光緒壬午年七月廿五日丑時娶朱氏網娘生光緒壬辰年三月三十日丑時

子三　登山　水浪出繼唐家　地林

家捧之子名明風生　年　月　日　時

娶林氏惠娘

子一

家獅之子名金沙生光緒廿七年辛丑九月廿三日申時

家辣之子名懷山字　奕生宣統辛亥年二月十九日辰時娶　氏箴娘生民國壬子年　月　日　時

子一　水木

家庵長子名潤澤號　生光緒己亥年九月十九
日戌時卒在占碑民國戊辰年三月廿五日未時
子一　進分
家庵次子名順氣兼承家井生光緒戊申年十月十七
日　時　娶唐氏閨娘生民國壬子年九月十九
日亥時
家鎗之子名睽對生光緒辛丑年三月十九日未時娶陳氏
福娘生民國癸丑年十一月初七日午時
家鎗次子名朝枝生光緒乙巳年五月初二日辰時
家鎗三子名春法生光緒丁未年八月十一日寅時
家鎗四子名能角生民國壬子年九月十六日寅時卒民國十
七年　月

日寅時娶李氏日娘生光緒壬辰年正月廿八日酉時

子一　猛春　女三

家辣双承子名懷山生誌在内

家井之子名順氣生歿在内

家良長子名火性生民國癸亥年九月十三日巳時

家良次子名桂德生民國乙丑年四月十八日子時

家良三子名天才生民國辛酉年九月十八日巳時

家通之子名文事生民國乙丑年又四月廿三日午時

家育長子名火鉄生民國癸亥年十月初十日戌時

以上奇峰三房時穆公派

栢與公子東園公長應懷公派

竹林嗣子名希回字　奕生宣統己酉年七月初九
日辰時

家愚長子名希章號華軒生光緒壬寅年三月十七日
子時卒民國戊辰年又二月廿四日未時

家愚次子名希禮出繼

家愚三子名希猷生民國元年壬子三月十七日巳時

家愚四子名希賡兼承家科生民國甲寅年正月二
十日亥時

家順嗣子名希禮生光緒丙午年六月廿二日丑時

家業長子名希旺字　奕生光緒丁未年五月初一日

日巳時娶朱氏脾娘生民國乙卯年五月十五日

寅時

子

家業次子名希兵字　奕生宣統辛亥年七月廿六日

午時娶唐氏樟娘生民國甲寅年十二月初五日寅

時

子一　宗音

家業三子名金水字　奕生民國甲寅年九月廿五

日巳時

家民長子名賢法字　奕生民國辛酉年三月初一

日申時

家民次子名添法字　奕生民國庚午年又六月十

八日丑時

家阿之子名金生字　奕生民國丁卯年六月初八日酉時

分珍之子名木生字　奕生民國丙寅年九月十九日亥時

家勇之子名西美字　奕生

勸和之子名萬成生民國丁卯年十月初五日酉時夭

家閨之子名希益生民國戊午年三月廿五日子時

萬水之子名希飛生民國壬申年四月廿八日丑時

家楊之子名賜義兼承家曉生光緒丁未年三月廿五日戌時娶廖氏水娘生宣統辛亥年十二月初十日辰時　賜義　李民國壬申年十月廿四日未時

子一　建旺

清源長子名梆樹乳承水狗生民國壬子年十二月十六日卯時娶林氏咨莉娘生民國乙卯年五月十四日寅時

清源次子名文忘生民國甲子年十二月十三日亥時又名文質

家錐長子名火丙生光緒壬寅年二月十四日酉時卒民國壬申年八月十八日辰時娶室陳氏村娘生光緒壬寅年八月廿四日丑時

家錐次子名希僰生宣統己酉年

家錐三子名溥意生民國己未年八月初十日寅時
家慶長子名再山生光緒廿六年庚子正月初四日巳時娶陳氏桃娘生光緒壬寅年四月十五日寅時
子一　文友兼承家春爲孫
家慶次子名開芳兼承春水生宣統辛亥年十月初八日卯時娶劉氏循娘生民國甲寅年十月初九日午時
家欉之子名希玉生民國癸丑年五月十八日巳時
家仕長子名瑞義生民國壬子年六月初五日巳時

家區嗣子名山河生民國甲子年五月初三日卯時

田水名欣來兼承春水生民國乙丑年八月初八日午時

柏與公子東園公三應瑞公派

家仲嗣子名年春字　奕生民國壬子年四月初九日巳時

生枝長子名福春字　奕生宣統己酉年八月初九日

日子時娶廖氏送娘生民國丙辰年二月初四日
亥時
生枝次子名正春生民國丙辰年二月初六日酉時
生枝三子名甘泉生民國庚午年九月初四日卯時
家摸之子名希柱生光緒廿三年丁酉三月初一日
申時娶廖氏皆娘生民國壬子年十月初四日戌
時
子一　順祥
家智長子名火鍊兼承禮金為四代孫生宣統辛亥

年十二月初十日寅時

家智次子名奢求生民國戊午年十月十一日巳時

家智三子名順意兼承家永生民國壬戌年正月初四日巳時

家赫長子名忠義字信奕兼承善生生光緒己亥年八月十三日未時娶李氏乞娘生光緒丁未年八月初六日丑時

泰宜之子名四進兼承富水生民國甲寅年十二月初七日辰時

家澍長子名希交生光緒丁未年三月初六日辰時

家澍次子名皆再兼承宙水生民國甲寅年七月廿五日寅時

家同長子名財登兼承宙水生民國甲子年二月廿一日戌時

家同次子名東春兼承家改生民國丁卯年十月廿九日未時

家度長子名希雨字　奕生
娶廖氏

家慶次子名連來生民國戊午年

廷法長子名福美生民國丁巳年九月初九日丑時

廷法次子名文明生民國癸亥年四月初一日卯時

良水長子名春水生民國甲寅年八月初九日戌時

良水次子名益美生民國己未年正月廿四日亥時

良水三子名宗成生民國辛酉年九月廿二日亥時

良水四子名泉城生民國庚午年三月初五日未時

良水五子名順利生民國壬申年九月廿八日卯時

家妹長子名生財生民國戊辰年四月初一日戌時

家妹次子名萬發生民國壬申年六月十五日巳時

肇來之子名在興生民國壬申年六月十八日酉時

家朝長子名流水生光緒戊申年十一月十八日戌時

卒民國辛未年五月初十日寅時

家住長子名庚申生民國己卯年十月十一日辰時
娶廖氏丹娘生民國丁巳年二月十一日丑時
家住次子名癸水生民國丁巳年十二月初一日丑時
娶廖氏淡娘生民國庚申年五月初二日巳時
家住三子名猴鼓生民國庚申年九月初一日辰時
娶廖氏丹換娘生民國　　年七月初十日午時
傳柔叔承孫名勇基

延提之長子名希喜生民國辛酉年十一月十四日戌
時

家陸之子名水仙生民國壬戌年十月廿四日辰時

係辛酉年

家滔長子名再興生民國辛酉年七月十二日卯時

家留嗣子名再生兼承家象生民國丁卯年十月初十日午時

家應長子名生財生民國乙丑年正月初九日卯時

家應三子名金樹生民國庚午年五月廿九日寅時

家潤長子名柳枝兼承傳甚爲孫生民國丁巳年十二月十七日戌時

娶李氏愛娘生民國辛酉年五月廿五日卯時

家潤次子名養枝兼承傳康爲孫生民國癸亥年十二月廿一日戌時

九如之子名雲水生民國丁卯年六月廿四日未時

禮全次承四世孫名火鍊生叙在内

以上俱係伯興公派

廿三世 宗行

奇峰公長時澄公派

良明長子名連塗生民國丁卯年十二月初六日巳時兼

承源泉

良明次子名騋岸生民國己巳年十月初一日申時

其英養長子名進發兼承希宅生民國壬戌年三月三

十日子時

其英次子名有順生民國庚午年十二月廿三日申時

希刺之子名順發字世　生民國庚申年七月十三

日子時

希轉之子名鑾英字世　生光緒乙酉年五月廿七
日巳時
娶陳氏最娘生光緒丙申年九月初八日巳時在
洋卒民國丁卯年九月廿三日午時
又娶蕭氏安娘生光緒丁酉年正月初五日辰
時
子三　閃過　種譯　海水

三敬長子名宗美字世　生宣統庚戌年十一月廿
三日酉時
三敬次子名發隆兼承永正生民國乙卯年正月十
五日丑時

三敬三子名連遠字世　生民國辛未年十一月廿六
日酉時
希雪長子名鴻畧　生光緒辛卯年九月廿四日子
時在外未詳
秋吉長子名宗補字世　生光緒戊戌年十月二十
日酉時娶唐氏乾娘生光緒丁未年十二月十三日
申時
秋吉次子名宗吝　生宣統庚戌年七月初七日
戌時娶唐氏淡娘生民國三年甲寅十月廿四日
吉時

秋吉三子名宗梓字世　生民國丙辰年三月十四日巳時娶魏氏蚋娘生民國己未年六月初三日卯時

希計長子名双鳳係養生民國戊午年正月廿九日寅時

希計次子名仙芳

希啓之子名蓁水　生民國丙辰年五月十八日未時

希宅之子名

希挺長子名宗告字世　生光緒丙午年六月初
七日卯時娶蘇氏腰娘生民國癸丑年七月初
九日酉時

希挺次子名宗蔡字世　生民國丁巳年九月初二
日卯時

希挺三子名宗養宗世　生民國辛酉年十月初三
日丑時

希發之子名宗盤兼承苦梨溪生民國戊午年十一月廿四日辰時

希枝長子名丙丁兼承如淵為孫生民國己未年七月十三日寅時

希枝三子次名戊己字世　生民國甲子年正月初七日戌時行次

希枝三子名三年字世　生民國丁卯年七月十八日午時

希河長子名烏龍字世岩生光緒己丑年正月初六日亥時娶楊氏尾娘生光緒己丑年七月十一日亥時

子三　水池出半　水泉　火順

希河次子名紫龍字世美生光緒壬辰年正月廿八日戌時娶姚氏寬娘生光緒廿七年辛丑二月廿八日巳時

子二　壬癸　春水

希河三子名元龍又名燦爛生光緒丁酉年七月初三日巳時　娶陳氏

子　水池双承

希愚長子名金龍字世珠生光緒壬辰年八月十二日辰時娶唐氏配娘生光緒丁酉年十月十一日辰時

子二　烈火　土猪

希愚次子名甘露生光緒乙未年十一月廿九日午時殤

希愚三子名宗崇字世　生光緒癸卯年二月廿三日酉時娶王氏盤娘生宣統庚戌年　月廿一日申時

希愚四子名廷雲字世　生光緒乙巳年六月初一日午時娶葉氏維娘生民國乙卯年二月十一日亥時

希愚五子名丁財生宣統己酉年二月十一日巳時

希愚六子名五龍生民國壬子年十一月廿八日戌時

希愚七子名六發生民國乙卯年十月初四日戌時

清風養長子名新入生光緒乙未年十二月十三日酉時

娶葉氏衮娘生光緒壬寅年四月初七日酉時

清風次子名石龍生光緒己亥年　月　日　時

殀

福海長子名步雲字世　生光緒己亥年五月廿四
日卯時娶葉氏真娘生宣統辛亥年六月十五日
子時
子一　順來
福海次子名玉龍字世金生光緒戊申年正月廿三
日子時娶陳氏桃娘生民國甲寅年十二月十五日
午時
福海三子名水龍又名廿霖字世雨生宣統庚戌年十一月
十九日卯時
福海四子名金星生民國己卯年七月十七日未時
福海五子名火水生民國癸亥年十月廿六日卯時

希孔長子名宗避兼承希狗生民國乙丑年五月初八日亥時

希孔次子名水來字世　生民國庚午年八月三十日亥時

先齊長子名宗雙字世　生民國甲子年正月廿七日辰時

先齊次子名　宗生字世　生民國丁卯年七月初四日未時兼承希馬

希傳養長子名仙景生民國丙寅年三月十五日寅時

希傳次子名通仙生民國庚午年正月初六日申時

希傳三子名再金生民國壬申年六月廿一日戌時

希吟養子名養成生民國庚午年十一月十八日未時

德勝養子名金昌生民國壬申年三月十三日未時

以上係儀善夫公長房

天紋長子名雲龍生民國己巳年三月廿九日丑時

天紋次子名雲清生民國壬申年六月初三日未時

以上係儀訂夫二房

賓奕長子名宗俊字世傑生民國辛酉年五月廿七日卯時

賓奕次子名宗楊字世名生民國癸亥年十月廿五日未時

以上係儀旺夫三房

土寨派

金鳳長子名榮興生民國己巳年四月初九日子時

希持長子名宗寅字世　生宣統庚戌年五月十八日辰時

希佳長子名進魯生民國丁卯年六月廿九日辰時

希雄嗣子名金庚字世　生民國己巳年九月十七日寅時

希唫之子名宗苑字世　生光緒乙巳年九月廿五
日辰時娶唐氏緞娘　生民國丁巳年正月廿三日
午時

希先之子名宗棹生民國乙巳年四月二十日巳時

希紋之子名献忠生民國己未年九月初一日午時

希旁之子名振興兼承希勸生民國丙寅年十一月
初十日亥時

丁財之子名

希場長子名青山兼承家錫為孫生民國戊午年十二月廿一日申時

希場次子名財源兼承傳柑為孫生民國乙丑年四月初六日巳時

牙英養子名東海生民國戊辰年八月初八日午時

希論長子名宗建字世　生民國庚午年正月初六日未時

希淳長子名哲再兼承希泮生民國乙丑年八月廿三日申時

希潭次子名自在兼承希儆生民國庚午年十一月廿四日辰時

希淵之子名宗力字世　生民國丙辰年九月初十日辰時

泉生之子名宗垂字世　生

進長双胎長子名宗門生民國甲寅年十月初一日
寅時娶廖氏　娘生民國乙卯年十月二十日酉
時

進長双胎次子名宗圳生民國甲寅年十月二十日
係初一日寅時
娶廖氏領娘生民國丙辰年五月十八日午時

進長三子名宗河生民國丁巳年十二月初一日丑
時

希寶長子名

希寶次子名

希牆養長子名愛玉生民國戊午年十月廿九日酉時

希墻次子名宗起生民國丙寅年三月十七日戌時

希墻三子名正章生民國戊辰年八月廿二日子時

希墻四子名順水生民國庚午年十二月十三日卯時

希亩之子名宗甲字世　生光緒辛丑年八月初九日午時

娶李氏摕娘生光緒乙巳年十月初九日時

希思之子名荣昌生民國壬申年十一月十九日卯時

希用長子名護來生民國戊午年二月十一日丑時

希用次子名水令兼承希枰生民國乙丑年正月十五日戌時

希用三子名萬裘生民國庚午年三月十六日午時

字世

希卿嗣子名釆來生民國壬戌年四月廿一日寅時

希改長子名宗石字世　生光緒丙午年十一月十四日亥時　娶李氏輝娘生民國丁巳年十月十二日未時

希改次子名宗彤生民國壬子年八月廿六日巳時

希改三子名宗共生民國丁巳年六月廿八日寅時

光明長子名棟樑生民國壬戌年六月廿六日未時

光明次子名宗參生民國丁卯年八月十五日卯時

希裕之子名宗欽兼承家應生民國己巳年五月初五日亥時

希云之子名萬得生民國庚午年三月十五日申時

希引長子名宗雷生民國乙丑年十月廿九日未時

希引生次子名宗月兼承希云生民國戊辰年八月

廿六日寅時

東坡長子名結來兼承鴻葵生民國癸亥年六月廿四日未時

東坡次子名元來　生民國壬申年二月初五日丑時

以上侯佩之派

希坦長子名宗多生民光緒丙午年二月廿二日巳時
娶廖氏秀娘生民國癸丑年十一月廿六日辰　時

希坦次子名宗孟兼承希烈生民國丙辰年五月十
七日巳時

江水之子名宗來生民國己未年又七月初六日　午
時　娶廖氏　娘

漆水長水子名勇才生民國己未年九月

漆水次子名火炉生民國壬申年四月廿三日酉時

希比長子名益安生民國丁卯年正月初六日午時

希比次子名宗綿兼承希池生民國己巳年五月初七日寅時

麒麟長子名宗金字世　生宣統庚戌年九月十一日巳時幼娶吳氏蚋娘生民國庚申年二月十三日寅時

麒麟次子名連成生民國丙辰年十月初三日巳時

麒麟三子名柳樹生民國辛未年四月十五日酉時

以上奇峰長房時澄之派

奇峰公三房時穗之派

希同長子名詹山生民國癸丑年十月廿九日未時

希同次子名地林生民國丁卯年六月廿八日寅時

明風之子名

懷山之子名水本生民國庚午年八月廿二日卯時

潤澤之子名進兮生民國十八年己巳十月廿三日未時

娶楊氏梅花娘生民國辛未年十二月十三日辰時

希東双胎長子名兩全生民國己巳年八月初一日
午時

希東双胎次子名其美兼承希勇生民國己巳年八
月初一日午時

希淡之子名猛春生民國庚午年九月廿二日亥時

以上奇峰三房時禱之派

柏與公子東園公長應懷公派

希兵之子名宗音生民國壬申年九月廿三日子時

賜義之子名建旺生民國辛未年八月初九日未時

再山之子名文友兼承春水爲孫生民國丁卯年十二月廿七日未時

柏與公子東園公三應瑞公派

帝柱之子名顺祥生民國壬申年七月廿七日未時

以上俱係柏與公派

廿四世種行

奇峰公長時澄公派

鍪英長子係抱養名闖過生民國癸亥年十月廿四日辰時

鍪英次子名種譯生民國戊辰年十月廿七日巳時

鍪英三子名海水生民國庚午年八月廿一日未時

烏龍長子名水池兼永生民國甲寅年十二月廿九日丑時

烏龍次子名水泉生民國乙丑年四月廿六日戌時

烏龍三子名火順生民國辛未年六月廿八日戌時

紫龍長子名壬癸生民國甲子年二月初五日未時

紫龍次子名春水生民國庚午年十月十一日巳時

元龍長子名朝來字　種生民國丁卯年七月廿七日亥時

元龍次子名朝木字　種生民國庚午年十一月十三日寅時

金龍長子名烈火字種　生民國壬戌年四月十五日酉時

金龍次子名土猪　生民國乙丑年五月初五日辰時

步雲之子名順來　生民國戊辰年十月十九日寅時

以上係儀善夫長房

［四川瀘州］原籍廣東五華縣粘坑村徐氏族譜三卷（卷一）

徐光吉纂修

〔四川瀘州〕《原籍廣東五華縣粘坑村徐氏族譜》三卷，徐光吉纂修。五華縣舊名長樂縣，於民國初年改爲現名，故是譜又稱《原籍廣東長樂縣粘坑村徐氏族譜》。徐氏由江西石城入福建汀州連城，再遷廣東嘉應州長樂縣。尊真人公爲五華開基始祖，康熙間，九世德惠公移居四川瀘州，爲入川徐氏始祖。民國十四年（一九二五），江津徐光吉偕叔念莊返粤，尋訪宗人，得舊抄族譜，續輯入居蜀者，因成是譜。譜分三卷，卷一序、凡例、族訓、念莊光吉返粤尋宗日記、追宗餘韻、粘坑宗人通信摘要、班行、大壩祠堂建築經過等，卷一後半至卷三爲歷代世系表。譜中時有五華縣民及族人往南洋、香港等地謀生求學之記載。據民國二十二年（一九三三）排印本影印。

徐氏族譜　卷首

卷首附捷新世系

仁侄叔台惠存

九青敬贈

(22)

原籍廣東五華縣粘坑村

徐氏族譜

華陽徐炯題

敬

尊祖敬宗

尊祖

華陽徐炯題

族譜目錄訓序

追宗餘韻班

族譜目錄

粘坑經過
後
德惠祖世係

原籍廣東長樂縣粘坑村徐氏族譜序一

虞書曰，別生分類，周官曰，奠繫世，辨昭穆，故譜諜之起遠矣，漢太史公讀諜記，稽歷譜諜，班志藝文，亦載世本世譜之屬，惜皆放失不傳，傳者惟大戴帝繫而已，顧其書總紀帝王諸侯所自出，非一家之譜也，家之有譜，自家語本姓解始，他如屈原賦離騷，韋孟作諷諫，司馬遷班固之史記漢書，莫不自叙本系，著之篇籍，然又紀述簡略，未嘗別爲一書也，迨至六朝，九品論人，門第相尚，家譜於是始盛，而五季播遷，其書亦亡，宋興歐陽修蘇洵，乃各創意自譜其族，不錄遠祖，不傍名門，世多奉以爲準焉，夫家之有譜，非以矜門第也，特以收宗族，厚風俗耳，故程子之言曰，收宗族，厚風俗，使人不忘其本，須明譜系，蓋譜者普也，所以普治宗族者也，士君子，窮則獨善其身，達則兼善天下，普治宗族者，獨善之大本，兼善之先務，古人所以汲汲，顧不重歟，吾徐氏自伯翳，而蕃衍於中國，數千年來支分不可考誌，其始遷居粵者爲員人公，由粵遷居蜀者爲德惠公，江津宗兄光吉，德惠公之裔也，夙有志普治其宗族，卒業東南大學，乃偕其叔念莊，遠行數萬里，至長樂粘坑村，訪宗人之留學者，得其舊鈔族譜，歸而謀諸族衆，續輯其居蜀者，又裒然成帙，今攜至省門，並以付梓，期於本年春季，散之族人，茲可謂心誠而力勤者已，吾觀其譜，世系之外，詳於里墓，而略無傳讚銘誄之屬，且弗假人爲之題署序引，其不攀援顯達以誣其先世也如此，其足以慰先而信後者，蓋又可知，孝子仁人之用心，固如是乎，永孝之先世，清初自鄂入蜀，居大竹之楊通鄉，至永孝已十八世矣，而無譜諜可稽，癸亥居鄉，爲童子師，不揆愚陋，嘗慨然欲斷其可知者而爲之譜，聞族登雲公，夙有記錄，因訪其後，則無有也，旋以留學遠遊，願遂中止，丁卯入都，往返鄂境，不克下輪，諮訪其宗，今又遠鄉千里，文獻不徵，吾支譜諜，致弗能如光吉之美志竟成也，嗟夫，吾與光吉之先，蓋同出而異派，何一幸而一不幸邪，感光吉之急於先務，故應其囑而爲之序因言譜諜之重，以詒族人知觀覽焉，癸酉仲春大竹宗人永孝仁甫氏謹序於成都

原籍廣東長樂縣粘坑村徐氏譜序二

隋唐而下，家有譜牒，由唐迄宋，惟蘇氏明允族譜序，爲得其要，蘇氏之意，以親親爲主，即禮記所云，親親故尊祖，尊祖故敬宗，敬宗故收族也，收族如何，自始祖以下，大宗小宗，遠近親疏，集成一編，名曰家乘，此收族之說也，今徐氏敬宗收族，續修譜錄，完善可觀，余深有取焉，瀘縣徐氏，系出伯益，傳至春秋時，有徐偃王，能行仁義，子孫因以爲氏焉，此徐氏受姓之始祖也，延及宋元明之間，有二十九郎，居江右石城，其孫遷居閩省汀州連城，五世孫東哥公生七子，自閩省遷居粵東嘉應州之樂邑，此粵東徐氏之始祖也，大淸康熙丙申，有德惠公者，由粵東遷蜀，居瀘縣東偏九十里丁石鎭兩板橋，子孫因家於是焉，此入川徐氏之始祖也，德惠公再傳，分六大房，長房曰捷新，二房曰捷明，三房曰捷禎，四房曰捷祥，五房曰捷鳳，么房曰捷揚，自此以後，丁口星繁，倉庫山積，徐氏一族，門戶光大，甲於三瀘，遂稱巨族焉，民國二十二年，徐氏族中長老，續修譜錄，自德惠以上，其在粵東者，僅載本支，他不序及焉，懼其泛也，自德惠公以下，六大房子孫，凡居瀘縣江津合江江安者，支分派別，如數掌上螺紋，娶某氏，生幾子，享壽幾年，卒某日，葬某所，一一備書，無缺漏焉，懼其略也，譜既成，友人徐海山，長房捷新公六世孫也，請余爲之序，余因起而言曰，大哉，徐氏之多賢子孫也，不可無一，不能有二也，吾瀘大紳名閥，不乏其人，自流賊亂後，譜牒散失，往往數典而忘其祖，尤其甚者，不知敬宗收族之大義，視骨肉如路人，疏遠者更何論焉，有識者竊笑之，今徐氏族中長老，續修譜錄，深明敬宗收族之大義，尤合蘇氏明允親親之大旨，良可嘉焉，且卜徐氏之族，愈久愈昌熾，正未可量也，故從海山之請，而爲之序

前清歲貢生候選教職艾芳楷敬撰

序三

光吉富家族思想，嘗欲探本宗原籍，壬戌肄業南京，有同學李君只仁者，粵之長樂縣人也，談其鄉里甚詳，蓋長樂，亦光吉先代故鄉也，於是始函原籍宗祠探詢，得粘坑宗人仁深及長樂莘農覆書，深盼回鄉一遊，適寒假至，乃與念莊約之上海，乘海船至汕頭，取道揭陽湯坑，抵長樂，再行七十里至粘坑，住仁壽叔家，是地族人，皆敦睦情殷，款待甚厚，度舊年後，攜仁福抄錄之譜而返。

譜既獲，族長海山，厚基，滙卿，禹門，坤生，及久安漢卿，昌仁，啟坤，煥榮等，倡議修之，復得族衆之助，或任調查，或籌經費，或任抄錄，歷數年而初稿乃成

民國二十二年癸酉，光吉講學成都，海山厚基囑編校而付印焉，惟修族不易，創譜尤難，光吉之於科學尚愧無成，豈能肩此文事重任，顧宗人等以大義相責，不得已而勉爲其難，幸賴祖宗之靈，竟克成功，然以研究科學之資而任修譜之事，內容舛謬，知所不免，尚祈我老幼鑒原是幸。

凡例

(一)編譜宗旨注重血統世系俾族衆明瞭尊卑某爲高祖遠祖行某爲祖父行某爲兄弟行某爲子若孫行油然生其愛敬之心

(一)譜之完成首推高諒歐陽氏眉山蘇氏其旨本追遠之誠並及於緜長之瓜瓞而不以著述詳博爲重吾譜亦本斯旨而於選舉封誥忠義孝友善行節孝貞婦貞女淑女著述壽考家法塋域碑碣藝文行述像贊等雖未專欄記載然亦依據來稿附於個人之末以光家乘而垂久遠

(一)名派不定則昭穆難分尊卑莫辨故自德惠祖至文字輩列一總表附諸卷首各文字輩之子孫又列一分表附於其文字輩之前至以後班行必須劃一故列已規定之班行二十字於卷首凡我族人均宜遵用不違

(一)始祖祖其可知者而已不可知而祖之是教之二本也故吾祖自長樂開基眞人公以前僅從舊譜登錄其餘弗敢妄攀

(一)後嗣上承宗祧下啓雲礽不可紊也族中無子者或撫孫或撫曾孫必著明某人第幾子

以亂血統異姓子隨母下堂者應從屏棄但各房底稿容有混淆列入者致編纂人無從分別族人幸勿以爲詬病

（一）族人有流寓他鄉不知其地者則僅書其名而注未詳二字若因郡邑遥遠不及開列者則必明誌某縣某州以便異日歸鄉易於查補

（一）族人無後者直書乏嗣未成人及甫成童而死者則書幼殤早卒等字俾宗人一目瞭然

（一）德惠祠世系以德惠祠爲第一世餘依次類推

（一）世系編纂次序先長房次二房三房四房五房六房各房中長子之子孫列完然後及次子之子孫餘類推

（一）各房有同名之弟兄依其先後更以同音之字以免混淆錯亂

（一）爲節省紙張篇幅經費計每人名之上冠以世系其下繼之別號妻某子某女某生死年月日時地址享年若干有生事業及其特著之點故未分欄特標

（一）祖墳先人窀穸所在繪圖不易今僅列其郡邑市場地分山向以便稽考

（一）原擬將粘坑村全景德惠祠塋全景士圭場祠堂大壩祠堂全景攝成照片附諸卷首後

以鄉間拍照頗感困難而中輟他日當補成之

（一）吾宗族大人繁散處各地難於周知開採容有未到譜中概依各房來稿不得以掛漏爲編輯者咎補苴罅漏尙待後圖

（一）本譜急就成章掛漏譌舛皆所不免異日者人文蔚起踵事增華另創完全美滿之譜同人等有厚望焉

（一）卷首所載之尋宗日記原籍通信摘要其目的蓋以示來者追遠之難而敎宗之有根據也

（一）編纂校正等事朋友之助甚多而以大竹宗兄仁甫同邑舅父楊輝南爲尤力特此銘感

民國二十二年癸酉七月　光吉謹訂

族訓

（一）孝弟忠信禮義廉耻爲先人家法凡我子孫須守勿違

（一）凡我子孫俱當有業其職業以耕讀爲本以工商等正當職業爲輔

（一）鴉片流毒亡國滅種政府屢頒禁令凡我子孫切勿嗜染致干墮落

（一）國難方殷救亡刻不容緩凡我子孫皆宜努力奮鬭以救國自救

民國十四年乙丑念莊光吉返粵尋宗日記

十二月十六日　午前八鐘出上海登「嘉禾」海船十一鐘啓錠十二鐘半出吳淞口北望崇明島隱現於水天之間東視大海茫無際涯惟黃色之水與天相接回顧吳淞則漠然於視線中愈遠而愈不明也

十七日　出長江口南行寧波洋面微風鼓浪漁舟甚多海水成碧綠色乘客常嗅有腥氣頭漸昏不思飲食

十八日　過台灣海峽陰雲四佈北風大起波濤洶湧海水山立船身震蕩時如升入天空時如降落深谷乘客有因而嘔吐者甚苦

十九日　午前二鐘抵韓江口停泊待天明入汕頭港乘小艇登岸寓至安街門牌九十六號廣泰來棧繼遷新潮興街華商旅館長樂人李直天開設

汕頭市位韓江之東多常綠樹風景極佳又以地處熱帶雖隆冬而氣候溫和由滬起程着皮袍至汕頭着夾衣

街市寬大而整潔建有馬路商務繁盛粵人嗜食酒飯店極多潮民有品茗風

茶杯小如酒樽而酒樽反大如飯碗婦女纏足操潮州語外人多不識與嘉應州長樂縣語言亦異

汕頭生活程度較四川高茲列一物價表以資比較

物名	價值
米每百斤	六元七角或七元八
猪油每斤	五毛
猪肉每斤	三毛
牛肉每斤	三毛
鹽每十斤	五毛
菜蔬每斤	一毛
黃芽白菜每四斤	一毛
杆炭每百斤	三十毛
柴每六十斤	十毛

物名	價值
番梨每斤	一百文
橘子每百斤	四元或五元毫洋
香焦每百斤	四元或五元毫洋
海參每斤	一元七角毫洋
金鈎每斤	一元毫洋
墨魚每斤	七毛毫洋
人頭洋一元換毫洋十二毫半	
每毫洋一毛換當十銅幣十三枚	

二十日　休息一日晤同學程式於革命軍營部

廿一日　午前十一鐘搭小輪午後三鐘至揭陽縣（每人輪費毫洋四毛宿館八毛）寓大益祥棧街道

狹小且齷齪閩棧內管事黃祿云有男女中學校逢場期尙熱鬧

廿二日　雇力夫擔行李步行六十里宿湯坑沿途寬大而平坦民皆聚族村居道旁土壤肥沃成灰黑色氣候較汕頭溫和麥苗高二尺餘正揚花結實桃李花開放冬季雨水稀少稻田中土壤均翻曝日光中次年春雨降落即可種稻蔬菜類有牛皮菜包包菜及櫻粟科植物婦女皆天足能荷重擔或任田野工作

湯坑為鄉間市場街衢狹小有溫泉浴池產甘蔗沙糖白糖客棧有童工郊迎旅客至店即呼洗面洗身（洗臉洗澡之意粵省位熱帶居民每夜必浴不若北京人於冬季纔浴一次也）纔夜餐八客一席設酒肴以款來賓次晨拂曉呼旅客洗面早餐若是一宿兩餐給費三毫

廿三日　越百二段（山名）行八十里宿郭田約（粵人呼場為約或墟）有居民二十餘家

廿四日　天雨行六十五里過水寨宿轉水角水寨為一大市鎮有小河行小舟頗熱鬧轉水角有居民二十餘家

廿五日　行二十五里午前十一鐘至五華縣（原名長樂民國元年改稱五華）住東門內宗人莘農家莘農年六十餘極康健前清庠生能說普通話得以暢叙粵閩間之風俗人情中午食炒米糖繼進午餐酒肴豐富有臘肉猪肝豆腐中鑲肉等（豆腐切成正方形中鑲肉丸置釜中加調和煮之曰鑲豆腐）

廿六日　莘農囑休息一日

五華城小有城門四可互相盼望街衢狹小逢三六九日互市其鬧熱尙遜於朱家沱城外有河高於城內故甚潮濕聞莘農云街面逐年降落將來全陷於地層亦未可知有石坊已陷入地下三尺餘卽其明證

高等小學校及中學均放假駐兵聞莘農云高小校常年經費千元中學校經費五千元

粵人同鄉觀念極深由揭陽起程時有五華人十餘同路彼等作工南洋還鄉度歲互通姓名寒暄後知我等回鄉尋宗而以同鄉相視每過旅店飯店必代照顧一切致狹者不得逞其奸余甚感焉

城內有宗祠徐華清任軍醫總監時捐資建築規模宏大

五華生活程度較四川高茲列物價表於後

物名	價值
米一斗（重廿二斤）……	一元四角
鹽十斤……	八毛
柴百斤……	五毛
魚每斤……	三毛
鴨每斤……	兩毛半
農人每年工資三十六元或三十八元	
石工每日工資……	三毛
飯在內菜由主人供給	

物名	價值
豬油一斤……	四毛五
豬肉一斤……	四毛
雞一斤……	四毛五
雞蛋十個……	兩毛半
鴨蛋十個……	兩毛
木工每日工資	三毛六
飯在內菜由主人供給	

廿七日　八鐘起程行三十里至潭下墟午餐再前行四十里於晚六鐘至粘坑村住仁深叔家

五華粘坑間均崎嶇小道行旅苦之

廿八日　仁任仁才仁福俊祥來晤村中叔侄婦孺聞四川尋宗者至均來瞻詢快甚

十鐘同仁深謁欽三郎三伯公墓及宗祠河塘壩等處（案河塘壩卽老輩傳說之泥河壩）宗祠狹小有堂屋下廳各一間中懸有匾二十一江西朝宗者贈題昇平人瑞四字下廳外有小水池午後六鐘仁任殺年猪邀赴晚餐

廿九日　宗人持欽三郎公像至仁任家　光吉同仁深往謁案欽三郎即明晦行第三有道術令蜀中吾族娶親者備油酒一壺肉一方及祀典等項持往女家祀神相傳係欽三郎公迎親也其酒肉如有於中途盜食者神必爲祟云云又鄉人儺至吾門必先請之粘坑叔侄亦如是云且言甚靈驗髮匪之亂及光復之役鄰村張氏舉族來逼幾被逐幸明晦公之助得以轉敗爲勝故粘坑叔侄均崇祀之

光吉欲索明晦公像至上海翻印多張廣佈吾族以藏像者恐久假不歸遂未果

是日大兵過粘坑一宿而去

除夕日　備三牲燭帛往祠祀祖

丙寅正月初一日　參觀耶穌教堂往仁昌叔家午餐宿老虎墈仁元叔家仁元叔年七十一精數學有四子維周義達義華義生一女長子維周畢業天津軍醫學校曾任吳光新師部軍醫院長女精婦科

初二日　同仁深往朧初家午餐繼至旭初家夜餐朧初年七十有弟聲著子昭平旭初子靜宇錫宣均聰穎

初三日　晨仁深備筵欵待有維周來會邀赴竹琴家午餐晤鼎卿文齋竹琴任粘坑族長極聰明治家有法午后四鐘至鼎卿家夜餐鼎卿年七十三好佛不茹葷精堪輿

初四日　赴文齋家早餐暨周家午餐晚間仁任同維周來會暢談甚久

初五日　同錫清回五華臨行時粘坑叔侄鳴紙炮鉄炮歡送滿房叔侄備轎二乘路費二十元距粘坑五里謁三世祖母墓七世祖母墓

初六日　晨留住一日早餐後遊城隍廟廟門有榕樹（像黃桷樹但樹枝着地即生根故一棵樹即可長成一森林）三株根部排列成三角形樹幹合生縣人稱爲奇觀

午后二鐘出西門散步見玩獅子者其形狀與四川相同午后六鐘過公安局聞大號聲擂鼓聲乃兵隊歸營應名其情形與同志會相同

初七日　錫清徑來謂船已雇好由五華至梅縣（嘉應州改稱）需十八元毫洋遂攜行李別晨至西林壩碼頭是日舟子準備一切不即開行故宿錫清岳父卓新球家

初八日　中午啓碇行十餘里泊焉河水淺沙灘多常阻舟進舟子屢入水鬬凹槽以利舟行

初九日　晨啓碇過轉水角至河口有琴江自水寨來滙水量深便舟行過水口有小河自興寧縣來滙水量更深可使槳鼓舟行是日宿水口

河口居民百餘戶有五華縣立第二中學民國初年五華人决移縣城縣署於此後以袁氏稱帝未果新建之縣署故改立第二中學

水口居民二百餘戸德人建教堂一所牧師何君道安與錫淸友善往參觀焉是夜月光燦爛沽酒同賞醉入夢中不知東方之已白

轉水角至河口兩岸楠竹甚多濃蔭滿地風景極佳

初十日　啓碇經畬坑過長沙遇大雨宿代莎附近之一小地長沙附近有小石灘舟子視爲畏途相顧而告曰注意然與蜀之險灘相較則遜甚

十一日　午前九鐘至梅縣寄行李於斜新街徐賀廷之協通號宿王塘樂育中學錫淸處晤乃兄錫康伊弟兄均任教職於樂育中學

十二日　錫淸留住早餐后參觀樂育中學樂育女校樂育男女小學盲目女校梅縣縣立師範女子師範及省立梅州中學

樂育男女學校均爲德國教會所經營校舍整齊規模頗宏大盲目女校爲德女教徒創辦有學生數十名利用手之觸覺以課生徒與一般用目力念書者不同

省立梅州中學在北門外校長侯昌齡君云有學生七百餘常年經費二萬

徐元爲嶺東中學之冠

茲列梅縣物價於后

物名	價值
米一石重百八十斤	七元二角
猪肉一斤	四角五
牛肉一斤	四角
雞一斤	五角
鴨一斤	四角
煤炭百斤	五角

物名	價值
豆油一斤	三角五
魚一斤	三角
鹽一斤	七仙
白糖	一角五
乾柴百斤	五角

十三日　晨赴快船碼頭（攬載船碼頭）搭船往松口距梅縣九十里船費八角中午過建利午后五鐘至松口

松口商務繁盛街市寬大有小汽船通潮州夜間亦可航行至松口后即搭開源汽船（由松口至潮州每人毫洋乙元六角飯食每餐二角五仙毫洋）於午后十鐘至三河壩適革命軍獨立第二師封船遂停泊登岸觀玩紙龍之戲

十四日　旅客全體向駐軍交涉九鐘啓錠午后四鐘至潮州寓狀元坊東昇客棧

十五日　清晨出東門過湘子橋參觀韓文公祠省立韓山書院省立第二師範及涸溪塔乘小舟渡韓江參觀鳳凰台過小西門復入東門遊西湖時已十二鐘回寓束裝赴城外之潮汕火車站

湘子橋爲韓昌黎建跨韓江長二里餘成二十洞橋礎上多種榕樹小貿者架屋於上而居焉韓江中流有橋三洞被水衝毁有浮舟以濟行人

過湘子橋左轉入韓文公祠祠外有石牌坊書韓文公祠四字並刻對聯文云「佛骨謫來嶺海因而增重鱷魚去後江河自此澄清」祠內建韓愈及湘子像香火極旺祠後爲韓山風景極佳祠下爲省立第二師範係韓山書院舊址改建校內有韓愈書白鸚鵡賦

鄭君厚資家潮州西馬路二百零五號省立第二師範之三年級高材生誠實和藹識普通話參觀學校及遊覽名勝均由鄭君指導他鄉得友誠快事也

鳳凰台瀕韓江邊有廣大之沙壩據鄭君云八月來此放風箏者甚夥

粘坑村徐氏族譜

西湖爲駐軍洪兆麟改建湖背有山建太和觀其形狀類西湖故名今改稱中山公園門首有石坊譚延闓題中山公園四字

午后兩鐘半火車開行（三等車票由潮州至汕頭七毫半）四鐘至汕頭寓華商旅館潮汕路長百餘里車中極骯髒無票乘客頗多

十六日　十二鐘搭巴陵丸海船赴廣州（統艙每位大洋五元九角）三時啟碇

十七日　午后四鐘至保安縣境之大昌停泊是日微風徐來水波不興遠望島嶼星羅棋佈俯視水族時現時隱幾忘海浪時之苦也

十八日　午前十鐘啟碇午后三鐘至廣州有梅縣中學三年級生李忠代雇小舟至長堤登岸（每人二毫五）雇黃包車至府學西街西園學舍寓焉（一宿兩餐每客五毫五）廣州小艇極多輪泊後均蜂擁而來李忠告曰此靼戶也

十九日　步長堤沿珠江岸至沙基沙基爲英租界六三慘案肇事處經太平南路豐寧路惠愛西路至花塔街之六榕寺寺內有六榕塔高九層祀六祖像香火極旺寺中樹木葱鬱風景極佳

離六榕寺沿惠愛東路大東路至東川馬路參觀廣東大學附設醫院

二十日　晨赴廣東大學晤龔希直參觀廣東大學及附屬中學小學十鐘龔希直君導往黃花崗謁七十二烈士墓及伍廷芳博士墓烈士中粵之花縣徐氏十六蜀人三午后五鐘遊紅花崗而返

廿一日　謁孫總統府舊址府後有觀音山山上僅遺五層樓斷瓦殘石滿目悽愴中山先生蒙難處也是日爲植樹節國民政府行禮於五層樓下各機關學校到此參加者甚多

十二鐘至西關陳家祠訪王天元君不遇遊大佛寺大沙頭航空校廣九鐵路等處取道白雲路而歸

廿二日　晨七鐘參觀第一公園園址寬大花木繁茂八鐘參觀省立女子師範校舍設備頗完善校長廖淑均女士小學主任胡吾初君竭誠指導余甚感焉

十二鐘赴長堤嶺南大學碼頭（天字碼頭附近）乘小輪往嶺南大學（輪費一毫五）校址寬宏校舍華美校景極佳附設中學小學男女學生共千餘人午后六鐘往西關外十三行街道狹小行車不易然而富商巨賈總號麕集焉

廿三日　午前十鐘遊珠江中心之海珠公園（每人往返取船費半毫）園內建陳璧光銅像

午后四鐘王天元君來寓設法赴香港（以五卅後與英人絕交）

廿四日　十鐘赴長堤泰安棧買新華海船船票預備北還十一鐘遊大新街業玉器象牙者甚多據云手工業冠於嶺南

廿五日　十鐘携行李至天字碼頭雇小艇至大滿口登招商局新華輪十二鐘尚未啓錠登岸步行田野時日光直射氣候温暖甚於吾川之初夏而不覺爲初春矣

廣州市物價列後

物名	價值
米每百斤	十元
鹽每斤	百廿文
柴每百斤	一元一角
炭每百斤	一元
猪肉每斤	四角五
猪油每斤	六角
雞每斤	八角

物名	價值
鴨每斤	七角五
雞鴨蛋每十個	四角
魚每斤	四角
牛肉每斤	四角五
每大洋一元換十二毫半	
每一毫換錢一百六十文	

廿六日　晨九鐘半啓錠十二鐘過黃埔午后一鐘過虎門炮台出珠江口（熊克武正囚於虎門）午后三鐘過香港口外終夜航行

廿七日　北風起海浪與同行宗人季澄（華農子同往南京）甚苦之終日不起床惟長呼「冤枉」而已（粵人於痛苦時恆呼冤枉）

廿八日　風息浪止天氣漸寒改着皮袍輪行海中常覩遠山但不識已至何地

廿九日　午前十鐘遇霧午后五鐘降雨七鐘又大霧遂停泊常擊鐘以示警蓋恐他船因霧而來撞也據茶役云明日午后四鐘可至上海然遇此大霧則不可預料

二月初一日　八鐘起錨航一鐘又遇霧而停泊如是者數次午后八鐘至某地有一輪觸礁遂停泊放小艇營救之

初二日　晨至登山午后一鐘至吳淞口遇林肯總統號郵船入黃埔江又見一輪沒江中僅露煙囪於水面午后三鐘至上海

粘坑村徐氏族譜　一

追宗餘韻 有引

民國十五年春偕吉侄旋粵東先人故里遍訪長樂宗室備蒙款待銘感難忘歲月不俱彈指七年國步艱難偷閒在校修譜等事概由光吉及族中諸君子爲之言念實慚卸責今譜成付梓與宗人相見矣光吉厥功最多自不待言當此倥傯之際爰錄南遊古風數首刊諸譜端藉留紀念以年近二旬中學修學兩年作品若此淺陋總誰宗人教之其旅行往返經歷詳光吉日記茲不贅

(一)出吳淞口

氣爽天高泛小輪，無窮大宇覺平生；莽莽長江憑眼底，縈縈中水繫離情；五色旌旗搖艦艇，（當時北方尚爲五色國旗）巍巍電站聳雄心，回首關山東海裏，南遊叔侄正芳辰。

(二)五華粘坑道中

板橋流水轉田車，如此風光好畫圖，聳翠層巒微凹處，疑是先人故梓墟

(三)揭陽五華間山行遇雨

幾日山行苦，今朝報德禽，蕭蕭飛細雨，瑟瑟聽溪聲，迢遞羊腸路，情懷故里人；田園荒蕪久，長樂何處尋？安得長房術，遽邇抵粘坑。

(四)粘坑度十五年舊歲日日擾宗人郇廚感而作此

二百年前已別離，嶺南西粵蜀天低，東海支分湘桂蜀，南州派衍粵閩西 江西 叔侄來歸

愼追遠弟兄款待厚情儀，爆竹聲中盡歡樂，吾門濟濟發祥兮！

（五）別粘坑全體宗人

忝羈離鄉二百春，後孫返里已將旬；追叙離情誠雅況，厚勞宗衆謝難申，至愧菲才

來叔侄，那堪佳話羨竹林，舉族殷勤來相送，蜀山嶺海感情深

念莊速草寄自南京國立中央大學

粘坑宗人通信摘要第一件

光吉宗台大鑒敬者獲郵送大函悉清查族系源流飲水思源欽佩無似查粘坑即古之張坑也我眞人公始於大明永樂年間自福建汀州之連城縣移來長樂大都約沙田鄉迨三世祖仲禮公再移粘坑村是地離五華城七十里全鄉住徐張謝三姓徐氏人丁八百張氏五百謝氏三百以農爲業者居多因丁口繁衍之故乃有散移廣西之賀縣四川之瀘州廣州之沙梨園者目下此間之族長爲前清庠生徐竹琴徐應清我房有徐義達畢業於保定軍官大學民國四年爲林虎部中校團附其兄郁文畢業天津軍醫學校前爲吳光新軍醫院長舍胞弟徐仁壽畢業香港英文學校創辦華仁學校於香港（羅便臣道第二號）數年間學生增至七百餘如欲遊歷香港至彼處一問可知矣惟此間族人多貧窶之家缺乏衣食者居十之八九故初級小學生僅約五十餘名高級小學生二十名中學生則僅十名耳近來屢遭兵燹軍閥重重刮削族衆將成不可終日之勢寒假有暇請抽身遊歷原鄉若不慊鄙陋當掃榻以待也至來此路線由上海起程三天至汕頭到汕後可探訪有五華人李直夫君渠開設華商旅館於新潮興街請

渠照料一切、然後自汕頭乘火車、三小時抵潮州、再登小輪一天到松口、如在春水發時多則五天可至五華、至冬令路線可由汕頭乘小輪三小時至揭陽、登陸四天到粘坑、沿途情形詳詢李直夫先生可也、至粘坑後住徐仁深家下小息、以嘗故鄉風味、另將族譜世系略抄於后、餘情縷縷、管難盡言、請惠好音、並候旅安、

同宗仁深頓首十四年十月十八日

五華開基一世祖眞人公——第二世念十一郎——第三世仲禮公大明正統年遷居粘坑——第四世英公——第五世玉璋公——第六世明謙公即本鄉藩房——第七世君任公——第八世達宇公深等之祖也達泗公光吉等之祖也

達宇公再傳第九世德安公——第十世捷諒公——第十一世敬昌公——第十二世芳錦公——第十三世寬保公——第十四世道良仁深之父年七十一住香港華仁學校——第十五世仁深

達泗公再傳第九世德寬德惠德九德汗德紹弟兄五人

第九世德惠公生五子捷新亞二亞三亞四亞五此五公依族譜所載於康熙五十七年巳亥

移居四川瀘州利市杉丁市壩查此地距江津縣不遠諒是再移居也

第二件

光吉賢宗惠鑒昨晚得大札並滙票十元已如數查收承命刻匾掛祖堂中茲已著本家徐乃康照辦題文曰「德蔭三巴」他日製成鄙人欲增費七八元預備三牲祭品鼓樂司等送去並備酒席三棹請本族紳耆同送至祠中諒足下於此亦有同意也敬候平安

同宗仁深上言十五年六月四日

第三件

光吉同宗鑒前囑刻匾掛有才坑祖祠事茲已辦妥矣滙來之大洋十元換毫洋十二元三角刻匾金漆去洋八元四角尚餘三元九角冬至日全族迎匾至祠余將任台寄來函件向衆宣讀均拍手歡呼不已事前余與維周等商議光吉係我滿房嫡派伊既來朝宗又復送匾余既承託代辦應以光吉之名設席邀請此間長房家長臚初鼎卿竹琴文齋益丰錫恩肇周錫康等及滿房家長仁元仁昌仁聲仁志仁任義遂義華等迎匾餘則列席冬至之族人每席特加腿肉一大碗是日也不但承邀之二席家長開懷暢飲即十八席叔侄亦均感謝懽忭不置

也此次酒席共用十三元三除刻匾餘欵三元九尚差九元四餘容後述即頌平安

同宗仁深頓首十五年十一月廿八日

第四件

光吉宗台大鑒别來半載兩奉大函昨閱臚初兄云四川叔侄擬在五華縣總祠內陞匾並安置德惠祖神牌以妥先靈而留紀念此事元等極端贊同查五華祖祠迭遭兵燹多有破壞僉議擇吉修復安牌陞匾即於竣工之日舉行最爲妥當茲將上年建祠簿序並放牌級位付上一閱（牌位甲等八十元乙等七十元丙等六十元丁等五十元）餘容續陳專此即頌闔福

五華祠首莘農臚初同啓十六年七月三日

第五件

念莊光吉二位賢叔鈞鑒錫旋故鄉倉卒話别殊爲慊然茲將粘坑東至汕頭及西往廣州路線及族中現在人名列後以備一覽

粘坑爲興寧五華通惠州紫金之要道設有郵局自粘坑往汕頭有兩路線（一）由五華（粘坑至五

華七十里　坐木船一日半至梅縣屬大鎭畬坑　一百里　再坐木船一日到梅縣城　八十里　改乘快船一日到松口可坐小水輪於次午到潮州竹篙上登火車兩鐘可至汕頭(二)五華陸行一日到横坡圩　六十里　又一日到百二斷山頂又一日到湯坑新圩再行十里到錫場乘船十里到揭陽縣城登小火輪二鐘到汕頭

自粘坑往廣州省城則陸行一日至東江老隆　一百里　登小火輪一日至河源再乘火輪一日到惠州城再乘火輪一日到廣州省城

三世祖考玉璋又名法璋祖妣鄭妣金陳妙善生四子明諒明訓明誨　卽法師徐欽三郎　明謹而爲粘坑現時之四大房　光吉卽屬明謹公滿房

長房明諒公裔列後

徐上青　譜名光猷號竹琴清光緒十七年壬辰科庠生現任族長

徐應清　譜名祥開號柳堂清光緒壬辰科武庠生

徐致名　譜名榮開號新吾竹琴侄清光緒二十九年甲辰科庠生

徐致裴　譜名棣開號子安清北洋警務學堂畢業

徐毓芝　譜名茂堉號秀峯清北洋高等警務學堂畢業

徐應奎　譜名鼎開號文齋前清北洋高等警務學堂畢業

徐金棠　譜名展開號詔平前清北洋高等警務學堂畢業

徐致廣　譜名培開即竹琴之第三子

徐致遠　譜名兆開號利羣竹琴之第四子廣州公立法政學堂預科畢業

徐致文　譜名憲開號肇周

徐上珍　譜名光勳號鼎卿

徐旭招　號鏡如任德人耶敎堂牧師

徐旭眞　任牧師

徐錫康　梅縣樂育中學教師

徐錫清　同上

徐錫盛　五華長布南山小學教員

徐芳林　任瑯敎所創學校教員

徐明德　同上

徐家芳　從軍習軍醫

二房明訓公裔遷往番禺鶴山二縣

三房明靜公即法師欽三郎嗜糯米軟粑恆顯威靈庇佑族衆故族中婚嫁等事均特別祀之

乏嗣曾抱君任公爲子

四房明謙公裔

徐仁壽　號靜山畢業香港之天主堂所辦學校現創辦華仁學校於香港

徐郁文　號維周清北洋陸軍軍醫學堂畢業前任吳光新師部軍醫院長曾隨軍入川

徐義達　號直吾前清北洋陸軍學堂畢業

徐仁深　任耶教學校教員

徐仁懷　山東齊魯大學畢業任職香港華仁學校

徐桂祥　北洋軍醫學堂畢業

徐俊祥　北洋軍醫學堂畢業

徐仁任　任牧師

徐仁材　任牧師

徐仁福　任牧師

徐仁智　任牧師

徐福祥 任牧師

粘坑村全族男女合計九百餘人

竹琴謹上 十五年正月初四日

粘坑村徐氏族譜

貞八人　十一　念三郎　仲義　英公　顯　棟　明　明謨　君付

三　仲和　二　英　榜　明謹　昌

逵　德　捷　敏　錦　寶　宏　仁　祥　偉

鼎　鳳　世　元　茂　亮

兼　雞　錦　天　開

閏　慶

四川始祖

逵　淵是始祖十七世孫任公傳至二十三世

七德惠公　八　捷　九　樂　十　文　十一　朝　十二　錦

二　三　四　五　六　七

合粘坑班行

合長樂班行

合二十九郎公起班行

附班行二十字（四川系）

維念光先澤榮宗應守成獻廷思治國世發紹家聲

班行字均列人名之中凡我子孫切勿擅易自干家法

維念光先澤

大壩祠堂建築經過

祠堂丙山壬向兼子午水出乾坤方

大壩祠地址原僅小屋一間以置神位族人久欲改圖而未就清光緒丁未值族人維憲售業於郭姓其業緊接祠基維高念祖念椿念光等乃商得於維憲讓出寬餘地基以備改建祠堂之用而下廳右園之地基房舍原係維金產業維高等又以改建祠堂商之以他處地基與之互換瓦角等項另給錢拾八千於是祠堂基址於以完成宣統己酉維高等復邀集五百千五百田閣會會成即興工改建辛亥三月工竣落成我大壩祠遂煥然一新矣祠成之後猶餘款二百六十千購朱家沱十字口獅子樓街房一間歲入佃租作未完田閣會辦會酒之需今會已終局而祀典亦有着焉噫嘻創業之難有如是乎如維高念祖念椿念光等可當之不愧也光輝爰筆而記之

開姓源流

黄帝有熊氏

少典之子姓公孫母曰附寶之郊野見大電繞北斗樞星感而懷孕二十四月而生黄帝于壽丘長於姬水因改姓姬居軒轅之丘因以爲名爲北斗黄精之君以土德王天下都于江南彭城登位百年壽一百一十一歲葬于橋山

帝顓頊高陽氏

姬姓乃黄帝之孫昌意之子母曰女樞見瑤光之星貫月如虹感己於幽房之宫而生顓頊于若水首戴干戈有聖德爲黑精之君十年而佐少昊氏二十而登帝位以水德王天下初國高陽故號高陽氏都於帝丘登位七十九年壽

肇姓始祖 **伯益**

姬姓乃帝顓頊之苗裔娶妻姚氏父曰大業母曰女華益名大費又名栢翳字隤敳在於八愷之内佐舜掌山澤爲虞官又爲舜主牧畜之事又佐大禹治水烈山澤逐猛獸以功賜姓曰嬴生二子長曰若木封國於徐次大廉

受姓始祖 **若木**

伯益公次子實費氏索隱曰若木以王父字爲費氏也娶妻嫣氏受封於徐國子孫因以爲姓歷夏商世爲諸侯其玄孫費昌當夏桀之時去夏歸商後有費仲子孫或在中國或在夷狄至春秋時國中偃王誕公是其子孫也

伯益長子 **大廉**

實鳥俗氏索隱曰以仲衍鳥身人言故爲鳥俗氏也

若木子孫 **誕公**

爲徐國偃王娶妻姒氏以後至漢穉公未詳

粘坑村徐氏族譜

漢　第一世

誕公子孫　**稺公**　世居江西南昌府處士字孺子聲名藉甚洪州之偉人也生一子　肩

第二世

稺公之子　**肩公**　稺公之子字季登稽隱居不仕妣陳氏生五子　永　盛　奇　洪　攀　東漢末年由豫章遷衢龍游

第三世

泊公長子　**永公**　居會稽官爲南郡太守妣蔣氏生一子　邈

泊公次子　**盛公**　居豫章官爲洪州刺史妣王氏生四子　榮　勛　淑　璆

泊公三子　**奇公**　居丹陽官爲中大夫妣卜氏生二子　璆　琼

泊公四子　**洪公**　居信安官爲衢州刺史妣趙氏生一子　晃

泊公五子　**攀公**　居君郡官爲蘇州刺史妣丁氏生一子　璜

一

第四世

逖公（永公之子）官拜尚書郎桓帝時魏國初建禁酒逖公私飲至於沉醉校尉趙達問以曹事逖公曰中聖人趙達白之大祖大祖怒鮮于輔進曰平日醉客謂清者爲聖人濁者爲賢人

榮公（盛公長子）官爲榮陽大守

勛公（盛公次子）官拜從事中郎妣沈氏生二子　庶　康

淑公（盛公三子）舉孝廉時有左雄謂淑公顏子聞一知十孝廉聞一知幾妣吳氏生一子　廣

璆公（盛公四子）官拜高陵大守

晃公（洪公之子）字公明官封平南將軍

第五世

庶公（勛公長子）字元直性孝友因逃難改名單福流落江湖遍訪名帥嘗與司馬徽談論一日偶至莘野行歌于市歌曰天地反覆兮火欲殂大廈將崩兮一木難扶山谷有賢兮欲投明主明主求賢兮却不知吾時有劉玄德聞歌邀入見即拜庶爲軍師調練人馬敵曹操屢奏凱焉厥後庶公之母

被曹操賺至許昌、謀庶母筆跡、詐書召庶、庶別行時、誓後終不設一謀、又薦諸葛與劉使君曰諸葛孔明乃臥龍先生也使君宜枉駕顧之、凡三往乃見孔明、後人有詩讚曰　囑友一言因愛主　赴家千里爲思親、後有人詩讚庶公走馬薦諸葛曰　痛恨高賢不再逢　臨歧泣別兩情濃　片言恰似春雷震　能使南陽起臥龍　三國明庶公傳、

勛公次子　**康公**　早夭

淑公之子　**廣公**　官拜尚書令妣陸氏生二子　質　原

第六世

廣公長子　**質公**　妣呂氏生二子　幹　摛

廣公次子　**原公**　處士時有呂岱薦爲御史岱有過公必力諍之公卒岱哭之甚哀謂曰徐原是吾益友徐死之後吾何由得聞過乎

晉　第七世

質公長子　**幹公**　處士與孔融陳琳王粲阮禹應瑒劉楨七人等時號建安七子

質公次子　**摛公**　官爲太子右衛率父子東宮恩寵莫比文並綺艷時號宮體妣臧氏生一子陵

第八世

攜公之子　**陵公**

居東海字孝穆母臧氏夢五色祥雲化爲鳳集其肩左因而有娠後生陵時有寶誌上人者世稱其有道陵年數歲家人攜以候之寶誌手摩其頂曰天上石麒麟也官爲吏部尚書妣邵氏生一子　子平

第九世

陵公之子　**子平公**

舉進士官爲華陰令後來棄官修道隱於武當山或云飛昇去至唐徐大升參訪子平公眞數夜夢其書藏于武當山往尋果得三篇曰定志論喜忌篇繼善篇妣陳氏生一子　豐芝

第十世

子平之子　**豐芝公**

處士時永和九年三月三日與王羲之謝安等四十三人會於會稽山陰之蘭亭時號蘭亭四十三賢　妣謝氏生三子　成　先　義

第十一世

丰芝長子　**成公**

官爲猛遣將軍妣劉氏生二子　孝嗣　孝克

丰芝次子　**先公**

丰芝三子　義公

南朝十二世

成公長子　孝嗣公　處士博學能文初在率府一日晝臥齋北壁下夢兩童子遽曰移公牀孝嗣驚起壁有聲行數步而壁崩壓牀後爲秘書郎

成公次子　孝克公　官拜國子監祭酒性孝友一日侍宴取珍果納紳帶中歸以遺母高宗見之嗟嘆良久勅自今孝克前饌並遣將還以餉其母　妣臧氏生一子　勉

十三世

孝克之子　勉公　居東海字修仁幼時孝嗣公見之嘆曰此子所謂人中騏驥必能致千里也後爲官致吏部尚書時選官彝倫有序既閑尺牘兼善辭令雖文案塡積坐客充盈應對如流手裁頗峻嘗與門人夜集客有虞高求詹事五官勉正色答曰今夕止可談風月不宜及公事時人咸服其無私　妣許氏生二子　熙　度

十四世

勉公長子　熙公　官拜長沙大守妣曹氏生二子　凱之　羨之

勉公次子　度公　官爵司空

十五世

熙公長子　凱之公
官爲鎮軍將軍

熙公次子　羡之公
官爲司空錄尚書事妣孔氏生二子　路　逖

十六世

羡之長子　路公
處士善占候時有容城令公占之坐繫冀州獄別駕崔隆宗就禁慰問之路曰昨日驛馬流星計赦須臾應至崔隆宗使人候馬俄而赦至後薦爲郎中妣蕭氏生一子　齊聃

羡公次子　逖公
官拜涼州刺史妣莫氏生一子　茂

唐　十七世

路公之子　齊聃公
八歲能文大宗召試賜所佩金削刀官郎中

逖公之子　茂公
名勣字懋德功爲興唐開國元勳爵進英威武王當初大宗賜姓李名世勣拜爲軍師封英國公一日公得暴疾醫書云龍鬚灰可療大宗自剪其鬚以燒灰賜以和藥公頓首泣謝上曰爲社稷非爲卿也何謝之有公嘗侍宴上從容謂曰朕求羣臣可托孤者無以踰公已往不負李密豈負朕哉公流涕辭謝嚙指出血因飲沉醉上解御衣以覆之及高宗加封爲開國英王平

康重事賜田萬頃享壽九十三歲葬于陝西長安縣大白山　妣薛氏生二子　敬業　敬猷

十八世

茂公長子 **敬業公** 初官柳州司馬次襲父職爲淮陽道節度使英王出鎮楊州妣駱氏生三子　美祖　嗣先　成孝

茂公次子 **敬猷公** 官拜江淮侯妣鍾氏生二子　孝德　孝思

十九世

敬業長子 **美祖公** 復姓徐氏封爲掌國軍師稱爲御弟

敬業次子 **嗣先公** 封爲救國軍師

敬業三子 **成孝公** 逃於西涼遇異人學法精通後來奪了西餘國霸占一方爲西餘國王稱爲西餘威武皇帝國號大英

敬猷長子 **孝德公** 自五歲在名山學道十二年後聞武氏廢主篡位特來漢陽以救廬陵王復位長安中興唐室天下封爲護國軍師妣沈氏生一子　有功

生一才女名惠五月能言四歲通論語八歲能屬文父嘗使女擬離騷作小山篇援筆成文大宗聞之初召爲才人後納爲妃及長有淑德帝營玉華宮所費億計惠妃帝東征高麗西討龜茲翠微玉華宮繕相繼乃上疏諫之大宗善其言

敬猷次子　**孝思公**　學法精通以輔睿宗復位中興唐室天下封爲護國軍師

二十世

孝德之子　**有功公**　初官蒲州司法後遷司刑少卿妣陳氏生一子　喻

廿一世

有功之子　**喻公**　官爲中書舍人妣張氏生二子　堅　嶠

廿二世

喻公長子　**堅公**　字友竹由翰林官拜文淵閣大學士當玄宗即位時與張九齡等召入禁中謂之翰林待詔王者至尊一日萬幾四方進奏或詔從中出雖宸翰所親亦資檢討謂之視草

喻公次子　**嶠公**　入山修道時有張果老隱於中條山世傳數百歲玄宗遣嶠以璽書邀之入宮詔以玉眞公主降張果老笑不奉詔還山擢銀青光祿大夫號玄通先生有五星命理傳世妣杜氏生二子　浩　熙

廿三世

嶠公長子　**浩公**　官拜嶺南節度使字季海有文詞父善書以法授浩浩書四十二幅諸體皆備草隸尤工世狀其法曰怒猊抉石渴驥奔泉但書多渴筆謂枯無墨也在書家爲難妣韓氏生一子　卿

嶠公次子 **熙公** 處士博學能文志節高邁工書尤善山水花鳥多狀江湖所有江花野竹水鳥淵魚先落筆以寫其枝葉蕊萼然後傳色故骨氣手神爲古今絕筆

廿四世

浩公之子 **卿公** 官拜尚書郎妣白氏生二子二寅一商公生二子皆美大者秋水爲神玉爲骨小者氣可食牛杜甫徐卿二子歌云君不見徐卿二子生絕奇感應吉夢相追隨孔子釋氏親抱送並是天上麒麟兒大兒九齡色清澈秋水爲神玉爲骨小兒五歲氣食牛滿堂賓客皆回頭吾知徐卿百不憂積善衮衮生公侯丈夫生兒有如此二雛者名位豈肯卑微休

廿五世

卿公長子 **商公** 以刺史鎮襄陽郡加陞參軍掌書記

卿公次子 **寅公** 處士妣王氏生二子　彥伯　方彥

廿六世

寅公長子 **彥伯公** 處士博物好詩賦爲文多求新奇妣魏氏生一子　椿齡

寅公次子 **方虎公** 官拜禮部尚書妣賀氏生二子　知訓　郎中

廿七世

彥伯之子 **椿齡公** 進士加大將軍銜授嶺南廣州府刺史遂家㮾山爲開基祖即今惠州府衙

方虎長子 **知訓公** 官爲參軍令妣李氏生三子　信　儉　偉

方虎次子 **郎中公** 爲諸生時夢神人攜一竹鑑其中皆是人鼻神曰徐郎中形相不薄但鼻曲而且小遂削之于鑑中換一鼻安上神曰安一正郎鼻也公驚覺取鏡照之鼻果端正且大後歷正郎官

宋　廿八世

知訓長子 **信公** 舉進士高第雅好苦吟蘇軾嘗造訪見公作甘露寺詩平地風烟飛白鳥半空雲木捲蒼藤軾以橫字易飛字公即下拜

知訓次子 **儉公** 處士以博學著名嘗隱居藥肆中家植海棠結窠其上引客登木而飲世稱雅士

知訓三子 **偉公** 事母至孝母死嘔血數升舉孝廉不就隱居山中講學生徒依以居者三百餘家歲荒貧不舉子者賑給之人感其義所舉子皆以徐名　妣盧氏生八子　鍇　鉉　寧　憲　京　嘉　繹　績　公生八子皆名士風流蘊藉時號八龍

廿九世

偉公長子 **鍇公** 字楚金十餘歲時聲從宴集分題詩賦令爲秋詞援筆成文後爲中書舍人

偉公次子 **鉉公** 宿儒以博洽著名十歲時能賦秋聲詩頃刻而成每逢月夜輒坐中庭爇佳香一炷所親私號伴月香

偉公三子 **寧公** 鎮守梁州官封大將

偉公四子 **憲公** 爲人清廉博覽羣書一日在喪致哀白鳩巢戶側太守鄭玄舉公爲孝廉朝廷皆呼爲白鳩郎

偉公五子 **京公** 官爲上黨大原節度使

偉公六子 **嘉公** 官爲殿中侍御史

偉公七子 **繹公** 狀元官至大學士

偉公八子 **績公** 少孤事母盡孝四十不婚不仕不婚者恐異姓不能盡心於母也不仕者恐一日去其親也
妣冉氏生子二　秉哲　處仁

三十世

績公長子 **秉哲公** 官爲侍郎妣鄭氏生三子　性善　電發　士廉

卅一世

處仁公（纘公次子）官爲大宰

性善公（秉哲長子）舉進士乃楊宏窗友也赴試同寓高僧相云楊富大貴徐當貧是夜楊偶見寓中女子美麗計以重賂求淫公嚴詞力止之次日僧復遇公大駭曰一夕之間如何便有陰騭紋起易賤爲貴公當大顯復相楊曰氣已殊矣不及昨日固當與徐同顯而名次稍後矣榜發果然壽至百歲

電發公（秉哲次子）蚤歲留齡天姿英敏工詩能文年十二和無題詩有殘月無情入小樓之句時長老咸嗟異之後爲郎中妣湯氏生一子　子融

士廉公（秉哲三子）舉進士官至大夫

卅二世

子融公（電發之子）品詣純篤受業于朱子之門以博洽著名文尤簡練精當朱子嘗許曰徐子融志氣剛決無支離輕繞之弊吾道有望矣　妣程氏生一子二十九郎

卅三世　一世

二十九郎公（子融之子）妣揭氏三娘合葬江西寧都州石城縣地名松樹嶺路上石墳生一子　七郎

卅四世　二世

七郎公（廿九郎之子）　妣江氏生三子　一郎　二郎　三郎失傳

案自二十九郎公以前三十餘世考之正史諸多不合欲事改正亦苦無根據以聯續世系謹存舊模俟諸後來

卅五世　三世

一郎公（七郎公長子）　宋末年間由江西寧都州石城縣遷福建汀州府上杭縣陳東坑開基生一子丙郎丙郎生一子四一郎四一郎生一子天惠天惠生一子舍郎舍郎生二子彥輝彥彰迨大明間裔孫又有遷廣東潮州府豐順縣湯坑又說有一支移居松源

二郎公（七郎公次子）　字忝者宋末年間由江西寧都州石城遷福建汀州府連城縣開基生平兢兢惟謹詩禮庭訓日間與獵望見地師駐山而竟得吉地因葬祖數年累夜風雨送銀夫妻駭異乃焚香祝告天地曰應我夫妻所得之寶入地三尺至明晨果不見其銀遂掘之地下滿存通邑悉聞時縣諭示修造通衢大石橋要費萬金必須通邑士民相助值公來題銀三千餘兩是以邑內紳衿面稟交推徐公可以自造而公慨然應承不期年石橋大成所耗官倉米穀甚多莫非陰神移濟惟德動天矣後府奉文驗倉同縣開視倉皆去半登責倉官浸漁圖課重罪公知神助挺然捐補官如其言諸罪悉放于是通邑士民結報通詳各憲令合奏於部奉旨建坊旌表長者德配賴氏八娘誥封一品夫人合葬連城縣十名山坑虎形十墓生二子

九郎　十郎

卅六世　四世

二郎公長子　**九郎公**　敕封大評事妣賴氏八娘生二子　四五郎　四三郎

二郎公次子　**十郎公**　敕封小評事妣賴氏九娘合葬清流縣土名德應岩獅形生四子　四二郎　三六郎　三五郎　三三郎

十郎公　丙郎公　生子　四一郎

十三天

粘坑村徐氏族譜

廿七世（五十九世）

六六郎公子　四郎

九郎公長子　四五郎

九郎公次子　四三郎

十郎公三子述九郎　三五郎

十郎長子　四二郎

十郎次子　三六郎

十郎四子　三三郎

大　許　事　派　（　小　）　許　事　派　（

廿八世（六十世）

天惠公

天付公

天葩公

天頒公

天麟公

天燮公

天驩公

天祥公

天佑公

天慶公

天錫公

天明公

天賞公

號稱十三天

卅七世 五世

大評事派

九郎公長子 **四五郎** 妣張氏合葬清流縣土名林家城生二子 天付 天葩

九郎公次子 **四三郎** 妣陳氏合葬清流縣土名林家城清水塘磚塚生一子 天與

九郎公過子 **三五郎** 原是小評事之後承祀大評事妣林氏合葬連城縣土名柯屋合水口鐘彩磚塚生三子 天麟 天受 天驥

卅八世 六世

四五郎長子 **天付公** 妣張氏生二子 福綠 福老

四五郎次子 **天葩公** 妣賴氏生三子 文才 文賢 文老

四三郎之子 **天與公** 妣楊氏生三子 應壽 應祿 應生

三五郎長子 **天麟公** 妣陳氏生四子 友彰 友輝 友功 友德

三五郎次子 **天受公** 妣張氏生五子 文舉 文清 文光 文仲 文旭

三五郎三子 **天驥公** 妣袁氏生四子 屋旺 友隆 友賢 友生

卅九世 七世

天付公長子 **福緣公** 妣謝氏生三子 仲華 仲遠 仲軒

天付公次子 **受老公** 妣巫氏生一子 仲春

天葩公長子 **文才公** 妣林氏生一子 陽德

天葩公次子 **文賢公** 妣卓氏生四子 仲貴 仲甫 仲茂 仲英

天葩公三子 **文老公**

天與公長子 **應壽公** 妣朱氏生一子 仲林

天與公次子 **應祿公** 妣華氏生一子 仲奇

天與公三子　應生公　妣袁氏生四子　仲勝　仲祥　仲復　仲良

天麟公長子　友彰公　妣賴氏生一子　世昌

天麟公次子　友㵳公　妣楊氏生一子　世生

天麟公三子　友功公　妣黃氏生四子　劉勝　仲榮　仲能　仲體

天麟公四子　友德公　妣王氏生一子　仲堅

天受公長子　文舉公　妣江氏生一子　德立

天受公次子　文清公　妣鄢氏生一子　德應

天受公三子　文光公

天受公四子　文仲公　妣方氏生二子　留生　福生

天受公五子　文旭公　妣湯氏生一子　德旺

天驥公長子 屋旺公 妣宋氏生一子 東生

天驥公次子 友隆公

天驥公三子 友賢公 妣陳氏生三子 八子 丙受 十子

天驥公四子 友生公 妣劉氏生一子 萬馨

四十世 八世

福緣長子 仲華公

福緣次子 仲遠公 妣許氏生二子 子榮 子忠

福緣三子 仲軒公 妣周氏生一子 子貴

受老之子 仲春公 妣刁氏生四子 子福 子鑋 子晏 大明

文才公之子 陽德公 妣鄭氏生四子 壬付 壬遺 壬達 壬宗

文賢長子　仲貴公　妣林氏生三子　子罄　子二　子祥

文賢二子　仲甫公　妣江氏生一子　子惠

文賢三子　仲茂公　妣王氏生二子　子安　子義

文賢四子　仲英公

應壽之子　仲林公　妣辛氏生一子　子蓁

應祿之子　仲奇公　妣潘氏生三子　四六　四九　五九

應生長子　仲勝公　妣呂氏生一子　子旻

應生次子　仲祥公　妣　氏生一子　再生

應生三子　仲復公　妣　氏生二子　受慶　踐慶

應生四子　仲良公　妣　氏生四子　子顯　子興　滿受　滿奴

粘坑村徐氏族譜

友彰之子　世昌公　妣羅氏生一子　再員

友輝之子　世生公　妣巫氏生二子　定　安

友功長子　劉勝公　妣金氏生一子　子旺

友功次子　仲榮公　例贈奉訓大夫　妣廖氏生三子　庚奴　澄　壬生

友功三子　仲能公　妣何氏生三子　壬受　壬祿　子貴

友功四子　仲體公　妣辛氏生一子　二八

友德之子　仲堅公　妣葉氏生一子　賢

文舉之子　德立公　妣秦氏生一子　良佐

文清之子　德應公　妣熊氏生三子　善美　善良　善嵩

文仲長子　留生公　妣官氏生一子　善祥

文仲次子 福生公 妣鄧氏生二子 善清 善滿

文旭之子 德旺公 妣張氏生四子 子堅 子厚 子輕 子琦

屋旺之子 東生公

友賢長子 八子公

友賢次子 丙受公

友賢三子 十子公

明 四十一世 九世

仲遠長子 子榮公 妣孟氏生一子 宗進

仲遠次子 子忠公 妣薛氏生一子 宗才

仲軒之子 子貴公 妣張氏生一子 宗慶

粘坑村徐氏族譜

仲春長子　子福公　妣蔡氏生三子　宗興　宗傳　宗受

仲春次子　子鏗公　妣淩氏生一子　宗二

仲春三子　子晏公　妣井氏生一子　宗八

仲春四子　大明公　妣龔氏生　子　文茂

陽德長子　壬付公　妣萬氏金氏生四子　祐子　陳子　貴子　祿壹

陽德次子　壬遺公　妣何氏生一子　文慶

陽德三子　壬達公　移居龍川　妣駱氏生一子　祖美

陽德四子　壬宗公　移居海豐后移南雄　妣蔣氏生一子　文嵩

仲貴長子　子磬公

仲貴次子　子二公

仲貴三子 子祥公

仲甫之子 子惠公 妣 氏生二子 壬信 壬和

仲茂長子 子安公

奇茂次子 子義公

仲休之子 子善公 妣 氏生二子 丙奴

仲奇長子 四六公 妣 氏生一子 丙受

仲奇次子 四九公 妣 氏生二子 遐奴 三子

仲奇三子 五九公 任巡撫

仲勝之子 子旻公 妣 氏生三子 巳生 賤生 付生

仲祥之子 再生

仲復長子 受慶 妣 氏生二子 清子 永興

仲復次子 踐慶

仲良長子 子顯

仲良次子 子興 妣 氏生二子 丙輕 丙付

仲良三子 滿受

仲良四子 滿奴 妣 氏生一子 洪貴

世昌之子 再員 妣 氏生三子 丙生 丙英 壬英

世生長子 定公 妣 氏生 子 寅

世生次子 安公

劉勝之子 子旺

仲榮長子　庚奴　妣　氏生三子　五生　天生　滿生

仲榮次子　澄公　任知州陞刺史妣　氏生三子　祖受　祖良　祖付

仲榮三子　壬生　妣　氏生一子　囘輕

仲能長子　壬受　妣　氏生二子　任付　葉付

仲能次子　壬祿　妣　氏生三子　祖巽　祖宣　景宣

仲能三子　壬貴　妣　氏生二子　巽付　進付

仲體之子　二八　妣　氏生二子　祖祐　祖輔

仲堅之子　實公　妣　氏生二子　祖志　祖立

德立之子　佐良　妣　氏生二子　宗祐　宗達

德應長子　善美　妣　氏生一子　信賢

粘坑村徐氏族譜

德應次子　善良　妣　氏生一子　信珦

德應三子　善嵩　妣　氏生四子　信長　信英　信貴　信隆

留生之子　善祥

福生長子　善清　妣　氏生一子　信添

福生次子　善潚

德旺長子　子堅　妣　氏生一子　壬長

德旺次子　子厚　妣　氏生一子　添惠

德旺三子　子輕　妣　氏生二子　壬惠　壬善

德旺四子　子琦

四十二世　十世

原籍廣東五華縣　原籍舊譜歷代世系表

子榮之子　宗進　妣　氏生二子　觀奴　觀成

子忠之子　宗才　妣　氏生一子　通子

子貴之子　宗慶　妣　氏生二子　觀清　觀新

子福長子　宗興　妣　氏生二子　清子　永大

子福次子　宗傳　大明間由福建遷廣東潮州府豐順縣湯坑開基　妣　氏生一子　六三

子福三子　宗受　妣　氏生四子　永良　永宣　永堅　永海

子鑾之子　宗二　妣　氏生一子　永得

子晏之子　宗八　妣　氏生一子　葉長

大明之子　文茂　妣　氏生四子　觀仁　觀興　觀保　觀滿

壬付長子　祐子

十五

粘坑村徐氏族譜

壬付次子 陳子 妣邱氏公墳葬長樂大都約陂尾貓兒洗面形坐東向西生一子 眞人

壬付三子 貴子

壬付四子 祿一

壬道之子 文慶 妣　氏生一子 留權

壬達之子 祖美

壬宗之子 文嵩

子惠長子 壬信 妣　氏生三子 永華 永陳 永新

子惠次子 壬和 妣　氏生一子 永安

子善之子 丙奴

四六之子 丙受

四九長子 暹奴

四九次子 三子

子旻長子 巳生 妣　氏生二子 漢成 漢滿

子旻次子 駿生 妣　氏生一子 進亮

子旻三子 付生 妣　氏生二子 文興 萬興

受慶長子 清子 妣　氏生一子 繼保

受慶次子 永興

子興長子 丙輕 妣　氏生一子 壬嵩

子興次子 丙付

滿奴之子 洪貴 妣　氏生一子 秉福

再員長子 **丙生** 妣　氏生一子 原信

再員次子 **丙英**

再員三子 **壬英** 妣　氏生一子 原仲

定公之子 **寅公**

庚奴長子 **五生**

庚奴次子 **天生**

庚奴三子 **滿生**

澄公長子 **祖受** 妣　氏生一子 伯奴

澄公次子 **祖艮** 妣　氏生一子 伯成

澄公三子 **祖付**

壬生之子　同輕

壬受長子　任付

壬受次子　葉付

壬祿長子　祖眞　妣　氏生一子　六二

壬祿次子　祖宣　妣　氏生二子　福　屋觀

壬祿三子　景宣　妣　氏生二子　屋清　屋貴

壬貴長子　眞付

壬貴次子　進付　妣　氏生二子　屋華　屋成

二八長子　祖祐　妣　氏生四子　文斌　文政　文敏　文啓

二八次子　祖輔　妣　氏生一子　文質

寶公長子 祖志 妣 氏生三子 葉成 葉茂 葉盛

寶公次子 祖立 妣 氏生二子 善貴 善生

良佐長子 宗祐 妣 氏生二子 大用 大有

良佐次子 宗達 妣 氏生二子 希忠 希成

善美之子 信賢

善良之子 信珣

善嵩長子 信長 妣 氏生一子 仲喜

善嵩次子 信英 妣 氏生一子 仲琛

善嵩三子 信貴 妣 氏生二子 仲聰 仲元

善嵩四子 信隆 妣 氏生二子 仲祖 仲崇

善清之子 信添 妣　氏生一子 仲成

子堅之子 壬長 妣　氏生二子 仲通 仲信

子厚之子 添惠 妣　氏生　子 仲二

子輕長子 壬惠

子輕次子 壬善

四十三世 十一世

宗進長子 觀奴

宗進次子 觀成

宗才之子 通子

宗慶長子 觀清

宗慶次子 觀新

宗與長子 清子

宗與次子 永太 妣 氏生一子 賢子

宗傳之子 六三

宗受長子 永艮 妣 氏生二子 福旺 福志

宗受次子 永宣

宗受三子 永堅

宗受四子 永澙 妣 氏生二子 立二 毆子

宗二之子 永得 妣 氏生二子 福新 福保

宗八之子 葉長 妣 氏生二子 福珣 福良

文茂長子 觀仁

文茂次子 觀興 妣 氏生一子 新受

文茂三子 觀保 妣 氏生二子 新正 新四

文茂四子 觀滿

陳子之子 眞人 註後

文慶之子 留權

壬信長子 永華 妣 氏生一子 新長

壬信次子 永陳

壬信三子 永新

壬和之子 永安 妣 氏生一子 景清

已生長子 漢成 妣　氏生三子 陽福 孔福 子福

已生次子 漢滿

賤生之子 進亮

付生長子 文興 妣　氏生二子 觀旻 觀成

付生次子 萬興 妣　氏生二子 陽保 陽佐

清子之子 繼保

丙輕之子 壬嵩 妣　氏生二子 四子 滿子

洪貴之子 秉福 妣　氏生一子 長生

丙生之子 原信

壬英之子 原仲

祖受之子　伯奴

祖良之子　伯成

祖眞之子　六二

祖宣長子　福公　妣　氏生四子　成賢　成宗　成隆　成聰

祖宣次子　屋觀　妣　氏生二子　成富　成旺

景宣長子　屋清　妣　氏生四子　成美　成德　成茂　成通　成昌

景宣次子　屋貴

進付長子　屋華　妣　氏生一子　新政

進付次子　屋成

祖祐長子　文斌　妣　氏生三子　宗紀　宗麟　宗統

粘坑村徐氏族譜

祖祐次子 文政 妣 氏生二子 宗塨 宗錫

祖祐三子 文敏 妣 氏生二子 宗貫 宗榮

祖祐四子 文啟 妣 氏生二子 宗瑀 宗華

祖輔之子 文質 妣 氏生一子 宗繼

祖志長子 葉成

祖志次子 葉茂

祖志三子 葉盛

祖立長子 善貴

祖立次子 善生 妣 氏生一子 官福

宗祐長子 大用

宗祐次子　大有

宗達長子　希忠

宗達次子　希成

信長之子　仲喜

信英之子　仲琛

信貴長子　仲聰

信貴次子　仲元

信隆長子　仲祖

信隆次子　仲崇

信添之子　仲成

壬長長子 仲通

壬長次子 仲信

添惡之子 仲二

四十四世 十二世

永大之子 賢子

永良長子 福旺

永良次子 福志

永海長子 立二

永海次子 毆子

永得長子 福新

永得次子　福保

葉長長子　福珣

葉長次子　福艮

觀興之子　新受

觀保長子　新正

觀保次子　新四

永華之子　新長

永安之子　景清

漢成長子　陽福

漢成次子　孔福

粘坑村徐氏族譜

漢成三子　子福

文興長子　觀昊

文興次子　觀成

萬興長子　陽保

萬興次子　陽佐

壬嵩長子　四子

壬嵩次子　滿子

秉福之子　長生

福公長子　成賢

福公次子　成宗

福公三子 成隆
福公四子 成聰
屋觀長子 成富
屋觀次子 成旺
屋清長子 成美
屋清次子 成德
屋清三子 成茂
屋清四子 成通
屋清五子 成昌
屋華之子 新政

文斌長子 宗紀

文斌次子 宗麟

文斌三子 宗統

文政長子 宗璘

文政次子 宗錫

文鐓長子 宗貴

文鐓次子 宗榮

文啓長子 宗瑪

文啓次子 宗華

文質之子 宗繼

官福

善生之子

卅七世 五世

小評事派

十郎長子 **四二郎** 妣江氏合葬連城縣土名長灌塘象形生二子 天祥 天祐

十郎次子 **三六郎** 妣張氏合葬連城縣土名洋塘背磚塚生二子 天慶 天錫

十郎三子 **三五郎** 承祀大評事

十郎四子 **三三郎** 任同知擢陞奉政大夫妣何氏合葬連城縣土名鄭屋背磚形生二子 天明 天賞

卅八世 六世

四二郎長子 **天祥** 妣童氏生三子 友元 友志 友成

四二郎次子 **天祐** 妣馬氏生二子 清甫 仲安

三六郎長子 **天慶** 妣賴氏生五子 東哥 景山 景昇 東明 滿郎

三六郎長子 **天錫** 妣鍾氏生四子 文盛 文高 文生 文舉

三三郎長子 **天明** 妣安氏生一子 裔得

三三郎次子 **天賞** 妣呂氏生一子 元得

卅九世 七世

天祥長子 **友元** 妣　氏生二子 仲安 福生

天祥次子 **友志** 妣　氏生三子 惠仁 惠泰 惠通

天祥三子 **友成**

天祐長子 **清甫** 妣　氏生四子 仲康 仲寬 仲福 仲祿

天祐次子 **仲安** 妣　氏生二子 德明 德昌

天慶長子 **東哥** 任廣東長樂郎名徐念五郎妣張氏九娘生七子 萬一郎 萬二郎 萬三郎 萬四郎 萬五郎 萬六郎 萬七郎

天慶次子　景山

天慶三子　景昇　妣　氏生三子　定應　定通　定付

天慶四子　東明　妣　氏生一子　光祖

天慶五子　滿郎　妣　氏生一子　滿子

天錫長子　文盛　字葉茂由福建遷廣東陸豐縣下沙開基妣陳氏生二子　仲德　滿緣

天錫次子　文高　妣　氏生三子　葉勝　善甫　勝德

天錫三子　文生　妣　氏生一子　仲庸　承祀元得公

天錫四子　文舉　妣　氏生一子　仲和

天明之子　喬得　妣　氏　二子　勝緣　滿子

天賞之子　元得　妣　氏以文生公子仲庸爲嗣

四十世　八世

友元長子 **仲安**

友元次子 **福生**

友志長子 **惠仁**

友志次子 **惠泰** 妣 氏生四子 定甫 定清 定生 定良

友志三子 **惠通** 妣 氏生二子 周生 四二

清甫長子 **仲康** 妣 氏生二子 子良 子順

清甫次子 **仲寬** 妣 氏生三子 從政 從善 烏牸

清甫三子 **仲福** 妣 氏生一子 慶安

清甫四子 **仲祿**

仲安長子　**德明**　妣　氏生二子　茂生　丑生

仲安次子　**德昌**　妣　氏生二子　六八　閏子

東哥長子　**萬一郎**　妣謝氏生　子　宗成

東哥次子　**萬二郎**　因父任長樂官時在於下潭屯吊鐘寨下趕白鹿子溺水而死

東哥三子　**萬三郎**　妣　氏生一子　壽孫

東哥四子　**萬四郎**　妣　氏生一子　宗興

東哥五子　**萬五郎**　妣　氏生一子　顯祖

東哥六子　**萬六郎**　妣　氏生二子　佛旺　佛勝

東哥七子　**萬七郎**

景昇長子　**定應**　邑孝廉

景昇次子 定通 妣 氏生三子 善禮 善仁 善政

景昇三子 定付 妣 氏生一子 善志

東明之子 光祖

滿郎之子 滿祖

文盛長子 仲德

文盛次子 滿緣 妣 氏生四子 賢富 賢輕 賢通 天富

文高長子 菜勝

文高次子 善甫 妣 氏生一子 仲興

文高三子 勝德 妣 氏生二子 有成 有慶

文舉之子 仲和 妣 氏生一子 子慶

得喬長子　勝緣

得喬次子　滿子

得元過子　仲庸　妣　氏生一子　定華

四十一世　九世

泰惠長子　定甫

泰惠次子　定清　妣　氏生三子　宗禮　宗志　宗顯

泰惠三子　定生

泰惠四子　定艮

通惠長子　周生　妣　氏生三子　文信　文倡　文偶

通惠次子　四二　妣　氏生一子　行

粘坑村徐氏族譜

仲康長子 子艮 妣 氏生四子 順富 順貴 伯瓘 清付

仲康次子 子順 妣 氏生二子 滿禮 宗貴

仲寬長子 從政

仲寬次子 從善

仲寬三子 烏牸

仲福之子 慶安 妣 氏 宗通 宗賢

德明長子 茂生 妣 氏生一子 貴英

德明次子 丑生

德昌長子 六八 妣 氏生二子 五福 觀奴

德昌次子 閏子

萬一郎之子　宗成　因祖東哥公任粵東長樂縣主簿回籍後大明間公復移來長樂大都約諸田坑竹山裏開基註後

萬三郎之子　壽孫　妣　氏生七子　得流　得財　得寶　得玉　得廣　得旺　得全

萬四郎之子　宗興　因祖東哥公任粵東長樂主簿回籍後大明間公復移來長樂大都上倉開基註後　妣賴氏生一子　三奇

萬五郎之子　顯祖　妣　氏生一子　宗富

萬六郎長子　佛旺　因祖東哥公任粵東長樂主簿回籍後大明間公復移來長樂橫坡約坭坑甲楓樹塘開基註後

萬六郎次子　佛勝　妣　氏生二子　得止　勉

定通長子　善禮　妣　氏生一子　琳止

定通次子　善仁　妣　氏生一子　忠止

定通三子　善政　妣　氏生二子　子盛　子和

定付之子　善志　妣　氏生一子　謙止

滿緣長子 **賢富** 妣　氏生二子 永忠 永志

滿緣次子 **賢輕** 妣　氏生二子 丑生 子盛

滿緣三子 **賢通** 妣　氏生二子 隆發止 隆清

滿緣四子 **天富** 妣　氏生一子 永恭

善甫之子 **仲興** 妣　氏生三子 得和 良善 良順

勝得長子 **有成**

勝得次子 **有慶**

仲和之子 **子慶**

仲庸之子 **定華** 妣　氏生二子 宗福 宗義

四十二世 十世

定清長子 **宗禮** 妣　氏生二子 崇益 崇熙

定清次子 **宗志** 妣　氏生二子 永琛 永琅

定清三子 **宗題**

周生長子 **文信**

周生次子 **文倡** 妣　氏生二子 友生 友貴

周生三子 **文偶** 妣　氏生一子 友隆

四二之子 **行** 任廣東南雄府保昌縣知縣妣　氏生二子 崇文 崇仔

子良長子 **順富** 妣　氏生二子 崇硝 崇仁

子良次子 **順貴** 妣　氏生二子 崇育 崇成

子良三子 **伯雍** 妣　氏生一子 崇玉

子良四子 **清付** 妣 氏生二子 崇應 崇亮

子順長子 **清禮** 妣 氏生二子 崇永 崇權

子順次子 **宗貴**

慶安長子 **宗通**

慶安次子 **宗賢**

茂生之子 **貴英**

六八長子 **五福** 妣 氏生 子 永祿

六八次子 **觀奴** 妣 氏生三子 永和 永清 永仲

壽孫長子 **得流** 移程鄉東石二化

壽孫次子 **得財** 妣 氏生二子 賓止 能

壽孫三子　**得寶**　妣　氏生一子　巒

壽孫四子　**得玉**

壽孫五子　**得廣**　妣　氏生一子　俊生

壽孫六子　**得旺**　妣　氏生一子　俊瓊

壽孫七子　**得全**　妣　氏生二子　优　伸

宗興之子　**三奇**　妣呂氏生四子生　清　巽　寧　常

顯祖之子　**宗富**　妣　氏生三子　昊　旻　昇

佛勝之子　**勉**　因祖東晉公任粵東長樂縣主簿回籍後大明間公復移來長樂橫坡約坭坑甲楓樹塘錦堂下下角開基別立祖宅一座　妣　氏生三子　珩　瓊　環

善政長子　**子盛**　任同知字溫　妣　氏生五子　亨　瓚　琮　璉　珪

善政次子　**子和**　妣　氏生二子　瑞　琦

賢富長子 永忠 妣　氏生一子 福旺

賢富次子 永志 妣　氏生二子 崇隆 崇旺

賢輕長子 丑生

賢輕次子 子盛

賢通之子 隆清 妣　氏　二子 景成 景賢

天富之子 永恭 充軍雲南妣　氏生一子 仕奴

仲興長子 得和 妣　氏生一子 成祐

仲興次子 艮善 妣　氏生一子 成生

仲興三子 艮順 妣　氏生一子 成輔

定華長子 宗福 妣　氏生一子 文海

定華次子　宗義　妣　氏生二子　文保　文貴

四十三世　十一世

宗禮長子　崇發

宗禮次子　崇熙

宗志長子　永琛　妣　氏生二子　得福　得順

宗志次子　永琅　妣　氏生一子　得海

文偈長子　友生

文倡次子　友貴

文偶之子　友隆

行公長子　崇文　妣　氏生三子　致仲　致和　致廣

行公次子　崇儒

順富長子　崇珣

順富次子　崇仁　妣　氏生二子　致隆　致權

順貴長子　崇育

順貴次子　崇成　妣　氏生一子　旺進

伯雍之子　崇玉

清付長子　崇應

清付次子　崇亮　妣　氏生二子致清　致聰

清禮長子　崇永

清禮次子　崇權　妣　氏生二子　致福　致景

五福之子 永祿

觀奴長子 永和 妣　氏生二子 致綱　致恭

觀奴次子 永清

觀奴三子 永仲

得財之子 能公 妣　氏生一子 榮璲

得寶之子 鸞 妣　氏生五子 榮振　榮瓊　榮琳　榮瑄　榮玉

得廣之子 俊生 妣　氏生二子 榮虎　榮顯

得旺之子 俊瓊 妣　氏生二子 榮龍　榮鳳

得全長子 侊 妣　氏生二子 榮嶽　榮嵩

得全次子 伸 字法開大明永樂年間由福建遷廣東長樂縣大平內水寨沙渦開基　妣陳氏生五子 仕珍　仕珠　仕瓊　仕瓊　仕琳

粘坑村徐氏族譜

三奇長子　清公　妣張卓氏生五子六　尚仁　尚義　尚禮　尚智　尚信　尚兴

三奇次子　眞公　妣　氏生三子　念十一郎　念十二郎　念十三郎

三奇三子　寧公　妣　氏生一子　向寶

宗富長子　昊　妣　氏生一子福止

宗富次子　旻　妣　氏生一子　玉成

宗富三子　昇　妣　氏生一子　玉寶

勉公長子　珩　妣　氏生二子　榮光　榮富

勉公次子　瓊

勉公三子　環　妣　氏生一子　榮輝

子盛長子　亨

盛次子 瓚

盛三子 琮

盛四子 璉

盛五子 珪

和長子 瑞

和次子 琦

忠之子 福旺

志永長子 崇隆

志永次子 崇旺

清隆長子 景成

隆清次子 景賢

得和之子 成祐

良善之子 成生

良順之子 成輔

宗福之子 文海

宗義長子 文保

宗義次子 文貴

四十四世 十二世

永琛長子 得福

永琛次子 得順

永琅之子 得海

崇文長子 致中 連邑廩生字正有族譜序

崇文次子 致和

崇文三子 致廣

崇仁長子 致隆

崇仁次子 致權

崇成之子 旺進

崇亮長子 致清

崇亮次子 致聰

崇權長子 致福

崇權次子 致景

永和長子 致綱

永和次子 致恭

能公之子 榮璲 妣　氏生三子 志學 志善 志廉

巒公之子 榮振 妣　氏生四子 璇止 昌止 珠 玉

巒公次子 榮瓊

巒公三子 榮琳

巒公四子 榮瑄 妣　氏生二子 萬興 萬紹

巒公五子 榮玉 妣　氏生二子 永福 二姊

俊生長子 榮虎

俊生次子　榮顯

俊瓊長子　榮龍

俊瓊次子　榮鳳

光公長子　榮嶽

光公次子　榮嵩

伸公長子　仕珍　仍居水寨沙渴道後裔孫又有移居潮州府揭陽縣良田蜘蛛嶂蕃衍

伸公次子　仕珠

伸公三子　仕瓏

此二人住泉沙約陽榿斜

伸公四子　仕瓊

伸公五子　仕琳

此二人仕容湖壩

粘坑村徐氏族譜

清公長子 尚仁

清公次子 尚義

清公三子 尚禮

清公四子 尚智

清公五子 尚信

清公六子 尚興

眞公長子 念十一郎

眞公次子 念十二郎

眞公三子 念十三郎

宣公之子 向寶

旻公之子 玉成 妣　氏生二子 鏍止 錦

昇公之子　玉寶　妣　氏生二子　釗　釿

衍公長子　榮光　妣　氏生二子　文忠　文信

衍公次子　榮富　妣　氏生二子　文厚　文重止

環公之子　榮輝　妣　氏生一女適羅林生厰後羅林生生二子改羅從母與徐姓傳世長　錦　欽　俱住坭坑錦塘下下角

錦　妣　氏生二子　日勇　日春

欽　妣　氏生五子　日章　日耀　日輝　日金　日富

小評事派族人蕃衍不能詳述

粘坑村徐氏族譜

一

大評事派

第一世

長樂開基　**眞人**

壬付公之孫陳子公之子世居福建汀州府連城縣當時因見地窄人稠遂有分派各遷適樂土之思故經商長樂、不辭險阻相厥山川知爲米魚之所、他日可爲興家久遠之計、于是大明永樂年間、遂變祖業、移來廣東長樂縣、大都約狀一圖沙田裏陂尾、披荊斬棘開墾承糧即爲長樂開基之始祖也妣袁氏合葬大都約、李皿嶂下、蜘蛛形灰塚、石碑、卯山酉向、墓頭上有樂永豐歸四字爲記按公乃二十九郎之十一世孫也生三子　念十一郎　念十二郎　念十三郎

第二世

念十一郎　妣鍾氏八娘合葬橫流約土名低坑黃竹塘獅形巽山乾向生三子　仲仁　仲義　仲禮

念十二郎　妣劉氏六娘生三子　常　强　綱

念十三郎　妣　氏　生三子　法盛　法建　法聖

第三世

念十一郎長子　**仲仁**　字能大明正統年間移居惠州歸善縣寶溪約左坑開基妣黃氏葬陸豐下砂書村蝦形生一子　玉

念十一郎次子　**仲義**　字鳳住洑溪約綠坑徙妣　氏生一子　政

念十一郎三子　**仲禮**　字茂又字永茂大明正統年間移居大田約粘坑開基

大平事派

第一世

粘坑開基

仲禮

字茂又字永茂號卿祿郎名徐君十四郎冥入公之孫念十一郎季子生長大都約沙田裏陂尾當時因見風土不遂其意于是大明正統年間子孫移來大田約粘坑披薪斬棘開創承根即爲粘坑開基之始祖也妣張氏滿娘本鄉陂下富民崇敬公次女滿公之妹也俱葬粘坑水口土名甜竹園松尾凹大路側邊獅形在外祖崇敬公墓右側下相隔約十餘丈俱逆水土墓無碑相連二穴相隔一丈公在右穴乙山辛向兼卯分金妣在左穴卯山酉向兼乙分金按公原是二十九郎之十三世孫也然在大都開基而論則公又爲三世在粘坑則爲始祖生一子　英

第二世

英公

郎名徐大一郎妣余氏四娘俱葬甜竹園水口土名黃竹徑小地名天弓路對門大河面上窩裏半巫寒虎咬尾形又曰寒獺捕魚形俱逆水土墓無碑相隔約十餘丈公在右邊上側丑山未向兼艮分金妣在左邊下側壬山丙向兼亥分金生一子　玉璋

第三世

玉璋

郎名法章原配鄭妙金繼配陳妙善公葬粘坑尾土名三家村油房背四世祖妣之墓右側上相隔約四丈逆水土墓無碑壬山丙向兼子分金鄭妣葬鄖坑尾長線崗天虹灌水形逆水土

墓無碑壬山丙向兼亥分金陳妣葬甜竹園林松凹大河面上石嘴頭翠子登潭形在始祖墓左邊下側相隔約五丈遊水土墓無碑艮山坤向兼丑分金生子四　明諒　明訓　明誨　明謹

第四世

明諒

郎名法諒配張妙仙公葬粘坑尾土名黃屋嶺下田面上金星掛角形灰塚石碑丙山壬向兼已分金係大埔縣謝攀魁爲師妣亦葬粘坑尾三家村油房背田面上在三世祖考之墓左側下相隔約四丈遊水石塚碑碑子山午向兼午分金生子二　君村　君仁

生女適壟子裏謝君錫

明訓

註後爲二房派

明誨

大班師法名徐欽三郎法受茅山德由性悟獲神仙衣鉢之眞傳爲法師常見威靈顯聖里中族內有事者能扶持之人口六畜有災者能調醫之故各處各家崇事弗替至今族中叨其靈佑配胡妙正惜無後嗣合葬有才坑口三坵田面上土墓無碑係同胞兄弟裔孫承祀遺有嘗田種子三斗逐年期限清明前三日祭掃分胙

明謹

註後滿房派

第五世

明諒長子 **君付** 大明年間移居彬州

明諒次子 **君仁** 字天庭郎名徐欽二郎配唐妙貞公葬鹿湖崗小地名牛欄嶂美人照鏡形土墓無碑寅山申向兼艮分金妣葬甜竹園屋背頂山林上側鷄下田形灰塚石碑艮山坤向兼寅分金立二子　法興　依昭　生一子　達天

第六世

君仁長子 **法興** 字榮直配梁妙滿俱葬岐嶺背屋對面坪裏觀音坐蓮形相連二穴約隔二丈公在下穴土墓石碑妣在上穴土墓無碑生三子　必才　必彥　必能

另立有祠于栗子崗

君仁次子 **依昭** 字榮華郎名徐公一郎葬涼傘峯土名松林凹屋對面妣黃氏生二子　以貞　亞二殤

君仁三子 **達天** 字榮政郎名徐公滿郎原配張氏繼配范氏公葬在涼傘峯聖筶形拈上穴土墓無碑張妣葬粘坑土名中心窩土墓無碑范氏葬回龍寨下在八世祖妣之墓上約三丈土墓無碑生四子

德興　德隆　德昌　德盛

第七世

法興長子 **必才** 妣張氏生二子　提勝　提解

52

法興次子 **必彥** 妣　氏生一子　挺泰

必能 住甜竹園坑裏配張氏生四子　挺相　挺喜　挺成　挺權

依昭之子 **以貞** 原配張氏繼配黄氏生五子　子相　子欽　子成止　子元止　子儀

達天長子 **德興** 例贈登仕郎字纘馨郎名徐都一郎原配陳妙眞繼配鄭妙恆按公生於明皇萬曆年間歿於大清康熙年間富冠一鄉享壽九十三歲載在縣志公葬湖洋塘屋背灰墳灰碑陳鄭二妣俱葬粘坑水口土名龍頸相連二穴約隔十丈生五子　挺著　挺超　挺元　挺桑　亞六殤

達天次子 **德隆** 字繼卿郎名法隆配張妙絲公墳葬甜竹園松林四田圢上順水妣墳葬粘坑尾土名三家村屋對面小地名簑衣角生五子　挺葵　挺聘　挺重、挺宏　挺光

達天三子 **德昌** 字綿馨配唐氏生二子　聖寧　阿二、康熙二年湖廣瀏陽縣户记徐駱東

繼 卿二都 之新都五十七畐塘水村住

達天四子 **德盛** 字維馨原配余氏繼配彭氏生二子　挺舉　挺進

第八世

21

必才長子 **捷勝** 移居江西

必才次子 **捷舉** 郎名徐佐一郎配張妙鳳公葬粘塘小地名粗石坑灰塚石碑妣葬涼傘嶺小地名雷坑土墓無碑生二子 敬信 敬仲

必能長子 **捷相** 原配　氏繼配張氏俱葬藍公坑相隔約一丈公同前妣土墓無碑張妣石塚石碑生四子 敬扶 敬學 敬淳 敬遠

必能次子 **捷喜** 移居江西

必能三子 **捷成** 不知去向

必能四子 **捷權** 配　氏生六子 敬莊 敬珍 敬賚 敬略 敬錄 敬善 俱不知去向

以貞長子 **子相** 配　氏生二子 敬就止 亞二殤

以貞次子 **子欽** 配　氏生四子 敬常 敬祥 敬瑞 敬友 俱止

以貞三子 **子儀** 原配馬氏繼配張氏公葬粘坑雷公坪張葬粘坑陶前矮崗下馬妣未詳生二子 敬行 敬岸

德興長子 **捷著** 住岐嶺背郎名法舜妣張妙玉公葬涼傘嶺聖笤形在六世達天公之左側土墓石碑妣墳葬岐嶺背土名鐵廠坪土墓石碑生五子 敬良 敬宗 敬相 敬德 敬先

德興次子 **捷超** 配張氏生四子 敬瞻 敬睦 敬養 敬美止

德興三子　**捷元**　鄉飲正賓字善長原配謝氏繼配黃氏按公精堪輿好修善喜排解公平正直富冠一鄉里德之舉鄉約正縣志有載公葬童子嶂寨脚下小地名白墳崗灰墳石碑謝妣葬桂子園鄔坑尾黃妣葬回龍寨下半岙生八子　敬勤　敬勉　敬勦　敬功　敬勳　敬勗　敬助　敬劭

德興四子　**捷榮**　儒士號華齋住童子嶂配高氏公葬嵩螺坑土墓石碑妣葬童子嶂寨脚下土墓石碑生二子　敬儒　敬任

德隆長子　**捷葵**　住甜竹園松林凹先娶顏氏後娶曾氏俱葬甜竹園楓樹角田面上生二子　敬璉　敬琳

德隆次子　**捷聘**　移居江西

德隆三子　**捷重**　配張氏生三子　敬清　敬文　敬旺

德隆四子　**捷宏**　郎名徐統四郎配劉妙四娘公葬粘坑水口小地名鉄扇關門大河面上灰墳石碑妣葬粘坑尾白石崀石𥕢橫窩裏半岙生六子　敬朋　敬才　敬寧　敬賢　敬章　敬禮

德隆五子　**捷先**　配　氏生三子　敬元　敬祿　敬壽

第九世

捷解長子　**敬信**　配林氏公葬田螺塘土墓石碑妣葬大塘角裏灰墳石碑生四子　文彰　文玉　文光　文華

捷解次子　**敬仲**　配葉氏合葬陶前窩石塚不碑生二子　文開　五生

捷相長子　**敬扶**　配　氏公葬甜竹園土墓無碑妣葬甜竹園屋后土墓無碑生二子　文達　文煌

捷相次子　**敬學**　不知去向

捷相三子　**敬淳**　不知去向

捷相四子　**敬遠**　移居四川

儀子長子　**敬行**　雍正五年移居四川順慶府鄰水縣徐家壩配張氏生三子　文遠　文進　文選　三人分七大房

儀子次子　**敬岸**　不知去向

捷著長子　**敬良**　妣何氏合葬岐嶺背鉄礅坪口灰塚石碑生三子　文發　文葵　文登止

捷著次子　**敬宗**　原配張氏繼配張氏公葬藍塘徑土墓石碑前妣葬回龍桑頂後妣葬岐嶺背桃子坑生三子　文賡　文廉　文康

捷著三子　**敬相**　配張氏公葬童子嶂社凹裏生三子　文高止　文廣止　文彥止

捷著四子 **敬德**
配李氏公葬童子嶂寨脚下生三子　文漼止　文灒止　文洪止

捷著五子 **敬先**
移居肇慶府鶴山縣配張氏生六子　文學　文覺　文其　文英　文湖

查述鶴山後，另有族譜，所列先代世系與粘坑族譜相同，惟係手抄本，列至十四世以下不詳。

捷超長子 **敬瞻**
配鄭氏生五子　文福　文祥止　文禎止　文祚止　文裕止

捷超次子 **敬睦**
配　氏生二子　文傑　文魁

捷超三子 **敬養**
配　氏生二子　文長止　文久止

捷元長子 **敬勤**
配張氏公葬甜竹園鍋石窩牛坪石塚石碑生三子　文錦　文毅　文成止

捷元次子 **敬勉**
娶張氏生四子　文郁　文標　文耀　文景止

捷元三子 **敬勸**
娶張氏生四子　文輝　文炳　文煋　文燦

捷元四子 **敬功**
登仕郎字國懋號莊穆原配張氏繼配鍾氏謝氏公葬粘坑老寨㟁在紅莧菜窩尾頂獅形灰墳石碑張妣葬鄔坑園上灰塚石碑鍾妣葬陶前窩下片牛角坵田面上土墓無碑謝妣葬陶前平土墓無碑生五子　文浩　文淵　文潤　文清　文淳

此鶴山後不詳
孫代情形

捷元五子 敬勳 配張氏生三子 文相 文良 文茂 公葬三家村井窩裏妣葬鐵扇關門龍頸凹頂

捷元六子 敬勗 移肇慶府鶴山縣配張氏生子八 文龍 文鳳 亞三 亞四 亞五 亞六 亞七 亞八

捷元七子 敬助 配曾氏公葬回龍寨灰塚石碑生三子 文簡 文猷 文昌

捷元八子 敬劭 原配劉氏繼配張氏生五子 文慶止 文居 文安 六 七

捷榮長子 敬儒 配張氏生四子 文斌 文略 文彩 文朗

捷榮次子 敬任 配張氏繼李氏曹氏張氏賴氏公葬童子嶂下窩良大路面上生八子 文莊 文蔚止 文蓋 文恭 文薦 文善 文蘭 文蓁

捷葵長子 敬璉 配陳氏合葬松林凹屋背頂生一子 文芳

捷葵次子 敬琳 娶張氏公葬𦼮竹園土名田子角良上妣葬松林凹窩裏生三子 文選 文造 文建

捷重長子 敬清 移居江西

捷重次子 敬文 移居江西

原籍廣東五華縣 原籍舊譜歷代世系表粘坑明諒公房 四十三

粘坑村徐氏族譜

提重三子 敬旺 移居江西

提宏長子 敬朋 移居江西

提宏次子 敬才 移居江西

提宏三子 敬寧 移居江西袁州府萍鄉縣娶葉氏生五子 文仕 文廣 文信 文偉殤 文蘭

提宏四子 敬賢 娶張氏生一子 文端

提宏五子 敬章

提宏六子 敬禮

（敬章、敬禮）二人移居江西袁州府萍鄉縣

提先長子 敬元

提先次子 敬祿

提先三子 敬壽

（敬元、敬祿、敬壽）三人移居江西

5-4

第十世

敬信長子 文璋 娶張氏公葬岐嶺背嶂下尾土墓灰碑妣葬大塘坪小地名長岀㞋𡶶土墓灰碑生二子 京英 立英

敬信次子 文玉 娶何氏生一子 贊英

敬信三子 文光 配李氏公葬涼傘峯小地名藭校公土墓無碑妣葬老禾坪土墓石碑生二子 元英 允英

敬信四子 文華

敬仲之子 文開 娶李氏合葬甜竹園七娘壇對面土墓石碑生一子 庚英

敬扶長子 文達 國學生字作鴻原配張氏繼配孔氏公葬藍公坑口土墓石碑妣合葬于藍公坑尾土墓無碑生三子 嵩英 彥英 譸英

敬扶次子 文煌 配 氏公葬甜竹園屋背頂土墓石碑生二子 佐英 佑英 止

敬良長子 文發 移居鶴山配張氏生一子 啓英

敬良次子 文葵 娶鄭氏生三子 廷英 勝英 遷英

敬宗長子 **文賡** 生子移居廣西鬱林州北流縣

敬宗次子 **文廉** 配李氏公葬岐嶺背屋後土墓石碑妣葬岐嶺背屋對門土墓石碑生四子 蘭英 橋英 達英 象英

敬宗三子 **文康** 娶[illegible]氏生三子 運英 寧英 亮英

敬贍之子 **文福** 移居番禺生一子 葵英

敬睦長子 **文傑**

敬睦次子 **文魁**

移居廣西鬱林州北流縣

敬勤長子 **文錦** 原配張氏繼配黃氏鄔坑尾藍坑口灰塚石碑生二子 孟英 仲英

敬勤次子 **文穀** 移四川生子汇英

敬勉長子 **文郁** 配張氏生五子 材英 先英止 亞三殤 名英

敬勉次子 **文標** 娶陳氏生一子 賢英

金福

敬勉三子　文耀　移廣西鬱林州北流縣娶周氏生三子　宏英　玉英　亞三

敬勤長子　文輝　娶張氏生四子　泮英　渙英　淳英　清英

敬勤次子　文炳　早夭葬大凹背

敬勤三子　文煋　配鍾氏生一子　帝英

敬勤四子　文燦　原配李氏繼配黃氏生四子　鳳英　凰英　週英　全英止

敬功長子　文浩　登仕郎字作柱原配張氏繼配張氏公同前妣合葬長埔横汀岐嶺下屋背後妣葬石磁水口藍牛坑生五子　聯英　登英　科英　申英　祥英

敬功次子　文淵　配張氏生四子　權英　燦英止　華英止　亞五殤

敬功三子　文潤　配張氏公葬白石崀妣葬李公塘崀背生三子　秀英　亞三殤　珍英

敬功四子　文清　國學生字作棟雍正十年捐納原配張氏繼配張氏生七子　世英　玉英

敬功五子　文淳　國學生字作桂原配陳氏生四子　崐英　瑞英　亞三殤　徽英

敬勷長子文相　配張氏生三子　璋英　燦英止　旺英

敬勷次子文艮　配李氏生二子　堯英止　舜英止

敬勷三子文茂　配張氏不祀

敬助長子文簡

敬助次子文猷　配張氏生一子　隆英

敬助三子文昌　娶袁氏生二子　漢英　兆英

敬劭長子文居　娶張氏生三子　亞二殤　亞三殤　盛英

敬劭次子文安　移居廣西鬱林州北流縣

敬劭三子六　移居四川

敬劭四子七　移居四川

敬儒長子　文斌　娶張氏生二子　發英　癸英

敬仟次子　文略　娶黃氏生四子　柏英　仕英　亞三　亞四

敬仔三子　文彩　娶葉氏生四子　木英　相英　李英　倫英　父子移居肇慶府恩平縣

敬儒四子　文朗　配張氏移居四川

敬任長子　文善

敬任次子　文蘭

（文善、文蘭）移居四川

敬任三子　文蕚　娶李氏生三子　洪英　榦英　亞三止

敬任四子　文莊　娶鄧氏生五子　標英　五殤　一六七移廣西龍水山

敬任五子　文藎　娶廖氏生一子　槐英

敬任六子　文恭　娶張氏生三子　錦英　欽英　金英

粘坑村徐氏族譜　一

文薦 敬任七子　娶何氏生二子　杰英　亞二

文芳 敬璉之子　娶曾氏生二子　發祝　高祝

文選 敬琳長子　娶朱氏生四子　鸑祝　鳳祝　和祝　鳴祝

文造 敬琳次子　娶張氏生三子　鏡祝　錦祝　銓祝

文建 敬琳三子　娶溫氏生六子　祖祝　厚祝　利祝　莘祝　茂祝　聖祝

文仕 敬寧長子　由江西袁州府徙居湖南長沙府瀏陽縣娶鄧氏生七子　學周　元周　贊周　鳴周　榮周　東周　庠周

讚曰　家居千里　行誼非常　謀慮益密　復徙瀏陽　田園廣置　宮室堂皇　人文蔚起　譜牒有光　宗姪東盛拜撰

文廣 敬寧次子　住江西袁州府萍鄉縣娶繆氏生七子　成周　新周　崇周　尊周　運周　封周　士周

讚曰　軒昂志士　超越匹儔　和鄰睦族　義氣長留　與物無忤　於世何求　高懷恬淡　明月清秋　宗姪東盛拜撰

文信 敬寧三子　住江西袁州萍鄉縣娶曾氏生七子　輝周　貴周　清周　繼周　相周　錦周　芳周

敬寧四子　文蘭　住江西袁州府萍鄉縣原娶曾氏繼凌娶氏生七子　興周　莊周　皇周　岐周　萬周　欽周　朝周

敬賢之子　文端　移居廣西平樂府賀縣焦木廠娶張氏生二子　瑞英　傳英止

明諒公派族衆繁衍不能詳述

長房十世　文十一　英十二　發十三　元十四　茂十五　光十六　開十七　慶十八

十一世 朕英

十二世、朋發　高發　洪發

朋發　元美（四角樓）

元[illegible]（[illegible]）

高發（三棟屋）

洪發（圍龍屋）

錫[illegible]　錫[illegible]　錫[illegible]

[illegible]

[illegible]

50　49　48

第四世

玉璋次子 **明訓** 郎名徐封二郎配李妙仙俱葬粘坑藍塘徑三峯凹架上金盆形俱灰墳石碑生三子 君佐 君佑 君相 俱仕山下

第五世

明訓長子 **君佐** 字全池郎名徐萬一郎配黄妙仙公葬楊梅坪土名三坑水小地名桐子角灰墳石碑妣葬長埔約土名仙人陂遊水天穴土墓碑生六子 長二四五俱移居 三達常 六達猷

明訓次子 **君佑** 字全旺原配鍾氏繼配李氏生一子 達濬移居

明訓三子 **君相** 字全相原配張氏繼配鍾氏生二子 達涵止 達凡

第六世

君佐三子 **達常** 配林氏生二子 德義 德禮

君佐六子 **達猷** 字榮耀郎名徐千滿郎原配蕭妙滿娘繼配余氏公葬粘坑山下屋背妣葬于楊梅坪土名三坑水小地名桐子角土墓無碑妣葬于粘坑郎坑尾小地名藍坑裏土墓石碑生三子 春魁 春鳳 春啓

51

粘坑村徐氏族譜

讚曰　卓然立志　克家有光　事親孝順　壽而且康　教誨諸子　競爽稱良　能守能創　家道興昌　見爭解息　望重鄰鄉　揮毫紀之　家志孔彰　邑庠膳楊清霄拜贈

君相之子　**達凡**　字榮祖郎名徐公滿郎原配李氏繼配鍾氏生二子　遜明　讓明

讚曰　嘉樂君子　邦家之光　令聞令望　如圭如璋　大啓爾宇　長發其祥　天其申之　壽考不忘　邑庠李夢金拜贈

第七世

達常長子　**德義**　配鍾氏生二子　揵洪　揵光

達常次子　**德禮**　娶張氏生二子俱止

達猷長子　**春魁**　郎名徐勝侍郎原配陳妙惠繼配李氏一娘楊妙二娘仝陳妙惠于廣州府番禺縣李妣葬粘坑烏乳坪土墓石碑楊妣葬長埔約土名元坑裏小地名花椒坪十墓石碑生四子　揵煥　揵煌　揵煇　揵炳

讚曰　奕奕翩翩　渾渾噩噩　直道而行　蘭桂芳輝　門才卓犖　後起有人　嶄然頭角　邑庠膳楊青霄拜贈

達猷次子　**春鳳**　早年去世聘氏未娶

52

達三子猷　**春啓**　配黄氏滿娘生七子　提奇　提彥　提端　提登　提龍　提遒　提埔

讚曰　渾厚性成　德著里閭　田園日廓　蘭桂芳枝　無求勢利　不染當時　遇修家乘　濡毫紀之　邑庠黄照南贈

達長子凡　**遜明**　原配鄭氏繼配張氏生四子　提俊　提和　提作　提儒

達次子凡　**讓明**　配陳氏生二子　提傳　提偉

第八世

廿世

德長子義　**提洪**　配張氏生二子　敬權　敬模

德次子義　**提光**　配羅氏生三子　敬松止　敬柏止　敬梅

春長子魁　**提煥**　字日章移居廣州府番禺縣配李氏生六子　鼎璋　鼎瑞　鼎瑋　鼎瑛　鼎琳　鼎琌

讚曰　秉性聰明　不隨波靡　見機而作　識宏大志　鶯遷喬木　人文蔚起　遺厥孫謀　龍躍璧池　克紹箕裘　垂休奕世　遇修家史　秉筆書之　邑庠李夢金拜贈

春次子魁　**提煌**　配張氏生五子　鼎宗　鼎寬　鼎寧　鼎安　鼎宏殤

粘坑村徐氏族譜

讚曰 卓然立志　倜儻不羣　能守能創　克儉克勤　和親睦戚　排難解紛　光貽譜牒　縷析條分　邑庠張滬拜贈

春魁三子 提輝 儒士號日新配張氏生五子　鼎相　鼎標　鼎幹　鼎材　鼎中

讚曰 奕奕斯文　翩翩行誼　書香不息　父子業儒　堂構稱美　田園廣置　開戶承粮　識宏大志　業創前人　德垂後裔　一經載筆　名流奕䙷　邑庠張森拜贈

春魁滿子 捷炳 配鄭氏合葬藍坑裏雙金土墓石碑生二子　鼎明　鼎晀

讚曰 負貲毫邁　軒昂器宇　款洽族戚　和睦鄉里　國器成名　垂休奕世　覼縷數語　用光譜志　邑庠張森拜贈

春啟長子 提奇 配張氏繼配羅氏生四子　鼎祖　鼎祿　鼎祥　鼎祚

春啓次子 捷彥 配邱氏生三子　鼎球止　鼎澳　鼎萬止

春啓三子 提端 配張氏生三子　鼎隆　鼎興　鼎昌止

春啓四子 提登 配繆氏生一子　鼎茂

春啓五子 提龍 配袁氏　鼎堯　鼎舜　鼎賢

春啓六子　提竩　配張氏生一子　鼎錫

春啓滿子　捷埔　配張氏生三子　鼎糧止　鼎粧止　鼎粵

遜明長子　捷俊　配張氏生五子　公葬石磁塘肚裏　樂朋　樂清　樂其　樂生　樂紹

遜明次子　捷和　移居四川

遜明三子　提作　移居　楊化縣

遜明滿子　提儒　原配曾氏繼配謝氏生一子　樂舉

讓明長子　提傳　配張氏　樂鳳　樂義　樂惠　樂榮

讓明次子　提偉　配張氏生二子　樂友　樂振止

第九世

提洪之子　敬權　配張氏生一子　文華

提光之子　**敬梅**　配　氏生一子　文美

提煥長子　**鼎瑋**　住廣府番禺縣配張氏生七子　仁鳳　義鳳　禮鳳　智鳳　信鳳　文鳳　美鳳

讚曰　渾噩古樸　德非近今　倫敦務本　不僭不侵　和諧雍穆　友愛存心　丕承先志　睦族和鄉　克昌厥後　誰不爾欽　綿綿瓜瓞　奕奕常新

邑庠宗姪孫　汪瀛拜贈

提煥次子　**鼎瑞**　住番禺縣原配童氏繼配曾氏生一子　來鳳監生字作文

讚曰　豐規卓犖　瀟洒出塵　德積五家　必有餘慶　賢嗣跨灶　釆藻名成　用光譜志　奕禩流馨

邑庠宗姪孫　汪瀛拜贈

提煥三子　**鼎璋**　住番禺縣原配張氏繼配蔣氏羅氏生四子　增鳳　城鳳　增鳳　壜鳳

讚曰　雅標志節　作範彝倫　識達世故　才敏過人　品行落落　文質彬彬　同異不立　雅俗可親

邑庠宗姪孫　汪瀛拜撰

提煥四子　**鼎瑛**　住番禺縣國學生字承瑛配鄧氏生四子　麒鳳　麟鳳　鸞鳳　鵬鳳

讚曰　為人慷慨　吐屬有章　孝養盡職　友恭如將　克承先志　誨義訓方　圜橋望重　金闕名揚　南州丕振　東海垂芳　蕃衍異地　譜牒用光

邑庠宗姪孫　汪瀛拜撰

提煥五子　**鼎琳**　住番禺縣配李氏

提煥六子　**鼎琁**　住番禺縣配　氏

提煌長子　**鼎宗**　移居廣州府番禺縣配李氏生二子　利鳳止　科鳳

提煌次子　**鼎寬**　移居廣州府番禺縣配　氏生　子　成鳳

提煌三子　**鼎寧**　移居廣州府番禺縣配　氏生　子　廷鳳　昌鳳

提煌四子　**鼎安**　移居廣州府番禺縣配　氏

提輝長子　**鼎相**　配張氏生二子　庚鳳　瑞鳳

提輝次子　**鼎標**　原配張氏繼配鄭氏生三子　酉鳳　迺鳳殤　吉鳳殤

提輝三子　**鼎幹**　儒士號國賓配李氏生五子　禎鳳　祥鳳殤　祖鳳　祐鳳殤　祝鳳　生女適楓樹坪張

讚曰　秉性聰隸　軼衆超常　斯文奕奕　腹內有章　鎔經鑄史　援例升庠　詩禮庭訓　家道興昌　貽謀翼燕　後裕前光　載諸家志　奕禩流芳　邑庠張森拜撰

提輝四子 鼎材 配周氏生一子 金鳳 生女適虎井張

提輝五子 鼎中 早年去世

提炳長子 鼎明 國學生字承亮乾隆辛未年捐納配張氏生五子 觀鳳 見鳳 親鳳止 允鳳 九鳳

讚曰 賦質粹美 善信兼優 無驕無傲 不剛不柔 貽厥孫謀 食德服疇 作室輪奐 克維先猷 圜橋提步 遠述前修 傳之家史 明月清秋 邑庠張 森拜撰

提炳次子 鼎跳 儒子號國亮配林氏公葬山下窩土墓石碑妣葬塘肚裏土墓石碑生二子 元鳳 先鳳

讚曰 家號素封 生平嗜讀 行誼方聞 溫其如玉 應世酬人 文章滿腹 身列儒林 令人可錄 邑庠張 森拜贈

提奇長子 鼎祖 移居四川配顔氏生二子 奕成 宦成

提奇次子 鼎祿 移居肇慶府陽春縣

提奇三子 鼎祥 移居四川

提奇四子 鼎祚 移居廣西鬱林府北流縣配顔氏生五子 連成 達成 道成 週成 迪成

捷彥之子　鼎漢　移居江西

捷端長子　鼎隆
捷端次子　鼎興
二人移居四川

捷登之子　鼎茂　配繆氏生三子　孟成　仲成　季成

捷龍長子　鼎堯
捷龍次子　鼎舜
捷龍三子　鼎賢
三人移居四川

捷竩之子　鼎錫　移居肇慶府陽春縣

捷埔之子　鼎學　移居惠州府傳羅縣配張氏生二子　俊成　援成

捷俊長子　樂朋　配張氏生四子　維相止　維揚　維業　維禎承祀樂清公
生女適陂下張

粘坑村徐氏族譜　一

捷俊次子 樂清 配鄭氏立姪維禎爲嗣

捷俊三子 樂其 配陳氏生二子 維康 維寧承嗣樂生公

捷俊四子 樂生 配張氏立姪維寧爲嗣

捷俊五子 樂紹 配李氏生二子 維惠止 維端

捷儒之子 樂舉 不知何往

捷傳長子 樂鳳

捷傳次子 樂義

捷傳三子 樂惠

捷傳四子 樂榮

捷偉之子 樂友

（以上五人）五人不知何往

第十世

敬權之子 文華 不知去向

敬梅之子 文美 不知去向

鼎相長子 庚鳳 配何氏生二子 世乾止 世隆

鼎相次子 瑞鳳 不知去向

鼎標之子 西鳳 配張氏生一子 世俊

鼎幹長子 禎鳳 配張氏生四子 世謨 世謀 世訓 世誥

鼎幹三子 祖鳳

鼎幹五子 祝鳳

（祖鳳、祝鳳）二人不知去向

鼎材之子 金鳳 配張氏生一子 世傳

粘坑村徐氏族譜

鼎明長子 **觀鳳** 配張氏生四子 世榮 世華 世富 承祀九鳳公 世貴

讚曰 豐姿俊逸 品行端方 務平躁釋 言物行恆 積德醞厚 存心善良 過修家志 濡毫以揚 朱超生拜贈

鼎明次子 **見鳳** 配張氏生四子 世堯 世蘭 世萬 世美

讚曰 爲人孝友 念切怙恃 手恭足重 好善樂施 志行意滿 心曠神怡 素行若此 筆載無疑 朱超生拜贈

鼎明四子 **允鳳** 儒士號信堂原配張氏繼配郭氏生四子 明翏 明翁 明翰 明翀

讚曰 賦性聰敏 生平嗜讀 應世酬人 經綸滿腹 奕奕斯文 衣食豐足 載筆昭垂 榮宗耀族 朱超生拜贈

鼎明滿子 **九鳳** 配林氏立姪世富爲嗣

讚曰 落落高人 翩翩公子 鑑識人情 洞達世故 望重鄉里 光生宗祖 奈登壯歲 修短有數 朱超生拜贈

鼎晄長子 **元鳳** 配張氏生二子 世崇 世嶽

鼎晄次子 **先鳳** 原配鍾氏繼配葉氏公葬岐嶺背土名嶂下尾寮背土墓石碑葉氏葬井裏崗土墓石碑生五子 世嵩 亞三殤 世崗 世良 世倫

鼎茂長子　孟成　配鍾氏生四子　紹宏　紹綱　紹紀　紹紋

鼎茂次子　仲茂　配張氏生三子　紹偉　紹作　紹任

鼎茂滿子　季成　原配張氏繼配羅氏生二子　紹芳　紹英

樂朋次子　維揚　配謝氏生六子　鳳桂　廷桂　清桂　玉桂　珍桂　亞六

樂朋三子　維業　配曾氏生二子　發桂　拔桂　承祀維康公

樂清之子　維禎　配張氏不知何往

樂其之子　維康　配馬氏立拔桂爲嗣

樂生之子　維寧　不知何往

樂紹之子　維端　配張氏生一子　蘭桂止

第十一世

鳳庚之子　世隆　字學裕不知何往

鳳西之子　世俊

鳳禎長子　世讃

鳳禎次子　世謀

鳳禎三子　世訓

鳳禎四子　世諧

鳳金之子　世傳

六人不知去向

鳳觀長子　世榮　配張氏立長房錦祝公三子　天爵

鳳觀次子　世華　配黄氏生三子　天寵　天賓　天福

鳳觀四子　世貴　移居廣西平樂賀縣開山

見鳳長子　世堯　配張氏生二子　天瑞　天璪

見鳳次子　世蘭

見鳳三子　世萬

見鳳四子　世美

（世蘭、世萬、世美）三人移居廣西平樂府賀縣開山

允鳳長子　明弱　改名世洪配張氏生二子　天生　天玉

允鳳次子　明翁

允鳳三子　明翰

允鳳四子　明翀

（明翁、明翰、明翀）三人移居廣西平樂府賀縣開山

美

九鳳之子　世富　原配張氏繼配黃氏生六子　五天潤　六天浩　七天漢　一二三四早喪

元鳳長子　世崇　移居廣西平樂府賀縣開山配張氏生四子　天浦　天柏　天毓　天茂

粘坑村徐氏族譜

元鳳次子 世嶽 移居廣西平樂府賀縣開山配黃氏生子二

先鳳長子 世嵩 移居廣西平樂府賀縣開山配張氏生二子 天賜 天楊

先鳳三子 世崗 移居廣西平樂府賀縣開山配張氏生一子 天文

先鳳四子 世崐 移居廣西平樂府賀縣開山配黃氏

先鳳五子 世崙 原配朱氏繼配羅氏公葬三峯凹架上金盆形土墓石碑生二子 天富 天寧

孟成長子 紹宏 配張氏生一子 連崐

孟成次子 紹綱

孟成三子 紹紀

孟成四子 紹紋

（以上）三人移居惠州府博羅縣

仲成長子 紹偉 配曾氏生二子

仲成次子 紹作
仲成三子 紹任
三人移居湖南長沙府

季成長子 紹芳 配張氏生一子 連福

季成次子 紹英 配顏氏無嗣

維揚長子 鳳桂
維揚次子 廷桂
二人移居廣西平樂府賀縣開山

維揚三子 清桂 配黄氏生三子 天成 天選 天就 生女適大徑張

維揚四子 玉桂 配何氏生 子天慶

維揚五子 珍桂
維揚六子 亞六
二人移居廣西平樂府賀縣開山

粘坑村徐氏族譜

維業之子 **發桂** 不知去向

維康之子 **拔桂** 移居廣西平樂府賀縣開山配黃氏生一子　天佐

第十二世

世榮之子 **天爵** 移居廣西平樂府賀縣開山配黃氏生一子　開盛

世華長子 **天寵** 移居廣西平樂府賀縣開山配周氏

世華次子 **天寶** 移居廣西平樂府賀縣開山配張氏

世華滿子 **天福** 移居廣西平樂府賀縣開山配張氏生一子　開珍

世堯長子 **天瑞** 移居廣西平樂府賀縣開山配　氏生一子　開榮

世堯次子 **天璋** 移居廣西平樂府賀縣開山原配　氏繼配張氏生一子　開元

世洪長子 **天生** 改名天和配胡氏立長房景發子開來

世洪次子　天玉　移居廣西平樂府賀縣開山

世富五子　天潤　配張氏生五子　細妹　亞二殤　亞三殤　亞六殤　開文

世富六子　天浩　配張氏立黃塘肚光琳三子　開傳　生女適雞田張

世富滿子　天漢　原配張氏繼配張氏生二子開秀止　開琳

世畬長子　天富　原娶張氏繼娶楊氏壬招殤　亞二殤　仁芳　仁茂　仁俊　仁傑

世畬次子　天寧　娶張氏無嗣

紹宏之子　連崐　立連福五子爲嗣後移居博羅

紹芳之子　連福　配鄧氏生八子　仁昌　亞三殤　亞四止　亞五承祀連崐　亞六殤　亞七止　亞八承祀長房義發公　亞九承祀長房維發公

清桂長子　天成　移居廣西平樂府賀縣開山娶梁氏生二子　裕昌　禮昌

清桂次子　天選　移居廣西平樂府賀縣開山娶林氏生二子　礽昌　亞二

粘坑村徐氏族譜

清桂滿子　天就　移居廣西平樂府賀縣開山

玉桂之子　天慶　移居廣西平樂府賀縣開山

第十三世

天生之子　開來　移居廣西平樂府賀縣開山

天潤長子　細妹　配　氏不祀

天潤滿子　開文　配張氏

天浩之子　開傳

天漢之子　開琳　不知去向

天富三子　仁芳　娶張氏生子　旭秀止

天富四子　仁茂　娶張氏生子

天富五子 仁俊 娶張氏

天富六子 仁傑 娶張氏

連禍之子 仁昌 娶張氏生三子 亞二殤 茂興 茂旺

天成長子 裕昌

天成次子 禮昌

明訓公派族衆繁衍不能詳述

第四世

玉璋滿子 **明謹**

又名明誼郎名徐公四郎配鄭氏公葬竹子園木頭崀小地名苦竹坑墩上瓜形土墓石碑壬山丙向兼亥分金係乾隆癸丑年四月初二日子時復葬妣葬藍塘土名高塘寨土墓石碑坐南向北生二子　君仕殤　君任　仕有才坑　生女適坑尾謝汝思

第五世

明謹之子 **君任**

字全任號洞山配鍾氏公葬楊梅坪土名三坑水小地名桐子角乾山巽向妣葬長布尾土名徐塘巽山乾向係道光癸未年七月初十日復葬生五子　達邦　達省　達字　達行　達泗

第六世

君任長子 **達邦**

字榮登配余氏生四子　德敏　德恭　德英　德毓

讚曰　恭以持己　愛以事親　耕種爲業　備嘗苦辛　維綱紹紀　積功累仁　載入家史　奕禩常新　邑庠張良籌拜撰

君任次子 **達省**

字榮選配孔氏生三子　德芳　德清　德尊

讚曰　謹細爲人　行敏言訥　向往交來　清心寡欲　解忿息爭　和鄉睦族　宜爾子孫　蘭馨桂馥　謝成光拜贈

君任三子 **達宇** 字榮標配張氏葬于岐嶺背順水天穴子山午向兼壬分金生五子　德安　德宙　德寧　德宦　德定　公葬順水石碑

讚曰　直躬素行　古道是敦　敬宗睦族　排難改紛　芝蘭玉樹　積厚攸鍾　綿綿瓜瓞　垂貽無窮　邑庠張良籌拜贈

君任四子 **達行** 字榮先原配黃氏繼配李氏生二子　德珍　德旺

讚曰　立心正直　作事知幾　不問窮通　無求奇異　業創前人　德垂後裔　一筆書之　用光家志　謝成光拜贈

君任五子 **達泗** 字榮簡原配周氏繼配邱氏生五子　德寬　德惠　德九　德漢　德紹

讚曰　秉性剛毅　氣概凌雲　才堪出衆　品亦超羣　居家以儉　教子惟勤　用光譜冊　奕禩芳芬　謝成光拜贈

第七世

達邦長子 **德敏** 原配傅氏繼配邱氏立胞弟德毓長子　撓友

達邦次子 **德恭** 配朱氏生一子　撓陞　生二女長適陂下張次配尾謝

達邦三子 **德美** 配繆氏生一子　撓三

達邦四子 德鏽 原配何氏繼配劉氏生四子 捷友承祀德敏 捷旺 捷賢止 捷文止

達省長子 德華 配劉氏生一子 捷振

達省次子 德清 配李氏生一子 捷璧

達省三子 德尊 康熙五十七年己亥歲四川盧州利市杉丁市壩配張氏生三子

達宇長子 德安 配張氏公葬有才坑樓裏屋背正崀左側邊土墓石碑妣葬四川盧州利市杉丁市壩係乾隆丁酉年二月初三日帶去生四子 捷萬 捷義 捷茂 捷亮

達宇次子 德宙 葬私山裏配鄭氏生三子 捷藩 捷芳 捷響

達宇三子 德寧 配鍾氏生四子 捷猷 捷斌止 四止 捷利
葬在蕭坑土墓無碑

達宇四子 德宦 配翁氏生六子 捷騰 捷朋止 捷來 捷雲 捷才 捷濇

達宇五子 德定 配張氏生五子 捷佑止 捷佐 捷千 捷睿 阿五止

達行長子 德珍 一

粘坑村徐氏族譜

達行次子 **德旺** 兄弟俱移居江西吉安府龍泉縣山居羅緞

達泗長子 **德寬** 配孔氏生一子 捷昌

達泗次子 **德惠** 原配張氏繼配傅氏生五子 捷新 捷明 捷禎 捷祥 捷鳳 捷揚

達泗三子 **德九** 康熙五十三年己亥歲移居四川盧州利市杉丁市壩原配李氏繼配胡氏

達泗四子 **德漢** 配張氏生二子 捷隆 捷慶

達泗五子 **德紹** 康熙五十八年歲移居四川盧州利市杉丁市壩配張氏

第八世

德敏之子 **捷友** 配張氏生一子 敬祖止

德恭之子 **捷陞** 康熙五十七年己亥歲移居四川盧州利市杉丁市壩

德英之子 **捷三** 配鍾氏生三子 敬壽 敬光止 敬君止

德毓之子　捷旺　配李氏生二子　敬標　敬端

德華之子　捷振　配張氏生三子　敬週　敬厚止　敬威

德清之子　捷霆　康熙五十七年己亥歲移居四川瀘州利市杉市壩配胡氏

德安長子　捷萬　生於康熙甲子年歿於乾隆丙戌年正月初一日享壽八十三歲雍正五年丁未歲七月初一日移居四川瀘州利市杉丁市壩原配羅氏繼配李氏生二子　樂聖　樂賢

德安次子　捷義　原配張氏繼配鄒氏生三子　敬鴻　敬鳳　敬鵬

德安三子　捷茂　配曾氏生五子　敬達　敬道　敬連止　敬通　敬進

德安滿子　捷亮　生於康熙四十年辛巳歲六月十一日戌時諡簡穆配羅氏生一子　敬昌　生女適塡坪裏張姓漢公葬在園墩垠妣葬在禾坪崗

德宙長子　捷藩　配張氏生三子　敬堂　敬允　敬遠

德宙次子　捷芳　原配鍾氏繼配鄧氏生四子　敬堯　敬蘇　敬全止　敬倬

德宙滿子　捷響　儒士配何氏生三子　敬熊　敬羆　敬烈

讃曰　聰明穎悟　氣度雍容　敦詩說禮　兄友弟恭　纂修譜牒　榮耀祖宗　書香蔚起　奕葉重重　賴興廉拜贈

德寧長子　**捷猷**　配彭氏無嗣

德寧次子　**捷利**　移居番國

德宦長子　**捷騰**　配鍾氏生一子　敬岳

德宦三子　**捷來**　配劉氏生三子　敬恕　敬恩　敬思過胞弟捷滈爲嗣

德宦四子　**捷雲**　配曾氏無嗣

德宦五子　**捷才**　配黄氏生二子　敬依　敬候

德宦滿子　**捷滈**　配陳氏立胞兄三子敬思爲嗣

德定次子　**捷佑**　配張氏生二子　敬輝止　敬耀止

德定三子　**捷千**　原配黎氏繼配彭氏不祀

德寬之子 **提昌** 康熙五十七年己亥歲移居四川盧州利市杉丁市壩

德惠長子 **提新**

德惠次子 **亞二**

德惠三子 **亞三**

德惠四子 **亞四**

德惠滿子 **亞五**

康熙五十七年己亥歲兄弟移居四川瀘州利市杉丁市壩

德漢長子 **提隆** 配張氏生三子　敬元　敬享　敬廣

德漢次子 **提慶** 配張氏公墳于涼傘峯石塚石碑坐東向西生二子　敬崇　敬常

第九世

提三之子 **敬壽** 配劉氏生一子　順錦

提旺長子　敬標　配李氏生一子　譽錦

提旺次子　敬端　配雷氏生三子　學錦止　舉錦　亞四止

提振長子　敬週　配張氏生五子　聰錦　明錦止　睿錦　智錦　惠錦

提振次子　敬威　配[illegible]氏生二子　信錦　亞二

提義長子　敬鴻　移居四川廬州利市杉丁市壩配林氏生四子　魁錦　相錦　亞四　亞五

提義次子　敬鳳　配何氏生三子生女適虎井張　耀錦　[illegible]錦　彩錦

提義三子　敬鴈　配陳氏生二子　際錦止　揚錦

提茂長子　敬達　配黃氏生三子　南錦　亞三　亞四

提茂次子　敬道　配張氏生二子　斗錦　科錦

提茂四子　敬通　配鍾氏生二子　瑞錦　珮錦

揵茂五子 **敬進** 配張氏生一子 佑錦

揵亮之子 **敬昌** 配張氏生三子 芳錦 芬錦 蘭錦 生女適蛇坑曾公享壽九十七歲葬馬坑裏妣在旹壯裏寮對門

揵藩長子 **敬堂** 原配何氏繼配 氏生二子 秀錦 香錦生女適大徑張

揵藩次子 **敬允** 配陸氏生一子 俊錦

揵芳長子 **敬堯** 配張氏生二子 福錦 寧錦

揵芳次子 **敬祿** 配張氏生三子 康錦 高錦 貴錦止

揵芳滿子 **敬偉** 配張氏不祀

揵響之子 **敬熊** 配鍾氏不祀

揵騰之子 **敬岳** 配楊氏生一子 生錦止

揵來長子 **敬恕** 配林氏生五子 興錦 和錦 富錦 善錦 美錦

54

粘坑村徐氏族譜

捷來次子 敬恩 配張氏生一子 開錦

捷才長子 敬依 原配張氏繼配張氏生四子 成錦 煥錦 亞三殤 亮錦

捷才次子 敬候 配張氏無嗣

捷湆之子 敬思 配張氏生三子 亞二 榮錦 光錦

捷隆長子 敬元 配曾氏生一子 禎錦

捷隆次子 敬享 原配楊氏繼配張氏生一子 祥錦

捷隆三子 敬廣 配張氏立敬崇三子 雲錦

捷慶長子 敬崇 原配謝氏繼配邱氏生四子 奕錦 世錦 雲錦與敬廣爲嗣

捷慶二子 敬常 配張氏生五子 安錦 標錦 文錦 章錦 盛錦

第拾世

敬壽之子 順錦 原娶張氏繼娶　氏生子止

敬端之子 舉錦 移居楚田娶楊氏生一子　士旺

敬週長子 聽錦 娶張氏

敬週四子 智錦

敬週滿子 惠錦

二人移居

敬威長子 信錦

敬威次子 亞二

二人不知何往

敬鳳長子 耀錦 娶張氏生七子　潤寶　汇寶止　淮寶　鴻寶止　昌寶過與高錦公爲嗣　亞八殤　慶寶

生二女次適高寨張六適栗仔崗張

敬鳳滿子 彩錦 娶趙氏生二子　亞羅殤

敬鵬之子 揚錦

敬達長子 南錦

敬達次子 亞三

敬達三子 亞四

此三人不知去向

敬道長子 斗錦

乾隆丁酉歲移居盧州利市杉丁市墟

敬道次子 科錦

娶曾氏立長房錦祝公滿子傳賓爲嗣

敬通長子 瑞錦

敬通次子 珮錦

敬進之子 佑錦

此三人不知何往

敬昌長子 芳錦

娶張氏生四子 濟寶 寬寶 五止 七止 生三女 次適西布顯興廉 三適有才坑張鳴詩 六適栗子崗張蘭昇 公葬有才坑長線崗 妣葬在元坑裏聖堂對面陰城

敬昌次子 芬錦

敬昌三子 **蘭錦** 儒士配張氏生子五 亞庚止 朝英 三止 四止 六止 生二女 五適田背歷張七 適徑子塘廖

謹言慎行 靜志寧神 敦詩說禮 論史談經 向往交來 懷德畏刑 載入譜冊 奕禩流馨 賴興廉拜贈

敬堂長子 **秀錦**

次子 **香錦**

此二人移居廣西龍水山

敬允之子 **俊錦** 移居廣西大寧市娶張氏生子三 日寶 月寶 星寶

敬堯長子 **福錦**

次子 **寧錦**

敬祿長子 **康錦** 娶李氏生一子 亞戊 生女適藍塘監生張韶揚

次子 **高錦** 娶阮氏 立耀錦公子昌寶爲嗣

興錦

敬恕之子
和錦
富錦
善錦
美錦
兄弟五人俱移居廣西賀縣開山

敬思之子
開錦
移居廣西賀縣開山

敬依之子
成錦
煥錦
亮錦
俱移居廣西賀縣開山

敬思三子
榮錦

敬思四子
光錦
俱移居廣西龍水山

敬元之子 禎錦 娶張氏生子 東寶止 瑞寶止 華寶 榮寶止

敬享之子 祥錦 娶張氏 移居廣西龍水山

敬廣之子 雲錦 娶張氏生子一 福寶

敬宗長子 奕錦 娶張氏生三子

次子 世錦 移居廣西龍水山 娶張氏生二子

敬常長子 安錦 娶張氏

敬常次子 標錦 娶梁氏生一子

敬常三子 文錦

敬常四子 章錦

敬常五子 盛錦

此三人不知何往

粘坑村徐氏族譜

第十一世

耀錦長子 **潤寶** 娶張氏生子三 宏富 宏貴 宏聰 生二女適永安縣適羅田張

耀錦次子 **淮寶** 恩賜登仕郎字濟光娶張氏生二子 宏祿 宏任 生女適客村張四適黃泅河張

耀錦三子 **慶寶** 移居廣西柳州府

科錦之子 **傳寶** 娶張氏立黃塘肚光坡公六子 宏盛 止

芳錦長子 **清寶** 娶張氏生二子 宏康 宏寧 生女適楓樹坪張

芳錦次子 **寬保** 恩賜登仕郎字國光原配張氏繼娶曾氏 葬灌蔭塘生子四 宏南 宏彰 宏光 宏謨 生二女適大徑庠生張寶徽適長布橫江李廷扶公葬灌蔭塘灰塚石碑妣葬元坑裏陰城灰塚石碑

蘭錦之子 **朝英** 娶張氏生子 亞丙殤 生女適藍公坑謝

康錦之子 **亞戊** 不知何往

高錦之子　昌寶

禎錦之子　華寶　娶張氏生　子　亞二

雲錦之子　福寶　不知去向

第十二世

潤寶長子　宏富　娶張氏生二子　仁昌　仁勝

潤寶次子　宏貴　恩賜登仕郎字雲漢

潤寶三子　宏聰

淮寶長子　宏祿　娶翁氏生三子　仁金　仁鳳　仁杰

淮寶次子　宏任　娶翁氏生子　仁聲　亞石止　生女

清寶長子　宏康　娶張氏生三子　仁良　仁元　仁恩止　仁慶　仁祥　仁珍　生女適元坑曾適坑尾謝

57

粘坑村徐氏族譜

清寶次子 宏寧 娶張氏生子 仁慈

寬保長子 宏南 原娶張氏娶劉氏生四子 亞二殤 亞五殤 仁普 仁廣 復一殤
生女

寬保次子 宏彰 儒士字 娶張氏生子 仁德 仁智 仁爵
生女

寬保三子 宏光 娶黃氏生子 仁任 仁才 仁祿殤 仁福
生六女 一學貞適樟村張新才 二學松適雙頭鍾清源 三學梅適梅林古德朋 四學蓮 殤 學
謹殤 八學英適元坑曾家祥

寬保四子 宏謨 監生字道良娶張氏生子 仁深 仁生殤 仁壽 仁山殤
娶妾蔡氏生子 仁煥

第十三世

宏富長子 仁昌 娶張氏生子 俊恩 福祥

宏富次子 仁勝 娶張氏生子 永祥

宏祿長子 仁金 娶黃氏生子 添祥

宏祿次子　仁鳳　娶張氏　先祥　達祥

宏祿三子　仁杰

宏任長子　仁聲　娶張氏　福祥

宏康長子　仁艮　娶李氏生子　義恩　義富　義貴

宏康次子　仁元　儒士娶曾氏生子　義生　義英　義達　義華

宏康三子　仁慶

宏康四子　仁祥　娶張氏生子　義根

宏康五子　仁珍

宏寧之子　仁慈　娶劉氏生子　義叨

宏甫長子　仁普　娶張氏生子　新祥　玉祥殤

粘坑村徐氏族譜

宏南次子 仁廣 娶張氏生子 潤祥

宏彰長子 仁德 娶劉氏生子 發祥 貴祥 俊祥 慶祥

宏彰次子 仁智 娶繆氏生子 善祥 訓祥 泮祥 足祥

宏彰三子 仁爵 娶張氏 茂祥 兆祥 勝祥殤 毓祥 佰祥 悅祥

宏光長子 仁任 字重甫

娶曾氏元坑敎士曾福康之女 啟祥殤 恩祥 賜祥 其祥 識祥

繼娶鍾氏

宏光次子 仁才 娶曾氏長埔敎士曾鏡荃之妹 生子 致祥誕生于壬子六月二十五寅時1912年 煥祥誕于甲寅十月二十八申時1914年

經祥誕于丙辰十月初七時1916年 緯祥 定祥

宏光滿子 仁福 娶妾劉氏潭下市劉廣泰之女 生子 耀祥誕於乙卯四月十二日寅時1915年 裕祥誕於戊午五月二十三日丑時1918

鼎祥生於庚申八月二十一日卯時1920

宏讜長子 **仁深** 字 娶妻張氏生子 景祥 增祥 禎祥殤 德祥 接祥

宏讜次子 **仁壽** 娶陳氏生子 應祥殤 鎮祥 家祥 聲祥 萬祥 世祥 鸞祥

宏讜三子 **仁懷** 娶古氏生子 漢祥 雲祥 瑞祥

第十四世

仁昌長子 **俊恩** 娶妻廖氏生子 良禮 良 良

仁昌次子 **福祥** 娶張氏

仁勝長子 **永祥** 娶張氏生一子 珮維

仁金之子 **添祥**

仁鳳長子 **先祥**

仁鳳次子 **運祥**

粘坑村徐氏族譜

仁聲之子　福祥

仁良長子　義恩

仁良次子　義富

仁良三子　義貴

仁元長子　義生

次子　義英　維周軍醫院長娶張氏生　子

仁元三子　義達　直吾粵軍團副娶張氏生　子

仁元四子　義華　娶鍾氏生　子

仁慶之子

仁祥之子　義根

仁慈之子　義明　娶廖氏生一子

仁普之子　新祥　娶李氏

仁廣之子　潤祥　娶張氏

仁德之子

發祥

貴祥　軍醫官

俊祥　軍醫官娶李氏

慶祥

仁智之子

善祥　娶張氏生一子

訓祥

泮祥

仁智四子　足祥

茂祥　生一女

仁爵之子

光祥　居暹羅 [illegible]

毓祥　居暹羅

伯祥　居台灣

悅祥　居暹羅

仁任長子　恩祥 [illegible]

仁任次子　賜祥 [illegible]

仁任三子　其祥

仁任四子　晉祥

捷

新

- 樂
  - 麒
    - 文章
    - 文科
- 樂
  - 麟
    - 文蕅
    - 文遷
    - 文醴
    - 文蔚
    - 文週
    - 文聯
    - 文常
    - 文滔
- 樂
  - 乾
    - 文思
    - 文憲
    - 文志
    - 文忠
- 樂
  - 坤……未詳
- 樂
  - 順
    - 文[illegible]
- 樂

七世

原籍廣東五華縣粘坑村徐氏族譜

達泗公為桂源六世是入川祖一世

入川祖

達泗次子

德惠

是入川二世

清康熙七年戊申三月初九日寅時生於廣東潮惠道嘉應州（民國改稱梅縣）長樂縣（民國改稱五華縣）大田約瞻（即粘坑）坑村康熙丙申年入川住瀘州鳳儀鄉立石鎮（又名立石站）劉家壩繼住土主場附近之大土灣買陰地一棺於石大堰塘乾隆元年丙辰置兩板橋坎上一業（建有祠焉）後又置江津縣五福鎮大壩一業（建有祠焉）乾隆十三年戊辰六月廿八日辰時終於兩板橋坎上屋基享年八十一葬石坳大堰塘乙山辛向嘉慶十五年修墓豎碑娶張氏繼娶傅氏

妣張孺人

康熙癸丑年八月廿四日子時生於廣東長樂縣康熙乙未年六月初十日巳時歿終享年四十二　生二子　捷新　捷明

妣傅孺人

康熙己巳年三月十七日午時生雍正六年戊申正月十三日戌時故於大土灣屋基享年四十　生子四　捷碩　捷祥　捷鳳　捷揚　張傅二孺人合葬陳屋基宅右繼遷兩板橋坎上祠堂後山庚山甲向

德惠祖裔捷新公支樂麒世系

德惠長子 **捷新** 康熙乙亥年七月十七日亥時生與張氏合葬江津五福鎮第二圖鳳凰溝水井坎上巽上乾向

張氏 生於康熙丁丑年二月十八日 生子七 樂麒 樂麟 樂乾 樂坤 樂順 樂朝 樂相

捷新長子 **樂麒**

古氏 生子二 文章 文科

樂麒長子 **文章** 子孫遷住無從稽考

李氏

賴氏

原籍廣東五華縣

德惠祖裔捷新公支樂麒世系

十世 文科
- 朝興…乏嗣
- 朝品
  - 維德
    - 念揚…乏嗣
    - 念發…乏嗣
  - 維才…乏嗣
  - 維蔴…念璡…光明
  - 維鳳
    - 念新…乏嗣
    - 念理…乏嗣
- 朝茂（十二世）
  - 維和（十□世）
    - 念棋…光樹
    - 念海
      - 光達
      - 光才
    - 念棠（十三世）
      - 光後
      - 光裕
      - 光前
      - 光源…先煜
      - 光濂
  - 維義…光仙（抱念洪之子爲孫）
    - 先有
    - 先明
  - 維芳…念興
  - 維有…念洪
    - 光有
    - 光發
- 朝（樑）
  - 維賢…念壹…乏嗣
  - 維高…念超…乏嗣
  - 維林…乏嗣
  - 維亮…念舉…乏嗣
- 朝衣…乏嗣

二

粘坑村徐氏族譜

維獻次子 **文科** 乾隆辛未年五月廿八日未時生於瀘州鳳儀鄉三甲地名土圭場側近下道場對門大土增屋基

廖氏 乾隆十八年冬月初十日生於瀘州鳳儀鄉三甲地名秀基山屋基亡於嘉慶丁卯年七月廿七日酉時葬於馬腦山側近六倫山巽山乾向　生子五　朝衣　朝樑　朝茂　朝品　朝興

文科長子 **朝衣** 之嗣

古氏

文科次子 **朝樑** 生死年月無攷以下列朝樑公之後裔

羅氏 生子四　維亮　維林　維高　維賢

朝樑長子 **維亮**

陳氏 生子一　念舉

維亮之子 **念舉** 之嗣

維林　朝櫟次子

涂氏

維高　朝櫟三子

涂氏　生子一　念超

念超　維高之子　乏嗣

維賢　朝櫟四子

郭氏　生子一　念喜

念喜　維賢之子　乏嗣　以上朝櫟公之後裔至念字號均乏嗣而生歿年月亦無所攷

粘坑村徐氏族譜

文科三子 **朝茂** 不知何年三月廿七日葬於新橋坎上雞公嘴辰山戌向　以下俱朝茂公之後裔

林氏 嘉慶丙辰年十一月十六日子時生於瀘州鳳儀鄉三甲地名白塔上壩劉墩屋基同治壬戌年又八月初三戌時故於原處之王山側近興隆屋基葬于老魚灘上首小灣子背後么姑山
生子四　維有　維芳　維義　維和　生女一　適張姓

朝茂長子 **維有** 生於道光甲申年三月十八日亡於同治癸亥年葬于么姑山

猷氏 生子一　念洪

維有之子 **念洪** 字香廷　同治己未年六月十四日寅時生於瀘州鳳儀鄉三甲地名王山屋基丁巳年三月十六日故於原處之朱壩屋基葬于黃金山艮山坤向

羅氏 生死年月不詳

唐氏 同治甲子年五月廿八日寅時生於瀘州鳳儀鄉三甲地名大溝頭屋基　生子三　光仲
過繼維義　光發　光有　生女二　長適梁氏　次適周氏

念洪長子 **光發** 光緒庚寅年二月初五辰時生於瀘州鳳儀鄉三甲地名秀山灣屋基

黎氏 光緒癸卯年三月十一戌時生於瀘州安賢鄉三甲地名新房子

念洪次子 **光有** 光緒甲午年九月初七戌時生於瀘州鳳儀鄉三甲地名秀山灣屋基

彭氏 宣統己酉年二月廿一日辰時生於瀘州鳳儀鄉三甲地名萬定場街上

朝茂次子 **維芳**

高氏 生於嘉慶乙卯年七月初十戌時同治丁卯年六月十九日辰時故於原地之流葉溝屋基
生子一 念興

維芳之子 **念興** 咸豐丁巳年九月廿二日午時生於瀘州鳳儀鄉三甲地名其嫣石屋基

吳氏 咸豐己未年九月十九卯時生於瀘州鳳儀鄉三甲地名柏林灣 光緒戊子年五月十七日申時故於原地之方松林屋基 生女一 適尹氏

朝茂三子 **維義** 道光己丑年三月十四日卯時生於瀘州鳳儀鄉三甲地名濫包欲己未年六月廿六日故於原地之碾子山葬於盧高山嘴亥山己向

傅氏 道光甲辰年九月初七寅時生於瀘州林現鄉三甲地名沙灣子宣統三年九月初六日酉時故於本州鳳儀鄉三甲地名堰塘灣葬于黃泥冲對門 挑抱一孫係念洪長子光仲

維義挑抱三子 **光仲** 光緒丁亥年七月十四年時生於瀘州鳳儀鄉三甲曹灣屋基

郭氏 光緒庚子年十二月初八日丑時生於瀘州鳳儀鄉三甲土主場街上 生子二 先明 先
有 生女二

原籍廣東五華縣 德惠祖裔貴新公支樂麒世系 四

光仲長子 **先明** 辛酉年四月十二日戌時生於瀘州鳳儀鄉三甲 地名碾子山

光仲次子 **先有** 丁卯年七月十三日寅時生於瀘州鳳儀鄉三甲 地名拱橋屋基

朝茂四子 **維和** 字雙河 道光丙申年正月廿五酉時生於瀘州鳳儀鄉三甲李東坪對門學堂坎上屋基 光緒己亥年正月初七卯時故於原處之大灣包屋基

何氏 生死年月失攷 葬於幺姑山山尾上

曾氏 道光乙巳年二月初九子時生於瀘州鳳儀鄉三甲王岐山屋基 民國四年甲寅故於原地之桐梓林屋基 生子三 念堂 念海 念岐 生三女 長字張 次字程 三字曾

維和長子 **念堂** 字海山 光緒乙亥年二月十四子時生於瀘州鳳儀鄉三甲曹灣雞房屋基

唐氏 光緒戊寅年臘月十二卯時生於瀘州鳳儀鄉三甲王岐山屋基 生子五 光濂 光源 光前 光裕 光後 生女一 字周氏

念堂長子 **光濂** 字憲初　光緒壬寅年十月初四日戌時生於瀘州鳳儀鄉三甲古屋基

曹氏 光緒己亥年六月十五日亥時生於瀘州安賢鄉六甲五間屋基民國乙丑年八月初一午時故於原地之大冲頸葬于消溝側邊鍋鼎山

鄭氏 光緒甲辰年六月廿二辰時生於瀘州鳳儀鄉三甲機房屋基生女一

念堂次子 **光源** 字國康　光緒丙午年七月十三酉時生於瀘州鳳儀鄉三甲桐梓林屋基

載氏 光緒丙午年十二月十三日卯時生於瀘州安賢鄉三甲小灣子屋基生子二　先煜　先樹

光源長子 **先煜** 民國丙寅年六月廿八日寅時生於瀘州鳳儀鄉三甲大冲頸屋基

光源次子 **先樹**

念堂三子 光前 字定基 宣統庚戌年四月十九日卯時生於濾州鳳儀鄉三甲桐梓林屋基

楊氏 民國辛亥年臘月初三日　時生於濾州鳳儀鄉三甲斑竹林屋基

念堂四子 光裕 字後昌 民國乙卯年二月廿二日丑時生於濾州鳳儀鄉三甲桐子林屋基

夏氏 民國丁巳年四月初八日生於時濾州鳳儀鄉三甲

念堂五子 光後 字昌榮 民國癸亥年五月十九日辰時生於濾州鳳儀鄉三甲桐梓林屋基

維和次子 念海 字海臣 光緒乙卯年六月初三日巳時生於濾州鳳儀鄉三甲曹灣機房屋基

晉氏 光緒癸巳年十月初九辰時生於濾州鳳儀鄉三甲堰塘坎屋基　生子二　光才　光達

念海長子 光才 民國壬戌年七月初九日寅時生於濾州鳳儀鄉三甲桐梓林屋基

念海次子 **光達** 民國丙寅年七月初七日戌時生於瀘州鳳儀鄉三甲地名桐梓林屋基

維和三子 **念岐** 字岐山　光緒丁亥年八月初二子時生於瀘州鳳儀鄉三甲小松林屋基

王氏 光緒丙戌年十月廿五日午時生於瀘州鳳儀鄉三甲累石包屋基
生子一　光樹　生女二

念岐長子 **光樹** 民國壬子年九月初五日亥時生於瀘州鳳儀鄉三甲桐子林屋基

張氏 生於光緒乙巳年四月廿日戌時

文科四子 **朝品** 乾隆丁未年八月十五子時生於瀘州鳳儀鄉三甲地名大垣子光緒甲申年五月初一亡於桐子坪葬於小屋基壬山丙向　以下列朝品公之後裔

胡氏 乾隆戊申年十一月廿五酉時生於瀘州安賢鄉羅家坪窩凼屋基咸豐己未年十二月初四日寅時故於桐梓坪屋基葬於拘扒岩癸山丁向　生子四　維鳳　維祐　維才　維德

朝品長子 **維凰** 嘉慶丁卯年九月廿七辰時生於瀘州鳳儀鄉三甲石廠灣屋基光緒五年己卯三月初七未時仍在原處毛杳沖屋基身故

王氏 生子二　念理　念新

粘坑村徐氏族譜

朝品次子 **維祐** 字興發　道光壬午年臘月初三辰時生於瀘州鳳儀鄉松林灣屋基光緒廿八年故於瀘州鳳儀鄉大坪子屋基葬于大坪子壬山丙向

佘氏 嘉慶丙子年又六月初六戌時生於瀘州鳳儀鄉松林灣屋基庚寅年故於原處之竹林塥屋基葬于大坪子　生子一　念璉

朝品三子 **維才** 生於嘉慶丙子年八月初四日寅時亡於道光辛丑年十月十八日　乏嗣

朝品四子 **維德** 道光丙戌年十一月十四丑時生於瀘州鳳儀鄉三甲地名耗子冲對門新屋基葬於大坪子

陳氏 生於辛卯年九月十七日亥時葬於小屋基　生子二　念發　念揚

維鳳長子 **念理** 生於咸豐甲寅年六月初一日子時　乏嗣

維凰次子 **念新** 生於同治辛酉年十月初六巳時不知亡於何年　乏嗣

維祐長子 **念璉** 字洪順　咸豐丁巳年冬月初一日丑時生於瀘州鳳儀鄉六甲地名中嘴

杜氏 同治丙寅年二月初九亥時生於江津朱家沱謝面壩㘰上屋基
生子一 光明　生女一 適周姓

維德長子 **念發** 生於甲寅年四月初八日申時亡年未詳　乏嗣

維德次子 **念揚** 生死年月未詳　乏嗣

念璉之子 **光明** 字長興　光緒乙未年二月初一寅時生於瀘州鳳儀鄉三甲地名白山頭

蔡氏 宣統庚戌年四月十一酉時生於瀘州鳳儀鄉三甲地名河壩頭

文科五子 **朝興**

陳氏

粘坑村徐氏族譜

捉新次子 **樂麟** 葬於瀘州土主場出南門三里程家橋與曾氏妣合塋

曾氏 生子八 文進 文選 文禮 文蔚 文週 文聯 文常 文滔

文進
- 朝榮
  - 維章…五之嗣
  - 維綱…五之嗣
  - 維忠
    - 念寅
      - 光德…先貴
      - 光聯…先富 先華
      - 光武…不詳
      - 光揚…不詳
      - 光明…先其
      - 光財…先德 先有
        - 先有…澤金
    - 念華…光汝…不詳
    - 念富…不詳
    - 念貴
      - 光祿…未詳
      - 光壽…未詳
      - 光福…先和 先之 先明 先成
- 朝進…不詳

粘坑村徐氏族譜

樂麟長子 **文進**

古氏 生子二 朝進 朝榮

溫氏

文進長子 **朝進**

文進次子 **朝榮** 乾隆三十七年壬辰五月十九午時生於瀘州土主場鑼子壩屋基咸豐元年辛亥冬月初三日戌時故於納溪縣近城鄉十二甲小土壩柑子園屋基葬於原地附近大墳包 二老合棺

李氏 乾隆庚寅年五月十七日午時生於瀘州鳳儀鄉三甲地名高山子屋基沒於高山子屋基葬於大墳包 生子三 維忠 維綱 維章

朝榮長子 **維忠** 乾隆乙卯年十月十九日未時生於瀘州土主場出南門外大恆子屋基同治戊辰年十月十一日戌時故於到騎龍葬於洞子溪忠屋基

馬氏 嘉慶丁巳年八月十五生於卯時瀘州忠信鄉藍田場新街子南華宮側邊院內葬於蘇家岩 生子四 念貴 念富 念華 念寅

念貴 維忠長子

嘉慶戊寅年九月二十一戌時生於瀘州鳳儀鄉毛香沖同治壬戌六月初九丑時故於納溪縣近城鄉十二甲小土壩中埧上葬於中埧上大土邊

蕭氏

生子三 光福 光壽 光祿

光福 念貴長子

道光戊申年二月十四日子時生於納溪縣近城鄉大墳包民國乙卯年八月十五日未時故於本縣獅子彎

銀氏

咸豐元年辛亥七月十四申時生於納溪縣近城鄉十二甲挖斷井民國十一年壬戌冬月初六戌時故於本縣近城鄉葬於獅子彎 生子四 先成 先明 先之 先和

先成 光福長子

先明 光福次子

光緒丙子年一月十四日申時生於納溪縣近城鄉十二甲地名到騎龍

劉氏

先之 光福三子

光福四子 **先和**

念貴次子 **光壽**

念貴三子 **光祿**

維忠次子 **念富** 道光壬午年正月十三日酉時生於瀘州鳳儀鄉高山子

張氏

維忠三子 **念華** 道光丁亥年六月十二日申時生於鳳儀鄉雲景場大石包

李氏 生於道光丙申年四月十三日巳時 生子一 光汝

念華長子 光汝 道光乙未年八月初五日亥時生於納溪縣近城鄉小土壩乾魚塘屋基亡於甲辰年冬月初七亥時

維忠四子 念寅

張氏 道光十九年己亥六月初三日申時生於瀘州牛背石忠信鄉二郎橋銅鑼山
生子六 光財 光明 光揚 光武 光聯 光德

念寅長子 光財 咸豐八年戊午七月初八日巳時生於納溪縣近城鄉十二甲大墳包

喻氏 生於咸豐巳未正月十九日子時
生子二 先有 先德

光財長子 先有 光緒庚辰年正月十四午時生於瀘州忠信鄉蘇江岩草房子

鄒氏 生子一 澤金

先有長子 澤金

光財次子　先德

念寅次子　光明
同治乙丑年八月二十六辰時生於納溪縣近城鄉十甲地名小土壩中垠上屋基

段氏
生於同治四年乙丑十二月十一日卯時
生子一　先其

光明長子　先其
光緒辛卯年六月二十五日卯時生於瀘州忠信鄉雙河場蘇江岩蓟子坪新房子

念寅三子　光揚

念寅四子　光武
同治辛未年又十月二十二日午時生於瀘州忠信鄉雙河場蘇江岩老房子

念寅五子　**光聯**　光緒乙亥年冬月初八戌時生於瀘州忠信鄉雙河場蘇江岩老房子

銀氏　生於光緒丙戌年五月十六戌時
生子二　先華　先富

光聯長子　**先華**

光聯次子　**先富**

念寅六子　**光德**　光緒甲申年五月初五日酉時生於瀘州忠信鄉雙河場蘇家岩桎子坪新房子

王氏　生於光緒乙酉年十二月二十日丑時
生子一　先貴

光德長子　**先貴**　光緒甲辰年七月初二日未時生於納溪縣近城鄉十二甲老君山龍膀頭

陳氏　光緒癸卯年正月二十七日午時生於納溪縣近城鄉十一甲蘿布陀

粘坑村徐氏族譜

先榮　光緒癸卯年冬月　日未時生於陀要樹　照原稿錄不知係何人之子

張氏　光緒己未二十一日辰時生

朝榮次子　維綱

朝榮三子　維章

文選　文禮　文蔚　文週　文聯　文常　文滔　子孫遷移無從調查

三世 樂乾 提新三子

雍正癸卯年正月十三戌時生於瀘州鳳儀鄉四甲雷公坡生長嘉慶庚午八月廿二日亥時故於本鄉三甲地名新屋基葬於獅子壩宅左菜園嘴丑山未向　八十七歲

李氏

雍正丁未年三月初八日丑時生於廣東朝惠道嘉應州長樂縣清化都唐頭寨乾隆壬辰年五月初九未時故於瀘州鳳儀鄉三甲丁市壩士柱場葬於雲錦場龍井壩坆包灣癸山丁向

生四子　文思　文憲　文志　文忠　享年四十五歲

鄭氏

生年未詳□年未詳葬於雲錦場龍井壩坆包灣與李氏合棺

生一子　文級

文憲
- 朝相……乏嗣
- 朝鵬……乏嗣
- 朝鳴……乏嗣

文思
- 朝鳳……乏嗣
- 朝先……乏嗣
- 朝儀……乏嗣

粘坑村徐氏族譜

- 文志…朝珠…乏嗣
- 文忠
  - 朝光…乏嗣
  - 朝亮
    - 維康…念珊…光續
    - 維聰…念珩…光華
    - 維禧
      - 念銀…光明
      - 念煊
        - 光輝
        - 光耀
          - 先榮
            - 澤國
            - 澤祥
            - 澤學
          - 先華
          - 先富
          - 先貴
  - 朝彩…乏嗣
- 文級
  - 朝覲…乏嗣
  - 朝班
    - 維昌…不詳
    - 維和…不詳
    - 維順
      - 念瑜
        - 光朝
        - 光立
      - 念和
        - 光福
        - 光祿
  - 朝杜…乏嗣

四世 樂乾長子 **文思** 生死年月不詳 不詳

廖氏 生死年月不詳 生子三 朝儀 朝先 朝凰

五世 文思長子 **朝儀** 乏嗣

五世 文思次子 **朝先** 乏嗣

五世 文思三子 **朝凰** 乏嗣

四世 樂乾次子 **文憲** 生死年月不詳 不詳

胡氏 生死年月不詳 生子三 朝鳴 朝鵬 朝栢

五世　文憲長子　朝鳴　之嗣

五世　文憲次子　朝鵬　之嗣

五世　文憲三子　朝相　之嗣

四世　樂乾三子　文志　生死年月不詳

李氏　生一子　朝珠

五世　文志長子　朝珠　之嗣

樂乾四子 **文忠** 乾隆丙戌年四月廿三日戌時生於瀘州鳳儀鄉三甲地名兩板橋坎上新屋基道光己亥年臘月十九日午時故於本鄉三甲地名獅子壩葬於左菜園嘴丑山未向與樂乾公合棺

鍾氏 道光己亥年冬月廿八日卯時故於本鄉獅子壩屋基葬于宅後亥山巳向
生子三　朝光　朝亮　朝彩　享年七十六歲

五世 文忠長子 **朝光** 之嗣

五世 文忠次子 **朝亮** 清庚申年八月初三日酉時生於瀘州鳳儀鄉三甲地名岩上新屋基生長光緒丙子年十月廿九日午時故於川東道重慶樂上鄉進德里三甲地名圍山堡屋基葬於大山頭丙山壬向

溫氏 嘉慶戊午年冬月廿二日午時生於瀘州鳳儀鄉四甲地名肅洞溝冉灣子屋基生長光緒壬午年十月廿六日子時故於本州安賢鄉三甲地名沙土屋基葬於大山頭壬山丙向
生三子　維康　維聰　維禧

六世 朝亮長子 **維康** 號晋占　嘉慶庚辰年臘月廿四日辰時生於瀘州鳳鄉儀獅子壩光緒甲辰年仲冬月病故葬於鳳儀鄉金鼓灣側近

朱氏 嘉慶廿五年冬月廿四日申時生於瀘州里仁鄉三甲地名新房子堰塘灣咸豐己未年十月初二日寅時故於本州鳳儀鄉三甲地名麻柳灣葬於獅子壩大山頭未山丑向
生子一　念珊

楊氏 道光己丑年八月廿二日丑時生於合江縣上灘支八甲地名葛上屋基光緒丁丑年六月廿六日寅時故於永川縣樂上鄉三甲地名申岩葬于大山頭未山丑向

七世 維康長子 **念珊**
咸豐乙卯年正月初一日子時生於瀘州鳳儀鄉三甲地名獅子壩死葬未詳

曾氏
咸豐戊午年正月初六卯時生於瀘州里仁鄉一甲地名小灣老屋基光緒甲申年正月十五日丑時故於瀘州鳳儀鄉三甲地名學堂屋基葬於獅子壩大山頭壬山丙向 生子一 光續

八世 念珊長子 **光續**
光緒庚辰十二月十九日午時生於瀘州鳳儀鄉三甲地名學堂屋基

六世 朝亮次子 **維聰**
道光癸未年正月初十日卯時生於瀘州鳳儀鄉三甲地名獅子壩屋基光緒甲申年八月廿七日辰時故於本州安賢鄉六甲大灣岩屋基葬於原地之大灣岩上宅右

張氏
道光辛巳年八月初十日亥時生於江津縣思里五都七甲地名大池屋基咸豐三年癸丑三月初六日寅時故於瀘州鳳儀鄉三甲獅子壩屋基葬於原處之大山頭未山丑向兼丁癸 生子一 念珩

李氏
嘉慶壬申年十月廿五日酉時生於瀘州鳳儀鄉三甲地名大灣頭屋基生長歿葬未詳

七世 維聰長子 **念珩**
道光癸卯年八月初六日寅時生於瀘州鳳儀鄉三甲地名皮匠灣屋基光緒丙子年六月廿六日寅時故於洞青寺沙田子葬未詳

楊氏
道光辛丑年正月十三子時生於瀘州鳳儀鄉三甲地名古屋基生長民國辛酉年六月十七日午時故於江津縣五都三甲麻柳河葬於五都六甲大壩頭石邊大坟壩庚山甲向 生子一 光華

八世　念珩長子　**光華**　同治戊辰年正月十二日子時生於瀘州鳳儀鄉三甲地名桐梓林屋基

六世　朝亮三子　**維禧**　道光癸巳年九月十三日戌時生於瀘州鳳儀鄉三甲地名獅子壩屋基光緒乙巳年十月廿五日酉時故於本州安賢鄉六甲地名大山坡屋基葬於雷對門園山保壬山丙向

蔡氏　道光戊子年九月廿二日戌時生於瀘州安賢鄉三甲地名核桃屋基民國戊午年六月十七日未時故於本州安賢鄉三甲地名桐子坡　生子二　念榮　念煊

七世　維禧長子　**念銀**　咸豐甲寅二月初三辰時生於瀘州鳳鄉儀獅子壩屋基民國乙丑年故於瀘州安賢鄉高石坎糟房屋基葬於宅右丙山壬向

吳氏　生子一　光明

八世　念銀長子　**光明**　同治庚午年正月初九戌時生於瀘州安賢鄉三甲桐子嘴坎下下河[illegible]屋基

杜氏　生子四　先榮　先華　先富　先貴

九世　光明長子　**先榮**　光緒辛丑年冬月十六日子時生於瀘州安賢鄉六甲地名大山坡

柳氏　光緒癸卯年冬月十一日巳時生於瀘州安賢鄉六甲地名石梯坎　生子三　澤國　澤祥　澤學

粘坑村徐氏族譜

十世　先榮長子　**澤國**　民國壬戌年二月廿日午時生於瀘州安賢鄉六甲地名桐子坡

十世　先榮次子　**澤祥**　民國　年十月十六日戌時生於瀘州安賢鄉六甲高石坎曹房屋基

十世　先榮三子　**澤學**　民國戊辰年九月初三日　時生於瀘州安賢鄉六甲石馬場老貫冲屋基

九世　光明次子　**先華**　光緒壬寅年九月十七辰時生於瀘州安賢鄉六甲地名大山坡

光明三子　**先富**　宣統庚戌年七月廿三日卯時生於瀘州安賢鄉六甲　地名大山坡

九世 光明四子 **先貴**
民國壬子年臘月十七辰時生於瀘州安賢鄉六田 地名大山坡

七世 維禧次子 **念瑄**
同治戊辰年十一月廿九日戌時生於瀘州安賢鄉三甲地名桐梓嘴坎下河垻上屋基

舒氏
同治甲戌年七月十一日午時生於瀘州安賢鄉三甲地名雷灣屋基
生子二　光輝　光耀

八世 念煊長子 **光輝**
光緒癸卯年四月初六日卯時生於瀘州安賢鄉三甲地名大山坡屋基

八世 念煊次子 **光耀**
光緒乙巳年生於瀘州安賢鄉三甲地名大山坡

五世 文忠三子 **朝彩**
乏嗣

粘坑村徐氏族譜

四世 樂乾五子 **文級** 乾隆壬寅年六月廿四日子時生於瀘州鳳儀鄉三甲地名兩板橋坎上屋基葬於鳳儀鄉青龍塢下漏孔灘壬山丙向

賴氏 乾隆壬寅三月廿六日戌時生於瀘州鳳儀鄉三甲地名立石站老房子屋基

五世 文級長子 **期覲** 之嗣

五世 文級次子 **朝班** 嘉慶庚午年四月初三日酉時生於瀘州鳳儀鄉三甲地名石產灣屋基葬於本縣鳳儀鄉六甲地名田坎上宅後丙山壬向

鍾氏 嘉慶十三年正月二十五日酉時生於合江縣上漲支高壟山登草溝屋基與朝班公合葬生子三　維昌　維和　維順

六世 朝班長子 **維昌**

六世 朝班次子 **維和**

六世　朝班三子　**維順**　道光丁未年九月初四日子時生於瀘州安賢鄉三甲地名石灘上玉合山屋基光緒甲辰年十月初五日未時故於瀘州鳳儀鄉六甲地名燈會田屋基葬於宅後丙山壬向

梅氏　同治癸卯年八月廿九日子時生於茂同灣屋基　生子二　念瑜　念和

七世　維順長子　**念瑜**　光緒甲申年三月廿四日生於瀘州安賢鄉六甲地名燈會田坎上屋基

胡氏　光緒乙巳年八月廿四日辰時生於瀘州安賢鄉二甲地名兩節田屋基　生子一　光朝

念瑜長子　**光朝**

念瑜次子　**光立**

七世　維順次子　**念和**　癸巳年　月廿七日巳時生於瀘州安賢鄉六甲地名燈會坎上屋基

蔣氏　癸卯年七月廿七日戌時生於瀘州安賢鄉六甲地名塆灣背屋基　生子二　光福　光祿　生女二

八世
念和長子　光福　民國九年　月廿五日丑時生於安賢鄉六甲草房屋基

八世
念和次子　光祿　民國戊辰年六月廿四日戌時生於瀘州安賢鄉六甲司公山廟欣下屋基

五世
文級三子　朝柱　之嗣

樂坤
子孫遷移無從稽考
譚氏

粘坑村徐氏族譜

樂順
子孫遷移無從稽考

鍾氏
生子四　文玉　文光　文亮　文煊

林氏

粘坑村徐氏族譜

文玉

文光

文亮

文愷

粘坑村徐氏族譜

三世　提新六子　**樂朝**　葬大壩頭宅後丁山癸向

李氏　合葬大壩頭青龍嘴丁山癸向　生子四　文元　文榜　文開　文桂

黃氏

文元　生年月日及子孫均不詳

四世　樂朝次子　**文榜**　葬五都六甲大壩頭青龍嘴丁山癸向

孫氏　葬于五都六甲大山頭戌山辰向　生子一　朝坐

五世　文榜長子　**朝坐**　葬五都六甲古坟溝艮山坤向

生子一　維祥

粘坑村徐氏族譜

六世　朝坐長子　**維祥**　葬五都六甲冷氏祠坎下巳山亥向

袁氏　壬午年九月初一子時生於貴州遵義府茶亭子光緒戊戌年五月廿二日卯時故於岩山頭屋基葬於五都六甲地名秧背宅後戌山壬向　生子一　念彬

七世　維祥長子　**念彬**　道光甲子年十月初一日亥時生於五都六甲大墈頭癸丑年八月初三丑時故於岩灣頭葬王甲岩壬山丙向

袁氏　庚午年三月十八日戌時生於遵義土城趙家坪　生子一　光錫

八世　念彬長子　**光錫**　光緒癸巳年五月十四日巳時生於岩灣頭

蔣氏　光緒辛丑年冬月廿一日酉時生於五都八甲和尚溝　生子一　先榮

九世　光錫長子　**先榮**　民國甲子年五月廿一日戌時生於江津五都六甲地名岩灣頭屋基

- 文桂…不詳
- 文開
  - 朝益
  - 朝端
    - 維翅
    - 維思
    - 維安…念光
      - 光祿
      - 光益
      - 光考
      - 光齡
      - 光延…先能
      - 光瑞
      - 光全
      - 光源
      - 光澤
      - 光祥
    - 維東
  - 朝嚴
    - 維經…念昌
      - 光福
      - 光堂
    - 維亨…不詳
    - 維標…不詳
    - 維典…不詳
- 文榜…朝坐…維祥…念彬…光錫…先榮
- 文元

粘坑村徐氏族譜

四世 樂碧三子 **文開** 葬大墩頭

李氏 葬大墩頭 生子三 朝嚴 朝端 朝益

五世 文開長子 **朝嚴**

陳氏 生子四 維典 維檪 維亨 維經

六世 朝嚴長子 **維典**

六世 朝嚴次子 **維檪**

六世 朝嚴三子 **維亨**

六世
朝嚴四子
維經
冷氏　生子一　念昌

七世
維經子
念昌
張氏　生子二　光堂　光福

八世
念昌長子
光堂

八世
念昌次子
光福

文開次子
朝端　嘉慶甲寅年六月初十巳時生於江津思里五都六甲大壩頭屋基葬大壩頭
胡氏　嘉慶癸亥年二月十七丑時生於古藺縣葬大壩頭
生子四　維東　維安　維恩　維超

粘坑村徐氏族譜

六世 朝端長子 維東

六世 朝端次子 維安

道光巳亥年八月廿三日卯時生於江津五都六甲地名老鸛田厝基乙酉年六月廿四故於原地之朱家沱上場葬於四望山背后梨子園對門馬尾子坐北向南

朱氏

道光癸卯年五月二十四日寅時生於江津五都六甲瓦瑤塝屋基同治癸酉年故於原地之朱家沱中街舖居葬朱氏祠後嵐塆左邊山嘴坐西向東

生子一　念光　生女一　字樊

七世 維安子 念光

同治己巳年八月十七日卯時生於江津思里五都六甲朱家沱民國庚申年四月廿七子時仍在本縣都甲朱沱下場泰定街葬四望山近入石岩左坐西向東

李氏

生於光緒戊寅年正月廿五亥時生於江津朱沱場滙源街

生子十　光祥　光澤　光源　光全　光瑞　光延　光齡　光考　光益　光祿

生女四　光國　光浩　光初　光壽

八世 念光長子 光祥

光緒丁酉年三月十九日辰時生於江津五都六甲和街生長　早亡

八世 念光次子 光澤

光緒辛丑年九月十八日戊時生於江津朱沱下場　早亡

八世 念光三子 **光源** 光緒壬寅年十月廿二日寅時生於江津朱沱場下街 早亡

八世 念光四子 **光全** 生於光緒乙己年二月十四日生於江津縣朱沱下場生長 早亡

八世 念光五子 **光瑞** 光緒丁未年三月廿八日戌時生於江津縣朱家沱下場 早亡

八世 念光六子 **光延** 宣統庚戌年八月廿一日辰時生於江津五福鎮朱家沱太走街

朱氏 宣統辛亥年五月初六日生於江津朱家沱上場熟米市 生子一 先能

八世 念光七子 **光齡** 民國壬子年十月廿八辰時生於五福鎮太定街 早亡

粘坑村徐氏族譜

八世
念光八子　光考　民國丙辰年五月初一午時生於江津五福鎮泰定街　早亡

八世
念光九子　光益　民國戊子年十月十五未時生於江津五福鎮泰定街　早亡

八世
念光十子　光祿　民國庚申年正月初一辰時生於江津五福鎮太定街　早亡

六世
朝端三子　維恩

朝端四子　維超　道光丁未年四月初一亥時生於江津五都六甲乙未年六月十七故於原縣朱家沱中和街舖居彝秧背頭對門

朝岱 不詳

文桂 不詳

粘坑村徐氏族譜

樂相　辛酉年九月初八戌時生葬於大壩頭祠堂左前青龍嘴申山寅向

劉氏　生於癸亥年七月初一卯時葬於大壩頭祠堂左前青龍嘴壬山丙向
生子一　文芳

李氏　生不詳
葬於袂背對門丁山癸向

粘坑村徐氏族譜

文芳　丁酉年九月二十未時生葬於大壩頭祠堂左前青龍嘴已山亥向

吳氏　生於乙未年二月十八子時葬於大壩頭祠堂左前青龍嘴壬山丙向青龍嘴已山亥向
生子二　朝福　朝印

李氏　生於甲寅年三月二十八酉時葬於大壩頭祠堂左前青龍嘴已山亥向
生子二　朝俊　朝德

朝福　丁已年三月廿七日戌時生於江津縣思里五都六甲地名大壩頭老屋基葬大玫壩丁山癸向

張氏　生於戊午年冬月十一日子時葬青杆林甲山寅向

曾氏　生於庚辰年正月二十二日申時葬青龍嘴丁山癸向
生子五　維馨　維剛　維琮　維康　維麒

維馨　嘉慶戊寅年四月十二申時生於江津縣思里五都六甲地名大壩頭老屋基　葬大玫壩坤山艮向　二老合棺

劉氏　嘉慶丁丑年三月廿七日午時生於江津縣十二都地名牛角坵屋基
生子四　念清　念朝　念堂　念應

念清　道光戊戌年十月廿五日辰時生於江津縣思里五都六甲地名大壩頭老屋基辛酉年二月廿二日酉時故於原地老屋基葬元洞山壬山丙向

游氏　道光丙午年十月廿三日亥時生於江津縣思里五都甲六地名獨樹子三相田坎上屋基
生子五　光宗　光榮　光登　光錫　光祿

光宗　同治丁卯年臘月初八日辰時生於江津思里五都六甲地名大壩頭老屋基

甘氏　同治戊辰年十月十二日申時生於江安清龍鄉地名苦塘溝屋基
生子一　先煜

先煜　光緒巳年酉冬月初五日酉時生於江津縣思里五都六甲地名龍門橋坎上店子屋基

周氏　生於光緒庚戌年十月十五日丑時

光榮　生年月日均不詳

光登　生年月日均不詳

光祿　生年月日均不詳

念朝　葬元洞山壬山丙向

念堂　葬大玫墻坤山艮向

嚴氏　生女一

念應　葬青杆林酉山卯向

維剛　無子

維琮 無子 大坟墒丁山癸向與維剛合棺

維康 道光丙戌年九月廿六日寅時生於江津縣思里五都六甲地名大墒頭老屋基
葬大坟墒丁山癸向

丁氏 戊戌年正月初八日丑時生於貴州省遵義府新縣赤水觀音坪屋基亡於江津縣本都甲
里本處老屋基身故 生子一 念揚 生女一 葬大坟墒申山寅向

念揚 同治戊午年冬月廿日午時生於江津縣思里五都六甲地名大墒頭老屋基甲子年正月
二十六日戌時仍在老屋身故葬大坟墒申山寅向

楊氏 同治庚午年七月二十六日未時生於貴州省遵義府新縣下赤水里告金坪屋基
生子一 光卿 生女二

光卿 辛卯年八月廿五日辰時生於江津縣思里五都六甲地名大墒頭老屋基

蒲氏 壬辰年七月廿五日亥時生於江津縣五都八甲地名杆子灣屋基
生子一 先榮

先榮 庚戌年冬月初七日申時生於江津縣思里五都六甲地名大墒頭老屋基

維麒 道光甲午年二月廿三日申時生於江津縣思里五都六甲地名大壩頭老屋基 葬元洞山子山丙向

楊氏 生子一 念儒 生女一

念儒 壬戌年十月初三丑時生於江津思里五都六甲地名大壩頭老屋基 葬青龍嘴申山寅向

王氏 壬申年七月初四日未時生於貴州省遵義府新縣石壩上屋基 抱子一 光煥

光煥 戊戌年三月初七亥時生於江津縣思里五都六甲地名大壩頭老屋基

王氏 乙未年臘月廿六日子時生於江津縣思里五都六甲地名木馬山屋基 生子二 先杰 先芝

先杰 民國丁己年九月初一酉時生於江津縣思里五都六甲地名大壩頭老屋基

吳氏

先芝 癸丑年臘月初九日丑時生於江津縣思里五都六甲地名大壩頭老屋基

朝印　生於辛未年八月廿五日戌時葬於大壩祠側大坟壩坤山艮向亡於甲申年六月廿四日

傅氏　生於已己年臘月十七日丑時葬於大壯壩丁山癸向
抱孫立嗣出於某氏則未詳　念穀

念穀　庚申年冬月初八丑時生於江津縣思里五都六甲地名大壩頭老屋基甲子年八月十四
子時故於老屋基葬青杆林申山寅向

蒲氏　庚申年正月十八日亥時生於貴州遵義府新縣赤水里地名代家山屋基乙卯年五月十
七日酉時故於原處老屋基葬阮子口坤山艮向　生子三　光城　光河　光江
生女二

樊氏　甲申年冬月廿一午時生於江津縣思里五都六甲地名天堂溝屋基葬所不詳

光城　甲申年八月十二日申時生於五都六甲地名大壩頭老屋基葬天洞山甲山寅向

王氏　癸未年八月廿二日　時生於苦塘溝　葬地及歿年月日不詳
生子二　先華　先富　幼故　抱子一　先前於某氏未詳

陳氏　生於光緒庚寅年三月初八子時

先華　生年月日不詳

先喜　生年月日不詳

先前　民國辛酉年七月初五日辰時生於江津五都六甲大墻頭老屋基

光河

高氏

光江

申氏

粘坑村徐氏族譜

朝俊 乙亥年九月初一日申時生於江津縣思里五都六甲地名大壩頭老房子葬大山午山子向

黃氏 庚午年正月廿七日辰時生於永川縣太平鄉大四甲青草灣 生子五 維瀛 維萬 維仕 維順 維載 葬大坆壩坤山艮向

維瀛 無子

維萬 無子

維仕 無子

維順 辛丑年二月初四日辰時生於江津思里五都六甲地名大壩老屋基丙申年冬月初六日故於永川太平鄉劉家灣 葬青龍嘴己山亥向與張氏合葬

張氏 辛亥年又八月初十日亥時生於江津思里五都八甲地名上房屋基辛巳年二月廿六日於老屋基身故葬於青龍嘴 生子三 念啓 念有 念發 生女二

陳氏　丁未年八月十七卯時生於江津五都六甲地名十字路斑竹林乙酉年六月廿六日故於老房子葬於黄桷嘴巳山亥向　生子一　念達

樊氏　生女一

念啟　丁卯年八月二十二日巳時生於江津思里五都六甲地名大壩頭老屋基

羅氏　生於丁卯年正月初九日　生女三

念有　同治庚午年十月廿八日寅時生於江津縣五都六甲地名大壩頭老屋基葬青龍嘴巳山亥向

翟氏　同治庚午年冬月十四子時生於江津思里五都六甲地名永靖橋屋基故於癸卯年正月初六日丑時葬于青龍嘴巳山亥向　生子一　光華

光華　光緒癸巳年二月初一寅時生於江津縣思里五都六甲老屋基

詹氏　光緒辛丑年五月初十亥時生於貴州遵義府綏水縣地名一區二保九甲杆子壩

念發　同治壬申年冬月初四日戌時生於老屋基葬元洞山未山丑向與甘氏合葬

甘氏　生於同治壬申年八月廿三日卯時生於江津縣五都六甲地名土地溝亡於原地之四望山店子上葬於元洞山　生子三　光均　光增　光坤　生女三

粘坑村徐氏族譜

光均 光緒甲午年七月十四日巳時生江津縣五都六甲地名大十灣

楊氏 辛丑正年月廿二日酉時生於仁懷縣上赤東文坡
生子二　先發　先其

先發 生於壬戌年七月廿一日申時生於江津縣思里五都六甲地名大壩頭老房子

先其 民國戊辰年八月初十日生於江津縣思里五都六甲地名老房子

光增 光緒己亥年二月廿五日子時生於五都六甲地名大壩頭老房子

光坤 光緒癸卯年正月十九日己時生於江津縣思里五都六甲地名老房子

宋氏 光緒丁未年正月十七日丑時生於永川縣太平鄉四甲地名亮洛壩
生子一　先芹

先芹　民國戊辰年八月初六未時生於永川太平鄉四甲新房子

念達　光緒癸未年二月廿一寅時生於江津縣思里五都六甲地名大壩頭老屋基

廖氏　甲申正月初十戌時生於永川縣太平鄉太四甲地名松子山屋基
生子三　光永　光遠　光久　生女三

光永　光緒戊申年三月初十日亥時生於江津思里五都六甲地名大壩頭老房子

光遠　庚戌年九月廿二日戌時生於江津縣思里五都六甲地名大壩頭老房子

光久　乙卯年十月初五日卯時生於江津思里五都六甲地名大壩頭老房子

維載　己酉年五月廿一日寅時生於江津思里五都六甲地名大壩頭老房子葬大坟壩坤山艮向

周氏　辛亥年五月初四日卯時生於江津思里五都六甲地名生灣屋基
生子五　念榮　念華　念福　念祿　念壽

念榮　庚午年十月十四日戌時生於江津思里五都六甲地名大壩頭老房子葬青龍嘴己山亥向

楊氏　戊辰年九月初八日午時生於江津縣思里五都六甲朱家沱上壩馬山埡屋基
生子七　光文　光琴　光忠　光信　光佐　光佑　光祥

光文　光緒辛卯年冬月十四戌時係江津思里五都六甲地名新房子屋基

光琴　光緒癸巳年九月十九午時生於江津五都六甲地名新房子

光忠　戊戌年二月廿一日寅時生於江津五都六甲地名大壩頭新房子

蒲氏　乙己年正月初六日己時生於貴州省仁懷赤水里四甲小地名石廠破屋基
生子一　先啟

先啟　民國十五年丙寅五月十九日午時生於江津五都三甲地名坪上屋基

光信　辛丑年八月廿一日酉時生於江津思里五都六甲地名大塝頭新房子屋基

光佐　丁未年正月十四日子時生於江津縣思里五都三甲地名牛欄山屋基

光佑　庚戌年六月廿六日亥時生於江津五都三甲地名牛欄山屋基

金氏　生於民國五年丙辰三月廿六日戌時

光祥　民國丙辰年九月十九戌時生於江津縣五都三甲地名蠻洞山屋基

任氏　民國六年丁巳九月十二日辰時生於五都三甲地名大塝頭屋基

念華 丙子年六月十九日申時生於江津思里五都六甲地名新房子

梅氏 生於丙子年八月十二日酉時
生女一

念福 辛己年又七月初十日酉時係江津思里五都六甲地名大壩頭新屋基

李氏 生於丁丑年二月廿四日戌時

念祿 癸未年十月十八亥時生於江津五都六甲新房子屋基

念壽 丙戌年二月廿三日子時生於江津五都六甲新房子屋基

楊氏 甲申年正月廿一卯時生於江津思里五都六甲地名麟子田屋基
生子三　光第　光一　光尊

光第 壬寅年三月十三戌時生於江津思里五都六甲新房子屋基

光一　丙午年五月初六日亥時生於江津思里五都六甲地名老房子屋基

光等　已酉年七月十八日子時生於江津朱家沱下場屋基

朝德　嘉慶甲申年七月廿九日申時生於江津縣思里五都六甲地名大塝頭老屋基光緒壬辰年二月廿一日辰時故於原處葬青龍嘴丁山癸向

甘氏　嘉慶丙戌年正月初一巳時生於永川縣太坪鄉青紫山屋基故於癸丑年二月十五日己時　生子五　維金　維玉　維滿　維堂　維銓

維金　辛亥年七月廿八日未時生於江津五都六甲老屋基葬青龍嘴巳山亥向

劉氏　庚戌年十月初二日卯時生江津五都六甲地名連耳山屋基葬青龍嘴丁山癸向　生子三　念富　念貴　念元　生女一

念富　庚午年正月廿四辰時生於江津五都六甲老屋基葬大坟塝己山亥向

蒲氏　生於癸亥年臘月十九日午時葬大坟塝丁山癸向　生子一　光興　生女一

光興

念貴　戊寅年臘月十二日酉時生於江津五都六甲新房子

譚氏　生於戊寅年二月十八日酉時
生子二　光新　光才　生女二

光新

光才　丙辰年冬月廿八日子時生於江津五都六甲地名瓦房屋基

念元　庚寅年正月初十日亥時生於江津五都六甲地名水井坎屋基

維玉　生於丙辰年冬月十九日丑時生於江津五都六甲老屋基丙寅年二月初七午時故於原處葬青龍嘴坤山艮向

劉氏　癸丑年三月初一日辰時生於永川縣太坪鄉七巨山黄坡灣屋基
生子二　念翰　念林　生女三

念翰　癸酉年十月十七日己時生於江津五都六甲地名新房子

胡氏　乙亥年冬月初五戌時生於江津五都八甲地名岩角頭屋基

念林　庚辰年九月初六日己時生於江津縣思里五都六甲地名大埫頭老房子

維滿　己未年九月十三日申時生於江津五都六甲大埫頭老房子葬青龍嘴申山寅向

甘氏　抱子一　念孝　出於某氏未詳　生女一　念弟

念孝　癸酉年六月二十日酉時生於江津五都六甲大埫頭老房子

羅氏　丙子年二月十九日卯時生於江津五都六甲大石埫朱家祠
生子二　光塁　光奎　生女三

光星 乙未年八月十七日午時生於江津五都六甲大菊頭老房子

光奎 戊申年冬月十五日寅時生於江津五都朱家沱下碼頭張家院子

武氏 乙卯年十月初一日午時生於五福鎮清致山大土頭

念弟 丁亥年又四月廿六日子時生於江津五都六甲大菊頭老房子

維堂 壬戌年九月廿七日巳時生於江津五都六甲大菊頭老房子葬青龍嘴甲山寅向

羅氏 庚申年十二月初二日酉時生於江津五都六甲地名獨樹子
生子二　念瑄　念珩　生女一

念瑄 辛巳年八月廿一日亥時生於江津五都六甲大菊頭老房子葬青龍嘴巽山乾向

任氏 生女一

念珩
乙丑年正月廿四日卯時生於江津五都六甲大灣頭老房子

芶氏
乙未年冬月十八日子時生於江津五都二甲地名嘴上斑竹林
生子一　光樹

光樹
民國己未年五月初六日申時生於江津五都六甲大灣頭新房子

維銓
乙丑年冬月廿九日亥時生於江津五都六甲大灣頭老房子

溫氏
丙寅年冬月十七日巳時生於江津十都十甲地名水井坎
生子二　念鏞　念銘　生女二

念鏞
戊午年二月十七日卯時生於五都六甲大灣頭老房子

覗氏
丁亥年五月初八日巳時生於永川太坪鄉上屋基
生子三　光松　光柏　光長　生女二

光松
甲寅年正月初八日酉時生於江津五都六甲地名魚塘溝

石氏
丁巳年七月初五日寅時生於枇子官屋基

光柏　已未年臘月廿三日辰時生於江津五都六甲地名魚塘溝

光長　壬戌年正月初六日午時生於江津五都六甲地名魚塘溝

念銘　壬辰年正月廿二日寅時生於江津五都六甲地名大墻願老房子

国家出版基金项目
NATIONAL PUBLICATION FOUNDATION

海上絲綢之路文獻集成

總主編　陳支平　陳春聲

民間譜牒編

63

主編　林楓

海峽出版發行集團
THE STRAITS PUBLISHING & DISTRIBUTING GROUP
福建人民出版社

本册目次

［四川瀘州］原籍廣東五華縣粘坑村徐氏族譜三卷（卷二至卷三）

徐光吉纂修

徐氏族譜　卷二

卷二附捷明禎祥世系

仁侄叔台惠存

原籍廣東五華縣粉坑村徐氏族譜

光吉敬贈

原籍廣東五華縣粘坑村徐氏族譜

捷明

康熙戊子年冬月二十一日□時生於廣東嘉□□縣大田□坑村之流苕坑年九歲同
父入川住瀘州鳳儀鄉三甲□石壩兩板橋屋背後遷住江津五都六甲大壩頭乾隆辛卯年
九月十二日巳時故於江津五都六甲大壩頭葬宅右後遷葬盤龍山脚下河溝頭屋基宅後
壬山丙向係金壜葬的享年六十四

黃氏

康熙丁酉年十一月二十日子時生於廣東嘉應州長樂縣泥河壩塔杆下嘉慶乙丑年十二月
初二日丑時故於大壩頭屋基葬於坐宅右竹林嘴老菜田坎上坤山艮向
生子四　樂富　樂貴　樂成　樂就　享年八十九

捷明長子

樂富

雍正甲寅年十一月初八日卯時生於瀘州鳳儀鄉楊家坳乾隆庚子年十二月十五日巳時故
於江津五都六甲大壩頭葬宅右邊竹林嘴老菜田坎上坤山艮向享年四十七

李氏

雍正乙卯年三月初七日子時生於瀘州鳳儀鄉龍昌壩屋基乾隆癸巳年又三月初一日戌
時故於江津五都六甲大壩頭屋基葬大石壩後遷永川縣太平鄉大礄塢下手黃枝溝辛山
乙向用金壜葬
生子四　文達　文道　文駒　文瑞　享年三九

謝氏

乾隆丁卯年二月廿一日戌時生於榮昌梧桐鋪華家嘴屋基道光丁亥年又五月廿七日寅
時故於江津五都六甲大壩頭葬竹林嘴老菜田坎上位樂富祖側近巳山亥向
生子二　文品　文□　享年八一

粘坑村徐氏族譜卷[illegible]

文達

朝斗
維城
念昭　念康　念池……光發……先楷
維墉　維璟　維琲　維珂　維瓊
不詳

朝亓
維醞　維新　維[illegible]
念鼎　念品　念汪　念乾
光烗　光煥

朝膜
維[illegible]　維梳
念慶　念彩　念御

四世

樂富長子　**文達**

乾隆丁丑年二月初三日寅時生於江津五都六甲大壩頭屋基道光廿五年八月初四日申時故於原處之新房子[illegible]八合葬巽山乾向[illegible]年八十九

朱氏

乾隆戊寅年九月廿九日戌時生於福建省汀州府武平縣岺頭隘大陽橋邱一圖四甲地名朱坑里屋基葬於永川縣松溉鎮萬家坪[illegible]上與文達公合葬
生子三　朝斗　朝元　朝謨

朝斗　文逵長子

乾隆甲辰年十一月廿日亥時生於江津五都六甲大壩與道光壬寅年九月十四日午時故於江津五都六甲新房子屋基葬宅后龙窰溝庚山甲向于廿五年四月廿八日遷葬於朱沱上𡉏地名扛洞橋坎上中山寅向享年五十八

張氏

乾隆癸卯年正月初三日□時生於瀘州鳳儀鄉大田坎屋基光緒乙亥年八月廿七日亥時故於新房屋基九月初三日葬於龍門橋坎上神仙𡉏嘴上巳山亥向

生子六　維城　維墉　維璟　維琥　維珂　維璐

維城　朝斗長子

嘉慶四年九月廿日戌時生於江津五都六甲新房子屋基同治丙寅年十一初七日卯時故於本田屋基葬龙窰溝嘴上坤山艮向

曾氏

嘉慶二年七月初八日戌時生於江津五都朱沱塝上𡉏屋基同治甲子年二月十六巳時故於新房子屋基葬龍門橋坎上神仙𡉏嘴上巳山亥向

生子三　念昭　念康　念池

念昭　維城長子

李氏

念康　維城次子

清辛丑年二月十八日酉時生於江津五都六甲新房子同治甲戌年三月廿六日午時故於原地之菜園壪葬銅鑼山寅山申向

瞿氏

清癸卯年二月初十日卯時生於瀘州合江南鄉大朝支八甲地名山陽平同治癸酉年四月十九辰時故於江津朱沱塝中碼頭葬神仙壩嘴上丙山寅向

生子一　光發

光發　念康之子

號翰卿　同治十一年正月初四日丑時生於江津五都朱家沱中碼頭

吳氏

光緒丙子年二月十五日丑時生於江津五都六甲地名山石地下

生子一　先楷　生女三　先榮適周姓　先折適李姓　先致

光發之子 先楷 民國壬子年七月三十日卯時生於江津五福鎮新房子

羅氏 宣統庚戌年九月二十六日子時生於江津五福鎮 團 甲之獅子埸

維城三子 念池

王氏

朝斗次子 維璛……不詳

朝斗三子 維環……不詳

朝斗四子 維珗……不詳

朝斗五子 維珂……不詳

朝斗六子 維瓊……不詳

文達次子 朝元

賴氏 生子三 維福 維新 維華

朝元長子 維福

朝元次子 維新

芶氏 生子二 念鼎 念品

維新長子 念鼎

維新次子 念品

朝元三子 維華

周氏 生子二 念正 念乾

維華長子 念正

氏 生子二 光焱 光燦

念正長子 光焱

念正次子 光煥

維華次子 念乾

文達三子 朝謨

氏 生子二 維寬 維統

朝謨長子 維寬

唐氏 生子二 念廋 念彩

維寬長子 念廋……不詳

維寬次子　念彩……不詳

朝謨次子　維統

龍氏　生子一　號玉廷

維統長子　念御……不詳

樂富次子 **文道**

舒氏 生子四 朝國 朝龍 朝鳳 朝選

- 文道
  - 朝選
  - 朝鳳
    - 維淨　乏嗣
    - 維才
    - 維聚
      - 念德
        - 光富
        - 光炭…先於、先進
        - 光華…先福、先成
      - 念全…乏嗣
      - 念吉
        - 光海
        - 光清…先福、先河、先海
        - 光發
        - 光烈
      - 念才…乏嗣
      - 念壽…乏嗣
  - 朝龍
  - 朝國
    - 維高
    - 維煥
    - 維琮
    - 維翰…念香
      - 光元
      - 光才…先燦、先發、先椿
      - 光興

文道長子 **朝國**

溫氏 生子四 維曾 維琛 維煥 維高

朝國長子 **維翰**

李氏 生子一 念香

維翰之子 **念香**

楊氏 生子三 光興 光才 光元

念香長子 **光興**……不詳

念香次子 **光才**

楊氏 生子三 先林 先發 先燦

光才長子　先林…不詳

光才次子　先發…不詳

光才三子　先燦…不詳

念香三子　光元…未詳

文道次子　朝龍…未詳

文道三子　朝颺　二人皆葬於莫家河

匡氏　生子三　維舉　維才　維淨

朝颺長子　維舉　二人皆葬於莫家河

阮氏　生子五　念壽　念才　念吉　念金　念德

維舉長子　念壽……之嗣

維舉次子　念才……之嗣

維舉三子　念吉　咸豐辛亥年九月初二日酉時生於盧州鳳儀鄉三甲地名稍箕灣亡於光緒辛卯年冬月十五吉時

楊氏　咸豐甲寅年二月十六日申時生於盧州鳳儀鄉三甲地名坎材巒屋基
生子四　光盈　光溢　光清　光海

念吉長子　**光盈**　同治壬申年九月初一日辰時生於瀘州鳳儀鄉天堂溝

楊氏　同治戊辰年十月初八日卯約生於瀘州鳳儀鄉長田壆

念吉次子　**光澄**　光緒乙亥年正月十一日子時生於瀘州鳳儀鄉天堂溝

張氏　光緒丙子年冬月十一日亥時生於瀘州鳳儀鄉新龍屋基

生子三　先海　先河　先福

光澄長子　**先海**　光緒壬寅年六月廿七日巳時生於瀘州鳳儀鄉嵐垇上

光澄次子　**先河**　光緒丙午年二月十七日亥時生於瀘州鳳儀鄉大坆塝

光澄三子　**先福**　民國乙卯年二月二十日子時生於瀘州鳳儀鄉磏子壆

念吉三子 **光清**……未詳

念吉四子 **光海**……未詳

維舉五子 **念德** 二人皆葬鳳儀鄉三甲

張氏 生子三　光華　光炭　光富

念德長子 **光華** 光緒戊子年九月初九日卯時生於瀘州鳳儀鄉大嵐坳

陳氏 生子二　先福　先成

光華長子 **先成** 宣統己酉正月十三日寅時生於瀘州鳳儀鄉插耳岩

光華次子　先福　民國甲寅年五月初九日申時生於瀘州鳳儀鄉新房子

念德次子　光炭　光緒庚子年三月初八日亥時生於瀘州鳳儀鄉大嵐𡊮屋基

杜氏　生子二　先進　先於

光炭長子　先進

光炭次子　先於

念德三子　光富　光緒丁酉年九月廿五日巳時生於瀘州鳳儀鄉插耳岩

文道四子 朝選…未詳

文郮
- 朝坤
- 朝珍
  - 維舉
    - 金德
      - 光金
      - 光火
      - 光梁
      - 光武
    - 金金…光有
    - 金慶
    - 金宗
  - 維喜
  - 維劝
- 朝珠
  - 維鎮
  - 維洲…金純
    - 光萬
    - 光增
    - 光炳…先啓
    - 光文
      - 先華
      - 先榮
      - 先貫
      - 先富

樂富三子 **文㢸** 葬於五都六甲地名新房子嘴上丙山壬向

賴氏 葬於五都六甲地名新房子側左圍山堡午山子向
生子三　朝珠　朝珍　朝坤

文㢸長子 **朝珠**

姚氏 生子二　維洲　維銀

朝珠長子 **維洲** 二人皆葬於新房子嘴上辰山戌向

王氏 生子一　念純

維洲之子 **念純** 同治癸亥年十一月初五日吉時生於江津五都六甲地名楊柳溝民國壬戌年九月十八日寅時故於笋橋壩葬于本甲新房子嘴上巽山乾向

王氏 同治甲子年八月十五日子時生於江津五福鎮二家壩生長宣統己酉年五月初二日辰時故於新房子葬于水井坎角上未山丑向
生子四　光文　光炳　光增　光萬

念純長子 **光文** 癸未年三月十四日未時生於江津五都六甲地名新房子民國丁巳年三月十五日辰時故於瓢兒田葬本甲老鷹岩未山丑向

劉氏 生於光緒癸巳年冬月初二日午時生於江津五福鎮朱家沱老房子
生子四　先富　先貴　先榮　先華

光文長子 **先富** 宣統己酉年九月三十日申時生於江津五都六甲地名大山上

鄧氏

光文次子 **先貴** 宣統庚戌年十二月初六日戌時生於係江津五福鎮地名後邊壪

光文三子 **先榮** 民國丙辰年十月十六日午時生於江津五福鎮地名饑子坎

光文四子 **先華** 民國己未年七月廿一日子時生於江津五福鎮地名瓢兒田

念純次子 **光炳** 生於光緒戊子年十一月初十日亥時生於江津五都六甲地名新房子

張氏 生於光緒癸巳年十二月十六日吉時 生子一 先啓

光炳之子　**先啟**　民國丁巳年四月三十日寅時生於江津五福鎮地名後邊灣

念純三子　**光增**　光緒己亥年八月初七日寅時生於江津五都六甲地名黃桷板

冷氏　光緒甲辰年五月二十三日辰時生於江津五都六甲地名花石岩

念純四子　**光萬**　乙未年四月二十二日亥時生於五福鎮黃角塝

游氏　丙午年正月二十一日亥時生於五福鎮垧桐灣

朝琎次子　**維銀**……未詳

文弼次子　**朝珍**

漆氏　生子三　維幼　維喜　維學

朝珍長子 維幼…不詳

鍾氏

朝珍次子 維喜…不詳

滲氏

朝珍三子 維舉 道光丙戌年五月十九日戌時生於江津五都六甲新房子葬於六坟墒老菜田坎上右邊坤山艮向

廖氏 道光庚寅年三月廿八日卯時生於江津五都六甲地名風門埡葬於老房當門水竹林左邊辰山戌向 生子四 念宗 念慶 念金 念德

維舉長子 念宗 咸豐乙卯年八月廿三日卯時生於江津五都六甲地名菜園壩葬於石頭溝宅後柏樹林丑山未向

何氏

維舉次子 念慶 同治庚午年四月十三日午時生於江津五都六甲地名絲門前葬於老菜田坎上庚山甲向

張氏

維舉三子 **念金** 同治壬戌年八月十八日巳時生於江津五都六甲菜園壩屋基

王氏 生子一 光有

念金之子 **光有**

維舉四子 **念德** 生於同治甲戌年水竹林

周氏 光緒乙未年生於長五間 生子四 光武 光梁 光火 光金

念德長子 **光武** 民國癸丑年生於高橋柏樹林

鄭氏

念德次子 **光梁** 民國壬戌年生於宋村

念德三子　光火　民國乙丑年生於宋村

念德四子　光金　民國戊辰年生於宋村

文弼三子　朝坤……未詳

文瑞
- 朝桂
  - 維超：生三子俱不詳
  - 維槐
    - 念椿
      - 光耀：先榮
      - 光和
      - 光清
      - 光慶
      - 光沛
    - 念榮
      - 光桐
      - 光榜
- 朝榜：生五子俱不詳

樂富四子 **文瑞** 葬於江津五福鎮地名坟包嘴乙山辛向

劉氏 葬於江津五都六甲大壩頭祠堂右側午山子向 生子二 朝榜 朝桂

田氏

文瑞長子 **朝榜** 生五子

彭氏

文瑞次子 **朝桂** 葬於江津五都六甲 地名午山子向兼丁癸

劉氏 葬於五都六甲 地名巽山乾向
生子二 維超 維槐

朝桂長子 **維超** 生三子

[illegible]氏

朝桂次子 **維槐** 道光辛丑年十二月十五日寅時生於江津五都六甲地名大壩頭之新房子宣統己酉年正月廿八日酉時故於本甲朱家沱中和街葬於大壩頭新房子屋後午子兼丁癸向享年六十九

劉氏 道光壬寅年十月十一日寅時生於江津朱家沱中和街民國癸丑年正月初九日子時故於原處葬于大壩頭新房子坎下青龍嘴巳山亥向兼巽乾
生子二 念椿 念榮 享年七十一

維槐長子 **念椿** 號滙卿 同治壬戌年正月初六日申時生於江津五都六甲大壩頭新房子

稅氏 同治辛未年正月初四日吉時生於合江東鄉上滙支上口沙中場葬於江津五都六甲地名吊嘴屋後
生子二 光輝 光和 生女三 光清 光虞 光沛

蕭氏　同治壬申年九月初九日子時生於合江東鄉上滙支五甲地名圞山堡光緒丁未年六月廿三日子時故於江津五都六甲地名朱家沱十字口葬大塆頭新房子屋後午山子向兼丁癸　享年三十九

羅氏　光緒壬寅年正月廿七日寅時生於江津五都六甲地名小天子

闕氏　光緒乙酉年九月初八日亥時生於江津五都六甲地名學　榜

念椿長子　光輝　光緒丙申年十一月初八日戌時生於江津五都六甲朱家沱中和街

吳氏　光緒甲午年十二月十二日卯時生於永川何家梗場中民國乙丑年二月二十日卯時故於江津朱家沱中和街葬於銅鑼山　生女一　先榮　享年三十一

念椿次子　光和　號沛然　民國甲寅年五月廿七日申時生於江津朱家沱中和街

劉氏

維槐次子　念榮　號春華　光緒丙子年十二月十六日辰時生於江津朱家沱中和街

羅氏　光緒丙子年六月初十日巳時生於江津五都九甲官溪子光緒己亥年正月上旬故於中和街舖居葬龍門橋右側坎上　生子二　光楣　光楞

郭氏　光緒戊寅年冬月十九日巳時生於江津十都八甲郭垌上民國甲子年九月初七日寅時故於朱家沱下街舖居葬大坟㘭左手坎下坤山艮向

王氏　光緒己卯年八月廿四日寅時生於江津朱家沱場後蒲草田

念榮長子　光楣　號澤輝　光緒壬寅年八月三十日酉時生於江津朱家沱中和街舖居

杜氏

穆氏

念榮次子　光楞　號惠名　宣統庚戌年九月廿日未時生於江津朱家沱十字口正街

王氏

文品
- 朝欽…維緒
  - 念讀
  - 念衡
- 朝錦…維揚
  - 念登…光有
  - 念益
  - 念端
  - 念炳
    - 光平
    - 光友
    - 光發
    - 光文
  - 念鏞
    - 光紋
    - 光富
- 朝鑑
  - 維亮…念貴
  - 維純
    - 念廷…光銀
    - 念潤
- 朝錫…維寶
  - 念銘
  - 念齋
  - 念洪
- 朝錕
  - 維獻
  - 維譜
  - 維俊
  - 維德

樂富五子 **文品** 乾隆甲午年七月初八日寅時生於江津五部六甲大壩頭老屋基道光壬辰年十一月廿六日酉時故於本都甲地名藿麻林葬于右邊竹林灣坐宅對門坤山艮向享年五十九

古氏 乾隆甲午年二月廿七日巳時生於瀘州鳳儀鄉三甲小堰塘咸豐戊午年五月十三日卯時故於江津五部六甲地名合麻林葬龍門橋坎上菜園灣宅右大山堰塘辰山戌向 生子五 朝欽 朝錦 朝鑑 朝錫 朝錕 享年八十六

文品長子 **朝欽** 號登程萬里

張氏 生子一 維緒

朝欽之子 **維緒** 號玉林

劉氏 生子二　念涵　念謨　一女適宋

維緒長子 **念涵**…不詳

維緒次子 **念謨**…不詳

文品次子 **朝錦** 葬址不明但知酉山卯向

陳氏 生子一　維揚

李氏

朝錦之子 **維揚** 生於壬寅年十月十七日未時葬地不明但知己山亥向

黃氏 生於壬寅八年十二月十七日寅時
生子五　念端　念益　念登　念炳　念鍾

維揚長子　念端……不詳

維揚次子　念益……不詳

維揚三子　念登　生於戊辰年十一月三十日辰時

黃氏　生於乙丑年六月二十日丑時　生子一　光有

念登之子　光有　生於癸卯年九月廿三日戌時

維揚四子　念炳　生於辛未年正月十八日亥時

楊氏　生於丁丑年二月三十日巳時　生子四　光平　光有　光發　光文

長子 念炳 光平 生於己亥年七月二十九日亥時

馬氏 生於壬子年十二月十一日吉時

次子 念炳 光有

三子 念炳 光發 生於丁未年十二月十六日卯時

四子 念炳 光文 生於壬子年三月十一日子時

五子 維場 念鍾 生於甲戌年七月十七日丑時

苟氏 生子二 光文 光富

念鍾長子　光文

念鍾次子　光富

文品三子　朝鑑　不知葬地惟悉乙山辛向

張氏　生子二　維亮　維純

朝鑑長子　維亮

冷氏　生子一　念貴

朝鑑次子　維純

古氏　生子二　念廷　念潤

維純長子 **念廷** 生於己未年十二月初六日子時

郭氏 生於戊午年正月二十日酉時 生子一 光銀 二女適周姚

念廷之子 **光銀** 生於己卯年七月十七日午時

維純次子 **念潤**……不詳

文品四子 **朝錫** 號吉垣

宋氏 生子一 維寶

朝錫之子 **維寶** 號玉亭

陳氏 生子三 念銘 念濤 念洪 二女適賴李

維賓長子　念銘……不詳

維賓次子　念濤……不詳

維賓三子　念洪……不詳

文品五子　朝錕

楊氏　生子四　維獻　維清　維俊　維德

朝錕長子　維獻……不詳

朝錕次子　維清……不詳

朝錕三子　維俊……不詳

朝錕四子　維德……不詳

文武
朝璡…維綵
維綵 ─ 念學 ─ 光輝、光榮
光榮 ─ 先祿、先福
維綵 ─ 念富 ─ 光燾、光昌、光烈、光釗
維綵 ─ 念龠…光桂
維綵 ─ 念鐀…光文
維綵 ─ 念永…嗣之
朝琳…之嗣
朝琮…維煜…念祖…光澤
朝玩 ─ 維第、維一…念滙、維竿…念欽

樂富六子　**文武**　乾隆戊戌年六月初五日亥時生於江津五部六甲大壩頭咸豐癸丑年二月初四日未時故於本甲地名大壩頭新房子葬于菜園彎乙山辛向與鍾氏合葬享年七十五

鍾氏　生于乾隆　年十月　葬二十四日　生子四　朝璡　朝琳　朝琮　朝玩

姜氏　生於乾隆　年九月二十四日

粘坑村徐氏族譜

文武長子 **朝璡** 嘉慶己未年十一月初九日丑時生於江津五都六甲新房子咸豐丁巳年十二月廿九日申時故於在本甲地名四方田坎上葬于文武公墓側享年五十九

袁氏 嘉慶庚申年七月廿四日戌時生於瀘州鳳儀鄉四甲石槽子光緒辛巳年八月廿日午時故於江津五都六甲地名四方田坎上葬于文武公右側巽山乾向
生子一 維綵 享年八十一

朝璡之子 **維綵** 號乾泰天山 道光乙酉年冬月十七日子時生於江津五都六甲地名老房子故於光緒甲辰年臘月廿六日午時葬四方田坎巽山乾向

黃氏 道光甲申年十一月初二日巳時生於江津五都六甲地名石棺材宣統庚戌年九月廿五日丑時故於本甲四方田坎身故葬于宅右丙山壬向
生子一 念學 享年二十七

周氏 道光乙未年四月初七日辰時生於納溪三官店蘆葦大壩張爺廟巷側光緒壬午年六月十九日申時故於江津五都六甲地名四方田坎葬於維綵公之左
生子四 念齋 念鑫 念鎧 念永 享年四十七

維綵之子 **念學** 號春圃 道光癸卯年十二月十七日子時生江津五都六甲地名新房子光緒己亥年十一月廿七日午時故於貴省仁懷廳地名龍居寺葬于廟側

王氏 道光癸卯年四月初八日卯時生於江津五都六甲柏樹灣辛巳年十二月廿六日午時故於四方田上葬宅后辰山戌向
生子二 光輝 光榮 一女適苟

念學長子 **光輝** 號福興 甲戌年十月初九辰時生於江津朱沱場下場丙寅年四月十三日辰時故於本場姜家院子

王氏 生於光緒甲午年十二月十八日未時

念學次子 **光榮** 號漢欽　生於光緒己卯年正月二十七日寅時

許氏 生於光緒癸巳年八月初一日巳時 生子二　先綠　先福

光榮長子 **先綠** 民國戊辰又二月初六日寅時生

光榮次子 **先福**……未詳

維紘次子 **念嚞** 號久麟　咸豐壬子年九月十八日巳時生於江津五都六甲地名四方田坎民國丙辰三月初六日酉時生於江津朱家沱下街葬朱家[illegible]側右大塝上乙山辛向享年六十五

劉氏 生子四　光熹　光昌　光烈　光釗

禹氏

吳氏 乙亥年十二月初六日子時生於崇州中和塲下街舖居生長

粘坑村徐氏族譜

念齋長子 光熹 號楚帆 光緒丁酉年十月廿一日酉時生於江津朱家沱下街舖居

念齋次子 光昌 號允文 光緒庚子年六月初一日酉時生於江津朱家沱下街舖居

念齋三子 光烈 號芳武 光緒癸卯年三月初五日戌時生於江津朱家沱下街舖居

鄧氏 生於光緒庚戌年十月廿六日亥時

念齋四子 光釗 號紹林 民國壬子年正月二十一日寅時生於江津朱家沱下街舖居

維綵三子 念鑫 號耕三 咸豐乙卯年七月二十三日戌時生於江津五都六甲四方田坎

王氏 同治甲子年十一月初八日申時生於江津五都六甲地名大嘴上光緒壬寅年十二月十六日亥時故於朱家沱水巷子側墓係巳山亥向（葬地未詳）生子一 光桂 享年三十九

念鑫之子
光桂　號都堂　光緒丙申年十月初六日酉時生於江津宋家沱下塢米市

羅氏　生於光緒己亥年三月廿日申時亡於民國己丑年七月廿八日寅時
生女一　先盈

伍氏　生於乙巳年三月十七日丑時

維綵四子
念鐙　號鼎銘例名鑄生　同治癸亥年三月初八月戌時生於江津朱沱場涼廳子民國丁巳年十一月初五日　時故於合江縣古樓山葬古樓山

鄧氏　同治乙丑年十月初八日戌時生於江津五都六甲地名廟墒頭光緒乙未三月　日　時故於朱沱塲下塢米市
生子一　光文

趙氏　光緒丁丑年十二月初十日巳時生於貴州仁懷縣七甲地名壬秋塝塘坎上宣統辛亥年八月初八日未時故於江津五都六甲地名江家沱

念鐙之子
光文　號煥章　光緒丙戌年十一月初六日丑時生於江津朱沱塲王爺廟坎下屋基

維綵五子
念永　號子楞　同治丙寅年六月廿二日子時生於江津朱家沱涼廳子光緒己亥年正月廿六日寅時故於朱家沱禹王廟左側舖居

申氏　咸豐壬子年二月初二日寅時生於江北廳柳家坡亡於民國辛酉年七月

文武次子 **朝琳** 十八歲卒

文武三子 **朝琮** 號春發　嘉慶庚午年二月十七日　時生於江津都六甲大壩頭老房子同治乙丑年十一
十七日　月時故於江津縣笋里一都一甲城內

李氏 生於嘉慶丁卯年五月二十四日酉時亡於庚申年與公合厝蓮麻林屋側午山子向
生子一　維煜　生女二　長女適穆　次女適曾

朝琮之子 **維煜** 號曉村　道光癸巳年十二月廿五日　時生於江津五部六甲大壩頭新房子光緒甲申年
二月廿九日　時故於在朱沱下塲葬新房子屋后丁山癸向　增生榜名奎光

周氏 道光甲午年八月十六日未時生於永川太平鄉三甲地名河坎上光緒戊戌年正月廿九日
亥時故於江津朱家沱下塲舖居葬銅鍋山甲山庚向
生子一　念祖

維煜之子 **念祖** 號星照純武　咸豐癸丑年冬月四日辰時生於江津五部六甲大壩頭新房子民國癸亥年
[illegible]月十九日午時故於朱沱下塲舖居葬于水井灣坤山艮向　藍翎五品銜

鄧氏 生於咸豐癸未年正月廿九日故於同治壬申年三月葬新房子側近㘭子田坎上
生子二　光澤　生女一　光書

芶氏 生於咸豐庚申年十月初十日戌時嘴嘴上民國甲寅年八月十九日辰故於朱家沱下塲舖
居

饒氏 生于戊寅年六月十五日午時生於江津地名柳田壩大田角

念祖之子 **光澤** 號子才 光緒庚戌年五月十八日丑時生於江津朱家沱下塲舖居

文武四子 **朝玩** **張氏** 生子三 維第 維一 維學 一女適張

李氏

朝玩長子 **維第** 號伋三

楊氏

朝玩次子 **維一** **李氏** 生子一 念滙 生女一

維一之子 **念滙** 號輝武 光緒甲申年二月十六日卯時生於江津五都大甲新屋頭

朝玩三子 維等

胡氏 生子一 念欽

捷明二子　樂貴

古氏　生子四　文揚　文雄　文龍　文智

樂貴長子　文揚

文揚之子　朝無……不詳

朝無之子　維懷……不詳

維懷之子　念田……不詳

樂貴次子　文雄

樂貴三子　文龍

樂貴四子　文智

三世
捷明三子

樂成　乾隆九年甲子九月二十七日戌時生於江津五部六甲大壩頭屋基道光辛卯年正月初五日申時故於本甲河溝頭屋基墓葬宅右壬山丙向享年八十八

楊氏　乾隆十五庚午年正月初八日寅時生於瀘州里仁鄉三甲地名趙彎余家壩道光十七年丁酉四月十四日亥時故於江津五部六甲河溝頭葬宅右壬山丙向
生子五　文煥　文燦　文燿　文炳　文煌　享年八十八

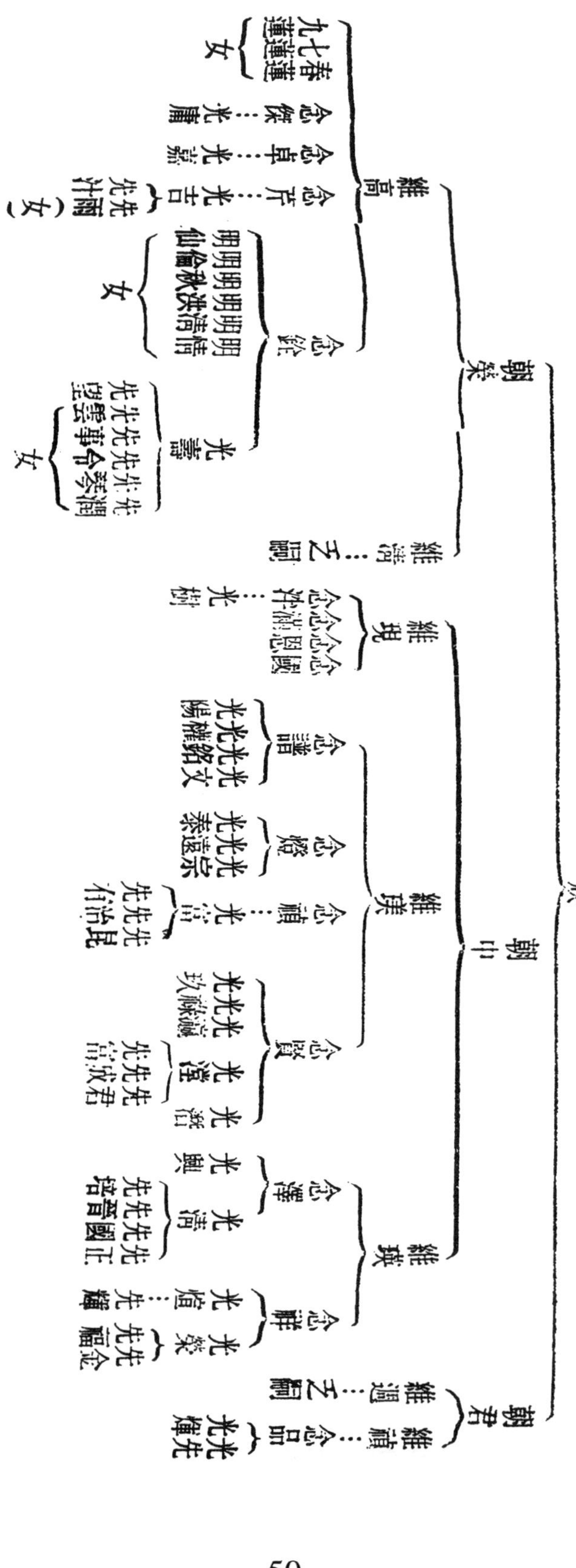
文煥
朝榮
朝中
朝君
維高
維湳…乏嗣
維現
維瑛
維瑛
維禎…念品
維週…乏嗣
春蓮
七蓮
九蓮
女
念傑…光庸
念卓…光嘉
念芹…光吉
先雨
先汁
（女）
念銓
明情
明清
明洪
明秋
明倫
明仙
女
光壽
先潤
先琴
先令
先事
先雲
先望
女
念國
念恩
念湖
念泮…光樹
念譜
光文
光銘
光權
光陽
念燈
光宗
光遠
光泰
念禎…光富
先昆
先治
先有
念賢
光瀛
光祿
光玖
光瀅
先君
先成
先富
光潜
念澤
光清
先正
先國
先晉
先培
光興
念祥
光榮
先金
先福
光煊…先輝
光先
光煇

四世　樂成長子　文煥　乾隆辛卯年三月初五日未時生於江津五都六甲大壩頭咸豐丙辰年冬月初八日巳時故於江津五都六甲鑼鍋涯墓葬鳳凰山左瓢兒田申山寅向享年八十六

張氏　乾隆壬申年冬月十九日巳時生於瀘州儀鄉四甲地名羅岩余家岩咸豐年甲寅十月十一日酉時故於江津五都六甲地名富家灣墓葬河滿頭宅后與楊氏祖合墓

生子三　朝君　朝中　朝榮　享年八十三

五世　文煥長子　朝君　生於乙卯年五月初六日吉時

李氏　生於丙辰年五月十三日吉時

生子二　維禎　維週

六世　朝君長子　維禎　生子一　念品

七世　維禎長子　念品　生子二　光先　光輝

八世　念品長子　光先

八世 念品次子 **光輝**

朝君次子 **維週**……未詳

五世 文煥次子 **朝中** 嘉慶辛酉年四月十七日寅時生於江津五都六甲河溝頭光緒丙子年臘月十八日卯時故於江津五都六甲地名鑼鍋涯葬鳳山附近享年七十五

楊氏 嘉慶壬戌年冬月初二日子時生於瀘州鳳儀鄉三甲地名雲錦山坎下河壩屋基光緒丙戌年八月二十五日午時故於江津五都六甲地名鑼鍋涯葬于鳳山 生子三 維瑛 維璞 維現 享年八十一

六世 朝中長子 **維瑛** 道光辛巳年四月廿七日亥時生於江津五都六甲地名河溝頭光緒癸卯年正月十二日辰時故於江津五都六甲鳳凰山葬瓢兒田左邊庚山甲兼申寅三分享年八十二

張氏 道光丁丑年十月十四日亥時生於永川淞溉牛欄壩屋基同治壬申年正月十三日申時故於江津五都六甲鳳凰山坎下葬瓢兒田申山寅向 生子二 念祥 念澤 生女一

七世 維瑛長子 **念祥** 道光丙午年十月初二日巳時生於江津五都六甲鑼鍋涯光緒丙午年九月初二日子時故於江津五都六甲朱家灣故葬瓢兒田與維瑛合墓享年六十

鍾氏 道光丁未年正月十一日卯時生於江津朱家沱上碼頭賴家院子民國辛酉年冬月十一日午時故於江津五都六甲朱家祠石皂溝葬石壩□頂山 生子二 光榮 光煊

八世 念祥長子 **光榮**

同治己巳年八月初六日子時生於江津五都六甲鑼鍋滙

趙氏

光緒乙未年前五月二十六日午時生於江津十都八甲高墈頂民國甲子年正月廿六日卯時故於江津五都朱家祠石皂溝葬瓢兒田祖山

生子二　先福　先金

九世 光榮長子 **先金**

民國丙辰年五月十五日子時生於江津五都六甲朱家祠石皂溝

九世 光榮次子 **先福**

民國辛酉年冬月初七日子時生於江津五都六甲朱家祠石皂溝

八世 念祥次子 **光煊**

光緒己亥年六月廿八日卯時生於江津朱家沱上塢舖居

羅氏

光緒壬午年八月廿九日申時生於江津五都六甲大椏村土庫頭生長甲子年三月廿七日巳時故於江津五都六甲朱家祠石皂溝葬於河對門王氏墳山

生子一　先輝　生女二

九世 光煊之子 **先輝**

民國辛亥年十月十九日申時生於江津五都六甲朱家祠石皂溝

七世　維瑛次子　**念澤**　咸豐丁巳年四月廿八日酉時生於江津五都六甲鑊鍋滙民國庚申年四月廿八日卯時故於江津五都四甲地名上壩錦雲村葬于鳳凰山瓠兒田庚山申兼申寅向享年六十四

李氏　咸豐己未年十月十五日子時生於合江里什子王爺廟坎上
生子二　光清　光興　生女三

八世　念澤長子　**光清**　光緒丙戌年六月十九日寅時生於江津五都六甲鑊鍋滙

馬氏　光緒癸未年全月初一日寅時生於永川老樂鄉長五杵生長
生子四　先正　先國　先晉　先培

九世　光清長子　**先正**　民國乙卯年三月二十一日丑時生於江津五福鎮錦雲村

九世　光清次子　**先國**　民國戊午年冬月卅日丑時生於江津五福鎮上壩錦雲村

九世　光清三子　**先晉**　民國壬戌年全月初七日辰時生於江津五福鎮上壩錦雲村

九世　光濟四子　**先培**
民國丁卯年九月初八日子時生於江津五福鎮上壩錦雲村

八世　念澤次子　**光興**
光緒辛卯年八月十一日亥時生於江津五福鎮鑼鍋漲

六世　朝中次子　**維瑛**
道光癸未年五月初二日寅時生於江津五都六甲河溝頭亡於民國元年冬月

劉氏
道光癸未冬月十二日酉時生於瀘州鳳儀鄉三甲黃踐溝大松林光緒甲午年九月十四日酉時故於江津五都六甲鑼鍋漲葬鳳凰山瓢兒田
生子四　念賢　念禎　念燈　念譜　生女一

七世　念瑛長子　**念賢**
道光甲辰年六月十七日丑時生於江津五都六甲鑼鍋漲

羅氏
道光壬寅年腊月廿二日申時生於江津五都六甲地名小溝頭光緒辛丑年正月廿四日亥時故於江津五都六甲地名毛漲鑼身故葬于鳳凰山
生子五　光潛　光瑩　光瀛　光穌　光玖　生女一

八世　念賢長子　**光潛**
生於咸豐辛酉六月十四日未時生於江津五都六甲大溝頭亡於民國

丁氏
咸豐辛酉年四月十六日卯時生於貴州遵義府新縣赤水里官渡潭

原籍廣東五華縣　德惠祖裔捷明公支樂成世系　二六

八世 念賢次子 **光瀅** 同治甲子年三月二十日巳時生於江津五都六甲大溝頭

張氏 生於光緒丁丑年正月二十八日子時 生子三 先君 先成 先富

九世 光瀅長子 **先君** 光緒甲辰年六月廿一日辰時生於江津五都六甲地名鑊鍋涯

九世 光瀅次子 **先成**

九世 光瀅三子 **先富**

八世 念賢三子 **光瀛** 生於光緒壬申年墓葬瓠兒田宅右

八世
念賢四子
光祿
光緒戊寅年正月十四日亥時生於江津五都三甲地名溝老上

八世
念賢五子
光玖
光緒癸未年正月二十一日午時生於江津五都三甲地名丸廠屋基

七世
維暵次子
念禎
道光丙午年十月初二日寅時生於江津五都六甲鑼鍋壢光緒乙酉年四月二十七日午
時生於江津五都六甲方田壩享年三十九

曾氏
生子一　光富

八世
念禎長子
光富
光緒己卯年正月廿六日未時生於江津五都六甲山頂上屋基

林氏
光緒辛丑年五月廿日子時生於合江石橋支五塊田
生子三　先昆　先治　先有

九世
光富長子
先昆
民國丁巳年腊月廿日未時生於江津五都三甲地名溪嘴上

九世 光富次子 **先治**

民國丙寅年二月初四日亥時生於江津五都三甲地名溪嘴上

九世 光富三子 **先有**

生於民國戊辰年二月廿七日巳時生於江津五都三甲溪嘴上

七世 維瑛三子 **念燈**

咸豐庚申年八月十一日辰時生於江津五都六甲大溝頭光緒壬辰年九月十二日辰時
生於江津五都六甲鑼鍋涯葬鳳凰山鄭兒田申山寅向

羅氏

同治丁卯年七月十八日午時生於江津五都三甲洞青寺嶺頭
生子三　光宗　光遠　光泰　生女一

八世 念燈長子 **光宗**

光緒丁亥年八月二十七日午時生於江津五都六甲鑼鍋涯

八世 念燈次子 **光遠**

光緒己丑年十月十九日辰時生於江津五都六甲鑼鍋涯

蘇氏

光緒己亥年三月十一日酉時生於江津五都三甲姚山屋基

八世 念燈三子 光泰 光緒壬寅年四月十六日申時生於江津五都六甲鑼鍋凼

七世 維瑛四子 念譜 同治甲子年正月初十日巳時生於江津五都六甲大溝頭民國乙丑年正月十八日辰時故於江津五都三甲黃金山葬瓢兒田申山寅向享年六十二

羅氏 同治丁卯年七月十八日巳時生於江津五都三甲安村壩頭屋基 生子四 光文 光銘 光權 光陽 生女二

八世 念譜長子 光文 光緒甲午年九月初八日酉時生於江津五都六甲鑼鍋凼

八世 念譜次子 光銘 生於光緒庚子年五月二十七日卯時生於江津五都六甲鑼鍋凼生長

鄧氏 光緒壬寅年八月十一日子時生於重慶千廝門大院子

八世 念譜三子 光權 光緒乙巳年九月初一日午時生於江津五都六甲地名山頂上鳳凰尾屋基

八世 念譜四子 **光陽** 光緒戊申年八月初四日卯時生於江津五都六甲地名山頂上鳳凰尾屋基

袁氏 生於民國癸丑年冬月廿四日子時

六世 朝中三子 **維現** 道光丁亥年五月二十四日未時生於江津五都六甲地名河溝頭光緒乙未年冬月初六日酉時故於江津五都六甲地名鳳凰山葬于宅前甲山寅兼卯酉向

劉氏 道光癸巳年十月廿五日戌時生於江津五都五甲地名高梁坪嘴上 生子四 念國 念恩 念滿 念泮 生女一

七世 維現長子 **念國** 咸豐癸丑二月初六日子時生於江津五都六甲鑪鍋滙

七世 維現次子 **念恩** 咸豐戊午年正月廿三日子時生於江津五都六甲鑪鍋滙生長民國　年　月　日葬于周壪對門石院子

七世 維現三子 **念滿** 同治戊辰年四月十九日午時生於江津五都五甲地名絲茅草院子墓葬大山坪祖山

張氏 光緒庚寅年臘月初九日寅時生於合江縣學堂壪舖居 生子一 光樹

八世 念滿之子 **光樹** 民國辛亥年正月十一日辰時生於江津朱沱下街舖居

五世 文煥三子 **朝榮** 清嘉慶辛未年文三月廿二日亥時生於江津思里五都六甲之河溝頭屋基咸豐己未年十二月十三日丑時故於原處之鳳山屋基葬於五都六甲大山坪子山午向娶妻王氏

王氏 嘉慶辛未年六月廿二日午時生於江津思里五都五甲之新屋基光緒乙酉年三月十一日巳時故於朱家沱下塢舖居葬第三圖沙坪上附近倒山子辛山乙向 生子二 維清 維高 生女一 適張璧第(字鳳元)

六世 朝榮長子 **維清** 道光丁酉年九月廿日未時生於江津五都六甲之河溝頭光緒庚寅年十二月十三日子時故於朱家沱下塢舖居葬大山坪申山寅向娶妻董氏程氏朱氏

董氏 道光庚子年十月廿四日寅時生於江北廳理民府利里一甲之董家溪光緒癸未年四月初六日戌時故於朱家沱中碼頭葬大山坪申山寅向

程氏…不詳

朱氏…不詳

六世 朝榮次子 **維高** 道光丙午年六月廿三日寅時生於江津思里五都六甲之陳家房屋基民國己未年正月十七日未時故於江津思里五都四甲之錦雲村葬五都第三圖四望山附近石垣子巳山亥向字峻峯又字盛和娶妻李氏

李氏 咸豐戊午年十二月十三日巳時生於合江縣五都五甲之上白沙場中間 生子四 念銓 念芹 念卓 念傑 生女三 春蓮 七蓮 九蓮

七世 維高長子 **念銓**
光緒丙子年五月廿四日丑時生於江津五都六甲之朱家沱下塲舖居民國十三年甲子四月初三日丑時故於朱家沱下塲舖居暫殯朱家沱附近先家字墪湘雲娶妻劉氏羅氏

劉氏
光緒元年乙亥正月十八日子時生於朱家沱舖居光緒丙午年三月初八日午時故於五都四甲之錦雲村葬四望山附近之大石壩巽山乾向
生子二　光壽　光吉（承嗣於念芹）　生女二　明情　明清

羅氏
光緒甲申年四月廿九日子時生於瀘州鳳儀鄉二甲之老屋頭
生子一　光嘉（承嗣於念卓）　生女四　明洪　明秋　明倫　明仙

八世 念銓長子 **光壽**
光緒辛丑年冬月廿日未時生於江津五都四甲朱家沱附近之錦雲村字昌仁娶妻李氏

李氏
光緒庚子年四月十六日亥時生於永川太平鄉四甲打魚河屋基字黎樞
生子一　先望　生女五　先潤　先琴　先令　先四　先五

九世 光壽長女 **先潤**
民國壬戌年五月二十五日巳時生於錦雲村

九世 光壽次女 **先琴**
民國癸亥年冬月初九日巳時生於盛和榮醋房

九世 光壽三女 **先令**
民國丙寅年六月十九日未時生於錦雲村

九世 光壽四女 **先事**

九世 光壽五女 **先雲**

九世　光壽長子　**先望**

八世　念銓長女　**明情**　光緒丙申年五月二十三日丑時生於朱家沱下場盛和榮醩房辛亥二月某日故於朱家沱錦雲村葬四望山附近之大石塌

八世　念銓次女　**明清**　光緒戊戌年七月初二日戌時生於朱家沱下場盛和榮醩房民國己巳年七月十八日故於溪嘴上適永川堯順卿

八世　念銓三女　**明洪**　民國庚戌年四月十五日申時生於錦雲村適李奮澤

八世　念銓四女　**明秋**　民國甲寅年七月廿七日子時生於錦雲村

八世　念銓五女　**明倫**　民國戊午年十月十六日子時生於錦雲村

八世　念銓六女　**明仙**　民國癸亥年十月十二日卯時生於朱家沱下場盛和榮醩房

七世　維高次子　**念芹**　光緒庚辰年七月初八日亥時生於朱家沱下塲舖居庚子年八月初八日故於錦雲村葬第三圖四望山附近石垣子丁山癸向字藻思娶妻楊氏

楊氏　光緒戊寅年五月初一日子時生於江津七都五甲之楊灣塆居三十餘年撫光吉爲嗣有紀略及政府之褒揚文附后

念芹公德配節母楊太夫人紀略

太夫人余二胞伯爲瞻公之次女也天性純厚年十九來歸　念芹公甫年餘而　念

芹公棄世　太夫人痛不欲生欲以身殉者屢屢也卒爲人所阻不獲遂志然竟以此憂傷成錮疾胸中塊然一氣胞至今數十年而不散後其夫之胞兄舉次男呱呱落地堂上翁姑喜曰此可過繼爲我　念芹祧也於是　太夫人撫愛之逾於己出命名曰光吉翁姑年漸老一以家事委諸　太夫人事無巨細綜理有條堂上之定省以及妯娌姊娣諸子侄咸親愛無厚薄又值國家多故兵匪縱橫徐氏門第於驚濤駭浪中掙扎而不墜者　太夫人實與有力焉民國十七年　太夫人壽登大衍光吉亦卒業於南京國立東南大學鄉人士以　太夫人之節孝也聞於上峯特爲旌表其行（有省長賴公褒詞附）后今光吉任教授於成都屢欲迎養而堂上不捨其能得姑嫜之懽心可概見矣　太夫人每度歸寧關於母族之少長尊卑里黨靡不一一存問非天性之純厚而能若是乎綜　太夫人所行於舊禮教之三從四德無一不備而立志之堅苦卓絕恐古人不是過之余憫　太夫人之遭也心常耿耿故紀之以爲徐氏家乘光民國二十二年春清明後四日楊極輝南氏撰於成都皇城東轅門寓所

四川省長賴

褒揚故處士徐念芹之妻楊氏節孝

詞曰懿歟節母几江萃精四德攸備七誡是程作配君子鳳凰和鳴痛失所天義不苟生代夫盡責撫孤成名舅姑奉安家室隆平柏舟之志久而愈明崇儉樂施餘緒播聲浩浩其仁汪汪其清川流不息地道以成事徵鄉族典倘褒旌敢告邦媛祇此幽貞

民國十七年七月　日

八世　念芹之子　**光吉**　光緒癸卯年六月二十二日子時生於朱家沱錦雲村字志長娶妻王氏

王氏　光緒癸卯年臘月初六日巳時生於五福鎮第八圖十甲之石背頭字天衡　生子一　先汁　生女一　先雨

九世　光吉之子　**先汁**　民國二十年辛未四日廿五日戌時生於錦雲村

九世　光吉之女　**先雨**　民國十八年戊辰八月廿九日辰時生於錦雲村

七世　維高三子　**念卓**　光緒乙酉年九月初五日卯時生於朱家沱盛和榮醋房乙巳年四月某日故於朱家沱下街盛和榮醋房葬四望山附近之石垣子午山子向字超倫妻劉氏於七日內過門吊孝

劉氏　光緒乙酉年六月十二日午時生於永川縣松溉鎮附近打鼓山壬子年九月某日故於錦雲村與念卓合葬抱光嘉為嗣

粘坑村徐氏族譜

八世 念卓之子 光嘉 民國壬子年六月初九日戌時生於錦雲村娶妻牟氏

牟氏

七世 維高四子 念傑 光緒戊戌冬月十五日戌時生於朱家沱下壩盛和榮醋房民國甲子年四月初十日子時故於朱家沱盛和榮醋房娶妻周氏

周氏 光緒己亥四月廿七日寅時生於五都四甲楪子山坎下醋房　生子一　光庸

八世 念傑之子 光庸 民國壬戌年六月廿五日午時生於錦雲村

七世 維高長女 春蓮 光緒乙丑年三月廿七日丑時生於盛和榮醋房

七世 維高次子 七蓮 光緒辛卯七月廿七日午時生於盛和榮醋房民國丁卯年四月初八日寅時故於五都第四鬮中房彎柵子門適樊毓森(字玉書)

七世 維高三女 九蓮 光緒乙未九月廿五日亥時生於盛和榮醋房民國辛酉年六月十六日午時故於錦雲村葬四望山附近石垣子巳山亥向

文燦…朝階…維龍
念炳…光明
念章
光坪　光⿰王美　光琮
念禮…光炳

四世
樂成次子
文燦
乾隆乙未年九月廿三日未時江津五都六甲大塝頭道光癸卯年七月二十四日子時故於生身屋基葬鑼鍋滙宅右

宋氏
乾隆丁酉年五月二十四日酉時生於永川太平鄉一甲牛眠灤道光癸巳年十月廿七日戌時故於江津五都六甲河溝頭二老合墓
生子一　朝階

五世
文燦之子
朝階
嘉慶庚申年十二月二十日子時生於江津五都六甲河溝頭光緒己卯年十月廿日午時故於江津五都七甲波頭葬堆木山小岩子

甘氏
嘉慶元年丙辰七月初五日吉時生於永川太平鄉新騰里黃金坡光緒癸未年正月十八日申時故於江津五都七甲到灣壩
生子一　維龍

六世
朝階之子
維龍
嘉慶乙卯年八月初六日辰時生於江津五都六甲溝河溝頭光緒丙申年九月廿一日戌時故於永川樂善鄉三甲砂灣葬小岩子

古氏
嘉慶丙子年十月十三日寅時生於江津五都七甲馮灣頭光緒甲午年正月二十九日子時故於瀘州安賢鄉大脚板葬大山坪子山午向
生子三　念炳　念章　念禮

七世 維龍長子 **念炳**
道光丙申年十二月十二日亥時生於江津五都六甲河溝頭

吳氏
道光戊戌年冬月十八日申時生於江津五都八甲河包田
生子一 光明

八世 念炳之子 **光明**
咸豐辛酉年冬月十一日申時生於江津五都七甲之下嚳

七世 維龍次子 八 **念章**
光緒庚子年正月廿七日子時生於江津五都六甲河溝頭

周氏
道光甲辰年七月十六日子時生於江津五都三甲黄金山瓦窰墘光緒庚子年十月十六日酉時故於永川樂善鄉三甲香匠溝葬大坪山艮山坤向
生子三 光坪 光瑛 光琮

八世 念章長子 **光坪**
咸豐辛酉年四月初六日子時生於江津五都七甲下嚳

八世 念章次子 **光瑛**
同治乙丑年四月廿九日未時生於江津五都七甲下嚳

鄧氏
光緒癸未年九月十二日酉時生於永川樂善鄉三甲大坪上

八世 念章三子 **光琮** 光緒戊寅年八月初九日寅時生於瀘州安賢鄉曾家嘴

羅氏 光緒庚辰年九月初三日戌時生於江津五都五甲中嘴上

七世 維龍三子 **念禮** 道光乙巳年九月二十日亥時生於江津五都三甲大肚田

高氏 道光乙巳年冬月十六日卯時生於瀘州鳳儀鄉三甲騎龍坳 生子一 光炳

八世 念禮之子 **光炳** 光緒甲申年正月初五日巳時生於瀘州鳳儀鄉三甲拱橋屋基

文耀
- 朝舜……
- 朝帝……維泰
  - 念邦……光鈴
  - 念鎰
- 朝印……
- 朝慶……
  - （朝印、朝慶）不詳

四世 樂成三子 **文耀** 生於乾隆己亥冬月十四日吉時

閆氏 生於乾隆辛丑年正月十六日吉時生
生子四 朝舜 朝帝 朝印 朝慶

五世 文耀長子 **朝舜**……未詳

五世 文耀次子 **朝帝** 嘉慶丁卯年冬月十五日子時生於江津五都六甲地名河溝頭屋基光緒甲申年三月廿
日卯時故於綦江縣蒲硐河場背后屋基

譚氏 嘉慶戊寅年十月十三日亥時生於江津五都七甲廟上里橋頭屋基光緒甲申年九月十
六日戌時故於魚箭灘
生子一 維泰

六世 朝帝長子 **維泰** 道光壬寅年五月初四日未時生於江津五都六甲大塥頭民國甲子年腊月十六日亥時
故於本都本甲之五脈水碼頭上

梁氏 道光癸卯年二月二十日戌時生於江津五都六甲苦竹林屋基民國丁巳年冬月廿八日
戌時故於本都本甲蒸山堰塘角屋基
生子二 念邦 念鎰

七世 維泰長子 **念邦** 同治甲戌年八月十八日戌時生於江津五都六甲大塥頭亡於民國己未年三月十六日
巳時

王氏 光緒乙亥九月廿六日亥時生於　王家坟民國庚申年冬月十五日戌時故於合
江羊石盤
生子一 光鈴

八世　念邦之子　光鈐　民國丙辰年三月初八日寅時生於江津五都堰塘角

七世　維泰次子　念鎰　光緒丙戌年十月十五日午時生於江津五部六甲石包溝

五世　文耀三子　朝印……不詳

五世　文耀四子　朝慶……不詳

- 文炳
  - 朝遇…乏嗣
  - 朝陽
    - 維海…乏嗣
    - 維有
      - 念江
      - 念生
    - 維明
      - 念廷
      - 念珍
      - 念柱
      - 念喜…光瀛
        - 先潤
        - 先豐
    - 維興
      - 念清…光宗
      - 念槐
      - 念河
  - 朝典
    - 維懷…乏嗣
    - 維祿
      - 念桂
      - 念[illegible]
      - 念炳
      - 念軒
      - 念發
        - 光勇
        - 光興
    - 維書…念鑄
      - 光胡
      - 光友
    - 維斗
      - 念岦
        - 光材
        - 光源
        - 光炘
      - 念有
        - 光椿
        - 光祥
      - 念富
        - 光喆
        - 光堯
      - 念興
    - 維文
      - 念壽
      - 念福
      - 念武
        - 不詳
      - 念輝
        - 光培
        - 光銓
        - 光源
    - 維順
      - 念賢
      - 念章
        - 乏嗣
      - 念乾
        - 光金
        - 光林
    - 維和
  - 朝堂…乏嗣
  - 朝千…維壽

四世 樂成四子 文炳 乾隆乙巳年五月廿五日亥時生於江津五都六甲河壩頭同治甲子年九月十七日子時故於本縣五都七甲地名璧山屋基墓葬宅前丁山癸向享年八十

鍾氏 生年不詳故年月不詳葬於紫荊花丑山未向
生子一 朝千 生女一

任氏 生於乾隆壬子年三月初八日同治丙寅年二月　日　時故於江津五都六甲高橋屋基
葬大山坪三老合墓子山午向
生子三 朝堂 朝輿 朝遇 享年七十五

五世 文炳長子 朝千

尹氏 生子一 維喜 生女一

六世 朝千長子 維喜 墓葬璧山宅前

五世 文炳次子 朝堂 墓葬鑼鍋凼酉山卯向

五世 文炳三子 **朝典**
嘉慶丁丑年九二十七日申時生於江津五都六甲河溝頭光緒丙戌年正月十七日未時
故於江津五都三甲沙塌田葬大山坪三老合墓壬山丙向享年六十九

龔氏
嘉慶戊寅年八月十一日午時生於蘆州鳳宜鄉二甲高山子正屋基光緒辛卯年正月廿
五日午時故於江津五都三甲鵞項頭青龍嘴葬大山坪三老合墓子山午向
生子七　維和　維順　維文　維斗　維書　維祿　維懷　生女一　享年七十三

六世 朝典長子 **維和**
道光甲辰年臘月廿二日子時生於江津五都七甲買牛灘故於民國丙辰年冬月廿六日
未時葬大山坪亥山巳向享年七十二

張氏
同治丁卯年臘月廿日午時生於江津五都棬洞門亡於光緒己丑年臘月　日吉時二老
合墓　生女一

六世 朝典次子 **維順**
道光丙午年九月十七日巳時生於江津五都七甲皂角壆民國戊午年十月十六日子時
故於江津五都六甲學堂屋基葬大山坪享年七十三

姚氏
咸豐四年甲寅五月廿一日丑時生於江津五都八甲沙子坟爐缸水屋基民國丁卯年十
一月十三日未時故於江津五都六甲橋頭葬大山坪
生子三　念乾　念賢　念章　享年七十三

七世 維順長子 **念乾**
光緒壬午年二月十九日子時生於江津五都三甲青杆堝

鄧氏
光緒己卯年八月二十三日未時生於江津五都三甲秧田角
生子二　光金　光林　生女四

八世 念乾長子 **光金**
光緒己亥年十月初十日辰時生於江津五都三甲青杆堝

李氏
宣統三年辛亥正月廿四日戌時生於永川太平鄉　甲河四溝

八世 念乾次子 **光林** 民國壬戌年六月三十日午時生於江津五都六甲橋頭上屋基

七世 維順次子 **念賢** 光緒丙戌年四月初九日未時生於江津五都三甲青杆塥

七世 維順三子 **念章**……不詳

六世 朝典三子 **維文** 咸豐元年辛亥又八月初二日亥時生於江津五都七甲水井溝民國甲子年六月十八日午時故於江津五都五甲地名沱田壩葬阿尿溝坤山艮向享年七十三

陳氏 光緒戊寅年臘月初九日丑時生於酆都縣譜子場新壩屋基 生子四 念輝 念壽 念福 念武 生女一

七世 維文長子 **念輝** 光緒辛丑年十月廿三日辰時生於江津五都三甲青杆塥

羅氏 生於光緒己亥年六月初一日巳時 生子三 光培 光銓 光源 生女一

粘坑村徐氏族譜

八世　念輝長子　光培
民國辛酉年冬月三十日戌時生於江津五都五甲沱田壪

八世　念輝次子　光銓
民國甲子年六月十八日午時生於江津五都六甲沱田壪

八世　念輝三子　光源
民國戊辰年九月廿一日午時生於江津五都六甲沱田壪

七世　維文次子　念壽
光緒丙午年八月十九日亥時生於江津五都三甲青杆堝

胡氏
光緒丁未年臘月初三日申時生於合江上滙支一甲大垣子

七世　維文三子　念福
宣統元年己酉六月十七日辰時生於江津五都六甲學堂屋基

胡氏

七世 維文四子 **念武** …不詳

六世 朝典四子 **維斗** 咸豐三年癸丑冬月二十六日午時生於江津五都七甲水井溝民國辛酉年二月初八日子時故於江津五都六甲圈溝田葬大山坪子山午向享年六十八

吳氏 咸豐壬子年四月初一日丑時生於江津五都七甲青龍嘴 生子四 念興 念富 念有 念臣 生女三

七世 維斗長子 **念興** 光緒丙子年十月二十四日午時生於江津五都三甲大土灣

吳氏 生於光緒丙辰年九月廿七日辰時亡於光緒戊申年二月十九日申時葬大山坪子山午向 生女二

冉氏 光緒己亥年正月廿三日丑時生於合江上滙支八甲水井坎

七世 維斗次子 **念富** 光緒己卯年三月初九日亥時生於江津五都三甲大土灣

王氏 光緒甲辰年臘月廿九日寅時生於貴州遵義赤水縣九甲大茶灣民國丙辰年冬月初六日午時故於江津五都六甲巖子堡葬大山坪亥山己向 生子二 光喆 光堯 生女一

粘坑村徐氏族譜

八世 念富長子 光喆 生於民國丁未年十月初九日辰時亡於民國甲子年墓葬圈溝田宅前

八世 念富次子 光堯 民國癸丑年八月二十日未時生於江津五都六甲碾子堡

七世 維斗三子 念有 光緒丁亥年七月初五日戌時生於江津五都三甲鶯項頸青龍嘴民國丙辰年臘月十八日吉時故於生身屋基亥山巳向

成氏 光緒戊子年冬月廿二日午時生於江津十都孔坰上屋基 生子二 光椿 光祥

八世 念有長子 光椿 宣統元年己酉臘月初八日卯時生於江津五都三甲鶯項頸青龍嘴

八世 念有次子 光祥 民國乙卯年冬月初五日丑時生於江津五都三甲鶯項頸青龍嘴

七世 維斗四子 **念臣** 光緒庚寅年又二月十三日卯時生於江津五都三甲鵞項頸青龍嘴

黃氏 光緒乙未年正月初九日子時生於江津五都七甲貫牛灘
生子三　光材　光源　光炘

八世 念臣長子 **光材** 宣統元年己酉冬月十五日子時生於江津五都三甲鵞項頸

八世 念臣次子 **光源** 民國丙子年六月十七日卯時生於江津五都三甲鵞項頸

八世 念臣三子 **光炘** 民國甲子年十一月十九日丑時生於江津五都六甲囤溝頭

六世 朝典五子 **維書** 咸豐丙辰年九月初四日未時生於江津五都七甲水井溝

羅氏 咸豐己未年六月十五日子時生於瀘州鳳儀鄉二甲小屋基
生子一　念鑄

七世 維書之子 **念鑄** 光緒戊子年七月初六日亥時生於江津五都三甲汜毛溝

陳氏 生子二　光胡　光友

八世 念鑄長子 **光胡**

八世 念鑄次子 **光友**

六世 朝典六子 **維祿** 咸豐己未年四月廿日丑時生於江津五都七甲水井溝民國丁卯年正月十八日吉時故於江津五都六甲桂花壪葬高橋觀音背后達鈎田享年六十八

羅氏 咸豐丁巳年二月初六日丑時生於永川樂善鄉三甲馮嘴壪頭 生子五　念發　念桂　念鈿　念炳　念軒

七世 維祿長子 **念發** 光緒丁丑年冬月初九日卯時生於江津五都三甲大土壪民國元年壬子九月初八日戌時故於本都五甲高家橋觀音坎上屋基葬於大山坪癸山丁向

陳氏 光緒庚辰年十一月十三日辰時生於貴州遵義府新縣赤水里溝頭 生子二　光勇　光輿　生女一

八世 念發長子 **光勇**
光緒甲辰年十一月初三日辰時生於江津五都六甲梭草坡

吳氏
生於民國丙辰年九月十三日　時
生女一　先貞

九世 光勇之女 **先貞**
生於民國廿一年壬申十月廿九日丑時

八世 念發次子 **光興**
宣統元年前二月十二日　時生於江津五都六甲瓦子山屋基

七世 維祿次子 **念桂**
光緒七年辛巳九月初七日卯時生於江津五都三甲青杆壩

七世 維祿三子 **念鋼**
光緒癸未年九月十一日辰時生於江津五都三甲青杆壩民國甲子六月十七日申時故於江津五都六甲桂花壋

七世 維祿四子 **念炳** 光緒丙戌年十月初八日子時生於江津五都三甲青杆塥屋基

七世 維祿五子 **念軒** 光緒丙申年十月廿四日子時生於江津五都三甲青杆塥屋基

六世 朝興七子 **維懷** 生於咸豐壬戌年十二月初七日子時葬大山坪乙山辛向

五世 文炳四子 **朝陽** 道光乙酉年三月初十日午時生於江津五都六甲河壩頭光緒壬寅三月廿九日戌時故
生江津五都七甲礦子山坎下葬大山坪坤艮山向享年七十八

譚氏 道光己丑年九月二十七日未時生於江津五都七甲龍轉嘴光緒庚子年腊月初一日卯
時故於江津十都十甲粉房屋基葬大山坪二老合墓艮山坤向
生子四 維興 維明 維有 維海 享年七十二

六世 朝陽長子 **維興** 咸豐元年辛亥冬月十三日子時生於江津五都七甲大坟壩民國癸亥年正月二十七日
酉時故於江津五都七甲礦子山坎下享年七十二

王氏 咸豐癸丑年正月初六日丑時生於貴州遵義府赤水里九甲陳家場民國癸亥年六月二
十日午時故於江津五都七甲礦子山坎下屋基
生子三 念清 念槐 念河 生女二 享年七十一

七世 維興長子 **念清** 光緒庚辰年三月十九日辰時生於江津五都七甲上廟里

管氏 光緒壬午年四月初六日亥時生於永川樂善鄉三甲到場溝 生子一 光宗 生女二

八世 念清之子 **光宗** 民國庚申年七月初八日酉時生於江津五都七甲碾子山坎下屋基

七世 維興次子 **念槐** 光緒丙戌年五月十三日午時生於江津五都七甲廟上里

七世 維興三子 **念河**

六世 朝陽次子 **維明** 咸豐甲寅年正月廿九日酉時生於永川樂善鄉三甲麻溻匠 民國壬戌年三月初八日故 於新房子葬大山坪癸山丁向享年六十九

朱氏 咸豐甲寅年八月初八日辰時生於瀘州安賢鄉六甲兩天窩 生子四 念喜 念廷 念珍 念柱 生女一

七世 維明長子 **念喜** 生於光緒五年己卯八月二十三日亥時生於江津五都七甲廟上里民國元年完娶廿六日戌時故於桐子嘴子午山向享年三十三

周氏 光緒辛巳年五月廿四日巳時生於江津五都五甲到子山 生子一 光瀛

八世 念喜之子 **光瀛** 光緒三十二年丙午十月初四日酉時生於江津五都八甲砂包嘴

楊氏 光緒丙午年七月十五日　時生於永川太平鄉新屋基 生子二 先潤 先豐 生女一 先福

九世 光瀛長子 **先潤** 民國癸亥年十一月十六日未時生於川東道江津五福鎮六甲地名新房子

九世 光瀛次子 **先豐** 民國乙丑年十月十六日巳時生於江津五福鎮六甲新房子

七世 維明次子 **念廷** 丁亥前四月初二日戌時生於江津五福鎮七甲廟上里屋基

七世 維明三子 **念珍** 光緒乙丑年九月初三日亥時生於江津五福鎮七甲廟上里屋基

張氏

七世 維明四子 **念柱** 光緒甲午年二月十八日亥時生於江津五都七甲廟上里屋基

馬氏 光緒丁酉九月廿一日亥時生於江津五福鎮德見山屋基亡於民國辛酉年七月初九日戌時葬大山坪

熊氏 光緒戊戌年八月初三日亥時生於江津五都十甲背溝頭屋基

六世 朝陽三子 **維有** 同治甲子年九月廿二日子時生於江津五福鎮七甲地名草垣子

李氏 同治甲子年九月廿二日子時生於江津五都七甲葫豆溝光緒壬寅年五月十五日戌時亡於本鎮本甲之礅子山坎下屋基葬於大山坪艮坤兼寅申向 生子二 念江 念生

七世 維有長子 **念江** 光緒戊子年九月初六午時生於江津五都七甲廟上里

七世　維有次子　念生　光緒丁酉十一月十一日戌時生於江津五都七甲廟上里屋基

六世　朝陽四次　維海　同治丙寅十一月三十酉時生於江津五都七甲草垣子

五世　文炳五子　朝遇　墓葬壁山宅前酉山卯向乏嗣不詳

- 文煌
  - 朝迎
    - 維前
      - 念超
        - 光貽
        - 光傑
      - 念朝
      - 念亭
    - 維福
    - 維江……念文
    - 維漢
    - 維煜
  - 朝覲
    - 維濱
    - 維源 之嗣
    - 維洄……念熙
    - 維淦……之嗣

四世　樂成五子

文煌　乾隆己酉臘月十六日亥時生於江津五都六甲地名河溝頭光緒庚寅臘月初七日巳時故於江津五都三甲地名天堂溝葬大山坪癸山丁向享年一百〇一

劉氏　乾隆戊申四月初十日戌時生於永川縣來蘇鄉三甲轉灣沱坎上新屋基同治癸酉二月初一日子時壽終於江津五都六甲之天神岩葬大山坪子山午向

生子二　朝迎　朝覲　享年八十五

粘坑村徐氏族譜

五世
文煌長子　朝迎
嘉慶戊寅八月十二日子時生於江津五都六甲之河溝頭光緒乙巳三月初三日卯時終
於江津五都六甲之學堂頭葬大山坪癸山丁向享年八十七

姚氏
嘉慶己卯正月初一日午時生於永川太平鄉四甲之許家巷菜壩麻柳灣光緒甲午臘月
初三日巳時終於江津五都三甲之花生山葬大山坪夫婦合葬
生子五　維前　維福　維江　維漢　維煜　享年七十六

六世
朝迎長子　維前
道光庚子九月十一日巳時生於江津五都六甲之河溝頭

王氏
道光辛丑前三月十四日亥時生於江津五都六甲之下稻場光緒戊戌冬月十五日酉時
終於江津五都六甲之長五間葬上學宅右乙山辛向
生子三　念超　念朝　念亨　享年五十八

七世
維前長子　念超
咸豐戊午冬月廿一日戌時生於江津五都六甲之斑竹林

陳氏
光緒庚辰二月十九日未時生於永川太平鄉三甲之乾壩子
生子二　光貽　光傑

八世
念超長子　光貽
光緒乙巳冬月廿五日辰時生於江津五都六甲之小溝子

八世
念超次子　光傑
宣統己酉年又二月初六日子時生於江津五都六甲之河嘴上柏樹林

七世 維前次子 念朝 咸豐辛酉四月初八日午時生於江津五都六甲之班竹林

李氏 光緒丙子正月廿六日子時生於合江縣之郭家山

七世 維前三子 念亨 同治癸酉四月廿二日未日生於江津五都六甲之二層岩

王氏 光緒丁亥九月初三日某時生於江津五都六甲之來龍灣

六世 朝迎次子 維福 道光甲辰臘月十六日申時生於江津五都五甲之德龍山坪上

六世 朝迎三子 維江 道光己酉臘月廿六日巳時生於江津五都五甲之德龍山坪上

張氏 道光丁未冬月十一日子時生於江津五都七甲之大山溝

生子一　念文

七世 維江之子 念文 同治己巳八月初九日亥時生於江津五都六甲之洪溝屋基

六世 朝迎四子 **維漢**
咸豐丙辰五月廿六日寅時生於江津五都五甲之德龍山坪上民國戊辰年

藍氏
同治己巳正月初九日巳時生於永川縣樂善鄉之窖坪屋基
生女二

六世 朝迎五子 **維煋**
咸豐己未九月初四日辰時生於江津五都六甲之班竹林

五世 文煌次子 **朝覲**
道光乙酉九月廿一日酉時生於江津五都六甲之河溝頭光緒戊子正月初十日子時終
於河溝頭葬大山坪壬山丙向享年六十三

曾氏
道光戊子正月初九日寅時生於江津五都六甲之德龍山坪上宣統辛亥正月初四日亥
時終於江津五都六甲之鳳凰山瓢兒田葬大山坪
生子四　維濬　維源　維泗　維洤

六世 朝覲長子 **維濬**

六世 朝覲次子 **維源**

六世 朝覲三子 **維泗** 咸豐丙辰年二月廿二日卯時生於江津五都五甲之德龍山坪上民國癸亥年八月廿五日丑時終於江津五都某甲之班竹林葬宅前對門

馮氏 同治丁卯年冬月十一日午時生於合江縣下隆支某甲之曹鍋廠屋基 生子一 念熙

七世 維泗之子 **念熙** 宣統庚戌正月廿六日戌時生於江津五都六甲之鳳凰山瓢兒田

六世 朝覲四子 **維淦** …之嗣不詳

捷明四子　**樂就**

乾隆十六年辛未完月十八日丑時生於江津思里五都六甲地名大塌頭屋基道光十九年己亥五月初三日戌時故於原處之上房屋基葬四望山附近大石塌己山亥向娶妻陳氏享年八十八

陳氏

乾隆廿年乙亥十一月十三戌時生於瀘州鳳儀鄉地名塌子側近石嘴子道光廿一年辛丑六月廿六日未時故於江津思里五都六甲地名石頭溝葬河溝頭宅后壬丙向生子五　文輔　文仲　文奎　文蓮　文郁

- 文輔
  - 朝綸
    - 維慓
    - 維慶…念清
    - 維秀…念燊…光裕
  - 朝緯
    - 維政
    - 維盛…念恩
    - 維馨
      - 念基
      - 念進
      - 念江
      - 念鼎
      - 念龍
  - 朝綬
    - 維櫕
      - 念宗
      - 念萱
    - 維珅
      - 念銓
      - 念鈞
      - 念鎰
  - 朝經
    - 維鏞
      - 念余
      - 念東
      - 念武
    - 維綱
      - 念海
      - 念先
        - 光明
        - 光鑫
    - 維紳…念雄…光蓮

樂就長子

文輔

乾隆甲午年冬月十三日戌時生於江津五都六甲大壩頭老屋基咸豐庚申年十二月廿八日酉時故於本縣本都仁壽橋葬於黃蜂岩亥山巳向

古氏

乾隆辛卯年臘月初九日亥時生於江津五都七甲大池屋基庚戌年三月十一日子時故於本縣本都六甲大石壩葬於黃蜂岩亥山巳向兼壬丙三分

生子四　朝經　朝綬　朝緯　朝綸

文輔長子

朝經

十二月十九日葬於燈杆坪嘴上

官氏

六月初九日葬於燈杆坪

生子三　維紳　維綱　維繡

朝經長子

維紳

道光乙酉年八月十二日亥時生於江津五都四甲上房屋基光緒丙申年九月廿六日卯時故於本甲燕窩田葬於燈光坪嘴上

趙氏

道光辛巳年三月初九日未時生於趙灣頭老屋基没於光緒庚寅年臘月初二日酉時葬於趙灣頭

生子一　念雄

維紳長子

念雄

生於合江縣望川山關山子屋基

漆氏

咸豐辛酉年八月初十日戌時生於江津十都四甲蒲家林天堂頭光緒戊戌年故於本都八甲石盤場大河街

生子一　光達

念雄之子

光達

辛巳年臘月十九日子時生於合江縣上會支趙灣頭倒場壩

李氏

光緒壬辰四月廿九日辰時生於合江縣譚坪之土地山

朝經次子
維綱
道光戊子年十二月十五日酉時生於江津五都四甲上房屋基沒於光緒丁丑年七月初三日卯時本甲長五間葬於亂石坪坤山寅向

張氏
道光丁亥年九月廿七日卯時生於江津五都四甲朱沱橋頭上光緒壬午年正月初一酉時故於本都六甲朱家沱下場橫街子葬於石灰窯坤山艮向
生子二　念先　念海　生女一　元英

維綱長子
念先
咸豐壬子年十一月十四日子時生於江津五都六甲大石壩屋基光緒丙申年七月初三日申時故於原處石梯岩屋基葬於水井灣庚山申向

朱氏
咸豐癸丑年九月初一日辰時生於江津五都六甲石梯岩屋基民國丁卯年四月廿九日辰時故於原處之朱家沱正街葬於石梯岩壬山丙向
生子二　光鑫　光明　生女一　東秀

念先長子
光鑫
光緒戊子年九月初六日寅時生於江津五都六甲朱家沱禹王廟隔壁

念先次子
光明
光緒甲午三月初五申時生於江津五都六甲石梯岩屋基

蘇氏
光緒乙巳年六月初六日子時生於江津七都三甲大板橋蔡子壩

維綱次子
念海
咸豐丁巳年二月廿三日巳時生於江津五都六甲大石壩屋基

羅氏
同治壬申年二月十七亥時生於合江縣上白沙中街宣統己酉年三月十九日午時故於江津五都六甲朱家沱中碼頭葬於石灰窯

粘坑村徐氏族譜

朝經三子 維繡 葬於亂石坪坤山艮向

古氏 葬於苟岩 生子三 念武 念東 念余 生女一 桂英

維繡長子 念武……不詳

維繡次子 念東……不詳

維繡三子 念余……不詳

文輔次子 朝綬 葬於獨樹子羅家祠背后

朱氏 葬於大石場朱家祠堂背後 生子二 維璉 維棟

朝綬長子 **維璡** 戊子年五月初十日亥時生於上房屋基葬於中白沙棺山側近

朱氏 丙戌年七月初一日午時生於周福龍老房子屋基葬於燈杆坪蘆榪坳
生子三　念鎰　念鈞　念銓

維璡長子 **念鎰** 道光戊申年二月十二日子時生於江津朱沱大石壩

維璡次子 **念鈞** 壬子年正月十七日卯時生於大石壩生長

漆氏

維璡三子 **念銓** 同治乙丑年全月十四日巳時生於燈杆坪嘴上

朝綬次子 **維棟** 葬於黃斗岩側近

顏氏 生子二　念宣　念宗

維棟長子 **念軒**…不詳

維棟次子 **念宗**…不詳

文輔三子 **朝緯** 葬於大咀頭嘴上墫墫頭

張氏 葬於大咀頭 生子三 維馨 維盛 維政

朝緯長子 **維馨** 巳丑年五月初七巳時生於上房葬於二溪滯老上宅右

張氏 生於巳丑年冬月十三酉時葬於二溪滯老上宅右 生子五 念龍 念鼎 念江 念淮 念基 生女一

維馨長子 **念龍** 庚戌年六月廿八日戌時生於大石塌

維馨次子　念鼎　辛亥年冬月十五日丑時生於大石壩葬於四壩山坎下

維馨三子　念江　丙辰年九月廿日吉時生於大石壩葬於南泉寺背后

維馨四子　念淮　戊午年全月吉時生於大石壩葬於流水岩背后

維馨五子　念基　壬戌年三月初一日酉時生於大石壩

朝緯次子　維盛　生子一　念恩

維盛之子　**念恩**……不詳

朝緯三子　**維政**……不詳

文輔四子　**朝繪**　嘉慶己巳年二月初二戌時生於江津五都六甲大塌頭老屋基同治丁未年四月十七未時故於本都本甲二郎山坎下葬於燈杆坪嘴上乾山巽向

穆氏　嘉慶戊辰年十二月十五日卯時生於江津五都八甲穆家山水井溝光緒丙戌年五月初七日申時故於本都六甲朱家沱上場葬於燈杆坪嘴上乾山巽向　生子三　維蕎　維慶　維櫻

朝繪長子　**維蕎**　道光庚寅年七月十九日酉時生於江津五都六甲上房屋基

游氏　道光辛卯年正月初七日亥時生於永川縣松子里太樂二鄉穆家橋同治辛未年四月初一日申時故於江津五都六甲二郎山坎下　生子一　念榮

維蕎長子　**念榮**……不詳

念榮長子　光裕…不詳

繪朝二子　維慶　道光甲午年二月初九亥時生於江津五都六甲大石塲

朱氏　道光癸巳年五月廿五日子時生於江津五都六甲竹林溝屋基
生子一　念清　生女三　翠姝　鳳姝　喜秀

維慶之子　念清　咸豐丙辰年四月廿七日戌時生於江津朱家沱大石塲屋基

繪朝三子　維樑　道光辛丑年十一月十三日卯時生於江津五都六甲大石塲屋基

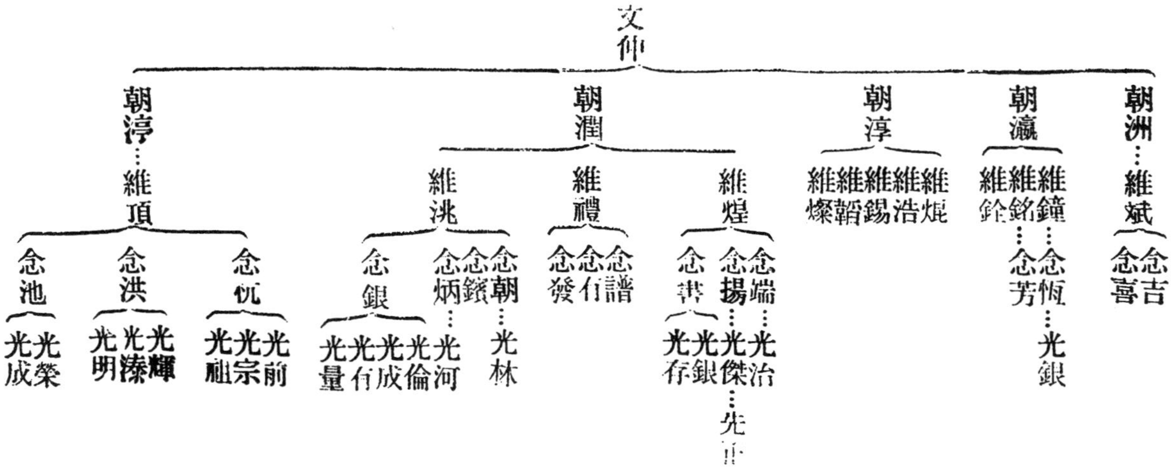
文仲
朝渟
維項
念池
光榮
光成
念洪
光輝
光溙
光明
念忼
光前
光宗
光祖
朝潤
維洮
念朝
光林
念鐐
念炳
光河
念銀
光倫
光成
光有
光量
維禮
念譜
念有
念發
維煌
念端
光治
念揚
光傑
先重
念茾
光銀
光存
朝淳
維焜
維浩
維錫
維韜
維燦
朝瀛
維鏞
念恆
光銀
維銘
念芳
維銓
朝洲
維斌
念吉
念喜

樂觀次子 **文仲** 乾隆癸卯年七月十七日午時生於江津五都六甲大塘頭咸豐戊午年十二月二十一日未時故於原處

陳氏 生死年月失考 生子一 朝洲

張氏 乾隆己酉年十一月初七日子時生於瀘州鳳儀鄉首甲林橋坎上屋基道光己丑年十二月十八日戌時故於江津五都六甲魚塘灣身故 生子四 朝灝 朝淳 朝潤 朝淳

文仲長子 **朝洲** 生死年月無考

梁氏 生死年月無考 生子一 維斌

朝洲之子 **維斌** 生死年月無考

梁氏 生死年月無考 生子二 念吉 念喜

維斌長子 **念吉** 生死年月無考

羅氏 生死年月無考

維斌次子 **念喜** 生死年月無攷

杜氏 生死年月無攷

文仲次長 **朝瀛**

閆氏 年十二月十四日生於江津五都地名火燒鴉
生子三　維鍾　維銘　維銓

梁氏 戊寅年八月十一日生於江津五都六甲地名大坎上亡於乙酉年二月十八日

朝瀛長子 **維鍾** 嘉慶老甲午年三月初五日　時生於江津五都六甲地名石陸溝光緒丙子年十月十九日
辰時故於原宅

周氏 道光己丑年九月二十日未時生於江津五都六甲地名石包岩光緒丙午年三月十二日寅
時故於合江上滙支大嵐壩
生子一　念恒

維鍾之子 **念恒** 同治庚午年正月初七日午時生於江津五都六甲石陸溝

楊氏 光緒丁丑年四月初四日卯時生於貴州鰼水縣六甲岩脚地下
生子一　光銀

念恒之子 **光銀** 民國癸丑年六月初八日寅時生於合江下灘支大嵐壩

朝瀛次子 **維銘** 庚子年冬月十五日生於江津五都六甲石陸溝

劉氏 生子一 念芳

維銘之子 **念芳**……不詳

朝瀛三子 **維銓** 丙午年冬月十八日生於江津五都六甲石陸溝

鄒氏

文仲三子 **朝淳** 生死年月無致

張氏 生死年月無致 生子五 維焜 維浩 維錫 維韜 維燦

羅氏 生死年月無致

朝淳長子　維焜……不詳

朝淳次子　維浩……不詳

朝淳三子　維錫……不詳

朝淳四子　維韜……不詳

朝淳五子　維燦……不詳

文仲四子 **朝潤** 號雨亭　嘉慶丙子年冬月十九日　時生於江津五都六甲魚鰍溝

胡氏 嘉慶丁丑年九月廿二日生於江津五都六甲柏香灣咸豐乙卯年十二月廿三日歿於江津五都六甲石易溝
生子三　維煌　維禮　維洸

朝潤長子 **維煌** 道光丙申年十二月十四日生於江津五都六甲地名石易溝同治己巳年七月十一日故於原里

馮氏 道光乙未年十月十二日生於合江縣馮沖屋基再嫁無致
生子三　念端　念揚　念書

維煌長子 **念端** 咸豐甲寅年七月廿三日辰時生於江津五都六甲石易溝

王氏 生子一　光治　光治係念書之子過房

念端之子 **光治** 光緒丁酉年五月二十六日午時生於江津五都六甲石易溝

維煌次子 **念揚** 咸豐丙辰年十月初八日午時生於江津五都六甲石易溝

王氏 道光甲辰年七月初五日亥時生於新房子
生子一　光傑　光傑係念書之子過房

念揚之子 **光傑** 光緒壬寅年九月十八日未時生於江津五都六甲石舄溝

周氏 光緒癸卯年八月十八日巳時生於江津五都六甲河坎上 生子一 先正

光傑之子 **先正** 民國丙寅年四月十五日子時生於江津五都六甲

維煌三子 **念書** 咸豐己未年十二月初九日未時生於江津五都六甲石舄溝

先氏 同治丙寅年九月十一日子時生於貴州演武街 生子四 光治 光傑 光銀 光存 光治出嗣念端 光傑出嗣念揚

念書長子 **光銀** 光緒乙巳年六月初四日寅時生於江津五都六甲石舄溝

念書次子 **光存** 光緒丁未年十月十二日未時生於江津五都六甲石舄溝

朝潤次子 **維禮** 道光庚子年十月廿六日生於江津五都六甲石曷溝光緒丙子年五月廿四日故於原處

王氏 生子三 念譜 念有 念發 念發隨王氏下堂

維禮長子 **念譜** 同治癸亥年七月十八日丑時生於江津五都六甲地名石曷溝民國丁卯年冬月故於原地

維禮次子 **念有** 同治辛未年八月廿六日亥時生於江津五都六甲石曷溝

維禮三子 **念發**…不詳

朝潤三子 **維洮** 道光丁未年二月二十七日寅時生於江津五都六甲石曷溝

楊氏 道光丁未年九月十八日午時生於江津五都五甲上入塊民國乙丑年七月初十日子時故於石曷溝

生子四 念朝 念鑌 念炳 念銀

維洮長子 念朝 同治庚午年九月十八日寅時生於江津五都六甲石易溝

程氏 同治辛未年十月十二日亥時生於合江縣中會新房子
生子一 光林

念朝之子 光林 光緒甲辰年十月初七日酉時生於江津縣五都六甲石易溝

羅氏 光緒丙午年二月廿四日申時生於江津五都六甲岩灣頭

維洮次子 念鑛 同治癸酉年五月十四日亥時生於江津五都六甲石易溝

維洮三子 念炳 光維丙子年三月十七日亥時生於江津五都六甲石易溝

趙氏 生子一 光河

念炳長子 光河

維洮四子　念銀　光緒庚辰年五月廿五日午時生於江津五都六甲地名石易溝

梁氏　光緒乙未年八月十六日丑時生於江津五都六甲上房
生子四　光倫　光成　光有　光量

念銀長子　光倫　民國己未年正月十一日辰時生於江津五都六甲石易溝

念銀次子　光成　民國癸亥年九月十七日寅時生於江津五都六甲石易溝

念銀三子　光有　民國丙寅年二月十八日子時生於江津五都六甲石易溝

念銀四子　光量　民國戊辰年二月廿九日卯時生於江津五都六甲石易溝

文仲五子 **朝淳** 無攷

王氏 無攷 生子一 維項

朝淳之子 **維項** 道光二年庚子八月十九日丑時生於江津五都六甲石易溝　年三月初十日故於原宅

苟氏 道光二十三年八月十四日亥時生於江津五都　甲新屋頭故於五都六甲石易溝 生子三 念杭 念洪 念池

維項長子 **念杭** 同治九年庚午九月十九日巳時生於江津五都六甲石陸溝

黃氏 同治十年辛未十二月十五日巳時生於永川淞溉鎮　鄉　甲觀音閣 生子三 光前 光宗 光祖

念杭長子 **光前** 光緒甲午年十二月廿一日巳時生於江津五都六甲石陸溝

念杭次子 **光宗** 光緒丁未年八月初五日　時生於江津五都六甲石易溝

念杭三子　**光祖**　宣統庚戌年十二月初十日子時生於江津五都四甲青杆林

維貞次子　**念洪**　同治壬申年十一月卅日亥時生於江津五都六甲石隆溝

馬氏　同治庚午年冬月十四日巳時生於江津五都八甲石柱山民國九年庚申十二月十一日午時故於原籍　生子三　光輝　光漆　光明

萬氏　同治十一年壬申九月十三日午時生於合江縣九支店老塘灣

念洪長子　**光輝**　光緒乙未年七月十七日戌時生於江津五都六甲石隆溝故於　年五月十八日午時

念洪次子　**光漆**　光緒庚子年又八月十三日生於江津五都六甲石隆溝

念洪三子 **光明** 生於光緒甲辰年八月初四日寅時

高氏 民國癸丑年九月初九日子時生於江津五都八甲大南坰

維頂三子 **念池** 光緒辛巳年　月廿五日辰時生於江津五都六甲石陸溝

劉氏 生於光緒戊子年三月十六日辰時
生子二 光榮 光成

念池長子 **光榮** 民國丙辰年七月廿六日卯時生於江津五都六甲石陸溝

王氏 生於民國乙卯年九月十六日辰時

念池次子 **光成** 生於民國六年丁巳五月廿日巳時

李氏 生於民國九年庚申三月十一日戌時

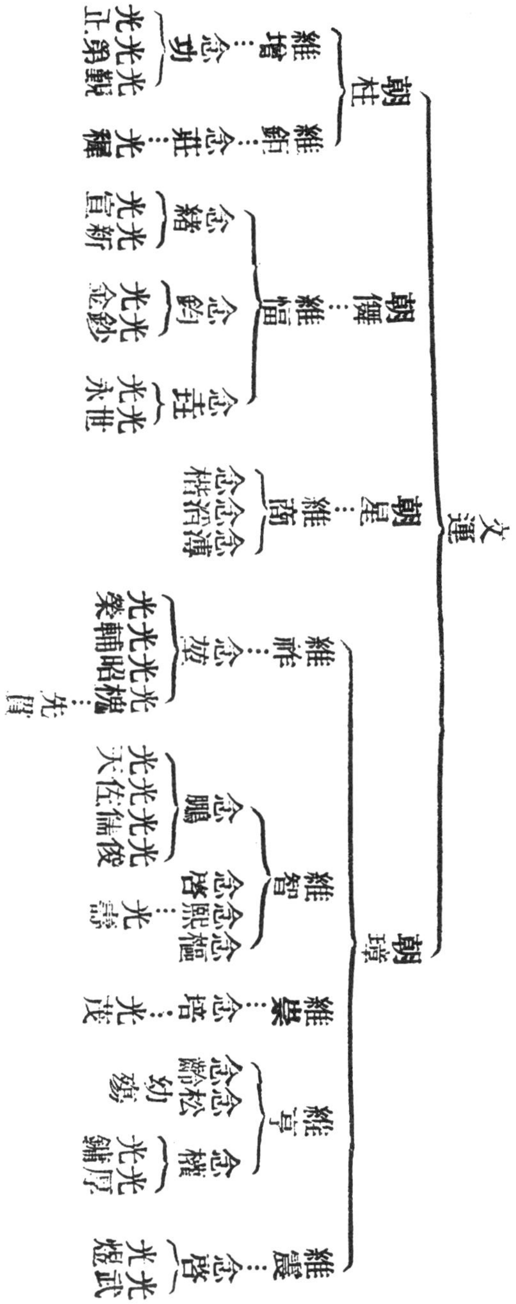
文運
朝柱
維增…念功
光止
光翊
光觀
維銜…念莊…光耀
朝僎
維愃
念緒
光宣
光新
念鈞
光金
光鈔
念垚
光永
光世
朝星…維芮
念楷
念滔
念溥
朝璋
維祚…念域
光棨
光輔
光昭
光欖…先貫
維智
念鵬
光天
光佐
光儒
光俊
念啓…光嗣
念熙
念蘊
維槃…念培…光茂
維亨
念齡
念松
幼殤
念權
光鏞
光厚
維震…念啓
光焜
光武

文運（樂就三子）
乾隆壬子年二月十一日巳時生於江津五都六甲大塆頭生長同治庚午年正月二十三日戌時故於河溝頭屋基葬宅后壬山丙向

楊氏
乾隆辛亥年八月十一日子時生於瀘州鳳儀鄉三甲高基坎王家壆道光戊子年十二月初五日申時故於江津五都石頭溝告終葬石頭溝右邊壬山丙向
生子一　朝璋　一女適黃姓

羅氏
嘉慶丁卯年九月十八日戌時生於江津五都八甲天堂塆亡於光緒甲申年十一月二十九日在江津五都六甲够甲身故葬鑼鍋漄申寅兼艮坤向
生子三　執星　朝儛　朝柱

朝璋（文運長子）
號玉堂錫瓚　嘉慶乙亥年九月初四日寅時生於江津五都六甲上房屋基光緒壬午年六月三十日午時故於原處之河溝頭屋基葬河溝頭宅后近祖墓之側扦立乾巽兼亥巳向
享年六十八

楊氏
嘉慶癸酉年十二月廿二日戌時生於瀘州鳳儀鄉三甲地名新瓦屋基咸豐戊午年六月初七日丑時故於江津五都六甲地名河溝葬於鑼鍋漄坎上
生子六　維震　維亭　維崇　維智　維祚　維澍　享年四十五

禹氏
嘉慶乙酉年十月廿日申時生於永川樂善鄉三甲地名大礦塲清和屋基民國己未年九月初二日戌時故於河溝頭屋基葬于大井溝　享年九十四

維震（朝璋長子）
道光壬寅年二月初十日卯時生於江津五都六甲河溝屋基光緒辛卯年十月廿一日戌時故於原地之心田壆屋基葬於本宅后扦立乙山辛向
道光辛丑年三月十二日亥時生於永川樂善鄉三甲地名大石鼓屋基民國戊午年三月廿一日巳時故於江津朱沱塢半野莊葬於心田壆宅左扦立乙山辛向
生子一　念啓

維震之子 念啟 光緒甲申年十二月廿八日子時生於江津五都六甲地名河溝頭

樊氏 生於光緒辛巳年正月十五日過門數月病故

葛氏 生於庚辰年五月十八日巳時生於江津三甲地名新屋頭
生子二 光武 光煜

念啟長子 光武 光緒丙午年八月廿五日卯時生於江津五都六甲地名新田塆屋基

羅氏 光緒癸卯年三月二十七日午時生於江津五都五甲地名瓦廠溝

念啟次子 光煜 光緒戊申年九月廿五日寅時生於江津五都六甲地名新田塆屋基

周氏 光緒丁未年三月廿六日寅時生於江津五都四甲地名山朋[illegible]

朝璋次子 維亨 號曉衢 道光庚戌年冬月十六日未時生於江津五都地名河溝頭屋基光緒甲申年九月初四日亥時故於原處河溝頭葬盤龍山下首花參山丑山未向

穆氏 道光庚戌年冬月廿四日未時生於江津五都八甲地名石財門屋基民國丙寅年三月初三日午時壽終於永川縣太平鄉一甲松溉鎮朱家巷老當舖內葬於河對門院子頭
生子三 念權 念松 念齡 念松幼殤 念齡幼殤 享年七十六

念權（維亨長子）號致中　癸未年九月初四日申時生於江津五都六甲地名河溝頭

顏氏　光緒庚寅年八月初五日卯時生於江津十都八甲地名新院子　生子三　光厚　光鏞　光茂　光茂抱子三房念培名下

魏氏　光緒乙酉年七月初九日巳時生於永川縣太平鄉二甲地名油榨嘴屋基戊申年九月初一日申時故於永川一甲地名青草壩屋基葬於上行池側近迷花壩宅右丑山未向

光厚（念權長子）號載高　民國甲寅年十月二十日巳時生於永川太平鄉一甲淞溉鎮劉家壩屋基

光鏞（念權次子）號懋徵　丁卯年九月十七日子時生於永川淞溉鎮朱家巷屋基

維崇（朝璋三子）號竣岡　咸豐癸丑年冬月十四日未時生於江津五都六甲河溝頭老屋基光緒戊子年九月十三日卯時故於原處小溝子葬于花參山

曾氏　咸豐壬子年正月初三日戌時生於江津五都十甲地名江家沱屋基光緒乙酉年六月十二日吉時故於原處之六甲河溝頭屋基　生子一　念培

朱氏　咸豐壬子年二月初二日辰時生於合江東鄉上滙支四甲地名五里梗坦壩屋基

維崇之子 **念培** 光緒己卯年冬月十三日酉時生於江津五都六甲地名河溝頭屋基

舒氏 光緒丁丑年二月二十八日卯時生於瀘州鳳儀鄉二甲地名萬屋基 生子一 光茂

龔氏 光緒丁丑年三月廿二日午時生於合江東鄉上溓支八甲地名六田坎屋基光緒戊戌年正月初十日巳時故於江津五都六甲地名蔺屋基

念培之子 **光茂** 民國壬戌年四月十三日丑時生於永川縣淞溉鎮劉家灣屋基生長

朝璋四子 **維智** 號端甫 咸豐己未年七月十一日寅時生於江津五都六甲地名河溝頭屋基光緒戊申年三月十八日卯時故於原處之原宅葬于宅后右邊嘴上扦立乾山巽兼亥巳向享年四十九

王氏 咸豐己未年六月廿六日亥時生於江津五都八甲地名深巢中間基屋光緒甲辰年二月十三日午時故於原處之河溝頭屋基葬于河溝頭宅右 生子四 念樞 念啓 念熙 念鵬 享年四十五

維智長子 **念樞** 光緒壬午年十二月初一日 時生於江津五都六甲地名河溝頭屋基光緒乙巳年八月十三日戌時故於原處葬于大岩山牛坡頭乾山巽向

艾氏 戊寅年十二月十二日寅時生於瀘州

維智次子 **念熙** 光緒乙酉年十二月十五日酉時生於江津五都六甲地名河溝頭屋基

張氏 光緒壬午年七月十八日卯時生於瀘州鳳儀鄉六甲地名河嘴上屋基 生子一 光詔

念熙之子　光壽

維智三子　念敵……不詳

維智四子　念鵬　光緒甲午年五月十六日申時生於江津五都六甲地名河溝頭屋基

穆氏　光緒庚寅年十二月廿六日未時生於江津五都六甲地名鵝溝屋基
生子四　光俊　光儒　光佐　光天

念鵬長子　光俊　宣統辛亥年又六月廿四日寅時生於五都六甲地名河溝頭屋基

念鵬次子　光儒　民國癸丑年七月初四日戌時生於江津五都六甲地名鵝溝屋基

粘坑村徐氏族譜

光佐 念鴞三子
民國丁巳年九月二十四日亥時生於江津五都六甲地名河溝頭

光天 念鵑四子
民國丙寅年十一月十七日亥時生於江津五都六甲地名河溝頭屋基

維祚 朝瑋五子
號殿臣　咸豐辛酉年七月廿五日寅時生於江津五都六甲地名河溝頭屋基光緒乙未年
六月廿五日未時故於原處葬於宅后捉明祖之側扦立壬丙向享年三十四

劉氏
咸豐戊午年七月廿一日申時生於永川縣太平鄉四甲地名水井灣屋基光緒庚寅年十二
月初六日亥時故於江津縣五都六甲地名河溝頭屋基葬於河溝頭宅左
生子一　念堃　享年三十三

念堃 維祚之子
光緒乙酉年十二月十一日丑時生於江津五都六甲地名河溝頭屋基

李氏
光緒庚辰年四月初六日巳時生於瀘州鳳儀鄉六甲地名中壩屋基
生子四　光槐　光昭　光輔　光榮

光槐 念堃長子
光緒戊申年七月初八日辰時生於江津五都六甲地名河溝頭屋基

王氏
光緒癸卯年二月初九日寅時生於江津五都六甲地名竹林溝屋基
生子一　先質

光槐之子　**先貫**　民國戊辰年三月初一日辰時生於江津縣五都六甲河溝頭

念策次子　**光昭**　民國癸丑年二月廿四日巳時生於江津五都六甲地名河溝頭屋基

念策三子　**光輔**　民國戊午年七月二十四日亥時生於江津五都六甲地名河溝頭屋基

念策四子　**光榮**　民國己未年正月廿八日寅時生於江津五都六甲地名河溝頭屋基

文運次子　**朝星**

樊氏　生於道光十三年癸巳十二月廿日寅時　生子一　維商

穆氏

朝星之子 **維商** 生於道光丁未年六月十一日未時

劉氏 生於道光丙午年五月初十日戌時 生子三 念溥 念滔 念楷

維商長子 **念溥** …未詳

維商次子 **念滔** …未詳

維商三子 **念楷** …未詳

文蓮三子 **朝儛** 號海南 道光十三年癸巳五月十五日戌時生於江津五都六甲上房同治癸酉年三月廿一日卯時故於原處之上壟葬上學右邊未山丑向

吳氏 道光辛卯年十一月廿日申時生於永川縣太平鄉二甲蔣家壩咸豐丁巳年又五月十四日亥時故於江津五都六甲河溝頭屋基葬鍋廠右邊戌山辰向

劉氏　道光壬辰年十月初六日卯時生於瀘州鳳儀鄉首甲高林屋基同治壬戌年十一月初一日亥時故於江津五都六甲河溝頭屋基葬於鑼鍋滙右邊辛山乙向與吳氏合坟
生子一　維幅

李氏　道光乙巳年七月十九日卯時生於瀘州鳳儀鄉二甲大溝頭光緒丁未年十一月初九日子時故於江津五都六甲上壩告終葬上壩左邊丙山壬向與念垚合坟

朝儁長子
維幅　號義圃　咸豐癸丑年四月二十五日午時生於江津五都六甲河溝頭光緒壬辰年六月十二日酉時故於上壩葬石陸溝宅後甲山庚向

李氏　咸豐壬子年十二月二十三日午時生於江津朱家沱上壩土鳳凰屋基民國十五年丙寅七月二十三日巳時故於江津五都六甲上壩
生子三　念垚　念鈞　念緒

維幅長子
念垚　號可峯　光緒丙子年十二月二十一日巳時生於江津五都六甲上壩民國壬子年三月十六日亥時故於上壩身故葬上壩左邊丙山壬向與李氏祖母合葬

梅氏　同治癸酉年七月初八日子時生於瀘州鳳儀鄉二甲上壩光緒戊戌年八月十九日辰時故於上壩身故葬於石湝溝
生子二　光世　光永

彭氏　光緒己卯年二月十六日卯時生於瀘州鳳儀鄉二甲玉山民國十七年三月二十六日亥時故於上壩身故葬河指上左邊

念垚長子
光世
念鈞之子入嗣

念垚次子　**光永**　宣統庚戌年四月初九日寅時生於江津五都六甲上壆

維愊次子　**念鈞**　號禹門　光緒己卯年二月初九日子時生於江津五都六甲上壆

黃氏　生子二　光鈔　光金　長子光世出嗣念垚

念鈞長子　**光鈔**　民國己未年九月初三日丑時生於江津五都六甲上壆

念鈞次子　**光金**　民國癸亥年二月卅日卯時生於江津五都八甲上壆

維愊四子　**念緒**　號纘文　光緒甲申年十二月三十日戌時生於江津五都六甲上壆

劉氏　光緒癸未年六月廿三日戌時生於合江上滙支五甲麻院頭民國辛酉年六月廿四日酉時故於江津五都六甲上壆葬朱家沱官坟嘴辛山乙向
生子二　光新　光宣

樊氏　光緒戊戌年十月廿五日巳時生於江津五都八甲之坡上邊生長

念緒長子 光新 民國戊午年七月十七日未時生於江津五都六甲上灣

念緒次子 光宣 民國丁卯年十月二十日寅時生於江津五都六甲上灣

文運四子 朝柱 道光戊戌年七月初一日辰時生於江津五都六甲上房光緒壬寅年七月初一日辰時故於原處之夠井葬本宅后

劉先 道光辛丑年二月廿七日戌時生於永川樂善鄉進德里龔家灣民國乙丑年冬月十二日戌時故於江津五都六甲夠井葬本宅前石壩邊 生子二 維鉅 維增 生女四 長適張 次適龔 霞峯適吳 仙琴適張秀卿

朝柱長子 維鉅 同治壬戌年五月初九日子時生於江津五都六甲河溝亡於光緒甲辰年二月十九日巳時原都甲夠井身故葬鯉魚壩宅后

樊氏 咸豐庚申年十月初一日亥時生於五都八甲中房下灣檸子門口民國戊辰年五月十八日亥時故於五都六甲夠井葬本宅前 生一子不育繼抱維增次子念莊爲嗣

維鉅之子 念莊 光緒丙午年十二月十五日戌時生於五都六甲夠井 現肄業南京中央大學校

龔氏 光緒丙午年二月廿五日未時生於江津五都六甲轉龍場所屬角上屋基 生子一 光稱

念甡之子 **光稺** 號方能　民國戊辰年四月生於五都六甲够井

朝桂次子 **維增** 號鶴眉　同治壬申年冬月十八日子時生於五都六甲够井光緒丙午年又四月廿八日午時故於本宅葬於本宅左院内

莫氏 同治癸酉年九月十五日子時生於瀘州安賢鄉六甲大山堡民國乙丑年二月十二日戌時故於江津五都六甲够井葬鳳儀鄉所屬龍洞坪　生子一　念功

維增之子 **念功** 號天祿　光緒己亥年四月初六日生於江津五都六甲够井

羅氏 光緒戊戌年冬月十八日亥時生於瀘州鳳儀鄉板栗樹　生子三　光覩　光第　光正　生女三　光貞　光賢　光淑

念功長子 **光覩** 號國信　民國戊午年二月十一日辰時生於江津五福鎮中街舖房

念功次子 **光第** 號[illegible]三　民國壬戌年九月十八日酉時生於江津五都六甲够井

念功三子

光正

號方五　民國戊辰年正月初八日戌時生於江津五郷六甲㙈井

- 朝崇
  - 維垣
    - 念棠
      - 光權
        - 先法
        - 先覺
        - 先國
        - 先德
        - 先貫
        - 先鎔
        - 先儒…澤熙
      - 光鑾
        - 先鑽
        - 先順
        - 先模
      - 光遠
        - 先淮
        - 先鈞
        - 先椿
        - 先錄
      - 光清
        - 先齊
        - 先玉
      - 光澤
        - 先慶
        - 先俊
    - 念華
      - 光祉…先煋
      - 光材…先湞
      - 光錫
        - 先澤
        - 先源
      - 光啓
    - 念聰
      - 光輝
        - 先傑
        - 先靈
        - 先照
    - 念槐
      - 光徹…先晟
      - 光冕…先鐈
  - 維君
    - 念欽…光漢…先鋒
    - 念瑄…光棡
      - 先棣
      - 先爵
      - 先達
      - 先啓…澤閎

四世　樂就四子

文奎

號極中　乾隆丁未年四月初十日子時生於江津五都六甲大塆頭老屋基嘉慶己卯年
三月十八日戌時故於原處之上房屋基葬於石頭溝宅右子山午享年三十二

樊氏

乾隆丙午年九月廿二日亥時生於五都八甲騎龍坎板栗樹同治戊辰又四月二日丑時故
於本都六甲石頭溝葬於兩河口西岸大龍灣宅后申山亥向
生子四　朝萬　朝先　朝臣　朝恩　享年八十二

五世　文奎長子

朝萬

號甫田　嘉慶戊辰年十一月初五戌時生於江津五都六甲上房屋基道光癸卯年四月
廿三日卯時故於江津五都六甲石頭溝葬石頭溝宅子山午向享年三十六

張氏

嘉慶己巳年八月初六丑時生於江津五都七甲大池屋基道光丙申年十月初三日丑時
故於江津本甲石頭溝葬於新院子宅后
生子一　維垣　享年二十八

六世　朝萬之子

維垣

號北軒　道光庚寅年正月院四未時生於江津五都六甲上房屋基同治戊辰年三月十
五戌時故於江津本都甲新廿子葬石頭溝宅右享年三十九

周氏

道光庚　七月十二酉時生於合江東鄉上灑支八甲坪上屋基同治癸亥年五月初一日
未時故於江津本都甲石頭溝屋基
生子一　念榮　享年三十三

劉氏

道光己丑年六月初一日巳時生於江津十一都九甲萬家山屋基光緒己丑年八月十四
日酉時故於江津五都六甲新院子葬新院宅後
生子三　念華　念聽　念懷　享年六十一

七世　維垣長子

念榮

號茂林　道光己酉年八月十九日生於江津五都六甲石溝頭

鄭氏

道光丁未年七月初六亥時生於合江東鄉上灑支七甲核桃樹民國甲寅潤五月十八酉
時故於江津五都六甲新院子葬對門大溝頭宅后
生子一　光權　享年六十七

高氏

咸豐壬子年六月十四日午時生於江津五都五甲高灣頭民國戊午年四月初二日辰時
故於江津五都六甲新院子葬冷硐子廟上里瓦窰山
生子四　光璽　光遠　光清　光澤　享年六十六

八世 念棨長子 光權 號守恒 光緒庚辰年六月十四日寅時生於江津五部六甲新院子

劉氏 光緒壬午年四月二十二丑時生於江津十部二甲楊岩 生子七 先儒 先鎔 先貫 先德 先國 先覺 先法

九世 光權長子 先儒 號作君 光緒甲辰年六月廿九日丑時生於江津五部六甲五塊田

趙氏 光緒己亥年三月初四日巳時生於江津五部朱家沱下塆譚姓院子 生子一 澤熙

十世 先儒之子 澤熙 民國庚申年七月廿日午時生於江津五部六甲新院子

九世 光權次子 先鎔 號[illegible] 光緒丁未年正月十一日丑時生於江津五部六甲五塊田

九世 光權三子 先貫 號[illegible] 宣統己酉年前二月二十五日午時生於江津五部六甲新院子

九世　光權四子　**先德**　號少德　宣統辛亥年又六月廿九日未時生於江津五部六甲新院子

九世　光權五子　**先國**　號治平　民國甲寅年八月十四日丑時生於江津五部六甲新院子

九世　光權六子　**先覺**　號後知　民國庚申年四月初一日戌時生於江津五部六甲新院子

九世　光權七子　**先法**　民國十五年五月初五日亥時生於江津五部六甲新院子

八世　念榮次子　**光璽**　號國珍　光緒甲申年正月十六日戌時生於江津五部六甲新院子

胡氏　甲申年八月初三日子時生於合江東鄉上灘支九甲瓦窯塝　生子三　先模　先順　先鎖

九世 光壐長子 先模 號子儀 宣統庚戌年四月十六日酉時生於江津五都六甲新院子

九世 光壐次子 先順 民國癸丑年八月二十九丑時生於江津五都六甲新院子

九世 光壐三子 先鎖 號九如 民國丁巳年七月初十日申時生於江津五都六甲新院子

八世 金榮三子 光遠 號嘉善 光緒戊子年十二月初五日戌時生於江津五都六甲新院子

龔氏 光緒甲午年正月十[illegible]戌時生於江津五都七甲大田垱 生子四 先錄 先椿 先鈞 先淮

九世 光遠長子 先錄 號碩祥 民國甲寅年五月初六日辰日生於江津五都六甲新院子

九世　光遠次子　**先椿**　號國樑　民國戊午年九月十七日丑時生於江津五都甲六新院子

九世　光遠三子　**先鈞**　號鍾伯　民國庚申年六月二十六日寅時生於江津五都六甲新院子

九世　光遠四子　**先淮**　號漢中　民國甲子年五月初二日午時生於江津五都六甲院院子

八世　念榮四子　**光清**　號秉之　光緒辛卯年八月十九日戌時生於江津五都六甲新院子

黃氏　光緒甲午年八月廿日卯時生於永川太平鄉二甲三合場民國己未正月十四日子時故於江津五都六甲新院子葬宅右　生子二　先玉　先齊　享年二十五

馮氏　光緒己亥年三月廿二日戌時生於永川太平鄉三甲筆硯池

九世 光清長子 **先玉** 民國丁巳年冬月初九日寅時生於江津五都六甲新院子

九世 光清次子 **先齊** 號治國 民國乙丑年二月初四子時生於江津五都六甲新院子

八世 念榮五子 **光澤** 號恩普 光緒戊戌年五月廿九日申時生於江津五都六甲新院子

李氏 光緒丁酉年九月廿五日戌時生於江津五都五甲龙窝田 生子二 先俊 先慶

九世 光澤長子 **先俊** 號智伯 民國辛酉年二月十五日子時生於江津五都六甲新院子

九世 光澤次子 **先慶** 號仲菴 民國乙丑年六月廿七日亥時生於江津五都六甲新院子

七世 維垣次子 **念華**

號祝三　咸豐元年辛亥七月三十日亥時生於江津五都六甲石頭溝光緒癸卯年又五月廿九日未時故於原甲新垣子葬宅后坤山艮向享年五十二

劉氏

道光己酉年正月廿三日亥時生於永川太平鄉四甲熊家嘴光緒丁酉年冬月廿九日未時故於江津五都六甲新垣子葬高橋上面柏樹林宅后辛山乙向
生子三　光祖　光材　光錫　享年四十九

税氏

同治丁卯年十一月十五日巳時生於合江東鄉上涯支八角嘴民國丙寅年十二月廿七日丑時故於江津五都六甲五塊田葬高橋上游柏樹林宅后辛山乙向
生子一　光啓　享年六十

八世 念華長子 **光祖**

號述堯　光緒乙亥年九月十二日酉時生於江津十都十甲馬鞍山民國戊午年五月十五日酉時故於五都六甲五塊田葬宅右大坆壩享年四十三

曹氏

同治甲戌年四月十五戌時生於江津五都十甲德隆莊光緒丁未年三月初五日亥時故於五都六甲新院子葬新垣子宅右坤山艮向
生子二　先承　先煌　享年三十三　先承出嗣光材

李氏

光緒丙戌年冬月初六日丑時生於合江中涯支頸豬項

九世 光祖長子 **先煌**

號緝熙　民國丁巳年正月初三日戌時生於江津五都六甲五塊田

八世 念華次子 **光材**

號樹猶　光緒辛巳年七月廿八日戌時生於江津五都六甲新垣子宣統辛亥年七月十七日子時故於五塊田葬左邊宅前子山午向享年三十

傅氏

光緒癸未年冬月十七日未時生於永川太平鄉一甲傅家山
生子一　先承

九世 光材之子 **先承** 號早立 宣統庚戌年三月二十三酉時生於江津五都六甲五塊田

八世 念華三子 **光錫** 號金如 光緒甲申年十月十四日巳時生於江津五都六甲新陂子

蕭氏 光緒丙戌年二月廿七日時生於江津五都四甲二家壩民國辛酉年七月十九日酉時
故於江津五都六甲五塊田葬獨樹子右邊葬與號宅右亥山巳向
生子二 先源 先澤 享年三十七

曾氏 光緒丁酉年八月初八日申時生於江津五都六甲茶坨上街

九世 光錫長子 **先源** 號志高 民國甲寅年又五月初二日丑時生於江津五都六甲五塊田

九世 光錫次子 **先澤** 號致君 民國丙寅年二月十八日寅時生於江津五都六甲五塊田

八世 念華四子 光啟 號敬承　光緒壬寅年六月十七日酉時生於江津五都六甲新院子

胡氏 光緒壬寅年十二月十四日子時生於江津五都六甲朱沱埇上𡏖

七世 維垣三子 念聰

張氏 生子一　光輝

八世 念聰之子 光輝

李氏 生子三　先照　先鑒　先傑

成氏

九世 光輝長子 先照

九世 光輝次子 先靈

九世 光輝三子 先傑

七世 維垣四子 念槐

號植三 咸豐己未年九月初四日酉時生於江津六甲有溝頭

汪氏

咸豐庚申年八月廿一日戌時生於瀘州鳳儀鄉四甲奥灣光緒辛巳年又七月十二日子時故於江津五都六甲新院子葬宅右

享年二十二

趙氏

同治丙寅年三月十九日子時生於合江上灘支四甲大灣頭光緒丙午年八月十五日未時故於江津五都六甲新院子葬小溝子壬山丙向兼亥巳三分

生子一 光澈　享年四十

周氏

咸豐辛酉年八月廿八日亥時生於永川樂善鄉小灣子光緒戊子年七月初三日子時故於江津五都六甲新院子葬新院子宅右坤山艮向

生子一 光覽　享年二十八

八世 念槐長子 光澈

號滄齋 光緒丙戌年八月初六日寅時生於江津五都六甲新院子宣統辛亥年四月十七日未時故於本甲來龍灣葬田邊頭宅后 享年二十六

張氏

光緒丁亥年十月初一日丑時生於江津十都十甲塝塝上民國丁巳年又四月廿四日亥時故於江津五都六甲來龍灣葬田邊頭宅後辛山乙向

生子一 先盛　享年三十

九世　光敵之子　**先盛**　號瑞芳　民國丙辰年十一月初九午時生於江津五都六甲來龍灣

八世　念槐次子　**光冕**　號服周　光緒甲午年正月十五日子時生於江津五都六甲新院子

張氏　光緒丁酉年三月十三寅時生於合江白鹿支六甲鯉魚嘴　生子一　先鐘

九世　光冕之子　**先鐘**

五世　文奎次子　**朝先**　號及第　嘉慶辛未年十一月廿五子時生於江津五都六甲上房光緒己卯年二月初四日巳時故於江津五都六甲河嘴上葬兩河口東岸大龍灣宅後申山寅向享年六十八

樊氏　嘉慶辛未年九月廿五日卯時生於江津五都八甲騎龍穴光緒壬寅年二月廿六日未時故於五都六甲河嘴上葬渡仙橋河嘴上宅後丁山癸向　生子二　維君　維光　享年九十一

六世　朝先長子　**維君**　號子菴　道光己丑年正月初一日酉時生於江津五都六甲上房光緒庚辰八月廿五日午時故於江津本都中河嘴上葬青岸山裏許嘴上宅右乾山巽向享年五十一

樊氏　道光戊子年十一月廿八日辰時生於江津五都八甲中房光緒丙戌年二月廿八日辰時故於江津五都六甲河嘴上葬宅左周姓坟下丁山癸向　生子二　念欽　念瑄　享年五十八

七世 維君長子 **念欽** 號敬修 咸丰壬子年四月十六日寅時生於江津五都六甲鳳凰溝沒於光緒壬寅年六月廿二卒年五十一

羅氏 道光己酉年八月十七日寅時生於瀘州鳳儀鄉三甲壩頭
生子一 光漢 享年二十二

郭氏 咸丰甲寅年九月二十八日酉時生於瀘州鳳儀鄉 甲之壩頭
生子一 光楣 享年三十五 光楣承嗣念瑄

八世 念欽長子 **光漢** 號鑑輝 光緒丙子年八月初十日卯時生於江津五都六甲河嘴上宣統己酉年五月十四日巳時故江津五都六甲河嘴上葬渡仙橋下游河嘴享年三十三

馬氏 光緒乙亥年十月廿二日卯時生於永川善樂鄉三甲麻柳溝
生子一 先鋒

九世 光漢之子 **先鋒** 號季凱 光緒甲辰年八月初八日卯時生於江津五都六甲河嘴上

梁氏

七世 維君次長 **念瑄** 號寶珊 咸豐丁巳年十月初四日巳時生於江津五都六甲鳳凰溝

鄒氏 咸豐戊午年正月初十日亥時生於永川來蘇鄉石院子民國十三年七月十七日未時故於江津五都二團可離上葬八團轉龍灣宅右申山寅向
生子一 光楣 享年六十七

八世　念瑄之子　光棡　號焜聲　光緒己卯年四月十七日卯時生於江津五都六甲河壩上

曹氏　光緒戊酉年四月初二日生於江津七都　甲大梓
生子四　先啓　先達　先爵　先封

九世　光棡長子　先啓　號紹昌　光緒己亥年冬月廿二日戌時生於江津五都六甲河壩上

袁氏　光緒己亥年八月初一日卯時生於合江上灘支馮院子
生子一　澤國

十世　先啓之子　澤國　民國庚申年十月初三日戌時生於江津五福鎮二關河嘴上

九世　光棡次子　先達　號理通　民國癸丑年四月十三日酉時生於江津五福鎮二關河嘴上

九世　光棡三子　先爵　號廷傑　民國丁巳年六月廿一日丑時生於江津五都二關河嘴上

九世　光楣四子

先棣

號之華　民國己未年九月廿一日午時生於江津□福鎮二圖河嘴上

六世　朝先次子

維光

號春帆　道光十四年甲午正月二十九日寅時生於江津五都六甲石油溝光緒三十三年乙巳十月二十一日寅時故於河嘴上葬於五都上行祠側近蓮花塲庚山甲向享年七十一

張氏

道光十一年辛卯十一月二十九日卯時生於江津五都　甲椿子坪光緒十三年丁亥十月初八日巳時故於河嘴上葬於河嘴上宅左周姓坟下午山子向

生子二　念長　念潜　享年五十六

白氏

同治元年壬戌十二月二十五日午時生於合江上溉支五甲橋頭上

七世　維光長子

念長

號久安　光緒十一年乙酉十二月廿九日亥時生於江津五都六甲河嘴上住長

樊氏

光緒九年癸未五月十四日酉時生於江津五部八甲板栗樹民國十七年戊辰正月初六日酉時故於河嘴上葬于河嘴上宅左長坟山丁癸兼未丑向

生子二　光棻　光漢　享年四十六

八世　念長長子

光棻

號樹芳　光緒三十四年戊申冬月初十日寅時生於江津五部六甲河嘴上

八世 念長次子 **光渡**
號仙橋　宣統二年庚戌十月十六日辰時生於江津五都六甲河嘴上

七世 維光次子 **念潜**
號少泉　光緒十四年戊子正月初五日丑時生於江津五都六甲河嘴上

劉氏
光緒十三年丁亥二月二十一日卯時生於永川
生子二　光榕　光錚

八世 念潜長子 **光榕**
民國六年丁巳十二月十四日巳時生於江津五福鎮二郎河嘴上

八世 念潜次子 **光錚**
民國十一年壬戌十月二十四日辰時生於江津五福鎮二郎河嘴上

五世 文李三子 **朝臣**
號輔堂　錫珍　嘉慶二十年乙亥八月廿七日子時生於江津五都六甲上房竝光緒十八年壬辰五月十七日未時故於五都六甲鳳凰溝葬于兩河口東岸大龍塆坪上宅後申山寅向享年七十八

游氏
嘉慶十七年壬申五月十五日未時生於永川太平鄉松子坝塘坎上光緒三年丁丑正月初五日午時故於江津五都六甲鳳凰溝葬於冷硐子河溝上面龍　嘴宅內
享年六十五

張氏

道光　年己丑正月初九日寅時生於合江衙門口小案坪光緒元年乙亥八月初十日未時故於江津五都六甲鳳凰溝葬于石頭溝右大灣頭
生子二　維嶽　維憲　享年四十六

羅氏

道光　年庚子五月初四日辰時生於合江日鹿[illegible]五甲日鹿坪光緒己亥年七月初十日戌時故於江津五都六甲鳳凰溝葬于新屋基前面
享年六十

六世　朝臣長子

維嶽

號曉峯　道光　年戊戌四月初十日戌時生於江津五都六甲石頭溝光緒十六年庚寅四月初八日戌時故於鳳凰溝葬於桂仙[illegible]右下游鳳凰溝宅左乙山辛向享年五十二

杜氏

生於道光　年丙申七月十六日亥時生於江津五都七甲[illegible]子口光緒十七年辛卯八月初一日亥時故於鳳凰溝葬么店子分下四坎上坡底下宅後內山壬向
生子四　念純　念和　念勤　念忠　享年五十六

七世　維嶽長子

念純

號粹然　同治四年癸亥九月二十七日　時生於江津五都六甲石溝頭

胡氏

同治四年癸亥八月二十六日　時生於瀘州[illegible]坡四甲鳳[illegible]光緒十七年辛卯二月十九日　時故於鳳凰溝葬於么店子分下四坎上[illegible]地下宅後內山壬向
生子三　光烈　光昌　光隆　享年二十八

馮氏

同治九年九月十四日　時生於合江日鹿支騎龍穴

八世　念純長子

光烈

光緒十年甲申八月十二日　時生於江津朱沱場[illegible]房子已於光緒乙巳年四月十四日時故於江津五都六甲碼塆嘴葬於碼塆嘴宅前左邊嘴上

曾氏

光緒九年癸未六月初七日　時生於永川松溉黃桷坪
生子一　先治

九世 光烈之子 **先治** 號國均　光緒三十一年乙巳九月初九日戌時生於江津五都六甲稻場嘴

吳氏 光緒三十二年丙午十月初五日　時生於江津五都六甲大竹林
生子一　澤庸

十世 先治之子 **澤庸** 號可能　民國十四年乙丑五月初十日午時生於江津五福嘴稻場嘴

八世 念純次子 **光昌** 號顯清　光緒十四年戊子五月十一日　時生於江津五都六甲鳳凰灣民國九年庚申
五月十一日辰時故於江津五福鎮稻場嘴葬於稻場嘴宅右享年三十三

陳氏 光緒十三年丁亥四月十八日　時生於永川松溉鎮長　上民國九年庚申正月十九日
申時故於江津五福鎮稻場嘴葬於下店子
生子二　先進　先益　享年三十三

九世 光昌長子 **先進** 宣統三年辛亥三月十九日生於江津五都　六甲稻場嘴

九世 光昌次子 **先益** 民國元年壬子九月二十四日生於江津五福鎮稻場嘴

八世　念純三子

光隆　號道從　光緒廿四年戊戌十二月十四日生於江津五都六甲鳳凰溝

穆氏　光緒二十七年辛丑冬月廿九日生於江津五都四甲羅氏祠生長

生子一　先明

九世　光隆之子

先明　民國十三年三月十九日生於江津五福鎮稍場嘴

七世　維嶽次子

念和　號鏡清煦平　同治五年丙寅二月初四日申時生於江津五都六甲石鼎溝民國十一年壬戌前五月十七日故於江津五福鎮鳳凰溝葬於么店子分下四坎上坡底下宅后丁山癸向享年五十七

李氏　同治乙丑年正月二十八日戌時生於江津五福鎮馬二屋基光緒甲午年十月二十五日申時故於江津五福鎮鳳凰溝葬於四坎上宅右　享年三十

李氏　光緒丙子年四月十五日申時生於瀘州鳳儀鄉坪上屋基已亥年三月初八日巳時故於江津五福鎮鳳凰溝葬於小溝頭宅前

趙氏　光緒三年丁丑臘月十八日子時生於合江上灦支四甲大嘴頭光緒二十九年癸卯九月十八日寅時故於江津五福鎮鳳凰溝葬於三甲么店子下面小溝頭宅前　享年二十六

楊氏　光緒己卯年又三月十六日午時生於永川樂善鄉塲背后光緒丁未年八月二十一日子時故於江津五福鎮鳳凰溝葬於小溝頭宅前

生子三　光棠　光德　光大

羅氏　光緒戊寅年八月十八日子時生於瀘州鳳儀鄉芍塆宣統己酉年七月初九日未時故於
江津五福鎮鳳凰溝葬石灰窰

尹氏　同治十三年甲戌冬月二十六日寅時生於瀘州鳳儀鄉二甲青草塆

八世 念和長子　光棠　號甘霖　光緒戊子年九月二十九日丑時生於江津五都六甲鳳凰溝

唐氏　光緒丙戌年八月二十七日辰時生於永川五間舖關聖店
生子一　先天

九世 光棠之子　先天　民國乙卯年九月十七日酉時生於鳳凰溝

八世 念和次子　光德　號世民　光緒丁酉年正月十四日寅時生於江津五福鎮鳳凰溝

周氏　光緒己亥年三月二十二日未時生於江津十全鎮河溝塆上
生子一　先憂

九世 光德之子　先憂　號後樂　民國庚申年三月初五日巳時生於江津五都六甲鳳凰溝

八世 念和三子 **光大** 號君堯　光緒二十八年壬寅冬月初九日寅時生於江津五都六甲鳳凰溝

李氏 光緒廿三年丁酉三月二十日辰時生於合江中涯支五甲石院子

七世 維嶽三子 **念勤** 號懋修　同治九年庚午三月十三日申時生於江津五都六甲鳳凰溝

李氏 同治十二年癸酉八月二十九日午時生於瀘州安賢鄉六甲河壩　生子三　光樞　光海　光久

魏氏

八世 念勤長子 **光樞** 號德見　光緒二十七年辛丑正月二十日辰時生於江津五都六甲稻塲嘴

朱氏 光緒二十三年丁酉八月二十七日酉時生於江津五都　甲零山　生子一　先朝

九世 光樞之子 **先朝** 民國十三年甲子四月十八日亥時生於江津五福鎮三甲鳳凰溝

八世　念勤次子
光海
號百川　光緒三十三年丁未五月廿五日午時生於江津五都六甲稻場嘴

冷氏
光緒三十四年戊申十二月二十二日申時生於江津五都四甲貫上

八世　念勤三子
光久
號有親　宣統元年壬子七月十六日未時生於江津五都六甲稻場嘴

胡氏

七世　維嶽四子
念忠
號恕先　同治十三年甲戌七月初十巳時生於江津五都六甲鳳凰溝

李氏
光緒丙子年九月二十五日寅時生於合江中滙支五甲楊屋基
生子二　光檽　光松

八世　念忠長子
光檽
號旭初　光緒廿六年庚子九月二十三日戌時生於江津五都六甲鳳凰溝

龔氏
光緒二十六年庚子冬月初三日生於合江上滙支　甲沱田坪
生子三　先永　先權　先恒

九世　光檽長子
先永
號壽昌　民國十一年壬戌又五月十八日戌時生於江津五福鎮三甲坡底下

九世 光櫺次子 **先權** 民國十三年甲子五月十七日戌時生於江津五都六甲坡底下

九世 光櫺三子 **先恒** 民國十五年丙寅二月十六日子時生於合江上　支沱田坪

八世 念忠次子 **光松** 民國三年甲寅七月三十七日午時生於江津五都六甲鳳凰溝

六世 朝臣次子 **維熹** 號翰章　光緒二年丙子十月二十八日丑時生於江津五都六甲鳳凰溝宣統三年庚戌四月廿四日酉時故於生身屋基葬於鳳凰溝宅左享年三十四

劉氏 光緒四年戊寅二月廿二日戌時生於永川太平鄉四甲金銀坡均安寨民國十年辛酉九月廿一日辰時故於五福鎮三甲鳳凰溝享年四十四

五世 文奎四子 **朝恩** 嘉慶二十二年丁丑九月七日卯時生於江津五都六甲上房道光二十七年丁未正月三十日申時故於本甲石頭溝葬石頭溝宅右坟嘴上享年三十

王氏 嘉慶二十三年戊寅二月八日午時生於瀘州鳳宜鄉二甲先嚳光緒癸未九年五月二十二日午時故於江津五都六甲石頭溝葬高家橋直上石頭溝宅后生子二　維勳　維標　享年六十六

六世 朝鳳長子 維勳

號放齋　道光十八年戊戌冬月十一日戌時生於江津五都六甲石頭溝光緒戊戌二十四年十月十九日卯時故於生身屋基葬四望山近里許大石堝宅後巳山亥向享年六十

王氏

道光十八年戊戌又四月十五日巳時生於瀘州鳳宜鄉先灣光緒九年癸未七月二十七日未時故於江津五都六甲石頭溝葬石頭溝宅後巳山亥向享年四十七

田氏

咸豐十年庚申二月初六日未時生於瀘州鳳儀鄉二甲大灣光緒十年甲申四月十九日時故於江津五都六甲石頭溝葬石頭溝宅右生子二　念鈔　念開

楊氏

咸豐十年庚申三月十四日未時生於瀘州安賢鄉三甲天堂圳

七世 維勳長子 念鈔

號書田　同治九年庚午六月十七日寅時生於江津五都六甲石頭溝光緒二十三年丁酉二月二十三日午時故於生身屋基葬宅后亥山巳向享年二十七

黃氏

同治八年己巳四月廿九日寅時生於永川太平鄉福壽林民國九年庚申六月廿七日時故於江津五福鎮六保一甲石頭溝葬大石堝內山壬向生子二　光燦　光太　享年五十二

八世 念鈔長子 光燦

號書　光緒十九年癸巳全月十五日午時生於江津五都六甲石頭溝

向氏

光緒二十年甲午二月二十二日子時生於瀘州鳳儀鄉三甲回龍灣生子一　先業

九世 光燦之子 先業

號守成　民國十五年丙寅三月三十日丑時生於江津五都六甲石頭溝

原籍廣東五華縣　德惠祖裔提明公支樂就世系　七四

粘坑村徐氏族譜

八世 念鈔次子 **光太** 號仲田 光緒二十三年丁酉正月初一日亥時生於石頭溝生長

成氏 光緒二十二年丙申十二月二十五日子時生於江津十都七甲柑子坪 生子三 先駿 先驊 先騮

九世 光太長子 **先駿** 號子房 民國九年庚申冬月二十九日戌時生于江津五都六甲石頭溝

九世 光太次子 **先驊** 號子臣 民國十四年乙丑六月十四日午時生於江津石頭溝

九世 光太三子 **先騮** 號子卿 民國十八年己巳二月十六日丑時生於江津五都六甲石頭溝

九世 維勳次子 **念開** 號厚基 光緒二十四年甲午八月初六日戌時生於江津五都六甲石頭溝

楊氏 光緒　年乙丑二月初七日酉時生於永川樂善鄉三甲大礦場民國二年癸丑三月初二日午時故於江津五都六甲石頭溝葬大石墹 生子一 光樑

樊氏 光緒十八年壬辰冬月十一日子時生於江津五都八甲地名板栗樹

八世 念開之子 光樑 民國十四年乙丑冬月初十日寅時生於江津五都六甲石頭溝

六世 朝恩次子 維標 道光二十三年十月十二日午時生於江津五都六甲石頭溝光緒二十九年癸卯又五月廿四日未時故於生身屋基葬於大石壩宅后

陳氏 生歿無攷

- 文郁
  - 朝佐
    - 維煥
    - 維儒
    - 維錩
    - 維璽
    - 維傑
    - 維鑑
      - 念錯
      - 念垣
    - 維勤 … 念材 … 光亮
  - 朝光 … 乏嗣
  - 朝興
    - 維鑄
      - 念謨 … 光瑩
      - 念誠
    - 維瀛
    - 維哲
      - 念犁 … 光鼎 … 先榮
      - 念源 … 光銀 … 先福
  - 朝舉
    - 維典 … 念本
      - 光楣
      - 光弼
      - 光瓚
      - 光斗
    - 維鏞 … 念焜 … 光溥 … 先溶
    - 維翰
      - 念貞 … 光三
      - 念制 … 光嗣 … 先作
      - 念恕
        - 光昌
        - 光明 … 先[illegible]
  - 朝清 … 維煌
  - 朝基
    - 維權
      - 念祿
        - 光興
        - 光均
      - 念武
        - 光河
        - 光炘
        - 光宮
      - 念益 … 光清 … 先治
    - 維珩
      - 念懷 … 光華
        - 先臣
        - 先貴
      - 念齡 … 光來 … 先燿
      - 念明 … 光耀
      - 念聰
        - 光國 … 先裕
        - 光洋
    - 維琮
      - 念銅
        - 光佑
        - 光銀
        - 光裕
      - 念文 … 光模 … 先洋
      - 念德
        - 光章
        - 光銅
      - 念級 … 光祥

四世 樂就五子 **文郁** 號大中 嘉慶戊午年八月二十七日戌時生於江津五都六甲大壩頭屋基 光緒十七年辛卯六月初五日午時故於原里魚塘彎葬江津五都河坎上屋基宅右坤山艮向 光緒戊寅年請六品誥封於九旬奉旨旌表五世同堂誥封六品頂帶例贈儒林郎

盧氏 嘉慶五年庚申六月十六日卯時生於江津五都 光緒三十一年乙巳年九月十八日酉時故於江津五都六甲魚塘彎屋基葬於江津五都四甲大坟壩辰山丙向
生子六 朝基 朝清 朝舉 朝興 朝光 朝佐 生女一 丙姑

陳氏 嘉慶十五年庚午十一月十八日辰時生於合江上滙支四甲三河口才門屋基 光緒乙未年八月十九日未時故於新屋基葬於江津五都六甲黃金山宅右
生女一 蓮英

五世 文郁長子 **朝基** 號丕成 道光壬午年八月十九日午時生於江津五都四甲上房屋基 光緒十九年癸巳十月十八日辰時故於本都甲六角田屋基葬於五都下房彎頭

樊氏 嘉慶乙卯年八月初二日巳時生於江津五都八甲中房彎頭屋基 光緒乙未年八月十六日辰時故於五都四甲高石坎屋基葬於高石坎宅右
生子三 維琮 維珩 維權 生女四 星南 寅姑 三孃 么孃

六世 朝基長子 **維琮** 號玉生 道光十九年己亥十月二十二日亥時生於江津五都六甲魚塘彎屋基 民國八年己未正月二十日辰時故於原里之高石坎屋基葬於高石坎宅右

杜氏 道光三十三年癸卯十一月二十六日子時生於江津五都七甲灘子口苦塘溝屋基
生子四 念級 念德 念文 念銅 生女三 大姑 小姑 清英

七世 維琮長子 **念級** 同治四年乙丑六月十三日子時生於江津五都六甲六角田屋基

吳氏 同治二年癸亥四月十九日戌時生於永川鄧壩子屋基
生子一 光祥 生女一 光楣 光祥係四房念銅次子過房承祀

八世 念級之子 **光祥** 民國四年乙丑十一月初五日戌時生於江津五都六甲高石坎屋基

七世 維琮次子 **念德** 號克明　同治八年己巳十二月十五日辰時生於江津五都六甲六角田屋基

朱氏 光緒二年丙子正月初七日戌時生於瀘州鳳儀鄉白喜屋基民國四年乙卯六月廿二日申時故於江津朱沱塲背后中街葬於高石坎宅后 生子一 光章

羅氏 光緒廿二年丙戌八月二十七日巳時生於瀘州鳳儀鄉三甲五通塲下街 生子一 光銅

八世 念德長子 **光章** 光緒二十二年丙申臘月初五日午時生於江津五都六甲高石坎屋基民國十年辛酉九月廿三日子時生於江津五都六甲高石坎屋基高葬於石坎宅後

李氏 光緒二十二年丙申臘月十六日戌時生於江津五都三甲竹林邊屋基 生女一 桂枝

八世 念德次子 **光銅** 民國十三年甲子正月初一日寅時生於江津朱家沱正街生長

七世 維琎三子 **念文** 號煥章 同治緒十一年壬申十一月廿五日辰時生於江津五都六甲六角田屋基

馬氏 光緒六年庚辰二月廿九日寅時生於永川檽地嘴屋基 生子一 光模 生女二 小姑 四姑

八世 念文之子 **光模** 光緒三十一年乙巳十月二十四日子時生於江津五都六甲高石坎屋基

馬氏 光緒二十六年庚子十月二十九日戌時生於江津五都三甲德鳧山屋基 生子一 先洋 生女二 大姑 三姑

九世 光模之子 **先洋** 民國十六年丁卯三月初二日酉時生於江津五都六甲高石坎屋基

七世 維琮四子 **念銅** 號自安 光緒十一年乙酉五月二十七日辰時生於江津五都六甲高石坎屋基

劉氏 光緒十年甲申正月廿九日亥時生於永川太平鄉四甲堰塘屋基 生子四 光佑 光祥 光銀 光裕 光祥過繼長房念級爲子

八世 念銅長子 **光佑** 宣統二年庚戌十月廿日卯時生於江津五都六甲高石坎屋基民國十六年丁卯七月廿日午時故於原宅葬於六甲下房垻頭宅後

八世 念銅三子 **光銀** 民國八年己未八月二十日卯時生於江津五都六甲高石坎屋基

八世 念銅四子 **光裕** 民國十五年丙寅十一月初十日未時生於江津五都六甲高石坎屋基

六世 朝基次子 **維珩** 號楚珍　道光二十四年甲辰九月二十六日亥時生於江津五都六甲魚塘灣屋基民國
乙未年正月廿九日亥時故於原里之六角田屋基葬於大甲院圈頭乙山辛向

王氏 道光廿四年甲辰十二月廿一日酉時生於江津五都六洞子口屋基光緒三十二年丙午
四月廿七日午時故於原里之六角田屋基葬於六甲下房碑灣頭巳山亥向
生子四　念聰　念明　念齡　念懷　生女二　大姑　秀英

七世 維珩長子 **念聰** 同治四年乙丑七月十六日亥時生於江津五都六甲六角田屋基宣統三年辛亥四月廿
五日卯時故於原里住宅葬於宅後

周氏 同治四年乙丑四月十九日辰時生於江津五都四甲苦竹林屋基光緒廿八年壬寅三月
初三日卯時故於江津五都六甲六角田葬於六甲碑灣頭巳山亥向
生子二　光國　光洋

楊氏 光緒丁巳年冬月十九日未時生於江津五都　甲三教嗣屋基

八世　念聰長子　光國　光緒十六年庚寅八月廿三日子時生於江津五都六甲六角田屋基

鍾氏　光緒十五年己丑十月十二日亥時生於朱家壩四甲亡於民國十三年辛酉十二月廿三日戌時故葬原處犁六甲碑灣頭巳山亥向
生子二　先燿　先裕　先燿承嗣光來

羅氏　光緒癸巳年冬月十九日辰時生於江津五都二甲法佛山

九世　光國之子　先裕　民國六年丁巳十一月二十六日申時生於江津五都四甲六角田屋基

八世　念聰次子　光洋　宣統元年己酉前二月廿四日辰時生於江津五都六甲六角田屋基

譚氏　光緒三十二年丙午五月初七日巳時生於合江一甲新灣頭屋基

七世　維珩次子　念明　同治八年己巳十二月初十日巳時生於江津五都六甲六角田屋基

王氏　光緒十四年戊子三月初四日戌時生於合江上溉支五甲坡上基墓
生子一　光輝　生女一　三姑

八世 念明之子 光輝 民國癸巳年九月廿四日巳時生於江津五都六甲六角田屋基

七世 維珩三子 念齡 同治十年辛未八月廿三日巳時生於江津五都六甲六角田屋基光緒乙巳年七月廿六
日酉時故於原里之六角田屋基葬於下房碑彎頭

陳氏 同治十年辛未十一月初九日戌時生於江津五都三甲壬子山屋基
生子一 光來

八世 念齡之子 光來 光緒二十年甲午六月廿一日酉時生於江津五都六甲六角田屋基宣統辛亥五月十八
日卯時故於生身屋基葬於三甲牛屎灘
生子一 先燿

九世 光來之子 先燿 宣統三年辛亥十月初七日辰時生於江津五都四甲六角田屋基

七世 維珩四子 念懷 同治十二年癸酉十月初三日辰時生於江津五都六甲六角田屋基

羅氏 同治十一年辛未七月十一日卯時生於江津五都六甲新院子屋基
生子一 光華 生女一 光連

八世 念愱之子 **光華**

光緒廿五年己亥十二月初七日子時生於江津五都六甲六角田

何氏

光緒廿一年乙未十一月十九日酉時生於江津五都四甲傳山院子

生子二　先臣　先貴　生女二　四姑　五姑

九世 光華長子 **先臣**

民國七年戊午七月初一日巳時生於江津五都四甲六角田屋基

九世 光華次子 **先貴**

民國十年辛酉二月初六日子時生於江津五都四甲六角田屋基

六世 朝基三子 **維權**

號益三　道光二十九年己酉二月初五日子時生於江津五都六甲魚塘灣屋基光緒二十七年辛丑四月初二日巳時故於原里朱鎮橫街子葬於三甲牛屎灘宅后丁山癸向

張氏

道光廿九年己酉臘月初六日戌時生於瀘州鳳儀鄉二甲沙道塲屋基民國二年丁巳又二月二十四日未時故於江津五都三甲牛屎灘屋基葬於宅前

生子三　念益　念武　念祿　生女二　銀蓮　蓮英

七世 維權長子 **念益**

號海波　光緒元年乙亥正月十五日卯時生於江津五都六甲六角田屋基光緒三十二年丙午十一月初四日酉時故於江津五都三甲牛屎灘屋基葬於牛屎灘宅后丁山癸向

趙氏

光緒三年丁丑十二月十七日巳時生於合江烟山頂屋基光緒二十七年辛丑十二月初五日卯時故於江津五都三甲牛屎灘屋基葬於牛屎灘宅后丁山癸向

生子一　光清

粘坑村徐氏族譜

八世 念燄之子 光清 號成章 光緒二十一年乙未三月三十日申時生於江津五都六甲六角田屋基

陳氏 光緒二十八年壬寅六月二十三日子時生於瀘州鳳儀鄉二甲黃石塥屋基 生子一 先治

九世 光清之子 先治 民國壬辰年十一月初七日酉時生於江津五都三甲牛屎灘屋基

七世 維權次子 念武 號海山 光緒九年癸未三月二十四日戌時生於江津五都六甲六角田屋基

王氏 光緒十四年戊子十月十六日亥時生於江津五都二甲篠子嘴屋基 生子三 光河 光炘 光富

八世 念武長子 光河 民國六年丁巳年九月初八日寅時生於江津五都三甲牛屎灘屋基

八世 念武次子 光炘 民國十四年乙丑七月廿九日辰時生於江津五都三甲牛屎灘屋基

八世 念武三子 光富 民國十六年丁卯四月十五巳時生於江津五都三甲牛屎灘屋基

七世 維權三子 念祿 光緒十三年丁亥四月二十九日戌時生於江津五都六甲六角田屋基民國七年戊午十二月二十四日辰時故於江津五都三甲牛屎灘葬於牛屎灘宅右庚山甲向

劉氏 光緒十一年乙酉八月初一日寅時生於永川樂善鄉進德里三甲湯屋基民國丙午七月十二日卯時故於江津五都三甲牛屎灘屋基葬於牛屎灘宅右生子二 光興 光均

八世 念祿長子 光興 光緒廿四年戊申正月卅日寅時生於江津五都三甲牛屎灘

易氏 光緒三十二年丙午正月十八日子時生於永川三甲沙田濭

八世 念祿次子 光均 民國十三年癸丑二月廿五日卯時生於江津五都六甲牛屎灘屋基

五世 文郁次子 朝清 號一山 道光九年己丑三月初七日未時生於江津五都五甲六角田屋基光緒二十二年丙申年九月初八日子時故於原里之魚塘灣身故葬盧縣湖奚口對河佘牌田前獅子岩未山丑向 由監生甲子科堂備州同御捐請六品封典誥授儒林郎

李氏 道光八年戊子七月初二日辰時生於五都四甲地名上壩新房子屋基光緒四年戊寅年三月十九日子時故於江津五都六甲魚塘灣葬於五都四甲毋豬灣宅後午山子向生子一 維煌 生女二 大姑 二姑

劉氏 咸豐三年癸丑七月二十三日申時生於孫江津仁訛子

原籍廣東五華縣　德惠祖裔捷明公支樂就世系　八〇

六世 朝清之子 **維煌** 號紫均　同治七年戊辰八月三十日子時生於江津五都六甲魚塘壆屋基

羅氏 生於同治三年甲子十二月初五日戌時光緒十七年辛卯十一月二十日申時故於魚塘壆葬六甲壆壆頭辰山戌向

甘氏 生於同治十二年癸酉二月初五日午時故於光緒三十二年丙午三月初三日辰時葬於六甲彎彎頭辰山戌向

五世 文郁三子 **朝舉** 號耀齋　道光十三年癸巳正月初七日巳時生於江津五都六甲魚塘壆屋基　民國三年甲寅正月十八日午時故於新房屋基葬於新屋基宅左

王氏 生於道光十一年辛卯八月十二日吉時亡於光緒　　葬於江津五都六甲河坎上
生子三　維翰　維鏞　維典　生女一　蓮英

劉氏 生於道光　　葬於江津五都六甲梭草坡宅前

潘氏 道光甲辰年十一月初八日丑時生於江津十都九甲石桂壆葬於江津五都六甲桂花壆宅后

六世 朝舉長子 **維翰** 號香生　咸豐七年丁巳又五月初二日寅時生於江津五都六甲魚塘壆民國十三年甲子冬月初五日午時故於六甲新屋基葬於江津五都六甲黄金山宅右

杜氏 咸豐吉年三月廿五日吉時生於江津五都九甲瑱瑞頭屋基光緒六年庚辰故於新屋基葬於六甲□坟嘴
生子三　念貞　念制　念恕

趙氏　咸豐七年丁巳正月十七日吉時生於合江光緒三十四年戊申二月初八日午時故於六甲新屋基葬於六甲新屋基宅左

溫氏　同治十三年甲戌五月十三日戌時生於江津五都九甲十全鎮燈杆坪屋基

七世　維翰長子　**念貞**　號介侯　光緒二年丙子三月二十九日子時生於江津五都六甲新屋基民國十七年戊辰七月十一日辰時故於新房子屋基葬於新房子宅後

王氏　光緒元年乙亥五月初五日午時生於江津五都石背頭屋基　生子一　光三　生女二　光靖　光慈

王氏　光緒二十八年壬寅六月二十八日未時生於貴州關柱塢老房子屋基

八世　念貞之子　**光三**　號泰交　光緒二十一年乙未十二月二十三日卯時生於江津五都六甲新屋基民國四年乙卯五月十五日申時故於江津九都油溪鎮舟上身故葬五都六甲新屋基宅左

七世　維翰次子　**念制**　號禮堂　光緒三年丁丑九月十三日子時生於江津五都六甲新屋基民國十三年癸亥十一月十五日申時故於江津五都六甲新房子葬於六甲老房子宅左

曾氏　光緒五年己卯四月初九日戌時生於江津朱家沱下塢屋基　生子一　光嗣　曾氏無子撫念恕之第三子爲裔節操數十年其詳見徽杉老人所作略傳傳附後

徐府二姑念清賢女士略傳

姑五歲失怙十齡隨曾母下堂李家廿二歲字徐門爲禮堂君淑配夫壻病受翁命抱光嗣姪爲後倡隨十載夫故守志爲嗣完娶今春秋已近大衍嗟乎靑鸞戢翼黃鵠悲歌憐其命苦行卓作傳以勗勉之他日輶軒問俗邑宰上其事旌節之榮增輝閭里爰爲擬者摻行其詞曰家不寒井水寒撫孤畫荻古人難他年孺子讀烈傳巖巖綸綍張天顏噫千秋井水無波瀾 民國丁卯初夏前清歲進士年八旬五溫桂林題按姑母係吾母之姪媳行方徐李聯姻時委吾爲紅葉禮堂君曾由滬習歧黃歸夫室以道義相勸勉故二姑亦知醫昔人云紅顏多苦洵然余嘉其聰穎絕倫故撰小傳以矜勵之當不負余之希望也徽杉老人補及

八世 念制之子 **光嗣** 號啓昆 光緒三十三年丁未九月十七日辰時生於江津五都六甲新屋基

趙氏 光緒三十二年丙午十月十二日巳時生於江津十全甎小屋基生長 生子一 先作 生女二 先來 先瑗

九世 光嗣之子 **先作** 號鹽漢 民國十七年戊辰八月十七日戌時生於江津五都三甲新屋基

七世　維嘏三子

念恕　號心如　光緒丁卯年十月十九日卯時生於江津五都六甲新屋基民國六年丁巳十一月二十八日亥時故於江津五都四甲下塆院子葬於江津五都新房子宅后

李氏　光緒甲申年二月二十一日卯時生於江津五都八甲皂桷山屋基民國十三年甲子四月初九日未時故於江津五都六甲新屋基葬於六甲新房子宅左

生子三　光昌　光明　光嗣　生女二　光澄　光淨　光嗣過繼二房念制爲子

八世　念恕長子

光昌　光緒廿八年壬寅九月十七日寅時生於江津五都六甲新屋基民國十年辛酉正月廿九日午時故於江津五都六甲新屋基

蔣氏　光緒三十二年丙午正月十五日卯時生於江津五都八甲對門漕屋基民國癸丑年二月十七日午時故於江津五都六甲新屋基

八世　念恕次子

光明　號緝熙　光緒三十年甲辰五月初三日辰時生於江津五都六甲新屋基

周氏　光緒三十二年丙午十月初二日子時生於江津朱家沱横街子

生子一　先鵬　生女一　三姑

九世　光明之子

先鵬　號萬程　民國十七年戊辰又二月十六日子時生於江津五都三甲新屋基

六世　朝舉次子

維鏞　咸豐九年己未十月初十日卯時生於江津五都六甲登子塥屋基光緒　年　月　日時故於江津五都六甲新屋基葬六甲梭草坡宅前

李氏　咸豐十年庚申五月十二日未時生於合江中滙支三甲闕山堡屋基光緒三十二年丙午又四月初九日申時故於江津五都六甲新屋基葬六甲苟坟嘴

生子一　念焜　生女一　鏡英

粘坑村徐氏族譜　一

七世　繼鏞之子

念焜　號昌裕　光緒六年庚辰七月十四日巳時生於江津五都六甲新屋基民國三年甲寅正月初六日卯時故於江津五都六甲桐子嘴葬於桐子嘴宅右

李氏　光緒三年丁丑正月十三日亥時生於合江中涯支三甲新房子屋基
生子一　光溥

八世　念焜之子

光溥　號海淵　光緒廿八年壬寅五月初七日酉時生於江津五都六甲新屋基

袁氏　光緒廿六年庚子二月廿日丑時生於合江中涯支十甲封井壩屋基民國丙寅年七月初五日巳時故於朱家沱中和街
生子一　先濬

李氏　光緒三十四年戊申十一月廿二日酉時生於江津五都二甲馬鞍山

九世　光溥之子

先濬　號子文　民國十七年戊辰五月十五日巳時生於江津五都朱家沱中和街

六世　鄭舉三子

繼典　同治元年壬戌四月初一日戌時生於江津五都六甲登子壩屋基光緒三十二年丙午四月二十六日戌時故於江津五都六甲新屋基葬於六甲老彎頭癸山酉向

向氏　咸豐九年己未十月二十九日卯時生於瀘州鳳儀鄉三甲陰陽彎屋基光緒元年乙亥三月十六日吉時故於江津五都六甲新屋基葬於六甲苟坟嘴
生子一　念本　生女二　大姑　二姑

楊氏　咸豐甲子年三月二十八日子時生於永川樂善鄉三甲大塘壩背民國十年辛酉冬月初七日戌時故於江津朱沱壩中和街老鹽店葬於六甲老彎頭癸山酉向

七世　維典之子　**念本**　號道生　光緒十六年庚寅冬月初二日寅時生於江津五都六甲新屋基

穆氏　光緒十七年辛卯正月二十七日午時生於江津五都八甲新坳嘴　生子四　光楣　光粥　光瓚　光斗　生女二　光娥　光銀

八世　念本長子　**光楣**　號最門　民國元年壬子四月初四日亥時生於江津五都六甲新屋基

八世　念本次子　**光粥**　民國八年十月初五日午時生於江津五都朱家沱中和街

八世　念本三子　**光瓚**　民國十一年壬戌正月十八日子時生於江津朱家沱中和街老鹽店

八世　念本四子　**光斗**　民國十三年甲子十月十二日未時生於江津朱家沱中和街老鹽店

五世 文郁五子 **朝興** 號仁山　道光十七年丁酉年八月初二日亥時生於江津六都六甲魚塘墘光緒庚申年二月十八日戌時故於江津五都六甲張墹屋基葬於張墹山堡上亥山巳向

漆氏 道光戊戌年正月二十五日亥時生於江津五都四甲蒲家林屋基民國三年甲寅七月十五日申時故於江津五都六甲學堂屋基葬於張墹宅後申山寅向

生子三　維哲　維瀛　維柱　生女三　大姑　二姑　三姑

六世 朝興長子 **維哲** 號作霖　咸豐八年戊午八月二十九日申時生於江津五都六甲羅漢溝屋基光緒十一年乙酉正月初六日子時故於江津五都六甲張墹屋基葬於六甲烏龜山

李氏 咸豐九年己未六月二十八日子時生於江津五都二甲細沙塝屋基民國十五年丙寅閏月十五日子時故於江津五都六甲張墹屋基葬於張墹屋基背後

生子二　念聖　念源　生女一　潤英

七世 維哲長子 **念聖** 光緒五年己卯九月初十日亥時生於江津五都六甲張墹屋基

袁氏 光緒五年己卯五月二十六日申時生於合江八甲大祠屋基

生子一　光鼎　生女三　光有　光祥

八世 念聖之子 **光鼎** 光緒三十二年丙午四月十六日寅時生於江津五都六甲新屋基

何氏 光緒三十二年丙午三月初十日卯時生於江津五都六甲小山屋基

生子一　先榮　生女一　小姑

九世 光鼎之子 **先榮** 民國十四年乙丑七月初五日午時生於江津五都六甲張墹屋基

七世 維哲次子 念源 光緒十年甲申四月十四日卯時生於江津五都六甲張垻屋基

漆氏 光緒辛巳七年七月二十三日巳時生於江津七都二甲墻天堦屋基
生子一 光銀 生女一 光貞

八世 念源之子 光銀 光緒三十三年丁未六月初十日寅時生於江津五都六甲張垻屋基

周氏 光緒三十二年丙午十月十四日巳時生於江津五都六甲海棠上屋基
生子一 先福 生女一 小姑

九世 光銀之子 先福 民國十三年甲子七月初五日申時生於江津五都六甲張垻屋基

六世 朝興次子 繼瀛 號步青 同治十三年癸酉十二月二十二日未時生於江津五都六甲羅漢溝屋基

梅氏 同治九年庚午五月二十八日亥時生於瀘州鳳儀鄉上灣屋基

六世 朝興三子 繼鑄 號丹九 光緒元年乙亥十月廿一日午時生於江津五都六甲張垻屋基民國十六年丁卯十一月二十二日申時故於江津五都六甲堂學屋基葬於朱沱坎上楊井山子山午向

黃氏 同治十年辛未六月十七日子時生於永川太樂二鄉太平砦內公館屋基 光緒二十一年乙未五月初一日子時歿於原籍葬於江津朱沱坎上楊井山子山午向

劉氏 同治十二年癸酉八月初七日未時生於永川太平鄉四甲石獅子屋基宣統元年乙酉正月十五日巳時故於江津五都六甲學田屋基葬於六甲烏龜山

生子二　念謨　念誠　生女二　念賢　念淨

伍氏 光緒十五年己丑十二月初六日巳時生於合江上灘支竹林壩屋基

生女三　念乾　四姑　么姑

七世 維鎔長子 **念模** 號友儀

冷氏 生子一　光燦　生女一　光冰

八世 念模之子 **光燦** 民國十四年乙丑十一月初二日酉時生於江津五都六甲學堂屋基

七世 維鎔次子 **念誠** 光緒三十二年丙午六月二十七日寅時生於江津五都六甲學堂屋基

吳氏 光緒三十一年乙巳正月十一日申時生於永川太平鄉二甲黃泥溝

生女一　光秀

五世 文郁六子 **朝光** 葬於江津五都四甲大玫塲后壪壪頭宅前

楊氏 葬於江津五都四甲大玫塲后壪壪頭宅前

五世 文郁六子 **朝佐** 號輔臣 道光二十一年辛丑十一月初九日午時生於江津五都六甲魚塘嘴屋基光緒二十六年庚子二月初二日午時故於江津五都四甲羅䘵頭屋基葬於五都四甲銅鑼山宅右

劉氏 道光廿二年壬寅五月十五日巳時生於永川太平鄉四甲麗沙波屋基民國戊戌年八月十六日午時故於永川老屋基
生子七 維勤 維鑑 維煥 維儒 維鎔 維璵 維杰 生女四 瑞貞 永貞 惠貞 濟貞

六世 朝佐長子 **維勤** 號克安 同治四年乙丑九月初三日卯時生於江津五都六甲六角田屋基

穆氏 同治三年甲子四月十七日辰時生於江津五都八甲石財門屋基葬於江津五都四甲羅䘵頭宅右
生子一 念材 生女三 迎新 秉儀 湘蓮

七世 維勤之子 **念材** 光緒十九年癸巳四月初十日亥時生於江津五都四甲羅䘵頭屋基

盧氏 光緒廿九年癸卯三月十一日未時生於江津五都八甲獅子口屋基民國十六年丁卯三月十四日辰時故於永川太平鄉四甲麗沙波屋基葬於永川太平鄉四甲王家塝
生子一 光亮

八世 念材之子 **光亮** 民國十一年壬寅十月二十日子時生於永川太平鄉四甲麗沙坡屋基

六世 朝佐次子 **維鑑** 同治七年戊辰正月十五日戌時生於江津五都六甲高石坎屋基光緒二十八年壬寅正月二十三日故於江津五都四甲羅䘵頭葬羅䘵頭宅右

劉氏 同治七年戊辰二月十九日戌時生於永川太平鄉四甲麗沙坡屋基
生子二 念鍇 念垣

粘坑村徐氏族譜

七世 維鑑長子 **念錯** 光緒二十年甲午三月廿三日卯時生於江津五都四甲羅後頭厝基

七世 維鑑次子 **念垣** 光緒二十三年丁酉五月二十三日卯時生於江津五都四甲羅後頭厝基

六世 朝佐三子 **維煥** 同治八年己巳年二十二日子時生於江津五都六甲高石坎厝基民國三年甲寅正月初十日戌時故於永川太平鄉四甲麗沙坡厝基葬於麗沙坡宅右

王氏 同治七年戊辰五月十七日亥時生於江津五都二甲小天子厝基光緒十九年癸巳五月日時故於江津五都四甲羅後頭葬於四甲砦子上

六世 朝佐四子 **維儒** 號待聘 同治十年辛未十二月十一日卯時生於江津五都六甲高石坎厝基

羅氏 同治十二年癸酉二月十三日丑時生江津五都一甲金龜洞厝基

六世 朝佐五子 **維錡** 同治十三年甲戌年四月初八日亥時生於江津五都四甲羅後頭厝基

稅氏 光緒二年丙子年五月二十七日寅時生於瀘州

六世　朝佐六子　維璽　光緒二年丙子四月十七日卯時生於江津五都四甲羅後頭屋基

六世　朝佐七子　維傑　光緒八年壬午十二月十九日子時生於江津五都四甲羅後頭屋基

原籍廣東五華縣粘坑村徐氏族譜

二世　德惠三子　捷禎　葬於陳屋基宅右坐東向西　生年月日及沒期均不詳

劉氏　生子三　樂明　樂廣　樂旺

三世　捷禎長子　樂明

謝氏　生子一　文秀

四世　樂明之子　文秀　乏嗣

三世 捷禎二子 樂廣

劉氏 生子三 文蘇 文千 文盛

四世 樂廣長子 文蘇 之嗣

四世 樂廣二子 文千 之嗣

四世 樂廣三子 文盛 之嗣

三世　提禎三子

樂旺　生於乾隆十八年癸酉八月二十日辰時沒於　年五月十六日巳時葬宗祠宅右監有石碑

高氏　生於乾隆十七年壬申冬月二十五日子時沒於七月十六日戌時葬宗祠宅右　生子四　文星　文斗　文順　文興

- 文星
  - 朝鳳
    - 維忠—念誠—光有
    - 維清—念雕—光照
    - 維德—念平—光雲
      - 先鴻
      - 先明
    - 維龍—念銀—光澤
  - 朝豐……之嗣
  - 朝重……之嗣

四世　樂旺長子

文星　乾隆四十一年丙申八月十五日辰時生於瀘州鳳儀鄉三甲兩板橋道光十四年甲午十月二十五日辰時故於生身屋基

廖氏　乾隆四十年乙未九月初一日酉時生於瀘州鳳儀鄉三甲樑坪灘子道光二十二年壬寅五月初八日寅時故於本鄉兩板橋屋基　生子三　朝鳳　朝豐　朝重

五世　文星長子

朝鳳　嘉慶十二年戊辰十一月二十六日卯時生於瀘州鳳儀鄉三甲兩板橋咸豐丙辰七月初八日午時故於原處之大石橋坎上新屋基

張氏　嘉慶七年壬戌正月初三日辰時生於重慶樂善鄉進德里殷家溝光緒二十一年乙未十月二十七日午時故於瀘州鳳儀鄉三甲中嘴上二老合葬於宅右坐南向北　生子四　維忠　維清　維德　維龍

六世 朝鳳長子 維忠 道光八年戊子三月初二日未時生於瀘州鳳儀鄉三甲兩板橋光緒二十五年己亥五月二十四日巳時故於中嘴上屋基抱四房維龍之第二子念誠爲嗣

七世 維忠長子 念誠 光緒丙子年三月初三日卯時生於瀘州鳳儀鄉三甲棉花山民國二年癸丑八月初三日酉時故於甲延子岩坎上路途葬於劉坳宅左抱念銀之光有爲嗣

八世 維誠長子 光有 光緒二十七年辛丑八月初三日亥時生於瀘州鳳儀鄉沙冲屋基

劉氏 光緒三十二年丙午後四月初一日未時故於瀘州鳳儀鄉三甲玉龍屋基

六世 朝鳳次子 維清 道光九年己丑五月十七日未時生於瀘州鳳儀鄉三甲兩板橋光緒五年己卯三月二十七日午時故於本甲河坳垣子葬宗祠宅右抱四房維龍之第三子念離爲嗣

七世 維清長子 念離 光緒十一年甲申臘月初二日亥時生於瀘州鳳儀鄉三甲中嘴上屋基民國三年　日寅時故於瀘州城內下自新葬於半邊山小路直下右邊　一子　光照

八世 **光照** 道光十一年辛卯五月初二日寅時生於瀘州鳳儀鄉三甲兩板橋民國三年甲寅全月初一日寅時故於本甲龍井灣葬於陳屋基宅右

六世 朝鳳三子 **維德** 道光二十七年丁未正月十六日丑時生於瀘州里仁鄉三甲傳房子同治十三年甲戌二月初六日巳時故於本甲綿花山葬陳屋基宅右 生子一 念平

朱氏

七世 維德長子 **念平** 同治九年庚午又十月初九日酉時生於瀘州鳳儀鄉三甲綿花山

龔氏 同治七年戊辰九月二十七日卯時故於瀘州安賢鄉四甲三箽屋基 生子一 光雲

八世 念平長子 **光雲** 光緒十八年壬辰八月二十七日戌時生於瀘州鳳儀鄉綿花山

譚氏 光緒十八年庚寅冬月二十九日辰時故於瀘州鳳儀鄉三甲高岩子 生子二 先鴻 先明

九世 光雲長子 **先鴻** 民國四年乙卯十月二十七日丑時生於瀘州鳳儀鄉三甲朱冲屋基

九世　光芸次子　**先明**　民國十二年癸亥十月初四日子時生於瀘州鳳儀鄉三甲沙坪屋基

六世　朝鳳四子　**維龍**　道光十五年乙未六月二十七日辰時生於瀘州鳳儀鄉三甲大佛老坎下屋基光緒三十年甲辰十二月二十六日辰時故於本甲新瓦房葬於壬彎宅右壬山丙向兼亥巳三分

馮氏　咸豐七年丁巳正月十五日未時生於瀘州仁里鄉三甲堰塘坎上光緒三十三年丁未八月初八日寅時故於本甲新瓦房葬於壬彎宅右壬山丙向兼亥巳三分　生子一　念銀

七世　維龍長子　**念銀**　光緒四年戊寅十二月初四日亥時生於瀘州鳳儀鄉三甲綿花山

周氏　同治十二年癸酉冬月十八日子時生於瀘州鳳儀鄉三甲長堰塘　生子一　光潤

八世　念銀之子　**光潤**　光緒二十四年戊戌四月二十三日子時生於瀘州鳳儀鄉三甲中嘴上屋基

羅氏

五世　文昇次子　**朝豐**　之嗣

五世 文星三子 朝重 之嗣

四世 樂旺次子 文斗

高氏

四世 樂旺三子 文順

鄧氏

四世 樂旺四子 文興

原籍廣東五華縣粘坑村徐氏族譜

二世 德惠四子 **捷祥** 葬於土圭塢大佛老坡下坤山艮向竪牌爲準

廖氏 葬於宗祠右邊老菜園乾山巽向　生子一　樂享

三世 捷祥之子 **樂享** 葬於大石橋坎下界嘴上壬山丙向

張氏 葬宗祠右邊壬山丙右生子四　文魁　文均　文臣　文純

- 文魁
  - 朝賓
    - 維福……之嗣
    - 維祿
      - 念和
        - 光明
        - 光亮
      - 念仲
    - 維壽
    - 維喜
  - 朝松……之嗣

四世 樂亭長子 **文魁** 葬宗祠右邊庚山甲向砌石爲記

廖氏 與文魁合葬宗祠右邊 生子二 朝賓 朝松

五世 文魁長子 **朝賓** 葬宗祠右邊乾山巽向與張合葬

張氏 生子四 維福 維祿 維壽 維喜

六世 朝賓長子 **維福** 乏嗣 葬宗祠右邊乾山巽向

六世 朝賓次子 **維祿** 道光乙酉年八月初八日亥時生於瀘州鳳儀鄉三甲地名宗祠屋基同治乙巳年正月十一日亥時故於生身屋基與劉氏合葬宗祠右邊酉山卯向

劉氏 道光戊子年十月初二日戌時生於瀘州里仁鄉高山子屋基光緒壬寅年全月初五日故於本州鳳儀鄉三甲地名宗祠屋基葬宗祠右邊 生子二 念和 念仲

七世 維祿長子 **念和** 咸豐七年丁巳十二月初八日午時生於瀘州鳳儀鄉三甲土地山屋基葬宗祠右邊乾山向巽

何氏 咸豐六年丙辰十二月三十日午時生於永川 生子二 光明 光亮

八世　念和長子　**光明**　光緒三年丁丑七月十二日卯時生於瀘州鳳儀鄉三甲土地山民國十一年壬戌七月二十八日午時故於本甲宗祠屋基葬宗祠右邊乾山巽向

八世　念和次子　**光亮**　光緒十七年辛卯五月初九日生於瀘州鳳儀鄉土地山

七世　維綠次子　**念仲**　之嗣　同治五年丙寅九月十二日寅時生於瀘州鳳儀鄉三甲土地山屋基葬宗祠右邊乾山巽向

六世　朝賓三子　**維壽**　之嗣　葬宗祠右邊艮山坤向

六世　朝賓四子　**維喜**　之嗣　道光乙未年九月二十五日亥時生於瀘州鳳儀鄉三甲宗祠屋基光緒癸卯年二月二十二日亥時故於本州本甲木長冲屋基葬宗祠右邊酉山卯向

五世 文魁次子 **朝松** 乏嗣 葬宗祠右邊壬山丙向包石有記

四世 樂享次子 **文均** 乏嗣 葬宗祠宅右壬山丙向

文臣
- 朝達
- 朝水
  - 維明
    - 念畔
      - 光永
      - 光彩
    - 念周
    - 念柱
      - 光喜
      - 光銀
      - 光柄
    - 念興
      - 光紓…先澄
      - 光宗
  - 維發
    - 念清
    - 念喜
      - 光海
      - 光源…先朋
  - 維章…念銀…光雨…先澄

四世　樂享三子　**文臣**　葬宗祠右邊子山午向

伍氏　葬宗祠右邊之鐵罐凼長坡庚山甲向
生子二　朝永　朝達

五世　文臣長子　**朝永**　嘉慶癸酉八月十一日丑時生於瀘州鳳儀鄉三甲兩板橋光緒丁亥年臘月十五日卯時故於本甲大嘴上葬宗祠宅右乾山巽向

鄧氏　嘉慶壬申年三月十三日戌時生於瀘州安賢鄉四甲火燒堡光緒戊戌年五月二十八日未時故於鳳儀鄉三甲大嘴上
生子三　維章　維發　維明

六世　朝永長子　**維章**　道光辛卯四月初一日巳時生於瀘州鳳儀鄉三甲老黃溝屋基光緒二十六年庚子九月二十一日卯時故於本甲大嘴上屋基與劉氏合葬宗祠右邊辛山乙向

劉氏　年四月二十日亥時生於瀘州安賢鄉四甲枇杷樹屋基民國癸亥年二月十三日未時故於本州本甲兩板橋與維章考合葬　抱維明之子爲嗣

七世　維章長子　**念銀**　同治四年乙丑十月二十三日寅時生於瀘州鳳儀鄉三甲大嘴上屋基光緒二十年甲午五月十六日卯時生於生身屋基葬宗祠右乾山巽向

鍾氏　同治四年乙丑十二月十二日子時生於瀘州會文鄉六甲大州盆大坡上新屋基光緒十年甲申十月十九日未時故於鳳儀鄉三甲大嘴上屋基葬宗祠右戌山辰向
生子一　光雨

八世　念銀長子　**光雨**　光緒十年甲申正月二十三日寅時生於瀘州鳳儀鄉三甲大嘴上

商氏　生子一　先澄

九世 光雨之子 **先澄**
道光甲午年十月初九日卯時生於瀘州鳳儀鄉三甲兩板橋光緒戊申年六月初二日午
時故於生身屋基葬宗祠右邊坤山艮向

六世 朝永次子 **維發**

王氏
道光十七年丁酉二月初二日卯時生於瀘州鳳儀鄉首甲水井坎屋基亡於　年己未
年十二月十一日午時故於本鄉三甲兩板橋葬宗祠右邊坤山艮向
生子二　念喜　念清

七世 維發長子 **念喜**
咸丰四年甲寅四月初五日寅時生於瀘州鳳儀鄉三甲伏龍屋基光緒三十三年丁未四
月十六日申時故於本甲兩板橋葬宗祠右亥山已向

毛氏
咸丰八年戊午六月初一日子時生於瀘州鳳儀鄉三甲小白林屋基
生子二　光源　光海

八世 念喜長子 **光源**
十二年丙戌五月十九日丑時生於瀘州鳳儀鄉三甲大嘴上

楊氏
光緒二十六年庚子十二月十一日卯時生於江津　鄉三甲黃桷堡雙橋子
生子一　先朋

九世 光源長子 **先朋**
民國十三年甲子冬月十一日子時生於瀘州鳳儀鄉三甲土地山

八世
念喜次子
光海
光緒十七年辛卯四月十五日巳時生於瀘州鳳儀鄉三甲大嘴上

七世
維發次子
念清
同治十年辛未四月十六日午時生於瀘州鳳儀鄉三甲大嘴上

羅氏
同治六年丁卯五月十四日卯時生於瀘州鄉甲碑二匠屋基光緒十四年戊子七月二十五日亥時故於鳳儀鄉三甲堰塘灣葬兩板橋坎上屋基

六世
朝永三子
維明
道光十七年丁酉十月十七日辰時生於瀘州鳳儀鄉三甲兩板橋屋基葬於上樂寺側近汪坡乾山巽向

趙氏
道光十九年己亥六月初八日亥時生於瀘州麟現鄉三甲日河灣屋基葬於宗祠宅後右邊戌山午向
生子三　念柱　念周　念祥

七世
維明三子
念興
生於咸丰九年己未正月十六日亥時生於瀘州鳳儀鄉伏龍屋基民國三年甲寅六月十四日午時故於本鄉四甲小灣頭葬宗祠之右庚山甲向

刁氏
咸丰十年庚申四月初六日卯時生於瀘州鳳儀鄉三甲瓦窯灣
生子二　光宗　光登

八世
念興長子
光宗
光緒六年庚辰十一月二十六日申時生於瀘州鳳儀鄉三甲大嘴上

熊氏
光緒十二年丙戌七月二十七日申時生於黃桷樹屋基民國五年丙辰冬月初一日午時故於本州鳳儀鄉三甲瓦窯灣葬宗祠右

四世 樂享長子 **文魁** 葬宗祠右邊庚山甲向砌石爲記

廖氏 與文魁合葬宗祠右邊　生子二　朝賓　朝松

五世 文魁長子 **朝賓** 葬宗祠右邊乾山巽向與張合葬

張氏 生子四　維福　維祿　維壽　維喜

六世 朝賓長子 **維福** 乏嗣　葬宗祠右邊乾山巽向

六世 朝賓次子 **維祿** 道光乙酉年八月初八日亥時生於瀘州鳳儀鄉三甲地名宗祠屋基同治乙巳年正月十一日亥時故於生身屋基與劉氏合葬宗祠右邊酉山卯向

劉氏 道光戊子年十月初二日戌時生於瀘州里仁鄉高山子屋基光緒壬寅年仝月初五日故於本州鳳儀鄉三甲地名宗祠屋基葬宗祠右邊　生子二　念和　念仲

七世 維祿長子 **念和** 咸豐七年丁巳十二月初八日午時生於瀘州鳳儀鄉三甲土地山屋基葬宗祠右邊乾山向巽

何氏 咸丰六年丙辰十二月三十日午時生於永川　生子二　光明　光亮

八世 念和長子 **光明** 光緒三年丁丑七月十二日卯時生於瀘州鳳儀鄉三甲土地山民國十一年壬戌七月二十八日午時故於本甲宗祠屋基葬宗祠右邊乾山巽向

八世 念和次子 **光亮** 光緒十七年辛卯五月初九日生於瀘州鳳儀鄉土地山

七世 維綠次子 **念仲** 之嗣 同治五年丙寅九月十二日寅時生於瀘州鳳儀鄉三甲土地山屋基葬宗祠右邊乾山巽向

六世 朝賓三子 **維壽** 之嗣 葬宗祠右邊艮山坤向

六世 朝賓四子 **維喜** 之嗣 道光乙未年九月二十五日亥時生於瀘州鳳儀鄉三甲宗祠屋基光緒癸卯年二月二十二日亥時故於本州本甲木長冲屋基葬宗祠右邊酉山卯向

粘坑村徐氏族譜

五世　文魁次子　**朝松**　乏嗣　葬宗祠右邊壬山丙向包石爲記

四世　樂享次子　**文均**　乏嗣　葬宗祠宅右壬山丙向

文臣
- 朝達
- 朝永
  - 維明
    - 念祚
      - 光彩
      - 光永
    - 念周
    - 念柱
      - 光炳
      - 光銀
      - 光喜
    - 念興
      - 光宗
      - 光籽…先澄
  - 維發
    - 念清
    - 念喜
      - 光源
      - 光海…先朋
  - 維章…念鎮…光雨…先澄

四世
樂享三子
文臣　葬宗祠右邊子山午向
伍氏　葬宗祠右邊之鐵羅芭長坡庚山甲向
生子二　朝永　朝達

五世
文臣長子
朝永　嘉慶癸酉八月十一日丑時生於瀘州鳳儀鄉三甲兩板橋光緒丁亥年腊月十五日卯時
故於本甲大嘴上葬宗祠宅右乾山巽向
鄧氏　嘉慶壬申年三月十三日戌時生於瀘州安賢鄉四甲火燒堡光緒戊戌年五月二十八日
未時故於鳳儀鄉三甲大嘴上
生子三　維章　維發　維明

六世
朝永長子
維章　道光辛卯四月初一日巳時生於瀘州鳳儀鄉三甲老黄溝屋基光緒二十六年庚子九月
二十一日卯時故於本甲大嘴上屋基與劉氏合葬宗祠右邊辛山乙向
劉氏　年四月二十日亥時生於瀘州安賢鄉四甲枇杷樹屋基民國癸亥年二月十三日未
時故於本州本甲兩板橋與維章考合葬　抱維明之子爲嗣

七世
維章長子
念銀　同治四年乙丑十月二十三日寅時生於瀘州鳳儀鄉三甲大嘴上屋基光緒二十年甲午
五月十六日卯時生於生身屋基葬宗祠右乾山巽向
鍾氏　同治四年乙丑十二月十二日子時生於瀘州會文鄉六甲大州益大坡上新屋基光緒十
年甲申十月十九日未時故於鳳儀鄉三甲大嘴上屋基葬宗祠右戌山辰向
生子一　光雨

八世
念銀長子
光雨　光緒十年甲申正月二十三日寅時生於瀘州鳳儀鄉三甲大嘴上
商氏　生子一　先澄

九世 光雨之子 **先澄**

道光甲午年十月初九日卯時生於瀘州鳳儀鄉三甲兩板橋光緒戊申年六月初二日午時故於生身屋基葬宗祠右邊坤山艮向

六世 朝永次子 **維發**

道光十七年丁酉二月初二日卯時生於瀘州鳳儀鄉首甲水井坎屋基亡於　年己未年十二月十一日午時故於本鄉三甲兩板橋葬宗祠右邊坤山艮向

王氏

生子二　念喜　念清

七世 維發長子 **念喜**

咸豐四年甲寅四月初五日寅時生於瀘州鳳儀鄉三甲伏龍屋基光緒三十三年丁未四月十六日申時故於本甲兩板橋葬宗祠右亥山己向

毛氏

咸豐八年戊午六月初一日子時生於瀘州鳳儀鄉三甲小白林屋基

生子二　光源　光海

八世 念喜長子 **光源**

十二年丙戌五月十九日丑時生於瀘州鳳儀鄉三甲大嘴上

楊氏

光緒二十六年庚子十二月十一日卯時生於江津　鄉三甲黃桷壆雙橋子

生子一　先朋

九世 光源長子 **先朋**

民國十三年甲子冬月十一日子時生於瀘州鳳儀鄉三甲土地山

八世 念喜次子 **光海** 光緒十七年辛卯四月十五日巳時生於瀘州鳳儀鄉三甲大嘴上

七世 維發次子 **念清** 同治十年辛未四月十六日午時生於瀘州鳳儀鄉三甲大嘴上

羅氏 同治六年丁卯五月十四日卯時生於瀘州　鄉　甲碓二匠屋基光緒十四年戊子七月二十五日亥時故於鳳儀鄉三甲堰塘灣葬兩板橋坎上屋基

六世 朝永三子 **維明** 道光十七年丁酉十月十七日辰時生於瀘州鳳儀鄉三甲兩板橋屋基葬於上樂寺側近王坡乾山巽向

趙氏 道光十九年己亥六月初八日亥時生於瀘州麟現鄉三甲日河灣屋基葬於宗祠宅後右邊戌山午向

生子三　念柱　念周　念祥

七世 維明長子 **念興** 生於咸丰九年己未正月十六日亥時生於瀘州鳳儀鄉伏龍屋基民國三年甲寅六月十四日午時故於本鄉四甲小灣頭葬宗祠之右庚山甲向

刁氏 咸丰十年庚申四月初六日卯時生於瀘州鳳儀鄉三甲瓦窯灣

生子二　光宗　光登

八世 念興長子 **光宗** 光緒六年庚辰十一月二十六日申時生於瀘州鳳儀鄉三甲大嘴上

熊氏 光緒十二年丙戌七月二十七日申時生於黃桷樹屋基民國五年丙辰冬月初一日午時故於本州鳳儀鄉三甲瓦窯灣葬宗祠右

粘坑村徐氏族譜

八世 念興次子 **光登**
光緒二十七年辛丑十二月十九日亥時生於瀘州鳳儀鄉三甲雙壽橋

張氏
光緒三十四年戊申二月二十日未時生於瀘州鳳儀鄉三甲銅鋪頭
生子一 先欽

九世 先登長子 **先欽**
民國十八年己巳初二日亥時生於　鄉[illegible]　土地嘴屋基

七世 維明次子 **念柱**
同治八年己巳八月二十七日酉時生於瀘州鳳儀鄉三甲大嘴上

周氏
同治九年庚午四月初八日午時生於岩邊上屋基
生子三 光炳 光銀 光喜

八世 念柱長子 **光炳**
光緒十二年丙戌八月十四日午時生於瀘州鳳儀鄉三甲土地田

八世 念柱次子 **光銀**
光緒廿五年己亥正月廿七日未時生於瀘州三甲半坡屋基

八世 念杜三子 **光喜** 光緒三十四年戊申五月初九日卯時生於瀘州鳳儀鄉三甲長冲溝

龐氏 民國六年丁巳　月十四日午時生於　日　鄉　甲文家坪

七世 維明三子 **念周** 光緒丁丑三年三月十三日亥時生於瀘州鳳儀鄉三甲大嘴上

七世 維明四子 **念祥** 光緒六年庚辰八月初一日巳時生於瀘州鳳儀鄉三甲大嘴上

車氏 光緒十六年庚寅正月十五日戌時生於瀘州鳳儀鄉三甲半邊山屋基
生子二　光永　光彩

八世 念祥長子 **光彩** 民國四年乙卯八月初六日巳時生於瀘州鳳儀鄉三甲大田溝

八世 念祥次子 **光永** 民國十六年丁卯三月十三日申時生於瀘州鳳儀鄉三甲高石嘴

五世 文臣次子 朝達 嘉慶庚寅年冬月十五日子時生於瀘州鳳儀鄉三甲兩板橋咸丰戊午年四月初二日午時故於本鄉之大粽樹葬宗祠右辛山乙向

李氏 嘉慶戊寅年八月初八日辰時生於瀘州里仁鄉首甲栢香橋上葬宗祠宅後右邊戌山壬向

四世 樂亭四子 文純

氏 生子一 朝基

五世 文純之子 朝基 乏嗣 葬宗祠宅右壬山丙向

徐氏族譜　卷三

東江村徐氏族譜

原籍廣東五華縣粘坑村徐氏族譜

二世 德惠五子 **捷鳳** 雍正二年甲辰六月初三日辰時生於瀘州鳳儀鄉四甲之立石站側近劉塆屋基乾隆三十四年己丑二月廿四日戌時終於鳳儀鄉三甲之陳玉美屋基葬於艾大橋隨河上新橋坎上山坡蓑衣坡乙山辛向

鍾氏 雍正五年丁未正月初四亥時生於重慶府屬榮昌縣申家橋之小屋基葬陳屋基宅後乙山辛向 生子二 樂元 樂禧

三世 捷鳳長子 **樂元** 號天祿 葬陳屋基宅後

刁氏 生子一 文英

四世 樂元長子 **文英** 生死年月日均不詳

藍氏 生子三 朝第 朝策 朝椿

文英長子 **朝第**

文英次子　朝策

文英三子　朝椿

三世
捷鳳次子

樂禧

號天賓　乾隆十八年癸酉十二月廿一日亥時生於瀘州鳳儀鄉三甲地名陳玉美屋基
道光十年庚寅十二月廿二日辰時終於陳玉美屋基葬於宗祠宅後庚山辛向

古氏

乾隆廿年乙亥五月廿五日辰時生於瀘州安賢鄉地名石馬場附近石計寺屋基道光廿
六年丙午十一月廿五日酉時終於瀘州三甲地名大垣子屋基葬於大垣子宅後芝麻山
生子七　文杰　文華　文旌　文邦　文烈　文松　文鐠

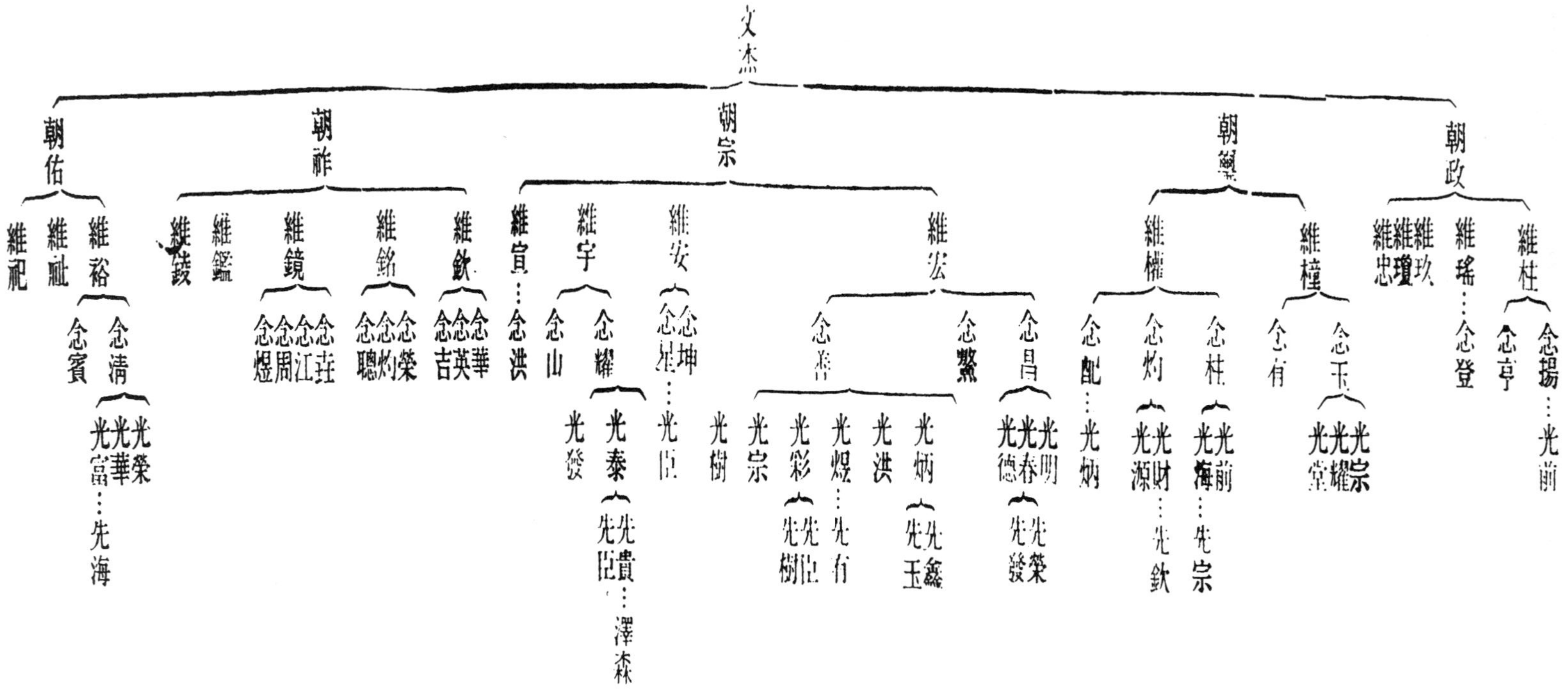
文杰
朝佑
朝祚
朝宗
朝鑾
朝政
維祀
維祉
維裕
維錢
維鑑
維鏡
維銘
維欽
維宜
維宇
維安
維宏
維櫧
維樟
維玖
維瓊
維忠
維瑤
維柱
念清
念賓
念荘
念江
念周
念煜
念榮
念灼
念聰
念華
念英
念吉
念洪
念耀
念山
念坤
念星
念昌
念緊
念善
念柱
念灼
念配
念玉
念有
念登
念揚
念亨
光榮
光華
光富
先海
光泰
光發
先貴
先臣
澤森
光臣
光樹
光炳
光洪
光煜
光彩
光宗
先鑫
先玉
先有
先臣
先樹
光明
光春
光德
先榮
先發
光炳
光財
光源
先欽
光前
光海
先宗
光宗
光耀
光堂
光前

四世 樂禧長子
文杰 乾隆四十一年丙申七月初四日戌時生於瀘州鳳儀鄉三甲陳玉美屋基同治四年乙丑正月初六日某時終於瀘州鳳儀鄉三甲之大垣子屋基葬玉皇觀

朱氏 乾隆三十八年甲午八月廿日寅時生於瀘州鳳儀鄉三甲之周河坎近灣咸丰四年甲寅二月廿日申時終於瀘州鳳儀鄉三甲之大垣子葬於原地山向戌山兼辛乙丙戌丙辰巽巳方消水 生子五 朝政 朝[illegible] 朝宗 朝[illegible] 朝佑

五世 文杰長子
朝政 乾隆六十年乙卯九月十五日酉時生於瀘州鳳儀鄉三甲地名陳玉美屋基道光十四年甲午十二月初八日寅時故於瀘州鳳儀鄉地名大佛老坎下陳柿灣葬於白石岩坎下火燒屋基庚山甲向

艾氏 乾隆六十年乙卯冬月初三日卯時生於瀘州鳳儀鄉三甲地名土主場華興店咸丰七年丁巳十二月十五日辰時故於瀘州鳳儀鄉三甲地名皮匠角 生子五 維柱 維瑤 維玖 維[illegible] 維忠

六世 朝政長子
維柱 嘉慶十九年甲戌八月初七日丑時生於瀘州鳳儀鄉大垣子光緒廿六年庚子五月十八日卯時故於楊灣黃桷樹葬於雲錦場理山對門山嘴坐東向西

謝氏 葬於土主場江珠堡 生子二 念揚 念亭

彭氏

七世 維柱長子
念揚 光緒廿一年乙未六月初五日辰時生於瀘州鳳儀鄉三甲地名陳四灣

張氏 光緒三十三年丁未四月十四日子時生於瀘州安賢鄉六甲地名龍泉洞 生子一 光前

彭氏

八世 念揚長子 光前

七世 維柱次子 念亨 光緒廿九年癸卯九月廿九日 時生於瀘州鳳儀鄉三甲地名大佛老屋基

六世 朝政次子 維瑤 嘉慶廿五年庚辰八月初一日未時生於瀘州鳳儀鄉三甲地名伏龍屋基葬於雲錦山坎下土地山

駱氏 道光三年癸未五月廿一日寅時生於瀘州鳳儀鄉三甲地名雲錦山坎下大土灣咸豐六年丙辰十一月十六日子時葬於白馬洞 生子一 念登

七世 維瑤長子 念登

六世 朝政三子 維玖

六世 朝政四子 **維瓊**

六世 朝政五子 **維忠**

五世 文杰次子 **朝璽**

號玉衡嘉慶五年戊午七月初八日卯時生於瀘州鳳儀鄉三甲地名陳玉美屋基同治四年乙丑十月初五日丑時故於瀘州鳳儀鄉三甲地名獅子壩葬於檀灣宅前

張氏

嘉慶五年庚申十月十八日酉時生於瀘州鳳儀鄉三甲地名奇鳳場芭茅溝光緒十年甲申十月初六日午時故於瀘州鳳儀鄉三甲地名梁坪對門土地田葬於芝麻山

生子二　維檀　維權

六世 朝璽長子 **維檀**

號鳳飛道光十二年壬辰十月初八日丑時生於瀘州鳳儀鄉三甲地名大垣子光緒十七年辛卯二月十一日卯時故於瀘州鳳儀鄉三甲地名生身屋基葬於大垣子

胡氏

道光十一年辛卯二月十一日卯時生於瀘州里仁鄉四甲地名皂夔灣光緒三十一年乙巳十一月十六日酉時故於瀘州鳳儀鄉三甲地名大垣子葬於芝麻山

生子二　念玉　念有

七世 維檀長子 **念玉**

號炳輿咸豐十年庚申六月廿五日戌時生於瀘州鳳儀鄉三甲地名龙房屋基民國三年甲寅五月十四日未時故於瀘州鳳儀鄉三甲地名大垣子葬於芝麻山

刁氏

咸豐十一年辛酉十一月十五日辰時生於瀘州鳳儀鄉三甲地名棗子坪屋基光緒廿八年壬寅二月十五日巳時故於瀘州鳳儀鄉三甲地名大垣子葬於大堰塘

生子三　光宗　光耀　光堂

粘坑村徐氏族譜

八世 念玉長子 光宗
光緒十年甲申七月初一日辰時生於瀘州鳳儀鄉三甲地名大垣子

鍾氏

八世 念玉次子 光耀
光緒十三年丁亥四月十一日亥時生於瀘州鳳儀鄉三甲地名大垣子

段氏
光緒廿一年乙未八月十六日亥時生於瀘州鳳儀鄉三甲地名劉四海屋基

八世 念玉三子 光堂
光緒廿六年庚子七月初四日午時生於瀘州鳳儀鄉三甲地名大垣子

劉氏

七世 維權次子 念有

夏氏

六世 朝班次子 維權
道光十六年丙申二月十一日寅時生於鳳儀鄉三甲地名大垣子光緒廿八年壬寅三月十四日子時故於瀘州鳳儀鄉三甲大垣子葬於大堰塘

楊氏
道光十八年戊戌九月初十日巳時生於瀘州安賢鄉六甲地名堦基坎民國九年己未八月廿六日丑時故於瀘州鳳儀鄉三甲地名苦瓜山葬於大垣子宅後
生子三 念柱 念炳 念配

七世 維權長子 念柱
咸豐七年丁巳十月廿五日子時生於瀘州鳳儀鄉三甲地名高岩子瓦房頭光緒廿九年癸卯五月廿三日酉時故於瀘州鳳儀鄉三甲地名清活山葬於土地上二老合故

周氏
咸豐四年甲寅七月初五日辰時生於瀘州鳳儀鄉三甲地名大堰坎上光緒廿年甲午十月廿日戌時瀘州鳳儀鄉三甲地名大垣子葬於土地山二老合故
生子二　光前　光海

八世 念柱長子 光前
光緒二年丙子九月初五日辰時生於瀘州鳳儀鄉三甲地名馬道子

八世 念柱次子 光海
光緒十五年庚寅八月十三日辰時生於瀘州鳳儀鄉三甲地名大垣大

李氏
光緒十六年辛卯冬月十一日子時生於瀘州鳳儀鄉三甲地名瓦窯山屋基
生子一　先宗

九世 光海長子 先宗
民國二年癸丑三月廿二日卯時生於瀘州鳳儀鄉三甲地名黃臘山

七世 維權次子 念灼
咸豐十年庚申十月初二日巳時生於瀘州鳳儀鄉三甲瓦房頭屋基

張氏
咸豐十一年辛酉四月十六日未時生於江津縣思里五都嵐埡屋
生子二　光財　光源

八世 念灼長子 光財

伍氏 生子一 先欽

九世 光財長子 先欽

八世 念灼次子 光源

七世 權維 念配 葬於大垣子宅右道場墘

王氏 生子一 光炳

八世 念配長子 光炳

五世
文杰三子

朝宗

號儒堂　嘉慶八年癸亥九月十四日酉時生於瀘州鳳儀鄉三甲地名陳玉美同治三年癸亥四月初三日時瀘州鳳儀鄉六甲地名大垣子葬於東岳廟土地山

邱氏

嘉慶八年癸亥四月初三日戌時生於瀘州里仁鄉玄灘場附近石頭寺側趙學光緒十年乙酉六月初七日戌時故於瀘州鳳儀鄉三甲地名柏樹林葬於大堰塘
生子四　維宏　維安　維宇　維宣

六世
朝宗長子

維宏

道光六年庚辰十二月廿三日巳時生於瀘州瀘儀鄉三甲地名大垣子葬於涼毛洞

陳氏

道光六年庚辰十月卅日申時生於瀘州鳳儀鄉三甲地名正脚寺中彎
生子三　念昌　念鰲　念善

七世
維宏長子

念昌

道光十七年丁酉五月十四日辰時生於瀘州鳳儀鄉三甲地名東岳廟近中房屋基光緒二年丙子十二月初二日辰時故於瀘州鳳儀鄉三甲地名石子坡葬於石樑子

古氏

道光十九年己亥五月初八日巳時生於瀘州鳳儀鄉三甲地名石馬場官店光緒十一年乙酉六月十九日午時故於瀘州鳳儀鄉三甲地名桃子溝葬於桃子溝
生子三　光明　光春　光德

八世
念昌長子

光明

八世
念昌次子

光春

姜氏

生子二　先榮　先發

粘坑村徐氏族譜

八世 念昌三子 **光德** 同治七年戊辰九月十九日戌時生於瀘州鳳儀鄉三甲地名雙山子

七世 維宏次子 **念鰲** 道光廿五年乙巳七月二十九日巳時生於瀘州鳳儀鄉三甲地名三星屋基葬於立石站向善田

七世 維宏三子 **念善** 道光二十八年戊申三月初五日午時生於瀘州鳳儀鄉三甲地名雙山子屋基民國六年丁巳冬月二十日子時故於瀘州鳳儀鄉三甲地名松林葬於涼毛洞

張氏 咸丰三年癸丑二月二十五日午時生於瀘州鳳儀鄉三甲地名涂場米市街民國四年乙卯冬月二十四日戌時故於瀘州鳳儀鄉三甲地名松林頭屋基葬於大堰塘
生子六 光炳 光洪 光煜 光彩 光宗 光樹

八世 念善長子 **光炳** 光緒二年丙子八月二十五日子時生於瀘州鳳儀鄉三甲地名石龍溝

楊氏 光緒十六年辛卯四月二十九日午時生於瀘州鳳儀鄉四甲地名五峯頂貓兒山
生子二 先鑫 先玉

九世 光炳長子 **先鑫** 民國十一年壬戌正月二十日子時生於瀘州鳳儀鄉三甲地名堰塘坎

九世　光炳次子　**先玉**　民國十七年戊辰九月廿二日亥日生於瀘州鳳儀鄉三甲地名新長春

八世　念善次子　**光洪**　光緒五年己卯六月初六日子時生於瀘州鳳儀鄉三甲地名石龍溝光緒廿四年戊戌五月初二日辰時故於瀘州鳳儀鄉三甲地名新長春屋基葬於夾磄溝

八世　念善三子　**光昱**　光緒七年辛巳圣月廿九日午時生於永川樂善鄉三甲地名羅油房

李氏　生子一　先有

九世　光昱長子　**先有**　民國十四年乙卯四月初十日戌時生於瀘州鳳儀鄉三甲地名水澤林

八世　念善四子　**光彩**　光緒十年甲申正月十四日　時生於瀘州鳳儀鄉三甲地名柏樹林

劉氏　光緒十六年辛卯四月十四日子時

生子二　先臣　先樹

九世 光彩長子 先臣

九世 光彩次子 先樹

八世 念善五子 光宗 光緒十四年戊子九月初九日亥時生於瀘州鳳儀鄉三甲地名礄房頭

王氏 光緒廿九年癸卯冬月廿二日巳時生於鳳儀鄉三甲地名高磴子

八世 念善六子 光樹 光緒廿四年戊戌至月廿八日亥時生於瀘州鳳儀鄉三甲地名新長春屋基

六世 朝宗次子 維安 道光二年壬午七月十一日戌時生於瀘州鳳儀鄉三甲地名陳屋基

孫氏 道光三年癸未五月初九日寅時生於瀘州鳳儀鄉喻家寺粱品屋基葬於涼毛洞
生子二 念坤 念星

鄧氏

七世 維安長子 念昆 葬於土地山

楊氏

七世 維安次子 念星 生子一 光臣

八世 念星長子 光臣

張氏

六世 朝宗三子 維宇 道光十一年辛卯九月廿二日未時生於瀘州安賢鄉六甲地名小冲葬於大堰塘

古氏 道光十五年乙未正月初八日辰時生於瀘州安賢鄉石馬場六甲地名雷灣光緒己卯五年正月廿五日戌時故於瀘州鳳儀鄉三甲地名雙葬於涼毛洞山子
生子二 念耀 念山

何氏 葬於涼毛洞

七世 維宇長子 念耀 葬於馬面灣

古氏 生子二 光泰 光發

八世 念耀長子 光泰 陳氏 生子二 先貫 先臣

九世 光泰長子 先貫 光緒廿八年壬寅三月廿四日子時生於瀘州安賢鄉六甲地名魚山屋基

周氏 生子一 澤森

十世 先貫長子 澤森 民國十七年戊辰六月廿六日酉時生於瀘州安賢鄉六甲地名天堂屋基

九世 光泰次子 先臣

八世 念耀次長 光發

七世 維宇次子 **念山**
道光十四年甲戌二月十六日戌時生於瀘州鳳儀鄉三甲地名小冲屋基

六世 朝宗四子 **維寅**
張氏 道光十五年乙未五月廿四日辰時生於瀘州安賢鄉四甲地名沙包冲屋基
生子一 念洪

七世 維宣長子 **念洪**

五世 文杰四子 **朝祚**
號祐堂 嘉慶十三年戊辰十二月初九日巳時生於瀘州鳳儀鄉三甲地名大垣子
張氏 嘉慶十五年庚午十月初七日辰時生於瀘州鳳儀鄉三甲地名雲飾山化主溝 道光十七年丁酉三月廿一日丑時故於瀘州鳳儀鄉三甲地名東岳廟附近葬於大垣子野猫洞
張氏 嘉慶廿一年丙子三月十二日卯時生於瀘州鳳儀鄉石馬場近揚官田
生子五 維欽 維銘 維鏜 維鑑 維鎊

六世 朝祚長子 **維欽**
道光九年己丑十一月廿六日申時生於瀘州鳳儀鄉三甲地名大垣子
李氏 道光八年戊子八月廿日申時生於瀘州 鄉三甲地名圭垣子屋基
生子三 念華 念英 念吉

七世 維欽長子 念華 道光卅年庚戌冬月廿三日辰時生

七世 維欽次子 念英 咸丰八年戊午二月廿七日亥時生

七世 維欽三子 念吉 同治四年甲子九月十五日生

六世 朝祚次子 維銘 道光十三年癸巳九月廿二日巳時生葬瀘州安賢鄉六甲地名小冲屋基

林氏 道光十一年辛卯五月十八日酉時生子三 念榮 念灼 念聰

七世 維銘長子 念榮 道光卅年庚戌五月廿七日巳時生

七世 維銘次子 **念炳** 道光五年甲寅千年十月十七日亥時生葬於梁毛洞

七世 維銘三子 **念聰** 道光八年戊午十月初十日辰時生

七世 維銘四子 **念崇** 同治四年乙丑四月十三日亥時生葬於梁毛洞

六世 朝旌三子 **維鏡** 道光廿年庚子五月初二日巳時

李氏 道光十七年丁酉四月十五日卯時生

七世 維鏡長子 **念世** 咸丰五年乙卯十二月廿九日寅時生

七世 維鏡次子 念江 咸丰八年戊午二月廿六日亥時生

七世 維鏡三子 念周 咸丰十年庚申至月廿五日戌時生

七世 維鏡四子 念煜 同治三年甲子冬月初五日酉時生

六世 朝祚四子 維鑑 道光廿七年丁未十月廿一日卯時生

馮氏 道光廿六年丙午五月十九日子時生

六世 朝祚五子 維錢 咸丰六年丙辰五月廿九日戌時生

五世　文杰五子　**朝佑**　嘉慶十九年甲戌十二月廿三日酉時生於瀘州鳳儀鄉三甲地名大垣子葬於土地山

刁氏　嘉慶十八年癸酉五月十五日子時生於瀘州鳳儀鄉三甲地名油房屋葬於梁毛洞
生子三　維裕　維祉　維祀

六世　朝佑長子　**維裕**　道光廿二年壬寅十月廿六日戌時生於瀘州鳳儀鄉三甲地名大垣子

駱氏　道光十八年戊戌冬月廿九日辰時生於瀘州鳳儀鄉三甲地名水黃屋基葬於涼毛洞二
老合故艮山坤向
生子二　念清　念賓

七世　維裕長子　**念清**　同治二年癸亥二月初二日子時生

賴氏　同治二年癸亥二月初三日子時生於永川縣樂善鄉三甲地名後溝頭民國五年丙辰四
月十六日巳時故於合江鹽井支半坡頭葬於涼毛洞
生子三　光榮　光華　光富

八世　念清長子　**光榮**　光緒十三年丁亥三月廿四日寅時生於永川樂善鄉三甲地名飛烏山

八世　念清次子　**光華**

粘坑村徐氏族譜

八世 念清三子 光富 光緒十六年辛卯二月廿三日丑時生於永川樂善鄉三甲地名岩壪

曾氏 生子一 光海

九世 光富長子 先海 民國七年戊午七月廿日未時生於合江鹽井支牟坡頭

七世 維洛次子 念賓

羅氏

六世 朝佑次子 維祉 道光廿九年己酉八月十一日丑時生於瀘州鳳儀鄉三甲地名大垣子

葉氏 道光廿九年己酉七月初七日生葬於涼毛洞

六世 朝佑三子 維祀

- 文華
  - 朝有
    - 維瑛
      - 念盛
        - 光林
      - 念熄
      - 念星
      - 念璧
        - 光操
    - 維淮
      - 念忠
      - 念慶
      - 念瑜
        - 光瑜
        - 光喜
        - 光壽
        - 光祿
        - 光福
    - 維璣
      - 念椿
      - 念盛
  - 朝碧
    - 維倫
    - 維緒
      - 念森
        - 光江
  - 朝光
    - 維桂
      - 念在
      - 念銘
        - 光發
        - 光鈺
        - 光權
      - 念瑤
        - 光斌
        - 光祖
        - 光耀
        - 光鐘
  - 朝玉
    - 維彰
      - 念江
      - 念武
        - 光有
        - 光樹
      - 念光
        - 光照
        - 光榮
        - 光海
        - 光河
    - 維棋
      - 念有
        - 光森
        - 光玉
      - 念成
        - 光登
      - 念田
        - 光紅
      - 念元
        - 光欽
        - 光軒
      - 念堂
      - 念洪
        - 光柱
  - 朝坤
    - 維馥
      - 念炳
        - 光登
      - 念珍
        - 光榮
      - 念琮
        - 光議
          - 先益
          - 先祿
        - 光誠

四世　樂藺次子
文華
乾隆四十五年庚子冬月十五日子時生於瀘州鳳儀鄉三甲之小灣子道光十年庚寅二月初四日卯時終於瀘州鳳儀鄉三甲之小灣子葬於宗祠後左側庚山甲向

張氏
乾隆四十六年辛丑九月十二日酉時生於六甲之長房屋基同治元年壬戌二月廿三日未時在宗祠屋基壽終葬宗祠後左邊坎下庚山甲向
生子五　朝坤　朝玉　朝光　朝碧　朝有

五世　文華長子
朝坤
嘉慶十年乙丑二月廿一日酉時生於瀘州鳳儀鄉三甲地名大垣子咸丰八年戊午三月廿九日　時故於宗祠葬於宗祠右邊庚山申向

胡氏
嘉慶九年甲子七月十六日亥時生於瀘州鳳儀鄉三甲地名踏水橋咸豐八年戊午葬於宗祠後右邊坎下庚山甲向
生子一　維馥

六世　朝坤之子
維馥
道光八年戊子八月二十四日卯時生於瀘州鳳儀鄉三甲地名大垣子宣統二年庚戌四月初二日子時故於鳳儀鄉三甲地名堰塘灣屋基葬於宗祠背後下見山

劉氏
道光十三年癸巳正月十三日辰時生於瀘州雲錦鄉場水井灣民國四年乙卯十月初二日申時故於瀘州雲錦鄉地名興龍葬於陳玉美屋尹宅後
生子三　念宗　念珍　念琮

七世　維馥長子
念琮
咸豐二年癸　三月十一日申時生於瀘州鳳儀鄉三甲地名兩板橋民國三年甲寅二月廿九日申時故於瀘州鳳儀鄉三甲地名牛欄屋基葬於牛欄灣對門

何氏
生子二　光誠　光議

八世　念琮長子
光誠
同治九年庚午七月廿日寅時生於瀘州鳳儀鄉三甲地名宗祠

王氏
光緒九年癸未八月十二日戌時生於瀘州鳳儀鄉三甲地名天堂溝

八世 念琮次子 **光議** 同治十三年甲戌八月十六日酉時生於瀘州鳳儀鄉三甲地名宗祠

陳氏 光緒十二年丙戌冬月廿五日酉時生於貴州仁懷縣天安祠屋基 生子二 先祿 先益

九世 光議長子 **先祿** 宣統三年辛亥七月初七日亥時生於瀘州鳳儀鄉三甲地名牛欄灣

九世 光議次子 **先益** 民國三年甲寅十月廿七日卯時生於瀘州鳳儀鄉三甲地名垣塘灣

七世 維馥次子 **念珍** 咸豐十年庚申十二月十六日午時生於瀘州鳳儀鄉三甲地名宗祠

王氏 生子一 光榮

八世 念珍之子 **光榮**

七世 維馥三子 **念炳** 同治十一年壬申八月廿日酉時生於瀘州鳳儀鄉三甲地名宗祠

楊氏 生子一 光登

八世 念炳長子 **光登** 光緒卅一年乙巳正月初二日酉時生於瀘州鳳儀鄉三甲地名黑寸子屋基

尹氏

五世 文華次子 **朝玉** 嘉慶十三年戊辰六月十二日巳時生於瀘州鳳儀鄉三甲地名大垣子同治二年癸亥冬月廿六日酉時故於瀘州鳳儀鄉三甲之宗祠

張氏 嘉慶十四年己巳六月十四日午時生於瀘州鳳儀鄉三甲地名黃龍場王家小屋光緒五年己卯八月二十四日酉時故於瀘州鳳儀鄉三甲之宗祠葬於宗祠宅後庚山甲向

生子二 維棋 維彰

六世 朝玉長子 **維棋** 道光十六年丙申冬月廿九日酉時生於瀘州鳳儀鄉三甲之宗祠葬於宗祠宅後午山子向

李氏 道光十六年丙申二月二十七日亥時生於瀘州鳳儀鄉三甲地名桐子坪葬於班竹林宅前辰山戌向

生子六 念洪 念堂 念元 念田 念成 念有

七世 維棋長子 **念洪** 咸豐四年甲寅全月十一日子時生於瀘州鳳儀鄉黃桷樹

生子一 光柱

八世 念洪長子 光柱

七世 維棋次子 念堂

郭氏

七世 維棋三子 念元 同治六年丁卯七月十二日辰時生於瀘州鳳儀鄉宗祠

郭氏 光緒二年丙子六月二十七日寅時生於朱家沱橫街 生子二 光軒 光欽

八世 念元長子 光軒 光緒二十五年己亥八月十二日戌時生於瀘州鳳儀鄉匣匠壩屋基

何氏 民國元年壬子六月二十八日戌時生於瀘州永川大磨場街上

八世 念元次子 光欽 光緒癸卯二十九年六月二十八日戌時生於瀘州鳳儀鄉三甲地名陳玉美屋基

七世 維棋四子 **念田**

同治八年己巳五月初十日寅時生於瀘州鳳儀鄉三甲地名宗祠

楊氏

光緒元年乙亥五月初九日戌時生於瀘州安賢鄉三甲地名安子屋基民國十五年丙寅二月初五日子時生於瀘州鳳儀鄉三甲地名宗祠葬於宗祠宅後下界山堡
生子一　光紅

八世 念田之子 **光紅**

光緒三十年甲辰正月三十日子時

七世 維棋五子 **念成**

光緒四年戊寅三月十二日寅時生於瀘州鳳儀鄉三甲地名宗祠葬於下界山堡卯山酉向

李氏

光緒六年庚辰二月初二日　時生於瀘州鳳儀鄉三甲地名下道
生子一　光登

八世 念成之子 **光登**

光緒二十八年壬寅八月三十日寅時生於瀘州鳳儀鄉三甲地名石亮屋基

七世 維棋六子 **念有**

咸豐十一年辛酉三月十六日卯時生於瀘州鳳儀鄉三甲地名宗祠

余氏

同治十年辛未正月二十一日寅時生於瀘州鳳儀鄉石垣子民國十七年戊辰七月二十九日卯時故於瀘州鳳儀鄉三甲地名麻柳樹葬於宗祠宅後庚山甲向
生子二　光玉　光森

八世
念有長子　光玉　光緒二十七年辛丑二月初十日子時生於瀘州鳳儀鄉三甲地名垣滿頭

八世
念有次子　光森　宣統元年己酉五月初五日子時生於瀘州鳳儀鄉三甲地名石亮尾基

六世
朝玉次子　維彰　咸丰元年辛亥八月初四日午時生於瀘州鳳儀鄉三甲宗祠

何氏　咸丰八年戊午十月二十日卯時生於瀘州鳳儀鄉二甲地名高山頭
生子三　念光　念武　念江

七世
維彰長子　念光　同治十年辛未全月二十七日卯時生於宗祠

趙氏　光緒四年戊寅九月二十日亥時生於瀘州安賢鄉三甲地名翠九玖學堂
生子四　光河　光海　光棨　光照

八世
念光長子　光河　光緒二十六年庚子四月二十五日戌時生於瀘州鳳儀鄉三甲地名鬪山堡

八世 念光次子 **光海**

宣統元己酉八月初八日申時生於瀘州鳳儀鄉三甲地名宗祠

八世 念光三子 **光榮**

光緒三十一年乙巳七月十九日寅時生於瀘州鳳儀鄉三甲地名宗祠

曾氏

民國五年丙辰二月二十八日巳時生於堰塘坎

八世 念光四子 **光照**

民國八年己未七月二十六日子時生於瀘州鳳儀鄉三甲地名宗祠

七世 維彰次子 **念武**

光緒二十二年丙申五月二十五日辰時生於瀘州鳳儀鄉三甲地名宗祠

張氏

光緒二十三年丁酉九月初七日辰時生於瀘州鳳儀鄉三甲地名松林嘴

生子二　光樹　光有

八世 念武長子 **光樹**

民國十一年壬戌九月初五日子時生於瀘州安賢鄉三甲地名河邊上屋基

八世 念武次子 **光有** 民國十三年甲子冬月廿九日卯時生於瀘州鳳儀鄉三甲地名河邊上屋基

七世 維彰三子 **念江** 光緒廿九年癸卯二月初八日巳時生於瀘州鳳儀鄉三甲地名宗祠

五世 文華三子 **朝光** 嘉慶二十年乙亥冬月二十三日戌時生於大垣子葬於陳玉美屋基宅後

曾氏 嘉慶十六年辛未十月二十九日卯時生葬於陳玉美屋基宅後
生子一 維桂

六世 朝光長子 **維桂** 道光二十九年己酉五月二十三日亥時生於瀘州鳳儀鄉三甲地名陳玉美光緒廿八年
壬寅四月初九日故於鳳儀鄉三甲陳玉美屋基葬於陳玉美屋基宅後艮山坤向

古氏 道光廿四年甲辰十二月廿四日寅時生於瀘州鳳儀鄉六甲地名高山子光緒卅二年丙
午三月初三日巳時故於瀘州鳳儀鄉三甲地名陳玉美屋基葬於陳玉美宅後甲山坤向
生子三 念瑤 念銘 念在

七世 維桂長子 **念瑤** 同治五年丙寅十月十九日巳時生於瀘州鳳儀鄉三甲地名陳屋基民國十年辛酉三月
廿三日卯時葬於西禪寺坎下

曾氏 同治三年甲子三月廿二日未時生於瀘州會文鄉三甲地名黃坭塥
生子四 光鐘 光耀 光祖 光斌

八世 念瑤長子 **光鐘** 光緒廿年甲午二月初十日寅時生於瀘州鳳儀鄉三甲地名碾子山屋基

八世 念瑤次子 **光耀** 光緒廿二年丙申八月初二日亥時生於瀘州鳳儀鄉三甲地名碾子山屋基

八世 念瑤長子 **光祖** 光緒廿四年戊戌十月廿九日辰時生於瀘州鳳儀鄉三甲地名碾子山

李氏 光緒卅二年丙午五月廿五日午時生於江津縣思里五都六甲地名天尉岩

八世 念瑤四子 **光斌** 光緒卅一年乙巳正月初八日卯時生於瀘州鳳儀鄉三甲地名黃葉山屋基

李氏 宣統三年辛亥九月初九日子時生於瀘州鳳儀鄉何村屋基

七世 紀桂次子 **念銘** 光緒九年癸未六月廿八日未時生於瀘州鳳儀鄉三甲地名陳屋基

郭氏 光緒卅三年丁未四月廿七日亥時故於瀘州鳳儀鄉三甲地名陳玉美屋基葬於陳屋基宅後

張氏 生子三 光權 光鈺 光發

八世 念銘長子 **光權** 民國四年乙卯七月廿二日亥時生於瀘州土主塲街上

胡氏 民國四年乙卯五月廿九日午時生

八世 念銘次子 **光鈺** 民國六年己未二月初九日丑時生於瀘州鳳儀鄉三甲地名陳玉美屋基

八世 念銘三子 **光發** 民國十七年戊辰冬月初二日戌時生於瀘州鳳儀鄉三甲地名陳玉美屋基

念在 生年月日不詳

五世 文華四子 **朝碧** 嘉慶廿二年丁丑冬月廿六日戌時生於瀘州鳳儀鄉三甲地名大垣子光緒十八年八月廿八日酉時故於瀘州鳳儀鄉三甲地名陳玉美屋基葬於宗祠後右邊庚山甲向

李氏 嘉慶廿四年己卯六月十九日午時生於瀘州里仁鄉四甲地名羅溝騎龍坰咸丰九年己未正月初六日寅時故於瀘州里仁鄉四甲地名图山子葬於河壩垣子
生子二　維緒　維倫

羅氏 道光四年甲申十月初七日午時生於瀘州鳳儀鄉三甲地名獺子山光緒十五年己丑冬月十三日酉時故於鳳儀鄉　甲地名陳玉美屋基葬於宗祠右邊

六世 朝碧長子 維緒
道光廿八年戊申五月十七日亥時生於瀘州鳳儀鄉三甲地名陳玉美葬於陳玉美宅後

蔣氏
咸丰五年乙卯十月初九日寅時生於瀘州鳳儀鄉三甲地名碾子山葬於宗祠左邊
生子一 念森

七世 維緒長子 念森
光緒廿二年丙申全月初二日丑時生於瀘州鳳儀儀三甲

車氏
光緒廿四年戊戌正月十七日卯時生於瀘州鳳儀儀三甲地名王司刀
生子一 光江

八世 念森長子 光江

六世 朝碧次子 維倫
咸豐三年癸丑二月十四日巳時生於瀘州鳳儀鄉三甲地名陳玉美屋基

羅氏
同治元年壬戌五月廿六日 時生於瀘州鳳儀鄉三甲地名青龍灣葬於下見庚山甲向

五世 文華五子 朝有
道光四年甲申又七月十四巳時生於瀘州鳳儀鄉三甲地名大垣子光緒廿八年壬寅五月初二日酉時故於瀘州鳳儀鄉三甲地名宗祠葬於陳玉美屋基宅后山頂山卯山酉向

張氏
道光二年壬午二月十五日酉時生於瀘州安賢鄉四甲地名胡立交光緒十七年辛卯正月初七日酉時故於瀘州鳳儀鄉三甲地名宗祠葬於大堰塘維社公坟下
生子三 維機 維淮 維瑛

六世 朝有長子 **維璣**

道光廿四年甲辰冬月十一日丑時生於瀘州鳳儀鄉三甲地名陳玉美民國十一年壬戌
正月初五日　時故於瀘州鳳儀鄉三甲之陳玉美葬於陳玉美屋基右邊庚山甲向

楊氏

道光十六年丙申正月初五日子時葬於大垣堰塘德惠公坟下
生子一　念盛

趙氏

咸豐七年丁巳二月十九日寅時生於貴州會儀赤水灣
生子一　念椿

七世 維璣長子 **念盛**

七世 維璣次子 **念椿**

六世 朝有次子 **維淮**

咸豐二年壬子十月廿二日子時生於瀘州鳳儀鄉三甲地名陳玉美民國二年癸丑正月
卅日申時故於瀘州鳳儀鄉宗祠葬於陳玉美屋基宅後卯山酉向

曾氏

咸豐元年辛亥冬月廿七日子時生於瀘州安賢鄉四甲地名梁白林屋基九故　鶴光
緒卅三年丁未二月卅日巳時故於瀘州鳳儀鄉三甲之宗祠葬於陳玉美屋基左邊子堂
乙山辛向　生子三　念瑜　念慶　念忠

七世 維淮長子 **念瑜**

光緒五年己卯正月廿六日酉時生於瀘州鳳儀鄉三甲地名宗祠

陳氏

光緒十五年己丑十月初十日亥時生於瀘州鳳儀鄉青洪灘屋基
生子五　光福　光祿　光壽　光喜　光瑜

八世
念瑜長子
光福
宣統六年己酉冬月廿日酉時生於瀘州鳳儀鄉三甲地名宗祠

毛氏
宣統三年辛亥七月初七日子時生

八世
念瑜次子
光祿
民國四年乙卯八月初五日亥時生於瀘州鳳儀鄉三甲地名宗祠

八世
念瑜三子
光壽
民國八年己未五月十五日申時生於瀘州鳳儀鄉三甲地名宗祠

八世
念瑜四子
光喜
民國九年庚申二月十四日巳時生於瀘州鳳儀鄉三甲地名宗祠

八世
念瑜五子
光瑜
民國十四年乙丑二月初七日亥時生於瀘州鳳儀鄉三甲地名宗祠

粘坑村徐氏族譜

七世 維淮次子 念慶 光緒十九年癸巳全月初八日卯時生於瀘州鳳儀鄉三甲地名宗祠

七世 維淮三子 念忠

六世 朝有三子 維瑛 咸豐六年丙辰五月初九日酉時生於瀘州鳳儀鄉三甲地名圓山子葬於河邊山寅山申向

周氏 咸丰八年戊午十一月廿九日寅時生於瀘州鳳儀鄉三甲地名黃泥灘風士坎屋基 生子四 念璧 念星 念煌 念盛

七世 維瑛長子 念璧 光緒九年癸未正月十七日戌時生於瀘州鳳儀鄉三甲地名宗祠

羅氏 光緒十五年己丑四月廿八日卯時生於瀘州鳳儀鄉四甲地名正嚮屋基 生子一 光操

八世 念璧長子 光操 宣統六年己酉前二月初八日戌時生於瀘州鳳儀鄉三甲地名天堂屋基

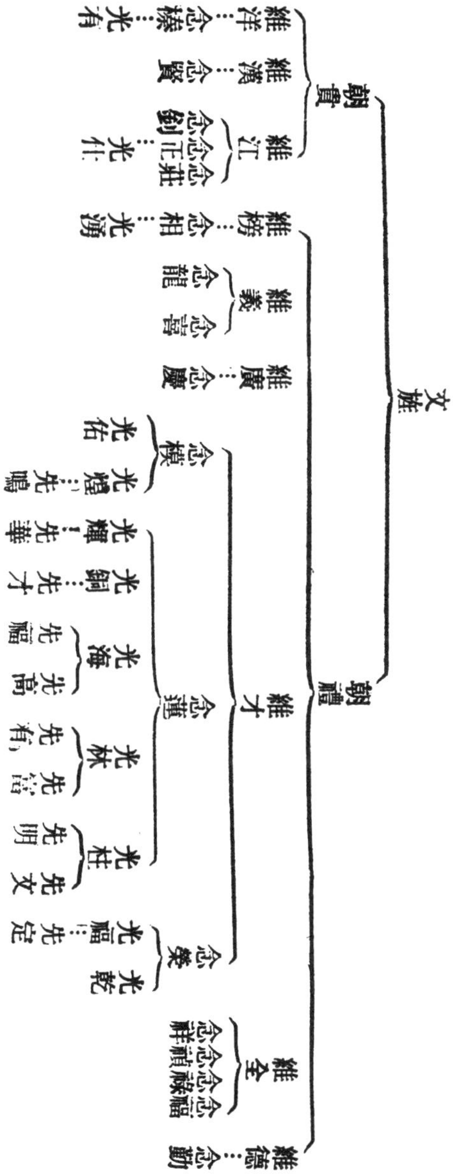
文族
朝貴
維洋…念榛…光有
維濱…念賢
維江
念釗…光仕
念正
念莊
朝禮
維榜…念相…光湧
維羲
念龍
念富
維廣…念慶
維才
念模
光佑
光煌…先鳴
念蓮
光耀…先華
光銅…先才
光海
先福
先高
光林
先有
先富
光桂
先明
先文
念燊
光福…先定
光乾
維全
念祥
念禎
念祿
念福
維德…念勳

七世 維瑛次子 念星 光緒十九年癸巳四月初八日午時生於瀘州鳳儀鄉三甲地名陳屋基

陳氏

七世 維瑛三子 念煌 光緒廿三年丙申正月十六日卯時生於瀘州鳳儀鄉三甲地名陳屋基

孔氏 光緒三十二年丙午臘月廿一日寅時生於永川縣茶店場新太號第一甲中街

七世 維瑛四子 念盛 光緒廿六年庚子七年十七日子時生於瀘州鳳儀鄉三甲地名陳屋基

舒氏 光緒三十四年戊申八月十三日酉時生於瀘州鳳儀鄉三甲地名堰塘屋基

生子二 光林

八世 念盛長子 光林 民國十五年丙寅冬月十二日午時生於瀘州鳳儀鄉三甲地名陳玉美屋基

四世 樂禧三子 文旌 乾隆四十八年癸卯正月初八日酉時生於瀘州鳳儀鄉三甲地名陳玉美葬於小灣子宅右丑山未向

楊氏 乾隆四十七年壬寅十二月初十日卯時生於瀘州鳳儀鄉三甲地名石馬場葬於賀橋大山坡乙山辛向

生子二 朝禮 朝貴

唐氏 乾隆五十九年甲寅十二月初十日戌時生於瀘州鳳儀鄉三甲地名五通場近貓兒山坪上向葬於賀橋大山坡乙山辛向

粘坑村徐氏族譜

五世 文旋長子 **朝禮**
嘉慶十一年丙寅七月廿一日卯時生於瀘州鳳儀鄉三甲地名大垣子葬於小灣子宅后雙老合故艮山坤向

張氏
嘉慶七年壬戌冬月廿五日辰時生於瀘州鳳儀鄉三甲地名高坎紅豆樹葬於小灣子宅后雙老合故艮山坤向
生子六　維德　維全　維才　維廣　維義　維榜

六世 朝禮長子 **維德**
道光五年乙酉光緒十一年乙酉葬於小灣子宅后壬山丙向

宋氏
道光五年乙酉光緒十五年乙丑葬於小灣子宅後壬山丙向
生子一　念勤

七世 維德長子 **念勤**

六世 朝禮次子 **維全**
道光十三年癸巳八月初七日巳時生於瀘州鳳儀鄉三甲地名小灣子民國五年丙辰八月廿日未時故於江津縣五都八甲地名河垣屋基葬於小灣子宅甲山亥向

李氏
道光十一年辛卯十二月十九日亥時生於瀘州里仁鄉三甲地名石頭寺宣統二年庚戌正月十三日戌時故於江津思里五部八甲地名耗子溝葬於小灣子
生子四　念福　念祿　念禎　念祥

七世 維全長子 **念福**

七世 維全次子 **念祿**

楊氏

七世 維全三子 **念禎**

七世 維全四子 **念祥**

同治八年己巳正月十八日卯時生於瀘州鳳儀鄉三甲地名河壩院子

六世 朝禮三子 **維才**

道光十六年丙申五月十六日戌時生於瀘州鳳儀鄉三甲地名小灣子

程氏

道光廿六年丙午七月十四日丑時生於瀘州鳳儀鄉三甲地名牛欄沖光緒卅三年丁未九月廿七日丑時故於瀘州鳳儀鄉三甲地名小灣子葬於小灣子宅後立碑乙山辛向

生子三　念榮　念蓮　念模

七世 維才長子 **念榮**

同治四年乙酉十月十五日戌時生於瀘州鳳儀鄉三甲地名中嘴屋基民國十一年壬戌十一月初二日巳時故於瀘州鳳儀鄉三甲地名小灣子葬於青杠林右邊

胡氏

同治二年癸亥仝月初七日寅時生於瀘州鳳儀鄉三甲地名大屋頭民國十二年癸亥三月初五日寅時故於瀘州鳳儀鄉三甲地名小灣子屋基葬於小灣子右邊乙山辛向

生子二　光乾　光福

八世 念榮長子 **光乾** 光緒十年甲申十二月初五日亥時生於瀘州鳳儀鄉三甲地名小彎子屋基

駱氏 光緒十五年己丑冬月十三日戌時生於瀘州鳳儀鄉三甲地名石岩山屋基

八世 念榮次子 **光福** 光緒廿五年己亥冬月初三日丑時生於瀘州鳳儀鄉三甲地名河漕房

賈氏 光緒廿五年己亥正月十一日戌時生於瀘州鳳儀鄉二甲地名礦子堡

生子一 先定

九世 光福之子 **先定** 民國十五年丙寅二月廿一日子時生於瀘州鳳儀鄉三甲地名尖山子

七世 維才次子 **念蓮** 同治九年庚午四月十六日午時生於瀘州鳳儀鄉三甲地名小彎子屋基民國八年己未十二月初七日亥時故於瀘州鳳儀鄉三甲地名石龍屋葬於小彎子右邊艮山坤向

伍氏 同治十年辛未冬月初四日寅時生於瀘州鳳儀鄉二甲地名垣子山

生子五 光柱 光林 光海 光銅 光輝

八世 念蓮長子 **光柱** 光緒十九年癸巳三月三十日丑時生於瀘州鳳凰鄉三甲地名河漕房

艾氏 光緒十九年甲午正月初七日寅時生於瀘州鳳儀鄉六甲地名洞坎上屋基

生子二 先文 先明

九世 光柱長子 **先文** 民國八年己未六月初十日申時生於瀘州鳳儀鄉三甲地名石龍屋基

九世 光柱次子 **先明** 民國十年辛酉七月廿六日亥時生於瀘州鳳儀鄉三甲地名橫坭壩

八世 念蓮次子 **光林** 光緒廿二年丙申八月廿八日丑時生於瀘州鳳儀鄉三甲地名河漕房

鄭氏 光緒十八年壬辰七月初七日辰時生於江津縣三甲地名棬子山屋基 生子二 先富 先有

九世 光林長子 **先富** 民國五年丙辰七月初八日子時生於瀘州鳳儀鄉三甲地名石龍屋基

九世 光林次子 **先有** 民國十八年己巳二月十二日戌時生於瀘州鳳儀鄉三甲地名小壪子

八世 念蓮三子 **光海** 光緒廿五年己亥全月十二日卯時生於瀘州鳳儀鄉三甲地名河漕房

段氏 光緒廿七年辛丑正月十一日卯時生於瀘州鳳儀鄉三地名石塌上 生子二 先高 先福

九世 光海長子 **先高** 民國十三年甲子二月初五日戌時生於瀘州鳳儀鄉三甲地名石龍屋基

九世 光海次子 **先福** 民國十五年丁卯正月十四日子時生於瀘州鳳儀鄉三甲地名草嘴山

八世 念蓮四子 **光銅** 光緒廿九年癸卯六月卅日辰時生於瀘州鳳儀鄉三甲地名慈竹林

陳氏 光緒廿九年癸卯四月十一日巳時生於瀘州鳳儀鄉六甲地名大冲屋基 生子一 先才

九世 光銅之子 **先才** 民國十三年甲子七月初六日辰時生於瀘州鳳儀鄉三甲地名石龍屋基

八世 念遙五子 **光輝** 宣統元年己酉八月十六日子時生於瀘州鳳儀鄉三甲地名劉壩屋基

何氏 光緒卅二年丙午六月初二日酉時生於瀘州鳳儀鄉三甲地名葉家坝屋基 生子一 先華

九世 光輝長子 **先華** 民國十四年丙寅十月初八日酉時生於瀘州鳳儀鄉三甲地名石龍屋基

七世 維才三子 **念模** 光緒四年戊寅六月初七日辰時生於瀘州鳳儀鄉三甲地名小壩子

楊氏 光緒五年己卯又三月初六日　時生於重慶府永川縣安賢首甲地名青峰塢下新街 生子二 光煌 光佑

八世 念模長子 **光煌** 民國元年壬子二月廿三日申時生於瀘州鳳儀鄉三甲地名長石壩

段氏 光緒卅二年丙午三月十九日申時生於瀘州鳳儀鄉三甲地名屋基 生子一 先鳴

九世 光煌之子 **先鳴**

八世　念㯋次子　光佑　民國十年辛酉九月廿四日寅時生於瀘州鳳儀鄉三甲地名長石墕

六世　朝禮四子　維廣

胡氏　生子一　念慶

七世　維廣長子　念慶

六世　朝禮五子　維義

唐氏　生子二　念喜　念龍

七世　維義長子　念喜

七世 維義次子 念龍

六世 朝禮六子 維榜 道光廿四年甲辰八月十五日巳時生於瀘州鳳儀鄉三甲地名小擧子光緒廿九年癸卯三月初一日未時故於瀘州鳳儀鄉三甲小擧子葬於宅后甲山庚向

夏氏 生子一 念相

七世 維榜之子 念相

胡氏 生子一 光湧

八世 念相之子 光湧

羅氏

五世 文旋次子 朝貴 嘉慶廿年乙亥七月廿五日戌時生於瀘州鳳儀鄉三甲地名陳玉美屋基光緒四廿年戊戌正月初五日未時故於馬路塘葬於小擧子宅右甲山庚向

巫氏 嘉慶廿三年戊寅正月廿六日辰時生於瀘州雲錦場中街舖居葬於小擧子宅右甲山庚向 生子三 維江 維漢 維洋

六世　朝貴長子　**維江**　葬於小壆子宅后壬山丙向

溫氏　葬於小壆子宅后壬山丙向　生子三　念莊　念正　念釗

七世　維江長子　**念莊**

七世　維江次子　**念正**

張氏　生子一　光仕

八世　念正之子　**光仕**

七世　維江三子　**念釗**　光緒三年丙子二月廿七日寅時生於漳州鳳儀鄉三甲地名小壆子

六世 朝貴次子
維漢
道光卅三年癸卯七月初三日寅時生於瀘州儀儀鄉三甲地名小彎子光緒十一年乙酉五月十二日申時壽終葬於青龍場

王氏
道光廿二年壬寅四月十三日亥時生於瀘州安賢鄉六甲地名下彎光緒十一年乙酉五月十五日未時故於瀘州鳳儀鄉三甲地名小彎子
生子一　念賢

七世 維漢之子
念賢

六世 朝貴三子
維洋
咸丰十年庚申五月十四日戌時生於瀘州鳳儀鄉三甲地名小彎子民國元年壬子十月初一日卯時故於瀘州鳳儀鄉三甲地名興隆屋基葬於小彎子右邊坳田壁乙丙辛向

郭氏
咸丰七年丁巳七月初一日子時生於瀘州鳳儀鄉三甲地名紅苕坡
生子一　念榛

七世 維洋之子
念榛
光緒七年辛巳冬月廿九日丑時生於瀘州鳳儀鄉三甲地名小彎子

鄭氏
光緒十九年癸巳四月十八日卯時
生子一　光有

八世 念榛長子
光有
宣統三年辛亥九月初一日寅時生於瀘州雲錦場下街馬路壩

張氏

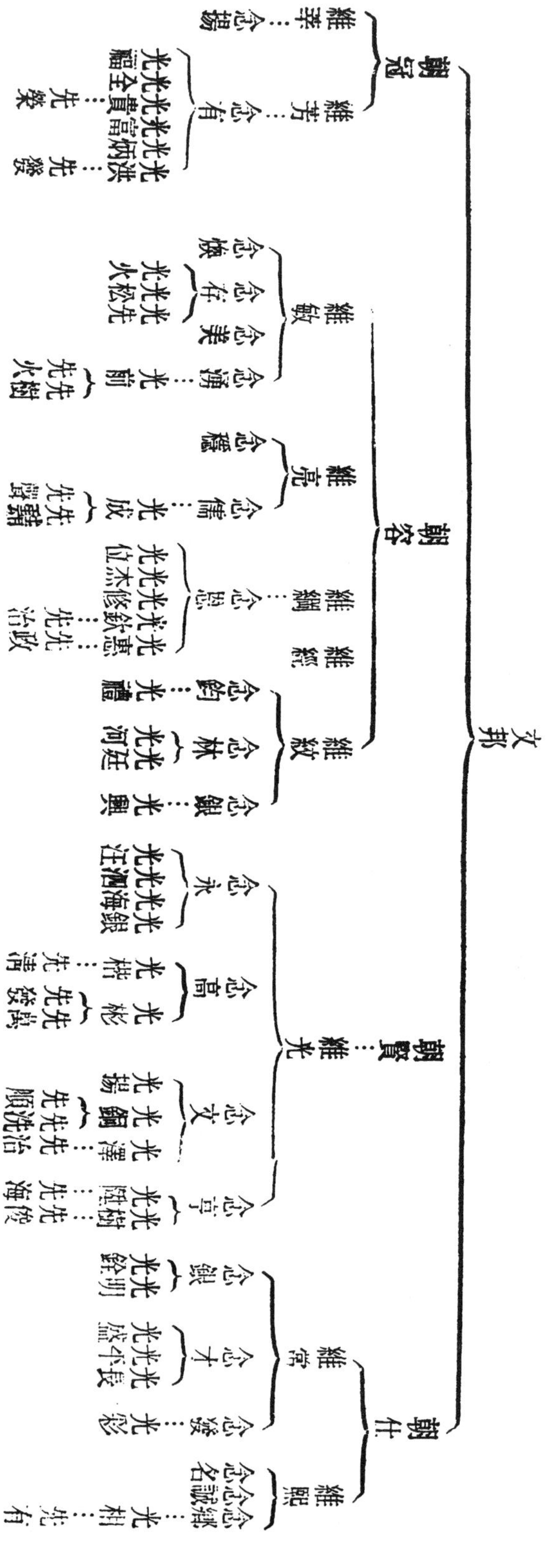
文邦
朝冠
維莘
維芳
念有
維敏
念存
念美
維亮
光成
維綱
維紋
念林
光河
光廷
朝寶
維光
念永
念高
念文
念亭
光澤
光樹
朝仕
念才
光明
光長
光彩
維熙
光相

四世 樂齋四子
文邦 乾隆五十年乙巳五月廿一日未時生於瀘州鳳儀鄉三甲地名小彎子葬於潘彎壬山丙向 光緒元年乙亥冬月初四日酉時故於瀘州鳳儀鄉三甲地名陳玉美

胡氏 乾隆四十九年甲辰三月十九日戌時生於瀘州鳳儀鄉三甲地名玉皇觀魚漂咸丰十年庚申十二月十二日戌時故於瀘州鳳儀鄉三甲地名小彎子
生子四 朝仕 朝賢 朝容 朝冠

五世 文邦長子
朝仕 嘉慶八年癸亥四月廿三日子時生於瀘州鳳儀鄉三甲地名陳玉美同治元年壬戌正月廿六日卒葬於潘彎壬山丙向

羅氏 嘉慶九年甲子九月十五日子時生同治元年壬戌正月初七日 時故於瀘州鳳儀鄉三甲地名小彎子
生子二 維熙 維常

六世 朝仕長子
維熙

朱氏 生子三 念卿 念成 念名

七世 維熙長子
念卿

胡氏 生子一 光相

八世 念卿長子
光相

彭氏 生子一 先有

九世 光相長子 **先有**

七世 維縣次子 **念誠**

七世 維縣三子 **念名**

六世 朝仕次子 **維常** 道光廿一年辛丑十月十三日戌時生於瀘州鳳儀鄉三甲地名大石墻學堂宣統三年辛
亥二月初二日亥時瀘州鳳儀鄉三甲地名草房子葬於草房子坤山艮向

李氏 道光十七年丁丑正月十二日亥時生於瀘州麟現鄉三甲地名二合樹民國六年丁巳七
月初六日酉時故於瀘州鳳儀鄉四甲地名黃角樹
生子三　念發　念才　念銀

七世 維常長子 **念發** 咸豐七年丁巳六月初四日戌時生於瀘州鳳儀鄉三甲地名小屋基民國三年甲寅冬月
十六日子時故於瀘州鳳儀鄉四甲地名草房子屋基
生子一　光彩

八世
念發長子
光彩
李氏

七世
維常次子
念才
同治二年癸亥正月十二日卯時生於瀘州鳳儀鄉三甲地名小屋基
胡氏
同治十三年甲戌十二月十一日午時生於瀘州里仁鄉三甲地名各籽嶨屋基
生子三　光長　光平　光盛

八世
念才長子
光長

八世
念才次子
光平

八世
念才三子
光盛

七世　維常三子　**念銀**

同治十三年甲戌二月十七日亥時生於瀘州鳳儀鄉四甲地名各鄉壩

康氏

光緒元年乙亥四月十八日辰時生於瀘州鳳儀鄉四甲地名各還門宣統元年己酉七月廿五日未時瀘州鳳儀鄉四甲地名立石站申山寅向

生子二　光明　光銓

八世　念銀長子　**光明**

余氏

八世　念銀次子　**光銓**

五世　文邦次子　**朝賢**

嘉慶十年乙丑九月廿四日戌時生於瀘州鳳儀鄉三甲地名陳玉美同治十三年甲戌正月十八日巳時故於瀘州鳳儀鄉三甲地名小壩子

羅氏

嘉慶七年壬戌冬月十八日巳時生於瀘州鳳儀鄉三甲地名七主場街房葬於豬壩屋基左邊壬山丙向

生子一　維光

六世　朝賢長子　**維光**

道光廿二年壬寅十二月初六日卯時生於瀘州鳳儀鄉三甲地名小壩子民國八年己未正月廿八日午時故於瀘州鳳儀鄉三甲地名小壩子

鄧氏

道光十七年丁酉九月廿七日戌時生於重慶府永川縣樂善鄉四塊田宣統三年辛亥正月廿七日戌時故於瀘州鳳儀鄉三甲地名小壩子

生子四　念亨　念文　念高　念永

七世 維光長子 念亨 咸豐七年丁巳冬月初六日戌時生於瀘州鳳儀鄉三甲地名陳玉美屋基光緒卅二年丙午六月初六日壽終

周氏 同治五年丙寅正月廿九日巳時 生子二 光樹 光陞

八世 念亨長子 光樹

劉氏 生子一 先後

九世 光樹長子 先後

八世 念亨次子 光陞 光緒十三年丁亥十二月廿七日巳時生於瀘州鳳儀鄉三甲地名馬石包

羅氏 生子一 光海

八世 光陞之子 光海

粘坑村徐氏族譜

七世
維光次子

念文　同治三年甲子全月十九日巳時生於瀘州鳳儀鄉三甲地名小灣子

胡氏　同治六年丁卯正月初三日子時生於瀘州
生子三　光澤　光銅　光揚

八世
念文長子

光澤　光緒十八年壬辰七月十五日亥時生於瀘州排溝脚下壩垣子

周氏　光緒十八年壬辰四月初二日子時生於永川縣松灣屋基
生子一　先治

九世
光澤之子

先治　民國七年戊午六月廿日戌時生於瀘州鳳儀鄉三甲地名草坪坵屋基

八世
念文次子

光銅　光緒廿一年乙未三月初八日辰時生於瀘州鳳儀鄉三甲地名馬石包

車氏　光緒廿四年戊戌九月初八日申時係銅舖頭
生子二　先洗　先順

九世
光銅長子

先洗　民國八年己未前七月初三日午時生於瀘州鳳儀鄉三甲地名草坪坵屋基

九世 光銅次子 **先順** 民國十四年乙丑七月十八日寅時生於瀘州鳳儀鳳三甲地名草坪垣屋基

八世 念文三子 **光揚** 光緒廿六年庚子三月十一日巳時生於瀘州鳳儀鄉三甲地名馬石包

七世 維光三子 **念高** 同治十年辛未六月十七日子時生於瀘州鳳儀鄉三甲地名小灣子

羅氏 光緒八年辛巳正月十八日子時光緒廿七年辛丑全月十四日午時故於瀘州鳳儀鄉三甲地名小灣子葬於潘灣艮山坤向
生子一 光彬

蔡氏 光緒十五年己丑七月十四日巳時民國九年庚申四月初五日未時故於呈灣屋基葬於潘灣艮山坤向
生子一 光楷

八世 念高長子 **光彬** 光緒廿四年戊戌九月廿二日午時生於瀘州鳳儀鄉三甲地名小灣子

鄧氏 光緒廿二年丙申全月十三日巳時生於王灣屋基
生子二 先萬 先發

九世 光彬長子 **先萬** 民國十三年甲子六月十九日辰時生於瀘州鳳儀鄉三甲地名回龍灣屋基

九世　光彬次子　**先發**
民國十六年丁卯四月廿一日卯時生於瀘州鳳儀鄉大垣子屋基

八世　念高次子　**光楷**
光緒卅四年戊申九月卅日寅時生於瀘州鳳儀鄉三甲地名綿花山屋基

袁氏
光緒卅二年丙午八月十二日寅時生於棠子溝屋基
生子一　先清

九世　光楷之子　**先清**
民國十五年丙寅二月十五日戌時生於瀘州鳳儀鄉三甲地名香口岩屋基

七世　維光四子　**念永**
光緒五年己卯四月廿一日寅時生於瀘州鳳儀鄉三甲地名小塝子屋基葬於小塝子宅后壬山丙向

周氏
光緒六年庚辰三月十四日戌時生於永川樂善鄉監田按屋基
生子四　光銀　光海　光洒　光汪

八世　念永長子　**光銀**
光緒廿五年己亥冬月十五日未時生於瀘州鳳儀鄉三甲地名馬石包

毛氏
光緒卅五年己亥冬月初七日午時生於新垣子屋基

八世 念永次子 光海 光緒卅一年乙巳九月廿八日卯時生於瀘州鳳儀鄉三甲地名棉花山屋基

八世 念永三子 光泗 民國元年壬子五月廿三日戌時生於瀘州鳳儀鄉三甲地名小彎子屋基

八世 念永四子 光汪 民國七年戊午三月十二日申時生於瀘州鳳儀鄉三甲地名小彎子屋基

五世 文邦三子 朝容 嘉慶十八年癸酉十二月十九日亥時生於瀘州鳳儀鄉三甲地名陳玉美光緒三年丁丑四月初四日戌時故於瀘州鳳儀鄉共甲地名小彎子葬於小彎宅內壬山丙向

張氏 嘉慶十五年庚午十月廿二日未時生於瀘州安賢鄉六甲地名石馬壩近楊官田同治二年癸亥八月十四日未時故於瀘州鳳鳳鄉三甲地名小彎葬於小彎子壬山丙向

生子五　維紋　維經　維綱　維亮　維敏

六世 朝容長子 維紋 道光十年庚寅五月初十日巳時光緒十八年壬辰六月十六日葬於潘艮山坤向

李氏 光道七年丁亥十月初七日午時生

生子三　念銀　念林　念鈞

七世 維紋長子 念銀

陳氏 生子一 光興

八世 念銀長子 光興

七世 維紋次子 念林

鍾氏 生子二 光廷 光河

八世 念林長子 光廷 同治十年辛未十二月初十日戌時生

八世 念林次子 光河 同治十二年癸酉十月初一日午時生

七世 維紋三子 **念均**

咸豐六年丙辰七月廿七日生於瀘州鳳儀鄉三甲地名小礜子民國八年己未又七月初六日辰時卒葬於後山壬山丙向

冷氏

咸豐四年甲寅六月十六日子時宣統二年庚午冬月十一日辰時故於三甲地名潘溝頭葬於小礜子壬山丙向

生子一　光禮

八世 念均之子 **光禮**

光緒元年乙亥冬月廿一子日時生

六世 朝容次子 **維經**

六世 朝容三子 **維綱**

道光廿年庚子五月十四日午時生於瀘州鳳儀鄉三甲地名小礜子民國四年乙卯三月十八日未時故於瀘州鳳儀鄉三甲

程氏

道光廿三年癸卯六月十六日午時光緒三年丁丑七月初四日未時葬於 潘礜壬山丙向

生子一　念恩

七世 維綱之子 **念恩**

光緒卅三年丁未十月廿二日子時故於瀘州鳳儀鄉三甲地名　壬山丙向

鄧氏

生子五　光惠　光欽　光修　光杰　光位

八世 念恩長子 光惠 光緒十八年壬辰冬月初六日亥時瀘生於州鳳儀鄉三甲地名小壩子屋基

任氏 光緒十五年己丑七月初九日寅時生於瀘州鳳儀鄉水井壩屋基 生子一 先政

九世 光惠之子 先政 民國四年丙辰十二月十三日卯時生於瀘州鳳儀鄉三甲地名小壩十屋基

八世 念恩次子 光欽 光緒廿年甲午十月廿八日午時生於瀘州鳳儀鄉三甲地名小壩子屋基

王氏 光緒廿二年丙申三月十五日寅時生於永川縣樂善鄉六甲地名大溝頭 生子一 先治

九世 光欽之子 先治 民國十二年癸亥十二月十九日戌時生於水[illegible]井屋基

八世 念恩三子 光修 光緒廿六年庚子五月廿一日寅時生於瀘州鳳儀鄉三甲地名小壩子

八世 念恩四子 **光杰**
光緒廿九年癸卯九月初四日卯時生於瀘州鳳儀鄉三甲地名小壆子

八世 念恩五子 **光位**

六世 顯容四子 **維亮**
道光廿六年丙午前五月初八日戌時生於瀘州鳳儀鄉三甲地名小壆子光緒卅一年乙巳五月廿六日辰時故於瀘州鳳儀鄉三甲葬於潘壆壬山丙向

張氏
道光廿五日乙巳十二月十三日巳時生於瀘州安賢鄉六甲地名與龍屋基同治年十一年壬申冬月廿三日辰時故於瀘州鳳儀鄉三甲地名小壆子
生子二　念儒　念經

七世 維亮長子 **念儒**
同治四年乙丑冬月十二日辰時生於瀘州鳳儀鄉三甲地名小壆子

杜氏
同治元年壬戌正月十二日子時生於合江縣上湄支八甲地名跳蹬子
生子一　光成

八世 念儒長子 **光成**
光緒十年丁亥八月初八日戌時生於瀘州鳳儀鄉三甲地名小壆子

杜氏
光緒十九年乙未六月十七日午時生於永甯子橋小
生子二　先靖　先聲

粘坑村徐氏族譜

一

九世 光成長子 **先靖**

民國九年庚午五月廿二日辰時生於河邊上

九世 光成次子 **先聲**

民國十五年丙寅二月十二日子時生於瀘州鳳儀鄉三甲地名小壆子屋基

七世 維亮次子 **念穩**

六世 朝容五子 **維敏**

咸丰三年癸丑七月十五日子時生於瀘州鳳儀鄉三甲地名小壆子

張氏

道光廿九年巳酉六月廿七日午時光緒六年庚辰十二月初五日午時故於瀘州鳳儀鄉三甲地名小壆子

生子四　念湧　念美　念存　念煥

賴氏

七世 維敏長子 **念湧**

同治八年辛未五月初五日午時生於瀘州鳳儀鄉三甲地名小壆子

梅氏

光緒三年丁丑冬月廿六日午時生於崇德山坎下屋基

生子一　光前

八世　念湧長子　**光前**　光緒廿七年辛丑九月廿六日寅時生於瀘州鳳儀鄉三甲地名小山頭

張氏　光緒廿五年己亥九月十一日酉時生於米大還坎下垣子新屋基　生子二　先樹　先火

九世　光前長子　**先樹**　民國十年辛酉十月初四日子時生於瀘州鳳儀鄉三甲地名張九灣屋基

九世　光前次子　**先火**　民國十二年癸亥十一月十四日丑時生於瀘州鳳儀鄉三甲地名張九灣

七世　維敏次子　**念美**　同治十年壬申十月初三日午時生於瀘州鳳儀鄉三甲地名小灣子

蔣氏　光緒六年庚辰二月十九日午時生五殊山屋基

七世　維敏三子　**念存**　光緒廿年甲午冬月十三日辰時生於瀘州鳳儀鄉三甲地名小灣子

鄧氏　光緒廿三年丁酉七月廿三日卯時生於永川樂善鄉黄坭堡　生子三　光先　光松　光火

八世 念存長子 光 民國五年丙辰冬月卅日亥時生於瀘州鳳儀鄉三甲地名松林塆

八世 念存次子 光松 民國九年庚申冬月廿六日午時生於瀘州鳳儀鄉三甲地名小塆子

八世 念存三子 光火 民國十三年甲子七月十七日未時生於瀘州鳳儀鄉三甲地名程塆屋基

七世 維鍍四子 念煥 光緒廿九年癸卯八月初八日子時生於瀘州鳳儀鄉三甲地名小塆子

羅氏 光緒廿六年庚子四月初八日生

五世 文邦四子 朝冠 道光元年辛巳十一月廿二日子時生於瀘州鳳儀鄉三甲地名大垣子同治元年壬戌二月初四日卯時故於瀘州鳳儀鄉三甲地名小塆子

孫氏 嘉慶廿四年己卯正月十八日酉時生於瀘州鳳儀鄉三甲地名通踏林光緒廿八年壬寅正月十四日酉時故於瀘州鳳儀鄉三甲地名小塆子生子二 維芳 維華

六世　朝冠長子　**維芳**

道光十一年辛丑三月卅日子時生於瀘州鳳儀鄉三甲地名小壩子民國四年乙卯七月十六日酉時故於瀘州鳳儀鄉三甲地名水井坎葬於小壩子宅後艮山坤向

劉氏

道光廿四年甲辰全月十九日巳時生於常樂寺石墒上民國十三年甲子七月十六日未時故於瀘州鳳儀鄉三甲地名小壩子葬於祖塋坟艮山坤向

生子一　念有

七世　維芳之子　**念有**

同治六年丁卯八月初十日生於瀘州鳳儀鄉三甲地名小壩子

羅氏

同治十二年癸卯七月廿六日午時生於永川縣樂善鄉　房

生子六　光洪　光炳　光富　光貴　光全　光福

八世　念有長子　**光洪**

光緒廿年甲午二月初六日巳時生於瀘州鳳儀鄉三甲地名小壩子

李氏

生子一　先發

八世　光洪之子　**先發**

光緒卅四年戊申十二月廿三日子時生於瀘州鳳儀鄉石墒上

八世　念有次子　**光炳**

光緒廿二年丙申五月十三日亥時生於瀘州鳳儀鄉三甲地名小壩子

粘坑村徐氏族譜

八世 念有三子 光富 光緒廿四年戊戌冬月初九日亥時生於瀘州鳳儀鄉三甲地名小壩子

九世 念有四子 光貴 光緒廿六年庚子冬月初六日亥時生於瀘州鳳儀鄉三甲地名小壩子

王氏 光緒廿三年丁酉九月十四日未時生於石龍台屋基
生子一 先榮

九世 光貴之子 先榮 民國十四年辛酉二月初一日亥時生於瀘州鳳儀鄉三甲地名小壩子

八世 念有五子 光全

八世 念有六子 光福 民國五年丙辰二月十二日申時

六世
韓冠次子

維萃

道光卅年庚戌五月廿一日辰時生於瀘州鳳儀鄉三十地名小壩子光緒卅三年丁未十月初十日戌時壽終葬於潘灣艮山坤向

溫氏

咸丰八年戊午冬月十七日子時生
生子一　念揚

七世
維萃之子

念揚

葬於祖山壬山丙向

謝氏

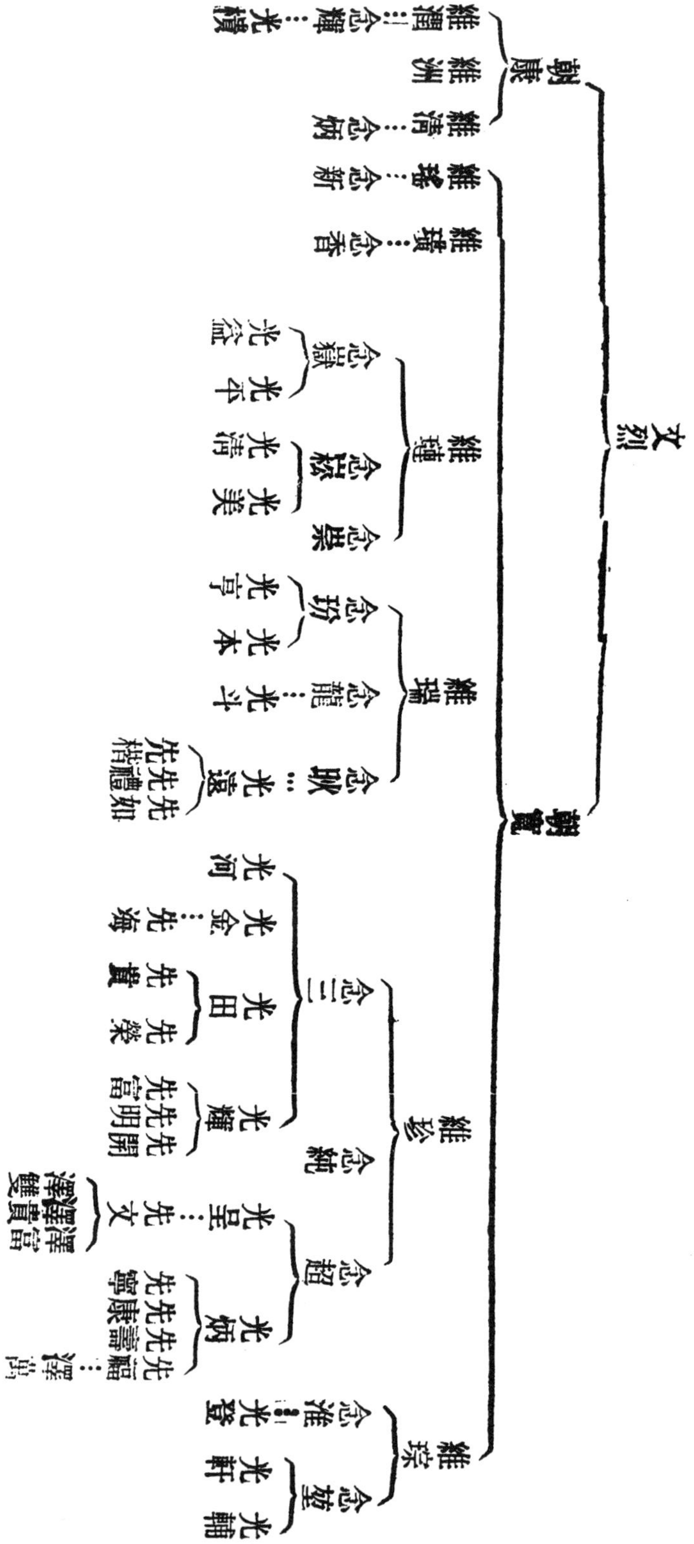

文烈
朝康
維潤…念燀…光櫝
維洲
維清…念炳
朝寬
維瑤…念新
維璜…念香
維璉
念嶽
光全
光益
光平
念崧
光清
光美
念塋
維瑞
念玢
光亨
光本
念龍…光斗
念耿…光遠
先如
先禮
先楷
維珍
念三
光河
光金…先海
光田
先貴
先榮
光輝
先開
先明
先富
念純
念超
光呈…先文
澤富
澤貴
澤書
澤雙
光炳
先福…澤昌
先壽
先康
先寧
維琛
念進…光登
念堃
光軒
光輔

四世 樂禧四子 **文烈**
乾隆五十三年戊申十月初一日子時生於瀘州鳳儀鄉三甲地名陳玉美道光廿八年戊
申十月十六日卯時故於本鄉地名大垣子葬於關坪側近有合排碑爲記亥山己向

劉氏
乾隆五十三年戊申十月初一日子時生於瀘州安賢鄉四甲地名斷田坎咸豐元年辛亥
二月三十日亥時故於瀘州鳳儀鄉三甲地名大垣子葬於伏龍屋基側左坎灣頭有合排
碑爲記戌山辰向
生子二　朝寬　朝康

五世 文烈三子 **朝寬**
嘉慶十四年己巳八月十九日巳時生於瀘州鳳儀鄉三甲地名大垣子光緒廿八年壬寅
正月廿一日午時故於鳳儀鄉三甲地名伏龍葬於關坪側右有合排碑爲記戌山辰向

孫氏
嘉慶十六年辛未二月初五日未時生於瀘州鳳儀鄉三甲地名江跳灣光緒五年己卯四
月十六日未時故於鳳儀鄉共甲地名伏龍坝葬於四明塲出去下朱家沱大路側右坎灣
頭古姓側左戌山辰向
生子六　維琮　維珍　維瑞　維璁　維璜　維瑤

六世 朝寬長子 **維琮**
道光十一年辛卯七月廿九日卯時生於瀘州鳳儀鄉三甲地名大垣子

黃氏
道光九年己丑七月廿九日戌時生於瀘州鳳儀鄉三四兩甲地名吳大灣光緒十一年乙
酉三月初五日申時故於瀘州鳳儀鄉三甲地名伏龍屋基
生子二　念筌　念灌

七世 維琮長子 **念筌**
咸丰五年乙卯冬月十三日子時生於瀘州鳳儀鄉三甲地名觀坎下光緒十九年癸巳五
月十九日午時生於瀘州鳳儀鄉三甲地名伏龍屋基葬於玉皇觀坎下

羅氏
咸豐六年丙辰五月廿四日子時生於瀘州安賢鄉六甲地名斷田坎側近機房
生子二　光輔　光軒

八世 念筌長子 **光輔**
光緒十年甲申又五月初九日亥時生於瀘州鳳儀儀三甲地名伏龍屋基

八世 念旋次子 **光軒**

光緒十七年辛卯全月初三日　時生於瀘州鳳儀鄉三甲地名伏龍屋基

七世 維琮次子 **念淮**

咸丰八年戊午六月初十日辰時生於瀘州鳳儀鄉三甲地名觀坎下新屋基民國十年辛酉三月廿八日辰時故於江津思里五都七甲地名香林屋基

商氏

咸豐八年戊午九月初五日民國六年丁巳正月初九日

生子一　光登

八世 念淮長子 **光登**

六世 朝寬次子 **維珍**

道光十三年癸巳七月廿二日亥時生於瀘州鳳儀鄉三甲地名大垣屋基同治八年己巳八月廿二日酉時瀘州鳳儀鄉三甲地名伏龍屋基葬於玉皇觀宅後

楊氏

道光十六年丙申十月十五日卯時生於瀘州安賢鄉六甲地名文定砦屋基民國五年丙辰十月廿一日丑時故於瀘州鳳儀鄉三甲地名伏龍屋基葬於側左劉氏祖側右戌山辰向

生子三　念超　念純　念三

七世 維珍長子 **念超**

咸豐五年乙卯四月廿日戌時生於瀘州鳳儀鄉三甲地名觀坎下新屋基民國十三年甲子十月初九日戌時故於瀘州鳳儀鄉三甲地名伏龍基屋葬於伏龍屋基後側左

胡氏

咸豐三年癸丑七月初九日戌時生於瀘州鳳儀鄉六甲地名周村屋基宣統三年辛亥又六月初十日戌時故於瀘州鳳儀鄉六甲地名碑坡屋基葬於譚子塆屋基後坎上亥山巳向

生子二　光炳　光呈

八世　念超長子　光炳　光緒三年丁丑冬月廿八日戌時生於瀘州鳳儀鄉三甲地名伏龍屋基

胡氏　光緒四年戊寅二月廿四日生於瀘州安賢鄉六甲地名黃坭坳屋基
生子四　先福　先壽　先康　先寧

九世　光炳長子　先福　光緒廿六年庚子四月初七日子時生於瀘州鳳儀鄉三甲地名碑彎屋基

鄧氏　光緒廿六年庚子四月初七日子時生於永川之方朝山屋基
生子一　澤萬

十世　先福之子　澤萬　民國十一年癸亥五月初三日卯時生於瀘州鳳儀鄉三甲地名伏龍屋基

九世　光炳次子　先壽　光緒廿八年壬寅全月廿二日巳時生於瀘州鳳儀鄉三甲地名碑彎屋基

九世　光炳三子　先康　光緒卅二年丙午四月廿四日酉時生於瀘州鳳儀鄉三甲地名碑彎屋基

李氏　光緒卅一年乙巳九月初三日丑時生於江津五都

粘坑村徐氏族譜

九世 光炳四子 先寧 民國元年壬子正月卅日申時生於瀘州鳳儀鄉三甲地名碑塆屋基

八世 念超次子 光呈 光緒九年癸未九月十九日子時生於瀘州鳳儀鄉三甲地名伏龍屋基

艾氏 光緒七年庚辰十二月廿五日辰時生於瀘州鳳儀鄉三甲地名迴龍塆 生子一 先文

九世 光呈之子 先文 光緒廿七年辛丑八月廿七日寅時生於瀘州鳳儀鄉三甲地名碑塆屋基

譚氏 光緒廿三年丁酉九月初五日子時生於瀘州鳳儀鄉三甲地名麻柳樹 生子三 澤富 澤貴 澤雙

九世 先文長子 澤富 民國十年辛酉四月十八日辰時生於瀘州鳳儀鄉三甲地名伏龍屋基

九世 先文次子 澤貴 民國十二年癸亥七月廿七日丑時生於瀘州鳳儀鄉三甲地名伏龍屋基

十世 先文三子 **澤雙** 民國十四年乙丑十月廿一日子時生於瀘州鳳儀鄉三甲地名伏龍屋基

七世 維珍次子 **念純** 咸豐八年戊午五月初二日申時生於瀘州鳳儀鄉三甲地名黃龍山光緒卅三年丁未冬月十八日戌時故於瀘州鳳儀鄉三甲地名伏龍屋基

熊氏

黎氏

七世 維珍三子 **念三** 同治元年壬戌冬月初一日寅時生於瀘州鳳儀鄉三甲地名黃龍山民國十三年甲子十月初二日子時瀘州鳳儀鄉三甲地名地伏龍屋基葬於伏龍屋基側左

熊氏 同治七年戊辰臘月初八日辰時生於瀘州安賢鄉六甲地名陳艾田
生子四　光輝　光田　光金　光河

八世 念三長子 **光輝** 光緒廿四年戊戌十月十二日亥時生於瀘州鳳儀鄉三甲地名伏龍屋基

王氏 光緒廿一年乙未八月廿三日戌時生於瀘州安賢鄉六甲地名瘦屋基
生子三　先開　先明　先富

九世 光輝長子 **先開** 民國八年己未六月十二日寅時生於瀘州鳳儀鄉三甲地名伏龍屋基

粘坑村徐氏族譜

九世 光輝次子 先明 民國十七年戊辰五月十三日未時生於瀘州鳳儀鄉三甲地名伏龍屋基

九世 光輝三次 先富 民國十四年乙丑五月初十日 生於瀘州鳳儀鄉三甲地名雨山子屋基

八世 念三次子 光田 光緒廿八年壬寅三月初十日戌時生於瀘州鳳儀鄉三甲地名伏龍屋基

羅氏 光緒廿八年壬寅五月廿五日午時生於江津五都 甲地名大田坎基屋 生二子 先榮 先貴

九世 光田長子 先榮 民國十一年壬戌冬月十二日卯時生於瀘州鳳儀鄉三甲地名伏龍屋基

九世 光田次子 先貴 民國十四年乙丑十一月廿二日子時生於瀘州鳳儀鄉三甲地名伏龍屋基

八世 念三三子 **光金** 光緒卅一年乙巳正月初一日亥時生於瀘州鳳儀鄉三甲地名伏龍屋基

楊氏 光緒廿九年癸卯全月十七日子時生於瀘州安賢鄉六甲地名瘦地塆屋基
生子一 先海

九世 光金之子 **先海** 民國十八年己巳正月廿九日寅時生於瀘州鳳儀鄉三甲地名伏龍屋基

八世 念三四子 **光河** 宣統二年庚戌三月十二日寅時生於瀘州鳳儀鄉三甲地名伏龍屋基

六世 朝寬三子 **維瑞** 道光十八年戊戌六月十四日亥時生於瀘州鳳儀鄉三甲地名大垻子屋基民國八年己未九月初九日丑時故於瀘州鳳儀鄉三甲地名瓦　葬於關坪文烈祖墓側左

高氏 道光廿年庚子二月廿日午時生於瀘州鳳儀鄉三甲地名金子山光緒廿八年壬寅五月初三日子時故於瀘州鳳儀鄉共甲地名伏龍屋基葬於天堂灣側右辛山乙向
生子三 念耿 念龍 念玢

七世 維瑞長子 **念耿** 咸豐九年己未八月十六日子時生於瀘州鳳儀鄉三甲地名觀坎下新屋基民國十年辛酉三月廿八日　時瀘州鳳儀鄉三甲地名瓦山屋基葬於伏龍屋基後側右

鍾氏 咸豐七年丁巳全月初五日子時生於瀘州安賢鄉六甲地名松林坡
生子一 光遠

八世 念脥長子 **光遠** 光緒六年庚辰四月十二日申時生於瀘州鳳儀鄉三甲地名伏龍屋基

劉氏 光緒六年庚辰二月廿六日戌時生於瀘州安賢鄉六甲地名高垣子屋基
生子三 先如 先禮 先楷

九世 光遠長子 **先如** 光緒廿六年庚子五月初九日申時生於瀘州鳳儀鄉三甲地名伏龍屋基

九世 光遠次子 **先禮** 光緒卅三年丁未十月十三日午時生於瀘州鳳儀鄉三甲地名伏龍屋基

張氏 光緒卅二年丁未二月初七日戌時生於瀘州鳳儀鄉四甲地名五斗坵屋基

九世 光遠三子 **先楷** 民國十年辛酉四月廿五日申時生於瀘州鳳儀鄉三甲地名瓦廠屋基

七世 維瑞次子 **念龍** 同治元年壬戌十月十二日寅時生於瀘州鳳儀鄉三甲地名黃龍山宣統三年辛亥二月初　日未時故葬瀘州鳳儀鄉共甲地名伏龍屋基葬於宗祠后側左

艾氏 同治九年庚午八月初五日丑時生於瀘州安賢鄉四甲地名洞坎光緒十九年癸巳十月廿六日卯時故於瀘州鳳儀鄉三甲地名伏龍屋基
生子一 光斗

八世
念龍長子
光斗
光緒十七年辛卯冬月十九日午時生於瀘州鳳儀鄉三甲地名伏龍屋基

七世
維瑞三子
念玢
同治七年戊辰前四月廿日辰時生於瀘州鳳儀鄉三甲地名伏龍屋基民國十年壬戌冬月廿五日未時故於瀘州鳳儀鄉三甲地名伏龍屋基葬於宗祠側后

羅氏
光緒五年己卯七月初三日卯時生於瀘州鳳儀鄉三甲地名獅子塆生子二　光本　光亨

八世
念玢長子
光本
光緒卅年甲辰十一月十三日丑時生於瀘州鳳儀鄉三甲地名伏龍屋基

八世
念玢次子
光亨
光緒卅三年丁未仝月廿四時巳時生於瀘州鳳儀鄉三甲地名伏龍屋基

六世
朝寬四子
維璉
道光廿二年壬寅六月廿六日午時生於瀘州鳳儀鄉三甲地名大垇子光緒廿六年庚子冬月十一日酉時故於瀘州鳳儀鄉三甲地名黃龍山屋基葬於側右戌山辰向兼乾巽

李氏
道光廿三年癸卯七月廿六日戌時生於瀘州鳳儀鄉三甲地名黃壽塆光緒卅一年乙巳仝月初四日子時故於瀘州鳳儀鄉三甲地名黃龍山屋基葬於側右戌山壬向生子三　念崇　念崧　念嶽

七世 維璉長子 **念榮** 同治八年己巳三月十四日未時生於瀘州鳳儀鄉三甲地名伏龍屋基

謝氏 同治六年丁卯冬月十一日　時生於瀘州鳳儀鄉三甲地名老房子

七世 維璉次子 **念崧** 同治十年辛未五月十四日寅時生於瀘州鳳儀鄉三甲地名黃龍山民國十五年丙寅三月初九日戌時故於瀘州鳳儀鄉三甲地名黃龍山葬於側右庚山甲向兼酉卯向

楊氏 同治十一年壬申三月廿六日申時生於瀘州鳳儀鄉三申地名抱兒嶝
生子二　光美　光清

八世 念崧長子 **光美** 光緒廿九年癸卯五月廿七日申時生於瀘州鳳儀鄉三年地名黃龍山屋基

八世 念崧次子 **光清** 光緒卅二年丙午二月初二日子時生於瀘州鳳儀鄉三甲地名黃龍山屋基

七世 維璉三子 **念嶽**

張氏 光緒十五年己丑九月廿九日戌時生於瀘州小河街
生子二　光平　光益

八世 念嶽長子 **光平**
民國二年癸丑九月初六日子時生於瀘州鳳儀鄉三甲地名黄龍山屋基

八世 念嶽次子 **光淼**
民國五年丙辰全月十二日亥時生於瀘州鳳儀鄉三甲地名黄龍山屋基

六世 朝寬五子 **維璜**
道光廿四年甲辰六月十六日亥時生於瀘州鳳儀鄉三甲地名大垣子民國七年戊午九月十三日辰時故於瀘州鳳儀鄉三甲地名陳玉美屋基葬於伏龍屋基側左

劉氏
道光廿五年乙巳十月廿二日卯時生於瀘州安賢鄉六甲地名尖山子民國十一年壬戌冬月廿七日辰時故於瀘州鳳儀鄉三甲地名染房屋基葬於陳玉美屋基側近
生子一　念香

七世 維璜之子 **念香**
光緒六年庚辰八月廿六日卯時生於永川樂善鄉三甲地名望朝山

陳氏
光緒六年庚辰八月廿六日卯時生於永川樂善鄉三甲地名望朝山民國十五年丙寅四月初一日辰時故於瀘州鳳儀鄉三甲地名染房屋基

六世 朝寬六子 **維瑤**
道光廿六年丙午五月初十日巳時生於瀘州鳳儀鄉三甲地名大垣子屋基光緒卅四年戊申二月初八日子時故於瀘州鳳儀鄉三甲地名黄龍山屋基

張氏
道光廿五年乙巳七月初十日酉時生於瀘州鳳儀鄉三甲地名土主塲中街舖居民國四年乙卯冬月十五日卯時故於瀘州鳳儀鄉三甲地名古家壪屋基
生子一　念新

七世 維瑤之子 念新

五世 文烈次子 朝康 道光七年丁亥八月廿八日卯時生於瀘州鳳儀鄉三甲地名大垣子光緒十二年丙戌九月初七日酉時故於瀘州鳳儀鄉三甲地名大垣子葬於鬮坪有令排碑爲記亥山己向

何氏 道光三年癸未八月初二時巳時生於瀘州安賢鄉六甲地名石馬塝道士壆光緒十九年癸巳十二月初九日戌時故於瀘州鳳儀鄉三甲地名大垣子
生子三 維清 維洲 維潤

六世 朝康長子 維清 咸豐二年壬子四月十九日酉時生於瀘州鳳儀鄉三甲地名大垣子宣統元年己酉定月廿六日午時故於瀘州鳳儀鄉三甲地名大垣子

張氏 咸豐九年己未十月初五日戌時生於瀘州鳳儀鄉六甲地名大房子屋基民國六年丁巳十月初一日戌時故於瀘州鳳儀鄉三甲地名大垣子
生子一 念炳

七世 維清長子 念煥

張氏

六世 朝康次子 維洲 咸豐四年甲寅冬月廿五日午時生於瀘州鳳儀鄉三甲地名大垣子

六世 朝康三子 維潤 同治七年戊辰九月廿八日申時生於瀘州鳳儀鄉三甲地名大垣子
鄧氏
夏氏 同治十一年壬申九月初九日寅時生於瀘州鳳儀鄉三甲地名上邊民國十六年丁卯十月初五日子時故於瀘州鳳儀鄉三甲地名大垣子
生子一 念輝

七世 維潤長子 念輝
陳氏 生子一 光橫

八世 念輝長子 光橫 民國十七年戊辰九月廿三日未時生於瀘州鳳儀鄉三甲地名大垣子屋基

文

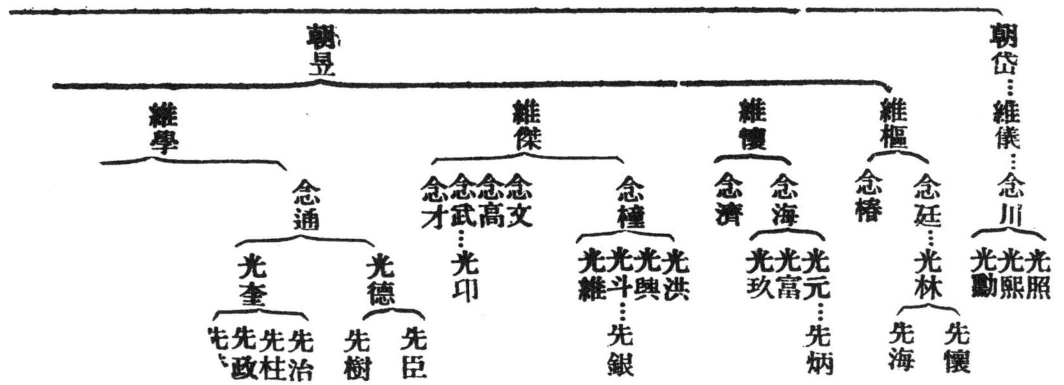
朝昱
維學
念通
光奎
先治
先杜
先政
先
光德
先臣
先樹
維傑
念文
念高
念武
念才
光印
念橦
光洪
光興
光斗
光維
先銀
維懷
念海
念濟
光元
光富
光玖
先炳
維樞
念廷
念榕
光林
先懷
先海
朝岱
維儀
念川
光照
光熙
光勳

四世 樂禧四子 **文松** 乾隆五十六年辛亥四月十六日亥時生於瀘州鳳儀鄉三甲地名陳玉美道光十三年癸巳七月初二日未時本州本鄉本甲地名葬於兩河口青杆灣宅右巽山乾向

郭氏 乾隆五十九年甲寅十月初五日辰時生於瀘州鳳儀鄉鹽井壩小灣子屋基同治九年庚午十月初一日申時故於瀘州鳳儀鄉三甲地名陳屋基葬於陳屋基宅后申山庚向
生子五 朝佾 朝昺 朝晏 朝鼎 朝彥

五世 文松長子 **朝佾** 嘉慶十四年己巳六月廿三日辰時生於瀘州鳳龍鄉三甲地名陳屋基道光十六年丙申四月十九日卯時故於瀘州鳳儀鄉三甲陳屋基葬於陳屋基宅后

張氏 嘉慶十五年庚午五月十三日寅時生於瀘州鳳儀鄉三甲地名立石站近站坎道光廿一年辛丑五月廿七日午時故於瀘州鳳龍鄉三甲本身屋基葬於宗祠宅后庚山甲向
生子一 維儀

六世 朝佾之子 **維儀** 道光十六年丙申九月初二日丑時生於瀘州鳳儀鄉三甲地名陳屋基光緒九年癸未正月廿八日卯時故於永川縣樂善鄉三甲地名大坟壩葬於私滿乙山辛向

馬氏 道光十五年乙未六月廿日丑時生於重慶府永川縣老樂鄉三甲地名秧田屋基葬於毛貓岩
生子一 念川

七世 維儀之子 **念川** 同治六年丁卯九月初七日卯時生於瀘州鳳儀鄉三甲地名陳屋基民國十年壬戌正月廿七日午時故於瀘州鳳儀鄉三甲地名銅彭寺葬於宗祠宅后

鮑氏 光緒十二年丙戌四月十八月卯時生於四川嘉定府中街菴子舖居
生子三 光照 光熙 光勳

八世 念川長子 **光照** 光緒廿四年戊申二月廿六日卯時生於瀘州鳳儀鄉三甲地名土主場街上

八世 念川次子 **光熙** 民國元年壬子四月廿日卯時生於瀘州鳳儀鄉三甲地名宗祠

八世 念川三子 **光勳** 民國三年甲寅十月初三日巳時生於瀘州鳳儀鄉三甲地名莫家河近宗祠

五世 文松次子 **朝昱** 嘉慶十六年辛未二月十一日卯時生於瀘州鳳儀鄉三甲地名陳屋基光緒廿一年乙未二月初十日巳時故於瀘州鳳儀鄉生身屋基葬於陳屋基宅后乙山辛向

李氏 嘉慶十七年壬申二月廿日卯時生於瀘州安賢鄉六甲地名鮑家壩坟上石嘴光緒二年丙戌六月廿一日午時故於瀘州鳳儀鄉三甲地名陳屋基葬於陳屋基宅後乙山辛向 生子五 維樞 維楨 維傑 維學 維孝

六世 朝昱長子 **維樞** 號曉三 道光十五年乙未八月初七日申時生於瀘州鳳儀鄉三甲地名陳屋基

季氏 生子二 念廷 念椿

七世 維樞長子 **念廷**

王氏 生子一 光椿

八世 念廷長子 **光林**

號玉廷光緒十五年巳丑四月廿六時卯時生於瀘州鳳儀鄉三甲地名陳屋基民國十六年丁卯冬月初四日戌時故於瀘州鳳儀鄉三甲地名陳屋基葬於陳屋基宅後大坆包

易氏

光緒十六年庚寅九月廿二日卯時生於瀘州安賢鄉六甲地名轉木灣屋基
生子二 先懷 先海

九世 光林長子 **先懷**

民國五年丙辰七月初一日酉時生於瀘州鳳儀鄉三甲地名陳屋基

九世 光林次子 **先海**

民國九年己未冬月初三日卯時生於瀘州鳳儀鄉三甲地名陳屋基

七世 維楓次子 **念椿**

民國九年庚申六月初一日午時故於瀘州鳳儀鄉三甲地名陳屋基葬於陳屋基宅后

張氏

光緒六年庚辰七年初五日午時生於瀘州鳳儀鄉三甲地名石猪磄

六世 朝昱次子 **維懷**

號金三 道光十八年戊戌後四月十六日亥時生於瀘州鳳儀鄉三甲地名陳屋基

杜氏

道光廿一年辛丑五月廿七日亥時生於重慶府江津縣思里五部七甲地名杜灣頭民國六年丁巳二月廿日卯時故於瀘州鳳儀鄉三甲地名陳屋基葬於陳屋基宅后乙山辛向
生子二 念海 念濟

七世 維懷長子 **念海** 咸丰九年己未二月十七日酉時生於瀘州鳳儀鄉三甲地名陳屋基民國十一年壬戌三月十四日故於瀘州鳳儀鄉三甲地名壽沖屋基葬於宗祠宅后甲山庚向

雷氏 咸豐十年庚申九月廿二日戌時生於瀘州安賢鄉六甲地名石龍山民國十三年甲子仝月廿七日酉時故於瀘州鳳儀鄉三甲地名猪膘子葬於陳屋基宅后

生子三 光元 光富 光玖

八世 念海長子 **光元** 號益山 光緒四年戊寅九月廿二日未時生於瀘州鳳儀鄉三甲地名陳屋基

生子一 先炳

九世 光元長子 **先炳** 民國十三年甲子三月十九日辰時生於瀘州鳳儀鄉三甲地名河邊上

八世 念海次子 **光富**

八世 念海三子 **光玖** 號久川 光緒十四年戊子三月廿九日申時生於瀘州鳳儀鄉三甲地名陳屋基

羅氏 光緒廿七年辛丑九月廿三日亥時生於重慶永川縣樂善鄉四甲地名五塊田屋基

七世 維懷次子 **念濟**

民國七年戊午九月初十日亥時故於瀘州鳳儀鄉三甲地名葬於陳玉美屋基宅后左邊

六世 魁昱三子 **維傑**

道光廿年庚子十月初七日午時生於瀘州鳳儀鄉三甲地名陳屋基宣統三年辛亥十月廿二日子時故於瀘州鳳儀鄉三年地名燕子岩葬於陳屋基宅後乙山辛向

張氏

道光廿九年己酉五月十二日午時生於瀘州里仁鄉四甲地名桀子坡民國三年甲寅九月廿四日午時故於瀘州鳳儀鄉六甲地名燕子岩葬於陳屋基宅後乙山辛向

生子五　念檀　念文　念高　念武　念才

七世 維傑長子 **念檀**

民國十五年丁卯十二月初八日酉時故於川東道重慶府永川縣樂善鄉三甲地名大溝頭葬於陳屋基宅左乙山辛向

張氏

生子四　光洪　光興　光斗　光維

八世 念檀長子 **光洪**

光緒廿二年丙申八月初三日丑時生於瀘州鳳儀鄉四甲地名道士窩

周氏

八世 念檀次子 **光興**

光緒廿六年庚子二月廿二日酉時生於瀘州鳳儀鄉三甲地名觀音溝

八世 念檣三子 **光斗** 光緒卅三年丁未正月十七日亥時生於川東道重慶府樂善鄉三甲地名金銀灣

管氏 宣統三年辛未九月廿三日未時生於重慶府永川縣樂善鄉地名苦竹溝 生子一先銀

九世 光斗長子 **先銀** 民國十七年戊辰五月十一日申時生於重慶府永川縣樂善鄉四甲地名奥溝頭

八世 念檣四子 **光維** 宣統三年辛亥冬月十一日亥時生於重慶府永川縣樂善鄉四甲地名中嘴之尾基

七世 維傑次子 **念文** 光緒六年庚辰三月十六日酉時生於瀘州鳳儀鄉三甲地名鬧山堡民國七年戊午五月十四日未時故於瀘州鳳儀鄉三甲地名立石站

七世 維傑三子 **念高** 光緒九年癸未三月十六日辰時生於瀘州鳳儀鄉六甲地名燕子岩

七世　維傑四子　**念武**　光緒十二年丙戌五月初三日丑時生於瀘州鳳儀鄉三甲地名燕子岩

石氏　光緒十六年庚寅五月初四日卯時生於瀘州鳳儀鄉六甲地名垣塘灣　生子一　光印

八世　念武長子　**光印**　光緒卅二年丙午四月初二日午時生於重慶府永川縣樂善鄉四甲地名文家坪

王氏　宣統三年辛亥十月十三日卯時生於瀘州鳳儀鄉三甲地名毛相沖

七世　維傑五子　**念才**　號大興　光緒十五年己丑冬月廿二日戌時生於瀘州鳳儀鄉六甲地名燕子岩

詹氏　光緒廿五年己亥四月初八日卯時生於江縣思里五都陶家壩

六世　朝昆四子　**維學**　道光廿三年癸卯十二月十八日戌時生於瀘州鳳儀鄉三甲地名劉四海屋基民國十三年甲子二月十三日寅時故於瀘州鳳儀鄉三甲地名九如材屋基葬於劉壩醋房右邊坤山乙向

楊氏　道光廿一年辛丑冬月初五日戌時生於重慶府永川縣近善鄉三甲地名灯杆堡民國十年辛酉六月初七日午時故於瀘州鳳儀鄉三甲地名河醋房流壩屋基葬於河醋房宅左山頂亥山巳向　生子二　念通　念富

七世　維學長子　**念通**　號炳佐　同治九年庚午十一月十三日辰時生於瀘州鳳儀鄉三甲地名陳屋基

鄧氏　同治九年庚午九月十八日子時生於重慶府永川縣東鄉三甲地名油房屋基　生子二　光德　光奎

八世 念通長子 **光德** 號艾川　光緒十三年丁亥九月廿三日亥時生於瀘州鳳儀鄉三甲地名陳屋基

孔氏 光緒廿二年丙申正月十九日子時生於重慶府永川縣樂善鄉三甲地名石彎頭老基民國六年丁巳七月十八日午時故葬瀘州鳳儀鄉三甲地名張九壪屋基葬於陳屋基宅後
生子二　先臣　先樹

陳氏 光緒二十二年丙申二月二十二日卯時生於瀘州安賢鄉三甲地名金升壪

九世 光德長子 **先臣** 民國四年乙卯十一月十三日丑時生於瀘州鳳儀鄉三甲地名張九壪屋基

九世 光德次子 **先樹** 民國十年辛酉十一月十六日午時生於瀘州鳳儀鄉三甲地名河醻房屋基

八世 念通次子 **光奎** 號堅欽　光緒二十六年庚子十月十七日戌時生於瀘州鳳儀鄉三甲地名沙溝子

王氏 光緒二十六年庚子九月十一日子卯生於瀘州鳳儀鄉三甲地名大岩山
生子四　先治　先柱　先玟　先榮

九世 光奎長子 **先治** 民國八年己未十二月十五日巳時生於瀘州鳳儀鄉三甲地名河醻房屋基

九世 光奎次子 **先柱** 民國十三年甲子八月初二日戌時生於瀘州鳳鳳儀三甲地名河醩房屋基

九世 光奎三子 **先政** 民國十六年丁卯正月廿四日戌時生於瀘州鳳儀鄉三甲地名石廠壩屋基

九世 光奎四子 **先榮** 民國十七年戊辰八月十八日巳時生於瀘州鳳儀鄉三甲地名石廠壩

七世 維學次子 **念富** 號三伍 光緒六年庚辰五月十一日午時生於瀘州鳳儀鄉三甲地名陳屋基

舒氏 生子三 光灼 光惠 光寬

八世 念富長子 **光灼** 光緒廿六年庚子全月廿四日丑時生於瀘州鳳儀鄉三甲地名沙河灞民國十三年甲子九月初五日申時生於瀘州鳳儀鄉三甲地名丸房頭

張氏 光緒廿九年癸卯九月初二日巳時生於瀘州鳳儀鄉三甲地名夾墻垣屋基 生子二 先學 先詩

九世　光灼長子　**先學**

九世　光灼次子　**先詩**

八世　念富次子　**光憲**　號樹榮　光緒卅一年乙巳全月廿五日亥時生於瀘州鳳儀鄉三甲地名玉之樑居基

鄭氏　光緒卅二年丙午四月廿二日未時生於江津老樂鄉三甲地名居基　生子二　先德　先貴

九世　光憲長子　**先德**

九世　光憲次子　**先貴**

八世　念富三子
光寬
民國四年乙卯八月十二日未時生於瀘州鳳凰鄉三甲地名張九擇屋基

羅氏
民國五年丙辰冬月初八日辰時生於江津三甲地名空柏樹屋基
生子二　先發　先鎰

九世　光寬長子
先發

九世　光寬之子
先鎰

六世　朝昱五子
維孝
號可廷　道光卅年庚戌正月初七日辰時生於瀘州鳳儀鄉三甲地名陳屋基葬於宗祠宅后乙山辛向同治十三年甲戌四月廿一日子時故於瀘州鳳儀鄉三甲地名陳屋基

熊氏
道光廿九年己酉二月十二日丑時生於瀘州安賢鄉六甲地名拐爪嘴民國十六年丁卯二月十七日丑時故於瀘州鳳儀鄉三甲地名陳屋基葬於陳屋基宅后之右庚山甲向
生子二　念祀　念崇

七世　維孝長子
念祀
號祖廷　光緒七年辛巳冬月十六日子時生於瀘州鳳儀鄉三甲地名陳屋基

張氏
光緒七年辛巳九月廿六日亥時生於瀘州安賢鄉六甲地名桂花屋基
生子二　光秋　光煜

粘坑村徐氏族譜

八世 念祀長子 **光秋** 號漢章 光緒卅年甲辰冬月廿六日亥時生於瀘州鳳儀鄉三甲地名陳屋基

楊氏 光緒卅一年乙巳十月初十日戌時生於瀘州鳳儀鄉四甲地名大河壩屋基 生子一 先富

九世 光秋長子 **先富** 民國十四年乙丑三月初二日申時生於瀘州鳳儀鄉三甲地名陳屋基

八世 念祀次子 **光爕** 民國二年癸丑冬月卅一日辰時生於瀘州鳳儀鄉三甲地名陳屋基

七世 維孝次子 **念崇** 號宗廷 光緒九年癸未冬月十九日午時生於瀘州鳳儀鄉三甲地名陳屋基

舒氏 光緒十五年己丑八月初九日卯時生於瀘州鳳儀鄉三甲地名新房子屋基 生子四 光槐 光鑑 光臣 光寅

八世 念崇長子 **光槐** 光緒卅四年戊申全月十八日寅時生於瀘州鳳儀鄉三甲地名陳屋基

鄧氏 宣統元年己酉全月廿六日　時生於永川老樂鄉三甲地名學堂屋基

八世 念崇次子 **光鑑**
民國五年丙寅五月十七日亥時生於瀘州鳳儀鄉三甲地名陳屋基

八世 念崇三子 **光臣**
民國十三年甲子全月初六日未時生於瀘州鳳儀鄉三甲地名陳屋基

八世 念崇四子 **光寅**
民國十七年戊辰四月廿六日未時生於瀘州鳳儀鄉三甲地名陳屋基

五世 文松三子 **朝旻**
嘉慶廿二年丁丑二月二十七日酉時生於瀘州鳳儀鄉三甲地名陳屋基光緒十五年己丑十二月二十七日未時故於瀘州鳳儀鄉三甲地名陳屋基葬於陳屋基宅后龍山
生子二　維仍　維俊

張氏
嘉慶廿一年丙子九月二十七日未時生於瀘州里仁鄉　甲地名金魚橋坎下道光二十六年丙午七月初七日酉時故於瀘州鳳儀鄉三甲地名陳屋基葬於宗祠宅後庚山甲向

彭氏
道光五年乙酉九月初七日子時生於瀘州鳳儀鄉六甲地名河包田光緒廿六年庚子四月初三日卯時故於瀘州鳳儀鄉三甲地名陳屋基葬於陳屋基宅后乙山辛向

六世 朝旻長子 **維仍**
道光十七年丁酉九月廿日酉時生於瀘州鳳儀鄉三甲地名陳屋基光緒十五年己亥三月初四日辰時故於鳳儀鄉三甲地名陳屋基葬於陳屋基宅后乙山辛向

鄭氏
道光十八年戊戌二月十五日亥時生於瀘州安賢鄉六甲地名牛欄溝民國四年乙卯三月十五日子時故於永川縣樂善鄉三甲地名祧家溝
生子三　念然　念周　念聽

七世 維仍長子 **念然** 咸豐十年庚申十二月初二日午時生於瀘州鳳凰鄉三甲地名陳屋基

羅氏 咸丰九年己未十月初五日子時生於江津縣三甲地名磨子堂屋基民國十七年戊辰八月十三日酉時故於瀘州鳳儀鄉四甲地名大菜園屋基葬於陳屋基宅后乙山辛向
生子四　光福　光祿　光喜　光榮

八世 念然長子 **光福** 光緒十五年己丑八月十七日子時生於江津六甲地名安村壪

周氏 光緒廿九年癸卯五月十六日卯時生於瀘州鳳儀鄉四甲地名黎雞壜
生子一　先鑫

九世 光福長子 **先鑫** 民國十一年壬戌冬月初八日巳時生於瀘州鳳儀鄉四甲地名毛香冲屋基

八世 念然次子 **光祿** 民國二年癸丑正月廿三日酉時生於江津六甲地名安村壪

司氏 民國元年壬子冬月十五日子時生於貴州遵義縣三甲地名柏揭壪

八世 念然三子 **光喜** 光緒廿六年庚子三月廿六日酉時生於江津縣六甲地名安村壪

八世 念然四子　**光榮**
光緒廿三年丁酉冬月廿三日子時生於江津縣六甲地名安村灣

七世 維仍次子　**念周**
同治三年甲子五月十二日子時生於瀘州鳳儀鄉三甲地名生 山民國十七年戊戌七月十一日戌時故於瀘州鳳儀鄉三甲地名棉花屋基葬於陳屋基宅后

雷氏

七世 維仍三子　**念聰**
號炳權　同治九年庚午四月初二日酉時生於瀘州鳳儀鄉三甲地名中嘴上

六世 韩旻次子　**維俊**
號會員　道光廿三年癸卯十一月廿日子時生於瀘州鳳儀鄉三甲地名陳屋基民國九年辛酉十月初十日故於瀘州鳳儀鄉三甲地名棉花山葬於陳屋基宅后乙山辛向

郭氏
道光十九年巳亥七日十六日子時生於瀘州安賢鄉六甲地名黃茗坡光緒六年庚辰全月廿八日戌時故於瀘州鳳儀鄉三甲地名陳屋基葬於宗祠宅后甲山庚向
生子二　念源　念壁

鄧氏
道光十五年乙未六月廿日申時生於開州丮塢舖居民國三年丙辰十月初一日卯時故於瀘州鳳儀鄉三甲地名陳屋基葬於陳屋基宅后乙山辛向

七世 維俊長子　**念源**

楊氏

七世 維俊次子
念陞
號春山　同治六年丁卯九月十一日寅時生於瀘州鳳儀鄉三甲地名生機山

賴氏
同治八年己巳正月初九日巳時生於瀘州鳳儀鄉四甲地名猫兒塲宣統元年庚戌二月十五日未時故於瀘州鳳儀鄉三甲地名陳屋基　生子二　光賢　光燦

楊氏
同治七年戊辰冬月廿八辰時生於敍府慶符縣三甲地名朝塲子新田壆

八世 念陞長子
光賢
號樹三　光緒十八年壬辰七月廿八日戌時生於瀘州鳳儀鄉三甲地名陳屋基民國十七年戊辰三月十三日午時生於瀘州鳳儀鄉三甲地名陳屋基葬於本宅右邊乙山辛向

姜氏
光緒廿三年丁酉九月初六日戌時生於瀘州鳳儀鄉四甲地名沙包冲民國四年一卯十二月廿九日未時生於瀘州鳳儀鄉四甲地名陳屋基葬於陳屋基后龍山
生子二　先貴　先炳

何氏
光緒廿五年巳亥八月二十七日寅時生於瀘州鳳儀鄉四甲地名高山子屋基

九世 光賢長子
先貴
民國十四年乙丑五月十六日巳時生於瀘州鳳儀鄉三甲地名棉花山

九世 光賢次子
先炳
民國十七年戊辰十月卅日戌時生於瀘州鳳儀鄉三甲地名陳屋基

八世 念陞次子
光燦
號惠三　光緒廿二年丙申前五月二十七日申時生於瀘州鳳儀鄉三甲地名陳屋基

郭氏
光緒二十四年戊戌三月二十七日申時生於瀘州鳳儀鄉三甲地名松林壆
生子二　先富　先祿

九世　光燦長子　**先富**
民國十三年甲子冬月二十七日子時生於瀘州鳳儀鄉三甲地名棉花山

九世　光燦次子　**先祿**
民國十六年丁卯正月十四日丑時生於瀘州鳳儀鄉三甲地名棉花山

五世　文松四子　**朝鼎**
號九菴道光八年戊子二月初十日卯時生於瀘州鳳儀鄉三甲地名陳屋基咸豐十一年辛酉四月初九日申時瀘州鳳儀鄉三甲生身屋基葬於陳屋基宅後乙小辛向

葉氏
道光六年丙戌二月十四日子時生於瀘州鳳儀鄉三甲地名立石站近站坎對嵐垇屋基光緒十八年壬辰十月十三日戌時故於瀘州鳳儀鄉共甲地名汪壩子鹽舖葬於宗祠宅後乙山辛向
生子三　維賓　維坤　維馨

六世　朝鼎長子　**維賓**
道光二十七年丁未七日二十六日戌時生於瀘州鳳儀鄉三甲地名陳屋基光緒二十九年癸卯正日二十日戌時故於瀘州鳳儀鄉三甲地名柏樹灣葬於立石站側近牛屎灣

楊氏
道光二十七年丁未十月十九日巳時生於瀘州鳳儀鄉三甲地名雲錦山脚下小灣子光緒十三年丁未正月十八日辰時故於瀘州鳳儀鄉四甲地名汪壩子屋基近興隆屋基葬於立石站汪壩子檀木山癸山丁向
生子一　念誠

七世　維賓長子　**念誠**
號級三　同治十二年癸酉五月十四日卯時生於瀘州鳳儀鄉三甲地名陳屋基

八世　念誠附子
光品
號品軒　光緒二十年甲午十二月廿一日子時生於瀘州鳳儀鄉四甲地名立石結江壩子坎上鐵舖民國十六年丁卯六月十四日亥時生於瀘州鳳儀鄉三甲地名陳屋基

郭氏

六世　朝鼎二子
維坤
號有光　咸豐元年辛亥冬月初三日亥時生於瀘州鳳儀鄉三甲地名陳屋基民國五年丙辰六月二十一日故於瀘州鳳儀鄉三甲地名陳屋基葬於陳屋基宅後甲山庚山

何氏
咸豐元年辛亥前八月二十九日午時生於重慶府永川縣樂善鄉進德里三甲地名大石鼓新房子光緒五年己卯又三月十六日午時故於瀘州鳳儀鄉四甲地名汪壩子與隆屋基葬於宗祠宅後
生子二　念忠　念志

七世　維坤長子
念忠
號勝三　同治八年己巳十二月初五日子時生於瀘州鳳儀鄉三甲地名陳屋基光緒卅四年戊申十二月十四日巳時故於瀘州鳳儀鄉三甲地名陳屋基葬於宅後

周氏
同治八年己巳十二月初五日子時生於瀘州鳳儀鄉三甲地名三溪口坎上前灣光緒二十九年癸卯又五月初八日辰時故於瀘州鳳儀鄉三甲地名草房子
生子一　光泗

八世　念忠長子
光泗
號致軒　光緒十五年己丑正月二十三日未時生於瀘州鳳儀鄉四甲地名汪壩子

七世　維坤次子
念志
號歷三　光緒二年丙子十二月初二日丑時生於瀘州鳳儀鄉三甲地名陳屋基

陳氏
光緒八年壬午五月十九日亥時生於瀘州里仁鄉四甲地名石馬場側近梁水井背後馬安山民國九年庚申冬月十二日亥時故於瀘州鳳儀鄉三甲地名陳屋基葬於宗祠宅後與何孺人合墓
生子一　光澂

八世 念志長子 **光瀠** 號秉忠 光緒卅三年丁未八月廿日辰時生於瀘州鳳儀鄉四甲地名立后站側近馬鞍山

羅氏 光緒卅年甲辰七月廿八日戌時生於瀘州鳳儀鄉三甲地名石柱山 生子一 先一

九世 光瀠長子 **先一**

六世 朝鼎三子 **維馨** 號有林 咸豐六年丙辰十二月廿三日辰時生於瀘州鳳儀鄉三甲地名陳屋基民國十六年丁卯四月十四日辰時故於瀘州鳳儀鄉四甲地名立石站側近芭茅沖屋基葬於立石站側下壩牛屎灣

潘氏 同治九年庚午二月十一日丑時生於瀘州安賢鄉四甲地名雲錦壩坎伍湯元興隆屋基 生子一 念遙

七世 維馨長子 **念遙** 號炳芝 光緒七年辛巳二月十七日辰時生於瀘州鳳儀鄉四甲地名汪壩子興隆屋基 民國十七年戊辰三月十八日故於瀘州鳳儀鄉四甲地名立石站向瀘州道拱橋草房子 葬於下壩牛屎灣

周氏 光緒十七年辛卯冬月初七日午時生於瀘州鳳儀鄉四甲地名元溝民國六年丁巳正月廿一日酉時故於瀘州鳳儀鄉四甲地名汪壩子近桂花屋基葬於下壩牛屎灣 生子一 光欽

八世 念遙長子 **光欽** 號萬泰 宣統三年辛亥仝月十四日午時生於瀘州鳳儀鄉四甲地名立石站汪壩子側近柏樹灣

羅氏 民國元年壬子八月二十六日丑時生於瀘州鳳儀鄉四甲地名旁上屋基

五世 文松五子 **朝彥**

道光十二年壬辰前九月二十九日辰時生於瀘州鳳儀鄉三甲地名陳屋基光緒十一年乙酉五月十九日午時故於瀘州鳳儀鄉三甲地名土主塲下街舖居福興號葬於宗祠宅后乙山辛向

王氏

葬於宗祠宅后下界山堡角
生子三　維山　維珩　維毅

劉氏

道光十五年乙未十二月十八日子時生於安賢鄉六甲地名道塲壩同治九年庚午十月初三日申時故於鳳儀鄉三甲地名陳屋基葬於宗祠宅后與朝彥公坟合

六世 朝彥次子 **維山**

同治二年癸亥十月初九日酉時生於瀘州鳳儀鄉三甲地名陳屋基民國十六年丁卯三月初八日申時故於瀘州鳳儀鄉三甲地名四合頭屋基葬於劉壩醻房對溝長山頭嘴巽山乾向

王氏

民國八年己未七月十七日申時故於瀘州安賢鄉六甲地名梨子田葬於梨子田背后青龍嘴對溝土地嘴宅後

七世 維山長子 **念柏**

民國二年癸丑正月廿一日子時生於瀘州鳳儀鄉三甲地名三河口

羅氏

光緒卅四年戊申正月廿一日子時生於重慶永川縣樂善鄉遵德里三甲

六世 朝彥長子 **維珩**

同治九年庚午十月初三日　時故於瀘州鳳儀鄉三甲地名陳屋基葬於宗祠宅后與朝彥公合墳

王氏

生於五月十八日戌時
生子一　念松

七世 維珩長子 **念松**

六世
朝耄三子

維紱

馮氏

同治六年丁卯正月初六日辰時生於瀘州鳳儀鄉三甲地名陳屋基

同治七年戊辰正月二十五日子時生於瀘州小北門城外文錦儒油房民國九年庚申五月十五日未時故於瀘州鳳儀鄉三甲地名老屋頭葬於老屋頭宅后山嘴

文儒……朝美

維恩：念一、念朋、念騰（光榮、光俊）、念蛟

維瀛……念輔：光乾、光棋、光文

維元……念十

維登：念乾、念坤、念星

四世 樂潾七子 **文儲** 乾隆六　乙卯三月二十八日申時生嘉慶二十年己亥九月二十三日未時故於瀘州鳳儀鄉三甲地名中背溪坎下恬中牛灘葬於宗祠宅左

黃氏 嘉慶元年丙辰二月初三日戌時生於瀘州鳳儀鄉三甲地名立石站白鱔田屋基葬於芝麻山 生子一 朝美

五世 文儲長子 **朝美** 嘉慶十九年甲戌十二月初一日亥時生於瀘州鳳儀鄉三甲陳屋基葬於陳屋基宅后河壩垣子

胡氏 嘉慶十八年癸酉五月十五日午時生於瀘州鳳儀鄉三甲地名五通壩坎下松林嘴光緒十七年辛卯七月二十四日子時故於瀘州鳳儀鄉本甲地名大垣子葬於大垣子芝麻山 與黃氏祖合坟 生子四 維恩　維瀛　維元　維登

六世 朝美長子 **維恩** 道光十二年壬申六月廿六日子時生於鳳儀鄉三甲地名大垣子葬於白雲菴

張氏 道光十年庚寅八月廿日辰時生於瀘州鳳儀鄉三甲地名華竹溝葬於河壩垣子 生子四 念一　念朋　念鵬　念蛟

七世 維恩長子 **念一**

張氏

七世 維恩次子 **念朋**

胡氏

七世 維恩三子 **念騰**

劉氏 生子二 光榮 光俊

八世 念騰長子 **光榮**

八世 念騰次子 **光俊**

七世 維恩四子 **念蛟**

六世 朝美次子 **維瀛** 號品三 道光十四年甲午五月十七日申時生於瀘州鳳儀鄉三甲地名大垣子光緒廿九年癸卯至月十一日子時故於重慶府永川縣樂善鄉三甲地名老屋子葬於河壩垣子

張氏 道光十三年癸巳正月二十一日申時生於江津縣思里五都大池屋基光緒十五年己丑十月十三日辰時故於瀘州鳳儀鄉三甲地名大垣子葬於玉皇觀基垣子 生子一 念輔

七世 維[illegible]之子 念輔

王氏 生子三 光乾 光棋 光文

八世 念輔長子 光乾 己未二月初四日子時生於永川樂善鄉松林坡屋基民國十三年乙丑四月十三日巳時生於瀘州鳳儀鄉三甲地名河壩垣子葬於河壩垣子

八世 念輔次子 光棋

八世 念輔三子 光文

李氏

六世 乾[illegible]三子 維元 道光十八年戊戌十月初七日戌時生於瀘州鳳儀鄉三甲地名大垣子葬於河壩垣子

稅氏 道光十五年乙未十月十七日酉時生於瀘州鳳儀鄉新路口後溝葬於小石橋玉皇觀 生子一 念平

七世 維元長子 念平 葬於河壩垣子

龔氏

六世 朝美四子 維登 道光二十一年辛丑二月初一日寅時生於瀘州鳳儀鄉三甲地名大垣子光緒十八年乙酉七月十四日亥時故於瀘州鳳儀鄉三甲地名大垣子葬於大垣子宅后

張氏 道光二十年庚子二月初六日戌時生於瀘州鳳儀鄉三甲地名馬草壩光緒二十九年癸卯十月二十五日卯時故於瀘州鳳儀鄉三甲地名大垣子葬於大垣子宅後 生子三 念乾 念坤 念星

七世 維登長子 念乾

七世 維登次子 念坤

賴氏

七世 維登長子 念星

八世
念長長子 光金 民國六年丁巳正月十八日丑時生於瀘州鳳儀鄉三甲地名回龍屋基
查念字輩無念長故光金附於後以備考正

原籍廣東五華縣粘坑村徐氏族譜

德惠六子 **捷揚** 清雍正六年戊申正月十三日丑時生於瀘州鳳儀鄉三甲大土嶝屋基 嘉慶戊午年臘月廿五日故於原鄉之四甲岔河溝屋基葬金鼓響宅左辛山乙向 九歲而喪母兄嫂撫之成立

宋氏 雍正六年戊申九月廿四日生於永川縣來蘇鄉三甲芭蕉灣班竹山屋基 嘉慶十七年壬申六月二十五日未時故於瀘州鳳儀鄉三甲石家河坎上屋基葬脚雞田團山堡辰山戌向兼巽乾 庚辰庚戌分金

生子六 樂才 樂雲 樂書 樂陞 樂廳 樂廷 享年八十五

捷揚長子 **樂才** 生辰歿時均不詳

胡氏 生辰歿時均不詳

張氏 生辰歿時均不詳

生子三 文懷 文德 文善

粘坑村徐氏族譜

文榮……
文德……
均不詳

文懷
　朝訓…維山
　朝宗…維華
　朝勝
　　維澤
　　維紀
　　　金希
　　　金清
　　　金題
　　　金桐
　　　　光厚
　　　　光富
　　　　光榮
　　　　光滿
　　維綠
　　　金鑑
　　　金國
　　維紳
　　　金富
　　　金開
　　　金彩

文懷 樂才長子

乾隆四十年乙未二月十一日辰時生於瀘州鳳儀鄉三甲五里坎屋基道光四年甲申又七月初五日酉時故於原鄉三甲天堂灣葬天堂灣宅前左邊享年五十

張氏

乾隆五十年乙巳九月二十三日子時生於瀘州鳳儀鄉六甲柏竹岩屋基光緒二年六月二十三日子時故於原鄉三甲新屋基葬五里坎下

生子三　朝勝　朝宗　朝祖

朝勝 文懷長子

嘉慶丙寅年冬月二十九日丑時生於瀘州鳳儀鄉三甲石河花房屋基光緒十五年己丑冬月二十五日亥時故於原鄉三甲李屋基葬河漕房宅后享年八十三

張氏

丁卯年二月初五日辰時生於瀘州鳳儀鄉三甲老鷹岩屋基光緒壬午年八月初五日子時故於原鄉三甲新屋基葬於河漕房宅后

生子四　維紳　維綠　維紀　維馨　享年七十六

朝勝長子

維紳

道光甲申年七月初七日子時生於瀘州鳳儀鄉三甲天堂壩屋基光緒甲辰年二月初八日亥時故於原鄉三甲李屋基葬河嘴房宅後坐東向西享年八十

羅氏

道光二十三年癸卯七月初五日寅時生於瀘州鳳儀鄉三甲車壩屋基光緒二十五年己亥七月廿十六日辰時故於李屋基葬河嘴房屋基側后

生子三　念彩　念周　念高　享年五十七

維紳長子

念彩

同治癸酉年冬月二十九日酉時生於瀘州鳳儀鄉三甲新屋基辛未年故於原處之黃顛莊屋基

靚氏

同治辛未冬月廿二日申時生於鳳儀鄉葬三甲黃顛莊屋基故於新屋基葬左房頭對門黃梅埡子

維紳次子

念周

光緒丁丑年八月廿九日子時生於瀘州鳳儀鄉三甲新屋基故於原鄉土主塆上街葬黑村子官山坡上

維紳三子

念高

光緒庚辰年十月十九日卯時生於瀘州鳳儀鄉三甲李屋基

朝勝次子

維絲

道光七年丁亥八月廿六日丑時生於瀘州鳳儀鄉三甲大土壩屋基光緒十一年乙酉十一月廿一日戌時故於原處之李屋基葬李屋基宅前對石壩坡下享年五十七

杜氏

道光廿二年壬寅十月十八日寅時生於瀘州禮仁鄉四甲棕嘴上屋基故於鳳儀鄉三甲陳坡屋基葬柿子壩宅后河坎上

生子二　念國　念羅

維綵長子 **念國** 同治二年戊辰十月初二日丑時生於瀘州鳳儀鄉三甲瓦房新屋基民國十一年癸亥十月初六月子時故於原處高壪子屋基葬宅右晏姓地界石鐵壪高嵛坎壁

維綵次子 **念羅** 光緒九年癸未七月廿三日未時生於瀘州鳳儀鄉三甲嶺上李屋基

朝勝三子 **維紀** 道光十年庚寅冬月二十八日亥時生於瀘州鳳儀鄉三甲大土壪屋基光緒戊申年正月初四日丑時故於原處羅氏宗祠葬河壩房屋基宅右享年七十七

譚氏 生子四　念柄　念魁　念清　念春

維紀長子 **念柄** 同治丙寅年冬月初十日亥時生於瀘州鳳儀鄉三甲瓦房新屋基故於原處

羅氏 同治辛未年四月初五日午時生於瀘州鳳儀鄉三甲蝶子壪屋基生子四　光洪　光榮　光富　光厚

念柄長子 **光洪** 光緒乙未九月廿四日酉時生於瀘州鳳儀鄉三甲瓦房新屋基

夏氏 光緒丁酉年正月初九日酉時生於鳳儀鄉三甲黃桷坪屋基

念柄次子　光榮　光緒甲辰十月初七日戌時生於鳳儀鄉三甲瓦房新屋基

念柄三子　光富　光緒丁未三月廿七日亥時生於鳳儀鄉三甲瓦房新屋基

念柄四子　光厚　光緒甲寅年二月十九日子時生於鳳儀鄉三甲瓦房新屋基

維紀次子　念魁　同治辛未年五月二十二日子時生於瀘州鳳儀鄉三甲瓦房新屋基於某年偕弟念春去敍府

維紀三子　念清　光緒乙亥年三月初二日午時生於瀘州鳳儀鄉三甲瓦房新屋基

維紀四子 **念春** 光緒己卯十二月二十四日午時生於瀘州鳳儀鄉三甲瓦房新屋基同兄念魁遷居敘府戎
富順縣

羅氏

劉氏

朝勝四子 **維馨** 十餘歲病故生年月不詳

文懷次子 **朝宗** 傳往貴州故生年月不詳
生子一　維華

朝宗之子 **維華** 不知去向

文懷三子 **朝祖** 丁巳年叁月初三日辰時生故於民國某年享年七十三
生子一　維山

朝祖之子 維山 不詳

樂才次子 文德 生年月不詳

張氏 生子一 朝德

文德之子 朝德 不詳

樂才三子 文善 未詳

李氏

捷揚次子 **樂雲** 乾隆己卯九月初九日未時生於瀘州鳳儀鄉三甲兩板橋坎上宗祠屋基葬於岔河溝側左癸山丁向

李氏 乾隆庚辰十二月二十五日戌時生於永川縣太平鄉四子李子壩屋基葬岔河溝側左癸山丁向

生子五　文萬　文發　文毓　文庫　文棟　享年四十八

文萬…朝選…維有…念清—光榮、光銀

樂雲長子 **文萬** 乾隆甲辰八月十四日未時葬於岔河溝對門辰山戌向

楊氏 乾隆丁未九月十九日子時故時及葬所均不詳

生子一　朝選

文萬之子 **朝選** 道光乙丑四月初五日戌時故時年月不詳葬喻家寺背後

蔣氏 道光丙寅三月十三日未時生故時年月不詳與朝選合葬

生子一　維有

朝選之子 **維有** 生年月不詳

楊氏 不詳

生子一　念清

維有之子　**念清**　生年月不詳

王氏　生年月日不詳　生子二　光榮　光銀

念清長子　**光榮**　字桂林　光緒戊戌六月二十三日卯時生

念清次子　**光銀**　字智誠　光緒丁未八月二十九日丑時生

- 文發
  - 朝絅
    - 維玉
      - 念炳
      - 念燈
    - 維柱……念河
    - 維楨
    - 維沛
      - 念釗
      - 念珍
      - 念桀
      - 念鏞
  - 朝紳
    - 維馨
      - 念麒
      - 念錫
      - 念椿
      - 念鋑
    - 維盛……念祿
    - 維茂
      - 念樑
      - 念謀
        - 光明
        - 光清
        - 光梓
      - 念有
        - 光綠
        - 光模
        - 光裕
        - 光濵
        - 光鳳
    - 維源
      - 念童
      - 念廷……光湘
    - 維財
    - 維盅
    - 維龍
      - 念齋
        - 光欽
        - 光庭
      - 念瓊
        - 光炳
          - 先樹
          - 先鎮
        - 光海
        - 光文（出嗣念光）
      - 念恩
        - 光輝……先純
        - 光斗……先燦
        - 光華……先凱
      - 念壽
        - 光運
        - 光應
      - 念光……光文……先桂
  - 朝經
    - 維福
      - 念洄……光琳
      - 念煌
      - 念殷
      - 念深
      - 念釗
      - 念熹
      - 念漳
      - 念超
    - 維鳳
    - 維岐
    - 維潤
    - 維魁

- 文鯍
- 文庫
- 文棟
之嗣

樂雲次子 **文發** 乾隆丁未十二月初六日酉時生於鳳儀鄉四甲土地坡屋基同治壬申八月二十六日丑時葬於丞河溝側左癸山丁向子午分金

何氏 乾隆丙午年十二月二十七日戌時生於瀘州鳳儀鄉四甲牌坊屋基葬丞河溝與文發合墓
生子三　朝經　朝紳　朝綱

文發長子 **朝經** 嘉慶戊辰年四月十九日午時生於瀘州鳳儀鄉丞河溝葬廟傍側右子山午向

唐氏 嘉慶己巳十二月初四日酉時生葬三斗坵宅左辰山戌向
生子五　維魁　維泗　維岐　維鳳　維福

朝經長子 **維魁** 道光壬辰九月二十七日戌時葬元通寺甲山庚向乏嗣

朝經次子 **維泗** 道光丙子年六月初十日巳時葬林灘癸山丁向乏嗣

朝經三子 **維岐** 道光己亥十月三十日子時乏嗣

朝經四子　繼鳳　道光乙巳二月十一日丑時葬廟彎甲山庚向

朝經五子　繼福　咸豐壬子正月二十三日卯時生於菩樹屋基葬廟彎宅左壬山丙向

李氏　咸豐甲寅十月初五日酉時

生子八　念超　念潭　念熹　念釗　念深　念殷　念煌　念清

繼福長子　念超　同治庚午六月初五日戌時生葬廟彎宅左亥山巳向乏嗣

繼福次子　念潭　同治甲戌二月二十二日卯時生於瀘州鳳儀鄉桂花屋基

繼福三子　念熹　光緒己卯六月二十三日辰時生於瀘州鳳儀鄉水井坎屋基

維福四子　念釗　光緒辛巳十二月十八日未時生於瀘州鳳儀鄉水井坎屋基

維福五子　念深　光緒丙戌年七月十七日寅時生生地與念釗同

維福六子　念殷　光緒己丑十月二十四日丑時生生地與念釗同

維福七子　念煌　光緒辛卯冬月二十四日辰時生於嵐坰壩屋基

維福八子　念洇　光緒甲午正月二十日午時生生地與念煌同

李氏　光緒己亥三月初五日辰時生於瀘州鳳儀鄉四甲黃鷹山屋基
生子一　光淋

念泗之子 **光淋** 民國庚申十月十六日戌時生於鳳儀鄉四甲李壩屋基

文發次子 **朝紳** 嘉慶丁丑四月初八日午時生於瀘州鳳儀鄉四甲岔河溝屋基死年月不詳葬豆芽山對門
(庚申年被賊執去八年乃返)

李氏 嘉慶庚辰年七月二十三日寅時生於瀘州鳳儀鄉四甲油沙壪屋基同治八年六月初十日午時歿葬岔河溝對門
生子七　維龍　維盈　維財　維源　維茂　維盛　維馨

朝紳長子 **維龍** 道光丁酉年七月二十六日辰時生於瀘州鳳儀鄉四甲岔河溝屋基葬斗山子辰山戌向
享年六十六

傅氏 道光甲午年正月二十四日生於瀘州禮仁鄉小橋子屋基葬斗山子辰山戌向
生子五　念光　念喜　念恩　念適　念齋　享年七十四

維龍長子 **念光** 咸豐丙辰七月廿六日戌時生於瀘州鳳儀鄉四甲岔河溝屋基葬新房子背後艮山坤向字
益山服務桑梓任職保正九年衆稱公正

石氏 同治戊辰正月十八日子時生歿后葬華頭嘴側邊
抱念適之子光文爲嗣

念光之子 **光文** 號楷廷　光緒乙未九月初三日寅時生於瀘州安賢鄉新房子屋基

張氏 宣統戊申年全月[illegible]日寅時生於瀘州鳳儀鄉三甲白土地
生子一　先桂

光文之子　**先桂**　民國辛未二月廿八日子時生於瀘州鳳儀鄉三甲大屋基嶆房

維龍次子　**念喜**　咸豐戊午正月廿三日戌時生於岔河溝屋基

陳氏　同治庚午五月初四日卯時生
生子二　光應　光運

念喜長子　**光應**　光緒戊戌二月十六日亥時生於瀘州安賢鄉四甲新房子屋基

念喜次子　**光運**　宣統己酉五月　日生民國廿一年四月十二日被匪擊斃於成都至灌縣之道上

周氏

維龍三子　**念恩**　同治壬戌正月初八日子時生於瀘州鳳儀鄉四甲岔河溝屋基民國壬申二月初二日卯時
故於原處之硝溝屋基

艾氏　同治壬申全月初五日子時生於瀘州安賢鄉六甲洞坎上屋基
生子三　光華　光斗　光輝

念恩長子 **光華** 號梁州 光緒乙未年五月初二日午時生於瀘州鳳儀鄉三甲硝溝屋基

周氏 光緒戊戌年十月廿二日亥時生於瀘州安賢鄉六甲王子仙屋基 生子一 先凱

光華之子 **先凱** 民國丁卯八月十二日卯時生於硝溝屋基

念恩次子 **光斗** 號利三 光緒庚子年仝月廿日子時生生地與光華同

黎氏 宣統己酉年八月廿六日生於瀘州安賢鄉三甲地名高石坎屋基 生子一 先燦

光斗之子 **先燦** 民國壬申九月初六日戌時生於硝溝屋基

念恩三子 **光輝** 光緒乙巳年七月十五日辰時生於瀘州鳳儀鄉三甲硝溝屋基

楊氏 民國辛亥二月十七日午時生於瀘州鳳儀鄉三甲平橋屋基 生子一 先純

光輝之子　**先純**　民國壬申九月廿九亥時生於碩溝屋基

維龍四子　**念瓊**　同治丙寅四月初一日酉時生於瀘州鳳儀鄉三甲堊河溝葬新房子背後

袁氏　同治辛未全月初十日未時生　生子三　光文　光海　光炳　光文承嗣念光

念瓊長子　**光海**　字正武　光緒戊戌年四月十六午時生於瀘州鳳儀鄉四甲新房子

鄧氏　光緒丙午八月三十日午時生於瀘州鳳儀鄉三甲觀音灘屋基

念瓊次子　**光炳**　光緒辛丑十一月廿九丑時生於瀘州安賢鄉四甲新房子

夏氏　光緒甲辰六月廿一日寅時生於鳳儀鄉三甲上屋基

光炳長子　**先銀**　民國乙丑三月三十日卯時生於鳳儀鄉三甲騰雄嘴

粘坑村徐氏族譜

光炳次子　**先樹**　民國丁卯冬月十五日子時生鳳儀鄉三甲大屋基譜房

維龍五子　**念齋**　同治戊辰六月初五寅時生於岔河溝葬叢匠灣對門享年五十九

劉氏　生於同治甲戌年七月十二日戌時　生子二　光庭　光欽

念齋長子　**光庭**　宣統己酉十月初二申時生於鳳儀鄉三甲碕溝

何氏　光緒丙午三月

念齋次子　**光欽**　民國己未三月十六日亥時生於鳳儀鄉蛩匠灣

朝紳次子　**維盈**　道光壬寅九月十六日酉時生葬玉皇觀之嗣

朝紳三子 **維財** 道光己酉年十月十九日辰時生葬玉皇觀乏嗣死年月日不詳

朝紳四子 **維源** 咸豐壬子八月十八日卯時生於瀘州鳳儀鄉四甲烈河溝屋基

羅氏 咸豐丁巳年九月廿一日卯時生葬豆芽山
生子二　念廷　念童

維源長子 **念廷** 光緒丁亥九月廿二日亥時生

陳氏 光緒己丑十二月十三日巳時
生子一　光湘

念廷之子 **光湘** 民國辛酉年生

維源次子 **念童** 光緒壬辰七月初八日午時生葬瀘州鳳門坎享年三十六而卒

朝紳五子 **維茂** 咸豐戊午年正月廿八日辰時生於瀘州鳳儀鄉四甲瑩河溝葬四井山乾山巽向享年五十六

陳氏 咸豐庚申九月初七日戌時生死年月不詳葬核木林宅右艮山坤向 生子三 念有 念謀 念樑

維茂長子 **念有** 光緒辛巳正月十五子時生於瀘州鳳儀鄉四甲瑩河溝屋基

朱氏 光緒辛巳十一月十七日寅時生於瀘州鳳儀鄉三甲木瓜冲 生子五 光鳳 光瀛 光裕 光模 光祿

念有長子 **光鳳** 光緒癸卯八月十七日亥時生於瀘州鳳儀鄉三甲核木林屋基

何氏 光緒丁未十月初十日戌時生於瀘州濟仁鄉老堰塘屋基

念有次子 **光瀛** 光緒丁未四月十二巳時生生地與光鳳同

郭氏 宣統己酉三月廿八日戌時生於瀘州鳳儀鄉三甲趙墹屋基

念有三子 **光裕** 民國壬子八月廿六日卯時生生地與光鳳同

范氏 年四月十二日寅時生於瀘州鳳儀鄉三甲小河溝屋基

念有四子　光模　民國己未六月十二卯時生生地與光鳳同

念有五子　光祿　民國壬戌正月十二日亥時生生地與光鳳同

維茂次子　念謀　光緒壬辰五月二十七日午時生於盈河溝屋基葬四井山艮山坤向享年三十

張氏　光緒戊子十月十三日辰時生於瀘州藍田壩石壩上屋基

念謀長子　光梓　光緒丙午冬月初九日辰時生於瀘州金帶橋屋基

念謀次子　光清　民國丙辰十月廿一日卯時生於瀘州鳳儀鄉甲溝頭屋基

念謀三子 **光明** 民國己未三月十八日酉時生生地與光清同

維茂三子 **念樑** 號海清 光緒甲午仝月廿二日午時生於盈河溝屋基

維紳六子 **維盛** 咸豐辛酉正月初十日卯時生死年月日不詳葬玉皇觀 抱念祿爲嗣

維盛之子 **念祿** 光緒庚寅冬月廿二日亥時生於盈河溝

朝紳七子 **維馨** 同治甲子十一月十一日辰時生於盈河溝葬擇頁岩背後享年六十一

彭氏 光緒乙亥六月初四日子時生於瀘州鳳儀鄉三甲騎龍塆屋基 生子四 念銕 念椿 念錢 念麒

維馨長子　念鋑　光緒乙未十六日亥時葬玉皇觀

維馨次子　念椿　光緒丁卯九月十一日子時生於瀘州鳳儀鄉金鼓壩屋基

張氏

維馨三子　念錫　光緒甲辰正月廿五日子時生於瀘州鳳儀鄉嵐岫上屋基

王氏　民國癸丑七月十九日申時生於黔江縣上市街

維馨四子　念麒　民國戊午冬月十八日子時生於瀘州鳳儀鄉擇巨岩屋基

文發三子　朝絅　道光庚寅九月初二寅時生葬維家宅左戍山辰向

劉氏　道光丁亥年十月十七日子時生葬文發公墓下
生子四　維沛　維棟　維柱　維玉

朝絅長子 維沛 咸豐戊午年四月初四日子時生葬豆芽山

鄭氏 生年月日不詳 生子四 念鐘 念榮 念珍 念釗

維沛長子 念鐘 移居遠方

維沛次子 念榮 移居遠方

維沛三子 念珍 移居遠方

維沛四子 念釗 移居遠方

朝炯次子 **維棟** 同治壬戌八月十五日生葬南嶽廟坡下乏嗣

朝炯三子 **維柱** 同治壬申十二月十二日子時生

李氏 生子一　念河

維柱之子 **念河** 光緒丁未年七月初八日卯時生

朝炯四子 **維玉** 光緒丁丑三月初十日子時生

周氏 生子二　念燈　念炳

維玉長子 **念燈** 不詳

維玉次子 念炳 不詳

樂雲三子 文毓 之嗣
蔣氏

樂雲四子 文庫 之嗣
李氏

樂雲五子 文棟 之嗣

提揚三子　**樂書**　乾隆二十七年壬午二月十七日酉時生於瀘州鳳儀鄉三甲地名兩板橋坎上屋基道光二十八年戊申正月初三日子時故於原地之玉　坎上學堂屋基葬大山坡艮山坤向

陳氏　乾隆二十五年庚辰七月初一日巳時生於瀘州安賢鄉六甲地名汪塆子大田坎屋基道光十一年辛卯八月十八日酉時故於鳳儀鄉三甲玉彎坎上學堂屋基葬坎下岩灣癸山丁向　生子六　文福　文壽　文康　文林　文圖　文整

侯氏　生死年月鄉甲地名失考無後

文福…朝釗…維漆…念興——光海、光森

樂書長子　**文福**　癸卯年九月二十三日酉時生於瀘州安賢鄉六甲地名元塆屋基

古氏　乾隆庚子年十月廿四日申時生於江津縣司里五都七甲地名桐子嘴屋基咸豐己未年三月十五日戌時故於瀘州鳳儀鄉三甲地名玉彎坎上學堂屋基　生子一　朝釗

文福之子　**朝釗**　丙子年正月二十日亥時生於瀘州鳳儀鄉三甲地名金鼓塆屋基

葉氏　嘉慶十九年甲戌七月二十日辰時生於瀘州鳳儀鄉三甲地名柑子塆屋基同治十一年九月十三日辰時故於原地之玉彎坎上新房子屋基葬大山坡卯山酉向　生子一　維漆

朝釗之子 **維漆** 咸豐癸丑年十月初八日戌時生於瀘州鳳儀鄉三甲鍋屋基民國十二年癸亥十一月初六日亥時故於原地黃坭堂屋基告終葬本宅對溝丑山未向享年七十一

何氏 道光丁未年五月十七日辰時生於瀘州會文鄉安背上桂花屋基民國十二年癸亥三月初四日　時故於鳳儀鄉三甲黃坭堂屋基葬上喻璣卯山酉向
生子一　念興　享年七十六

維漆之子 **念興** 光緒己卯年九月十五日卯時生於瀘州伏龍鄉　甲地名亂串子屋基民國十六年丁卯五月十七日卯時故於鳳儀鄉三甲地名姚大山屋基葬七郎土地右邊辰山戌向享年四十八

程氏 光緒甲申年二月初九日辰時生　鄉甲地名均失考民國元年壬子二月初八日酉時故於鳳儀鄉三甲地名黃欖樹屋基葬卯山酉向
生子二　光海　光森　享年三十八

念興長子 **光海** 宣統元年己酉六月二十一日巳時生於瀘州鳳儀鄉三甲地名黃欖樹屋基

念興次子 **光森** 民國元年壬子十月初二日酉時生於瀘州鳳儀鄉三甲地名黃欖樹屋基

文壽…朝亨…維明…念貴…光宗

樂書次子 **文壽** 乙巳年二月十一日卯時生於瀘州鳳儀鄉六甲地名元嘴屋基

李氏 丙午年二月初二日巳時生於瀘州鳳儀鄉三甲地名沙嘴上屋基 生子一 朝亭

文壽之子 **朝亭** 甲子年二月十七日酉時生於瀘州鳳儀鄉三甲兩板橋屋基

張氏 生死年月失考 生子一 維明

朝亭之子 **維明** 丙申年四月初四日　時生於瀘州鳳儀鄉三甲地名玉膀屋基

熊氏 丁酉年九月二十二日戌時生於貴州省人懷縣八甲地名克勝老坡斯溝屋基乙卯年二月廿二日卯時故於瀘州鳳儀鄉三甲地名小馬老山屋基 生子一 念貴

維明之子 **念貴** 甲子年二月二十七日亥時生於貴州省人懷縣八甲地名克勝老坡斯溝屋基 未娶 抱子 光宗

念貴之子 **光宗** 號大興　戊戌年九月初八日巳時生於瀘州鳳儀鄉三甲地名劉壩屋基

粘坑村徐氏族譜

文康
- 朝欽……乏嗣
- 朝坤……維舉……念鏡
  - 光權
  - 光輝
  - 光椿

樂書三子 **文康**

生於乾隆己酉年正月十八日亥時
鄉甲地名死年月日時失致

胡氏

生於乾隆庚戌年五月十二日亥時
鄉甲地名死年月日時失致
生子二　朝欽　朝坤

文康長子 **朝欽**

嘉慶七年壬申正月十九日子時生於瀘州鳳儀鄉三甲地名金鼓嶺屋基乏嗣

文康次子 **朝坤**

生死年月鄉甲地名失致

彭氏

嘉慶辛未年六月二十九日寅時生於瀘州鳳儀鄉三甲地名立旛山屋基光緒乙酉年十一
月廿三日　時故於鳳儀鄉
生子一　維舉

朝坤之子 **維舉** 道光戊戌年四月二十八日　時生於瀘州鳳儀鄉三甲地名豬山七塊田屋基癸巳年十月初五日　時壽終

翁氏 生死年月日時鄉甲地名失攷

劉氏 咸豐壬子十月二十三日生於瀘州會文鄉石樑上屋基光緒戊戌年二月二十一日壽終 生子一　念鏡

維舉之子 **念鏡** 生年月日時失攷

陳氏 生於永川縣三甲地名安星灣屋基 生子三　光權　光輝　光椿

念鏡長子 **光權** 生於永川縣三甲地名安星灣屋基

念鏡次子 **光輝** 生於永川縣三甲地名龐壩麵房屋基

念鏡三子 **光椿** 生於永川縣三甲地名龐壩麵房屋基

文林之嗣：朝興　朝洪　朝發　朝順

樂書四子　**文林**　生於乾隆五十八年癸丑六月二十一日卯時

胡氏　生於乾隆五十八年癸丑八月初六日巳時　生子四　朝興　朝洪　朝發　朝順

文林長子　**朝興**　乏嗣生死年月日時鄉甲地名失攷

文林次子　**朝洪**　乏嗣生死年月日時鄉甲地名失攷

文林三子 **朝發** 乏嗣生死年月日時鄉甲地名失考

文林四子 **朝順** 乏嗣生死年月日時鄉甲地名失考

- 文圖
  - 朝高
    - 維經
      - 金煌
      - 金榮
        - 光欽
        - 光宗
      - 金彬 ⋮ 光炳
    - 維誦
      - 金庭
      - 金正
      - 金萱 ⋮ 光斗
      - 金坪
        - 光榮
        - 光鎮
  - 朝望
    - 維拔
      - 金海
      - 金華
        - 光銀 ⋮ 光明
        - 光林
    - 維彰 ⋮ 金炳
      - 光鑫
      - 光衍

文圖（樂書五子）

戊午年八月廿一日戌時生於瀘州鳳儀鄉三甲地名金鼓壋屋基乙丑年又五月初四日午時故於原處之劉壋屋基葬本宅對門壬山丙向

胡氏

乙卯八月十九日丑時生於瀘州麟現鄉三甲地名沙蝟山騎龍垇屋基戊辰年十二月初九日戌時故於鳳儀鄉三甲地名劉壋屋基葬本宅對門壬山丙向

生子二　朝望　朝高

朝望（文圖長子）

嘉慶丙子年四月二十九日子時生於瀘州鳳儀鄉三甲地名金鼓壋屋基光緒十六年辛卯三月廿六日未時故於原處之劉壋屋基葬本宅對門子山午向

鍾氏

嘉慶二十一年丙子二月初九日辰時生於瀘州鳳儀鄉三甲地名五里坎沙田壋屋基光緒三十年甲辰十一月十一日亥時故於原處之劉壋屋基葬宅背後戌山辰向

生子二　維彰　維拔

維彰（朝望長子）

辛丑年三月初十日申時生於瀘州鳳儀鄉三甲地名品門屋基

余氏

癸卯年十月廿一日巳時生於瀘州安賢鄉三甲地名雲錦壋中街舖居屋基

生子一　念炳

念炳（維彰之子）

同治十二年癸酉又六月廿七日丑時生於瀘州鳳儀鄉三甲地名玉皇觀屋基民國五年丙辰二月十三日卯時故於瀘州城內葬廟堂頭辛山乙向

夏氏

生於庚午年十月初七日寅時生於瀘州鳳儀鄉三甲地名垣子頭屋基戊辰年仝月三十日子時壽終

生子二　光河　光紊

光河（念炳長子）

號海清　光緒辛卯年九月初四日戌時生於瀘州鳳儀鄉三甲地名劉壋屋基

吳氏

光緒丙申年十一月二十三日辰時生於永川縣三甲地名岩下屋基

生子一　先照

光河之子 **先照** 民國癸亥年八月初一日子時生於瀘州鳳儀鄉三甲廟雞垣子屋基

念炳次子 **光鑫** 號云華　光緒戊申年二月初三日丑時生於瀘州鳳儀鄉三甲地名劉壩屋基

朱氏 光緒庚戌年五月二十七日亥時生於瀘州　鄉　甲地名柏樹嘴屋基

朝望次子 **維拔** 甲辰年十二月廿四日子時生於瀘州鳳儀鄉三甲地名品門屋基

周氏 丙午年二月十一日子時生於永川縣來蘇鄉三甲地名老房子屋基　生子一　念華

毛氏 生於癸亥年　生子一　念海

維拔長子 **念華** 丁卯年十一月初九日　時生於瀘州鳳儀鄉三甲地名劉壩屋基

胡氏 甲子年四月十八日未時生於瀘州鳳儀鄉首甲地名天全砦順城街屋基　生子二　光林　光銀

念華長子　**光林**　光緒丁亥年十月十一日未時生於瀘州鳳儀鄉三甲地名劉壩屋基

念華次子　**光銀**　號興隆　光緒壬辰年二月廿五日申時生於瀘州鳳儀鄉三甲地名土主廟東門口屋基

程氏　生於光緒乙巳年四月廿二日未時　生子一　先明

光銀之子　**先明**　民國廿一年壬申六月廿八日戌時生於永川樂善鄉三甲堰塘坎屋基

維拔次子　**念海**　乏嗣生年月未詳

文圖次子　**朝高**　嘉慶二十三年戊寅八月初三日卯時生於瀘州鳳儀鄉三甲地名金鼓嚳屋基同治四年乙丑六月十四日申時故於原處劉壩屋基葬河溝邊上戌山辰向

胡氏　道光元年辛巳三月十五日戌時生於瀘州麟現鄉三甲地名紗帽山騎龍坳屋基光緒癸巳年二月十三日戌時故於瀘州鳳儀鄉三甲地名劉壩屋基葬消溝對門申山寅向　生子二　維迪　維經

朝高長子 **維通** 己酉年八月初一日酉時生於瀘州鳳儀鄉三甲地名品門屋基庚申年十二月廿七日午時故於原處地名學堂屋基

張氏 庚戌年十一月廿一日辰時生於瀘州鳳儀鄉三甲地名大土陬屋基 生子四 念坪 念喜 念正 念廷

維通長子 **念坪** 光緒壬申十、月廿二日寅時生於瀘州鳳儀鄉三甲地名 丁卯年四月十七日辰時故鳳儀鄉三甲

黃氏 生於 生子二 光銀 光榮

念坪長子 **光銀** 號炳森 生於光緒己亥年十月初八日寅時係瀘州鳳儀鄉三甲地名良坪屋基生

彭氏 生於

念坪次子 **光榮** 號福興 生長 生於宣統元年己酉三月初五日寅時係瀘州鳳儀鄉三甲地名上喩灣學堂屋基

維通次子 **念喜** 光緒己卯年九月廿三日子時生於瀘州鳳儀鄉三甲地名學堂屋基

牟氏 生於 生子一 光斗

鄧氏 光緒戊寅年五月十七日丑時生於瀘州鄉儀鄉三甲地名大灣溝火石土屋基

念喜之子　**光斗**　生於民國己未年五月十七日寅時係瀘州鳳儀鄉三甲地名　生

維通三子　**念正**　生於光緒甲申年正月初三日寅時係瀘州鳳儀鄉三甲地名學堂屋基生

維通四子　**念廷**　生於光緒戊子年三月初二日寅時係瀘州鳳儀鄉三甲地名學堂屋基生

朝高次子　**維經**　咸豐六年丙辰三月十八日卯時生於瀘州鳳儀鄉三甲地名品門屋基宣統元年己酉九月初六日戌時故於原處之劉埸屋基告終葬宅後戌山辰向

程氏　癸丑年十月初五日子時生於瀘州鳳儀鄉三甲地名黎頭屋基
生子三　念彬　念棨　念煌

維經長子　**念彬**　號彬廷　光緒戊寅年正月十七日巳時生於瀘州鳳儀鄉三甲地名劉埸屋基故於民國庚午年

張氏　光緒庚寅年九月二十日丑時生於瀘州鳳儀鄉三甲地名蘇子上屋基
生子一　光炳

念彬之子　**光炳**　民國庚申年八月十五日申時生於瀘州鳳儀鄉三甲地名梨子山屋基

維經次子　**念榮**　號榮山　光緒戊子年十月十三日戌時生於瀘州鳳儀鄉三甲地名劉壩屋基

段氏　光緒甲午年五月初八日戌時生於瀘州鳳儀鄉三甲地名石龍屋基　生子二　光宗　光欽

念榮長子　**光宗**　號洪興　民國丁巳年七月三十日子時生於瀘州鳳儀鄉三甲地名劉壩屋基

念榮次子　**光欽**　號漢欽　民國己未年十二月初六日子時生於瀘州鳳儀鄉三甲地名劉壩屋基

維經三子　**念煌**　號益安　光緒辛卯年七月十九日卯時生於瀘州鳳儀鄉三甲地名劉壩屋基

黎氏　光緒庚寅年十一月二十八日申時生於瀘州鳳儀鄉三甲地名高石碣屋基

趙氏　光緒乙巳年二月二十二日戌時生於重慶府永川縣三甲地名趙灣屋基

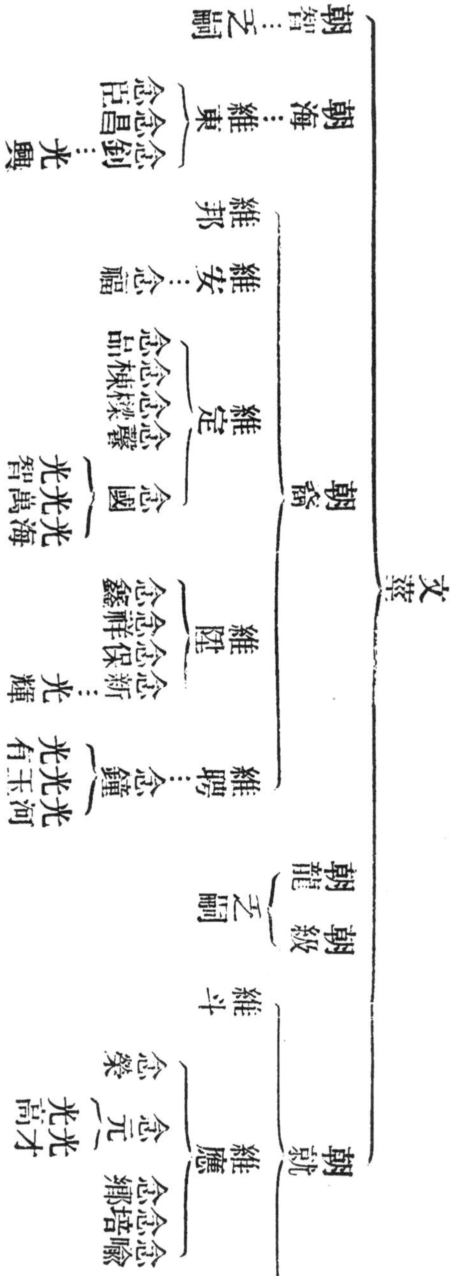
文萃
朝智
之嗣
朝海
維東
念岀
念昌
念釗
光輿
朝裔
維邦
維安
念福
維定
念品
念棟
念樑
念馨
念國
光智
光禹
光海
維陞
念鑫
念群
念保
念新
光輝
維聘
念鐘
光有
光玉
光河
朝龍
之嗣
朝級
朝就
維斗
維應
念榮
念元
光高
光才
念鄉
念培
念喙
維清
念淮

樂書六子　**文蒸**　嘉慶辛酉四月初二日巳時生於瀘州鳳儀鄉三甲地名金鼓塝屋基光緒乙酉年五月十六日巳時故於原處之興隆屋基後大山坡七郎土地背後乙山辛向

楊氏　嘉慶壬戌年十一月二十八日戌時生於瀘州安賢鄉六甲地名茴果塝屋基光緒乙酉年七月十七日巳時故於原處三甲之興隆屋基　生子六　朝就　朝秩　朝龍　朝爵　朝海　朝智

文蒸長子　**朝就**　癸未年五月二十日巳時生於瀘州鳳儀鄉三甲地名門馬洞坎上學堂屋基光緒乙酉年十二月初一日辰時故於安賢鄉六甲地名水口屋基

劉氏　壬辰年五月二十日巳時生於合江縣南鄉華頭支迴洞堡七甲地名八斗井新房子屋基光緒乙卯年八月初九日亥時故於瀘州鳳儀鄉三甲地名新屋基　生子三　維清　維應　維斗

朝就長子　**維清**　癸亥年十一月初一日子時生於瀘州安賢鄉六甲地名劉家嘴屋基

張氏　丙寅年四月初六日子時生於瀘州鳳儀鄉三甲地名眞武山坎下大坡塥屋基　生子一　念淮

維清之子　**念淮**　光緒甲申年十二月十二日午時生於瀘州安賢鄉六甲地名水口屋基

朝就次子　**維應**　己巳年十二月廿四日戌時生於瀘州鳳儀鄉三甲地名大山坡新屋基

李氏　丁卯年十二月十七日寅時生於江津縣司里五都五甲地名鯉魚塥祠堂頭屋基　生子五　念喻　念培　念鄉　念元　念榮

維應長子　念喻　光緒庚寅年十月廿二日子時生於瀘州鳳儀鄉三甲地名興隆屋基

維應次子　念培　光緒甲午年九月初八日辰時生於瀘州鳳儀鄉三甲地名興隆屋基

維應三子　念鄉　光緒己亥年三月二十三日寅時生於瀘州鳳儀鄉三甲地名興隆屋基

維應四子　念元　光緒壬寅年四月三十日辰時生於瀘州鳳儀鄉三甲地名玉壧坎上爐房屋基

郭氏　光緒丙午年平五月二十五日卯時生於瀘州鳳儀鄉三甲地名石堋背後青杠林屋基生長

生子二　光才　光高

念元長子　先才　民國十一年壬戌十二月十五日巳時生於瀘州鳳儀鄉三甲地名蕢溝屋基

念元次子 光高 民國十五年丙寅正月十五日戌時生於瀘州鳳儀鄉三甲地名歸老山屋基

繼應五子 念榮 光緒乙巳年三月初八日卯時生於瀘州鳳儀鄉三甲地名玉壁坎上爐房屋基

朝就三子 繼斗 丙子年至月十七日戌時生於瀘州鳳儀鄉三甲地名大山坡新屋基生民國四年乙卯三月初二日丑時故於原處之官山上屋基乏嗣

文蓬次子 朝級 道光乙酉年六月二十七日子時生於瀘州鳳儀鄉三甲地名大山坡新屋基壽終年月日時失考 未娶乏嗣

文蓬三子 朝龍 道光丁亥年七月十八日子時生於瀘州鳳儀鄉三甲地名白馬洞坎上學堂屋基壽終年月日時失考 未娶乏嗣

文熬四子 **朝裔** 道光九年己丑九月廿九日寅時生於瀘州鳳儀鄉三甲地名白馬洞坎上學堂屋基庚戌年二月十六日酉時故於瀘州原鄉三甲地名清齋坪屋基

胡氏 生死年月日時失考

譚氏 戊戌年十月三十日午時生於瀘州鳳儀鄉三甲地名沙土坪屋基戊戌年九月初十日卯時故於清齋坪屋基 生子五 維聘 維陞 維定 維安 維邦

朝裔長子 **維聘** 癸亥年四月二十七日亥時生於重慶府永川縣樂善鄉三甲地名長松林屋基

廖氏 甲子年九月初六日　時生於重慶府永川縣樂善鄉三甲地名尾窩溝屋基光緒丙戌年九月初十日　時故於瀘州鳳儀鄉三甲地名清齋坪屋基 生子一 念鍾

維聘之子 **念鍾** 光緒甲申年正月二十七日戌時生於瀘州鳳儀鄉三甲地名清齋坪屋基

羅氏 光緒壬午年十一月三十日戌時生於重慶府永川縣冷洞子屋基 生子三 光河 光玉 光有

念鍾長子 **光河** 光緒甲辰年四月初五日午時生於瀘州鳳儀鄉三甲地名玉灣屋基

念鐘次子 **光玉** 光緒丁未年正月二十一日午時生於瀘州鳳儀鄉三甲地名玉嘴屋基

念鐘三子 **光有** 光緒辛酉年正月初十日辰時生於瀘州鳳儀鄉三甲地名龙窰屋基

朝裔二子 **維陞** 戊辰年正月二十八日卯時生於瀘州鳳儀鄉三甲地名興隆屋基　年九月二十二日未時故於鳳遨之新房子屋基

杜氏 庚午年七月十六日辰時生於江津縣司里五都七甲地名土檳溝屋基　生子四　念新　念保　念祥　念鑫

維陞長子 **念新** 光緒丁亥年三月二十五日子時生於瀘州鳳儀鄉三甲地名清齋坪屋基

楊氏 光緒三十四年戊申六月二十五日戌時生於瀘州鳳儀鄉三甲地名黃坭坕屋基　生子一　光輝

念新之子 **光輝** 民國十五年丙寅七月十四日戌時生於瀘州鳳儀鄉三甲地名石榴彎黃桷樹屋基

維壁次子 **念保** 戊子年七月二十一日亥時生於瀘州鳳儀鄉三甲地名清齋坪屋基

維壁三子 **念祥** 壬辰年十月初八日辰時生於瀘州鳳儀鄉三甲地名新瓦房屋基

維壁四子 **念鑫** 甲辰年十月初十日戌時生於瀘州鳳儀鄉三甲地名新瓦房屋基

朝發三子 **維定** 同治九年庚午十二月初一日卯時生於瀘州鳳儀鄉三甲地名玉磬坎上學堂屋基

張氏 同治十二年癸酉八月十五日巳時生於江津縣司里五都七甲地名大塝新房子屋基
生子五　念國　念華　念傑　念棟　念品

維定長子 **念國** 光緒十五年己丑七月十二日辰時生於瀘州鳳儀鄉三甲地名清齋坪屋基

張氏 光緒十年甲申八月十八日午時生於江津縣司里五都七甲地名白香林屋基
生子三　光海　光禹　光智

念國長子 **光海** 光緒三十二年丙午五月十二日未時生於瀘州鳳儀鄉三甲地名新屋基

念國次子 **光萬** 宣統元年己酉又二月十一日卯時生於瀘州鳳儀鄉三甲地名新屋基

念國三子 **光智** 民國二年癸丑八月初三日寅時生於瀘州鳳儀鄉三甲地名新屋基

維定次子 **念馨** 光緒二十一年乙未六月十六日申時生於瀘州鳳儀鄉 甲地名清齋坪屋基

維定三子 **念樑** 光緒二十三年丁酉十一月二十六日亥時生於瀘州鳳儀鄉三甲地名清齋坪屋屋

粘坑村徐氏族譜

維定四子 **念棟** 光緒二十九年癸卯八月二十一丑時生於瀘州鳳儀鄉三甲地名玉樓屋基

維定五子 **念品** 民國四年乙卯七月二十日酉時生於瀘州鳳儀鄉三甲地名新屋基

朝裔四子 **維安** 同治十二年癸酉四月十七日亥時生於瀘州鳳儀鄉三甲地名玉樓坎上學堂屋基民國六年丁巳二月初四日戌時故於原處之清齋坪屋基

鄧氏 同治十一年壬申六月十八日寅時生於江津縣司里五都七甲地名大溝頭屋基 生子一 念福

維安之子 **念福** 光緒三十三年丁未十月初七日申時生於瀘州鳳儀鄉三甲地名新屋基

張氏 光緒三十三年丁未九月二十五日巳時生於瀘州鳳儀鄉三甲地名棗子田屋基

朝裔五子 **維邦** 同治十三年甲戌十二月初一日午時生於瀘州鳳儀鄉三甲地名沙溝子屋屋之嗣

朝海　文鑒五子

道光乙未年六月二十七日未時生於瀘州鳳儀鄉三甲地名門馬洞坎上學堂屋基民國己未年十二月初九日寅時故於沙子坡屋基

李氏

道光丁酉年二月二十日子時生於瀘州鳳儀鄉三甲地名麻糖房屋基光緒壬辰年六月十三日戌時故於原處之大山坡新基屋
生子一　維東

維東　朝海之子

光緒辛未年十一月廿八日未時生於瀘州鳳儀鄉三甲地名爐房屋基

龔氏

光緒丁丑年七月初一日未時生於瀘州鳳儀鄉三甲地名熊場新房子屋基
生子三　念釗　念昌　念臣

念釗　維東長子

光緒己亥年四月二十日寅時生於瀘州鳳儀鄉三甲地名順龍屋基民國癸亥年正月二十七日午時故於原處之生長屋基

羅氏

生於
生子一　光興

光興　念釗之子

民國戊午年六月十三日寅時生於瀘州鳳儀鄉三甲地名河邊上屋基

念昌　維東次子

光緒丙午年正月二十七日午時生於瀘州鳳儀鄉三甲地名順龍屋基

維東三子　**念臣**　宣統辛亥年十一月二十七日子時生於瀘州鳳儀鄉三甲地名順龍屋基

文莖六子　**朝智**　道光二十六年丙午十二月初七日戌時生於瀘州鳳儀鄉三甲地名玉嚳坎上學堂屋基生　亡於　乏嗣

捷揚四子 **樂陞** 生庚不詳

王氏 生庚不詳 生子二 文貫 文登

文貫
- 朝春……之嗣
- 朝奇
  - 維深
    - 念清 光演
    - 念銀 光輝
  - 維海
- 朝芳
- 朝沛
（朝芳 朝沛）之嗣

樂陞長子 **文貫** 生庚不詳

盤氏 生庚不詳 生子四 朝春 朝奇 朝芳 朝沛

粘坑村徐氏族譜

文貴長子 **朝春** 之嗣生根失致

文貴次子 **朝奇** 生根失致

張氏 生根失致 生子二 維深 維海

朝奇長子 **維深** 光緒元年乙亥四月十九日未時生於瀘州鳳儀鄉三甲地名劉墹河醋房屋基民國己巳年四月初一日午時故於原處牌樓屋基葬妙雞垣子對門馬鞍山

羅氏 同治九年九月十六日未時生於瀘州鳳儀鄉三甲地名上坡屋基民國戊午年九月初七日亥時故於原處之白楊墩屋基葬宅左 生子二 念清 念銀

維深長子 **念清** 光緒庚寅年正月二十四日丑時生於瀘州鳳儀鄉三甲地名劉墹河醋房屋基未娶抱念銀之子光漢爲嗣

念清之子 **光漢** 民國丁卯年五月二十二日未時生於瀘州鳳儀鄉三甲地名河墹垣子屋基

維深次子 **念銀** 光緒戊戌年十月十五日寅時生於瀘州鳳儀鄉三甲地名河邊上屋基

張氏 光緒丁未年四月十三日未時生於瀘州　鄉　甲地名兆化鎮街上屋基 生子一 光輝

念銀之子 **光輝** 民國二十一年壬申二月二十八日申時生於瀘州鳳儀鄉三甲地名土主場上街舖居屋基

朝奇次子 **維海** 生庚不詳

文貴三子 **朝芳** 生庚不詳

王氏 乏嗣

文貴四子 **朝沛** 未娶死乏嗣

文登……之嗣

樂陞次子 **文登** 生於 亡於 二老之嗣

鍾氏 生於 亡於

捷揚五子 **樂應** 乾隆庚寅年又五月十四日巳時生於瀘州鳳儀鄉三甲兩板橋屋基道光廿一年辛丑十月廿二日卯時故於原處之土主場舖居葬龍井坎上癸山丁向享年七十二

張氏 乾隆己丑五月廿四日戌時生於瀘州安賢鄉六甲高坎堰塘灣屋基道光戊子正月廿四日午時故於鳳儀鄉四甲劉四海屋基葬崔兒嘴上亥山巳向兼乾巽 生子五 文飛 文慶 文祚 文經 文鎬 享年六十

文飛…朝琦…維鈔｛念祥 念森｝

樂應長子 **文飛** 乾隆壬子前四月廿六日子時生於瀘州鳳儀鄉三甲金鼓灣屋基咸豐庚申年三月十四日酉時故於原處

伍氏 乾隆己酉冬月初六日酉時生於瀘州安賢鄉六甲石馬場舖居 生子一 朝琦

文飛之子 **朝琦** 道光丁亥正月廿七日申時生於瀘州鳳儀鄉三甲魚塘灣新屋基光緒己丑九月初六日戌時故於原處

史氏 道光戊子八月十三日寅時生於安賢鄉三甲高冲坎上屋基 生子一 維鈔

朝琦之子 **維鈔** 咸豐四年壬子九月初三日酉時生於瀘州鳳儀鄉三甲白馬洞醋房屋基光緒廿七年庚子八月廿九日午時故於原處之五通場舖居

林氏 咸豐五年癸丑二月初三日丑時生於瀘州安賢鄉四甲黃荊坪屋基 生子二 念祥 念森

維鈔長子 念祥 光緒二年丙子六月十六日卯時生於瀘州鳳儀鄉三甲染房屋基

維鈔次子 念森 光緒十二年丙戌九月廿三日丑時生於鳳儀鄉三甲大竹林堰塘坎屋基

胡氏 光緒廿九年庚子四月初六日戌時生於長壽縣

文慶……朝璋

維鈞　維釪　維鎔　維錯　維鏡　維鏋

念清　念洋　念漳　念淮

光麟　光先　光源

樂應次子 **文慶**

嘉慶元年丙辰八月廿四日戌時生於瀘州鳳儀鄉四甲金鼓塆屋基道光十八年丙辰潤四月十五日子時故於瀘州鳳儀鄉四甲中嘴上屋基葬中嘴上屋基左邊石敞塆戌山辰向兼辛乙三分內戌丙辰分金內碑一塊享年四十三

張氏

乾隆六十年乙卯潤二月三十日巳時生於瀘州鳳儀鄉二甲方家塆道光廿六年丙午六月初一日巳時故於鳳鄉鄉三甲劉四海屋基葬雀兒嘴乾山兼亥巳庚戌庚辰分金
生子一　朝璋　享年五十二

文慶之子 **朝璋**

道光元年辛巳正月廿八日卯時生於瀘州鳳儀鄉四甲瑪瑙山劉四海屋基民國四年壬子十二月初六日寅時故於瀘州鳳儀鄉三甲老屋基葬石敞山辛山乙向兼戌辰三分享年九十二

張氏

嘉慶廿五年十二月十五戌時生於安賢鄉三甲雲錦塆岩下集雲堡屋基道光廿七年丁未七月初四日子時故於鳳儀鄉四甲葉家坳屋基葬雀兒嘴亥山巳向
生子三　維鈞　維釪　維鎔

陳氏

道光十年庚寅十月二十三戌時生於鳳儀鄉二甲魚塘塆新屋基光緒七年辛巳九月卅日辰時故於原處三甲新屋房屋基葬石敞山辛山乙向兼戌辰辛酉辛卯分金有內碑一塊
生子三　維鍇　維鏡　維鏞

朝璋長子 **維鈞**

道光十七年戊戌八月十五日未時生於瀘州鳳儀鄉四甲中嘴上屋基

朝璋次子 **維釪**

道光廿年庚子七月二十八日亥時生於鳳儀鄉四甲中嘴上屋基

粘坑村徐氏族譜

朝璋三子 **維鎔** 道光二十三年癸卯二月初八日丑時生於鳳儀鄉四甲劉四海屋基光緒十四年戊子正月十一日午時故於鳳儀鄉三甲新瓦房屋基葬新瓦房屋基對門青山辛山乙向

朝璋四子 **維楷** 道光三十年庚戌六月廿八日午時生於鳳儀鄉四甲葉家坳屋基

朝璋五子 **維鏡** 同治三年甲子四月初四日卯時生於瀘州鳳儀鄉三甲皂桷山屋基

向氏

朝璋六子 **維鏽** 同治六年丁卯十二月十七日巳時生於鳳儀鄉三甲新瓦房屋基

劉氏 同治六年丁卯十二月廿四日子時生於鳳儀鄉二甲新屋基
生子四　念清　念洋　念漳　念淮

維鏽長子 **念清** 光緒十四年戊子二月初二日午時生於瀘州鳳儀鄉三甲新屋房屋基

維鏞次子　念洋
光緒廿年甲午五月廿一日辰時生於鳳儀鄉三甲新瓦房屋基

王氏
光緒十七年辛卯冬月廿三日戌時生於鳳儀鄉三甲青杆林屋基
生子三　光麟　光先　光源

念洋長子　光麟
民國五年丙辰七月十六日戌時生於鳳儀鄉三甲新瓦房屋基

念洋次子　光先
民國十三年甲子八月廿六日午時生於鳳儀鄉三甲新瓦房屋基

念洋三子　光源
民國十六年丁卯二月十九日申時生於鳳儀鄉三甲新瓦房屋基

維鏞三子　念漳
光緒廿三年丁酉三月初七日亥時生於鳳儀鄉三甲新瓦房屋基民國己未六月初八日亥
時故於原處葬石廠山辛山乙向兼戌辰三分

維鏞四子 **念淮** 宣統元年己酉五月初十日未時生於鳳儀鄉三甲新瓦房屋基

何氏 光緒三十年甲辰正月初四日巳時生於鳳儀鄉三甲大屋基

文祚

朝璣

維鍎…念禮

光榮

光華

維鐸

維鎔…念棠…光富

維鐙

維鈞

朝琮…維錩

念僉

念線…光燦

樂應三子 **文祚** 嘉慶辛酉年七月初四日巳時生於瀘州鳳儀鄉四甲地名大沖頭屋基

劉氏 庚申年前四月初一日亥時生 子二 朝璣 朝琮

朝璣 文祚長子

丙申年十一月二十八日辰時生於瀘州鳳儀鄉三甲地名堰塘灣屋基庚寅年九月初四日丑時故於原處之四甲地名立石站場上街大官井鋪內葬桐子林陡山子辰山戌向享年五十四

劉氏

道光乙未正月十一日寅時生於瀘州鳳儀鄉三甲地名栖匠灣屋基光緒丙子年六月二十六日丑時故於原地之大山頭嵐坳屋基葬當當山巽山乾向

生子五 維鋪 維鐸 維錦 維[illegible] 維鎬 享年四十三

郭氏

道光九年己丑八月初三日子時生於瀘州鳳儀鄉三甲地名牛屋塝屋基

維鋪 朝璣長子

咸豐癸丑年五月二十日午時生於瀘州鳳儀鄉三甲地名石塝上屋基民國十一年壬戌九月十六日申時故於原地之四甲地名立石站上街鋪居葬學堂灣 山 向享七十

楊氏

咸豐辛亥年八月初三日辰時生於瀘州安賢鄉六甲地名溝頭屋基壬申年四月初一日午時故於鳳儀鄉三甲地名石塝上屋基葬坎上田享年二十一

生子一 念禪

張氏

庚戌年五月十九日寅時生於瀘州安賢鄉馬路岩上黃薑溝屋基

念禪 維鋪之子

同治辛未年六月初一日卯時生於瀘州鳳儀鄉三甲地名石塝上屋基光緒三十四年戊申十月十九日酉時故於原地之四甲地名立石站上街春泰號鋪房葬荳芽山子山午向

張氏

光緒丙子年八月十三日子時生於瀘州鳳儀鄉四甲地名萬年屋基光緒庚子年四月廿四日未時故於原地之立石站上街鋪房葬荳芽山巽山乾向

生子一 光榮

楊氏

光緒乙酉年四月二十日申時生於瀘州安賢鄉六甲地名雲錦塝洗蒲氹屋基光緒三十三年丁未二月二十日亥時故於鳳儀鄉四甲地名立石站上街鋪房葬荳芽山巽山乾向

生子一 光華

念禪長子　**光榮**　光緒丙申二月初三日戌時生於瀘州鳳儀鄉四甲地名立石站上街舖房

羅氏　光緒二十二年丙申三月二十五日戌時生於瀘州鳳儀鄉四甲地名回龍屋基民國六年丁巳五月二十九日午時故於原地之立石站上街春泰號舖房葬中嘴對門乾山巽向

念禪次子　**光華**　光緒乙巳年三月初二日亥時生於瀘州鳳儀鄉四甲地名立石站上街舖房

朝璣次子　**繼鐸**　咸豐丙辰年十月二十五日亥時生於瀘州鳳儀鄉三甲地名石墻上屋基　咸豐庚子年殁之嗣

朝璣三子　**繼錡**　咸豐戊午年十月初六日　時生於瀘州鳳儀鄉三甲地名石墻上屋基

侯氏　同治丁卯年五月初八日巳時生於永川縣川東道樂善鄉二甲地名淥家冲老屋子屋基　生子一　念榮

繼錡之子　**念榮**　光緒戊子年正月廿五日丑時生於瀘州鳳儀鄉四甲地名立石站上街舖房

劉氏　光緒下堂去了　生子一　光富

念榮之子 **光富** 宣統元年己酉十二月初三日未時生於瀘州鳳儀鄉四甲地名立石站埸口上大菜園屋基

朝璣四子 **維鐙** 同治丙寅年正月初八日辰時生於瀘州鳳儀鄉三甲地名石壩上屋基壬午年故於原地之四甲地名立石站獅子口

朝璣五子 **維鎬** 同治庚午又十月十六日戌時生於瀘州鳳儀鄉三甲地名石壩上屋基宣統辛亥年八月初四日巳時故於原地之四甲地名立石站上街舖房屋基葬豆芽山乾山巽向享年四十一

文祚次子 **朝琮** 道光二年壬午五月廿一日申時生於鳳儀鄉三甲劉四海屋基咸豐四年甲寅六月廿日亥時故於原處之松林壿屋基

彭氏 生子一　維錦

朝琮之子 **維錦** 咸豐元年辛亥冬月廿四日子時生於鳳儀鄉三甲石壩上屋基光緒廿五年己亥七月廿九日戌時故於原處之新濡醻房屋基

蔡氏 咸豐五年乙卯十二月初五日酉時生於鳳儀鄉三甲水井坎屋基民國三年甲寅三月初廿日辰時故於原處之〻塘壿屋基
生子二　念金　念銀

維錦長子　念金　光緒辛巳年十二月廿八日子時生於鳳儀鄉三甲高石坎屋基

維錦次子　念銀　光緒甲午年八月廿三日酉時生於鳳儀鄉三甲新橋醴房屋基

古氏　光緒戊申十一月初十日戌時生於瀘州第二區

生子一　光燚

念銀之子　光燚　民國二十年辛未二月廿日丑時生於鳳儀鄉四甲立石站下街

- 文經
  - 朝瑜
    - 維鏜
      - 念榮
      - 念銀…光金
    - 維鏵
      - 念韶
      - 念藤
  - 朝理…之嗣
  - 朝珩
    - 維錄…念燃
    - 維鈺
      - 念銀
      - 念銓…光先
      - 念惠

樂應四子

文經

嘉慶八年癸亥五月十二日亥時生於瀘州鳳儀鄉三甲地名張壩大沖頭屋基同治乙丑年又五月十七日巳時故於原地之獅子壩屋基葬里東邱側近銅房屋基背後　山　向

卓氏

嘉慶十一年丙寅十月廿八日辰時生於合江縣東鄉中下涯支久站壩雞冠灘大田坎屋基咸豐庚申年三月廿二日酉時故於瀘州鳳儀鄉三甲地名獅子壩屋基葬本宅側近菜園土屋基宅右

生子三　朝瑜　朝理　朝珩

李氏
嘉慶四年己未十月十一日戌時生於瀘州鳳儀鄉二甲地名獅子壩染房屋基同治十二年甲戌九月廿一日戌時故於鳳儀鄉三甲地名獅子壩屋基葬宅後

文經長子　**朝瑜**
道光七年丁亥前五月廿一日戌時生於瀘州鳳儀鄉四甲地名流泗海屋基光緒十二年丙戌十月廿七日丑時故於原地之三甲地名獅子壩屋基葬本宅大槽門左邊

卓氏
道光七年丁亥前五月十二日寅時生於合江縣東鄉上涯支八甲地名八角壪屋基光緒七年辛巳四月廿五日未時故於瀘州鳳儀鄉三甲地名獅子壩屋基告終葬宅後
生子二　維鏜　維鏵

朝瑜長子　**維鏜**
咸豐六年丙辰三月廿八日酉時生於瀘州鳳儀鄉三甲地名五通場長壩山黃堝堡坎下新屋基

胡氏
咸豐七年丁巳三月廿六日丑時生於瀘州鳳儀鄉三甲地名鳳凰溝學堂屋基
生子二　念榮　念銀

維鏜長子　**念榮**
光緒六年庚辰十月十八日丑時生於瀘州鳳儀鄉三甲地名獅子壩屋基

維鏜次子　**念銀**
光緒二十三年丁酉正月十七日子時生於瀘州鳳儀鄉三甲地名獅子壩屋基

王氏
宣統庚戌年十月二十三日寅時生於瀘州鳳儀鄉三甲地名石墻壪屋基
生子一　光金

念銀之子 **光金** 民國戊辰年十一月十七日巳時生於瀘州鳳儀鄉三甲地名向陽屋基

朝瑜次子 **維鏵** 咸豐九年己未九月廿一日寅時生於瀘州鳳儀鄉三甲地名獅子塝屋基

夏氏 同治元年壬戌四月十一日酉時生於瀘州鳳儀鄉三甲地名黃金園屋基光緒廿九年癸卯四月初五日卯時故於原地之生長屋基 生子二 念福 念祿

維鏵長子 **念福** 光緒十二年丙戌十一月十四日丑時生於瀘州鳳儀鄉三甲地名獅子塝屋基

維鏵次子 **念祿** 光緒十二年丙戌十一月十四日寅時生於瀘州鳳儀鄉三甲地名獅子塝屋基

文經次子 **朝珵** 乏嗣

文經三子 **朝珩** 道光二十一年辛丑二月初二日丑時生於瀘州鳳儀鄉三甲地名中嘴上屋基光緒三十二年癸丑七月十三日卯時故於原地之牛欄冲屋基葬獅子塌屋基宅後

張氏 道光二十二年壬寅八月二十日未時生於瀘州鳳儀鄉三甲地名田邊上屋基民國十九年庚午正月十八日未時故於原地之檀木壩屋基葬宅後
生子二　維錄　維鈺

朝珩長子 **維錄** 同治十二年癸酉二月十五日亥時生於瀘州鳳儀鄉三甲地名獅子塌屋基光緒三十一年乙巳七月廿三日亥時故於原地之牛欄冲屋基葬獅子塌宅後

易氏 光緒三年丁丑正月初八日亥時生於瀘州鳳儀鄉四甲地名張鳳嘴屋基
生子一　念燃

維錄之子 **念燃** 光緒二十五年己亥八月初三日申時生於瀘州鳳儀鄉三甲地名獅子塌屋基

朝珩次子 **維鈺** 光緒五年己卯十月十三日戌時生於瀘州鳳儀鄉三甲地名獅子塌屋基

馮氏 光緒八年癸未十一月十一日辰時生於江津縣二甲地名燕塆屋基
生子三　念銀　念銓　念惠

維鈺長子 **念銀** 光緒三十年甲辰六月十四日戌時生於瀘州鳳儀鄉三甲地名牛欄冲屋基

維鈺次子 **念銓**　光緒三十二年丙午正月十一日亥時生於瀘州鳳儀鄉三甲地名牛欄沖屋基

陳氏　民國元年壬子三月十八日寅時生於永川縣　鄉　甲　生子一　光先

念惠之子 **光先**　民國十九年庚午八月十一日寅時生於瀘州鳳儀鄉三甲地名興塆屋基

維鈺三子 **念惠**　民國八年己未至月初七日午時生於瀘州鳳儀鄉三甲地名白石岩屋基

樂應五子 **文鎬**　生年月日不詳

粘坑村徐氏族譜

捷揚大子　**樂廷**

號廷興　乾隆三十九年甲午六月廿八日酉時生於四川瀘州鳳儀鄉三甲地名𠩄板橋坎上屋基咸豐八年戊午九月廿六日巳時故於原地之李壆屋基享年八十五

陳氏

乾隆甲午年六月初四日午時生於四川瀘州里仁鄉首甲地名小河溝新居基咸豐丙辰年腊月十七日亥時故於鳳儀鄉三甲地名李壆屋基二老合葬金鼓壆宅左辛山乙向享年八十三

生子三　文洪　文元　文仁

- 文洪…朝鏡
  - 維釗
    - 念輝
      - 光宗
      - 光富
      - 光宁
    - 念凰
      - 光祿
      - 光明
    - 念麒…光烈
    - 念鉦…光祖
  - 維楷
    - 念樟…光樹
    - 念祥…光煜…先施

樂廷長子 **文洪** 嘉慶癸亥年七月十一日亥時生於瀘州鳳儀鄉三甲地名金鼓壋屋基同治癸亥年臘月初七日午時故於金鼓壋屋基葬本屋基宅左辛山乙向享年六十

陳氏 嘉慶癸亥年前二月廿四日丑時生於瀘州里仁鄉首甲地名小河滯屋基光緒乙酉年五月初四日戌時故於鳳儀鄉三甲地名金鼓壋屋基葬劉壩宅左寅山申向兼艮坤三分
生子一　朝鏡　享年八十三

文洪之子 **朝鏡** 號[illegible]山　道光己亥年臘月十八日申時生於瀘州鳳儀鄉三甲地名老房屋基光緒甲辰年四月十四日寅時故於金鼓壋屋基葬老魚灘坎上亥山己向享年六十五

葉氏 道光乙未年十月初七日酉時生於瀘州鳳儀鄉三甲地名姑嫂草房子屋基光緒辛丑年四月廿八日卯時故於金鼓壋屋基葬本州安賢鄉地名朱大壩新房子宅後壬山丙向
生子二　維釗　維楷　享年五十六

郭氏 咸豐四年甲寅又七月廿四日子時生於瀘州安賢鄉三甲地名雲錦塆下街油房屋基

朝鏡長子 **維釗** 號有周　同治丙寅年五月廿九日午時生於瀘州鳳儀鄉三甲地名金鼓壋屋基民國五年丙辰故於原地之本安砦前清武生葬立石站官房宅右庚山甲向享年五十一

劉氏 同治癸亥年正月十七日寅時生於瀘州里仁鄉首甲地名瀝樓子屋基
生子二　念燀　念凰

汪氏 光緒丙戌年二月十一日申時生於瀘州本城仁嵩保火星洞屋基
生子二　念麒　念錳

維釗長子　念煇　號映先　光緒乙酉年冬月廿九日酉時生於瀘州鳳儀鄉四甲地名金鼓灣屋基

羅氏　光緒丙戌年臘月廿一日酉時生於瀘州鳳儀鄉三甲地名青龍嶋五福街桃竹坝屋基民國三年甲寅冬月廿五日酉時故於鳳儀鄉　甲地名太安砦屋基

胡氏　光緒庚寅年七月二十日戌時生於瀘州里仁鄉寶丰嶋地名大栗樹屋基生子三　光宗　光富　光宁

念煇長子　光宗　民國己未年十一月十四日　時生於瀘州城內仁壽保地名水井溝宅院

念□次子　光富　民國壬戌前五月初八日寅時生於瀘州城內仁壽保地名水井溝宅院

念煇三子　光宁　民國十五年丙寅八月十四日申時生於瀘州鳳儀鄉四甲地名徐河壩屋基

維釗次子　念鳳　號鳳岐　光緒二十一年乙未八月十六日戌時生於瀘州鳳儀鄉四甲地名王灣屋基民國十七年戊辰十月二十日申時故於金鼓灣屋基葬於滴水凼宅右　山　向

邱氏　光緒二十年甲午臘月初十日丑時生於瀘州里仁鄉二甲地名魯灣屋基生子二　光祿　光明

念凰長子 **光祿** 號位之 民國六年丁巳前二月初九日酉時生於瀘州城內水井溝院內

董氏 民國元年辛亥五月十五日申時

念凰次子 **光明** 號榮卿 民國七年戊午八月二十一日亥時生於瀘州城內水井溝院內生

維釗三子 **念麒** 號書麟 光緒壬寅年八月初五日午時生於瀘州鳳儀鄉四甲地名王灣屋基

李氏 光緒乙巳年十一月初八日辰時生於瀘州江北小市徐[illegible]保上甲火燒街糖房院內民國癸亥年十二月十八日亥時故於瀘州城內[illegible]樓街大北街院內葬安賢鄉特凌場六甲地名杉樹田坎 享年十九

張氏 光緒壬寅年冬月二十一日午時生於瀘州安賢鄉楊九場地名鮑家灣屋基民國十六年丁卯七月十三日午時故於瀘州同鄉同場二甲地名興隆灣屋基葬同鄉特凌場六甲地名杉樹田坎 享年二十五

蕭氏 光緒乙巳年五月十五日寅時生於瀘州安賢鄉特凌場地名蔡灣屋基 生子一 光烈

念麒之子 **光烈** 號克武 民國庚午年前六月二十日未時生於瀘州安賢鄉特凌場正街院內生

念鉦　維釗四子
號守先　光緒丙午年臘月三十日午時生於瀘州鳳儀鄉四甲地名徐河壩屋基

梅氏
光緒丙午年十二月廿九日亥時生於瀘州鳳儀鄉五通場三甲地名上灣屋基
生子一　光祖

光祖　念鉦之子
號克昌　民國庚午年九月二十二日亥時生於瀘州安賢鄉特凌場六甲地名杉樹田坎

維楷　朝鏡次子
號有行　光緒戊寅年七月初三日寅時生於瀘州鳳儀鄉三甲地名金鼓灣屋基光緒己亥年十月十六日戌時故於金鼓灣葬長冲後龍山尾亥山巳向享年廿二

戴氏
光緒庚辰年五月十五日亥時生於瀘州鳳儀鄉四甲地名大溝頭屋基
生子二　念樟　念祥

念樟　維楷長子
號俊民　光緒十五年己丑臘月初五日申時生於瀘州鳳儀鄉四甲地名王灣屋基原係維釗次子維楷之嗣過繼承祧

朱氏
光緒十九年癸巳四月廿一日酉時生於瀘州鳳儀鄉六甲地名華匠灣屋基

劉氏
光緒戊子年二月二十五日辰時生於瀘州里仁鄉二甲地名馮屋基
生子一　光樹

光樹　念樟之子
號上林　民國六年丁巳十二月十二日午時生於瀘州鳳儀鄉三甲地名金鼓灣屋基

維楷次子 **念祥** 號瑞霖 光緒十九年癸巳六月初六日酉時生於瀘州鳳儀鄉四甲地名王壆屋基原係維釗三子維楷之嗣過繼承祧民國乙卯年二月初十日亥時故於原處之三甲地名金鼓壆屋基葬於劉壆宅後乙山辛向

彭氏 生於光緒十八年壬辰 生子一 光煜（係念樟長子抱與念祥爲祀）

念祥之子 **光煜** 號煥榮 宣統二年庚戌八月十七日子時生於瀘州鳳儀鄉三甲地名金鼓壆屋基原係念樟長子念祥之嗣過繼承祧

周氏 光緒三十三年丁未四月二十五日巳時生於瀘州城內會津門沿街仁壽保星朗園地基 生子一 先施

光煜之子 **先施** 民國十八年己巳十月初六日辰時生於瀘州鳳儀鄉三甲地名金鼓壆屋基生長

- 文元
  - 朝銅
    - 維鳳
      - 念興
      - 念針
      - 念坤
      - 念森
    - 維先
    - 維德……念富
  - 朝欽
    - 維樀……念善
    - 維松……念本
  - 朝鈞
    - 維禎……念星
    - 維熙……念清
  - 朝鎮
    - 維焄
      - 念剛
      - 念宗……光瑞
    - 維成
      - 念珠
      - 念華……光桂
    - 維明
      - 念璽
        - 光久
        - 光佳
        - 光國
        - 光友
      - 念文……光珍
      - 念榮
        - 光應
        - 光柱
        - 光後
        - 光裕
        - 光前
  - 朝鑑
    - 維鐙
      - 念偉
      - 念濤
    - 維喜
      - 念和……光超
      - 念寬……光林
      - 念淮……光耀
      - 念江
        - 光錞……先高
        - 光鎔
        - 光天
          - 先庶
          - 先芳

樂廷次子 **文元** 嘉慶乙丑年冬月二十二日亥時生於瀘州鳳儀鄉三甲地名金鼓埗屋基光緒己卯七月初六日戌時故於原處之新房子屋基享年七十五

劉氏 嘉慶十二年丁卯二月二十三日卯時生於瀘州鳳儀鄉四甲地名打龍溝側大堰子屋基同治九年庚午四月二十五日卯時故於原處三甲地名李灣屋基告終與文元公合葬長冲灣龍山嘴乾山巽向　生子一　朝鑑　享年六十四

揭氏 道光九年己丑六月二十一日丑時生於瀘州鳳儀鄉四甲地名五里坳腰店子屋基民國乙卯年正月十八日酉時故於鳳儀鄉四甲地名汪塆子屋基告終葬址大山艮山坤向　生子四　朝鎮　朝鈞　朝欽　朝銅　享年八十七

文元長子 **朝鑑** 號興發　道光二十年庚子十月三十日巳時生於瀘州鳳儀鄉三甲地名新房子屋基民國八年己未正月二十八日丑時故於原處葬老頭屋基宅左庚山甲向原係文仁三子文元乏嗣過繼承祧享年七十九

張氏 道光戊戌年臘月初二日辰時生於瀘州安賢鄉六甲地名十二灣屋基光緒卅二年丙午五月初八日巳時故於鳳儀鄉三甲地名新房子屋基告終葬桐子林屋基宅右未山丑向　生子二　維喜　維鎰

朝鎰長子 **維喜** 號有陶　咸豐庚申年臘月二十四日午時生於瀘州安賢鄉四甲地名大岩寺安吉街光緒丙午年冬月二十六日子時故於鳳儀鄉三甲地名新房子屋基葬於黃桷灣

康氏 同治元年壬戌冬月二十一日午時生於瀘州鳳儀鄉四甲地名汪塆子屋基民國十九年庚午又六月二十日申時故於安賢鄉　甲地名滴水寺屋基葬宅右　生子四　念江　念淮　念寬　念河

維喜長子 **念江** 號導明　光緒九年癸未五月十五日午時生於瀘州鳳儀鄉三甲地名醋房屋基民國七年戊午二月二十日未時故於原處之新房子屋基葬宅右

胡氏 光緒十年甲申四月初七日辰時生於瀘州鳳儀鄉三甲地名大屋基　生子三　光天　光鎔　光錞

粘坑村徐氏族譜

念江長子 光天 號煥銀 光緒癸卯年四月十八日辰時生於瀘州鳳儀鄉三甲地名新房子屋基

呂氏 光緒丁未年七月初四日午時生於瀘州鳳儀鄉三甲地名垣邊屋基
生子二 先芳 先庶

光天長子 先芳 民國戊辰年七月初三日寅時生於瀘州鳳儀鄉三甲地名棺木壩屋基

光天次子 先庶 民國二十一年壬申九月十六日戌時生於瀘州安賢鄉 甲地名滴水寺屋基

念江次子 光鍩 號漢章 光緒乙巳年九月初九日戌時生於瀘州鳳儀鄉三甲地名石柱山屋基

念江三子 光錞 號筆書 民國癸丑年二月二十三日子時生於瀘州鳳儀鄉三甲地名新房子屋基

郭氏 生於
生子一 先高

光錞之子 **先高** 民國十九年庚午五月初九日寅時生於安賢鄉　甲地名涌水寺屋基

維喜次子 **念淮** 號自成　光緒二十年四月十九日卯時生於瀘州鳳儀鄉三甲地名莫家河屋基

張氏 光緒二十五年己亥冬月初七日卯時生於瀘州鳳儀鄉四甲地名李堡灣坎下學堂屋基　生子一　光耀

念淮之子 **光耀** 民國癸亥年五月初六日丑時生於瀘州鳳儀鄉三甲地名土主場街舖屋基原係念寬長子　念淮之嗣過繼承祧

維喜三子 **念寬** 號炳章　光緒丙申年冬月初一日酉時生於瀘州鳳儀鄉三甲地名新房子屋基

程氏 光緒辛丑年六月二十一日寅時生於瀘州鳳儀鄉三甲地名雞公嘴屋基　生子一　光林

念寬之子 **光林** 民國庚申年九月二十四日申時生於瀘州鳳儀鄉三甲地名新房子屋基

粘坑村徐氏族譜

維喜四子　念河　號明山　光緒壬寅年八月十八日子時生於瀘州鳳儀鄉三甲地名新房子屋基

羅氏　生於光緒　生子一　光超

念河之子　光超　生於

朝鐙次子　維鐙　號卓云　光緒九年癸未正月廿七日子時生於瀘州鳳儀鄉三甲地名三角坟屋基

汪氏　光緒壬午年冬月廿五日子時生於瀘州鳳儀鄉四甲地名新田嘴屋基民國十八年己巳正月初一日酉時故於原處之三甲地名生溝頭屋基葬油房溝金坵山子山午向　生子二　念濤　念偉

維鐙長子　念濤　號萬興　宣統元年己酉又二月十三日戌時生於瀘州鳳儀鄉三甲地名新房子屋基

維鐙次子　念偉　號[illegible]洲　民國三年甲寅二月十九日卯時生於瀘州鳳儀鄉三甲地名生溝頭屋基

文元次子 **朝鎮**

號益山　道光己酉年腊月廿一日酉時生於瀘州鳳儀鄉三甲地名李塝屋基民國三年甲寅八月廿日巳時故於原處之四甲地名岔河溝屋基告終葬本宅左邊壬山丙向享年六十五

李氏

道光庚戌年五月廿二日戌時生於瀘州鳳儀鄉四甲地名蛇冲屋基光緒丁未年二月十一日戌時故於安賢鄉二甲地名蒲滾冲屋基葬岔河溝對門菩提宅左

生子三　維明　維成　維烈

朝鎮長子 **維明**

號秉欽　同治庚午正月初五日申時生於瀘州鳳儀鄉三甲地名瓦房屋基

張氏

同治戊辰年三月初一日亥時生於瀘州鳳儀鄉三甲地名狐狸灣屋基光緒癸卯年正月初五日子時故於原處之四甲地名岔河溝屋基葬汪墻子側近胡大山壬山丙兼亥向已三分坐丁亥丁己分金

生子三　念榮　念文　念熏

維明長子 **念榮**

號見明　光緒十五年己丑七月初三日戌時生於瀘州鳳儀鄉三甲新房子屋基

熊氏

光緒壬辰年正月初七日卯時生於瀘州里仁鄉四甲地名大山坡屋基

生子五　光前　光裕　光後　光桂　光應

念榮長子 **光前**

號輝先　民國己酉年十月十九日寅時生於瀘州鳳儀鄉四甲地名岔河溝屋基

念榮次子　**光裕**　號輝堂　民國元年十月初七日巳時生於瀘州鳳儀鄉四甲地名岔河溝屋基

念榮三子　**光後**　號輝安　民國甲寅年二月二十一日寅時生於瀘州鳳儀鄉四甲地名岔河溝屋基

念榮四子　**光桂**　號輝武　民國丙辰年九月二十七日寅時生於瀘州鳳儀鄉四甲地名岔河溝屋基

念榮五子　**光應**　民國十六年丁卯五月二十六日申時生於瀘州鳳儀鄉四甲地名岔河溝屋基

維朋次子　**念文**　號白堂　光緒二十一年乙未八月十九日戌時生於瀘州鳳儀鄉三甲地名李壩醋房屋基

張氏　光緒二十年甲午臘月二十四日丑時生於瀘州鳳儀鄉三甲地名高石坎屋基　生子一　光珍

念文之子 **光珍** 民國十七年戊辰八月二十六日申時生於瀘州鳳儀鄉四甲地名岔河溝屋基

維明三子 **念璽** 號自武 光緒戊戌年六月初七日卯時生於瀘州鳳儀鄉四甲地名岔河溝屋基

張氏 光緒戊戌年七月初九日子時生於瀘州鳳儀鄉四甲地名長山子屋基 生子四 光友 光國 光佳 光久

念璽長子 **光友** 民國癸亥年三月二十二日午時生於瀘州鳳儀鄉四甲地名岔河溝屋基

念璽次子 **光國** 民國乙丑年三月二十七日酉時生於瀘州鳳儀鄉四甲地名岔河溝屋基

念璽三子 **光佳** 民國丁卯年九月初十日卯時生於瀘州鳳儀鄉四甲地名岔河溝屋基

念璽四子 **光久** 民國十九年庚午二月初九日辰時生於瀘州鳳儀鄉四甲地名岔河溝屋基

朝鎮次子 **維成** 號宗武 同治壬申年十月初三日戌時生於瀘州鳳儀鄉三甲地名龍房屋基民國十一年壬戌九月望日出外故於永川縣萬壽場享年五十

劉氏 光緒丙子年七月廿八日丑時生於瀘州里仁鄉首甲地名田舖屋基光緒乙巳年三月廿五日戌時故於鳳儀鄉四甲地名岔河溝屋基葬菩提樹背後辛山乙向兼酉卯分金

生子一 念華

胡氏 光緒己卯年三月初二日卯時生於瀘州鳳儀鄉四甲地名水井坎屋基

生子一 念珠

維成長子 **念華** 號國文 光緒十九年癸巳冬月十七日卯時生於瀘州鳳儀鄉三甲地名新房子屋基

袁氏 光緒丁亥年十月廿二日亥時生於瀘州鳳儀鄉四甲袁家凼老屋基民國二十年辛未四月初五寅時故於原處之岔河溝屋基葬宅左

生子一 光桂 享年四十四

賴氏 光緒戊申年四月十五日子時生於江津縣師里五都六甲地名大道居立子山坎下告封碑屋基

念華之子 **光桂** 號單書 民國辛酉年正月十四日午時生於瀘州鳳儀鄉四甲地名岔河溝屋基

維成次子 **念珠** 號國楨　光緒己酉年三月十六日午時生於瀘州鳳儀鄉四甲地名岔河溝屋基

朝鎮三子 **維熹** 號建章　光緒丁丑年八月廿二日午時生於瀘州鳳儀鄉三甲地名新房子屋基民國九年庚申冬月三十日酉時故於原處之四甲地名岔河溝屋基葬宅后

艾氏 光緒丁丑年九月廿四日子時生於瀘州鳳儀鄉二甲地名白林灣屋基光緒辛丑年冬月十一日申時故於原處之四甲地名岔河溝屋基葬於馬鞍山　生子一　念宗

艾氏 光緒廿年甲午冬月十八日戌時生於瀘州鳳儀鄉三甲地名新房子屋基民國十三年甲子七月廿日戌時故於原處之四甲地名岔河溝屋基葬菩提樹背後癸山丁向　生子一　念剛

維熹長子 **念宗** 號耀光　光緒癸卯年正月初五日生於瀘州鳳儀鄉四甲地名岔河溝屋基生六刻離母原係維明四子過繼承祧

李氏 民國甲寅年二月二十三日子時生於瀘州里仁鄉三甲地名興隆灣屋基　生子一　光瑞

念宗之子 **光瑞** 號樹榮　民國二十一年壬申三月十三日丑時生於瀘州鳳儀鄉四甲地名岔河溝屋基

維熹次子　**念剛**　號梓龍　民國五年丙辰五月初十日辰時生於瀘州鳳儀鄉四甲地名岔河溝屋基

周氏　生於民國五年丙辰六月初二日

文元三子　**朝鈞**　號雲山　咸豐丙辰年四月廿七日巳時生於瀘州鳳儀鄉三甲地名李灣屋基民國甲子年五月初五日寅時故於原處之甲地名　葬老元頭宅邊壬山丙向享年六十九

張氏　咸豐六年丙辰臘月十三日子時生於瀘州鳳儀鄉四甲地名襪子田屋基光緒丙午年正月初八日丑時故於原處三甲地名下河灣屋基告終葬下河灣宅後石龍垻辛山乙向　生子一　維熙

殷氏　同治十三年甲戌四月十五日未時生於瀘州安賢鄉三甲地名高石坎屋基　生子一　維碩

朝鈞長子　**維熙**　號純嘏　光緒庚辰年冬月廿九日巳時生於瀘州鳳儀鄉三甲地名新房子屋基原係朝鎮四子朝鈞之嗣過繼承祧民國己巳年十月初四日辰時告終葬滴水寺宅左

劉氏　光緒乙酉年七月廿一日酉時生於瀘州鳳儀鄉三甲地名里東坪學堂屋基光緒丙午年年七月初三日巳時故於原處之四甲地名下河灣屋基葬宅右大山頭戌山辰向

劉氏　光緒甲申年正月初五日未時生於瀘州鳳儀鄉　生子一　念清

維熙之子　**念清**　民國八年己未四月二十八日戌時生於瀘州鳳儀鄉三甲地名老元頭屋基

維禎　朝鈞次子
號有田　光緒戊申年三月初一日子時生於瀘州鳳儀鄉四甲地名下河灣屋基

楊氏
光緒三十年乙巳十月初一日子時生於瀘州鳳儀鄉三甲地名岩山屋基
生子一　念星

念星　維禎之子
民國二十年辛未八月二十四日卯時生於瀘州鳳儀鄉四甲地名谿河溝屋基

朝欽　文元四子
號崇山　咸豐己未年五月初七日酉時生於瀘州鄉儀鄉三甲地名李灣屋基民國七年戊午二月二十八日午時故於原處之四甲地名大垣子屋基葬胡大山甲山庚向

周氏
咸豐辛未年六月初九日酉時生於瀘州里仁鄉二甲地名騎龍坳屋基光緒丙午年六月廿八日子時故於鳳儀鄉三甲地名汪壩子醋房屋基告終葬本屋基宅右胡大山
生子一　維松

熊氏
光緒六年庚辰三月十八日亥時生於瀘州安賢鄉三甲地名草垣子屋基
生子一　維福

維松　朝欽長子
號柏林　光緒十九年癸巳四月初八日申時生於瀘州鳳儀鄉三甲地名新房子屋基民國二十一年壬申十月初五日丑時故於原處之四甲地名汪壩子醋房屋基葬本宅後　山向

劉氏
光緒壬辰年又六月十五日子時生於瀘州里仁鄉三甲地名石包灣屋基
生子一　念本

維松之子 **念本** 民國十二年癸亥十月二十六日申時生於瀘州鳳儀鄉四甲地名汪𡉏子醩房屋基

朝欽次子 **維福** 號有銀 民國元年辛亥七月初五日申時生於瀘州鳳儀鄉四甲地名汪𡉏子醩房屋基

黃氏 光緒三十二年丙午正月十三日子時生於瀘州鳳儀鄉四甲地名松林頭屋基
生子一 念善

維福之子 **念善** 民國十七年己巳臘月十一日寅時生於瀘州鳳儀鄉四甲地名汪𡉏子醩房屋基

文元五子 **朝銅** 同治元年壬戌閏八月廿五日卯時生於瀘州鳳儀鄉三甲地名李𡏖房屋基光緒壬寅年臘月
廿七日時故於原處之三角坆醩房屋基葬長嶺山

張氏 同治癸亥年六月十五日亥時生於瀘州鳳儀鄉四甲地名上𡉏屋基
生子三 維德 維先 維鳳

朝銅長子 **維德** 號尊三 光緒壬午年四月初十日亥時生於瀘州鳳儀鄉三甲地名新房子屋基民國壬申
年四月初五日寅時故於原處之李𡏖醩房屋基葬宅後半邊垣子山 向享年五十

黃氏 光緒己卯年四月廿九日卯時生於瀘州鳳儀鄉 甲地名蘇費冲屋基
生子一 念富

維德之子　念富　民國十一年壬戌三月廿四日申時生於瀘州鳳儀鄉三甲地名李塆醩房屋基

朝銅次子　維先　號用之　光緒甲午年三月三十日卯時生於瀘州鳳儀鄉三甲地名三角坟屋基

郭氏　光緒丙申年九月初七日子時生於瀘州鳳儀鄉四甲地名水鴨井屋基

朝銅三子　維鳳　號鳳武　光緒己亥年正月廿一日　時生於瀘州鳳儀鄉三甲地名三角坟醩房屋基

黎氏　光緒癸巳年五月二十三日申時生於瀘州安賢鄉六甲地名石廠灣屋基　生子四　念森　念坤　念釗　念興

維鳳長子　念森　號樹森　民國庚申年十月初一日辰時生於瀘州鳳儀鄉三甲地名李塆醩房屋基

維鳳次子　念坤　號子君　民國丁卯年六月三十日辰時生於瀘州鳳儀鄉三甲地名李塆醩房屋基

粘坑村徐氏族譜（一）

維鳳三子 **念針** 字金號 民國己巳年八月初三日卯時生於瀘州鳳儀鄉三甲地名李壪醋房屋基

維鳳四子 **念興** 號樹臣 民國辛未年六月廿七日寅時生於瀘州鳳儀鄉三甲地名李壪醋房屋基

文仁
- 朝鏞…維椿…念啓
- 朝銘…維權
  - 念銀…光斗
  - 念錫
- 朝鐙
  - 維燦
    - 念桐…光武
    - 念綬
    - 念鎰
  - 維炳…念芳
- 朝銓
  - 維澤…念奎
  - 維炋…念潮…光煌
  - 維洸…念長

文仁　樂廷三子

嘉慶壬申年九月初十日亥時生於瀘州鳳儀鄉三甲地名金鼓灣屋基光緒廿六年庚子四月初十申時壽終於金鼓灣葬長沖後龍山嘴辛山乙向享年八十八

劉氏

嘉慶乙亥年十月廿日子時生於瀘州安賢鄉三甲地名大毛墩小屋基光緒廿四年戊戌八月廿三日戌時壽終原處丸房屋基葬長沖後龍山嘴辛山乙向兼卯酉分金與文仁公合葬生子四　朝鍾　朝銘　朝鐙　朝銓　享年八十三

朝鍾　文仁長子

道光壬辰年六月廿八日卯時生於瀘州鳳儀鄉三甲地名馬鞭梢屋基光緒庚辰年正月廿六日　時故於原處之雨壩山屋基葬莫家河宅後小山頭乾山巽向兼亥巳三分享年四十八

劉氏

道光癸巳年冬月初三日酉時生於瀘州里仁鄉首甲地名朱灣屋基咸豐丙辰年　月　日時故於原處之朱灣屋基葬宗祠背後生子一　維椿　享年廿二

艾氏

道光乙未年九月廿四日子時生於瀘州鳳儀鄉三甲地名炮通嘴大岸山屋基同治丙寅年六月廿五日子時故於原處之新房子屋基葬半邊垣子　享年三十一

易氏

道光戊戌年三月初十日酉時生於瀘州鳳儀鄉四甲地名葫栗灣屋基光緒三十四年九月二十八日卯時故於原處之汪壩子興龍屋基葬莫家河老鴛山

維椿　朝鍾之子

號有廷　光緒戊寅年正月初二日巳時生於瀘州鳳儀鄉三甲地名李灣屋基原係朝銘次子朝鍾乏嗣過繼承祧

劉氏

同治甲戌年四月初九日辰時生於瀘州安賢鄉六甲地名安子山屋基光緒己亥年臘月三十日申時故於鳳儀鄉三甲地名汪壩子興隆屋基葬興隆屋基對門黃泥山艮山坤向兼寅申

易氏

同治壬申年四月十六日子時生於瀘州里仁鄉後甲地名葫栗灣屋基

葉氏

光緒甲午年臘月三十日子時生於瀘州鳳儀鄉四甲地名大坎壩屋基生子一　念啓

維椿之子 **念啟** 號敬臣　光緒癸卯年正月初七日寅時生於瀘州鳳儀鄉三甲地名油房溝屋基

黎氏 光緒三十年甲辰四月初三日丑時生於瀘州安賢鄉三甲地名鵝鸛窩胡家壩屋基

文仁次子 **朝銘** 號春山　道光乙未年六月十三日戌時生於瀘州鳳儀鄉三甲地名馬鞭稍屋基民國十一年壬戌七月廿三日亥時歿於原處之油房溝屋基葬汪塌子興龍屋基左邊　山　向享年八十八

周氏 道光戊戌年正月十九日亥時生於瀘州里仁鄉二甲地名騎龍埘屋基宣統二年臘月初九日午時歿於瀘州鳳儀鄉三甲地名油房溝屋基葬李塆瓦房屋基背後　生子一　維權

朝銘之子 **維權** 號炳堂　同治元年壬戌閏八月初七日亥時生於瀘州鳳儀鄉三甲地名新房子屋基民國十一年壬戌年七月初一日午時歿於原處之油房溝屋基葬莫家河對門老鷹山　山　向

劉氏 咸豐辛酉年臘月十五日酉時生於瀘州鳳儀鄉三甲地名嫂市屋基光緒丙午年八月初八日申時歿於原處之油房溝屋基葬里[illegible]上子山午向　生子二　念銀　念錫　享年四十五

維權長子 **念銀** 號煥章　光緒十年甲申九月廿六日寅時生於瀘州鳳儀鄉三甲地名塆頭屋基

李氏 光緒庚辰年十月十二日亥時生於瀘州鳳儀鄉三甲地名碾子塆屋基　生子一　光斗

念銀之子 **光斗** 號樞鑑　光緒壬寅年九月十四日申時生於瀘州鳳儀鄉三甲地名油房溝屋基

程氏 宣統元年己酉前二月十二日子時生於瀘州安賢鄉三甲地名油塆屋基

維權次子 **念錫** 光緒二十二年丙申四月二十日午時生於瀘州鳳儀鄉三甲地名油房溝屋基民國十一年壬戌七月十八日卯時故於原處之生長屋基葬營坵山嘴　山　向

文仁三子 **朝鏜** 號鳴山　道光庚戌年八月廿八日卯時生於瀘州鳳儀鄉三甲地名李壩新房子屋基民國十九年庚午前六月十七日戌時故於原處之甲溝頭屋基

李氏 咸豐壬子年三月廿九日寅時生於瀘州里仁鄉四甲地名渮角塘長五間屋基光緒丁未正月十九日寅時故於鳳儀鄉四甲地名甲溝頭屋基葬坪上朝門口
生子二　維燦　維炳

朝鏜長子 **維燦** 號錫三　光緒戊寅年正月初十日戌時生於瀘州鳳儀鄉三甲地名李壩屋基

葉氏 光緒己卯年五月初十日生於瀘州鳳儀鄉四甲地名大田塝屋基
生子三　念榍　念綏　念鎰

維燦長子 **念榍** 號樹恩　光緒庚子年冬月廿一日午時生於瀘州鳳儀鄉四甲地名壩子頭屋基

李氏 光緒辛丑年正月初九日寅時生於瀘州里仁鄉四甲地名退耳山屋基民國十九年庚午又六月廿四日卯時故於鳳儀鄉三甲地名甲溝頭屋基葬黃坡山宅後
生子一　光武

念榍之子 **光武** 民國十九年庚午又六月初四日未時生於鳳儀鄉三甲地名甲溝頭屋基

維燦次子

念綬　民國五年丙辰三月十一日亥時生於瀘州鳳儀鄉三甲地名楊柳盛屋基

維燦三子

念鎰　民國丁巳年冬月初十日卯時生於瀘州鳳儀鄉三甲地名楊柳盛屋基

朝鏳次子

維炳　號青云　光緒壬午年冬月二十六日亥時生於瀘州鳳儀鄉三甲地名油房溝屋基

李氏　光緒乙酉年三月初六日午時生於瀘州里仁鄉四甲地名新屋基
生子一　念芳

維炳之子

念芳　光緒甲辰年冬月十六日酉時生於瀘州鳳儀鄉四甲地名塝子頭屋基

文仁四子

朝銓　號品三　咸豐丁巳年二月初六日丑時生於瀘州鳳儀鄉三甲地名李塝新房子屋基民國癸亥年十二月廿九日丑時故於原處之新店子屋基葬騎龍穴對門飯甑山午山子向享年六十七

王氏　咸豐甲寅年六月十二日寅時生於瀘州鳳儀鄉三甲地名踏水橋中嘴上屋基
生子三　維澤　維烋　維洸

朝銓長子 **維澤** 號見堂 同治十三年甲戌四月廿八日戌時生於瀘州鳳儀鄉三甲地名瓦房屋基

邱氏 光緒元年乙亥十月初四日午時生於瀘州里仁鄉二甲地名李滿屋基
生子一 念奎

維澤之子 **念奎** 號耀光 光緒丁酉年九月十三日戌時生於瀘州鳳儀鄉三甲地名瓦房屋基

李氏 光緒丙申年冬月二十日丑時生於瀘州里仁鄉二甲地名小冲子屋基

朝銓次子 **維烋** 號占武 光緒乙酉年五月廿三日巳時生於瀘州鳳儀鄉三甲地名李灣屋基民國乙丑年八月十七日巳時故於原處之李灣瓦房屋基告終葬江津縣冷洞子側近統匠灣 山 向
享年四十一

高氏 光緒癸未年臘月初十日子時生於瀘州鳳儀鄉三甲地名大冲屋基
生子一 念潮

維烋之子 **念潮** 號一封 光緒三十三年丁未三月十五日生於瀘州鳳儀鄉三甲地名瓦房屋基

成氏 光緒癸卯年九月二十五日辰時生於瀘州鳳儀鄉三甲地名四塊屋基
生子一 光煌

念潮之子 **光煌** 民國戊辰年七月初九日申時生於瀘州鳳儀鄉三甲地名李灣瓦房頭屋基

朝銓三子 **維洸** 號集武 光緒戊子年四月十八日戌時生於瀘州鳳儀鄉三甲地名瓦房屋基

范氏 光緒庚寅年正月初四日戌時生於瀘州鳳儀鄉四甲地名立石站書舖屋基 生子一 念長

維洸之子 **念長** 號先知 民國己未年九月二十二日寅時生於瀘州鳳儀鄉三甲地名李灣瓦房屋基

李氏 民國戊午年二月初三日辰時生於瀘州鳳儀鄉四甲地名柏林屋基

圖書在版編目（CIP）數據

海上絲綢之路文獻集成．民間譜牒編．第八輯 / 林楓主編．-- 福州：福建人民出版社，2024.7.
ISBN 978-7-211-09485-1

Ⅰ. K203

中國國家版本館CIP數據核字第2024Y338J3號

海上絲綢之路文獻集成・民間譜牒編（第八輯）

主　　編　林　楓
責任編輯　連天雄
美術編輯　白　玫
出版發行　福建人民出版社
電　　話　0591-87533169（發行部）
電子郵箱　fjpph7221@126.com
地　　址　福建省福州市東水路 76 號
經　　銷　福建新華發行（集團）有限責任公司
印刷裝訂　上海中華印刷有限公司
地　　址　上海市青浦區匯金路 889 號
電　　話　021-69213456
開　　本　787 毫米 ×1092 毫米　1/16
印　　張　332.25
版　　次　2024 年 7 月第 1 版第 1 次印刷
書　　號　ISBN 978-7-211-09485-1
定　　價　4000.00 元（共 10 册）